제 17판 민법의 세계

채권법

양형우

the Law of Obligations

정독
DEEP READING

2026년도 대법원 판례 업데이트
(3월말, 5월말, 7월말, 9월말)

2026년도 대법원 판례 업데이트
(3월말, 5월말, 7월말, 9월말)

제17판 머리말

독자 여러분의 성원에 머리 숙여 감사드리며, 이번 개정판에서도 기존의 구성 및 설명 방법을 그대로 유지하면서 내용을 수정·보완하였다.

첫째, 내용을 정비하였다. 민법의 기본법리에 대한 정확한 이해를 위하여 필요한 부분에 설명을 추가하였으며, 오탈자를 수정하고 문장을 다듬었다.

둘째, 제7판이 출간된 후 2025. 11. 15.까지 발간된 법원공보(제718호)뿐만 아니라 대법원 2025. 10. 30. 선고 판결까지 분석하여 중요한 것은 모두 반영하였다. 이 가운데 ① 채무자가 피보전채권에 대한 시효이익을 포기한 경우 그 시효이익 포기의 효력이 수익자에게 미치는지에 관한 대법원 2025.9.25. 선고 2024다254387 판결, ② 대항력이 상실된 이후 임차권등기를 마친 경우, 대항력이 소급하여 회복되는지에 관한 대법원 2025.4.15. 선고 2024다326398 판결, ③ 임차인이 적법한 부속물매수청구권 행사 후 목적물을 계속 점유하는 경우 불법점유에 따른 손해배상의무를 지는지 및 민법 제493조 제2항에서 정한 상계의 소급효에 의하여 상계의 의사표시 전에 발생한 사실이 복멸하는지에 관한 대법원 2025.5.15. 선고 2024다317332,317349 판결, ④ 공유물인 주택에 주택임대차보호법에 따라 임차보증금을 우선적으로 변제받을 권리를 가진 임차인이 있고 그 주택의 공유자들이 불가분채무인 임차보증금 반환의무를 부담하는 경우, 공유자 중 1인인 채무자가 처분한 지분 중에서 일반채권자들의 공동담보에 제공되는 책임재산에 관한 대법원 2025.4.15. 선고 2024다312566 판결 등이 주목된다.

셋째, '2025.11.1. 이후의 대법원 최신판결'은 홈페이지(www.jeongdok.co.kr) 자료실에서 다운받을 수 있으며 QR코드를 통해 확인할 수도 있다.

끝으로 이 자리를 빌어 『민법의세계 - 채권법』을 기본교재로 삼아 강의하시는 전국의 교수님, 보완할 부분을 알려주신 영남대학교 법학전문대학원 김수민 교수님, 경북대학교 법학전문대학원 엄복현 교수님, 영진사이버대학교 부동산학과 김영수 교수님, 류홍석 법무사님, 유병태 법무사님께 무한한 감사의 말씀을 드린다. 또한 이 책을 세심하게 읽고 수정·보완이 필요한 부분을 알려준 사랑스런 제자 이푸름 군, 조세영 군, 유순희 양에게 고마움을 표하며, 로스쿨에 진학하여 우수한 성적으로 변호사시험에 합격하여 국가사회에 봉사하는 법조인으로 대성하길 기원한다. 아울러 김중용 사장님, 심성보 편집이사님, 김인숙 과장님을 비롯한 도서출판 정독 관계자 여러분의 노고에 대해 감사의 말씀을 전한다.

2025. 11.

홍문관 연구실에서

양형우

제16판 머리말

독자 여러분의 성원 덕분에 『민법의 세계』가 어느덧 제16판에 이르게 되었다. 독자 여러분께 머리 숙여 감사드린다.

이 책이 법학의 기초인 민법을 체계적으로 이해하려는 학생들에게 길잡이 노릇을 한다는 점, 각종 국가시험 수험서로 활용된다는 점 등을 감안하여 그 내용을 충실히 하기 위해 개정판에는 다음의 것을 반영하였다.

첫째, 내용을 정비하고 가독성을 높였다. 내용적으로 비교적 많은 부분을 수정하고 보완하였고, 가독성을 위해 줄간을 조정하였으며, 그 결과 제15판에 비해 22면 상당의 분량이 늘어났다.

둘째, 지난 1년 동안에 새로 나온 판례를 충실하게 소개하였다. 지난해에도 새로운 판례들이 쏟아져 나왔는데, 그러한 판례들의 소개에 소홀함이 없도록 노력했다. 즉 2024. 11. 15. 법원공보(제694호)에 수록된 판결뿐만 아니라 대법원 2024. 10. 31. 선고 주요 판결까지 반영하였다. 그 가운데 ① 채무자가 제3채무자에게 채권의 양도를 구할 수 있는 권리를 가지고 있고 채권자가 채무자의 위 권리를 대위행사하는 경우, 채권자가 직접 자신에게 채권양도절차를 이행하도록 청구할 수 있는지에 관한 대법원 2024.3.12. 선고 2023다301682 판결, ② 수익자가 사해행위취소 소송의 확정판결에 따른 원상회복으로 대체물 인도의무를 이행하지 않은 경우, 취소채권자가 수익자를 상대로 민법 제395조에 따라 이행지체로 인한 전보배상을 구할 수 있는지에 관한 대법원 2024.2.15. 선고 2019다238640 판결, ③ 수인의 연대보증인 중 1인이 자기의 부담부분을 초과한 변제를 함으로써 그 초과 변제액에 대하여 다른 연대보증인을 상대로 구상권을 행사할 수 있는지 판단하는 기준 시점 및 방법에 관한 대법원 2024.10.25. 선고 2024다232066,232073 판결, ④ 계약에서 정한 매매대금의 이행기가 매도인을 위해서도 기한의 이익을 부여하는 것이라고 볼 수 있는 경우, 채무자가 이행기 전에 이행에 착수할 수 없는 특별한 사정이 있는 경우에 해당하는지에 관한 대법원 2024.1.4. 선고 2022다256624 판결, ⑤ 상가건물 임대차보호법이 적용되는 상가건물의 임차인이 임대차 종료 이후 보증금을 반환받기 전에 임차 목적물을 점유하고 있는 경우, 임차인에게 차임 상당의 부당이득이 성립하는지에 관한 대법원 2023.11.9. 선고 2023다257600 판결, ⑥ 임차인이 주택임대차보호법 제6조의3 제1항에 따라 임대차계약의 갱신을 요구한 경우에 갱신의 효력이 발생하는 시점과 제6조의2 제1항에 따라 한 계약해지의 통지가 갱신된 임대차계약 기간이 개시되기 전에 임대인에게 도달한 경우에 그 효력이 발생하는 시점에 관한 대법원 2024.1.11. 선고 2023다258672 판결 등이 주목된다.

셋째 기본 판례의 내용을 본문 속에서 설명하였다. 수험생의 부담을 줄이기 위해 기존에 수록된 판례 중 이론적으로 중요한 것은 본문에서 서술하였다.

넷째, '2024.11.1. 이후의 대법원 최신판결'은 홈페이지(www.jeongdok.co.kr) 자료실에서 다운받을 수 있으며 QR코드를 통해 확인할 수도 있다.

이 책이 나오는 데에는 여러 사람의 도움이 있었다. 이 자리를 빌어 감사의 말씀을 전하고자 한다. 먼저 『민법의 세계－채권법』을 기본교재로 삼아 강의하시는 전국의 교수님께 머리 숙여 감사드리며, 이 책을 세심하게 읽고 수정·보완이 필요한 부분을 알려준 사랑스런 홍익대 제자에게 고마움을 표한다. 아울러 김중용 사장님, 심성보 편집이사님, 김인숙 과장님을 비롯한 도서출판 정독 관계자 여러분의 노고에 대해 감사의 말씀을 드린다.

2024. 11.
홍문관 연구실에서
양 형 우

머리말

Ⅰ. 민법을 체계적으로 이해하기 위해서는 민법이 규정하고 있는 각종 제도와 규범내용을 정확하게 이해하여야 한다. 우리 민법이 따르는 판덱텐(Pandekten)체계는 공통분모를 총칙에 규정하고 있으므로 논리적이고 체계적이지만, 지나치게 체계를 중시하다 보니 이해하기가 어렵고 또 현실분쟁에 대한 적용에 많은 어려움이 발견된다. 이러한 이유로 법학을 전공하는 학생이나 각종 국가자격시험을 준비하는 수험생들이 민법을 이해하는 데 어려움을 겪는 경우가 많다. 따라서 한권의 교재에 기본적인 내용을 체계적이고 유기적으로 기술하는 것이 학생들의 민법에 대한 이해도를 높이고 사례해결능력을 배양할 수 있을 것으로 생각하여, 부끄러운 마음으로 민법의 세계를 독자여러분에게 내놓게 되었다. 이 책의 출간으로 오랫동안 미루던 작업을 완성하였다는 기쁜 마음이야 이루 말할 수 없지만, 마음 한 구석에는 아쉬움이 여전히 남아 있다. 앞으로 기회가 있을 때마다 부족한 점을 계속 보완해 나갈 생각이며, 이와 관련하여 선·후배 동학의 기탄없는 조언과 비판을 기대한다.

Ⅱ. 민법전반에 대한 학생들의 체계적인 이해를 도모하면서 법률적 사고능력을 배양하기 위하여, 이 책은 다음과 같은 서술방식을 따르고 있다. 첫째 민법의 내용을 학생들이 이해하기 쉽고 기억에 오래 남을 수 있도록 가능한 모든 제도를 요건화하였으며, 다른 제도 및 규정과의 상호관계를 종합적으로 이해할 수 있도록 하였다. 둘째 수험준비에 필요한 기초개념과 근본이론을 정리하여 민법상 대두되는 논점과 문제점을 학생들로 하여금 쉽게 파악하게 하고, 최근의 학설과 판례를 가능한 한 빠뜨리지 않으면서도 민법전반의 내용을 압축하여 분량을 줄여 보려고 하였다. 물론 모든 논점들을 망라하여 서술하였으며, 중요한 쟁점에 관하여는 학설과 판례의 내용을 기술하고 결론을 제시하였다. 셋째 2007. 7.까지 선고된 대법원 판례 중 중요하다고 판단되는 최근의 것을 중심으로 판례를 인용하면서 동시에 기존의 판례 중에서도 중요한 것을 망라하려고 노력하였다. 특히 판례인용의 불필요한 중복을 피하고 판례와 이론을 체계적으로 이해할 수 있도록 하기 위해, 판례의 요점 내지 쟁점을 본문 중의 관련부분에서 기술하였다. 넷째 오늘날 민사관계는 민법전 이외에 많은 각종의 특별법에 의하여 규율되고 있다. 따라서 민법을 제대로 이해하기 위해서는 특별법의 내용을 잘 알아야 한다. 이 책에서는 해당 부분에서 각종의 특별법을 인용·설명하였다. 특히 최근에 제정되어 시행되고 있는 이자제한법, 호적법의 대체입법으로 제정된 가족관계등록에 관한 법률까지 반영하였다. 다섯째 친족상속법 부

분은 2008. 1. 1부터 시행되는 개정내용에 맞추어 기술하였다. 다시 말하면 2007년까지만 효력을 가지는 가·가족·호주제도에 관한 논의는 불필요한 낭비로 생각되어 설명하지 않았다. 여섯째 논점을 서술하는 경우에 기존의 교재가 대부분 장문으로 되어 있는 반면에 이 책은 논점마다 문단을 구별하여 문제의 초점을 뚜렷이 나타나게 하고, 민법학의 특성상 이론적 설명만으로는 이해의 어려움을 느끼는 부분이 많기 때문에 풍부한 예를 들어 이론과 판례를 설명하였다. 따라서 독자들은 이론과 구체적인 예를 연결하여 이해하기 바란다. 끝으로 다른 교재와 달리 이 책에서는 법률행위의 대리를 3면관계 중심이 아니라 요건 중심으로 기술하였고, 물권적 청구권과 점유자·회복자 관계를 함께 설명함으로써 체계적인 이해를 도모하고자 하였으며, 소유권유보·매도인의 담보책임·부당이득 및 사무관리 등에 많은 지면을 할애하였다.

Ⅲ. 이 책이 나오기까지는 많은 분의 격려와 도움을 받았다. 이 자리를 빌어서 그 고마움을 표시하고 싶다. 무엇보다 저자를 물심양면으로 격려해 주시고 항상 따뜻하게 보살펴주신 연세대 주영은 교수님, 저자의 생각과 강의기법에 직·간접적으로 영향을 주신 연세대 백태승 교수님과 독일 프라이부르크(Freiburg)대 Rolf Stürner 교수님께 머리 숙여 감사드린다. 또한 이 책의 집필방향으로 이끌게 한 민법교재 기타 문헌을 저술한 여러 교수님, 사법시험 준비로 바쁜 와중인데도 귀중한 시간을 할애하여 교정작업으로 고생한 최나영 석사에게도 감사의 뜻을 표하고 싶다. 최나영 양의 꿈이 빨리 이루어져 훌륭한 법조인으로 대성하길 고대한다. 그리고 이 책의 출간을 흔쾌히 받아 주신 진원사 양진수 사장님, 편집과 실무적인 지원을 아끼지 않은 강수연 실장님께 심신한 감사를 드린다. 끝으로 필자가 아무런 근심걱정 없이 여유 있게 연구와 집필에 몰두할 수 있는 연구실생활 뒤에는 부모님·장인장모님의 노심초사와 꾸준히 뒷바라지를 해 준 아내 및 사랑하는 아들·딸의 희생이 숨겨져 있다. 특히 저자의 뒷바라지로 훌쩍 늙어버리신 부모님과 언제나 사위건강을 먼저 생각하시는 장인장모님 그리고 사랑하는 아내에게 마음속으로는 무한히 감사하면서도 면전에서는 감사드리고 사랑한다는 말도 하지 못한 것을 늘 미안하게 생각할 뿐이다. 끝으로 이 책의 집필을 위한 그동안의 노력이 학생들의 민법에 대한 체계적 이해와 실력향상에 미력하나마 도움이 되었으면 하는 것이 저자의 소박한 심정이다.

2007년 8월 15일
연구실에서 저자 씀

차 례

‖ 제 1 편 ‖ 채권총론

제 1 장 서 론

제 2 장 채권의 목적

제 6 장 채권의 소멸

Ⅰ. 참고문헌

1. 채권법

제1편 채권총론

곽윤직, 채권총론, 제6판, 박영사, 2005 ………………………………………… 곽윤직
김기선, 한국채권법총론, 제3전정판, 법문사, 1987 …………………………… 김기선
김상용, 채권총론, 법문사, 개정판 증보, 법문사, 2003 ………………………… 김상용
김용한, 채권법총론, 박영사, 1988 ……………………………………………… 김용한
김주수, 채권총론, 제3판, 삼영사, 1999 ………………………………………… 김주수
김증한/김학동, 채권총론, 제6판, 박영사, 1998 ……………………… 김증한/김학동
김형배, 채권총론, 제2판, 박영사, 1999 ………………………………………… 김형배
윤철홍, 요해 채권총론, 법원사, 1999 …………………………………………… 윤철홍
이은영, 채권총론, 개정판, 박영사, 2001 ………………………………………… 이은영
정기웅, 채권총론, 전정판, 법원사, 2000 ………………………………………… 정기웅
황적인, 현대민법론 Ⅲ(채권총론), 증보판, 박영사, 1989 ……………………… 황적인

Brox/Walker, Allgemeines Schuldrecht, 28.Aufl., 2002
Esser/Schmidt, Schuldrecht, Band I: Allgemeiner Teil, Teilband 1, 8.Aufl., 1995; Teilband 2, 8.Aufl., 2000
Medicus, Schuldrecht I - Allgemeiner Teil, 13.Aufl., 2002
Schellhammer, Schuldrecht nach Anspruchsgrundlagen, 4.Aufl., 2002
Weber, Kreditsicherheiten - Recht der Sicherungsgeschäfte, 4.Aufl., 1994

제2편 채권각론

곽윤직, 채권각론, 제6판, 박영사, 2004 ………………………………………… 곽윤직
김기선, 한국채권법각론, 제3전정판, 법문사, 1988 …………………………… 김기선
김상용, 채권각론, 개정판, 법문사, 2003 ………………………………………… 김상용
김주수, 채권각론, 제2판, 삼영사, 1997 ………………………………………… 김주수
김증한/김학동, 채권각론, 제7판, 박영사, 2007 ……………………… 김증한/김학동
김형배, 채권각론[계약법], 신정판, 박영사, 2001 ……………………………… 김형배
______, 사무관리·부당이득·불법행위, 박영사, 2003 ………………………… 김형배

윤철홍, 채권각론, 법원사, 2001 ······ 윤철홍
이은영, 채권각론, 제4판, 박영사, 2004 ······ 이은영
황적인, 현대민법론 Ⅳ(채권각론), 증보판, 박영사, 1987 ······ 황적인

Brox/Walker, Besonderes Schuldrecht, 27.Aufl., 2002
Loewenheim, Bereicherungsrecht, 2.Aufl., 1997
Medicus, Gesetzliche Schuldverhältnisse, 3.Aufl., 1996
ders. Schuldrecht II - Besonderer Teil, 11.Aufl., 2003
Schlechtriem, Schuldrecht, Besonderer Teil, 5.Aufl., 1998

2. 그 밖의 문헌

김준호, 민법강의, 제27판, 법문사, 2021 ······ 김준호
김형배/김규완/김명숙, 민법학강의, 제9판, 신조사, 2012 ······ 김형배
권오승, 민법특강, 홍문사, 1994 ······ 권오승
송덕수, 신민법강의, 제13판, 박영사, 2020 ······ 송덕수
이은영, 민법 I, II, 제4판, 박영사, 2005 ······ 이은영
지원림, 민법강의, 제19판, 홍문사, 2022 ······ 지원림

Gernhuber, Bürgerliches Recht, 3.Aufl., 1991
Larenz/Canaris, Methodenlehre der Rechtswissenschaft, 3.Aufl., 1995
Medicus, Bürgerliches Recht, 19.Aufl., 2002
Musielak, Grundkurs BGB, 4.Aufl., 1994
Schmalz, Methodenlehre für das juristische Studium, 3.Aufl., 1992

Ⅱ. 범 례

1. 판 례

대법원 2010. 9. 30. 선고 2009다46873 판결
→ 대판 2010.9.30, 2009다46873
헌법재판소 2010. 7. 29. 선고 2005헌바89 전원재판부
→ 헌재결 2010.7.29, 2005헌바89

2. 법령약어의 예

가등기담보 등에 관한 법률 → 가등기담보법

가족관계의 등록 등에 관한 법률 → 가족관계등록법
공간정보의 구축 및 관리 등에 관한 법률 → 공간정보법
방문판매 등에 관한 법률 → 방문판매법
부동산거래신고 등에 관한 법률 → 부동산거래신고법
부동산실권리자명의등기에 관한 법률 → 부동산실명법
약관의 규제에 관한 법률 → 약관규제법
집합건물의 소유 및 관리에 관한 법률 → 집합건물법
채무자회생 및 파산에 관한 법률 → 채무자회생법
할부거래에 관한 법률 → 할부거래법
동산·채권 등 담보에 관한 법률 → 동산·채권담보법

Civil Law

제1편 채권총론

제1편 채권총론

제1장 ‖ 서 론

제 1 절 채권법 일반

Ⅰ. 채권법의 의의

1. 채권법은 당사자 사이의 채권·채무관계(즉 채권관계)를 규율하는 법규를 말한다. 채권법은 물권법과 더불어 재산법에 속하는데, 물권이 '물건에 대한 권리'인데 비해, 채권법의 규율대상이 되는 채권·채무는 '사람에 대한 권리와 의무'로 구성되어 있다. 물권은 특정인이 특정의 물건에 대해 직접 지배를 하여 만족을 얻는 지배권인데 비해, 채권은 특정인(채권자)이 다른 특정인(채무자)에 대해 그의 채무를 이행할 것을 청구하는 모습으로 권리행사가 이루어지는 점에서 차이가 있다.

2. 채권은 여러 원인에 의하여 발생하는데, 민법은 그 발생원인으로 계약·사무관리·부당이득·불법행위의 4가지를 규정하고 있다. 이 중 계약은 당사자의 합의에 의해 채권이 발생하는 경우이고, 나머지 3가지는 당사자의 의사와는 무관하게 민법이 일정한 이유에서 채권을 발생시키는 것으로 정한 경우이다.

Ⅱ. 채권법의 특질

1. 임의법규

채권은 물권과 달리 배타성이 없기 때문에 채권법은 그 성립과 내용을 당사자의 의사에 맡기는 임의법규로서의 성질을 가지고 있다. 그러나 법정채권 발생원인인 사무관리·부당이득·불법행위에서는 당사자의 의사에 의하지 않고 법률상 당연히 그 효과가 부여되므로 그 규정은 강행법규로서의 성질을 가진다.

2. 보 편 성

물권법이나 가족법이 지방적 색채나 민족적 특색을 갖는 데 비해, 채권법은 거래법으로서 국제적·보편적인 성질을 가지고, 이러한 경향이 특히 강한 것은 채권법 가운데에서도 매매를 중심으로 하는 재산거래에서 나타난다.

3. 신의칙의 지배

채권은 특정인에게 특정의 행위를 청구하는 것을 내용으로 하고, 그 특정의 행위는 장래의 행위인 경우가 많다. 그래서 채권관계는 채권자와 채무자 사이의 특별한 신뢰관계를 전제로 성립되고, 따라서 다른 영역에 비해 신의성실의 원칙에 의하여 규율되는 경우가 많다.

Ⅲ. 채권법의 법원과 적용범위

1. 채권법의 법원

채권관계를 규율하는 법원으로 대표적인 것은 민법전 제3편과 관련 특별법(신원보증법, 약관규제에 관한 법률, 자동차손해배상보장법, 주택임대차보호법, 상가건물임대차보호법, 제조물책임법, 신탁법, 보증인 보호를 위한 특별법 등)이 있다.

2. 적용범위

민법 제3편 채권에 관한 규정은 민법총칙·물권·친족·상속편 및 각종의 특별법에서 규정하고 있는 채권관계에 관하여 특별한 규정이 없는 한 적용된다. 예컨대 무권대리인의 상대방에 대한 손해배상책임(제135조 1항)에 대하여 제750조 및 제393조가 적용되며, 공유자의 공유물 관리비용이나 그 밖의 의무(제266조)에 대해서는 제390조 이하가 적용되고, 친족법상의 부양의무자의 부양의무불이행에 대해서는 이행강제(제389조)에 관한 규정이 적용될 수 있다.

제 2 절 채권과 채무

Ⅰ. 채권일반

1. 채권의 의의

채권은 특정인(채권자)이 다른 특정인(채무자)에 대하여 일정한 행위(급부)를 청구할 수 있는 권리이다.

(1) 채권은 '채무자의 행위'를 목적으로 한다. 예컨대 주택의 임대차에서 채권(임차권)의 목적은 임차인이 주택을 사용할 수 있도록 임대인(채무자)이 주택을 임차인에게 인도하고 사용·수익에 필요한 상태를 유지하는 행위이다.

(2) 채권은 채무자라는 '특정인'에 대한 권리이다. 채권은 모든 사람에게 그 권리를 주장할 수 있는 절대권으로서의 물권과 달리 상대권으로서의 성질을 가진다. 즉 채권에는 배타성이 없고, 같은 내용을 가진 채권이 동시에 둘 이상 병존할 수 있으며, 이들 사이에는 우열의 차이가 없다. 가령 甲은 자신의 건물에 대해 乙과 매매계약을 체결한 후 그 건물에 대해 다시 丙과 매매계약을 체결할 수 있다.

(3) 채권은 채무자의 행위를 '청구할 수 있는 권리'이다. 다시 말하면 특정의 물건을 직접 지배하여 만족을 얻는 물권과 달리 채권은 채무자에게 그 채무이행을 청구하는 모습으로 나타난다.

2. 채권 · 채권관계와 청구권

(1) 채권과 채권관계

(가) 채권은 특정인이 다른 특정인에 대하여 일정한 행위를 청구할 수 있는 권리이므로, 이러한 특정인 사이의 법률관계를 채권관계(Schuldverhältnis)라 한다. 채권관계는 채권자의 채권과 채무자의 채무로 이루어져 있다. 예컨대 甲이 자신의 건물을 乙에게 매도하기로 계약을 체결한 경우, 매도인 甲은 매수인 乙에게 매매목적물인 건물에 대한 소유권을 이전할 채무를 지고, 매수인 乙은 매매대금을 지급할 채무를 진다(제568조). 이와 같이 채권관계는 특정의 당사자 사이에서 채권자는 채권을 갖고, 채무자는 채무를 부담하는 특별구속관계이므로, 채권자·채무자 이외의 제3자에 대해서는 구속력을 갖지 못한다.

(나) 채권자가 채무자에 대하여 일정한 행위(급부)를 청구할 수 있는 권리가 '채권'이고, 채무자가 채권자에 대하여 일정한 행위를 하여야 할 의무를 '채무'라고 한다. 그리고 채권의 목적에 대한 당사자의 관점에 따라 채권 또는 채무가 된다. 예컨대 제568조 전단에 의한 매도인의 이전의무는 매도인의 관점에서 채무이고, 매수인에게는 채권에 해당한다. 그 밖에 채권(또는 채무)은 채권관계 중 채권을 중심으로 파악한 개념이다(예: 매도인 甲의 대금채권이나 매수인 乙의 소유권이전채권 등).

(다) 법률관계로서 채권관계와 구별되는 것으로 호의관계(Gefährlichkeitsverhältnis)가 있다. 호의관계는 법적으로 채권·채무의 발생을 의욕하는 의사표시에 의한 법률관계가 아니라 단순히 사교상의 약속에 의한 인간관계로서 법적 의무를 부담시키려는 의사가 결여된 생활관계이다. 가령 저녁식사에 초대하거나 출근하는 길에 자동차의 동승을 약속하거나 옆집의 아이를 그 부모의 외출 중에 돌보아주겠다고 약속하는 경우 등이 이에 속한다. 이러한 호의관

계에서는 급부의무의 이행청구권이나 불이행으로 인한 손해배상청구권이 발생할 여지가 없다. 그런데 어느 것을 채권관계로 보아야 할지 또는 호의관계로 보아야 할지는 당사자의 의사와 거래관행 등을 고려하여 구체적인 사안에 따라 신중하게 결정하여야 한다.

한편 호의관계로 인정되는 경우에도 그 급부에 수반하여 손해가 발생한 경우에는 그 손해까지 호의관계로 되는 것은 아니며, 그 손해를 누가 부담할 것인지를 결정하는 것은 채권관계에 속하는 사항이다(예: 출근길에 어느 사람을 태워 운행하다가 운전자의 과실로 동승자가 피해를 입은 경우).

(2) 채권과 청구권

(가) 채권은 채권자가 채무자에 대하여 일정한 행위를 청구할 수 있는 권리로서, 청구권은 채권의 본질적 요소를 이룬다. 그러므로 채권이 발생하면 언제나 청구권도 존재한다. 그러나 채권이 존재하지만 조건의 성취나 이행기가 도래하지 않으면 청구권은 발생하지 않는다. 예컨대 정지조건부 채권·기한부 채권·이행기가 도래하지 않은 채권의 경우, 채권은 존재하지만 아직 청구권은 발생하지 않는다. 이러한 채권은 조건의 성취·기한의 도래에 의하여 비로소 청구권이 발생한다(제147조, 제152조, 제387조 2항). 한편 채권과 청구권은 불가분적이며 채권과 분리하여 청구권만을 양도하지 못한다. 따라서 청구권의 양도는 곧 채권 자체의 양도이고 청구권의 포기는 채권 자체의 포기로 된다.

(나) 주의할 것은 청구권이 채권의 전부는 아니라는 점이다. 즉 ① 채권에는 청구권 이외에 급부보유력(채무자가 이행을 위하여 급여한 물건이나 서비스를 보유할 권리)·소구력(채무자가 임의로 이행하지 않을 때 민사소송을 제기하여 이행판결을 구할 수 있는 권리)·집행력(이행판결을 가지고 강제집행 절차에 들어갈 수 있는 권리)·채권자대위권(제404조)·채권자취소권(제406조)·항변권·해제권 등의 권능이 포함된다. ② 이행기가 도래하지 않은 채권의 경우, 채권은 있어도 이행기가 도래할 때까지 청구권은 발생하지 않는다. 그 밖에 ③ 청구권은 채권 이외에도 물권과 가족권에 기초하여 발생하기도 한다(예: 물권적 청구권·부양청구권·상속회복청구권 등).

Ⅱ. 채무자의 채무

채무란 채무자가 채권자에게 일정한 행위(급부)를 하여야 할 의무를 말한다. 채무자의 의무를 관점에 따라, 1차 급부의무(Primärpflichten)와 급부장애의 경우에 발생하는 2차 급부의무(Sekundärpflichten)로 나누어지고, 1차 급부의무는 급부의무(Leistungspflichten)와 부수의무(Nebenpflichten)로 그리고 급부의무는 또 다시 주된 급부의무와 종된 급부의무로 나누어진다. 이런 채무는 법적 의미와 관련하여 의무가 아닌 간접의무, 즉 책무(Obliegenheiten)와 구별하여야 한다.

1. 1차 급부의무와 2차 급부의무

(1) 1차 급부의무

1차 급부의무는 채권의 내용인 급부를 이행하여야 할 의무이다. 예컨대 매도인의 목적물이전의무, 임대인이 임차인으로 하여금 임대차목적물을 사용·수익케 할 의무 등이 이에 속한다.

(2) 2차 급부의무

2차 급부의무는 불이행한 1차 급부의무에 '갈음하여 또는 그것과 더불어' 발생한다. 예컨대 채무자가 1차 급부의무인 매매목적물의 인도를 지체한 경우, 이로부터 2차 급부의무로서 손해배상책임이 발생하게 된다. 이행지체의 경우에는 이행이 원칙적으로 가능하므로, 채권자는 채무자에 대하여 채무이행을 청구할 수 있고, 지체로 말미암아 생긴 손해의 배상, 즉 지연배상을 청구할 수 있다(제390조).

2. 급부의무, 부수의무 및 간접의무

채무자의 의무에 관해서는 그 의무의 내용 및 구성 체계에 대하여 견해가 나누어져 있지만, 다음과 같이 급부의무를 이해하여야 할 것이다.

(1) 주된 급부의무

1차 급부의무는 급부의무와 부수의무로 나누어지며, 급부의무에는 주된 급부의무와 종된 급부의무가 있다. 주된 급부의무는 '그것을 위해' 채권관계를 체결한 의무를 의미한다. 다시 말하면 본질적이고 계약상 전형적인 급부를 주된 급부의무라 한다. 예컨대 매매계약에서 매도인의 매매목적물 이전의무와 매수인의 대금지급의무(제563조, 제568조), 임대차계약에서는 임대인이 임차인으로 하여금 임대차목적물을 사용·수익케 할 의무와 임차인의 차임지급의무(제618조) 등이 이에 해당한다. 그러므로 ① 주된 급부의무의 이행이 있어야 비로소 채권의 목적이 달성하게 된다. ② 주된 급부의무는 쌍무계약에서 서로 대가적 견련관계에 서게 되므로(제536조), 주된 급부의무에 대해 채무자는 동시이행의 항변권을 주장할 수 있다. ③ 주된 급부의무를 불이행할 경우, 채권자는 채무자에 대하여 채무불이행으로 인한 손해배상을 청구(제390조)할 수 있을 뿐만 아니라 계약을 해제할 수 있다(제544조-제546조).

판 례

(ㄱ) 상가의 일부 층을 먼저 분양하면서 그 수분양자에게 장차 나머지 상가의 분양에 있어 상가 내 기존 업종과 중복되지 않는 업종을 지정하여 기존 수분양자의 영업권을 보호하겠다고 약정한 경우, 그 약정에 기한 영업권 보호채무는 분양계약의 주된 채무이다(대결 1997.4.7, 97마575).

(ㄴ) 계약상의 의무 가운데 주된 채무와 부수적 채무를 구별함에 있어서는 급부의 독립된 가치와는 관계없이 계약을 체결할 때 표명되었거나 그 당시 상황으로 보아 분명하게 객관적으로 나타난 당사자의 합리적 의사에 의하여 결정하되, 계약의 내용·목적·불이행의 결과 등의 여러 사정을 고려하여야 한다(대판 2005.11.25, 2005다53705,53712; 대판 2005.7.14, 2004다67011).

(2) 종된 급부의무

종된 급부의무는 주된 급부의 준비·실행 및 보장을 위한 보충적 의무로서, 당사자의 약정 또는 법률규정에 의하여 발생한다. 예컨대 임대차계약을 체결하면서 임대목적물의 수선의무를 임차인이 부담하기로 약정한 경우의 수선의무, 수임인의 위임인에 대한 위임사무처리현황의 보고의무(제683조) 등이 이에 속한다. 종된 급부의무는 주된 급부의무와 달리 단지 그것을 위해서 계약이 체결되는 것은 아니다. 그러므로 종된 급부의무는 주된 급부의무와 달리 쌍무계약에서 채무자는 동시이행의 항변권을 주장할 수 없고, 종된 급부의무를 불이행한 경우에 이행청구와 손해배상을 청구할 수 있지만, 원칙적으로 해제권은 발생하지 않는다.

(3) 부수의무

(가) 채무자는 급부의무 이외에 여러 부수의무를 부담한다. 왜냐하면 채권관계는 단순한 채권·채무의 대립적인 관계가 아니라, 채권의 목적달성을 위하여 상호간에 협력하여야 할 협동체적 관계이기 때문이다. 부수의무는 계약이나 법률에 명시적으로 규정되지 아니한 채무자의 의무로서, 그 법적 근거는 신의칙(제2조)이며 법률행위의 보충적 해석을 통해서 인정된다. 예컨대 매매계약에서 목적물이 훼손되지 않도록 잘 보관하고 목적물의 사용방법을 매수인에게 알려주어야 할 의무 등이 이에 속한다. 이러한 부수의무에는 채무자의 주의의무·설명의무·충실의무·보호의무·성실의무 등이 있으며, 부수의무를 넓은 용태의무라고도 한다.

급부의무를 위반하면 소를 제기하여 강제집행이 가능하지만, 부수의무 위반의 경우에는 소로써 부수의무를 강제로 이행하게 할 수는 없다. 채무자가 부수의무를 위반함으로써 채권자에게 손해를 준 때에 채권자는 계약체결상의 과실(c.i.c) 또는 적극적 채권침해(pVV)를 이유로 손해배상을 청구할 수 있다. 다시 말하면 매매목적물의 이전시 매수인의 재산을 침해해서는 안 된다는 매도인의 의무는 정확히 확정될 수 없으므로, 소를 통해 강제이행하게 할 수 없다. 그러나 매도인이 목적물을 이전하면서 매수인의 재산을 손상시킨 경우, 채권자는 적극적 채권침해를 이유로 손해배상을 청구할 수 있다.

(나) 보호의무는 부수의무에 속한다(다수설). 즉 급부의무를 중심으로 결합된 채권자와 채무자는 서로 일정한 결합관계를 갖게 되고, 이로 인하여 상대방의 신체와 재산에 대해 영향을 줄 수 있는 가능성을 갖기 때문에, 채권자와 채무자는 서로 상대방의 생명·신체·소유권·그 밖의 재산적 이익을 침해하지 않도록 배려하여야 할 주의의무로서 보호의무를 진다. 이러한 보호의무를 채무의 범주에 포함시키면 그 위반시 채무불이행책임을 물을 수 있는 효과가 있다. 그 밖에 보호의무 위반의 경우에 피해자는 불법행위책임을 물을 수 있다.

한편 판례도 보호의무를 인정한다. 즉 사용자는 근로계약에 수반되는 신의칙상의 부수적 의무로서 피용자가 노무를 제공하는 과정에서 생명, 신체, 건강을 해치는 일이 없도록 인적·물적 환경을 정비하는 등 필요한 조치를 강구하여야 할 보호의무를 부담하고, 이러한 보호의무를 위반함으로써 피용자가 손해를 입은 경우 이를 배상할 책임이 있다고 한다

(대판 2006.9.28, 2004다44506; 대판 2001.7.27, 99다56734). 또한 숙박업자는 고객에게 위험이 없는 안전하고 편안한 객실 및 관련 시설을 제공함으로써 고객의 안전을 배려하여야 할 보호의무를 부담하며, 이러한 의무는 숙박계약의 특수성을 고려하여 신의칙상 인정되는 부수적인 의무로서 숙박업자가 이를 위반하여 고객의 생명·신체를 침해하여 투숙객에게 손해를 입힌 경우 불완전이행으로 인한 채무불이행책임을 부담한다고 하며(대판 2000.11.24, 2000다38718,38725), 병원은 병실에의 출입자를 통제·감독하든가 그것이 불가능하다면 최소한 입원환자에게 휴대품을 안전하게 보관할 수 있는 시정장치가 있는 사물함을 제공하는 등으로 입원환자의 휴대품 등의 도난을 방지함에 필요한 적절한 조치를 강구하여 줄 신의칙상의 보호의무가 있다고 한다(대판 2003.4.11, 2002다63275).

(다) 한편 부수의무를 이행하지 않은 경우에 계약을 해제할 수 있는지에 관하여, 판례는 제544조에 의하여 채무불이행을 이유로 계약을 해제하려면, 채무가 계약의 목적달성에 있어 필요불가결하고 이를 이행하지 않으면 계약의 목적이 달성되지 아니하여 채권자가 그 계약을 체결하지 아니하였을 것이라고 여겨질 정도의 주된 채무이어야 하고, 그렇지 아니한 부수적 채무를 불이행한 데에 지나지 아니한 경우에는 계약을 해제할 수 없다고 한다(대판 2001.11.13, 2001다20394,20400).

판 례

(ㄱ) 쌍무계약에서 상대방의 부수적 사항에 관한 의무위반만을 이유로 자기의 채무이행을 거절할 수 있는 동시이행의 항변권을 갖지 못한다(대판 1976.10.12, 73다584).

(ㄴ) 전대차계약을 체결한 후 중도금 수수시에 비로소 전차보증금의 반환을 담보하기 위하여 전대인이 그 소유 부동산에 근저당권을 설정하여 주기로 약정한 경우, 근저당권설정약정이 이미 전대차계약이 체결된 후에 이루어진 점에서 전대인의 근저당권설정약정이 없었더라면 전차인이 전대인과 사이에 전대차계약을 체결하지 않았으리라고 보기 어려울 뿐 아니라, 전대인의 근저당권설정등기의무가 전대차계약의 목적달성에 필요불가결하다거나 그 의무의 이행이 없으면 전대차계약이 목적을 달성할 수 없다고 볼 만한 사정을 찾아볼 수 없으므로 전대인의 근저당권설정등기의무가 전대차계약에서의 주된 의무라고 보기 어렵고, 따라서 전차인은 전대인이 약정대로 근저당권을 설정하여 주지 않았음을 이유로 전대차계약을 해지할 수 없다(대판 2001.11.13, 2001다20394,20400).

(ㄷ) 영상물 제작공급계약의 수급인이 내부적인 문제로 영상물제작 일정에 다소의 차질이 발생하여 예정된 일자에 시사회를 준비하지 못한 경우, 그와 같은 의무불이행은 그 계약의 목적이 된 주된 채무를 이행하는 과정에서의 부수된 절차적인 의무의 불이행에 불과하므로, 도급인은 그와 같은 부수적인 의무의 불이행을 이유로 계약을 해제할 수 없다(대판 1996.7.9, 96다14364,14371).

(ㄹ) 도로에서 유입되는 소음 때문에 인근 주택의 거주자에게 사회통념상 수인한도를 넘는 생활이익의 침해가 발생하였다고 하더라도, 그 주택을 건축하여 분양한 분양회사는 도로의 설치·관리자가 아니고 그 주택의 건축으로 인하여 소음이 발생하였다고 볼 수도 없으므로, 주택의 거주자들이 분양회사를 상대로 소음 때문에 발생한 생활이익의 침해를 원인으로 하는 불법행위책임을 물을 수는 없다. 다만 분양회사는 주택의 공급 당시에 주택법상의 주택건설기준 등 그 주택이 거래상 통상 소음 방지를 위하여 갖추어야 할 시설이나 품질을 갖추지 못한 경우에 집합건물법 제9조 또는 민법 제580조의 담보책임을 부담하거나, 수분양자와의 분양계약에서 소음 방지 시설이나 조치에 관하여 특약이 있는 경우에 그에 따른 책임을 부담하거나, 또는 분양회사가 수분양자에게 분양하는 주택의 소음 상황 등에 관한 정보를 은폐하거나 부정확한 정보를 제공하는 등 신의칙상의 부수의무를 게을리한 경우에 그 책임을 부담할 뿐이다(대판 2008.8.21, 2008다9358,9365).

(ㅁ) 의사가 진찰·치료 등의 의료행위를 하는 경우 사람의 생명·신체·건강을 관리하는 업무의 성질에 비추어 환자의 구체적인 증상이나 상황에 따라 위험을 방지하기 위하여 요구되는 최선의 조치를 행하여야 할 주의의무가 있다. 의사의 이와 같은 주의의무는 의료행위를 할 당시 의료기관 등 임상의학 분야에서 실천되고 있는 의료행위의 수준을 기준으로 판단하여야 한다(대판 2023.7.13, 2020다217533).

(ㅂ) 재산적 거래관계에 있어서 계약의 일방 당사자가 상대방에게 계약의 효력에 영향을 미치거나 상대방의 권리 확보에 위험을 가져올 수 있는 구체적 사정을 고지하였다면 상대방이 계약을 체결하지 아니하거나 적어도 그와 같은 내용 또는 조건으로 계약을 체결하지 아니하였을 것임이 경험칙상 명백한 경우 계약 당사자는 신의성실의 원칙상 상대방에게 미리 그와 같은 사정을 고지할 의무가 있다. 그러나 이때에도 상대방이 고지의무의 대상이 되는 사실을 이미 알고 있거나 스스로 이를 확인할 의무가 있는 경우 또는 거래 관행상 상대방이 당연히 알고 있을 것으로 예상되는 경우 등에는 상대방에게 위와 같은 사정을 알리지 아니하였다고 하여 고지의무를 위반하였다고 볼 수 없다(대판 2014.7.24, 2013다97076).

(4) 간접의무

채무와 구별되는 개념으로 간접의무(책무)가 있다. 권리자가 그 이행을 청구·소구·집행을 할 수 없으나 의무자가 법률규정대로 이행하지 않으면 법률상 불이익을 받게 되는 경우를 간접의무라 한다. 결국 간접의무를 고려하지 않을 때에는 권리의 상실(Rechtseinbuße)이 야기된다. 예컨대 상사매매에서 매수인이 목적물을 검토하여 지체 없이 매도인에게 그 하자를 통지하지 않은 경우, 하자담보책임을 주장할 수 없다(상법 제69조). 그리고 민법 제528조에 의하면 청약자가 그 상대방에게 통지하지 않은 때에는 연착되지 않은 것으로 보아 계약이 성립된다. 여기서 상사매수인과 청약자의 통지의무를 간접의무 또는 책무라 한다. 이것은 그러한 통지를 하지 않은 경우에 상사매도인이 매수인에게 또는 상대방이 청약자에게 그 통지를 해 줄 것을 적극적으로 청구할 수는 없다. 다만 그 통지를 하지 않은 경우에 상사매수인이 하자담보를 주장할 수 없고, 제528조의 경우에는 계약이 성립된 것으로 간주되어 청약자가 불이익을 받을 뿐이라는 점에서, 이것을 의무와 구별하여 간접의무라 한다. 그 밖에 증여자의 하자고지의무(제559조)·사용차주의 대주에 대한 하자고지의무(제612조, 제559조)·보험계약자의 고지의무(상법 제651조) 등도 간접의무에 속한다.

제 3 절 채권과 물권

채권은 사람과 사람의 관계를 규율하며, 채권자가 채무자에 대해서만 주장할 수 있는 권리인 상대권이다. 반면에 물권은 사람과 물건의 관계를 규율하며(예: 자동차에 대한 어떤 자의 소유권), 모든 제3자에 대하여 주장할 수 있는 절대권이다.

Ⅰ. 채권관계의 상대성

채권은 기본적으로 당사자 사이에서만 효력이 발생한다. 즉 채권은 채권자를 위해서 그리고 채무자에 대해서만 발생하며, 제3자를 위해서 또는 제3자에 대해서는 효력을 발생하지 않는다. 예컨대 매도인(A)이 자신의 X시계를 매수인(B)에게 매도하기로 한 경우, B는 A에 대하여 시계에 대한 소유권이전을, A는 B에 대하여 매매대금의 지급을 요구할 수 있는 채권관계가 발생한다. 즉 A가 B에게 X시계를 인도하기 전에는 B는 시계에 대한 소유권을 취득하지 못한다(제188조 1항). 이처럼 A가 X시계를 B에게 인도하기 전에 B는 단지 재산권이전청구권이라는 채권을 가질 뿐이다(제563조, 제568조). 따라서 A는 C에게 X시계를 매도하는 계약을 체결할 수 있으며, C에게 X시계를 인도하면 C가 시계에 대한 소유권을 취득한다. 이 경우 B는 원칙적으로 C에게 아무런 청구권도 가지지 않으며, 다만 A가 시계에 대한 B의 청구권을 침해하였기 때문에 B는 A에 대해 손해배상을 청구할 수 있다(이행불능으로 인한 손해배상, 제390조).

채권은 기본적으로 당사자 사이에서만 주장할 수 있는 권리이지만, 예외적으로 제3자가 채권관계의 효력에 관련될 수 있다(예: 제3자를 위한 계약(제539조), 제3자 보호효가 있는 계약). 그러나 계약법상의 채권관계는 어떠한 경우에도 제3자의 부담으로 되어서는 안 된다.

Ⅱ. 물권의 절대적 효력

물권은 사람과 물건의 관계를 규율한다(예: 물건에 대한 소유권). 물권은 제3자에 대하여 주장할 수 있는 절대권이기 때문에 채권과 달리 공시할 필요성이 있고, 부동산물권은 등기, 동산물권은 점유(동산·채권담보법상의 동산담보권의 목적물인 동산은 등기)에 의하여 공시되고 있다. 이와 같이 물권은 절대권이므로 제3자가 물권을 침해하면 당연히 불법행위가 성립한다. 그러나 상대권인 채권도 예외적으로 일정한 공시방법을 갖출 필요성이 있는 경우가 있다. 즉 부동산임차권은 등기할 수 있으며(제621조), 주택임차권은 임차주택의 점유이전과 주민등록의 이전에 의하여 제3자에 대한 대항력이 발생한다(주택임대차보호법 제3조 1항).

Ⅲ. 물권의 우위

채권에는 채권자평등의 원칙이 지배한다. 즉 채권은 그 성립의 선후에 따라 우선순위가 정하여지지 않으며 평등한 지위를 갖는다. 그러나 물권은 물권 성립의 선후에 따라 우선순위가 결정되며, 물권과 채권이 충돌한 경우에 원칙적으로 물권이 우선한다.

Ⅳ. 물권에 대한 그 밖의 구별

1. 법정주의 대신에 계약자유

채권에서는 계약자유의 원칙이 지배한다. 즉 체결의 자유·상대방 선택의 자유·내용결정의 자유·방식의 자유의 4가지가 있다. 물권에서는 물권법정주의에 의해 법률에 규정된 종류(물권)만이 그리고 법률이 확정한 내용만이 존재하며, 계약자유는 배제된다. 그러나 채권관계에서는 당사자가 계약의 내용을 자유로이 정할 수 있다.

2. 원인행위와 물권행위의 무인성

채권계약은 원인행위(causa)를 형성한다. 그러나 처분행위는 채권계약, 즉 원인행위와 독립된다. 채권계약이 무효인 경우, 유효하게 양도된 객체는 제741조 이하의 부당이득으로 반환될 수 있다. 예컨대 A가 자신의 자전거를 만취된 상태에서 B에게 매도하는 계약을 체결한 경우, 채권계약은 무효이다. 반면에 A가 취하지 않은 상태에서 자전거를 인도한 경우, 인도행위는 유효하지만 원인행위(매매계약)가 무효이므로 제741조에 의하여 부당이득의 반환(즉 자전거의 반환)을 청구할 수 있다.

제2장 채권의 목적

제 1 절 서 설

Ⅰ. 의 의

채권은 채권자가 채무자에게 일정한 행위를 청구하는 것을 내용으로 하는 권리이므로, 채권의 목적은 '일정한 행위', 즉 채무자의 행위(급부)를 말한다. 예컨대 매매계약에서 채권의 목적은 매도인이 매매목적물의 권리를 이전하는 행위이며, 매수인이 그 대금을 지급하는 행위이다(제563조). 채권의 목적은 채권의 목적물과 구별된다. 채권의 목적물은 채무자의 행위의 객체를 의미하는 것으로, 매매의 경우에 매매의 대상이 된 물건과 그 대가로서의 금전을 말한다. 한편 채권의 목적이 되는 채무자의 행위를 급부(給付)라고 하며, 이 급부의무를 채무라고 한다. 민법은 급부라는 용어를 사용하지 않고, 경우에 따라 행위(제380조, 제385조 1항)·지급(제376조, 제377조)·이행(제375조, 제385조, 제539조)·급여(제466조, 제746조)·변제(제742조, 제743조) 등의 용어를 사용하고 있다.

Ⅱ. 채권의 목적의 요건

1. 일 반

채권은 법률행위(계약)와 법률규정(사무관리·부당이득·불법행위)에 의해 발생한다. 그런데 법정채권은 법률규정에 의해 직접 발생하는 것이므로, 그 규정에서 정한 요건을 충족하면 되는 것이고 따로 효력요건이 문제되지 않는다. 반면에 채권이 당사자의 법률행위, 특히 계약에 의하여 발생하는 경우에는 원칙적으로 자유로운 의사에 의하여 채권의 목적을 정할 수 있으나 법률행위의 목적에 관한 일반적 효력요건(확정성·실현가능성·적법성·사회적 타당성)을 갖추어야 한다.

2. 확 정 성

물권은 특정의 물건을 지배하는 권리이므로 물권의 객체인 물건은 현존·특정되어야 하지만, 채권의 목적인 급부는 이행기를 기준으로 구체적으로 실현되는 것이므로 이행기까지 급부를 확정할 수 있으면 된다. 그 확정은 법률행위의 해석을 통해 이루어진다. 급부가 이행기까지 확정될 수 없는 경우에는 채권은 성립하지 않고, 그 채권을 발생시키는 법률행위도 무효이다. 급부의 확정은 법률행위, 특히 계약에 의하여 발생하는 채권에 관하여만 문제된다(송덕수, C-68). 법률규정에 의하여 발생하는 채권의 경우에는 법률이 급부의 확정표준도 정하기 때문이다(제734조 이하, 제741조 이하, 제750조 이하, 제974조 이하 등).

3. 실현가능성

(1) 실현이 불가능한 급부를 목적으로 하는 채권은 성립하지 않으며, 그러한 채권을 발생시키는 계약은 무효이다. 급부의 가능 여부는 사회통념에 의해 정해지며, 그것은 채권의 성립시(즉 계약성립시)를 기준으로 한다.

(2) 급부가 원시적·객관적 전부불능인 경우에 채권은 성립하지 않고 계약은 무효이지만, 일정한 경우에 계약체결상의 과실책임(제535조)이 문제된다. 그러나 매매나 그 밖의 유상계약에서 급부가 원시적·주관적 전부불능 또는 원시적·객관적(주관적) 일부불능의 경우에는 담보책임이 문제된다. 다시 말하면 목적물의 도난·양도로 인해 채무자만이 급부를 제공할 수 없는 원시적·주관적 불능인 급부를 목적으로 하는 계약은 유효하며, 이때 채무자(매도인)의 담보책임이 문제된다(제569조-제571조, 제567조). 그 밖에 계약체결 당시 목적물의 수량이 부족하거나 일부 멸실한 경우처럼 원시적·객관적 일부불능은 제574조의 담보책임이 그리고 권리의 일부가 타인에게 속하는 경우와 같이 원시적·주관적 일부불능은 제572조의 담보책임이 문제된다.

(3) 급부가 후발적 불능인 경우에 채권은 유효하게 성립하며, 불능이 채무자의 책임 있는 사유로 발생한 때에는 손해배상채무로 변하여 존속하지만(제390조) 채무자의 귀책사유에 의하지 않은 때에는 소멸한다. 특히 채무자의 책임 없는 후발적 불능의 경우, 그 채권을 발생시킨 계약이 쌍무계약이면 위험부담의 문제로 된다(제537조, 제538조).

판 례

건축하도급계약 당시 그 건축공사에 대한 국토교통부장관의 사업계획 승인, 원도급인의 하도급에 대한 승인, 건축부지의 확보 등이 갖추어져 있지 않았더라도 그 계약의 목적이 된 토지상에 아파트건축공사를 하는 것이 법률상 금지 내지 제한되어 있었다는 특단의 사정이 없는 이상 계약 후 이를 보완할 수 있는 것이므로 그와 같은 사유만으로써는 위 하도급계약이 계약 당시 그 계약목적이 실현 불가능한 것이어서 무효라고 할 수 없다(대판 1989.11.28, 89다카11777).

4. 적 법 성

급부는 강행법규에 위반하지 않은 것이어야 하며(제105조), 이에 반하는 채권계약은 무효이다. 가령 범죄행위의 실행, 법률상 양도가 금지되어 있는 물건(예: 마약 등)의 인도를 목적으로 하는 채권은 성립하지 않으며, 그와 같은 약속을 한 계약은 무효이다.

5. 사회적 타당성

급부는 선량한 풍속 기타 사회질서에 위반하지 않은 것이어야 하며, 이에 반하는 채권계약은 무효이다(제103조). 가령 인신매매나 남녀가 불륜관계를 맺을 것을 약속한 경우와 같이 급부의 내용이 사회질서에 반하는 때에는, 채권은 성립하지 않으며 그러한 계약은 무효이다.

6. 급부의 금전적 가치

(1) 채권의 목적인 급부는 보통 금전적 가치가 있으나 금전으로 가액을 산정할 수 없는 급부라도 채권의 목적으로 할 수 있다(제373조). 예컨대 누구를 위해 기도해 주기로 약속한 경우에 그 기도행위가 채무로서 법률적 구속을 받을 수도 있다. 다만 금전으로 산정할 수 없는 급부에 대하여, 당사자 사이에 법률적 구속을 받을 의사가 없음이 명백하거나 법률상 보호할 가치가 없는 때에는 도덕이나 종교 규범의 규율에 맡겨야 한다.

(2) 금전으로 가액을 산정할 수 없는 급부를 목적으로 하는 채권(예: 한밤중에 피아노를 치지 않기로 약속한 부작위채권)도 그 효력은 보통의 채권과 같다. 즉 채권자는 급부의 실현을 소구할 수 있을 뿐만 아니라 강제이행을 청구할 수 있고(제389조), 또 그 불이행으로 인한 손해배상을 청구할 수 있다(제390조).

Ⅲ. 채권의 목적(급부)의 분류

1. 작위급부 · 부작위급부

급부의 내용이 작위이냐 부작위이냐에 의한 구별이다. 부작위에는 '단순 부작위'(예: 건축을 하지 않는 것·피아노를 치지 않는 것)와 채권자가 일정한 행위를 하는 것을 방해하지 않는 '인용'(예: 제624조)이 있다. 작위급부와 부작위급부는 채무불이행이 있는 때에 그 강제이행의 방법을 달리한다(제389조).

2. 주는 급부 · 하는 급부

작위급부 가운데 물건의 인도나 금전의 지급을 목적으로 하는 급부를 '주는 급부'라고 하며, 그 밖의 작위급부를 '하는 급부'(예: 고용관계에 따른 노무자의 노무급부의무·위임계약에 따른 수임인의 위임사무처리의무·진료계약에 따른 의사의 진료의무 등)라 한다. 주는 급부의 경우에는 물건의 인도라는 결과가 중요하고 인도행위 자체는 그 결과를 달성하기 위한 수단에 지나지 않는다. 반면에 하는 급부의 경우에는 채무자 자신의 행위가 중요하므로 대인적 신뢰관계가 존재한다. 주는 급부와 하는 급부는 강제이행의 방법이 다르며(제389조), 하는 급부에는 신의성실의 원칙과 사정변경의 원칙이 크게 작용한다.

3. 특정물급부 · 불특정물급부

주는 급부에서 인도의 목적물이 특정되어 있느냐 여부에 의한 구별이다. 양자는 특정을 필요로 하는지(제374조, 제375조)·이행의 방법(제462조)·이행의 장소(제467조)·쌍무계약에서 위험부담의 적용 여부(제537조) 등에서 구별의 실익이 있다.

4. 가분급부 · 불가분급부

급부의 본질 또는 가치를 손상하지 않고 분할하여 실현할 수 있느냐의 여부에 따른 구별이다. 성질상 불가분 급부(예: 말 1마리의 인도)와 당사자의 의사에 의한 불가분 급부(예: 1천만원을 1회에 지급키로 약정한 경우)가 있다. 양자는 채권자 또는 채무자가 다수 있는 경우에 특히 구별의 실익이 있다(제408조, 제409조).

5. 일시적 급부 · 계속적 급부 · 회귀적 급부

급부를 실현하는 형태가 일시적(예: 주택의 명도·대금의 지급)·계속적(예: 주택의 임대·피용자의 노무제공의무) 또는 회귀적(예: 신문의 배달·매월의 차임지급)인가에 따른 구별이다. 일시적 급부란 1회의 작위 또는 부작위에 의하여 완결되는 급부를 말하고, 계속적 급부는 채무자가 급부를 완료하려면 계속적으로 작위·부작위를 하여야 하는 급부를 말한다. 회귀적 급부는 일정한 시간적 간격을 두고 일정한 행위를 반복하여야 하는 급부로 일시적 급부와 계속적 급부의 성질을 함께 가지고 있다. 이러한 급부는 이행불능·이행지체·동시이행의 항변권·계약의 해제·신의칙과 사정변경의 원칙 등에서 차이가 있다.

6. 결과채무 · 수단채무

일정한 결과의 발생을 목적으로 하는 채무를 결과채무라 하고, 결과발생을 위한 일정한 노력을 하면 결과를 얻지 못하더라도 급부가 실현되는 채무를 수단채무라 한다. 가령 운송계약상의 운송인의 채무나 도급계약에서 수급인의 채무는 결과채무에 해당한다. 반면에 의사의 진료채무나 주식회사의 대표이사가 회사에 대해 부담하는 직무수행상의 채무는 수단채무에 속한다. 결과채무의 경우 일정한 결과가 발생하여야 채권이 소멸하지만, 수단채무는 주의의무를 다하였다면 결과를 얻지 못하더라도 채무는 소멸한다.

판 례

의사가 환자에게 부담하는 진료채무는 질병의 치료와 같은 결과를 반드시 달성해야 할 결과채무가 아니라 환자의 치유를 위하여 선량한 관리자의 주의의무를 가지고 현재의 의학수준에 비추어 필요하고 적절한 진료조치를 다해야 할 채무, 즉 수단채무라고 보아야 할 것이므로, 위와 같은 주의의무를 다하였는데도 그 진료 결과 질병이 치료되지 아니하였다 하더라도 치료비는 청구할 수 있다(대판 2001.11.9, 2001다52568). 그러나 의사가 선량한 관리자의 주의의무를 다하지 아니한 탓으로 오히려 환자의 신체기능이 회복불가능하게 손상되었고, 또 손상 이후에는 그 후유증세의 치유 또는 더 이상의 악화를 방지하는 정도의 치료만이 계속되어 온 것뿐이라면 의사의 치료행위는 진료채무의 본지에 따른 것이 되지 못하거나 손해전보의 일환으로 행하여진 것에 불과하여 병원 측으로서는 환자에 대하여 그 수술비 내지 치료비의 지급을 청구할 수 없다(대판 1993.7.27, 92다15031).

제 2 절 목적에 의한 채권의 종류

Ⅰ. 서 설

민법은 채권의 목적이라 하여, 급부의 종류로서 특정물채권·종류채권·금전채권·이자채권·선택채권의 5가지를 규정하고 있다(제374조-제386조). 이들 급부는 각종 계약으로부터 발생할 뿐만 아니라 법정채권의 발생원인인 사무관리·부당이득·불법행위에 의해서도 발생하는 것이므로, 그 공통된 규정을 둔 것이다.

Ⅱ. 특정물채권

특정물채권에 관하여는 제374조와 현상인도의무(제462조)·위험부담(제537조)·하자담보책임(제580조) 등이 동시에 문제된다.

1. 의 의

특정물채권(特定物債權)은 '특정물의 인도'를 목적으로 하는 채권을 말한다(제374조). 즉 급부되어야 할 물건이 개별적·구체적으로 지정되어 있는 경우에 특정물채권이 존재한다. 여기서 특정물의 인도는 본래 특정물의 점유를 이전하는 것을 뜻하지만, 특정물채권에서 특정물의 인도는 특정물의 점유를 이전하는 경우(예: 임대차·임치 등)뿐만 아니라 점유와 함께 소유권을 이전하는 경우(예 증여·매매 등)도 포함한다. 이와 같이 특정물채권은 채권의 성립시부터 특정물의 인도를 목적으로 하며, 그 특정물의 대체물이 있더라도 다른 물건으로 이행할 수 없다. 그 밖에 종류채권이나 선택채권과 같이 채권의 성립시에는 급부가 특정되지 않은 경우에도 그 후 특정된 때에는 그때부터 특정물채권으로 된다.

2. 선관주의로 보존할 의무

특정물채권의 채무자는 그 물건을 인도하기까지 선량한 관리자의 주의로 보존하여야 한다(제374조). 제374조는 특정물보존의 선관주의의무(善管注意義務)에 관한 일반적 규정이므로, 계약당사자 사이의 특약이나 법률에 특별규정이 있는 때에는 적용되지 않는다.

(1) 선관주의의무

선량한 관리자의 주의라 함은 채무자의 직업·지위 등에 비추어 거래상 일반적으로 요구되는 주의를 말한다. 이러한 주의를 위반하는 것을 '추상적 과실'이라 한다. 제374조는 직접적으로는 특정물의 보존의무에 관해 규정하지만, 이 선관주의의무는 민법상의 주의의무의 원칙이다. 민법은 선량한 관리자의 주의보다 주의의무를 경감하는 경우가 있는데, '자기 재산과 동일한 주의'(제695조), '자기의 재산에 관한 행위와 동일한 주의'(제922조), '고유재산에 대하는 것과 동일한 주의'(제1022조)라고 표현하고 있다. 이와 같이 행위자의 구체적 주의능력에 따른 주의를 결(위반)하는 것을 '구체적 과실'이라 한다. 한편 추상적 과실과 구체적 과실을 합하여 '경과실'이라 한다. 이에 비해 주의를 현저히 결하는 경우를 '중과실'이라 하며, 민법은 '중대한 과실'이라고 표현하고 있다(제109조 1항, 제401조, 제518조, 제735조, 제757조).

(2) 보존의무

(가) 특정물채권의 채무자는 선관주의를 가지고 목적물을 보존할 의무가 있다. 여기서 보존이란 자연적·인위적인 멸실 또는 훼손으로부터 물건을 보호하여 그것의 경제적 가치를 유지하는 것을 의미한다. 보존을 위하여 어떤 행위를 하여야 하느냐는 구체적인 경우에 물건의 성질이나 경제적 효용에 따라 사회통념에 의하여 결정하여야 한다.

(나) 목적물의 보존에 필요한 비용은 원칙적으로 채무자가 부담한다. 따라서 특정물매매의 매수인이 대금지급을 연체하더라도 그 목적물이 매수인에게 인도될 때까지 매도인은 그 목적물에서 생기는 과실을 수취할 수 있고 또한 목적물의 관리·보존의 비용도 부담하여야 하는 것이고, 한편 매수인은 매매대금의 이자를 지급할 필요가 없으므로(제587조), 매도인은 목적물의 인도시까지 관리·보존비의 상환이나 대금의 이자상당액의 손해배상청구를 할 수 없다(대판 2004.4.23, 2004다8210; 대판 1995.6.30, 95다14190). 다만 채권자의 수령지체로 인하여 목적물의 보존비용이 증가된 때에는 그 증가액은 채권자가 부담하여야 한다(제403조).

(3) 선관주의의무의 존속기간

선관주의의무의 존속기간에 관하여, 제374조는 '물건을 인도하기까지'라고 규정하고 있는데, 이는 채무자가 실제로 목적물을 인도할 때까지를 의미한다(통설). 그러나 이행기 이후에는 이행지체에 빠지면 채무자의 책임이 가중되고(제392조), 채권자의 수령지체가 성립하면 채무자의 책임이 경감되므로(제401조), 채무자가 이행기 이후 현실적인 인도가 있기까지 선량한 관리자의 주의로 목적물을 보존하여야 할 경우는 이행지체나 수령지체가 성립하지 않은 경우에 한한다(곽윤직, 27면; 김상용, 41면; 김형배, 55면; 이은영, 95면; 정기웅, 30면; 지원림, 4-40). 가령 채무자가 불가항력으로 이행기에 물건을 인도하지 못하거나 채무자가 유치권·동시이행의 항변권(대판 1991.10.25, 91다22605,22612) 등 정당한 사유에 의하여 이행기에 물건을 인도하지 않은 경우에 한한다.

(4) 선관주의로 보존할 의무를 위반한 경우의 효과

(가) 채무자가 선관주의의무를 위반하여 목적물이 멸실·훼손된 경우, 채무자는 채무불이행으로 인한 손해배상책임을 부담한다(제390조). 그러나 채무자가 선관주의의무를 다했는데도 목적물이 멸실·훼손된 경우에는 손해배상책임을 지지 않는다. 이때 목적물이 멸실된 경우에 채무자는 인도의무를 면하며, 훼손된 경우에는 훼손된 상태 그대로 인도하면 족하다(제462조). 결국 목적물의 멸실·훼손으로 인한 손실은 채권자가 감수하여야 한다. 이와 같이 목적물의 멸실·훼손으로 인하여 목적물을 인도받지 못하거나 완전한 목적물을 인도받지 못할 위험을 급부위험(Leistungsgefahr)이라 하고, 특정물채권에서의 급부위험은 채권자가 부담한다. 그리고 쌍무계약에서 채권자·채무자의 책임 없는 사유로 목적물이 멸실한 때에 그 대가를 받지 못할 위험을 대가위험(Preisgefahr)이라 하며, 채무자가 그 위험을 부담한다(제537조).

(나) 한편 선관주의의무를 다하였다는 증명책임은 채무자가 부담하며, 채무자가 이를 증명하지 못하는 한 목적물의 멸실·훼손으로 인한 손해배상책임을 부담하게 된다(대판 2006.1.13, 2005다51013,51020; 대판 2001.1.19, 2000다57351). 예컨대 임차인의 임차물 반환채무가 이행불능이 된 경우, 임차인이 손해배상책임을 면하려면 이행불능이 임차인의 귀책사유로 말미암은 것이 아님을 증명할 책임이 있으며, 임차건물이 화재로 전소되고 화재의 발생원인이 불명인 때에도 임차인이 그 책임을 면하려면 임차건물의 보존에 관하여 선량한 관리자의 주의의무를 다하였음을 증명하여야 한다.

3. 목적물의 현상인도의무

채무자는 목적물을 선량한 관리자의 주의로 보존한 후에 그 목적물을 인도할 때의 현상대로 인도하면 된다(제462조). 제462조의 의미에 관하여, ① 제462조는 채무자가 선관주의를 가지고 보존한 후에 그 목적물을 인도하여야 할 때(또는 인도할 때)의 현상 그대로 인도하여야 하며, 또한 그것으로 충분하다는 의미로 이해하는 견해가 있다(곽윤직, 27면; 김학동/김증한, 29면; 김상용, 42면; 정기웅, 31면). 이 견해에 의하면 급부의 목적물이 특정되어 있는 때에는 다른 물건으로 대체할 수 없기 때문에 이행기(현실의 이행기)까지의 목적물의 상태가 변질·훼손 등으로 채권의 성립 당시와 차이가 생기더라도 그 상태대로 인도하면 되고(물건 멸실의 경우에는 인도의무 자체는 소멸함), 다만 채무자는 그 물건을 인도하기까지 선량한 관리자의 주의로 보존하여야 할 의무(제374조)가 있기 때문에 그 차이가 채무자의 귀책사유에 의한 것인 때에는 채무자는 채무불이행으로 인한 책임을 져야 한다고 한다. ② 제462조의 현상인도는 특정물의 멸실·훼손과는 관계없이 채무의 대상인 본래의 특정물과 법적 동일성을 잃기까지에는 이르지 않은 변화가 있는 경우에만 인정되는 것이라는 견해가 있다(김용한, 508면; 김형배, 56면, 687면; 이은영, 101면). 즉 채무자가 선량한 관리자의 주의의무를 다하여 특정물을 보존하였더라도 그 특정물의 멸실·훼손으로 인하여 이행기에 본래의 특정물과 법적 동일성이 인정되지 않는 경우에는 제

462조에 의하여 현상인도를 하였더라도 그것은 변제로서의 인도로 인정되지 않는다고 한다.

생각건대 甲 소유의 건물을 임차한 乙이 임차목적물을 사용·수익하던 중에 천재지변 등으로 건물이 멸실된 경우, 계약의 목적을 달성할 수 없으므로 乙은 甲과의 임대차계약을 해지한 후(제627조 2항) 현상대로 인도하면 될 것이다. 결국 위험부담에 관한 제537조와 채무불이행에 관한 제390조를 고려하여 볼 때, 제462조의 현상인도는 채권성립 당시의 목적물 현상과 이행기의 현상 사이에 변화가 있더라도 그 변화가 채무자의 귀책사유에 의한 것이 아니면 이행기의 현상 그대로 인도할 수 있다는 것을 의미한다고 할 것이며, 특정물의 멸실·훼손에 대하여 채무자의 귀책사유 유무에 따라 채무불이행 또는 위험부담이 문제될 것이다. 즉 채무자가 목적물을 선량한 관리자의 주의로 보존하였으나 목적물이 멸실한 경우에 채무자는 인도의무를 면하게 되고, 훼손된 때에는 인도시의 현상대로 인도하면 된다(제537조). 반면에 채무자가 선관주의의무를 위반하여 목적물이 멸실·훼손된 때에는 채무불이행책임을 지게 될 것이다(제390조).

4. 목적물의 인도장소

특정물의 인도는 채무의 성질 또는 변제장소에 관한 당사자 간의 특별한 의사표시가 없는 경우에는 채권성립 당시에 그 물건이 있었던 장소에서 하여야 한다(제467조 1항). 이는 지참채무의 원칙(제467조 2항)에 대한 예외의 경우이다.

5. 과실의 귀속

천연과실은 그 원물로부터 분리하는 때에 이를 수취할 권리자에게 귀속하기 때문에(제102조 1항), 채무자가 과실수취권(果實收取權)을 갖는 경우에 채무자는 이행기까지의 과실을 수취할 수 있다. 즉 채무자는 이행기까지 목적물로부터 분리된 과실을 취득하며, 이행기 후의 과실은 채권자에게 인도하여야 한다. 이와 같이 이행기 이후의 과실은 채권자에게 인도하여야 하는 것이 원칙이지만, 매매에 관한 제587조는 이행기 이후라도 인도 전에 매매목적물로부터 생긴 과실은 채무자인 매도인에게 속한다고 특칙을 두고 있다. 이 규정은 다른 유상계약에 준용된다(제567조). 유증의 경우에는 유언자의 다른 의사표시가 없는 한 수유자(수증자)는 유증의 이행을 청구할 수 있는 때부터 목적물의 과실을 취득한다(제1079조).

판 례

(ㄱ) 특별한 사정이 없는 한 매매계약이 있은 후에도 인도하지 아니한 목적물로부터 생긴 과실은 매도인에게 속하나, 매매목적물의 인도 전이라도 매수인이 매매대금을 완납한 때에는 그 이후의 과실수취권은 매수인에게 귀속된다(대판 1993.11.9, 93다28928).

(ㄴ) 제587조에 의하면, 매매계약 있은 후에도 인도하지 아니한 목적물로부터 생긴 과실은 매도인에게 속하고, 매수인은 목적물의 인도를 받은 날부터 대금의 이자를 지급하여야 한다고 규정하고 있는바, 이는 매

매당사자 사이의 형평을 꾀하기 위하여 매매목적물이 인도되지 아니하더라도 매수인이 대금을 완제한 때에는 그 시점 이후의 과실은 매수인에게 귀속되지만, 매매목적물이 인도되지 아니하고 또한 매수인이 대금을 완제하지 아니한 때에는 매도인의 이행지체가 있더라도 과실은 매도인에게 귀속되는 것이므로 매수인은 인도의무의 지체로 인한 손해배상금의 지급을 구할 수 없다(대판 2004.4.23, 2004다8210).

Ⅲ. 종류채권

1. 의 의

종류채권(種類債權)이란 일정한 종류에 속하는 물건 중에서 일정량의 인도를 목적으로 하는 채권이다. 특정물채권과 달리 종류채권은 채권의 성립시에 급부가 특정되지 않고, 단지 수량·무게·종류 등만으로 정하여져 있는 채권을 말한다. 즉 일정한 종류에 속하는 물건 가운데 어느 것을 인도할 것인지가 아직 확정되어 있지 않은 채권이다. 예컨대 사과 10상자·맥주 10병·쌀 100가마를 주문하는 경우처럼, 일정한 종류에 속하는 물건의 일정량이면 어느 것이라도 좋다고 하는 데에 그 특색이 있다.

(1) 종류채권에 관해서는 두 가지를 주의하여야 한다. ① 종류채권의 목적물은 대체물인 것이 보통이지만, 부대체물인 건물·자동차·말 등도 그 개성이 아니라 공통성·수량에 중점을 두는 경우에는 종류채권의 목적물로 할 수 있다. 즉 종류물인지 여부는 거래의 일반관념에 의하여 객관적으로 정하여지는 것이 아니라, 당사자의 의사를 표준으로 하여 정하여 진다. ② 종류 이외에 다시 일정한 제한을 두어서 일정량의 물건 인도를 약정하는 경우를 '제한(한정)종류채권'(beschränkte Gattungsschuld, Vorratsschuld)이라 한다. 예컨대 맥주 100상자가 있는 A창고 내의 맥주 10상자를 매수하기로 한 경우, 100상자 중에서 10상자라는 점에서는 종류채권이지만, 그것은 A창고에 있는 것을 한도로 한다는 점에서 제한종류채권이다.

(2) 제한종류채권과 관련하여 다음의 점을 주의하여야 한다. ① 창고에 현재 보관 중인 나주배 전체의 인도를 목적으로 하는 채권은 특정물채권이지 종류채권이 아니다. ② 일정 범위의 부대체물 중에서 일정 수량의 물건을 인도할 것을 목적으로 하는 채권이 제한종류채권인지 아니면 선택채권인지 여부이다. 양자는 부대체물 중에서 일정 수량의 물건을 인도할 채무를 부담한다는 점에서 유사한 성격을 지니고 있다. 가령 토지 1,000㎡ 중에서 100㎡, 사육 중인 말 3마리 중에서 1마리를 인도할 것을 목적으로 하는 경우이다. 이때에는 당사자의 의사가 목적물의 일정 범위 자체에 중점을 두고 있는가, 아니면 그 물건의 개성에 중점을 두고 있느냐에 따라 전자의 경우에는 종류채권으로, 후자의 경우에는 선택채권으로 다루어진다. 위의 경우에는 대체로 목적물의 개성이 중요시되므로 선택채권으로 다루어지게 될 것이다.

(3) 한편 특정물채권에서 채권 성립 후 급부가 불능으로 되면, 채무자의 인도의무가 소

멸한다(채권자가 급부위험을 부담하고, 반면에 멸실에 대하여 채무자에게 책임이 있는지 여부에 따라 채무불이행책임 또는 위험부담이 문제된다). 그러나 종류채권에서 채무자는 이행기까지 지정된 종류·수량의 물건을 구하여 채권자에게 인도하여야 할 의무, 즉 조달의무를 부담하기 때문에 종류물 전부가 존재하지 않게 된 경우에만 인도의무를 면한다.

판 례

甲이 乙에게서 丙회사 주식을 매수한 후 乙에게 명의신탁하였는데, 丙회사 주식이 제3자에게 매도된 후 甲이 명의신탁을 해지한 경우, 주식은 주주가 출자자로서 회사에 대하여 가지는 지분으로서 동일 회사의 동일 종류 주식 상호간에는 개성이 중요하지 아니한 점, 乙이 甲에게 교부한 주식보관증에 乙이 보관하는 주권이 특정되어 있지 아니한 점을 고려하여 보면, 乙의 甲에 대한 주식반환의무는 특정물채무가 아니라 종류채무에 해당하므로, 乙 보유 주식이 제3자에게 매도되어 乙이 이를 보유하고 있지 않다는 사정만으로는 乙의 주식반환의무가 이행불능이 되었다고 할 수 없다(대판 2015.2.26, 2014다37040).

2. 목적물의 품질

(1) 채권의 목적을 종류로만 지정한 경우, 법률행위의 성질이나 당사자의 의사에 의하여 품질을 정할 수 없는 때에는 채무자는 '중등품질'의 물건으로 이행하여야 한다(제375조 1항). 즉 목적물의 품질은, 첫째 법률행위의 성질에 의하여 정하여 진다. 예컨대 소비대차(제598조)·소비임치(제702조)의 경우에 차주(借主)와 수치인(受置人)은 그가 처음에 받은 물건과 동일한 품질의 것을 반환하여야 한다. 둘째 당사자의 의사에 의하여 물건의 품질이 정하여진다. 셋째 당사자의 의사가 없는 경우에는 중등품질의 물건으로 이행하여야 한다.

(2) 중등품질을 인도하여야 할 경우에 하등품의 물건으로 인도하면, 그것은 채무불이행이 된다. 반대로 채무자가 중등 이상의 품질(상등품)의 물건을 급부한 경우에 그것이 채무이행이 되느냐 여부는 거래의 목적에 의하여 결정된다. 급부한 물건의 품질에 따라 채권자가 채무자에게 지급해야 할 대가가 달라지거나 상등품이 잘 팔리지 않아 채권자에게 손해를 주는 경우는 채무불이행이 될 수 있다(곽윤직, 29면; 김형배, 60면; 이은영, 107면; 정기웅, 35면). 그러나 상품의 품질이 고급화되어 가는 시대적 추이에 비추어 상등품으로 인도하여도 채무불이행은 성립하지 않는다는 견해가 있다(김상용, 45면).

3. 종류채권의 특정

종류채권은 인도하여야 할 목적물의 종류와 수량만 결정되어 있으므로, 종류채권인 상태에서는 채무자는 채무를 이행할 수 없다. 이처럼 종류물 중에서 인도되어야 할 물건이 구체적으로 결정되는 것을 종류채권의 특정(Konkretisierung)이라 한다. 종류채권에 관하여 당사자가 합의하여 급부 목적물을 특정하거나 특정방법 또는 지정권자를 정하는 경우에는 그에 따라야 하고(대판 2007.12.13, 2005다52214), 그러한 약정이 없는 경우에는 '채무자가 이행에 필요한 행위를 완료하거나, 채권자의 동의를 얻어 이행할 물건을 지정한 때'에 특정이 이루어진다(제375조 2항).

(1) 계약에 의하여 물건을 지정할 때

당사자는 계약에 의하여 당사자의 일방 또는 제3자에게 지정권을 줄 수 있다. 따라서 계약에 의하여 당사자 일방이 급부할 목적물을 지정·분리하거나 제3자에게 지정권이 있는 경우에 그 제3자가 목적물을 지정·분리하면 종류채권은 특정된다. 만일 지정권자가 지정권을 행사하지 않은 경우에 선택채권에 관한 제381조, 제384조를 유추적용할 것인지에 관하여, 다수설은 종류채권에서는 종류물의 개성이 중요시되지 않으므로, 종류채권에는 급부의 개성이 중요시되는 선택채권에 관한 규정을 유추적용하지 않는 것이 타당하다고 한다(김상용, 46면; 김용한, 52면; 김형배, 61면; 송덕수, C-100; 지원림, 4-43). 그러나 판례는 당사자 사이에 지정권의 부여 및 지정의 방법에 관한 합의가 없고, 채무자가 이행에 필요한 행위를 하지 않거나 지정권자로 된 채무자가 이행할 물건을 지정하지 않은 경우에는 선택채권의 선택권이전에 관한 제381조를 유추적용하여 채권의 기한이 도래한 후 채권자가 상당한 기간을 정하여 지정권이 있는 채무자에게 그 지정을 최고하여도 채무자가 이행할 물건을 지정하지 않으면 지정권이 채권자에게 이전한다고 한다(대판 2009.1.30, 2006다37465; 대판 2003.3.28, 2000다24856).

(2) 채무자가 이행에 필요한 행위를 완료한 때

특정의 방법에 관하여 당사자 간의 특별한 약정이 없는 경우에는 '채무자가 이행에 필요한 행위를 완료'한 때에 특정이 이루어진다(제375조 2항). 여기서 이행에 필요한 행위를 완료한다는 것은 이행을 위하여 채무자가 하여야 할 모든 행위를 완료하는 것으로서 변제의 제공(제460조)을 의미한다. 변제제공의 방법은 변제장소를 어디로 약정하였느냐에 따라 달라진다.

(가) 지참채무의 경우

지참채무(持參債務)란 채무자가 목적물을 채권자의 주소에 가지고 가서 이행하여야 하는 채무이다. 특정물의 인도는 채권성립 당시에 그 물건이 있던 장소에서 하여야 하지만(제467조 1항), 그 밖의 채무변제는 채권자의 현주소에서 하여야 하므로(제467조 2항), 우리 민법은 지참채무를 원칙으로 하고 있다. 지참채무의 변제제공은 현실제공을 원칙으로 한다(제460조 본문). 그러므로 채무자가 채권자의 주소에서 채무 내용에 따른 현실의 제공을 한 때에 채무이행에 필요한 행위를 완료한 것이 되며, 그때 특정이 있게 된다. 채무자가 급부의 목적물을 발송하는 것만으로는 특정이 이루어지지 않으며, 목적물이 채권자의 주소에 도달하고 채권자가 언제든지 수령할 수 있는 상태에 놓여진 때에 비로소 특정이 된다. 따라서 채권자의 주소에 도달 전에 불가항력에 의하여 급부할 목적물이 멸실되어도 채무자의 급부의무는 소멸하지 않는다. 다만 채권자가 미리 변제받기를 거절한 경우에는 '구두의 제공'만으로 특정된다(제460조 단서).

(나) 추심채무의 경우

추심채무(推尋債務)는 채권자가 채무자의 주소에 와서 목적물을 추심하여 변제를 받아야 하는 채무이다. 추심채무에서는 채무이행에 채권자의 추심행위를 필요로 하므로, 채무자는 특별한 약정이 없는 한 중등품을 분리하여 채권자에게 그 수령을 통지하여야 한다. 결국 구두제공으로 목적물이 특정된다(다수설). 다시 말하면 목적물을 분리하여 채권자가 이를 수령할 수 있는 상태(변제준비의 완료)를 통지하고 그 수령을 최고하는 것으로 특정이 된다(제460조 단서). 여기서 주의할 것은 이행지체를 면하기 위한 구두제공은 변제준비를 완료하였음을 통지하고 수령을 최고하는 것으로 충분하지만, 특정을 위해서는 목적물을 분리해서 채권자가 추심하려고 오면 언제든지 수령할 상태에 둔 다음에 이를 채권자에게 통지하여 수령을 최고하여야 한다는 점이다(김상용, 47면). 한편 현실의 제공을 하여야 목적물이 특정된다는 반대의 견해가 있다(이은영, 111면).

(다) 송부채무의 경우

송부채무(送付債務)는 당사자의 합의로 채권자의 주소나 영업소 또는 제3의 장소에 목적물을 송부하기로 한 채무이다(김증한/김학동, 34면; 이은영, 112면; 지원림, 4-43; 송덕수, C-103). 송부채무의 경우에는 채무자가 채권자에게 목적물을 발송함으로써 발송된 물건으로 특정이 이루어진다. 예컨대 강릉에 사는 甲이 서울에 거주하는 乙에게 오징어 10상자를 송부하기로 약정한 경우, 甲이 오징어 10상자를 발송함으로써 이행에 필요한 행위를 완료한 것으로 되어 특정이 이루어지고, 따라서 종류채권이 특정물채권으로 전환된다. 이때 채무자 甲의 책임 없는 사유로, 즉 운송 중 사고로 오징어가 전부 멸실된 경우에 이는 특정물의 급부불능에 해당하여, 결국 채무자는 책임을 면하게 된다. 다시 말하면 乙은 甲에게 오징어 10상자의 인도를 청구할 수 없다(제537조). 물론 목적물의 멸실에 대하여 甲에게 귀책사유가 없는 경우, 甲은 乙에게 매매대금의 지급을 청구할 수 없다(제537조). 그런데 송부채무를 채권자 또는 채무자의 주소 이외의 제3지에 목적물을 송부하는 채무라고 이해하는 견해가 있다(곽윤직, 30면; 김상용, 48면; 김형배, 63면; 정기웅, 37면 등). 이 견해에 의하면 송부채무의 경우에는 목적물을 급부하여야 하는 제3지가 채무의 본래의 이행장소인 때에는 지참채무와 같고, 제3지가 본래의 이행장소는 아니지만 채무자의 호의로 제3지에 송부하는 경우에는 목적물을 분리하여 제3지로 발송하는 때에 특정이 생긴다고 한다.

(3) 채권자의 동의를 얻어 이행할 물건을 지정한 때

채권자의 동의는 채무자가 지정해서 특정하는데 대한 동의이다. 채무자의 지정권은 일종의 형성권이며, 채무자가 지정권을 행사하여 목적물을 분리·지정한 때에 특정이 있게 된다.

4. 특정의 효과

특정(Konkretisierung)으로 채권관계는 특정된 물건으로 제한되며, 종류채권은 특정물채권으로 전환된다(제375조 2항). 특정된 후에는 채무자는 그 특정물을 인도시까지 선량한 관리자의 주의로 보존하여야 한다(제374조). 주의할 것은 특정된 물건의 수령을 채권자가 지체하는 경우에 수령지체가 성립하여 채무자의 보관상 주의의무가 경감될 수 있으며(제401조), 또한 종류채권의 목적물이 특정되었더라도 물권변동의 요건을 갖추지 않는 한(제186조, 제188조) 그 목적물에 대한 소유권이 채권자에게 이전되지 않는다는 점이다.

(1) 특정 전의 법률관계

특정이 있기 전에 채무자가 소유하는 그 종류의 물건이 멸실하였더라도 그 종류물이 거래계에 존재하는 한 채무자는 급부의무를 면하지 못한다. 즉 채무자는 동일한 종류의 물건이 시장에 더 이상 존재하지 않을 때까지 채권자에 대해 급부의무를 부담한다. 그러나 제한종류채권의 경우에는 그 제한된 종류의 물건이 전부 멸실하면 거래계에 동일한 종류의 물건이 존재하더라도 채무자는 급부의무를 면하게 된다.

(2) 특정 후의 법률관계

(가) 특정으로 채무자의 급부의무(Leistungspflicht)는 특정된 목적물로 제한된다. 종류채권은 특정물채권으로 전환되며, 특정물채권에 관한 규정이 적용된다. 따라서 특정된 물건이 불가항력으로 멸실된 경우에 같은 종류의 물건이 시장에 존재하더라도 채무자는 새로이 같은 종류의 물건을 제공할 의무를 면한다. 다만 채무자의 귀책사유로 멸실된 경우에는 같은 종류의 다른 물건으로 급부할 의무는 없으나 채무불이행책임을 지게 된다(제390조).

그런데 특정된 목적물이 채무자의 귀책사유로 멸실된 경우에도 그 종류에 속하는 다른 물건의 급부의무를 인정하는 것이 타당하고, 채권자도 같은 종류의 다른 물건을 수령하여야 하며, 그것이 거래의 실제에도 부합한다는 견해가 있다(김형배, 64면; 김상용 49면). 생각건대 특정으로 종류채권이 특정물채권으로 전환된다고 설명하면서, 다시 특정된 물건이 멸실된 경우 같은 종류의 다른 물건으로 인도하여야 한다는 것은 법논리상 타당하지 않다. 다만 후술한 바와 같이 채무자의 의사에 반하는 등 특별한 사정이 없는 한 변경권에 의하여 채무자는 같은 종류의 다른 물건을 인도할 수 있다고 할 것이다.

(나) 특정에 의하여 목적물에 대한 급부위험(Leistungsgefahr), 즉 물건의 멸실·훼손의 위험은 채무자로부터 채권자에게 이전된다. 즉 특정된 물건이 멸실되면 채무자는 채무를 면하고 채권자는 만족을 얻을 수 없게 된다. 채무자는 같은 종류의 다른 물건을 조달하여 인도할 의무를 지지 않는다. 따라서 편무계약에서 특정 이후의 목적물 멸실은 채권자의 위험부담으로 된다. 그러나 쌍무계약에서의 대가를 받지 못할 위험, 즉 대가위험(Preisgefahr)은 특정이 있는 후에도 여전히 채무자가 부담한다(제537조). 따라서 목적물이 채권자와 채무자, 양자에게 책임 없는 사유로 멸실하게 되면 채무자는 반대급부의 이행을 청구하지 못한다. 물론 채권자의 귀책사유로 목적물이 멸실된 경우에는 채무자는 대가위험을 부담하지 아니하므로 채권자에 대하여 반대급부의 이행을 청구할 수 있다(제538조).

(3) 채무자의 변경권한

종류채권의 특정 이후에 채무자는 특정된 물건으로 인도할 의무를 지며, 다른 물건의 인도는 원칙적으로 채무이행이 되지 못한다. 그런데 학설은 종류채권에서의 특정은 채무를 이행하기 위한 수단에 지나지 않으므로, 특정된 후에도 채권자의 의사에 반하지 않거나 채권자에게 불이익을 주지 않는 한 그 종류에 속하는 다른 물건을 인도할 수 있다는 것, 즉 이른바 '변경권'을 인정한다(김상용, 49면; 곽윤직, 32면; 정기웅, 38면; 이은영, 114면; 김형배, 65면).

생각건대 채무자는 특정에 임의적으로 구속되며, 제375조 2항은 채무자를 보호하기 위한 규정이므로 채무자는 이를 포기할 수 있다. 결국 특정의 해소(Rückgängigmachung)로 종류채권으로 회복하게 되므로, 채무자는 다시 특정을 통해 동일한 종류의 다른 물건을 인도할 수 있다고 할 것이다(Vgl. Medicus, JuS 1966, 297; Larenz, Schuldrecht I, § 11 I).

(4) 목적물의 하자가 있는 경우

종류채권의 특정에 의하여 특정된 목적물에 하자가 있는 때에는 채무 내용에 따른 이행을 위한 특정이 있다고 볼 수 없으므로, 채권자는 목적물의 수령을 거절할 수 있다. 즉 하자 없는 종류물이 존재하는 한, 하자 있는 물건의 제공은 변제제공의 효과가 없으며, 채무자는 다시 완전한 물건을 제공하여야 한다(김형배, 66면; 김상용, 50면; 이은영, 113면; 정기웅, 39면). 물론 매매의 경우에 채권자인 매수인이 하자 있는 목적물을 수령한 때에는 제581조의 하자담보책임을 주장할 수 있다.

Ⅳ. 금전채권

금전채무에 대한 채무자의 자력을 보전하는 방법으로 채권자대위권·채권자취소권·가압류·채무자회생법상의 부인권 등이 있다.

1. 의 의

금전채권(金錢債權)은 일정액의 금전지급을 목적으로 하는 채권이다. 금전채권은 일정액의 금전지급을 목적으로 하는데, 금전은 물건으로서의 중요성이 있는 것이 아니라 그것이 가지는 '명목가치와 강제통용력'에 그 중요성이 있다. 따라서 금전채권은 종류채권이 아니라 가치채권이며, 동시에 금액채권이다. 그러나 특정종류의 금전의 인도를 목적으로 하는 금종채권은 금전채권이 아니라 금전이라는 물건의 인도를 목적으로 하는 종류채권 또는 특정물채권이다. 금전채권은 물건의 인도를 목적으로 하는 채권에서 발생할 수 있는 특정·하자·급부불능·위험부담의 문제가 생기지 않는다. 또한 화폐가 존재하는 한 이행불능이 되지 않는다.

그러나 금전은 강제통용력과 명목가치에 그 중요성이 있으므로 경제사정의 변화, 그중에서도 물가의 상승으로 인하여 실질구매력의 변화가 초래될 수 있다. 이때 사정변경의 원칙,

특히 행위기초의 상실(Wegfall der Geschäftsgrundlage)의 적용문제가 발생한다. 그런데 판례는 매매계약을 맺은 때와 그 잔대금을 지급할 때와의 사이에 오랜 기간이 지나서 그 동안에 화폐가치의 변동이 극심하였던 탓으로 매수인이 애초에 계약할 당시의 금액표시대로 잔대금을 제공한다면 그 동안에 앙등한 매매목적물의 가격에 비하여 그것이 현저하게 균형을 잃은 이행이 되는 경우라 할지라도 민법상 매도인으로 하여금 사정변경의 원리를 내세워서 그 매매계약을 해제할 수 있는 권리는 생기지 않는다고 한다(대판 1963.9.12, 63다452).

2. 금전채권의 종류

금전채권을 발생시키는 원인으로는 증여·소비대차·매매·임대차·고용·도급·임치 등이 있다. 또한 채무불이행이나 불법행위로 인한 손해는 금전으로 배상하는 것이 원칙으로 되어 있다(제394조, 제763조). 금전채권은 보통 금액채권을 의미하지만, 민법은 따로 금종채권과 외화채권에 관한 규정을 두고 있다.

(1) 금종채권

일정한 종류의 통화로 지급하기로 된 금전채권이다. 예컨대 1만원권으로 100만원을 지급하기로 약정한 경우가 이에 해당한다. 이 경우 그 통화가 변제기에 강제통용력을 상실한 때에는 채무자는 다른 통화로 변제하여야 한다(제376조). 한편 화폐가 강제통용력을 잃지 않았으나 사실상 부존재한 경우에 관하여, 명문의 규정은 없지만 금종채권의 성질상 화폐가 강제통용력을 잃은 경우(제376조)와 같이 풀이하여야 할 것이므로(유추해석), 채무자는 다른 통화로 변제하여야 한다.

(2) 외화채권(외국금전채권)

(가) 외화로 지급하기로 된 금전채권으로서, 채무자는 그 외화의 일정액을 그 국가의 각종 통화로 변제할 수 있다(제377조 1항). 그러나 외화의 종류가 지정된 경우, 예컨대 100Euro로 100만 Euro를 지급하기로 약정한 경우, 그 통화가 변제기에 강제통용력을 잃은 때에는 채무자는 그 나라의 다른 통화로 변제하여야 한다(제377조 2항).

(나) 외화채권의 경우에 채무자는 '지급할 때'의 이행지의 환금시장(換金市場)에 의하여 우리나라의 통화로 변제할 수 있다(제378조). 제376조와 제377조 2항은 '변제기'라는 표현을 쓰고 있는데 반해 제378조는 '지급할 때'라고 표현하고 있으므로, 그 의미는 변제기가 아니라 '채무자가 현실로 지급할 때'를 뜻한다(대판 1991.3.12, 90다2147). 이러한 법리는 외화채권자가 경매절차를 통하여 변제받는 경우에도 동일하게 적용되어야 하므로, 집행법원이 경매절차에서 외화채권자에 대하여 배당할 때에는 특별한 사정이 없는 한 배당기일 당시의 외국환시세를 우리나라 통화로 환산하는 기준으로 삼아야 한다(대판 2011.4.14, 2010다10364). 또한 우리나라 통화를 외화채권에 변제충당할 때도 특별한 사정이 없는 한 현실로 변제충당할 당시의 외국환시세에 의하여 환산하여야 한다(대판 2000.6.9, 99다56512).

(다) 채권자도 우리나라의 통화로 지급할 것을 청구할 수 있다(통설). 채권자가 우리나라 통화로의 대용급부청구를 한 경우에는 채무자가 현실로 이행할 때에 가장 가까운 '사실심 변론종결시'를 기준으로 하여야 한다(대판 2016.6.23, 2015다55397). 물론 주채무가 외화채무인 경우에도 채권자와 보증인 사이에 미리 약정한 환율로 환산한 원화로 보증채무를 이행하기로 약정하는 것도 허용된다(대판 2002.8.27, 2000다9734). 보증채무는 채권자와 보증인 사이의 보증계약에 의하여 성립하고, 주채무와는 독립채무이지만 주채무와 동일한 내용의 급부를 목적으로 함이 원칙이고, 채권자와 보증인은 보증채무의 내용·이행시기·방법 등에 관하여 특약을 할 수 있으며, 그 특약에 따른 보증인의 부담이 주채무의 목적이나 형태보다 중하지 않는 한(제430조) 그러한 특약이 무효라고 할 수 없기 때문이다. 따라서 채권 금융기관이 신용보증기관과 체결한 '주채무인 외화대출금을 미리 정해진 환율에 의하여 우리나라 통화로 환산한 금액을 지급하는 방법으로 신용보증계약을 이행하기로 한' 특약에 따라 보증채권을 미리 우리나라 통화로 환산하여 청구한 경우, 법원은 신용보증기관에게 그 이행을 명할 때에 사실심 변론종결 당시의 외국환시세를 우리나라 통화로 환산하는 기준시로 삼아야 한다(대판 2008.7.10, 2008다9891).

(라) 한편 채무불이행으로 인한 손해는 다른 의사표시가 없는 한 금전으로 배상하여야 한다(제394조). 여기서 '금전'이란 우리나라의 통화를 가리키는 것이므로, 채무불이행으로 인한 손해배상을 구하는 채권은 당사자가 외국통화로 지급하기로 약정하였다는 등의 특별한 사정이 없는 한 채권액이 외국통화로 지정된 외화채권이라고 할 수 없다(대판 2007.8.23, 2007다26455,26462; 대판 2005.7.28, 2003다12083).

판 례

제1심 이행판결에 대하여 채무자만이 불복·항소한 경우에 법원이 항소심 변론종결 당시의 외국환시세를 기준으로 채권액을 다시 환산하여야 하는지에 관하여, 판례는 항소심은 속심이므로 채무자가 항소이유로 삼거나 심리 과정에서 내세운 주장이 이유 없다고 하더라도 법원으로서는 항소심 변론종결 당시의 외국환시세를 기준으로 채권액을 다시 환산해 본 후 불이익변경금지 원칙에 반하지 않는 한 채무자의 항소를 일부 인용하여야 한다고 한다(대판 2007.4.12, 2006다72765).

3. 금전채무의 이행

(1) 금전채무는 반드시 금전으로 이행할 것이 요구되지 아니하며, 금전을 대신하여 유통성이 있는 어음이나 수표로 지급할 수도 있다. 이때는 그 어음 또는 수표의 부도를 해제조건으로 하여 어음 또는 수표에 의한 지급시에 유효한 변제가 이루어진다. 그리고 신용카드나 다른 지급수단에 의하여 지급한 경우에도 그것으로부터 채권자가 만족을 얻은 때에 변제가 있게 된다.

(2) 계좌이체에 의한 송금의 경우, 채권자의 계좌에 입금이 되면 그에 의해 금전지급이 된 것으로 볼 수 있다. 반면에 채권자가 아닌 제3자 명의로 개설된 예금계좌에 채무자가 현

금을 입금시킨 경우, 예금명의자인 제3자가 금전채권에 대한 변제의 제공을 받을 수 있는 지위에 있지 않는 한 그 입금이 채무 내용에 따른 현실의 제공이라고 볼 수 없을 것이지만, 그것이 채권자의 요청에 의한 것이고, 채권자가 그 계좌를 관리하고 있어 즉시 인출할 수 있는 지위에 있는 때에는 채무자가 입금한 금원이 그 예금계좌에 들어가 입금기재된 때에 그에 따른 변제의 효력이 발생한다(대판 1998.7.24, 98다7698).

4. 금전채무불이행에 대한 특칙

채무불이행이 있는 경우에는 채권자는 손해배상을 청구할 수 있다. 일반적으로 ① 채권자는 손해의 발생과 그 손해액을 증명하여야 하고(제390조), ② 채무자에게 귀책사유가 있어야 하며(제390조 단서), ③ 그 배상액은 통상손해와 특별손해의 기준에 의해 정해지게 된다(제393조). 그런데 금전채무의 불이행으로 인한 손해배상에 관하여, 제397조는 위 3가지 점에 대해 다음과 같은 특칙을 규정하고 있다.

(1) 증명책임

채권자는 손해의 발생 및 그 손해액의 증명을 요하지 않는다(제397조 2항 전문). 금전채권에 관하여는 손해의 증명이 곤란할 뿐만 아니라, 이자가 붙어 점점 증가하는 것이 보통이므로 당연히 일정한 손해가 발생하는 것으로 인정된다. 그러나 주장책임은 여전히 채권자에게 있다(대판 2000.2.11, 99다49644).

(2) 귀책사유

(가) 채무자는 과실 없음을 항변하지 못한다(제397조 2항 후문). 즉 무과실책임을 진다. 따라서 채무자는 그에게 책임 없는 사유로 이행을 지체한 경우에도 손해배상책임을 진다. 여기서 천재지변·전쟁과 같은 불가항력의 사유로 이행지체에 빠진 때에도 채무자는 손해배상책임을 져야 하는지에 관하여, ① 불가항력에 의한 면책을 부정하여 그 책임을 진다는 견해(임정평, 76면; 김용한, 60면; 김상용, 53면; 윤철홍, 42면), ② 그 책임을 면한다는 견해(곽윤직 35면, 이은영 123면; 김학동/김중한, 41면; 김형배, 70면; 송덕수, C-113)가 있다. 그 논거로 ①은 불가항력적 사태가 발생하면 화폐가치가 하락하는 것이 상례이므로, 만약 채무자가 불가항력을 가지고 항변할 수 있다고 하면 금전채권자는 2중의 손해를 입게 될 것이고, 반사적으로 채무자는 2중의 이익을 얻게 될 것이라는 점을 들고 있다(김상용, 53면). 반면에 ②는 불가항력으로 인한 경우에도 채무자가 불이행의 책임을 진다는 것은 금전의 특수성을 고려한다고 하여도 지나치며, 본래 불가항력 개념은 무과실책임이 지나치게 무겁게 되는 것을 제한하기 위하여 사용된 것이라는 점을 이유로 들고 있다(곽윤직, 36면). 생각건대 천재지변 등 불가항력에 의한 경우는 제182조와의 균형을 고려하여 볼 때, 그 책임을 면한다고 할 것이다. 즉 제397조 2항 후문은 정상적인 거래를 전제로 하는 것으로 축소해석을 하여야 할 것이다.

(나) 제397조는 외화채권에도 적용된다(대판 2003.4.8, 2001다38593). 가령 선물환계약은 장래의 일정기일

또는 기간 내에 일정 금액, 일정 종류의 외환을 일정 환율로써 교부할 것을 약정하는 계약으로서 그에 기한 채권은 금전채권이므로, 그 당사자는 제397조 2항에 의하여 계약불이행에 대하여 과실 없음을 들어 항변할 수 없다.

(3) 손해배상액

(가) 원 칙

1) 금전채무의 불이행에 의한 손해배상액은 실제 손해의 다소를 불문하고 법정이율에 의해 정해진다(제397조 1항). 따라서 금전채무에 관하여 이자약정이 없어서 이자청구를 전혀 할 수 없는 경우에도 채무자의 이행지체로 인한 지연손해금은 법정이율에 의하여 청구할 수 있다(대판 2009.12.24, 2009다85342). 주의할 것은 금전채무의 이행지체로 인하여 발생한 손해배상액은 원칙적으로 법정이율에 의해 산정하지만, 지연손해금의 성질은 '손해배상금'이지 이자가 아니다(대판 1998.11.10, 98다42141).

2) 한편 실손해액이 법정이율에 의한 금액을 초과할 경우에 금전채권자는 그 초과손해의 배상을 청구할 수 있는지에 관하여, ① 채권자는 실제의 손해가 그보다 크다는 것을 증명하여도 초과손해의 배상을 청구하지 못한다는 견해(곽윤직, 36면; 김주수, 66면; 송덕수, C-114), ② 법정이율의 범위 내에서는 채무자의 귀책사유를 요하지 아니하고 당연히 배상받을 수 있으며, 법정이율을 초과하는 손해에 대해서는 채권자는 채무자의 귀책사유를 증명하여 청구할 수 있다는 견해(김상용, 54면; 이은영, 126면), ③ 법정이율 이상의 손해는 특별손해로서 이를 증명하면 배상을 청구할 수 있다는 견해가 있다(지원림, 4-58; 김형배, 69면). 판례는 매도인이 매수인으로부터 매매대금을 약정된 기일에 지급받지 못한 결과 제3자로부터 부동산을 매수하고 그 잔대금을 지급하지 못하여 그 계약금을 몰수당함으로써 손해를 입었다고 하더라도 이는 특별한 사정으로 인한 손해이므로 매수인이 이를 알았거나 알 수 있었던 경우에만 그 손해를 배상할 책임이 있다고 하여(대판 1991.10.11, 91다25369), ③설을 따른다.

생각건대 법정이율을 초과하는 손해의 배상을 금지한다면 채무자가 악의로 이행을 지연하게 만드는 요인이 될 것이고, 이러한 지연의 경우에 채권자는 불이익을 입을 수밖에 없다. 이점을 고려할 때 제397조의 취지는 금전채무불이행의 경우 전형적인 손해는 통상이자로 보전된다는 것이지 그 밖의 손해배상을 배척하는 것은 아니라고 할 것이다. 따라서 초과손해를 특별손해로서 증명할 수 있을 경우에는 배상을 청구할 수 있다고 할 것이다.

(나) 예외 — 약정이율(약정이자)이 있는 경우

1) '지연손해금 비율'에 대해 약정이 없는 경우

(i) 법령의 제한에 위반하지 않는 '약정이율'이 있으면 그것은 지연손해금에도 적용된다(제397조 1항 단서). 즉 금전채무에 대한 약정이율은 있지만 이행지체로 인해 발생한 지연손해금 비율에 관하여 따로 약정이 없는 경우, 그 지연손해금은 약정이율에 의해 산정한다. 가령 소비대차에서 변제기 후의 이자약정이 없는 경우, 특별한 의사표시가 없는 한 변제기가 지난 후에도

당초의 약정이자를 지급하기로 한 것으로 보는 것이 당사자의 의사이므로(대판 1981.9.8, 80다2649), 채무불이행에 의한 손해배상액(지연손해금)은 약정이율에 의해 산정한다.

(ii) 다만 '약정이율이 법정이율보다 낮은' 경우, 제397조 1항 단서가 아니라 본문에 따라 법정이율에 의하여 지연손해금을 정하여야 한다(대판 2009.12.24, 2009다85342). 금전채무에 관하여 이자약정이 없더라도 채무자가 이행지체에 빠진 경우, 채권자는 법정이율에 의한 지연손해금을 청구할 수 있으므로, 약정이율이 법정이율보다 낮은 경우에는 법정이율에 의하여 지연손해금을 정하는 것이 형평의 원리에 맞기 때문이다.

2) '지연손해금 비율'에 대해 약정이 있는 경우

사적 자치의 원칙상 제397조 1항 단서, 즉 약정이율이 금전채무불이행에 의한 지연손해금 산정의 기준으로 적용되는 것은 별도의 약정이 없는 때에 한한다. 따라서 금전채무불이행이 있는 경우의 '지연손해금 비율'에 대해 따로 약정한 때에는 그에 따라야 하고, 설사 그것이 법정이율보다 낮더라도 마찬가지이다(대판 2013.4.26, 2011다50509). 이처럼 금전채무에 관하여 이행지체에 대비한 지연손해금 비율을 따로 약정한 경우, 이는 일종의 손해배상액 예정으로서 제398조에 의한 감액의 대상이 된다(대판 2017.5.30, 2016다275402; 대판 2000.7.28, 99다38637).

3) 법률에 특별규정이 있는 경우

법률에 특별규정(제685조, 제705조, 제958조, 상법 제196조, 제269조)이 있거나, 당사자가 실손해 배상의 특약을 하였거나 배상액의 예정(제398조)을 맺은 경우에는 그에 따른다.

(4) 이자채무나 지연배상금채무 자체에 대한 이행지체책임

(가) 이자채무의 이행지체

이미 발생한 이자에 관하여 채무자가 이행을 지체한 경우에는 그 이자에 대한 지연손해금을 청구할 수 있다(대판 1996.9.20, 96다25302).

(나) 금전채무의 지연배상금채무에 대한 지체책임

금전채무의 지연손해금채무는 금전채무의 이행지체로 인한 손해배상채무로서 '이행기의 정함이 없는 채무'에 해당하므로(제387조 2항), 채무자는 확정된 지연손해금채무에 대하여 채권자로부터 '이행청구를 받은 때'부터(정확히는 이행청구를 받은 다음 날부터) 지체책임을 부담하게 된다(대판 2004.7.9, 2004다11582). 가령 금전채무의 이행기가 1월 10일인데 이를 이행하지 않고 있던 중 채권자가 6월 10일에 이행청구를 하면 1월 10일부터 금전채무 원본의 지연이자가 발생하게 되고(지연손해금), 그 지연손해금채무는 이행기의 정함이 없는 채무이므로, 채무자는 이행청구를 받은 6월 10일 다음 날부터 지연손해금에 대한 지체책임도 부담하게 된다.

판 례

(ㄱ) 소비대차채권의 담보를 확보할 목적으로 일단 제소전 화해를 한 경우 그 화해는 창설적 효력을 가지게 되므로 화해 전의 사유를 가지고 화해의 효력을 다툴 수 없고 화해가 이루어지면 종전의 법률관계를 바탕으로 한 권리의무관계는 소멸한다고 할 것이므로 변제기 후의 지연손해에 대하여 화해조항에 별도의 정함이 없으면 변제기 후의 지연손해는 법정이율에 의하여야 한다(대판 1981.9.8, 80다2649).

(ㄴ) 금전채무불이행의 경우에 발생하는 원본채권과 지연손해금채권은 별개의 소송물이므로, 불이익변경에 해당하는지 여부는 원금과 지연손해금 부분을 각각 따로 비교하여 판단하여야 하고, 별개의 소송물을 합산한 전체 금액을 기준으로 판단하여서는 아니 된다(대판 2009.6.11, 2009다12399).

(ㄷ) 금전채권자가 채무자를 상대로 채무의 이행을 청구하는 소를 제기한 후에 채무자가 자신의 채무를 이행함으로써 원래의 금전채무는 소멸하여 그 범위에서 채권자의 채무이행청구는 기각될 수밖에 없고 이제 그 채무의 이행지체로 인한 지연손해의 배상만이 남게 된 경우에 그 지연손해금 산정의 기준이 되는 법정이율에 대하여는 '소송촉진 등에 관한 특례법' 제3조의 이율은 적용되지 아니한다. 우선 위 조항이 금전채권자의 소 제기 후에도 상당한 이유 없이 채무를 이행하지 아니하는 채무자에게 지연이자에 관하여 불이익을 가함으로써 채무불이행상태의 유지 및 소송의 불필요한 지연을 막고자 하는 것을 그 중요한 취지로 하는 점에 비추어 보면, 비록 소가 제기된 후라고 하여도 원래의 금전채무를 스스로 이행한 채무자에게 그러한 불이익을 가할 이유는 없다(대판 2010.9.30, 2010다50922). '금전채무의 이행을 명하는 판결을 선고할 경우'에 제3조가 적용되기 때문이다.

(ㄹ) 형사보상 청구인은 형사보상법에서 정한 절차에 따라 무죄판결을 선고한 법원으로부터 보상결정을 받아 그 법원에 대응하는 검찰청에 보상금 지급청구서를 제출하면서 보상금의 지급을 청구할 수 있다. 이러한 경우 국가가 청구인에 대한 보상금의 지급을 지체한다면, 금전채무를 불이행한 것으로 보아 국가는 청구인에게 미지급 보상금에 대한 지급 청구일 다음 날부터 민법 제397조에 따라 지연손해금을 가산하여 지급하여야 한다(대판 2017.5.30, 2015다22341). 청구인이 형사보상청구권을 행사함으로써 보상결정이 확정되면, 비로소 국가에 대해 확정된 형사보상금의 지급을 청구할 수 있는 권리, 즉 형사보상금지급청구권이 발생하며(형사보상법 제21조, 제23조), 이러한 형사보상금지급청구권은 성질상 국가에 대한 일반 금전채권과 다르지 않기 때문이다.

(ㅁ) 당사자 일방이 금전소비대차가 있음을 주장하면서 약정이율에 따른 이자의 지급을 구하는 경우, 특별한 사정이 없는 한 그 대여금채권의 변제기 이후의 기간에 대해서는 약정이율에 따른 지연손해금을 구하는 것으로 보아야 하고, 여기에는 약정이율이 인정되지 않는다고 하더라도 법정이율에 의한 지연손해금을 구하는 취지가 포함되어 있다고 볼 수 있다. 이는 채무자가 금전소비대차계약 공정증서의 집행력을 배제하기 위하여 제기한 청구이의의 소에서 채권자가 금전대여와 함께 약정이율에 따른 지연손해금을 주장한 경우에도 마찬가지이다(대판 2017.9.26, 2017다22407).

V. 이자채권

1. 의 의

이자채권(利子債權)은 이자의 지급을 목적으로 하는 채권을 말한다. 그런데 이자는 금전이나 그 밖의 대체물이므로 이자채권은 일종의 종류채권이며, 특히 이자가 금전인 경우에는 금전채권의 적용을 받는다. 다만 이자채권은 그 확정기준이 이율에 있다는데 특색이 있다. 이자채권은 원본채권을 전제로 하여 당사자 사이의 특약이나 법률규정에 의해 발생한다.

2. 이자와 이율

(1) 이 자

이자는 '금전이나 그 밖의 대체물'의 사용의 대가로서 원본액과 사용기간에 비례하여 지급되는 금전이나 그 밖의 대체물이다. ① 이자는 금전이나 그 밖의 대체물의 사용대가라는 점에서, 부대체물인 토지·기계·건물 등의 사용대가인 지료·차임 등은 이자가 아니다. ② 이자는 금전인 것이 보통이지만, 대체물도 이자가 된다. 또 원본과 이자는 동종의 대체물이어야 하는 것은 아니다. 예컨대 쌀을 빌려주고 금전으로 이자를 받을 수 있다. ③ 이자는 원본채권의 존재를 전제로 하여 일정한 '이율'에 의하여 산정된다.

(2) 이 율

이자는 일정한 이율에 의해 산정되는데, 이율에는 법률이 규정한 법정이율과 당사자의 법률행위로 정하여지는 약정이율이 있다.

(가) 법정이율

민사에서는 연 5푼(제379조), 상사에서는 연 6푼(상법 제54조)이다. 법정이율은 이자의 산정 외에 금전채무불이행으로 인한 손해배상, 즉 지연이자의 산정에도 쓰인다(반대약정이 없는 경우에 그렇다. 제397조 1항). 그러나 금전채무의 전부 또는 일부의 이행을 명하는 판결을 선고할 경우, 금전채무불이행으로 인한 손해배상액 산정의 기준이 되는 법정이율은 그 금전채무의 이행을 구하는 소장 또는 이에 준하는 서면이 채무자에게 송달된 날의 다음 날부터는 연 100분의 12이다(소송촉진 등에 관한 특례법 제3조 1항, 소송촉진 등에 관한 특례법 제3조 1항의 법정이율에 관한 규정).

판 례

(ㄱ) 상법 제54조의 상사법정이율은 상행위로 인한 채무나 이와 동일성을 가진 채무에 관하여 적용되는 것이고, 상행위가 아닌 불법행위로 인한 손해배상채무에는 적용되지 아니한다(대판 2004.3.26, 2003다34045).

(ㄴ) 소송촉진 등에 관한 특례법 제3조에 의하면, '금전채무의 이행을 명하는 판결을 선고할 경우'에 '그 금전채무의 이행을 구하는 소장이 송달된 다음 날'부터 지체책임에 관하여 가중된 법정이율을 적용하되, '그 이행의무가 있음을 선언하는 사실심 판결이 선고되기 전까지 채무자가 그 이행의무에 관하여 항쟁하는 것이 타당한 범위'에서 위 법정이율을 적용하지 않을 수 있다고 되어 있으므로, 금전채무 원본의 이행청구가 소송물일 때 그 이행을 명하면서 동시에 그에 덧붙는 지연손해금에 관하여 적용되는 규정임을 알 수 있다. 그러므로 지연손해금 발생의 원인이 된 원본에 관하여 이행판결을 선고하지 않는 경우에는 같은 법 제3조에 따른 법정이율을 적용할 수 없다(대판 2022.3.11, 2021다232331).

(나) 약정이율

원칙적으로 자유이지만, 금전소비대차를 원본채권으로 한 경우에는 이자제한법에 의한 최고이자율의 제한이 있다. 이자약정에서 이율이 정해지지 않은 경우에는 법정이율에 의한다(제379조, 상법 제55조).

3. 이자의 제한

사적자치의 원칙상 당사자는 자유롭게 이자 내지 이율을 정할 수 있다. 그러나 이자약정을 무제한으로 허용하게 되면, 채무자의 궁핍한 상태를 이용하여 폭리를 취할 우려가 있으므로 규제가 필요하다. 이자를 제한하는 특별법으로는 이자제한법과 대부업법이 있다.

(1) 이자제한법에 의한 제한

(가) 이자제한법의 적용범위

폭리적인 고율의 이자를 규제함으로써 소비신용에 궁박한 채무자를 보호하기 위하여 이자제한법이 제정되었다. 이자제한법은 '금전'의 소비대차에서의 약정이자에 대해서만 적용되며(대판 1980.6.10, 80다669), 금전 이외의 소비물을 목적으로 하는 소비대차에는 적용되지 않는다(제2조 1항 참조). 물론 금전대차의 이자로 금전 이외의 대체물을 지급하기로 한 경우에는 이자제한법이 적용된다. 그 밖에 대차원금이 10만원 미만인 대차의 이자에 관하여는 적용되지 않으며(제2조 5항), 자금시장의 급격한 혼란을 방지하기 위해 다른 법률에 따라 인가·허가·등록을 마친 금융업 및 대부업과 '대부업 등의 등록 및 금융이용자 보호에 관한 법률' 제9조의4에 따른 미등록대부업자에는 동법이 적용되지 않는다(제7조).

판 례

이자제한법은 금전소비대차계약에 관하여 규율하면서(제2조 1항) 최고이자율을 넘는 이자나 금전대차와 관련한 대가 지급약정의 효력을 인정하지 않고 이를 초과하여 이자를 받은 자를 형사처벌하고 있다(제4조 1항). 민법 제598조는 "소비대차는 당사자 일방이 금전 기타 대체물의 소유권을 상대방에게 이전할 것을 약정하고 상대방은 그와 같은 종류, 품질 및 수량으로 반환할 것을 약정함으로써 그 효력이 생긴다."라고 규정하는바, 금전을 이전받는 상대방이 이전받은 금전의 원금 전액 반환을 보장하는 약정을 하지 않았다면 이는 금전소비대차계약이라고 할 수 없어 이자제한법이 적용될 여지가 없다(대판 2024.11.14, 2023다272289).

(나) 제한이율

1) 금전대차에 관한 계약상의 최고이자율은 연 25퍼센트를 초과하지 않는 범위 안에서 대통령령으로 정한다(제2조 1항). 현재 최고이자율은 대통령령에 따라 연 20%이다. 여기서 최고이자율은 약정한 때의 이자율을 말한다(제2조 2항).

2) 선이자를 사전 공제한 경우에는 그 공제액이 채무자가 실제 수령한 금액을 원본으로 하여 최고이자율에 따라 계산한 금액을 초과하는 때에는 그 초과부분은 원본에 충당한 것으로 본다(제3조). 그 밖에 이자의 최고한도를 면탈하려는 탈법행위를 방지하기 위해 채권자가 예금(禮金)·할인금·수수료·공제금·체당금(替當金) 등의 명칭에도 불구하고 금전의 대차와 관련하여 채권자가 받은 것은 이를 이자로 본다(제4조 1항). 따라서 채권자와 채무자 사이의 금전대차와 관련된 것으로서 금전대차의 대가로 볼 수 있는 것이라면 이자로 간주된다. 그러나 '중도

상환수수료'는 금전대차의 대가로 보기 어려우므로 이자제한법 제4조 1항에 따른 간주이자에 해당하지 않는다. 중도상환수수료는 금전대차에서 채무자가 대여금의 전부 또는 일부를 변제기보다 일찍 상환할 경우 부담하는 수수료로서 채무자의 기한 전 변제로 인한 손해배상(민법 제468조)으로 지급되는 돈이기 때문이다. 중도상환수수료 약정은 이러한 손해 및 손해액 증명의 어려움을 피하기 위하여 중도상환 시 지급할 손해배상액을 미리 정하여 놓은 손해배상액의 예정으로서, 중도상환수수료를 본래적 의미의 금전대차의 대가로 보기는 어렵다(대판 2025.9.18, 2023다221885).

또한 채무자가 금전대차와 관련하여 금전지급의무를 부담하기로 약정하는 경우 의무 발생의 원인 및 근거법령, 의무의 내용, 거래상 일반원칙 등에 비추어 그 의무가 원래 채권자가 부담하여야 할 성질인 때에는 이를 이자로 본다(제4조 2항). 금전대여 당시 대주가 받은 소개비가 이자에 포함되는지에 관하여, 판례는 소개료의 명목이라고 하더라도 채권자와 채무자 사이의 금전대차와 관련된 것으로서 금전대차의 대가로 볼 수 있는 것이라면 이자로 간주된다고 할 것이고, 따라서 채권자가 이를 대여금에서 미리 공제하는 것은 선이자의 공제에 해당한다고 한다(대판 1997.9.30, 97다24023).

(다) 배상액의 감액

법원은 당사자가 금전을 목적으로 한 채무의 불이행에 관하여 예정한 배상액을 부당하다고 인정한 때에는 상당한 액까지 이를 감액할 수 있다(제6조).

(라) 제한위반의 효과

1) 초과부분의 무효

금전대차에 관한 계약상의 최고이자율이 대통령령이 정한 범위를 넘는 경우에 그 부분은 무효이다(이자제한법 제2조 3항). 따라서 제한초과의 이자에 대하여 준소비대차계약 또는 경개계약을 체결하더라도 그 초과 부분에 대하여는 효력이 생기지 않는다(대판 1998.10.13, 98다17046). 또한 이자에 대하여 다시 이자를 지급하기로 하는 복리약정은 제2조 1항에서 정한 최고이자율을 초과하는 부분에 해당하는 금액에 대하여는 무효이다(제5조).

한편 금전 이외의 소비물을 목적으로 하는 소비대차에서 이자약정이 부당하게 과도한 경우, 약관규제법 제6조 2항에 의해 초과된 부분은 무효이며, 약관에 의하지 않은 고리약정은 제104조에 의하여 무효로 되고, 특히 제104조의 주관적 요건을 구비하지 못한 고리약정은 제103조에 의하여 무효이다. 이자약정이 일정한 한도를 초과하여 무효로 된 경우, 일부무효의 법리(제137조)를 원용하여 그 초과부분만 무효로 된다고 할 것이다. 다만 현저한 고리약정은 그 이자약정 자체가 무효로 된다고 보아야 하나 이때에도 무효행위 전환이론에 따라 초과부분만 무효로 보아야 할 것이다. 무효행위의 전환이론은 당사자의 가정적 의사를 기초로 한 보충적 해석을 통하여 법률행위의 효력을 유지하는 제도이기 때문이다(백태승, "이자제한법폐지에 따른 법률상의 문제점", 민사법학 제17호, 1999, 32면). 더 나아가 소비대차계약 자체는 유효하다고 할 것이다(김주수, 81면). 그렇지 않으면 채무자가 신용을 얻기가 더욱 어려워져 채무자보호에 문제가 발생할 수 있고 또한 원금반환이 불법원인급여에 해당되어 채무자가 보유하면 불합리한 결과를 초래할 수 있기 때문이다(MünchKomm-Lieb, § 817 Rndr. 16; Staudinger-Lorenz, § 817 Rndr. 12; 백태승, 32면).

2) 초과이자의 반환청구

채무자가 최고이자율을 초과하는 이자를 임의로 지급한 경우에는 초과 지급된 이자 상당금액은 원본에 충당되고, 원본이 소멸한 때에는 그 반환을 청구할 수 있다(이자제한법 제2조 4항).

한편 금전을 대여한 채권자가 고의 또는 과실로 이자제한법을 위반하여 최고이자율을 초과하는 이자를 받아 채무자에게 손해를 입힌 경우에는 특별한 사정이 없는 한 제750조에 따라 불법행위가 성립한다. 최고이자율을 초과하여 지급된 이자는 이자제한법 제2조 4항에 따라 원본에 충당되므로, 이와 같이 충당하여 원본이 소멸하고도 남아 있는 초과 지급액은 이자제한법 위반 행위로 인한 손해라고 볼 수 있다. 부당이득반환청구권과 불법행위로 인한 손해배상청구권은 서로 별개의 청구권으로서, 제한 초과이자에 대하여 부당이득반환청구권이 있다고 해서 그것만으로 불법행위의 성립이 방해되지 않는다. 나아가 채권자와 공동으로 위와 같은 이자제한법 위반행위를 하였거나 이에 가담한 사람도 민법 제760조에 따라 연대하여 손해를 배상할 책임이 있다(대판 2021.2.25, 2020다230239).

(2) 대부업법에 의한 제한

(가) 제한이율

1) 대부업자가 개인이나 중소기업기본법 제2조 2항에 따른 소기업에 해당하는 법인에 대부를 하는 경우, 그 이자율은 연 100분의 27.9 이하의 범위에서 대통령령으로 정하는 율을 초과할 수 없다(대부업법 제8조 1항). 현재 이자율은 대통령령에 따라 연 20%이다(시행령 제5조 2항). 이자율을 산정할 때 사례금·할인금·수수료·공제금·연체이자·체당금 등 그 명칭이 무엇이든 대부와 관련하여 대부업자가 받는 것은 모두 이자로 본다(제8조 2항 본문). 다만 해당 거래의 체결과 변제에 관한 부대비용으로서 대통령령으로 정한 사항은 그렇지 않는다(제8조 2항 단서).

2) 대부업자가 개인이나 중소기업기본법 제2조 2항에 따른 소기업에 해당하는 법인에 대부를 하는 경우, 대통령령으로 정하는 율을 초과하여 대부금에 대한 '연체이자'를 받을 수 없다(제8조 3항). 현재 연체이자율은 대통령령에 따라 연 20%를 초과할 수 없다(시행령 제5조 5항).

3) 대부업자가 선이자를 사전에 공제하는 경우에는 그 공제액을 제외하고 채무자가 실제로 받은 금액을 원본으로 하여 이자율을 산정한다(제8조 6항).

(나) 제한위반의 효과

대부업자가 제한이율을 위반하여 대부계약을 체결한 경우, 제한이율을 초과하는 부분에 대한 이자계약은 무효이다(제8조 4항). 또한 채무자가 대부업자에게 제한이율을 초과하는 이자를 지급한 경우, 그 초과 지급된 이자 상당금액은 원본(元本)에 충당되고, 원본에 충당되고 남은 금액이 있으면 그 반환을 청구할 수 있다(제8조 5항).

(다) 여신금융기관과 미등록 대부업자에 대한 규제

1) 여신금융기관은 연 100분의 27.9 이하의 범위에서 대통령령으로 정하는 율을 초과하여 대부금에 대한 이자를 받을 수 없다(제15조 1항). 현재 최고이자율은 대통령령에 따라 연 20%이다(시행령 제9조 1항). 이자율을 산정할 때에는 간주이자에 관한 규정(제8조 2항)이 준용된다(제15조 2항). 또한 여신금융기관은 대부자금의 조달비용·연체금의 관리비용·연체금액·연체기간·금융업의 특성 등을 고려하여 대통령령으로 정하는 율을 초과하여 대부금에 대한 연체이자를 받을 수 없다(제15조 3항). 현재 연체이자율은 대통령령에 따라 연 20%를 초과할 수 없다(시행령 제9조 4항). 그 밖에 여신금융기관이 제한이율을 초과하여 이자 또는 연체이자를 받은 경우, 그 이자계약의 효력 등에 관하여는 제8조 4항부터 6항까지의 규정이 준용된다.

2) 대부업의 등록을 하지 않고 사실상 대부업을 하는 자, 즉 미등록대부업자가 대부를 하는 경우의 이자율에 관하여는 이자제한법 제2조 1항 및 대부업법 제8조 2항부터 6항까지의 규정을 준용한다(제11조).

4. 기본적 이자채권과 지분적 이자채권

예컨대 100만원의 원금에 대해 연 2할의 이율로 매월 이자를 지급하기로 약정하는 경우가 있다. 이 약정에 의하여 채무자는 연 2할의 이자를 지급해야 할 '기본적 이자채무'를 지고, 이 채무의 이행으로서 변제기에 도래한 매월의 이자를 지급해야 하는 '지분적 이자채무'를 지게 된다.

(1) 기본적 이자채권은 원본채권의 종된 권리로서 주된 권리인 원본채권의 존재를 전제로 한다(부종성). 따라서 기본적 이자채권은 원본채권 없이는 발생할 수 없고, 원본채권이 소멸하면 기본적 이자채권도 소멸한다. 또한 원본채권의 양도 등 처분은 기본적 이자채권의 처분을 수반하는 것을 원칙으로 한다. 따라서 원본채권에 대한 전부명령(민사집행법 제229조)이 있으면, 원본채권뿐만 아니라 이자채권도 압류채권자에게 이전된다.

(2) 반면에 이미 변제기에 도달한 '지분적 이자채권'은 원본채권과 분리하여 양도할 수 있고, 원본채권과 별도로 변제할 수 있으며, 또 원본채권이 변제·면제로 인하여 소멸하여도 소멸하지 않는다. 즉 변제기에 도달한 개개의 이자를 목적으로 하는 것으로 원본채권에 대한 종속성이 약하다. 따라서 ① 원본채권이 양도된 경우, 이미 변제기에 도달한 이자채권(지분적 이자채권)은 원본채권의 양도 당시 그 이자채권도 양도한다는 의사표시가 없는 한 당연히 양도되지는 않는다(대판 1989.3.28, 88다카12803). ② 지분적 이자채권만에 대한 압류도 가능하고, 원본채권 압류의 효력이 이러한 이자채권에는 미치지 않는다. ③ 1년 이내의 기간으로 정한 이자채권은 원본채권과 독립하여 3년의 소멸시효에 걸린다(제163조 1호). 주의할 것은 원본채권이 시효로 소멸하게 되면, 지

분적 이자채권은 그 채권 자체의 시효가 완성되지 않았더라도 소멸한다는 점이다. 주된 권리(원본채권)의 소멸시효가 완성한 때에는 종된 권리(지분적 이자채권)에 그 효력이 미치기 때문이다(제183조).

판 례

이자 또는 지연손해금은 주된 채권인 원본의 존재를 전제로 그에 대응하여 일정한 비율로 발생하는 종된 권리인데, 하나의 금전채권의 원금 중 일부가 변제된 후 나머지 원금에 대하여 소멸시효가 완성된 경우, 가분채권인 금전채권의 성질상 변제로 소멸한 원금 부분과 소멸시효 완성으로 소멸한 원금 부분을 구분하는 것이 가능하고, 이 경우 원금에 종속된 권리인 이자 또는 지연손해금 역시 변제로 소멸한 원금 부분에서 발생한 것과 시효완성으로 소멸된 원금 부분에서 발생한 것으로 구분하는 것이 가능하므로, 소멸시효 완성의 효력은 소멸시효가 완성된 원금 부분으로부터 그 완성 전에 발생한 이자 또는 지연손해금에는 미치나, 변제로 소멸한 원금 부분으로부터 그 변제 전에 발생한 이자 또는 지연손해금에는 미치지 않는다(대판 2008.3.14, 2006다2940). 가령 甲은 乙에게 2012. 5. 1. 1억원을 빌려주고, 이자(연 10%)는 원금과 함께 2014. 4. 30. 변제하기로 약정하였다. 乙이 원리금을 전혀 갚지 않던 중, 甲과 乙은 2020. 4. 30. 이자나 변제기에 관하여는 다툼이 없었으나, 대여원금에 관하여는 서로 다투다가 乙은 甲에게 '대여원금이 4,000만원이다'고 말하고 4,000만원을 차용원금으로 지정하여 지급하였고, 甲은 '대여원금이 1억원이다'고 주장하면서도 4,000만원을 원금의 일부로 받았다. 그 후 甲이 2025. 5. 1. 대여금반환을 청구하는 경우, 원금 6,000만원은 시효로 소멸하였고, 시효로 소멸한 부분의 이자와 지연손해금도 소멸하였다(제183조). 반면에 2020. 4. 30. 원금 4,000만원의 변제는 채무승인에 해당하고(제168조 3호), 이자는 1년 이내로 정하지 않아 3년이 아니라 10년의 소멸시효에 걸리므로(제162조 1항), 2012. 5. 1.부터 2020. 4. 30.까지의 이자와 지연손해금은 시효에 걸리지 않는다.

5. 금전채무의 이행지체로 인하여 발생한 지연손해금의 성질

금전채무의 이행지체로 인하여 발생한 지연손해금은 그 성질이 '손해배상금'이지 이자가 아니다(대판 1998.11.10, 98다42141). 다시 말하면 금전채권의 변제기까지 법정 또는 약정이율에 의하여 지급되는 금전이나 그 밖의 대체물은 이자이지만, 변제기를 경과함으로써 이행지체가 성립한 후에 그 법정 또는 약정이율에 의하여 지급되는 금전이나 그 밖의 대체물은 이자가 아니라 지연손해배상이다. 이와 같이 금전채무의 이행지체로 인하여 발생하는 지연손해금은 이자가 아니므로, 즉 제163조 1호의 '1년 이내의 기간으로 정한 채권'이 아니므로 3년의 단기소멸시효의 대상이 되지 않는다. 한편 이미 발생한 이자에 관하여 채무자가 이행을 지체한 경우에는 그 이자에 대한 지연손해금을 청구할 수 있다(대판 1996.9.20, 96다25302).

Ⅵ. 선택채권

1. 의 의

선택채권(選擇債權)은 수개의 서로 다른 급부 가운데 선택에 의해 어느 하나가 채권의 목적으로 정해지는 채권이다. 선택되어야 할 급부의 수가 확정되어 있고, 또 급부의 개성이 중요시되는 점에서 종류채권과 구별된다. 선택채권의 목적은 선택적으로 정하여져 있다는데 지나지 않으므로, 선택에 의하여 하나의 급부로 특정될 때까지는 이행할 수 없으며, 또한 강제집행도 할 수 없다. 선택채권은 당사자의 법률행위(예: 甲이 乙에게 시계나 핸드폰 1대를 주기로(판매하기로) 약속한 경우) 또는 법률규정에 의하여 발생한다(예: 제135조 1항의 무권대리인의 책임, 제203조 2항의 점유권의 유익비상환청구권).

판 례

토지소유자가 1필 또는 수필의 토지 중 일정 면적의 소유권을 상대방에게 양도하기로 하는 계약을 체결하였으나 양도할 토지 위치가 확정되지 않은 경우, 상대방이 토지소유자에게 가지는 채권은 선택채권에 해당한다(대판 2011.6.30, 2010다16090).

2. 선택채권의 특정

선택채권의 목적인 여러 개의 급부가 하나의 급부로 확정되는 것이 선택채권의 특정이다. 즉 여러 개의 급부 중 하나의 급부를 특정하여 단순채권으로 변경하여야 이행이 가능하다. 이 특정의 원인에는 '선택권의 행사'와 '급부불능'의 두 가지가 있다.

(1) 선택에 의한 특정

(가) 선 택 권

선택은 여러 개의 급부 중에서 하나의 급부를 선정하는 선택권자의 일방적 의사표시로서, 의사표시에 관한 일반규정이 적용된다. 또한 선택은 일방적 의사표시이므로, 즉 일종의 형성권이므로, 조건과 기한을 붙이지 못한다.

(나) 선택권자

선택채권이 법률규정에 의해 발생하는 경우에는 법률의 규정(제135조 1항, 제203조 2항), 법률행위에 의한 경우에는 법률행위에 의해 각각 그 선택권자가 정해진다. 선택권자에 관해 특별한 정함이 없는 때에는 선택권은 '채무자'에게 있다(제380조).

(다) 선택권의 이전

선택권은 권리이지 의무가 아니므로, 그 행사여부는 선택권자의 자유이지만 그 불행사의 결과는 선택권 없는 당사자에게 불이익을 주게 되므로 민법은 일정한 경우에 선택권의 이전을 인정하고 있다.

1) 선택권 행사의 기간이 있는 경우

선택권자가 그 기간 내에 선택권을 행사하지 않는 경우, 상대방은 상당한 기간을 정하여 그 선택을 최고할 수 있고, 선택권자가 그 기간 내에 선택하지 않으면 선택권은 상대방에게 있다(제381조 1항).

2) 선택권 행사의 기간이 없는 경우

채권의 기한이 도래한 후 상대방이 상당한 기간을 정하여 그 선택을 최고하였음에도 선택하지 않을 때에는 선택권은 상대방에게 있다(제381조 2항).

3) 제3자가 선택권을 가지는 경우

당사자의 약정에 의하여 제3자도 선택권자로 될 수 있다. ① 선택권을 가지는 제3자가 선택할 수 없는 경우(선택이 불능인 때)에 선택권은 채무자에게 있다(제384조 1항). ② 제3자가 선택을 하지 않는 경우(선택이 가능할 때)에는 채권자나 채무자는 상당한 기간을 정하여 그 선택을 최고할 수 있고, 그 기간 내에 선택하지 않으면 선택권은 채무자에게 있다(제384조 2항).

(라) 선택권의 행사

선택권은 ① 당사자 일방이 선택권자인 경우에는 상대방에 대한 의사표시로 하고(제382조 1항), 이것은 상대방의 동의가 없으면 철회하지 못한다(제382조 2항). 상대방에게 불이익을 줄 염려가 있기 때문이다. ② 제3자가 선택권자인 때에는 채권자 및 채무자 쌍방에 대한 의사표시로 행사하고(제383조 1항), 채권자 및 채무자 양자의 동의가 없으면 철회하지 못한다(제383조 2항). 한편 선택의 의사표시는 상대방의 수령을 요하는 의사표시로서 상대방에게 도달하여야 그 효력이 발생한다(제111조 1항).

(마) 선택의 효과

1) 단순채권으로의 전환

선택채권은 선택에 의하여 채권의 목적이 확정된다(제380조 전단). 선택에 의하여 목적이 확정되어 단순채권으로 변하지만 당연히 특정물채권으로 되는 것이 아니다. 예컨대 나주배 10상자 또는 하이트맥주 2상자의 선택채권은 어느 것을 선택하더라도 그것은 종류채권이 되고, 따라서 종류채권으로서 다시 특정이 필요하다. 즉 선택된 급부가 특정물·종류물 또는 금전인지 여부에 따라 특정물채권, 종류채권 또는 금전채권으로 전환된다.

2) 선택의 소급효

선택은 채권의 발생시에 소급하여 그 효력이 발생한다(제386조 본문). 따라서 선택채권이 발생한 때부터 그 선택된 급부를 목적으로 하는 채권이 성립하고 있었던 것으로 다루어진다. 제386조 단서는 선택의 소급효는 "제3자의 권리를 해하지 못한다"라고 규정하고 있다. 그러나 이 규정은 당연한 규정으로서 불필요한 규정이다. 왜냐하면 제3자가 그 목적물에 관하여 물권을 취득하면 물권은 채권에 우선하므로 항상 보호받으며, 제3자가 채권을 취득한 경우에는 제3자의 채권과 선택채권자의 채권과는 그 성립시기의 선후에 따라 그 효력에 차이가 생기지 아니하므로, 선택의 소급으로 제3자의 채권을 해하는 일은 있을 수 없기 때문이다.

3) 선택채권의 소멸시효 기산점

선택채권은 선택권을 행사한 때가 아니라 '선택권을 행사할 수 있는 때'부터 소멸시효가 진행한다(대판 1965.8.24, 64다1156). 채무자가 선택권을 가졌으나 선택권을 행사하지 않는 때에는 채권자는 상당한 기간을 정하여 그 선택을 최고할 수 있고 그래도 선택하지 않을 때에는 채권자가 선택할 수 있으므로(제381조), 이 경우 선택권의 소멸시효 기산점은 채무자가 선택권을 행사할 수 있는 때부터 상당한 기간이 지난 때라고 보아야 할 것이다.

판 례

(ㄱ) 타인의 대리인으로 계약을 한 자가 그 대리권을 증명하지 못하고 또 본인의 추인을 얻지 못한 때에는 상대방의 선택에 좇아 계약의 이행 또는 손해배상의 책임이 있는 것인바 이 상대방이 가지는 계약이행 또는 손해배상청구권의 소멸시효는 그 선택권을 행사할 수 있는 때부터 진행한다고 할 것이고 또 선택권을 행사할 수 있는 때라고 함은 대리권의 증명 또는 본인의 추인을 얻지 못한 때라고 할 것이다(대판 1965.8.24, 64다1156).

(ㄴ) 매립사업자가 매립공사 준공등기 후 매립지 중 일부를 즉시 양도하기로 약정하였으나 그 선택권의 소재에 관하여 약정이 없었던 경우, 매립지에 대한 매립사업자 명의의 소유권보존등기가 되고 도시계획결정 및 지적고시가 이루어져 그 소유토지의 위치와 면적이 확정된 때부터 매립사업자의 선택권 행사에 필요한 상당한 기간이 경과한 날부터 양수인의 소유권이전등기청구권의 소멸시효가 진행된다(대판 2000.5.12, 98다23195).

(2) 급부불능에 의한 특정

(가) 원시적 불능의 경우

여러 개의 급부 중 선택채권의 성립시부터 원시적 불능인 경우에는 채권은 잔존한 급부에 대해서만 존재한다(제385조 1항 전단). 따라서 급부가 하나뿐이면 처음부터 단순채권으로 성립하고, 두 개 이상이면 선택채권이 성립한다.

(나) 후발적 불능의 경우

1) 선택권이 없는 당사자의 과실로 인한 때

선택권 없는 당사자의 과실로 급부가 불능으로 된 경우에는 선택채권에 아무런 영향을 주지 않는다(제385조 2항). 따라서 채권자가 선택권자인 경우에는 불능인 급부를 선택하여 채무자에 대하여 손해배상을 청구할 수도 있고(전보배상), 채무자가 선택권자일 때에는 불능인 급부를 선택하여 채무를 면할 수 있다.

2) 선택권이 있는 당사자의 과실로 인한 때

선택권을 가지고 있는 당사자의 과실로 또는 당사자 쌍방의 과실 없이 급부가 불능으로 된 때에는 채권은 잔존한 급부에 대해서만 존재한다(제385조 1항 후문). 따라서 잔존채무가 하나이면 채권은 그 급부에 특정된다. 즉 원시적 불능의 경우와 동일하다.

Ⅶ. 임의채권

1. 임의채권(任意債權)이란 채권의 목적은 하나의 급부에 특정되어 있으나, 채권자 또는

채무자가 다른 급부를 가지고 본래의 급부에 갈음할 수 있는 권리(대용권·보충권)를 가지는 채권을 말한다. 예컨대 100만 Euro의 지급에 갈음하여 채권자나 채무자가 우리나라 통화로 변제할 것을 청구하거나 또는 변제하는 대용급부권을 가지는 경우이다(제378조). 임의채권은 법률행위에 의하여 성립하는 것이 보통이지만, 법률규정에 의하여 발생하는 경우도 있다(제378조, 제443조, 제764조).

2. 임의채권의 목적은 특정되어 있으며, 채권자의 급부에 갈음하는 급부가 원시적 불능인 때에는 임의채권도 성립하지 않는다. 또한 채무자의 책임으로 돌릴 수 없는 사유로 급부불능이 된 때에는 설사 대용급부가 가능하더라도 역시 임의채권도 소멸한다.

제3장 채권의 효력

제 1 절 채권의 기본적 효력

채권은 원칙적으로 성립과 더불어 효력을 발생하고 채권의 소멸과 더불어 효력도 사라지는데, 발생에서부터 소멸될 때까지 채권이 갖는 효력은 모든 종류의 채권관계에 공통된다.

Ⅰ. 청구력·급부보유력·강제력

(1) 채권은 채권자가 채무자에 대하여 일정한 행위를 청구하는 권리이므로, ① 일정한 행위를 청구할 수 있는 효력, 즉 '청구력'이 있다. 채권이 청구력을 갖는 시기는 원칙적으로 채무의 이행기(변제기)가 된 때이다. 그러나 채무자가 기한의 이익을 포기하거나 상실한 때와 같은 경우(제153조 2항, 제388조)에는 예외적으로 이행기가 되지 않더라도 청구력을 갖게 된다. 채무불이행이 발생한 경우에는 청구력은 손해배상의무에 관하여도 인정된다. ② 채권에는 채무자의 급부가 있는 경우에 그것을 수령하고 적법하게 보유하는 효력, '급부보유력'이 있다. ③ 채권의 청구력에 의하여 실현되지 않은 경우, 즉 채무자가 임의로 이행하지 않은 경우에는 채권의 실현을 보장하기 위한 '강제력'이 인정된다.

(2) 한편 채권은 채권자의 청구에 따라 채무자가 임의로 채무의 내용대로 급부를 하면 실현된다. 그 실현되는 과정을 '채무의 이행'이라 하고, 이로 인해 채권이 소멸되는 측면에서는 '채무의 변제'라고 한다. 따라서 채무의 변제도 채권의 효력 포함될 것이지만, 민법은 채권의 소멸이라는 관점에서 따로 규정(제460조 이하)하고 있다.

Ⅱ. 강제력이 없는 채권

채무자가 임의로 이행하지 않은 경우에는 채권자는 소(訴)를 제기하여 이행을 청구하고(소구력), 소송이 종료된 후에도 채무자가 임의로 이행하지 않으면 채권자는 확정판결을 기초로 하여 채무자의 재산에 대해 강제집행을 하게 된다(집행력). 그런데 예외적으로 소구력(訴求力)과 집행력(執行力)이 전부 없는 채권이 있고, 또는 집행력만 없는 채권이 있다. 전자가 '자연채무'이고, 후자가 '책임 없는 채무'이다. 이들 양자를 포괄하여 '불완전채무'라 한다.

여기서 주의할 것은 불완전채무는 채권의 실현을 보장하기 위한 강제력이 결여되어 있다는 점에서 채무로서 불완전하지만, 채무 그 자체는 성립하고 있다는 점이다. 따라서 채무자가 임의로 이행하면 그것은 유효한 변제가 된다.

1. 채무와 책임

(1) 채무와 책임의 관계

(가) '채무'는 일정한 급부를 하여야 할 구속, 즉 법적 당위성을 본질로 하는데 반해, '책임'은 이 당위를 강제적으로 실현하는 수단이다. 즉 채무자가 채무를 이행하지 않은 경우, 전술한 바와 같이 채권자는 소를 제기하여 이행판결을 받아, 이를 근거로 채무자의 일반재산에 대해 강제집행을 함으로써 만족을 얻게 된다. 여기서 채무자의 일반재산이 채권자의 강제집행 목적으로 되는 것을 '책임'이라 한다. 책임은 '채무와 책임'에서 이러한 의미로 사용되지만, 책임은 다른 의미로 사용되는 경우가 있다. 예컨대 ① 법인의 불법행위에 대한 법인 및 대표자의 책임(제35조 1항)·채무불이행책임(제393조 2항, 제396조 등)·불법행위책임(제750조)의 경우에 책임은 손해배상의무를 의미하며, ② 귀책사유 또는 책임 있는 사유의 경우는 고의·과실의 의미이고, ③ 이사의 임무해태로 인한 법인에 대한 책임(제65조) 등은 단순히 채무를 뜻한다.

(나) 강제집행의 대상(목적물)은 집행개시 당시 '채무자 소유의 일반재산', 즉 책임재산이다. 제3자에게 대항할 수 없는 경우(제107조~제109조 2항, 제110조 3항, 제548조 1항 단서, 부동산실명법 제4조 3항 등)를 제외하고는 책임재산이 아닌 재산에 대한 집행은 무효이다. 따라서 압류 당시에 피압류채권이 존재하지 않는 경우에는 압류의 효력이 없고 그에 기한 추심명령도 무효이므로, 해당 압류채권자는 압류 등에 따른 집행절차에 참여할 수 없다(대판 2022.12.1, 2022다247521). 또한 압류된 금전채권에 대한 전부명령이 절차상 적법하게 발부되어 확정되었더라도, 전부명령이 제3채무자에게 송달될 때에 피압류채권이 존재하지 않으면 전부명령도 무효이므로, 피압류채권이 전부채권자에게 이전되거나 집행채권이 변제되어 소멸하는 효과는 발생할 수 없다(대판 2023.7.27, 2023다228107; 대판 2022.12.1, 2022다247521).

참고로 담보권실행을 위한 경매(임의경매)의 경우, 그 대상은 채무자 또는 물상보증인 등에 속하는 '담보목적물' 그 자체이다. 임의경매의 정당성은 실체적으로 '유효한 담보권'의 존재에 근거하므로, 경매개시 당시 담보권에 실체적 하자(예: 담보권의 부존재·무효, 피담보채권의 부존재·소멸 등)가 있다면 그에 기초한 경매는 원칙적으로 무효이다. 따라서 피담보채권이 소멸되어 무효인 근저당권에 기초하여 임의경매절차가 개시되고 매수인이 해당 부동산의 매각대금을 지급하였더라도, 그 경매절차는 무효이므로 매수인은 부동산의 소유권을 취득할 수 없다(대판 2023.7.27, 2023다228107).

(2) 채무와 책임의 분리

일반적으로 책임은 채무 속에 융합되어 있는 것이 원칙이다. 그러나 예외적으로 다음과 같이 채무와 책임이 분리되는 경우가 있다.

(가) 책임 없는 채무

책임 없는 채무란 채무자에 의하여 채무가 이행될 수 있고, 이행이 없는 경우에는 채권자가 채무이행의 소를 제기할 수 있지만, 채권자에 의하여 그 이행이 강제될 수 없는 채무, 즉 강제집행 가능성이 없는 채무를 말한다. 예컨대 당사자가 강제집행을 하지 않기로 약정을 한 경우에는 '책임 없는 채무'가 발생한다. 만일 채권자가 이 약정에 위반하여 강제집행을 하는 경우에 대하여, 다수설은 채무자는 집행에 관한 이의(민사집행법 제16조)[1]를 신청할 수 있다고 한다(곽윤직, 60면; 김상용, 88면; 김증한/김학동, 65면; 김형배, 129면; 정기웅, 81면). 그러나 판례는 부집행의 합의는 실체상의 청구의 실현에 관련하여 이루어지는 사법상의 채권계약이라고 봄이 상당하고, 이것에 위반하는 집행은 실체상 부당한 집행이라고 할 수 있으므로 민사집행법 제44조가 유추적용 내지 준용되어 청구이의의 사유가 된다고 한다(대판 1996.7.26, 95다19072).

생각건대 특약에 위반한 집행은 부당집행이므로 판결절차에 의한 판단이 타당하고, 또한 집행기관의 판단에 맡기는 것이 적당하지 않은 집행관계의 분쟁은 가능한 한 청구에 관한 이의의 소(민사집행법 제44조)에 의하는 것이 바람직하므로, 채무자는 청구에 관한 이의의 소를 제기하여야 할 것이다.

(나) 책임이 한정되는 채무

채무자는 채무의 전액에 관하여 그의 모든 재산으로써 책임을 지는 것이 원칙이다. 그런데 법률규정 또는 당사자의 특약에 의하여 책임이 채무자의 일정한 재산에 한정되거나 또는 일정한 금액의 한도로 제한되는 경우가 있다. 가령 상속의 한정승인(제1028조)에서 책임은 상속재산에 한정된다. 합자회사의 유한책임사원의 책임(상법 제279조)·선박소유자의 일정한 채무에 대한

---

1) 집행에 관한 이의(민사집행법 제16조)는 집행법원의 집행처분으로서 즉시항고를 할 수 없는 것과 집행관의 집행처분에 관하여 그 위법을 주장하여 집행법원에 시정을 구하는 신청을 말한다. 이는 위법집행에 대한 구제수단이므로 그 이의사유는 집행행위의 '형식적인 절차상의 하자'를 이유로 한 것이어야 한다. 예컨대 집행력 있는 정본의 흠결, 집행권원의 부도달, 기한의 미도래, 허가 없는 야간집행, 압류금지재산의 압류, 집행장해사유의 존재(파산·개인회생·회생절차의 개시 등) 등이 이에 속한다. 반면에 청구에 관한 이의의 소(민사집행법 제44조)는 채무자가 집행권원에 표시된 이행청구권에 관하여 실체법적 사유에 의하여 그 집행권원이 가지는 집행력을 배제하여 이로써 실체상 부당한 강제집행을 저지하여 줄 것을 청구하는 소이다. 예컨대 집행권원에 표시된 이행청구권이 변제·상계·면제 등으로 소멸한 경우가 이에 속한다.

책임(상법 제770조)은 그 책임액에 제한이 있다.

(다) 채무 없는 책임

물상보증인이나 저당부동산의 제3취득자 등은 채무를 전혀 부담함이 없이 책임만을 부담한다. 이 경우 채무의 주체와 책임의 주체가 분리되며, 채무자 이외의 자는 책임만을 지게 된다.

2. 자연채무

(1) 의 의

자연채무(自然債務)란 채권자가 유효한 법적인 채권을 갖고 채무자에게 채무의 이행을 청구할 수 있고, 채무자가 이행하면 급부를 보유할 수 있지만, 채무자가 임의로 이행하지 않은 경우에는 소를 제기할 수 없고, 따라서 강제집행도 할 수 없는 채무를 말한다. 자연채무에 관한 명문의 규정은 없지만, 학설은 일치하여 이 개념을 인정한다.

(2) 자연채무로 인정되는 경우

어떠한 채무를 자연채무로 볼 것인지에 대해서는 견해에 따라 약간의 차이를 보이지만, 대체로 다음의 것을 자연채무로 파악한다. 즉 ① 약혼은 강제집행을 청구하지 못하므로(제803조), 약혼에 기한 혼인체결의무(그러나 송덕수 C-34는 제803조의 강제이행을 청구하지 못한다는 것은 강제집행을 할 수 없다는 의미로 보아야 하므로 자연채무라고 할 수 없다고 한다), ② 채무자가 이행을 하지 않더라도 소로써 그 이행을 청구하지 않기로 하는 부제소의 합의가 있는 경우(소제기시 소의 이익이 없음을 이유로 각하), ③ 파산·개인회생절차에서 면책(채무자회생법 제566조, 제625조)된 경우(김상용, 87면은 책임 없는 채무라 한다), ④ 본안에 대한 종국판결이 있은 뒤에 소를 취하한 사람은 같은 소를 제기하지 못하므로(민소 제267조 2항), 채권자가 승소의 종국판결을 받은 후 소를 취하한 경우, ⑤ 채권은 존재하는데도 채권자의 패소판결이 확정된 경우(김증한/김학동, 64면은 채무자가 확정판결 후에 자신의 채무를 시인하고 임의로 변제하였다면, 그 채무는 자연채무가 아니라 통상의 채무라고 한다) 등이다.

판 례

(ㄱ) 부제소합의는 소송당사자에게 헌법상 보장된 재판청구권의 포기와 같은 중대한 소송법상의 효과를 발생시키는 것이다. 따라서 권리 의무의 주체인 당사자 사이에서 체결된 부제소합의라도 그 당사자가 처분할 수 있는 특정된 법률관계에 관한 것으로서 그 합의 당시 각 당사자가 예상할 수 있는 상황에 관한 것이어야 유효하다(대판 2019.8.14, 2017다217151). 한편 ① 매매계약과 같은 쌍무계약이 급부와 반대급부와의 불균형으로 말미암아 불공정한 법률행위에 해당하여 무효라고 한다면, 그 계약으로 인하여 불이익을 입는 당사자로 하여금 위와 같은 불공정성을 소송 등 사법적 구제수단을 통하여 주장하지 못하도록 하는 부제소합의 역시 다른 특별한 사정이 없는 한 무효이다(대판 2017.5.30, 2017다201422). ② 강행법규인 임대주택법 등 관련 법령에서 정한 산정기준에 따른 금액을 초과한 분양전환가격으로 분양계약을 체결하면서 이에 부수하여 부제소합의를 한 때와 같이, 부제소합의로 인해 그 계약이 강행법규에 반하여 무효임을 주장하지 못하게 됨으로써 강행법규의 입법취지를 몰각하는 결과가 초래되는 경우 그 부제소합의는 특별한 사정이 없는 한 무효이다(대판 2023.2.2, 2018다261773). 반면에 위약벌에 관한 권리관계에 대하여 당사자의 처분을 금하는 취지의 강행법규가 존재하고 있지 아니

하므로, 설사 위약벌에 관한 권리관계에 대하여 부제소특약을 함으로써 그 권리관계가 강행법규 위반으로 무효라는 주장을 하지 못하게 된다는 사정을 들어 그 부제소특약이 당해 강행법규에 위반하여 무효로 되는 것은 아니다(대판 2008.2.14, 2006다18969).

(ㄴ) 채무자회생법 제251조는 회생계획의 인가가 있는 때에는 계획의 규정 또는 같은 법의 규정에 의하여 인정된 권리를 제외하고 채무자는 모든 회생채권과 회생담보권에 관하여 그 책임을 면한다고 규정하고 있는바, 여기서 말하는 면책이라 함은 채무 자체는 존속하지만 채무자에 대하여 이행을 강제할 수 없다는 의미라고 봄이 상당하다(대판 2001.7.24, 2001다3122).

(3) 자연채무가 아닌 경우

(가) 소멸시효가 완성된 채무

소멸시효 완성의 효력에 대한 절대적 소멸설에 의하면 시효의 완성으로 채무는 당연히 소멸하므로, 따라서 자연채무를 인정할 수 없다. 한편 상대적 소멸설에 의하면 원용이 있기 전에는 완전한 채무이지 자연채무는 아니며, 또 그 원용이 있으면 채무는 소멸하므로 역시 자연채무의 관념을 인정할 수 없다.

(나) 불법원인급여

불법원인에 의하여 급부한 경우에는 그 급부의 반환을 청구할 수 없다(제746조 본문). 불법원인급여는 무효인 반사회적 법률행위에 의하여 이루어진 급부로서, 손실자는 수익자에 대하여 부당이득의 반환을 청구할 수 없으므로, 즉 수익자가 종국적으로 그 이익을 보유할 권리를 가지고 반환채무를 지지 않으므로, 수익자에게 부당이득의 반환에 관한 자연채무가 인정될 수 없다.

(4) 자연채무의 효력

자연채무의 채무자가 임의로 이행하면, 이는 법률상 유효한 채무의 변제이므로 채무자는 부당이득을 이유로 반환을 청구할 수 없다. 한편 채무자가 임의로 채무를 이행하지 않는 경우에 채권자는 그 이행을 소구할 수 없지만, 채무자는 자연채무를 가지고 상계할 수 있다. 그러나 자연채무의 성질에 비추어 채권자는 상계할 수 없다고 할 것이다.

Ⅲ. 제3자에 의한 채권침해

1. 의 의

채권은 채권자가 채무자에 대하여 일정한 행위를 청구할 수 있는 권리이므로, 채권은 소유권과 같은 물권과 동일한 의미에서의 배타성이 없다. 상대권인 채권은 채무자에 의해서 침해될 수 있고 그것이 바로 채무불이행이 된다. 절대권인 물권이 제3자에 의하여 침해된 경우, 당연히 불법행위가 성립하고 물권적 청구권이 발생한다. 그런데 상대권인 채권이 채무자 아닌 제3자가 부당하게 침해하거나 그 행사를 방해하는 경우, 불법행위가 성립될 수 있는지 그리고 채권에 의하여 방해배제청구권을 인정할 수 있는지가 문제이다.

2. 불법행위의 성립

(1) 서 설

제3자에 의한 채권침해에 대하여 학설·판례는 불법행위의 성립을 인정한다. 다만 그 이론구성과 관련하여, ① 모든 권리는 불가침의 성질을 가지며, 따라서 채권도 권리로서 침해받지 않을 성질을 가지므로 제3자가 채권을 침해하면 당연히 불법행위가 성립한다는 권리불가침설(김기선, 170면), ② 채권은 상대권이므로 제3자에 의한 채권침해가 권리침해이기 때문에 당연히 불법행위가 성립하는 것은 아니고, 그 제3자의 채권침해가 위법할 때에 비로소 불법행위가 성립한다는 위법성설(곽윤직, 64면; 김상용 93면; 정기웅, 198면) 등이 대립하고 있다. 판례는 거래에서의 자유경쟁의 원칙은 법질서가 허용하는 범위 내에서의 공정하고 건전한 경쟁을 전제로 하는 것이므로, 제3자가 채권자를 해한다는 사정을 알면서도 법규에 위반하거나 선량한 풍속 또는 사회질서에 위반하는 등 위법한 행위를 함으로써 채권자의 이익을 침해하였다면 이로써 불법행위가 성립한다고 하여(대판 2007.9.21, 2006다9446; 대판 2007.5.11, 2004다11162), 위법성설을 따르고 있다.

생각건대 채권과 물권은 그 본질에서 차이가 있으며, 채권의 상대성 및 물권의 절대성은 인정되고 유지되어야 하며, 제750조는 불법행위의 성립요건으로 권리침해를 요하는 것이 아니라 위법성을 요하기 때문에 권리침해설은 적절하다고 할 수 없다. 상대권인 채권에 대한 침해가 있다고 해서 절대권인 물권의 침해처럼 당연히 불법행위가 성립하는 것은 아니다. 그러나 예외적으로 제3자에 의한 채권의 침해행위가 보호법규위반·선량한 풍속 기타 사회질서위반 등 위법성이 인정될 때에 제한적으로 불법행위가 성립할 수 있다고 할 것이다.

(2) 요 건

제3자에 의한 채권침해가 불법행위를 구성하기 위해서는 제750조의 요건을 충족하여야 한다. 즉 침해행위, 침해자의 고의·과실, 침해행위의 위법성, 침해자의 책임능력 및 채권자에게 손해의 발생이 있어야 한다.

(가) 침해행위가 있을 것

불법행위가 성립하기 위해서는 제3자에 의한 채권침해행위가 존재하여야 한다. 제3자에 의한 채권침해를 유형별로 나누어 보면 다음과 같다.

1) 채권의 귀속자체를 침해한 경우

채권의 귀속자체를 침해하여 채권을 상실하게 하는 경우이다. 예컨대 타인의 무기명채권증서를 훼손하거나 횡령하여 선의의 제3자에게 취득케 한 경우, 표현수령권자로서 채권의 변제를 받은 경우(제470조, 제471조), 표현대리인으로서 채권을 처분한 경우 등이 이에 속한다. 이 경우 채권자는 채권을 침해한 자에 대하여 불법행위에 의한 손해배상을 청구할 수 있다. 주의할 것은 제3자의 채권침해가 불법행위가 되려면 채권자가 채권 자체를 상실하여야 하기 때문에 채권증서가 훼손되거나 채권이 2중으로 양도되었다고 하여 당연히 불법행위로 되는 것은 아니라는 점이다. 제3자가 지명채권의 채권증서를 훼손하거나 이를 채무자에게 반환한 경우에는 채권이 소멸하지 않으므로 채권의 침해가 아니며, 2중 양도나 2중 계약도 원칙적으로 유효하기 때문이다.

2) 채권의 목적인 급부를 침해한 경우

채권은 급부를 청구하고 이를 수령하는 것을 본체로 하는 권리이므로, 그 급부를 침해함으로써 채권의 침해를 가져올 수 있다.

가) 급부의 침해로 채권이 소멸한 경우

채무자에게 책임 없는 사유로 인한 급부불능으로 채권이 소멸한 경우이다. 예컨대 특정물의 인도를 목적으로 하는 채권에서 제3자가 목적물을 훼손하거나 출연채무를 지는 가수를 경쟁업소에서 납치하여 출연을 못하게 하는 등이 이에 속한다. 이 경우 채권자는 자기의 채권침해를 이유로 제3자에 대하여 불법행위로 인한 손해배상을 청구할 수 있다.

나) 급부의 침해로 채권이 소멸하지 않는 경우

채무자에게 귀책사유가 인정되는 경우로서 채무자의 채무는 소멸하지 않고 손해배상채무로 여전히 존속하게 된다. 예컨대 제3자가 채무자 또는 이행보조자와 공모하여 채권의 목적물을 파괴하거나 채무자를 교사하여 채무의 전부 또는 일부를 이행하지 않도록 하는 경우가 이에 해당한다. 이때 채무자는 채무불이행책임을 부담하므로 채권의 내용은 손해배상청구권으로 변하여 존속하지만, 그 때문에 채권자에 대한 제3자의 불법행위의 성립이 방해받지는 않는다.

다) 채무자의 책임재산을 감소케 하는 경우

채권은 소멸하지 않지만 책임재산이 없어짐으로써 채권의 실질적 가치가 손상되어 채권침해가 되는 경우에 불법행위가 성립한다. 예컨대 제3자가 채무자와 공모하여 허위의 채권증서를 작성하여 채무자의 재산을 가압류함으로써 진정한 채권자의 집행을 어렵게 하거나 채무자의 유일한 책임재산을 은닉함으로써 채권자가 채무자로부터 채권을 변제받을 수 없게 하는 경우 등이 이에 속한다. 물론 책임재산을 감소케 하는 행위가 법률행위로서 사해행위인 경우에 채권자는 채권자취소권(제406조)을 행사하여 재산의 회복을 도모할 수 있다.

판 례

(ㄱ) 제3자가 채무자에 대한 채권자의 존재 및 그 채권의 침해사실을 알면서 채무자와 적극 공모하거나 채권행사를 방해할 의도로 사회상규에 반하는 부정한 수단을 사용하는 등으로 채무자의 책임재산을 감소시키는 행위를 함으로써 채권자로 하여금 채권의 실행과 만족을 불가능 내지 곤란하게 한 경우 채권자에 대한 불법행위를 구성할 수 있다(대판 2019.5.10, 2017다239311).

(ㄴ) 제3자가 채무자의 재산을 은닉하는 방법으로 채권자의 채권을 침해하는 불법행위를 한 경우, 그 손해는 불법행위 시를 기준으로 제3자의 채권침해가 없었다면 채권자가 채무자로부터 회수할 수 있었던 채권 금액 상당이다. 이때의 회수 가능성은 불법행위 시에 존재하는 채무자의 책임재산 가액과 채무자가 부담하는 채무의 액수를 비교하는 방법으로 판단할 수 있다. 불법행위 당시에 이미 이행기가 도래한 채무는 채권자가 종국적으로 권리를 행사하지 아니할 것이 확실하다는 특별한 사정이 없는 한 비교대상이 되는 채무자 부담의 채무에 포함된다. 양자를 비교한 결과 채무자가 다액의 채무를 부담하고 있었던 사정 등으로 제3자의 채권침해가 없었더라도 채권자가 채무자로부터 일정 금액 이상으로는 채권을 회수할 가능성이 없었다면, 일정 금액을 초과하는 손해와 제3자의 채권침해행위 사이에는 상당인과관계를 인정할 수 없다(대판 2022.5.26, 2017다229338; 대판 2019.5.10, 2017다239311).

(나) 귀책사유가 존재할 것

불법행위가 성립하기 위해서는 침해자의 고의나 과실이 있어야 한다. 그런데 채권에는 일반적으로 공시방법이 없으므로, 제3자(침해자)의 행위가 객관적으로 채권을 침해했더라도 그가 채권의 존재를 알지 못하는 한 고의는 물론 과실도 인정하기 어려울 것이다. 따라서 제3자의 채권침해가 불법행위로 되려면 우선 제3자가 채권의 존재를 알고 있어야 한다. 판례도 제3자의 채권침해가 불법행위로 되려면, 제3자가 채권자를 해한다는 사정을 알면서도 법규를 위반하거나 선량한 풍속 기타 사회질서를 위반하는 등 위법한 행위를 함으로써 채권자의 이익을 침해하였음이 인정되어야 한다고 한다(대판 2007.9.21, 2006다9446).

판 례

강제집행면탈 목적을 가진 채무자가 제3자와 명의신탁약정을 맺고 채무자 소유의 부동산에 관하여 제3자 앞으로 소유권이전등기를 경료한 경우, 제3자가 채권자에 대한 관계에서 직접 불법행위책임을 지기 위하여는 단지 그가 채무자와의 약정으로 당해 명의수탁등기를 마쳤다는 것만으로는 부족하고, 그 명의신탁으로써 채권자의 채권 실현을 곤란하게 한다는 점을 알면서 채무자의 강제집행면탈행위에 공모 가담하였다는 등의 사정이 증명되어 그 채권침해에 대한 고의·과실 및 위법성이 인정되어야 한다(대판 2007.9.6, 2005다25021).

(다) 위법할 것

1) 채권침해가 불법행위가 되려면 그 침해행위가 위법한 것이어야 한다. 위법성은 법률상 보호할 가치 있는 이익의 침해·법규위반·선량한 풍속 기타 사회질서의 위반을 의미한다. 따라서 거래에서의 자유경쟁의 원칙은 법질서가 허용하는 범위 내에서의 공정하고 건전한 경쟁을 전제로 하는 것이므로, 제3자가 채권자를 해한다는 사정을 알면서도 법규를 위반하거나 선량한 풍속 또는 사회질서를 위반하는 등 위법한 행위를 함으로써 채권자의 이익을 침해한 경우, 불법행위가 성립한다(대판 2007.5.11, 2004다11162).

2) 그런데 채권의 성질상 위법성이 없는 경우가 많다. 즉 제3자가 고의·과실로 채권을 직접 침해하지 않고 채무자의 자유로운 의사결정에 영향을 주어 사실상 채무자의 채무불이

행을 유발시킨 경우에는 불법행위가 성립하지 않는다. 예컨대 乙이 甲과의 고용계약에 의하여 근무하고 있는데 丙이 乙에게 월급을 더 주고 고용계약을 체결한 경우(이중고용), 먼저 성립한 채권은 침해되지만 자유경쟁의 원칙상 丙에게는 위법성이 없으므로 불법행위가 성립하지 않는다. 반면에 제3자의 행위가 형식적으로는 정당하더라도 부정한 경업을 목적으로 하거나 사기·강박과 같이 부정수단을 쓴 경우에 그 행위는 위법성을 띠게 되고, 따라서 불법행위가 성립한다. 판례도 독립한 경제주체간의 경쟁적 계약관계에서는 단순히 제3자가 채무자와 채권자간의 계약내용을 알면서 채무자와 채권자간에 체결된 계약에 위반되는 내용의 계약을 체결한 것만으로는 제3자의 고의·과실 및 위법성을 인정하기에 부족하고, 제3자가 채무자와 적극 공모하였거나 제3자가 기망·협박 등 사회상규에 반하는 수단을 사용하거나 채권자를 해할 의사로 채무자와 계약을 체결하였다는 등의 특별한 사정이 있는 경우에 한하여 제3자의 고의·과실 및 위법성을 인정하여야 한다고 한다(대판 2003.3.14, 2000다32437; 대판 2001.5.8, 99다38699).

3) 채권침해의 위법성은 침해되는 채권의 내용, 침해행위의 태양, 침해자의 고의 내지 해의의 유무 등을 참작하여 구체적·개별적으로 판단하되, 거래자유 보장의 필요성과 경제·사회정책적 요인을 포함한 공공의 이익 및 당사자 사이의 이익균형 등을 종합적으로 고려하여야 한다(대판 2007.9.6, 2005다25021). 이러한 법리는 제3자가 위법한 행위를 함으로써 다른 사람 사이의 계약체결을 방해하거나 유효하게 존속하던 계약의 갱신을 하지 못하게 하여 그 다른 사람의 정당한 법률상 이익이 침해되기에 이른 경우에도 적용된다(대판 2007.5.11, 2004다11162). 따라서 방송법에 의한 중계유선방송사업 허가를 받지 않은 甲이 적법한 중계유선방송사업자인 乙과 아파트 입주자대표회의 사이의 계약갱신을 방해하고, 적법한 방송사업자인 것처럼 가장하여 아파트 입주자와 계약을 체결함으로써 乙의 재계약 체결이 무산된 경우, 乙의 법률상 이익이 침해된 이상 甲은 불법행위로 인한 손해배상책임이 있다(대판 2007.5.11, 2004다11162).

(라) 책임능력이 있을 것

불법행위에 의하여 타인에게 손해를 가한 가해자에게 손해배상책임을 묻기 위해서는 그 가해자에게 책임능력이 있어야 한다. 따라서 채권을 침해하는 자는 침해행위에 의하여 발생한 결과가 위법하여 법률상 비난을 받는다는 사실을 인식할 수 있는 정신능력이 있어야 한다.

(마) 손해가 발생할 것

채권침해로 인하여 채권자에게 손해가 발생하여야 하며, 침해행위와 손해발생 사이에 인과관계가 존재하여야 한다.

(3) 효 과

(가) 제3자에 대한 손해배상청구권

제3자에 의한 채권침해가 불법행위가 되면, 피해자인 채권자는 제3자에게 손해배상을 청구할 수 있다(제750조).

(나) 채권자 · 채무자 및 제3자 사이의 그 밖의 효과

제3자가 채권의 귀속을 침해한 때에 채권자는 그 제3자에 대하여 부당이득반환을 청구할 수 있고, 침해자와 내부적 법률관계가 있는 경우에는 채무불이행으로 인한 손해배상을 청구할 수 있다. 급부를 침해하여 채권이 소멸한 때에는 채권자는 채무자가 침해자에 대하여 갖고 있는 손해배상청구권을 채권의 목적물에 갈음하여 대상청구할 수 있다. 그 밖에 제3자와 채무자가 공모하여 허위채권증서를 작성하여 채무자의 재산을 가압류한 경우, 채권자는 허위표시의 무효(제108조)를 이유로 가압류결정에 대한 이의신청을 하여 가압류의 취소를 청구할 수 있다.

3. 제3자의 채권침해로 인한 방해배제청구권

제3자가 채권자의 권리행사를 방해하는 경우, 채권자는 채권에 기해 그 방해의 제거를 청구할 수 있는지가 문제이다.

(1) 학 설

① 채권의 불가침성을 인정하는 입장에서 채권의 일반적 성질로서 침해배제청구권이 생긴다는 견해(김주수, 97면), ② 침해배제청구권은 일반적으로 인정될 수는 없으나, 채권침해가 위법성을 띠고 있고 침해자에게 고의·과실이 있는 경우에는 예외적으로 인정된다는 견해(김용한, 117면), ③ 공시방법을 갖춘 채권, 특히 임차권의 경우에 관하여 방해배제청구권을 인정하는 견해(곽윤직, 68면; 김상용, 99면; 김증한/김학동, 72면; 이은영, 76면; 송덕수, C-55), ④ 임차권이 대항력을 갖춘 경우와 점유를 취득한 임차권의 경우에 방해배제를 청구할 수 있다는 견해(김형배, 340면; 정기웅, 207면)가 있다.

(2) 판 례

판례는 일반적인 경우 채권에 기한 방해배제청구로서 반환청구나 방해제거청구권은 부정하지만, 공시방법을 갖춘 채권 및 독점권이 부여된 채권에 대해서는 인정한다. 즉 채권자가 침해자에 대하여 직접 토지의 인도를 구한 경우(대판 1981.6.23, 80다1362), 침해한 시설의 철거 등을 구한 경우(대판 2001.5.8, 99다38699), 그 권리가 채권적 권리에 불과하여 대세적인 효력이 없다는 이유로 부정한다. 그러나 임차권등기가 되어 있는 선박에 관하여 제3자 명의의 원인무효의 가등기 및 본등기가 행하여져 임차권등기가 말소된 경우에 임차권에 기한 방해배제청구권을 인정하고(대판 2002.2.26, 99다67079), 점포별로 업종을 정하여 분양하였는데 점포의 수분양자 지위를 양수한 자나 임차인 등이 분양계약에서 정한 업종제한약정을 위반할 경우, 영업상의 이익을 침해당할 처지에 있는 자가 동종업종의 영업금지를 청구할 권리가 있다고 한다(대판 2012.11.29, 2011다79258; 대판 2004.9.24, 2004다20081).

(3) 결 어

생각건대 물권과 채권은 엄격히 구별되어야 하므로, 채권에 기한 방해배제청구권은 원칙적으로 부정되어야 한다. 다만 채권 중에서도 물건의 이용을 목적으로 하는 채권은 공시방법을 통해 물권에 근접하는 효력을 가지는 것이 있다. 즉 제3자에 대하여 대항력이 인정되는 채권(제621조 2항, 제622조 1항, 주택임대차보호법 제3조, 상가건물임대차보호법 제3조)에 대해서는 방해배제청구권을 인정하여야 할 것이다.

판 례

(ㄱ) 건축회사가 상가를 건축하여 각 점포별로 업종을 정하여 분양한 후에 점포에 관한 수분양자의 지위를 양수한 자 또는 그 점포를 임차한 자는 특별한 사정이 없는 한 상가의 점포 입점자들에 대한 관계에서 상호 묵시적으로 분양계약에서 약정한 업종제한 등의 의무를 수인하기로 동의하였다고 봄이 상당하므로, 상호간의 업종제한에 관한 약정을 준수할 의무가 있다고 보아야 하고, 따라서 점포 수분양자의 지위를 양수한 자 등이 분양계약 등에 정하여진 업종제한약정을 위반할 경우, 이로 인하여 영업상의 이익을 침해당할 처지에 있는 자는 침해배제를 위하여 동종업종의 영업금지를 청구할 권리가 있다(대결 2006.7.4, 2006마164,165; 대판 2002.8.27, 2001다37934).

(ㄴ) 상가 분양회사가 수분양자에게 특정영업을 정하여 분양한 이유는 수분양자에게 그 업종을 독점적으로 운영하도록 보장함으로써 이를 통하여 분양을 활성화하기 위한 것이고, 수분양자들 역시 지정품목이 보장된다는 전제 아래 분양회사와 계약을 체결한 것이므로, 지정업종에 관한 경업금지의무는 수분양자들에게만 적용되는 것이 아니라 분양회사에도 적용된다(대결 2006.7.4, 2006마164,165; 대판 2008.5.29, 2005다25151).

제 2 절 채무불이행과 그 구제

Ⅰ. 일 반

1. 채무불이행의 공통요건

채무불이행은 채무자가 채무의 내용에 따른 이행을 하지 않는 경우이다. 채무불이행은 그 유형에 따라 그 요건과 효과를 달리하지만, 그것이 성립하기 위해서는 채무자가 채무를 이행하지 못한 데에 고의나 과실, 즉 귀책사유가 있어야 하고, 채무의 불이행이 위법한 것이어야 한다는 점은 공통적으로 필요하다.

(1) 책임 있는 사유—귀책사유

과실책임의 원칙상 채무불이행에 관하여 채무자의 고의나 과실, 즉 귀책사유가 있어야 한다.

(가) 고 의

고의(故意)는 위법한 결과를 인식하면서 이를 의욕하는 것으로서, 결과 발생에 대한 인식·의욕 및 위법성의 인식을 말한다. 다만 판례는 위법성의 인식을 요하지 않는다고 한다(대판 2002.7.12, 2001다46440). 채무불이행과 관련하여 볼 때, 고의는 채무자가 그의 행위(작위 또는 부작위)로 인하여 채무에 위반하는 결과가 발생한다는 것을 알면서 그와 같은 행위를 감히 행하는 것을 말한다.

(나) 과 실

1) 과실(過失)은 법적으로 승인되지 않은 결과의 발생을 방지할 거래상 요구되는 주의의무를 다하지 아니한 것을 말한다. 민법상의 과실은 일반적으로 행위자의 직업, 사회적 또는 경제적 지위에 비추어 평균인에게 거래상 요구되는 주의의무를 게을리한 경우인 '추상적 과실'을 원칙으로 한다. '평균인인 채무자에게 거래상 요구되는 주의의무'는 채무자가 일정한 업무수행으로서 채무를 이행하는 경우에 그 업무행위에 종사하는 평균인에게 요구되는 통상의 주의의무를, 채무자가 일정한 업무수행과 관계없이 채무를 이행하는 경우에는 일반적인 평균인에게 요구되는 주의의무를 말한다(김형배, 155면). 한편 민법이 특히 주의의무를 경감하는 때에는 행위자의 구체적·주관적 주의능력에 따른 주의만을 요구하며(제695조, 제922조, 제1022조 등), 이 주의를 게을리 하는 것을 '구체적 과실'이라 한다.

2) 과실은 주의의무위반의 정도에 따라, 통상적으로 거래상 요구되는 주의의무를 다하지 아니한 경우인 '경과실'과 거래상 요구되는 주의의무를 통상적이 아닌 높은 정도로 위반한 경우인 '중과실'로 나누어진다. 민법이 여러 경우(제109조 1항 단서, 제401조, 제518조 단서, 제735조, 제757조 단서, 제765조 1항)에 중과실을 요건으로 하는 특별규정을 둔 것은 행위자 내지 채무자의 주의정도를 가중하려는 것이 아니라, 경과실의 경우에는 책임을 묻지 않으려는 것이다(김형배, 55면; 김상용, 107면). 따라서 중과실의 요건은 채무자에 대하여 책임을 경감하는 결과를 가져오게 된다.

판 례

채무자가 자신에게 채무가 없다고 믿었고 그렇게 믿은 데 정당한 사유가 있는 경우에는 채무불이행에 고의나 과실이 없는 때에 해당한다고 할 수 있다. 그러나 채무자가 채무의 발생원인 내지 존재에 관한 법률적인 판단을 통하여 자신의 채무가 없다고 믿고 채무의 이행을 거부한 채 소송을 통하여 이를 다투었다고 하더라도, 채무자의 그러한 법률적 판단이 잘못된 것이라면 특별한 사정이 없는 한 채무불이행에 관하여 채무자에게 고의나 과실이 없다고는 할 수 없다(대판 2013.12.26, 2011다85352).

(다) 예외 — 무과실책임

채무불이행 또는 불법행위로 인한 손해배상을 청구할 수 있기 위해서는 채무자(가해자)의 귀책사유가 있어야 한다(과실책임주의). 그러나 계약으로 무과실책임을 인정하는 것은 당사자의 자유이며, 또한 일정한 경우 법률은 무과실책임을 규정하고 있다. 예컨대 금전채무에 대한 책임(제397조 2항), 이행지체 중의 채무자책임(제392조 본문), 매도인의 담보책임(제570조 이하), 공작물소유자의 책임(제758조 1항), 무권대리인의 책임(제135조) 등이다. 이러한 경우 채무자(가해자)에게 귀책사유가 없더라도 손해배상을 청구할 수 있다.

판 례

계약당사자 일방이 자신의 계약상 채무 이행에 장애가 될 수 있는 사유를 계약 체결 당시 알았거나 예견할 수 있었음에도 이를 상대방에게 고지하지 않은 경우, 채무불이행에 대하여 귀책사유가 인정된다(대판 2011.8.25, 2011다43778). 가령 지방공사가 아파트 분양공고 및 분양계약 체결 당시, 아파트 부지에 대한 문화재 발굴조사과정에 유적지가 발견되어 현지 보존결정이 내려질 경우 아파트 건설사업 자체가 불가능하게 되거나 그 추진·실행에 현저한 지장을 가져올 수 있음을 충분히 알았음에도 입주자 모집공고문과 분양계약서에 이에 관한 구체적 언급을 하지 않았고, 이를 별도로 수분양자들에게 알리지도 않은 경우, 아파트 수분양자들이 위 장애사유에 관한 위험을 인수하였다고 볼 수 없으므로, 분양계약에 따른 아파트 공급의무 불이행에 대한 귀책사유가 지방공사에 있다.

(2) 위법성(違法性)

위법성은 채무불이행 및 불법행위의 공통되는 성립요건이다. 그런데 불법행위(제750조)와 달리 채무불이행의 성립요건으로 위법성을 규정하고 있지 않지만 필요로 한다(다수설). 그러나 채무자의 의무위반이 있으면 위법성을 인정할 수 있으므로, 고의·과실과 별도로 위법성의 요건은 필요 없다는 견해가 있다(김형배, 174면; 이은영, 246면). 즉 위법성은 채무자의 채무 내지 채권자의 권리와 부합하지 않는 채무자의 행위 내지 용태의 측면을 나타내는 것으로 의무위반을 의미하며, 귀책사유로서의 고의·과실은 채무내용에 따르지 않은 행위에 관한 고의·과실을 묻는 것인데, 이와 같은 고의·과실이 문제될 때에는 이미 채무내용에 따르지 않은 행위(의무위반행위), 즉 위법성이 전제되어 있다고 한다.

생각건대 고의·과실은 채무자 개인에 대한 주관적 판단인데 반해 위법성은 행위 자체에 대한 객관적 판단이므로, 위법성은 고의·과실에 포함될 수 없다고 할 것이다. 다만 불법행위에서와 달리 위법성은 각각의 채무불이행에서 구비하여야 하는 적극적인 요건이 아니고, 동시이행의 항변권·유치권·기한유예 등의 위법성 조각사유가 없으면 위법하다고 평가되는 소극적인 요건이다. 즉 채무불이행에서 확정된 채무의 내용대로 이행이 행하여지지 아니하였다면 그 자체가 바로 위법한 것으로 평가되지만, 그 이행하지 아니한 것이 위법성을 조각할 만한 행위에 해당하게 되는 특별한 사정이 있는 때에는 채무불이행이 성립하지 않는 경우도 있을 수 있다(대판 2002.12.27, 2000다47361).

2. 이행보조자의 고의 · 과실

(1) 의 의

타인의 귀책사유가 채무자의 귀책사유로 인정되는 경우가 있다. 즉 제391조는 "채무자의 법정대리인이 채무자를 위하여 이행하거나 채무자가 타인을 사용하여 이행하는 경우에 법정대리인 또는 피용자의 고의나 과실은 채무자의 고의나 과실로 본다"고 규정하고 있다. 제391조는 독립된 청구권의 근거가 아니라 채무불이행책임에서 채무자의 귀책사유 존부를 확정하여 주는 단순한 보조규정이다. 이 규정의 근거는 타인을 사용하여 이익을 얻은 채무자는 동시에 위험도 부담하여야 한다는 데 있다.

(2) 이행보조자의 범위와 그 요건

(가) 채권자와 채무자 사이에 채권관계가 존재할 것

이행보조자(履行補助者)의 이행행위 이전에 채권자와 채무자 사이에 채권관계가 존재하여야 한다. 채권관계가 계약 또는 법률규정에 의해서 발생한 경우이든 상관없다. 오히려 이행보조자의 고의·과실로 인한 행위에 대하여 채무자가 채무불이행책임을 지기 위해서는 법정대리인 또는 이행보조자의 이행행위 이전에 채무자와 채권자 사이에 채권관계가 존재하여야 한다. 따라서 이행보조자의 행위에 의하여 채권관계가 발생하는 경우에는 법률행위의 대리 또는 사용자책임이 문제될 뿐 채무자의 채무불이행책임은 발생하지 않는다.

(나) 이행보조자일 것

이행보조자라 함은 채무자가 자기 채무이행을 위하여 사용하는 자를 말한다. 제391조에 의해 이행보조자의 고의나 과실은 채무자의 고의나 과실로 된다. 이러한 이행보조자는 채무자의 의사 관여 아래 채무의 이행행위에 속하는 활동을 하는 사람이면 충분하고 반드시 채무자의 지시 또는 감독을 받는 관계에 있어야 하는 것은 아니다. 따라서 그가 채무자에 대하여 종속적인 지위에 있는지, 독립적인 지위에 있는지는 상관없다. 또한 이행보조자가 채무자와 계약 그 밖의 법률관계가 있어야 하는 것이 아니다. 제3자가 단순히 호의로 행위를 한 경우에도 그것이 채무자의 용인 아래 이루어지는 것이면 제3자는 이행보조자에 해당한다. 이행보조자의 활동이 일시적인지 계속적인지도 문제 되지 않는다(대판 2018.2.13, 2017다275447). 이행보조자에는 채무자의 법정대리인과 피용자가 있다.

1) 채무자의 법정대리인

법정대리인은 채무자 본인의 의사와 관계없이 법률규정에 의하여 대리권이 주어진 대리인이다. 이와 같이 법정대리인의 고의나 과실을 채무자의 고의나 과실로 보는 것은 채무자인 본인은 법정대리인의 활동을 통해 이익을 얻기 때문에 불이익도 부담하는 것이 형평상 타당하고, 채권자도 보호할 수 있기 때문이다. 법정대리인에는 친권자·후견인·가정법원에 의해 선임된 재산관리인(제22조 1항 본문, 제23조)뿐만 아니라, 파산관재인(채무자회생법 제355조 이하)·일상가사대리권을 가지는 부부(제827조)·유언집행자(제1093조 내지 1096조, 제1103조) 등도 포함된다.

2) 채무자의 피용자

피용자(被用者)가 이행을 보조하는 관계는 사실상의 관계로서 충분하며, 채무자에 대하여 사회적 종속관계에 있을 필요도 없고 또한 독립적인 지위에 있어도 상관없다. 예컨대 고용·도급·위임과 같이 계약상의 관계에 있어야 하는 것은 아니다.

한편 채무자가 우편·철도를 이용하는 경우, 우편집배원·철도기관이 이행보조자에 해당하는지에 관하여, 이행보조자이기 위해서는 채무자가 보조자를 선임하거나 그의 행위를 지휘·감독할 수 있는 간섭가능성이 요구된다는 이유로 이들은 이행보조자가 될 수 없다는 견해(곽윤직, 78면; 김주수, 117면; 임정평, 154면)와 간섭가능성이 요구되지 않는다는 이유로 긍정하는 견해가 있다(김상용, 112면; 김형배, 161면).

생각건대 기능상 채무자의 이행행위를 보조하는 자가 이행보조자이며, 따라서 간섭가능성이 없는 독립적 지위에 있는 자도 이행보조자가 될 수 있다고 할 것이다. 예컨대 지참채무의 경우에 채무자가 철도나 우편을 통하여 이행하였지만, 철도원이나 우편집배원의 고의나 과실로 이행이 불능으로 된 경우, 채무자가 채권자의 주소지에 이행을 제공하기 위해 자기 책임 아래 운송수단을 선택한 것이므로 채무불이행으로 이론구성을 하여야 할 것이다.

3) 이행대행자

채무자의 이행을 단순히 보조하는 수준에 그치는 것이 아니라 독립하여 채무의 전부 또는 일부를 채무자에 갈음하여 이행하는 자를 이행대행자(履行代行者)라 한다. 이행대행자도 채무자에 갈음하여 채무를 이행할 뿐 채무자의 채무를 소멸시키는 것은 아니므로, 채권자에 대한 관계에서는 이행보조자와 다를 것이 없다. 따라서 채무자는 이행대행자의 고의·과실 있는 행위에 대하여 책임을 진다. 그러나 이행대행자의 행위에 대한 채무자에의 책임귀속에 관하여는 3가지 유형으로 나누어 살펴보아야 한다.

(i) 이행대행자의 사용이 허용되지 않는 경우(제120조, 제657조 2항, 제682조 1항, 제701조, 제1103조 2항), 채무의 성질상 또는 당사자의 특약으로 이행대행자의 사용이 허용되지 않는 경우가 있다. 이러한 경우 채무자가 대행자를 사용한 때에는 이행대행자를 사용한 것이 의무위반이 되므로, 이행대행자의 고의·과실을 묻지 않고 채무자는 책임을 진다. 이 경우에는 제390조에 의한 채무자 자신의 채무불이행책임이 문제된다.

(ii) 명문의 규정(제122조) 또는 채권자의 승낙에 의하여 이행대행자의 사용이 허용되어 있는 경우, 채무자는 원칙적으로 대행자의 선임·감독에 관하여 과실이 있는 때에만 책임을 진다(제121조, 제682조 2항, 제701조, 제1103조 2항). 이때에는 제391조를 적용하는 경우보다 채무자의 책임이 경감된다. 이와 같은 책임경감규정이 없는 한 제391조만이 그대로 적용된다(김형배, 162면).

(iii) 민법에 명문의 규정은 없지만 급부의 성질상 이행대행자를 사용하여도 무방하다고 해석되는 경우에 그 이행대행자의 고의·과실은 채무자의 고의·과실로 간주되어 채무자가 채무불이행책임을 지게 된다. 즉 제391조가 적용된다.

(다) 채무이행과 관련이 있을 것

1) 채무자가 이행보조자의 고의·과실에 대해 책임을 지는 것은 '채무의 이행'과 관련된 것에 한한다(제391조). 이행보조자의 행위는 채무자의 채무이행의 범위에 속하여야 한다. 다시 말하면 이행보조자의 행위는 채무자가 계약이행과 관련하여 보조자에게 지시한 사항과 직

접적으로 관계가 있어야 한다. 따라서 이행보조자가 보조행위의 기회를 이용하여 채권자의 물건을 훔친 경우에는 채무자는 이에 대해 책임을 지지 않는다. 예컨대 乙이 甲에게 TV를 팔고 집까지 배달해 주기로 약정하였고, 이에 따라 乙의 종업원 丙이 배달하였는데 丙이 돌아오면서 甲의 도자기를 훔친 경우, 丙의 절도행위는 채무이행(TV 인도)과 직접적인 관련성이 없으므로, 甲은 乙에 대하여 제390조, 제391조에 의하여 채무불이행책임을 주장하지 못한다. 물론 이 경우 제750조의 불법행위책임(丙에 대해)과 제756조의 사용자책임(乙에 대해)이 문제된다.

2) 이행보조자의 행위가 채무자에 의하여 그에게 맡겨진 이행업무와 객관적·외형적으로 관련을 가지는 경우, 채무자는 그 행위에 대하여 책임을 져야 하고, 채무의 이행에 관련된 행위이면 비록 이행보조자의 행위가 채권자에 대한 불법행위가 된다고 하더라도 채무자는 면책될 수 없다(대판 2008.2.15, 2005다69458). 가령 클럽하우스 내 식당 등 영업장의 임대차에서 임대인의 직원들이 클럽하우스 등을 한 달 이상 무단 점거함에 따라 정상적인 영업이 어렵게 된 임차인이 임대차계약을 해지하고 자신의 영업장에서 근무하던 직원들을 불가피하게 해고할 수밖에 없었고, 그 과정에서 근로기준법의 규정에 따라 휴업수당과 해고예고수당을 지급한 경우, 임대인의 이행보조자인 직원들의 불법점거행위는 채무의 이행에 관련된 행위이고, 이행보조자의 고의·과실은 채무자의 고의·과실이므로, 임대인은 임차인에 대하여 채무불이행책임을 진다.

판 례

(ㄱ) 이행보조자는 채무자의 의사 관여 아래 채무이행행위에 속하는 활동을 하는 사람이면 족하고 반드시 채무자의 지시 또는 감독을 받는 관계에 있어야 하는 것은 아니므로, 그가 채무자에 대하여 종속적 또는 독립적인 지위에 있는가는 문제되지 않으며, 이행보조자가 채무의 이행을 위하여 제3자를 복이행보조자로서 사용하는 경우에도 채무자가 이를 승낙하였거나 적어도 묵시적으로 동의한 경우에는 채무자는 복이행보조자의 고의·과실에 관하여 제391조에 의하여 책임을 부담한다(대판 2011.5.26, 2011다1330).

(ㄴ) 제391조의 이행보조자로서 피용자라 함은 채무자의 의사 관여 아래 그 채무의 이행행위에 속하는 활동을 하는 사람을 의미하므로, 채무자의 채권자에 대한 채무 이행행위에 속한다고 볼 수 없는 활동을 하는 사람을 제391조의 이행보조자에 해당한다고 볼 수는 없다(대판 2013.8.23, 2011다2142).

(3) 제756조의 사용자책임과 비교

(가) 공 통 점

타인을 사용하여 어느 사무에 종사하게 한 자는 피용자가 그 사무집행에 관하여 제3자에게 가한 손해를 배상할 책임을 지는데(제756조 1항 본문), 이를 사용자책임이라 한다. 따라서 타인을 사용하여 어느 사무에 종사하게 한 자(사용자)는 그 타인, 즉 피용자가 사무집행에 관하여 제3자에게 위법하게 가한 손해에 대하여 손해배상책임을 진다. 이와 같이 타인에 의하여 야기된 손해에 대하여 책임을 진다는 점에서 제391조와 유사하다.

(나) 차 이 점

1) 제391조는 제756조와 달리 이행보조자의 이행행위 이전에 채권자와 채무자 사이에 채권관계가 존재하여야 한다.

2) 제391조는 독립된 청구권의 근거가 아니라 채무불이행책임에서의 채무자의 귀책사유 존부를 확정하여 주는 단순한 보조규정이다. 예컨대 乙이 甲에게 TV를 팔면서 집까지 배달해 주기로 약정하였고, 이에 따라 乙이 丙을 시켜 甲의 주소지에 배달하도록 하였는데 丙의 과실로 교통사고가 발생하여 TV가 멸실된 경우, 甲이 乙에게 채무불이행책임을 주장하기 위해서는 채무자 乙의 귀책사유(고의·과실)가 있어야 한다. 이 경우 제391조에 의하여 이행보조자 丙의 과실은 채무자 乙의 과실이 되므로, 제391조는 제390조의 단순한 보조규정에 불과하게 된다. 따라서 甲은 제390조, 제391조에 의하여 丙이 아니라 乙에게 채무불이행책임을 주장할 수 있다.

반면에 제756조는 제750조 이하와 더불어 불법행위로 인한 독립된 청구권의 근거이다. 즉 제756조에 의하여 새로운 채권관계, 즉 불법행위로 인한 손해배상청구권이 발생한다. 이때 제756조의 사용자과실은 제391조와 달리 피용자의 선임·감독에 관한 것이고 피용자의 가해행위에 관한 것이 아니다. 즉 피용자의 선임·감독에 관한 사용자 자신의 책임을 말한다.

3) 제756조에서 사용자는 '피용자의 선임 및 그 사무감독에 상당한 주의를 한 때' 또는 '상당한 주의를 하여도 손해가 있을 경우'에는 배상책임을 면할 수 있다(면책가능성, 제756조 1항 단서). 이와 달리 제391조의 경우에는 채무자에게 이러한 면책가능성이 존재하지 않는다.

4) 피용자의 위법행위에 대한 사용자의 책임은 그가 피용자의 선임·감독에 대한 주의를 게을리한 책임이므로, 피용자는 어느 정도까지 사용자의 지시에 복종하는 자이어야 한다. 즉 사용자와 피용자 사이에 사회적 복종관계가 존재하여야 한다. 따라서 피용자이기 위해서는 사용자가 선임하고 또한 지휘·감독하는 관계가 있어야 한다. 그러나 제391조의 이행보조자는 반드시 채무자에 대하여 사회적 복종관계에 있을 필요가 없다.

5) 제756조에 의한 사용자책임에 관하여 제766조에 정한 단기소멸시효(3년)가 적용되지만, 제391조에 의한 채무자책임에 관해서는 소멸시효에 관한 일반원칙(제162조 이하)이 적용된다.

(4) 효 과

(가) 채무자의 책임

1) 채무이행과 관련하여 이행보조자의 고의·과실이 있으면 그것은 채무자에게 고의·과실이 있는 것으로 된다(제391조). 즉 채무이행과 관련하여 이행보조자의 귀책사유가 채무자의 귀책사유로 된다. 예컨대 주택의 수리를 맡은 채무자의 이행보조자가 과실로 불완전하게 수리하여 비가 새는 경우, 채권자는 채무자에게 채무불이행책임을 주장할 수 있다. 또한 임대인이 임대차계약에 따른 임대물수선의무를 이행하기 위하여 제3자에게 도급을 주어 공사를

하던 중 그 수급인의 과실로 화재가 발생한 경우, 제390조, 제391조에 의하여 임대인이 임차인에 대하여 채무불이행으로 인한 손해배상책임을 진다(대판 2002.7.12, 2001다44338).

2) 이와 같이 제391조에 의하여 이행보조자의 고의·과실은 채무자의 고의·과실로 되는데, 이때 이행보조자의 과실정도는 법정대리인 또는 이행보조자를 기준으로 할 것이 아니라 채무자를 기준으로 판단한다. 예컨대 채무자가 견습공을 사용하여 수리행위를 한 경우에 견습공의 과실 여부 판단은 견습공의 주의능력이 아니라, 그러한 수리행위를 하는 채무자의 주의능력을 기준으로 판단하여야 한다. 그 이유는 채권자에 대하여 채무를 부담하는 자는 이행보조자가 아니라 채무자이며, 만일 이행보조자를 기준으로 과실여부를 판단하게 되면 채권자에게 불측의 손해가 발생하기 때문이다.

(나) 이행보조자의 책임

이행보조자는 채권관계의 당사자가 아니므로, 채권자에 대한 관계에서 채무불이행책임을 지지 않는다. 다만 불법행위의 요건을 갖추는 것을 전제로 그 책임을 질 수 있다(대판 2025.7.16, 2024두39157). 예컨대 이행보조자가 이행하는 과정에서 채권자의 물건을 훔치거나 자동차에서 물건을 내리면서 옆을 지나는 제3자에게 손해를 입힌 경우, 불법행위책임을 진다(제750조).

판 례

(ㄱ) 채무자의 이행보조자가 채무자와 계약을 체결한 거래상대방에 대하여 직접 제750조에 따른 불법행위책임을 진다고 보기 위해서는, 이행보조자의 행위가 거래상대방에 대한 채무불이행의 결과를 초래한다는 사정만으로 부족하고, 이행보조자와 채무자 사이의 내부관계에서 벗어나 거래상대방과의 관계에서 사회상규에 어긋나는 위법한 행위라고 인정될 수 있는 정도에 이르러야 한다(대판 2025.7.16, 2024두39158).

(ㄴ) 임대인인 피고 甲은 이행보조자인 피고 乙이 임차물인 점포의 출입을 봉쇄하고 내부시설공사를 중단시켜 임차인인 원고로 하여금 그 사용·수익을 하지 못하게 한 행위에 대하여 임대인으로서의 채무불이행으로 인한 손해를 배상할 의무가 있고, 또한 피고 乙이 원고가 임차인이라는 사정을 알면서도 위와 같은 방법으로 원고로 하여금 점포를 사용·수익하지 못하게 한 것은 원고의 임차권을 침해하는 불법행위를 이룬다고 할 것이므로 피고 乙은 원고에게 불법행위로 인한 손해배상의무가 있다고 할 경우, 피고 甲의 채무불이행책임과 피고 乙의 불법행위책임은 동일한 사실관계에 기한 것으로 부진정연대채무관계에 있다(대판 1994.11.11, 94다22446).

3. 채무불이행에 관한 증명책임

(1) 제390조는 "채무자가 채무의 내용에 좇은 이행을 하지 아니한 때에는 채권자는 손해배상을 청구할 수 있다. 그러나 채무자의 고의·과실 없이 이행할 수 없게 된 때에는 그러하지 아니하다"고 규정하고 있다. 따라서 채무불이행을 이유로 채권자가 손해배상을 청구하려면, ① 채무자에게 채무가 있고 이를 불이행한 사실, ② 채무자에게 귀책사유가 있는 사실, ③ 그로 인해 일정한 손해가 발생한 사실이 요구된다. 위의 3가지 요건 중 ①과 ③은 채권자가 이를 주장하여 증명하여야 한다. 그러나 ②의 '채무자의 귀책사유'는 추정되므로 채무자

자신이 고의·과실이 없음을 증명하여야 한다(통설). 이것은 불법행위책임에서 피해자가 가해자의 고의·과실을 증명하여야 하는 것과 다르다.

(2) 참고로 법률요건분류설에 의하면 법률효과를 규정하고 있는 실체법의 규정은 그 법률효과가 다른 법률효과와의 관계에서 어떠한 작용을 하는가의 관점에서 ① 권리의 발생요건을 정하는 '권리근거규정', ② 권리발생의 장애요건을 정하는 '권리장애규정', ③ 권리행사를 일시적으로 저지하는 요건을 규정하는 '권리행사저지규정', ④ 권리의 소멸요건을 정하는 '권리소멸규정'의 4가지로 분류되는데, 각 당사자는 그 법률효과가 자기에게 유리한 규정의 요건사실에 대하여 증명책임을 진다. 가령 매매대금청구소송에서 매매대금지급청구권의 발생을 주장하는 원고는 청구원인으로 매매계약체결사실(권리발생사실)을 증명하여야 하고, 피고는 그 매매계약이 통정허위표시로서 무효라거나(권리장애사실), 그 대금을 이미 지급하였다거나(권리소멸사실) 이행기가 도래하지 않았다(권리행사저지사실) 등의 사실에 대하여 증명책임을 부담한다.

법률요건분류설은 법률규정이 원칙적인 것인지 아니면 예외적인 것인지를 기준으로, 본문 내지 원칙적 규정은 권리근거규정, 단서 내지 예외적 규정은 권리장애규정으로 구별한다. 따라서 본문의 요건사실은 원고에게, 단서의 요건사실은 피고에게 증명책임이 있다. 그래서 불법행위와 달리 채무불이행에서는 피고인 채무자가 과실 없음을 증명하여야 한다. 또한 모든 법률행위에 공통적으로 필요한 일반적인 요건사실(예: 행위능력, 선량한 풍속에의 적합성 등)은 그 부존재가 예외적이라는 점에서 이에 관한 규정은 권리장애규정이 된다.

판 례

(ㄱ) 채무가 이행불능인 사실은 당사자의 항변사실에 불과하므로, 설사 당사자 일방의 소유권이전등기 채무가 이행불능이라 하더라도 원심 변론종결시까지 이행불능의 항변을 하지 아니한 이상, 변론주의의 원칙상 법원이 이행불능이라는 이유로 상대방의 청구를 배척할 수 없다(대판 1996.2.27, 95다43044).

(ㄴ) 임차인의 임차물반환채무가 이행불능이 된 경우에 임차인이 그 이행불능으로 인한 손해배상책임을 면하려면 그 이행불능이 임차인의 귀책사유로 말미암은 것이 아님을 증명할 책임이 있으며, 임차건물이 그 건물로부터 발생한 화재로 소실된 경우에 있어서 그 화재의 발생원인이 불명인 때에도 임차인이 그 책임을 면하려면 그 임차건물의 보존에 관하여 선량한 관리자의 주의의무를 다하였음을 증명하여야 한다(대판 2001.1.19, 2000다57351; 대판 1999.9.21, 99다36273). 이러한 법리는 임대차 종료 당시 임대차 목적물 반환의무가 이행불능 상태는 아니지만 반환된 임차 건물이 화재로 인하여 훼손되었음을 이유로 손해배상을 구하는 경우에도 동일하게 적용된다(대판 2017.5.18, 2012다86895,86901).

(ㄷ) 운송계약상의 채무불이행책임이나 불법행위로 인한 손해배상책임은 병존하고, 운송계약상의 면책특약은 일반적으로 이를 불법행위책임에도 적용하기로 하는 명시적 또는 묵시적 합의가 없는 한 당연히 불법행위책임에 적용되지 않는다(대판 2004.7.22, 2001다58269; 대판 1999.7.13, 99다8711).

4. 불법행위책임과의 관계

채무불이행책임과 불법행위책임은 각각 요건과 효과를 달리하는 별개의 법률관계에서 발생하는 것이므로 하나의 행위가 계약상 채무불이행의 요건을 충족함과 동시에 불법행위의 요건도 충족하는 경우에는 두 개의 손해배상청구권이 경합하여 발생하고, 권리자는 위 두 개의 손해배상청구권 중 어느 것이든 선택하여 행사할 수 있다. 다만 동일한 사실관계에서 발생한 손해의 배상을 목적으로 하는 경우에도 채무불이행을 원인으로 하는 배상청구와 불법행위를 원인으로 한 배상청구는 청구원인을 달리하는 별개의 소송물이므로, 법원은 원고가 행사하는 청구권에 관하여 다른 청구권과는 별개로 그 성립요건과 법률효과의 인정 여부를 판단하여야 한다. 계약 위반으로 인한 채무불이행이 성립한다고 하여 그것만으로 바로 불법행위가 성립하는 것은 아니다(대판 2021.6.24, 2016다210474).

참고로 소송물은 통상 '소송목적이 되는 권리·의무'(민소법 제25조 2항, 제65조, 제81조, 제82조) 또는 '청구'(제25조 1항, 제253조, 제262조) 라는 용어로 사용되는데, 소송의 객체 내지 심판의 대상을 말한다. 구소송물이론은 원고의 권리 또는 법률관계의 주장이 어떠한 실체법 규정을 근거로 하는가에 따라 소송물이 정해진다고 본다. 따라서 적용되는 실체법의 규정이 달라지면 소송물도 달라지므로, 각각의 실체법상의 권리 또는 법률관계는 별개의 소송물이다. 소송물은 처분권주의에 의하여 원칙적으로 원고가 특정할 책임이 있고, 청구의 목적물(제218조 1항) 혹은 다툼의 대상, 가령 토지인도소송에서의 토지 자체 또는 건물철거소송에서의 건물 자체는 소송물이 아니며, 소송에 이르게 된 사실관계도 소송물이 아니다.

Ⅱ. 채무불이행의 유형

1. 일 반

채무의 내용에 따른 이행을 하지 않은 것이 채무불이행이다(제390조). 민법은 채무불이행의 모습으로 이행지체와 이행불능 2가지만을 예정하고 있다. 그중에서도 이행지체를 중심으로 하여 그 규정을 두고 있다. 그런데 학설은 이행지체와 이행불능 이외에 불완전이행을 채무불이행의 한 유형으로 인정한다. 그 밖에 이행거절을 채무불이행의 유형으로 볼 것인지에 관하여 다툼이 있다. 여기서 주의할 것은, 민법은 이행지체를 규정한 다음 이행불능을 규정하고 있지만, 이행불능이 발생하면 이행지체는 성립하지 않으므로 이행지체보다 이행불능의 성립 여부를 먼저 검토하여야 한다는 점이다.

2. 이행불능

(1) 의 의

이행불능이란 채권이 성립한 후에 '채무자의 책임 있는 사유로' 채무의 이행이 불가능하게 된 경우를 말한다. '채무자의 책임 없는 사유'로 채무의 이행이 불가능하게 된 경우는 위험부담의 문제이다(제537조, 제538조). 이행불능은 채무자에 의한 채권침해이며, 불능으로 본래의 채무를 할 수 없다는 점에서 이행지체·불완전이행과 구별된다.

(2) 이행불능의 요건

(가) 당사자 사이에 채권관계가 존재할 것

이행불능은 채무자에 의한 채권침해이므로, 이행불능이 성립하려면 먼저 채권자와 채무자 사이에 약정 또는 법정채권관계가 존재하여야 한다.

(나) 채권성립 후에 이행이 불능으로 되었을 것 — 후발적 불능

1) 불능의 표준

채무의 이행이 불능이라는 것은 채권자가 채무자의 이행실현을 기대할 수 없는 것을 말하는데, 이것은 '사회생활에서의 경험법칙 또는 거래상의 관념'에 따라 결정하여야 한다(대판 2015.8.27, 2013다28247). 가령 ① 부동산을 2중으로 매도하고 매도인이 그중 1인에게 먼저 소유권이전등기를 해 준 경우에는 특별한 사정이 없는 한 다른 1인에 대한 소유권이전등기의무는 이행불능으로 된다(대판 1983.3.22, 80다1416). 그러나 매매목적물에 관하여 2중으로 제3자와 매매계약을 체결하였다는 사실만 가지고는 매매계약이 이행불능으로 되었다고 할 수 없다(대판 1996.7.26, 96다14616). ② 임차건물이 불타버린 때에는 임차인의 임차목적물 반환의무는 이행불능으로 된다(대판 2004.2.27, 2002다39456). 그러나 임대차계약상 임대인의 의무는 목적물을 사용·수익케 할 의무로서 목적물에 대한 소유권 있음은 성립요건이 아니므로, 임대인이 소유권을 상실하였다는 이유만으로 그 의무가 불능이라고 할 수 없다(대판 1994.5.10, 93다37977). 임차인이 진실한 소유자로부터 목적물의 반환청구나 임료 내지 그 해당액의 지급요구를 받는 등의 이유로 임대인이 임차인으로 하여금 사용·수익시킬 수가 없게 되면 임대인의 채무가 이행불능으로 된다(대판 2009.9.24, 2008다38325).

한편 물리적으로 이행이 불가능한 경우는 물론이고 물리적으로는 가능하지만 지나치게 많은 비용과 노력이 드는 경우도 불능으로 된다. 가령 한강에 빠진 금반지를 찾아주기로 하는 채무가 그렇다. 또한 사실상 이행이 불가능한 경우뿐만 아니라 법률상 불가능한 경우(예: 일정한 종류의 물건의 거래가 법률상 금지된 경우)도 불능에 해당한다.

판 례

(ㄱ) 민법이 타인의 권리의 매매를 인정하고 있는 것처럼 타인의 권리의 증여도 가능하며, 이 경우 채무자는 권리를 취득하여 채권자에게 이전하여야 하고, 이 같은 사정은 계약 당시부터 예정되어 있으므로, 매매나 증여의 대상인 권리가 타인에게 귀속되어 있다는 이유만으로 채무자의 계약에 따른 이행이 불능이라고 할 수는 없다(대판 2016.5.12, 2016다200729).

(ㄴ) 채무의 이행이 불가능하다는 것은 절대적·물리적으로 불가능한 경우만이 아니라 사회생활상 경험칙이나 거래상의 관념에 비추어 볼 때 채권자가 채무자의 이행의 실현을 기대할 수 없는 경우도 포함한다. 이는 채무를 이행하는 행위가 법률로 금지되어 그 행위의 실현이 법률상 불가능한 경우에도 마찬가지이다. 따라서 법령에 따라 토지분할에 행정관청의 분할허가를 받아야 하는 토지 중 일부를 특정하여 매매계약이 체결되었으나, 그 부분의 면적이 법령상 분할허가가 제한되는 토지분할 제한면적에 해당하여 분할이 불

가능하다면, 매도인이 그 부분을 분할하여 소유권이전등기절차를 이행할 수 없으므로, 이러한 경우에는 법령상 다른 규정에 의하여 분할이 가능하다는 등의 특별한 사정이 없는 한 매도인의 소유권이전등기의무는 이행이 불가능하다고 보아야 한다(대판 2017.10.12, 2016다9643).

2) 후발적 불능

(i) 이행불능으로 되려면 채권이 성립한 후에 불능으로 되어야 한다(후발적 불능). 불능을 분류하면 다음과 같다. ① 건물에 대해 매매계약을 체결하였는데, 그 건물이 계약체결 전에 이미 소실된 경우가 '원시적 불능'이고, 계약체결 후에 소실된 것이 '후발적 불능'이다. ② 건물에 대해 매매계약을 체결하였는데, 그 주택이 이미 멸실한 경우처럼 누구도 법률행위의 목적을 실현할 수 없는 것이 '객관적 불능'이고, 타인의 건물을 매매한 경우처럼 매매 당시에 그 건물이 매도인의 소유에 속하지 않는 것이 '주관적 불능'이다. ③ 매매목적물의 전부가 불능인 것이 '전부불능'이고, 일부가 불능인 것이 '일부불능'이다. 쌍무계약에 있어 당사자 일방이 부담하는 채무의 일부만이 채무자의 책임 있는 사유로 이행할 수 없게 된 때에는, 그 이행이 불가능한 부분을 제외한 나머지 부분만의 이행으로는 계약의 목적을 달성할 수 없다면 채무의 이행은 전부가 불능이라고 보아야 한다(대판 1995.7.25, 95다5929). 즉 제137조의 일부무효의 법리가 적용된다.

(ii) 계약의 목적(내용)이 ① 원시적·객관적 전부불능인 경우에는 계약은 무효이고, 이 경우 계약교섭의 상대방에게 손해를 입힌 때에는 계약체결상의 과실책임(제535조)이 문제된다. ② 원시적·객관적 일부불능(제574조), 원시적·주관적 전부(일부) 불능(제570조, 제572조)의 경우에 계약은 유효하고, 담보책임이 문제된다. ③ 후발적 불능의 경우에 계약은 유효하고, 그 불능에 ㉠ 채무자의 귀책사유가 있으면 이행불능으로(제390조), ㉡ 채무자의 귀책사유가 없으면 위험부담의 문제(제537조, 제538조)로 처리된다.

(iii) 한편 매도인이 인도해야 할 원자재의 가격이 갑자기 10배 이상 등귀한 경우처럼 물리적으로 가능하더라도 이행에 과도한 비용이 요구되어 채무자에게 이행을 기대할 수 없는 경우를 경제적 불능이라고 하는데, 이러한 경제적 불능은 행위기초 상실의 문제로 다루어야 한다. 즉 경제적 불능은 이행불능의 성립요건으로서의 불능이 아니다.

3) 불능의 기준시기

채무의 이행이 불능인지 여부는 이행기를 표준으로 하여 결정한다. 따라서 이행기 전에 일시적으로만 불능인 경우는 불능이 아니다. 그러나 ① 매매계약 후 그 목적물이 멸실된 경우처럼 이행기에도 이행이 불가능한 것이 확실한 때에는 이행기까지 기다릴 필요 없이 그 당시에 곧바로 이행불능이 된다. ② 이행지체 후에 불능으로 되면 그때부터는 이행불능으로 다루어야 한다.

판 례

(ㄱ) 매수인에게 부동산의 소유권이전등기를 해 줄 의무를 지는 매도인이 그 부동산에 관하여 다른 사람에게 이전등기를 마쳐준 때에는 매도인이 그 부동산의 소유권에 관한 등기를 회복하여 매수인에게 이전등기해 줄 수 있는 특별한 사정이 없어야 비로소 매수인에 대한 소유권이전등기의무가 이행불능의 상태에 이르렀다고 할 수 있다(대판 2010.4.29, 2009다99129).

(ㄴ) 매매목적물에 관하여 매도인의 다른 채권자가 강제경매를 신청하여 그 절차가 진행 중에 있다는 사유만으로는 아직 매도인이 그 목적물의 소유권을 취득할 수 없는 때에 해당한다고 할 수 없으므로 매수인은 이를 이유로 계약을 해제하거나 위약금의 청구를 할 수 없다고 할 것이고 그와 같은 법리는 매매목적물에 관하여 강제경매가 진행 중인데 대한 책임이 누구에게 있느냐에 따라 달라지는 것이 아니다(대판 1987.9.8, 87다카655).

(ㄷ) '매매목적물'에 대하여 가압류 또는 처분금지가처분 집행이 되어 있다고 하여 매매에 따른 소유권이전등기가 불가능한 것은 아니며, 이러한 법리는 가압류 또는 가처분집행의 대상이 매매목적물 자체가 아니라 매도인이 매매목적물의 원소유자에 대하여 가지는 소유권이전등기청구권 또는 분양권인 경우에도 마찬가지이다(대판 2006.6.16, 2005다39211). 즉 (가)압류, 가처분에 반하여 채무자가 목적물을 처분한 경우, 그 처분행위는 (가)압류채권자에 대한 관계에서 상대적으로 무효가 될 뿐이므로, 이러한 사유만으로 이행불능이 된다고 할 수 없다.

(ㄹ) 매수인은 '매매목적물에 대하여 가압류집행'이 되었다고 하여 매매에 따른 소유권이전등기가 불가능한 것도 아니므로, 이러한 경우 매수인으로서는 신의칙 등에 의해 대금지급채무의 이행을 거절할 수 있음은 별론으로 하고, 매매목적물이 가압류되었다는 사유만으로 매도인의 계약 위반을 이유로 매매계약을 해제할 수는 없다(대판 1999.6.11, 99다11045). 다만 가압류에 기한 강제집행으로 목적물이 타인에게 매각됨으로써 매수인이 소유권을 잃게 된 때에는 이행불능이 된다.

(ㅁ) 매도인의 '소유권이전등기청구권'이 가압류되어 있거나 처분금지가처분이 있는 경우에는 그 가압류 또는 가처분의 해제를 조건으로 하여서만 소유권이전등기절차의 이행을 명받을 수 있는 것이어서, 매도인은 그 가압류 또는 가처분을 해제하지 아니하고서는 매도인 명의의 소유권이전등기를 마칠 수 없고, 따라서 매수인 명의의 소유권이전등기도 경료하여 줄 수 없다고 할 것이므로, 매도인이 그 가압류 또는 가처분 집행을 모두 해제할 수 없는 무자력의 상태에 있다고 인정되는 경우에는 매수인이 매도인의 소유권이전등기의무가 이행불능임을 이유로 매매계약을 해제할 수 있다(대판 2006.6.16, 2005다39211). 가령 甲은 자신의 X부동산을 乙에게 매도하는 계약을 체결하였고, 乙은 X부동산을 다시 丙에게 매도하는 계약을 체결하였는데, 乙의 채권자 丁이 乙의 甲에 대한 소유권이전등기청구권에 관하여 가압류 내지 처분금지가처분의 결정을 받은 경우, 소유권이전등기청구권에 대한 가압류 등을 해제하여 丙에게 소유권이전등기절차를 이행하는 것이 불가능하거나 극히 곤란한 무자력 상태에 있는 때에는 이행불능을 이유로 丙은 乙과의 매매계약을 해제할 수 있다.

(ㅂ) 농지법 제8조 제1항 소정의 농지취득자격증명은 농지를 취득하는 자가 그 소유권에 관한 등기를 신청할 때에 첨부하여야 할 서류로서, 농지를 취득하는 자에게 농지취득의 자격이 있다는 것을 증명하는 것일 뿐 농지취득의 원인이 되는 법률행위의 효력을 발생시키는 요건은 아니라고 할 것이므로 농지에 관한 소유권이전등기청구소송에서 비록 원고가 사실심 변론종결시까지 농지취득자격증명을 발급받지 못하였다고 하더라도 피고는 자신의 소유권이전등기의무가 이행불능임을 내세워 원고의 청구를 거부할 수 없다(대판 2006.1.27, 2005다59871).

(ㅅ) 부동산소유권 이전등기의무자가 그 부동산상에 가등기를 한 경우, 가등기는 본등기의 순위보전의 효력을 가지는 것에 불과하고 또한 그 소유권이전등기의무자의 처분권한이 상실되지 않으므로, 그 가등기만으로는 소유권이전등기의무가 이행불능이 된다고 할 수 없지만(대판 1993.9.14, 93다12268), 소유권이전등기의무자가 그 부동산에 관하여 제3자 앞으로 비록 채무담보를 위하여 소유권이전등기를 경료하였더라도 그 의무자가 채무를 변제할 자력이 없는 경우에는 특단의 사정이 없는 한 그 소유권이전등기의무는 이행불능이 된다(대판 1991.7.26, 91다8104).

(다) 채무자의 책임 있는 사유로 불능으로 되었을 것

1) 이행불능이 성립하기 위해서는 채무자의 책임 있는 사유, 즉 귀책사유(歸責事由)로 인하여 이행이 불능으로 되어야 한다(제390조 단서). 또한 법정대리인 또는 이행보조자의 고의·과실은 채무자의 귀책사유로 된다(제391조).

주의할 것은, 이행지체 중에 이행불능이 발생한 경우에 채무자는 불가항력으로써 대항하지 못한다(제392조 본문). 즉 '이행지체 중에 이행불능이 발생'한 경우, 이행불능의 성립에 채무자의 귀책사유를 필요로 하지 않는다. 가령 B는 A소유의 주택을 임차하여 살고 있었는데, 임차기간이 만료하였지만 새로 이사 갈 곳을 구하지 못하여 그 반환을 지체하고 있던 중에 그를 방문한 친구 C의 잘못으로 화재가 발생하여 주택이 전소되었다. 이 경우에 이행지체 중에 이행불능이 발생하였으므로, B의 귀책사유를 묻지 않고 B는 A에 대하여 이행불능 책임을 지게 된다. 그러나 B의 이행지체 중에 옆집의 화재로 인하여 A의 주택이 전소된 경우처럼 이행지체가 없었더라도 역시 이행불능이 생겼을 경우에는 채무자 B는 책임이 없다(제392조 단서).

2) 임대인은 임대차계약에 따라 임차인에게 목적물을 인도하여야 한다(제623조). 임차인은 목적물의 점유를 취득하여 이를 사용·수익하면서 선량한 관리자의 주의를 다하여 목적물을 보존하고, 임대차가 종료되면 목적물을 원상에 회복하여 반환하여야 한다(제374조, 제654조, 제615조). 임차인은 목적물을 인도받아 이를 사용·수익하는 동안 목적물을 직접 지배한다고 추단된다. 그러므로 목적물에 화재가 발생한 경우 화재가 임대인의 귀책사유로 인한 것이거나 임대인의 지배영역에서 발생하였다는 등의 사정이 없는 한 화재로 인한 목적물 반환의무의 이행불능으로 인한 손해는 임차인의 부담으로 귀속된다(대판 2023.11.2, 2023다244895). 반면에 숙박업자와 고객의 관계는 통상적인 임대인과 임차인의 관계와는 다르다. 숙박업자는 고객에게 객실을 사용·수익하게 하는 것을 넘어서서 고객이 안전하고 편리하게 숙박할 수 있도록 시설 및 서비스를 제공하고 고객의 안전을 배려할 보호의무를 부담한다. 숙박업자에게는 숙박시설이나 설비를 위생적이고 안전하게 관리할 공법적 의무도 부과된다(공중위생관리법 제4조 1항). 그러므로 객실을 비롯한 숙박시설은 특별한 사정이 없는 한 숙박기간 중에도 '고객이 아닌 숙박업자의 지배' 아래 놓여 있다고 보아야 한다. 그렇다면 임차인이 임대차기간 중 목적물을 직접 지배함을 전제로 한 임대차 목적물 반환의무 이행불능에 관한 법리는 이와 전제를 달리하는 숙박계약에 그대로 적용될 수 없다. 즉 고객이 숙박계약에 따라 객실을 사용·수익하던 중 발생 원인이 밝혀지지 않은 화재로 인하여 객실에 발생한 손해는 특별한 사정이 없는 한 숙박업자의 부담으로 귀속된다(대판 2023.11.2, 2023다244895).

3) 한편 후발적 불능이 채무자의 책임 없는 사유로 인한 경우에는 채무자는 책임을 면하지만, 그것이 쌍무계약상의 채무인 때에는 위험부담의 문제로 된다(제537조). 따라서 채무자는 급부의무를 면하고, 또한 상대방에 대한 반대급부청구권도 소멸하게 된다. 만일 채권자가 반대급부를 이미 이행한 경우, 채권자는 목적소멸에 의한 부당이득을 이유로 급부한 것의

반환을 청구할 수 있다(제741조). 예컨대 A는 자기 소유의 컴퓨터를 B에게 6월 1일에 100만원에 매도하기로 하고, 6월 3일에 인도하기로 약정하였다. B는 매매대금 중 30만원을 미리 지급하고, 나머지는 컴퓨터를 인도받을 때 지급하기로 했다. 그런데 6월 1일 밤에 A의 집에 화재가 발생하여 컴퓨터가 소실되었다. A와 B에게 화재에 대한 귀책사유가 없는 경우, A는 컴퓨터의 양도의무를 면하지만 B에게 매매대금 지급을 청구할 수 없다. 그리고 B는 목적소멸에 의한 부당이득을 이유로, A에게 미리 지급한 30만원의 반환을 청구할 수 있다(제741조).

한편 쌍무계약의 당사자 일방의 채무가 채권자의 귀책사유로 인해 이행할 수 없거나 채권자의 수령지체 중에 당사자 쌍방의 책임 없는 사유로 이행할 수 없게 된 경우, 채무자는 자기의 채무를 면하지만 상대방의 이행을 청구할 수 있다(제538조 1항).

판 례

(ㄱ) 공공사업의 시행자가 공익사업을 위한 토지 등의 취득 및 보상에 관한 법률에 따라 그 사업에 필요한 토지를 '협의취득'하는 행위는 토지수용의 경우와는 달리 사경제주체로서 하는 사법상의 법률행위에 지나지 아니하여, 토지소유자는 그 협의매수의 제의에 반드시 응하여야 할 의무가 있는 것은 아니므로, 교환계약의 목적물인 양 토지가 이후 공공사업의 시행자에게 동법에 따라 각 협의취득되었다면, 쌍방은 그 각 토지에 관한 소유권이전등기의무의 이행불능에 대하여 각 귀책사유가 없다고 단정할 수 없다(대판 1996.6.25, 95다6601).

(ㄴ) 임대인은 목적물을 임차인에게 인도하고 임대차계약 존속 중에 그 사용·수익에 필요한 상태를 유지하게 할 의무를 부담하므로(제623조), 임대차계약 존속 중에 발생한 화재가 임대인이 지배·관리하는 영역에 존재하는 하자로 인하여 발생한 것으로 추단된다면, 그 하자를 보수·제거하는 것은 임대차 목적물을 사용·수익하기에 필요한 상태로 유지하여야 하는 임대인의 의무에 속하며, 임차인이 그 하자를 미리 알았거나 알 수 있었다는 등의 특별한 사정이 없는 한, 임대인은 그 화재로 인한 목적물 반환의무의 이행불능 등에 관한 손해배상책임을 임차인에게 물을 수 없다(대판 2017.5.18, 2012다86895,86901). 즉 이행불능이 임대차목적물을 임차인이 사용·수익하기에 필요한 상태로 유지하여야 할 임대인의 의무 위반에 원인이 있음이 밝혀진 경우에까지 임차인이 별도로 목적물보존의무를 다하였음을 주장·증명하여야만 그 책임을 면할 수 있는 것은 아니다(대판 2009.5.28, 2009다13170).

(라) 후발적 불능이 위법할 것

이행불능이 되려면 불능이 위법하여야 한다. 즉 위법성 조각사유가 없어야 한다. 그러나 현실적으로 채무자가 긴급피난으로 채무의 목적물을 멸실·훼손하는 경우 이외에는 위법성 조각사유는 거의 존재하지 않을 것이다.

(3) 이행불능의 효과

이행불능은 이행을 할 수 없는 경우이므로, 이행이 가능한 이행지체와 달리 본래의 급부에 대한 강제이행을 구할 수는 없고, 다음의 효과만이 발생한다.

(가) 전보배상

1) 채무자의 귀책사유로 후발적 불능이 발생한 때에는 채권자는 손해배상을 청구할 수

있으며(제390조), 이때의 손해배상을 이행지체에서의 지연배상(遲延賠償)과 구별하여 이를 전보배상(塡補賠償)이라 한다. 즉 급부 전부가 불능으로 된 때에는 본래의 급부를 목적으로 하는 청구권은 소멸하고 그에 갈음하여 전보배상청구권이 성립하며, 이것은 채무내용의 변경으로서 채무는 그 동일성을 유지한다.

한편 채무의 일부만이 불능으로 된 경우에 채권자는 가능한 부분의 이행청구와 함께 불능 부분의 전보배상을 청구할 수 있다. 그러나 가능한 잔존부분의 이행으로 계약목적을 달성할 수 없을 때에는, 채무이행은 전부불능으로 보아야 할 것이므로, 채권자는 계약 전부를 해제하거나 채무 전부의 이행에 갈음하는 전보배상을 청구할 수 있다(대판 1995.7.25, 95다5929).

2) 주의할 것은 제390조에 따라 이행불능으로 인한 손해배상을 청구할 수 있기 위해서는 당사자 사이에 채권관계가 존재하여야 하므로, 물권적 청구권인 말소등기청구권의 이행불능을 이유로 전보배상청구권이 인정되지 않는다. 즉 소유자가 자신의 소유권에 의하여 실체관계에 부합하지 않는 등기의 명의인을 상대로 그 등기말소나 진정명의회복 등을 청구하는 경우, 그 권리는 물권적 청구권으로서의 방해배제청구권(제214조)의 성질을 가진다. 그러므로 소유자가 그 후에 소유권을 상실함으로써 이제 등기말소 등을 청구할 수 없게 되었다면, 이를 위와 같은 청구권의 실현이 객관적으로 불능이 되었다고 파악하여 등기말소 등 의무자에 대하여 그 권리의 이행불능을 이유로 제390조의 손해배상청구권을 가진다고 말할 수 없다. 채무불이행을 이유로 하는 손해배상청구권은 계약 또는 법률에 의하여 이미 성립하여 있는 채권관계에서 본래의 채권이 동일성을 유지하면서 그 내용이 확장되거나 변경된 것으로서 발생한다. 그러나 등기말소청구권 등의 물권적 청구권은 그 권리자인 소유자가 소유권을 상실하면 이제 그 발생의 기반이 아예 없게 되어 더 이상 그 존재 자체가 인정되지 아니하는 것이다(대판 2012.5.17, 2010다28604). 가령 乙이 서류를 위조하여 甲 소유의 X토지를 자신 명의로 소유권이전등기 후 丙에게 매도하고 소유권이전등기를 마쳐주었다. 그 후 甲은 乙과 丙을 상대로 소유권이전등기의 말소청구소송을 순차로 제기하였는데, 乙에 대하여는 승소하였으나 丙에 대하여는 丙의 등기부시효취득 주장이 받아들여져 패소한 경우, 丙의 등기부취득시효 완성으로 토지에 관한 소유권을 상실한 甲이 불법행위를 이유로 손해배상을 청구할 수 있음은 별론으로 하고, 乙의 등기말소의무 이행불능으로 인한 채무불이행책임을 논할 여지는 없다. 따라서 甲은 소유권에 기한 방해배제청구권이 이행불능되었음을 이유로 乙에게 전보배상을 청구할 수 없다.

판 례

임차인이 임대인 소유 건물의 일부를 임차하여 사용·수익하던 중 임차 건물 부분에서 화재가 발생하여 임차 건물 부분이 아닌 건물 부분(이하 '임차 외 건물 부분'이라 한다)까지 불에 타 그로 인해 임대인에게 재산상 손해가 발생한 경우, ① 임차인이 보존·관리의무를 위반하여 화재가 발생한 원인을 제공하는 등 화재 발생과 관련된 임차인의 계약상 의무위반이 있었음이 증명되고, ② 그러한 의무위반과 임차 외 건물 부분의 손해 사이에 상당인과관계가 있으며, ③ 임차 외 건물 부분의 손해가 그러한 의무위반에 따른 통상의 손해에 해당하거나, 임차인이 그 사정을 알았거나 알 수 있었을 특별한 사정으로 인한 손해에 해당한다고 볼 수 있는 경우라면, 임차인은 임차 외 건물 부분의 손해에 대해서도 제390조, 제393조에 따라 임대인에게 손해배상책임을 부담하게 된다(대판 2017.5.18, 2012다86895,86901).

(나) 계약의 해제권

이행불능이 성립하면 채권자는 최고 없이 계약을 해제할 수 있다(제546조). 해제하고도 손해가 있으면 채권자는 그 손해의 배상을 청구할 수 있다(제551조). 주의할 것은 본래 채권의 소멸시효가 완성된 경우 그 채무의 이행불능을 이유로 채권자가 법정해제권 등을 행사할 수 없다(대판 2023.5.18, 2020다8432). 즉 채무불이행에 따른 해제의 의사표시 당시 이미 채무불이행의 대상이 되는 본래 채권이 시효가 완성되어 소멸하였다면, 해제권 및 이에 기한 원상회복청구권도 더 이상 행사할 수 없거나 소멸된다.

(다) 대상청구권

1) 의 의

대상청구권은 이행을 불능케 하는 사유로 인하여 채무자가 이행의 목적물에 대신하는 이익을 취득한 경우에 채권자가 채무자에 대하여 '수취한 물건(배상물)의 인도' 또는 '취득한 청구권(배상청구권)의 양도'를 청구할 수 있는 권리를 말한다. 가령 인도채무의 목적물이 멸실되거나 수용되어 채무자가 자신의 채무는 면하면서도 그 대신에 제3자에 대한 손해배상채권이나 수용보상금채권과 같은 이익을 얻게 된 경우, 채권자가 채무자에게 그 양도 등을 청구할 수 있다.

독일민법 제285조가 인정하는 대상청구권의 취지는, 채무자가 채권자에게 이행하였어야 할 목적물에 대신하여 취득한 이익을 원래부터 그 목적물을 취득할 권리를 가졌던 채권자에게 귀속시키고자 하는 데 있다. 대상청구권에 관한 명문규정이 없지만, 우리 학설은 대체로 이행불능의 효과로 대상청구권을 인정하고 있다(곽윤직, 87면; 김상용, 130면; 정기웅, 117면; 김형배, 197면; 이은영, 227면). 또한 판례도 이를 인정하고 있다. 즉 매매의 목적물이 화재로 인하여 소실됨으로써 채무자인 매도인의 매매목적물에 대한 인도의무가 이행불능이 되었다면, 채권자인 매수인은 위 화재사고로 인하여 매도인이 지급받게 되는 화재보험금, 화재공제금에 대하여 대상청구권을 행사할 수 있다고 한다(대판 2016.10.27, 2013다7769).

2) 요 건

대상청구권이 인정되기 위해서는, ① 채무이행이 후발적 불능으로 되어야 한다. 원시적 불능의 경우에는 채무가 존재하지 않으므로 대상청구권은 발생하지 않는다. 후발적 불능에 채무자의 귀책사유가 있는지 여부는 문제되지 않는다(대판 1996.6.25, 95다6601). 따라서 귀책사유가 있으면서 채무자가 대상을 취득한 경우에는 손해배상청구권과 대상청구권이 경합한다. ② 이행을 불능하게 하는 사정의 결과로 채무자가 채권의 목적물에 관하여 '대신하는 이익'을 취득하여야 한다(대판 2003.11.14, 2003다35482). 주의할 것은 대상청구권은 계약이 유효하게 존속하는 것을 전제로 하여 본래의 급부 목적물에 대한 대상을 청구할 수 있는 권리이므로, ㉠ 채권자가 이행불능을 이유로 계약을 해제한 때에는 대상청구권을 행사할 수 없다. ㉡ 유동적 무효상태의 매매계약이 목적물의 수용으로 확정적으로 무효가 된 경우, 그 보상금에 대해서는 대상청구권이 인정되지 않는다(대판 2008.10.23, 2008다54877). ③ 쌍무계약의 경우 채권자의 상대방(채무자)에 대한 반대급부의 이행이 가능하여야 한다. 즉 쌍무계약의 경우 채권자가 대상청구권을 행사하면 원래의 채권관계는 존속하므로, 채권자는 채무자에 대하여 반대급부를 이행할 의무가 있다(대판 1996.6.25, 95다6601). 따라서 채권자의 반대급부의무도 이행불능인 경우에는 특별한 사정이 없는 한 채권자는 대상청구권을 행사할 수 없다.

3) 효 과

(i) 대상청구권은 채권적 청구권이다. 즉 대상청구권은 채권자가 채무자에게 대상으로 취득한 것의 상환 내지 양도를 청구하는 것이고, 그 대상이 당연히 채권자에게 귀속되는 것은 아니다. 따라서 ① 소유권이전등기의무의 목적부동산이 수용되어 그 소유권이전등기의무가 이행불능이 된 경우, 등기청구권자는 등기의무자에게 대상청구권의 행사로써 등기의무자가 지급받은 수용보상금의 반환을 구하거나 등기의무자가 취득한 수용보상금청구권의 양도를 구할 수 있을 뿐이다(대판 1996.10.29, 95다56910; 대판 1995.7.28, 95다2074). ② 취득시효가 완성된 토지가 수용됨으로써 취득시효 완성을 원인으로 하는 소유권이전등기의무가 이행불능이 된 경우, 시효취득자는 대상청구권의 행사로서 토지소유자에게 지급받은 수용보상금의 반환을 청구할 수 있더라도, 직접 토지의 소유자를 상대로 공탁된 토지수용보상금의 수령권자가 자신이라는 확인을 구할 수는 없다(대판 1995.7.28, 95다2074).

(ii) 대상청구권은 채무자의 이행이 불능한 시점부터 10년의 소멸시효에 걸린다(대판 2002.2.8, 99다23901). 대상청구권은 채권자의 권리이지 의무가 아니므로, 쌍무계약에 기한 채무가 채무자에게 책임 없는 사유로 소멸한 경우, 채권자는 제537조에 의하여 자신의 채무를 면할 수도 있고, 대상청구권을 행사할 수도 있다. 따라서 채권자의 입장에서 그 대상의 취득을 원할 경우에는 대상청구권을 행사하면서 반대급부를 하여야 하고, 이를 원하지 않을 경우에는 기존의 채권관계는 채무자의 귀책사유 없는 급부불능을 원인으로 그대로 소멸하게 될 것이다.

(iii) 대상의 가치가 본래의 급부가치보다 큰 경우(예: 목적물에 대한 보상금이 시가보다 높은 경우), 행사범위에 대하여 ① 손해액의 한도 내에서만 대상이익을 청구할 수 있다는 견해(김상용, 130면; 지원림, 4-176), ② 대상이익이 본래의 목적물의 통상의 가치를 초과하는 때에도 그 초과가치 모두를 청구할 수 있다는 견해(송덕수, C-200; 김대정, 522면; 이은영, 232면)가 대립하고 있다. 판례는 매매의 목적물이 화재로 인하여 소실됨으로써 매도인이 지급받게 되는 화재보험금, 화재공제금에 대하여 매수인의 대상청구권이 인정되는 이상, 매수인은 특별한 사정이 없는 한 그 목적물에 대하여 지급되는 화재보험금, 화재공제금 전부에 대하여 대상청구권을 행사할 수 있는 것이고, 인도의무의 이행불능 당시 매수인이

지급하였거나 지급하기로 약정한 매매대금 상당액의 한도 내로 그 범위가 제한된다고 할 수 없다고 하여(대판 2016.10.27, 2013다7769), ②설을 따르고 있다.

생각건대 ①설은 채무자의 귀책사유로 손해배상청구권을 행사하는 경우 그 청구가 손해의 범위 내로 제한되는 것과의 균형을 고려한 것이지만, 대상청구권의 취지가 본래의 급부가 실현된 것과 동일한 효과를 인정하기 위한 것이라는 점을 고려할 때, ②설이 타당하다고 할 것이다. 판례도 채권자는 그 목적물에 대하여 지급되는 보상금 전부에 대하여 대상청구권을 행사할 수 있다고 한다(대판 2008.6.12, 2005두5956).

판 례

(ㄱ) 채무자가 수령하게 되는 보상금이나 그 청구권에 대하여 채권자가 대상청구권을 가지는 경우에도 채권자는 채무자에 대하여 그가 지급받은 보상금의 반환을 청구하거나 채무자로부터 보상청구권을 양도받아 보상금을 지급받아야 할 것이나, 어떤 사유로 채권자가 직접 자신의 명의로 대상청구의 대상이 되는 보상금을 지급받았다고 하더라도 이로써 채무자에 대한 관계에서 바로 부당이득이 되는 것은 아니라고 보아야 할 것이다(대판 2002.2.8, 99다23901).

(ㄴ) 매매의 일종인 경매의 목적물인 토지가 매각허가결정 확정 이후 하천구역에 편입되어 국유로 됨으로써 소유자의 매수인(경락인)에 대한 소유권이전등기의무가 이행불능이 되었다면, 매수인은 소유자가 하천구역 편입으로 인하여 지급받게 되는 손실보상금에 대한 대상청구권을 행사할 수 있다. 채무자가 목적물 소유자로서 수령하게 되는 보상금에 대하여 채권자인 매수인(경락인)이 대상청구권을 가진다고 보는 이상, 특별한 사정이 없는 한 채권자는 그 목적물에 대하여 지급되는 보상금 전부에 대하여 대상청구권을 행사할 수 있는 것이고, 소유권이전등기의무의 이행불능 당시 채권자가 그 목적물의 소유권을 취득하기 위하여 지출한 매수대금 상당액 등의 한도 내로 그 범위가 제한된다고 할 수 없다(대판 2008.6.12, 2005두5956).

(ㄷ) 점유로 인한 부동산 소유권 취득기간 만료를 원인으로 한 등기청구권이 이행불능으로 되었다고 하여 대상청구권을 행사하기 위하여는, 그 이행불능 전에 등기명의자에 대하여 점유로 인한 부동산 소유권 취득기간이 만료되었음을 이유로 그 권리를 주장하였거나 그 취득기간 만료를 원인으로 한 등기청구권을 행사하였어야 하고, 그 이행불능 전에 그와 같은 권리의 주장이나 행사에 이르지 않았다면 대상청구권을 행사할 수 없다(대판 1996.12.10, 94다43825).

3. 이행지체

(1) 의 의

이행지체는 채무가 이행기에 있고 또 그 이행이 가능한데도 채무자가 그의 귀책사유로 채무내용에 따른 이행을 하지 않는 것을 말한다. 이행지체는 이행불능과 달리 단지 일시적인 급부장애가 존재한다.

(2) 이행지체의 요건

(가) 채권관계가 존재할 것

이행지체는 채무불이행의 유형이므로, 채권자가 채무자에 대하여 이행지체 책임을 주장할 수 있기 위해서는 당사자 사이에 약정 또는 법정채권관계가 존재하였어야 한다.

(나) 이행기가 도래하였을 것

이행지체가 성립하기 위해서는 채무의 이행기가 도래하여야 한다. 이행이 계약체결시부터 불능인 경우에는 이행지체가 성립하지 않으며, 후발적으로 이행이 불능으로 된 경우에는 채무자의 귀책사유 유무에 따라 이행불능(제390조) 또는 위험부담(제537조)이 문제된다. 한편 동시이행의 항변권이 존재하는 경우에는 이행기가 도래하였더라도 상대방이 이행을 제공하지 않는 한 이행지체가 성립하지 않는다. 그런데 이행기가 어느 때에 도래하느냐는 기한의 종류에 따라 구별된다.

1) 확정기한부 채무

가) 원 칙

채무이행의 확정기한이 있는 경우, 채무자는 그 기한이 도래한 때부터 지체책임을 진다(제387조 1항 전단). 정확하게는 그 기한이 도래한 '다음 날'부터 이행지체의 책임을 진다(대판 1988.11.8, 88다3253). 기간을 일·주·월 또는 연으로 정한 때에는 기간 말일의 종료로 기간이 만료하기 때문이다(제159조). 가령 5월 1일이 금전채무의 이행일인 경우에는 그날이 지남으로써, 즉 채권자의 청구 없이도 당연히 이행지체가 된다.

판 례

(ㄱ) 이혼으로 인한 재산분할청구권은 이혼이 성립한 때에 이혼을 한 당사자의 일방이 다른 일방에 대하여 재산분할을 청구할 수 있는 권리로서 협의 또는 심판에 의하여 그 구체적 내용이 형성되기까지는 그 범위 및 내용이 불명확·불확정하기 때문에 구체적으로 권리가 발생하였다고 할 수 없으므로, 당사자가 이혼이 성립하기 전에 이혼소송과 병합하여 재산분할의 청구를 하고 법원이 이혼과 동시에 재산분할로서 금전의 지급을 명하는 판결을 하는 경우, 그 금전지급채무에 관하여는 그 판결이 확정된 다음 날부터 이행지체 책임을 지게 되고, 따라서 소송촉진 등에 관한 특례법 제3조 제1항 단서에 의하여 같은 조항 본문에 정한 이율이 적용되지 아니한다(대판 2001.9.25, 2001므725,732).

(ㄴ) 매수인이 매도인으로부터 물품을 공급받은 다음 그들 사이의 물품대금 지급방법에 관한 약정에 따라 그 대금의 지급을 위하여 물품 매도인에게 지급기일이 물품 공급일자 이후로 된 약속어음을 발행·교부한 경우 물품대금 지급채무의 이행기는 그 약속어음의 지급기일이고, 위 약속어음이 발행인의 지급정지의 사유로 그 지급기일 이전에 지급거절되었더라도 물품대금 지급채무가 그 지급거절된 때에 이행기에 도달하는 것은 아니다(대판 2000.9.5, 2000다26333).

나) 예 외

① 증권적 채권, 즉 지시채권과 무기명채권의 채무자는 그 이행에 관하여 기한이 정하여져 있더라도 기한이 도래한 후 소지인이 그 증서를 제시하여 이행을 청구한 때부터 이행지체가 된다(제517조, 제524조). 예컨대 어음·수표는 만기시에 곧바로 이행지체가 되는 것이 아니라 채권자가 어음·수표를 제시하여 이행을 청구하는데, 채무자가 이행을 하지 않을 때에 이행지체가 성립하게 된다. 그 밖에 면책증서(채무자가 증서의 소지인에게 선의로 변제를 하면 소지인이 정당한 권리자가 아닌 경우에도 면책되는 효력을 가지는 증서, 예: 호텔의 의복표·휴대물예치증·철도수화물상환증 등)의

경우에도 마찬가지이다(제526조). ② 추심채무 기타 이행을 하는데 먼저 채권자의 협력을 필요로 하는 채무의 경우, 채권자의 추심행위나 그 밖의 협력행위가 없는 한 이행지체가 되지 않는다(제467조 1항). 즉 채권자가 먼저 필요한 협력 또는 그 제공을 하여 최고를 하지 않으면 확정기한이 도래한 것만으로 지체가 되지 않는다. ③ 당사자 쌍방의 채무가 동시이행관계(제536조)에 있는 경우, 일방 채무의 이행기가 도래하더라도 상대방 채무의 이행제공이 있을 때까지는 그 채무를 이행하지 않아도 이행지체의 책임을 지지 않는다(대판 2019.10.31, 2019다247651). 이러한 효과는 채무자가 동시이행의 항변권을 행사하지 않아도 당연히 인정된다(대판 1998.3.13, 97다54604,54611). 이 경우에는 상대방으로부터 이행의 제공을 받으면서 자기의 채무를 이행하지 않는 때에 비로소 이행지체가 된다(대판 2002.10.25, 2002다43370; 대판 2001.7.10, 2001다3764).

주의할 것은 채무이행을 확보하기 위해 어음을 교부한 경우, 채무자가 어음의 반환이 없음을 이유로 원인채무의 변제를 거절할 수 있는 것은 채무자로 하여금 무조건적인 원인채무의 이행으로 인한 이중지급의 위험을 면하게 하려는 데에 그 목적이 있다. 따라서 원인채무의 이행과 어음의 반환은 동시이행관계이지만, 어음을 반환하지 않는 것은 원인채무의 지급을 거절할 수 있는 사유일 뿐이므로 원인채무의 이행기가 지나면 원칙적으로 이행지체책임을 진다는 점이다(대판 1999.7.9, 98다47542,47559).

2) 불확정기한부 채무

채무이행의 불확정한 기한이 있는 경우에 채무자는 기한이 도래함을 안 때부터 지체책임이 있다(제387조 1항 후문). 가령 중도금 지급기일을 '1층 골조공사 완료시'로 정한 것은 중도금 지급의무의 이행기를 장래 도래할 시기가 확정되지 않은 때, 즉 불확정기한으로 이행기를 정한 경우에 해당하므로, 중도금 지급의무의 이행지체의 책임을 지우기 위해서는 1층 골조공사가 완료된 것만으로는 부족하고 채무자가 그 완료 사실을 알아야 한다(대판 2005.10.7, 2005다38546).

불확정기한의 경우에는 그 기한이 객관적으로 도래한 때부터 채권을 행사할 수 있는 것이지만(주의: 소멸시효는 기한이 객관적으로 도래한 때부터 진행한다), 그 기한의 도래를 채무자가 알지 못하는 경우에도 지체책임을 부담한다는 것은 너무 가혹하기 때문에, 제387조 1항은 채무자가 기한의 도래를 안 때부터 지체책임을 지게 한 것이다. 예컨대 甲이 사망하면 변제하기로 한 채무의 경우, 이행기는 甲의 사망일이지만 지체책임은 채무자 乙이 甲의 사망을 안 때부터이다. 그 밖에 채권자의 최고가 있으면 채무자가 기한의 도래를 알지 못하더라도 그 최고시부터 지체책임이 있다. 주의할 것은 ① 지체책임은 기한의 도래를 안 날의 다음 날 또는 최고가 도달한 날의 다음 날부터 발생한다(김상용, 119면; 곽윤직, 75면; 정기웅, 103면; 김형배, 178면). 기간을 일·주·월 또는 연으로 정한 때에는 기간의 초일은 산입하지 않기 때문이다(제157조). ② 당사자가 불확정한 사실이 발생한 때를 이행기한으로 정한 경우에는 그 사실이 발생한 때는 물론 그 사실의 발생이 불가능하게 된 때에도 이행기한은 도래한 것으로 보아야 한다(대판 2003.8.19, 2003다24215; 대판 2002.3.29, 2001다41766).

판 례

(ㄱ) 소송비용액확정결정에 따른 소송비용액상환의무는 소송비용액확정결정이 확정됨으로써 비로소 이행기가 도래하고, 채무자가 그 이행기가 도래하였음을 안 때부터 지체책임을 진다(대판 2008.7.10, 2008다10051).

(ㄴ) 상가건물의 점포를 분양하면서 분양대금을 완납하고 건물 준공 후 공부정리가 완료되는 즉시 소유권을 이전하기로 약정한 경우, 그 점포에 관한 소유권이전등기에 관하여 확정기한이 아니라 불확정기한을 이행기로 정하는 합의가 이루어진 것으로 보아야 할 것이며, 건설공사의 진척상황 및 사회경제적 상황에 비추어 분양대금이 완납되고 분양자가 건물을 준공한 날부터 사용승인검사 및 소유권보존등기를 하는 데 소요될 것으로 예상할 수 있는 합리적이고 상당한 기간이 경과한 때 그 이행기가 도래한다고 보아야 한다(대판 2008.12.24, 2006다25745).

(ㄷ) 매매대금 지급기일이 '소유권이전등기를 필한 후'로 되어 있는 경우, 그 지급기일이 도래하려면 소유권이전등기를 마쳐야 하고, 매매대금 지급의무의 이행을 지체하였다고 하기 위해서는 소유권이전등기가 마쳐진 것만으로는 부족하고 채무자가 그 사실을 알아야 한다(대판 2011.2.24, 2010다77699).

(ㄹ) 채무의 변제에 관하여 일정한 사실이 부관으로 붙여진 경우에는 특별한 사정이 없는 한 사실이 발생한 때뿐만 아니라 사실의 발생이 불가능하게 된 때에도 이행기한은 도래한 것으로 보아야 한다. 나아가 부관으로 정한 사실의 실현이 주로 채무를 변제하는 사람의 성의나 노력에 따라 좌우되고, 채권자가 사실의 실현에 영향을 줄 수 없는 경우에는 사실이 발생하는 때는 물론이고 사실의 발생이 불가능한 것으로 확정되지는 않았더라도 합리적인 기간 내에 사실이 발생하지 않는 때에도 채무의 이행기한은 도래한다고 보아야 한다(대판 2018.4.24, 2017다205127).

3) 기한이 없는 채무

가) 원 칙

채무이행의 기한이 없는 경우에는 채무자는 이행청구를 받은 때부터 지체책임이 있다(제387조 2항). 가령 ① 금전채무의 지연손해금채무(대판 2021.5.7, 2018다259213), ② 부당이득반환의무(대판 2017.3.30, 2016다253297)는 이행의 기한이 없는 채무로서 이행청구를 받은 때(정확하게는 그 다음날)부터 지체책임이 있다. 기한이 없는 채무는 그 채무가 발생한 때부터 채권자가 이행을 청구할 수 있지만(주의: 소멸시효는 채무가 발생한 때부터 진행한다), 그때부터 채무자에게 지체책임을 묻는 것은 너무 가혹하므로, 제387조 2항은 채무자가 채권자의 이행청구를 받은 때부터 지체책임을 부담하도록 한 것이다. 따라서 이행지체가 성립하기 위해서는 채권자의 최고가 필요하며, 기간을 일·주·월 또는 연으로 정한 때에는 기간의 초일은 산입하지 않기 때문에(제157조), 그 이행의 청구를 받은 '다음 날'부터 이행지체의 책임을 진다(대판 2014.4.10, 2012다29557).

판 례

(ㄱ) 지연손해금은 금전채무의 이행지체에 따른 손해배상으로서 기한이 없는 채무에 해당하므로, 확정된 지연손해금에 대하여 채권자가 이행청구를 하면 채무자는 그에 대한 지체책임을 부담하게 된다. 판결에 의해 권리의 실체적인 내용이 바뀌는 것은 아니므로, 이행판결이 확정된 지연손해금의 경우에도 채권자의 이행청구에 의해 지체책임이 생긴다(대판 2022.3.11, 2021다232331). 따라서 상행위로 인한 원본채권 및 그에 대한 지연손해금 지급을 명하는 이행판결이 확정된 경우 확정판결에서 지급을 명한 지연손해금도 상행위로 인한 채권이므

로, 지연손해금에 대한 채권자의 이행청구에 의해 채무자가 지체책임을 지는 경우 그 지연손해금에 대하여는 상법 제54조에 정한 상사법정이율인 연 6%의 비율을 적용하여야 할 것이다(대판 2022.12.1, 2022다258248).

(ㄴ) 신원보증인의 채무는 피보증인의 불법행위로 인한 손해배상채무 그 자체가 아니고 신원보증계약에 의하여 발생한 채무로서 이행기의 정함이 없는 채무이므로 채권자로부터 이행청구를 받지 않으면 지체의 책임이 생기지 않는다(대판 2009.11.26, 2009다59671).

(ㄷ) 지명채권이 양도된 경우 채무자에 대한 대항요건이 갖추어질 때까지 채권양수인은 채무자에게 대항할 수 없으므로, 이행기의 정함이 없는 채권을 양수한 채권양수인이 채무자를 상대로 그 이행을 구하는 소를 제기하고 소송 계속 중 채무자에 대한 채권양도통지가 이루어진 경우에는 특별한 사정이 없는 한 채무자는 채권양도통지가 도달된 다음 날부터 이행지체의 책임을 진다(대판 2014.4.10, 2012다29557).

(ㄹ) 원금채권과 금전채무불이행의 경우에 발생하는 지연손해금채권은 별개의 소송물이다. 따라서 판결이 확정된 채권자가 시효중단을 위한 신소를 제기하면서 확정판결에 따른 원금과 함께 원금에 대한 확정 지연손해금 및 이에 대한 지연손해금을 청구하는 경우, 확정 지연손해금에 대한 지연손해금채권은 채권자가 신소로써 확정 지연손해금을 청구함에 따라 비로소 발생하는 채권으로서 전소의 소송물인 원금채권이나 확정 지연손해금채권과는 별개의 소송물이므로, 채무자는 확정 지연손해금에 대하여도 이행청구를 받은 다음 날부터 지연손해금을 별도로 지급하여야 하되 그 이율은 신소에 적용되는 법률이 정한 이율을 적용하여야 한다(대판 2022.4.14, 2020다268760).

나) 예 외

① 반환시기의 약정이 없는 소비대차(제598조)의 경우, 대주(貸主)는 '상당한 기간'을 정하여 반환을 최고하여야 한다(제603조 2항). 따라서 최고한 때부터 상당한 기간이 지난 후에 이행지체가 된다. ② 불법행위로 인한 손해배상채무는 그 성립과 동시에 또 최고 없이 당연히 이행지체가 된다(대판 2012.3.29, 2011다38325). 즉 불법행위가 없었더라면 피해자가 그 손해를 입은 법익을 계속해서 온전히 누릴 수 있었다는 점에서 별도의 이행 최고가 없더라도 공평의 관념에 비추어 그 채무성립과 동시에 지연손해금이 발생한다(대판 2020.1.30, 2018다204787).

판 례

(ㄱ) 원래 불법행위로 인한 손해배상채권은 불법행위시에 발생하고 그 이행기가 도래하는 것이므로, 장래 발생할 소극적, 적극적 손해의 경우에도 불법행위시가 현가산정의 기준시기가 되고, 이때부터 장래의 손해발생시점까지의 중간이자를 공제한 금액에 대하여 다시 불법행위시부터의 지연손해금을 부가하여 지급을 명하는 것이 원칙이지만, 사실심의 변론종결 전에 그 손해발생시기가 경과한 경우에는 현실의 손해 전부와 그 손해발생일 이후의 지연손해금을 청구하는 것도 허용된다(대판 1994.2.25, 93다38444).

(ㄴ) 불법행위에서 위법행위 시점과 손해발생 시점 사이에 시간적 간격이 있는 경우에 불법행위로 인한 손해배상청구권의 지연손해금은 손해발생 시점을 기산일로 하여 발생한다(대판 2011.7.28, 2010다76368; 대판 2012.2.23, 2010다97426).

4) 기한의 이익을 상실한 채무

① 채무자가 인적·물적 담보를 손상·감소 또는 멸실하게 한 때(제388조 1호), ② 채무자가 담보제공의 의무를 이행하지 않은 때(제388조 2호), ③ 기한의 이익상실에 관하여 특약을 한 때에 그

특약사유가 발생한 경우에 채무자는 기한의 이익을 주장하지 못한다(제388조). 따라서 채무자가 기한의 이익을 상실한 경우, 채권자는 본래의 이행기에 채무이행을 청구할 수 있고 또는 위 사유가 발생한 날 이후에 청구할 수도 있다. 만일 채권자가 기한이익의 상실사유가 발생한 날 이후에 채무이행을 청구하게 되면, 그때부터 이행지체가 된다. 그리고 계약당사자 사이에 일정한 사유가 발생하면 채무자는 기한의 이익을 잃고 채권자의 별도의 의사표시가 없더라도 바로 이행기가 도래한 것과 같은 효과를 발생케 하는 정지조건부 기한이익상실의 특약을 한 경우에는 그 특약에 정한 기한이익의 상실사유가 발생함과 동시에 기한의 이익을 상실케 하는 채권자의 의사표시가 없더라도 이행기 도래의 효과가 발생하고, 채무자는 특별한 사정이 없는 한 그때부터 이행지체의 상태에 놓이게 된다(대판 1999.7.9, 99다15184). ④ 채무자가 파산선고를 받은 때(채무자회생법 제425조)에도 기한의 이익을 상실하게 된다. 다시 말하면 채무자가 파산선고를 받은 때에는 채권자의 최고 없이도 기한부 채무는 파산선고(파산절차개시)시에 변제기에 이른 것이 된다(동법 제425조).

참고로 담보를 손상·감소 또는 멸실하게 하는 행위가 있으면 그에 의해 담보부족이 발생하지 않더라도 기한이익 상실사유로 되지만(김대정, 467면), 채무자에게 고의·과실이 있어야 하는가에 대하여, 긍정설(송덕수, C-162; 양창수, 민법주해(IX), 137면)과 부정설(곽윤직, 76면; 김상용, 120면; 김주수, 116면; 김증한/김학동, 98면; 김형배, 180면)이 있다.

판 례

(ㄱ) 기한의 이익의 상실에 관한 제388조는 임의규정이므로, 당사자 사이에 위 규정과 다른 내용의 약정이 있는 경우에는 그 약정에 따라 기한의 이익의 상실 여부를 판단하여야 한다(대판 2001.10.12, 99다56192).

(ㄴ) 기한이익 상실의 특약은 그 내용에 의하여 일정한 사유가 발생하면 채권자의 청구 등을 요함이 없이 당연히 기한의 이익이 상실되어 이행기가 도래하는 것으로 하는 '정지조건부 기한이익 상실의 특약'과 일정한 사유가 발생한 후 채권자의 통지나 청구 등 채권자의 의사행위를 기다려 비로소 이행기가 도래하는 것으로 하는 '형성권적 기한이익 상실의 특약'의 두 가지로 대별할 수 있고, 기한이익 상실의 특약이 위의 양자 중 어느 것에 해당하느냐는 당사자의 의사해석의 문제이지만 일반적으로 기한이익 상실의 특약이 채권자를 위하여 둔 것인 점에 비추어 명백히 정지조건부 기한이익 상실의 특약이라고 볼 만한 특별한 사정이 없는 이상 '형성권적 기한이익 상실의 특약'으로 추정하는 것이 타당하다(대판 2002.9.4, 2002다28340).

(ㄷ) 형성권적 기한이익 상실의 특약이 있는 경우에는 그 특약은 채권자의 이익을 위한 것으로서 기한이익의 상실 사유가 발생하였다고 하더라도 채권자가 나머지 전액을 일시에 청구할 것인가 또는 종래대로 할부변제를 청구할 것인가를 자유로이 선택할 수 있으므로, 이와 같은 기한이익 상실의 특약이 있는 할부채무에 있어서는 1회의 불이행이 있더라도 각 할부금에 대해 그 각 변제기의 도래시마다 그때부터 순차로 소멸시효가 진행하고 채권자가 특히 잔존 채무 전액의 변제를 구하는 취지의 의사를 표시한 경우에 한하여 전액에 대하여 그때부터 소멸시효가 진행한다(대판 2002.9.4, 2002다28340; 대판 1997.8.29, 97다12990).

(다) 이행기에 채무이행이 가능할 것

이행지체는 이행기에 채무이행이 가능한데도 채무자가 이행하지 않는 경우에 인정된다. 여기서 '이행이 가능하다'는 것은 채권자가 채무자에 대하여 이행을 강제할 수 있는 것을 의미한다. 그러므로 자연채무의 경우, 채권자는 채무자에게 이행을 청구할 수 있고, 채무자가 이행하면 급부를 보유할 수 있으나 채무자가 임의로 이행하지 않으면 소구할 수 없고, 따라서 강제집행도 할 수 없기 때문에, 이행지체가 성립하지 않는다. 그 밖에 계약체결시에 이미 이행이 불가능한 원시적·객관적 불능인 경우에 계약은 무효이고 이때 계약체결상의 과실책임(제535조)이 문제되며, 후발적 불능인 경우에는 채무자의 귀책사유 유무에 따라 이행불능(제390조)과 위험부담(제537조)이 문제된다.

(라) 채무자에게 귀책사유가 존재할 것

채무자가 이행기에 이행하지 않는 것이 그의 책임 있는 사유, 즉 귀책사유에 의하여야 한다. 이행기에 이행하지 못한 것이 채무자뿐만 아니라 채권자의 귀책사유에 기인한 때에 이행지체는 성립하지만, 과실상계(제396조)에 의하여 채무자의 지체책임이 경감된다. 그리고 채무자의 법정대리인이 채무자를 위하여 이행하거나 채무자가 타인을 사용하여 이행하는 경우에 법정대리인 또는 피용자의 고의나 과실은 채무자의 고의나 과실로 된다(제391조). 주의할 것은 ① 금전채무의 지체에 대하여 채무자는 자기에게 과실 없음을 항변할 수 없으므로(제397조 2항), 금전채무의 이행지체에는 채무자의 귀책사유를 필요로 하지 않는다. ② 채권의 가압류는 제3채무자에 대하여 채무자에게 지급하는 것을 금지하는 데 그칠 뿐 채무 그 자체를 면하게 하는 것이 아니고, 가압류가 있다 하여도 그 채권의 이행기가 도래한 때에는 제3채무자는 그 지체책임을 면할 수 없다(대판 1994.12.13, 93다951). 이 경우 제3채무자는 변제공탁을 함으로써 채무를 면할 수 있다.

(마) 이행기에 이행하지 않는 것이 위법할 것

채무자가 변제기에 채무를 이행하지 않으면 위법한 것으로 추정되며, 위법성조각사유가 없는 한 위법성이 인정된다(대판 2002.12.27, 2000다47361). 다시 말하면 채무자에게 유치권(제320조)·동시이행의 항변권(제536조) 등과 같이 이행지체를 법률상 정당하게 하는 사유가 있는 때에는 이행지체가 성립하지 않는다(Vgl. BGH NJW 1992, 557; BGH WM 1971, 1020). 예컨대 매수인이 선이행하여야 할 중도금지급의무를 이행하지 않은 상태에서 입주예정일이 도래하였다면, 매수인의 중도금지급의무와 매도인의 입주를 가능하게 할 의무는 동시이행관계에 있게 되어 매수인이 중도금을 지급할 때까지 매도인은 지체책임을 지지 않지만, 매수인이 중도금을 지급하면 그때부터 지체책임을 지므로, 매도인은 입주예정일이 지나 중도금을 완납할 매수인에게 중도금을 모두 지급받은 때부터 지체책임을 지게 된다(대판 1998.2.10, 96다7793,7809). 주의할 것은 매수인이 입주예정일이 되기 전까지, 즉 동시이행관계에 있기 전까지 중도금 미지급에 대해서는 지체책임을 진다.

(3) 이행지체의 효과

(가) 이행의 강제

이행지체는 이행불능과 달리 이행이 가능하므로, 채권자는 채무자에 대하여 본래의 채무이행을 청구할 수 있다. 따라서 채무자가 임의로 이행하지 않으면, 채권자는 급부를 강제적으로 실현시킬 수도 있다(제389조).

(나) 손해배상

1) 지연배상

채무자가 채무내용에 따른 이행을 하지 않은 때에는 채권자는 손해배상을 청구할 수 있다(제390조). 이행지체로 인한 손해배상은 원칙적으로 지연배상(예: 금전채무의 경우 지연이자)이다. 채권자가 본래의 급부와 더불어 지연배상도 청구한 경우, 채무자는 본래의 급부뿐만 아니라 지연배상도 함께 제공하여야 한다. 즉 본래의 급부만 제공한 경우는 채무내용에 따른 이행의 제공이 아니다.

2) 전보배상

이행지체가 성립한 경우에 ① 채권자가 상당한 기간을 정하여 최고하여도 그 기간 내에 이행하지 않거나 ② 지체 후의 이행이 채권자에게 이익이 없을 때에는 채권자는 수령을 거절하고 이행에 갈음한 손해배상, 즉 전보배상을 청구할 수 있다(제395조). 지체 후의 이행이 채권자에게 객관적으로 이익이 없다는 사실은 채권자가 증명하여야 한다.

(다) 책임의 가중

채무자는 그에게 책임 있는 사유로 인한 채무불이행에 대해서만 책임을 지는 것이 원칙이지만(과실책임주의), 이행지체 중에 생긴 손해에 대해서 채무자는 자기에게 과실이 없는 경우에도 배상하여야 한다(제392조 본문). 즉 채무자는 지체 후에 발생한 불가항력을 가지고 항변하지 못한다. 그러나 채무자가 이행기에 이행하였더라도 채권자가 손해를 면할 수 없었을 경우에는 그 급부불능에 따른 손해배상책임을 지지 않는다(제392조 단서). 예컨대 乙의 이행지체 중에 홍수로 인하여 甲의 집이 멸실된 경우와 같이 채무자 乙이 이행기에 甲의 물건을 반환하였더라도 동일한 결과가 발생할 때에는 乙은 책임을 지지 않는다.

(라) 계약해제권

채권관계가 계약에 의하여 발생한 경우, 이행지체가 있으면 채권자는 일정한 요건에 따라 계약을 해제할 수 있다(제544조, 제545조). 즉 채권자는 상당한 기간을 정하여 이행을 최고하고, 채무자가 그 기간 내에 이행하지 않으면 계약을 해제할 수 있다(제544조). 그러나 채무자가 미리 이행하지 아니할 의사를 표시하였거나 정기행위인 경우에는 최고 없이 계약을 해제할 수 있다(제544조 단서, 제545조). 계약의 해제는 손해배상의 청구에 영향을 미치지 않는다(제551조). 따라서 채권자는 계약의 해제와 함께 손해배상도 청구할 수 있다.

(4) 이행지체의 종료

채권이 소멸할 때·채권자가 지체를 면제할 때·채무자가 지연배상과 함께 채권의 내용에 따른 이행을 제공한 때에 이행지체는 종료한다. 또한 이행지체 후 이행불능이 된 때에 이행불능으로 다루게 되면, 불능시부터 이행지체가 종료한다. 그러나 이행지체 후 이행불능이 되기까지 발생한 채무자의 손해배상(지연배상)의무는 소멸하지 않는다.

4. 불완전이행 — 적극적 채권침해

(1) 서 설

(가) 의 의

불완전이행(不完全履行)이란 채무자가 채무의 이행으로서 일정한 급부를 하였으나 그 급부가 채무내용에 따르지 않은 불완전한 모든 경우를 말한다. 다시 말하면 이행불능이나 이행지체의 경우와 같이 채무자에 의한 이행행위가 없는 소극적 형태에 의한 것이 아니라 채무자의 적극적 이행행위가 있었으나 그것이 채무내용에 따르지 않은 불완전한 이행이고, 이로 인해 채권자에게 손해가 발생한 경우를 불완전이행 내지 적극적 채권침해라고 한다. 예컨대 급부의무를 불완전하게 이행한 경우, 지붕수리를 부탁받은 채무자의 잘못된 수리로 인해 비가 새어 채권자의 다른 재산이 침해된 것처럼 채무이행과 관련된 주의의무·설명의무 등 부수의무를 채무자가 위반하여 채권자에게 손해를 발생케 한 경우, 병든 가축을 인도함으로써 다른 가축에 감염되게 한 것과 같이 채무자가 보호의무에 위반하여 채권자의 생명·신체 기타 재산상의 손해를 발생케 한 경우 등이 불완전이행에 속한다. 주의할 것은 불완전이행론은 법률의 흠결을 보완하기 위한 이론이므로, 명문의 규정이 존재하는 경우에는 적용될 수 없다는 점이다. 따라서 해당 의무위반이 이행불능·이행지체 또는 담보책임에 관한 규정 등에 의하여 규율되고 있는지를 먼저 검토하여야 한다.

(나) 법적 근거

채무불이행의 유형으로 민법은 이행불능(제390조 단서, 제546조)과 이행지체(제387조)만을 규정하고, 불완전이행에 대해서는 아무런 규정을 두고 있지 않다. 그러나 우리 민법은 제390조에서 "채무자가 채무의 내용에 따른 이행을 하지 않는 때에는 채권자는 손해배상을 청구할 수 있다"라는 요건과 효과상의 포괄적 규정을 두고 있으므로, 불완전이행의 실정법적 근거로 제390조를 들 수 있다.

(2) 성립요건

(가) 당사자 사이에 채권관계가 존재할 것

불완전이행은 채무불이행의 유형으로 인정되고 있으므로, 채권자가 채무자에 대하여 적극적 채권침해를 주장하기 위해서는 당사자 사이에 약정 또는 법정채권관계가 존재하였어야 한다.

(나) 이행행위가 있을 것

불완전이행은 채무자가 이행하였으나 그 이행이 채무내용에 따르지 않은 경우이므로, 불완전이행이 인정되기 위해서는 외관상 채무자의 이행행위가 존재하여야 한다. 이행행위가 전혀 없는 경우는 이행불능 또는 이행지체가 성립될 뿐이고, 불완전이행이 성립될 여지가 없다.

(다) 이행행위가 불완전하거나 부수의무 내지 보호의무를 위반하였을 것

채무자가 이행행위를 하였지만 '채무의 내용에 따른 이행'이 아니거나 부수의무 내지 채권자의 신체 기타 재산상의 손해를 발생케 하지 않아야 할 보호의무를 위반하여야 한다. 불완전한 이행과 관련하여 문제가 되는 여러 경우를 검토하여 보면 다음과 같다.

1) 일부불능 내지 일부지체

채무의 일부에 관하여 이행불능 또는 이행지체가 있는 때에 그것은 채무의 내용에 따른 이행이 아니므로 불완전이행이라 할 수 있다. 그러나 일부불능 또는 일부지체는 각각 이행불능 또는 이행지체의 유형에 속하는 것으로 다루어 그 법리를 적용할 수 있기 때문에 불완전이행으로 취급할 필요는 없다. 가령 사과 10상자의 인도채무를 부담하는 자가 9상자를 인도하거나 10상자를 인도하였는데 그중 일부가 흠이 있는 경우는 이행불능 또는 이행지체가 문제될 것이다. 다만 전부를 한꺼번에 이행하지 않으면 채권의 목적을 달성할 수 없는 경우에는 불완전이행이 된다(김증한/김학동, 111면).

2) 급부의무위반

가) '주는 채무'에서의 급부의무위반

(i) 주는 채무에서의 급부의무위반(給付義務違反)은 급부된 목적물에 하자가 있거나 그 이행방법이 불완전하여 채권자에게 손해가 발생한 경우이다. 예컨대 변질된 우유를 매수인이 마시고 식중독에 걸린 경우, 매수한 가축사료에 유독물이 섞여 있었기 때문에 그것을 먹은 가축이 죽은 경우, 전염병에 걸린 동물을 인도하였기 때문에 채권자의 다른 동물이 감염된 경우 등이 이에 속한다. 이 경우에 변질된 우유·독성이 있는 사료·전염병에 걸린 동물 그 자체에 대해서는 하자담보책임(제580조, 제581조)을 주장할 수 있다. 그러나 가축이 죽은 경우나 다른 동물의 감염 등과 같이 부가적 손해가 발생한 경우에는 하자담보책임으로 해결할 수 없다. 불완전이행론은 법의 흠결(Gesetzeslücke)을 보충하기 위한 제도이며, 결국 하자담보책임·이행불능 및 이행지체에 의하여 해결될 수 없는 경우에 보충적으로 적용되므로(Brox, Allgemeines Schuldrecht, Rdnr. 292; 김상용, 138면), 채권자는 채무자에 대하여 불완전이행으로 인한 손해배상을 청구할 수 있다고 할 것이다.

(ii) 여기서 불완전이행과 하자담보책임과의 관계에 대하여, 다수설은 목적물 그 자체에만 하자가 있고 확대손해가 발생하지 않은 경우에는 하자담보책임만이 문제되며, 불완전이행은 문제되지 않는다고 한다. 민법은 특정물뿐만 아니라 불특정물에 대한 매도인의 하자담보책임을 규정하고 있고(제580조, 제581조), 하자담보책임에 대한 규정은 채무불이행, 특히 불완전이행에 관한 규정에 대하여 특별규정이기 때문이라고 한다. 소수설은 하자담보책임은 무과실책임이고, 그 손해배상의 범위는 신뢰배상에 국한되므로, 채무자의 귀책사유를 필요로 하고 이행이익의 손

해배상이 가능한 불완전이행과의 경합을 인정함이 타당하다고 한다(김상용, 139면). 판례는 성토작업을 기화로 다량의 폐기물을 은밀히 매립한 토지의 매도인이 협의취득절차를 통하여 공공사업 시행자에게 이를 매도함으로써 매수인에게 토지의 폐기물처리비용 상당의 손해를 입게 한 경우, 매도인은 불완전이행으로서 채무불이행으로 인한 손해배상책임을 부담하고, 이는 하자 있는 토지의 매매로 인한 제580조의 하자담보책임과 경합한다고 한다(대판 2004.7.22, 2002다51586).

생각건대 매수인이 물건의 하자와 관련하여 입은 손해(예컨대 감가차액·하자를 제거하는데 지출한 비용(수리비용)·하자로 인해 다른 물건을 사용하는데 지출한 비용 등)에 대해서는 제390조가 아니라 제580조 또는 제581조가 적용된다고 할 것이다. 그러므로 물건의 하자에 대하여 매도인에게 과실이 존재한 경우에도 적극적 채권침해가 고려되지 않는다. 이와 달리 甲이 세탁기를 乙에게 매도하여 인도하면서 과실로 乙의 유리창을 깨뜨린 경우, 주유소 A가 휘발유가 아니라 경유를 주유하여 B의 자동차엔진을 훼손케 한 경우와 같이 물건의 하자(Mangelhaftigkeit der Sache)와 관련이 없는 부수의무위반(Nebenpflichtverletzung)으로 인하여 발생한 손해에 대해서, 매수인은 매도인에게 적극적 채권침해로 인한 손해배상을 청구할 수 있다(제390조). 적극적 채권침해론은 법의 흠결을 보충하기 위한 제도로서, 특별규정이 없는 경우에 비로소 적용될 수 있기 때문이다(MünchKomm-Emmerich, Vor § 275 Rdnr. 98; Brox, Rdnr. 292). 다시 말하면 담보책임은 쌍무·유상계약의 대가적 균형의 회복을 목적으로 매도인에게 부과되는 무과실책임이므로, 급부의무의 불이행으로 인해 발생된 손해배상에 한정되어야 할 것이고(김형배, 채권각론, 360면), 매매목적물의 하자로 인하여 매수인이 입은 손해 중에서 하자담보책임에 의하여 전보되지 않은 손해, 즉 확대손해는 적극적 채권침해의 법리에 따라 제390조로 해결하여야 할 것이다. 예컨대 甲이 乙에게 브레이크가 고장 난 자동차를 판매했다. 그런데 브레이크 고장으로 사고가 발생하여, 자동차가 파손되었고 또한 매수인 乙이 부상을 입었다. 이 경우에 사고로 인한 자동차의 파손에 대하여 매수인 乙은 매도인 甲에게 하자담보책임, 즉 손해배상을 청구할 수 있다(제580조 1항, 제575조 1항). 또한 매도인 甲에게 귀책사유가 있는 때에는 매수인 乙은 자기가 입은 부상에 대하여 적극적 채권침해로 인한 손해배상을 청구할 수 있다(제390조).

나) '하는 채무'에서의 급부의무위반

(i) 일정한 결과를 실현하여야 할 의무(결과채무)를 위반하여 채무자가 불완전한 결과를 실현시킨 때에는 불완전이행이 성립한다. 가령 임차인이 임차물을 손상한 경우, 수치인이 목적물을 훼손한 경우, 운송인의 운송방법이 거칠어 승객을 다치게 한 경우가 그것이다. 결과를 실현하는 것이 채무의 내용일 경우, 결과에 하자가 있는 것은 불완전이행이고 하자에 대한 책임에는 확대손해도 포함되는 것으로 이해되고 있다. 다만 도급계약의 경우에는 매매의 경우와 유사하게 담보책임과의 관계가 문제되는데, 판례는 도급계약에 의하여 완성된 목적물에 하자가 있는 경우, 보수비용은 수급인의 하자담보책임으로, 확대손해는 보통의 채무불이행책임으로 구별하여 양자를 모두 인정한다(대판 2004.8.20, 2001다70337).

(ii) 일정한 결과를 얻기 위하여 최선의 조치를 하여야 할 의무(수단채무)를 위반한 경우는 대부분 불완전이행이 성립한다. 가령 의사가 처방이나 수술을 잘못하였거나 변호사가 법률자

문을 잘못한 경우에 불완전이행이 된다.

3) 부수의무 내지 보호의무위반

(i) 채무자는 급부의무 이외에 채권내용의 실현을 위하여 신의칙에 의해 여러 부수의무를 부담한다. 가령 농약판매업자는 농민에게 농약을 판매할 때에 그 농약의 성능·사용방법 등에 관하여 정확한 설명을 하여 줄 주의의무가 있고, 그 성능 등에 관하여 알지 못하면서 함부로 그 사용에 관한 지시나 권유하여서는 안 될 주의의무가 있다(대판 1995.3.28, 93다62645). 채권관계는 단순한 채권·채무의 대립적인 관계가 아니라, 채권의 목적달성을 위하여 상호간에 협력하여야 할 협동체적 관계이기 때문이다. 부수의무는 급부실현을 목적으로 하지 않지만 채무자가 이를 위반한 경우에는 불완전이행이 성립하며, 따라서 채무자는 채권자에게 손해배상의 책임을 부담하게 된다.

(ii) 채무자는 채무이행 과정에서 채권자의 생명·신체·건강이나 그 밖의 재산상의 이익을 침해하지 않도록 배려하여야 할 의무가 있다. 이러한 보호의무를 위반하게 되면, 비록 채무자가 급부의무를 이행하였더라도 불완전이행이 성립하게 된다. 예컨대 병든 가축을 인도함으로써 다른 가축을 감염시킨 경우, 중금속에 오염된 과일을 인도함으로써 그것을 먹은 채권자가 복통을 일으킨 경우, 부패한 음식을 사먹은 고객이 배탈이 난 경우 등과 같이 목적물의 하자가 원인이 되어 부가적 손해를 발생시키거나 이행과정에서 채권자의 일반법익에 손해를 준 경우가 이에 속한다. 판례도 보호의무는 신의칙상의 부수의무이므로, 이를 위반하면 불완전이행으로 인한 채무불이행책임을 부담한다고 한다(대판 2007.5.10, 2007다3377). 물론 보호의무의 위반이 불법행위의 요건을 충족하는 때에는 불법행위로 인한 손해배상도 청구할 수 있다.

판 례

(ㄱ) 의사는 긴급한 경우나 다른 특별한 사정이 없는 한, 환자에게 수술을 시행하는 과정, 예상되는 생명·신체에 대한 위험성과 부작용 등 환자의 의사결정을 위하여 중요한 사항을 설명하여야 하며, 진료 목적의 달성을 위하여 환자 또는 그 보호자에 대하여 요양의 방법 기타 건강관리에 필요한 사항을 상세히 설명하여 후유증 등에 대비하도록 할 의무가 있다(대판 2006.11.23, 2005다11688; 대판 2002.5.28, 2000다46511).

(ㄴ) 사용자는 근로계약에 수반되는 신의칙상의 부수적 의무로서 피용자가 노무를 제공하는 과정에서 생명·신체·건강을 해치는 일이 없도록 인적·물적 환경을 정비하는 등 필요한 조치를 강구하여야 할 보호의무를 부담한다(대판 2006.9.28, 2004다44506; 대판 2001.7.27, 99다56734).

(ㄷ) 여행업자는 기획여행계약의 상대방인 여행자에 대하여 기획여행계약상의 부수의무로서, 여행자의 생명·신체·재산 등의 안전을 확보하기 위하여 여행목적지·여행일정 등에 관하여 미리 충분히 조사·검토하여 전문업자로서의 합리적인 판단을 하고, 또한 그 계약 내용의 실시에 관하여 조우할지 모르는 위험을 미리 제거할 수단을 강구하거나 또는 여행자에게 그 뜻을 고지하여 여행자 스스로 그 위험을 수용할지 여부에 관하여 선택의 기회를 주는 등의 합리적 조치를 취할 신의칙상의 주의의무가 있다(대판 2007.5.10, 2007다3377).

(ㄹ) 병원은 병실에의 출입자를 통제·감독하든가 그것이 불가능하다면 최소한 입원환자에게 휴대품을 안전하게 보관할 수 있는 시정장치가 있는 사물함을 제공하는 등으로 입원환자의 휴대품 등의 도난을 방지함에 필요한 적절한 조치를 강구하여 줄 신의칙상의 보호의무가 있으며, 이를 소홀히 하여 입원환자와는 아무

런 관련이 없는 자가 입원환자의 병실에 무단출입하여 입원환자의 휴대품 등을 절취하였다면 병원은 그로 인한 손해배상책임이 있다(대판 2003.4.11, 2002다63275).

(라) 채무자에게 귀책사유가 있을 것

불완전한 이행에 대하여 채무자에게 고의 또는 과실이 존재하여야 하며(제390조), 이행보조자 또는 법정대리인의 고의·과실로 인한 불완전한 이행도 채무자의 귀책사유로 된다(제391조). 판례도 매매목적물의 하자로 인한 확대손해에 대하여 매도인에게 배상책임을 지우기 위해서는 하자 없는 목적물을 인도하지 못한 의무위반 사실 외에 그러한 의무위반에 대하여 매도인에게 귀책사유가 있어야 한다고 한다(대판 2003.7.22, 2002다35676; 대판 1997.5.7, 96다39455). 주의할 것은 불완전이행의 결과 확대손해가 발생한 때도 많으나 확대손해의 발생은 그 요건이 아니라는 점이다. 즉 확대손해가 발생한 경우는 물론이고 확대손해가 없더라도 성립요건이 갖추어지면 불완전이행(적극적 채권침해)이 성립한다.

(마) 불완전이행이 위법할 것

불완전이행은 채권에 대한 채무자의 침해이므로, 위법성을 필요로 한다.

(3) 불완전이행의 효과

(가) 손해배상청구권

이행방법의 잘못으로 채권자에게 확대손해가 발생한 경우(예: 의사가 수술을 잘못하여 환자가 불구가 된 경우), 불완전이행이 있은 후에도 완전이행이 가능하지만 새로운 이행이 채권자에게 아무런 이익을 주지 않는 경우 또는 완전이행이 불가능한 경우에 채권자는 채무자에 대하여 손해배상을 청구할 수 있다.

(나) 완전이행청구권

불완전이행은 채무내용에 따른 이행이 아니므로, 완전이행이 가능하고 또한 채권자에게 이익이 되는 경우(예: 의사가 환자배속에 수술 칼을 두고 봉합한 경우, 변호사가 법률자문을 잘못한 경우 등), 채권자는 불완전이행으로 발생한 손해의 배상과 더불어 완전이행을 청구할 수 있다. 한편 학설은 불완전한 이행이 양적인 경우에 추완방법이 있는 이상 신의칙상 그것을 완전하게 하는 추완청구권만을 행사할 수 있다고 한다(곽윤직, 94면; 김상용, 143면; 이은영, 242면; 윤철홍, 116면). 생각건대 불완전한 이행이 양적인 경우, 예컨대 주문한 과일 중에 일부가 썩은 경우에는 일부지체의 법리로 해결하면 충분하므로, 불완전이행의 효과로 추완청구권을 인정하는 것은 타당하다고 할 수 없다.

(다) 계약해제 · 해지권

계속적 채권관계에서 불완전이행의 경우(예: A의 고문변호사 B가 법률자문을 잘못한 경우)에는 장래에 향하여 계약을 해지할 수 있다. 한편 계약해제권이 인정되는지 여부에 관하여, ① 완전이행이 가능하면 이행지체의 법리를 유추적용하여 상당기간을 정하여 완전이행을 최고하여도 이행하지 않은 때에는 계약을 해제할 수 있고, 완전이행이 불가능한 때에는 이행불능의 법리에 따라 해제할 수 있다는 견해(곽윤직, 95면; 김상용, 143면), ② 불완전이행에서는 해제권은 원칙적으로 발생하지 않고, 완전이행이 가능한 때에는 담보책임에 관한 제580조를 유추적용하여 완전이행청구(하자보수 청구 등)만 할 수 있고, 다만 불완전이행으로 인하여 계약의 목적을 달성할 수 없는 때에 한하여 계약해제를 할 수 있다는 견해가 있다(송덕수, C-213; 김대정, 560면; 김증한/김학동, 172면). 판례는 ①의 견해를 따르고 있다. 즉 수임인이 위임계약상의 채무를 제대로 이행하지 않았고 위임인이 언제나 최고 없이 바로 그 채무불이행을 이유로 위임계약을 해제할 수 있는 것은 아니고, 아직도 수임인이 위임계약상의 채무를 이행하는 것이 가능하다면 위임인은 수임인에 대하여 상당한 기간을 정하여 그 이행을 최고하고, 수임인이 그 기간 내에 이를 이행하지 않을 때에 한하여 계약을 해제할 수 있다고 한다(대판 1996.11.26, 96다27148).

(4) 하자담보책임과의 관계

판례는 하자담보책임과 채무불이행책임의 경합을 인정한다. 즉 도급계약에 따라 완성된 목적물에 하자가 있는 경우, 수급인의 하자담보책임과 채무불이행책임은 별개의 권원에 의하여 경합적으로 인정된다. 목적물의 하자를 보수하기 위한 비용은 수급인의 하자담보책임과 채무불이행책임에서 말하는 손해에 해당한다. 따라서 도급인은 하자보수비용을 제667조 2항에 따라 하자담보책임으로 인한 손해배상으로 청구할 수도 있고, 제390조에 따라 채무불이행으로 인한 손해배상으로 청구할 수도 있다. 하자보수를 갈음하는 손해배상에 관해서는 제667조 2항에 따른 하자담보책임만이 성립하고 제390조에 따른 채무불이행책임이 성립하지 않는다고 볼 이유가 없다고 한다(대판 2020.6.11, 2020다201156). 또한 액젓 저장탱크의 제작·설치공사 도급계약에 의하여 완성된 저장탱크에 균열이 발생한 경우, 보수비용은 제667조 2항에 의한 수급인의 하자담보책임 중 하자보수에 갈음하는 손해배상이고, 액젓 변질로 인한 손해배상은 위 하자담보책임을 넘어서 수급인이 도급계약의 내용에 따른 의무를 제대로 이행하지 못함으로 인하여 도급인의 신체·재산에 발생한 손해에 대한 배상으로서 양자는 별개의 권원에 의하여 경합적으로 인정된다고 하여(대판 2004.8.20, 2001다70337), 확대손해에 대해서는 적극적 채권침해의 법리로 해결하고 있다.

5. 이행거절

(1) 서 설

(가) 의 의

채무불이행의 한 유형으로서 이행거절이란 채무자가 자신의 채무를 이행할 뜻이 없음을 명백하고도 종국적으로 밝히는 것이다. 즉 채무자가 채무의 이행이 가능함에도 이를 행할 의사가 없음을 채권자에 대하여 진지하고 종국적으로 표시하여 객관적으로 보아 채권자로 하여금 채무자의 임의 이행을 더 이상 기대할 수 없게 하는 경우를 말한다. 종래 학설은 이행거절을 채무불이행의 유형으로 특별히 언급하고 있지 않으나, 다른 유형의 채무불이행과 구별되는 특징을 갖고 있으며, 그 법적 효과 역시 독특한 점이 있다는 점에서 이하에서는 판례를 중심으로 간략히 살펴보기로 한다. 채무불이행의 한 유형으로서의 이행거절은 쌍무계약의 동시이행관계에서 일방이 갖는 이행거절권의 행사와 구별된다. 이것은 제536조 1항에 근거를 둔 것으로서 동시이행관계에서 일방이 자기 채무의 이행제공 없이 상대방의 일방적인 이행을 청구할 때 상대방에게 자동적으로 발생하는 정당한 권리이다.

(나) 법적 근거

이행거절의 유형을 민법이 인정하고 있다는 법적인 근거로서 직접 제544조 단서가 거론될 수 있다. 그러나 제544조 단서의 요건 중 '미리'의 해석에 있어 이를 이행기의 도과 후 최고기간의 경과 전을 뜻하는 것으로 새기는 것이 동 규정의 형식논리에 합당하다(김형배, 262면). 즉 제544조 단서는 그 형식구조상 이행지체의 예외를 규정하는 것으로 되었기 때문이다. 결국 제390조는 "채무자가 채무의 내용에 따른 이행을 하지 않은 때에는 채권자는 손해배상을 청구할 수 있다"라는 요건과 효과상의 포괄적 규정을 두고 있으므로, 이행거절도 제390조에 의하여 하나의 채무불이행으로 인정된다고 할 것이다.

(다) 이행거절을 채무불이행의 유형으로 인정할 것인지 여부

1) 학 설

이행거절을 이행불능과 이행지체라는 전통적인 채무불이행의 유형 외에 새로운 제3의 불이행유형으로서 독자적인 의의를 인정할 필요가 있는가에 관하여, ① 이행거절은 실현가능한 이행을 지체하는 사안을 전제로 하여 발생된 현상에 지나지 않으며, 이행지체와 무관하게 독자적 의미를 가지는 것이 아니라는 견해(김형배, 채권각론, 263면), ② 채권자의 의사 또는 이익이라는 관점에서 접근한다면 여전히 이행이 가능한데도 채무자가 이행하려 하지 않는다는 점 및 장차 이행기가 도래하면 채권자는 급부의 실현을 강제할 수 있다는 점에 비추어, 이행거절과 이행지체 사이에 본질적 차이가 있다고 보기 어려우므로, 이를 이행지체의 하부유형(이른바 선취된 이행지체)으로 파악하더라도 별 문제가 없다는 견해(지원림, 4-153), ③ 이행거절은 채무의 이행이 불능이 아니어서 강제이행청구가 가능하다는 점에서 이행불능과 구별되고 이행기가 도래하기 전에는 이행지체를 인정할 수 없다는 점에서 이행기 전의 이행거절을 포함하는 이행거절은 독자적 유형으로 인정하는 견해(양창수, 민법연구 제4권, 144면; 김동훈, "이행거절과 계약해제", 고시연구 2003년 9월호, 112면)가 있다.

2) 판 례

판례는 채무자가 채무를 이행하지 아니할 의사를 명백히 표시한 경우에 채권자는 신의성실의 원칙상 이행기 전이라도 이행의 최고 없이 채무자의 이행거절을 이유로 계약을 해제하거나 채무자를 상대로 손해배상을 청구할 수 있고, 채무자가 채무를 이행하지 아니할 의사를 명백히 표시하였는지 여부는 채무 이행에 관한 당사자의 행동과 계약 전후의 구체적인 사정 등을 종합적으로 살펴서 판단하여야 할 것이라고 한다(대판 2023.9.27, 2023다240817; 대판 2015.2.12, 2014다227225). 또한 이행거절로 인한 계약해제의 경우, 최고 및 동시이행관계에 있는 자기 채무의 이행제공을 요하지 아니하여 이행지체시의 계약해제와 비교할 때 계약해제의 요건이 매우 완화되어 있으므로, 명시적으로 이행거절의사를 표명하는 경우 이외에 계약 당시나 계약 후의 여러 사정을 종합하여 묵시적 이행거절의사를 인정할 경우에는 이행거절의사가 명백하고 종국적으로 표시되어야 할 것이라고 한다(대판 2006.11.9, 2004다22971).

(2) 요 건

(가) 당사자 사이에 채권관계가 존재할 것

이행거절은 채무자에 의한 채권침해이므로, 채권자가 채무자에 대하여 이행거절책임을 주장할 수 있기 위해서는 먼저 채권자와 채무자 사이에 약정 또는 법정채권관계가 존재하여야 한다.

(나) 채무를 이행하지 아니할 의사가 명백히 표시될 것

1) 채무를 이행하지 아니할 의사가 명백히 표시되어야 한다. 대개 이행거절의 의사는 명시적으로도 이루어지지만 채무자의 여러 형태를 통하여 간접적으로 나타나는 경우가 많으므로 그 해석에 있어 신중해야 한다. 따라서 채무자가 채무를 이행하지 아니할 의사를 명백히 표시하였는지 여부는 채무 이행에 관한 당사자의 행동과 계약 전후의 구체적인 사정 등을 종합적으로 살펴서 판단하여야 한다(대판 2007.9.20, 2005다63337; 대판 2006.9.28, 2006다24353). 가령 채무자가 근거 없이 계약의 불성립이나 무효 등을 주장하거나(대판 1976.11.9, 76다카2218), 부동산 매도인이 중도금 수령을 회피한 후 오히려 중도금을 지급하지 않았다는 이유로 계약해제의 통지를 한 경우(대판 1990.3.9, 89다카29), 매도인이 특약사항의 이행을 계속 촉구하였는데도 매수인이 그 특약의 존재를 부정하면서 이를 이행하지 않는 경우(대판 1997.11.28, 97다30257), 채권자는 자기 채무의 이행제공 없이 매매계약을 해제할 수 있다. 그러나 매수인이 매도인과 사이의 매매계약에 의한 잔대금지급기일에 잔대금을 지급하지 못하여 그 지급의 연기를 수차 요청하였다는 것만으로는 그 채무를 이행하지 아니할 의사를 명백히 한 것으로는 볼 수 없다(대판 1990.11.13, 90다카23882).

2) 이행거절이 되려면 '채무를 이행하지 아니할 의사가 명백히 표시'되어야 하므로, 결국 과실에 의한 이행거절은 성립할 수 없을 것이다. 이 경우 당사자의 일방이 이행을 제공하더라도 상대방이 채무를 이행할 수 없음이 명백한지의 여부는 '계약해제시'를 기준으로 하여 판단하여야 한다(대판 1993.8.24, 93다7204).

(다) 이행거절의 의사는 종국적일 것

이행거절의 의사는 종국적이어야 한다. 반면에 이행거절의 의사를 표시한 자는 상대방이 이를 신뢰해 조치를 취하기 전에는 이를 철회할 수 있을 것이다. 즉 쌍무계약에서 계약당사자의 일방은 상대방이 채무를 이행하지 아니할 의사를 명백히 표시한 경우에는 최고나 자기 채무의 이행제공 없이 그 계약을 적법하게 해제할 수 있으나, 그 이행거절의 의사표시가 적법하게 철회된 경우, 상대방은 자기 채무의 이행을 제공하고 상당한 기간을 정하여 이행을 최고한 후가 아니면 채무불이행을 이유로 계약을 해제할 수 없다(대판 2003.2.26, 2000다40995).

판 례

매수인이 자기의 귀책사유로 인한 채무불이행의 경우 상대방의 계약해제권의 행사를 회피할 목적으로 매매계약 체결시 자신의 주소를 허위기재하거나 실지 주소를 매도인에게 알리지 아니하고 소재를 밝히지 아니하여 매도인은 과실 없이 매수인의 소재를 알지 못함으로써 자기의 채무의 이행을 제공하여 상대방의 이행을 최고할 수 없게 된 채 이행기가 지나버린 경우에는 신의성실의 원칙상 특별한 사정이 없는 한 매수인에게 있어서는 이행의 의사가 없다고 봄이 상당하다 할 것이므로 매도인은 이행의 최고 없이 바로 계약을 해제할 수 있다(대판 1990.11.23, 90다카14611).

(라) 이행거절이 위법할 것

이행거절로 인한 책임이 발생하기 위해서는 이행거절이 위법하여야 한다. 즉 채무자가 이행거절에 정당한 사유가 없어야 한다. 따라서 상대방은 일방의 이행제공이 있을 때까지 자기 채무의 이행을 거절할 수 있는 동시이행의 항변권과 구별하여야 한다. 실거래에서 일방이 이행거절의 의사를 표시하는 것이 상대방의 이행제공을 조건으로 하는 정당한 이행거절권인지, 아니면 이행의 제공과 관계없이 자신의 이행을 거절한다는 채무불이행으로서의 이행거절인지를 따져보아야 할 것이다.

(3) 효 과

(가) 계약해제권

이행거절의 의사가 있으면 최고 없이 바로 계약을 해제할 수 있다. 즉 채무자가 이행기가 도래하기 이전에 이행거절의 의사를 밝히는 경우에는 이행기의 도래 여부와 관계없이 계약을 해제할 수 있으며(대판 2005.8.19, 2004다53173), 당사자 쌍방의 채무가 그 이행기를 모두 도과한 후 일방의 이행거절이 있으면 자기 채무의 이행제공이나 최고 없이 계약을 해제할 수 있다(대판 2005.8.19, 2004다53173; 대판 1995.4.28, 94다16083).

(나) 전보배상청구권

이행지체의 경우, 채무자가 미리 이행하지 아니할 의사를 표시한 경우에는 이행최고를 할 필요 없이 바로 전보배상을 청구할 수 있는데(제395조, 제544조 단서), 이는 이행최고를 하더라도 무의미하기 때문이다. 그렇다면 이행거절의 경우에도 바로 전보배상청구권이 인정된다고 할 것이다. 한편 채무자의 이행거절로 인한 채무불이행에서 손해액 산정의 기준 시점에 관하여, 판례는 이행지체에 의한 전보배상에서의 손해액 산정은 본래의 의무이행을 최고하였던 상당한 기간이 경과한 당시의 시가를 표준으로 하고, 이행불능으로 인한 전보배상액은 이행불능 당시의 시가 상당액을 표준으로 해야 하므로, 채무자의 이행거절로 인한 채무불이행에서의 손해액 산정은 채무자가 이행거절의 의사를 명백히 표시하여 최고 없이 계약의 해제나 손해배상을 청구할 수 있는 경우에는 '이행거절 당시'의 급부목적물의 시가를 표준으로 하여야 한다고 한다(대판 2008.5.15, 2007다37721; 대판 2007.9.20, 2005다63337).

(다) 강제이행청구권

이행거절은 채무자 스스로에 의하여 초래된 이행장애라는 점에서 원칙적으로 강제이행의 방법에 의하여 제거될 수 있다. 이 점에서 이행불능과 큰 차이가 있다.

Ⅲ. 채무불이행에 대한 구제

채무불이행에 대한 구제로서 민법은 강제이행(제389조)과 손해배상(제390조)을 규정하고 있다.

1. 강제이행

(1) 의 의

채무자가 채무이행이 가능한데도 이행하지 않는 경우, 채권자는 확정판결 등 집행권원(민사집행법 제56조)[1]에 의해 강제이행을 구함으로써 채권의 만족을 얻게 된다. 채무자가 임의로 이행하는 것에 대해 이를 강제이행이라 하고, 집행의 측면에서는 강제집행이라 한다.

(2) 강제이행의 방법

(가) 직접강제

국가권력으로 직접 급부를 실현하는 방법인데, 물건의 인도나 금전의 지급을 목적으로 하는 채무, 즉 '주는 채무'에 대해서만 인정된다. 이와 달리 '하는 채무'는 직접 채무자의 신체에 강제력을 가하지 않으면 실현할 수 없기 때문에, 채무의 성질이 강제이행을 하지 못할 것인 때(제389조 1항 단서)에 해당하여 직접강제가 허용되지 않는다(통설). 가령 일정한 작위(예: 가수가 노래를 부르거나 목수가 집을 수리하여야 하는 경우)를 내용으로 하는 채무(작위채무)와 일정한 부작위(예: 일정한 영업이나 건축을 하지 않는 것)를 내용으로 하는 채무(부작위채무)에서는 직접강제가 허용되지 않는다.

(나) 대체집행

1) 대체집행은 채무자로부터 비용을 추심하여 그 비용으로 채권자 또는 제3자로 하여금

---

1) 집행권원(執行權原)이란 강제집행으로 실현시킬 일정한 사법상의 이행청구권의 존재와 범위를 밝힌 공적인 증서로서 법률의 규정에 의하여 집행기관에 의한 강제집행의 근거 내지 기본이 될 수 있는 문서를 말한다. 이처럼 집행권원은 강제집행의 근거가 되는 문서이므로, 이에 의하여 집행당사자, 강제집행의 내용과 범위가 확정된다. 강제집행의 기초가 되는 집행권원에는 확정된 종국판결과 가집행선고 있는 종국판결(민사집행법 제24조), 외국법원의 판결에 대한 집행판결(제26조), 항고로만 불복할 수 있는 재판(제56조 1호), 확정된 지급명령(제56조 3호), 이행권고결정(소액사건심판법 제5조의3), 집행증서(공증인이 작성한 공정증서로서 법정요건을 갖추어 집행력이 인정된 것, 민사집행법 제56조 4호), 확정판결과 동일한 효력이 있는 조서(예: 재판상 화해조서, 청구인낙조서, 조정조서 등) 등이 있다.

채무자에 갈음하여 채권의 내용을 실현하게 하는 방법이다. 가령 건물철거채무의 경우에 철거비용을 추심하여 채권자 또는 제3자를 시켜 철거하게 하는 것이 그것이다. 대체집행은 하는 채무 중 제3자가 이행하여도 무방한 채무, 즉 대체적 작위를 목적으로 하는 채무에 허용된다(제389조 2항 후문).

2) 한편 부작위채무는 채무자의 위반결과가 어떠한 상태인가에 따라 대체집행 또는 간접강제가 인정된다. 예컨대 건축금지의 약정에 위반하여 건축한 경우처럼 물적 상태가 존재한 때에는 채무자의 비용으로 그 위반한 것을 제거하고 장래에 대한 적당한 처분을 법원에 청구하는 방식으로 하는데(제389조 3항), 대체집행의 방식은 이 경우에도 인정된다(민사집행법 제260조 1항). 그러나 영업금지의 약정에 위반하여 영업하는 것처럼 물적 상태가 존재하지 않은 부작위채무의 경우, 채무가 부대체적 급부인 점에서 간접강제가 인정된다.

판 례

당사자 사이에 일정한 행위를 하지 않기로 하는 부작위 약정을 체결하였는데 채무자가 이러한 의무를 위반한 경우, 채권자는 채무자를 상대로 부작위의무의 이행을 소구할 수 있고, 부작위를 명하는 확정판결을 받아 이를 집행권원으로 하여 대체집행 또는 간접강제 결정을 받는 등으로 부작위의무 위반 상태를 중지시키거나 위반 결과를 제거할 수 있다(대판 2012.3.29, 2009다92883).

(다) 간접강제

1) 간접강제는 채무불이행에 대한 제재를 고지함으로써 그 제재를 면하기 위하여 채무를 이행하도록 동기를 부여하는 것을 목적으로 하는 집행방법이다(대판 2003.10.24, 2003다36331). 가령 골동품의 감정 등과 같이 채무자만이 이행할 수 있는 일신전속적 채무(부대체적 작위채무)에 관해서, 불이행 1일마다 ○○원을 지급하라는 법원의 명령으로 채무자에게 압력을 가하여 그의 자발적 이행을 촉구하는 것이 간접강제이다. 간접강제는 인격존중의 사상에 반할 가능성이 있다. 그리하여 최후의 수단으로만 인정된다.

2) 간접강제는 '하는 채무' 가운데 대체집행이 허용되지 않는 것, 즉 부대체적 작위를 목적으로 하는 채무에 한하여 허용된다. 가령 증권에 서명할 의무, 감정·출연·집필, 계산보고, 재산목록의 작성의무, 정정보도문의 게재의무 등이 이에 속한다. 부대체적 채무인 부작위채무에 대한 강제집행은 간접강제만 가능하다(대판 2014.5.29, 2011다31225). 그러나 부대체적 작위채무라고 하더라도 ① 채무자의 자유의사를 강제하는 것이 인격존중의 이념에 반하거나(예: 부부의 동거의무) ② 자유의사를 강제하면 채무의 내용에 따른 급부를 제대로 실현할 수 없는 경우(예: 예술·창작)에는 간접강제도 허용되지 않는다(통설). 따라서 이러한 채무가 불이행되는 경우에는 채권자는 손해배상 기타의 구제방법(예: 이혼 등)에 의존할 수밖에 없다.

판 례

(ㄱ) 부작위채무에 관하여 판결절차의 변론종결 당시에 보아 부작위채무를 명하는 집행권원이 성립하더라도 채무자가 이를 단기간 내에 위반할 개연성이 있고, 또한 판결절차에서 민사집행법 제261조에 의하여 명할 적정한 배상액을 산정할 수 있는 경우에는 판결절차에서도 채무불이행에 대한 간접강제를 할 수 있다. 또한 부대체적 작위채무에 관하여서도 판결절차의 변론종결 당시에 보아 집행권원이 성립하더라도 채무자가 부대체적 작위채무를 임의로 이행할 가능성이 없음이 명백하고, 판결절차에서 채무자에게 간접강제결정의 당부에 관하여 충분히 변론할 기회가 부여되었으며, 민사집행법 제261조에 의하여 명할 적정한 배상액을 산정할 수 있는 경우에는 판결절차에서도 채무불이행에 대한 간접강제를 할 수 있다(대판 2021.7.22, 2020다248124).

(ㄴ) 채권자가 채무자로부터 추심한 간접강제 배상금은 채무자의 동일한 작위·부작위의무의 불이행에 따른 손해의 전보에 충당된다. 그러므로 채무자로 하여금 채권자에 대한 작위·부작위의무 불이행으로 인한 손해배상을 명하는 판결이 확정되는 경우에도, 이미 동일한 작위·부작위의무에 대한 간접강제 배상금이 지급되었다면, 그 확정판결에서 정한 손해가 간접강제 배상금을 초과하는 부분이 아닌 이상, 채권자가 지급받은 간접강제 배상금과 별도로 위 확정판결에 따른 손해배상금을 추심할 수는 없다(대판 2022.11.10, 2022다255607).

(ㄷ) 민사집행법 제261조 1항의 간접강제는 채무자에게 부대체적 작위채무 또는 부작위채무 등의 불이행에 대하여 손해배상의 제재를 예고하는 방법으로 심리적 압박을 가함으로써 채무자 스스로 채무의 내용을 실현하도록 유도하는 집행방법이다(대판 2021.7.22, 2020다248124). 간접강제를 명하는 결정에는 채무의 이행의무 및 상당한 이행기간을 밝히고, 채무자가 그 기간 이내에 이행을 하지 아니하는 때에는 늦어진 기간에 따라 일정한 배상을 하도록 명할 수 있다(민사집행법 제261조 1항). 여기서 '상당한 이행기간'이란 채무자가 법원으로부터 이행의무가 있음을 고지받은 때부터 그 의무를 이행하는 데 필요한 합리적인 기간을 뜻하는 것으로서, 법원은 이행의무의 내용, 이행의 용이성 등을 비롯하여 앞서 본 간접강제의 성격 등 여러 사정을 고려하여 상당한 이행기간을 정할 수 있다. 나아가 강제명령 배상금은 채무자로 하여금 그 이행기간 이내에 이행을 하도록 하는 심리적 강제수단이라는 성격뿐만 아니라 채무자의 채무불이행에 대한 법정 제재금이라는 성격도 가지는 것으로서, 법원은 사건의 경위, 채무자의 태도와 위반행위의 정도, 위반행위로 인해 채무자가 얻을 것으로 예상되는 이익, 위반행위로 인한 채권자의 피해와 그 피해 회복의 곤란성 등을 고려하여 배상금을 정할 수 있다(대판 2025.6.12, 2020다219577).

(라) 의사표시 의무의 집행

채무자가 의사표시를 하여야 할 의무는 부대체적 작위채무에 속하는 것이지만, 이때 따로 집행방법이 인정되므로 간접강제는 허용되지 않는다. 예컨대 채권양수인이 양도인에 대해 채무자에게 양도통지를 해 줄 것을 재판상 청구한 때에 그 판결로써 통지를 한 것으로 간주하는 방법이다(제389조 2항, 민사집행법 제263조). 매매예약에 따라 승낙의 의사표시를 하여야 할 의무, 등기신청이나 토지거래허가신청의 경우에도 이 방식이 적용된다. 주의할 것은 이 방법은 의사표시를 한 것으로 의제하는데 그치는 것이므로, 법률효과의 발생을 위해 다른 요건이 필요한 때에는 이를 따로 갖추어야 한다.

판 례

법원이 선임한 부재자 재산관리인이 권한초과행위에 대하여 허가신청절차를 이행하기로 상대방에게 약정한 경우, 그 신청절차는 소의 제기 또는 그에 준하는 신청과는 달리 그 의사표시의 진술만 있으면 채무자의 적극적인 협력이나 계속적인 행위가 없더라도 그 목적을 달성할 수 있는 것이므로, 상대방은 약정에 의하여 그 절차의 이행을 소구할 수 있고, 이러한 의사진술을 명하는 판결이 확정되면 민사집행법 제263조 1항에 의하여 허가신청의 진술이 있는 것으로 간주된다(대판 2000.12.26, 99다19278).

(3) 강제이행의 순서

직접강제가 가능한 경우에는 직접강제에 의하여야 하고, 이것이 불가능한 경우에는 대체집행의 방법이 인정되며 대체집행이 불가능한 경우에 간접강제의 방법에 의하여야 한다(통설). 즉 ① '주는 채무'는 직접강제의 방법에 의하여 가장 간편하게 그리고 효과적으로 실현될 수 있으며, 채무자의 신체나 의사에 압박을 가하지 않으므로, 주는 채무에 대해서는 직접강제의 방법에 의하여야 한다. ② 하는 채무로서 채무자 이외의 자가 하더라도 무방한 대체적 작위채무는 대체집행에 의하여야 한다. ③ 간접강제는 간접적으로 채무자의 자유의사를 강제하여 본래의 채무를 이행케 하는 것이므로, 인격존중의 이념에 비추어 직접강제와 대체집행에 의해서 목적을 달성할 수 없는 경우에 비로소 간접강제가 허용되어야 한다.

(4) 강제이행과 손해배상의 청구

강제이행은 손해배상의 청구에 영향을 미치지 않는다(제389조 4항). 강제이행은 본래의 채무이행을 강제하는 것이고 채무불이행으로 인한 손해배상은 이와는 별개의 것이기 때문이다.

2. 손해배상

(1) 서 설

(가) 손해배상제도

채무불이행으로 인해 채권자에게 손해가 발생한 때에는 채권자는 채무자에 대하여 그 손해배상을 청구할 수 있다(제390조). 이행지체의 경우에 본래의 급부의무에 대해 강제이행을 청구하더라도 지연에 따른 손해는 그대로 남게 되는 것이며, 이행불능의 경우에 강제이행을 청구할 수 없고 손해배상을 통해 구제받게 되는 점에서, 채무불이행 모두에 공통되는 효과로서 손해배상의 문제가 발생한다. 그리고 불법행위로 인하여 피해자가 손해를 입은 경우에 피해자는 가해자에 대하여 불법행위로 인한 손해배상을 청구할 수 있다(제750조). 그런데 손해배상은 이미 발생한 손해를 제거하는 것이 아니다. 즉 손해의 '배상'이라 함은 위법한 원인으로 인하여 발생한 손해를 피해자(채권자) 이외의 자가 전보하는 것을 말한다. 따라서 손해배상제도의 목적은 채무불이행이나 불법행위에 의하여 야기된 결과에 대한 보상(전보), 즉 손해발생 전의 상태로의 회복에 있다. 다만 손해로부터 회복이 불가능한 경우(예: 심리적 손해와 같이 원상태로의 회복이 불가능한 비물질적 손해의 경우)의 손해배상제도는 보상(報償)의 사상이 아니라 대상(代償)의 사상에 의한 것이다.

한편 손해배상에 관한 이하에서의 설명은 채무불이행에 관한 것이지만, 제763조에 의하여 손해배상의 방법(제394조)과 범위(제393조)·과실상계(제396조) 및 손해배상자의 대위(제399조)에 관한 규정이 불법행위에 준용되므로, 그 대부분이 불법행위에도 적용될 수 있다.

판 례

채권자가 분양업자에 대한 대여금 채권의 담보를 위해 분양계약을 체결한 후 관할관청이 분양업자에 대한 사업계획승인을 취소한 경우, 분양업자는 분양계약상의 채무를 이행할 수 없게 되었으므로, 대여금 채권을 담보할 목적으로 분양계약을 체결한 자에게도 손해가 발생한 것으로 보아야 하고, 그 손해는 분양대금 상당액이 아니라 분양계약에 의하여 담보되는 채무 상당액이라고 보아야 한다(대판 1998.3.10, 97다20403).

(나) 손해배상청구권의 성질

채무불이행으로 인한 손해배상청구권은 본래의 채권의 확장(지연배상의 경우) 또는 내용의 변경(전보배상의 경우)이므로, 본래의 채권과 동일성을 가진다. 따라서 ① 채권에 대한 담보는 손해배상청구권의 이행도 담보한다(제334조, 제360조, 제429조). ② 손해배상청구권은 본래의 채권과 동일성을 가지므로 손해배상청구권의 시효기간은 본래의 채권의 시효기간에 따른다(통설). 다만 그 기산점과 관련하여, 동일성이 유지되므로 본래의 채권을 행사할 수 있는 때부터 진행한다는 견해(곽윤직, 민법총칙, 459면), 손해배상청구권은 채무불이행이 있어야 비로소 성립한다는 점에서 채무불이행시부터 소멸시효가 진행한다는 견해(고상룡, 민법총칙, 681면; 이영준, 민법총칙, 806면; 김상용, 민법총칙, 737면; 지원림, 4-190)가 대립하고 있다. 판례는 채무불이행으로 인한 손해배상청구권의 소멸시효는 채무불이행시부터 진행한다고 한다(대판 2005.1.14, 2002다57119).

(다) 손해배상청구권의 경합

하나의 생활사실이 수개의 법규가 정하는 요건을 충족함으로써 수개의 권리가 발생하는 경우를 권리의 경합(Konkurrenz von Rechten)이라 한다. 예컨대 물건을 도난당한 경우, 소유자와 절취자 사이에 점유회복청구권(제204조)·소유물반환청구권(제213조)·부당이득반환청구권(제741조)·불법행위로 인한 손해배상청구권(제750조)이 경합하게 된다. 권리경합에서 특히 문제되는 것은 채무불이행책임과 불법행위책임이 경합하는 경우이다. 다수설과 판례(대판 1989.4.11, 88다카11428)는 청구권경합설을 취한다. 이에 의하면 채권자는 그의 선택에 따라 채무자에게 계약책임을 묻거나 불법행위책임을 물을 수 있는 것이다. 예컨대 임차인이 임차물을 고의·과실로 멸실·훼손한 경우에 채무불이행에 의한 손해배상청구권과 불법행위로 인한 손해배상청구권이 경합한다. 이와 달리 법조경합설에 의하면 불법행위책임과 계약책임은 마치 일반법·특별법과 같은 관계이므로, 우선 특수한 관계인 계약책임을 먼저 적용하여야 하며, 일반적인 불법행위책임은 이때에 배제된다고 한다.

(2) 손해의 개념과 종류

(가) 손해의 개념

손해(Schaden)라 함은 법익에 대한 불이익을 말한다. 다수설과 판례(대판 1998.9.22, 98다2631; 대판 1998.7.10, 96다38971)는 손해란 가해원인이 없었더라면 있었어야 할 이익상태와 가해가 이미 발생한 현재의 이익상태의 차액이라고 한다(차액설). 물론 구체적 사정에 따라 또는 위법행위로 인한 사고발생 전후의 현실적인 소득의 차액이 변론과정에서 밝혀지지 않는 등의 경우에는 상실된 노동능력의 가치를 사고 당시의 소득이나 추정소득에 의하여 평가하는 방법에 의할 수 있다(대판 1990.11.23, 90다카21022). 한편 손해는 비용(Aufwendung)과 구별된다. 손해는 자유의사에 의하지 않은 손실(unfreiwillige Einbuße)임에 반하여, 비용은 자유의사에 의한 희생(freiwilliges Opfer)이다(Brox/Walker, § 29 Rndr. 1; 김상용, 154면).

판 례

담보목적물에 대하여 감정평가업자가 부당한 감정을 함으로써 감정 의뢰인이 그 감정을 믿고 정당한 감정가격을 초과한 대출을 한 경우에는 부당한 감정가격에 근거하여 산출된 담보가치와 정당한 감정가격에 근거하여 산출된 담보가치의 차액을 한도로 하여 대출금 중 정당한 감정가격에 근거하여 산출된 담보가치를 초과한 부분이 손해액이 된다(대판 2009.9.10, 2006다64627; 대판 2004.5.27, 2003다24840).

(나) 손해의 종류

1) 재산적 손해와 비재산적 손해

재산적 손해와 비재산적 손해를 구별하는 기준에 대하여, ① 침해의 대상을 기준으로 하여, 재산에 관하여 생긴 손해가 재산적 손해이고, 생명·신체·자유·명예 등에 관하여 생긴 손해가 비재산적 손해라는 견해(곽윤직, 107면), ② 생명·신체 등 비재산적 법익에 대한 침해는 정신상 고통과 같은 비재산적 손해 이외에 치료비·장래의 수입상실과 같은 재산적 손해도 수반하므로, 침해행위의 결과로 생긴 손해를 기준으로 하여 재산적 손해와 비재산적 손해로 나누는 견해가 있다(김상용, 156면; 김대정, 603면; 김증한/김학동, 127면). 판례는 ②설과 같다(대판 2009.9.10, 2009다30762; 대판 2007.11.15, 2005다16775). 비재산적 손해는 흔히 정신적 손해라고 한다. 불법행위로 인한 손해에는 정신적 손해가 포함되며(제751조, 제752조), 채무불이행에 의한 손해에는 명문의 규정이 없으나 정신적 손해가 포함된다(통설). 판례도 일반적으로 계약상 채무불이행으로 인하여 재산적 손해가 발생한 경우, 그로 인하여 계약 당사자가 받은 정신적인 고통은 재산적 손해에 대한 배상이 이루어짐으로써 회복된다고 보아야 할 것이므로, 재산적 손해의 배상만으로는 회복될 수 없는 정신적 고통을 입었다는 특별한 사정이 있고, 상대방이 이와 같은 사정을 알았거나 알 수 있었을 경우에 한하여 정신적 고통에 대한 위자료를 인정할 수 있다고 한다(대판 2007.12.13, 2007다18959; 대판 2007.1.11, 2005다67971).

판 례

(ㄱ) 재산적 손해로 인한 배상청구와 정신적 손해로 인한 배상청구는 각각 소송물을 달리하는 별개의 청구이므로 소송당사자로서는 그 금액을 각각 특정하여 청구하여야 하고, 법원으로서도 그 내역을 밝혀 각 청구의 당부에 관하여 판단하여야 하는 것이다(대판 2006.9.22, 2006다32569; 대판 1989.10.24, 88다카29269).

(ㄴ) 숙박업자가 숙박계약상의 고객 보호의무를 다하지 못하여 투숙객이 사망한 경우, 숙박계약의 당사자가 아닌 그 투숙객의 근친자가 그 사고로 인하여 정신적 고통을 받았다 하더라도 숙박업자의 그 망인에 대

한 숙박계약상의 채무불이행을 이유로 위자료를 청구할 수는 없다(대판 2000.11.24, 2000다38718,38725). 투숙객의 근친자는 제752조에 의해 불법행위를 이유로 위자료청구권을 가지지만, 채무불이행의 경우에는 제752조가 유추적용되지 않기 때문이다. 채무불이행으로 인한 위자료청구는 계약당사자에 한해서 인정된다.

(ㄷ) 재산적 손해의 발생이 인정되는데도 입증곤란 등의 이유로 그 손해액의 확정이 불가능하여 그 배상을 받을 수 없는 경우에 이러한 사정을 위자료의 증액사유로 참작할 수 있지만, 이러한 위자료의 보완적 기능은 재산적 손해의 발생이 인정되는데도 손해액의 확정이 불가능하여 그 손해 전보를 받을 수 없게 됨으로써 피해회복이 충분히 이루어지지 않는 경우에 이를 참작하여 위자료액을 증액함으로써 손해 전보의 불균형을 어느 정도 보완하고자 하는 것이므로, '재산상 손해액의 확정이 가능'한 경우에는 위자료의 명목 아래 사실상 재산적 손해의 전보를 꾀하는 것은 허용될 수 없다(대판 2007.12.13, 2007다18959; 대판 2004.11.12, 2002다53865).

---

2) 적극적 손해와 소극적 손해

적극적 손해는 물건의 멸실·훼손 또는 신체의 침해와 같이 기존의 이익이 채무불이행이나 불법행위에 의해 상실된 경우를 말하며, 소극적 손해란 얻을 수 있었던 이익(일실이익)을 얻지 못한 손해를 말한다. 예컨대 甲이 乙의 건물(시가 5천만원)을 소실시킨 경우, 乙이 입은 5,000만원의 손해가 적극적 손해이고, 전매의 목적으로 주택을 매수하였으나 이행불능으로 전매이익을 상실한 경우가 소극적 손해이다. 또한 A가 B의 영업용 자동차를 파괴한 경우, 수리비와 감각상각비가 적극적 손해이고, 수리기간 영업하지 못해 벌지 못한 금액이 소극적 손해이다. 소극적 손해, 즉 일실이익을 일시에 배상할 때에는 중간이자를 공제하게 된다. 판례도 계약의 일방당사자가 상대방의 이행을 믿고 지출한 비용도 그러한 지출사실을 상대방이 알았거나 알 수 있었고 또 그것이 통상적인 지출비용의 범위 내에 속한다면 그에 대하여도 이행이익의 한도 내에서는 배상을 청구할 수 있으며, 다만 이러한 비용 상당의 손해를 일실이익 상당의 손해와 같이 청구하는 경우에는 중복배상을 방지하기 위하여 일실이익은 제반 비용을 공제한 순이익에 한정된다고 보아야 한다고 한다(대판 1992.4.28, 91다29972). 그러나 적극적 손해의 배상에서는 중간이자의 공제문제가 발생하지 아니한다. 적극적·소극적 손해의 구별실익은 적극적 손해는 통상의 손해(제393조 1항)로, 소극적 손해는 특별손해(제393조 2항)로 되는 경우가 많다는 데 있다(송덕수, C-225).

3) 이행이익의 손해와 신뢰이익의 손해

(i) 채무자가 채무를 이행하였더라면 채권자가 얻었을 이익을 이행이익 또는 적극적 이익이라 하며, 채무불이행으로 채권자에게 발생하는 통상의 손해가 '이행이익의 손해'이다(제390조). 가령 매도인이 채무를 제대로 이행하였을 경우에 매수인이 가지는 매매목적물의 가격상승이나 전매의 이익, 목적물을 이용하여 얻을 이익, 목적물을 얻음으로써 다른 목적물을 구입하지 않아도 되는 이익 등이 그것이다. 제390조의 채무불이행으로 인한 손해배상에서 '손해'는 이행이익의 손해를 말하고, 통상손해와 특별손해의 기준에 따라 그 배상범위가 정해진다(제393조).

한편 '신뢰이익의 손해'는 법률행위의 당사자가 무효인 법률행위를 유효하다고 믿었기 때문에 입은 손해를 말하며, 소극적 이익의 손해라고도 한다. 가령 계약비용, 물건의 조사비용, 대금의 차용금에 대한 이자상당액, 운송수단의 준비비용 등이 이에 속한다. 신뢰이익의 배상은 이행이익을 넘지 못한다(제535조 1항 단서). 이는 신뢰이익이 이행이익보다 많아 그 배상을 인정하게 되면, 계약이 유효인 경우에 이행되는 것보다 무효인 경우가 더 유리해지게 되기 때문에, 이를 방지하기 위한 것이다.

(ii) 판례는 ① 계약의 일방당사자가 상대방의 이행을 믿고 지출한 비용인 신뢰이익의 손해는 그러한 지출사실을 상대방이 알았거나 알 수 있었고, 또 그것이 통상적인 지출비용의 범위 내에 속한다면 그에 대하여도 이행이익의 한도 내에서 배상을 청구할 수 있다(대판 2002.10.25, 2002다21769; 대판 1999.7.27, 99다13621). 다만 이러한 비용 상당의 손해를 일실이익 상당의 손해와 같이 청구하는 경우에는 중복배상을 방지하기 위하여 일실이익은 제반 비용을 공제한 순이익에 한정된다(대판 2023.7.27, 2023다223171,223188). ② 채무불이행을 이유로 계약을 해제하고 손해배상을 청구하는 경우, 이행이익의 배상을 구하는 것이 원칙이지만, 채권자는 그 대신에 계약이 이행되리라고 믿고 지출한 비용(신뢰이익)의 배상을 청구할 수 있다. 다만 신뢰이익은 과잉배상금지의 원칙에 비추어 이행이익의 범위를 초과할 수 없다(대판 2017.2.15, 2015다235766). ③ 채권자가 계약의 이행으로 얻을 수 있는 이익이 인정되지 않는 경우라면, 채권자에게 배상해야 할 손해가 발생하였다고 볼 수 없으므로, 당연히 지출비용의 배상을 청구할 수 없다고 한다(대판 2017.2.15, 2015다235766).

(iii) 한편 이행이익의 손해와 신뢰이익의 손해의 구별은 손해의 대상이 되는 법익에 대한 구별이지, 손해의 종류에 대한 구별이 아니라는 비판(곽윤직, 108면; 김용한, 197면)이 있으나 손해의 종류란 결국 산정의 기초가 되는 피침해이익의 차이에서 비롯하는 것이므로 이행이익·신뢰이익의 손해는 구별함이 타당하다(이은영, 317면). 판례도 이행이익의 손해와 신뢰이익의 손해로 나누고, 신뢰이익의 손해는 이행이익의 손해를 초과할 수 없다고 한다(대판 2002.6.11, 2002다2539).

판 례

제390조 본문은 "채무자가 채무의 내용에 좇은 이행을 하지 아니한 때에는 채권자는 손해배상을 청구할 수 있다"고 규정하고 있다. 채무불이행책임에서 손해배상의 목적은 채무가 제대로 이행되었더라면 채권자가 있었을 상태를 회복시키는 것이므로, 계약을 위반한 채무자는 계약이 완전히 이행된 것과 동일한 경제적 이익을 배상하여야 한다(대판 2009.7.9, 2009다24842; 대판 2008.12.24, 2006다25745).

4) 직접적 손해와 간접적 손해

직접적 손해는 침해된 법익 자체에 대한 손해를 말하며, 간접적 손해는 법익 침해의 결과로 발생한 손해를 말한다. 예컨대 신체의 상해는 직접적 손해이지만, 이로 인하여 노동수입의 결손은 간접적 손해이다. 간접적 손해도 손해배상의 범위(제393조)에 포함될 수 있다(지원림, 4-196).

즉 불법행위의 직접적 대상에 대한 손해가 아닌 간접적 손해는 특별한 사정에 의한 손해로서 가해자가 그 사정을 알거나 알 수 있었을 것이라고 인정되는 경우에만 배상책임이 있다(대판 1997.10.10, 96다52311). 주의할 것은 직접적·간접적 손해는 직접적·간접적 피해자와 전혀 다르다는 점이다. 예컨대 A가 가수 B에게 교통사고를 일으켜 B가 C업소에 출연하지 못하게 된 경우, B는 직접적 피해자이고 C는 간접적 피해자이다. 이처럼 하나의 행위가 여러 사람에게 손해를 줄 수 있는데, 모든 피해자가 가해자에 대하여 손해배상청구권을 가지게 되는 것은 아니다. 즉 법으로부터 손해배상청구권의 기초를 인정받고 있는 피해자만이 손해배상청구권을 가진다.

(3) 손해의 발생과 손해배상의 범위

(가) 손해발생

채무불이행을 이유로 손해배상을 청구할 수 있기 위해서는 채무불이행이 성립하여야 하고, 채무불이행으로 '손해가 현실적으로 발생'하여야 하며, 채무불이행과 발생한 손해 사이에 인과관계가 존재하여야 한다. 손해의 발생여부에 관하여, 판례는 불법행위나 채무불이행으로 인한 손해배상청구권이나 부당이득반환청구권은 비록 현실적으로 손해가 발생한 때에 성립하는 것이지만, 현실적으로 손해가 발생하였는지 여부는 사회통념에 비추어 객관적이고 합리적으로 판단하여야 한다고 한다(대판 1998.4.24, 97다28568).

(나) 손해배상책임의 성립과 손해배상범위에서의 인과관계

다수설과 판례는 손해배상책임의 성립에서의 인과관계와 손해배상범위의 확정에서의 인과관계를 구별하지 않고, 하나로 묶어서 채무불이행 또는 불법행위가 있으면 그것과 상당인과관계에 있는 손해를 배상하면 족한 것으로 보고 있다(대판 2006.9.22, 2005다30610; 대판 1995.4.28, 93다26397; 곽윤직, 110면 이하; 김용한, 202면 이하; 임정평, 191면 이하). 즉 책임원인사실이 발생하고 그로 인하여 손해가 발생하여 그 책임원인사실과 손해 사이에 상당인과관계가 인정되면 손해배상책임의 성립과 손해배상의 범위가 확정되는 것으로 이해한다.

그러나 손해배상책임의 성립에서의 인과관계와 손해배상범위의 확정에서의 인과관계를 구별하여, 책임성립의 인과관계와 배상범위를 확정하기 위한 인과관계를 구별하여 논하는 것이 타당하다는 주장이 대두되고, 각각의 인과관계가 동일할 수 없다는 반대견해가 있다(김상용, 163면; 김형배, 258면 이하; 지원림, 4-201).

생각건대 제390조·제750조는 채무불이행·불법행위책임의 성립에 관하여, 그리고 제393조(제763조는 제393조 준용)는 손해배상의 범위에 대해서 규정하고 있다. 즉 제390조·제750조는 손해배상청구권의 발생근거의 규정이지 그 규정으로부터 곧바로 손해배상의 범위를 확정할 수 없고, 제393조·제763조에 의하여 비로소 손해배상의 범위를 확정할 수 있다. 이와 같이 책임의 성립과 배상범위의 확정문제를 별도로 규정하고 있으므로, 인과관계의 문제는 각각 달리 검토하는 것이 타당하다고 할 것이다. 손해배상의 원인이 되는 책임원인사실에 의하여 손해배상책임이 성립하면, 그 다음에는 어느 범위까지 손해를 배상케 할 것인가 하는 가치판단을 하게 된다. 다시 말하면 책임성립에서의 인과관계는 책임원인사실이 있고 손해가 발생하면 족하므로, 책임성립에서의 인과관계는 조건적 인과관계로 족하다(김상용, 166면). 그런데 조건적 인과관계는 무한히 확대되고 계속되므로, 채무자 또는 가해자가 조건적 인과관계에 있는 손해를 모두 배상하여야 한다면 불합리하다. 따라서 손해배상범위의 확정을 위한 인과관계는 후술한 바와 같이 상당인과관계에 있어야 한다.

판 례

채무불이행으로 인한 손해배상액의 청구에 있어서 손해의 발생사실과 그 손해를 금전적으로 평가한 배상액에 관하여는 손해배상을 구하는 채권자가 주장·증명하여야 하는 것이므로, 채권자가 손해배상책임의 발생원인 사실에 관하여는 주장·증명을 하였더라도 손해의 발생사실에 관한 주장·증명을 하지 아니하였다면 변론주의의 원칙상 법원은 당사자가 주장하지 아니한 손해의 발생사실을 기초로 하여 손해액을 산정할 수는 없다(대판 2000.2.11, 99다49644).

(다) 손해배상의 방법

손해배상의 방법에는 ① 손해발생의 원인이 없었으면 있었을 상태로 회복하게 하는 원상회복주의(예: 물건의 수선·상처의 치료), ② 손해를 금전으로 평가하여 배상하게 하는 금전배상주의가 있다. 민법은 다른 의사표시가 없으면 손해는 금전으로 배상한다고 하여, 금전배상을 원칙으로 한다(제394조). 여기서 금전은 우리나라 통화를 의미한다(대판 2007.8.23, 2007다26455,26462). 다만 당사자가 외국통화로 지급하기로 약정한 경우에는 그에 따른다(대판 2005.7.28, 2003다12083).

(라) 손해배상의 범위

1) 서 설

채무불이행·불법행위를 원인으로 인한 손해는 무한히 확대될 수 있다. 예컨대 매도인의 채무불이행으로 매수인이 다른 물건을 구입하기 위해 나갔다가 교통사고를 입은 경우, 의사의 과실로 불구가 되고 그것이 원인이 되어 피할 수 있는 교통사고를 피하지 못한 경우, 이러한 손해 전부를 채무자 또는 가해자가 배상해야 한다는 것은 채무자나 가해자에게 너무도 과중한 부담을 지우는 것으로서, 손해의 공평한 부담을 지도원리로 하는 손해배상제도의 취지에 맞지 않다. 여기서 배상하여야 할 손해의 범위와 관련하여 학설이 대립하고 있다.

2) 학 설

가) 상당인과관계설

배상하여야 할 손해의 범위는 채무불이행과 인과관계에 있는 손해이며, 책임원인과 조건관계에 있는 손해를 전부 배상시키는 것은 공평하지 않으므로 인과관계의 상당성 판단을 이용하여 배상범위를 제한한다(대판 2006.9.8, 2006다21880; 대판 2004.6.24, 2002다6951,6968; 곽윤직, 112면; 김용한, 202면; 이은영, 287면; 임정평, 192면). 상당인과관계설은 다시 고찰의 대상이 되는 사정을 누구를 기준으로 삼을 것인가에 따라 나뉜다. ① 주관적 상당인과관계설은 채무불이행시에 채무자가 인식한 사정을 기초로 하여 그러한 사정으로부터 일반적으로 발생하는 손해를 배상하여야 한다고 한다. ② 객관적 상당인과관계설은 당사자의 인식 여부를 묻지 않고서 제3자가 일반적으로 알 수 있는 사정을 기초로 하여 그러한 사정으로부터 발생하는 손해를 배상하여야 한다고 한다. ③ 절충설은 채무불이행 당시에 보통인이 알 수 있었던 사정과 채무자가 특별히 알고 있었던 사정도 함께 고려하여 그로 인한 손해를 배상의 범위로 결정하여야 한다고 한다.

판 례

(ㄱ) 변호사강제주의를 택하지 않고 있는 우리나라 법제 하에서는 손해배상청구의 원인이 된 불법행위 자체와 변호사 비용 사이에 상당인과관계가 있음을 인정할 수 없으므로, 변호사 비용을 그 불법행위 자체로 인한 손해배상채권에 포함시킬 수는 없다(대판 1996.11.8, 96다27889).

(ㄴ) 채무불이행으로 인한 손해배상의 범위를 정할 때에는 채무불이행과 손해 사이에 자연적 또는 사실적 인과관계가 존재하는 것만으로는 부족하고 이념적 또는 법률적 인과관계, 즉 상당인과관계가 있어야 한다. 따라서 채무자의 고의 또는 과실에 의하여 자신의 권리를 침해받은 채권자가 자신의 권리 보호를 위하여 부득이하게 외국에서 소송을 제기하고 그와 관련하여 변호사 비용을 지출할 수밖에 없었다고 하더라도 채권자가 지출한 변호사 보수 전액이 곧바로 상당인과관계가 있는 손해에 해당한다고 볼 수는 없고 상당한 범위 내의 변호사 보수액만을 상당인과관계가 있는 손해로 보아야 한다(대판 2012.1.27, 2010다81315).

(ㄷ) 도급인이 그가 분양한 아파트의 하자와 관련하여 구분소유자들로부터 손해배상청구를 당하여 그 하자에 대한 손해배상금 및 이에 대한 지연손해금을 지급한 경우, 그 지연손해금은 도급인이 자신의 채무의 이행을 지체함에 따라 발생한 것에 불과하므로 특별한 사정이 없는 한 수급인의 도급계약상의 채무불이행과 상당인과관계가 있는 손해라고 볼 수는 없다. 이러한 경우 도급인으로서는 구분소유자들의 손해배상청구와 상관없이 수급인을 상대로 위 하자에 대한 손해배상금(원금)의 지급을 청구하여 그 이행지체에 따른 지연손해금을 청구할 수 있을 뿐이다(대판 2013.11.28, 2011다67323).

나) 위험성관련설

손해를 1차 손해와 후속손해로 구분하여, 1차 손해는 언제나 배상시키고 후속손해는 그와 1차 손해 사이에 위험성 관련이 있는 경우에만 배상시키는 방법으로 배상범위를 결정하여야 한다고 한다(김형배, 257면 이하). 채무자에게 귀책사유가 있는 채무불이행으로 인하여 발생된 이른바 1차 손해의 배상에 관한 책임근거는 제390조이고, 1차 손해를 기점으로 연결되는 후속손해의 배상에 관한 책임근거는 제393조이라고 한다.

다) 규범목적설

손해의 범위를 손해배상책임의 근거규범의 보호목적을 기준으로 하여 그 보호범위 내의 손해를 배상하여야 한다고 한다. 즉 법률상 또는 계약상의 모든 의무는 어떤 특별한 이익을 보호하는데 기여하므로, 이 보호된 이익에 대하여 가하여진 손해는 그 가해자에게 책임이 귀속되어야 한다고 한다(이종복, "일반조항 불법행위법에 의한 손해배상책임의 제한", 사법행정 1988년 10월호, 22면). 어떤 이익이 보호되는가는 가해자의 위법한 행위규범의 취지와 목적에 따라 정해진다고 한다.

라) 소 결

규범목적설과 위험성관련설이 인과연속이 전혀 없는 손해에 대해 규범목적이나 위험성관련의 존재만으로 배상책임을 인정하는 것은 아니므로, 손해배상의 범위는 채무불이행과 상당인과관계에 있는 손해로 한정하여야 할 것이며, 다만 상당성의 판단에는 보호목적설·위험성관련설에서 주장하고 있는 구체적·개별적 요소를 종합적으로 고려하여야 할 것이다. 주의할 것은 판례는 상당인과관계설을 취하고 있지만, 공무원의 직무상 의무위반에 의한 국가배상책임이 문제된 사안에서 상당인과관계의 유무를 판단함에는 규범의 목적 등도 고려하고 있다는 점이다. 즉 "공무원의 직무상 의무 위반행위와 국민의 손해 사이의 상당인과관계의 유무를 판단함에 있어서는 일반적인 결과 발생의 개연성은 물론이고, 더 나아가 직무상 의무를 부과하는 법령 기타 행동규범의 목적이나 가해행위의 태양 및 피해의 정도 등 구체적인 사정을 종합적으로 고려하여야 한다"고 한다(대판 2006.4.14, 2003다41746; 대판 2003.4.25, 2001다59842).

3) 상당인과관계설에 따른 제393조의 해석

가) 제393조

제393조는 채무불이행으로 인해 일반적으로 발생하는 통상손해의 경우에는 그 전부에 대해 채무자에게 배상책임을 인정하지만(제393조 1항), 일반적으로 발생하지 않는 손해, 즉 특별한 사정에 기한 손해의 경우에는 원칙적으로 배상책임을 부정하고, 다만 채무자가 그 사정을 알았거나 알 수 있었을 때에 한하여 배상책임을 인정하고 있다(제393조 2항). 다수설과 판례는 제393조 1항을 상당인과관계의 원칙을 정한 것으로, 제2항을 절충설의 입장에서 고찰의 대상으로 삼는 사정의 범위를 규정한 것으로 이해한다.

판 례

(ㄱ) 제393조 1항의 통상손해는 특별한 사정이 없는 한 그 종류의 채무불이행이 있으면 사회일반의 거래관념 또는 경험칙에 비추어 통상 발생하는 것으로 생각되는 범위의 손해를 말하고, 2항의 특별한 사정으로 인한 손해는 당사자들의 개별적, 구체적 사정에 따른 손해를 말한다(대판 2008.12.24, 2006다25745). 상가건물과 지하철역 사이의 연결통로 개설의무가 이행불능된 경우, 수분양자에게는 그 교환가치의 하락 등의 재산상 손해가 발생하였으며, 주위 부동산들의 거래상황 등에 비추어 볼 때 상가건물과 지하철역 사이의 연결통로가 개설되지 않음으로써 교환가치의 하락 등의 손해를 입었을 개연성이 인정된다면, 연결통로 개설의무 이행불능으로 인한 통상손해가 발생한 것이고, 이 손해가 특별한 사정으로 인한 손해라고 하더라도 예견가능성이 있다(대판 2009.7.9, 2009다24842).

(ㄴ) 분양자의 수분양자에 대한 소유권이전등기절차의 이행이 장기간 지연된 경우, 수분양자에게는 그 재산권을 완전히 행사하지 못하는 손해가 발생하였다고 할 것이고, 주위 부동산들의 거래상황 등에 비추어 볼 때 등기절차가 이행되지 않음으로써 수분양자 등이 활용기회의 상실 등의 손해를 입었을 개연성이 인정된다면, 등기절차 지연으로 인한 통상손해가 발생하였다고 할 것이며, 이 손해가 특별한 사정으로 인한 손해라고 하더라도 예견가능성이 있다고 할 것이다(대판 2008.12.24, 2006다25745).

나) 통상손해와 특별손해

(i) 통상손해 　채권자는 특별손해와 달리 통상손해에 대해서는 채무자의 예견가

능성 유무를 묻지 않고 그 전부에 대해 배상을 청구할 수 있다(제393조 1항). 여기서 통상손해는 채무불이행이 있으면 사회일반의 거래관념 또는 경험칙에 비추어 통상 발생하는 것으로 생각되는 범위의 손해를 말한다(대판 2023.6.29, 2020다298198). 예컨대 임차인이 임차물을 멸실한 때에는 그 임차물의 시가, 이중매매로 인한 이행불능의 경우에는 물건의 시가에서 매매대금을 공제한 금액, 임차물반환채무의 이행지체의 경우에는 지연된 기간 동안의 차임, 매수인의 잔금지급 지체로 인하여 계약을 해제하지 않은 매도인이 지체된 기간 동안 입은 손해 중 그 미지급 잔금에 대한 법정이율에 따른 이자 상당의 금액(대판 2006.4.13, 2005다75897), 금전채무의 이행지체에서는 지연된 기간 동안의 이자에 상당하는 금액이 통상의 손해에 해당한다. 따라서 건물건축공사에 관한 도급계약의 경우, 그 수급인이 목적물인 건물의 건축공사를 지체하여 약정기한까지 이를 완성·인도하지 않은 때에는 적어도 그 건물에 대한 임료상당의 손해액은 통상손해로서 배상하여야 한다(대판 1995.2.10, 94다44774,44781). 그 밖에 영업용차량이 사고로 인하여 파손되어 그 유상교체나 수리를 위하여 필요한 기간 동안 그 차량에 의한 영업을 할 수 없었던 경우에는 영업을 계속했더라면 얻을 수 있었던 수익상실은 통상의 손해로 인정되어야 한다(대판 1990.8.14, 90다카7569).

판 례

(ㄱ) 건물의 규모와 구조로 볼 때 그 건물 중 임차한 부분과 그 밖의 부분이 상호 유지·존립함에 있어서 구조상 불가분의 일체를 이루는 관계에 있고, 그 임차 부분에서 화재가 발생하여 건물의 방화 구조상 건물의 다른 부분에까지 연소되어 피해가 발생한 경우라면, 임차인은 임차 부분에 한하지 않고 그 건물의 유지·존립과 불가분의 일체관계가 있는 다른 부분이 소실되어 임대인이 입게 된 손해도 배상할 의무가 있다(대판 2004.2.27, 2002다39456).

(ㄴ) 임대차 목적물이 훼손된 경우에 그 수리나 원상복구가 불가능하다면 훼손 당시의 임대차 목적물의 교환가치가 통상의 손해일 것이고 수리나 원상복구가 가능하다면 그 수리비나 원상복구비가 통상의 손해일 것이나 그것이 임대차 목적물의 교환가치가 감소된 부분을 현저하게 넘는 경우에는 특별한 사정이 없는 한 일반적으로 경제적인 면에서 수리나 원상복구가 불능이라고 보아 형평의 원칙상 그 손해액은 임대차 목적물의 교환가치 감소 부분 범위 내로 제한되어야 한다(대판 1999.12.21, 97다15104).

(ㄷ) 무효인 채무자 명의의 소유권이전등기를 신뢰하여 그 부동산에 관하여 근저당권설정등기를 경료하고 금원을 대출하였다가 후에 근저당권설정등기를 말소당하게 됨으로써 근저당권자가 입은 통상의 손해는, 위 채무자 명의의 이전등기가 유효하여 담보권을 취득할 수 있는 것으로 믿고 출연한 금액 즉 근저당목적물인 위 부동산의 가액 범위 내에서 채권최고액을 한도로 하여 채무자에게 대출한 금원 상당이며, 위에서 말하는 부동산의 가액은 근저당권이 유효하였더라면 그 실행이 예상되는 시기 또는 손해배상 청구소송의 사실심 변론종결시를 기준으로 하여야 한다(대판 1999.4.9, 98다27623,27630).

(ㄹ) 소송대리를 위임받은 변호사의 선관주의의무 위반으로 인하여 패소 부분에 대한 항소권이 소멸한 후 부대항소를 제기하였으나 상대방이 항소를 취하함으로써 부대항소가 효력을 잃게 되어 판결이 확정된 경우, 의뢰인이 항소를 통하여 얻을 수 있었던 금원 상당이 변호사의 선관주의의무위반과 상당인과관계가 있는 통상손해에 해당한다(대판 2004.5.14, 2004다7354).

(ㅁ) 금융기관의 임직원이 여신업무에 관한 규정을 위반하여 동일인에 대한 대출한도를 초과하여 자금을 대출하면서 충분한 담보를 확보하지 아니하는 등 임무를 해태하여 금융기관으로 하여금 대출금을 회수하지 못하는 손해를 입게 한 경우 임직원은 대출로 인하여 금융기관이 입은 손해를 배상할 책임이 있고, 이러

한 경우 금융기관이 입은 통상의 손해는 임직원이 규정을 준수하여 적정한 담보를 취득하고 대출하였더라면 회수할 수 있었을 미회수 대출원리금이며, 특별한 사정이 없는 한 이러한 통상손해의 범위에는 약정이율에 의한 대출금의 이자와 약정연체이율에 의한 지연이자가 포함된다(대판 2015.10.29, 2011다81213).

(ii) 특별손해　　채무자는 원칙적으로 특별손해에 대해서는 배상책임을 부담하지 않는다. 다만 채권자에게 존재하는 특별한 사정에 대해 채무자가 '알았거나 알 수 있었을 경우'(예견가능성)에는 예외적으로 배상책임을 진다(제393조 2항). 특별손해란 채무불이행으로 인해 일반적으로 발생하는 손해가 아닌 것, 즉 채권자에게만 존재하는 특별한 사정에 기초하여 발생하는 손해를 말한다. 예컨대 이행이익을 초과하는 확대손해(대판 2004.7.22, 2002다51586), 매도인의 이행불능으로 인한 전보배상에서의 등귀가격, 대체행위에 따른 추가비용부담 및 전매이익의 상실, 채무불이행 또는 재산권침해로 인한 정신적 손해(대판 1994.12.13, 93다59779; 대판 1971.2.9, 70다2826), 토지매수인이 매매계약체결 후 건물신축을 위해 설계비와 공사계약금을 지출하였다가 매도인의 채무불이행을 이유로 계약을 해제한 경우 그 비용(대판 1996.2.13, 95다47619) 등이 이에 해당한다. 따라서 ① 토지에 대한 부당한 가압류의 집행으로 그 지상에 건물을 신축하는 내용의 공사도급계약이 해제됨으로 인한 손해는 특별손해이므로, 가압류채권자가 토지에 대한 가압류집행이 그 지상 건물 공사도급계약의 해제사유가 된다는 특별한 사정을 알았거나 알 수 있었을 때에 한하여 배상의 책임이 있다(대판 2008.6.26, 2006다84874). ② 매도인이 매수인으로부터 매매대금을 약정된 기일에 지급받지 못한 결과 제3자로부터 부동산을 매수하고 그 잔대금을 지급하지 못하여 그 계약금을 몰수당함으로써 손해를 입었더라도 이는 특별한 사정으로 인한 손해이므로 매수인이 이를 알았거나 알 수 있었던 경우에만 그 손해를 배상할 책임이 있다(대판 1991.10.11, 91다25369). 채무자의 특별사정에 대한 예견 여부의 판단에는 당사자의 직업·목적물의 종류·계약의 목적 등이 고려될 수 있다.

한편 채권자에게 존재하는 특별한 사정에 대한 채무자의 예견가능성의 유무를 결정하는 시기에 관하여, ① 계약체결시를 기준으로 하여야 한다는 견해가 있으나(김형배, 264면; 정기웅, 154면), ② 다수설과 판례는 채무의 이행기까지(채무불이행시)를 기준으로 판단한다(대판 1985.9.10, 84다카1532; 곽윤직, 116면; 김용한, 207면; 임정평, 194면). 그 이유는 채무불이행시에 특별사정에 대한 예견가능성이 있었음에도 불이행을 한 자에게 배상의 책임을 부담시키더라도 가혹하지 않기 때문이라고 한다.

판 례

(ㄱ) 매수인의 잔금지급 지체로 인하여 계약을 해제하지 아니한 매도인이 지체된 기간 동안 입은 손해 중 그 미지급 잔금에 대한 법정이율에 따른 이자 상당의 금액은 통상손해라고 할 것이지만, 그 사이에 매매대상 토지의 개별공시지가가 급등하여 매도인의 양도소득세 부담이 늘었다고 하더라도 그 손해는 사회일반의 관념상 매매계약에서의 잔금지급의 이행지체의 경우 통상 발생하는 것으로 생각되는 범위의 통상손해라고 할 수는 없고, 이는 특별한 사정에 의하여 발생한 손해에 해당한다(대판 2006.4.13, 2005다75897).

(ㄴ) 부동산의 등기청구권을 보전하기 위한 처분금지가처분이 부당하게 집행되었다고 하더라도 이러한 처분

금지가처분은 처분금지에 대하여 상대적 효력만을 가지는 것이어서 그 집행 후에도 채무자는 당해 부동산에 대한 사용·수익을 계속하면서 여전히 이를 처분할 수 있으므로, 비록 그 가처분의 존재로 인하여 처분기회를 상실하였거나 그 대가를 제때 지급받지 못하는 불이익을 입었다고 하더라도 그것이 당해 부동산을 보유하면서 얻는 점용이익을 초과하지 않는 한 손해가 발생하였다고 보기 어렵고, 설사 점용이익을 초과하는 불이익을 입어 손해가 발생하였다고 하더라도 그 손해는 특별한 사정에 의하여 발생한 손해로서 가처분채권자가 그 사정을 알았거나 알 수 있었을 때에 한하여 배상책임을 진다고 할 것이다(대판 2001.1.19, 2000다58132).

(ㄷ) 채무불이행자 또는 불법행위자는 특별한 사정의 존재를 알았거나 알 수 있었으면 그러한 특별사정으로 인한 손해를 배상하여야 할 의무가 있는 것이고, 그러한 특별한 사정에 의하여 발생한 손해의 액수까지 알았거나 알 수 있었어야 하는 것은 아니다(대판 2007.6.28, 2007다12173; 대판 1994.11.11, 94다22446).

(4) 손해배상액의 산정

(가) 의 의

채무불이행으로 인해 발생한 손해 중에서 배상되어야 할 손해의 범위는 제393조에 의해 정해진다. 그런데 손해배상은 금전으로 배상하는 것이 원칙이므로(제394조), 배상되어야 할 손해에 대해 이를 금전으로 평가하는 일이 남게 되는데, 이것이 손해배상액의 산정(算定)이다.

(나) 손해배상액의 산정방법

1) 가격 · 시기 · 장소

가) 기준가격

① 재산적 손해의 배상액은 재산적 가치의 평가액이고 그것은 통상가격 내지 통상교환가격을 표준으로 한다. 따라서 특별가격·감정가격은 특별한 사정에 대해 채무자가 알았거나 알 수 있었을 경우에 책임을 진다. ② 비재산적 손해(위자료)는 금전상의 객관적 평가가 불가능하므로, 법원이 여러 사정을 참작하여 그 직권에 속하는 재량에 의하여 이를 확정할 수밖에 없다. 그러나 이것이 위자료 액수를 법관이 마음대로 산정해도 된다는 것을 의미하지는 않는다(대판 2017.3.30, 2016다267920).

판 례

위자료는 불법행위에 따른 피해자의 정신적 고통을 위자하는 금액에 한정되어야 하므로 발생한 재산상 손해의 확정이 가능한 경우에 위자료의 명목 아래 재산상 손해의 전보를 꾀하는 일은 허용될 수 없고, 재산상 손해의 발생에 대한 증명이 부족한 경우에는 더욱 그러하다(대판 2014.1.16, 2011다108057).

나) 기준시기

(i) 채무불이행의 경우 　이행불능의 경우에 그 목적물의 가액이 손해의 내용으로 되는데, 이행불능 이후에 목적물의 가격이 등귀한 경우에 어느 시기를 기준으로 배상액을 산정할 것인지가 문제이다. 이에 대해 ① 책임원인발생시설은 손해배상청구권이 발생한 때를

기준으로 하여 그 배상액을 산정하고, 그 후의 가격등귀는 특별손해의 법리에 의해 처리되어야 한다고 한다(곽윤직, 118면; 이은영, 338면). 그러나 ② 사실심 변론종결시설은 손해배상청구권이 만족될 때, 즉 소송의 경우는 사실관계가 확정될 때(구두변론 종결시)가 기준이 된다고 한다(김상용, 220면; 김용한, 210면). 따라서 책임원인 발생시부터 변론종결시까지의 가격등귀는 통상손해가 된다고 한다.

한편 판례는 ① '이행불능'에 의한 전보배상의 경우, '이행불능이 발생한 때'를 기준으로 하고(대판 2006.3.10, 2005다55411; 대판 2005.9.15, 2005다29474), 이때 배상액의 지급이 지연되면 이행불능 당시부터 배상을 받을 때까지 지연이자(법정이자)를 청구할 수 있으나, 이행불능 후에 가격이 등귀하였다 하여도 그 손해는 특별한 사정으로 인한 것이어서 매도인이 이행불능 당시 예견가능성이 있는 경우에만 배상을 청구할 수 있다고 한다(대판 1996.6.14, 94다61359,61366). 즉 부동산을 매수하고 소유권이전등기까지 넘겨받았지만 진정한 소유자가 제기한 등기말소청구소송에서 매도인과 매수인 앞으로 된 소유권이전등기의 말소를 명한 판결이 확정됨으로써 매도인의 소유권이전의무가 이행불능된 경우, 그 손해배상액 산정의 기준시점은 '판결이 확정된 때'이다(대판 1993.4.9, 92다25946; 대판 1981.6.9, 80다417). ② '이행지체'에 의한 전보배상의 경우, 본래의 의무이행을 최고한 후 '상당한 기간이 경과한 당시의 시가'를 기준으로 한다고 하지만(대판 2008.5.15, 2007다37721; 대판 1997.12.26, 97다24542), '사실심 구두변론종결시의 시가'를 기준으로 배상액을 산정하여야 한다는 것도 있다(대판 1969.5.13, 68다1726). ③ 채무자의 '이행거절'로 인한 채무불이행에서의 손해액 산정은, 채무자가 이행거절의 의사를 명백히 표시하여 최고 없이 계약의 해제나 손해배상을 청구할 수 있는 경우에는 '이행거절 당시'의 급부목적물의 시가를 표준으로 해야 한다고 한다(대판 2008.5.15, 2007다37721; 대판 2007.9.20, 2005다63337).

판 례

(ㄱ) 원고의 손해가 피고의 약정불이행으로 원고 소유의 부동산이 제3자에게 매각됨으로써 그 소유권을 상실하게 된 손해라면 그 손해액은 매각가격이 아니라 매각 당시의 시가를 기준으로 산정하여야 한다(대판 1984.7.10, 84다카440).

(ㄴ) 부동산매매에 있어서 매도인이 그 목적물을 2중으로 제3자에게 양도하여 소유권이전등기를 경유하여 주고 매수인에 대한 소유권이전등기의무가 이행불능의 상태에 있는 경우에 매수인의 이행불능으로 인하여 통상 발생하는 손해를 청구할 수 있고 그 배상액은 특별한 사정에 인한 손해배상을 청구할 수 있는 경우를 제외하고는 제3자에게 소유권이전등기를 경유하여 준 날 현재의 부동산 가격에 의하여 정하여 지며 배상액의 지급을 지연하는 경우에는 그 이행불능케 된 당시부터 배상을 받을 때까지의 법정이자를 청구할 수 있는 것이다(대판 1975.5.27, 74다1872).

(ii) 불법행위의 경우 　　불법행위의 경우에 배상액의 산정 시기는 불법행위 당시를 기준으로 한다.

다) 기준장소

채무불이행에 의하여 통상가격을 배상하여야 할 때에는 특약 또는 특별한 규정(상법 제137조)이 없는 한 채무의 이행지에서의 가격을 표준으로 한다.

2) 중간이자의 공제 — 현재가액의 산정

예컨대 甲이 자동차사고나 의료과오로 사망한 경우에 일실이익은 장차 매월 월급액만큼 발생하게 된다. 그러나 손해는 현재의 시점에서 산정되어 배상되므로 피해자(채권자)가 장래 취득할 수 있었을 가액에서 중간이자를 공제하여야 한다. 공제방식(현재의 배상액은 X, 연수는 n, 연이율은 r, 장래의 손해액은 A)에는 단리(單利)에 의하여 중간이자를 공제하는 호프만식($X=A/1+nr$)과 복리(複利)에 의하여 중간이자를 공제하는 라이프니츠식($X=A/(1+r)n$)이 있는데, 일반적으로 전자가 피해자에게 보다 유리하다. 판례는 당사자의 주장에 관계없이 법원의 자유로운 판단에 따라서 어느 방식에 의하여도 상관없다고 한다(대판 1983.6.28, 83다191).

3) 과실상계

가) 서 설

(i) 의 의　　채무불이행에 관해 채권자에게 과실이 있는 때(예: 택시의 과속운행으로 승객이 부상하였으나 사실은 승객이 빨리 달리라고 요구한 경우·상처를 제때에 치료하지 않아 악화된 경우)에는 그 과실의 정도에 따라 법원은 손해배상책임의 여부 또는 손해배상액을 정할 때에 반드시 참작하여야 하는데(제396조), 이것은 자기의 과실에 기인한 손해를 타인에게 전가할 이유가 없으므로 손해의 공평한 부담이라는 취지에서 인정되는 제도이다. 과실상계에 관한 제396조는 불법행위에 의한 손해배상책임에도 준용된다(제763조).

(ii) 적용범위　　과실상계는 본래 채무불이행 내지 불법행위로 인한 손해배상책임에 대해 인정된다(제396조, 제763조). 따라서 ① 채무 내용에 따른 본래의 급부이행을 구하는 경우(대판 2001.2.9, 99다48801; 대판 2000.4.7, 99다53742), 가령 채권자의 청구가 연대보증인에 대하여 그 보증채무의 이행을 청구하는 경우, 과실상계의 법리가 적용되지 않는다(대판 1996.2.23, 95다49141). ② 표현대리행위가 성립하는 경우에 본인은 표현대리행위에 의하여 전적인 책임을 져야 하는 것이고, 상대방에게 과실이 있더라도 과실상계의 법리를 유추적용하여 본인의 책임을 경감할 수 없다(대판 1996.7.12, 95다49554; 대판 1994.12.12, 94다24985). ③ 수령지체의 경우(대판 1993.7.27, 92다42743), 계약해제에 따라 원상회복을 구하는 경우(대판 2014.3.13, 2013다34143)에 과실상계가 인정되지 않는다. 판례는 채무자의 채무불이행으로 인한 '손해배상액이 예정'되어 있는 경우, 채무불이행으로 인한 손해의 발생 및 확대에 채권자에게도 과실이 있더라도 제398조 2항에 따라 채권자의 과실을 비롯하여 채무자가 계약을 위반한 경위 등 제반 사정을 참작하여 손해배상 예정액을 감액할 수는 있을지언정 채권자의 과실을 들어 과실상계를 할 수는 없다고 한다(대판 2016.6.10, 2014다200763,200770). ④ 피해자의 부주의를 이용하여 '고의'의 불법행위를 한 자는 피해자의 부주의를 이유로 과실상계를 할 수 없으며(대판 2008.6.12, 2007다36445; 대판 2005.11.10, 2003다66066), '고의'에 의한 채무불이행으로서 채무자가 계약체결 당시 채권자가 계약내용의 중요부분에 관하여 착오에 빠진 사실을 알면서도 이를 이용하거나 이에 적극 편승하여 계약을 체결하고 그 결과 채무자가 부당한 이익을 취득하게 되는 경우 등과 같이 채무자로 하여금 채무불이행으로 인한 이익을 최종적으로 보유하게 하는 것이 공평의 이념이나 신의칙에 반하는 결과를 초래하는

에도 외측설에 의한다. 즉 원고가 피고에게 합계금 5,000만원의 금전채권 중 그 일부인 금 3,500만원을 소송상 청구하는 경우에 이를 피고의 반대채권으로써 상계는 금전채권 전액에서 상계하고 그 잔액이 청구액을 초과하지 아니할 경우에는 그 잔액을 인용할 것이고, 그 잔액이 청구액을 초과할 경우에는 청구의 전액을 인용하는 것으로 해석하는 것이 일부청구를 하는 당사자의 통상적인 의사이다(대판 1984.3.27, 83다323).

4) 손익상계

(i) 손익상계(損益相計)는 손해배상의 책임원인, 즉 채무불이행 또는 불법행위에 의하여 피해자가 손해만을 입은 것이 아니라 이익을 얻은 경우에 그 이익을 손해배상액에서 공제하는 것을 말한다. 손익상계(이익공제)에 대해서는 명문의 규정이 없으나 당연히 인정된다. 예컨대 입원비 이외에 입원 중의 식비를 손해액으로 산정하여 청구하는 경우에 불법행위가 없어도 식비는 지출하여야 하므로, 식비를 손익상계의 법리에 따라서 손해액 산정에서 공제하여야 한다. 판례도 채무불이행이나 불법행위 등이 채권자 또는 피해자에게 손해를 생기게 하는 동시에 이익을 가져다 준 경우, 공평의 관념상 그 이익은 당사자의 주장을 기다리지 않고 손해를 산정할 때에 공제되어야 한다고 한다(대판 2002.5.10, 2000다37296,37302).

(ii) 손익상계에서 공제할 수 있는 이익의 범위에 대하여, ① 다수설과 판례는 책임원인과 상당인과관계에 있어야 한다고 한다(대판 2005.10.28, 2003다69638; 곽윤직, 119면; 김용한, 216면; 임정평, 199면). 즉 손익상계가 허용되기 위해서는 손해배상책임의 원인이 되는 행위로 인하여 피해자가 새로운 이득을 얻었고, 그 이득과 손해배상책임의 원인인 행위 사이에 상당인과관계가 있어야 하며, 그 이득은 배상의무자가 배상하여야 할 손해의 범위에 대응하는 것이어야 한다고 한다(대판 2025.8.14, 2023다294180; 대판 2023.11.30, 2019다224238). 그러나 ② 소수설은 상당인과관계에 있는 이득이라도 손해배상제도의 이념에 비추어 공제 여부를 판단하여야 한다고 한다(김형배, 282면; 이은영, 333면). 주의할 것은 손익상계가 인정되는 것은 채무불이행 또는 불법행위로 인해 채권자가 이익을 얻은 경우이어야 한다는 점이다. 따라서 손해배상의 책임원인(채무불이행·불법행위)과 무관한 이익이나 책임원인 이외의 원인에 의하여 얻은 이익(예: 보험이익·위로금(부의금) 등)은 공제될 것이 아니다.

(iii) 과실상계와 손익상계의 순서에 대하여, 판례는 '과실상계'를 먼저 한 후에 '손익상계'를 하여야 한다고 한다(대판 2008.5.15, 2007다37721; 대판 1996.1.23, 95다24340). 예컨대 손해배상액이 100만원이고, 여기에 채권자의 과실이 30%이고 손익상계가 20만원인 경우에 과실상계를 먼저 하면 손해배상액은 50만원이 된다(그러나 손익상계를 먼저 하면 손해배상액은 56만원임).

판 례

회사는 기업활동을 하면서 범죄를 수단으로 하여서는 아니되므로, 이사가 회사의 업무를 집행하면서 고의·과실로 법령을 위반한 경우에 설령 그 법령 위반 행위로 인하여 회사에게 어떠한 이득이 발생하였더라도, 이러한 이득을 손익상계의 대상으로 삼는 것은 이사의 법령 위반 행위로 인한 회사의 위법한 이득 보유를 그대로 승인하고 그 범위 내에서 이사의 손해배상책임을 부정함으로써 오히려 이사의 법령 위반 행위와 회사의 범죄를 조장하고 손해배상 제도의 근본적인 취지에도 반하는 결과가 되므로 허용될 수 없다(대판 2025.6.12, 2021다256696,256702). 이는 회사의 이사가 다른 이사들의 업무집행을 감시할 의무를 위반함으로써 회사의 범죄를 조장하는 결과를 가져온 경우에도 마찬가지라 할 것이다(대판 2025.6.26, 2024다316391). 가령 회사의 대표이사인 피고가 제품의 가격담합행위를 하여 회사가 과징금 부과처분을 받고 벌금형을 선고받았는데, 회사의 주주인 원고들이 회사가 손해를 입었음을 이유로 피고를 상대로 손해배상청구를 하자 피고가 위 가격담합행위로 인하여 회사가 이득을 얻었음을 이유로 손익상계를 주장한 경우, 가격담합행위로 인하여 회사가 이득을 얻었다고 보기 어렵고, 그 이득이 회사의 과징금 및 벌금 상당액 지출의 손해에 직접 전보된다고 할 수 없으며, 설령 이득의 발생이 인정되더라도 이를 손해액에서 공제하는 것은 위법행위 억제 취지가 몰각될 수 있으므로 손익상계를 할 수 없다.

5) 금전채무불이행에 대한 특칙

금전채무의 불이행에는 이행지체만이 있을 수 있고, 이행불능은 있을 수 없다. 금전채무불이행의 손해배상액은 약정이율에 의해 산정하고, 그 약정이 없는 때에는 법정이율에 의해 산정한다(제397조 1항). 또한 금전채무에 대하여 채권자는 손해액의 증명을 할 필요가 없고 채무자는 불가항력을 가지고 항변할 수 없다(제397조 2항). 다만 법률에 특별한 규정이 있거나(제685조, 제705조, 제958조 2항) 당사자 사이에 실손해배상의 특약이 있는 경우 또는 배상액의 예정(제398조)이 있는 때에는 그에 의한다.

판 례

제397조 1항은 본문에서 금전채무불이행의 손해배상액을 법정이율에 의하도록 하고, 단서에서 '그러나 법령의 제한에 위반하지 아니한 약정이율이 있으면 그 이율에 의한다.'고 정하고 있다. 따라서 당사자 일방이 금전소비대차가 있음을 주장하면서 약정이율에 따른 이자의 지급을 구하는 경우, 특별한 사정이 없는 한 대여금채권의 변제기 이후의 기간에 대해서는 약정이율에 따른 지연손해금을 구하는 것으로 보아야 하고, 여기에는 약정이율이 인정되지 않는다고 하더라도 법정이율에 의한 지연손해금을 구하는 취지가 포함되어 있다고 볼 수 있다. 이는 채무자가 금전소비대차계약 공정증서의 집행력을 배제하기 위하여 제기한 청구이의의 소에서 채권자가 금전대여와 함께 약정이율에 따른 지연손해금을 주장한 경우에도 마찬가지이다(대판 2017.9.26, 2017다22407).

(5) 손해배상액의 예정과 합의

(가) 손해배상액의 예정

1) 서 설

가) 의 의

손해배상액의 예정이란 채무불이행이 발생하기 전에 채권자와 채무자가 채무불이행이 발생할 때를 대비하여, 그로 인한 손해배상액을 미리 약정해 두는 것을 말한다(제398조 1항). 가령 분양계약상의 지체상금에 관한 약정이 이에 속한다(대판 2008.7.10, 2008다15940,15957). 채권자가 채무불이행에 의한 손해배상을 청구하기 위해서는 손해의 발생과 그 액을 증명하여야 하지만, 그 증명은 실제상 곤란할 뿐만 아니라 증명을 둘러싸고 당사자 사이에 분쟁이 생길 위험이 있다. 그러므로 손해배상액의 예정은 '손해의 발생사실과 손해액에 대한 증명의 곤란을 덜고 분쟁발생을 미리 방지하여 법률관계를 쉽게 해결할 뿐 아니라 채무자에게 심리적 경고를 함으로써 채무이행을 확보'하기 위한 것이다(대판 2023.8.18, 2022다227619; 대판 1993.4.23, 92다41719).

나) 법적 성질

손해배상액의 예정은 채무불이행을 정지조건으로 하는 조건부 계약이며, 채무불이행의 전제가 되는 기본채권관계에 종된 계약이다. 따라서 기본채권관계에 부착되어 있는 담보는 예정된 배상액의 지급을 담보하며(제334조, 제360조, 제429조), 기본채권이 양도되면 함께 수반된다.

다) 허용한계

손해배상액의 예정은 일반적으로 인정되지만, 모든 계약에서 허용되는 것은 아니다. 즉 ① 사용자는 근로계약 불이행에 대한 위약금 또는 손해배상액을 예정하는 계약을 체결하지 못한다(근로기준법 제20조). ② 선박소유자는 선원근로계약의 불이행에 대한 위약금 또는 손해배상액을 예정하는 계약을 체결할 수 없다(선원법 제29조). ③ 고객에게 부당하게 과중한 지연손해금 등의 손해배상의무를 부담시키는 손해배상액예정의 약관조항은 무효이다(약관규제법 제8조). ④ 손해배상액의 예정목적이 선량한 풍속 기타 사회질서에 위반(제103조)하거나 상대방의 궁박·경솔·무경험을 이용하여 폭리를 얻으려는 것일 때에는 무효이다(제104조).

2) 요 건

① 기본채권관계가 존재하여야 하며, ② 당사자 사이에 손해배상액의 예정에 대한 합의가 있어야 한다. 당사자는 금전으로 손해배상에 충당할 것을 예정하는 것이 보통이지만, 금전 이외의 것(예: 특정물·종류물·노무 등)으로 정할 수 있다(제398조 5항). ③ 예정계약은 채무불이행으로 인한 손해배상청구권이 발생하기 전에 체결되어야 한다. 채무불이행이 발생한 후에 당사자의 합의로 손해배상액을 정하는 것을 배상액 합의라 하며, 여기에는 제398조가 적용되지 않는다. ④ 예정계약이 선량한 풍속 기타 사회질서에 반하지 않아야 한다.

3) 효 과

가) 예정배상액의 청구

(i) 채무불이행으로 인한 손해배상액의 예정이 있는 경우, 채권자는 채무불이행 사실만 증명하면 손해의 발생 및 그 금액을 증명하지 않고 예정배상액을 청구할 수 있다(대판 2007.8.23, 2006다15755). 한편 채무불이행에 채무자의 귀책사유가 필요한지에 대하여, ① 귀책사유에 대한 당사자의 분쟁을 피하려는 제도의 취지에 비추어 필요 없다는 견해(곽윤직, 123면; 김상용,김주수, 198면; 242면; 김용한, 221면; 임정평, 204면), ② 채무불이행책임에 대하여 과실책임주의를 취하고 있으므로 필요하다는 견해(김형배, 285면; 이은영, 368면)가 대립하고 있다. 생각건대 배상액의 예정은 채무불이행의 성립을 전제로 하므로, 후자의 견해가 타당하다고 할 것이다. 판례도 채무자는 채권자와 채무불이행에 있어 채무자의 귀책사유를 묻지 않는다고 약정하지 않는 한 자신의 귀책사유가 없음을 주장·증명함으로써 예정배상액의 지급책임을 면할 수 있다고 한다(대판 2007.12.27, 2006다9408).

(ii) 채권자는 실제의 손해액이 예정배상액보다 크다는 사실을 증명하더라도 증액을 청구하지 못한다(대판 1988.9.27, 86다카2375). 또한 계약 당시 손해배상액을 예정한 경우에는 다른 특약이 없는 한 채무불이행으로 인하여 입은 통상손해는 물론 특별손해까지도 예정액에 포함되고, 채권자의 손해가 예정액을 초과하더라도 초과부분을 따로 청구할 수 없다(대판 2007.7.27, 2007다18478; 대판 1993.4.23, 92다41719).

한편 채무불이행으로 인한 손해의 발생에 채권자에게 과실이 있거나 채무불이행과 동일한 원인에 의하여 채권자에게 이익이 발생한 경우, 학설은 손해배상액의 예정이 있어도 과실상계(제396조)와 손익상계를 하여 예정배상액을 감액해야 한다고 한다(곽윤직, 123면; 김형배, 287면; 김상용, 203면; 김용한, 224면; 김주수, 199면; 임정평, 205면). 그러나 판례는 과실상계를 부정한다(대판 2016.6.10, 2014다200763,200770). 즉 채권자의 과실 등 제반사정을 참작하여 손해배상 예정액을 감액할 수 있을지언정 채권자의 과실을 들어 과실상계를 할 수 없다고 한다. 생각건대 채권자는 자기의 과실을 채무자에게 전가시키는 것은 허용되어서는 안 되므로 과실상계를 인정하여야 하며, 또한 채권자가 손해를 입었지만 동시에 그로 인하여 이익을 얻은 경우에는 예정배상액에서 이익을 공제하는 것이 공평의 원칙에 맞다고 할 것이다.

판 례

부동산매매에 있어 매도인이 매매목적물을 2중으로 양도하여 제3자에게 소유권이전등기를 하여 줌으로써 매수인에 대한 소유권이전등기의무가 이행불능된 경우 그 손해배상의 액은 특별한 사정이 없는 한 제3자에게 소유권이전등기를 넘겨준 날 현재의 시가상당액이라고 할 것이나, 매매계약시에 미리 손해배상의 예정에 관한 특약을 하였다면 매수인은 매도인에 대하여 예정된 손해배상액만을 청구할 수 있다(대판 1994.1.11, 93다17638).

나) 예정배상액의 감액

(i) 재량감액 손해배상의 예정액이 부당히 과다한 경우에 법원은 적당히 감액할 수 있다(제398조 2항). 손해배상 예정액의 감액은 국가가 당사자 사이의 실질적 불평등을 제거하고 공정성을 보장하기 위하여 계약의 체결 또는 그 내용에 간섭하는 사적 자치의 원칙에 대한 제한의 한 가지 형태이다(대판 2023.8.18, 2022다227619). 여기서 '부당히 과다한 경우'는 손해가 없다거나 손해액이 예정액보다 적다는 것만으로는 부족하고, 계약자의 경제적 지위, 계약의 목적, 거래관행 기타 제반사정을 고려하여 그와 같은 예정액의 지급이 경제적 약자의 지위에 있는 채무자에게 부당한 압박을 가하여 공정성을 잃는 결과를 초래한다고 인정되는 경우를 뜻한다. 따라서 단지 예정액 자체가 크다든가 계약체결 시부터 계약해제 시까지의 시간적 간격이 짧다든가 하는 사유만으로는 손해배상 예정액을 부당히 과다하다고 하여 감액하기에 부족하다(대판 2014.7.24, 2014다209227). 손해배상액 예정이 없더라도 채무자가 당연히 지급의무를 부담하여 채권자가 받을 수 있던 금액보다 적은 금액으로 감액하는 것은 손해배상액 예정에 관한 약정자체를 전면 부인하는 것과 같은 결과가 되기 때문에 감액의 한계를 벗어나는 것이다(대판 2023.8.18, 2022다227619; 대판 2019.1.17, 2018다240653). 주의할 것은 법원이 손해배상의 예정액이 부당히 과다하다고 하여 감액을 한 경우에는 손해배상액의 예정에 관한 약정 중 감액 부분에 해당하는 부분은 처음부터 무효이며(대판 2004.12.10, 2002다73852),

예정배상액이 과소하더라도 법원은 이를 증액할 수 없다는 점이다.

판 례

(ㄱ) 약관의 규제에 관한 법률에 의하여 약관조항이 무효인 경우, 그것이 유효함을 전제로 민법 제398조 제2항을 적용하여 적당한 한도로 손해배상예정액을 감액하거나, 과중한 손해배상의무를 부담시키는 부분을 감액한 나머지 부분만으로 그 효력을 유지시킬 수는 없다(대판 2009.8.20, 2009다20475,20482).

(ㄴ) 매수인이 당초 약정된 잔금 지급기일까지 잔금을 지급하지 못하여 그 지급독촉을 받아 오다가, 매도인과의 사이에 그 잔금의 지급기일을 연기받는 한편 그 기일의 준수를 다짐하면서 만일 그 연기된 날까지 잔금을 지급하지 아니하면 매매계약을 해제하여 무효로 함과 아울러 매도인에게 이미 지급한 계약금 및 중도금에 대한 반환청구권을 포기 내지 상실키로 하는 약정을 한 경우, 그 포기 약정은 손해배상액의 예정으로 보아 그 예정액이 부당히 과다하다는 이유로 이를 감액하는 것은 상당하다(대판 1995.12.12, 95다40076).

(ㄷ) 제398조 제2항은 손해배상의 예정액이 부당히 과다한 경우에는 법원이 이를 적당히 감액할 수 있다고 규정하고 있는데, 여기의 '손해배상의 예정액'이라 함은 문언상 배상비율 자체를 말하는 것이 아니라 그 비율에 따라 계산한 예정배상액의 총액을 의미한다(대판 2000.7.28, 99다38637). 가령 지체상금을 계약 총액에서 지체상금률을 곱하여 산출하기로 정한 경우, 제398조 제2항의 손해배상 예정액이란 문언상 그 예정한 손해배상액의 총액을 의미한다고 해석되므로, 손해배상의 예정에 해당하는 지체상금의 과다 여부는 지체상금 총액을 기준으로 하여 판단하여야 한다(대판 1996.4.26, 95다11436).

(ㄹ) 제398조 2항은 손해배상의 예정액이 부당히 과다한 경우에는 법원이 이를 적당히 감액할 수 있다고 규정하고 있고, 금전채무의 불이행에 관하여 적용을 배제하지 않고 있다. 또한 이자제한법 제6조는 법원은 당사자가 금전을 목적으로 한 채무의 불이행에 관하여 예정한 배상액을 부당하다고 인정한 때에는 상당한 액까지 이를 감액할 수 있다고 규정하고 있다. 따라서 금전채무에 관하여 이행지체에 대비한 지연손해금 비율을 따로 약정한 경우에 이는 손해배상액의 예정으로서 감액의 대상이 된다(대판 2017.7.11, 2016다52265).

(ii) 감액의 판단시기와 증명책임 　　과다 여부 및 감액의 범위에 관한 판단기준 시기는 법원이 구체적으로 그 판단을 하는 때, 즉 '사실심의 변론종결 당시'를 기준으로 한다(대판 2004.7.22, 2004다3543; 대판 2000.12.8, 2000다35771). 이때 감액사유에 대한 사실인정이나 그 비율을 정하는 것은 형평의 원칙에 비추어 현저히 불합리하다고 인정되지 않는 한 사실심의 전권에 속하는 사항이다(대판 2021.11.25, 2017다8876). 손해배상 예정액이 부당하게 과다한 경우에는 법원은 당사자의 주장이 없더라도 직권으로 이를 감액할 수 있다(대판 2000.7.28, 99다38637).

한편 손해배상의 예정액이 부당히 과다한지 여부를 판단할 때에 실제 손해액을 구체적으로 심리·확정할 필요는 없으나, 기록상 실제의 손해액 또는 예상 손해액을 알 수 있는 경우 그 예정액과 대비하여 볼 필요가 있고(대판 2014.1.16, 2013다64090), 이 경우 실제의 손해액이 예정액에 미치지 못한다는 점은 채무자가 증명할 필요가 있다(대판 1995.11.10, 95다33658).

판 례

공사수급인의 연대보증인이 부담하는 지체상금 지급의무는 주채무자인 공사수급인이 지급하여야 할 지체상금의 범위에 부종하는 것이므로, 이른바 손해배상액의 예정으로서 지체상금액이 과다한지 여부는 주채무자인 공사수급인을 기준으로 판단하여야 할 것이지 연대보증인을 중심으로 판단할 것은 아니다(대판 2005.8.19, 2002다59764).

4) 배상액의 예정과 이행청구·계약해제의 관계

손해배상액의 예정이 있다고 하여 일반적으로 본래의 이행청구권이나 계약해제의 수단을 포기하는 것이라고 생각할 수 없다. 그리하여 민법은 "손해배상액의 예정은 이행의 청구나 계약의 해제에 영향을 미치지 않는다"고 규정하고 있다(제398조 3항). 그리고 채무불이행으로 인한 손해배상 예정액의 청구와 채무불이행으로 인한 손해배상액의 청구는 그 청구원인을 달리하는 별개의 청구이므로, 손해배상 예정액의 청구 가운데 채무불이행으로 인한 손해배상액의 청구가 포함되어 있다고 볼 수 없다(대판 2000.2.11, 99다49644).

판 례

제398조 1항, 3항, 제555조의 문언·내용과 계약당사자의 일반적인 의사 등을 고려하면, 계약당사자가 채무불이행으로 인한 전보배상에 관하여 손해배상액을 예정한 경우에 채권자가 채무불이행을 이유로 계약을 해제하거나 해지하더라도 원칙적으로 손해배상액의 예정은 실효되지 않고, 전보배상에 관하여 특별한 사정이 없는 한 손해배상액의 예정에 따라 그 배상액을 정해야 한다. 다만 위와 같은 손해배상액의 예정이 계약의 유지를 전제로 정해진 약정이라는 등의 사정이 있는 경우에 채무불이행을 이유로 계약을 해제하거나 해지하면 손해배상액의 예정도 실효될 수 있다(대판 2022.4.14, 2019다292736,292743).

5) 손해배상액의 예정과 위약금

(i) 위약금이란 채무불이행의 경우에 채무자가 채권자에게 지급할 것을 약속한 금전이다. 위약금의 법적 성질은 ① 계약의 이행을 확보 또는 강제할 목적으로 손해발생과 상관없이 계약위반에 대한 제재로서의 위약벌인 경우, ② 채무불이행에 대비한 손해배상액의 예정인 경우, ③ 양자의 성질을 다 갖는 경우로 나누어지는데, 구체적으로 어떠한 법적 성질을 갖느냐는 의사표시의 내용에 의해 결정되고, 그 의사표시의 내용이 분명하지 않은 경우에는 민법은 "손해배상액의 예정으로 추정한다"고 규정하고 있다(제398조 4항). 따라서 위약금이 위약벌로 인정되려면 이를 주장·증명하여야 한다(대판 2016.7.14, 2012다65973). 판례는 공사도급계약서 또는 그 계약내용에 편입된 약관에 수급인이 하자담보책임 기간 중 도급인으로부터 하자보수요구를 받고 이에 불응한 경우 하자보수보증금은 도급인에게 귀속한다는 조항이 있을 때 이 하자보수보증금은 특별한 사정이 없는 한 손해배상액의 예정이라고 한다(대판 2002.7.12, 99다68652). 한편 판례는 도급계약에 있어 계약이행보증금과 지체상금의 약정이 있는 경우에는 특별한 사정이 없는 한 계약이행보증금은 위약벌 또는 제재금의 성질을 가지고, 지체상금은 손해배상의 예정으로 봄이 상당하다고 한다(대판 1997.10.28, 97다21932).

(ii) 위약금이 손해배상액의 예정일 때에는 배상액의 예정에 관한 규정이 적용된다. 따라서 채무불이행이 있으면 채권자는 실제의 손해액을 증명할 필요 없이 그 예정액(위약금)을 청구

할 수 있고, 실제 손해액이 위약금을 초과하더라도 그 초과액을 청구할 수 없다. 반면에 위약금이 '위약벌'인 때에는 손해배상액의 예정에 관한 규정이 적용되지 않는다(대판 2022.7.21, 2018다248855,248862). 즉 위약벌의 약정은 채무이행을 확보하기 위하여 정해지는 것으로서 손해배상액의 예정과는 그 내용이 다르므로, 손해배상액의 예정에 관한 제398조 2항을 유추적용하여 그 액을 감액할 수 없고, 다만 그 의무의 강제에 의하여 얻어지는 채권자의 이익에 비하여 약정된 벌이 과도하게 무거울 때에는 그 일부 또는 전부가 공서양속에 반하여 무효로 된다(대판 2016.1.28, 2015다239324). 또한 위약벌은 채무불이행이 있을 때 이를 몰수하고, 계약이 이행되어 채무불이행이 없는 경우에는 이를 반환하여야 한다(대판 1991.4.26, 90다6880).

(iii) 전술한 바와 같이 위약금은 제398조 4항에 의하여 손해배상액의 예정으로 추정되지만, 당사자 사이의 위약금 약정이 채무불이행으로 인한 손해의 배상이나 전보를 위한 것이라고 보기 어려운 특별한 사정, 특히 하나의 계약에 채무불이행으로 인한 손해의 배상에 관하여 손해배상액 예정에 관한 조항이 따로 있다거나 실손해의 배상을 전제로 하는 조항이 있고 그와 별도로 위약금 조항을 두고 있어서 위약금 조항을 손해배상액의 예정으로 해석하게 되면 이중배상이 이루어지는 등의 사정이 있을 때에는 위약금은 위약벌로 보아야 한다(대판 2016.7.14, 2013다82944,82951).

(iv) 한편 계약을 체결하면서 당사자 일방이 상대방에게 계약금을 교부하는 것이 일반적인데, 이러한 계약금은 당사자 사이에 다른 약정이 없으면 당사자 일방이 '이행에 착수할 때'까지 제565조에 의해 '해약금'으로 인정된다. 계약금을 수수하면서 당사자가 채무불이행이 있으면 계약금을 교부한 자는 이를 몰수당하고 교부받은 자는 그 배액을 상환한다고 약정한 경우, 즉 계약금을 위약금으로 하는 특약이 있는 경우, 판례는 계약금은 제398조 1항의 손해배상액 예정의 성질과 함께 제565조의 해약금의 성질도 가진다고 한다(대판 1992.5.12, 91다2151). 이러한 특약이 없는 경우에는 계약금을 손해배상액의 예정으로 볼 수 없다고 한다(대판 1996.6.14, 95다11429). 따라서 계약금을 위약금으로 하는 특약이 없으면 계약이 당사자 일방의 귀책사유로 인하여 해제되더라도 상대방은 계약불이행으로 입은 실제 손해만을 배상받을 수 있을 뿐 계약금이 위약금으로서 상대방에게 당연히 귀속되는 것은 아니며(대판 2010.4.29, 2007다24930), 계약금이 부당히 과다하다고 하여 감액할 수 없다(대판 1981.7.28, 80다2499).

판 례

(ㄱ) 위약금은 민법 제398조 4항에 의하여 손해배상액의 예정으로 추정되므로, 위약금이 위약벌로 해석되기 위해서는 특별한 사정이 주장·증명되어야 한다. 또한 이자제한법의 최고이자율 제한에 관한 제2조 1항은 금전대차에 관한 계약상의 이자에 관하여 적용될 뿐, 계약을 위반한 사람을 제재하고 계약의 이행을 간접적으로 강제하기 위하여 정한 위약벌의 경우에는 적용될 수 없다(대판 2017.11.29, 2016다259769).

(ㄴ) 입찰보증금이 계약체결을 담보하는 동시에 계약체결 불이행에 대한 위약벌 또는 제재금의 성질을 가진 경우에는 채무불이행으로 인한 보증금의 귀속에 관하여 손해의 발생이 필요한 것이 아니며, 그와 같은

규정이 공서양속에 반하여 무효라고 할 수도 없다(대판 1979.9.11, 79다1270).

(ㄷ) 공사도급계약을 체결하면서 지체상금약정과 별도로 손해배상약정을 한 경우, 지체상금약정은 수급인이 공사완성의 기한 내에 공사를 완성하지 못한 경우에 완공의 지체로 인한 손해배상책임에 관하여 손해배상액을 예정하였다고 해석할 것이고, 수급인이 완공의 지체가 아니라 그 공사를 부실하게 한 것과 같은 불완전급부 등으로 인하여 발생한 손해는 그것이 그 부실공사 등과 상당인과관계가 있는 완공의 지체로 인하여 발생한 것이 아닌 한 지체상금약정에 의하여 처리되지 아니하고 도급인은 손해배상약정에 의하여 별도로 그 배상을 청구할 수 있다(대판 2010.1.28, 2009다41137,41144).

(ㄹ) 위약벌 약정은 손해배상과 관계없이 의무 위반에 대한 제재벌로서 위반자가 그 상대방에게 지급하기로 자율적으로 약정한 것이므로 사적 자치의 원칙에 따라 계약당사자의 의사가 최대한 존중되어야 하고, 이에 대한 법원의 개입을 쉽게 허용할 것은 아니다. 위약벌에 대한 법원의 개입을 넓게 인정할수록 위약벌의 이행확보적 기능이 약화될 수밖에 없기 때문이다(대판 2023.8.31, 2022다290297).

6) 불법행위책임에 관한 손해배상액의 예정

불법행위로 생길 손해의 범위는 사전에 예측하기 곤란하기 때문에, 제398조는 불법행위책임에 준용되지 않는다. 따라서 계약 당시 당사자 사이에 손해배상액을 예정하는 내용의 약정이 있는 경우에 그것은 계약상의 채무불이행으로 인한 손해액에 관한 것이고, 이를 그 계약과 관련된 불법행위상의 손해까지 예정한 것이라고는 볼 수 없다(대판 1999.1.15, 98다48033).

판 례

(ㄱ) 토지매매계약이 매수인의 잔대금지급채무의 불이행을 이유로 해제된 다음 매도인이 매수인 등을 상대로 위 토지 상의 건물철거 및 대지인도의 소를 제기하여 승소판결을 받고 그 판결이 확정되었음에도 매수인 등이 이를 이행하지 아니하여 매도인이 위 토지를 사용·수익하지 못하게 됨으로써 입은 차임 상당의 손해는 위 매매계약이 해제된 후의 별도의 불법행위를 원인으로 하는 것으로서 계약 당시 수수된 손해배상 예정액으로 전보되는 것이 아니다(대판 1999.1.15, 98다48033).

(ㄴ) 계약 당시 일방의 책임으로 계약이 해지되면 계약이행보증금이 상대방에게 귀속된다고 정한 경우, 계약이행보증금은 위약금으로서 제398조 4항에 따라 손해배상액의 예정으로 추정된다. 손해배상액을 예정한 경우 다른 특약이 없는 한 채무불이행으로 발생할 수 있는 모든 손해가 예정액에 포함된다. 그 계약과 관련하여 손해배상액을 예정한 채무불이행과 별도의 행위를 원인으로 손해가 발생하여 불법행위 또는 부당이득이 성립한 경우 그 손해는 예정액에서 제외되지만, 계약 당시 채무불이행으로 인한 손해로 예정한 것이라면 특별한 사정이 없는 한 손해를 발생시킨 원인행위의 법적 성격과 상관없이 그 손해는 예정액에 포함되므로 예정액과 별도로 배상 또는 반환을 청구할 수 없다(대판 2018.12.27, 2016다274270,274287).

(나) 손해배상액의 합의

손해배상액의 예정은 채무불이행이 발생하기 전에 당사자 사이에 손해배상액을 미리 합의해 두는 것인데 반하여, 손해배상액의 합의는 채무불이행이 발생한 후에 이루어지는 손해배상액에 관한 합의이다. 즉 손해배상액에 관한 화해계약(제731조)이다. 일반적으로 손해배상액의 합의는 불법행위로 인한 손해배상의 경우에 주로 이루어진다. 손해배상액의 합의가 있으면 실손해가 합의액보다 많거나 적더라도 감액이나 증액을 청구할 수 없음이 원칙이다(대판 1988.5.24, 87다카3133). 그러나 합의 당시에 예상할 수 없었던 적극적 치료비나 후유증과 같이 합의한 이후에 생긴 손해에 대해서는 별도로 청구할 수 있다(대판 1988.12.27, 87다카2005; 대판 1988.4.27, 87다카74).

(6) 손해배상자의 대위

(가) 의 의

손해배상자의 대위(代位)는 채권자가 채무자로부터 채무불이행으로 인한 손해를 전부 배상받은 때에 채권의 목적인 물건이나 권리가 법률상 당연히 채권자로부터 채무자에게 이전되는 것을 말한다(제399조). 예컨대 수치인이 임치물을 도난당한 경우에 그 물건의 가액을 배상하면, 제399조에 의하여 수치인은 그 물건의 소유권을 취득한다. 손해배상자의 대위는 채권자가 전보배상을 받고도 채권의 목적인 물건이나 권리를 보유한다면, 채무불이행으로 인하여 채권자는 이중의 이득을 취하는 부당한 결과가 발생하므로 이를 방지하기 위한 것이다. 제399조는 불법행위로 인한 손해배상의 경우에도 준용된다(제763조).

(나) 요 건

① 채권자(피해자)가 유효한 손해배상청구권을 가져야 한다. ② 채권자가 채권의 목적인 물건이나 권리의 '가액 전부'를 배상받아야 한다(제399조). 즉 손해배상이 전보배상인 경우에 한하여 인정된다. 따라서 손해배상자의 대위는 지연배상의 경우에는 허용되지 않으며, 또한 제483조의 변제자대위와 달리 일부 배상의 경우에도 인정되지 않는다. 판례도 채권의 목적인 물건 또는 권리가 가분적인 것이라는 등의 특별한 사정이 있는 경우는 별론으로 하고 그 밖의 경우에는 성질상 채무자가 채권의 목적인 물건 또는 권리의 가액의 일부를 손해배상한 것만으로는 채권자를 대위할 수 없다고 한다(대판 2007.10.12, 2006다42566). ③ 대위할 물건이나 권리가 손해배상과 직접 관련이 있는 것이어야 하고 대위에 적합하여야 한다.

(다) 효 과

1) 물건이나 권리의 이전에 필요한 요건(예: 등기·인도·채권양도의 통지 또는 승낙)을 갖출 필요 없이 채권의 목적인 물건이나 권리가 법률상 당연히 채권자로부터 배상자에게 이전된다(대판 1977.7.12, 76다408). 즉 법률규정에 의한 물권변동의 효과가 발생한다. 채무자의 과실과 함께 제3자의 고의·과실이 경합한 경우에도 채무자가 채권자에게 가액 전부를 배상하면 채권자의 제3자에 대한 손해배상청구권은 배상자대위에 의하여 당연히 채무자에게 이전된다(곽윤직, 126면; 김형배, 292면; 김상용, 208면). 예컨대 임치물을 제3자가 훼손하여 수치인이 임치인에게 그 물건의 가액으로 손해배상을 하면, 수치인은 제3자에 대한 임치인의 손해배상청구권을 당연히 취득한다. 또한 채권자가 갖는 물건 또는 권리의 가액 전부를 배상한 채무자는, 직접의 가해행위가 제3자의 불법행위인 경우, 채권자가 제3자에 대하여 갖는 손해배상청구권을 대위에 의하여 취득한다(김황식, 민법주해(IX), 692면).

2) 그러나 보험금청구권에 관하여는 채무자의 배상자대위가 인정되지 않고, 오히려 보험금을 지급한 보험자가 대위하게 된다(상법 제682조). 예컨대 소유자(임대인)가 화재보험에 가입한 건물을 임차인의 과실로 화재가 발생하여, 임차인이 손해 전부를 소유자에게 배상하여도 화재보험금청구권을 대위하지 못한다. 즉 권리자(임대인)가 채무자(임차인)로부터 손해배상을 받으면 그 한도에서 보험자는 면책되고, 따라서 보험자대위는 일어나지 않는다(대판 2000.11.10, 2000다29769; 대판 1995.9.29, 95다23521). 반면에 보험회사가 보험금을 소유자에게 지급하면, 보험회사는 소유자(임대인)의 임차인에 대한 손해배상청구권을 대위하게 된다.

제 3 절 채권자지체 — 수령지체

Ⅰ. 서 설

1. 의 의

채권자지체(Gläubigerverzug)란 채무이행에 채권자의 수령이나 협력을 필요로 하는 경우, 채무자가 채무내용에 따른 이행제공을 하였는데 채권자가 이를 수령하지 않거나 또는 채권자가 필요한 협력을 하지 않아서 이행이 완료되지 않거나 이행이 지연되어 있는 상태를 말한다. 이를 수령지체(Annahmeverzug)라고도 한다.

채무이행은 채무의 내용인 급부의 성질에 따라서 ① 채무자의 행위에 의해서만 완료되는 경우, ② 채권자의 협력이 없으면 완료되지 않는 경우가 있다. ①의 경우에는 채권자지체가 성립할 여지가 없다. 반면에 ②의 경우에는 채무자가 채무내용에 따른 이행의 제공을 하였지만, 채권자가 협력하지 않아서 채무자가 이행할 수 없는데도 채무자에게 계속적으로 채무불이행책임을 부담시키는 것은 공평의 관념에 어긋난다(정기웅, 186면). 채권자지체는 채무자의 이행지체에 대응하는 개념으로, 채권자가 그에게 필요한 협력행위를 하지 않아서 채무이행이 지연될 때에 성립하므로, 결국 채권자와 채무자 사이의 이해관계를 조정하고, 채무자를 보호하기 위한 제도이다.

2. 수령지체의 성질

제400조의 '채권자가 이행을 받을 수 없거나 받지 않은 때'의 의미와 관련하여, 채권자지체가 성립하려면 채권자의 협력이 없다는 객관적인 사실만으로 충분한지 아니면 그것에 채권자의 귀책사유를 필요로 하는지가 의문이다. 이것은 결국 '채권자지체의 성질'의 문제로 귀착된다. 즉 채권자는 채무자가 제공한 급부를 수령(Annahme)할 법적 의무가 있는지가 문제이다. 수령의무의 인정 유무에 따라서 채권자지체의 성질(본질)이 달라지고, 따라서 채권자

지체의 요건과 효과가 다르게 된다.

(1) 학 설

(가) 채무불이행설 — 다수설

채권관계는 채권자와 채무자가 공동의 목적을 향하여 서로 협력하여야 할 일종의 협동체이므로, 채권자에게도 신의칙상 급부의 실현에 협력하여야 할 법률상의 협력의무가 있다고 한다(곽윤직, 97면; 김용한, 170면; 임정평, 171면). 이 견해에 의하면 채권자는 급부수령의무를 법적으로 부담하고, 급부불수령은 채무자가 채무를 이행하지 않은 경우와 같은 일종의 채무불이행이 된다고 한다. 따라서 채권자지체의 책임을 물으려면 협력위반에 채권자의 귀책사유가 필요하다고 한다. 또한 민법에 규정되어 있는 책임(제401조-제403조, 제538조 1항 후문) 이외에, 채무불이행의 일반원칙에 따라 채권자의 협력의무의 위반을 이유로 손해배상청구 및 계약해제할 수 있다고 한다.

(나) 법정책임설

채권자지체의 본질은 채무불이행이 아니라 법률이 공평의 원칙에 의하여 채권자의 협력의무 불이행으로 발생한 불이익을 채권자에게 부담케 한 법정책임이라고 한다(이은영, 404면 김증한/김학동, 175면; 양창수, "채권자지체", 법정고시 1995년 11월호, 112면; 지원림, 4-94; 송덕수, C-294). 이 견해는 채권자의 채무불이행 협력의무는 법적인 의무가 아니라 책무로 이해하며, 채권자지체의 성립에는 채권자의 귀책사유를 요하지 않고, 또한 법률에 규정된 효과만 인정될 뿐이며, 따라서 채무불이행책임설과 달리 계약해제권 및 손해배상청구권은 인정되지 않는다고 한다.

(다) 절 충 설

채권자에게 일반적으로 수령의무를 인정하지 않지만, 매매·도급·임치와 같은 계약유형에서는 부수적 의무의 일종으로서 수취의무(Abnahmepflicht)를 인정하여야 한다고 한다(김형배, 304면; 정기웅, 188면; 서광민, "채권자지체의 본질", 월간고시 1992년 5월호, 58면). 수취의무는 목적물을 받는 것만을 의미하는 것으로 채권자의 일체의 협력행위를 뜻하는 수령의무와 구별된다고 한다. 이와 같은 계약유형에서는 채권자의 수취의무가 인정되므로, 귀책사유가 없는 경우는 제401조 내지 제403조의 책임만을 부담하고, 귀책사유가 있을 때에는 손해배상책임을 부담한다고 한다. 다만 귀책사유가 있는 경우에는 신의칙 또는 묵시의 특약에 의하여 채무자에게 계약해제권 및 손해배상청구권을 인정하는 것이 공평의 원칙에 합치한다는 견해가 있다(김상용, 223면; 이호정, "채권자지체", 월간고시 1984년 2월호, 41면). 판례는 절충설을 따르고 있다(대판 2021.10.28, 2019다293036).

(2) 소 결

생각건대 채권자와 채무자가 공동으로 채권의 목적달성을 위하여 협력하여야 할 일종의 협동체관계가 있음은 모든 학설에서 인정한다. 그러나 이러한 협동체관계라 하더라도 채권자의 협력의무가 채무자의 급부의무에 대응되는 법적 의무로 보는 것은 지나치다고 생각된다. 오히려 채권자의 협력의무는 하나의 법적 책무로서 그것의 불이행은 일정한 불이익이 발생할 뿐이라고 할 것이다. 또한 채무불이행설에 의하면 채권자에게 귀책사유가 없으면 채권자지체가 성립하지 않기 때문에 법이 특별히 정하는 효과, 즉 채무자의 책임경감(제401조), 이자의 정지(제402조) 및 증가된 보관비용 또는 변제비용의 채권자부담(제403조) 등의 효과조차 발생하지 않게 되어, 채무자에게 불리하게 된다. 한편 채권자의 협력의무를 책무로 파악하면서, 협력의무의 위반이 채권자의 귀책사유로 인한 경우에 손해배상과 계약해제권을 인정하는 것은 논리적 일관성을 잃은 것이라고 할 것이다. 따라서 채권자지체는 이행지체와 달리 의무위반이 아니라 책무(Obliegenheit)에 대한 위반이기 때문에, 채권자는 손해배상책임은 부담하지 않고 또한 그 성립에서 귀책사유를 필요로 하지 않는다고 할 것이다.

Ⅱ. 성립요건

1. 당사자 사이에 채권관계가 존재할 것

채권자지체는 채무이행에 채권자의 수령이나 협력을 필요로 하는 경우에 문제가 되므로, 당사자 사이에 약정 또는 법정채권관계가 존재하였어야 한다.

2. 채무의 이행에 관하여 수령이나 그 밖에 채권자의 협력을 필요로 할 것

제400조 이하는 채무자의 의무이행에 채권자의 협력행위를 필요로 하는 급부의무에 적용된다. 반면에 채무자가 채권자의 협력 없이 급부를 이행할 수 있으면, 개념적으로 채권자는 수령을 필요로 하지 않으므로 채권자지체가 성립하지 않는다. 따라서 '경업을 하지 않겠다' 또는 '건물을 증축하지 않겠다'는 부작위채무, 채권자의 협력을 필요로 하지 않는 경우, 예컨대 사무를 관리하여야 할 채무 또는 매매계약에 따라 승낙의 의사표시를 하여야 할 채무 등에는 채권자지체가 인정되지 않는다.

3. 채무의 내용에 따른 변제(이행)의 제공이 있을 것

(1) 원칙 : 현실제공

채무자는 급부를 수령하기 위하여 채권자에게 그 밖의 것을 필요하지 아니할 정도로 급부를 사실상 제공하여야 한다.

(i) 채무의 내용에 따른 이행의 제공이 있어야 한다. 다시 말하면 약정한 시기, 이행지에 그리고 적절한 방법으로, 즉 종류채권인 경우에는 법률행위의 성질이나 당사자의 의사가 없는 경우에는 중등품질로 제공하여야 한다. 예컨대 B는 채소가게를 하는 A에게 감자 10Kg과 토마토 20Kg를 주문하였다. 당사자가 합의한 날짜에 A는 감자 8Kg와 썩은 것이 포함된 토마토 20Kg을 제공했다. 이때 B는 수령을 거절할 수 있으며, 채권자 지체에 빠지지 않는다.

A는 당사자의 약정이 없고 신의칙에 따라 타당하지 아니하면 일부 이행을 할 권리가 없으며, 제375조 1항에 따라 썩은 토마토의 제공은 중등품이 아니므로, 채무내용에 따른 이행제공이 아니기 때문이다.

(ii) 합의한 채무의 종류(채권의 종류)에 따라 채무자는 ① 지참채무의 경우에는 채권자의 주소지에서 목적물을 사실상 채권자에게 제공하여야 하고, ② 송부채무의 경우에는 발송한 목적물이 채권자에게 도달하여야 한다. 이 경우 단순한 송부로는 부족하다. 채권자가 도달되기 전에는 그 목적물을 수령할 수 없기 때문이다.

(iii) 제400조의 이행제공은 사실행위(Realakt)이며, 법률행위가 아니다. 그러므로 의사표시에 관한 규정, 특히 제111조 1항이 적용될 수 없다. 따라서 이행지에 급부의 제공으로 충분하며, 채권자가 이행이 있었다는 사실을 알 필요는 없다. 예컨대 약속한 날 채권자가 부재로 인해 수령할 수 없으면, 채권자지체가 성립한다. 다만 이행기가 확정되어 있지 않거나 또는 이행기 전에 이행하면서 채무자가 상당한 기간을 정하여 미리 통지하지 않은 상태에서 현실제공을 하였다면, 채권자가 부재중이었더라도 채권자지체가 성립하지 않는다고 할 것이다(지원림, 4-75). 가령 급부시기가 정하여져 있지 않은 채무에서 채무자가 갑자기 변제제공한 경우 또는 채무자가 기한의 이익을 포기하고 약정된 이행기보다 앞서 변제제공한 경우, 채권자의 일시적인 수령장애는 채권자지체로 되지 않을 것이다(지원림, 4-99).

(2) 예외 : 구두제공

채무이행에 대하여 채권자가 미리 변제받기를 거절하거나 채무이행에 채권자의 행위를 필요로 하는 경우에는 변제준비의 완료를 통지하고 그 수령을 최고하는 구두의 제공만 있으면 된다(제460조 단서). 다만 채권자가 변제받지 아니할 의사가 확고한 경우에는 구두의 제공을 한다는 것조차 무의미하므로 그러한 경우에는 구두의 제공조차 필요 없다(대판 2004.3.12, 2001다79013). 그런데 판례는 구두의 제공조차 필요 없는 경우라 하더라도, 이는 그로써 채무자가 채무불이행책임을 면한다는 것에 불과하고, 제538조 1항 2문의 '채권자의 수령지체 중에 당사자 쌍방의 책임 없는 사유로 이행할 수 없게 된 때'에 해당하기 위해서는 현실제공이나 구두제공이 필요하다고 한다(대판 2004.3.12, 2001다79013).

한편 채무이행의 확정한 기한이 있는 경우에는(즉 확정기한부 채무), 약속한 기일이 경과함으로써 당연히 지체가 된다. 예컨대 B는 5월 3일 A로부터 컴퓨터를 구입하면서 5월 14일까지 제품을 조립하고 B가 가져가기로 A와 합의했다. 이 경우 14일이 지나면 구두제공 없이 채권자지체가 된다.

(3) 현실제공(사실상 제공)과 구두제공의 차이점

양자의 차이점은 제400조와 관련하여 이행의 제공은 사실행위를 나타내지만, 구두의 제공은 표현행위(준법률행위)로서 법률행위에 관한 규정이 유추적용된다. 그러므로 구두제공은 상대방에게 도달되어야 한다(제111조 1항).

4. 이행기에 이행이 가능할 것

(1) 채무자가 이행기에 급부의 이행이 가능하여야 한다. 반면에 채무자의 급부자체가 불능이기 때문에 수령할 수 없을 때에는 채권자지체는 성립하지 않는다. 다시 말하면 이행불능(Unmöglichkeit)은 수령지체(Annahmeverzug)를 배제한다. 즉 급부가 이미 이행기 전에 불능인 경우에는 수령지체가 성립하지 않는다.

(2) 채권자가 필요한 협력행위를 하지 아니함으로써 좌절된 채무자의 급부는 더 이상 회복할 수 없게 된다. 예컨대 고용관계에서 원자재의 부족·교통의 두절·공장의 화재 등으로 근로자가 일을 할 수 없었거나, 또는 의사에게 왕진을 환자가 의뢰하였는데 의사가 도착하기 전에 사망한 경우가 이에 속한다. 이때 채무자의 이행불능과 수령지체의 한계가 문제된다. 이에 대하여 ① 영역설(Sphärentheorie)은 급부를 불능케 한 장애가 채권자의 지배영역 내에서 발생한 것이면 수령지체이고, 채무자의 지배영역 내에서 발생한 것이면 이행불능이 된다고 한다(BGHZ 24, 96; 곽윤직, 98면; 김용한, 173면; 송덕수, C-296). 따라서 고용관계에서 채권자지체의 경우에는 근로자는 임금청구권을 갖게 되지만, 이행불능의 경우에는 임금청구권을 상실하게 된다고 한다. 그 밖에 ② 급부장애의 위험을 누가 부담하는 것이 공평한가 하는 위험분배의 문제로 처리하여야 한다는 견해(김형배, 314면), ③ 일시적 급부불능의 경우에는 채권자지체의 법리가 적용되지만, 영구적 급부불능의 경우에는 위험부담의 문제로 처리하여야 한다는 견해가 있다(이은영, 410면; 김상용, 225면).

생각건대 수령지체와 이행불능의 한계는 급부가 제공될 수 있는가에 따라 결정하여야 할 것이다. 다시 말하면 급부가 더 이상 제공될 수 없는 경우, 즉 회복할 수 없을 때에는 이행불능이 존재한다고 하여야 할 것이다. 따라서 채권자에 의하여 수령이 지체된 노무는 그 급부가 예정된 시간의 경과와 더불어 영원히 다시 급부할 수 없는 것이 되므로, 사용자는 이에 대한 위험을 부담하게 되어 근로자는 다시 노무를 제공하지 않고 임금전액을 청구할 수 있다(대판 1993.7.27, 92다42743; 정기웅, 191면).

5. 채권자의 수령불능 또는 수령거절이 존재할 것

채권자가 채무자의 이행제공에 대하여 수령하지 않거나 수령할 수 없어야 한다(제400조).

(1) 채권자가 어떠한 이유로 수령을 거절하거나 수령을 할 수 없는지(Nichtannahme)는 중요하지 않다. 특히 채권자의 귀책사유를 필요로 하지 않는다(다만 채무불이행설은 채권자의 책임으로 돌릴 수 있는 사유에 의한 수령거부 또는 수령불능의 경우에만 채권자지체를 인정한다). 예컨대 미혼인 B는 10월 14일 가구상 A와 부엌가구 매매계약을 체결하고, 10월 17일에 자기 집으로 배달해 주도록 요청하였다. 그런데 10월 15일에 갑자기 B는 업무상 출장을 떠나게 되어, 이웃집 아주머니 C에게 집을 돌봐 줄 것과 A가 가구를 가져오면 가구의 흠결 등을 살펴보도록 부탁하면서 집 열쇠를 맡겼다. 그러나 A가 10월 17일에 가구를 인도

하고자 할 때, C가 B의 열쇠를 분실하여 어쩔 수 없이 돌아와야 했다. 이 경우에 A가 사실상 가구를 제공하였고 이행이 가능하므로, B는 수령지체에 빠지게 된다. 이때 수령지체가 성립하기 위하여 B의 귀책사유를 필요로 하지 않는다. 즉 C의 열쇠분실은 제391조에 따라 B의 과실이 되는지 여부는 중요하지 않다. 판례도 채권자지체의 성립에 채권자의 귀책사유는 요구되지 않는다고 한다(대판 2021.10.28, 2019다293036).

(2) 쌍무계약에서 당사자 일방은 상대방이 그 채무이행을 제공할 때까지 자기 채무의 이행을 거절할 수 있다(제536조 1항). 따라서 채권자가 급부를 수령하겠지만 이행기에 도달한 그의 반대급부는 제공하지 않겠다고 주장하는 경우에도 채권자지체로 된다.

Ⅲ. 채권자지체의 효과

1. 채무자의 책임경감

채권자지체 중에는 채무자는 고의 또는 중대한 과실이 없으면 불이행으로 인한 모든 책임이 없다(제401조). 즉 채권의 목적물이 수령지체 중, 새로이 이행을 위해 운송 중 또는 채무자가 보관 중에 채무자의 경과실로 멸실되었을 경우, 채무자는 급부의무를 면하게 된다. 그러나 반대급부청구권은 소멸하지 않는다. 제401조는 불완전이행의 경우에 고의 또는 중과실이 없으면, 즉 경과실이 있더라도 면책된다는 의미는 아니다. 다시 말하면 면책의 대상은 이행불능에 한정된다. 가령 수치인이 적법하게 임치계약을 해지하고 임치인에게 임치물의 회수를 최고하였는데도 임치인의 수령지체로 반환하지 못하고 있는 사이에 임치물이 멸실 또는 훼손된 경우에는 수치인에게 고의 또는 중대한 과실이 없는 한 채무불이행으로 인한 손해배상책임이 없다(대판 1983.11.8, 83다카1476).

2. 이자의 정지

채권자지체 중에는 이자 있는 채권이라도 채무자는 이자를 지급할 의무가 없다(제402조). 즉 채무자가 변제기 전에 기한의 이익을 포기하고 변제제공을 한 경우에는 그때 이후의 약정이자는 지급할 의무가 없다. 다만 변제기 전에 변제함으로써 상대방이 입게 될 손해에 대한 배상은 별개의 문제이다(제468조 단서).

3. 증가비용의 채권자부담

채권자지체로 인하여 그 목적물의 보관 또는 변제의 비용이 증가된 때에는 그 증가액은 채권자의 부담으로 한다(제403조). 예컨대 B는 A의 전자제품을 구입하는 매매계약을 체결하고 자기 집에 배달하여 주기를 의뢰하였다. 그러나 B는 약속일을 깜박 잊고 집을 비워서, 화물차로 전자제품을 배달하려던 A는 헛수고만 하였다(기름값 2만원 소요). 그 후 A는 전자제품을 B에게 배달하면서 기름값으로 2만원을 지출하였다. 이 경우에 A는 지참채무를 부담하므로 처음 지출한 기름값 2만원은 스스로 부담하여야 하지만, B의 수령지체로 인해 또 다시 지출한 기름값 2만원에 대해서는 B에게 청구할 수 있다.

4. 쌍무계약에서의 위험(대가위험)이전

쌍무계약의 당사자 일방의 채무가 채권자의 수령지체 중에 당사자 쌍방의 책임 없는 사유로 이행할 수 없게 된 때에는 채무자는 자신의 급부의무를 면하면서 채권자에 대하여는 반대급부를 청구할 수 있다(제538조 1항 후문). 다시 말하면 채권자의 수령지체 중에 당사자 쌍방의 책임 없는 사유로 이행할 수 없는 경우에는 채권자가 위험을 부담한다. 가령 수급인의 기성부분 인도 최고에 도급인이 아무런 이유 없이 수령을 거절하던 중 쌍방이 책임질 수 없는 제3자의 행위로 기성부분이 철거된 경우, 도급인은 여전히 공사대금지급채무를 부담한다(대판 1993.3.26, 91다14116).

5. 채무자의 공탁권과 자조매각권

채권자가 변제받지 않거나 받을 수 없는 때에는 채무자는 채권자를 위하여 변제의 목적물을 공탁하여 그 채무를 면할 수 있다(제487조). 그러나 변제의 목적물이 공탁에 적당하지 않거나 멸실·훼손될 염려가 있는 경우 및 공탁에 과다한 비용을 필요로 하는 경우, 채무자는 법원의 허가를 얻어 그 물건을 경매하거나 시가로 방매(放賣)하여 대금을 공탁할 수 있다(제490조).

6. 손해배상청구권 및 계약해제권 인정 여부

채권자지체를 채무불이행책임으로 보는 견해는 채무자의 손해배상청구권과 계약해제권을 인정한다. 그러나 법정책임설은 이를 부정한다. 한편 절충설은 채권자의 귀책사유가 없는 채권자지체에서는 이를 인정하지 않지만, 채권자에게 귀책사유가 있는 경우에는 신의칙 또는 묵시의 특약에 의하여 채무자에게 손해배상청구권과 계약해제권을 인정한다. 판례는 “채권자지체가 성립하는 경우, 원칙적으로 채권자에게 민법 규정에 따른 일정한 책임이 인정되는 것 외에, 채무자가 채권자에 대하여 일반적인 채무불이행책임과 마찬가지로 손해배상이나 계약 해제를 주장할 수 없다. 그러나 계약당사자가 명시적·묵시적으로 채권자에게 급부를 수령할 의무 또는 채무자의 급부 이행에 협력할 의무가 있다고 약정한 경우, 또는 신의칙상 채권자에게 위와 같은 수령의무나 협력의무가 있다고 볼 특별한 사정이 있다고 인정되는 경우에는 그러한 의무 위반에 대한 책임이 발생할 수 있다. 이와 같이 채권자에게 계약상 의무로서 수령의무나 협력의무가 인정되는 경우, 그 수령의무나 협력의무가 이행되지 않으면 계약목적을 달성할 수 없거나 채무자에게 계약의 유지를 더 이상 기대할 수 없다고 볼 수 있는 때에는 채무자는 수령의무나 협력의무 위반을 이유로 계약을 해제할 수 있다”고

한다(대판 2021.10.28, 2019다293036).

Ⅳ. 채권자지체의 종료

채권자가 급부를 수령할 때 또는 필요한 협력행위를 할 때, 채권의 소멸사유인 채무의 면제·상계·공탁 등으로 채권이 소멸한 경우에 채권자지체는 종료된다. 그 밖에 채권자지체 후에 채무자의 귀책사유로 이행불능이 되면 채권자지체는 소멸한다. 즉 채권자지체 후에는 채무자의 주의의무가 경감되지만, 채무자의 고의·중대한 과실이 있는 경우에는 이행불능으로 인한 책임을 지게 된다(제401조).

제 4 절 책임재산의 보전

Ⅰ. 서 설

채권자는 채무자가 임의로 채무를 이행하지 않으면, 채권의 효력으로서 채무자의 일반재산을 강제집행하여 매각대금으로 채권의 변제에 충당할 수 있다. 따라서 채무자의 일반재산은 모든 채권의 만족을 담보하는 수단이라고 할 수 있으며, 최후에 책임을 진다는 의미에서 그 재산을 책임재산이라고 한다. 채무자의 책임재산은 특정한 채권만을 담보하는 것은 아니고 모든 채권자를 위한 공동담보로 된다. 그렇지만 채무자의 책임재산이 감소하게 되면 채권을 변제받을 가능성은 그만큼 줄어들게 된다. 그래서 민법은 채무자가 책임재산의 유지를 위해 필요한 조치를 취하지 않거나 책임재산을 부당하게 감소시키는 경우에는 채권자로 하여금 재산상태의 유지 및 회복을 위해 관여할 수 있도록 하고 있는데, 채권자대위권(제404조)과 채권자취소권(제406조)이 그것이다.

Ⅱ. 채권자대위권

1. 일 반

(1) 의 의

채권자대위권은 채권자가 자기 채권을 보전하기 위하여 채무자의 권리를 행사할 수 있는 권리이다(제404조 1항). 예컨대 채권자 甲이 채무자 乙에 대하여 100만원의 금전채권을 가지고 있고, 乙은 丙에게 100만원의 채권을 가지고 있을 뿐 다른 재산이 없는 경우, 乙이 丙에 대한 채권을 행사하지 않으면, 甲은 乙을 대위하여 丙에 대하여 권리행사를 할 수 있다.

(2) 실 익

(가) 채권자대위권은 프랑스민법에서 유래된 제도이다. 강제집행제도가 불완전한 프랑스에서는 이를 인정하는데 비해, 강제집행제도가 완비되어 있는 독일에서는 이를 인정하지 않고 있다. 우리 민사집행법은 독일법을 본받고 있기 때문에, 채권자대위권을 인정할 실익이 크지 않다. 예컨대 채권자 A의 채권이 금전채권인 경우, A가 채권자대위권을 행사하려면 그 전제로 채무자 B가 무자력(無資力)이 되어야 하는데, A가 채무자 B의 무자력의 증명 등 어려움을 감수하면서 채권자대위권이라는 우회 수단을 동원할 필요 없이 집행권원을 얻어 직접 B의 재산(C에 대한 B의 금전채권)에 대한 강제집행(압류 및 추심명령 또는 전부명령)을 함으로써 그 만족을 얻을 수 있다(민사집행법 제229조). 또한 집행권원 없이도 보전절차로서 가압류나 가처분을 활용하여 채무자의 책임재산을 보전할 수 있다.

(나) 그러나 민사집행법상의 강제집행과 비교하여 채권자대위권은 그 요건·절차가 비교적 간단하고, 청구권뿐만 아니라 형성권(예: 취소권·해제권·환매권)과 같이 강제집행의 목적으로 되지 않는 권리도 채권자대위권의 범위에 포함되어 그 적용범위가 넓다. 그러므로 채권자대위권은 강제집행의 불비를 보충하는 제도로 실제상 유용성이 있다고 할 수 있다.

(3) 성 질

채권자대위권의 법적 성질에 대하여, 채권자가 자기 채권의 보전을 위하여 채무자의 책임재산에 대하여 가지는 포괄적 담보권으로서 소송법상의 권리의 성격도 갖는다는 견해(포괄적 담보권설)가 있지만(김형배, 352면; 정기웅, 213면), 채권자대위권은 소송법상의 권리가 아니라 실체법상의 권리이다. 또한 채권자가 자기 이름으로 채무자의 권리를 행사할 수 있는 권리이므로, 대리권은 아니며 일종의 법정재산관리권이라 할 수 있다(곽윤직, 129면; 김상용, 233면; 김주수, 214면; 김증한/김학동, 181면; 이은영, 426면; 송덕수, C-301). 판례도 법정재산관리권설을 따르고 있다(대결 1996.8.21, 96그8).

판 례

채권자대위권을 행사하는 경우 채권자와 채무자는 일종의 법정위임의 관계에 있으므로 채권자는 제688조를 준용하여 채무자에게 그 비용의 상환을 청구할 수 있고, 그 비용상환청구권은 강제집행을 직접 목적으로 하여 지출된 집행비용이라고는 볼 수 없으므로 지급명령신청에 의하여 지급을 구할 수 있다(대결 1996.8.21, 96그8).

2. 요 건

채권자대위권이 인정되기 위해서는, ① 피보전채권의 존재, ② 채권보전의 필요성, ③ 피대위권리의 존재, ④ 채무자의 권리불행사가 필요하다.

(1) 채권자의 채권이 존재할 것—피보전채권

(가) 피보전채권의 존재

1) 채권자대위권은 채권자가 자기 채권을 보전하기 위하여 인정되는 것이므로, 당연히 채권자가 채무자에 대해 채권을 가지고 있어야 한다. 보전될 채권자의 채권은 그 종류와 발생원인을 묻지 않으며(대판 2000.6.9, 98다18155), 따라서 금전채권·특정채권·채권적 청구권 또는 토지거래허가 신청절차의 협력의무의 이행청구권(대판 1995.9.5, 95다22917)도 포함된다. 판례는 '물권적 청구권'을 피보전권리로 하는 채권자대위권을 인정한다(대판 2007.5.10, 2006다82700,82717). 피보전채권은 제3채무자에게 대항할 수 있는 것이어야 하는 것은 아니지만(대판 2003.4.11, 2003다1250), 채무자에게 대항할 수 없는 채권자는 채무자의 권리를 대위행사할 수 없다. 가령 임대인의 동의 없는 임차권 양도의 경우, 양수인은 임대인에게 대항할 수 없으므로, 임차권의 양수인은 임대인의 권한을 대위행사할 수 없다(대판 1985.2.8, 84다카188).

2) 채무자의 제3채무자에 대한 권리보다 먼저 성립되어 있을 필요는 없지만, 특정된 구체적 청구권이어야 한다.

(나) 피보전채권의 이행기 도래

채권자는 이행기 전에 채권을 행사할 수 없기 때문에 채권자대위권도 행사할 수 없다. 따라서 채권자대위권을 행사하려면 채권자의 채권이 이행기가 도래하여야 한다(제404조 2항). 예외적으로 '법원의 허가를 얻은 때'(재판상의 대위)와 '보존행위'를 하는 경우(예: 채무자의 권리에 대한 시효중단을 위한 이행청구, 미등기부동산에 대한 보존등기신청 등)에는 이행기 전에도 채권자대위권을 행사할 수 있다.

판 례

(ㄱ) 甲이 乙에 대해서는 소유권이전등기절차이행을, 丙에 대해서는 乙을 대위하여 말소등기절차이행을 청구하는 소송에서 乙에 대한 청구가 승소 확정된 경우, 甲의 乙에 대한 승소 확정판결에 의하여 甲이 乙에 대하여 소유권이전등기청구권을 가진다는 점은 증명되었다고 할 것이고 丙으로서는 그 등기청구권의 존재를 다툴 수 없다(대판 1998.3.27, 96다10522). 즉 채권자대위권을 행사함에 있어 채권자가 채무자를 상대로 그 보전되는 청구권에 기한 이행청구의 소를 제기하여 '승소'판결을 선고받고 그 판결이 확정되면 제3채무자는 그 청구권의 존재를 다툴 수 없다(대판 2007.5.10, 2006다82700,82717). 반대로 채권자의 채무자에 대한 '패소'판결이 확정된 경우 채권자는 채권자대위권을 행사할 수 없다. 즉 채권자가 채무자를 상대로 소유권이전등기절차이행의 소를 제기하여 패소의 확정판결을 받게 되면 채권자는 채무자의 제3자에 대한 권리를 행사하는 채권자대위소송에서 그 확정판결의 기판력으로 말미암아 더 이상 채무자에 대하여 동일한 청구원인으로 소유권이전등기청구를 할 수 없으므로 그러한 권리를 보전하기 위한 채권자대위소송은 그 요건을 갖추지 못하여 부적법하다(대판 2003.5.13, 2002다64148; 대판 1993.2.12, 92다25151).

(ㄴ) 채권자대위권을 재판상 행사하는 경우에 있어서도 채권자인 원고는 그 채권의 존재사실 및 보전의 필요성, 기한의 도래 등을 증명하면 족한 것이지, 채권의 발생원인사실 또는 그 채권이 제3채무자인 피고에게 대항할 수 있는 채권이라는 사실까지 증명할 필요는 없으며, 따라서 채권자가 채무자를 상대로 하여 그 보전되는 청구권에 기한 이행청구의 소를 제기하여 승소판결이 확정되면 제3채무자는 그 청구권의 존

재를 다툴 수 없다(대판 2003.4.11, 2003다1250; 대판 2000.6.9, 98다18155).

(ㄷ) 토지거래허가구역 내의 토지에 대하여 甲과 乙 사이에 권리이전 약정을 포함한 토지매수 위임계약이 이루어지고 그 수임인인 乙과 토지소유자 丙 사이에 매수인을 乙로 한 토지 매매계약이 체결된 경우, 甲은 乙에 대하여 그 위임계약이 효력이 있는 것으로 완성될 수 있도록 토지거래허가 신청절차에 협력할 것을 청구할 권리가 있고 그와 같은 토지거래허가 신청절차의 협력의무 이행청구권을 보전하기 위하여 乙을 대위하여 그에게 토지를 매도한 丙을 상대로 乙과 丙 사이의 토지매매에 대한 토지거래허가 신청절차에 협력할 것을 청구할 수 있다(대판 1996.10.25, 96다23825).

(ㄹ) 부동산거래신고법에 의하여 허가를 받아야 하는 토지거래계약이 처음부터 허가를 배제하거나 잠탈하는 내용의 계약인 경우에는 허가 여부를 기다릴 것도 없이 확정적으로 무효로서 유효화될 여지가 없는바, 토지거래허가구역 내의 토지가 거래허가를 받거나 소유권이전등기를 경료할 의사 없이 중간생략등기의 합의 아래 전매차익을 얻을 목적으로 소유자 甲으로부터 부동산중개업자인 乙, 丙을 거쳐 丁에게 전전매매한 경우, 그 각각의 매매계약은 모두 확정적으로 무효로서 유효화될 여지가 없고, 각 매수인이 각 매도인에 대하여 토지거래허가 신청절차 협력의무의 이행청구권을 가지고 있다고 할 수 없으며, 따라서 丁이 이들을 순차 대위하여 甲에 대한 토지거래허가 신청절차 협력의무의 이행청구권을 대위행사할 수도 없다(대판 1996.6.28, 96다3982).

(ㅁ) 甲이 乙로부터 부동산을 매수한 경우에는 매매의 효력으로서 乙에게 부동산에 대한 소유권이전등기 절차 이행청구권이 있고, 乙은 甲으로부터 대금지급이 있을 때까지 그 의무이행을 거절할 수 있을 뿐이니 甲은 乙에 대한 소유권이전등기청구권을 보전하기 위하여 채권자대위권을 행사할 수 있다(대판 1976.10.12, 76다1591,1592).

(ㅂ) 채권자대위소송에 있어서 대위에 의하여 보전될 채권자의 채무자에 대한 권리가 인정되지 아니할 경우에는 채권자 스스로 원고가 되어 채무자의 제3채무자에 대한 권리를 행사할 당사자적격이 없게 되므로 그 대위소송은 부적법하여 각하할 수밖에 없다(대판 1990.12.11, 88다카4727).

(ㅅ) 채권자대위권을 행사하는 경우, 채권자가 채무자를 상대로 보전되는 청구권에 기한 이행청구의 소를 제기하여 승소판결을 선고받고 판결이 확정되었다면, 특별한 사정이 없는 한 그 청구권의 발생원인이 되는 사실관계가 제3채무자에 대한 관계에서도 증명되었다고 볼 수 있다. 그러나 그 청구권의 취득이, 채권자로 하여금 채무자를 대신하여 소송행위를 하게 하는 것을 주목적으로 이루어진 경우와 같이, 강행법규에 위반되어 무효라고 볼 수 있는 경우 등에는 위 확정판결에도 불구하고 채권자대위소송의 제3채무자에 대한 관계에서는 피보전권리가 존재하지 아니한다고 보아야 한다. 이는 위 확정판결 또는 그와 같은 효력이 있는 재판상 화해조서 등이 재심이나 준재심으로 취소되지 아니하여 채권자와 채무자 사이에서는 그 판결이나 화해가 무효라는 주장을 할 수 없는 경우라 하더라도 마찬가지이다(대판 2019.1.31, 2017다228618).

(ㅇ) 채권자대위소송에서 대위에 의하여 보전될 채권자의 채무자에 대한 권리(피보전 채권)가 존재하는지 여부는 소송요건으로서 법원의 직권조사사항이므로, 법원으로서는 그 판단의 기초자료인 사실과 증거를 직권으로 탐지할 의무까지는 없다 하더라도, 법원에 현출된 모든 소송자료를 통하여 살펴보아 피보전채권의 존부에 관하여 의심할 만한 사정이 발견되면 직권으로 추가적인 심리·조사를 통하여 그 존재 여부를 확인하여야 할 의무가 있다(대판 2009.4.23, 2009다3234).

(2) 채권자가 자기 채권을 보전할 필요가 있을 것—채권보전의 필요성

채권자대위권을 행사하기 위해서는 채권보전의 필요성이 있어야 한다. 보전의 필요성은, 채권자가 보전하려는 권리와 대위하여 행사하려는 채무자의 권리가 밀접하게 관련되어 있고, '채권자가 채무자의 권리를 대위하여 행사하지 않으면 자기 채권의 완전한 만족을 얻을 수 없게 될 위험'이 있어 채무자의 권리를 대위하여 행사하는 것이 자기 채권의 현실적 이행을 유효·적절하게 확보하기 위하여 필요한 것을 말하며, 채권자대위권의 행사가 채무자의 자유로운 재산관리행위에 대한 부당한 간섭이 된다는 등의 특별한 사정이 있는 경우에는 보전의 필요성을 인정할 수 없다(대판 2013.5.23, 2010다50014). 채권보전의 필요성에 대하여, 학설과 판례는 채권이 금전채권인 경우와 비금전채권인 경우를 나누어 달리 해석하고 있다.

(가) 보전하여야 할 채권이 금전채권인 경우

1) 채권자대위권은 그 채권이 금전채권일 때에는 채무자가 채무이행의 의사가 없는 것만으로는 행사할 수 없고, 채무자가 무자력(無資力)하여 그 일반재산의 감소를 방지할 필요가 있는 경우에 이를 행사할 수 있다(대판 1969.11.25, 69다1665). 채권자대위권의 행사는 채무자의 자기 재산 관리의 자유에 대한 간섭이 되기 때문이다. '채무자의 무자력'은 채무자가 전혀 변제자력이 없다는 것을 의미하는 것이 아니고, 채무자의 일반재산이 대위권을 행사하는 채권자를 비롯한 모든 채권자의 채권을 변제하기에 부족한 채무초과 상태에 있는 것을 뜻한다(김능환, 민법주해(IX), 759면). 채권자가 채무자의 무자력을 주장·증명하여야 하고(대판 1966.6.21, 66다587), 채권보전의 필요성은 사실심의 변론종결 당시를 표준으로 하여 판단하여야 한다(대판 1976.7.23, 75다1086).

2) 다만 채권자가 보전하려는 권리와 대위하여 행사하려는 채무자의 권리가 밀접하게 관련되어 있고, 채무자의 권리를 대위하여 행사하는 것이 자기 채권의 현실적 이행을 유효·적절하게 확보하기 위하여 필요한 경우에는 예외적으로 채무자의 무자력을 요하지 않는다(대판 2006.1.27, 2005다39013). 즉 ① 의료인이 치료비청구권을 보전하기 위하여 환자의 국가에 대한 배상청구권을 대위행사하는 경우(대판 1981.6.23, 80다1351), ② 타인의 유실물을 실제로 습득한 자와 법률상의 습득자가 다를 때에 보상금을 반씩 나누어 가지며(유실물법 제10조 3항) 이때 보상금청구권은 법률상의 습득자만이 가지는데 법률상의 습득자가 보상금청구권을 행사하지 않아서 실제습득자가 법률상 습득자의 유실자에 대한 보상금청구권을 대위행사하는 경우(대판 1968.6.18, 68다663), ③ 금전채권을 가진 채권자가 채무자의 국가에 대한 상속등기청구권을 대위행사하는 경우(대결 1964.4.3, 63마54), ④ 임대차보증금 반환채권을 양수한 채권자가 그 이행을 청구하기 위하여 임차인의 주택명도가 선이행되어야 할 필요가 있어서 임대인의 임차인에 대한 명도청구권을 대위행사하는 경우(대판 1989.4.25, 88다카4253), ⑤ 타인의 권리에 속하는 토지가 전전매매되고 소유권이전등기의무이행이 불능으로 된 때에 최후의 매수인이 전전채무자들을 대위하여 최초의 매도인에게 손해배상청구권을 대위행사하는 경우(대판 1968.1.23, 67다2440), ⑥ 수임인이 위임인에 대하여 가지는 대변제청구권(제688조 2항)은 통상의 금전채권과는 다른 목적을 갖는 것이므로, 수임인이 대변제청구권을 보전하기 위하여 채무자인 위임인의 채권을 대위행사하는 경우에는 채무자의 무자력을 요건으로 하지 않는다(대판 2002.1.25, 2001다52506).

판 례

채권자대위의 요건으로서의 무자력이란 채무자의 변제자력이 없음을 뜻하고 특히 임의 변제를 기대할 수 없는 경우에는 강제집행을 통한 변제가 고려되어야 하므로, 소극재산이든 적극재산이든 위와 같은 목적에 부합할 수 있는 재산인지 여부가 변제자력 유무 판단의 중요한 고려요소가 되어야 한다. 따라서 채무자의 적극재산인 부동산에 이미 제3자 명의로 소유권이전청구권보전의 가등기가 마쳐져 있는 경우에는 강제집행을 통한 변제가 사실상 불가능하므로, 그 가등기가 가등기담보 등에 관한 법률에 정한 담보가등기로서 강제집행을 통한 매각이 가능하다는 등의 특별한 사정이 없는 한, 위 부동산은 실질적으로 재산적 가치가 없어 적극재산을 산정할 때 제외하여야 한다(대판 2009.2.26, 2008다76556). 참고로 채권자취소소송에서 채무자의 무자력 여부를 판단할 때에도 실질적으로 재산적 가치가 없는 재산은 적극재산에서 제외하여야 한다(대판 2006.2.10, 2004다2564; 대판 2006.10.26, 2005다76753).

(나) 보전하여야 할 채권이 특정채권(비금전채권)인 경우

채무자의 자력과 관계없는 특정채권, 즉 제3자에 대한 채무자의 특정채권을 행사함으로써 채무자에 대한 채권자의 특정채권을 보전하는 경우에는 채무자의 무자력을 필요로 하지 않는다(대판 1992.10.27, 91다483). 특정채권을 보전하기 위해 채무자의 무자력을 필요로 하지 않는 경우로 판례가 드는 것은 다음과 같다.

1) 등기청구권을 보전하기 위하여 등기청구권을 대위행사하는 경우

채무자가 행사하여야 할 등기청구권을 채권자가 대위해서 행사하는 경우, 예컨대 ① 甲이 乙에게 다시 乙이 丙에게 X부동산을 매도하였으나 아직 그 부동산의 명의가 甲으로 등기되어 있고 3자간의 중간생략등기의 합의가 없는 경우, 丙은 乙에 대한 소유권이전등기청구권을 보전하기 위해 乙을 대위하여 甲에 대해 소유권이전등기를 乙에게 해 줄 것을 청구할 수 있다(대판 1992.10.27, 91다483). ② 취득시효완성 후 제3자 앞으로 마쳐진 소유권이전등기가 원인무효인 경우, 취득시효완성으로 인한 소유권이전등기청구권을 가진 자가 취득시효완성 당시의 소유자를 대위하여 제3자 명의의 등기말소를 청구할 수 있다(대판 1990.11.27, 90다6651). ③ 반사회적 부동산 이중매매의 경우에 제1매수인이 매도인을 대위하여 제2매수인 명의의 소유권등기의 말소를 청구할 수 있으며(대판 1983.4.2, 83다카57), ④ 법정지상권자가 지상권의 등기 없이 그 소유건물을 양도한 경우에 건물양수인은 건물양도인을 대위하여 지상권설정등기를 청구할 수 있다(대판 1991.5.28, 91다6658). 그러나 부동산소유자에 대하여 소유권이전등기청구권을 가지고 있는 자라도 그가 등기를 하기 전에 제3자가 소유자를 상대로 소유권이전등기 절차이행의 확정판결을 받아 소유권이전등기를 한 경우에는 그 확정판결이 당연무효이거나 재심의 소에 의하여 취소되지 않는 한 소유자를 대위하여 등기의 원인무효를 이유로 등기의 말소를 청구할 수 없다(대판 2000.7.6, 2000다11584; 대판 1999.2.24, 97다46955). 이는 확정판결의 기판력[1]에 저촉되기 때문이다.

---

1) 확정된 종국판결에서 청구에 대한 판결내용은, 당사자와 법원을 규율하는 새로운 규준으로서의 구속력을 가지며, 뒤에 동일사항이 문제되면 당사자는 그에 반하여 되풀이하여 다투는 소송이 허용되지 아니하며(不可爭), 어느 법원도 다시 재심사하여 그와 모순·저촉되는 판단을 해서는 안 된다(不可反).

2) 임차권 등 사용청구권을 보전하기 위하여 방해배제청구권을 대위행사하는 경우

점유하고 있지 않은 토지임차인은 그 토지상의 불법점유자에 대해 토지임차권을 보전하기 위해 토지소유자를 대위하여 토지소유권에 기한 방해배제청구권을 행사할 수 있으며(대판 1964.12.29, 64다804), 지하도상가 내 각 점포의 사용청구권을 가지는 자는 상가의 소유자인 시가 불법점유자들에 대하여 가지는 점포의 인도청구권을 대위행사할 수 있다(대판 1995.5.12, 93다59502). 그러나 임대인의 동의 없는 임차권의 양도는 당사자 사이에서는 유효하더라도 다른 특약이 없는 한 임대인에게 대항할 수 없고(제629조 1항), 따라서 임차권의 양수인은 임대인의 권한을 대위행사할 수 없다(대판 1985.2.8, 84다카188).

3) 타인 건물에 대한 철거청구권을 보전하기 위하여 물권적 청구권을 대위행사하는 경우

토지소유자는 자신의 토지 위에 있는 타인의 건물에 대한 철거청구권을 보전하기 위하여 그 건물소유자를 대위하여 그 건물의 임차인들에 대하여 임대차계약을 해지하고 건물의 인도를 구할 수 있다(대판 2007.5.10, 2006다82700,82717). 즉 토지소유권에 근거하여 그 토지상 건물의 임차인들을 상대로 건물에서의 퇴거를 청구할 수 있었더라도 퇴거청구와 건물의 임대인을 대위하여 임차인들에게 임대차계약의 해지를 통고하고 건물의 인도를 구하는 청구는 그 요건과 효과를 달리하는 것이므로, 퇴거청구를 할 수 있었다는 사정이 채권자대위권의 행사요건인 채권보전의 필요성을 부정할 사유가 될 수 없다.

이러한 판례의 입장에 대하여, 특정채권의 경우에는 채무자의 자력과 상관없이 채권자대위권 행사를 인정한 이유가 바로 그렇게 하지 않으면 달리 채권의 현실적 이행을 확보할 수단이 없다는 점, 즉 채권자대위권은 채권의 실현을 위해 다른 구제수단이 없는 경우에만 인정된다(채권자대위권의 보충성)는 이유로, 채권자에게 채권자대위권을 통해 얻으려는 효과를 가능케 하는 다른 청구권이 있는 경우에는 원칙적으로 채권보전의 필요성을 인정할 필요가 없다는 비판이 있다(정병호, "물권적 청구권이 채권자대위권의 피보전권리가 될 수 있는지 여부", 법조 2008년 10월호, 326면 이하).

판 례

(ㄱ) 매수인이 토지거래허가 신청절차의 협력의무 이행청구권을 보전하기 위하여 매도인의 권리를 대위하여 행사하는 것도 허용된다고 할 수 있지만, 보전의 필요성이 인정되어야 한다(대판 2013.5.23, 2010다50014).

(ㄴ) 토지거래허가구역 내의 토지에 대하여 매매계약을 맺은 경우, 매수인은 매도인에 대한 토지거래허가신청절차의 협력의무의 이행청구권을 보전하기 위하여, 그 토지가 매도인의 상속인 소유라는 확인을 구할 수 있고(대판 1993.3.9, 92다56575), 매도인을 대위하여 제3자 명의의 소유권이전등기의 말소등기절차이행을 구할 수 있다(대판 1994.12.27, 94다4806).

(ㄷ) 채무자 소유의 부동산을 시효취득한 채권자의 공동상속인이 채무자에 대한 소유권이전등기청구권을 피보전채권으로 하여 제3채무자를 상대로 채무자의 제3채무자에 대한 소유권이전등기의 말소등기청구권을 대위행사하는 경우, 공동상속인은 자신의 지분 범위 내에서만 채무자의 제3채무자에 대한 소유권이전등

이러한 확정판결의 판단에 부여되는 구속력을 기판력(旣判力) 또는 실질적 확정력이라 한다.

기의 말소등기청구권을 대위행사할 수 있고, 지분을 초과하는 부분에 관하여는 채무자를 대위할 보전의 필요성이 없다(대판 2014.10.27, 2013다25217).

(3) 채무자의 제3자에 대한 권리가 존재할 것 — 피대위권리

(가) 채무자의 권리 존재

채권자대위권은 채권자가 채무자의 권리를 행사하는 것이므로 당연히 채무자의 제3자에 대한 권리가 존재하여야 하고, 채무자가 그 권리를 행사할 수 있는 상태에 있어야 한다(대판 1982.8.24, 82다283). 따라서 채무자의 권리가 존재하지 않거나 이미 소멸한 경우에는 대위권은 인정되지 않는다.

(나) 채무자의 권리가 대위행사에 적합할 것

1) 채권의 공동담보에 적합한 채무자의 권리(즉 재산권)는 모두 대위행사의 목적인 권리에 해당한다. 채권적 청구권에 한하지 않으며, 등기청구권·형성권(상계·해제·해지·공유물분할청구 등)·채권자대위권(대판 1992.7.14, 92다527)·채권자취소권(대판 2001.12.27, 2000다73049)이라도 무방하다. 채권자가 채무자의 채권자취소권을 대위행사하는 경우, 제소기간은 대위의 목적으로 되는 권리의 채권자인 채무자를 기준으로 하여 그 준수 여부를 가려야 하며, 따라서 채권자취소권을 대위행사하는 채권자가 취소원인을 안 지 1년이 지났다 하더라도 채무자가 취소원인을 안 날부터 1년, 법률행위가 있은 날부터 5년 이내라면 채권자취소의 소를 제기할 수 있다(대판 2001.12.27, 2000다73049). 판례는 이행인수가 약정된 경우 그에 기한 채무자의 인수인에 대한 청구권(대판 2009.6.11, 2008다75072)·토지거래허가 신청절차협력의무의 이행청구권(대판 1996.10.25, 96다23825)·전화가입계약의 해지권(대판 1976.2.24, 76다52)은 대위권의 목적이 될 수 있다고 한다.

2) 소멸시효가 완성된 경우 채무자에 대한 일반 채권자는 채권자의 지위에서 독자적으로 소멸시효의 주장을 할 수는 없지만, 자기의 채권을 보전하기 위하여 필요한 한도 내에서 채무자를 대위하여 소멸시효 주장을 할 수 있다(대판 2023.8.18., 2023다234102; 대판 2012.5.10, 2011다109500). 가령 배당요구 채권자인 원고는 피고가 집행력 있는 집행권원의 정본을 가지고 있는지 여부에 상관없이 피고를 상대로 배당이의의 소를 제기하여야 하고(민사집행법 제154조), 그 소송의 공격방어방법으로서 채무자를 대위하여 피고 채권의 소멸시효가 완성되었다는 등의 주장을 할 수 있다.

3) 공유물분할청구권은 공유관계에서 수반되는 형성권으로서 공유자의 일반재산을 구성하는 재산권의 일종이다. 따라서 공유물분할청구권도 채권자대위권의 목적이 될 수 있다. 가령 甲과 乙의 공유인 X토지에 대하여 乙이 X토지를 현물분할하여 분할된 토지를 丙에게 매도하기로 한 경우, 丙은 乙에 대한 소유권이전등기청구권을 보전하기 위해 乙을 대위하여 공유물분할청구권을 행사할 수 있다. 그러나 '금전채권자'는 부동산에 관한 공유물분할청구권을 대위행사할 수 없고, 책임재산인 공유지분에 대한 강제집행이 근저당권 등 선순위 권리로 인해 곤란하더라도 마찬가지이다(대판 2020.5.21, 2018다879). 금전채권자는 채무자의 공유지분에 대한

강제집행을 통해 채권의 만족을 얻는 것이 원칙이고, 공유물분할청구권의 대위행사가 책임재산의 감소를 막거나 책임재산을 증가시킨다고 할 수 없다. 또한 채권자가 자신의 '금전채권'을 보전하기 위하여 채무자를 대위하여 부동산에 관한 공유물분할청구권을 행사하는 것은 책임재산의 보전과 직접적인 관련이 없어 채권의 현실적 이행을 유효·적절하게 확보하기 위하여 필요하다고 볼 수 없고, 채무자의 자유로운 재산관리행위에 대한 부당한 간섭이 되어 보전의 필요성을 인정할 수 없기 때문이다.

이는 공유부동산에 설정된 공동근저당권으로 인해 공유지분에 대한 강제집행이 남을 가망이 없지만, 공유물분할의 방법으로 공유부동산 전부를 경매하면 제368조 1항에 따라 각 공유지분의 경매대가에 비례해서 공동근저당권의 피담보채권을 분담하게 되어 채무자의 공유지분 경매대가에서 근저당권의 피담보채권 분담액을 변제하고 남을 가망이 있는 경우에도 마찬가지이다(대판 2020.5.21, 2018다879). 공유물분할의 방법 중에 공유물 전체를 경매하여 그 대금을 분할하는 방법이 있지만, 공유물분할청구권은 오로지 대금분할만을 요구할 수 있는 대금분할청구권이 아니며, 민법과 민사집행법은 일반채권자에게 채무자의 소유가 아닌 재산을 채무자의 재산과 함께 일괄경매할 수 있는 권리를 부여하고 있지 않기 때문이다. 가령 채무초과인 채무자의 책임재산으로 아파트의 공유지분이 있으나, 공유지분에 대한 강제집행이 근저당권 등 선순위 권리로 인하여 곤란하게 된 경우, 금전채권자는 채무자를 대위하여 아파트에 관한 공유물분할을 청구할 수 없다.

4) 행사상의 일신전속권(예: 친족 간의 부양청구권·위자료청구권·이혼청구권·혼인취소권 등), 즉 채권자 자신이 권리를 행사할 것인지 여부를 결정하여야 비로소 그 권리행사가 의미를 가지게 되는 종류의 권리는 대위의 목적이 되지 못한다(제404조 1항 단서). 판례는 ① 유류분반환청구권은 그 행사 여부가 유류분권리자의 인격적 이익을 위하여 그의 자유로운 의사결정에 전적으로 맡겨진 권리로서 행사상의 일신전속성을 가진다고 보아야 하므로, 유류분권리자에게 그 권리행사의 확정적 의사가 있다고 인정되는 경우가 아니라면 채권자대위권의 목적이 될 수 없다고 한다(대판 2010.5.27, 2009다93992). ② 이혼으로 인한 재산분할청구권은 그 행사 여부가 청구인의 인격적 이익을 위하여 그의 자유로운 의사결정에 전적으로 맡겨진 권리로서 행사상의 일신전속성을 가지므로, 채권자대위권의 목적이 될 수 없고 파산재단에도 속하지 않는다고 한다. 즉 재산분할청구권은 이혼을 한 당사자의 일방이 다른 일방에 대하여 재산분할을 청구할 수 있는 권리로서 청구인의 재산에 영향을 미치지만, 순전한 재산법적 행위와 같이 볼 수 없다고 한다. 또한 재산분할청구권은 협의 또는 심판에 의하여 구체적 내용이 형성되기까지는 그 범위 및 내용이 불명확·불확정하기 때문에 구체적으로 권리가 발생하였다고 할 수 없어 채무자의 책임재산에 해당한다고 보기 어렵고, 채권자의 입장에서는 채무자의 재산분할청구권 불행사가 그의 기대를 저버리는 측면이 있더라도 채무자의 재산을 현재의 상태보다 악화시키지 않는다고 한다(대결 2023.9.21, 2023므10861,10878; 대결 2022.7.28, 2022스613).

5) 압류금지채권(예: 공무원연금 등)은 대위의 목적이 되지 못한다(통설). 압류할 수 없는 채권은 주로

채무자의 생존을 위하여 확보된 권리로서 채권의 공동담보가 될 수 없기 때문이다. 또한 파산채권자가 채무자(파산자)에 대한 채권을 보전하기 위하여 파산재단에 관하여 파산관재인에 속하는 권리를 대위하여 행사하는 것은 법률상 허용되지 않는다(대판 2000.12.22, 2000다39780). 파산채권은 파산절차에 의하지 않고는 행사할 수 없으며(채무자회생법 제424조), 파산재단(채무자가 파산선고 당시에 가진 모든 재산과 파산선고 전에 생긴 원인으로 장래에 행사할 청구권)을 관리 및 처분하는 권한은 파산관재인에게 속하기 때문이다(동법 제382조, 제384조).

판 례

(ㄱ) 임대인의 임대차계약 해지권은 오로지 임대인의 의사에 행사의 자유가 맡겨져 있는 행사상의 일신전속권에 해당하는 것으로 볼 수 없다(대판 2007.5.10, 2006다82700,82717).

(ㄴ) 민법상 조합원은 조합의 존속기간이 정해져 있는 경우 등을 제외하고는 원칙적으로 언제든지 조합에서 탈퇴할 수 있고(제716조), 조합원이 탈퇴하면 그 당시의 조합재산상태에 따라 다른 조합원과 사이에 지분의 계산을 하여 지분환급청구권을 가지게 되는바(제719조), 조합원이 조합을 탈퇴할 권리는 그 성질상 조합계약의 해지권으로서 그의 일반재산을 구성하는 재산권의 일종이라 할 것이고 채권자대위가 허용되지 않는 일신전속적 권리라고는 할 수 없다. 따라서 채무자의 재산인 조합원 지분을 압류한 채권자는, 당해 채무자가 속한 조합에 존속기간이 정하여져 있다거나 기타 채무자 본인의 조합탈퇴가 허용되지 아니하는 것과 같은 특별한 사유가 있지 않은 한, 채권자대위권에 의하여 채무자의 조합 탈퇴의 의사표시를 대위행사할 수 있다 할 것이고, 일반적으로 조합원이 조합을 탈퇴하면 조합목적의 수행에 지장을 초래할 것이라는 사정만으로는 이를 불허할 사유가 되지 아니한다(대결 2007.11.30, 2005마1130).

(ㄷ) 이행인수는 인수인이 채무자에 대하여 그 채무를 이행할 것을 약정하는 채무자와 인수인 간의 계약으로서, 인수인은 채무자와 사이에 채권자에게 채무를 이행할 의무를 부담하는 데 그치고 직접 채권자에 대하여 채무를 부담하는 것이 아니므로 채권자는 직접 인수인에게 채무를 이행할 것을 청구할 수 없으나, 채무자는 인수인이 그 채무를 이행하지 아니하는 경우 인수인에 대하여 채권자에게 이행할 것을 청구할 수 있고, 그에 관한 승소의 판결을 받은 때에는 금전채권의 집행에 관한 규정을 준용하여 강제집행을 할 수도 있다. 이러한 채무자의 인수인에 대한 청구권은 그 성질상 재산권의 일종으로서 일신전속적 권리라고 할 수는 없으므로, 채권자는 채권자대위권에 의하여 채무자의 인수인에 대한 청구권을 대위행사할 수 있다(대판 2009.6.11, 2008다75072).

(ㄹ) 소멸시효가 완성된 경우, 채무자에 대한 일반 채권자는 자기의 채권을 보전하기 위하여 필요한 한도 내에서 채무자를 대위하여 소멸시효 주장을 할 수 있을 뿐, 채권자의 지위에서 독자적으로 소멸시효의 주장을 할 수 없으므로, 채무자가 소멸시효의 이익을 받을 수 있는 권리를 이미 처분하여 대위권행사의 대상이 존재하지 않는 경우에는 채권자는 채권자대위에 의하여 시효이익을 원용할 수 없다(대판 2014.5.16, 2012다20604).

(ㅁ) 채권을 보전하기 위하여 대위행사가 필요한 경우는 실체법상 권리뿐만 아니라 소송법상 권리에 대하여서도 대위가 허용되나, 채무자와 제3채무자 사이의 소송이 계속된 이후의 소송수행과 관련한 개개의 소송상 행위는 그 권리의 행사를 소송당사자인 채무자의 의사에 맡기는 것이 타당하므로 채권자대위가 허용될 수 없다. 같은 취지에서 볼 때 상소의 제기와 마찬가지로 종전 재심대상판결에 대하여 불복하여 종전 소송절차의 재개, 속행 및 재심판을 구하는 재심의 소 제기는 채권자대위권의 목적이 될 수 없다(대판 2012.12.27, 2012다75239).

(ㅂ) 농지를 취득하려는 자가 농지에 대한 매매계약을 체결하는 등으로 농지에 관한 소유권이전등기청구권을 취득하였다면, 농지취득자격증명 발급신청권을 보유하게 된다. 이러한 농지취득자격증명 발급신청권은 채권자대위권의 행사대상이 될 수 있다(대판 2018.7.11, 2014두36518).

(4) 채무자가 스스로 그의 권리를 행사하지 않을 것—권리불행사

채권자대위권은 채무자만이 자유로이 할 수 있는 권리행사에 채권자가 간섭하는 제도이므로, 그 간섭은 필요·최소한에 한하여야 한다. 채권자대위권 행사의 요건인 '채무자가 스스로 그 권리를 행사하지 않을 것'이란 채무자의 제3채무자에 대한 권리가 존재하고 채무자가 그 권리를 행사할 수 있는 상태에 있으나 스스로 그 권리를 행사하지 않는 것을 의미한다. 여기서 권리를 행사할 수 있는 상태에 있다는 뜻은 권리행사를 할 수 없게 하는 법률적 장애가 없어야 한다는 뜻이며, 채무자 자신에 관한 현실적인 장애까지 없어야 한다는 뜻은 아니다(대판 1992.2.25, 91다9312). 따라서 채권자는 채무자가 그의 권리를 행사하지 않은 경우에만 대위권을 행사할 수 있으며, 채무자가 이미 그 권리를 행사한 때에는 채권자는 그 권리를 대위할 수 없다(대판 2009.3.12, 2008다65839; 대판 1993.3.26, 92다32876). 예컨대 채무자가 불이익한 대물변제를 승낙한 경우, 소를 이미 제기한 경우, 또는 부적당한 소송방법으로 패소의 판결을 받은 경우 등에도 채권자는 대위권을 행사할 수 없다. 이때 채무자가 채권자를 해할 목적으로 권리행사를 한 경우에 채권자는 채권자취소권을 행사할 수 있고, 채무자의 소송방법이 부적당한 경우에는 보조참가·당사자참가를 할 수 있을 뿐이다(김증한/김학동, 188면).

판 례

(ㄱ) 채권자대위권은 채무자가 스스로 제3채무자에 대한 권리를 행사하지 아니하는 경우에 한하여 채권자가 자기의 채권을 보전하기 위하여 행사할 수 있는 것이어서, 채권자가 대위권을 행사할 당시에 이미 채무자가 그 권리를 재판상 행사하였을 때에는 채권자는 채무자를 대위하여 채무자의 권리를 행사할 수 없다. 그런데 비법인사단이 사원총회의 결의 없이 제기한 소는 소제기에 관한 특별수권을 결하여 부적법하고, 그 경우 소제기에 관한 비법인사단의 의사결정이 있었다고 할 수 없다. 따라서 비법인사단인 채무자 명의로 제3채무자를 상대로 한 소가 제기되었으나 사원총회의 결의 없이 총유재산에 관한 소가 제기되었다는 이유로 각하판결을 받고 그 판결이 확정된 경우에는 채무자가 스스로 제3채무자에 대한 권리를 행사한 것으로 볼 수 없다(대판 2018.10.25, 2018다210539).

(ㄴ) 비법인사단이 총유재산에 관한 소를 제기할 때에는 정관에 다른 정함이 있는 등의 특별한 사정이 없는 한 사원총회의 결의를 거쳐야 하지만, 이는 비법인사단의 대표자가 비법인사단 명의로 총유재산에 관한 소를 제기하는 경우에 비법인사단의 의사결정과 특별수권을 위하여 필요한 내부적인 절차이다. 채권자대위권은 채무자가 스스로 자기의 권리를 행사하지 아니하는 때에 채권자가 채무자에 대한 채권을 보전하기 위하여 채무자의 의사와는 상관없이 채무자의 권리를 대위하여 행사할 수 있는 권리로서 그 권리행사에 채무자의 동의를 필요로 하는 것은 아니므로, 비법인사단이 총유재산에 관한 권리를 행사하지 아니하고 있어 비법인사단의 채권자가 채권자대위권에 의하여 비법인사단의 총유재산에 관한 권리를 대위행사하는 경우에는 사원총회의 결의 등 비법인사단의 내부적인 의사결정절차를 거칠 필요가 없다(대판 2014.9.25, 2014다211336).

3. 채권자대위권의 행사

(1) 행사의 방법

(가) 채권자는 자기의 이름으로 채무자의 권리를 재판상 또는 재판 외에서 행사할 수 있

다. 또한 채권자와 채무자 사이에 위임에 준하는 법정채권관계가 성립하고, 그 결과 채권자는 채무자의 권리를 대위행사할 때에 선량한 관리자의 주의의무를 부담한다. 대위권행사에 대하여 채무자의 동의를 받아야 하는 것도 아니고(대판 1971.10.25, 71다1931), 채무자가 대위권행사에 대하여 반대의사를 표명하더라도 대위권을 행사할 수 있다(대판 1963.11.21, 63다634).

(나) 채권자대위권은 채권자의 고유권리이기는 하지만 채무자가 제3채무자에 대하여 가지고 있는 권리를 대위행사하는 것이므로, 채권자가 대위권을 행사한 경우에 제3채무자에 대하여 채무자에게 일정한 급부행위를 하라고 청구하는 것이 원칙이다. 다만 ① 금전의 지급이나 물건의 인도 등과 같이 급부의 수령이 필요한 경우나 ② 말소등기절차의 이행을 구하는 경우 등에는 채권자에게도 급부의 수령권한이 있을 뿐만 아니라, 채권자에게 행한 급부행위의 효과가 채무자에게 귀속되므로 예외적으로 채권자가 제3채무자에 대하여 직접 자신에게 급부행위를 하도록 청구할 수 있는 것이다(대판 2024.3.12, 2023다301682). 이를 인정하지 않으면 채무자가 수령을 하지 않을 때에는 대위권은 목적을 달성할 수 없게 되기 때문이다. 이처럼 채권자대위권을 행사하는 채권자에게 변제수령의 권한을 인정하더라도 그것이 채권자평등의 원칙에 어긋난다거나 제3채무자를 이중변제의 위험에 빠뜨리게 하는 것은 아니다(대판 2005.4.15, 2004다70024). 가령 원고가 미등기 건물을 매수하였으나 소유권이전등기를 하지 못한 경우, 건물의 소유권을 원시취득한 매도인을 대위하여 불법점유자에 대하여 명도청구를 할 수 있고, 이때 원고는 불법점유자에 대하여 직접 자기에게 명도할 것을 청구할 수도 있다(대판 1980.7.8, 79다1928).

그러나 채무자가 제3채무자에게 채권의 양도를 구할 수 있는 권리를 가지고 있고, 채권자가 채무자의 위 권리를 대위행사하는 경우에는 채권자의 직접 청구를 인정할 예외적인 사유가 없으므로, 원칙으로 돌아가 채권자는 제3채무자에 대하여 '채무자'에게 채권양도절차를 이행하도록 청구하여야 하고, 직접 자신에게 채권양도절차를 이행하도록 청구할 수 없다. 제3채무자에 대하여 채무자에게 채권을 양도하는 절차를 이행하도록 하면 그 채권이 바로 채무자에게 귀속하게 되어 별도로 급부의 수령이 필요하지 않을 뿐만 아니라, 만약 제3채무자가 직접 채권자에게 채권을 양도하는 절차를 이행하도록 하면 그 채권은 채권자에게 이전된다고 볼 수밖에 없어 대위행사의 효과가 채무자가 아닌 채권자에게 귀속하게 되기 때문이다(대판 2024.3.12, 2023다301682).

(다) 채권자대위소송에서 제3채무자로 하여금 직접 대위채권자에게 금전의 지급을 명하는 판결이 확정되더라도, 대위의 목적인 권리, 즉 채무자의 제3채무자에 대한 피대위채권이 판결의 집행채권으로서 존재하고 대위채권자는 채무자를 대위하여 피대위채권에 대한 변제를 수령하게 될 뿐 자신의 채권에 대한 변제로서 수령하게 되는 것이 아니다. 따라서 피대위채권이 변제 등으로 소멸하기 전이라면 채무자의 다른 채권자는 이를 압류·가압류·처분금지가처분을 할 수 있다(대판 2016.9.28, 2016다205915; 대판 2016.8.29, 2015다236547). 즉 채권자대위소송에서 제3채무자로 하여금 직접 대위채권자에게 금전의 지급을 명하는 판결이 확정된 경우, 피대위채권이 변제 등으로 소멸

하기 전에 채무자의 다른 채권자가 이를 압류·가압류·처분금지가처분을 할 수 있다. 그러나 채권자대위소송이 제기되고 대위채권자가 채무자에게 대위권 행사사실을 통지하거나 채무자가 이를 알게 된 이후에는 민사집행법 제229조 5항이 유추적용되어 피대위채권에 대한 전부명령은, 우선권 있는 채권에 기초한 것이라는 등의 특별한 사정이 없는 한 무효이다(대판 2016.8.29, 2015다236547).

판 례

(ㄱ) 채권자대위권을 행사함에 있어서 채권자가 제3채무자에 대하여 자기에게 직접 급부를 요구하여도 상관없는 것이고 자기에게 급부를 요구하여도 어차피 그 효과는 채무자에게 귀속되는 것이므로, 채권자대위권을 행사하여 채권자가 제3채무자에게 그 명의의 소유권보존등기나 소유권이전등기의 말소절차를 직접 자기에게 이행할 것을 청구하여 승소하였다고 하여도 그 효과는 원래의 소유자인 채무자에게 귀속되는 것이니, 법원이 채권자대위권을 행사하는 채권자에게 직접 말소등기 절차를 이행할 것을 명하였다고 하여 무슨 위법이 있다고 할 수 없다(대판 1996.2.9, 95다27998).

(ㄴ) 채권자가 채무자를 대위하여 제3채무자를 상대로 제기한 채권자대위소송이 법원에 계속 중 채무자와 제3채무자 사이에 채권자대위소송과 소송물을 같이하는 내용의 소송이 제기된 경우, 양 소송은 동일소송이므로 후소는 중복제소금지원칙에 위배되어 제기된 부적법한 소송이라 할 것이나, 이 경우 전소, 후소의 판별기준은 소송계속의 발생시기의 선후에 의할 것이다(대판 1992.5.22, 91다41187).

(2) 행사의 범위

채권자대위권은 채권의 보전을 위하여 채무자의 권리를 채권자가 행사하는 것이므로, 채권보전에 필요한 범위 내에서 행사하여야 한다. 따라서 채권자는 관리행위(예: 채권의 추심·해제권·환매권·채권자취소권 등)를 대위할 수 있지만, 처분행위(예: 채무의 면제·권리의 포기·기한의 유예 등)는 할 수 없다. 한편 채무자의 권리 중 어느 하나만을 행사함으로써 그 목적을 달성할 수 있는 때에는 채무자의 다른 권리에 대한 대위행사는 허용되지 않는다. 물론 특정채권의 보전을 위한 경우에는 그 채권의 보전에 필요한 권리만 행사할 수 있을 뿐이다(대판 1993.4.23, 93다289).

판 례

채권자대위권은 채무자의 제3채무자에 대한 권리를 행사하는 것이므로, 제3채무자는 채무자에 대하여 가지는 모든 항변사유로써 채권자에게 대항할 수 있으나, 채권자는 채무자 자신이 주장할 수 있는 사유의 범위 내에서 주장할 수 있을 뿐, 자기와 제3채무자 사이의 독자적인 사정에 기한 사유를 주장할 수는 없다(대판 2020.7.9, 2020다223781).

(3) 행사의 통지와 처분권의 제한

(가) 채권자가 보존행위 이외의 권리를 대위행사한 때에는 채무자에게 이를 통지하여야 한다(제405조 1항). 채무자가 그 통지를 받은 후에는 그 권리를 처분하여도 채권자에게 대항하지 못한다(제405조 2항). 다만 대위권행사의 통지가 없더라도 채무자가 대위권행사의 사실을 알고 있었을

때에는 통지가 있었던 것과 같은 효과가 생긴다(대판 2007.9.6, 2007다34135; 대판 2003.1.10, 2000다27343). 즉 대위권행사의 통지를 받거나 그 행사의 사실을 알고 있는 경우, 채무자는 권리에 대한 처분권을 상실하므로 권리의 양도나 포기 등 처분행위를 할 수 없고, 채무자의 처분행위에 의하여 취득한 권리로서는 채권자에게 대항할 수 없다(대판 1991.4.12, 90다9407). 가령 ① 부동산이 甲에서 乙, 乙에서 丙으로 전매되고 丙이 乙을 대위하여 甲에 대해 소유권이전등기청구권을 행사한 경우, 그 후 乙이 甲과의 합의로 매매계약을 해제하는 것은 乙의 甲에 대한 권리를 소멸시키는 것이 되고, 이것은 결국 丙의 대위권행사를 무의미하게 하는 것이어서 허용되지 않는다(대판 1996.4.12, 95다54167). ② 통지 후에 채무자가 제3채무자에 대한 채권을 포기한 때에도 마찬가지이다(대판 1991.4.12, 90다9407). ③ 채무자와 제3채무자 사이의 무효인 매매계약에 의하여 마쳐진 소유권이전등기의 말소등기청구소송을 채권자가 대위행사하고 있는데도 채무자가 그 매매를 추인하는 것은 금지된 처분행위에 해당한다(대판 1977.3.22, 77다118).

(나) 통지 등이 있는 경우에는 처분행위가 금지될 뿐 관리·보존행위까지 금지되는 것은 아니다. 따라서 통지 후에도 제3채무자는 유효하게 채무자에게 변제를 할 수 있고, 채무자도 이를 수령할 수 있다(대판 1991.4.12, 90다9407). 즉 변제의 수령은 제405조 2항의 처분에 포함되지 않으므로, 가령 소유권이전등기청구권의 대위행사 후에도 채무자는 자신의 명의로 소유권이전등기를 하는 데 아무런 지장이 없다(대판 1998.2.13, 97다47897; 대판 1991.4.12, 90다9407).

(다) 제405조 2항의 취지는 채권자가 채무자에게 대위권 행사사실을 통지하거나 채무자가 채권자의 대위권 행사사실을 안 후에 채무자에게 대위의 목적인 권리의 양도나 포기 등 처분행위를 허용할 경우 채권자에 의한 대위권행사를 방해하는 것이 되므로 이를 금지하는 데 있다. 따라서 채무자의 채무불이행 사실 자체만으로는 권리변동의 효력이 발생하지 않아 이를 채무자가 제3채무자에 대하여 가지는 채권을 소멸시키는 적극적인 행위로 볼 수 없어서, 채무자가 채무불이행을 하여 제3채무자로 하여금 채권의 발생원인이 된 기본계약을 해제하게 하거나 자동해제약정에 따라 그 기본계약이 실효되도록 한 경우는 제405조 2항의 '처분'에 해당한다고 할 수 없다(대판 2012.5.17, 2011다87235). 결국 통지 등을 받은 후에 채무자의 채무불이행을 이유로 제3채무자가 매매계약을 해제한 경우, 제3채무자는 계약해제로써 대위권을 행사하는 채권자에게 대항할 수 있다.

반면에 채권자가 채무자를 대위하여 제3채무자의 부동산에 대한 처분금지가처분을 신청하여 처분금지가처분 결정을 받은 경우, 이는 그 부동산에 관한 소유권이전등기청구권을 보전하기 위한 것이므로 피보전권리인 소유권이전등기청구권을 행사한 것과 같이 볼 수 있어, 채무자가 그러한 채권자대위권의 행사 사실을 알게 된 이후에 그 부동산에 대한 매매계약을 합의해제함으로써 채권자대위권의 객체인 그 부동산의 소유권이전등기청구권을 소멸시켜도 이로써 채권자에게 대항할 수 없고, 그 결과 제3채무자도 그 계약해제로써 채권자에게 대항할 수 없다(대판 2007.6.28, 2006다85921).

판 례

(ㄱ) 부동산의 전득자(채권자)가 양수인 겸 전매인(채무자)에 대한 소유권이전등기청구권을 보전하기 위하여 양수인을 대위하여 양도인(제3채무자)을 상대로 처분금지가처분결정을 받아 그 등기를 마친 경우 그 가처분은 전득자가 자신의 양수인에 대한 소유권이전등기청구권을 보전하기 위하여 '양도인이 양수인 이외의 자'에게 그 소유권의 이전 등 처분행위를 못하게 하는 데에 그 목적이 있는 것으로서 그 피보전권리는 양수인의 양도인에 대한 소유권이전등기청구권이고, 전득자의 양수인에 대한 소유권이전등기청구권까지 포함되는 것은 아닐 뿐만 아니라 그 가처분결정에서 제3자에 대한 처분을 금지하였더라도 그 제3자 중에는 양수인은 포함되지 아니하며, 따라서 그 가처분 이후에 양수인이 양도인으로부터 소유권이전등기를 넘겨 받았고 이에 터잡아 다른 등기가 마쳐졌더라도 그 각 등기는 위 가처분의 효력에 위배되는 것이 아니다(대판 1998.2.13, 97다47897; 대판 1994.3.8, 93다42665).

(ㄴ) 채권자가 채무자와 제3자 사이의 근저당권설정계약이 통정허위표시임을 이유로 채무자를 대위하여 그 말소를 구하는 소송을 제기하였는데, 그 후 채무자가 제3자가 신청한 지급명령에 이의를 제기하지 않아 강제경매절차에서 부동산이 매각됨으로써 근저당권설정등기가 말소된 경우, 채무자가 지급명령에 이의를 제기하지 않은 것이 대위채권자가 행사하고 있는 권리의 처분이라고 할 수 없어 제3자는 근저당권설정등기의 말소로 채권자에게 대항할 수 있다(대판 2007.9.6, 2007다34135).

(ㄷ) 채권자대위소송이 제기되고 대위채권자가 채무자에게 대위권 행사사실을 통지하거나 채무자가 이를 알게 되면 민법 제405조 제2항에 따라 채무자는 피대위채권을 양도하거나 포기하는 등 채권자의 대위권 행사를 방해하는 처분행위를 할 수 없게 되고 이러한 효력은 제3채무자에게도 그대로 미치는데, 그럼에도 그 이후 대위채권자와 평등한 지위를 가지는 채무자의 다른 채권자가 피대위채권에 대하여 전부명령을 받는 것도 가능하다고 하면, 채권자대위소송의 제기가 채권자의 적법한 권리행사방법 중 하나이고 채무자에게 속한 채권을 추심한다는 점에서 추심소송과 공통점도 있음에도 그것이 무익한 절차에 불과하게 될 뿐만 아니라, 대위채권자가 압류·가압류나 배당요구의 방법을 통하여 채권배당절차에 참여할 기회조차 가지지 못하게 한 채 전부명령을 받은 채권자가 대위채권자를 배제하고 전속적인 만족을 얻는 결과가 되어, 채권자대위권의 실질적 효과를 확보하고자 하는 민법 제405조 제2항의 취지에 반하게 된다. 따라서 채권자대위소송이 제기되고 대위채권자가 채무자에게 대위권 행사사실을 통지하거나 채무자가 이를 알게 된 이후에는 민사집행법 제229조 제5항이 유추적용되어 피대위채권에 대한 전부명령은, 우선권 있는 채권에 기초한 것이라는 등의 특별한 사정이 없는 한 무효이다(대판 2016.8.29, 2015다236547).

(ㄹ) 자기의 금전채권을 보전하기 위하여 채무자의 금전채권을 대위행사하는 대위채권자는 제3채무자로 하여금 직접 대위채권자 자신에게 지급의무를 이행하도록 청구할 수 있고 제3채무자로부터 변제를 수령할 수도 있으나, 이로 인하여 채무자의 제3채무자에 대한 피대위채권이 대위채권자에게 이전되거나 귀속되는 것이 아니므로, '대위채권자의 제3채무자에 대한 추심권능 내지 변제수령권능'은 자체로서 독립적으로 처분하여 환가할 수 있는 것이 아니어서 '압류할 수 없는 성질'의 것이고, 따라서 추심권능 내지 변제수령권능에 대한 압류명령 등은 무효이다. 그리고 채권자대위소송에서 제3채무자로 하여금 직접 대위채권자에게 금전의 지급을 명하는 판결이 확정되었더라도 판결에 기초하여 금전을 지급받는 것 역시 대위채권자의 제3채무자에 대한 추심권능 내지 변제수령권능에 속하므로, 채권자대위소송에서 확정된 판결에 따라 대위채권자가 제3채무자로부터 지급받을 채권에 대한 압류명령 등도 무효이다(대판 2016.8.29, 2015다236547).

(4) 제3채무자의 항변권

(가) 채권자는 채무자의 권리를 행사하는 것이므로, 제3채무자는 채무자에 대해 가지는 모든 항변사유(예: 무효와 취소·권리소멸·동시이행의 항변권 등)로써 채권자에게 대항할 수 있다(대판 2023.4.13, 2022다244836). 그러나 채무자가

채권자에 대해 가지는 항변을 제3채무자가 원용할 수 없다(대판 2004.2.12, 2001다10151; 대판 1998.12.8, 97다31472). 예컨대 채권자의 채무자에 대한 채권의 소멸시효가 완성된 경우에 이를 원용할 수 있는 자는 시효이익을 직접 받는 채무자이고, 제3채무자는 이를 주장할 수 없다(대판 2009.9.10, 2009다34160).

(나) 제3채무자와 채무자 사이의 법률행위가 통정허위표시, 착오·사기·강박에 의한 의사표시인 경우, 제3채무자는 대위채권자가 선의이면 그 법률행위의 무효 내지 취소를 대위채권자에게 주장할 수 없는지가 문제이다. 이에 대해 허위표시에 의하여 부동산을 매수한 자에 대하여 금전채권을 가지고 있는 채권자가 그 매수인을 대위하여 상대방에게 이전등기청구를 하는 경우, 채권자는 허위표시에 의하여 외형상 형성된 법률관계를 토대로 실질적으로 새로운 법률상 이해관계를 맺은 자가 아니므로 상대방은 대위채권자에게 허위표시의 무효를 주장할 수 있다는데 이설이 없다. 반면에 대위채권자의 채권이 특정채권인 경우, 즉 매수인으로부터 다시 매수한 자가 채권자대위권에 의하여 이전등기를 청구하는 경우에는 대위채권자가 보호받는 제3자에 해당하므로, 상대방은 허위표시의 무효를 주장할 수 없다는 견해가 있다(김능환, 민법주해(IX), 781면).

생각건대 ① 채권자대위권에 의하여 행사하는 권리는 채무자의 권리이고 채권자는 채무자를 대신하여 그 권리를 행사하는 것이기 때문에 그 행사를 받는 제3채무자는 채무자 스스로 권리를 행사하는 경우와 비교하여 불이익을 받아서는 안 된다는 점, ② 채권자대위권을 행사하기 위해서는 채무자의 권리불행사가 존재하여야 하는데, 허위표시의 무효 또는 착오·사기·강박을 이유로 의사표시를 취소한 경우에는 채무자가 제3채무자에게 행사할 수 권리가 존재하지 않으므로 채권자대위권의 성립요건을 갖추지 못한다는 점, ③ 통정허위표시에 의하여 甲 소유의 X부동산을 매수하기로 한 乙로부터 그 부동산을 매수한 선의의 丙이 甲에 대해 채권자대위권에 의하여 이전등기를 청구하는 경우, 甲이 丙에 대해 허위표시의 무효를 주장할 수 없다면, 丙의 대위행사에 따라 甲이 乙 명의로 소유권이전등기를 해 주더라도 甲과 乙 사이의 매매계약(채권행위)이 무효이기 때문에 그 등기도 원인무효에 해당하므로 甲은 乙에 대해 등기말소를 청구할 수 있다는 점(제214조), ④ 채권은 특정인에 대해서만 주장할 수 있는 상대권이므로, X부동산에 대한 甲의 권리(소유권)와 乙에 대해서만 주장할 수 있는 丙의 권리(채권)는 서로 모순되지 않아 양립할 수 있으므로(乙이 통정허위표시 등으로 甲으로부터 그의 X부동산에 대한 소유권이전등기를 받은 후 X부동산에 대해 丙과 매매계약만을 체결한 경우에도 乙에 대한 甲의 권리와 丙의 권리는 서로 양립할 수 있으며, 乙에 대해 각각 소송이 제기되어 병합심리를 한다면 물권은 채권보다 우선하므로 甲이 승소하게 될 것이다. 반면에 丙이 乙로부터 X부동산에 대한 소유권이전등기를 받은 경우, 동일 부동산에 대해 甲과 丙이 서로 소유권을 주장할 것이므로, 결국 양자는 서로 양립할 수 없어 제108조 2항 등에 의해 甲은 丙에게 자신의 소유권을 주장할 수 없게 된다), 丙은 허위표시의 무효를 주장하는 甲과 서로 모순되는 법률상의 이해관계를 가지게 된 자라고 볼 수 없다는 점, ⑤ A가 B의 사기·강박에 의해 Y부동산을 매도하기로 약정한 후 소유권이전등기를 하지 않은 상태에서 자신의 의사표시를 취소하였지만, B가 이러한 사정을 모르는 C에게 A와 B 사이의 매매계약서를 보여주며 Y부동산을 C에게 전매하기로 계약한 경우, C가 B를 대위하여 A에게 소유권이전등기를 청구한다면, A는 위 취소로써 C에게 대항하지 못하고(제110조 3항) 이에 응해야 한다(C가 B를 대위하여 A에게 B명의로 소유권이전등기를 청구하자, A가 B에 대해 의사

(표시를 취소한 경우도 마찬가지임)는 문제가 발생한다는 점 등을 고려할 때, 대위채권자의 채권이 특정채권인 경우에도 대위채권자는 보호받는 제3자(제107조 2항, 제108조 2항, 제109조 2항, 제110조 3항)에 해당하지 않으므로, 제3채무자는 선의의 대위채권자에 대하여도 의사표시의 무효 내지 취소를 주장할 수 있다고 할 것이다.

(다) 한편 대위권행사의 통지가 있은 후에는 채무자의 처분권이 제한되므로(제405조 2항), 통지 후에는 채무자가 한 그 권리에 관한 처분행위에 의하여 제3채무자가 취득한 항변사유로는 채권자에게 대항할 수 없다.

판 례

(ㄱ) 임차인이 임대인의 동의를 얻어 전대한 경우에 전차인은 임대인에 대하여 그 사용의 편익을 위하여 임대인의 동의를 얻어 시설한 부속물의 매수청구권을 행사할 수 있고, 임대인을 대위하여 명도청구를 하는 원고에 대하여도 부속물 매수대금 지급시까지의 연기적 항변권을 주장할 수 있다(대판 1981.11.10, 81다378).

(ㄴ) 채권자대위권은 채무자의 제3채무자에 대한 권리를 행사하는 것이므로, 제3채무자는 채무자에 대해 가지는 모든 항변사유로 채권자에게 대항할 수 있으나, 채권자는 채무자 자신이 주장할 수 있는 사유의 범위 내에서 주장할 수 있을 뿐 자기와 제3채무자 사이의 독자적인 사정에 기한 사유를 주장할 수는 없다(대판 2009.5.28, 2009다4787). 가령 채권자가 무효인 소유권이전등기청구권의 보전을 위한 가등기의 유용 합의에 따라 부동산 소유자인 채무자로부터 그 가등기 이전의 부기등기를 마친 제3채무자를 상대로 채무자를 대위하여 가등기의 말소를 구한 경우, 채권자가 그 부기등기 전에 부동산을 가압류한 사실을 주장하는 것은 채무자가 아닌 채권자 자신이 제3채무자에 대하여 가지는 사유에 관한 것이어서 허용되지 않는다.

(ㄷ) 채권자가 채권자대위소송을 제기한 경우, 제3채무자는 채무자가 채권자에 대하여 가지는 항변권이나 형성권 등과 같이 권리자에 의한 행사를 필요로 하는 사유를 들어 채권자의 채무자에 대한 권리가 인정되는지 여부를 다툴 수 없지만, 채권자의 채무자에 대한 권리의 발생원인이 된 법률행위가 무효라거나 위 권리가 변제 등으로 소멸하였다는 등의 사실을 주장하여 채권자의 채무자에 대한 권리가 인정되는지 여부를 다투는 것은 가능하고, 이 경우 법원은 제3채무자의 주장을 고려하여 채권자의 채무자에 대한 권리가 인정되는지 여부에 관하여 직권으로 심리·판단하여야 한다(대판 2015.9.10, 2013다55300). 즉 채권자대위권이 인정되기 위해서는, ① 피보전채권, ② 채권보전의 필요성, ③ 채무자의 권리불행사, ④ 피대위권리의 존재가 필요한데, 법정소송담당설에 의하면 ④는 소송물로서 본안의 문제이므로 그 요건사실에 흠결이 있으면 청구기각하고, 증거조사결과 ①②③이 흠결된 경우에는 대위채권자의 당사자적격의 흠결로서 소를 각하하여야 한다. ①②③은 소송요건(당사자 적격)을 뒷받침하는 사실이며, 소송요건은 예외적으로 당사자의 주장을 기다려 판단하는 항변사항인 경우를 제외하고는 원칙적으로 직권조사사항이다.

4. 채권자대위권 행사의 효과

(1) 채무자에게 효과귀속

(가) 채권자대위권은 채권자가 채무자의 권리를 행사하는 것이므로, 그 행사의 효과는 직접적으로 채무자에게 귀속하고(대판 1996.2.9, 95다27998), 복귀된 재산은 총채권자의 공동담보가 된다. 즉 대위권을 행사한 채권자가 우선변제를 받을 수 있는 것은 아니다. 따라서 제3채무자로부터 급부를 대위수령한 채권자는 그것을 채무자에게 인도하여야 한다. 그러나 채권자의 채무자에 대한 채권과 채무자의 채권자에 대한 인도채권이 상계적상에 있을 경우에 상계의 의사표시

에 의하여 사실상 우선변제를 받을 수 있다.

(나) 채권자대위권 행사의 효과는 채무자에게 귀속되는 것이므로 채권자대위소송의 제기로 인한 소멸시효 중단의 효과 역시 채무자에게 생긴다(대판 2011.10.13, 2010다80930).

(2) 채권자의 비용상환청구권

채권자대위의 법률관계는 채권자와 채무자 사이에 위임에 준하는 법정채권관계이기 때문에, 채권자는 대위권행사에 따른 비용의 상환을 청구할 수 있고(제688조 유추적용), 수령 후에 보관비용을 지출한 경우에는 유치권(제320조)을 행사할 수 있다.

(3) 대위소송의 판결효력

(가) 채무자가 당사자로서 소송참가를 한 경우(민사소송법 제79조) 또는 채무자에 대하여 소송고지가 있었던 경우(민사소송법 제84조-제86조)에 판결의 효력은 채무자에게 미친다.

(나) 소송참가나 소송고지가 없는 경우 채무자에게 기판력이 미치는지에 관하여, 판례와 소수설은 대위소송이 제기된 사실을 어떠한 사정에 의하든지 채무자가 알았을 경우에 채무자에게 기판력이 미치지만, 알지 못하였을 때에는 기판력이 미치지 않는다고 한다(대판 1995.7.11, 95다9945; 이은영, 449면). 그러나 다수설은 채무자가 대위소송제기의 사실을 알았든지 알지 못하였든지 언제든지 채무자에게 기판력이 미친다고 한다(곽윤직, 138면; 김상용, 246면; 김용한, 251면; 김주수, 228면; 김증한/김학동, 192면; 김형배, 374면).

생각건대 민사소송법 제218조 3항은 "다른 사람을 위하여 원고나 피고가 된 사람에 대한 확정판결은 그 다른 사람에 대하여도 그 효력이 미친다"고 규정하고 있으므로, 채무자가 소송계속 사실을 알았는지 여부를 불문하고 대위소송의 판결의 기판력은 언제나 소송의 당사자인 채권자뿐만 아니라 소외에 있는 그 권리의 주체인 채무자에게도 미친다고 할 것이다.

판 례

(ㄱ) 중복제소금지는 소송계속으로 인하여 당연히 발생하는 소송요건의 하나로서, 이미 동일한 사건에 관하여 전소가 제기되었다면 설령 그 전소가 소송요건을 흠결하여 부적법하다고 할지라도 후소의 변론종결시까지 취하·각하 등에 의하여 소송계속이 소멸되지 않는 한 후소는 중복제소금지에 위배하여 각하를 면할 수 없다. 이와 같은 법리는 어느 채권자가 채무자를 대위하여 제3채무자를 상대로 제기한 채권자대위소송이 법원에 계속 중 다른 채권자가 같은 채무자를 대위하여 제3채무자를 피고로 하여 동일한 소송물에 관하여 소송을 제기한 경우에도 적용된다(대판 1998.2.27, 97다45532).

(ㄴ) 민사소송법 제218조 3항은 '다른 사람을 위하여 원고나 피고가 된 사람에 대한 확정판결은 그 다른 사람에 대하여도 효력이 미친다.'고 규정하고 있으므로, 채권자가 채권자대위권을 행사하는 방법으로 제3채무자를 상대로 소송을 제기하고 판결을 받은 경우 채권자가 채무자에 대하여 민법 제405조 제1항에 의한 보존행위 이외의 권리행사의 통지, 또는 민사소송법 제84조에 의한 소송고지 혹은 비송사건절차법 제49조 제1항에 의한 법원에 의한 재판상 대위의 허가를 고지하는 방법 등 어떠한 사유로 인하였든 적어도 채권자대위권에 의한 소송이 제기된 사실을 채무자가 알았을 때에는 그 판결의 효력이 채무자에게

미친다고 보아야 한다. 이때 채무자에게도 기판력이 미친다는 의미는 채권자대위소송의 소송물인 피대위채권의 존부에 관하여 채무자에게도 기판력이 인정된다는 것이고, 채권자대위소송의 소송요건인 피보전채권의 존부에 관하여 당해 소송의 당사자가 아닌 채무자에게 기판력이 인정된다는 것은 아니다. 따라서 채권자가 채권자대위권을 행사하는 방법으로 제3채무자를 상대로 소송을 제기하였다가 채무자를 대위할 피보전채권이 인정되지 않는다는 이유로 소각하 판결을 받아 확정된 경우 그 판결의 기판력이 채권자가 채무자를 상대로 피보전채권의 이행을 구하는 소송에 미치는 것은 아니다(대판 2014.1.23, 2011다108095).

Ⅲ. 채권자취소권

1. 서 설

(1) 의 의

채권자취소권(Gläubigeranfechtung)은 채무자가 채권자를 해함을 알면서 책임재산인 자기의 일반재산을 감소시키는 법률행위(사해행위)를 한 경우, 그 법률행위를 취소하고 책임재산에서 일탈된 재산의 원상회복을 재판상 청구할 수 있는 권리를 말한다(제406조 1항). 예컨대 A로부터 3천만원을 빌린 B가 그의 유일한 부동산을 C에게 증여하여 무자력으로 된 경우, A가 승소의 확정판결을 받아도 B에게 남아 있는 재산이 없기 때문에, A는 채권의 만족을 얻을 수 없게 되는데, 이 경우 A가 B의 C에 대한 증여행위를 취소하여 그 부동산을 회복하게 할 수 있다. 주의할 것은, 채권자취소권은 사해행위로 이루어진 채무자의 재산처분행위를 취소하고 그 원상회복을 구하기 위한 권리로서 사해행위에 의해 일탈된 채무자의 책임재산을 총채권자를 위하여 채무자에게 복귀시키기 위한 것이지 채권자취소권을 행사하는 특정 채권자에게만 독점적 만족을 주기 위한 권리가 아니라는 점이다(대판 2010.5.27, 2007다40802).

한편 채권자취소권은 채권의 효력이 채무자 이외의 제3자에게 미친다는 점에서 채권자대위권과 동일하다. 그러나 대위권은 원래 채무자가 행사할 권리를 타인이 대신 행사하는 것이지만, 취소권은 채무자가 행한 유효한 법률행위의 효력을 타인이 부인하는 것이므로, 제3자에게 미치는 영향이 훨씬 크다. 따라서 취소권의 요건이나 행사방법이 대위권에 비해 엄격하여야 한다.

(2) 성 질

(가) 채권자취소권은 소송법상의 권리가 아니라 실체법상의 권리이다. 취소권은 반드시 재판상 행사하여야 하지만(제406조), 그것은 권리행사의 방법에 지나지 않는다. 또한 채권자취소권은 채권의 효력으로서 채권자에게 인정되는 권리이므로, 채권이 양도되면 그에 따라 채권자취소권도 이전한다.

(나) 현행법상 채권자취소권은 채무자의 사해행위를 취소하고 아울러 채무자의 일반재산으로부터 일탈한 재산의 반환을 구하는 권리이다. 다시 말하면 제406조 1항은 "…그 취소

및 원상회복을 법원에 청구할 수 있다"고 규정함으로써 취소와 재산의 원상회복의 양자를 그 내용으로 하는 권리임을 밝히고 있다. 즉 형성권(취소)과 청구권(원상회복)이 결합된 것이다. 다만 원상회복의 필요가 없는 경우(예: 채무자가 제3채무자에 대한 채권을 포기한 때)에는 사해행위의 취소만을 구할 수 있다.

2. 채권자취소권의 요건

(1) 채권자의 채권이 존재할 것—피보전채권의 존재

(가) 피보전채권의 성립시기

1) 원 칙

취소채권자의 채권은 채권자대위권과 달리 사해행위 '이전'에 성립, 존재하고 있어야 한다(대판 2002.4.12, 2000다43352). 사해행위 이후에 발생한 채권은 사해행위에 의하여 침해될 수가 없기 때문이다. 따라서 채권자의 채권이 성립하기 전에 이루어진 채무자의 행위는 취소의 대상이 되지 못한다. 채권자의 채권이 사해행위 이전에 성립한 이상 그 채권이 양도된 경우에도 양수인이 채권자취소권을 행사할 수 있고(대판 2012.2.9, 2011다77146), 이 경우 채권양도의 대항요건을 사해행위 이후에 갖추었더라도 양수인이 채권자취소권을 행사하는 데 아무런 장애사유가 될 수 없다(대판 2006.6.29, 2004다5822).

2) 예 외

판례는 '장래의 채권'도 일정한 요건을 갖추는 것을 전제로 이를 취소채권자의 채권에 포함시킨다. 즉 ① 사해행위 당시에 이미 '채권성립의 기초가 되는 법률관계'가 발생되어 있고, ② 가까운 장래에 그 법률관계에 의하여 채권이 성립되리라는 점에 대한 고도의 개연성이 있으며, ③ 실제로 가까운 장래에 그 개연성이 현실화되어 채권이 성립한 경우, 그 채권도 채권자취소권의 피보전채권이 될 수 있다고 한다(대판 2009.11.12, 2009다53437; 대판 2007.6.29, 2006다66753). 이 경우에도 채권자를 위하여 책임재산을 보전할 필요가 있고, 채무자에게 채권자를 해한다는 점에 대한 인식이 있었다고 볼 수 있기 때문이다. 여기서 '채권성립의 기초가 되는 법률관계'는 당사자 사이의 약정에 의한 법률관계에 한정되는 것이 아니고, 채권성립의 개연성이 있는 준법률관계나 사실관계 등도 포함되며, 따라서 당사자 사이에 채권 발생을 목적으로 하는 계약의 교섭이 상당히 진행되어 계약체결의 개연성이 고도로 높아진 단계도 포함된다(대판 2022.7.14, 2019다281156). 반면에 ① 채무자가 채권자와 신용카드가입계약을 체결하고 신용카드를 발급받았으나 자신의 유일한 부동산을 매도한 후에 비로소 신용카드를 사용하기 시작하여 신용카드대금을 연체한 경우, 신용카드를 사용함으로써 비로소 채권이 성립하는 것이므로, 단순히 신용카드가입계약만으로 '채권성립의 기초가 되는 법률관계'에 해당한다고 할 수 없다(대판 2004.11.12, 2004다40955). 즉 신용카드대금채권은 사해행위 이후에 발생한 채권에 불과하여 사해행위의 피보전채권이 될 수 없다. ② 부동산을 양도받아 소유권이전등기청구권을 가지고 있는 자가 양도인이 제3자에게 이를 이중으로 양도하여 소유권이전등기를 하여 줌으로써 취득하는 부동산 가액 상당의 손해배상채권은 이중양도행위에 대한 사해행위취소권을 행사할 수 있는 피보전채권에 해당한다고 할 수 없다(대판 1999.4.27, 98다56690). 제1매수인이 매도인에게 가지는 손해배상채권은 매도인이 이중양도함으로써 비로소 발생하기 때문이다.

판 례

(ㄱ) 채권자취소권 행사는 채무 이행을 구하는 것이 아니라 총채권자를 위하여 채무자의 자력 감소를 방지하고, 일탈된 채무자의 책임재산을 회수하여 채권의 실효성을 확보하는 데 목적이 있으므로, 피보전채권이 사해행위 이전에 성립되어 있는 이상 액수나 범위가 구체적으로 확정되지 않은 경우라고 하더라도 채권자취소권의 피보전채권이 된다(대판 2018.6.28, 2016다1045).

(ㄴ) 채권자의 보증채무 이행으로 인한 구상금채권이 채무자의 사해행위 당시 아직 발생하지는 않았으나 그 기초가 되는 신용보증약정은 이미 체결되어 있었고 사해행위 시점이 주채무자의 부도일 불과 한 달 전으로서 이미 주채무자의 재정상태가 악화되어 있었던 경우, 위 구상금채권은 채권자취소권의 피보전채권이 된다(대판 2000.2.25, 99다53704).

(ㄷ) 채권자취소권은 채무자의 사해행위를 채권자와 수익자 또는 전득자 사이에서 상대적으로 취소하고 채무자의 책임재산에서 일탈한 재산을 회복하여 채권자의 강제집행이 가능하도록 하는 것을 본질로 하는 권리이므로, 채권자취소권에 의하여 책임재산을 보전할 필요성이 없어지면 채권자취소권은 소멸한다. 따라서 채권자취소소송에서 피보전채권의 존재가 인정되어 사해행위 취소 및 원상회복을 명하는 판결이 확정되었더라도, 그에 의하여 재산이나 가액의 회복을 마치기 전에 피보전채권이 소멸하여 채권자가 더 이상 채무자의 책임재산에 대하여 강제집행을 할 수 없게 되었다면, 이는 위 판결의 집행력을 배제하는 적법한 청구이의(민사집행법 제44조) 이유가 된다(대판 2017.10.26, 2015다224469).

(ㄹ) 계속적인 물품공급계약에서 대상이 되는 물품의 구체적인 수량, 거래단가, 거래시기 등에 관하여까지 구체적으로 미리 정하고 있다거나, 일정한 한도에서 공급자가 외상으로 물품을 공급할 의무를 규정하고 있지 않은 이상, 계속적 물품공급계약 그 자체에 의하여 거래당사자의 채권이 바로 성립하지는 아니하며, 주문자가 상대방에게 구체적으로 물품의 공급을 의뢰하고 그에 따라 상대방이 물품을 공급하는 별개의 법률관계가 성립하여야만 채권이 성립한다. 따라서 특별한 사정이 없는 한 사해행위 당시 계속적인 물품거래관계가 존재하였다는 사정만으로 채권 성립의 기초가 되는 법률관계가 발생하여 있었다고 할 수 없다(대판 2023.3.16, 2022다272046).

(나) 피보전채권이 될 수 있는 권리

1) 채권자취소권은 책임재산을 보전하기 위한 것이고, 그 행사의 효과는 '모든 채권자의 이익을 위하여' 효력이 있으므로(제407조), 취소채권자의 채권은 '금전채권'이어야 하며, 채권자취소권은 채권자의 공동담보를 해하는 경우, 즉 채무자가 무자력으로 된 경우에만 허용된다. 따라서 특정물의 급부를 목적으로 하는 채권(예: 특정물인도청구권·부동산임차권 등)의 보전을 위하여 채권자취소권을 행사할 수 없다(대판 2001.12.27, 2001다32236). 가령 ① 부동산의 제1양수인은 자신의 소유권이전등기청구권을 보전하기 위하여 양도인과 제3자 사이에서 이루어진 이중양도행위에 대하여 채권자취소권을 행사할 수 없다(대판 1999.4.27, 98다56690). ② 취득시효의 대상인 부동산의 소유자가 취득시효 완성 후에 이를 처분하여 채권자의 시효취득을 원인으로 한 소유권이전등기청구권이 침해되었음을 이유로 하는 경우에는 채권자취소권을 인정할 수 없다(대판 1992.11.24, 92다33855,33862).

2) 보증채무·연대채무와 같은 인적 담보를 수반하는 채권은 보증인(연대채무자)에게 변제자력이 있더라도 우선변제가 보장되는 것은 아니므로, 채권자는 자신의 채권 전액에 대하여 채무자의 재산처분행위에 대해 취소권을 행사할 수 있다. 반면에 주채무자 또는 제3자 소유의 부동산에 대하여 채권자 앞으로 질권·저당권과 같이 물적 담보가 설정되어 채권자에게 우선변제권이 확보되어 있다면, 그 범위 내에서는 채무자의 재산처분행위는 채권자를 해하지 않으므로, '그 담보물로부터 우선변제 받을 금액'을 공제한 나머지 채권액에 대하여만 채권자취소권이 인정된다. 이때 취소채권자가 '담보물로부터 우선변제받을 금액'은 사해행위 당시를 기준으로 담보물의 가액에서 취소채권자에 앞서는 선순위 담보물권자가 변제받을 금액을 먼저 공제한 다음 산정하여야 한다(대판 2021.11.25, 2016다263355).

3) 채권자의 채권(피보전채권)이 이행기에 있어야 하는 것은 아니다. 즉 채권의 이행기가 도래하지 않더라도 취소권을 행사할 수 있으며, 피보전채권이 조건부 채권 또는 기한부 채권이더라도 상관이 없다(통설). 판례도 취소채권자의 채권이 정지조건부 채권이더라도 장래에 정지조건이 성취되기 어려울 것으로 보이는 등 특별한 사정이 없는 한, 이를 피보전채권으로 하여 채권자취소권을 행사할 수 있다고 한다(대판 2011.12.8, 2011다55542). 또한 채권자취소권은 채무자의 책임재산을 보전하기 위한 제도로서 채무자에 대하여 채권을 행사할 수 있음이 전제되어야 한다. 따라서 채무자가 파산절차에서 면책결정을 받은 때에는 파산채권을 피보전채권으로 하여 채권자취소권을 행사하는 것은 그 채권이 채무자회생법 제566조 단서의 예외사유에 해당하지 않는 한 허용되지 않는다(대판 2008.6.26, 2008다25978).

4) 이혼에 따른 재산분할청구권을 보전하기 위하여 채권자취소권을 행사할 수 있다. 즉 부부의 일방이 상대방 배우자의 재산분할청구권 행사를 해함을 알고 재산권을 목적으로 하는 법률행위를 한 때에는 상대방 배우자는 그 취소 및 원상회복을 법원에 청구할 수 있다(제839조의3, 제843조).

판 례

(ㄱ) 사해행위취소의 요건으로서의 무자력이란 채무자의 변제자력이 없음을 뜻하는 것이고 특히 임의변제를 기대할 수 없는 경우에는 강제집행을 통한 변제가 고려되어야 하므로, 채무자의 적극재산을 산정함에 있어서는 다른 특별한 사정이 없는 한 실질적으로 재산적 가치가 없어 채권의 공동담보로서의 역할을 할 수 없는 재산은 제외하여야 할 것이고, 특히 그 재산이 채권인 경우에는 그것이 용이하게 변제를 받을 수 있는 것인지 여부를 합리적으로 판정하여 그것이 긍정되는 경우에 한하여 적극재산에 포함시켜야 한다(대판 2006.2.10, 2004다2564).

(ㄴ) 채권자가 채무자를 상대로 그 채무의 이행을 구하는 소를 제기하여 승소판결이 확정되면 채권자취소소송의 상대방인 수익자나 전득자는 그와 같이 확정된 채권자의 채권의 존부나 범위에 관하여 다툴 수 없다(대판 2003.7.11, 2003다19572).

(ㄷ) 채무자가 다른 재산을 처분하는 법률행위를 하더라도, 채무자 소유의 부동산에 채권자 앞으로 근저당권이 설정되어 있고 그 부동산의 가액 및 채권최고액이 당해 채권액을 초과하여 채권자에게 채권 전액에

대한 우선변제권이 확보되어 있다면, 그와 같은 재산처분행위는 채권자를 해하지 아니하므로 채권자에 대하여 사해행위가 성립하지 않는다. 이러한 경우 주채무의 보증인이 있더라도 채무자가 보증인에 대하여 부담하는 사전구상채무를 별도로 소극재산으로 평가할 수는 없고, 보증인이 변제로 채권자를 대위할 경우 자기의 권리에 의하여 구상할 수 있는 범위에서 채권 및 그 담보에 관한 권리를 행사할 수 있으므로, 사전구상권을 피보전권리로 주장하는 보증인에 대하여도 사해행위가 성립하지 않는다(대판 2009.6.23, 2009다549). 즉 채권자가 채무자 소유 부동산에 근저당권을 설정받아 채권 전액에 대한 우선변제권을 확보하고 있는 경우, 그 보증인이 채무자에 대한 사전구상채권을 피보전권리로 삼아 채무자의 다른 재산처분행위에 대하여 사해행위로 취소를 구할 수 없다.

(ㄹ) 주채무자 또는 제3자 소유의 부동산에 대하여 채권자 앞으로 근저당권이 설정되어 있고, 그 부동산의 가액 및 채권최고액이 당해 채무액을 초과하여 채무 전액에 대하여 채권자에게 우선변제권이 확보되어 있다면, 그 범위 내에서는 채무자의 재산처분행위는 채권자를 해하지 아니하므로 연대보증인이 비록 유일한 재산을 처분하는 법률행위를 하더라도 채권자에 대하여 사해행위가 성립되지 않는다고 보아야 할 것이고, 당해 채무액이 그 부동산의 가액 및 채권최고액을 초과하는 경우에는 그 담보물로부터 우선변제받을 액을 공제한 나머지 채권액에 대하여만 채권자취소권이 인정된다고 할 것이며, 피보전채권의 존재와 그 범위는 채권자취소권 행사의 한 요건에 해당된다고 할 것이므로 이 경우 채권자취소권을 행사하는 채권자로서는 그 담보권의 존재에도 불구하고 자신이 주장하는 피보전채권이 그 우선변제권 범위 밖에 있다는 점을 주장·증명하여야 한다(대판 2002.11.8, 2002다41589).

(ㅁ) 채권자가 사해행위의 취소를 청구하면서 그 보전하고자 하는 채권을 추가하거나 교환하는 것은 그 사해행위취소권을 이유 있게 하는 공격방법에 관한 주장을 변경하는 것일 뿐이지 소송물 또는 청구 자체를 변경하는 것이 아니므로 소의 변경이라 할 수 없다(대판 2003.5.27, 2001다13532).

(ㅂ) 채권자취소권 행사는 채무이행을 구하는 것이 아니라 총채권자를 위하여 이행기에 채무 이행을 위태롭게 하는 채무자의 자력 감소를 방지하는 데 목적이 있는 점과 민법이 제148조, 제149조에서 조건부권리의 보호에 관한 규정을 두고 있는 점을 종합해 볼 때, 취소채권자의 채권이 정지조건부채권이라 하더라도 장래에 정지조건이 성취되기 어려울 것으로 보이는 등 특별한 사정이 없는 한, 이를 피보전채권으로 하여 채권자취소권을 행사할 수 있다(대판 2011.12.8, 2011다55542). 가령 공사도급계약의 수급인인 甲회사가 공사가 완공되지 못하고 중도에 계약이 해제될 경우 乙에게 일정액의 돈을 지급하여야 하는 정지조건부 채무를 부담하고 있는데, 정지조건 성취 전 자신의 유일한 재산인 토지와 건물에 관하여 근저당권설정계약을 체결한 후 丙에게 근저당권설정등기를 마쳐준 경우, 사해행위 당시에 정지조건이 성취되지 않았더라도 정지조건부 채권을 피보전권리로 하여 채권자취소권을 행사할 수 있으므로, 위 근저당권설정계약은 채권자인 乙에게 사해행위가 된다.

(다) 사해행위취소소송에서 피보전채권의 소멸시효 완성 및 시효이익 포기가 수익자에게 미치는지 여부

소멸시효를 원용할 수 있는 사람은 권리의 소멸에 의하여 직접 이익을 받는 자에 한정된다. 사해행위취소소송의 상대방이 된 사해행위의 수익자는 사해행위가 취소되면 사해행위에 의하여 얻은 이익을 상실하게 되나, 사해행위취소권을 행사하는 채권자의 채권이 소멸되면 그와 같은 이익의 상실을 면할 수 있는 지위에 있으므로, 그 채권의 소멸에 의하여 직접 이익을 받는 자에 해당한다(대판 2007.11.29, 2007다54849). 또한 시효이익의 포기는 상대적 효과가 있을 뿐이므로 채무자가 취소채권자의 피보전채권에 대하여 시효기간이 지난 후 변제하는 등으로 시효이익을 포기하였더라도, 그 효력이 사해행위의 수익자에게 미치지 않고 수익자는 여전히 피보전채권의 소멸시효를 주장할 수 있다(대판 2025.9.25, 2024다254387). 가령 원고 甲이 乙회사에게 갖는 일부 대여금 채권의 상사소멸시효 기간이 도과하였는데, 그 이후에도 甲은 乙에게 변제를 요구하였고, 乙은 남은 채무를 변제하겠다는 취지로 말하며 구체적으로 자금마련 방법 등을 언급하거나 지급시기의 유예를 요청하고, 대여금 채권의 일부를 변제하기도 하였다. 한편 乙은 피고 丙에게 이 사건 X건물을 매도하는 매매계약을 체결하고 소유권이전등기를 마쳐주었다. 이에 원고 甲은 乙이 채무초과 상태에서 피고 丙과 그 당시 유일한 부동산에 관한 매매계약을 체결한 것이 사해행위에 해당한다고 주장하며 부동산 매매계약의 취소 및 원상회복을 청구하였다. 이 경우 乙이 시효기간이 지난 후 사해행위의 피보전채권에 해당하는 원고 甲의 대여금채권에 대하여 시효이익을 포기하였더라도, 수익자인 피고 丙에게는 시효이익 포기의 효력이 미치지 않으므로, 피고 丙은 여전히 피보전채권의 시효소멸을 주장할 수 있다. 따라서 법원은 원고의 청구를 기각해야 한다.

(2) 채권자를 해하는 재산권을 목적으로 하는 법률행위일 것—사해행위의 존재

(가) 사해행위

채무자가 행한 재산상의 법률행위가 채권자를 해하여야 한다(제406조 1항 본문). 즉 채무자가 적극재산을 감소시키거나 소극재산을 증가시킴으로써 채무초과 상태에 이르거나 이미 채무초과 상태에 있는 것을 심화시킴으로써 채권자를 해하는 행위를 하여야 한다(대판 2013.4.26, 2012다118334). 이러한 결과를 발생시키는 법률행위를 사해행위(詐害行爲)라고 한다. 사해행위가 되기 위해서는 ① 채무자의 법률행위이어야 하며, ② 그 법률행위는 재산권을 목적으로 하여야 하고, ③ 채권자를 해하는 법률행위이어야 한다. 사해행위취소의 소에서 채무자가 그와 같이 채무초과 상태에 있는지는 '사해행위 당시'를 기준으로 판단하여야 한다(대판 2017.10.26, 2015다254675).

1) 채무자의 법률행위일 것

(i) 사해행위는 채무자가 행하였어야 한다. 따라서 취소의 대상이 되는 사해행위는 채무자와 수익자 사이에서 행하여진 법률행위이어야 하고, 수익자와 전득자 사이의 법률행위는 취소의 대상이 되지 않는다(대판 2004.8.30, 2004다21923). 사해행위에는 관념의 통지(예: 채권양도의 통지, 시효중단 사유인 채무의 승인)나 의사의 통지(예: 이행의 최고)와 같은 준법률행위도 해당한다. 다만 채권양도의 경우 권리이전의 효과는 원칙적으로 당사자 사이의 양도계약 체결과 동시에 발생하며 채무자에 대한 통지 등은 채무자를 보호하기 위한 대항요건일 뿐이므로, 채권양도행위가 사해행위에 해당하지 않는 경우에 양도통지가 따로 채권자취소권 행사의 대상이 될 수는 없다(대판 2012.8.30, 2011다32785,32792). 가령 甲의 대여금채권은 丙이 채무자 乙로부터 임대차보증금반환채권을 양도받은 이후에 발생하였고, 乙의 채권양도 통지는 甲의 대여금채권(피보전권리)이 발생한 후에 이루어진 경우, 乙의 채권양도가 사해행위에 해당하지 않는 이상 채권양도의 통지만이 채권자취소권 행사의 대상이 되지 않는다.

(ii) 취소의 대상이 되는 사해행위는 반드시 법률적으로 유효한 것일 필요는 없고, 허위표시·착오·반사회적 법률행위 등과 같이 무효 또는 취소의 사유가 있더라도 무방하다. 가령 허위표시가 제406조의 요건을 충족하는 경우에 이론적으로는 무효인 법률행위에 대하여 취소하는 것은 무의미하지만, 허위표시를 한 채무자의 채권자는 취소권을 행사할 수 있다(통설; 대판 1998.2.27, 97다50985).

(iii) 부동산의 소유자가 등기명의를 수탁자에게 이전하는 양자간 등기명의신탁의 경우, 명의신탁약정에 의하여 이루어진 수탁자 명의의 소유권이전등기는 원인무효로서 말소되어야 하고, 부동산은 여전히 신탁자의 소유로서 신탁자의 일반채권자들의 공동담보에 제공되는 책임재산이 된다. 따라서 신탁부동산에 관하여 채무자인 신탁자가 직접 자신의 명의 또는 수탁자의 명의로 제3자와 매매계약을 체결하는 등 신탁자가 실질적 당사자가 되어 법률행위를 하는 경우, 이러한 신탁자의 법률행위는 신탁자의 일반채권자들을 해하는 행위로서 사해행위에 해당할 수 있다. 이 경우 사해행위취소의 대상은 신탁자와 제3자 사이의 법률행위가 될 것이고, 원상회복은 제3자가 '수탁자'에게 말소등기절차를 이행하는 방법에 의할 것이다(대판 2012.10.25, 2011다107382).

2) 재산권을 목적으로 하는 법률행위일 것

(i) 취소의 대상이 되는 사해행위는 매매·대물변제·증여·저당권설정 등과 같이 직접 재산권을 목적으로 하는 법률행위이어야 한다. 채권자취소권은 채권의 공동담보의 보전을 목적으로 하는 것이므로, 사해행위를 취소함으로써 채무자의 책임재산을 보전할 수 있는 것이어야 한다. 따라서 ① 혼인·입양과 같이 직접 재산권을 목적으로 하는 것이 아닌 신분상의 행위는 취소할 수 없다. ② 재산권을 목적으로 하는 법률행위라도 그 재산권이 법률상 압류하지 못할 것인 때에는 책임재산의 보전과는 무관한 것이므로 취소할 수 없다. ③ 재산권을 목적으로 하는 법률행위이거나 간접적으로 재산상의 이익에 영향을 미치는 것이라도 채무자의 자유의사에 맡겨야 하는 행위(예: 상속의 포기·승인, 증여 또는 유증의 거절)는 원칙적으로 취소할 수 없다. 가령 '상속의 포기'는 상속인의 지위 자체를 소멸하게 하는 행위로서 순전한 재산법적 행위가 아니고, 채무자인 상속인의 재산을 현재의 상태보다 악화시키지 않으므로, 사해행위취소의 대상이 되지 않는다(대판 2011.6.9, 2011다29307). 그러나 채무자가 협의이혼을 하면서 배우자에게 상당한 정도를 넘는 과대한 재산분할을 하는 특별한 사정이 있는 경우에는 상당한 부분을 초과하는 부분에 대하여는 취소할 수 있고(대판 2006.6.29, 2005다73105), 채무자가 상속재산의 분할협의를 하면서 상속재산에 관한 권리를 포기함으로써 재산분할 결과가 구체적 상속분에 상당하는 정도에 미달하는 과소한 경우에는 미달한 부분에 한하여 취소할 수 있다(대판 2014.7.10, 2012다26633; 대판 2001.2.9, 2000다51797).

(ii) 한편 ① 채무자가 소멸시효 완성 후에 한 소멸시효이익의 포기행위는 소멸하였던 채무가 소멸하지 않았던 것으로 되어, 결과적으로 채무자가 부담하지 않아도 되는 채무를 새롭게 부담하게 되는 것이므로, 취소의 대상인 사해행위가 될 수 있다(대결 2013.5.31, 2012마712). ② 채무자가 영업재산과 영업권이 유기적으로 결합된 일체로서의 영업을 양도함으로써 채무초과상태

에 이르거나 이미 채무초과상태에 있는 것을 심화시킨 경우, 영업양도는 채권자취소권 행사의 대상이 된다(대판 2015.12.10, 2013다84162). ③ 무자력 상태의 채무자가 소송절차를 통해 수익자에게 자신의 책임재산을 이전하기로 하여, 수익자가 제기한 소송에서 자백하는 등의 방법으로 패소판결 또는 그와 같은 취지의 화해권고결정 등을 받아 확정시키고, 이에 따라 수익자 앞으로 그 책임재산에 대한 소유권이전등기 등이 마쳐졌다면, 이러한 일련의 행위의 실질적인 원인이 되는 채무자와 수익자 사이의 이전합의는 다른 일반채권자의 이익을 해하는 사해행위가 될 수 있다(대판 2017.4.7, 2016다204783). 그러나 ① 협의·심판에 의하여 구체화되지 않은 이혼으로 인한 재산분할청구권은 채무자의 책임재산에 해당하지 않으며, 이를 포기하는 행위도 채권자취소권의 대상이 될 수 없다(대판 2013.10.11, 2013다7936). 이혼으로 인한 재산분할청구권은 협의·심판에 의하여 구체적 내용이 형성되기까지는 그 범위 및 내용이 불명확·불확정하기 때문이다. ② 유증을 받을 자가 이를 포기하는 것은 사해행위취소의 대상이 되지 않는다(대판 2019.1.17, 2018다260855). 유증을 받을 자는 유언자의 사망 후에 언제든지 유증을 승인 또는 포기할 수 있고, 그 효력은 유언자가 사망한 때에 소급하여 발생하므로(제1074조), 채무초과 상태에 있는 채무자라도 자유롭게 유증을 받을 것을 포기할 수 있고, 채무자의 유증 포기가 직접적으로 채무자의 일반재산을 감소시켜 채무자의 재산을 유증 이전의 상태보다 악화시킨다고 볼 수도 없기 때문이다.

판 례

(ㄱ) 채권자가 채무의 변제를 요구하는 것은 그의 당연한 권리행사로서 다른 채권자가 존재한다는 이유로 이것이 방해받아서는 아니 되고, 채무자도 다른 채권자가 있다는 이유로 채무이행을 거절할 수는 없는 것이므로, 채무자가 채권자의 요구에 따라 채권자에 대한 기존채무의 변제를 위하여 소비대차계약을 체결하고 강제집행을 승낙하는 취지가 기재된 공정증서를 작성하여 주어 전체적으로 채무자의 책임재산이 감소하지 않는 경우에는, 그와 같은 행위로 인해 채무자의 책임재산을 특정 채권자에게 실질적으로 양도한 것과 다를 바 없는 것으로 볼 수 있는 특별한 사정이 있는 경우에 해당하지 아니하는 한, 다른 채권자를 해하는 사해행위가 된다고 볼 수 없다(대판 2015.10.29, 2012다14975).

(ㄴ) 채무자의 부동산에 관한 매매계약 등의 유상행위가 사해행위라는 이유로 취소되고 원상회복이 이루어짐으로써 수익자에 대하여 부당이득반환채무를 부담하게 된 채무자가 부당이득반환채무의 변제를 위하여 수익자와 소비대차계약을 체결하고 강제집행을 승낙하는 취지가 기재된 공정증서를 작성하여 준 경우에도, 그와 같은 행위로 책임재산을 수익자에게 실질적으로 양도한 것과 다를 바 없는 것으로 볼 수 있는 특별한 사정이 있는 경우에 해당하지 아니하는 한, 다른 채권자를 해하는 새로운 사해행위가 된다고 볼 수 없다. 이러한 수익자의 채무자에 대한 채권은 당초의 사해행위 이후에 취득한 채권에 불과하므로 수익자는 원상회복된 재산에 대한 강제경매절차에서 배당을 요구할 권리가 없다(대판 2015.10.29, 2012다14975).

(ㄷ) 상속재산의 분할협의는 상속이 개시되어 공동상속인 사이에 잠정적 공유가 된 상속재산에 대하여 그 전부 또는 일부를 각 상속인의 단독소유로 하거나 새로운 공유관계로 이행시킴으로써 상속재산의 귀속을 확정시키는 것으로 그 성질상 재산권을 목적으로 하는 법률행위이므로 사해행위취소권 행사의 대상이 될 수 있고, 이미 채무초과 상태에 있는 채무자가 상속재산의 분할협의를 하면서 자신의 상속분에 관한 권리를 포기함으로써 일반 채권자에 대한 공동담보가 감소된 경우에는 원칙적으로 채권자에 대한 사해행위에 해당한다(대판 2024.5.30, 2024다208315).

3) 채권자를 해하는 법률행위일 것

(i) 채권자취소권을 행사할 수 있기 위해서는, 채무자가 채권자를 해하는 법률행위를 하여야 한다. 여기서 채권자를 해한다는 것은 채무자의 재산행위로 그의 일반재산이 감소하여 채권의 공동담보에 부족이 생기고, 채권자에게 완전한 변제를 할 수 없게 되는 것을 말한다. 이와 같이 채권자취소권에 대해서는 언제나 '채무자의 무자력'을 그 요건으로 한다. ① 채무자의 무자력은 '사해행위의 당시'에 존재하여야 한다(대판 2009.6.23, 2009다549; 대판 2008.5.15, 2005다60338). ② 채권자는 채무자의 재산처분행위로 인하여 무자력 또는 채무초과상태가 초래되었다는 사실에 관한 주장·증명책임을 부담한다. 따라서 어떠한 채권의 존부 및 범위에 관한 증명이 있는 경우, 그 채권이 용이하게 변제를 받을 수 있는 확실성이 없는 등 실질적으로 재산적 가치가 없어 채권의 공동담보로서의 역할을 할 수 없는 재산에 해당한다는 점에 대한 주장·증명책임 역시 취소채권자가 부담한다(대판 2023.10.18, 2023다237804). ③ 채권자가 취소권을 행사하는 때, 즉 '사실심 변론종결' 당시에도 무자력이어야 한다(통설). 따라서 처분행위 당시에는 채권자를 해하는 것이었더라도 그 후 채무자가 자력을 회복하거나 채무가 감소하여 취소권 행사시에 채권자를 해하지 않게 되었다면, 채권자취소권에 의하여 책임재산을 보전할 필요성이 없으므로 채권자취소권은 소멸한다(대판 2009.3.26, 2007다63102). 이러한 사정변경이 있다는 사실은 채권자취소소송의 상대방이 증명하여야 한다(대판 2007.11.29, 2007다54849).

(ii) 채무자의 자력을 산정할 때에는 채무자의 신용 등도 포함하여야 하며, 조건부 채권·기한부 채권도 평가·가산하여야 한다. 그런데 채권을 평가하는 경우에는 그것이 용이하게 변제받을 수 있는 때에만 포함시켜야 한다(대판 2006.2.10, 2004다2564). 다만 압류금지재산은 공동담보가 될 수 없으므로, 이를 적극재산에 포함시켜서는 안 된다(대판 2005.1.28, 2004다58963). 또한 연대보증인의 법률행위가 사해행위에 해당하는지 여부를 판단할 때, 주채무에 관하여 주채무자 또는 제3자 소유의 부동산에 대하여 채권자 앞으로 근저당권이 설정되어 있는 등으로 채권자에게 우선변제권이 확보되어 있는 경우가 아닌 이상, '주채무자의 일반적인 자력'은 고려할 요소가 아니다(대판 2003.7.8, 2003다13246). 채권자는 주채무자와 연대보증인에 대하여 순차적으로 또는 동시에 채무의 전부나 일부의 이행을 청구할 수 있기 때문이다(제414조).

(iii) 채무자 소유 부동산에 담보권이 설정되어 있으면 그 피담보채권액을 공제한 나머지 부분만이 일반채권자들의 공동담보로 제공되는 책임재산이 되므로 피담보채권액이 부동산의 가액을 초과하고 있는 때에는 그와 같은 '부동산의 양도'나 그에 대한 새로운 '담보권의 설정'은 사해행위에 해당한다고 할 수 없다(대판 1997.9.9, 97다10864). 그러나 저당권의 피담보채권액이 목적물의 가액을 초과하였더라도 채무자가 목적물을 양도하기에 앞서 자신의 출재로 피담보채무의 일부를 변제하여 잔존 피담보채권액이 목적물의 가액을 초과하지 않게 되었다면 목적물의 양도로 목적물의 가액에서 잔존 피담보채권액을 공제한 잔액의 범위 내에서 사해행위가 성립하고, 이는 채무자의 출재에 의한 피담보채무의 일부 변제가 양도계약 체결 후 이에

따른 소유권이전등기 등이 마쳐지는 과정에서 이루어진 경우에도 마찬가지로 보아야 한다(대판 2017.1.12, 2016다208792). 가령 甲은 채무자 乙에 대한 5억원의 대출금채권을 담보하기 위하여 乙 소유의 X부동산과 丙 소유의 Y부동산에 공동근저당권을 취득하였다. 乙은 채무초과인 상태에서 丁에게 시가 4억 4,000만원인 X부동산을 3억 3,000만원에 매도하는 계약을 체결하면서, 매매대금 중 3억원의 지급은 丁이 공동근저당권의 피담보채무를 인수하는 것으로 갈음하기로 약정하였다. 그 후 乙이 대출금채무 중 원금 2억원과 이자를 변제하자, 丁은 乙에게 3,000만원을 지급하는 한편 공동근저당권의 나머지 피담보채무 3억원을 인수하고, X부동산에 관하여 丁 명의의 소유권이전등기도 마쳐졌다. 이 경우 X부동산의 시가 4억 4,000만원에서 공동근저당권의 잔존 피담보채권 3억원을 공제한 범위 내에서 일반채권자에 대한 사해행위가 성립한다.

(ⅳ) 사해행위에 해당하는지를 판단할 때 채무자 소유의 재산이 다른 채권자의 채권에 물상담보로 제공되어 있는 경우, 물상담보로 제공된 부분은 채무자의 일반 채권자들을 위한 채무자의 책임재산이라고 할 수 없으므로, 물상담보에 제공된 재산의 가액에서 다른 채권자가 가지는 피담보채권액을 공제한 잔액만을 채무자의 적극재산으로 평가하여야 한다(대판 2016.8.18, 2013다90402). 이때 수 개의 부동산에 공동저당권이 설정되어 있는 경우 책임재산을 산정할 때 각 부동산이 부담하는 피담보채권액은 특별한 사정이 없는 한 제368조의 규정 취지에 비추어 공동저당권의 목적으로 된 각 부동산의 가액에 비례하여 공동저당권의 피담보채권액을 안분한 금액이다. 그러나 ① 수 개의 부동산 중 일부는 채무자의 소유이고 다른 일부는 물상보증인의 소유인 경우, 물상보증인이 제481조, 제482조의 규정에 따른 변제자대위에 의하여 채무자 소유의 부동산에 대하여 저당권을 행사할 수 있는 지위에 있는 점 등을 고려할 때, 물상보증인이 채무자에 대하여 구상권을 행사할 수 없는 특별한 사정이 없는 한 채무자 소유의 부동산이 부담하는 피담보채권액은 채무자 소유 부동산의 가액을 한도로 한 공동저당권의 피담보채권액 전액이고, ② 물상보증인 소유의 부동산이 부담하는 피담보채권액은 공동저당권의 피담보채권액에서 채무자 소유의 부동산이 부담하는 피담보채권액을 제외한 나머지이다. 이러한 법리는 하나의 공유부동산 중 일부 지분이 채무자의 소유이고, 다른 일부 지분이 물상보증인의 소유인 경우에도 마찬가지로 적용된다(대판 2016.8.18, 2013다90402; 대판 2013.7.18, 2012다5643). 가령 채무자 소유의 X부동산(시가 6,000만원) 과 물상보증인 소유의 Y부동산(시가 4,000만원)에 대해 피담보채권액 6,000만원으로 공동저당권이 설정되었는데, 채무자의 X부동산에 대한 매매계약이 사해행위로 취소될 경우, 시가 6,000만원에서 피담보채권액 6,000만원을 공제하면 남는 금액이 없으므로, X부동산에 대한 양도행위는 일반채권자에 대한 사해행위가 되지 않는다.

(ⅴ) 채무자가 수익자에게 양도한 부동산에 관하여 일반채권에 대하여 우선변제권이 있는 조세채권 등에 기초한 압류등기가 마쳐져 있는 경우에는 그 부동산 중에서 일반채권자의 공동담보에 제공되는 책임재산을 산정할 때 조세채권액 등을 공제하여야 한다(대판 2023.9.21, 2023다249739).

판 례

(ㄱ) 특정한 채권에 대한 공동 연대보증인 중 1인이 다른 공동 연대보증인에게 재산을 증여하여 특정채권자가 추급할 수 있는 채무자들의 총 책임재산에는 변동이 없다고 하더라도, 재산을 증여한 연대보증인의 재산이 감소되어 그 특정한 채권자를 포함한 일반채권자들의 공동담보에 부족이 생기거나 그 부족이 심화된 경우에는, 그 증여행위의 사해성을 부정할 수는 없다(대판 2009.3.26, 2007다63102).

(ㄴ) 새로 설정된 담보권의 말소를 구하는 사해행위취소 청구에 앞서 선순위 담보권 설정행위가 사해행위로 인정되어 취소되고 그에 기한 등기가 말소되었거나 채권자가 선순위 담보권과 후순위 담보권에 대한 사해행위취소 및 등기말소를 구하는 소송에서 선순위 담보권 설정행위가 사해행위로 인정되는 경우에는 후순위 담보권 설정행위가 사해행위에 해당하는지 여부를 판단함에 있어 그 선순위 담보권의 피담보채무액을 당해 부동산에 설정된 담보권의 피담보채무액에 포함시켜서는 안 된다(대판 2007.7.26, 2007다23081).

(ㄷ) 어느 시점에서 사해행위에 해당하는 법률행위가 있었는가를 따질 때에는 당사자 사이의 이해관계에 미치는 중대한 영향을 고려하여 신중하게 이를 판정하여야 하고, 채무자의 재산처분행위가 사해행위가 되는지는 처분행위 당시를 기준으로 판단하여야 하며, 설령 재산처분행위가 정지조건부인 경우라 하더라도 특별한 사정이 없는 한 마찬가지이다(대판 2013.6.28, 2013다8564).

(ㄹ) 채무자가 연속하여 수개의 재산행위를 한 경우에는 채권자취소권에 관하여 각 행위별로 그로 인하여 무자력이 초래되었는지 여부에 따라 사해성을 판단하는 것이 원칙이지만, 그 일련의 행위들을 하나의 행위로 볼 특별한 사정이 있는 때에는 이를 일괄하여 전체로서 사해성이 있는지 판단하여야 한다. 이때 그러한 특별한 사정이 있는지 여부는 행위의 상대방의 동일성, 각 재산행위의 시간적 근접성, 채무자와 상대방의 관계, 행위의 동기 내지 기회의 동일성 여부 등을 기준으로 결정되어야 한다(대판 2006.9.14, 2005다74900; 대판 2010.5.27, 2010다15387).

(ㅁ) 공유물분할은 형식적으로는 공유자 상호 간의 지분의 교환 또는 매매이나 실질적으로는 공유물에 분산되어 있는 지분을 분할로 인하여 취득하는 특정 부분에 집중시켜 소유형태를 변경한 것에 불과하다. 그러므로 공유지분에 관하여 담보가등기를 설정하였다가 공유물분할로 단독소유가 된 부동산에 전사된 담보가등기에 관하여 사해행위를 이유로 채권자취소권을 행사할 경우에는 특별한 사정이 없는 한 공유지분에 대한 담보가등기 설정 당시를 기준으로 사해행위에 해당하는지를 판단하여야 한다(대판 2016.5.27, 2014다230894).

(ㅂ) 채무자가 유일한 재산인 그 소유의 부동산에 관한 매매예약에 따른 예약완결권이 제척기간 경과가 임박하여 소멸할 예정인 상태에서 제척기간을 연장하기 위하여 새로 매매예약을 하는 행위는 채무자가 부담하지 않아도 될 채무를 새롭게 부담하게 되는 결과가 되므로 채권자취소권의 대상인 사해행위가 될 수 있다(대판 2018.11.29, 2017다247190).

(나) 사해행위에 해당하는지 여부가 문제되는 경우

1) 변제·대물변제

(i) 변제는 채무자가 일부의 채권자와 통모하여 다른 채권자를 해할 의사를 가지고 변제를 한 경우를 제외하고는 원칙적으로 사해행위가 되지 않는다(대판 2007.5.31, 2005다28686). 변제의 경우에는 적극재산뿐만 아니라 소극재산도 감소하게 하여 채무자의 책임재산에 변동을 가져오지 않을뿐더러 채무자는 변제를 거절하지 못하기 때문이다. 이는 기존 금전채무의 변제에 갈음하여 다른 금전채권을 '양도'하는 경우에도 마찬가지이다(대판 2004.5.28, 2003다60822).

(ii) 대물변제도 상당한 가격으로 행하여진 경우에는 사해행위가 아니다(대판 2003.6.24, 2003다1205). 그러

나 ① 채무자가 일부의 채권자와 통모하여 다른 채권자를 해할 의사를 가지고 대물변제를 한 때는 다르다(대판 2003.6.24, 2003다1205). ② 채무자의 재산이 채무의 전부를 변제하기에 부족한 경우에 그의 재산을 어느 특정 채권자에게 대물변제나 담보조로 제공하였다면 그러한 행위는 특별한 사정이 없는 한 사해행위가 되고, 대물변제나 담보조로 제공된 재산이 채무자의 유일한 재산이 아니거나 그 가치가 채권액에 미달한다고 하여도 마찬가지이다(대판 2007.7.12, 2007다18218). 즉 특별한 사정이 없는 한 대물변제는 기본적으로 사해행위가 된다는 판례도 있다. 반면에 우선변제권 있는 채권자에 대한 대물변제의 제공행위는 특별한 사정이 없는 한 다른 채권자들의 이익을 해한다고 볼 수 없어 사해행위가 되지 않는다(대판 2008.2.14, 2006다33357).

판 례

채무자가 여러 채권자 중 일부에게만 채무의 이행과 관련하여 그 채무의 본래 목적이 아닌 다른 채권 기타 적극재산을 양도함으로써 채무초과상태를 유발 또는 심화시킨 경우, 채무자의 총 재산에는 변동이 없지만 일반채권자를 위한 공동담보가 되는 책임재산을 감소시키는 결과가 초래되므로, 그와 같은 적극재산의 양도 행위는 채무자가 특정 채권자에게 채무 본지에 따른 변제를 하는 경우와 달리 원칙적으로 다른 채권자들에 대한 관계에서는 사해행위가 될 수 있고, 예외적으로 사해성의 일반적인 판단 기준에 비추어 그 행위가 궁극적으로 일반채권자를 해하는 행위로 볼 수 없는 경우에는 사해행위의 성립이 부정될 수 있다(대판 2023.10.18, 2023다237804).

2) 담보의 제공

(ⅰ) 채무초과 상태에 있는 채무자가 그 소유의 부동산을 채권자 중의 어느 한 사람에게 채권담보로 제공하는 행위는 특별한 사정이 없는 한 다른 채권자들에 대한 관계에서 사해행위에 해당한다. 그러나 ① 채무자가 제3자로부터 자금을 차용하여 부동산을 매수하고 해당 부동산을 차용금채무에 대한 담보로 제공하거나, 채무자가 제3자로부터 부동산을 매수하여 매매대금을 지급하기 전에 소유권이전등기를 마치고 해당 부동산을 매매대금채무에 대한 담보로 제공한 경우와 같이 기존 채권자들의 공동담보가 감소되었다고 볼 수 없는 경우에는 담보제공행위를 사해행위라고 할 수 없다. 나아가 위와 같은 부동산매수행위와 담보제공행위가 한꺼번에 이루어지지 않고 단기간 내에 순차로 이루어졌다고 하더라도 다른 특별한 사정이 없는 한 일련의 행위 전후를 통하여 기존 채권자들의 공동담보에 증감이 있었다고 평가할 것도 아니므로, 담보제공행위만을 분리하여 사해행위에 해당한다고 할 수 없다(대판 2018.12.28, 2018다272261). ② 사업을 추진하기 위하여 부득이 특정한 채권자에게 담보로 제공하는 것과 같은 특별한 사정이 있는 때에는 사해행위가 아니다(대판 2002.3.29, 2000다25842). 가령 자금난으로 사업을 계속 추진하기 어려운 상황에 처한 채무자가 자금을 융통하여 사업을 계속 추진하는 것이 채무 변제력을 갖는 최선의 방법이라 생각하고 부동산을 특정 채권자에게 담보로 제공하고 신규자금을 추가로 융통받은 경우, 채무자의 담보권설정행위는 사해행위에 해당하지 않는다(대판 2018.8.30, 2018다228318; 대판 2009.5.14, 2008다70701). 즉 명문의 규정이 없지만 채무자의 법률행위 상당성(정당성)을 사해성(사해행위) 조각사유 내지 장애사유로 볼 수 있다. 따라서 채무자에게 사업의 갱생이나 계속 추진의 의도가 있더라도 '신규

자금의 융통 없이' 단지 기존채무의 이행을 유예받기 위하여 자신의 채권자 중 한 사람에게 담보를 제공하는 행위는 다른 특별한 사정이 없는 한 다른 채권자들에 대한 관계에서는 사해행위에 해당한다(대판 2022.1.14, 2018다295103).

(ii) 수익자가 채무초과 상태에 있는 채무자의 부동산에 관하여 설정된 선순위 담보가등기의 피담보채무를 변제하여 그 가등기를 말소하는 대신 '동일한 금액'을 피담보채무로 하는 새로운 담보가등기를 설정하는 것은 채무자의 공동담보를 부족하게 하는 것이라고 볼 수 없어 사해행위가 성립한다고 할 수 없지만, '선순위 담보가등기'를 말소시킨 후 그 부동산에 관하여 매매예약을 하고, 그에 의하여 '소유권이전등기청구권 보전의 가등기'를 마친 경우에는 그 부동산의 가액, 즉 시가에서 피담보채무액을 공제한 잔액의 범위 내에서 사해행위가 성립한다(대판 2003.7.11, 2003다19435).

(iii) 주택임대차보호법 제8조의 소액보증금 최우선변제권은 임차목적 주택에 대하여 저당권에 의하여 담보된 채권, 조세 등에 우선하여 변제받을 수 있는 일종의 법정담보물권을 부여한 것이므로, 채무자가 채무초과 상태에서 채무자 소유의 유일한 주택에 대하여 주택임대차보호법상의 임차권을 설정해 준 행위는 채무초과 상태에서의 담보제공행위로서 채무자의 총재산의 감소를 초래하는 행위가 되는 것이고, 따라서 그 임차권설정행위는 사해행위취소의 대상이 된다(대판 2005.5.13, 2003다50771).

(iv) 주의할 것은 사해행위가 되려면 물적 담보로 제공되는 재산이 채무자의 것이어야 한다는 점이다. 가령 명의수탁자인 채무자 甲 명의의 소유권이전등기가 무효인 경우, 甲이 부동산에 관하여 제3자와 근저당권을 설정할 당시 그 부동산은 이미 甲의 소유가 아니기 때문에, 이를 甲의 일반채권자들의 공동담보에 공하여지는 책임재산이라고 볼 수 없다. 따라서 채무자 甲이 위 부동산에 관하여 제3자에게 근저당권을 설정하여 주었더라도 甲의 책임재산에 감소를 초래하지 않으므로, 이는 채무자의 일반채권자들을 해하는 사해행위가 아니다(대판 2000.3.10, 99다55069). 반면에 계약명의신탁 약정에 따라 명의수탁자가 명의신탁약정이 있다는 사실을 알지 못하는 X부동산 소유자와 매매계약을 체결한 후 소유권이전등기를 자신의 명의로 마친 경우, 명의신탁자와 명의수탁자 사이의 명의신탁약정은 무효이더라도 명의수탁자는 X부동산의 소유권을 취득하게 되고(부동산실명법 제4조 2항 단서), 명의신탁자에 대하여 그로부터 제공받은 매수자금 상당액의 부당이득반환의무를 부담하게 되며, 명의수탁자가 취득한 X부동산은 채무자인 명의수탁자의 일반채권자들의 공동담보에 제공되는 책임재산이 되므로, 명의수탁자의 재산이 채무의 전부를 변제하기에 부족한 경우 명의수탁자가 X부동산을 명의신탁자 또는 그가 지정하는 자에게 양도하는 행위는 특별한 사정이 없는 한 다른 채권자의 이익을 해하는 것으로서 다른 채권자들에 대한 관계에서 사해행위가 된다(대판 2008.9.25, 2007다74874).

(v) 채무자가 채권자 아닌 자에 대하여 인적·물적 담보를 부담하는 경우에는 사해행위가 인정된다. 다만 단순보증의 경우에 보증인은 최고·검색의 항변권을 가지므로(제437조), 주

채무자의 자력이 충분하면 채권자취소권의 행사는 허용되지 않는다(곽윤직, 144면; 김상용, 261면; 김증한/김학동, 199면. 그러나 송덕수, C-339; 지원림, 4-252c는 자력이 계속 변하게 됨을 고려할 때 사해행위에 해당한다고 한다).

판 례

(ㄱ) 저당권이 설정되어 있는 부동산이 사해행위로 양도된 경우에 그 사해행위는 부동산의 가액, 즉 시가(공시지가와 일치하는 것은 아니다)에서 저당권의 피담보채권액을 공제한 잔액의 범위 내에서 성립하고, 피담보채권액이 부동산의 가액을 초과하는 때에는 당해 부동산의 양도는 사해행위에 해당한다고 할 수 없다(대판 2006.4.13, 2005다70090). 여기서 피담보채권액이라 함은 근저당권의 경우 채권최고액이 아니라 실제로 이미 발생하여 있는 채권금액이다(대판 2001.10.9, 2000다42618).

(ㄴ) 부동산에 대하여 가압류등기가 먼저 되고 나서 근저당권설정등기가 마쳐진 경우에 경매절차의 배당관계에서 근저당권자는 선순위 가압류채권자에 대하여는 우선변제권을 주장할 수 없으므로 그 가압류채권자는 근저당권자와 일반채권자의 자격에서 평등배당을 받을 수 있고, 따라서 가압류채권자는 채무자의 근저당권설정행위로 인하여 아무런 불이익을 입지 않으므로 채권자취소권을 행사할 수 없다. 그러나 채권자의 실제 채권액이 가압류 채권금액보다 많은 경우 그 초과하는 부분에 관하여는 가압류의 효력이 미치지 아니하여 그 범위 내에서는 채무자의 처분행위가 채권자들의 공동담보를 감소시키는 사해행위가 되므로 그 부분 채권을 피보전채권으로 삼아 채권자취소권을 행사할 수 있다(대판 2008.2.28, 2007다77446).

반면에 채무자가 아무 채무도 없이 다른 사람을 위해 자신의 부동산에 관하여 근저당권을 설정함으로써 '물상보증인'이 되는 행위는 그 부동산의 담보가치만큼 채무자의 총재산에 감소를 가져오는 것이므로, 그 근저당권이 채권자의 가압류와 동순위의 효력밖에 없다 하여도, 그 자체로 다른 채권자를 해하는 행위가 된다(대판 2010.6.24, 2010다20617,20624). 즉 乙소유의 X부동산에 대하여 채권자 甲이 가압류등기를 마친 다음, 채무초과 상태에 있는 乙이 ① 채권자 丙을 위해 근저당설정등기를 마친 경우에는 사해행위가 되지 않지만, ② 제3자의 채무를 담보하기 위해 근저당권설정등기를 마친 경우에는 사해행위에 해당한다.

(ㄷ) 채권자가 이미 자기 채권의 보전을 위하여 가압류를 한 바 있는 부동산을 채무자가 제3자가 부담하는 채무의 담보로 제공하여 근저당권을 설정하여 줌으로써 '물상보증을 한 경우'에는 일반채권자들이 만족을 얻는 물적 기초가 되는 책임재산이 새로이 감소된다. 따라서 비록 당해 부동산의 환가대금으로부터는 가압류채권자가 위와 같이 근저당권을 설정받은 근저당권자와 평등하게 배당을 받을 수 있더라도, 일반적으로 그 배당으로부터 가압류채권의 충분한 만족을 얻는다는 보장이 없고 가압류채권자는 여전히 다른 책임재산을 공취할 권리를 가지는 이상, 원래 위 가압류채권을 포함한 일반채권들의 만족을 담보하는 책임재산 전체를 놓고 보면 위와 같은 '물상보증으로' 책임재산이 부족하게 되거나 그 상태가 악화되는 경우에는 역시 가압류채권자도 자기 채권의 충분한 만족을 얻지 못하게 되는 불이익을 받는다. 그러므로 위와 같은 가압류채권자라고 하여도 채무자의 물상보증으로 인한 근저당권 설정행위에 대하여 채권자취소권을 행사할 수 있다(대판 2010.1.28, 2009다90047).

(ㄹ) 무자력상태의 채무자가 기존채무에 관한 특정의 채권자로 하여금 채무자가 가지는 채권에 대하여 압류 및 추심명령을 받음으로써 강제집행절차를 통하여 사실상 우선변제를 받게 할 목적으로 그 기존채무에 관하여 강제집행을 승낙하는 취지가 기재된 공정증서를 작성하여 주어 채권자가 채무자의 그 채권에 관하여 압류 및 추심명령을 얻은 경우에는 그와 같은 공정증서 작성의 원인이 된 채권자와 채무자의 합의는 기존채무의 이행에 관한 별도의 계약인 이른바 채무변제계약에 해당하는 것으로서 다른 일반채권자의 이익을 해하여 사해행위가 된다고 할 것이다(대판 2010.4.29, 2009다33884).

(ㅁ) 채무자가 제3자의 채무를 담보하기 위하여 자신의 부동산에 근저당권을 설정함으로써 물상보증인이 되는 행위는 부동산의 담보가치만큼 채무자의 일반 채권자들을 위한 책임재산에 감소를 가져오는 것이므로, 물상담보로 제공된 부동산의 가액에서 다른 채권자가 가지는 피담보채권액을 채권최고액의 범위 내

에서 공제한 잔액만을 채무자의 적극재산으로 평가하여야 하고, 그로 인하여 채무자의 책임재산이 부족하게 되거나 상태가 심화되었다면 사해행위가 성립한다(대판 2015.6.11, 2014다237192).

(ㅂ) 채무자의 재산처분행위가 사해행위가 되려면 그 행위로 채무자의 총재산이 감소되어 채권의 공동담보가 부족한 상태를 유발 또는 심화시켜야 하는 것이므로, 채무자가 제3자로부터 자금을 차용하여 부동산을 매수하고 해당 부동산을 차용금채무에 대한 담보로 제공하거나, 채무자가 제3자로부터 부동산을 매수하여 매매대금을 지급하기 전에 소유권이전등기를 마치고 해당 부동산을 매매대금채무에 대한 담보로 제공한 경우와 같이 기존 채권자들의 공동담보가 감소되었다고 볼 수 없는 경우에는 담보제공행위를 사해행위라고 할 수 없다. 나아가 위와 같은 부동산매수행위와 담보제공행위가 한꺼번에 이루어지지 않고 단기간 내에 순차로 이루어졌다고 하더라도 다른 특별한 사정이 없는 한 일련의 행위 전후를 통하여 기존 채권자들의 공동담보에 증감이 있었다고 평가할 것도 아니므로, 담보제공행위만을 분리하여 사해행위에 해당한다고 하여서도 아니 된다(대판 2017.9.21, 2017다237186).

---

3) 부동산이나 그 밖의 재산 처분

(i) 부동산이나 그 밖의 재산을 상당한 가격을 받고 매각하는 행위에 대해, 학설은 대체로 사해행위가 되지 않는다고 한다(곽윤직, 145면; 김주수, 245면; 김형배, 411면; 이은영, 469면). 그러나 판례는 채무자가 유일한 재산인 부동산을 매각하여 소비하기 쉬운 금전으로 바꾸는 행위는 원칙적으로 사해행위가 되지만, 부동산의 매각 목적이 채무의 변제 또는 변제자력을 얻기 위한 것이고, 대금이 부당한 염가가 아니며, 실제 이를 채권자에 대한 변제에 사용하거나 변제자력을 유지하고 있는 경우에는, 채무자가 일부 채권자와 통모하여 다른 채권자를 해할 의사를 가지고 변제를 하는 등의 특별한 사정이 없는 한, 사해행위에 해당한다고 볼 수 없다고 한다(대판 2024.12.12, 2024다275773; 대판 2015.10.29, 2013다83992). 이러한 법리는 유일한 재산으로서 영업재산과 영업권이 유기적으로 결합된 일체로서 영업을 양도하는 경우에도 마찬가지로 적용된다고 한다(대판 2021.10.28, 2018다223023). 또한 채무자가 채무가 재산을 초과하는 상태에서 채권자 중 한 사람과 통모하여, 그 채권자만 우선적으로 채권의 만족을 얻도록 할 의도로, 채무자 소유의 부동산을 그 채권자에게 매각하고 위 매매대금채권과 그 채권자의 채무자에 대한 채권을 상계하는 약정을 하였다면, 그 매매가격이 상당한 가격이거나 상당한 가격을 초과한다고 할지라도 채무자의 매각행위는 다른 채권자를 해할 의사로 한 법률행위에 해당한다고 한다(대판 1994.6.14, 94다2961,2978).

(ii) 채무자가 양도한 부동산에 제3자의 채무를 담보하기 위한 근저당권이 설정되어 있는 경우, 그 부동산에서 일반 채권자들의 공동담보로 되는 책임재산은 채권최고액을 한도로 실제 부담하고 있는 피담보채권액을 뺀 나머지 부분이다. 따라서 근저당권의 피담보채권액과 채권최고액이 모두 부동산 가격을 초과하는 때에는 일반 채권자들의 공동담보로 되는 책임재산이 없으므로 부동산의 양도가 사해행위에 해당하지 않는다(대판 2018.4.24, 2017다287891). 가령 ① 피담보채권액이 그 재산의 가액을 초과하는 재산의 양도행위가 저당권의 피담보채권보다 우선하여 배당받을 수 있는 채권자에 대한 관계에서는 사해행위가 된다고 할 수 없다(대판 2008.2.14, 2006다33357). ② 채무자가 근저당권이 설정된 부동산(피담보채권액이 부동산가액을 초과한 경우)을 처분하면서 매매대금으로 그 부동산에

대해서 다른 채권자에 우선하여 변제받을 수 있는 지위에 있는 근저당권자의 피담보채권액 중 일부를 변제하고 근저당권을 말소한 경우라면 특별한 사정이 없는 한 부동산 처분행위를 사해행위로 볼 수 없다(대판 2018.4.24, 2017다287891).

판 례

건축 중인 건물 외에 별다른 재산이 없는 채무자가 수익자에게 책임재산인 위 건물을 양도하기 위해 수익자 앞으로 건축주명의를 변경해주기로 약정하였다면 위 양도 약정이 포함되어 있다고 볼 수 있는 건축주명의변경 약정은 채무자의 재산감소 효과를 가져 오는 행위로서 다른 일반채권자의 이익을 해하는 사해행위가 될 수 있다(대판 2017.4.27, 2016다279206).

4) 수급인의 저당권설정청구권 행사에 따른 도급인의 저당권설정행위

(i) 수급인의 저당권설정청구권에 관한 제666조는 부동산공사에서 목적물이 보통 수급인의 자재와 노력으로 완성되는 점을 감안하여 그 목적물의 소유권이 원시적으로 도급인에게 귀속되는 경우, 수급인에게 목적물에 대한 저당권설정청구권을 부여함으로써 수급인이 사실상 목적물로부터 공사대금을 우선적으로 변제받을 수 있도록 하는 데 그 취지가 있다. 이러한 수급인의 지위는 목적물에 대하여 유치권을 행사하는 지위보다 더 강화되는 것이 아니어서 도급인의 일반채권자들에게 부당하게 불리해지는 것도 아닌 점 등에 비추어, 신축건물의 도급인이 제666조가 정한 수급인의 저당권설정청구권 행사에 따라 공사대금채무의 담보로 그 건물에 저당권을 설정하는 행위는 특별한 사정이 없는 한 사해행위에 해당하지 않는다(대판 2021.5.27, 2017다225268).

(ii) 제666조에서 정한 수급인의 저당권설정청구권은 공사대금채권을 담보하기 위하여 인정되는 채권적 청구권으로서 공사대금채권에 부수하여 인정되는 권리이므로, 당사자 사이에 공사대금채권만을 양도하고 저당권설정청구권은 이와 함께 양도하지 않기로 약정하였다는 등의 특별한 사정이 없는 한, 공사대금채권이 양도되는 경우 저당권설정청구권도 이에 수반하여 함께 이전된다. 따라서 신축건물의 수급인으로부터 공사대금채권을 양수받은 자의 저당권설정청구에 의하여 신축건물의 도급인이 그 건물에 저당권을 설정하는 행위 역시 다른 특별한 사정이 없는 한 사해행위에 해당하지 않는다(대판 2018.11.29, 2015다19827).

(3) 채무자와 수익자 또는 전득자에게 사해의 의사가 있을 것—사해의사

채권자취소권을 행사하려면 채무자와 수익자(또는 전득자) 모두에게 사해의 의사(인식)가 있어야 한다.

(가) 채무자의 사해의사

1) 채무자가 사해행위 당시에 그것이 채권자를 해하게 됨을 알고 있어야 한다(제406조 1항 본문). 즉 채무자가 사해의 의사를 가지고 있어야 한다. 사해의사(詐害意思)는 적극적인 의욕이 아니라

소극적인 인식으로 충분하다. 다시 말하면 특정의 채권자를 해한다는 것을 인식할 필요는 없으며, 채무자의 법률행위에 의하여 총채권자의 공동담보에 부족이 생긴다는 것에 관하여 인식을 하고 있으면 된다(대판 2009.3.26, 2007다63102; 대판 1998.5.12, 97다57320). 채무자의 사해의사 유무의 판단은 '사해행위 당시'를 기준으로 한다(대판 1960.8.18, 4293민상86).

2) 한편 채무자의 사해의사에 대한 증명책임은 '채권자'가 부담한다(대판 1997.5.23, 95다51908). 다만 채무자가 자기의 유일한 재산인 부동산을 매각하여 소비하기 쉬운 금전으로 바꾸거나 타인에게 무상으로 이전하여 주는 행위는 특별한 사정이 없는 한 채권자에 대하여 사해행위가 된다고 볼 것이므로 채무자의 사해의 의사는 '추정'되는 것이고, 이를 매수하거나 이전 받은 자가 악의가 없었다는 증명책임은 '수익자'에게 있다(대판 2005.10.14, 2003다60891; 대판 2001.4.24, 2000다41875). 즉 채무자가 유일한 부동산을 매각한 경우에는 채무자의 사해의사가 추정된다.

판 례

(ㄱ) 연대보증인에게 부동산의 매도행위 당시 사해의 의사가 있었는지 여부는 연대보증인이 자신의 자산상태가 채권자에 대한 연대보증채무를 담보하는 데 부족이 생기게 되리라는 것을 인식하였는가 하는 점에 의하여 판단하여야 하고, 연대보증인이 주채무자의 자산상태가 채무를 담보하는 데 부족이 생기게 되리라는 것까지 인식하였어야만 사해의 의사를 인정할 수 있는 것은 아니다(대판 1998.4.14, 97다54420).

(ㄴ) 주택임대차보호법 제8조의 소액보증금 최우선변제권 보호대상인 임차권을 설정해 준 행위가 사해행위인 경우, 채무자의 악의는 추정되는 것이고, 수익자인 임차인의 악의 또한 추정된다(대판 2005.5.13, 2003다50771).

(ㄷ) 사해행위의 취소를 구하는 채권자가 채무자의 수익자에 대한 금전지급행위를 증여라고 주장함에 대하여, 수익자가 이를 다툰다면, 금전지급행위가 사해행위로 인정되기 위해서는 그 금전지급행위가 증여에 해당한다는 사실이 증명되어야 하고, 그에 대한 증명책임은 사해행위를 주장하는 채권자에게 있다(대판 2022.5.12, 2021다309484).

(나) 수익자 또는 전득자의 사해의사

1) 채권자가 취소권을 행사할 수 있기 위해서는, 채무자 이외에 사해행위로 인하여 이익을 받은 자(수익자) 또는 수익자로부터 전득한 자(전득자)가 그 행위 또는 전득 당시에, 그로 인해 채권자를 해하게 됨을 알고 있어야 한다(제406조 1항 단서). 수익자 또는 전득자의 사해의사도 사해의 사실에 관한 인식이 있으면 되고, 수익자나 전득자 모두에게 사해의사가 있어야 하는 것은 아니고 어느 1인에게 있으면 충분하다. 여기서 전득자의 악의는 전득행위 당시 채무자와 수익자 사이의 법률행위가 채권자를 해한다는 사실, 즉 사해행위의 객관적 요건을 구비하였다는 것에 대한 인식을 의미한다(대판 2015.6.11, 2014다237192). 따라서 전득자에 대한 악의의 판단은 전득자가 전득행위 당시 채무자와 수익자 사이의 법률행위의 사해성을 인식하였는지만이 문제가 될 뿐이고, 수익자가 채무자와 수익자 사이 법률행위의 사해성을 인식하였는지는 원칙적으로 문제가 되지 않는다(대판 2012.8.17, 2010다87672).

2) 한편 선의에 관한 증명책임은 수익자 또는 전득자에게 있다(대판 2018.4.10, 2016다272311). 즉 채권자가

취소권을 행사할 경우, 채무자의 악의가 증명되면 수익자의 악의는 추정된다. 판례도 채무자의 제3자에 대한 담보제공행위가 객관적으로 사해행위에 해당하는 경우, 수익자의 악의는 '추정'되며, 따라서 수익자가 그 법률행위 당시 선의였다는 증명을 하지 못하는 한 채권자는 그 법률행위를 취소하고 그에 따른 원상회복을 청구할 수 있다고 한다(대판 2006.4.14, 2006다5710).

판 례

(ㄱ) 사해행위인지가 문제되는 법률행위가 대리인에 의하여 이루어진 때에는 수익자의 사해의사 또는 전득자의 사해행위에 대한 악의의 유무는 대리인을 표준으로 결정하여야 한다(대판 2006.9.8, 2006다22661).

(ㄴ) 사해행위취소소송에서 수익자가 사해행위임을 몰랐다는 사실은 그 수익자 자신에게 증명책임이 있다고 할 것이지만, 수익자의 선의에 과실이 있는지 여부는 문제되지 아니한다(대판 2007.11.29, 2007다52430).

3. 채권자취소권의 행사

(1) 행사의 방법

(가) 재판상 행사

1) 채권자는 사해행위의 취소 및 원상회복을 '법원'에 청구할 수 있다(제406조 1항 본문). 따라서 채권자취소권은 반드시 법원에 소를 제기하는 방법으로 행사하여야 하며, 소송상의 공격·방어방법으로는 행사할 수 없다(대판 1998.3.13, 95다48599,48605). 이와 같이 소제기의 방법으로만 행사하도록 하는 이유는 제3자의 이해관계에 영향을 크게 미치기 때문이다. 채권자취소의 소는 형성의 소와 이행의 소가 결합된 것으로서, 채권자가 취소원인을 안 날부터 1년, 법률행위를 한 날부터 5년 이내에 제기하여야 한다(제406조 2항).

2) 채권자취소권의 요건을 갖춘 각 채권자는 '고유의 권리'로서 채무자의 재산처분 행위를 취소하고 그 원상회복을 구할 수 있는 것이므로, 여러 명의 채권자가 동시에 또는 시기를 달리하여 사해행위취소 및 원상회복청구의 소를 제기한 경우 이들 소가 중복제소에 해당하지 아니할 뿐만 아니라, 어느 한 채권자가 동일한 사해행위에 관하여 사해행위취소 및 원상회복청구를 하여 승소판결을 받아 그 판결이 확정되었다는 것만으로는 그 후에 제기된 다른 채권자의 동일한 청구가 권리보호의 이익이 없게 되는 것은 아니고, 그에 의하여 재산이나 가액의 회복을 마친 경우에 비로소 다른 채권자의 사해행위취소 및 원상회복청구는 그와 중첩되는 범위 내에서 권리보호의 이익이 없게 된다(대판 2008.4.24, 2007다84352).

3) 이와 같이 사해행위에 의하여 그의 채권 전부의 변제를 받을 수 없게 된 채권자는 누구나 고유의 권리로서 채권자취소권을 행사할 수 있다. 따라서 여러 명의 채권자가 사해행위취소 및 원상회복청구의 소를 제기하여 여러 개의 소송이 계속 중인 경우에는 각 소송에서 채권자의 청구에 따라 사해행위의 취소 및 원상회복을 명하는 판결을 선고하여야 하고, 수익자(전득자 포함)가 가액배상을 하여야 할 경우에도 수익자가 반환하여야 할 가액을 채권자의 채권액에 비례하여 채권자별로 안분한 범위 내에서 반환을 명할 것이 아니라, 수익자가

반환하여야 할 가액 범위 내에서 '각 채권자의 피보전채권액 전액'의 반환을 명하여야 한다(대판 2008.6.12, 2008다8690,8706; 대판 2008.4.24, 2007다84352). 물론 여러 개의 소송에서 수익자가 배상하여야 할 가액 전액의 반환을 명하는 판결이 선고되어 확정될 경우, 수익자는 이중으로 가액을 반환하게 될 위험에 처할 수 있을 것이나, 수익자가 어느 채권자에게 자신이 배상할 가액의 일부 또는 전부를 반환한 때에는 그 범위 내에서 다른 채권자에 대하여 청구이의 등의 방법으로(민사집행법 제44조) 이중지급을 거부할 수 있다(대판 2005.11.25, 2005다51457).

판 례

(ㄱ) 채권자가 어느 수익자(전득자 포함)에 대하여 사해행위취소 및 원상회복청구를 하여 승소판결을 받아 그 판결이 확정되었더라도 그에 의하여 재산이나 가액의 회복을 마치지 아니한 이상 채권자는 자신의 피보전채권에 의하여 다른 수익자에 대하여 별도로 사해행위취소 및 원상회복청구를 할 수 있고, 채권자가 여러 수익자를 상대로 사해행위취소 및 원상회복청구의 소를 제기하여 여러 개의 소송이 계속 중인 경우에는 각 소송에서 채권자의 청구에 따라 사해행위의 취소 및 원상회복을 명하는 판결을 선고하여야 하며, 수익자가 가액배상을 하여야 할 경우에도 다른 소송의 결과를 참작할 필요 없이 수익자가 반환하여야 할 가액 범위 내에서 채권자의 '피보전채권 전액'의 반환을 명하여야 한다. 그리고 이러한 법리는 채무자가 동시에 여러 부동산을 수인의 수익자들에게 처분한 결과 채무초과 상태가 됨으로써 그와 같은 각각의 처분행위가 모두 사해행위로 되고, 채권자가 그 수익자들을 공동피고로 하여 사해행위취소 및 원상회복을 구하여 각 수익자들이 부담하는 원상회복의무의 대상이 되는 책임재산의 가액을 합산한 금액이 채권자의 피보전채권액을 초과하는 경우에도 마찬가지이다(대판 2008.11.13, 2006다1442).

(ㄴ) 채권자가 채무자의 부동산에 관한 사해행위를 이유로 수익자를 상대로 사해행위의 취소 및 원상회복을 구하는 소송을 제기한 후 소송계속 중에 사해행위가 해제 또는 해지되고 채권자가 사해행위의 취소에 의해 복귀를 구하는 재산이 벌써 채무자에게 복귀한 경우에는, 특별한 사정이 없는 한 사해행위취소소송의 목적은 이미 실현되어 더 이상 소에 의해 확보할 권리보호의 이익이 없어진다. 그리고 이러한 법리는 사해행위취소소송이 제기되기 전에 사해행위의 취소에 의해 복귀를 구하는 재산이 채무자에게 복귀한 경우에도 마찬가지로 타당하다(대판 2015.5.21, 2012다952).

(ㄷ) 채무자가 선순위 근저당권이 설정된 부동산을 제3자에게 양도한 후 그 근저당권설정계약을 해지하고 등기를 말소하였더라도 그 근저당권설정계약이 사해행위에 해당하는지에 따라 후행 양도계약에 대한 사해행위취소청구의 결과가 달라지는 경우, 이미 해지된 근저당권설정계약이라 하더라도 그에 대한 사해행위취소청구를 할 수 있는 권리보호의 이익이 있다. 이는 근저당권설정계약이 양도계약보다 나중에 해지된 경우뿐 아니라 근저당권설정계약의 해지를 원인으로 한 근저당권설정등기의 말소등기와 양도계약을 원인으로 한 소유권이전등기가 같은 날 접수되어 함께 처리되고 그 원인일자가 동일한 경우에도 마찬가지이다(대판 2013.5.9, 2011다75232).

(나) 채권자의 이름으로 행사

채권자취소권은 채권자가 자기의 이름으로 재판상 행사하여야 하고, 채권자가 채무자의 대리인으로 행사하는 것이 아니다. 채권자취소권은 채권의 효력으로부터 발생하는 채권자의 고유한 권리이다. 채권자취소권을 인용하는 판결은 채무면제와 같은 사해행위의 취소만으로 목적을 달성하는 경우나 취소만 구하는 경우에 취소의 판결(형성판결)을 내리게 되고, 증여와 같이 사해행위를 취소하고 아울러 재산의 반환(원상회복)을 구하는 경우에는 취소(형성판결)와 동시에 재산의 반환을 명하는 판결(이행판결)을 내리게 된다.

(다) 취소의 상대방(피고적격)

채권자취소소송의 상대방은 언제나 이득반환청구의 상대방인 '수익자' 또는 '전득자'이고, 채무자는 피고가 되지 못한다(대판 2009.1.15, 2008다72394; 대판 2004.8.30, 2004다21923). 따라서 ① 채무면제와 같은 단독행위를 취소하는 경우에도 채무면제로 인하여 이익을 받은 수익자만을 상대방으로 한다. ② 채무자의 영업양도가 사해행위에 해당하고, 이때 영업양수인이 제3자의 명의를 차용하여 영업재산의 일부인 상가 임차인 명의, 영업수입계좌 명의 등 채권적 권리의 명의를 그 제3자의 명의로 한 경우, 채권자가 명의대여자인 제3자에 대하여 사해행위취소소송을 제기할 수 없다(대판 2022.10.27, 2017다278330). 채무자와 명의대여자인 제3자 사이에 사해행위취소 대상인 영업양도계약이 체결된 바 없고 제3자는 단순 명의대여자에 불과하기 때문이다. 한편 수익자 이외에 전득자가 있는 경우, ① 양자가 모두 악의인 때에는 채권자는 전득자를 상대로 재산의 반환을 청구할 수 있고, 수익자를 상대로 이익반환을 청구할 수도 있다. 그러나 ② 수익자만이 악의인 때에는 수익자를 상대로 이익의 반환을 청구하여야 하고, 전득자만이 악의인 때에는 전득자를 상대로 재산의 반환을 청구하여야 한다. 참고로 소멸시효를 원용할 수 있는 사람은 권리의 소멸에 의하여 직접 이익을 받는 자에 한정되는데, 사해행위취소소송의 상대방이 된 사해행위의 수익자는 사해행위가 취소되면 사해행위에 의하여 얻은 이익을 상실하고 사해행위취소권을 행사하는 채권자의 채권이 소멸하면 그와 같은 이익의 상실을 면하는 지위에 있으므로, 그 채권의 소멸에 의하여 직접 이익을 받는 자에 해당한다(대판 2007.11.29, 2007다54849).

판 례

사해행위인 매매예약에 의하여 수익자 앞으로 가등기를 마친 후 전득자 앞으로 가등기 이전의 부기등기를 마치고 나아가 가등기에 기한 본등기까지 마쳤더라도, 부기등기는 사해행위인 매매예약에 기초한 수익자의 권리의 이전을 나타내는 것으로서 부기등기에 의하여 수익자로서의 지위가 소멸하지는 아니하며, 채권자는 '수익자'를 상대로 사해행위인 매매예약의 취소를 청구할 수 있다. 설령 부기등기의 결과 가등기 및 본등기에 대한 말소청구소송에서 수익자의 피고적격이 부정되는 등의 사유로 인하여 수익자의 원물반환의무인 가등기말소의무의 이행이 불가능하게 된다 하더라도 달리 볼 수 없으며, 특별한 사정이 없는 한 수익자는 가등기 및 본등기에 의하여 발생된 채권자들의 공동담보 부족에 관하여 원상회복의무로서 가액을 배상할 의무를 진다(대판 2015.5.21, 2012다952). 참고로 근저당권 이전의 부기등기는 기존의 주등기인 근저당권설정등기에 종속되어 주등기와 일체를 이루는 것이어서, 피담보채무가 소멸된 경우 또는 근저당권설정등기가 당초 원인무효인 경우 주등기인 근저당권설정등기의 말소만 구하면 되고 그 부기등기는 별도로 말소를 구하지 않더라도 주등기의 말소에 따라 직권으로 말소되는 것이며, 근저당권 양도의 부기등기는 기존의 근저당권설정등기에 의한 권리의 승계를 등기부상 명시하는 것으로, 그 등기에 의하여 새로운 권리가 생기는 것이 아닌 만큼 근저당권설정등기의 말소등기청구는 '양수인'만을 상대로 하면 족하고 양도인은 그 말소등기청구에 있어서 피고 적격이 없다(대판 2000.4.11, 2000다5640).

(라) 취소채권자가 수익자를 상대로 제395조에 따라 이행지체로 인한 전보배상을 구할 수 있는지 여부

제395조에 따르면, 채무자가 채무의 이행을 지체한 경우에 채권자가 상당한 기간을 정하여 이행을 최고하여도 그 기간 내에 이행하지 않은 경우 채권자는 이행에 갈음한 손해배상청구를 할 수 있다. 이는 대체물 인도의무를 이행하지 않는 경우에도 마찬가지이다. 그러나 수익자가 사해행위취소 소송의 확정판결에 따른 원상회복으로 대체물 인도의무를 이행하지 않았다는 이유만으로 취소채권자가 수익자를 상대로 제395조에 따라 이행지체로 인한 전보배상을 구할 수는 없다. 다만 수익자의 대체물 인도의무에 대한 강제집행이 불가능하거나 현저히 곤란하다고 평가할 수 있는 경우에는 전보배상을 구할 수 있다(대판 2024.2.15, 2019다238640). 즉 제406조 1항에 따라 채권자의 사해행위취소 및 원상회복청구가 인정되면, 수익자는 원상회복으로서 사해행위의 목적물을 채무자에게 반환할 의무를 지게 되고, 사해행위 목적물의 가액배상은 원물반환이 불가능하거나 현저히 곤란한 경우에 한하여만 허용된다. 한편 채무자가 일정한 수량의 대체물을 인도할 의무를 부담하는 경우 채권자는 그 의무에 대한 강제집행이 불능일 때 그에 갈음하여 금전의 지급을 구할 수 있고, 이러한 대체물 인도의무의 집행불능을 이유로 그에 갈음한 금전의 지급을 구하는 청구의 성질은 이행지체로 인한 전보배상을 구하는 것이다. 이러한 법리는 사해행위취소 소송에서 확정된 대체물 인도의무의 강제집행이 불가능하거나 현저히 곤란하다고 평가할 수 있는 경우에도 적용될 수 있다. 사해행위취소에 따른 원상회복의무 불이행을 이유로 한 제395조에 따른 전보배상청구는 제406조 1항에 따른 원상회복청구의 일환으로 이루어지는 가액배상청구와 소송물을 달리하기는 하지만, 이러한 청구를 쉽게 허용할 경우 원물반환 원칙이나 채권자평등 원칙이 약화될 우려가 있다는 점에서는 가액배상청구와 공통되기 때문이다. 따라서 이러한 전보배상청구는 가액배상과 마찬가지로 일정한 요건 아래에서만 제한적으로 허용될 필요가 있다.

(2) 행사의 범위

(가) 취소의 범위

1) 원 칙

(i) 취소의 범위는 취소채권자의 채권액을 기준으로 한다(대판 2003.7.11, 2003다19572). 즉 채권자가 채권자취소권을 행사할 때에는 원칙적으로 자신의 채권액을 초과하여 취소권을 행사할 수 없고, 이때 채권자의 채권액에는 사해행위 이후 사실심 변론종결시까지 발생한 이자나 지연손해금이 포함된다(대판 2007.6.29, 2006다66753). 따라서 목적물이 가분이면 채권보전에 필요한 범위에서 일부 취소를 하여야 한다. 가령 甲에 대하여 3,000만원의 채무를 부담하고 있는 乙이 丙에게 7,000만원을 증여한 경우에 그 증여가 사해행위라면 甲은 3,000만원의 한도에서 乙과 丙 사이의 증여계약을 취소할 수 있을 뿐이다.

(ii) 사해행위를 이유로 채권자취소권을 행사하는 경우 행위를 하지 않았다면 있었을 책

임재산을 회복하도록 하여야 하고, 그보다 더 많은 책임재산을 회복하는 결과를 초래하는 것은 허용되지 않는다. 따라서 일반채권자들의 공동담보에 제공되지 않은 책임재산은 취소의 범위에서 제외되어야 한다(대판 2017.5.30, 2017다205073). 가령 채무자가 제3자에게 저당권이 설정되어 있는 재산을 양도한 경우, 양도한 재산 중에서 일반채권자들의 공동담보에 제공되는 책임재산은 저당권의 피담보채권액을 공제한 나머지 부분이며, 피담보채권액이 양도한 재산의 가액을 초과할 때에는 재산의 양도가 채권자취소의 대상이 되지 않는다.

2) 예 외

다른 채권자가 배당요구를 할 것이 명백하거나 목적물이 불가분인 경우에는 그 채권액을 넘어서도 취소를 구할 수 있다(대판 2006.6.29, 2004다5822; 대판 1997.9.9, 97다10864). 여기서 다른 채권자가 배당요구를 할 것이 명백한 경우란 다른 채권자들이 채권자단을 구성하고 있는 등의 사정이 있는 경우를 말한다(대판 1997.9.9, 97다10864). 하지만 이는 사실상 원물반환의 경우에만 해당한다. 가액배상을 명하는 경우에는 현행법상 다른 채권자가 배당요구(민사집행법 제88조 1항, 제148조)를 할 수 있는 절차가 없고 취소채권자가 사실상 우선변제를 받게 되므로, 취소채권자는 자신의 채권액을 초과하여 가액배상을 구할 수는 없기 때문이다(대판 2008.11.13, 2006다1442).

판 례

(ㄱ) 사해행위 취소의 범위는 다른 채권자가 배당요구를 할 것이 명백하거나 목적물이 불가분인 경우와 같이 특별한 사정이 없는 한 취소채권자의 채권액을 넘어서까지 취소를 구할 수 없다. 따라서 취소채권자는 위와 같은 특별한 사정이 없는 한 자신의 채권액 범위 내에서 채무자의 책임재산을 회복하기 위하여 채권자취소권을 행사할 수 있고 그 취소에 따른 효력을 주장할 수 있을 뿐이며, 채무자에 대한 채권 보전이 아니라 제3자에 대한 채권 만족을 위해서는 사해행위 취소의 효력을 주장할 수 없다(대판 2010.5.27, 2007다40802).

(ㄴ) 사해행위취소권은 채권의 공동담보를 보전하는 것을 목적으로 하므로, 그 취소의 범위는 공동담보의 보전에 필요하고 충분한 범위에 한정된다. 따라서 채무자가 사해행위에 의하여 비로소 채무초과상태에 이르게 되는 경우, 채권자는 사해행위가 가분(可分)인 한 그중 채권의 공동담보로 부족하게 되는 부분만을 자신의 채권액을 한도로 취소하면 족하고, 그 행위 전부를 취소할 수는 없다(대판 2010.8.19, 2010다36209).

(ㄷ) 채권자취소권의 행사로 채무자에게 회복된 재산에 대하여 취소채권자가 우선변제권을 가지는 것이 아니라 다른 채권자도 총채권액 중 자기의 채권에 해당하는 안분액을 변제받을 수 있는 것이지만, 이는 채권의 공동담보로 회복된 채무자의 책임재산으로부터 민사집행법 등의 법률상 절차를 거쳐 다른 채권자도 안분액을 지급받을 수 있다는 것을 의미하는 것일 뿐, 다른 채권자가 이러한 법률상 절차를 거치지 않고 취소채권자를 상대로 하여 안분액의 지급을 직접 구할 수 있는 권리를 취득한다거나, 취소채권자에게 인도받은 재산 또는 가액배상금에 대한 분배의무가 인정된다고 볼 수는 없다(대판 2008.6.12, 2007다37837). 따라서 사해행위 취소로 인한 원상회복으로서 가액배상을 명하는 경우에는, 취소채권자는 직접 자기에게 가액배상금을 지급할 것을 청구할 수 있고, 지급받은 가액배상금을 분배하는 방법이나 절차 등에 관한 아무런 규정이 없는 현행법 아래에서 다른 채권자들이 가액배상금에 대하여 배당요구를 할 수도 없으므로, 결국 채권자는 자신의 채권액을 초과하여 가액배상을 구할 수는 없다(대판 2008.11.13, 2006다1442).

(ㄹ) 채무자가 강제집행을 회피할 목적으로 자기의 사실상 유일한 재산을 제3자에게 무상으로 양도한 행위는 다른 파산채권자들과의 관계에서 사해행위가 되고, 그 제3자가 양수채권을 추심하여 그 돈을 채무자에게

주었다고 하더라도 그 금액 상당을 원상회복이나 가액반환의 범위에서 공제할 것은 아니다(대판 2013.4.11, 2012다211). 파산재단을 관리 및 처분하는 권한은 채무자가 아니라 파산관재인에게 속하기 때문이다(채무자회생법 제384조).

(나) 원상회복의 방법 — 반환청구의 목적물

1) 원칙 : 원물반환

(i) 반환의 목적물은 원칙적으로 사해행위의 목적물 그 자체의 반환을 청구하여야 하며, 특별한 사정이 없는 한 그 목적물의 평가액 반환을 청구할 수는 없다. 즉 일부취소의 경우에는 사해행위의 목적물이 가분이면 분할한 것의 반환만을 청구할 수 있다(대판 1996.10.29, 96다23207; 대판 2001.6.12, 99다20612). 따라서 ① 채권자는 사해행위의 취소로 인한 원상회복 방법으로 수익자 명의의 등기 말소를 구하는 대신 수익자를 상대로 채무자 앞으로 직접 소유권이전등기절차를 이행할 것을 구할 수도 있다(대판 2000.2.25, 99다53704). ② 물상보증인 A는 자신의 부동산에 B 명의로 근저당권을 설정해 준 후, 채무초과상태에서 피고 C로부터 15억원을 차용하면서 C 명의로 근저당권설정등기(채권최고액 20억원)를 해 주고, 그 금전 중 일부를 B에게 변제한 후 B명의의 근저당권설정등기를 말소한 경우, A와 C 사이의 근저당권설정계약은 차용금의 일부로 B 명의의 선순위 근저당권의 피담보채무를 변제한 부분을 제외한 나머지 부분에 대하여만 사해행위가 성립한다. 이와 같이 근저당권설정계약 중 일부만이 사해행위에 해당하는 경우에는 그 원상회복은 근저당권설정등기의 채권최고액을 감축하는 근저당권변경등기절차의 이행을 명하는 방법에 의하여야 한다(대판 2006.12.7, 2006다43620). ③ 사해행위로 마쳐진 근저당권설정등기가 사해행위취소소송의 변론종결시까지 존속하고 있는 경우, 그 원상회복은 근저당권설정등기를 말소하는 방법에 의하여야 하고, 사해행위 이전에 설정된 별개의 근저당권이 사해행위 후에 말소되었다는 사정은 원상회복의 방법에 아무런 영향을 주지 않는다(대판 2007.10.11, 2007다45364).

(ii) 부동산에 관한 법률행위가 사해행위에 해당하여 제406조 1항에 의하여 취소된 경우에 수익자 또는 전득자가 사해행위 이후 그 부동산을 직접 사용하거나 제3자에게 임대하였더라도, 당초 채권자의 공동담보를 이루는 채무자의 책임재산은 그 부동산이었을 뿐 수익자 또는 전득자가 부동산을 사용함으로써 얻은 사용이익이나 임차인으로부터 받은 임료상당액까지 채무자의 책임재산이었다고 볼 수 없으므로, 수익자 등이 원상회복으로서 부동산을 반환하는 이외에 그 사용이익이나 임료상당액을 반환해야 하는 것은 아니다(대판 2008.12.11, 2007다69162). 사용이익 등을 반환하는 것은 사해행위 당시 채권자들의 공동담보로 제공되지 않은 부분까지 회복시키는 결과가 되기 때문이다.

판 례

(ㄱ) 취소채권자로서는 수익자나 전득자에 대하여 직접 자신에게 금전이나 동산을 지급할 것을 청구할 수 있다(대판 2003.11.28, 2003다50061; 대판 1999.8.24, 99다23468,23475).

(ㄴ) 어느 부동산에 관한 법률행위가 사해행위에 해당하는 경우에는 원칙적으로 그 사해행위를 취소하고 소유권이전등기의 말소 등 부동산 자체의 회복을 명하여야 할 것이나, 사해행위를 취소하여 그 부동산 자체의 회복을 명하게 되면 당초 일반 채권자들의 공동담보로 되어 있지 아니하던 부분까지 회복을 명하는 것이 되어 공평에 반하는 결과가 되는 경우에는 그 부동산의 가액에서 공동담보로 되어 있지 아니하던 부분의 가액을 공제한 잔액의 한도에서 사해행위를 취소하고 그 한도에서 가액의 배상을 명함이 상당하다(대판 2010.2.25, 2007다28819,28826). 가령 사해행위취소소송의 수익자가 건물의 원시취득자로부터 기존의 채권액 상당의 가치 범위 내에서 건물 부분을 양도받기로 약정하였고, 그 건물이 아직 완공되지 않은 상태에서 추가공사비를 투입하여 건물을 완공한 경우, 위 건물의 가액에서 일반채권자들의 공동담보로 되어 있지 아니하던 부분의 가액을 산정하여 이를 공제한 잔액의 한도에서 사해행위를 취소하고 그 한도에서 가액의 배상을 명함이 상당하다.

(ㄷ) 저당권이 설정되어 있는 부동산에 관하여 사해행위에 의하여 수익자가 새로 저당권을 취득하였는데 선행저당권의 실행으로 사해의 저당권이 말소되고 수익자에게 돌아갈 배당금이 배당금지급금지가처분 등으로 인하여 지급되지 못한 경우에는, 사해행위인 저당권 취득의 원인행위를 취소한 후 수익자가 취득한 배당금청구권을 채무자에게 양도하는 방법으로 원상회복이 이루어져야 하고, 이는 결국 배당금채권의 양도와 그 채권양도의 통지를 배당금채권의 채무자에게 할 것을 명하는 형태가 될 것이다(대판 2013.9.13, 2013다34945).

(ㄹ) 甲이 乙을 상대로 제기한 사해행위취소소송에서 원물반환으로 근저당권설정등기의 말소를 구하여 승소판결이 확정되었는데, 그 후 해당 부동산이 관련 경매사건에서 담보권 실행을 위한 경매절차를 통하여 제3자에게 매각된 경우, 위와 같이 부동산이 담보권 실행을 위한 경매절차에 의하여 매각됨으로써 확정판결에 기한 乙의 근저당권설정등기 말소등기절차의무가 이행불능된 경우, 甲은 대상청구권 행사로서 乙이 말소될 근저당권설정등기에 기한 근저당권자로서 지급받은 배당금의 반환을 청구할 수 있다(대판 2012.6.28, 2010다71431). 즉 채권자가 사해행위취소 및 원상회복으로 원물반환 청구를 하여 승소판결이 확정된 후에 원물반환의 목적을 달성할 수 없게 된 경우에 채권자는 다시 대상청구권을 행사할 수 있다.

(ㅁ) 사해행위로 부동산 소유권이 이전된 후 그 부동산에 관하여 제3자가 저당권이나 지상권 등의 권리를 취득한 경우에는 수익자가 부동산을 저당권 등의 제한이 없는 상태로 회복하여 채무자에게 이전하여 줄 수 있다는 등의 특별한 사정이 없는 한 채권자는 수익자를 상대로 원물반환 대신 가액 상당의 배상을 구할 수 있지만, 그렇다고 하여 채권자가 스스로 위험이나 불이익을 감수하면서 원물반환을 구하는 것까지 허용되지 않는 것은 아니다. 채권자는 원상회복 방법으로 가액배상 대신 수익자 명의 등기의 말소를 구하거나 수익자를 상대로 채무자 앞으로 직접 소유권이전등기절차를 이행할 것을 구할 수도 있다. 이 경우 원상회복청구권은 사실심 변론종결 당시 채권자의 선택에 따라 원물반환과 가액배상 중 어느 하나로 확정된다. 채권자가 일단 사해행위취소 및 원상회복으로서 수익자 명의 등기의 말소를 청구하여 승소판결이 확정되었다면, 어떠한 사유로 수익자 명의 등기를 말소하는 것이 불가능하게 되었다고 하더라도 다시 수익자를 상대로 원상회복청구권을 행사하여 가액배상을 청구하거나 원물반환으로서 채무자 앞으로 직접 소유권이전등기절차를 이행할 것을 청구할 수는 없으므로, 그러한 청구는 권리보호의 이익이 없어 허용되지 않는다(대판 2018.12.28, 2017다265815). 즉 채권자가 사해행위취소 및 원상회복으로서 수익자 명의 등기의 말소를 청구하여 승소판결이 확정된 경우, 수익자 명의 등기를 말소하는 것이 불가능하게 되었다고 하여 다시 수익자를 상대로 원상회복청구권을 행사하여 가액배상을 청구하거나 원물반환으로서 채무자 앞으로 직접 소유권이전등기절차를 이행할 것을 청구할 수 없다. 이를 인정하게 되면 기판력에 저촉되기 때문이다(민사소송법 제216조).

(ㅂ) 공유물분할 이후 당초 공유지분에 담보가등기를 설정한 공유자의 단독소유로 귀속된 부동산에 종전의 담보가등기를 대체하는 새로운 담보가등기를 설정하고 다른 공유자의 소유로 분할된 부동산에 전사된 담보가등기는 모두 말소한 경우에 담보권설정자에 대한 채권자가 채권자취소권을 행사할 때에는 공유물분할 자체가 불공정하게 이루어져 사해행위에 해당한다는 등 특별한 사정이 없는 한 공유물분할이 되어 단독

소유로 된 부동산에 설정된 담보가등기 설정계약의 취소와 담보가등기의 말소를 구하는 방법으로 할 수 있다(대판 2016.5.27, 2014다230894).

---

2) 예외 : 가액배상

(ⅰ) ① 거래관념상 원물반환이 불가능하거나 현저히 곤란한 경우, ② 원물반환이 공평에 반하는 경우에는 그 목적물의 반환에 갈음하여 가액의 반환을 청구할 수 있다(대판 1996.10.29, 96다23207; 대판 2001.6.12, 99다20612). 여기서 원물반환이 불가능하거나 현저히 곤란한 경우라 함은 원물반환이 단순히 절대적·물리적으로 불능인 경우가 아니라 사회생활상의 경험법칙 또는 거래상의 관념에 비추어 채권자가 수익자나 전득자로부터 이행의 실현을 기대할 수 없는 경우를 말한다(대판 2018.12.27, 2017다290057). 가령 저당권이 설정된 부동산이 사해행위로 양도된 후 경매에 의하여 매각된 경우(대판 2005.5.27, 2004다67806)가 그것이다. 또한 저당권이 설정되어 있는 부동산이 사해행위로 이전된 후 변제 등으로 저당권설정등기가 말소된 경우(대판 2013.4.11, 2013다1105), 주택임대차보호법이 정한 대항요건과 확정일자를 갖춘 임차인이 있는 부동산에 관하여 사해행위가 이루어진 후 수익자가 우선변제권 있는 임대차보증금 반환채무를 이행한 경우(대판 2013.4.11, 2012다107198)에도 그 가액의 배상을 구할 수 있을 뿐이다. 사해행위를 취소하여 그 부동산 자체의 회복을 명하는 것은 당초 일반 채권자들의 공동담보로 되어 있지 아니하던 부분까지 회복시키는 것이 되어 공평에 반하는 결과가 되기 때문이다.

(ⅱ) 사해행위에 해당하는 채권양도가 채권자에 의하여 취소되기 전에 이미 채권양수인인 수익자 등이 제3채무자로부터 그 채권을 변제받는 등으로 양도채권이 소멸된 경우, 채권자는 원상회복의 방법으로 수익자 등을 상대로 그 채권양도의 취소와 함께 변제로 수령한 금전의 지급을 가액배상의 방법으로 청구할 수 있다(대판 2003.11.28, 2003다50061; 대판 2002.10.25, 2002다42711). 반면에 채무자의 수익자에 대한 채권양도가 사해행위로 취소되는 경우, 수익자가 제3채무자에게서 아직 채권을 추심하지 않은 때에는, 채권자는 사해행위취소에 따른 원상회복으로서 수익자가 제3채무자에게 '채권양도가 취소되었다는 취지의 통지'를 하도록 청구할 수 있다(대판 2015.11.17, 2012다2743). 그런데 후술한 바와 같이 채무자의 수익자에 대한 채권양도가 사해행위로 취소되고, 그에 따른 원상회복으로서 제3채무자에게 채권양도가 취소되었다는 취지의 통지가 이루어지더라도, 채권자와 수익자의 관계에서 채권이 채무자의 책임재산으로 취급될 뿐, 채무자가 직접 채권을 취득하여 권리자로 되는 것은 아니므로, 채권자는 '채무자를 대위하여' 제3채무자에게 채권에 관한 지급을 청구할 수 없다(대판 2015.11.17, 2012다2743).

(ⅲ) 근저당권설정계약을 사해행위로 취소하는 경우 경매절차가 진행되어 타인이 소유권을 취득하고 근저당권설정등기가 말소되었다면 원물반환이 불가능하므로 가액배상의 방법으로 원상회복을 명한다. 이때 ① 이미 배당이 종료되어 수익자가 배당금을 수령한 경우에는 수익자로 하여금 배당금을 반환하도록 명하고, ② 배당표가 확정되었으나 배당금지급금지가처분 등으로 인하여 수익자가 배당금을 현실적으로 지급받지 못한 경우에는, 수익자의

배당금청구권을 사해행위를 한 채무자에게 반환하는 방법으로 원상회복이 이루어져야 하고, 이는 배당금채권을 사해행위를 한 '채무자'에게 양도하고 채권양도의 통지를 배당금채권의 채무자에게 할 것을 명하는 형태가 된다(대판 2023.6.29, 2022다244928; 대판 2013.9.13, 2013다34945). 즉 배당표가 확정되었으나 채권자의 배당금지급금지가처분으로 인하여 수익자가 배당금을 현실적으로 지급받지 못한 경우에는 배당금지급채권의 양도와 그 채권양도의 통지를 명한다.

(ⅳ) 공동저당권이 설정된 수개의 부동산 전부의 매매계약이 사해행위에 해당하고 사해행위의 목적 부동산 전부가 하나의 계약으로 동일인에게 일괄 양도된 경우에는 특별한 사정이 없는 한 취소에 따른 배상액의 산정은 목적 부동산 전체의 가액에서 공동저당권의 피담보채권 총액을 공제하는 방식으로 하고, 사해행위인 매매계약의 목적물 중 일부 목적물만을 사해행위로 취소하는 경우 일부 목적물의 사실심 변론종결 당시 가액에서 공제되어야 할 피담보채권액은 공동저당권의 피담보채권총액을 사실심 변론종결 당시를 기준으로 한 공동저당 목적물의 가액에 비례하여 안분한 금액이다(대판 2014.6.26, 2012다77891). 가령 채무자 소유의 X부동산(시가 6,000만원), Y부동산(시가 4,000만원)에 대해 피담보채권액 6,000만원으로 공동저당권이 설정되었는데, X부동산에 대한 매매계약이 사해행위로 취소된 경우 시가 6,000만원에서 X부동산의 안분액 3,600만원을 공제한 2,400만원 범위 내에서 일반채권자에 대한 사해행위가 되고, Y부동산에 대한 매매계약이 사해행위로 취소된 경우 시가 4,000만원에서 Y부동산의 안분액 2,400만원을 공제한 1,600만원 범위 내에서 일반채권자에 대한 사해행위가 된다.

(ⅴ) 가액배상에서 가액은 사실심 변론종결시를 기준으로 하여 산정된다(대판 2008.8.21, 2008다26360). 즉 그 가액은 수익자가 전득자로부터 실제로 수수한 대가와는 상관없이 사실심 변론종결시를 기준으로 객관적으로 평가하여야 한다(대판 2010.4.29, 2009다104564). 가액배상은 ① 채권자의 피보전채권액, ② 목적물의 공동담보가액, ③ 수익자·전득자가 취득한 이익 중 가장 적은 금액을 한도로 이루어진다.

(ⅵ) 채권자취소권의 행사에 따른 가액배상은 '사해행위 당시' 채무자의 일반 채권자들의 공동담보로 되어 있어 사해행위가 성립하는 범위 내의 부동산 가액 전부의 배상을 명하는 것으로, 저당권이 설정된 부동산에 관하여 사해행위가 이루어진 경우, 부동산의 가액에서 그 저당권의 피담보채권액을 공제한 잔액의 범위 내에서만 사해행위가 성립하므로, 사실심 변론종결 시 기준의 부동산 가액에서 저당권의 피담보채권액을 공제한 잔액의 한도에서 사해행위를 취소하고 가액의 배상을 구할 수 있다. 따라서 ① '사해행위 이후' 그 부동산에 관하여 제3자가 저당권을 취득한 경우, 그 피담보채권액은 사해행위 당시 일반 채권자들의 공동담보였던 부분에 속하므로 채권자취소권의 행사에 따른 원상회복의 범위에서 이를 공제할 수 없고, 이를 포함한 전부가 가액배상 등 원상회복의 범위에 포함된다(대판 2023.6.29, 2022다244928; 대판 2003.12.12, 2003다40286). 이는 채무자의 부동산에 관하여 증여 등 사해행위로 수익자에게 그 소유권이 이전된 후 경매의 실행으로 배당절차가 진행된 경우에도 마찬가지로, 그 부동산 가액 중 수익자의 채권자가 배당절차에 참여하여 취득한 배당액 상당은 사해행위 당시 채무자의 일반 채권자들의

공동담보였으므로 가액배상 등 원상회복의 범위에서 공제하여 산정할 것은 아니고, 수익자의 채권자가 채무자의 일반채권자에 해당하는 지위를 겸하고 있다고 하여 달리 볼 것도 아니다(대판 2023.6.29, 2022다244928). ② 저당권이 설정되어 있는 부동산에 관하여 사해행위 후 변제 등으로 저당권설정등기가 말소되어 사해행위 취소와 함께 가액반환을 명하는 경우, 그 부동산에 저당권 이외에 우선변제권 있는 임차인이 있는 경우에는 임대차계약의 체결시기 등에 따라 임차보증금 공제 여부가 달라질 수 있다. '사해행위 이전'에 임대차계약이 체결되었고 임차인에게 임차보증금에 대해 우선변제권이 있다면, 부동산 가액 중 임차보증금에 해당하는 부분이 일반채권자의 공동담보에 제공되었다고 볼 수 없으므로, 수익자가 반환할 부동산 가액에서 우선변제권 있는 임차보증금 반환채권액을 공제하여야 한다. 그러나 부동산에 관한 '사해행위 이후'에 비로소 채무자가 부동산을 임대한 경우에는 그 임차보증금을 가액반환의 범위에서 공제할 이유가 없다. 이러한 경우에는 부동산 가액 중 임차보증금에 해당하는 부분도 일반채권자의 공동담보에 제공되어 있음이 분명하기 때문이다(대판 2018.9.13, 2018다215756). 가령 채무자 甲이 근저당권이 설정되어 있는 X주택을 乙에게 매도하는 계약을 체결한 다음 피담보채무를 변제한 뒤 근저당권을 말소하고, X주택을 丙에게 임대한 후 乙에게 소유권을 이전한 경우, 사해행위 취소에 따른 가액반환 범위는 X주택 시가에서 피담보채무액을 뺀 나머지이며, 사해행위 이후 이루어진 임대차계약에 따른 임차보증금 반환채권액은 공동담보 가액에서 공제될 수 없다.

(vii) 사해행위의 취소는 취소소송의 당사자 사이에서 상대적으로 취소의 효력이 있는 것으로 당사자 이외의 제3자는 다른 특별한 사정이 없는 이상 취소로 인하여 그 법률관계에 영향을 받지 않는다. 저당권설정행위 등이 사해행위에 해당하여 채권자가 저당권자를 상대로 제기한 사해행위 취소소송에서 채권자의 청구를 인용하는 판결이 선고되었더라도 이러한 사해행위 취소판결의 효력은 해당 부동산의 소유권을 이전받은 자에게 미치지 않으므로, 저당권이 설정되어 있는 부동산이 사해행위로 양도된 경우 부동산의 가액에서 저당권의 피담보채무액을 공제한 잔액의 한도에서 양도행위를 사해행위로 취소하고 가액의 배상을 구할 수 있다는 앞서 본 법리는 저당권설정행위 등이 사해행위로 인정되어 취소된 때에도 마찬가지로 적용된다(대판 2018.6.28, 2018다214319). 가령 甲소유의 X부동산에 관하여 乙명의의 근저당권이 설정되었는데, 丙이 甲으로부터 재산분할협의를 원인으로 X부동산의 소유권을 취득한 다음 이를 제3자인 丁에게 매도하였고, 매매계약이 이행되는 과정에서 乙명의의 근저당권설정등기가 말소된 경우, 비록 취소채권자 戊가 乙을 상대로 X부동산에 관하여 체결된 근저당권설정계약의 취소를 구하는 사해행위 취소소송에서 그 청구가 인용되는 판결이 선고되었더라도, 그 근저당권설정등기가 마쳐진 이후 丙이 재산분할협의를 원인으로 X부동산의 소유권을 이전받은 이상 X부동산의 가액에서 乙 명의로 된 근저당권의 피담보채무액을 공제한 잔액의 범위 내에서만 재산분할협의를 취소하고 그 가액의 배상을 구할 수 있다.

(viii) 사해행위의 취소에 따른 가액배상의무는 사해행위의 취소를 명하는 판결이 확정된 때에 비로소 발생하므로 그 판결이 확정된 다음 날부터 이행지체 책임을 지게 되고, 따라서

그 지연손해금에는 소송촉진 등에 관한 특례법 소정의 이율은 적용되지 않고 민법 소정의 법정이율이 적용된다(대판 2009.1.15, 2007다61618). 즉 판결이 확정된 다음 날부터 이행지체책임을 지게 되어 장래의 이행을 청구하는 소에 해당하므로 소송촉진 등에 관한 특례법이 적용되지 않고 민법상의 법정이율 5푼이 적용된다.

판 례

(ㄱ) 사해행위에 해당하는 채권양도가 채권자에 의하여 취소되기 전에 이미 채권양수인인 수익자 등이 제3채무자로부터 그 채권을 변제받는 등으로 양도채권이 소멸된 경우에는, 채권자는 원상회복의 방법으로 수익자 등을 상대로 그 채권양도의 취소와 함께 변제로 수령한 금전의 지급을 가액배상의 방법으로 청구할 수 있다(대판 2003.11.28, 2003다50061; 대판 2002.10.25, 2002다42711).

(ㄴ) 가액배상의 방법으로 원상회복이 이루어져야 한다고 하더라도 채권자와 수익자 모두 원물반환을 원하고 있고, 원물반환에 의하더라도 일반 채권자들을 위한 책임재산의 보전이라는 채권자취소권의 목적 달성에 별다른 지장이 없는 경우라면 굳이 가액배상을 고집하기보다는 사해행위취소에 따른 본래적 의미의 원상회복 방법인 원물반환에 의하는 것이 오히려 공평의 관념에 부합한다고 할 것이고, 이러한 수익자의 의사는 사해행위취소의 효과로 수익자가 원상회복의무를 부담하는 때인 사해행위취소소송의 사실심 변론종결 시를 기준으로 판단함이 상당하다(대판 2013.4.11, 2012다107198).

(ㄷ) 원래 채권자와 아무런 채권·채무관계가 없었던 수익자가 채권자취소에 의하여 원상회복의무를 부담하는 것은 형평의 견지에서 법이 특별히 인정한 것이므로, 그 가액배상의 의무는 목적물의 반환이 불가능하거나 현저히 곤란하게 됨으로써 성립하고, 그 외에 그와 같이 불가능하게 된 데에 상대방인 수익자 등의 고의나 과실을 요하는 것은 아니다(대판 1998.5.15, 97다58316).

(ㄹ) 저당권자의 신청에 의하여 담보권 실행을 위한 경매절차가 진행 중인 물건이 사해행위로 이전되고 그 후 변제 등에 의하여 저당권설정등기가 말소되어 그 경매신청이 취하된 경우에는, 그 물건의 가액에서 저당권의 피담보채권액뿐만 아니라 그 경매절차에서 우선적으로 변상받을 수 있었던 집행비용액도 공제하여야 한다(대판 2008.8.21, 2008다26360).

(ㅁ) 채무자가 영업재산과 영업권이 유기적으로 결합된 일체로서의 영업을 양도함으로써 채무초과상태에 이르거나 이미 채무초과상태에 있는 것을 심화시킨 경우, 영업양도는 채권자취소권 행사의 대상이 된다. 영업양도 후 종래의 영업조직이 전부 또는 중요한 일부로서 기능하면서 동일성을 유지한 채 채무자에게 회복되는 것이 불가능하거나 현저히 곤란하게 된 경우, 채권자는 사해행위취소에 따른 원상회복으로 피보전채권액을 한도로 하여 영업재산과 영업권이 포함된 일체로서의 영업의 가액을 반환하라고 청구할 수 있다(대판 2015.12.10, 2013다84162).

(ㅂ) 근저당권이 설정되어 있는 부동산에 관하여 사해행위가 이루어진 후 근저당권이 말소되어 그 부동산의 가액에서 근저당권 피담보채무액을 공제한 나머지 금액의 한도에서 사해행위를 취소하고 가액의 배상을 명하는 경우 그 가액의 산정은 사실심 변론종결 시를 기준으로 하여야 하고, 이 경우 사해행위가 있은 후 그 부동산에 관한 권리를 취득한 전득자에 대하여는 사실심 변론종결 시의 부동산 가액에서 말소된 근저당권 피담보채무액을 공제한 금액과 사실심 변론종결 시를 기준으로 한 취소채권자의 채권액 중 적은 금액의 한도 내에서 그가 취득한 이익에 대해서만 가액배상을 명할 수 있다(대판 2019.4.11, 2018다203715).

(ㅅ) 가액배상의 범위를 정할 때 일반채권자의 공동담보로 되어 있지 않은 부분은 배상의 범위에서 제외되어야 한다. 이는 경매개시결정에 따른 압류 등기가 마쳐진 부동산에 관한 매매 등 양도행위가 사해행위로서 취소될 때에도 마찬가지이므로, 그 양도행위가 '배당요구의 종기가 지난 후' 이루어진 것이라면 확정된 배당표에 의하여 채권자에게 지급하는 배당금에 상당하는 부분은 집행비용과 함께 특별한 사정이 없는 한 일반채권자의 공동담보로 되어 있지 않은 것이어서 가액배상의 범위를 정할 때 제외되어야 한다.

집행력 있는 정본을 가진 채권자, 경매개시결정이 등기된 뒤에 가압류를 한 채권자, 민법·상법, 그 밖의 법률에 따라 우선변제청구권이 있는 채권자는 배당요구의 종기까지 배당요구를 한 경우에 한하여 비로소 배당을 받을 수 있고(민사집행법 제88조 1항, 제148조 2호), 적법한 배당요구를 하지 않은 일반채권자의 경우에는 매각대금으로부터 배당을 받을 수 없기 때문이다. 따라서 사해행위 목적물의 가액 중 경매법원이 확정된 배당표에 의하여 채권자에게 지급하는 배당금에 상당하는 부분은 배당요구 종기까지 배당에 참여하지 아니한 다른 일반채권자에 대한 관계에서 공동담보로서 기능한다고 볼 수 없다(대판 2025.8.14, 2024다242223). 가령 채무자가 강제경매절차가 진행 중인 부동산을 '배당요구 종기 이후' 피고에게 매도하였고 경매법원이 확정된 배당표에 따라 배당금을 지급하자, 배당요구를 하지 않은 채권자인 원고가 위 매매계약을 사해행위로서 취소하고 원상회복으로 가액배상을 청구하였다. 이처럼 강제경매절차가 개시된 부동산이 '배당요구 종기 이후' 사해행위로 이전된 경우에는 가액배상의 범위를 정할 때 확정된 배당표에 따라 경매법원이 채권자들에게 지급하는 배당금 해당액은 일반채권자를 위한 공동담보에 속하지 않는 부분이어서 이를 가액배상에서 제외해야 한다. 따라서 원고의 청구는 이유 없다.

---

3) 배당절차 종료 후의 사해행위취소와 원상회복 방법

저당권설정행위가 사해행위에 해당하는 경우, 원칙적으로 취소채권자는 원상회복으로서 그 저당권설정등기의 말소를 구하여야 한다. 그러나 부동산에 대한 경매절차가 개시되어 그 부동산이 매각되고 매수인이 대금을 납부하여 저당권등기가 집행법원의 촉탁에 의하여 말소되면 취소채권자는 더 이상 원상회복으로서 저당권등기의 말소를 구할 필요가 없게 되고, 배당이 실시되지 않은 경우에는 원상회복이 필요 없으므로 그냥 저당권설정행위의 취소만으로 족하지만, 이미 배당이 된 경우에는 원상회복이 필요하다. 구체적인 반환의 방법은 수익자에게 배당액이 실제로 지급되었는지 여부에 따라 다르다.

(i) 수익자에 대한 배당액이 수익자에게 지급되지 못하고 있는 경우 　　　저당권이 설정되어 있는 부동산에 관하여 사해행위에 의하여 수익자가 새로 저당권을 취득하였는데 선행 저당권의 실행으로 사해의 저당권이 말소되고 수익자에게 돌아갈 배당금이 배당금지급금지가처분 등으로 인하여 지급되지 못한 경우, 사해행위인 저당권 취득의 원인행위를 취소한 후 수익자가 취득한 배당금청구권을 '채무자'에게 양도하는 방법으로 원상회복이 이루어져야 하고, 이는 결국 배당금채권의 양도와 그 채권양도의 통지를 배당금채권의 채무자에게 할 것을 명하는 형태가 될 것이다(대판 2013.9.13, 2013다34945).

(ii) 수익자가 이미 배당액을 지급받은 경우 　　　취소채권자가 수익자 앞으로 배당된 배당금에 대하여 가처분을 하여 두거나 배당기일에 배당이의를 하지도 아니하여 배당표가 그대로 확정되고 수익자가 그 배당금을 현실적으로 수령한 경우, 취소채권자는 수익자를 상대로 직접 수령한 배당금 상당액의 반환을 구할 수 있다. 이러한 법리는 저당권이 설정된 부동산의 소유권이 사해행위로서 양도되었다가 그 저당권의 실행으로 말미암아 양수인인 수익자에게 배당이 이루어진 경우에도 마찬가지이다(대판 2005.5.27, 2004다67806). 이 경우 후술하는 바와 같이 수익자는 제407조에 따라 채권자취소의 효력을 받는 채권자 중의 1인이라는 이유로 수익자

자신의 채권액에 상당하는 금액의 안분액에 대하여 지급을 거절할 수 없다(대판 2001.2.27, 2000다44348).

판 례

근저당권설정계약을 사해행위로서 취소하는 경우 경매절차가 진행되어 타인이 소유권을 취득하고 근저당권설정등기가 말소되었다면 원물반환이 불가능하므로 가액배상의 방법으로 원상회복을 명할 것인바, 이미 배당이 종료되어 수익자가 배당금을 수령하였다면 수익자로 하여금 배당금을 반환하도록 명하여야 하고, 배당표가 확정되었으나 채권자의 배당금지급금지가처분으로 인하여 수익자가 배당금을 현실적으로 지급받지 못한 경우에는 배당금지급채권의 양도와 그 채권양도의 통지를 명할 것이나, 채권자가 배당기일에 출석하여 수익자의 배당 부분에 대하여 이의를 하였다면 그 채권자는 사해행위취소의 소와 병합하여 원상회복으로서 배당이의의 소를 제기할 수 있다고 할 것이고, 다만 이 경우 법원으로서는 배당이의의 소를 제기한 당해 채권자 이외의 다른 채권자의 존재를 고려할 필요 없이 그 채권자의 채권이 만족을 받지 못한 한도에서만 근저당권설정계약을 취소하고 그 한도에서만 수익자의 배당액을 삭제하여 당해 채권자의 배당액으로 경정하여야 한다(대판 2004.1.27, 2003다6200).

4. 채권자취소권 행사의 효과

(1) 원 칙

(가) 채권자취소권의 행사는 '모든 채권자의 이익'을 위하여 효력이 있다(제407조). 즉 채권자취소권의 행사에 따른 취소와 원상회복의 목적은 취소채권자 개인의 채권만족이 아니라 모든 채권자를 위한 채무자의 책임재산 보전이다. 따라서 수익자 또는 전득자로부터 반환받은 목적물은 채무자의 일반재산으로 회복되어 총채권자를 위한 공동담보가 되며, 취소채권자가 우선변제를 받을 권리는 없다(대판 2005.8.25, 2005다14595). 결국 취소채권자는 채무자로부터 임의로 변제를 받거나, 그 변제가 없는 경우에는 따로 그 이행청구소송을 제기하여 집행권원을 얻어야만 그 재산에 대해 강제집행을 할 수 있고, 이 절차에는 일정한 요건을 갖춘 다른 채권자도 배당에 참가할 수 있다. 즉 수익자인 채권자도 집행권원을 갖추어 강제집행절차에서 배당을 요구할 권리가 있다(대판 2003.6.27, 2003다15907).

다만 판례는 채권자취소권은 채무자의 사해행위를 채권자와 수익자 또는 전득자 사이에서 상대적으로 취소하고 채무자의 책임재산에서 일탈한 재산을 회복하여 채권자의 강제집행이 가능하도록 하는 것을 본질로 하는 권리이므로, 원상회복을 가액배상으로 하는 경우에 그 이행의 상대방은 '채권자'이어야 한다고 한다(대판 2008.4.24, 2007다84352). 따라서 사해행위취소로 가액반환을 하는 경우, 취소채권자는 직접 자기에게 가액배상금을 지급할 것을 청구할 수 있다(대판 1998.5.15, 97다58316). 가액반환을 하는 경우, ① 채권자가 지급받은 가액배상금에 대해 다른 채권자들이 배당요구를 할 수 없으므로, 이때에는 취소채권자는 자신의 채권액을 초과하여 가액배상을 구할 수 없다(대판 2008.11.13, 2006다1442). ② 취소채권자는 가액을 반환받은 다음 이를 채무자에게 반환하여야 하지만, 채무자에 대하여 채권을 가지고 있으므로 상계적상에 있는 한 상계의 의사표시에 의하여(제492조) 사실상 우선변제를 받을 수 있다.

(나) 고의의 불법행위로 인한 손해배상채권의 채무자는 그 채권을 수동채권으로 한 상계로 채권자에게 대항하지 못하고(제496조), 그 결과 채권이 양도된 경우에 양수인에게도 상계로 대항할 수 없게 되나(제451조 2항), 채권양도가 사해행위에 해당하는 경우 불법행위로 인한 손해배상채권의 채무자가 채권양도인에 대한 별도의 채권자 지위에서 채권양수인에게 채권자취소권을 행사하여 채권양도의 취소를 구함과 아울러 취소에 따른 원상회복 방법으로 직접 자신 앞으로 가액배상의 지급을 구하는 것 자체는 제496조에 반하지 않으므로 허용된다(대판 2011.6.10, 2011다8980,8997).

(다) 수익자가 채무자의 채권자인 경우, 수익자가 가액배상을 할 때에 수익자 자신도 사해행위취소의 효력을 받는 채권자 중의 1인이라는 이유로 취소채권자에 대하여 총채권액 중 자기의 채권에 대한 안분액의 분배를 청구하거나, 수익자가 취소채권자의 원상회복에 대하여 총채권액 중 자기의 채권에 해당하는 안분액의 배당요구권으로써 원상회복청구와의 상계를 주장하여 그 안분액의 지급을 거절할 수는 없다(대판 2003.11.28, 2003다50061; 대판 2001.2.27, 2000다44348). 사해행위의 취소는 채무자와 수익자 사이의 법률관계에 영향을 미치지 않고(상대적 효력), 그 결과 수익자는 채무자에 대하여 원상회복의무를 부담하지 않기 때문에 채무자에 대한 채권과 상계할 수 없으며, 만일 수익자인 채권자가 안분액의 반환을 거절할 수 있다고 하면 자신의 채권에 대하여 변제를 받은 수익자를 보호하고 다른 채권자의 이익을 무시하는 결과가 되기 때문이다.

(라) '사해행위 이후'에 채권을 취득한 채권자는 채권의 취득 당시에 사해행위취소에 의하여 회복되는 재산을 채권자의 공동담보로 파악하지 않은 자이므로, 제407조에 정한 사해행위취소와 원상회복의 효력을 받는 채권자에 포함되지 않는다(대판 2009.6.23, 2009다18502).

판 례

(ㄱ) 취소채권자가 자신이 회복해 온 재산에 대하여 우선권을 가지는 것은 아니라고 할 것이므로, 사해행위의 수익자 소유의 부동산에 대한 경매절차에서 취소채권자가 수익자에 대한 가액배상판결에 의하여 배당을 요구하여 배당받은 경우, 그 배당액은 배당요구를 한 취소채권자에게 그대로 귀속되는 것이 아니라 채무자의 책임재산으로 회복되는 것이며, 이에 대하여 채무자에 대한 채권자들은 채권만족에 관한 일반원칙에 따라 채권 내용을 실현할 수 있는 것이다(대판 2005.8.25, 2005다14595).

(ㄴ) 채무자가 다수의 채권자 중 1인(수익자)에게 담보를 제공하거나 대물변제를 한 것이 다른 채권자들에 대한 사해행위가 되어 채권자들 중 1인의 사해행위 취소소송 제기에 의하여 그 취소와 원상회복이 확정된 경우, 사해행위의 상대방인 수익자는 그의 채권이 사해행위 당시에 그대로 존재하고 있었거나 또는 사해행위가 취소되면서 그의 채권이 부활하게 되는 결과 본래의 채권자로서의 지위를 회복하게 되는 것이므로, 다른 채권자들과 함께 제407조에 의하여 그 취소 및 원상회복의 효력을 받게 되는 채권자에 포함된다고 할 것이고, 따라서 취소소송을 제기한 채권자 등이 원상회복된 채무자의 재산에 대한 강제집행을 신청하여 그 절차가 개시되면 수익자인 채권자도 그 집행권원을 갖추어 강제집행절차에서 배당을 요구할 권리가 있다(대판 2003.6.27, 2003다15907).

(ㄷ) 채무자의 특정 채권자에 대한 담보권설정행위가 사해행위로 취소 확정된 경우에는 취소채권자 및 그 취소의 효력을 받는 다른 채권자에 대한 관계에서는 무효이므로 그 취소된 담보권자는 별도의 배당요구를 하여 배당요구채권자로서 배당받는 것은 별론으로 하고 '담보권자'로서는 배당받을 수 없다고 할 것이며, 이는 사해행위취소 및 원상회복의 판결이 확정되었으나 그 담보권 등기가 말소되지 않고 있다가 경매로

인한 매각으로 말소된 경우에도 마찬가지이다(대판 2009.12.10, 2009다56627).

(ㄹ) 근저당권설정계약을 사해행위로 취소하는 판결이 먼저 확정되고 근저당권자를 상대로 한 배당이의소송이 뒤이어 진행되는 경우, 배당이의소송에서는 그 소를 제기하지 아니한 다른 채권자의 존재를 고려할 필요 없이 그 소를 제기한 채권자의 채권이 만족을 받지 못한 한도에서만 근저당권자에 대한 배당액을 삭제하여 이를 채권자에 대한 배당액으로 경정하고 나머지는 근저당권자에 대한 배당액으로 남겨두어야 한다. 그런데 근저당권설정계약이 사해행위로 취소된 이상 근저당권자는 근저당권에 따라 배당받을 권리를 상실하여 그에게 배당을 실시할 수 없는 명백한 사유가 생겼으므로, 경매법원으로서는 민사집행법 제161조를 유추적용하여 배당이의소송의 제기로 공탁된 배당액 중 소송 결과 근저당권자에게 남게 된 부분을 부동산경매절차에서 적법하게 배당요구하였던 다른 채권자들에게 추가배당하여야 한다(대판 2015.10.15, 2012다57699).

(ㅁ) 사해행위취소의 소에서 수익자가 원상회복으로서 채권자취소권을 행사하는 채권자에게 가액배상을 할 경우, 수익자 자신이 사해행위취소소송의 채무자에 대한 채권자라는 이유로 채무자에 대하여 가지는 자기의 채권과 상계하거나 채무자에게 가액배상금 명목의 돈을 지급하였다는 점을 들어 채권자취소권을 행사하는 채권자에 대해 이를 가액배상에서 공제할 것을 주장할 수 없다. 그러나 수익자가 채권자취소권을 행사하는 채권자에 대해 가지는 별개의 다른 채권을 집행하기 위하여 그에 대한 집행권원을 가지고 채권자의 수익자에 대한 가액배상채권을 압류하고 전부명령을 받는 것은 허용된다. 이는 수익자의 채무자에 대한 채권을 기초로 한 상계나 임의적인 공제와는 내용과 성질이 다르다. 또한 채권자가 채무자의 제3채무자에 대한 채권을 압류하는 경우 제3채무자가 채권자 자신인 경우에도 이를 압류하는 것이 금지되지 않으므로 단지 채권자와 제3채무자가 같다고 하여 채권압류 및 전부명령이 위법하다고 볼 수 없다(대결 2017.8.21, 2017마499).

(2) 상대적 효력

(가) 사해행위 취소판결의 효력은 소송의 당사자인 채권자와 그 상대방인 수익자 또는 전득자의 관계에서만 미칠 뿐이고, 그 소송에 참가하지 않은 채무자 또는 채무자와 수익자 사이의 법률관계에는 미치지 않는다(통설; 대판 2005.11.10, 2004다49532). 예컨대 채권자 甲이 전득자 丁을 상대로 채무자 乙과 수익자 丙 사이의 사해행위를 취소한 경우, 乙과 丙 사이의 사해행위는 甲과 丁에 대한 관계에서만 무효이다. 그리고 甲이 丙을 상대로 하여 취소권을 행사한 경우에는 乙과 丙 사이의 사해행위는 甲과 丙 사이의 관계에서만 무효이다. 따라서 甲은 丁(후자의 경우에는 丙)에 대하여 전득(丙에게는 수익)한 재산을 乙에게 반환할 것을 청구할 수 있다.

(나) 사해행위의 취소는 채권자와 수익자의 관계에서 상대적으로 채무자와 수익자 사이의 법률행위를 무효로 하는 데에 그치고, 채무자와 수익자 사이의 법률관계에는 영향을 미치지 않는다(취소의 상대효). 따라서 ① 채무자의 수익자에 대한 채권양도가 사해행위로 취소되고, 그에 따른 원상회복으로서 제3채무자에게 채권양도가 취소되었다는 취지의 통지가 이루어지더라도, 채권자와 수익자의 관계에서 채권이 채무자의 책임재산으로 취급될 뿐, 채무자가 직접 채권을 취득하여 권리자로 되는 것은 아니므로, 채권자는 '채무자를 대위하여' 제3채무자에게 채권에 관한 지급을 청구할 수 없다(대판 2015.11.17, 2012다2743). 이 경우 취소채권자는 원상회복된 채권에 대하여 압류 및 추심명령 또는 전부명령을 받아 집행할 수 있다. ② 채권자가 수익자를 상대로 사해행위취소 및 원상회복으로 소유권이전등기의 말소를 명하는 판결을 받았으

나 말소등기를 마치지 않은 경우, 소송의 당사자가 아닌 다른 채권자는 위 판결에 의하여 '채무자를 대위하여' 말소등기를 신청할 수 없다. 하지만 소송당사자가 아닌 다른 채권자가 위 판결에 의하여 채무자를 대위하여 마친 말소등기는 등기절차상의 흠은 있지만 실체관계에 부합하는 등기로서 유효하다(대판 2015.11.17, 2013다84995). 채권자가 사해행위취소의 소를 제기하여 승소한 경우 취소의 효력은 제407조에 따라 모든 채권자의 이익을 위하여 미치므로, 수익자는 채무자의 다른 채권자에 대하여도 사해행위의 취소로 인한 소유권이전등기의 말소등기의무를 부담하기 때문이다.

(다) 채권양도 행위가 사해행위로 인정되어 취소판결이 확정된 경우에도 취소의 효과는 사해행위 이전에 이미 채권을 압류한 다른 채권자에게는 미치지 않는다(대판 2015.5.14, 2014다12072). 가령 채무자의 제3채무자에 대한 채권에 대하여, 채권자 甲의 가압류가 있은 후 그 채권이 乙에게 양도되고, 채권자 丙이 채권양수인 乙을 상대로 제기한 채권자취소소송에서 채권양도 행위가 사해행위로 인정되어 취소판결이 확정된 경우, 사해행위취소의 효과는 다른 채권자인 甲에게는 미치지 않는다(대판 2008.9.25, 2007다47216).

판 례

채무자와 수익자 사이의 저당권설정행위가 사해행위로 인정되어 저당권설정계약이 취소되는 경우에도 당해 부동산이 이미 경매절차에 의하여 매각되어 대금이 완납되었을 때에는 매수인의 소유권취득에는 영향을 미칠 수 없으므로, 채권자취소권의 행사에 따르는 원상회복의 방법으로 매수인의 소유권이전등기를 말소할 수는 없고, 수익자가 받은 배당금을 반환하여야 한다(대판 2001.2.27, 2000다44348).

(3) 채무자·수익자 및 전득자 사이의 관계

(가) 채무자와 수익자, 수익자와 전득자 사이의 법률행위의 효력은 채권자취소권의 행사에 의하여 영향을 받지 않고 여전히 유효이다. 즉 채권자가 사해행위의 취소와 함께 수익자 또는 전득자로부터 책임재산의 회복을 명하는 사해행위취소의 판결을 받은 경우, 그 취소의 효과는 채권자와 수익자 또는 전득자 사이에만 미치므로, 수익자 또는 전득자가 채권자에 대하여 사해행위의 취소로 인한 원상회복의무를 부담하게 될 뿐, 채무자와 사이에서 그 취소로 인한 법률관계가 형성되거나 취소의 효력이 소급하여 채무자의 책임재산으로 회복되는 것은 아니다(대판 2014.6.12, 2012다47548,47555). 따라서 ① 채권자가 변제받은 나머지는 수익자 또는 전득자에게 반환하여야 한다. ② 채무자와 수익자 사이의 소송절차에서 확정판결 등을 통해 마쳐진 소유권이전등기가 사해행위취소로 인한 원상회복으로써 말소된다고 하더라도, 그것이 확정판결 등의 효력에 반하거나 모순되는 것이라고는 할 수 없다(대판 2017.4.7, 2016다204783). ③ 채권압류명령 등 당시 피압류채권이 이미 제3자에 대한 대항요건을 갖추어 양도되어 그 명령이 효력이 없는 것이 되었다면, 그 후의 사해행위취소소송에서 채권양도계약이 취소되어 채권이 원채권자에게 복귀하였더라도 이미 무효로 된 채권압류명령 등이 다시 유효로 되는 것은 아니다

(대판 2022.12.1, 2022다247521). 채무자가 압류 또는 가압류의 대상인 채권을 양도하고 확정일자 있는 통지 등에 의한 채권양도의 대항요건을 갖추었다면, 그 후 채무자의 다른 채권자가 그 양도된 채권에 대하여 압류 또는 가압류를 하더라도 그 압류명령 등은 집행채무자의 책임재산으로 존재하지 않는 채권에 대한 것으로 모두 무효이기 때문이다.

(나) 한편 채권자취소권의 행사로 인하여 재산을 반환하였거나 그에 갈음하여 손해배상을 한 수익자 또는 전득자는 채무자에 대하여 부당이득의 반환을 청구할 수 있다(대판 2017.9.26, 2015다38910). 또한 재산권을 취득하게 한 법률행위가 유상계약인 경우, 전득자는 수익자에 대하여 그리고 수익자는 채무자에 대하여 담보책임(제570조 이하)을 물을 수 있다.

판 례

채무자의 법률행위가 사해행위에 해당하여 취소를 이유로 원상회복이 이루어지는 경우, 특별한 사정이 없는 한 채무자는 수익자 또는 전득자에게 부당이득반환채무를 부담한다. 채무자의 책임재산이 위와 같이 원상회복되어 그로부터 채권자가 채권의 만족을 얻음으로써 채무자의 다른 공동채무자도 자신의 채무가 소멸하는 이익을 얻을 수 있다. 이러한 경우에 공동채무의 법적 성격이나 내용에 따라 채무자와 다른 공동채무자 사이에 구상관계가 성립하는 것은 별론으로 하고 공동채무자가 수익자나 전득자에게 직접 부당이득반환채무를 부담하는 것은 아니다. 따라서 채무자의 공동채무자가 수익자나 전득자의 가액배상의무를 대위변제한 경우에도 특별한 사정이 없는 한 수익자나 전득자에게 구상할 수 있다(대판 2017.9.26, 2015다38910).

(4) 사해행위취소로 원상회복된 부동산의 처분행위 효력

사해행위의 취소는 채권자와 수익자의 관계에서 상대적으로 채무자와 수익자 사이의 법률행위를 무효로 하는 데에 그치고, 채무자와 수익자 사이의 법률관계에는 영향을 미치지 아니하므로, 채무자와 수익자 사이의 부동산매매계약이 사해행위로 취소되고 그에 따른 원상회복으로 수익자 명의의 소유권이전등기가 말소되어 채무자의 등기명의가 회복되더라도, 그 부동산은 취소채권자나 제407조에 따라 사해행위취소와 원상회복의 효력을 받는 채권자와 수익자 사이에서 채무자의 책임재산으로 취급될 뿐, 채무자가 직접 그 부동산을 취득하여 권리자가 되는 것은 아니다(대판 2015.11.17, 2012다2743). 따라서 채무자가 사해행위취소로 그 등기명의를 회복한 부동산을 제3자에게 처분하더라도 이는 무권리자의 처분에 불과하여 효력이 없으므로, 채무자로부터 제3자에게 마쳐진 소유권이전등기나 이에 기초하여 순차로 마쳐진 소유권이전등기 등은 모두 원인무효의 등기로서 말소되어야 한다. 이 경우 취소채권자나 제407조에 따라 사해행위취소와 원상회복의 효력을 받는 채권자는 채무자의 책임재산으로 취급되는 그 부동산에 대한 강제집행을 위하여 원인무효 등기의 명의인을 상대로 그 등기의 말소를 청구할 수 있다(대판 2017.3.9, 2015다217980).

판 례

사해행위의 목적부동산에 수익자의 고유채권자가 가압류를 한 후 채무자와 수익자 사이의 부동산에 관한 매매계약이 사해행위라는 이유로 취소되어 수익자 명의의 소유권이전등기가 말소되었더라도 사해행위의 취소는 상대적 효력밖에 없어 특단의 사정이 없는 한 가압류의 효력이 당연히 소멸되는 것은 아니므로 채무자로부터 위 부동산을 진전하여 양도받은 자는 가압류의 부담이 있는 소유권을 취득한다(대판 1990.10.30, 89다카35421). 하지만 취소판결에 의하여 채무자 앞으로 등기가 회복되었더라도 채무자가 실체법적으로 회복된 부동산의 소유권 또는 처분권한을 회복한다고 볼 수 없다는 점에서 '채무자'로부터 부동산을 양도받은 제3자는 무권리자로부터 소유권을 이전받은 것으로 보아야 하는데, 이 판결이 제3자가 '채무자로부터 적법한 소유권을 이전받았음'을 전제로 판시한 것은 의문이다.

(5) 취소채권자와 수익자의 고유채권자로서 (가)압류한 자 사이의 우열관계

사해행위의 취소로 영향을 받지 않는 제3자의 범위에 대해, 판례는 사해행위를 기초로 목적부동산에 관하여 새롭게 법률행위를 한 전득자 등만으로 한정할 것은 아니고, 수익자의 고유채권자(압류·가압류권자 등)로서 이미 가지고 있던 채권 확보를 위하여 수익자가 사해행위로 취득한 근저당권에 배당된 배당금을 (가)압류한 자에게 그 판결의 효력은 미치지 않는다고 한다(대판 2009.6.11, 2008다7109). 즉 수익자의 고유채권자가 수익자에 대한 채권 확보를 위하여 목적부동산 등을 (가)압류한 경우에는 그 고유채권자(압류·가압류권자 등)에게 사해행위 취소판결의 효력이 미치지 않는다.

한편 가압류집행 후 사해행위 취소판결에 따라 목적물이 채무자 명의로 회복된 경우, 채무자는 가압류권자와의 관계에서 목적물의 제3취득자의 지위에 있고, 그 결과 제3취득자에 대한 채권자인 취소채권자는 목적물의 매각대금 중 가압류의 처분금지적 효력이 미치는 범위 내에서는 배당을 받을 수 없다(대판 2007.4.13, 2005다8682). 따라서 수익자의 고유채권자가 사해행위 취소 전에 목적물을 (가)압류한 경우, 수익자의 고유채권자가 취소채권자보다 우선 배당을 받는다(대판 2009.6.11, 2008다7109).

가령 甲이 乙에게 자신의 X부동산에 관하여 근저당권을 설정해 주었고, 근저당권이 실행되어 乙이 8,000만원의 배당금을 받게 되었다. 乙의 채권자인 丙은 乙의 배당금채권에 대하여 3,000만원의 채권가압류결정을 받았다. 한편 甲의 채권자인 丁(채권액: 8,000만원)은 사해행위취소로 인한 원상회복청구권을 피보전채권으로 하여 乙의 근저당권에 기한 배당금채권에 관하여 지급금지(또는 처분금지)가처분을 받고 乙을 피고로 삼아 甲의 乙에 대한 근저당권설정행위가 사해행위라고 주장하면서 취소소송을 제기하여 "위 근저당권설정계약을 취소하고 乙은 甲에게 배당금 출급청구권을 양도하고 대한민국에게 채권양도통지를 하라"는 취지의 확정판결을 받았다. 丁은 확정판결의 취지에 따라 대한민국에게 채권양도통지를 한 다음 甲이 대한민국에 대하여 가지는 양수받은 배당금출급청구권에 대하여 압류·추심명령을 받았다. 이 경우 경매법원은 가압류채권자인 丙에게 3,000만원을 먼저 배당하고, 나머지를 丁에게 배당하여야 한다.

판 례

(ㄱ) 근저당권이 설정되어 있는 채무자의 부동산을 매수한 수익자의 채권을 담보하기 위하여 수익자의 채권자들이 부동산에 대해 압류 등을 하여 부동산에 관한 근저당권에 의한 경매절차에서 배당받은 후 사해행위 취소채권자가 수익자를 상대로 사해행위취소소송을 제기하여 가액배상의 확정판결을 받은 경우, 수익자

의 채권자들이 수익자와 새로운 법률관계를 맺은 것이 아니라 수익자의 채권자로서 이미 가지고 있던 채권확보를 위하여 부동산을 압류 또는 가압류한 자에 불과하더라도 목적부동산의 매각대금에 대하여 사해행위 취소채권자에게 수익자의 채권자들에 우선하여 변제받을 수 있는 권리를 부여하여 사해행위취소판결의 실효성을 확보하여야 할 아무런 근거가 없으므로 수익자의 채권자들에게 사해행위취소판결의 효력이 미친다고는 볼 수 없다(대판 2005.11.10, 2004다49532).

(ㄴ) 채권에 대한 압류의 처분금지의 효력은 절대적인 것이 아니고, 이에 저촉되는 채무자의 처분행위가 있어도 압류의 효력이 미치는 범위에서 압류채권자에게 대항할 수 없는 상대적 효력을 가지는 데 그치므로, 압류 후에 피압류채권이 제3자에게 양도된 경우 채권양도는 압류채무자의 다른 채권자 등에 대한 관계에서는 유효하다. 그리고 채권양도 행위가 사해행위로 인정되어 취소 판결이 확정된 경우에도 취소의 효과는 사해행위 이전에 이미 채권을 압류한 다른 채권자에게는 미치지 아니한다(대판 2015.5.14, 2014다12072).

(ㄷ) 사해행위의 취소는 취소소송의 당사자 간에 상대적으로 취소의 효력이 있는 것으로 당사자 이외의 제3자는 다른 특별한 사정이 없는 이상 취소로 그 법률관계에 영향을 받지 않는다. 사해행위의 취소에 상대적 효력만을 인정하는 것은 사해행위 취소채권자와 수익자 그리고 제3자의 이익을 조정하기 위한 것으로 그 취소의 효력이 미치지 아니하는 제3자의 범위를 사해행위를 기초로 목적부동산에 관하여 새롭게 법률행위를 한 그 목적부동산의 전득자 등만으로 한정할 것은 아니므로, 수익자와 새로운 법률관계를 맺은 것이 아니라 수익자의 고유채권자로서 이미 가지고 있던 채권 확보를 위하여 수익자가 사해행위로 취득한 근저당권에 배당된 배당금을 가압류한 자에게 사해행위취소 판결의 효력이 미친다고 볼 수 없다(대판 2009.6.11, 2008다7109).

(ㄹ) 부동산에 대한 선순위가압류등기 후 가압류목적물의 소유권이 제3자에게 이전되고 그 후 제3취득자의 채권자가 경매를 신청하여 매각된 경우, 가압류채권자는 그 매각절차에서 당해 가압류목적물의 매각대금 중 가압류결정 당시의 청구금액을 한도로 배당을 받을 수 있다(대판 2007.4.13, 2005다8682). 즉 선순위 가압류등기 후 목적 부동산의 소유권이 이전되고 양수인의 채권자가 경매신청을 하여 매각된 경우, 가압류의 처분금지적 효력이 미치는 것은 가압류결정 당시의 청구금액이므로 그 범위 내에서 가압류권자가 양수인의 채권자나 저당권자보다 우선변제를 받는다.

5. 채권자취소권의 소멸

채권자취소의 소는 채권자가 취소원인을 안 날부터 1년, 법률행위 있은 날부터 5년 이내에 제기하여야 한다(제406조 2항).

(1) 제406조 2항의 1년 또는 5년의 기간은 '제척기간'이므로(통설; 대판 2005.4.28, 2004다71201), 법원은 그 기간의 준수 여부에 관하여 직권으로 조사하여 그 기간이 지나서 제기된 채권자취소의 소는 부적법한 것으로 각하하여야 한다(대판 2012.4.12, 2011다110579).

(2) 1년의 제척기간의 기산점이 되는 '채권자가 취소원인을 안 날'은 채무자가 채권자를 해함을 알면서 사해행위를 하였다는 사실을 알게 된 날, 즉 사해행위와 채무자에게 사해의사가 있었다는 사실을 채권자가 안 날을 말한다(대판 2017.6.15, 2015다247707). 이때 사해행위의 객관적 사실을 알았다고 하여 취소의 원인을 알았다고 추정할 수 없고, 그 제척기간의 도과에 관한 증명책임은 사해행위취소소송의 상대방에게 있다(대판 2023.4.13, 2021다309231; 대판 2018.4.10, 2016다272311). 가령 ① 채권자가 채무자 소유의 부동산에 대한 가압류신청시 첨부한 등기부등본에 수익자 명의의 근저당권설정등기가 마쳐졌다는 사실만으로는 채권자가 가압류신청 당시 취소원인을 알았다고 인정할 수 없다

(대판 2000.6.13, 2000다15265). 그러나 채권자가 채무자의 재산상태를 조사한 결과 채무자 소유 부동산 가액이 자신의 채권총액에 미치지 못하는 것을 이미 파악하고 있었던 상태에서 채무자의 재산에 대하여 가압류를 하던 중 일부 부동산에 관하여 제3자 명의의 근저당권설정등기가 마쳐진 사실을 확인하였다면, 채권자는 가압류 무렵에 채무자가 채권자를 해함을 알면서 사해행위를 한 사실을 알았다고 보아야 한다(대판 2012.1.12, 2011다82384). ② 채무자가 유일한 재산인 부동산을 처분하였다는 사실을 채권자가 알았다면 특별한 사정이 없는 한 채무자의 사해의사도 채권자가 알았다고 봄이 상당하다(대판 2000.9.29, 2000다3262). 한편 사해행위가 있은 후 채권자가 취소원인을 알면서 피보전채권을 양도하고 양수인이 그 채권을 보전하기 위하여 채권자취소권을 행사하는 경우, 채권의 양도인이 취소원인을 안 날을 기준으로 제척기간 도과 여부를 판단하여야 한다(대판 2018.4.10, 2016다272311).

(3) 채권자가 사해행위를 알았는지를 판단하는 기준이 되는 자와 관련하여, 판례는 ① 채권자인 파산자가 사해행위의 취소 원인을 알지 못한 상태에서 파산관재인이 선임된 경우, 그 후 채무자의 사해행위를 알았는지 여부는 파산관재인을 기준으로 판단하여야 한다(대판 2008.4.24, 2006다57001). ② 법인의 대표자가 법인에 대하여 불법행위를 한 경우, 법인과 대표자의 이익은 상반되므로, 법인의 대표자에 대한 손해배상청구권을 피보전권리로 하여 법인이 채권자취소권을 행사하는 경우의 제척기간의 기산점인 '취소원인을 안 날'은 불법행위를 한 법인의 대표자가 아니라 법인의 이익을 정당하게 보전할 권한을 가진 다른 대표자, 임원 또는 사원이나 직원을 기준으로 판단하여야 한다(대판 2015.1.15, 2013다50435). ③ 국가가 조세채권을 피보전채권으로 하여 체납자의 법률행위를 대상으로 채권자취소권을 행사할 때에, 제척기간의 기산점과 관련하여 국가가 취소원인을 알았는지는 조세채권의 추심 및 보전 등에 관한 업무를 담당하는 세무공무원의 인식을 기준으로 판단하여야 하고, 체납자의 재산 처분에 관한 등기·등록 업무를 담당하는 다른 공무원의 인식을 기준으로 판단하여서는 안 된다(대판 2017.6.15, 2015다247707). ④ 채권자취소권도 대위행사할 수 있는데, 채권자가 채무자의 채권자취소권을 대위행사하는 경우, 제소기간은 대위채권자가 아니고 대위의 목적으로 되는 권리의 채권자인 '채무자'를 기준으로 하여 그 준수 여부를 판단하여야 한다고 한다(대판 2001.12.27, 2000다73049). 대위권은 채무자의 권리를 대신 행사하는 것이기 때문이다. 따라서 채권자취소권을 대위행사하는 채권자가 취소원인을 안 지 1년이 지났더라도 채무자가 취소원인을 안 날부터 1년, 법률행위가 있은 날부터 5년 내라면 채권자취소의 소를 제기할 수 있다.

(4) 5년의 제척기간의 기산점이 되는 '법률행위 있은 날'이란 사해행위에 해당하는 법률행위가 실제로 이루어진 날을 의미한다(대판 2002.7.26, 2001다73138,73145). ① 가등기에 의하여 본등기가 마쳐진 경우, 가등기의 원인인 법률행위와 본등기의 원인인 법률행위가 다르지 않다면, 사해행위 요건의 구비 여부는 가등기의 원인된 법률행위 당시를 기준으로 판단해야 한다(대판 2014.3.27, 2013다1518). 따라서 가등기 및 본등기의 원인행위에 대한 사해행위취소 등 청구의 제척기간의 기산일은 가등기의 원인행위가 사해행위임을 안 때라고 할 것이므로, 채권자가 가등기의 원인행위가

사해행위임을 안 때부터 1년 이내에 가등기의 원인행위에 대하여 취소의 소를 제기하였다면, 본등기의 원인행위에 대한 취소청구는 가등기의 원인행위에 대한 제척기간이 지난 후에 하더라도 적법하다(대판 2006.12.21, 2004다24960). ② 그러나 '가등기와 본등기의 원인인 법률행위가 다르다면' 사해행위 요건의 구비 여부는 본등기의 원인인 법률행위를 기준으로 판단해야 하고 제척기간의 기산일도 '본등기의 원인인 법률행위'가 사해행위임을 안 때라고 보아야 한다. 따라서 채무자가 유일한 재산인 부동산에 관하여 가등기의 효력이 소멸한 상태에서 새로 매매계약을 체결하고 말소되어야 할 가등기를 기초로 하여 본등기를 한 행위는 가등기의 원인인 법률행위와 별개로 일반채권자의 공동담보를 감소시키는 것으로 특별한 사정이 없는 한 채권자취소권의 대상인 사해행위이고, 이때 본등기의 원인인 '새로운 매매계약을 기준으로' 사해행위 여부나 제척기간의 준수 여부를 판단해야 한다(대판 2021.9.30, 2019다266409). 가령 원고의 채무자인 甲이 자신 소유인 부동산에 관해 제3자와 매매예약을 체결하고 소유권이전등기청구권 보전을 위한 가등기를 했으나 매매예약 완결권의 제척기간이 지난 후 피고 乙과 새로운 매매계약을 체결하면서 종전 가등기를 유용하기로 합의하고 가등기에 기해 본등기를 한 경우, 본등기의 원인인 매매계약과 가등기의 원인인 매매예약이 다르므로 새로운 매매계약을 기준으로 사해행위 요건과 제척기간을 판단해야 한다.

(5) 채권자는 사해행위의 취소와 원상회복청구를 동시에 행사할 수 있고(대판 1980.7.22, 80다795), 사해행위의 취소만을 먼저 청구한 다음 원상회복을 나중에 청구할 수 있으며, 이 경우 사해행위 취소가 제406조 2항의 기간 내에 제기되었다면 원상회복의 청구는 그 기간이 지난 뒤에도 할 수 있다(대판 2001.9.4, 2001다14108). 그러나 수익자를 상대로 사해행위취소의 소를 제기한 다음 기간이 지난 뒤에 전득자에 대하여 원상회복을 구하는 소를 추가하는 경우에는 그렇지 않다. 수익자에 대한 소와 전득자에 대한 소는 별개이기 때문에 채권자는 기간 내에 전득자를 상대로 사해행위취소의 소를 제기하여야 한다. 결국 후자의 경우 전득자에 대하여는 취소를 구하는 소가 적법하게 제기되지 않았기 때문에 전득자에 대하여 원상회복을 구하는 소는 그 자체로 이유 없게 된다(대판 2005.6.9, 2004다17535). 이는 기존 전득자 명의의 등기가 말소된 후 다시 새로운 전득자 명의의 등기가 되어 새로운 전득자에 대한 관계에서 채무자와 수익자 사이의 사해행위를 취소하는 청구를 하는 경우에도 마찬가지이다(대판 2014.2.13, 2012다204013).

판 례

(ㄱ) 사해행위에 해당하는 법률행위가 언제 있었는가는 실제로 그러한 사해행위가 이루어진 날을 표준으로 판정할 것이되, 이를 판정하기 곤란한 경우 등에는 처분문서에 기초한 것으로 보이는 등기부상 등기원인일자를 중심으로 그러한 사해행위가 실제로 이루어졌는지 여부를 판정할 수 있다(대판 2010.2.25, 2007다28819,28826).

(ㄴ) 채권자가 사해행위의 취소원인을 알게 되어 채권자취소소송의 제척기간이 진행되던 도중 채권자가 파산하여 파산관재인이 선임된 경우라도 그 제척기간은 파산관재인이 사해행위의 취소원인을 안 때부터 새로 진행되어야 하는 것은 아니다(대판 2006.8.25, 2004다24144).

제4장 다수당사자의 채권관계 — 다수의 채권자 및 채무자

제 1 절 서 설

Ⅰ. 의 의

다수당사자의 채권관계란 하나의 급부에 관하여 채권자 또는 채무자의 일방이나 쌍방이 2인 이상인 채권관계를 말한다. 채권관계는 하나의 급부에 관하여 채권자 1인과 채무자 1인이 있는 것이 보통이다. 그런데 경우에 따라 동일한 급부에 관하여 2인 이상의 채권자 또는 채무자가 있는 경우가 있는데, 이를 다수당사자의 채권관계라 한다. 예컨대 甲·乙·丙이 공동으로 丁 소유의 부동산을 매수하는 경우, A·B가 공동소유의 토지를 C·D에게 매도하는 경우 등이 이에 속한다. 민법은 다수당사자의 채권관계로 분할채권관계(제408조)·불가분채권관계(제409조-제412조)·연대채무(제413조-제427조) 및 보증채무(제428조-448조)의 4종류를 규정하고 있으며, 분할채권관계를 원칙으로 하고 있다. 한편 학설은 명문의 규정이 없지만 부진정연대채무와 연대채권의 개념을 인정하고 있다.

Ⅱ. 다수당사자의 채권관계의 기능과 쟁점

1. 기 능

하나의 가분급부에 대하여 채권·채무가 다수의 자에게 분할적으로 귀속되는 분할채권관계를 제외하면, 다수당사자의 채권관계는 채무자가 복수이고 또 각자 전부의 지급의무를 부담하는 점에서 채권자의 입장에서 보면 채무자 1인인 경우에 비해 채권의 담보력이 강화된다. 다시 말하면 불가분채무·연대채무·보증채무는 실질적으로 인적 담보로 기능한다.

2. 쟁 점

다수당사자의 채권관계는 채권자 또는 채무자의 수만큼 채권과 채무가 있으며, 그것은 하나의 급부실현을 목적으로 한다. 예컨대 甲·乙이 丙 소유의 건물을 1억원에 매수한 경우, 丙은 1개의 채권을 가지는 것이 아니라 甲과 乙에 대해 각각 채권을 가지며, 이것은 매매대금채권이라는 하나의 급부를 목적으로 한다. 이와 관련하여 ① 다수의 채무자에 대하여 어떻게 이행청구를 할 수 있는가? 즉 丙은 甲과 乙에게 각각 5,000만원씩 청구할 수 있는지 아니면 그 전액을 각각 청구할 수 있는지, 그 청구는 동시에 혹은 순차로 하여야 하는지가 문제이다(대외적 효력). ② 다수의 채권자 혹은 채무자 중 1인에 대하여 청구·시효의 중단이나 완성·면제와 같은 사유가 생긴 경우에 다른 채권자 혹은 채무자에게 어떠한 영향을 미치는지가 문제이다(1인의 채권자 또는 채무자에게 생긴 사항의 효력). ③ 다수의 채권자 중 1인이 변제받은 경우에 다른 채권자에게 어떻게 분급(分給)하여야 하는지 혹은 다수의 채무자 중 1인이 변제한 경우에 다른 채무자에게 어떻게 구상할 수 있는지가 문제이다(대내적 효력).

Ⅲ. 채권·채무의 준공동소유

다수당사자의 채권관계는 하나의 동일한 급부를 목적으로 하지만 채권자 또는 채무자의 수만큼의 채권관계가 성립한다. 한편 채권이나 채무를 준공동소유하는 경우에 하나의 채권 또는 채무가 일체를 이루어 복수의 주체에게 공동으로 귀속되며, 공동소유에 관한 규정이 준용된다(제278조). 이때 복수의 주체 사이의 인적 결합관계에 따라 채권 또는 채무가 준공유(채권·채무가 공유적으로 귀속한 경우)·준합유(법률의 규정 혹은 계약에 의하여 여러 명이 조합체로 채권을 가지거나 채무를 부담한 경우) 또는 준총유(법인 아닌 사단이 집합체로서 채권·채무를 가지는 경우)로 된다.

이처럼 채권·채무가 여러 명에게 발생·귀속하는 경우에 이를 채권·채무의 공동적 귀속관계로 볼 것인지 아니면 다수당사자의 채권관계로 볼 것인가에 대하여, 학설은 다수당사자의 채권관계에 관한 규정(제408조 이하)을 제278조의 '다른 법률에 특별한 규정'으로서 채권·채무의 준공동소유에 관한 규정(제262조 이하)의 특칙으로 이해하고 있다(통설). 따라서 하나의 급부를 목적으로 하는 하나의 채권·채무가 여러 명에게 귀속되는 경우에 당사자 사이에 이를 준공동소유로 한다는 특약이 없는 한 분할채권관계·불가분채권관계·연대채권채무관계의 하나가 된다.

판 례

(ㄱ) 금전채무와 같이 급부의 내용이 가분인 채무가 공동상속된 경우, 이는 상속 개시와 동시에 당연히 법정상속분에 따라 공동상속인에게 분할되어 귀속되는 것이므로, 상속재산 분할의 대상이 될 여지가 없다(대판 1997.6.24, 97다8809).

(ㄴ) 조합의 채무는 각 조합원의 채무로서 그 채무가 불가분의 채무이거나 연대의 특약이 없는 한 조합채권자는 각 조합원에 대하여 지분의 비율에 따라 또는 균일적으로(제712조) 변제의 청구를 할 수 있을 뿐이지 달리 그 금원 전부나 연대의 지급을 구할 수는 없는 것이다(대판 1985.11.12, 85다카1499). 즉 조합채무에 대해서는 가분

채무인 경우, 준합유의 법리에 따르지 않는다. 다만 조합원들이 상행위로 인하여 채무를 부담하게 된 경우, 이는 상사채무로서 상법 제57조 1항에 의하여 조합원들은 연대책임을 진다(대판 2001.11.13, 2001다55574).

(ㄷ) 비법인사단의 대표자의 위임에 따른 어음행위로 인한 어음금의 지급책임이 독립한 권리의무의 주체인 비법인사단에게 귀속되는 것이지 그 구성원들이 이를 부담하는 것은 아니다(대판 1992.7.10, 92다2431).

제 2 절 분할채권관계

Ⅰ. 의 의

분할채권관계는 1개의 가분급부에 관하여 채권자나 채무자가 여럿인 경우에 각 채권자 또는 채무자가 균등한 비율로 분할된 채권을 가지고 또는 분할된 채무를 지는 다수당사자의 채권관계이다. 예컨대 甲·乙·丙이 공동으로 소유하는 아파트를 丁에게 1억 2,000만원에 매도한 경우에 각자 4,000만원의 대금채권을 가지는 '분할채권'과 丁 소유의 아파트를 甲·乙·丙이 매수한 경우에 각자 4,000만원의 대금채무를 부담하는 '분할채무'가 이에 속한다.

우리 민법은 다수당사자의 채권관계에 대하여 분할채권관계를 원칙으로 하고 있다(제408조). 그러므로 여러 명이 가분채무를 부담하는 경우에 연대채무로 하는 명시적 약정이 있거나 연대의 묵시적 특약이 있다고 인정될 만한 사정이 존재하지 않는 한 원칙적으로 분할채무가 성립한다(대판 1992.10.27, 90다13628; 대판 1987.5.26, 85다카1146).

Ⅱ. 성립요건

1. 급부가 가분일 것

급부가 불가분이면 성질상 불가분채권관계가 성립한다. 그러므로 분할채권관계가 성립하기 위해서는 급부가 가분이어야 한다. 가분급부(可分給付)란 급부의 성질 또는 가치를 손상시키지 않고 분할하여 이행할 수 있는 급부를 말한다. 급부가 가분이더라도 당사자의 특약·법률규정에 의하여 불가분채무나 연대채무로 되는 경우에는 분할채무는 성립하지 않는다. 즉 ① 법인의 목적 범위 외의 행위로 인하여 타인에게 손해를 가한 때에는 그 사항의 의결에 찬성하거나 그 의결을 집행한 사원·이사 기타 대표자가 연대하여 배상하여야 한다(제35조 2항). ② 사용대차에서 여럿이 공동으로 물건을 차용한 때에는 연대하여 그 의무를 지고(제616조), ③ 이러한 관계는 임대차에도 준용된다(제654조). ④ 공동불법행위의 경우에는 연대하여 그 손해를 배상할 책임을 지고(제760조), ⑤ 부부의 일방이 일상가사로 인해 부담한 채무에 대해서는 부부가 연대책임을 진다(제832조). ⑥ 여럿이 그 1인 또는 전원에게 상행위가 되는 행위로 인하여 채무를 부담한 때에는 연대하여 변제할 책임이 있다(상법 제57조 1항).

2. 채권자 또는 채무자가 여럿일 것

다수의 채권자 또는 채무자가 있어야 하며, 분할채권관계는 채권자가 여럿인 분할채권과 채무자가 여럿인 분할채무가 있다. 예컨대 2인의 공동매수인 각자가 지분권(예: 1/2)에 기해 가지는 소유권이전등기청구권(대판 1981.4.15, 79다14), 공유물에 대한 제3자의 불법행위로 인한 손해배상청구권 내지는 부당이득반환청구권에 관하여 공유자 각자가 그 지분비율에 따라 가지는 권리(대판 1979.1.30, 78다2088) 등이 분할채권에 속한다. 그리고 다수의 채권자가 채무자에게 별개로 금전을 대여하고 채무자 소유의 토지에 대해 담보목적으로 공동으로 소유권이전등기를 한 후 담보권의 실행을 위해 분필을 하고서 처분한 경우의 정산금반환채무(대판 1987.5.26, 85다카1146), 변호사에게 공동당사자로서 소송대리를 위임한 경우의 보수금지급채무(대판 1993.2.12, 92다42941), 금전소비대차에서 다수의 채무자가 한 사람의 채권자에 대하여 각기 일정한 돈을 빌리는 경우(대판 1985.4.23, 84다카2159), 공동상속인이 상속분에 따라 부담하는 피상속인의 국세 등 납부의무(대판 1983.6.14, 82누175) 등이 분할채무에 해당한다.

3. 분할채권관계의 배제특약이 없을 것

당사자 사이에 분할채권관계를 배제하려는 특별한 의사표시가 없어야 한다. 만일 급부가 가분이더라도 불가분채권관계 또는 연대채무로 한다는 명시적·묵시적 특약이 있는 경우에는 분할채권관계가 성립하지 않는다. 학설은 분할채무의 경우에 채권의 담보력을 약화시킨다는 이유로, ① 여러 명의 채무가 각 채무자에게 불가분적으로 누리게 되는 이익의 대가 또는 불가분급부의 대가로서의 의의를 가질 때에는 성질상 불가분채무(예: 여럿이 공유할 목적으로 자동차를 구입한 경우에 대금지급채무)로 해석한다. ② 여럿이 공동으로 물건을 구입하거나 금전을 차용하는 경우에 채무자 전원의 자력이 고려되었다고 보여지는 경우(예: 수인이 음식점에서 공동으로 음식을 주문하여 먹는 경우)에 연대채무에 대한 묵시적 특약이 있는 것으로 해석한다(곽윤직, 156면; 김상용, 274면; 김용한, 284면; 김증한/김학동, 216면; 김주수, 269면. 그러나 이은영, 495면은 분할의 원칙에 따르는 것이 민법규정에 충실하고 거래관습에도 맞는다고 한다). 판례는 다수당사자의 채권관계는 원칙적으로 분할채권관계이고 채권의 성질상 또는 당사자의 약정에 의하여 특히 불가분으로 하는 경우에 한하여 불가분채권관계로 된다고 하여(대판 1992.10.27, 90다13628), 연대채무로서의 묵시적인 의사표시의 추정을 쉽게 인정하지 않는다.

Ⅲ. 효 력

1. 대외적 효력

(1) 각 채권자 또는 채무자는 다른 특별한 의사표시가 없으면 균등한 비율로 분할된 채

권을 가지고 채무를 부담한다(제408조). 따라서 각 채권자·채무자는 자기 부분 이외의 부분에 대해서 이행을 청구하지 못하며 이행할 필요도 없다. 그 결과 1인의 채권자가 자기 부분 이상의 변제를 받은 때에 그것은 채무자에 대한 관계에서 부당이득이 되고, 1인의 채무자가 자기 부담부분 이상의 채무를 변제한 때에 그것은 타인의 채무변제가 된다.

(2) 분할채권관계가 쌍무계약으로 성립한 경우, 분할채권의 전부 또는 분할채무의 전부와 대가관계에 서는 채무·채권과 동시이행의 관계가 성립한다(제536조). 예컨대 甲·乙·丙이 공동으로 丁 소유의 자동차를 매수한 경우, 甲·乙·丙 중 1인이라도 그 분할채무를 이행하지 않은 상태에서 丁에게 이행을 청구하면 丁은 그에게 동시이행의 항변권을 주장할 수 있다. 또한 하나의 계약에 의하여 분할채권관계가 성립한 경우에 계약의 해제 또는 해지는 전원이 전원에 대하여 행사하여야 한다(제547조 1항). 이것은 분할채권관계의 특수성에 기한 것이 아니라 해제·해지의 불가분성에 기한 것이다.

판 례

(ㄱ) 수탁자의 사망으로 인하여 수탁자의 지위가 공동상속되었을 때 신탁해지의 의사표시가 그 공동상속인 일부에게만 이루어졌다면 신탁해지의 효과는 그 일부 상속인에게만 발생하는 것이고, 이때에는 해제권의 불가분에 관한 제547조의 규정은 그 적용이 없고 그 일부에 한하여 신탁해지의 효과가 발생하는 것일 뿐 수탁자나 수탁자의 지위를 승계한 사람이 수인이라 하여 그 전원에게 신탁해지의 의사표시를 동시에 하여야만 그 효과가 발생하는 것은 아니라 할 것이다(대판 1992.6.9, 92다9579).

(ㄴ) 하나의 부동산을 수인이 공유하는 경우 각 공유자는 각 그 소유의 지분을 자유로이 처분할 수 있으므로, 공유자 전원이 공유물에 대한 각 그 소유지분 전부를 형식상 하나의 매매계약에 의하여 동일한 매수인에게 매도하는 경우라도 당사자들의 의사표시에 의하여 각 지분에 관한 소유권이전의무, 대금지급의무를 불가분으로 하는 특별한 사정이 없는 한 실질상 각 공유지분별로 별개의 매매계약이 성립되었다고 할 것이고, 일부 공유자가 매수인의 매매대금지급의무불이행을 원인으로 한 그 공유지분에 대한 매매계약을 해제하는 것은 가능하다(대판 1995.3.28, 94다59745).

(ㄷ) 수탁자만 수인 공동으로 되어 있는 신탁계약 해지의 의사표시가 그 일부에 대하여 이루어졌을 때에는, 해제권의 불가분에 관한 제547조는 적용되지 않고, 그 일부에 한하여 신탁해지의 효과가 발생한다(대판 1979.5.22, 73다467).

2. 1인의 채권자·채무자에게 생긴 사유의 효력

분할채권관계에서 각 채권과 채무는 독립된 것이기 때문에, 1인의 채권자 또는 채무자에게 생긴 사유, 예컨대 이행지체·이행불능·경개·면제·혼동·시효 등은 다른 채권자 또는 채무자에게 영향을 미치지 않는다.

3. 대내적 효력

분할채권자 또는 분할채무자 상호간의 내부관계에서도 특별한 약정이 없는 한 균등한 비율에 따른 권리를 가지며 의무를 부담한다. 따라서 채권자 사이에 또는 채무자 사이에서 분급(分給)이나 구상관계는 원칙적으로 발생하지 않는다. 그러나 내부관계가 균등하지 않은 경우, 자기 비율을 초과하여 변제를 수령한 채권자는 그 초과부분을 다른 채권자에게 상환하여야 하며, 자기의 부담부분을 초과하여 변제한 채무자는 다른 채무자에 대하여 초과변제액을 구상할 수 있다(통설).

제 3 절 불가분채권관계

Ⅰ. 의 의

불가분채권관계는 불가분의 급부를 목적으로 하는 다수당사자의 채권관계로서(제409조), 채권자가 여럿인 불가분채권과 채무자가 여럿인 불가분채무가 있다. 예컨대 甲·乙·丙이 공동으로 丁 소유의 건물을 매수한 경우, 甲·乙·丙의 丁에 대한 건물인도청구권이 불가분채권이며, 반대로 甲·乙·丙이 공동으로 소유하던 건물을 매도한 경우에 건물인도의무가 불가분채무이다.

불가분채권관계의 특색은 급부가 불가분(不可分)이라는 점이다. 급부의 불가분성은 급부의 성질이 불가분인 경우(예: 주택의 인도·자동차의 인도 등)와 성질상 가분이지만 당사자의 의사표시로 불가분으로 되는 경우가 있다. 특히 후자는 연대채무와 그 본질에서 차이가 없으며, 다만 절대적 효력이 인정되는 범위에서 차이가 있을 뿐이다. 불가분채권관계에서는 채권자 또는 채무자의 수만큼 복수의 채권·채무가 존재한다. 불가분급부가 가분급부로 변경된 때에는(예: 본래의 급부의무가 채무불이행으로 인하여 손해배상의무로 바뀐 경우) 당연히 분할채권관계로 변한다(제412조).

Ⅱ. 불가분채권

1. 불가분채권의 성립요건

불가분채권이 성립하려면, 다수의 채권자가 존재하여야 하고 또한 채권의 목적이 불가분이어야 한다. 불가분급부에는 채권의 목적이 성질상 불가분이거나 가분인 경우에도 당사자의 의사표시로 불가분인 경우가 있다. 예컨대 공유에 기한 공유물반환청구권, 토지공유자의 건물철거 및 토지명도청구권, 임대인이 여럿인 경우의 건물명도청구권, 공동상속인이 승계취득한 건물명도청구권 등은 성질상 불가분채권에 속한다.

2. 불가분채권의 효력

(1) 대외적 효력

각 채권자는 모든 채권자를 위하여 이행을 청구할 수 있고, 채무자는 모든 채권자를 위하여 각 채권자에게 이행할 수 있다(제409조 후문). 예컨대 甲과 乙이 丙 소유의 냉장고를 매수한 경우에 甲이 단독으로 丙에게 냉장고의 인도를 청구할 수 있고, 丙도 甲에게 냉장고를 인도함으로써 채무를 면할 수 있다. 제409조가 각 채권자가 단독으로 급부의 전부 이행을 청구할 수 있고 수령할 수 있도록 규정한 것은 급부가 불가분인 점에서 채권의 행사와 채무이행의 편의를 고려한 것이지만, 급부를 수령한 채권자가 급부를 수령한 후 무자력자로 되거나 이익을 분급하지 않을 때에 다른 채권자는 손해를 입게 될 위험이 있다.

(2) 1인의 채권자에게 생긴 사유의 효력

(가) 절대적 효력

각 채권자는 모든 채권자를 위하여 이행을 청구할 수 있고, 채무자는 모든 채권자를 위하여 각 채권자에게 이행할 수 있으므로(제409조 후문), 그 범위 내에서는 채권자 1인과 채무자 사이에 발생한 사유는 다른 채권자에게도 효력이 있다(제410조 1항). 따라서 1인의 채권자의 이행청구에 의한 시효중단·이행지체의 효과, 채무자가 1인의 채권자에 대한 변제·공탁·변제의 제공·수령지체의 효과는 모두 다른 채권자에게도 발생한다.

(나) 상대적 효력

1) 청구와 이행에 따른 효과 이외의 사유는 다른 채권자에게 그 효력이 없다(제410조 1항). 예컨대 1인의 채권자와 채무자 사이에 이루어진 경개·면제가 있는 경우에 다른 채권자는 채무자에 대하여 채무의 전부 이행을 청구할 수 있다. 그러나 그 1인의 채권자가 그의 권리를 잃지 않았더라면 그에게 분급하였을 이익은 채무자에게 상환하여야 한다(제410조 2항). 이는 상환의 순환을 피하고 법률관계를 단순화하기 위해 둔 규정이다. 예컨대 A·B·C가 D소유의 노트북을 100만원에 매수한 후, A와 D 사이에 노트북 이전채권을 100만원의 금전채권으로 하는 경개계약을 체결하거나 A가 D의 노트북 인도의무를 면제한 때에 A는 그 권리를 잃었으나 B·C는 여전히 채권을 가지고 있고, 그것을 행사하여 D로부터 노트북에 대한 소유권을 이전받을 수 있다. 그런데 이 경우 B·C는 내부적으로 A에게 그 이익을 분급하여야 하고, A는 그 이익을 D에게 부당이득으로서 반환하여야만 한다. 그래서 민법은 이러한 분급과 반환의 순환을 피하기 위해 B·C가 A에게 분급할 이익을 직접 D에게 상환하여야 하는 것으로 규정하고 있다. 이때 채무자 D가 상환받을 수 있는 이익은 그 물건에 대한 1/3의 지분이 아니라 그 가액이다(곽윤직, 160면; 김형배, 441면; 김상용, 284면; 임정평, 265면).

2) 혼동이 1인의 채권자와 채무자 사이에 생긴 경우에도 다른 채권자에게 영향을 미치지 않는다(제410조 1항). 예컨대 A·B·C가 불가분채권자이고 D가 채무자인 경우에 A가 D를 상속함으로써

혼동이 생기더라도 B·C는 A에 대하여 전부의 이행을 청구할 수 있다. 이때 A가 전부 이행을 하였을 경우에 이익조정으로서 A에게 지분적 이익을 분급할 것인지 가액을 상환할 것인지가 문제된다. 이에 대하여 경개·면제의 경우와 동일하게 가액의 반환을 청구할 수 있다는 견해가 있으나(곽윤직, 161면; 김용한, 296면), 선택에 따라서 어느 것이나 청구할 수 있다고 할 것이다(김형배, 442면; 김상용, 334면; 정기웅, 261면).

3) 상계·시효가 1인의 채권자와 채무자 사이에 생긴 경우에도 다른 채권자에게 영향을 미치지 않는다. 따라서 다른 채권자는 전부의 이행을 채무자에게 청구할 수 있다. 채무자의 불이익조정은 경개·면제에 관한 제410조 2항이 유추적용될 수 있다(김형배, 442면; 정기웅, 261면).

판 례

수인의 채권자에게 금전채권이 불가분적으로 귀속되는 경우, 불가분채권자들 중 1인을 집행채무자로 한 압류 및 전부명령이 이루어지면 그 불가분채권자의 채권은 전부채권자에게 이전되지만, 그 압류 및 전부명령은 집행채무자가 아닌 다른 불가분채권자에게 효력이 없으므로, 다른 불가분채권자의 채권의 귀속에 변경이 생기는 것은 아니다. 따라서 다른 불가분채권자는 모든 채권자를 위하여 채무자에게 불가분채권 전부의 이행을 청구할 수 있고, 채무자는 모든 채권자를 위하여 다른 불가분채권자에게 전부를 이행할 수 있다. 이러한 법리는 불가분채권의 목적이 금전채권인 경우 그 일부에 대하여만 압류 및 전부명령이 이루어진 경우에도 마찬가지이다(대판 2023.3.30, 2021다264253).

(3) 대내적 효력

불가분채권자 상호간의 내부관계에 대하여 명문의 규정이 없지만, 채권 전부의 변제를 받은 채권자는 다른 채권자에게 내부관계의 비율에 따라 그의 이익을 분급하여야 하고, 그 비율은 특별한 약정이 없는 한 균등한 것으로 추정된다(통설).

Ⅲ. 불가분채무

1. 불가분채무의 성립요건

(1) 다수의 채무자가 존재할 것

불가분채무가 성립하려면 다수의 채무자가 존재하여야 한다. 불가분채무는 한 개의 불가분급부에 대하여 다수의 채무자가 독립하여 채무를 부담하는 것이기 때문에, 불가분급부를 부담하는 채무자가 2명 이상이어야 한다.

(2) 급부가 불가분일 것

급부가 불가분이어야 하며, 불가분급부에는 '성질상의 불가분급부'와 '의사표시에 의한 불가분급부'가 있다.

(가) 성질상의 불가분급부

1) 성질상 불가분급부란 급부의 성질상 급부의 본질 또는 가치를 훼손함이 없이 수개의

급부로 분할하여 이행할 수 없는 것을 말한다(예; 자동차 또는 동물의 인도의무). 가령 공동상속인의 건물철거의무(대판 1980.6.24, 80다756) 등이 그것이다. 판례는 ① 여럿이 공동으로 타인의 재산을 사용한 경우의 부당이득반환채무(대판 2001.12.11, 2000다13948; 대판 1991.10.8, 91다3901), ② 공유자가 공유물에 대한 관계에서 법률상 원인 없이 이익을 얻고 그로 인하여 제3자에게 손해를 입힌 경우에 그 이득을 상환할 의무(대판 1980.7.22, 80다649; 대판 1992.9.22, 92누2202), ③ 임대차계약에서 공동임대인의 보증금반환채무(대판 2017.5.30, 2017다205073; 대판 1998.12.8, 98다43137), ④ 임대인 지위를 공동으로 승계한 공동임대인들의 임차보증금 반환채무(대판 2021.1.28, 2015다59801), ⑤ 공동 전세권설정자가 부담하는 전세금반환채무(대판 2025.4.15, 2024다312566), ⑥ 공유임야에 제3자가 수목을 식재하여 부합이 됨으로써 공유자인 임야소유자들의 제3자에 대한 부당이득반환채무(대판 1980.7.22, 80다649), ⑦ 토지거래허가 구역 내에 있는 토지의 매매계약을 체결하면서 계약이행에 관하여 매도인들 전원의 의사나 능력이 일체로서 고려된 경우에 계약이 확정적으로 무효로 되면서 매도인들이 지게 되는 부당이득반환채무(대판 1997.5.16, 97다7356) 등은 성질상 불가분채무라고 한다. 분할채무로 보게 되면, 채무자 중 일부가 무자력일 경우에 채권자가 손해를 입게 될 우려가 있어 채권의 담보력을 약화시키기 때문이다. 주의할 것은, 사용대차의 공동차주 또는 공동임차인의 목적물 또는 임차물의 반환의무, 공동임차인의 차임지급의무는 불가분채무가 아니라 연대채무이다(제616조, 제654조).

2) 한편 소유권이전등기의무가 불가분채무인가에 관하여, 판례는 토지의 매도인은 공동매수인에게 특별한 사정이 없는 한 균등한 비율의 지분에 관하여 각 소유권이전등기절차를 이행할 의무를 지고(대판 1981.4.15, 79다14), 소유권이전등기의무가 공동상속된 때에 공동상속인들은 각 상속분별로 소유권이전등기의무를 진다고 한다(대판 1979.2.27, 78다2281). 즉 분할채무로 보고 있다. 그러나 소유권이전등기의무가 공동상속된 경우의 등기신청급부를 성질상 불가분급부로 보는 견해가 있다(김형배, 440면; 정기웅, 260면).

판 례

(ㄱ) 전세권이 성립한 후 전세목적물의 소유권이 이전된 경우 전세권은 전세권자와 목적물의 소유권을 취득한 신 소유자 사이에서 계속 동일한 내용으로 존속하게 되므로 목적물의 신 소유자는 구 소유자와 전세권자 사이에 성립한 전세권의 내용에 따른 권리의무의 직접적인 당사자가 되어 전세권이 소멸하는 때에 전세권자에 대하여 전세권설정자의 지위에서 전세금 반환의무를 부담한다(대판 2006.5.11, 2006다6072). 한편 전세권이 성립한 후 전세목적물의 소유권 중 일부 지분을 이전받은 새로운 공유자도 전세권자에 대하여 공동 전세권설정자의 지위에서 전세금 반환의무를 부담한다(대판 2025.4.15, 2024다312566).

(ㄴ) 건물의 공유자가 공동으로 건물을 임대하고 임차보증금을 수령한 경우 특별한 사정이 없는 한 그 임대는 각자 공유지분을 임대한 것이 아니라 임대목적물을 다수 당사자로서 공동으로 임대한 것이고 그 임차보증금 반환채무는 성질상 불가분채무에 해당한다. 임대인 지위를 공동으로 승계한 공동임대인들의 임차보증금 반환채무 역시 성질상 불가분채무이고(대판 2024.8.1, 2023다318857; 대판 2021.1.28, 2015다59801), 이는 임대목적물의 소유권 중 일부 지분을 이전받은 새로운 공유자가 임대인 지위를 승계하여 기존 임대인과 함께 임차보증금 반환의무를 부담하게 되는 경우에도 마찬가지이다(대판 2025.4.15, 2024다312566).

(ㄷ) 한편 사해행위를 이유로 채권자취소권을 행사하는 경우 행위를 하지 않았다면 있었을 책임재산을 회복하도록 하여야 하고, 그보다 더 많은 책임재산을 회복하는 결과를 초래하는 것은 허용되지 않는다. 따라서

일반채권자들의 공동담보에 제공되지 않은 책임재산은 취소의 범위에서 제외되어야 한다. 공유물인 주택에 주택임대차보호법에 따라 임차보증금을 우선적으로 변제받을 권리를 가진 임차인이 있고 그 주택의 공유자들이 불가분채무인 임차보증금 반환의무를 부담하는 경우, 공유자 중 1인인 채무자가 처분한 지분 중에서 일반채권자들의 공동담보에 제공되는 책임재산은 우선변제권이 있는 임차보증금 반환채권 전액을 공제한 나머지 부분이다(대판 2024.12.12, 2024다239401). 이러한 법리는 전세목적물의 소유권 중 일부 지분이 이전되어 전세목적물의 공유자들이 불가분채무인 전세금 반환의무를 부담하게 된 이후 그 공유자 중 1인이 자신의 지분을 처분함으로써 사해행위가 문제되는 경우에도 마찬가지로 적용된다.

(나) 의사표시에 의한 불가분급부

의사표시에 의한 불가분급부는 당사자의 특약에 의하여 급부를 불가분으로 하고, 불가분채권관계를 생기게 하는 경우이다. 결국 불가분급부인가의 여부는 의사표시의 해석에 의하여 판단하여야 한다.

2. 불가분채무의 효력

(1) 대외적 효력

연대채무에 관한 규정이 준용된다. 따라서 채권자는 어느 불가분채무자에 대하여 또는 동시나 순차로 모든 불가분채무자에 대하여 채무의 '전부' 이행을 청구할 수 있고(제411조, 제414조), 채무자 1인이 그 전부를 이행한 때에는 다른 채무자도 채무를 면하게 된다(제411조, 제413조). 주의할 것은 연대채무의 경우에 채권자는 채무의 일부 이행을 청구할 수 있으나(제414조), 불가분채무에서는 그 성질상 일부청구는 허용되지 않는다.

(2) 1인의 채무자에 관하여 생긴 사유의 효력

연대채무에 관한 규정을 준용하지 않고, 불가분채권에 관한 제410조를 준용하고 있으므로(제411조), 채무자 중 1인에게 생긴 사유의 효력은 상대적 효력이 원칙이다. 그러므로 불가분채무는 연대채무보다 강한 담보적 기능을 발휘한다(제416조-제423조).

(가) 절대적 효력

채무자의 한 사람이 그의 채무를 이행한 때에는 채권의 목적이 달성되므로, 모든 채무자의 채무는 소멸한다. 따라서 채무자 중의 한 사람의 변제·공탁·변제의 제공 및 그 효과인 수령지체는 다른 채무자에 대해서 절대적 효력이 생긴다.

그런데 채권자가 채무자의 한 사람에게 행한 '이행청구'는 다른 채무자에 대하여 절대적 효력이 있는지에 관하여, 다수설은 제411조는 제416조를 준용하지 않으므로, 채권자가 채무자의 한 사람에게 한 이행청구는 절대적 효력이 없고, 따라서 이행청구에 의한 이행지체·시효중단 등의 효과는 다른 채무자에 관하여 생기지 않는다고 한다(곽윤직, 160면; 김상용, 286면; 김주수, 276면; 김증한/김학동, 224면; 이은영, 500면). 그러나 소수설은 제411조는 제410조를 준용하고 있다는 이유로 어느 한 사람의 채무자에 대한 이행청구는 다른 채무자에 대해서도 절대적 효력이 생긴다고 한다(김형배, 443면; 윤철홍, 218면; 정기웅, 262면).

생각건대 제411조에서 제410조를 준용하고 있고, 제410조 1항에서 제409조에 의한 이행청구와 변제는 모든 불가분채권자에게 절대적 효력이 있는 것으로 규정하고 있으므로, 불가분채무에서도 이행청구는 절대적 효력이 있다고 할 것이다. 이와 같이 제411조에서 제410조를 준용하므로, 제416조의 준용규정을 두지 않은 이유는 이행청구에 관하여 중복을 피하기 위한 것이라고 할 것이다.

(나) 상대적 효력

불가분채무에서는 채권자에게 만족을 주는 변제·대물변제·공탁·변제의 제공 및 그 효과인 채권자지체 이외에는 모두 상대적 효력을 갖는다. 즉 경개·면제·상계·혼동·소멸시효는 상대적 효력 사유이다. 따라서 채권자가 채무자 중 1인과의 사이에 경개·면제가 있는 경우에도 다른 채무자는 전부 이행을 하여야 한다. 그러나 채권자는 면제를 받았거나 경개를 한 채무자가 부담하였을 부분의 가액이익을 채무자에게 상환하여야 한다(제410조 2항). 한편 전술한 바와 같이 이행청구가 상대적 효력을 갖는지 여부에 대하여 견해가 나누어져 있다.

(3) 대내적 효력

(가) 불가분채무자 상호간의 내부관계에 대하여 연대채무에 관한 규정(제424조-제427조)이 준용된다(제411조). 따라서 불가분채무자가 변제 등으로 공동면책을 얻은 때 다른 채무자의 부담부분에 대하여 구상할 수 있다. 부담부분은 균등한 것으로 추정된다(제424조). 물론 불가분채무자 사이에 부담부분에 관한 특약이 있거나 특약이 없더라도 채무자의 수익비율이 다르다면 그 특약 또는 비율에 따라 부담부분이 결정된다(대판 2020.7.9, 2020다208195).

(나) 상가건물임대차보호법 제3조 1항의 대항요건을 갖춘 임대차의 목적물인 상속재산을 상속받은 자는 제3조 2항에서 말하는 임차건물의 양수인에 해당한다. 임대인 지위를 공동으로 승계한 공동임대인들의 임차보증금 반환채무는 성질상 불가분채무에 해당한다(대판 2021.1.28, 2015다59801). 불가분채무자가 변제 등으로 공동면책을 얻은 때에는 다른 채무자의 부담부분에 대하여 구상할 수 있다(대판 2020.7.9, 2020다208195). 따라서 임대인 지위를 공동으로 승계한 상속인 중 1인이 변제 등으로 공동면책을 얻은 때에는 다른 공동상속인들을 상대로 법정상속분에 따라 구상할 수 있다(대판 2024.8.1, 2023다318857).

한편 상속재산분할심판에서 분할대상 상속재산 중 특정 상속재산을 공동상속인 중 1인의 단독소유로 하고 그의 구체적 상속분과 그 특정 상속재산의 가액과의 차액을 현금으로 정산하는 방법으로 상속재산을 분할하였는데, 그 특정 상속재산이 상가건물임대차보호법 제3조 1항이 정한 대항요건을 갖춘 임대차의 목적물인 경우, 그 공동상속인은 임대차보증금반환채무를 면책적으로 인수하고 다른 공동상속인들은 임대차관계에서 탈퇴하여 임차인에 대한 임대차보증금반환채무를 면하게 된다. 그런데 상속재산분할심판에서 '임대차보증금반환채무가 분할대상에서 제외'된 가운데 임대차 목적물을 단독으로 상속받게 된 공동상속인이 그 임대차보증금반환채무를 면책적으로 인수하면서 다른 공동상속인들에게는 '이러한 채무인수를 고려하지 않은 방식'에 따라 산정된 차액을 지급하게 되면, 그는 본래 상속재산분할에서 의도되었던 것보다 과도한 부담을 안을 수 있어 부당하다. 이러한 경우 다른 공동상속인들이 임대차보증금반환채무를 면하는 것을 정당화할 만한 특별한 사정이 없는 한 공동상속인들 사이에서는 임대차보증금반환채무에 관하여 법정상속분에 따른 내부적 부담부분이 그대로 유지되고, 그 임대차 목적물을 단독소유하게 된 공동상속인이 나중에 임대차보증금을 반환한 때에는 다른 공동상속인들을 상대로 구상할 수 있다(대판 2024.8.1, 2023다318857).

제 4 절 연대채무

Ⅰ. 서 설

1. 의 의

연대채무(Gesamtschuld)란 다수의 채무자가 동일한 내용의 급부에 관하여 각자 독립하여 전부의 급부를 하여야 할 의무를 부담함과 동시에 채무자 가운데 1인의 전부 급부에 의해서 전체 채무자의 채무가 소멸되는 다수당사자의 채무를 말한다(제413조). 예컨대 甲·乙·丙이 丁으로부터 900만원을 차용하여 내부적으로 각자 균분하여 사용한다면, 실질적으로 甲·乙·丙은 각자 300만원을 丁으로부터 빌린 것으로 되지만, 丁에 대한 대외관계에서는 각자 900만원 전액을 변제할 의무를 지는 것이 연대채무이다.

연대채무는 각 채무자가 전부의 급부를 하여야 하는 점에서 불가분채무와 동일하지만, 그것은 당사자 간의 연대의 특약에 기초하고 있는데 반하여, 불가분채무에서는 급부가 불가분이기 때문에 전부의 급부를 하여야 하는 점에서 차이가 있다. 그리고 연대채무는 채무의 이행을 확실히 하기 위해 여럿이 동일한 내용의 채무를 부담한다는 점에서 보증채무와 동일하지만, 보증채무는 주채무에 대하여 종된 채무인 점에서 각 채무가 동순위적 내지 병존적인 연대채무와 구별된다.

2. 법적 성질

(1) 채무의 독립성

연대채무는 하나의 급부를 목적으로 하는 점에서는 공통되지만 채무자의 수만큼 별개의 독립한 채무로 구성되어 있다. 다시 말하면 연대채무에서 채무는 채무자의 수만큼 병존하고 있으며, 하나의 급부를 위하여 결합되어 있을 뿐이다. 따라서 ① 어느 연대채무자에 대한 법률행위의 무효나 취소의 원인은 다른 연대채무자의 채무에 영향을 미치지 않는다(제415조). ② 채무자 1인에 대한 채권만을 분리하여 제3자에게 양도할 수 있고, ③ 채무자 1인을 위하여 보증채무를 성립시킬 수 있다(제447조). ④ 각 채무자의 채무는 기한이나 조건 등 그 내용을 달리 할 수 있다.

(2) 연대채무자 사이에 존재하는 결합관계

연대채무자 각자는 동일한 급부에 관하여 내부적으로 부담부분이 있어도 대외적으로는 모두 전부의 급부의무를 부담하기 때문에, 연대채무자 사이에 일정한 주관적 결합관계가 존재한다(통설).

Ⅱ. 연대채무의 성립

연대채무는 법률행위 또는 법률규정에 의하여 성립된다.

1. 법률행위에 의한 발생

(1) 연대채무는 우선 당사자의 계약에 의하여 성립하며, 연대채무가 성립하기 위해서는 당사자 사이에 연대의 의사표시가 있어야 한다. 연대의 의사표시, 즉 연대의 특약은 명시적·묵시적으로 할 수 있다. 특히 당사자가 모든 채무자의 자력을 종합적으로 고려하였다고 볼 수 있는 특별한 사정이 있는 때에는 묵시적 연대채무의 약정이 있는 것으로 인정할 수 있다(김상용, 294면; 김형배, 455면; 이은영, 510면). 그러나 당사자 간에 채무자 전원의 자력을 종합적으로 고려하였다고 볼 수 있는 특별한 사정이 있는 때에는 연대를 추정하여야 한다는 견해(연대추정설)가 있다(곽윤직, 163면; 김증한/김학동, 217면). 한편 판례는 유사한 경우에 관하여 불가분채무를 인정한 바 있다(대판 1997.5.16, 97다7356).

(2) 연대채무를 성립시키는 계약은 하나일 수도 있고, 여러 개의 독립한 계약일 수도 있다. 예컨대 B가 A에 대하여 소비대차계약상의 채무를 부담한 후에 B의 채무를 담보할 목적으로 A는 C가 B와 연대하여 채무를 부담하는 계약을 C와 체결할 수 있다. 이와 같이 별개의 계약에 의하여 연대채무를 발생시키기 위해서는 채무자 상호간에 연대에 관한 사전 또는 사후의 합의를 필요로 한다고 할 것이다(곽윤직, 163면; 김상용, 292면; 김형배, 456면). 그리고 하나의 계약에 의하여 여럿이 연대채무를 부담하는 경우, 연대채무자 1인에 대하여 법률행위의 무효(예: 의사무능력에 의하여) 또는 취소(예: 제한행위능력 등으로 인하여)의 원인이 존재하더라도 다른 연대채무자의 채무의 효력에는 영향을 미치지 않는다(제415조).

(3) 한편 연대채무는 특정인에게 유증을 하면서 공동상속인이 연대책임을 부담하도록 유언하는 경우처럼 단독행위에 의해서도 발생할 수 있다.

2. 법률규정에 의한 발생

(1) 법률에서 명문으로 연대채무가 성립하는 것으로 규정하는 것이 있다. 즉 민법은 법인과 이사 기타 대표자의 손해배상의무(제35조 2항), 사용대차·임대차에서 공동차주의 의무(제616조, 제654조), 공동불법행위자의 손해배상의무(제760조 1항), 부부의 일상가사로 인한 의무(제832조) 등을 연대채무로 규정하고 있다. 그런데 법인과 이사 기타 대표자의 손해배상의무에 관한 제35조 2항, 피해자에 대한 공동불법행위자의 손해배상의무에 관한 제760조는 그 의무를 연대채무로 규정하고 있지만, 다수설과 판례는 진정연대채무가 아니라 부진정연대채무라고 한다(대판 2006.2.9, 2005다28426; 곽윤직, 163면; 김상용, 295면; 김형배, 456면). 그 이유는 진정연대채무에는 연대채무자 1인에 관하여 발생한 사유 중 절대적 효력이 있는 사유가 많기 때문에, 피해자(채권자)를 보다 두텁게 보호하기 위해서이다. 한편 상법은 신속과 안전을 위하여 연대채무를 규정하는 경우가 있다(상법 제24조, 제81조, 제138조, 제212조, 제321조, 제333조, 제399조, 제567조 등).

(2) 제616조는 여럿이 공동하여 물건을 차용한 때에는 연대하여 그 의무를 부담한다고 규정하고, 제654조는 제616조를 준용하고 있다. 즉 여럿이 공동하여 물건을 임차한 경우, 공동임차인의 임차목적물 반환의무를 연대채무로 규정하고 있다. 그런데 공동임차인의 임대인에 대한 임차물반환의무에 관하여 대법원 1998.8.21. 선고 98다22765 판결은 이를 불가분채무로 명확히 밝히고 있지 않지만, 하급심 판결은 이를 성질상 불가분채무로 보고 있다는 점(광주고법 1998.4.24, 97나1623 등), 연대채무의 경우, 채권자는 모든 연대채무자에 대하여 채무의 전부 또는 일부의 이행을 청구할 수 있지만(제414조), 사용대차의 공동차주 또는 공동임차인의 목적물반환의무는 그 성질상 일부 이행의 청구가 불가능하다는 점 등을 종합적으로 고려할 때, 이를 불가분채무로 규정하는 것이 바람직하다.

판 례

조합의 채무는 조합원의 채무로서 특별한 사정이 없는 한 조합채권자는 각 조합원에 대하여 지분의 비율에 따라 또는 균일적으로 변제의 청구를 할 수 있을 뿐이나, 조합채무가 특히 조합원 전원을 위하여 상행위가 되는 행위로 인하여 부담하게 된 것이라면 상법 제57조 1항을 적용하여 조합원들의 연대책임을 인정함이 상당하다(대판 1998.3.13, 97다6919).

Ⅲ. 연대채무의 효력

1. 대외적 효력

(1) 채권자는 연대채무자 가운데 1인에 대하여 채무의 전부나 일부의 이행을 청구할 수 있고, 모든 채무자에 대하여 동시에 또는 순차로 채무의 전부나 일부의 이행을 청구할 수 있다(제414조). 이러한 이행청구는 재판상 또는 재판 외에 행사할 수 있다. 따라서 채무자 1인을 상대로 이행청구의 소를 제기한 후에 다른 채무자를 상대로 동일한 소를 제기한 경우에도

그것은 중복제소의 금지(민사소송법 제259조)에 해당하지 않는다.

(2) 한편 연대채무자의 전원, 여러 명 또는 1인이 파산선고를 받은 경우, 채무자회생법 제428조에 의하여 채권자는 '파산선고시에 가진 채권의 전액에 관하여' 각 파산재단(즉 파산선고시에 채무자가 가진 모든 재산을 파산재단이라고 함)에 대하여 파산채권자로서 권리를 행사하여, 각 파산재단으로부터 배당을 받을 수 있다. 따라서 파산선고 후에 파산채권자가 다른 채무자로부터 일부 변제를 받거나 다른 채무자에 대한 파산절차에 참가하여 변제 또는 배당받았더라도 채권자가 채권 전액에 대하여 만족을 얻지 않는 한 파산채권액에 감소를 가져오는 것은 아니므로, 채권자는 여전히 파산선고시의 채권 전액으로써 계속하여 파산절차에 참가할 수 있다(대판 2005.1.27, 2004다27143; 대판 2003.2.26, 2001다62114). 그러나 연대채무자 1인에 대한 파산절차가 종료한 후에 다른 연대채무자가 파산한 경우, 채권자는 '파산선고시에 가진 채권의 전액에 관하여 파산재단의 배당에 참가'할 수 있으므로(동법 제428조), 먼저 배당받은 금액을 공제하고 나머지 금액을 가지고 파산재단에 대하여 파산채권자로서 권리를 행사할 수 있다.

2. 1인의 채무자에게 생긴 사유의 효력

(1) 절대적 효력

(가) 발생한 사유 전부에 절대적 효력이 있는 경우

1) 변제 · 대물변제 · 공탁

각 연대채무는 변제를 공동목적으로 하여 결합되어 있으므로, 채권자에게 만족을 주어 채권의 소멸을 가져오는 변제·대물변제·공탁은 명문의 규정이 없지만 연대채무의 성질상 당연히 모든 채무자에게 효력이 있다.

2) 이행청구

연대채무자 1인에 대한 이행청구는 다른 연대채무자에 대해서도 효력이 있다(제416조). 그 결과 이행청구를 이유로 하는 '이행지체' 및 '소멸시효의 중단'도 절대적 효력이 생긴다. 물론 이행청구가 절대적 효력을 발생하는 것은 각 연대채무자의 채무가 이행기에 도달하였을 때이며, 아직 이행기에 있지 않은 연대채무에 대해서는 효력이 미치지 않는다.

3) 상 계

어느 연대채무자가 채권자에 대하여 채권을 가지고 있는 경우, 그 연대채무자가 상계한 때에 채권은 모든 연대채무자의 이익을 위하여 소멸한다(제418조 1항). 예컨대 甲·乙·丙이 丁에 대하여 연대하여 900만원의 채무를 부담하고, 丁에 대하여 500만원의 반대채권을 가지고 있는 甲이 상계의 의사표시를 하면(제492조) 乙과 丙도 500만원의 채무를 벗어나게 되고, 결국 甲·乙·丙은 400만원의 연대채무를 부담하는 것으로 된다. 그러나 甲·乙·丙의 부담부분이 균등하다고 할 경우, 甲이 상계를 하지 않은 때에 乙이나 丙은 甲의 부담부분인 300만원을 가지고

丁에 대하여 상계할 수 있다(제418조 2항).

4) 경 개

어느 연대채무자와 채권자 사이에 경개가 있는 때에는 채권은 모든 채무자의 이익을 위하여 소멸한다(제417조). 예컨대 甲·乙·丙이 丁에 대하여 900만원의 연대채무를 부담하고 있는데, 甲이 900만원의 지급에 갈음하여 丁에게 특정부동산의 소유권이전을 내용으로 하는 경개계약을 체결하면 乙과 丙의 연대채무도 모두 소멸하게 된다.

5) 채권자지체

채무이행에 채권자의 협력을 필요로 하는 경우에 연대채무자 1인의 변제제공을 채권자가 수령하면 변제가 되고, 그 변제는 모든 연대채무자를 위하여 효력을 발생한다. 그러므로 어느 연대채무자에 대한 채권자의 수령거부 또는 수령불능으로 인한 채권자지체는 다른 연대채무자에게도 효력이 있다(제422조).

(나) 부담부분에 한하여 절대적 효력이 있는 경우

1) 면 제

(i) 어느 연대채무자에 대한 채무면제는 그 채무자의 부담부분에 한하여 다른 연대채무자의 이익을 위하여 효력이 있다(제419조). 가령 甲·乙·丙이 균등한 부담부분으로 丁에 대하여 900만원의 연대채무를 부담하는 경우(예시1), 채권자 丁이 甲에 대하여 그의 채무 전부를 면제하면, 그의 부담부분인 300만원에 한해서 절대적 효력이 발생하여 300만원의 채무는 소멸하고, 600만원의 채무만이 존재하게 된다. 따라서 乙·丙은 600만원에 관하여 연대채무를 부담하게 된다.

(ii) 제419조는 당사자들 사이에 구상의 순환을 피하여 구상에 관한 법률관계를 간략히 하려는 데 취지가 있으므로, 채권자가 연대채무자 중 1인에 대하여 채무를 '일부 면제'하는 경우에도 적용된다. 따라서 연대채무자 중 1인에 대한 채무의 일부 면제에 상대적 효력만 있다고 볼 특별한 사정이 없는 한 일부 면제의 경우에도 '면제된 부담부분'에 한하여 면제의 절대적 효력이 인정된다. 구체적으로 연대채무자 중 1인이 채무 일부를 면제받는 경우에 그 연대채무자가 지급해야 할 '잔존 채무액이 부담부분을 초과하는 경우'에는 그 연대채무자의 부담부분이 감소한 것은 아니므로 다른 연대채무자의 채무에도 영향을 주지 않아 다른 연대채무자는 채무 전액을 부담하여야 한다. 반대로 일부 면제에 의한 피면제자의 '잔존 채무액이 부담부분보다 적은 경우'에는 차액(부담부분 - 잔존 채무액)만큼 피면제자의 부담부분이 감소하였으므로, 차액의 범위에서 면제의 절대적 효력이 발생하여 다른 연대채무자의 채무도 차액만큼 감소한다(대판 2019.8.14, 2019다216435). 가령 (예시1)에서 채권자 丁이 甲에 대하여 400만원의 채무를 면제해 주었다면, 丁에게 지급해야 할 甲의 잔존 채무액은 500만원(900만원 - 400만원)으로 자신의 부담부분 300만원을 초과하므로, 乙·丙의 채무에 영향을 미치지 않는다. 결국 甲은 500만원, 乙·丙은 900만원에 관하여 연대채무를 부담하게 된다. 반면에 丁이 甲에 대하여 800만원의 채

무를 면제해 주었다면, 甲의 잔존 채무액은 100만원이고, 甲의 부담부분이 200만원(300만원 - 100만원)만큼 감소하였으므로 乙·丙의 채무도 200만원 감소하여 甲은 100만원, 乙·丙은 700만원에 관하여 연대채무를 부담하게 된다.

(iii) 한편 제419조의 연대채무의 면제는 연대의 면제와 구별하여야 한다. 연대채무의 면제는 채권자가 연대채무자 1인 또는 전원에 대하여 그의 부담부분 등을 면제하여 채무를 소멸케 하는 경우이지만, 연대의 면제는 어느 연대채무자에 대하여 다른 연대채무자와 연대하여 변제할 의무를 면제하는 경우이다. 다시 말하면 면제받은 연대채무자의 부담부분 등이 소멸하는 연대채무의 면제와 달리 연대면제의 경우에 채무는 소멸하지 않고 연대하여 변제할 의무만이 면제되므로, 연대면제를 받은 채무자는 자기의 부담부분만을 변제하면 되고, 다른 연대채무자는 채무 전액을 변제하여야 한다.

2) 혼 동

어느 연대채무자와 채권자 사이에 혼동이 있는 때에는 그의 부담부분에 한하여 다른 연대채무자도 의무를 면한다(제420조).

3) 소멸시효의 완성

어느 연대채무자에 대하여 소멸시효가 완성된 경우, 그의 부담부분에 한하여 다른 채무자도 의무를 면한다(제421조).

(다) 계약의 해제 · 해지

당사자 일방 또는 쌍방이 여럿인 계약의 해제나 해지는 전원으로부터 또는 전원에 대하여 행사하여야 하고, 해제·해지권이 당사자 1인에 대하여 소멸한 때에는 다른 당사자에 대하여도 소멸한다(제547조). 계약의 해제·해지는 연대채무에서 절대적 효력이 있는 것과 같은 결과가 되지만, 이는 해제·해지의 불가분 원칙에 기인한 것이다.

(2) 상대적 효력

연대채무자 1인과 채권자 사이에 발생한 사유로서 전술한 절대적 효력이 있는 사유를 제외하고는 모두 상대적 효력을 가질 뿐이다(제423조). 따라서 이행청구로 인한 소멸시효의 중단 이외의 소멸시효의 중단(제168조 2호, 3호) 및 소멸시효의 정지(제179조-제182조), 연대채무자 1인의 과실 또는 연대채무자 1인에 대한 판결 등은 다른 연대채무자에게 효력을 미치지 않는다. 가령 채권자의 신청에 의한 경매개시결정에 따라 연대채무자 1인의 소유 부동산이 압류된 경우, 이로써 채무자에 대한 채권의 소멸시효는 중단되지만, 압류에 의한 시효중단의 효력은 다른 연대채무자에게 미치지 아니하므로(제169조), 경매개시결정에 의한 시효중단의 효력을 다른 연대채무자에 대하여 주장할 수 없다(대판 2001.8.21, 2001다22840). 참고로 채권자가 연대채무자 1인의 소유 부동산에 대하여 경매신청을 한 경우, 이는 최고로서의 효력을 가지고 있고, 연대채무자에 대한 이행청구는 다른 연대채무자에게도 효력이 있으므로, 채권자가 6개월 이내에 '다른 연대채무자'를 상대로 재판상 청구를 하였다면 그 다른 연대채무자에 대한 채권의 소멸시효가 중단된다(대판 2001.8.21, 2001다22840).

3. 대내적 효력 — 연대채무자 상호간의 구상관계

(1) 구상권의 개념

자기의 출재로 공동면책을 시킨 연대채무자는 다른 연대채무자에 대하여 각자의 부담부분에 따른 상환을 청구할 수 있는데(제425조 1항), 이를 구상권(Ausgleichsanspruch)이라 한다. 부담부분은 균등한 것으로 추정되지만(제424조), 연대채무자 사이에 부담부분에 관한 특약이 있거나 특약이 없더라도 채무의 부담과 관련하여 각 채무자의 수익비율이 다르다면 그 특약 또는 비율에 따라 부담부분이 결정된다(대판 2014.8.20, 2012다97420,97437; 대판 2020.7.9, 2020다208195).

(2) 구상권의 성립요건

(가) 어느 연대채무자가 다른 채무자의 채무 전부 또는 일부를 소멸시켰을 것—공동면책

연대채무에서 구상권은 언제나 공동면책을 얻은 후에만 발생하기 때문에 사전에 구상권을 행사할 수 없다. 이는 보증채무에서의 수탁보증인에게 사전구상권이 인정되는 것과 구별된다(제442조).

(나) 자기 재산감소로 타인 재산을 증가시키는 출연이 있을 것 — 자기의 출재(出財)

1) 연대채무자 1인이 자기의 출재로 공동의 면책을 시켜야 한다. 여기서 출재(출연)는 적극적으로 자기 재산을 감소시키는 것은 물론 소극적으로 새로운 채무를 부담하는 것도 포함된다. 그러므로 변제·대물변제·공탁·상계·경개·혼동의 경우에 구상권이 발생한다. 그러나 면제나 소멸시효의 완성은 부담부분의 범위에서 절대적 효력이 있지만 출연이 없으므로 구상권은 발생하지 않는다. 가령 甲·乙·丙이 균등한 부담부분으로 丁에 대하여 900만원의 연대채무를 지는데, 丁이 甲에 대하여 900만원의 채무를 면제해 주었고 乙이 잔여 채무액 600만원을 변제한 경우, 乙은 丙에게 300만원을 구상할 수 있다. 甲에 대해서는 구상할 수 없다. 乙의 변제로 甲의 채무가 소멸되거나 감소되지 않았기 때문이다. 반면에 丁이 甲에 대하여 800만원의 채무를 면제해 주었고, 乙이 丁에게 700만원을 변제한 경우, 甲은 100만원, 乙·丙은 각 700만원에 관하여 연대채무를 부담하므로, 乙은 甲에게 100만원, 丙에게 300만원을 구상할 수 있다.

2) 한편 구상권이 인정되기 위해서는 자기의 부담부분을 초과하여 출연을 하여야 하는지에 관하여, ① 다수설은 연대채무자 사이의 부담부분은 각 연대채무자가 부담하여야 할 채무액이라기보다는 일정한 부담비율에 지나지 않으므로, 공동면책이 있기만 하면 되고 그 범위가 출재를 한 연대채무자의 부담부분 이상일 필요가 없다고 한다. 따라서 공동면책이 있기만 하면 출재한 액에 관하여 부담부분의 비율에 따라 구상할 수 있다고 한다(곽윤직, 171면; 김형배, 473면; 정기웅, 285면; 김증한/김학동, 236면; 송덕수, C-375). 그러나 ② 부담부분은 각 연대채무자가 당연히 부담하여야 할 고

유채무이므로, 그 범위 내의 출재로는 구상권이 발생하지 않고 자기의 부담부분을 초과한 출재의 경우에 그 초과부분에 대해서 구상권이 발생한다고 하는 견해(김상용, 311면), ③ 채무가 확정액인 경우에는 초과출재가 있어야 하지만, 채무가 확정액이 아닌 경우에는 초과출재를 요하지 않는다는 견해(이은영, 534면)가 있다. 판례는 연대채무자들 사이에서는 연대채무자 각자가 행한 '모든 출재에 관하여' 다른 연대채무자의 공동부담을 기대하는 것이 보통이며, 제425조 1항은 제448조 2항과 달리 자기의 부담부분을 넘은 변제를 하였을 것을 그 요건으로 하지 않으므로, 제425조 1항의 부담부분이란 연대채무자가 그 내부관계에서 출재를 분담하기로 한 비율을 말한다. 따라서 변제나 그 밖의 자기 출재로 일부 공동면책되게 한 연대채무자는 역시 일부 공동면책되게 한 다른 연대채무자를 상대로 하여서도 자신의 공동면책액 중 다른 연대채무자의 분담비율에 해당하는 금액이 다른 연대채무자의 공동면책액 중 자신의 분담비율에 해당하는 금액을 초과하는 경우에는 그 범위에서 여전히 구상권을 행사할 수 있다고 하여(대판 2013.11.14, 2013다46023), 다수설을 따르고 있다.

판 례

조합채무는 모든 조합원에게 합유적으로 귀속되므로, 조합원 중 1인이 조합채무를 면책시킨 경우 그 조합원은 다른 조합원에 대하여 제425조 1항에 따라 구상권을 행사할 수 있다. 이러한 구상권은 조합의 해산이나 청산 시에 손실을 부담하는 것과 별개의 문제이므로 반드시 잔여재산분배 절차에서 행사해야 하는 것은 아니다(대판 2022.5.26, 2022다211416).

(3) 구상권의 범위

구상권의 범위는 소멸한 채권액의 범위를 넘을 수 없다. 다시 말하면 1,000만원 상당의 물건으로 600만원의 채무를 대물변제한 경우처럼 출재액이 소멸한 채권액보다 큰 때에 공동면책액인 600만원을 넘어 구상할 수 없다. 이와 달리 400만원 상당의 물건으로 600만원의 채무를 대물변제한 것처럼 출재액이 공동면책액보다 작을 때에는 출재액인 400만원의 한도에서 구상권을 행사할 수 있다. 그 밖에 변제 기타 공동면책이 있었던 날 이후의 법정이자와 피할 수 없는 비용(예: 운반비·포장비 등), 그 밖의 손해(예: 소송비용·집행비용 등)에 대해서도 구상권을 행사할 수 있다(제425조 2항).

판 례

어느 연대채무자가 변제를 하여 다른 연대채무자들이 공동면책된 경우에 변제자가 피해금액을 초과한 비용을 더 지출하였더라도 다른 연대채무자들은 피해자가 입은 피해액을 기준으로 각자 공동면책을 받은 범위 내에서만 각 책임비율에 따른 구상책임을 부담한다(대판 1978.11.14, 78다1423).

(4) 구상권의 제한

어느 연대채무자가 공동면책을 얻기 위하여 변제나 그 밖에 출연행위를 하는 경우에는 사전 및 사후에 그 사실을 다른 연대채무자에게 통지하여야 한다(제426조). 만일 사전 및 사후에 다른 연대채무자에게 통지를 하지 않는 경우에 구상권이 제한된다.

(가) 사전통지를 게을리한 경우

어느 연대채무자가 다른 연대채무자에게 사전에 통지하지 않고 변제나 그 밖의 출재를 하여 공동면책이 된 경우, 다른 연대채무자가 채권자에게 대항할 수 있는 사유(예: 동시이행의 항변권·변제기의 미도래·원인행위의 무효 또는 취소 등)를 가지고 있는 때에는, 그의 '부담부분'에 한하여 그 사유로 공동면책행위를 한 연대채무자에게 대항할 수 있고(이유: 다른 연대채무자가 모르는 사이에 일방적으로 항변권을 잃게 되는 것을 방지하기 위한 것임), 만일 그 대항사유가 상계인 때에는 상계로 소멸할 채권은 면책행위를 한 연대채무자에게 이전된다(제426조 1항). 예컨대 甲·乙·丙이 균등한 부담부분으로 丁에 대하여 900만원의 연대채무를 부담하고 있는데, 甲이 乙과 丙에게 사전통지를 하지 않고 변제를 한 경우, 乙이 제한능력자로서 취소권을 가지고 있다면 甲은 乙의 부담부분에 대하여 구상할 수 없다. 만일 乙이 丁에 대하여 500만원의 반대채권을 가지고 있다면 甲의 구상권 행사에 대항할 수 있고, 이 경우 乙의 丁에 대한 300만원 채권은 甲에게 이전된다.

(나) 사후통지를 게을리한 경우

어느 연대채무자가 사전통지를 하고 변제를 하였지만 그 사실을 사후에 다른 연대채무자에게 통지를 하지 않은 경우, 다른 연대채무자가 사전통지를 하고 선의로 변제를 한 때에 자기의 면책행위의 유효를 주장할 수 있다(제426조 2항). 이는 선의의 이중변제의 방지를 목적으로 하는 것으로, 사후통지를 하지 않은 채무자에 대해서만 그 유효를 주장할 수 있는 상대적 효력을 가진다(곽윤직, 173면; 김형배, 477면; 정기웅, 287면; 임정평, 295면; 김증한/김학동, 238면; 이은영, 535면. 그러나 김상용, 313면은 상대적 효력만을 인정하면 구상관계가 복잡해지므로 절대적 효력을 인정함이 타당하다고 한다). 예컨대 甲·乙·丙이 균등한 부담부분으로 丁에 대하여 900만원의 연대채무를 부담하는 경우, 甲이 채권자 丁에게 900만원을 변제하였는데 그 통지가 없어서 乙이 사전통지를 하고 선의로 다시 丁에게 900만원을 변제한 경우에 甲의 변제는 그대로 유효한 것이 된다. 따라서 乙의 변제는 비채변제가 되어 乙은 丁에 대하여 부당이득반환청구권을 행사할 수 있다. 다만 甲이 乙에 대하여 구상권을 행사한 경우에 乙은 甲과의 관계에서 오히려 자신의 변제가 유효하다고 주장하여 甲에게 300만원을 구상할 수 있다.

(다) 사후의 통지를 게을리하고 있는 동안에 사전통지 없이 면책행위가 이루어진 경우

어느 연대채무자가 변제를 하고 사후의 통지를 게을리 하고 있는 동안에 다른 연대채무자가 사전통지를 하지 않고 변제한 경우, 먼저 변제한 제1출연채무자의 면책행위만 유효로 된다. 따라서 제1출연채무자가 구상권을 행사할 수 있다(통설).

(5) 상환무자력자가 있는 경우의 구상권 보호—구상권의 확대

(가) 무자력자의 부담부분의 분담

연대채무자 중에 상환할 자력이 없는 자가 있는 때에는 그 채무자의 부담부분은 구상권자와 다른 자력이 있는 채무자가 그 부담부분에 비례하여 분담한다(제427조 1항 본문). 다만 구상권자가 구상시기를 놓친 경우처럼 구상권자에게 과실이 있는 때에는 다른 연대채무자에게 분담을 청구할 수 없다(제427조 1항 단서). 예컨대 甲·乙·丙이 균등한 부담부분으로 丁에 대하여 900만원의 연대채무를 부담하는 경우, 甲이 丁에게 900만원을 변제하여 乙과 丙에게 각각 300만원을 구상하려는데 丙이 무자력인 때에 丙의 부담부분 300만원은 甲과 乙이 각자의 부담부분에 비례하여, 즉 150만원씩 부담한다(결국 甲은 乙에게 450만원을 구상할 수 있다). 그러나 甲이 구상을 게을리 하던 중에 丙이 무자력으로 된 경우에 甲은 乙에게 분담을 청구하지 못한다.

(나) 연대의 면제와 무자력자의 부담부분

상환할 자력이 없는 채무자의 부담부분을 분담할 다른 채무자가 채권자로부터 연대의 면제를 받은 경우, 그 채무자의 분담할 부분은 채권자의 부담으로 된다(제427조 2항). 즉 연대의 면제의 경우에 연대채무자 상호간의 내부관계는 영향을 받지 않는다. 예컨대 위의 예에서 乙이 채권자 丁으로부터 연대의 면제를 받은 때에 乙이 분담할 150만원은 채권자 丁이 부담하게 된다(결국 甲은 乙에게 300만원, 丁에게 150만원을 구상할 수 있다).

(6) 구상권자의 대위권 — 변제자대위

연대채무에서 채무자 각자는 전부의 급부의무를 부담하지만, 채무자간의 내부관계에서는 부담부분 이상의 변제는 타인의 채무변제가 된다. 따라서 변제를 한 연대채무자는 변제할 정당한 이익이 있는 자로서 변제로 당연히 채권자를 대위하여(제481조), 구상권의 범위에서 채권자의 권리(채권 및 담보권)를 행사할 수 있다(제482조). 그 결과 변제를 한 연대채무자는 다른 연대채무자에 대한 구상권과 대위에 의한 채권자의 채권을 행사할 수 있다. 물론 변제를 한 연대채무자가 어느 하나의 권리를 행사함으로써 그 목적을 달성한 경우에 다른 권리는 소멸한다.

제 5 절 부진정연대채무

Ⅰ. 의 의

부진정연대채무란 서로 별개의 원인으로 발생한 독립된 채무이지만 동일한 경제적 목적을 가진 채무를 말한다. 다수의 채무자가 채무 전부를 각자 이행할 의무가 있고, 채무자 1인의 이행으로 다른 채무자도 그 의무를 면하게 된다는 점에서 연대채무와 같지만, 그 다수의 채무자 사이에 채무를 공동으로 부담한다고 하는 주관적 공동관계가 없는 점에서 연대채무와 다른데, 학설과 판례는 명문의 규정이 없지만 이를 하나의 연대채무의 유형으로 인정하고 있다. 부진정연대채무는 연대채무와 달리 ① 1인의 채무자에게 생긴 사항은 급부의 실현을 가져오는 것(예: 변제 등) 외에는 상대적 효력이 있을 뿐이다. ② 부진정연대채무는 원칙적으로 부담부분이 없어 어느 채무자가 채무 전부를 이행하였더라도 다른 채무자에 대해 구상권을 행사할 수 없다.

Ⅱ. 부진정연대채무의 성립

(1) 부진정연대채무는 서로 별개의 원인으로 발생한 독립된 채무라 하더라도 동일한 경제적 목적을 가지고 있고 서로 중첩되는 부분에 관하여 일방의 채무가 변제 등으로 소멸할 경우, 타방의 채무도 소멸하는 관계에 있으면 성립할 수 있고, 반드시 양 채무의 발생원인, 채무의 액수 등이 서로 동일할 것을 요하지 않는다(대판 2009.3.26, 2006다47677). 예컨대 임대인 甲의 이행보조자 乙이 임차물인 점포의 출입을 봉쇄하고 내부시설공사를 중단시켜 임차목적물을 사용·수익을 하지 못하게 한 경우, 임차인 丙에 대한 임대인 甲의 채무불이행책임과 이행보조자 乙의 불법행위책임은 부진정연대채무관계에 있다(대판 1994.11.11, 94다22466). 즉 채무자가 부담하는 채무불이행으로 인한 손해배상채무와 제3자가 부담하는 불법행위로 인한 손해배상채무의 원인이 동일한 사실관계에 기인한 경우에는 하나의 동일한 급부에 관하여 다수의 채무자가 각자 독립해서 그 전부를 급부하여야 할 의무를 부담하는 경우로서 부진정연대채무관계에 있다(대판 2006.9.8, 2004다55230).

(2) 학설·판례가 부진정연대채무를 인정하는 경우는, ① 피용자가 사무집행에 관하여 불법행위를 한 경우에 피용자의 불법행위로 인한 손해배상의무(제750조)와 사용자의 손해배상의무(제756조 1항), ② 피용자의 가해행위로 인한 사용자와 감독자의 배상의무(제756조 2항), ③ 임치물을 도난당한 경우에 수치인의 채무불이행에 의한 손해배상의무(제390조)와 도둑의 불법행위에 의한 손해배상의무(제750조), ④ 책임무능력자의 가해행위로 인한 법정감독의무자의 배상의무와 대리감독자의 배상의무(제755조), ⑤ 동물의 가해행위로 인한 점유자의 손해배상의무와 보관자의 손해배상의무(제759조), ⑥ 공동불법행위자의 손해배상의무(제760조), ⑦ 법인의 불법행위책임과 대표기관 개인의 손해배상의무(제35조 1항), ⑧ 법인의 목적범위 외의 행위로 타인에게 손해를 가한 경우의 대표기관 등의 책임(제35조 2항), ⑨ 타인의 주택을 소실케 한 경우에 실화자의 불법행위에 의한 손해배상의무와 화재보험회사의 보험금지급의무, ⑩ 어떤 물건에 대하여 직접점유자와 간접점유자가 있는 경우, 그에 대한 점유·사용으로 인한 부당이득반환의무(대판 2012.9.27, 2011다76747), ⑪ 채무자가 부담하는 채무불이행으로 인한 손해배상채무와 제3자가 부담하는 불법행위로 인한 손해배상채무의 원인이 동일한 사실관계에 기한 경우(대판 2006.9.8, 2004다55230) 등이 있다.

판 례

(ㄱ) 부진정연대채무의 관계에 있는 채무자들을 공동피고로 하여 이행의 소가 제기된 경우 그 공동피고에 대한 각 청구가 서로 법률상 양립할 수 없는 것이 아니므로 그 소송을 민사소송법 제70조 1항의 예비적·선택적 공동소송이라고 할 수 없다(대판 2009.3.26, 2006다47677).

(ㄴ) 설계용역계약상의 채무불이행으로 인한 손해배상채무와 공사도급계약상의 채무불이행으로 인한 손해배상채무는 서로 별개의 원인으로 발생한 독립된 채무이나 동일한 경제적 목적을 가진 채무로서 서로 중첩되는 부분에 관하여는 일방의 채무가 변제 등으로 소멸하면 타방의 채무도 소멸하는 이른바 부진정연대의 관계에 있다(대판 2015.2.26, 2012다89320).

Ⅲ. 부진정연대채무의 효력

1. 대외적 효력

연대채무의 대외적 효력에 관한 민법 제414조가 유추적용된다(통설). 따라서 채권자는 채무자 1인에 대하여 채무의 전부나 일부의 이행을 청구하거나 모든 채무자에 대하여 동시에 또는 순차로 채무의 전부나 일부의 이행을 청구할 수 있다.

2. 1인의 채무자에게 생긴 사유의 효력

(1) 절대적 효력

채권의 목적을 달성시키는 변제·대물변제·공탁은 절대적 효력이 있다. 판례는 상계로 인한 채무소멸의 효력은 소멸한 채무 전액에 관하여 다른 부진정연대채무자에 대하여도 미친다고 하여(대판 2010.9.16, 2008다97218), 상계에 관하여 절대적 효력을 인정한다. 이는 부진정연대채무자 중 1인이 채권자와 상계계약을 체결한 경우에도 마찬가지이며, 나아가 채권자가 상계 내지 상계계약이 이루어질 당시 다른 부진정연대채무자의 존재를 알았는지 여부에 의하여 좌우되지 않는다(대판 2010.9.16, 2008다97218). 다만 다른 연대채무자가 상계권을 대위행사할 수 있도록 허용한 제418조 2항은 부진정연대채무에는 적용되지 않는다(대판 1994.5.27, 93다21521). 제418조 2항은 부담부분의 존재를 전제로 하는데, 부진정연대채무자 사이에는 고유의 의미에서의 부담부분이 존재하지 않기 때문이다.

(2) 상대적 효력

변제·대물변제·공탁·상계를 제외한 그 밖의 사유는 상대적 효력이 있을 뿐이다. 따라서 ① 이행청구로 인한 시효중단(대판 1997.9.12, 95다42027), 채무면제(대판 1997.10.10, 97다28391), 채권자의 청구권 포기(대판 2006.1.27, 2005다19378), 소멸시효의 완성(대판 1997.12.23, 97다42830)은 다른 채무자에게 영향이 없다. 가령 피해자가 공동불법행위자 중 1인에 대하여 손해배상채무를 면제하거나 그 1인과 손해배상액에 관하여 합의하더라도 그러한 사유가 다른 공동불법행위자에게 영향을 미치지 않고, 그 결과 다른 공동불법행위자는 손해 전부를 배상하여야 한다. ② 부진정연대채무에서 각 채무는 독립된 것이므로, 채권자가 어느 채권을 양도하더라도 다른 채무자에 대한 채권도 함께 양도되는 것은 아니다(대판 2008.1.18, 2005다65579). ③ 채무자 1인에 대한 재판상 청구 또는 채무자 1인이 행한 채무의 승인 등 소멸시효의 중단사유나 시효이익의 포기는 다른 채무자에게 효력을 미치지 않는다(대판 2017.9.12, 2017다865).

(3) 부진정연대채무자가 일부변제한 경우

(가) 채무자의 채무액이 동일한 경우

부진정연대채무자의 채무액이 동일한 경우, 채무자 1인이 채무 일부를 변제하면 다른 채무자의 채무도 그만큼 소멸한다(대판 1995.7.14, 94다19600).

(나) 소액채무자가 일부변제한 경우

1) 소액채무자가 그의 채무 전부 또는 일부를 변제한 때에는 변제금액만큼 다액 채무자의 채무도 소멸한다. 즉 부진정연대채무자 중 소액채무자가 자신의 채무 중 일부를 변제한 경우, 변제된 금액은 '소액채무자가 다액채무자와 공동으로 부담하는 부분'에 관하여 민법의 변제충당 일반원칙에 따라 지연손해금, 원본의 순서로 변제에 충당되고 이로써 공동 부담부분의 채무 중 지연손해금과 일부 원금채무가 변제로 소멸하게 된다. 부진정연대채무자 상호간에 채권의 목적을 달성시키는 변제와 같은 사유는 채무자 전원에게 절대적 효력이 있으므로, 이로써 다액채무자의 채무도 지연손해금과 원금이 같은 범위에서 소멸하게 된다(대판 2024.3.12, 2019다29013,29020).

2) 과실비율이 다른 공동불법행위자 중에서 '적은 손해액을 배상할 의무가 있는 자가 불법행위의 성립 이후에 손해액의 일부를 변제한 경우'에는 많은 손해액을 배상할 의무 있는 자의 채무도 그 '변제금 전액'에 해당하는 부분이 소멸한다(대판 1995.7.14, 94다19600). 가령 甲회사의 직원 乙이 丙에게 甲을 대리하여 보험계약을 체결하는 것처럼 오인시키고 丙으로부터 보험료 명목으로 금원을 수령하여 자신이 임의로 사용함으로써 丙에게 1억원의 손해를 입혔고, 甲회사와의 관계에서 丙의 과실은 30%로 인정되었다. 즉 丙에 대하여 乙은 1억원, 甲은 과실상계한 결과 7,000만원의 채무를 부담한다. 여기서 甲이 丙에게 5,000만원을 변제하면 전액에 대하여 乙에게 효력을 미치므로 乙은 5,000만원, 甲은 2,000만원의 채무를 부담하게 된다.

(다) 다액채무자가 일부 변제한 경우

1) 소액채무가 소멸되는 범위에 관한 이론

부진정연대채무의 다액채무자가 일부변제한 경우, 소액채무자의 채무가 어느 범위에서 소멸하는지에 관하여 견해가 나뉜다. 즉 ① 다액채무자만 부담하는 부분에 먼저 충당하고, 나머지를 공동으로 부담하는 부분에 충당하는 방식(외측설), ② 공동으로 부담하는 부분에 먼저 충당하는 방식(내측설), ③ 일부 변제된 금액에 다액 채무에 대한 소액채무의 비율을 곱하여 산출된 금액만큼 소액채무가 소멸되도록 하는 방식(안분설)이 그것이다. 예컨대 甲이 1,000만원의 채무를 부담하고, 乙이 600만원의 채무를 부담하며 두 채무가 부진정연대의 관계에 있을 때, 만약 甲이 400만원을 변제하였다면, ① 외측설에 의하면 400만원을 먼저 甲 단독으로 부담하는 부분에 충당해야 하므로, 乙의 채무는 여전히 600만원이다. ② 내측설에 의하면 공동

부담부분에 먼저 충당하므로 乙의 채무는 200만원(600만원 - 400만원)이 된다. ③ 안분설(과실비율설)에 의하면 소액채무의 비율만큼 공동소멸되므로 360만원[600만원 - (400만원×0.6)]이 된다.

2) 판례의 동향

부진정연대채무에서 다액채무자의 일부 변제로 인하여 소액채무자가 어느 범위에서 공동면책되는지에 관하여, 종전 판례는 계약책임자(불법행위로 직접 이익을 얻은 자)가 채무 일부를 변제한 경우에는 외측설, 피용자 본인·피용자와 공동불법행위 관계에 있는 다른 불법행위자가 손해액의 일부를 변제한 경우에는 과실비율설을 따랐다. 현재는 "금액이 다른 채무가 서로 부진정연대관계에 있을 때 다액채무자가 일부 변제를 하는 경우, 그 변제로 인하여 먼저 소멸하는 부분은 당사자의 의사와 채무 전액의 지급을 확실히 확보하려는 부진정연대채무 제도의 취지에 비추어 볼 때, 다액채무자가 '단독으로 채무를 부담하는 부분'으로 보아야 한다. 이러한 법리는 ① 사용자의 손해배상액의 범위가 피해자의 과실을 참작하여 과실상계를 한 결과 타인에게 직접 손해를 가한 피용자 자신의 손해배상액과 달라졌는데 다액채무자인 피용자가 손해배상액의 일부를 변제한 경우에 적용되고, ② 공동불법행위자들의 피해자에 대한 과실비율이 달라 손해배상액의 범위가 달라졌는데 다액채무자인 공동불법행위자가 손해배상액의 일부를 변제한 경우에도 적용된다"고 하여(대판 2018.3.22, 2012다74236), 과실비율설(안분설)을 따르던 일부 대법원 판결을 변경하여 외측설을 모든 부진정연대채무에 적용하고 있다.

가령 甲회사의 직원 乙은 甲회사의 명의의 근보증서 등을 위조하여 마치 丙회사가 대출을 받는데 甲회사가 보증을 한 것처럼 丁은행을 기망하였다. 丁은행은 甲회사가 보증을 서는 것으로 믿고 丙회사에 40억원을 대출해 주었고, 이후 丙회사는 대출금 채무 중 20억원을 변제하였으며, 甲회사와의 관계에서 丁은행의 과실은 30%로 인정되었다. 이 경우 甲회사의 사용자책임으로 인한 손해배상채무와 丙회사의 대출금채무는 서로 별개의 원인으로 발생한 독립된 채무이나 동일한 경제적 목적을 가진 채무로서 서로 중첩되는 부분에 관하여는 일방의 채무가 변제 등으로 소멸하면 타방의 채무도 소멸하는 부진정연대의 관계에 있으며, 丙회사의 대출금채무는 40억원, 甲회사의 사용자책임으로 인한 손해배상채무는 28억원(40억원×0.7)이다. 따라서 丙이 20억원을 일부 변제한 경우, 먼저 丙이 단독으로 부담하는 부분 12억원(40억 - 28억)이 우선 소멸하고, 나머지 8억원은 甲과 丙이 공동으로 부담하는 부분이 소멸하므로(28억원 - 8억원), 丙과 甲의 채무는 각각 20억원이다.

판 례

부진정연대채무 관계는 서로 별개의 원인으로 발생한 독립된 채무라 하더라도 동일한 경제적 목적을 가지고 있고 서로 중첩되는 부분에 관하여 일방의 채무가 변제 등으로 소멸할 경우 타방의 채무도 소멸하는 관계에 있으면 성립할 수 있고, 반드시 양 채무의 발생원인, 채무의 액수 등이 서로 같을 것을 요건으로 하지 않는다. 금액이 다른 채무가 서로 부진정연대의 관계에 있을 때 금액이 많은 채무의 일부가 변제 등으로 소멸하는 경우에 그중 먼저 소멸하는 부분은, 채무 전액의 지급을 확실히 확보하려는 부진정연대채무제도의 취지에 비추어, 다른 채무자와 공동으로 채무를 부담하는 부분이 아니라 단독으로 채무를 부담하는 부분이라고 보아야 한다(대판 2018.3.27, 2015다70822).

3. 대내적 효력

(1) 부진정연대채무에는 부담부분이 없으므로 진정연대채무와 달리 채무자 사이에 구상관계가 존재하지 않는다. 다만 채무자 사이에 특별한 내부적 법률관계가 있는 경우에는 그에 기초하여 구상관계가 결정될 수 있다. 즉 사용자는 피용자에 대하여 구상권을 행사할 수 있고(제756조 3항), 보험금액을 지급한 보험자는 손해를 발생시킨 제3자에 대해 피보험자의 권리를 대위한다(상법 제682조).

(2) 판례는 공동불법행위의 경우에만 구상권을 인정해 왔는데, 최근에는 일반적으로 구상을 인정하려는 듯한 태도를 보인다(대판 2006.1.27, 2005다19378). 즉 부진정연대채무의 관계에 있는 복수의 책임주체 내부관계에서는 형평의 원칙상 일정한 부담부분이 있을 수 있으며, 그 부담부분은 각자의 고의 및 과실의 정도에 따라 정하여지는 것으로서, 부진정연대채무자 중 1인이 '자기의 부담 부분 이상'을 변제하여 공동의 면책을 얻게 하였을 때에는 다른 부진정연대채무자에게 그 부담 부분의 비율에 따라 구상권을 행사할 수 있다고 한다(甲의 경비용역계약상 채무불이행으로 인한 손해배상채무와 乙의 절도라는 불법행위로 인한 손해배상채무는 부진정연대의 관계에 있고, 甲의 부담부분은 20%, 乙의 부담부분은 80%로 인정된 사안임).

(3) 공동불법행위로 인하여 발생하는 부진정연대채무에서 공동불법행위자 각자는 과실의 비율에 따른 부담부분이 있고, 그것에 따라 구상권도 인정된다(대판 2006.1.27, 2005다19378; 대판 1997.12.12, 96다50896). 이때 공동면책을 한 공동불법행위자에 대하여 부담하는 다른 공동불법행위자의 구상채무는 부진정연대채무가 아니라 각자의 부담부분에 대한 분할채무이다(대판 2008.2.29, 2007다89494; 대판 2002.9.27, 2002다15917). 다만 부진정연대채무자 가운데 내부적 부담부분이 없는 자가 채권자에게 변제하고 다른 다수의 부진정연대채무자에게 구상할 때 그 다수의 구상채무는 부진정연대관계에 있다(대판 2005.10.13, 2003다24147). 가령 甲택시가 乙·丙의 차량으로부터 충돌을 당하여 승객이 부상을 입었고 甲택시기사에게 과실이 없는데도 자동차손해배상보장법상의 운행자책임을 지게 된 경우(동법 제3조), 甲의 보험자가 승객에게 배상하고 乙·丙의 차량 운행자들에게 구상할 때 乙·丙의 구상의무는 부진정연대채무이다.

(4) 판례는 공동불법행위자의 다른 공동불법행위자에 대한 구상권은 피해자의 다른 공동불법행위자에 대한 손해배상채권과는 그 발생원인 및 성질을 달리하는 별개의 권리이고, 연대채무에서의 소멸시효의 절대적 효력에 관한 제421조는 공동불법행위자 상호간의 부진정연대채무에 대하여는 그 적용이 없으므로, 공동불법행위자 중 1인의 손해배상채무가 시효로 소멸한 후에 다른 공동불법행위자 1인이 피해자에게 '자기의 부담부분을 넘는 손해를 배상'하였을 경우 그 공동불법행위자는 다른 공동불법행위자에게 구상권을 행사할 수 있다고

한다(대판 2010.12.23, 2010다52225). 이것은 소멸시효가 완성된 공동불법행위자에 대하여 피해자로부터 배상청구를 받고 이를 이행한 다른 공동불법행위자가 위와 같은 소멸시효 완성을 이유로 내부분담비율에 따른 구상권을 행사할 수 없다고 한다면, 공동불법행위자 상호간의 배상책임을 분담하고자 하는 구상관계 본래의 취지를 몰각시키는 결과가 될 뿐만 아니라, 피해자가 공동불법행위자들 중의 누구를 상대로 소송을 제기하였는지의 우연한 사정에 의하여 소송을 제기당한 당사자는 손해배상채무 전부를 부담하는 반면에 소송을 제기당하지 않은 당사자는 소멸시효의 완성을 이유로 그 채무 전부를 면하게 한다는 것은 형평을 잃은 부당한 결과가 되어 타당하지 않기 때문이다.

(5) 부진정연대채무자가 구상을 하는 경우에 사전 또는 사후에 통지를 하여야 하는지에 관하여, ① 사전·사후에 통지를 하여야 한다는 견해(김상용, 320면), ② 사전·사후의 통지가 필요하지 않다는 견해(김형배, 484면; 송덕수, C-393), ③ 신의칙에 비추어 사후통지의무는 부과되어야 한다는 견해(이은영, 516면)가 있다. 판례는 부진정연대채무자 상호간에는 출연분담에 관한 주관적인 밀접한 연관관계가 없고 단지 채권만족이라는 목적만을 공통으로 하기 때문에 부진정연대채무자 1인이 변제하는 경우에 구상청구와 관련하여 사전·사후의 통지의무가 부과되지 않는다고 한다(대판 1998.6.26, 98다5777). 가령 甲이 乙의 치료비를 먼저 지급하였다면, 그에 관하여 甲이 공동불법행위자 丙에게 사후통지를 하였는지, 또 丙이 다시 乙의 치료비를 지급하면서 甲에게 사전통지를 하였는지 그와 동일시할 수 있는 다른 사정이 있는지 여부를 불문하고, 甲은 丙에 대하여 그의 면책행위가 유효함을 주장할 수 있다고 한다.

판 례

(ㄱ) 민법 제481조, 제482조에서 규정하고 있는 변제자대위는 제3자 또는 공동채무자의 한 사람이 채무자 또는 다른 공동채무자에 대하여 가지는 구상권의 실현을 목적으로 하는 제도이다. 이때 대위에 의한 원채권 및 담보권 행사의 범위는 구상권의 범위로 한정되는데 이는 위와 같은 제도적 취지를 반영한 것이다. 따라서 어느 부진정연대채무자를 위하여 보증인이 된 자가 채무를 이행한 경우에는 다른 부진정연대채무자에 대하여도 직접 구상권을 취득하게 되고, 그와 같은 구상권을 확보하기 위하여 채권자를 대위하여 채권자의 다른 부진정연대채무자에 대한 채권 및 그 담보에 관한 권리를 구상권의 범위 내에서 행사할 수 있다(대판 2010.5.27, 2009다85861).

(ㄴ) 공동불법행위자 간 구상권의 발생 시점은 구상권자가 현실로 피해자에게 손해배상금을 지급한 때이다(대판 1997.12.12, 96다50896).

제 6 절 보증채무

Ⅰ. 서 설

1. 의 의

보증채무(Bürgschaftsschuld)는 채권자와 보증인 사이에 체결된 보증계약에 의하여 주채무자가 채무를 이행하지 아니할 경우에 보증인이 이를 이행할 것을 내용으로 하는 채무이다(제428조 1항). 보증채무는 주채무와 별개의 독립된 채무이고, 주채무와 동일한 내용을 가지며 어느 한 채무의 이행으로 다른 채무도 소멸하는 점에서 연대채무와 동일하다. 그러나 연대채무에서는 각 채무가 병존적인 지위에 있는데 반하여, 보증채무는 주채무의 이행을 담보하는 것을 목적으로 하는 점에서 주채무에 종속하는 성질(부종성)을 가지며, 이 점에서 양자는 구별된다. 한편 보증채무는 물적 담보제도와 함께 채권의 담보수단으로 활용되고 있으며, 보증인의 일반재산이 강제집행의 대상이 된다는 점에서 이를 인적 담보라고 한다.

2. 법적 성질

(1) 보증채무의 독립성—별개의 채무

보증채무는 채권자와 보증인 사이의 보증계약에 의하여 성립되는 채무로서, 주채무와는 별개의 독립된 채무이다. 따라서 주채무가 민사채무이고 보증채무가 상행위로 인하여 생긴 상사채무인 경우에 보증채무의 소멸시효기간은 따로 결정되며(주채무는 10년(제162조 1항), 보증채무는 5년(상법 제64조)의 소멸시효에 걸린다), 보증채무에 관해 따로 위약금을 약정하거나 손해배상액을 예정할 수 있다(제429조 2항). 그런데 보증채무는 주채무와는 별개의 독립된 채무이지만, 보증채무의 독립성은 부종성과 수반성으로 인하여 연대채무의 경우만큼 완전하지는 못하다.

(2) 채무 내용의 동일성

보증채무는 주채무자가 이행하지 않는 경우에 이를 이행할 채무이므로, 즉 하나의 급부에 대해 주채무와 보증채무가 있는 것이므로, 보증채무는 주채무와 동일한 내용의 급부를 목적으로 하게 된다. 그러므로 주채무는 원칙적으로 대체적 급부를 내용으로 하는 것이지만, 매도인의 부동산소유권이전의무와 같은 부대체적 급부를 내용으로 하는 채무에 대해서도 주채무가 불이행으로 금전채무인 손해배상채무로 전환되는 것을 정지조건으로 하여 보증할 수도 있다(통설). 그러나 주채무가 부대체적 급부를 내용으로 하더라도 타인의 권리를 취득하여 매매(제569조)하는 특정물매도인의 채무를 보증한 보증인은 원칙적으로 매매의 목적물인 권리를 취득하여 이를 매수인에게 이전할 의무를 부담한다(정기웅, 304면; 김상용, 326면; 이은영, 540면). 다시 말하면 타인의 권리매매의 경우와 같이 예외적으로 보증인도 주채무와 동일한 채무를 이행할 가능성이 있는 때에는 통상의 보증채무가 성립한다.

(3) 부 종 성

보증채무는 주채무의 이행을 담보하는 것을 목적으로 하는 점에서 주채무와 주종관계에 서며, 이를 주채무에 대한 보증채무의 부종성이라 한다. 따라서 ① 주채무가 무효·취소·소멸된 때에는 보증채무도 무효가 되고 소멸한다. ② 주채무의 내용이 변경되면 보증채무의 내용도 변경된다(대판 2001.3.23, 2001다628). ③ 보증인의 부담이 주채무의 목적이나 형태보다 중한 때에는 주채무의 한도로 감축된다(제430조). ④ 보증인은 주채무자의 항변으로 채권자에게 대항할 수 있고, 주채무자의 항변포기는 보증인에게 효력이 없다(제433조). ⑤ 주채무자가 채권자에 대하여 취소권·해제권·해지권이 있는 동안에 보증인은 채권자에 대하여 채무의 이행을 거절할 수 있다(제435조).

판 례

(ㄱ) 보증채무는 주채무와 동일한 내용의 급부를 목적으로 함이 원칙이지만 주채무와는 별개 독립의 채무이고, 한편 보증채무자가 주채무를 소멸시키는 행위는 주채무의 존재를 전제로 하므로, 보증인의 출연행위 당시에는 주채무가 유효하게 존속하고 있었다 하더라도 그 후 주계약이 해제되어 소급적으로 소멸하는 경우에는 보증인은 변제를 수령한 채권자를 상대로 이미 이행한 급부를 부당이득으로 반환청구할 수 있다(대판 2004.12.24, 2004다20265).

(ㄴ) 채권자와 주채무자 사이의 소송에서 주채무의 존부나 범위에 관하여 주채무자가 전부 또는 일부 승소하는 판결이 확정된 경우에도 그 판결의 기판력이 보증인에게는 미치지 아니하므로, 보증채무의 부종성 원칙에도 불구하고 보증인이 주채무자 승소판결을 원용하여 자신의 보증채무의 이행을 거절할 수는 없다(대판 2015.7.23, 2014다228099).

(4) 수 반 성

주채무가 채권양도 등에 의해 다른 채권자에게 귀속되는 때에는 다른 특약이 없는 한 보증채무도 함께 이전된다. 그러나 보증채무를 주채무와 분리하여 제3자에게 양도하는 합의는 무효이다(이은영, 544면; 김증한/김학동, 247면). 채권자에게 주채권 없는 보증채권의 보유를 인정할 실익이 없기 때문이다. 판례도 주채권과 보증인에 대한 채권의 귀속주체를 달리하는 것은, 주채무자의 항변권으로 채권자에게 대항할 수 있는 보증인의 권리가 침해되는 등 보증채무의 부종성에 반하고, 주채권을 가지지 않는 자에게 보증채권만을 인정할 실익도 없기 때문에 주채권과 분리하여 보증채권만을 양도하기로 하는 약정은 그 효력이 없다고 한다(대판 2002.9.10, 2002다21509).

반면에 보증인은 주채무자의 변제자력이나 신용을 신뢰하여 보증채무를 부담한 것이므로, 채무인수 등의 사유로 '주채무자가 변경'되는 때에 보증채무는 원칙적으로 소멸된다(제459조). 다만 주채무자의 사망으로 상속이 개시되어 주채무자의 변경이 생기는 경우에 보증채무는 소멸하지 않는다(김상용, 328면; 김증한/김학동, 247면; 이은영, 545면; 김형배, 493면). 상속으로 인한 채무자의 변경으로 보증채무가 소멸하면 채권자에게 너무 가혹하기 때문이다. 그러나 신원보증계약은 신원보증인의 사망으로 종료된다(신원보증법 제7조). 물론 신원보증인이 사망하기 전에 발생한 신원보증계약상의 보증채무는 상속된다(대판 1972.2.29, 71다2747).

(5) 보 충 성

보증인은 주채무자의 채무이행이 없는 경우에 그것을 이행할 책임을 부담한다(제428조 1항). 이런 점에서 보증채무는 주채무에 대하여 보충성을 가진다. 보증인에게 최고·검색의 항변권(제437조)을 인정하는 것은 보충성에 기인한 것이다. 이러한 보충성은 모든 보증채무에 인정되는 것은 아니며, 연대보증(제437조 단서)·상사보증(상법 제57조 2항)에서는 인정되지 않는다.

Ⅱ. 보증채무의 성립요건

1. 채권자와 보증인 사이에 보증계약이 존재할 것

(1) 보증채무는 채권자와 보증인 사이의 보증계약에 의하여 성립하며, 주채무자는 보증계약의 당사자가 아니다. 연대채무와 달리 법률규정에 의해 보증채무가 성립하는 경우는 없다. ① 일반적으로 보증인은 주채무자의 부탁을 받고서 보증계약을 체결하지만, 주채무자의 부탁 여부는 보증계약의 성립에 아무런 영향이 없고, 다만 구상권 범위에 차이가 있을 뿐이다(제441조 이하). ② 채권자는 보증계약을 체결할 때 보증계약의 체결 여부 또는 그 내용에 영향을 미칠 수 있는 주채무자의 채무 관련 신용정보를 보유하고 있거나 알고 있는 경우에는 보증인에게 그 정보를 알려야 한다. 보증계약을 갱신할 때에도 또한 같다(제436조의2 제1항). 다만 '금융기관'이 채권자로서 보증계약을 체결할 때나 보증기간을 갱신할 때에는 채무자의 동의를 얻어 종합신용정보 집중기관으로부터 제공받은 채무자의 채무관련 신용정보를 보증인에게 제시하고 그 서면에 보증인의 기명날인이나 서명을 받아야 한다(보증인보호법 제8조 1항, 2항). 만일 금융기관이 보증인에게 채무관련 신용정보를 제시하지 않은 경우에는 보증인은 금융기관에 대하여 보증계약 체결 당시 채무자의 채무관련 신용정보를 제시하여 줄 것을 요구할 수 있으며(동법 제8조 3항), 금융기관이 보증인으로부터 채무관련 신용정보의 제시요구를 받은 날부터 7일 이내에 그 요구에 응하지 않는 경우에는 보증인은 그 사실을 안 날부터 1개월 이내에 보증계약의 해지를 통고할 수 있다(동법 제8조 4항 전문). 이 경우 금융기관이 해지통고를 받은 날부터 1개월이 경과하면 해지의 효력이 생긴다(동법 제8조 4항 후문).

(2) 보증은 그 의사가 보증인의 기명날인 또는 서명이 있는 '서면으로' 표시되어야 효력이 발생하지만, 보증의 의사가 전자적 형태로 표시된 경우에는 효력이 없다(제428조의2 제1항). 제428조의2 제1항의 '보증인의 서명'은 원칙적으로 보증인이 직접 자신의 이름을 쓰는 것을 의미하므로 타인이 보증인의 이름을 대신 쓰는 것은 이에 해당하지 않지만, '보증인의 기명날인'

은 타인이 이를 대행하는 방법으로 하여도 무방하다(대판 2019.3.14, 2018다282473). 또한 보증채무를 보증인에게 불리하게 변경하는 경우에도 보증인의 기명날인 또는 서명이 있는 서면으로 표시되어야 한다(제428조의 2 제2항). 다만 보증의사가 서면으로 표시되지 않은 경우에도 보증인이 보증채무를 이행한 경우에는 그 한도에서 이러한 방식의 하자를 이유로 보증의 무효를 주장할 수 없다(제428조의 2 제3항).

(3) 한편 보증인보호법이 적용되는 경우에는 보증계약을 체결할 때나 보증기간을 갱신할 때에는 보증채무의 최고액(最高額)을 서면으로 특정(特定)하여야 한다(동법 제4조).

판 례

(ㄱ) 보증인의 보증의사의 존부는 당사자가 거래에 관여하게 된 동기와 경위, 그 관여 형식 및 내용, 당사자가 그 거래행위에 의하여 달성하려는 목적, 거래의 관행 등을 종합적으로 고찰하여 판단하여야 할 당사자의 의사해석 및 사실인정의 문제이지만, 보증은 이를 부담할 특별한 사정이 있을 경우 이루어지는 것이므로 보증의사의 존재는 이를 엄격하게 제한하여 인정하여야 한다(대판 2000.5.30, 2000다2566).

(ㄴ) 대출절차상의 편의를 위하여 명의만을 대여한 것으로 인정되어 채무자로 볼 수 없는 경우, 그 형식상 주채무자가 실질적인 주채무자를 위하여 보증인이 될 의사가 있었다는 등의 특별한 사정이 없는 한 그 형식상의 주채무자에게 실질적 주채무자에 대한 보증의 의사가 있는 것으로 볼 수는 없다(대판 2005.5.12, 2004다68366).

(ㄷ) 보증인보호법은 민법 제429조 제1항에 따른 보증채무를 부담하는 경우에 적용될 뿐 타인의 채무에 대하여 담보물의 한도 내에서 책임을 지는 물상보증의 경우에는 적용되지 아니한다(대판 2015.3.26, 2014다83142).

(ㄹ) 보증인이 주채무자의 부탁을 받아 보증인이 된 경우 양자는 위임관계에 있고, 이러한 보증의 위임에는 일정한 방식이 요구되지 아니하므로 그 의사표시는 명시적인 경우는 물론 묵시적으로도 이루어질 수 있다. 나아가 묵시적으로 보증을 위임받은 수탁보증인인지는 거래관행 등 주채무의 발생 및 보증계약 체결 당시에 나타난 제반 사정에 비추어 합리적으로 판단하여야 한다(대판 2017.7.18, 2017다206922).

2. 주채무가 존재하거나 장래에 주채무가 성립할 것

보증채무는 주채무의 이행을 담보하는 채무이므로(제428조 1항), 보증채무가 성립하기 위해서는 주채무가 존재하거나 장래에 주채무가 성립하여야 한다(부종성). 주채무가 존재하지 않거나 무효·취소 등의 사유로 소멸한 때에는 보증채무도 소멸한다.

(1) 장래의 채무에 대한 보증

보증은 장래의 채무에 대하여도 할 수 있다(제428조 2항). 여기서 장래의 채무는 장래의 특정채무이든 장래의 불특정채무이든 상관없다(통설). 예컨대 당좌대월계약·어음할인계약·신용카드회원계약·물품공급계약과 같은 계속적 채권관계로부터 발생하는 채무를 이행할 것을 내용으로 하는 보증(즉 계속적 보증)이 이에 해당한다. 이때 주채무 발생의 원인이 되는 기본계약이 반드시 보증계약보다 먼저 체결되어야만 하는 것은 아니고, 보증계약 체결 당시 보증의 대상이 될 주채무의 발생원인과 그 내용이 어느 정도 확정되어 있다면 장래의 채무에 대해서도 유효하게 보증계약을 체결할 수 있다(대판 2006.6.27, 2005다50041). 다만 보증하는 채무의 최고액을 서면으로 특정하여야 하며(제428조의 3 제1항), 최고액을 서면으로 특정하지 않은 보증계약은 효력이 없다(제428조의 3 제2항). 주의할 것은 주채무가 장래의 채무 또는 정지조건부 채무일 경우에 보증채무는 현재의 보증채무가 아니라 장래의 보증채무 또는 조건부 보증채무가 성립할 뿐이라는 점이다(곽윤직, 183면; 김상용, 336면; 김증한/김학동, 253면). 보증채무는 주채무와 그 급부가 동일하고, 주채무에 대하여 부종성이 인정되기 때문이다.

(2) 취소할 수 있는 채무의 보증

보증채무는 주채무에 대하여 부종성이 있으므로, 주채무의 발생원인이 되는 법률행위가 무효·취소되면 보증채무도 소멸한다.

3. 보증인은 행위능력 및 변제자력이 있을 것

보증인이 될 수 있는 자격에 관해서는 원칙적으로 아무런 제한이 없지만, 당사자 사이의 계약·법률규정(제206조 1항, 제214조, 제688조 2항, 제1048조 2항)·법원의 명령(제26조, 제918조 4항, 제1053조 2항) 등에 의해 채무자가 보증인을 세울 의무를 부담하는 경우, ① 보증인은 행위능력 및 변제자력이 있는 자이어야 한다(제431조 1항). ② 보증인이 변제자력이 없게 된 때에는 채권자는 보증인의 변경을 청구할 수 있다(제431조 2항). 그런데 채권자가 보증인을 지명한 경우에는 ①,②의 규정은 적용되지 않는다. ③ 채무자는 다른 상당한 담보를 제공함으로써 보증인을 세울 의무를 면할 수 있다(제432조).

Ⅲ. 보증기간

민법은 보증기간에 관하여 명문의 규정이 없다. 보증인보호법에 의하면, 보증기간의 약정이 없는 때에는 그 기간을 3년으로 본다(동법 제7조 1항). 보증기간은 갱신할 수 있으며, 이 경우 보증기간의 약정이 없는 때에는 계약체결 시의 보증기간을 그 기간으로 본다(동법 제7조 2항). 제7조 제1항, 제2항에서 간주되는 보증기간은 계약을 체결하거나 갱신하는 때에 채권자가 보증인에게 고지하여야 한다(동법 제7조 3항). 한편 보증계약 체결 후 채권자가 보증인의 승낙 없이 채무자에 대하여 변제기를 연장하여 준 경우에는 채권자나 채무자는 보증인에게 그 사실을 알려야 하며, 이 경우 보증인은 즉시 보증채무를 이행할 수 있다(동법 제7조 4항).

Ⅳ. 보증채무의 내용

1. 보증채무의 목적

보증채무의 목적인 급부내용은 보증채무의 부종성으로 인하여 주채무와 동일한 것이어야 한다. 주채무의 목적이 그 동일성을 잃지 않고서 변경된 때에는 보증채무의 목적도 그에 따라 변경된다. 그러므로 주채무가 채무불이행으로 인하여 손해배상채무로 전환되면, 보증채무의 목적도 손해배상채무로 변경된다.

2. 보증채무의 범위

보증채무의 범위는 주채무에 대한 부종성을 토대로 보증계약에 의해 구체적으로 정해지지만, 계약에서 특별한 정함이 없는 경우, 보증채무는 주채무 외에 주채무의 이자·위약금·손해배상·그 밖에 주채무에 종속한 채무를 포함한다(제429조 1항). 여기서 손해배상채무는 주채무의 손해배상에 대한 것이며, 보증채무의 이행지체로 인한 것은 아니다. ① 보증채무는 주채무와는 별개의 채무이기 때문에 보증채무의 이행지체로 인한 지연손해금은 보증한도액과는 별도로 부담하여야 한다(대판 2016.1.28, 2013다74110). 따라서 보증채무의 연체이율에 관하여 특별한 약정이 있으면 그에 따르고, 특별한 약정이 없으면 그 거래행위의 성질에 따라 상법 또는 민법에서 정한 법정이율에 따라야 할 것이고, 주채무에 관하여 약정된 연체이율이 당연히 여기에 적용되는 것은 아니다(대판 2014.3.13, 2013다205693). ② 선급금반환에 관한 보증계약에서 선급금 반환사유가 발생하였을 경우, 선급금 잔액에 대하여 선급금 지급 시부터 이자를 가산하여 반환할지는 주계약 당사자 사이의 약정에 따라야 한다(대판 2016.1.28, 2013다74110). 한편 보증인은 계약해제에 의한 원상회복의무(제548조)와 손해배상의무(제551조)에 대해서도 보증채무를 부담한다.

3. 보증채무의 모습

보증채무는 주채무의 이행을 담보하는 것이므로, 보증인의 부담이 주채무의 목적(즉 내용: 예: 금액)이나 형태(예: 기한)보다 무거울 수 없으며, 더 무거울 때에는 주채무의 한도로 줄어든다(제430조). 그러나 보증계약 체결 후 채권자가 보증인의 승낙 없이 주채무자에 대하여 변제기를 연장하여 주더라도 그것이 반드시 보증인의 책임을 가중하는 것이라고 할 수 없으므로, 원칙적으로 보증채무에 대해서도 그 효력이 미친다(대판 1996.2.23, 95다49141). 이 경우 수탁보증인의 사전구상권은 본래의 변제기를 기준으로 발생한다(제442조 2항). 판례도 채권자가 주채무자에게 변제기의 유예를 한 것으로 수탁보증인의 사전구상권에 대항할 수 없다고 한다(대판 2007.4.26, 2006다22715).

판 례

(ㄱ) 보증인은 특별한 사정이 없는 한 채무자가 채무불이행으로 인하여 부담하여야 할 손해배상채무에 관하여도 보증책임을 진다고 할 것이고, 따라서 보증인으로서는 채무자의 채무불이행으로 인한 채권자의 손해를 배상할 책임이 있다고 할 것이나, 원래 보증인의 의무는 보증계약 성립 후 채무자가 한 법률행위로 인하여 확장, 가중되지 아니하는 것이 원칙이므로, 채무자의 채무불이행시의 손해배상의 범위에 관하여 채무자와 채권자 사이의 합의로 보증인의 관여 없이 그 손해배상 예정액이 결정되었다고 하더라도, 보증인으로서는 위 합의로 결정된 손해배상 예정액이 채무불이행으로 인하여 채무자가 부담할 손해배상 책임의 범위를 초과하지 아니한 한도 내에서만 보증책임이 있다(대판 1996.2.9, 94다38250).

(ㄴ) 보증계약이 성립한 후에 보증인이 알지도 못하는 사이에 주채무의 목적이나 형태가 변경되었다면, 그 변경으로 인하여 주채무의 실질적 동일성이 상실된 경우에는 당초의 주채무는 경개로 인하여 소멸하였다고 보아야 할 것이므로 보증채무도 당연히 소멸하고, 그 변경으로 인하여 주채무의 실질적 동일성이 상실되

지 아니하고 동시에 주채무의 부담 내용이 축소·감경된 경우에는 보증인은 그와 같이 축소·감경된 주채무의 내용에 따라 보증책임을 질 것이지만, 그 변경으로 인하여 주채무의 실질적 동일성이 상실되지는 아니하고 주채무의 부담내용이 확장·가중된 경우에는 보증인은 그와 같이 확장·가중된 주채무의 내용에 따른 보증책임은 지지 아니하고, 다만 변경되기 전의 주채무의 내용에 따른 보증책임만을 진다(대판 2000.1.21, 97다1013).

(ㄷ) 수탁보증인은 특별한 사정이 없는 한 그 주채무의 변제기 연장이 언제 이루어졌던지 간에 본래의 변제기가 도래한 후에는 제442조 1항 4호에 의하여 주채무자에 대하여 사전구상권을 행사할 수 있고, 이 경우에는 제442조 2항에 따라 보증계약 후에 채권자가 주채무자에게 허여(許與)한 기한으로 보증인에게 대항하지 못할 뿐만 아니라, 수탁보증인이 본래의 변제기가 도래한 후 과실 없이 변제 기타의 출재로 주채무를 소멸하게 한 후 이를 주채무자에게 통지하였다면, 제445조 1항에 의하여 주채무자는 통지를 받은 후 채권자와 사이에 이루어진 변제기 연장에 관한 합의로서 사후구상권을 행사하는 수탁보증인에게 대항할 수는 없다(대판 2007.4.26, 2006다22715).

4. 보증채무에 대한 위약금·손해배상액의 약정

보증채무의 이행을 확보하기 위하여 보증인과 채권자 사이에서 보증채무에 관해서만 위약금의 약정·그 밖의 손해배상액을 예정할 수 있다(제429조 2항). 이와 같이 보증채무에 대해서만 위약금 등을 약정하여도 보증채무의 부종성에 반하지 않는다. 보증채무와 주채무는 별개의 채무일 뿐만 아니라 이러한 약정에 의해 보증채무의 내용이 확장되는 것이 아니기 때문이다.

V. 보증채무의 효력

1. 대외적 효력

보증채무는 주채무와는 별개의 독립한 채무이므로, 채권자는 주채무자와 보증인에 대해 채권을 행사할 수 있다. 이에 대해 보증인은 보증계약의 부종성과 보충성에 기한 여러 가지 항변권을 행사할 수 있다.

(1) 채권자의 권리와 보증인에 대한 통지의무

(가) 채권자의 권리 — 이행청구

채권자는 변제기가 도래하면 주채무자와 보증인에 대하여 동시 또는 순차로 채무 전부 또는 일부의 이행을 청구할 수 있다. 채권자는 주채무자에게 청구하지 않고 보증인에게 이행을 청구할 수 있지만, 이에 대하여 보증인은 채권자에게 최고·검색의 항변권을 행사하여 이행을 거절할 수 있다. 한편 주채무자의 상속인이 한정승인을 한 경우에 그의 책임이 상속재산의 범위로 한정될 뿐(제1028조) 채무는 제한되지 않으므로(채무와 책임의 분리), 보증인은 주채무 전부에 관하여 책임을 진다. 또한 주채무자가 파산법원으로부터 면책을 받은 경우, 주채무자(파산자)는 파산절차에 의한 배당을 제외하고 파산채권자에 대한 채무 전부에 관하여 그 책임이 면제되지만(채무자회생법 제566조) 채무는 소멸하지 않으므로(즉 채무자체는 소멸하지 않고 단지 책임을 면하므로 파산채권자에 대한 채무는 자연채무에 속한다: 양형우, "소비자파산과 잔여채무의 면책제도", 비교사법 제5권 2호, 279면),

파산채권자는 보증인에 대하여 배당받지 못한 주채무 전부의 이행을 청구할 수 있다(동법 제567조).

(나) 채권자의 보증인에 대한 통지의무

채권자는 보증계약을 체결한 후, ① 주채무자가 원본, 이자, 위약금, 손해배상 또는 그 밖에 주채무에 종속한 채무를 3개월 이상 이행하지 않은 경우, ② 주채무자가 이행기에 이행할 수 없음을 미리 안 경우, ③ 주채무자의 채무 관련 신용정보에 중대한 변화가 생겼음을 알게 된 경우 등의 사유가 있는 때에는 지체 없이 보증인에게 그 사실을 알려야 한다(제436조의2 제2항). 다만 채권자로서 보증계약을 체결한 금융기관은 주채무자가 원본, 이자 그 밖의 채무를 1개월 이상 이행하지 않는 경우에는 지체 없이 그 사실을 보증인에게 알려야 한다(보증인보호법 제5조 2항). 또한 채권자는 보증인의 청구가 있으면 주채무의 내용 및 그 이행 여부를 알려야 한다(제436조의2 제3항, 보증인보호법 제5조 3항). 만일 채권자가 이러한 통지의무를 위반하여 보증인에게 손해를 입힌 경우, 법원은 그 내용과 정도 등을 고려하여 보증채무를 감경하거나 면제할 수 있다(제436조의2 제4항).

(2) 보증인의 권리 — 항변권

(가) 주채무자의 항변권을 행사할 수 있는 권리 — 부종성에 기한 권리

1) 주채무의 부존재 또는 소멸의 항변권

주채무가 어떤 원인으로 인하여 처음부터 존재하지 않거나(예: 무효) 후에 소멸한 경우(예: 취소·변제·대물변제·공탁·상계 등), 보증인은 주채무의 부존재 또는 소멸의 항변권을 행사하여 보증채무의 무효 또는 소멸을 주장할 수 있다(제433조 1항). 따라서 주채무가 시효로 소멸한 때에 보증인도 시효소멸을 주장할 수 있으며, 특히 주채무자가 시효이익을 포기한 경우에도 보증인은 주채무에 관한 소멸시효의 완성을 주장할 수 있다(제433조 2항). 그러나 주채무자가 소멸시효의 완성을 원용하여 주채무가 소멸하였는데, 보증인이 주채무의 시효이익 원용을 포기하고 보증채무를 이행한 때에 그것은 악의의 비채변제(제742조)로서 반환을 청구할 수 없고, 주채무자에 대하여 구상도 할 수 없다(김형배, 510면; 김상용, 345면; 정기웅, 317면).

판 례

보증채무에 대한 소멸시효가 중단되는 등의 사유로 완성되지 아니하였다고 하더라도 주채무에 대한 소멸시효가 완성된 경우에는 시효완성 사실로써 주채무가 당연히 소멸되므로 보증채무의 부종성에 따라 보증채무 역시 당연히 소멸된다. 따라서 ① 주채무에 대한 소멸시효가 완성되어 보증채무가 소멸된 상태에서 보증인이 보증채무를 이행하거나 승인하였다고 하더라도, 주채무자가 아닌 보증인의 행위에 의하여 주채무에 대한 소멸시효 이익의 포기 효과가 발생된다고 할 수 없으며, 주채무의 시효소멸에도 불구하고 보증채무를 이행하겠다는 의사를 표시한 경우 등과 같이 부종성을 부정하여야 할 다른 특별한 사정이 없는 한 보증인은 여전히 주채무의 시효소멸을 이유로 보증채무의 소멸을 주장할 수 있다(대판 2012.7.12, 2010다51192). 가령 甲이 주채무자 乙의 채권자 丙에 대한 채무를 연대보증하였는데, 乙의 주채무가 소멸시효 완성으로 소멸한 상태에서 丙이 甲의 보증채무에 기초하여 甲 소유 부동산에 관한 강제경매를 신청하여 배당금을 수령하는 것에 대하여 甲이 아무런 이의를 제기하지 않은 경우에도 甲이 여전히 보증채무의 부종성에 따라 주채무의 소멸시효 완성을 주장할 수 있다.

반면에 ② 보증채무의 부종성을 부정하여야 할 특별한 사정이 있는 경우에는 예외적으로 보증인은 주채무의 시효소멸을 이유로 보증채무의 소멸을 주장할 수 없으나, 특별한 사정을 인정하여 보증채무의 본질적인 속성에 해당하는 부종성을 부정하려면 보증인이 주채무의 시효소멸에도 불구하고 보증채무를 이행하겠다는 의사를 표시하거나 채권자와 그러한 내용의 약정을 하였어야 하고, 단지 보증인이 '주채무의 시효소멸에 원인을 제공'하였다는 것만으로는 보증채무의 부종성을 부정할 수 없다(대판 2018.5.15, 2016다211620).

2) 주채무자의 취소권·해제권·해지권

주채무자가 채권자에 대하여 취소권 또는 해제권이나 해지권이 있는 동안에 보증인은 채권자에 대하여 채무의 이행을 거절할 수 있다(제435조). 이는 주채무자가 취소권·해제권·해지권을 가지고 있는 한 주채무의 존속이 유동적·불확정적이기 때문에, 확정될 때까지 이행을 거절할 수 있도록 한 것이다. 주의할 것은 주채무자의 형성권인 취소권·해제권·해지권은 주채무자만이 행사할 수 있으므로, 보증인은 이들 권리를 직접 행사할 수 없다는 점이다.

3) 주채무자의 상계권

보증인은 주채무자의 채권에 의한 상계로 채권자에게 대항할 수 있다(제434조). 즉 주채무자의 취소권·해제권·해지권과 달리 보증인은 주채무자의 상계권을 행사할 수 있다. 제434조가 보증인에게 주채무자의 상계권 행사를 인정하는 것은 보증인을 보호하고 법률관계를 간편하게 처리하기 위한 것이다. 주의할 것은 제434조는 주채무자가 상계적상에 있는 채권으로 상계하지 않는 때에 보증인이 상계할 수 있다는 것일 뿐, '채권자'가 주채무자에 대해 상계적상에 있는 채권을 가지고 있으면서 상계하지 않고 있는 때에도 보증인이 상계하거나 이를 이유로 보증채무의 이행을 거절할 수 없다(대판 2018.9.13, 2015다209347). 상계는 단독행위로서 행사 여부는 채권자의 의사에 따르기 때문이다.

(나) 최고 · 검색의 항변권 — 보충성에 기한 권리

1) 의 의

최고·검색의 항변권은 채권자가 주채무자에게 이행을 청구하지 않고, 보증인에 대하여 채무의 이행을 청구한 때에 보증인이 주채무자에게 변제능력이 있고 집행이 용이하다는 사실을 증명하여, 먼저 주채무자에게 이행청구 및 그의 재산에 대하여 집행할 것을 요구하고, 그때까지 그의 보증채무의 이행을 거절할 수 있는 권리(즉 연기적 항변권)이다(제437조 본문). 물론 보증인이 최고·검색의 항변권을 행사하지 않고 채무를 이행하면 채무는 소멸한다.

한편 최고·검색의 항변권과 관련하여, ① 다수설은 최고의 항변권과 검색의 항변권을 각각 독립된 별개의 항변권으로 다루고 있지만(곽윤직, 190면; 정기웅, 319면; 김증한/김학동, 257면; 김주수, 331면; 임정평, 326면; 송덕수, C-410), ② 소수설은 하나의 항변권으로 다루고 있다(김형배, 514면; 이은영, 563면; 김상용, 348면).

생각건대 제437조는 보증인이 먼저 주채무자에게 청구할 것과 그 재산에 대하여 집행할 것을 항변할 수 있다고 하여, 최고의 항변권과 검색의 항변권을 하나의 권리로 규정하고 있으므로, 보증인의 최고·검색의 항변권을 하나의 항변권으로 파악하여야 할 것이다.

2) 행사요건

보증인이 최고·검색의 항변권을 행사하려면, ① 주채무자에게 변제자력이 있다는 사실과 ② 그 집행이 용이하다는 사실을 증명하여야 한다. 여기서 주채무자에게 변제자력이 있다는 사실은 보증채무의 보충성을 고려하여 주채무자에게 채무 전액을 변제할 자력이 있음을 요하는 것이 아니라 변제하는데 상당한 정도의 자력이 있음을 증명한 것으로 충분하다(통설). 그리고 주채무자의 재산에 대한 집행이 용이하다는 것은 채권자가 집행을 위하여 많은 시일과 비용을 필요로 하지 않고서 쉽게 그 채권을 실행할 수 있다는 것(예: 채무자의 주소에 있는 동산·유가증권 등)을 의미한다. 따라서 멀리 떨어져 있는 채무자의 동산·부동산 및 채권은 그 집행이 용이하다고 할 수 없다(곽윤직, 190면).

3) 행사의 효과

보증인의 최고·검색의 항변권은 연기적 항변권이므로, 이행기가 경과하더라도 보증인은 이행지체의 책임을 부담하지 않는다. 보증인이 최고·검색의 항변권을 행사한 경우에 채권자는 먼저 주채무자에게 청구하고 그 재산에 대하여 집행을 하여야 하며, 그 집행을 한 후 변제받지 못한 부분에 한하여 보증인에게 이행을 청구할 수 있다.

한편 보증인의 항변이 있었지만 채권자가 이행청구 및 집행을 게을리하여 채무자로부터 전부나 일부의 변제를 받지 못한 경우, 채권자가 게을리하지 않았으면 변제받았을 한도에서 보증인은 그 의무를 면한다(제438조).

4) 최고 · 검색의 항변권을 행사할 수 없는 경우

연대보증채무에는 보충성이 인정되지 않으므로, 연대보증인에게는 최고·검색의 항변권이 인정되지 않는다(제437조 단서). 또한 보증인이 최고·검색의 항변권을 포기한 때, 주채무자가 행방불명인 때(집행이 용이하지 않기 때문에) 및 주채무자가 파산선고를 받은 때(주채무자에게 변제자력이 없기 때문에), 보증인은 최고·검색의 항변권을 행사할 수 없다. 그 밖에 보증인이 파산선고를 받은 경우에 보증인의 파산관재인은 채권자에 대하여 최고·검색의 항변권을 행사할 수 없다. 채무자회생법 제429조는 "보증인이 파산선고를 받은 때에는 채권자는 파산선고시에 가진 채권의 전액에 관하여 파산채권자로서 그 권리를 행사할 수 있다"고 규정하여, 보증채무의 보충성을 부정하고 있기 때문이다.

2. 주채무자 또는 보증인에 생긴 사유의 효력

(1) 주채무자에 생긴 사유의 효력

채권자와 주채무자의 사이에서 주채무자에게 생긴 사유는 보증채무의 부종성에 의해 보증인에게 그 효력이 미친다(절대적 효력).

(가) 주채무의 소멸

주채무가 소멸하면 그 원인 여하를 묻지 않고 보증채무도 소멸한다. 그러나 채무가 소멸하는 것이 아니라 책임이 한정되었을 뿐인 때(예: 주채무자의 상속인이 한정승인한 때, 파산절차에서 주채무자가 일부면책을 받은 때)에는 보증채무의 효력에는 영향을 미치지 않는다.

(나) 주채무의 사후적 변경

보증채무가 성립한 후에 주채무자와 채권자 사이의 합의로 본래의 주채무의 목적·범위·모습을 변경한 경우, ① 그것이 종전의 보증채무보다 부담이 감축된 것인 때에는 부종성에 의해 보증채무도 변경되지만, 반대로 부담을 가중한 것인 때에는 보증채무에 그 효력을 미치지 않는다(대판 1974.11.12, 74다533). ② 보증인이 임대인의 임대차보증금반환채무를 보증한 후에 임대인과 임차인 간에 임대차계약과 관계없는 다른 채권으로써 연체차임을 상계하기로 약정하는 것은 보증인에게 불리한 것으로 보증인에 대하여는 그 효력을 주장할 수 없다(대판 1999.3.26, 98다22918,22925). ③ 보증계약체결 후 채권자가 보증인의 승낙 없이 주채무자에 대하여 변제기를 연장해 준 경우, 그것은 보증인의 책임을 가중하는 것이 아니므로 보증인에게도 그 효력이 미친다(대판 1996.2.23, 95다49141). 다만 채권자나 채무자는 보증인에게 그 사실을 알려야 하며, 이 경우 연대보증인은 즉시 보증채무를 이행할 수 있다(보증인보호법 제7조 4항).

(다) 주채무에 대한 시효중단

1) 주채무자에 대한 시효의 중단은 보증인에 대하여 그 효력이 있다(제440조). 따라서 주채무에 대한 청구·압류(가압류·가처분) 및 승인이 있으면 보증채무의 소멸시효도 중단된다. 시효의 중단은 당사자와 그 승계인간에만 효력이 있는데(제169조), 제440조는 채권자보호 내지 채권담보를 확보하기 위하여 특별히 규정한 것이다(대판 2005.10.27, 2005다35554,35561). 제440조는 주채무자에 대한 시효중단의 사유가 발생하였을 때는 그 보증인에 대한 별도의 중단조치가 이루어지지 않아도 동시에 시효중단의 효력이 생기도록 한 것이다. 즉 ① 그 시효중단사유가 압류, 가압류 및 가처분이라고 하더라도 이를 보증인에게 통지하여야 비로소 시효중단의 효력이 발생하는 것은 아니다(대판 2005.10.27, 2005다35554,35561). ② 중단된 이후의 '시효기간'까지 당연히 보증인에게도 그 효력이 미친다고 하는 취지가 아니다(대판 2006.8.24, 2004다26287,26294). 따라서 채권자와 주채무자 사이의 확정판결에 의하여 주채무가 확정되어 그 소멸시효기간이 10년으로 연장되었더라도 이로 인해 그 보증채무까지 당연히 단기소멸시효의 적용이 배제되어 10년의 소멸시효기간이 적용되는 것은 아니고, 보증채무의 소멸시효기간은 여전히 종전의 소멸시효기간에 따른다(대판 2006.8.24, 2004다26287,26294; 대판 1986.11.25, 86다카1569).

2) 한편 제440조는 시효의 중단에 관해서 절대적 효력을 인정하고, 시효의 정지에 관해서는 절대적 효력을 인정하고 있지 않으므로, 주채무자에 대한 '시효의 정지'는 보증인에게 그 효력이 없다.

판 례

채무가 특정되어 있는 이른바 확정채무에 대한 물상보증인이나 연대보증인은 그 채무의 이행기가 연장되고 그가 거기에 동의한 바 없더라도 물상보증인으로서의 책임이나 연대보증인으로서의 채무에 영향을 받지 아니한다(대판 1999.9.7, 98다19578).

(2) 보증인에 관하여 생긴 사유의 효력

채권자와 보증인 사이에서 보증인에게 생긴 사유는 주채무자에게 그 효력이 없다(상대적 효력). 가령 보증인에 대해 시효중단사유가 있더라도 주채무의 소멸시효가 중단되지 않으며, 주채무가 소멸시효 완성으로 소멸된 경우에는 보증채무도 그 채무자체의 시효중단에 불구하고 부종성에 따라 당연히 소멸된다(대판 2002.5.14, 2000다62476). 다만 변제·대물변제·공탁·상계와 같이 채권을 만족시키는 사유는 주채무자에게도 그 효력이 미친다(절대적 효력).

3. 대내적 효력

(1) 보증인의 구상권

(가) 보증인이 자기의 출재로 공동의 면책을 얻은 경우, 채권자에 대해서는 자신의 보증채무를 이행하는 것이지만, 주채무자에 대해서는 타인의 채무를 변제하는 것이 되어, 보증인은 주채무자에게 구상권을 가진다. 민법은 부탁받은 보증인(수탁보증인)에게는 일정한 경우에 사전구상권도 인정한다(제442조 1항). 한편 보증채무자가 주채무를 소멸시키는 행위는 주채무의 존재를 전제로 하므로, 보증인의 출연행위 당시 주채무가 성립되지 않았거나 타인의 면책행위로 이미 소멸되었거나 유효하게 존속하고 있다가 그 후 소급적으로 소멸한 경우, 보증채무자의 주채무 변제는 비채변제가 되어 채권자와 사이에 부당이득반환의 문제를 남길 뿐이고, 주채무자에 대한 구상권은 발생하지 않는다(대판 2012.2.23, 2011다62144).

(나) 채권자와 보증인 사이에 보증인이 주채무를 중첩적(병존적)으로 인수하기로 약정하였더라도 특별한 사정이 없는 한 보증인은 주채무자에 대한 관계에서는 종전의 보증인 지위를 그대로 유지한다. 따라서 채무인수로 인하여 보증인과 주채무자 사이의 주채무에 관련된 구상관계가 달라지는 것은 아니다(대판 2003.11.14, 2003다37730). 가령 수탁보증인이 주채무에 대해 병존적 채무인수를 한 경우에도 여전히 보증인으로서 사전구상권을 행사할 수 있다.

판 례

보증인이 채권자에 대하여 보증채무를 부담하지 아니함을 주장할 수 있었는데도 그 주장을 하지 아니한 채 보증채무의 전부를 이행하였다면 그 주장을 할 수 있는 범위 내에서는 신의칙상 그 보증채무의 이행으로 인한 구상금채권에 대한 연대보증인들에 대하여도 그 구상금을 청구할 수 없다(대판 2006.3.10, 2002다1321).

(2) 수탁보증인의 구상권

(가) 면책행위에 의한 구상권

1) 수탁보증인이 '과실 없이' 변제나 자기 재산의 출연으로 주채무를 소멸시킨 때에는 주채무자에 대하여 구상권이 있다(제441조 1항). 수탁보증인은 주채무자에 대한 관계에서 위임에 유사한 채무를 부담하므로, 수탁보증인이 구상권을 행사하기 위해서는 변제나 그 밖의 재산출연에 과실이 없어야 한다. 예컨대 보증인에 대한 보증채무 이행소송에서 보증인의 과실로 패소함으로써 강제집행을 당한 경우, 비록 보증인의 출재가 있었으나 주채무자에 대하여 구상할 수 없게 된다. 주의할 것은 부탁 없는 보증인의 구상권의 경우에는 변제나 재산출연에 과실 여부는 문제되지 않는다(제444조).

2) 수탁보증인이 변제기 전에 주채무를 변제한 경우 사후구상권이 발생하지만, 주채무의 변제기가 도래할 때까지 채무자에 대하여 사후구상권을 행사할 수 없다(대판 2024.10.25, 2024다252305). 수탁보증인이 주채무의 변제기가 도래한 후에 변제 등의 면책행위를 할 것이 요구되지 않으며, 주채무에 관하여 이해관계 있는 제3자인 수탁보증인도 변제기 전에 변제할 수 있기 때문이다(제469조). 또한 수탁보증인의 출재에 과실이 없어야 하는데, 만약 출재에 과실이 존재한다면 그와 인과관계가 있는 범위에서는 구상권이 발생하지 않는다(대판 2024.10.25, 2024다252305).

3) 구상권의 범위는 출재한 연대채무자의 구상권의 범위에 관한 규정이 준용된다(제441조 2항). 따라서 주채무를 한도로 한 출재액 외에, 면책된 날 이후의 법정이자와 피할 수 없는 비용, 그 밖의 손해배상을 포함한다.

(나) 사전구상권

1) 일 반

수탁보증인은 일정한 경우에 주채무자에게 미리 구상권을 행사할 수 있다(제442조 1항). 사전구상권은 주채무자의 부탁을 받아 보증인이 된 자에게만 인정되며, 사후구상권과 별개의 독립한 권리이다. 수탁보증인의 사전구상권에 관한 제442조는 물상보증인에게 적용되지 않는다. 즉 물상보증인은 사전구상권을 행사할 수 없다(대판 2009.7.23, 2009다19802,19819). 물상보증인은 담보물로서 물적 유한책임만을 부담할 뿐 채권자에 대하여 채무를 부담하지 않기 때문이다.

2) 사전구상권의 발생사유

수탁보증인은 ① 보증인이 과실 없이 채권자에게 변제하라는 재판을 받은 경우, ② 주채무자가 파산선고를 받았을 때 채권자가 파산재단에 가입하지 않은 경우, ③ 채무의 이행기가 확정되지 않고 그 최장기도 확정할 수 없는 상태에서 보증계약 후 5년이 지난 경우, ④ 채무의 이행기가 된 경우에 주채무자에게 미리 구상권을 행사할 수 있다(제442조 1항). ④의 경우에는 주채무자는 보증계약 후에 채권자로부터 허락받은 기한으로써 보증인에게 대항할 수 없다(제442조 2항). 따라서 채권자가 주채무자의 변제기를 연장해 준 경우에도 특별한 사정이 없는 한 수탁보증인은 보증계약 당시의 주채무의 이행기가 되면 사전구상권을 행사할 수 있다(대판 2007.4.26, 2006다22715).

3) 사전구상의 범위

수탁보증인이 사전구상권을 행사하는 경우, 이는 장래의 변제를 위하여 자금의 제공을 청구하는 것이기 때문에, 보증인은 자신이 부담할 것이 확정된 채무 전액에 대하여 구상권을 행사할 수 있다. 따라서 사전구상권의 범위에는 채무의 원본과 이미 발생한 이자 및 지연손해금, 피할 수 없는 비용, 그 밖의 손해액이 이에 포함되지만(제441조 2항), 면책비용에 대한 법정이자나 채무의 원본에 대한 장래 도래할 이행기까지의 이자, 수탁보증인이 아직 지출하지 않은 금액에 대한 지연손해금은 포함되지 않는다(대판 2004.7.9, 2003다46758; 대판 2002.6.11, 2001다25504; 대판 2005.11.25, 2004다66834,66841).

판 례

보증인이 보증채무를 이행함에 따라 주채무자가 보증인에 대하여 부담하게 될 구상금채무를 근보증하면서, 면책원금외에 면책일 이후의 법정이자나 피할 수 없는 비용 등까지 담보하기 위하여 근보증한도액을 면책원금에 해당하는 보증인의 보증한도액보다 높은 금액으로 정했다고 하더라도, 보증인이 사전구상권을 행사할 수 있는 금액은 근보증한도액이 아닌 보증인의 보증한도액으로 한정된다(대판 2005.11.25, 2004다66834,66841).

4) 주채무자의 면책청구 등

(i) 사전구상에 의하여 주채무자가 수탁보증인에게 배상하는 경우, 주채무자는 자기를 면책하게 하거나 자기에게 담보를 제공할 것을 보증인에게 청구할 수 있고, 배상할 금액을 공탁하거나 담보를 제공하거나 보증인을 면책하게 함으로써 그 배상의무를 면할 수 있다(제443조). 따라서 주채무자는 수탁보증인이 제442조에 따라 주채무자에게 사전구상의무 이행을 구하면 제443조 전단을 근거로 수탁보증인에게 담보의 제공을 구할 수 있고, 그러한 담보제공이 있을 때까지 사전구상의무 이행을 거절할 수 있다. 만약 수탁보증인이 주채무자의 담보제공청구에 응하여 구상금액에 상당한 담보를 특정하여 제공할 의사를 표시한다면, 법원은 주채무자가 수탁보증인으로부터 그 특정한 담보를 제공받음과 동시에 사전구상의무를 이행하여야 한다고 판결하여야 하지만, 수탁보증인이 주채무자의 담보제공청구를 거절하거나 구상금액에 상당한 담보를 제공하려는 의사를 표시하지 않는다면 법원은 수탁보증인의 사전구상금 청구를 기각하는 판결을 해야 한다(대판 2023.2.2, 2020다283578).

한편 수탁보증인이 사전구상권을 행사하여 사전구상금을 수령한 경우, 그 구상금은 주채무자에 대하여 수임인의 지위에 있는 수탁보증인이 위탁사무의 처리를 위하여 선급 받은 비용의 성질을 가지므로, 보증인은 이를 선량한 관리자의 주의로 위탁사무인 주채무자의 면책에 사용하여야 할 의무가 있다(대판 2002.11.26, 2001다833).

(ii) 수탁보증인이 주채무자에 대하여 가지는 제442조의 사전구상권에는 제443조의 면책청구권이 항변권으로 부착되어 있는 만큼 이를 자동채권으로 하는 상계는 허용될 수 없다

(대판 2019.2.14, 2017다274703). 항변권이 붙어 있는 채권을 자동채권으로 하여 다른 채무(수동채권)와의 상계를 허용한다면, 상계자 일방의 의사표시에 의하여 상대방의 항변권 행사의 기회를 상실시키는 결과가 되기 때문이다. 다만 제443조는 임의규정으로서 주채무자가 사전에 담보제공청구권의 항변권을 포기한 경우에는 보증인은 사전구상권을 자동채권으로 하여 주채무자에 대한 채무와 상계할 수 있다(대판 2004.5.28, 2001다81245).

5) 수탁보증인의 사후구상권과의 관계

수탁보증인의 사전구상권과 사후구상권은 종국적 목적과 사회적 효용을 같이하는 공통성을 가지고 있으나, 사후구상권은 보증인이 채무자에 갈음하여 변제 등 자신의 출연으로 채무를 소멸시켰다고 하는 사실에 의하여 발생하는 것이고, 이에 대하여 사전구상권은 그 외의 민법 제442조 1항의 사유나 약정으로 정한 일정한 사실에 의하여 발생하는 등 발생원인을 달리하고 법적 성질도 달리하는 별개의 독립된 권리이므로, 사후구상권이 발생한 이후에도 사전구상권은 소멸하지 아니하고 병존하며, 다만 목적 달성으로 일방이 소멸하면 타방도 소멸하는 관계에 있을 뿐이다(대판 2019.2.14, 2017다274703).

(3) 부탁 없는 보증인의 구상권

(가) 주채무자의 부탁이 없는 경우

주채무자의 부탁을 받지 않고 보증인이 된 자가 변제나 그 밖의 자기 출재로 주채무를 소멸시킨 경우, 주채무자는 '그 당시에 이익을 받은 한도'에서 보증인에게 배상하여야 한다(제444조 1항). 수탁보증인의 경우와 달리 면책일 이후의 법정이자나 그 밖의 손해배상은 구상할 수 없다.

(나) 주채무자의 의사에 반하는 경우

주채무자의 의사에 반하여 보증인이 된 자가 변제나 그 밖의 자기출재로 주채무를 소멸시킨 경우, 주채무자는 '현존이익의 한도'에서 보증인에게 배상하여야 한다(제444조 2항). 이때 현존이익의 유무와 범위를 정하는 시점은 면책행위를 한 때가 아니라 구상권을 행사한 때이다(제444조 3항 참조). 그러나 주채무자가 구상한 날 이전에 상계원인이 있었음을 주장한 때에는 상계로 소멸할 채권은 법률상 당연히 보증인에게 이전한다(제444조 3항).

(4) 구상권의 제한

주채무자와 보증인이 2중으로 변제하거나 채권자에게 주장할 항변권이 있는데도 변제하는 불이익을 피하기 위하여, 보증인은 사전·사후의 통지의무를 부담하고, 연대채무의 경우와 달리 주채무자는 수탁보증인에 대하여 사후통지의무만을 부담한다.

(가) 보증인의 사전 · 사후통지의무

보증인이 변제하고자 할 때, 주채무자로부터 부탁받았는지 여부를 묻지 않고 보증인은 사전·사후의 통지의무를 진다.

1) 만일 보증인이 주채무자에게 통지하지 않고 변제나 자기재산의 출연으로 주채무를 소멸하게 한 경우, 주채무자가 채권자에게 대항할 수 있는 사유(예: 동시이행의 항변권·소멸시효의 완성 등)가 있었을 때에는 이 사유로 보증인에게 대항할 수 있다(제445조 1항 전문). 이때 구체적인 대항의 효과는 주채무자가 채권자에게 갖는 대항사유에 따라 결정된다(대판 2024.10.25. 2024다252305). 대항사유가 상계인 때에는 상계로 소멸할 채권은 보증인에게 이전된다(제445조 1항 후문). 다만 보증계약 후에 채권자가 주채무자에게 허락한 기한으로 보증인에게 대항하지 못하므로(제442조 2항), 수탁보증인이 본래의 변제기가 도래한 후 과실 없이 변제나 그 밖의 재산출연으로 주채무를 소멸시킨 후 이를 주채무자에게 통지하였다면, 제445조 1항에 의하여 주채무자는 통지를 받은 후 채권자와 사이에 이루어진 변제기 연장에 관한 합의로서 사후구상권을 행사하는 수탁보증인에게 대항할 수 없다(대판 2007.4.26. 2006다22715).

2) 보증인이 변제나 그 밖의 자기 재산출연으로 면책되었음을 주채무자에게 통지하지 않은 경우, 주채무자가 선의로 채권자에게 변제나 그 밖의 유상의 면책행위를 한 때에는 주채무자는 자기의 면책행위의 유효를 주장할 수 있다(제445조 2항). 이러한 경우에 보증인은 주채무자에게 구상권을 행사하지 못하고, 2중으로 변제받은 채권자에 대하여 부당이득반환을 청구할 수 있을 뿐이다.

(나) 주채무자의 사후통지의무

주채무자는 보증인과 달리 사전통지의무를 부담하지 않고, 변제를 한 후에 사후통지의무만을 진다. 이러한 주채무자의 통지의무는 수탁보증인에게만 진다(제446조). 만일 주채무자가 자기의 행위로 면책하였음을 그 부탁으로 보증인이 된 자에게 통지하지 않은 경우, 보증인이 선의로 채권자에게 2중으로 변제 기타 유상의 면책행위를 한 때에 보증인은 자기의 면책행위의 유효를 주장할 수 있다(제446조). 이러한 경우에 보증인의 주채무자에 대한 구상권 행사는 아무런 제한을 받지 않는다. 물론 주채무자는 채권자에 대하여 부당이득반환을 청구할 수 있다.

(다) 보증인과 주채무자가 모두 통지하지 않은 경우

1) 부탁 없는 보증의 경우

주채무자가 변제를 한 후에 보증인이 이중의 면책행위를 한 경우, 주채무자는 자신의 면책행위의 사실을 보증인에게 통지할 의무가 없으므로, 주채무자의 면책만이 유효하게 된다. 또한 보증인이 먼저 변제하고 그 통지를 하지 않은 상태에서 주채무자가 나중에 선의로 이중의 면책행위를 한 때에는 제445조 2항에 의해 주채무자의 면책이 유효한 것으로 된다.

2) 수탁보증의 경우

주채무자가 먼저 변제를 하고 그 통지를 하지 않은 상태에서 보증인이 사전통지를 하지 않고 이중의 면책행위를 한 경우, 채무소멸의 일반원칙에 따라 먼저 한 주채무자의 변제만 유효하고, 이중변제를 한 보증인은 채권자에 대해 부당이득반환을 청구할 수 있을 뿐이다(다수설; 대판 1997.10.10, 95다46265). 또한 보증인이 먼저 변제하고 그 통지를 하지 않은 상태에서 주채무자가 나중에 선의로 이중의 면책행위를 한 때에는 제445조 2항에 따라 주채무자의 면책이 유효한 것으로 된다. 주채무자에게 사전통지의무가 없기 때문이다.

(5) 주채무자가 여럿 있는 경우의 구상관계

(가) 주채무자 전원을 위하여 보증한 경우

주채무자 전원을 위하여 보증한 경우의 구상관계는 주채무의 성질에 따라 달라진다. ① 주채무가 분할채무인 때에는 구상권도 각 채무자에 대하여 분할채무로 되고, ② 주채무가 불가분채무나 연대채무인 때에는 구상권도 각 채무자에 대하여 불가분채무나 연대채무로 된다.

(나) 주채무자의 1인을 위하여 보증한 경우

주채무자의 1인을 위하여 보증한 경우, ① 주채무가 분할채무인 때에는 보증한 주채무자의 부담부분에 대해서만 구상할 수 있고, 그 이상을 변제한 때에는 다른 채무자에 대해서는 제3자의 변제가 된다. ② 주채무가 불가분채무나 연대채무인 때에는 보증인은 다른 연대채무자나 불가분채무자에 대하여 각자의 부담부분에 대해서만 구상권이 있다(제447조). 예컨대 甲·乙·丙이 丁에게 900만원의 연대채무를 부담하는데, 보증인 A가 丙의 채무에 대해서만 보증을 한 경우, A가 보증채무를 이행하게 되면 丙에게 900만원 전액을 구상할 수 있다. 그리고 구상에 응한 丙은 甲과 乙에게 각각 300만원씩 구상하게 된다. 제447조는 이러한 이중의 구상관계를 간편하게 결제하기 위해 A가 직접 甲과 乙에게 각각 300만원씩 구상할 수 있도록 규정하고 있다. 그런데 제447조는 어느 연대채무자나 어느 불가분채무자를 위하여 보증인이 된 자의 다른 연대채무자나 다른 불가분채무자에 대한 구상권에 관한 규정에 불과하므로, 연대채무자 모두를 위하여 물상보증인이 된 자가 그 연대채무자의 1인에 대하여 구상권을 행사하는 경우에는 적용될 여지가 없다(대판 1990.11.13, 90다카26065). 이 경우 물상보증인은 제370조, 제341조에 따라 보증채무에 관한 규정에 의하여 연대채무자에 대하여 구상권을 행사할 수 있다.

(6) 구상권의 소멸시효

(가) 구상권의 소멸시효의 기산점은 '구상권을 행사할 수 있을 때'이다. 가령 피해자에게 손해배상을 한 어느 공동불법행위자의 보증인이 그 공동불법행위자 또는 다른 공동불법행위자에 대하여 가지는 구상권의 소멸시효기간은 일반채권과 같이 10년이고, 그 기산점은 구상권이 발생한 시점, 즉 보증인이 현실로 피해자에게 손해배상금을 지급한 때이다(대판 2008.7.24, 2007다37530). 한편 수탁보증인의 주채무자에 대한 사후구상권과 사전구상권은 그 발생원인을 서로 달리하는 별개의 독립된 권리이므로, 그 소멸시효는 각각 그 권리가 발생되어 이를 행사할 수 있는 때부터 각별로 진행한다(대판 1992.9.25, 91다37553; 대판 1981.10.6, 80다2699).

(나) 주의할 것은 구상금채권의 시효기간은 '그 자체가 민사채권이냐 상사채권이냐에 따라' 결정되는 것이고, 주채무가 상행위에 의하여 생긴 것이라고 하여 그 변제에 의하여 생긴 구상금채권도 당연히 상사채권이 되는 것은 아니다. 가령 보험자가 공동불법행위자 중 1인과의 보험계약에 따라 피해자에게 손해를 배상한 경우, 보험자대위에 의하여(상법 제682조) 다른 공동불법행위자에 대한 구상권을 취득한 경우, 그 구상권의 소멸시효의 기산점과 그 기간은 대위에 의하여 이전되는 권리 자체를 기준으로 판단하여야 하며, 구상권의 소멸시효에 관하여 법률에 따로 정한 바가 없으므로 일반원칙으로 돌아가 일반채권과 같이 그 소멸시효는 10년으로 완성된다고 해석함이 상당하고 그 기산점은 구상권이 발생한 시점, 즉 구상권자가 현실로 피해자에게 지급한 때이다(대판 1999.6.11, 99다3143; 대판 1994.1.11, 93다32958).

(7) 보증인의 대위권

(가) 보증인은 변제할 정당한 이익이 있는 자로서 그 변제로 당연히 채권자를 대위한다(제481조). 따라서 보증인은 그 구상권의 범위에서 채권자가 가지는 채권 및 담보에 관한 권리를 행사할 수 있다(제482조). 가령 어느 부진정연대채무자를 위하여 보증인이 된 자가 채무를 이행한 경우에는 다른 부진정연대채무자에 대하여는 그 부담 부분에 한하여 구상권을 행사할 수 있고, 구상권을 확보하기 위하여 채권자를 대위하여 채권자의 다른 부진정연대채무자에 대한 채권 및 그 담보에 관한 권리를 구상권의 범위 내에서 행사할 수 있다(대판 2010.5.27, 2009다85861; 대판 2010.12.23, 2010다52225).

(나) 보증인은 피보증인의 채무를 변제할 정당한 이익이 있는 자로서 그 변제로 인하여 당연히 채권자를 대위할 법정대위권이 있는 것이므로, 다른 특별한 사정이 없는 한 채권자가 고의나 과실로 담보를 상실하게 하거나 감소하게 한 때에는 보증인의 대위권을 침해한 것이 된다. 따라서 보증인은 제485조에 의하여 그 상실 또는 감소로 인하여 상환을 받을 수 없는 한도에서 그 면책을 주장할 수 있다(대판 1996.12.6, 96다35774).

제 7 절 특수한 보증

I. 연대보증

1. 의 의

연대보증이란 보증인이 주채무자와 연대하여 채무를 이행할 것을 내용으로 하는 보증채무를 말한다. 보증인이 주채무자의 채무이행을 보증하기 위하여 채권자에 대하여 보증채무를 부담한다는 점에서 보통의 보증채무와 같은 내부관계를 갖지만, 채권자에 대한 관계에서 보증인이 주채무자와 같은 지위에서 채무를 부담한다는 점에서 연대채무의 성질을 가진다

(이은영, 571면). 연대보증은 보통의 보증채무와 같이 주채무에 대한 부종성은 인정되지만, 보충성은 인정되지 않는다(제437조 단서). 그리고 연대보증인이 여럿인 경우에 공동보증의 경우와 달리 분별의 이익이 인정되지 않으므로, 다수의 연대보증인은 각자 주채무 전액을 지급할 채무를 부담한다(제448조 2항).

한편 보증연대는 다수의 보증인이 상호연대를 하여 보증채무를 지는 것, 즉 공동보증이 성립하는 경우에도 각자 주채무 전액을 지급할 책임을 지는 보증채무이다(제448조 2항). 그러나 주채무자와 연대하여 채무를 부담하지 않는 점에서 보충성(최고·검색의 항변권)을 가지며, 이 점이 연대보증과 구별되는 중요한 차이이다.

2. 연대보증의 성립

(1) 연대보증은 보증인이 주채무자와 연대하여 보증할 것을 내용으로 하는 채권자와의 보증계약에 의하여 성립한다. 그 밖에 연대보증은 법률의 규정에 의하여 성립한다. 즉 주채무가 주채무자의 상행위로 생기거나 보증이 상행위인 경우에 그 보증채무는 연대보증이 된다(상법 제57조 2항).

(2) 보증인과 채권자 사이에 연대보증계약을 체결할 경우, 보증의 의사가 보증인의 기명날인 또는 서명이 있는 서면으로 표시되어야 효력이 발생하지만, 보증의 의사가 전자적 형태로 표시된 경우에는 효력이 없다(제428조의 2 제1항). 연대보증채무를 보증인에게 불리하게 변경하는 경우에도 마찬가지이다(제428조의 2 제2항). 다만 보증인이 연대보증채무를 이행한 경우에는 그 한도에서 이러한 방식의 하자를 이유로 무효를 주장할 수 없다(제428조의 2 제3항). 또한 연대보증계약을 체결할 때나 보증기간을 갱신할 때에는 보증채무의 최고액을 서면으로 특정하여야 한다(보증인보호법 제4조). 만일 연대보증기간을 약정하지 않은 경우에는 그 기간은 3년으로 보며, 보증기간을 갱신하면서 그 기간을 약정하지 않은 때에는 계약체결시의 보증기간을 그 기간으로 본다(동법 제7조 1항, 2항). 그 밖에 채권자는 연대보증계약을 체결할 때 보증계약의 체결 여부 또는 그 내용에 영향을 미칠 수 있는 주채무자의 채무 관련 신용정보를 보유하고 있거나 알고 있는 경우에는 보증인에게 그 정보를 알려야 한다. 연대보증계약을 갱신할 때에도 마찬가지이다(제436조의 2 제1항).

판 례

(ㄱ) 보증인이 보증채무를 이행함에 따라 주채무자가 보증인에 대하여 부담하게 될 구상금채무를 연대보증하는 경우, 연대보증인은 특별한 사정이 없으면 주채무자와 같은 내용의 채무를 부담한다(대판 2014.3.27, 2012다6769).

(ㄴ) 동일한 사람이 동일 채권의 담보를 위하여 연대보증계약과 근저당설정계약을 체결한 경우, 두 계약은 별개의 계약이므로, 연대보증책임의 범위가 근저당권의 채권최고액의 범위 내로 제한되기 위하여는 이를 인정할 만한 특별한 사정의 존재가 증명되어야 한다(대판 1993.7.13, 93다17980).

(ㄷ) 동일채권의 담보를 위하여 연대보증계약과 물상보증계약이 체결되었다 하더라도 연대보증계약과 물상보

증계약은 엄연히 별개의 계약으로서 법률상 부종성이 없으므로, 물상보증 계약이 해제되었더라도 특약이 없는 이상, 연대보증계약도 그와 운명을 같이하여 동시에 해제된다고 할 수 없다(대판 1984.12.26, 84다카1655; 대판 1988.12.6, 87다카2787).

(ㄹ) 물상보증과 연대보증의 피담보채무의 중첩성이 인정될 경우, 특히 근저당권이 담보하는 피담보채무와 연대보증계약상의 주채무가 동일한 것으로 보아야 할 경우에 달리 특별한 사정이 없는 한 근저당권의 소멸과 동시에 연대보증계약도 해지되어 장래에 향하여 그 효력을 상실한다고 봄이 상당하므로, 연대보증인은 해지 이전에 발생한 보증채무에 대하여는 연대보증계약을 해지하였다고 하더라도 면제 등의 특별한 사정이 없는 한 그 책임을 면할 수는 없다(대판 1997.11.14, 97다34808).

3. 연대보증의 효력

(1) 대외적 효력

(가) 채권자의 권리

채권자가 연대보증인에 대하여 가지는 권리는 연대채무자에 대한 권리와 동일하다. 즉 채권자는 주채무자와 연대보증인에 대하여 순차적으로 또는 동시에 채무의 전부나 일부의 이행을 청구할 수 있다(제414조). 그러므로 연대보증인이 여럿인 경우에도 분별의 이익이 없다. 한편 연대보증인은 채권자의 청구에 대하여 최고·검색의 항변권을 행사할 수 없지만(제437조 단서), 연대보증도 보증채무의 일종이므로 연대보증인은 보증채무의 부종성에 기한 항변권을 행사할 수 있다.

(나) 채권자의 연대보증인에 대한 통지의무

채권자는 연대보증계약을 체결한 후, ① 주채무자가 원본, 이자, 위약금, 손해배상 또는 그 밖에 주채무에 종속한 채무를 3개월 이상 이행하지 않는 경우, ② 주채무자가 이행기에 이행할 수 없음을 미리 안 경우, ③ 주채무자의 채무 관련 신용정보에 중대한 변화가 생겼음을 알게 된 경우 등의 사유가 있는 때에는 지체 없이 보증인에게 그 사실을 알려야 한다(제436조의2 제2항). 다만 채권자로서 보증계약을 체결한 금융기관은 주채무자가 원본, 이자 그 밖의 채무를 1개월 이상 이행하지 않는 경우에는 지체 없이 그 사실을 보증인에게 알려야 한다(보증인보호법 제5조 2항). 또한 채권자는 보증인의 청구가 있으면 주채무의 내용 및 그 이행 여부를 알려야 한다(제436조의2 제3항, 보증인보호법 제5조 3항). 만일 채권자가 이러한 통지의무를 위반하여 보증인에게 손해를 입힌 경우, 법원은 그 내용과 정도 등을 고려하여 보증채무를 감경하거나 면제할 수 있다(제436조의2 제4항).

(2) 주채무자 또는 연대보증인에게 생긴 사유의 효력

(가) 연대보증도 그 본질은 보증채무이기 때문에, 주채무자 또는 연대보증인에 관하여 생긴 사유의 효력은 보증채무와 동일하다. 따라서 주채무자에 관하여 발생한 사유는 모두 연대보증인에게 효력이 있다. 그러나 연대보증인은 주채무자의 보증인에 불과하므로, 연대보증인에게 발생한 사유는 주채무자에게 만족을 주는 면책행위를 제외하고는 주채무자에게

효력이 없다. 따라서 ① 연대보증인 1인에 대한 채권자의 채권포기는 주채무자나 다른 연대보증인에게는 효력이 미치지 않는다(대판 1994.11.8, 94다37202). ② 다수의 연대보증인이 있는 경우, 연대보증인 사이에 연대의 특약이 없는 한 채권자가 연대보증인의 1인에 대하여 채무의 전부 또는 일부를 면제하더라도 그 면제의 효력은 '주채무자'나 '다른 연대보증인'에게 미치지 않는다(대판 1992.9.25, 91다37553).

(나) 연대보증인이 주채무자의 채무 중 일정 범위에 대하여 보증을 한 경우에 주채무자가 일부변제를 하면, 특별한 사정이 없는 한 일부변제금은 주채무자의 채무 전부를 대상으로 변제충당의 일반원칙에 따라 충당되고, 연대보증인은 변제충당 후 남은 주채무자의 채무 중 보증한 범위 내의 것에 대하여 보증책임을 부담한다(대판 2016.8.25, 2016다2840). 한편 채권자와 연대보증인 사이에 담보대체의 합의가 성립한 경우, 채권자가 대체담보물을 확보하고도 그 담보물의 가치가 피담보채무에 미달한다는 사유로 일체의 보증책임의 면제를 허용하지 않으면, 결과적으로 채권자가 이중의 담보를 취득하게 되어 불합리하므로, 채권자의 대체담보물 취득으로 인한 담보가치만큼 연대보증인의 보증책임은 소멸한다(대판 2006.7.4, 2004다30675).

(다) 채권자가 연대보증인의 동의 없이 주채무자에 대하여 변제기를 연장해 준 경우에 연대보증인은 보증채무를 부담하지만(대판 2002.6.14, 2002다14853), 당사자 사이에 연대보증인의 동의 없이 피보증채무의 이행기가 연장된 경우 연대보증인의 보증채무 소멸 여부 및 그 범위에 관한 특별한 약정이 있다면 그 약정에 따라야 한다(대판 2012.8.30, 2009다90924). 다만 채권자가 연대보증인의 승낙 없이 채무자에 대하여 변제기를 연장하여 준 경우에는 채권자나 채무자는 연대보증인에게 그 사실을 알려야 한다. 이 경우 연대보증인은 즉시 보증채무를 이행할 수 있다(보증인보호법 제7조 4항).

판 례

채권자가 연대보증인 겸 물상보증인 소유의 담보부동산에 대하여 임의경매의 신청을 하여 경매개시결정에 따른 압류의 효력이 생겼다면 채권자는 그 압류의 사실을 통지하지 아니하더라도 연대보증인 겸 물상보증인에 대하여 시효의 중단을 주장할 수 있다. 시효의 중단은 시효중단행위에 관여한 당사자 및 그 승계인 사이에 효력이 있는 것이므로, 연대보증인 겸 물상보증인은 보증채무의 부종성에 따라 주채무가 시효로 소멸되었음을 주장할 수는 있는 것으로서, 주채무자에 대한 시효중단의 사유가 없는 이상 연대보증인 겸 물상보증인에 대한 시효중단의 사유가 있다 하여 주채무까지 시효중단되었다고 할 수는 없다(대판 1994.1.11, 93다21477).

(3) 대내적 효력

(가) 주채무자와 연대보증인 사이의 구상관계는 보증채무에서와 같다. 그러므로 보증채무의 구상관계에 관한 제441조 이하의 규정이 연대보증에 그대로 적용된다.

(나) 주채무가 제3자의 변제에 의하여 소멸한 경우에 주채무의 소멸로 인하여 보증채무도 소멸하므로(연대보증에는 보충성이 인정되지 않지만 보증채무의 성질을 가지고 있으므로 주채무가 제3자의 변제에 의하여 소멸하는 경우에는 연대보증채무도 소멸한다), 제480조 내지 제481조의 변제

자대위가 성립하지 않는 한 제3자는 보증인에 대하여 부당이득반환청구 등의 어떠한 청구도 할 수 없다(대판 1996.9.20, 96다22655). 부당이득은 타인의 재산 또는 노무로 인하여 이익을 얻고 이로 인하여 타인에게 손해를 가한 경우에 성립하는데, 제3자의 출재로 인하여 주채무가 소멸하면 제3자는 주채무자에 대하여 자신의 출재에 대한 구상권을 행사할 수 있어 그에게 손해가 발생하였다고 할 수 없기 때문이다.

(다) 참고로 실질적 주채무자가 금융기관으로부터 대출을 받을 때에 제3자가 자신의 명의를 사용하도록 한 경우, 제3자가 채권자인 금융기관에 대하여 주채무자로서의 책임을 지는지 여부와 관계없이 내부관계에서는 실질상 주채무자가 아닌 한 연대보증책임을 이행한 연대보증인에 대하여 주채무자로서의 구상의무를 부담하지 않는다. 다만 연대보증인이 제3자가 실질적 주채무자라고 믿고 보증을 하였거나 보증책임을 이행하였고, 그와 같이 믿은데 제3자에게 귀책사유가 있어 제3자에게 그 책임을 부담시키는 것이 구체적으로 타당하다고 보이는 경우 등에 한하여 제3자는 연대보증인에 대하여 주채무자로서의 전액 구상의무를 부담하며, 이는 물상보증의 경우에도 마찬가지이다(대판 2014.4.30, 2013다80429,80436; 대판 2008.4.24, 2007다75648).

Ⅱ. 공동보증

1. 의 의

동일한 주채무의 이행을 위하여 여럿이 보증채무를 부담하는 것이 공동보증이다. 즉 보증인이 여럿인 경우를 말한다. 공동보증의 모습에는 다수의 보증인의 관계에 따라 ① 보통의 보증인인 경우, ② 주채무자와 연대하여 채무를 부담하는 연대보증인인 경우, ③ 보통의 보증인이지만 보증인 사이에 보증연대의 특약이 있는 경우가 있다. 주의할 것은 ① 다수의 보증인이 보통의 보증인인 경우에는 부종성·보충성·분별의 이익이 인정되고, ② 연대보증(연대보증인이 다수인 경우)의 경우에는 보충성과 분별의 이익은 없으나 부종성이 인정되며, ③ 보증연대에서는 보충성과 부종성이 인정되지만 분별의 이익은 주어지지 않는다는 점이다.

2. 채권자에 대한 관계

(1) 분별의 이익

다수의 보증인이 하나의 보증계약 또는 별개의 보증계약에 의하여 공동보증이 된 경우, 특별한 의사표시가 없으면 각 공동보증인은 주채무를 균등한 비율로 분할한 부분에 대해서만 보증채무를 부담한다(제439조). 이를 분별의 이익이라 한다. 각 보증인은 채권자에 대한 관계에서 분할하여 보증채무를 부담하므로, 주채무액을 보증인의 수로 나눈 금액만큼의 보증채무를 진다(제408조). 예컨대 甲·乙·丙이 丁의 900만원의 주채무에 대하여 보증인으로 된 경우, 甲·乙·丙은 각각 300만원의 보증채무를 부담하게 된다. 보증인 상호간에는 그 부담부분의 비율에 관하여 특약이 있으면 그에 의하고, 그 특약이 없는 경우에는 각자 평등한 비율로 부담하게 된다(대판 1990.3.27, 89다카19337).

(2) 분별의 이익이 없는 경우

주채무가 불가분이거나 보증연대의 특약이 있는 경우 또는 다수의 보증인이 연대보증인인 경우, 공동보증인들은 분별의 이익을 누리지 못하므로 공동보증인은 각자 주채무의 전액에 대한 보증채무를 부담한다(제448조 2항).

3. 구상관계

(1) 주채무자에 대한 구상관계

공동보증은 통상의 보증과 마찬가지로 주채무에 관하여 최종적인 부담을 지지 않고 전적으로 주채무의 이행을 담보하는 것이므로(제428조), 공동보증인은 자기의 출재로 공동면책이 된 때에는 분별의 유무 및 자기의 부담부분을 넘는 변제를 하였는지 여부를 묻지 않고 그 전액에 대하여 주채무자에게 구상권을 행사할 수 있다(제441조, 제444조).

(2) 공동보증인 사이의 구상관계

(가) 분별의 이익이 있는 경우

분별의 이익을 가지는 공동보증인이 '자기의 부담부분을 넘는' 변제를 한 경우에 이는 채무자의 부탁을 받지 않은 보증인의 지위와 유사하므로, 제444조에 따라 다른 공동보증인에게 구상권을 행사할 수 있다(제448조 1항). 가령 다수의 보증인이 주채무자의 채무를 일정한 한도에서 보증하기로 하는 일부 보증을 한 경우, 보증인 중 1인이 채무의 전액이나 자기의 부담부분 이상을 변제함으로써 다른 보증인의 책임한도가 줄어들게 되어 공동으로 면책이 되었다면 다른 보증인에 대하여 구상을 할 수 있고, 그 부담부분의 비율에 대하여는 그들 사이에 특약이 있으면 당연히 그에 따르되 그 특약이 없는 경우에는 각자 보증한도액의 비율로 부담하게 된다(대판 2005.3.11, 2004다42104; 대판 2002.3.15, 2001다59071).

(나) 분별의 이익이 없는 경우

1) 분별의 이익을 갖지 못하는 공동보증은 연대채무와 유사하므로, 어느 공동보증인이 '자기의 부담부분을 넘는' 변제를 한 경우에 연대채무의 구상권에 관한 규정(제425조-제427조)에 따라 다른 공동보증인에게 구상할 수 있다(제448조 2항). 반면에 공동연대보증인이 '일부보증'을 한 경우, 어느 연대보증인이 주채무의 일부를 변제하였더라도 주채무의 남은 금액이 다른 연대보증인의 일부 보증액을 초과하고 있다면, 다른 연대보증인은 면책된 것이 없으므로 그에 대하여 구상할 수 없다(대판 2002.3.15, 2001다59071).

2) 연대보증인 가운데 한 사람이 '자기의 부담부분을 초과'하여 변제하였을 때에는 다른

연대보증인에 대하여 구상을 할 수 있다(대판 1993.5.27, 93다4656). 다만 다른 연대보증인 가운데 이미 자기의 부담부분을 변제한 사람에 대하여는 구상을 할 수 없으므로, 그를 제외하고 아직 자기의 부담부분을 변제하지 않은 사람에 대하여만 구상권을 행사하여야 한다(대판 2009.6.25, 2007다70155). 자기의 부담부분을 초과한 변제를 함으로써 그 초과 변제액에 대하여 다른 연대보증인을 상대로 구상권을 행사할 수 있는 연대보증인인지 여부는 당해 변제시를 기준으로 판단한다(대판 2009.6.25, 2007다70155).

판 례

(ㄱ) 공동연대보증인 중 1인이 채무 전액을 대위변제한 후 주채무자로부터 구상금의 일부를 변제받은 경우, 대위변제를 한 연대보증인은 '자기의 부담 부분'에 관하여는 다른 연대보증인들로부터는 구상을 받을 수 없고 오로지 주채무자로부터만 구상을 받아야 하므로 주채무자의 변제액을 자기의 부담 부분에 상응하는 주채무자의 구상채무에 먼저 충당할 정당한 이익이 있는 점 등을 고려하면, 주채무자의 구상금 일부 변제는 특별한 사정이 없는 한 대위변제를 한 연대보증인의 부담 부분에 상응하는 주채무자의 구상채무를 먼저 감소시키고 이 부분 구상채무가 전부 소멸되기 전까지는 다른 연대보증인들이 부담하는 구상채무의 범위에는 아무런 영향을 미치지 않는다. 그러나 주채무자의 구상금 일부 변제 금액이 대위변제를 한 연대보증인의 부담 부분을 넘는 경우에는 그 넘는 변제 금액은 주채무자의 구상채무를 감소시킴과 동시에 다른 연대보증인들의 구상채무도 각자의 부담비율에 상응하여 감소시킨다(대판 2010.9.30, 2009다46873).

(ㄴ) 수급인이 도급계약에 따라 도급인에 관하여 부담하는 선급금 반환채무의 이행을 보증한 보증보험자와 주계약상 보증인은 채권자인 도급인에 대한 관계에서 채무자인 수급인의 선급금 반환채무 이행에 관하여 공동보증인의 관계에 있다고 보아야 하므로, 그들 중 어느 일방이 변제 기타 자기의 출재로 채무를 소멸하게 하였다면 그들 사이에 구상에 관한 특별한 약정이 없더라도 민법 제448조에 의하여 상대방에 대하여 구상권을 행사할 수 있다(대판 2012.5.24, 2011다109586).

(ㄷ) 채권자에 대한 관계에서는 공동연대보증인이지만 내부관계에서는 실질상의 주채무자인 경우에 다른 연대보증인이 채권자에 대하여 그 보증채무를 변제한 때에 그 연대보증인은 실질상의 주채무자에 대하여 구상권을 행사할 수 있지만, 실질상의 주채무자인 연대보증인이 자기의 부담부분을 넘어서 그 보증채무를 변제한 경우에는 다른 연대보증인에 대하여 제448조 2항, 제425조에 따른 구상권을 행사할 수는 없다(대판 2004.9.24, 2004다27440,28504).

(ㄹ) 연대보증인 가운데 한 사람이 자기의 부담부분을 초과하여 변제하여 다른 연대보증인에 대하여 구상을 하는 경우의 부담부분은 수인의 연대보증이 성립할 당시 주채무액에 분담비율을 적용하여 산출된 금액으로 일단 정하여지지만, 그 후 주채무자의 변제 등으로 주채무가 소멸하면 부종성에 따라 각 연대보증인의 부담부분이 그 소멸액만큼 분담비율에 따라 감소하고 또한 연대보증인의 변제가 있으면 당해 연대보증인의 부담부분이 그 변제액만큼 감소하게 된다. 그러므로 자기의 부담부분을 초과한 변제를 함으로써 그 초과 변제액에 대하여 다른 연대보증인을 상대로 구상권을 행사할 수 있는 연대보증인인지 여부는 당해 변제시를 기준으로 판단하되, 구체적으로는 우선 그때까지 발생·증가하였던 주채무의 총액에 분담비율을 적용하여 당해 연대보증인의 부담부분 총액을 산출하고 그 전에 앞서 본 바와 같은 사유 등으로 감소한 그의 부담부분이 있다면 이를 위 부담부분 총액에서 공제하는 방법으로 당해 연대보증인의 부담부분을 확정한 다음 당해 변제액이 위 확정된 부담부분을 초과하는지 여부에 따라 판단하여야 한다. 한편 이미 자기의 부담부분을 변제함으로써 위와 같은 구상권 행사의 대상에서 제외되는 다른 연대보증인인지 여부도 원칙적으로 구상의 기초가 되는 변제 당시에 위와 같은 방법에 의하여 확정되는 그 연대보증인의 부담부분을 기준으로 판단하여야 한다(대판 2024.10.25, 2024다232066,232073; 대판 2009.6.25, 2007다70155).

Ⅲ. 근보증 — 신용보증

1. 의 의

근보증은 채권자와 주채무자 사이의 특정한 계속적 거래계약뿐 아니라 그 밖에 일정한 종류의 거래로부터 발생하는 채무 또는 특정한 원인에 의하여 계속적으로 발생하는 채무에 대하여 보증한 것을 가리킨다. 근보증의 대상인 주채무는 근보증계약을 체결할 당시에 이미 발생되어 있거나 구체적으로 내용이 특정되어 있을 필요는 없고, 장래의 채무, 조건부 채무는 물론 장래 증감·변동이 예정된 불특정의 채무라도 이를 특정할 수 있는 기준이 정해져 있으면 된다. 이와 같이 근보증은 그 보증대상인 주채무의 확정을 장래 근보증관계가 종료될 시점으로 유보하여 두는 것이므로, 그 종료 시점에 이르러 비로소 보증인이 부담할 피보증채무가 구체적으로 확정된다(대판 2013.11.14, 2011다29987).

2. 근보증채무의 성립

(1) 근보증은 채권자와 보증인 사이에 보증계약으로 성립하고, 계속적 계약에 기한 주채무가 발생하여야 비로소 보증채무가 발생한다. 다시 말하면 근보증계약이 성립하였어도 주채무자가 채권자와의 계약에 의하여 실제로 신용을 제공받아야 비로소 그 금액에 대하여 보증채무가 발생한다. 왜냐하면 보증채무의 부종성으로 인하여 주채무가 발생하여야 보증채무도 발생하기 때문이다.

(2) 근보증의 경우에도 보증의 의사가 보증인의 기명날인 또는 서명이 있는 서면으로 표시되어야 효력이 발생하며(제428조의2 제1항), 보증채무의 최고액을 서면으로 특정하여야 하고(제428조의3 제1항), 서면으로 이를 특정하지 않으면 보증계약은 효력이 없다(제428조의3 제2항). 또한 채권자는 보증계약을 체결할 때 보증계약의 체결 여부 또는 그 내용에 영향을 미칠 수 있는 주채무자의 채무 관련 신용정보를 보유하고 있거나 알고 있는 경우에는 보증인에게 그 정보를 알려야 하며, 보증계약을 갱신할 때에도 마찬가지이다(제436조의2 제1항).

판 례

(ㄱ) 채권자와 주채무자 사이의 계속적 거래관계에 대한 보증인의 근보증행위가 이루어진 시점에 대한 판단은 그 '보증의 의사표시 당시'를 기준으로 하여야 할 것이고, 주채무가 실질적으로 발생하여 구체적인 보증채무가 발생한 때를 기준으로 할 것은 아니다(대판 2002.7.9, 99다73159).

(ㄴ) 근보증계약이 특정 기본거래계약에 의하여 발생하는 채무만을 보증하기로 한 것이 아니라, 기본거래의 종류만을 정하고 그 종류에 속하는 현재 또는 장래의 기본거래계약에 의하여 근보증 결산기 이전에 발생하는 채무를 보증한도액 범위 내에서 보증하기로 하는 이른바 '한정근보증계약'인 경우, 미리 정한 기본거래의 종류에 의하여 장래 체결될 기본거래계약 또는 그에 의하여 발생하는 보증대상인 채무를 특정할 수 있다면 비록 주채무 발생의 원인이 되는 기본거래계약이 한정근보증계약보다 먼저 체결되어 있지 아

니하더라도 그 근보증계약의 성립이나 효력에는 아무런 영향이 없다(대판 2013.11.14, 2011다29987).

3. 보증책임의 범위

(1) 피담보채권의 범위

(가) 피담보채권의 범위는 보증계약에 의하여 정해진다. 예컨대 '甲과 乙 사이의 신용거래로부터 생기는 채무를 보증한다'고 약정하면, 해당하는 거래가 있고 그 결과 채무가 발생할 때마다 자동적으로 채무가 보증된다. 한편 판례는 일반적으로 계속적 거래의 도중에 매수인을 위하여, 보증의 범위와 기간의 정함이 없이 보증인이 된 자는 특별한 사정이 없는 한 계약일 이후에 발생되는 채무뿐 아니라 계약일 현재 이미 발생된 채무도 보증하는 것으로 보는 것이 상당하다고 한다(대판 1995.9.15, 94다41485).

(나) 계속적 채권관계에서 발생하는 주계약상의 불확정 채무에 대하여 보증한 경우 그 보증채무는 통상적으로 '주계약상의 채무가 확정된 때'에 이와 함께 확정된다. 그러나 채권자와 주채무자 사이에서 주계약상의 거래기간이 연장되었으나 보증인과 사이에서 보증기간이 연장되지 아니함으로써 '보증계약관계가 종료된 때'에는 그 종료로 보증채무가 확정되므로, 보증인은 그 당시의 주계약상의 채무에 대하여 보증책임을 지고, 그 후의 채무에 대하여는 보증책임을 지지 않는다(대판 2013.7.11, 2013다22454).

(2) 보증기간

보증기간을 정한 경우에는 그 보증기간 내에 발생한 모든 채무를 부담한다. 만일 명시적 약정이 없는 경우에는 보증기간은 3년으로 보므로(보증인보호법 제7조 1항), 보증책임을 지는 범위도 그 기간 내에 발생한 채무에 한정된다.

판 례

주채무의 거래기간이 연장되면 연대보증기간도 자동적으로 연장되는 것으로 규정한 은행과의 소비대차약정상의 약관 조항은 약관규제법 제9조 제5호의 규정에 위반되어 효력이 없다(대판 1999.8.24, 99다26481).

4. 보증책임의 제한 — 보증한도액

(1) 보증채무의 최고액은 서면으로 특정하여야 하며(제428조의3 제1항, 보증인보호법 제6조 1항), 보증인은 그 한도액만큼만 책임을 진다. 즉 보증인은 변제기에 있는 주채무 전액에 대하여 보증책임을 지는 것이 아니라 최고액의 범위 내에서 책임을 진다. 만일 서면으로 최고액을 특정하지 않으면 보증계약은 무효이다(제428조의3 제2항, 보증인보호법 제6조 2항). 이는 불확정한 다수의 채무에 대하여 보증하는 경우 보증인이 부담하여야 할 보증채무의 액수가 당초 보증인이 예상하였거나 예상할 수 있었던 것보

다 지나치게 확대될 우려가 있으므로, 보증인이 보증을 함에 있어 자신이 지게 되는 법적 부담의 한도액을 미리 명확하게 알 수 있도록 함으로써 보증인을 보호하기 위한 것이다. 따라서 불확정한 다수의 채무에 대하여 보증하는 경우 보증채무의 최고액이 서면으로 특정되어 보증계약이 유효하다고 하기 위해서는, 보증인의 보증의사가 표시된 서면에 보증채무의 최고액이 명시적으로 기재되어 있어야 하고, 보증채무의 최고액이 명시적으로 기재되어 있지 않더라도 서면 자체로 보아 보증채무의 최고액이 얼마인지를 객관적으로 알 수 있는 등 보증채무의 최고액이 명시적으로 기재되어 있는 경우와 동일시할 수 있을 정도의 구체적인 기재가 필요하다(대판 2019.3.14, 2018다282473).

(2) 제428조의3 제1항은 "보증은 불확정한 다수의 채무에 대해서도 할 수 있다"고 하여, 포괄근보증도 허용하고 있다. 반면에 보증인보호법 제6조 1항은 "보증은 채권자와 주채무자 사이의 특정한 계속적 거래계약이나 그 밖의 일정한 종류의 거래로부터 발생하는 채무 또는 특정한 원인에 의하여 계속적으로 발생하는 채무에 대하여도 할 수 있다"고 하여, 한정근보증을 허용하지만, 포괄근보증은 인정하지 않는다.

한정근보증의 경우, 피보증채무의 범위란에 특정한 종류의 거래계약을 한정적으로 열거하고 그 거래계약과 관련하여 발생하는 채무를 피보증채무로 하는 것이므로, 피보증채무의 범위란에 일정한 약정에 기한 채무가 기재되어 있는 때에는 그 범위에 속하는 채무만을 피보증채무로 인정하여야 한다(대판 2006.12.21, 2004다34134).

(3) 계속적 보증계약에서 보증한도액(보증채무의 최고액)이 정하여져 있는 경우, 그 한도액을 주채무의 원금만을 기준으로 정한 것인지 아니면 주채무에 대한 이자·지연손해금 등 부수채무까지 포함하여 정한 것인지의 여부는 계약당사자의 의사에 따라서 결정하여야 한다(대판 1999.3.23, 98다64639). 그러나 특별한 약정이 없으면 보증채무는 주채무와는 별개의 채무이기 때문에 보증채무 자체의 이행지체로 인한 지연손해금은 보증한도액과는 별도로 부담한다(대판 2006.7.4, 2004다30675).

판 례

(ㄱ) 계속적인 신용거래 관계로부터 장래 발생할 불특정 채무를 보증하기 위해 이른바 보증한도액을 정하여 근보증을 하고 아울러 그 불특정 채무를 담보하기 위하여 동일인이 근저당권설정등기를 하여 물상보증도 한 경우에, 근보증약정과 근저당권설정계약은 별개의 계약으로서 원칙적으로 그 성립과 소멸이 따로 다루어져야 할 것이나, 근보증의 주채무와 근저당권의 피담보채무가 동일한 채무인 이상 근보증과 근저당권은 특별한 사정이 없는 한 동일한 채무를 담보하기 위한 중첩적인 담보로서 근저당권의 실행으로 변제를 받은 금액은 근보증의 보증한도액에서 공제되어야 한다(대판 2004.7.9, 2003다27160).

(ㄴ) 한정근보증계약은 거기에 정한 기본거래의 종류에 속하는 기본거래계약이 별도로 체결되는 것을 예정하고 있으므로, 채권자와 주채무자가 한정근보증계약 체결 이후 새로운 기본거래계약을 체결하거나 기존 기본거래계약의 기한을 갱신하고 그 거래 한도금액을 증액하는 약정을 하였다고 하더라도, 그것이 당초 정한 기본거래의 종류에 속하고 그로 인한 채무가 근보증 결산기 이전에 발생한 것으로서 근보증한도액을 넘지 않는다면, 이는 모두 한정근보증의 피보증채무 범위에 속한다고 보아야 하고, 별도의 약정이 있

다는 등의 특별한 사정이 없는 한 새로운 기본거래계약 체결 등에 관하여 보증인의 동의를 받거나 보증인에게 통지하여야만 피보증채무의 범위에 속하게 되는 것은 아니다(대판 2013.11.14, 2011다29987).

5. 해 지 권

계속적 보증에서 보증계약 성립 당시의 사정에 현저한 변경이 생긴 경우에는 보증인은 보증계약을 해지할 수 있다(대판 1994.12.13, 94다31839). 다만 이것은 보증한도액 또는 보증기간을 정한 '한정근보증'이나 '포괄근보증'과 같이 채무액이 불확정적인 경우에 한하는 것이고, 채무가 특정되어 있는 확정채무에 대해 보증한 경우에는 적용되지 않는다(대판 1994.12.27, 94다46008). 가령 ① 회사의 임원 또는 직원이 회사의 요구로 회사와 제3자와의 계속적 거래관계로 인한 채무를 보증한 후에 퇴임 또는 퇴사한 경우, 보증계약 당시의 사정에 현저한 변화가 생긴 경우로서 사정변경의 원칙에 의하여 보증계약을 해지할 수 있다(대판 1999.9.3, 99다23055; 대판 1998.6.26, 98다11826). 반면에 ② 회사의 이사로서 보증 당시 그 채무액과 변제기가 특정되어 있는 회사의 '확정채무'에 대하여 보증을 한 후 이사직을 사임한 경우에는 사정변경을 이유로 보증계약을 해지할 수 없다(대판 2006.7.4, 2004다30675).

참고로 기업의 대표자·이사·무한책임사원·과점주주 또는 기업의 경영을 사실상 지배하는 자가 기업의 채무에 대하여 보증채무를 부담하는 경우, 이들의 배우자, 직계 존속·비속 등 특수한 관계에 있는 자가 기업과 경제적 이익을 공유하거나 기업의 경영에 직접·간접적으로 영향을 미치면서 그 기업의 채무에 대하여 보증채무를 부담하는 경우, 채무자와 동업관계에 있는 자가 동업과 관련한 동업자의 채무를 부담하는 경우 등에는 '보증인 보호를 위한 특별법'이 적용되지 않는다(동법 제2조 1호).

판 례

근보증으로서의 신용보증채무 이행으로 인한 구상채무를 보증한 자가 신용보증채무가 확정되기 전에 적법하게 보증계약을 해지한 때에는 구체적인 보증채무의 발생 전에 보증계약 관계가 종료되므로, 그 이후 신용보증사고의 발생으로 신용보증기관의 신용보증채무가 확정되고 나아가 주채무자의 구상채무까지 확정된다 하여도 구상보증인은 그에 관하여 아무런 보증책임을 지지 아니한다. 그리고 이러한 법리는 주계약상 거래기간의 연장에 따라 신용보증기간이 연장되었으나 구상보증인에 대한 관계에서는 보증기간이 연장되지 아니하여 구상보증계약 관계가 먼저 종료되는 경우에도 마찬가지로 적용된다(대판 2014.4.10, 2011다53171).

Ⅳ. 신원보증

1. 의 의

신원보증이란 주로 고용계약에 부수되어 체결되는 계약으로서, 피용자가 장래 고용계약상의 채무불이행 또는 불법행위로 인하여 사용자에게 손해배상책임을 부담하게 되는 경우에 그 배상의무의 이행을 담보하는 일종의 장래 채무의 보증 내지 근보증을 말한다. 신원보증에 관해서는 신원보증법의 규제를 받으며, 신원보증법 제2조는 신원보증계약을 '피용자가 업무를 수행하는 과정에서 그의 책임 있는 사유로 사용자에게 손해를 입힌 경우에 그 손해를 배상할 채무를 부담할 것을 약정하는 계약'이라고 정의하고 있다.

판 례

(ㄱ) 시청 산하의 운전수가 그 재직중 고의 또는 과실로 시에게 손해를 가한 민사상 책임을 연대하여 부담하겠다는 보증계약은 신원(재정)보증계약으로서 부종성 있는 보증계약이고 손해담보계약이 아니므로 시가 피보증인에게 구상권을 행사할 수 있는 경우에 한하여 신원보증인으로서 책임이 있다(대판 1980.1.15, 79다1946).

(ㄴ) 신원보증은 그 명칭여하를 불문하고 고용관계가 있는 피용자의 행위로 인하여 사용자가 받은 손해를 배상하기로 하는 계약이고 여기서 말하는 고용관계란 반드시 전형적인 고용계약이 아니더라도 적어도 지휘, 감독관계에 있는 넓은 의미의 사용자, 피용자관계는 있어야 하는 것이다(대판 1987.4.28, 86다카2023).

2. 신원보증법의 주요 내용

(1) 신원보증계약의 존속기간

기간을 정하지 않은 신원보증계약은 그 성립일부터 2년간 효력을 가진다(제3조 1항). 신원보증계약의 기간은 2년을 초과하지 못하며, 이를 초과한 경우에는 그 기간을 2년으로 단축한다(제3조 2항). 신원보증계약은 이를 갱신할 수 있지만, 그 기간은 갱신한 날부터 2년을 초과하지 못한다(제3조 3항).

신원보증계약의 존속 여부와 관련하여, 판례는 사용자인 회사가 다른 회사에 합병된 후라도 피용자가 다른 회사에 계속 고용되고 있는 이상 다른 특별한 사정이 없는 한 그 신원보증계약은 그대로 존속된다고 한다(대판 1994.11.11, 94다30669). 그러나 퇴직금의 지급과 신원보증계약의 효력과 관련하여, 판례는 사용자가 근로자에게 퇴직금을 지급한 경우, 특별한 사정이 없는 한 사용자와 근로자의 신원보증인과 사이의 신원보증계약은 사용자와 근로자 사이의 근로관계가 퇴직금의 지급 후에도 계속되는지의 여부에 관계없이 당연히 해지되어 효력을 상실한다고 한다(대판 2000.3.14, 99다68676). 또한 사용자와 피용자간의 내부적 합의에 따라 계속 근무를 전제한 일시퇴직, 신규입사의 처리를 하면서 해당의 퇴직금을 지급한 경우, 그 퇴직금은 피용자의 행위로 인한 신원보증인의 신원보증채무의 구상권에 대한 담보적 구실도 하는 것이므로, 신원보증인에 대한 관계에서는 피용자가 회사를 일단 퇴직한 효력에는 변함이 없다 할 것이고, 신원보증계약은 피용자의 퇴직사실로 당연해지되어 효력을 상실한다고 한다(대판 2007.5.31, 2007다9016).

(2) 사용자의 통지의무

사용자는 ① 피용자가 업무상 부적격자이거나 불성실한 행적이 있어 이로 말미암아 신원보증인의 책임을 야기할 염려가 있음을 안 때, ② 피용자의 업무 또는 업무수행의 장소를 변경함으로써 신원보증인의 책임을 가중하거나 그 감독이 곤란하게 될 때에, 지체 없이 신원보증인에게 통지하여야 한다(제4조 1항). 사용자가 이러한 통지의무를 게을리하여도 그것은 신원보증인의 책임유무 또는 배상액을 정하기 위한 참작사유에 지나지 않는다(대판 1991.10.8, 91다14147). 즉 사용자가 그 통지를 하지 아니하였다고 하여 곧바로 신원보증인의 책임이 면제되는 것은 아니다(대판 2007.5.31, 2007다248). 그러나 사용자가 고의 또는 중과실로 이러한 통지의무를 게을리하여 신원보증인이 제5조에 의한 해지권을 행사하지 못한 경우, 신원보증인은 그로 인하여 발생한 손해의 한도에서 의무를 면한다(제4조 2항). 즉 계약해지의 기회를 박탈한 경우로 볼 수 있는 때에는 신원보증인의 책임이 부정된다(대판 2007.5.31, 2007다248; 대판 1987.1.20, 86다카1100).

판 례

신원보증법 제5조에 의하면, 신원보증인은 제4조의 통지를 받은 때에는 신원보증계약을 해지할 수 있도록 규정하고 있는바, 사용자가 통지의무를 이행하지 않은 경우에 신원보증인과 피보증인의 관계가 그러한 통지를 받았더라면 신원보증계약을 해지하였을 것이라는 특수한 사정이 인정된다면 신원보증인의 책임이 부정된다고 할 것이나, 신원보증계약의 특수성과 함께 제4조 2호, 제5조, 제6조의 취지에 비추어 보면, 위와 같은 특수한 사정은 신원보증을 하게 된 경위 등을 포함한 신원보증인과 피용자의 관계, 임무 또는 임지를 변경함에 따라 변화하게 된 업무의 내용과 피용자에 대한 책임의 가중 또는 감독의 어려움의 정도, 임무 또는 임지 변경에 대한 신원보증인의 예측가능성, 가중된 책임에 대한 신원보증인의 변제가능성 등을 종합적으로 고려하여 결정하여야 할 것이다(대판 2004.2.27, 2003다46277).

(3) 신원보증인의 계약해지권

신원보증인은 ① 사용자로부터 제4조 1항의 통지를 받거나, 신원보증인이 스스로 제4조 1항에 해당하는 사유가 있음을 안 때, ② 피용자의 고의 또는 과실이 있는 행위로 발생한 손해를 신원보증인이 배상한 경우, ③ 기타 계약의 기초되는 사정에 중대한 변경이 있는 경우에 계약을 해지할 수 있다(제5조).

(4) 신원보증인의 책임

(가) 신원보증인은 피용자의 고의 또는 중과실로 인한 행위로 인하여 발생한 손해에 대하여 배상할 책임이 있으며(제6조 1항), 경과실에 대하여는 책임을 지지 않는다. 법원은 신원보증인의 손해배상액을 산정할 때에 피용자의 감독에 관한 사용자의 과실의 유무, 신원보증을 하게 된 사유 및 이를 함에 있어서 주의를 한 정도·피용자의 업무 또는 신원의 변화 그 밖의 사정을 참작하여야 한다(제6조 3항).

(나) 신원보증인이 2인 이상인 경우에는 특별한 의사표시가 없으면 각 신원보증인은 균등한 비율로 의무를 부담한다(제6조 2항). 즉 2인 이상의 신원보증인이 있는 경우에 각 신원보증인이 주채무자와 연대하여 채무를 부담하였거나 신원보증인간에 연대관계가 존재하지 않으면, 각 신원보증인은 분별의 이익이 있다(대판 1966.9.6, 66다782).

(다) 한편 신원보증인의 채무는 피보증인(피용자)의 불법행위로 인한 손해배상채무 그 자체가 아니고 신원보증계약에 의하여 발생한 채무로서 이행기의 정함이 없는 채무이므로(제387조, 2항), 채권자로부터 이행청구를 받지 않으면 지체의 책임이 생기지 않는다(대판 2009.11.26, 2009다59671).

(5) 신원보증인의 구상권 행사 문제

어느 공동불법행위자를 위하여 신원보증인이 된 자가 피보증인의 손해배상채무를 변제한 경우, 그 보증인은 피보증인이 아닌 다른 공동불법행위자에 대하여 그 부담부분에 한하여 구상권 내지 부당이득반환청구권을 행사할 수 있다. 따라서 보증인이 보증한 공동불법행위자의 부담부분이 전부이고 다른 공동불법행위자의 부담부분이 없는 경우에는 보증인은 다른 공동불법행위자에 대하여 구상 내지 부당이득반환청구를 할 수 없다(대판 1996.2.9, 95다47176).

(6) 신원보증계약의 비상속성

신원보증계약은 신원보증인의 사망으로 종료한다(제7조). 다만 신원보증인이 사망하기 전에 이미 발생한 채무는 상속인에게 승계된다.

(7) 강행규정

신원보증법의 규정에 반하는 특약은 어떠한 명칭이나 내용으로든지 신원보증인에게 불리한 것은 무효이다(제8조).

제5장 채권양도와 채무인수

제 1 절 서 설

채권양도는 채권자(양도인)와 양수인 간의 계약으로 채권자의 채권을 양수인에게 이전하는 것을 말하며, 채무인수는 채무의 동일성을 유지하면서 채무가 종전의 채무자로부터 제3자(인수인)에게 이전하는 것으로서 계약에 의해 이루어진다. 채권양도의 경우, 채권은 동일성을 잃지 않고 현재의 채권자(양도인)로부터 제3자(양수인)에게 이전된다. 예컨대 甲 소유 토지를 乙이 5,000만원에 매수한 경우, 甲은 乙에 대하여 5,000만원의 금전채권과 토지소유권을 이전해 줄 채무가 있다. 여기서 甲이 乙에 대해 가지는 5,000만원의 금전채권을 제3자 丙에게 양도한 경우, 甲의 금전채권만이 그대로 양수인 丙에게 이전된다.

한편 채무인수의 경우에는 채무가 현재의 채무자로부터 제3자(인수인)에게 이전하지만, 예컨대 丁이 乙의 甲에 대한 금전채무(5천만원)를 인수한 경우에 금전채무는 丁에게 이전하지만, 인수의 내용에 따라 면책적 채무인수·병존적 채무인수·이행인수 혹은 계약인수로 구분할 수 있다. '주체를 변경한다'고 하는 목적은 채무자의 변경에 의한 경개 또는 채권자의 변경에 의한 경개에 의해서도 달성할 수 있지만, 경개에서는 채권의 동일성이 유지되지 않는다고 하는 점에서 채무인수와 차이가 있다.

제 2 절 채권양도

Ⅰ. 일 반

1. 의 의

채권양도(Forderungsabtretung)는 채권자(양도인)와 양수인 사이의 계약으로 채권자의 채권을 양수인에게 이전하는 것을 말한다. 일반적으로 채권의 이전은 첫째 유언이나 계약에 의하여, 둘째 상속(제1005조)·회사의 합병(상법 제235조)·손해배상자의 대위(제399조)·변제자대위(제481조 이하) 등과 같이 법률규정에 의하여, 셋째 전부명령(민사집행법 제229조 3항)과 같은 법원의 명령에 의하여 발생한다. 이 중에서 오직 계약에 의한 채권의 이전을 '채권양도'라 한다. 이와 달리 채무의 동일성을 유지하면서 타인에게 이전하는 계약을 '채무인수'라 한다. 채권자가 특정되어 있는 채권이 '지명채권'이고, 채권이 증권으로 화체되어 그 채권의 성립·존속·양도·행사를 위해 그 증권의 작성·교부 등을 요하는 채권을 '증권적 채권'이라 한다. 지명채권은 양도인(Zedent)과 양수인(Zessionar) 사이의 채권양도의 합의에 의하여 양도되지만, 증권적 채권은 양도인과 양수인 사이의 채권양도의 합의 및 증권의 배서·교부 또는 단순한 교부가 있어야 채권이 이전된다.

판 례

기존의 채권이 제3자에게 이전된 경우 이를 채권의 양도로 볼 것인가 또는 경개로 볼 것인가는 일차적으로 당사자의 의사에 의하여 결정되고, 만약 당사자의 의사가 명백하지 아니할 때에는 특별한 사정이 없는 한 동일성을 상실함으로써 채권자가 담보를 잃고 채무자가 항변권을 잃게 되는 것과 같이 스스로 불이익을 초래하는 의사를 표시하였다고는 볼 수 없으므로 일반적으로 채권의 양도로 볼 것이다(대판 1996.7.9, 96다16612).

2. 성 질

(1) 처분행위—준물권행위

채권양도는 법률행위에 의하여 채권의 귀속주체를 직접적으로 변경시키는 계약이다. 따라서 물권행위에 대응하여 물권 이외의 권리를 직접 변동시키는 행위라는 의미에서 채권양도를 준물권행위라고 하며, 계약에 의하여 채권이 직접 이전되므로 처분행위라고 한다. 따라서 지명채권의 양도가 유효하기 위하여는 양도인이 채권을 처분할 수 있는 권한을 가지고 있어야 한다. 처분권한 없는 자가 지명채권을 양도한 경우 특별한 사정이 없는 한 채권양도로서 효력을 가질 수 없으므로 양수인은 채권을 취득하지 못한다(대판 2016.7.14, 2015다46119).

(2) 채권양도의 독자성과 무인성

채권양도는 대부분 채권의 매매 또는 증여가 선행되고 그 이행으로서 행해진다. 다시 말하면 채권양도는 채권이전 그 자체를 목적으로 하는 계약이므로, 그 원인행위인 채권행위와는 이론상 구별된다. 예컨대 甲이 乙로부터 물건을 외상으로 구입하고 丙에 대한 채권을 양도하기로 한 경우, 원인행위인 매매계약과 그 이행으로 하는 채권양도는 구별되는 것이다. 그러므로 준물권행위인 채권양도와 채권행위인 원인행위 사이에는 물권법상 논의되는 독자성과 무인성이 문제된다.

(가) 지명채권의 경우

준물권행위의 독자성을 인정하는 견해에 의하면, 지명채권의 양도계약 내지 양도의 합의는 그 원인이 되는 채권행위와는 별개의 행위로서 행해지고, 원인행위가 무효·취소·해제 등으로 효력을 잃게 되어도 채권양도의 효력에는 영향을 미치지 않는다고 한다(김증한/김학동, 297면; 정옥태, '채권양도 및 채무인수와 원인행위의 관계', 고시연구 1993년 7월호, 50면). 이와 달리 독자성을 부인하는 견해에 의하면, 이론상으로 채권양도와 원인행위인 채권행위는 별개이지만, 외형상 하나의 행위로 합체되어서 행해지며, 따라서 채권양도는 원인행위와 운명을 같이하는 유인성을 인정한다(곽윤직, 207면; 김상용, 385면; 정기웅, 367면; 이은영, 601면).

생각건대 독일에서는 채권양도의 의사표시는 원인행위와 합체되어서 행하여지는 것이 원칙이라고 해석하지만, 채권양도의 무인성을 인정하고 있다(MünchKomm-Roth, § 398 Rdnr. 23; Brox/Walker, § 34 Rdnr. 4). 그러므로 물권행위 내지 준물권행위의 독자성이 인정되지 않으므로, 무인성도 인정될 수 없다고 하는 것은 잘못이라고 하겠다. 다만 원인행위뿐만 아니라 준물권행위에도 하자가 있기 때문에(하자의 동일성), 원인행위뿐만 아니라 준물권행위도 무효이거나 취소된 경우에는 준물권행위 자체의 하자로 인하여 효력을 잃게 될 수 있다고 할 것이다.

판 례

지명채권의 양도라 함은 채권의 귀속주체가 법률행위에 의하여 변경되는 것, 즉 법률행위에 의한 이전을 의미한다. 여기서 '법률행위'란 유언 외에는 통상 채권이 양도인에게서 양수인으로 이전하는 것 자체를 내용으로 하는 그들 사이의 합의(이하 '채권양도계약'이라고 한다)를 가리키고, 이는 이른바 준물권행위 또는 처분행위로서의 성질을 가진다. 그와 달리 채권양도의 의무를 발생시키는 것을 내용으로 하는 계약(이하 '양도의무계약'이라고 한다)은 채권행위 또는 의무부담행위의 일종으로서, 이는 구체적으로는 채권의 매매나 증여, 채권을 대물변제로 제공하기로 하는 약정, 담보를 위하여 채권을 양도하기로 하는 합의, 채권의 추심을 위임하는 계약 등 다양한 형태를 가질 수 있다. 비록 채권양도계약과 양도의무계약은 실제의 거래에서는 한꺼번에 일체로 행하여지는 경우가 적지 않으나, 그 법적 파악에 있어서는 역시 구별되어야 하는 별개의 독립한 행위이다. 따라서 종전의 채권자가 채권의 추심 기타 행사를 위임하여 채권을 양도하였으나 양도의 '원인'이 되는 그 위임이 해지 등으로 효력이 소멸한 경우에 이로써 채권은 양도인에게 복귀하게 되고, 나아가 양수인은 그 양도의무계약의 해지로 인하여 양도인에 대하여 부담하는 원상회복의무(이는 계약의 효력불발생에서의 원상회복의무 일반과 마찬가지로 부당이득반환의무의 성질을 가진다)의 한 내용으로 채무자에게 이를 통지할 의무를 부담한다(대판 2011.3.24, 2010다100711).

(나) 증권적 채권의 경우

학설은 증권적 채권의 양도행위는 채권양도의무를 발생시킨 원인행위와 별도로 증서의 배서·교부 또는 단순한 교부를 요소로 하므로 독자성이 인정되며, 인적 항변이 절단되므로(제515조) 무인성이 인정된다고 한다. 다시 말하면 유효한 양도계약과 배서·교부 또는 단순한 교부가 있으면 그 원인행위가 무효·취소되어도 증권적 채권양도에는 영향이 없다(통설).

Ⅱ. 지명채권의 양도

채권자가 특정되어 있는 채권이 지명채권이며, 증권적 채권에 속하지 않는 보통의 채권을 말한다.

1. 채권양도의 요건

① 양도인과 양수인 사이에 채권양도계약이 존재하여야 하고, ② 채권이 특정되어 있거나 특정할 수 있고 또한 ③ 양도할 수 있어야 한다. 주의할 것은 양도인의 통지나 채무자의 승낙은 대항요건일 뿐(제450조) 채권양도의 성립요건이 아니라는 점이다. 판례도 채권양도에 의하여 채권은 그 동일성을 잃지 않고 양도인으로부터 양수인에게 이전되며, 이러한 법리는 채권양도의 대항요건을 갖추지 못하였더라도 마찬가지이라고 한다(대판 2005.11.10, 2005다41818).

(1) 양도인과 양수인 사이에 채권양도계약이 존재할 것

채권이 동일성을 유지하면서 양수인에게 이전되기 위해서는 양도인과 양수인 사이에 채권양도의 합의가 존재하여야 한다. 이와 같이 채권양도는 양도인과 양수인 사이의 채권이전을 내용으로 하는 계약이며, 채무자는 계약의 당사자가 아니다. 또한 채권양도는 법률행위이므로, 채권양도가 유효하기 위해서는 법률행위의 일반적 효력요건을 갖추어야 한다. 예컨대 채권양도계약이 선량한 풍속 기타 사회질서에 반하거나 착오·사기 등에 의하여 행하여진 때에는 무효이거나 취소할 수 있게 된다.

(2) 채권이 특정되어 있거나 특정할 수 있을 것

채권양도계약을 체결할 때에 채권의 내용·금액 및 채무자가 특정되었거나 특정될 수 있어야 한다. 따라서 종류채권이나 선택채권도 특정할 수 있기 때문에 그 양도가 가능하다. 조건부·기한부 채권도 양도할 수 있으며, 예컨대 당좌대월계약에 따라 장래 성립할 채권도 양도할 수 있다(통설). 즉 장래 발생할 채권이라도 현재 그 권리의 특정이 가능하고 가까운 장래에 발생할 것임이 상당한 정도로 기대되는 경우에 채권양도의 대상이 될 수 있다(대판 1996.7.30, 95다7932).

한편 지명채권에는 양수인이 신뢰할 수 있는 외관이 존재하지 않기 때문에, 동산소유권의 양도와 달리(제249조) 지명채권의 양도에는 선의취득이 인정되지 않는다. 예컨대 甲이 乙에 대한 500만원의 금전채권을 丙에게 양도하였지만, 사실은 甲이 아니라 丁이 乙에 대해 500만원의 금전채권을 가지고 있는 경우에 丙은 채권을 취득하지 못한다.

판 례

(ㄱ) 채권양도에 있어서 양도채권이 사회통념상 다른 채권과 구별하여 그 동일성을 인식할 수 있을 정도로 되어 있다면 그 채권은 특정된 것으로 보아야 하고 양도채권의 종류나 금액 등이 구체적으로 적시되어 있어야 하는 것은 아니다(대판 1998.5.29, 96다51110).

(ㄴ) 장래 발생할 채권이나 조건부 채권도 현재 그 권리의 특정이 가능하고 가까운 장래에 발생할 것이 상당 정도 기대되는 경우에는 이를 압류할 수 있다고 할 것이다(대판 2010.2.25, 2009다76799).

(3) 양도의 대상인 채권이 양도할 수 있을 것 — 지명채권의 양도성

지명채권은 하나의 독립된 재산권으로서 원칙적으로 양도성을 가진다(제449조 1항). 그러나 지명채권은 양도성을 그 본질로 하는 증권적 채권과 달리 그 양도가 제한되는 경우가 있다.

(가) 채권의 성질에 의한 제한

채권자가 변경되면 그 동일성을 유지할 수 없거나 채권의 목적을 달성할 수 없는 경우, 채무자의 이익을 보호할 수 없는 경우처럼 채권의 성질이 양도를 허용하지 않는 때에는 그 채권은 양도하지 못한다(제449조 1항 단서).

1) 채권자가 변경되면 급부내용이 전혀 달라지는 채권

예컨대 특정인을 가르치게 할 채권, 특정인의 초상화를 그리게 하는 채권, 계약에 의하여 특정인을 부양하게 할 채권 등과 같이 채권자가 변경되면, 급부내용이 양적·질적으로 변경되어 채권이 그 동일성을 잃게 되고 채무자에게 현저한 불이익을 주게 되므로 그 양도가 인정될 수 없다.

2) 권리행사에 현저한 차이가 생기는 채권

채권은 보통 채권자와 채무자 사이의 신뢰관계를 배경으로 성립하며, 채권자가 바뀌면 채권의 행사방법에 현저한 차이가 생기고, 그 결과 채무자가 불이익을 입게 되는 채권은 양도성이 없다. 예컨대 채무자의 승낙이 없으면 사용차주의 채권(제610조 2항)·임차인의 임차권(제629조 2항)·사용자의 채권(제657조 1항)을 양도하지 못한다.

3) 특정의 채권자와의 사이에서 결제되어야 할 채권

상호계산에 산입된 채권(상법 제72조 이하)·당좌대월계약상의 채권처럼 특정의 채권자와의 사이에서 지급·처리되어야 할 특별한 사유가 있는 채권은 양도성이 없다.

4) 주된 채권에 부종하는 종된 채권

채권사이에 주종의 관계가 있는 때에, 종된 채권은 주된 채권과 함께 이전되며 종된 채권만을 주된 채권과 분리하여 양도하지 못한다. 예컨대 기본적 이자채권은 원본채권과 수반하여 이전할 뿐이고, 원본채권으로부터 분리하여 양도할 수 없다. 다만 변제기가 도래한 지분적 이자채권은 원본채권으로부터 분리하여 양도할 수 있다. 그 밖에 채권자는 보증인에 대한 채권만을 주채무자에 대한 채권과 분리하여 양도할 수 없다. 다시 말하면 주채권과 보증인에 대한 채권의 귀속주체를 달리하는 것은 주채무자의 항변권으로 채권자에게 대항할 수 있는 보증인의 권리가 침해되는 등 보증채무의 부종성에 반하고, 주채권을 가지지 않는 자에게 보증채권만을 인정할 실익이 없기 때문에 주채권과 분리하여 보증채권만을 양도하기로 하는 약정은 그 효력이 없다(대판 2002.9.10, 2002다21509).

5) 임금채권·전세금반환채권 및 임대차보증금반환채권 등의 양도성 여부

가) 임금채권

근로기준법 제43조 1항은 “임금은 통화로 직접 근로자에게 그 전액을 지급하여야 한다” 고 규정하고 있다. 여기서 임금채권을 양도할 수 있는지에 관하여, 판례는 근로자의 임금채권의 양도를 금지하는 법률규정이 없으므로 이를 양도할 수 있지만, 사용자는 직접 근로자에게 임금을 지급하지 아니하면 안 되는 것이고 그 결과 비록 양수인이라고 할지라도 스스로 사용자에 대하여 임금의 지급을 청구할 수는 없다고 한다(대판 1988.12.13, 87다카2803). 그런데 판례에 의하면 임금채권의 양도에 의하여 임금채권은 양수인에게 이전되었지만, 그 지급청구는 채권자가 아닌 무권리자인 양도인(즉 근로자)이 하여야 한다는 이상한 결과를 초래하는 점에서 의문이다.

생각건대 근로자의 생계유지를 위하여 임금채권의 2분의 1의 범위 내에서 압류를 금지하고 있는 민사집행법 제246조 1항 4호를 고려하여 압류가 금지되는 부분의 임금채권의 양도는 금지된다고 할 것이고, 압류가 허용되는 부분의 임금채권은 양도가 가능하고 양수인이 이를 직접 청구할 수 있다고 할 것이다(김상용, 391면).

나) 전세금반환채권

전세권이 존속하는 중에 전세금반환채권을 전세권과 분리하여 양도할 수 있는가에 관하여, ① 긍정설은 전세금반환청구권만의 양도로 인해 전세권자에게 어떠한 불이익이 발생하는 것이 아니며 전세금반환청구권이 조건부 또는 장래의 채권에 불과하여 전세권으로부터 분리해서 양도할 수 있다고 한다(이은영, 613면; 김주수, 376면). ② 부정설은 전세권이 담보물권으로서의 성질을 지니고 있는 한 그 부종성과 수반성이 인정되어야 한다는 점에서 전세권과 분리하여 전세금반환청구권만의 양도를 인정할 수 없다고 한다(곽윤직, 212면; 김형배, 574면; 서민, 채권양도에 관한 연구, 54면; 정기웅, 372면). 판례는 전세금의 지급이 없으면 전세권은 성립하지 않으며, 설정행위에서 금지하지 않는 한 전세권자는 전세권 자체를 처분하여 전세금으로 지출한 자본을 회수할 수 있으므로, 전세권을 존속시키기로 하면서 전세금반환채권만을 전세권과 분리하여 확정적으로 양도하는 것은 허용되지 않지만, 전세권 존속 중에는 장래에 그 전세권이 소멸하는 경우에 전세금반환채권이 발생하는 것을 조건으로 그 장래의 조건부 채권을 양도할 수 있다고 한다(대판 2002.8.23, 2001다69122).

다) 임대차보증금반환채권

임차인은 임차권과 분리하여 임대차보증금반환채권만을 제3자에게 양도할 수 있다. 임대인이 임대차보증금반환채권의 양도통지를 받은 후에는 임대인과 임차인 사이에 임대차계약의 갱신이나 계약기간 연장에 관하여 명시적 또는 묵시적 합의가 있더라도 그 합의의 효과는 보증금반환채권의 양수인에 대하여는 미칠 수 없다(대판 1989.4.25, 88다카4253,4260). 양도인의 양도통지가 있으면 양수인이 채권자로 취급되므로, 통지 이후에는 채무자는 양도인에 대하여 생긴 사유로써 양수인에게 대항할 수 없기 때문이다(제451조 2항). 그 밖에 임차권양도를 금지하는 특약이 있는 경우, 그 특약만으로 임차보증금반환채권양도까지 금지되는 것은 아니다. 따라서 임차인이 임차권과 보증금반환채권을 양도하고 보증금반환채권이 양도되었다는 통지를 한 이상 그 임대차계약이 종료되는 경우, 보증금반환채권의 양수인은 임대인이 임차권의 양도에 동의하였는지 여부에 상관없이 보증금반환을 청구할 수 있다(대판 2001.6.12, 2001다2624).

판 례

임차인의 임대인에 대한 임차보증금반환채권이 유효하게 양도되었다면 그 후 채무자인 임대인으로부터 그 채무를 인수한 자는 별도로 채권양수인과의 변제약정이 없더라도 당연히 채권양수인에 대하여 그 채무의 이행의무를 부담하는 것이고, 다만 채무인수인이 채권양도사실을 알지 못한 채 전채권자에게 변제한 경우에는 채권의 준점유자에 대한 변제로서의 요건을 갖춘 때에 한하여 그 변제의 효력이 인정될 따름이다(대판 1989.11.14, 88다카29962).

라) 가압류된 채권

채권양도는 양도인과 양수인 사이에 채권을 그 동일성을 유지하면서 전자로부터 후자에게 이전시킬 것을 목적으로 하는 계약이고, 채권양도에 의하여 채권은 그 동일성을 잃지 않고 양도인으로부터 양수인에게 이전되므로, 가압류된 채권도 이를 양도하는데 아무런 제한이 없다. 다만 가압류된 채권을 양수받은 양수인은 그러한 가압류에 의하여 권리가 제한된 상태의 채권을 양수받는다(대판 2000.4.11, 99다23888).

판 례

채권가압류의 처분금지의 효력은 본안소송에서 가압류채권자가 승소하여 집행권원을 얻는 등으로 피보전권리의 존재가 확정되는 것을 조건으로 하여 발생하는 것이므로 채권가압류결정의 채권자가 본안소송에서 승소하는 등으로 집행권원을 취득하는 경우에는 가압류에 의하여 권리가 제한된 상태의 채권을 양수받는 양수인에 대한 채권양도는 무효가 된다(대판 2002.4.26, 2001다59033).

마) 부동산매매로 인한 소유권이전등기청구권

소유권이전등기청구권의 양도성과 관련하여, 판례는 ① 부동산매매계약에서 매도인과 매수인은 서로 동시이행관계에 있는 일정한 의무를 부담하므로 이행과정에 신뢰관계가 따른다. 따라서 '매매로 인한 소유권이전등기청구권'의 양도는 특별한 사정이 없는 이상 양도가 제한되고 양도에 채무자의 승낙이나 동의를 요한다고 할 것이므로 통상의 채권양도와 달리 양도인의 채무자에 대한 통지만으로는 채무자에 대한 대항력이 생기지 않으며 반드시 '채무자의 동의나 승낙'을 받아야 대항력이 생긴다고 한다(대판 2005.3.10, 2004다67653,67660; 대판 2001.10.9, 2000다51216). 그런데 채권의 성질상 양도가 제한되는 경우는 채권자가 변경되면 급부내용이 전혀 달라지거나 채권의 행사방법에 큰 차이가 생기는 채권 등을 말한다. 따라서 매매로 인한 소유권이전등기청구권은 이러한 채권에 해당하지 않는다. 하지만 채권양도를 제한 없이 인정하면 중간생략등기를 방조하는 결과가 된다는 점, 중간생략등기의 3자의 합의가 있으면 최종매수인이 최초매도인에게 소유권이전등기를 청구할 수 있다는 점을 고려하여, 판례는 매매로 인한 소유권이전등기청구권의 양도에 채무자의 승낙이나 동의를 요한다고 하고 있다. ② 부동산 명의신탁자가 유효한 명의신탁약정을 해지한 다음 제3자에게 '명의신탁 해지를 원인으로 한 소유권이전등기청구권'을 양도하였더라도 명의수탁자가 양도에 대하여 동의하거나 승낙하지 않고 있다면 양수인은 소유권이전등기청구권을 양수하였다는 이유로 명의수탁자에 대하여 직접 소유권이전등기청구를 할 수 없다고 한다(대판 2021.6.3, 2018다280316).

그러나 판례는 '취득시효완성으로 인한 소유권이전등기청구권'은 채권자와 채무자 사이에 아무런 계약관계나 신뢰관계가 없고, 그에 따라 채권자가 채무자에게 반대급부로 부담하여야 하는 의무도 없다. 따라서 취득시효완성으로 인한 소유권이전등기청구권의 양도의 경우에는 매매로 인한 소유권이전등기청구권에 관한 양도제한의 법리가 적용되지 않는다고 한다(대판 2018.7.12, 2015다36167).

판 례

등기가 실체관계에 부합한다고 하는 것은 그 등기절차에 어떤 하자가 있다고 하더라도 진실한 권리관계와 합치하는 것, 즉 소유권이전에서 등기이전절차만이 위법하고 그 외의 다른 법률행위는 적법·유효한 상태로 소유권이전등기청구권을 가지고 있는 경우를 말한다. 따라서 소유권이전등기청구권을 매수인으로부터 양도받은 양수인이 소유권이전청구권 가등기 이전의 부기등기를 마치고 가등기에 기한 본등기까지 마쳤으나 당초의 소유자 겸 매도인이 그 양도에 대하여 동의하거나 승낙하지 않고 있다면 양수인은 매도인과 아무런 법률관계가 없어 매도인에 대하여 소유권이전등기절차의 이행을 청구하는 등의 권리행사를 할 수 없으므로, 그 가등기 이전의 부기등기 및 가등기에 기한 본등기는 이에 부합하는 양수인과 매도인 간의 적법·유효한 실체관계가 존재하지 아니하여 원인무효의 등기가 된다(대판 2025.4.24, 2024다248290).

바) 조합채권

2인이 동업하는 조합의 조합원 1인이 다른 조합원의 동의 없이 한 조합채권 양도행위는 무효이다(대판 1990.2.27, 88다카11534). 즉 조합재산의 처분·변경에 관한 행위는 다른 특별한 사정이 없는 한 조합의 특별사무에 해당하는 업무집행이며, 업무집행조합원이 여럿인 경우에는 조합의 통상사무의 범위에 속하지 않는 특별사무에 관한 업무집행은 제706조 2항에 따라 원칙적으로 업무집행조합원의 과반수로써 결정한다(대판 2000.10.10, 2000다28506,28513). 이처럼 과반수를 요하므로 2인 조합의 경우, 조합원 1인은 과반수가 아니므로 단독으로 조합채권을 양도할 수 없다.

판 례

조합이 해산된 경우에도 청산절차를 거쳐 조합재산을 조합원에게 분배하지 않는 한 조합재산은 계속하여 조합원의 합유이고 청산이 종료할 때까지 조합은 존속하는바, 일부 조합원이 다른 조합원들의 동의를 얻지 아니한 채 조합재산인 채권을 타인에게 양도한 행위는 무효라고 할 것이다(대판 1992.10.9, 92다28075).

(나) 당사자의 의사표시에 의한 제한

1) 채권은 당사자가 반대의 의사표시, 즉 양도금지의 의사표시가 있는 때에는 양도하지 못한다(제449조 2항 본문). 채권이 계약으로 발생한 경우에는 채권자·채무자의 특약으로, 유언과 같은 단독행위로 발생한 경우에는 유언자의 의사표시로 채권의 양도를 금지할 수 있다. 양도금지의 의사표시는 채권이 성립한 후에 하여도 상관없다.

2) 양도금지특약은 채무자의 이익을 위한 것이므로, 양도 전의 채무자 승낙에 의하여 양도금지가 해소되어 채권의 양도성이 회복된다. 나아가 양수인의 보호가치가 부정되더라도 채무자의 사후승낙에 의하여 양도성이 회복되어 채권양도가 유효하게 될 수 있다. 판례는 승낙에 소급효가 인정되지 않는다고 한다(대판 2015.4.9, 2012다118020; 대판 2009.10.29, 2009다47685).

3) 채권양도금지의 의사표시는 선의의 제3자에게 대항하지 못한다(제449조 2항 단서). 따라서 채권자가 양도금지의 의사표시에 반하여 채권을 제3자에게 양도하면, 채권자는 채무자에 대하여 채무불이행의 책임을 질뿐만 아니라 양수인이 악의인 때에는 채권양도의 효과가 생기지 않지만, 양수인이 선의인 때에는 채권양도가 유효하게 된다. 선의의 제3자에는 양도인으로부터 채권을 양수한 자뿐만 아니라 악의의 양수인으로부터 선의로 전득한 자도 포함된다(통설).

한편 양수인이 양도금지채권을 유효하게 취득하려면 선의이면 충분하는지 아니면 무과실도 필요하는지에 대하여, ① 선의로서 충분하고 무과실은 필요하지 않다는 견해(송덕수, C-444; 이은영, 615면), ② 거래안전의 일반원칙상 무과실도 요구된다는 견해(곽윤직, 213면)가 있지만, ③ 제3자의 중대한 과실은 악의와 같이 취급되어야 하므로, 양도금지특약의 존재를 알지 못하고 채권을 양수한 경우에 그 알지 못함에 중대한 과실이 있는 때에는 악의의 양수인과 같이 양도에 의한 채권을 취득할 수 없다고 할 것이다(대판 2003.1.24, 2000다5336,5343; 대판 2000.4.25, 99다67482; 김형배, 577면; 김상용, 393면; 정기웅, 373면). 다시 말하면 양도금지특약에 위반해서 채권을 제3자에게 양도한 경우에 악의 또는 중과실의 채권양수인에 대하여는 채권이전의 효과가 생기지 않는다. 여기서 채권양수인의 악의 내지 중과실은 양도금지특약으로 양수인에게 대항하려는 자가 주장·증명하여야 한다(대판 2019.12.19, 2016다24284). 그러나 악의 또는 중과실로 채권양수를 받은 후 채무자가 그 양도에 대하여 승낙을 한 때에는 채무자의 사후승낙에 의하여 무효인 채권양도행위가 추인되어 그때부터 유효하게(제139조) 된다(대판 2000.4.7, 99다52817).

4) 양도금지특약이 있는 채권이라도 개인의 의사표시로써 압류금지 재산을 만들어내는 것은 채권자를 해하는 것이 되어 부당하기 때문에, 채권자의 선의·악의를 불문하고 압류할 수 있다(통설; 대판 1976.10.29, 76다1623). 그 밖에 당사자 사이에 양도금지의 특약이 있는 채권이라도 압류 및 전부명령에 따라 이전될 수 있고, 양도금지특약이 있는 사실에 관하여 압류채권자가 선의인가 악의인가는 전부명령의 효력에 영향이 없다(대판 2002.8.27, 2001다71699). 따라서 양도금지특약이 있더라도 전부명령에 따라 채권이 이전될 수 있고, 이때 집행채권자의 선의·악의는 문제되지 않으며, 전부채권자로부터 그 채권을 양수한 자가 악의이거나 중대한 과실이 있었더라도 채무자는 양도금지특약을 근거로 채권양도의 무효를 주장할 수 없다(대판 2003.12.11, 2001다3771).

판 례

(ㄱ) 당사자의 양도금지의 의사표시로써 채권은 양도성을 상실하며 양도금지의 특약에 위반해서 채권을 제3자에게 양도한 경우에 악의 또는 중과실의 채권양수인에 대하여는 채권 이전의 효과가 생기지 아니하나, 악의 또는 중과실로 채권양수를 받은 후 채무자가 그 양도에 대하여 승낙을 한 때에는 채무자의 사후승

낙에 의하여 무효인 채권양도행위가 추인되어 유효하게 되며 이 경우 다른 약정이 없는 한 소급효가 인정되지 않고 양도의 효과는 '승낙시부터' 발생한다. 이른바 집합채권의 양도가 양도금지특약을 위반하여 무효인 경우 채무자는 일부 개별 채권을 특정하여 추인하는 것이 가능하다(대판 2009.10.29, 2009다47685).

(ㄴ) 제449조 제2항 단서는 채권양도금지 특약으로써 대항할 수 없는 자를 '선의의 제3자'라고만 규정하고 있어 채권자로부터 직접 양수한 자만을 가리키는 것으로 해석할 이유는 없으므로, 악의의 양수인으로부터 다시 선의로 양수한 전득자도 위 조항에서의 선의의 제3자에 해당한다. 또한 선의의 양수인을 보호하고자 하는 위 조항의 입법 취지에 비추어 볼 때, 이러한 선의의 양수인으로부터 다시 채권을 양수한 전득자는 선의·악의를 불문하고 채권을 유효하게 취득한다(대판 2015.4.9, 2012다118020).

(다) 법률규정에 의한 제한

법률은 채권자 자신에게만 변제하게 할 필요가 인정되는 경우에 채권의 양도를 금지하고 있다. 예컨대 부양청구권(제979조), 근로기준법상의 재해보상청구권(동법 제86조), 국민연금법에 의한 급여를 받을 권리(동법 제58조 1항), 각종 연금법상의 연금청구권(공무원연금법 제39조, 군인연금법 제7조, 사립학교교직원연금법 제40조) 등은 양도·압류가 금지된다. 이와 같이 법률에 의하여 양도가 금지되는 채권은 압류도 할 수 없고, 따라서 그 채권에 대하여 전부명령(민사집행법 제229조)이 있더라도 무효이다. 그러나 반대로 압류가 금지되는 채권이 반드시 양도가 금지되는 채권은 아님을 주의하여야 한다(대판 1990.2.13, 88다카8132).

판 례

(ㄱ) 정치자금법에 근거하여 국가가 정당에 지급하는 금전이나 유가증권(이하 '정당보조금'이라고 한다)은 특정한 목적, 즉 정당을 보호·육성하고 재정상 원조를 하기 위한 목적에서 지급하는 것으로서, 정치자금법에서 열거하고 있는 용도 외에 정당보조금을 사용할 수 없고(정치자금법 제28조 1항), 이를 위반한 경우 형사처벌의 대상이 된다(제47조 1항 4호). 따라서 정당보조금은 국가와 정당 사이에서만 수수·결제되어야 하는 것으로 봄이 상당하므로, 정당의 국가에 대한 정당보조금지급채권은 그 양도가 금지된 것으로서 강제집행의 대상이 될 수 없다(대결 2009.1.28, 2008마1440).

(ㄴ) 소송행위를 하게 하는 것을 주목적으로 채권양도 등이 이루어진 경우, 그 채권양도가 신탁법상의 신탁에 해당하지 않는다고 하여도 신탁법 제7조가 유추적용되므로 무효라고 할 것이다(대판 2004.3.25, 2003다20909,20916; 대판 2007.1.11, 2006다34206).

(ㄷ) 수표의 숨은 추심위임배서가 소송행위를 하게 하는 것을 그 주된 목적으로 하는 경우에는 신탁법 제7조를 위반하는 권리이전행위이므로 무효이다(대판 2007.12.13, 2007다53464).

2. 지명채권양도의 효과

(1) 채권은 양도행위에 의하여 그 동일성(同一性)을 유지하면서 양도인으로부터 새로운 채권자(양수인)에게 이전된다. 다시 말하면 양도인의 통지나 채무자의 승낙은 대항요건에 불과하므로(제450조), 이러한 양도의 통지나 승낙 없이 양도행위에 의하여 채권은 양수인에게 이전된다(대판 2012.8.30, 2011다32785,32792). 이와 같은 채권의 귀속주체 변경의 효과는 원칙적으로 채권양도에 따른 처분행위 시 발생한다. 따라서 지명채권 양수인이 '양도되는 채권의 채무자'인 경우에는 채권

양도에 따른 처분행위 시 채권과 채무가 동일한 주체에 귀속한 때에 해당하므로 제507조 본문에 따라 채권이 혼동에 의하여 소멸한다(대판 2022.1.13, 2019다272855). 가령 甲소유의 X부동산을 매수한 乙이 甲에 대한 공사대금채무에 갈음하여 매매계약에 따른 X부동산의 소유권이전등기청구권을 甲에게 양도한 경우, X부동산의 소유권이전등기청구권은 혼동으로 소멸한다.

채권양도에 의하여 채권은 동일성을 유지하면서 양수인에게 이전되므로, 채무자가 양도인에 대하여 가지고 있던 모든 항변권도 그대로 양수인에 대하여 존속한다. 예컨대 채권이 양도되기 전에 채무자가 양도인에게 변제하였다면 채무자는 채권의 소멸을 양수인에게 주장할 수 있다. 결국 채권양도에 의하여 채무자의 법적 지위가 악화되지 않는다(예외: 제451조 1항 본문).

(2) 양도된 채권에 종된 권리인 담보권(질권, 저당권, 보증 등)도 함께 이전된다. 다만 질권의 경우 질물의 인도를 요하며, 저당권의 경우에는 저당권 이전의 부기등기를 하여야 한다. 또한 보증의 경우에는 주채무자에 대한 대항요건을 갖추면 족하고, 별도로 보증채권에 관하여 대항요건을 갖출 필요는 없다(대판 2002.9.10, 2002다21509). 반대로 종된 권리가 아닌 경우에는 당연히 함께 양도되는 것은 아니다. 가령 부진정연대채무와 같이 독립된 채무인 경우, 부진정연대채무자 일방에 대한 채권을 양도하더라도 다른 부진정연대채무자에 대한 채권이 당연히 함께 양도되는 것은 아니다(대판 2008.1.18, 2005다65579).

(3) 채권양도는 채권만이 양수인에게 이전되는 것이므로, 채권자(양도인)가 부담하는 채무는 양도인이 여전히 부담한다. 예컨대 甲이 乙에게 부동산을 매도하기로 약정한 후 乙에 대한 매매대금채권을 丙에게 양도한 경우, 여전히 甲은 乙에 대하여 재산권이전의무를 부담한다. 그 밖에 채권양도는 채권자의 지위가 아니라 '채권'만이 양수인에게 이전되는 것이므로, 채권자의 지위에 의하여 인정되는 채권자의 취소권·해제권·해지권 등은 양수인에게 이전되지 않고 양도인(채권자)에게 그대로 존속한다.

판 례

(ㄱ) 채권의 일부 양도가 이루어지면 특별한 사정이 없는 한 각 분할된 부분에 대하여 독립한 분할채권이 성립하므로 그 채권에 대하여 양도인에 대한 반대채권으로 상계하고자 하는 채무자로서는 양도인을 비롯한 각 분할채권자 중 어느 누구도 상계의 상대방으로 지정하여 상계할 수 있고, 그러한 채무자의 상계 의사표시를 수령한 분할채권자는 제3자에 대한 대항요건을 갖춘 양수인이라 하더라도 양도인 또는 다른 양수인에 귀속된 부분에 대하여 먼저 상계되어야 한다거나 각 분할채권액의 채권 총액에 대한 비율에 따라 상계되어야 한다는 이의를 할 수 없다(대판 2002.2.8, 2000다50596).

(ㄴ) 채무자가 채권자에게 채무변제와 관련하여 다른 채권을 양도하는 것은 특별한 사정이 없는 한 채무변제를 위한 담보 또는 변제의 방법으로 양도되는 것으로 추정할 것이지 채무변제에 갈음한 것으로 볼 것은 아니어서, 채권양도만 있으면 바로 원래의 채권이 소멸한다고 볼 수는 없고 채권자가 양도받은 채권을 변제받음으로써 그 범위 내에서 채무자가 면책되는 것이므로, 양도 채권의 변제에 관하여는 기존 채무의 채무자에게 주장·증명책임이 있다(대판 2013.3.14, 2012다106003).

(ㄷ) 채무자가 자신의 채무를 담보하기 위하여 현재 보유하고 있거나 장래에 보유하게 될 채권을 일괄하여 채

권자에게 양도하기로 하는 예약은 이른바 집합채권의 양도예약에 해당한다. 집합채권의 양도예약은 당사자의 계약 내용이 장차 선택권과 예약완결권의 행사로 채권양도의 효력이 발생하는 경우에 채권이 다른 채무의 변제를 위한 담보로 양도될 것을 예정하고 있는지 아니면 다른 채무의 변제에 갈음하여 양도될 것을 예정하고 있는지에 따라 집합채권의 양도담보의 예약 또는 대물변제의 예약으로서의 성질을 가질 수 있고, 계약 내용이 명백하지 아니한 경우에는 일반적인 채권양도에서와 마찬가지로 특별한 사정이 없는 한 채무변제를 위한 담보로 양도되는 것을 예정하고 있는 양도담보의 예약으로 추정된다. 그리고 이와 같은 집합채권의 양도담보의 예약이 체결된 다음 예약완결권의 행사에 의하여 채권이 양도된 경우 사해행위 여부는 양도담보 예약 시를 기준으로 판단하여야 한다(대판 2016.7.14, 2014다233268).

3. 지명채권양도의 대항요건

(1) 대항요건주의 및 제450조 규정체계

(가) 대항요건주의

지명채권의 양도는 양도인과 양수인 사이의 계약만으로 그 효력이 발생하고, 또 처분행위에 속한다. 그런데 이것을 관철하게 되면 채권양도계약에 관여하지 않은 채무자는 이중변제를 하게 될 위험이 있고, 채권양도의 사실을 모르는 제3자는 예상하지 못한 손해를 입을 염려가 있다. 여기서 채무자와 제3자를 보호하기 위해, 제450조 1항은 "지명채권의 양도는 양도인이 채무자에게 통지하거나 채무자가 승낙하지 아니하면 채무자 기타 제3자에게 대항하지 못한다"고 규정하고, 2항은 "제1항의 통지나 승낙은 확정일자 있는 증서에 의하지 아니하면 채무자 이외의 제3자에게 대항하지 못한다"고 규정하고 있다.

판 례

채권양도인이 채무자에게 채권양도 통지를 하는 등으로 채권양도의 대항요건을 갖추어 주지 않은 채 채무자로부터 채권을 추심하여 금전을 수령한 경우, 특별한 사정이 없는 한 금전의 소유권은 채권양수인이 아니라 '채권양도인'에게 귀속하고, 채권양도인이 채권양수인을 위하여 양도채권의 보전에 관한 사무를 처리하는 신임관계에 있다고 볼 수 없다. 따라서 채권양도인이 위와 같이 양도한 채권을 추심하여 수령한 금전에 관하여 채권양수인을 위해 보관하는 자의 지위에 있다고 볼 수 없으므로, 채권양도인이 그 돈을 임의로 처분하더라도 횡령죄는 성립하지 않는다(대판 2022.6.23, 2017도3829). 이러한 법리는 유효한 장래의 금전채권 양도의 경우에도 마찬가지이다(대판 2025.7.17, 2023도16896).

(나) 제450조의 규정체계 — 제450조 1항과 2항의 관계

1) 제450조 1항은 '채무자 기타 제3자'라고 하여 제3자도 포함하여 규정하고 있지만, 2항에서 제3자에 대해서는 양도인의 통지나 채무자의 승낙이 확정일자 있는 증서에 의하지 아니하면 대항할 수 없는 것으로 규정하고 있는 취지에 비추어 볼 때, 제450조 1항은 '채무자에게'만 적용된다고 할 것이다. 결국 '채무자에 대항한다'는 것은 양수인이 채무자에 대하여 자신이 채권자임을 주장하기 위한 요건을 의미하고(권리행사), '기타의 제3자에게 대항한다'는

것은 동일한 채권을 이중으로 양수하거나 압류할 자 사이에 우열을 결정하는 표준이 된다는 것(권리 귀속)을 의미한다(곽윤직, 215면; 김상용, 396면).

2) 제450조 2항이 정하는 지명채권 양도의 제3자에 대한 대항요건은 양도된 채권이 존속하는 동안에 그 채권에 관하여 양수인의 지위와 양립할 수 없는 법률상의 지위를 취득한 제3자가 있는 경우에 적용된다(대판 2017.1.25, 2014다52933). 따라서 ① 임대차보증금 반환채권이 양도되거나 임대차보증금 반환채권에 대하여 채권가압류명령, 채권압류 및 추심명령 등이 이루어지기에 앞서 임대차계약의 종료 등을 원인으로 한 변제, 상계 등에 의하여 임대차보증금 반환채권이 이미 소멸하였다면, 채권양도나 채권가압류명령 등은 모두 존재하지 않는 채권에 대한 것으로서 효력이 없고, 대항요건의 문제는 발생할 여지가 없다. ② 채권압류의 효력발생 전에 채무자가 채권을 처분한 경우에는 그보다 먼저 압류한 채권자가 있어 그 채권자에게는 대항할 수 없는 사정이 있더라도 처분 후에 집행에 참가하는 채권자에 대하여는 처분의 효력을 대항할 수 있는 것이므로, 채무자가 압류 또는 가압류의 대상인 채권을 양도하고 확정일자 있는 통지 등에 의한 채권양도의 대항요건을 갖추었다면, 그 후 채무자의 다른 채권자가 양도된 채권에 대하여 압류 또는 가압류를 하더라도 압류 또는 가압류 당시에 피압류채권은 이미 존재하지 않는 것과 같아 압류 또는 가압류로서의 효력이 없다(대판 2022.1.27, 2017다256378). ③ 지명채권 양수인이 '양도되는 채권의 채무자'여서 양도된 채권이 위와 같이 혼동에 의하여 소멸한 경우에는 그 후에 그 채권에 관한 압류 또는 가압류결정이 제3채무자에게 송달되더라도 그 채권압류 또는 가압류결정은 존재하지 아니하는 채권에 대한 것으로서 무효이고, 그 압류 또는 가압류채권자는 제450조 2항에서 정한 제3자에 해당하지 아니한다(대판 2022.1.13, 2019다272855).

3) 한편 채무자에 대한 대항요건과 제3자에 대한 대항요건은 그 성질이 동일하지 않다. 즉 제3자에 대한 대항요건은 사회질서에 관계되는 것이므로, 특약으로 이를 배제하지 못한다. 그러나 채무자에 대한 대항요건은 채무자의 이익만을 보호하는 것이므로, 채무자가 그 이익을 포기하여 채권자와의 특약으로 이를 배제할 수 있다(통설). 판례도 채무자는 채권양도의 통지를 받거나 승낙할 이익을 포기하는 특약을 할 수 있다고 한다(대판 1987.3.24, 86다카908).

판 례

채권가압류취소결정의 집행으로서 집행법원이 제3채무자에게 가압류집행취소통지서를 송달한 경우 그 효력은 확정적이므로, 채권가압류결정이 제3채무자에게 송달된 상태에서 그 채권을 양수하여 확정일자 있는 통지 등에 의한 대항요건을 갖춘 채권양수인은 위와 같이 가압류집행취소통지서가 제3채무자에게 송달된 이후에는 더 이상 처분금지효의 제한을 받지 않고 아무런 부담이 없는 채권 취득의 효력을 가압류채권자에게 대항할 수 있게 된다. 위와 같이 가압류취소결정의 집행이 완료된 이상 이후 항고심에서 가압류취소결정을 취소하여 가압류결정을 인가하였더라도, 이미 취소된 가압류집행이 소급하여 부활하는 것은 아니므로, 채권양수인이 아무런 부담이 없는 채권 취득의 효력을 가압류채권자에게 대항할 수 있다(대판 2022.1.27, 2017다256378).

(2) 채무자에 대한 대항요건

(가) 단순한 통지 또는 승낙

1) 일 반

채무자에 대한 대항요건은 채무자에 대한 통지 또는 채무자의 승낙이다(제450조 1항). 양도인의 통지나 채무자의 승낙 중에 하나만 있으면 되고, 또한 제3자에 대한 대항요건과 달리 통지나 승낙에는 아무런 방식을 필요로 하지 않는다. 지명채권양도의 경우에 양도인이 채무자에게 채권양도의 통지를 하거나 채무자가 이를 승낙하여야만 채무자에게 채권양수를 대항할 수 있으므로, 통지나 승낙의 사실은 양수인이 증명하여야 한다(대판 1990.11.27, 90다카27662). 채권양도가 있은 후 아직 통지나 승낙이 없는 동안에 양수인은 채무자에 대하여 채권양도의 효력을 주장하지 못한다. 그러나 채권양도의 효력은 양도행위에 의하여 발생하므로, 채무자가 채권양도의 효력을 인정하는 것은 무방하다.

주의할 것은 채권의 성질상 또는 당사자의 의사표시에 의하여 권리의 양도가 제한되어 그 양도에 채무자의 동의를 얻어야 하는 경우, 통상의 채권양도와 달리 양도인의 채무자에 대한 통지만으로는 채무자에 대한 대항력이 생기지 않으며, 반드시 '채무자의 동의'를 얻어야 대항력이 생긴다는 점이다(대판 1996.2.9, 95다49325). 예컨대 다세대건물에 대한 분양계약상의 매수인의 지위를 양수하지 않은 이상 매수인으로부터 소유권이전등기청구권을 양도받은 것만으로는 양수인이 매도인에 대하여 그 다세대건물의 매수인임을 주장할 수 없는 것이고, 이와 같이 매수인의 지위를 양수할 때에는 계약의 상대방인 매도인과의 합의(승낙)가 있어야 한다(대판 2005.3.10, 2004다67653,67660).

2) 채무자에 대한 효력

(i) 제450조 제1항은 '채무자에게'만 적용된다. 여기서 채무자에 대한 대항요건의 의미에 관하여, ① 다수설은 양수인이 채권의 양도를 채무자에게 대항한다는 것은 채무자에 대하여 양수한 채권을 주장함을 말하므로, 대항요건이 갖추어지지 않으면 채무자에 대한 관계에서는 채권양도가 아직 효력을 발생하지 않아 양수인이 채권을 취득하지 않은 것과 같게 된다고 한다(상대적 무효설). 그리하여 채무자에 대한 대항요건을 갖추기 전에는 채무자는 양도사실에 관한 선의·악의를 묻지 않고 양수인에 대하여 변제를 거절할 수 있음은 물론이고, 양수인은 채무자에 대하여 시효의 중단, 담보권의 실행, 파산신청 등의 행위를 할 수 없다고 한다. ② 효력발생설은 통지나 승낙이 없어도 양도인과 양수인 사이뿐만 아니라 채무자에 대하여도 양수인이 채권자가 되고, 채무자에 대하여 권리를 행사할 수 있으며, 이 경우 채무자는 대항요건이 갖추어지지 않았음을 항변할 수 있을 뿐이라고 한다(김병선, 저스티스 통권 제104호, 232면; 이현종, 민사판례연구(제29권), 214면). 그리하여 양수인은 담보권의 실행, 시효의 중단행위를 할 수 있고, 일반적으로 권리의 실현이 아닌 그 준비행위를 할 수 있다고 한다. ③ 효력요건설은 채권양도를 채무자에게 대항할 수 없다는 것은 채무자에게 채권을 행사할 수 없다는 것이고, 채권을 행사할 수 없다는 것은 결국 청구력이 없다는 뜻이며, 이는 채권자와 양수인 사이의 채권양도계약만으로는 그 양도는 효

력을 발생할 수 없음을 의미하기 때문에 양도인의 채권양도통지나 채무자의 승낙은 지명채권양도의 효력발생요건이라고 한다(오수원, 민사법학 제47호, 695면 이하).

(ii) 대항요건을 갖추기 전의 양수인 지위에 대한 판례의 태도는 명확하지 않다. 즉 대법원 1992.8.18. 선고 90다9452,9469 판결은 채권을 양수하기는 하였으나 아직 양도인에 의한 통지 또는 채무자의 승낙이라는 대항요건을 갖추지 못하였다면 채권양수인은 현재는 채무자와 사이에 아무런 법률관계가 없어 채무자에 대하여 아무런 권리주장을 할 수 없기 때문에 채무자에 대하여 채권양도인으로부터 양도통지를 받은 다음 채무를 이행하라는 청구는 장래이행의 소로서의 요건을 갖추지 못하여 부적법하다고 한다. 또한 대법원 2020.9.3. 선고 2020다210747 판결도 채권을 양수하기는 하였으나 아직 양도인에 의한 통지 또는 채무자의 승낙이라는 대항요건을 갖추지 못하였다면 채권양수인은 채무자와 사이에 아무런 법률관계가 없어 채무자에 대하여 아무런 권리주장을 할 수 없고, 양도인이 채무자에게 채권양도통지를 하거나 채무자가 이를 승낙하여야 채무자에게 채권양수를 주장할 수 있다고 한다.

양도인의 채무자 지위에 관하여, 대법원 2009.2.12. 선고 2008두20109 판결은 채권양도 후 대항요건이 구비되기 전의 양도인은 채무자에 대한 관계에서는 여전히 채권자의 지위에 있으므로 채무자를 상대로 시효중단의 효력이 있는 재판상의 청구를 할 수 있고, 이 경우 양도인이 제기한 소송 중에 채무자가 채권양도의 효력을 인정하는 등의 사정으로 인하여 양도인의 청구가 기각됨으로써 제170조 제1항에 의하여 시효중단의 효과가 소멸된다고 하더라도, 양도인의 청구가 당초부터 무권리자에 의한 청구로 되는 것은 아니므로, 양수인이 그로부터 6개월 내에 채무자를 상대로 재판상의 청구 등을 하였다면, 제169조, 제170조 제2항에 의하여 양도인의 최초의 재판상 청구로 인하여 시효가 중단된다고 한다. 나아가 대법원 2019.5.16. 선고 2016다8589 판결도 채권양도 후 대항요건이 구비되기 전의 채권양도인은 채무자에 대한 관계에서는 여전히 채권자의 지위에 있으므로 채무자의 제3채무자에 대한 채권에 대하여 채권가압류 등의 보전조치를 할 수 있고, 이 경우 채권가압류에 의하여 채권양도인이 배당절차에서 배당을 받았다면 그 배당은 유효하다고 한다. 이처럼 양도인이 여전히 채권자임을 전제로 한다.

반면에 양수인은 통지·승낙 없이도 권리보전조치를 취할 수 있다고 한다. 즉 대법원 2005.11.10. 선고 2005다41818 판결은 채권양도에 의하여 채권은 그 동일성을 잃지 않고 양도인으로부터 양수인에게 이전되며, 이러한 법리는 채권양도의 대항요건을 갖추지 못하였더라도 마찬가지인 점, 제149조의 조건의 성취가 미정한 권리의무는 일반규정에 의하여 처분·상속·보존·담보로 할 수 있다는 규정은 대항요건을 갖추지 못하여 채무자에게 대항하지 못한다고 하더라도 채권양도에 의하여 채권을 이전받은 양수인의 경우에도 그대로 준용될 수 있는 점, 채무자를 상대로 재판상의 청구를 한 채권의 양수인을 권리 위에 잠자는 자라고 할 수 없는 점 등에 비추어 보면, 비록 대항요건을 갖추지 못하여 채무자에게 대항하지 못하더라도 채권의 양수인이 채무자를 상대로 재판상의 청구를 하였다면 이는 소멸시효 중단사유인 재판상의 청구에 해당한다고 보아야 한다고 한다. 또한 대법원 2005.6.23. 선고 2004다29279 판결도 피담보채권을 저당권과 함께 양수한 자는 저당권이전의 부기등기를 마치고 저당권실행의 요건을 갖추고 있는 한 채권양도의 대항요건을 갖추고 있지 않더라도 경매신청을 할 수 있으며, 채무자는 경매절차의 이해관계인으로서 채권양도의 대항요건을 갖추지 못하였다는 사유를 들어 경매개시결정에 대한 이의나 즉시항고절차에서 다툴 수 있고, 이 경우는 신청채권자가 대항요건을 갖추었다는 사실을 증명하여야 할 것이나, 이러한 절차를 통하여 채권 및 근저당권의 양수인의 신청에 의하여 개시된 경매절차가 실효되지 아니한 이상 그 경매절차는 적법한 것이고, 또한 그 경매신청인은 양수채권의 변제를 받을 수도 있다고 한다.

(iii) 생각건대 다수설은 채권양도가 당사자인 양도인과 양수인의 합의에 의하여 성립하고 채무자의 동의 또는 승낙을 필요로 하지 않는다고 하는데, 그러면서도 채무자에 대한 관계에서 채권양도의 통지 또는 승낙이 있어야만 채권양도의 효력이 발생한다고 해석하는 것은 대항요건주의의 근본취지와 부합하지 않고, 특히 채무자의 승낙에 의하여 효력이 발생하는 것으로 보게 되면 양도합의의 당사자가 아닌 제3자의 행위로 인하여 효력이 발생하는 것이 되어 타당하다고 볼 수 없다. 통지 또는 승낙을 채권양도의 효력요건으로 파악하는 견해는 양수인의 채무자에 대한 급부소구력이 없다는 점을 강조하고 있으나, 채권양도의 종국적인 목적이 양수인의 채무자에 대한 급부청구라고 하더라도 그것만이 채권양도의 전부는 아니며, 채무자나 제3자는 채권양도계약의 당사자가 아니라는 점을 고려할 때, 채권양도에 대한 통지 또는 승낙을 대항요건이 아니라 효력요건으로 파악할 수는 없다. 채권양도에 의해 채권은 그 동일성을 유지하면서 양수인에게 이전되고, 이행의 문제를 남기지 않기 때문에 채권양도는 처분행위에 속한다. 따라서 채권양도가 이루어진 이상 그 효력으로 바로 채권의 귀속이 바뀌어야지 귀속을 변경시켜줄 의무를 지우는데 그칠 수는 없다. 제450조 제1항은 제3자에게 대항하지 못한다고 하여 적어도 양도계약의 당사자, 즉 양도인·양수인 사이에서는 이미 효력이 발생하였음을 전제하고 있다고 볼 수 있다(이동진, 민사법학 제90호, 291면). 통지나 승낙은 채권양도의 성립요건이 아니라 대항요건이고, '대항하지 못한다'는 의미는 법률행위의 당사자가 제3자에 대하여 법률행위의 효력을 주장하지는 못하지만 제3자가 그 효력을 인정하는 것은 무방하다. 그렇다면 양수인은 채무자에 대한 대항요건을 갖추지 않은 경우에도 채무자에게 이행을 청구할 수 있고, 채무자는 채권양도의 대항요건을 갖추지 않았음을 항변하여 이행을 거절할 수 있고, 통지나 승낙이 없었더라도 채권양도의 효력을 인정하여 양수인에게 변제할 수 있다. 채무자에 대한 대항요건을 규정한 취지는 채무자를 이중변제의 위험으로부터 보호하기 위한 것이고, 통지나 승낙이 없다는 것은 채무자가 양수인의 청구에 대하여 지급을 거절할 수 있다는 점에 주된 의미가 있는 것이므로, 통지·승낙은 양수인이 채권을 행사하기 위한 적극적 요건이 아니라 채무자가 대항요건의 흠결을 항변하여 양수인의 채권행사

를 저지할 수 있음에 불과하다고 할 것이다.

(나) 채무자에 대한 통지

1) 서 설

가) 통지의 성질

통지란 채권양도의 사실을 알리는 행위로서, 그 법적 성질은 관념의 통지이다(대판 1996.2.9, 95다49325). 그러므로 채무자에 대한 통지에는 의사표시에 관한 규정(제4조, 제107조 이하, 제111조, 제114조)이 유추적용될 수 있다. 양도의 통지는 양도인의 일방적 행위이므로, 조건이나 기한을 붙일 수 없다.

나) 통지의 방법 및 내용

채권양도의 통지는 양도인이 채무자에게 하여야 하며, 양수인에 의한 통지는 그 효력을 발생하지 않는다. 허위의 통지가 행하여질 소지가 많기 때문이다. 그러나 관념의 통지에도 법률행위에 관한 규정이 유추적용되므로, 양도인이 사자를 통하여 양도통지하거나 대리인으로 하여금 하게 하여도 무방하며, 따라서 양수인이 양도인으로부터 채권양도통지의 권한을 위임받아 대리인으로서 그 통지를 할 수 있다(대판 2004.2.13, 2003다43490; 대판 1997.6.27, 95다40977,40984). 다만 판례는 채권양도의 통지를 양도인이 하도록 한 법의 취지를 고려할 때, 대리통지에 관하여 그 대리권이 적법하게 수여되었고 현명원칙이 지켜졌는지를 채무자의 입장에서 제반 사정에 비추어 커다란 노력 없이 확인할 수 있는지가 고려되어야 한다고 한다(대판 2011.2.24, 2010다96911).

양수인은 대항요건을 구비하기 위해 채권자에게 채권양도통지절차의 이행을 청구할 수 있다(대판 2022.10.27, 2017다243143). 하지만 양수인이 채권자의 지위에서 양도인을 대위하여 통지할 수 없다(통설). 제450조의 통지는 제404조가 정하는 '채무자의 권리'가 아니기 때문이다. 한편 채무자가 다수인 경우에 특정채무자에 대한 채권만을 양도하는 때에는 그 특정채무자에 대해서만 통지하면 족하고, 다수채무자 전원에 대한 채권을 양도하는 경우에는 그 다수채무자 전원에게 통지하여야 한다. 그러나 보증채무는 주채무에 대한 수반성(부종성)에 의하여 주채무자에 대한 채권이 이전되면 당사자 사이에 별도의 특약이 없는 한 보증인에 대한 채권도 함께 이전되므로, 주채무자에게 통지하는 것으로 충분하며, 보증인에 대하여 따로 통지하지 않더라도 보증인에게 대항할 수 있다(대판 2002.9.10, 2002다21509).

판 례

(ㄱ) 채권양도통지 권한을 위임받은 양수인이 양도인을 대리하여 채권양도통지를 함에 있어서는 제114조 1항에 따라 양도인 본인과 대리인을 표시하여야 하는 것이므로, 양수인이 서면으로 채권양도통지를 함에 있어 대리관계의 현명을 하지 아니한 채 양수인 명의로 된 채권양도통지서를 채무자에게 발송하여 도달되었다 하더라도 이는 효력이 없다(대판 2004.2.13, 2003다43490). 다만 채권양도통지를 둘러싼 여러 사정에 비추어 양수인이 대리인으로서 통지한 것임을 상대방이 알았거나 알 수 있었을 때에는 제115조 단서에 의하여 유효하게 된다(대판 2008.2.14, 2007다77569).

(ㄴ) 민사소송법상의 송달은 당사자나 그 밖의 소송관계인에게 소송상 서류의 내용을 알 기회를 주기 위하여 법정의 방식에 좇아 행하여지는 통지행위로서, 송달장소와 송달을 받을 사람 등에 관하여 구체적으로 법

이 정하는 바에 따라 행하여지지 아니하면 부적법하여 송달로서의 효력이 발생하지 아니한다. 한편 채권양도의 통지는 채무자에게 도달됨으로써 효력이 발생하는 것이고, 여기서 도달이라 함은 사회통념상 상대방이 통지의 내용을 알 수 있는 객관적 상태에 놓여졌다고 인정되는 상태를 가리킨다. 따라서 채권양도의 통지는 민사소송법상의 송달에 관한 규정에서 송달장소로 정하는 채무자의 주소·거소·영업소 또는 사무소 등에 해당하지 않는 장소에서라도 채무자가 사회통념상 그 통지의 내용을 알 수 있는 객관적 상태에 놓여졌다고 인정됨으로써 족하다(대판 2010.4.15, 2010다57). 즉 채권양도의 통지가 채무자에게 도달하였는지 여부에 대하여 민사소송법의 송달에 관한 규정을 유추적용할 수 없다.

(ㄷ) 채권양도의 통지는 양도인이 채권이 양도되었다는 사실을 채무자에게 알리는 것에 그치는 행위이므로, 그것만으로 제척기간 준수에 필요한 권리의 재판외 행사에 해당한다고 할 수 없다(대판 2012.3.22, 2010다28840).

(ㄹ) 채권양도가 채무변제에 갈음하여 이루어진 것이라 하더라도 채권양도의 대항요건까지 갖추어야 비로소 대물변제로서 채무소멸의 효력이 생긴다(대판 2012.10.11, 2011다82995).

다) 통지의 시기

통지는 양도행위와 동시에 할 수 있고 양도 후에 하여도 무방하다. 그러나 채권양도가 있기 전에 미리 하는 '사전통지'는 효력이 없다. 사전통지는 채무자로 하여금 양도의 시기를 확정할 수 없는 불안한 상태에 있게 하기 때문이다(대판 2000.4.11, 2000다2627). 다만 사전통지가 있더라도 채무자에게 법적으로 아무런 불안정한 상황이 발생하지 않는 경우에까지 그 효력을 부인할 것은 아니다(대판 2010.2.11, 2009다90740). 가령 채권양도인의 확정일자부 채권양도통지와 채무자의 확정일자부 채권양도승낙이 모두 있은 후에 채권양도계약이 체결된 경우, 실제로 채권양도계약이 체결된 날 채권양도의 제3자에 대한 대항력이 발생한다. 한편 채권자가 채권양도의 통지를 하였으나 채무자가 변동된 주소의 신고의무를 게을리하는 등의 귀책사유로 통지를 수령하지 못하면 그 통지가 도달한 것으로 보는 특약을 맺은 경우, 이 특약은 유효하다(대판 2008.1.10, 2006다41204).

라) 통지의 철회

채권양도의 통지는 양수인의 동의가 없으면 철회하지 못한다(제452조 2항). 제452조 2항은 일단 통지를 한 후에 양도인이 임의로 또는 일방적으로 철회하게 되면, 양수인은 물론 채무자에게도 중대한 영향을 미치기 때문에, 양수인의 동의가 있는 때에 한해서 통지를 철회할 수 있도록 규정한 것이다.

마) 채권양도의 해제·취소

채권양도의 통지나 채무자의 승낙이 있는 후에 채권양도계약이 해제되거나 취소된 경우, 다시 해제·취소의 통지를 하지 않고서는 채무자에게 대항할 수 없다(대판 1993.8.27, 93다17379). 이 경우 그 통지는 양도인이 아니라 '양수인'이 하여야 한다. 채권양도계약을 해제·취소한 때에는 채권이 양수인으로부터 양도인에게 양도되는 것과 같은 결과를 가져오기 때문이다. 따라서 채권양도계약이 해제된 후에 양수인이 아니라 양도인이 채무자에게 양도철회의 통지를 하여도 채무자는 양수인의 채무이행청구에 대하여 대항할 수 없다(대판 1979.6.12, 79다545; 대판 1978.6.13, 78다468).

2) 통지의 효력

가) 동일성의 유지

(i) 채권양도에 의하여 채권은 그 동일성을 유지하면서 양도인으로부터 양수인에게 이전된다. 통지는 채권양도에 대항력을 줄 뿐이며, 채권의 동일성에는 아무런 영향을 미치지 않는다. 그러므로 채무자는 그 통지를 받은 때까지 양도인에 대하여 생긴 사유(예: 채무의 불성립·무효·취소·동시이행의 항변·기한의 유예·채권의 소멸 등)로써 양수인에게 대항할 수 있다(제451조 2항). 반면에 통지 이후에 양도인에 대하여 생긴 사유를 가지고 채무자는 양수인에게 대항할 수 없다. 판례도 임차보증금반환채권의 양도통지 후 임대차계약의 갱신이나 연장에 관한 합의는 양수인에게 그 효력이 없다고 한다(대판 1989.4.25, 88다카4253).

(ii) 통지 당시에 채무자가 양도인에 대하여 상계적상에 있는 반대채권을 가지고 있었던 때에는 채무자는 양수인에 대하여 그 채권으로써 상계할 수 있으나, ① 통지가 있은 후에 양도인에 대하여 반대채권을 취득한 때에는 상계할 수 없다(대판 1984.9.11, 83다카2288). ② 채권양도 통지 후 자동채권의 변제기가 도래한 경우, 채무자는 반대채권을 '통지 전'에 취득한 때에는 제451조 2항에 의하여 상계로써 양수인에게 대항할 수 있다(다수설). 채무자의 반대채권의 변제기가 먼저 도래하는 경우에만 상계를 인정하여야 한다는 반대견해가 있다(지원림, 4-309a). 판례는 채무자가 채권양도 통지를 받을 당시 이미 상계할 수 있는 원인이 있었던 경우에는 아직 상계적상에 있지 않더라도 그 후에 상계적상에 이르면 채무자는 양수인에 대하여 상계로 대항할 수 있다(대판 2019.6.27, 2017다222962)고 하여 다수설을 따르고 있다. ③ 채무자의 채권양도인에 대한 자동채권이 발생하는 기초가 되는 원인이 양도 전에 이미 성립하여 존재하고 자동채권이 수동채권인 양도채권과 동시이행의 관계에 있는 경우, 양도통지가 채무자에게 도달하여 채권양도의 대항요건이 갖추어진 후에 자동채권이 발생하였더라도 채무자는 동시이행의 항변권을 주장할 수 있고, 따라서 그 채권에 의한 상계로 양수인에게 대항할 수 있다(대판 2015.4.9, 2014다80945). 가령 도급인 甲과 수급인 乙 사이의 도급계약에 의하여 완성된 목적물에 하자가 있는 경우, 乙의 甲에 대한 손해배상의무와 甲의 乙에 대한 공사대금지급의무는 동시이행의 관계에 있으므로(제667조 3항), 乙이 丙에게 공사대금채권을 양도하고 그 양도통지를 한 후에 甲의 乙에 대한 손해배상청구권이 발생하였더라도, 甲은 손해배상청구권을 자동채권으로 하여 丙의 공사대금 지급청구에 대하여 상계로 대항할 수 있다.

(iii) 채무자는 양도통지를 받을 때까지 양도인에 대하여 생긴 사유로 양수인에게 대항할 수 있지만(제451조 2항), 양도인이 양수인에게 가지는 항변사유를 원용할 수는 없다. 가령 甲이 乙에 대한 임대차보증금반환채권을 금전채무의 담보로 丙에게 양도하고 그 사실을 통지한 후 丙에 대한 금전채무를 변제한 경우, 담보의 목적으로 이루어진 채권양도는 甲의 변제로 소멸하고, 따라서 甲과 丙사이에서는 丙이 취득한 채권은 소멸하지만, 甲과 乙의 계약과 甲과 丙의 채권양도계약은 계약당사자가 다른 별개의 계약이므로, 乙은 甲의 丙에 대한 항변사유를 원용할 수 없다. 판례도 채권양도가 다른 채무의 담보조로 이루어졌으며 또한 그 채무가 변

제되었더라도, 이는 양도인과 양수인 간의 문제일 뿐이고, 양도채권의 채무자는 채권 양도·양수인 간의 채무소멸 여하에 관계없이 양도된 채무를 양수인에게 변제해야 하는 것이므로, 설령 그 피담보채무가 변제로 소멸되었더라도 양도채권의 채무자로서는 이를 이유로 채권양수인의 양수금 청구를 거절할 수 없다고 한다(대판 1999.11.26, 99다23093). 결국 乙은 丙에게 양수금을 지급해야 하며, 양도인 甲은 이러한 결과를 피하기 위해 양수인 丙의 동의를 받아 양도통지를 철회하거나(제452조 2항) 이중변제를 받은 丙에게 부당이득반환청구를 하는 수밖에 없다.

판 례

금전채권에 대한 압류 및 전부명령이 있는 때에는 압류된 채권은 동일성을 유지한 채로 압류채무자로부터 압류채권자에게 이전되고, 제3채무자는 채권이 압류되기 전에 압류채무자에게 대항할 수 있는 사유로써 압류채권자에게 대항할 수 있는 것이므로, 제3채무자의 압류채무자에 대한 자동채권이 수동채권인 피압류채권과 동시이행의 관계에 있는 경우에는, 압류명령이 제3채무자에게 송달되어 압류의 효력이 생긴 후에 자동채권이 발생하였다고 하더라도 제3채무자는 동시이행의 항변권을 주장할 수 있다. 이 경우에 자동채권이 발생한 기초가 되는 원인은 수동채권이 압류되기 전에 이미 성립하여 존재하고 있었던 것이므로, 그 자동채권은 제498조의 '지급을 금지하는 명령을 받은 제3채무자가 그 후에 취득한 채권'에 해당하지 않는다고 봄이 상당하고, 제3채무자는 그 자동채권에 의한 상계로 압류채권자에게 대항할 수 있다(대판 2010.3.25, 2007다35152).

나) 양도통지에 의한 금반언

(i) 양도인이 채무자에게 채권양도의 사실을 통지하였으나 실제로는 양도를 하지 않았거나 양도행위의 불성립·무효·취소 등으로 양도가 이루어지지 않은 경우, '선의의 채무자'는 양수인에게 대항할 수 있는 사유로써(예: 양수인에 대한 변제·공탁·상계 등) 양도인에게 대항할 수 있다(제452조 1항). 제452조 1항은 신의칙의 파생원칙인 모순행위금지의 원칙을 정한 것으로서, 양도인이 양도통지를 한 후에 양도하지 않았거나 또는 그 양도가 무효라고 주장하는 것은 선행행위에 모순되고 그로 인해 채무자의 신뢰를 해치게 되므로, 선의의 채무자를 보호하기 위한 규정이다.

(ii) 제452조는 채권양도가 해제 또는 합의해제되어 소급적으로 무효가 되는 경우에도 유추적용할 수 있다. 따라서 양수인이 채무자에게 해제 사실을 통지하여 대항요건을 갖추어질 때까지 양도계약의 해제 등을 알지 못한 선의인 채무자는 해제 등의 통지가 있은 다음에도 채권양수인에 대한 반대채권에 의한 상계로써 채권양도인에게 대항할 수 있다(대판 2012.11.29, 2011다17953).

(다) 채무자의 승낙

1) 일 반

가) 승낙의 성질

승낙이란 채권양도의 사실을 인식하고 있음을 표시하는 행위로서, 그 법적 성질은 통지와 마찬가지로 관념의 통지이다. 관념의 통지에는 법률행위에 관한 규정이 유추적용되므로, 대리인·사자에 의한 승낙도 유효하다(대판 2013.6.28, 2011다83110). 그리고 양도인의 통지와 달리 채무자의 승낙에는 조건을 붙일 수 있다(대판 1989.7.11, 88다카20866; 대판 2011.6.30, 2011다8614). 가령 양도금지의 특약이 있는 채권양도를 승낙하면서 조건을 붙일 수 있다.

나) 승낙의 방법 및 시기

승낙은 채무자가 하여야 하며, 채무자는 양도인 또는 양수인 어느 쪽에 대해 승낙을 하더라도 무방하다(대판 1986.2.25, 85다카1529). 승낙은 채권양도 후에 하는 것이 일반적이지만, 통지와 달리 사전승낙도 채권을 특정할 수 있는 경우에는 유효하다(대판 1987.3.24, 86다카908; 곽윤직, 217면; 김상용, 399면; 정기웅, 376면; 김형배, 587면). 승낙은 채무자를 보호하기 위한 것이므로, 채무자가 미리 포기하여도 이를 무효로 할 필요가 없기 때문이다. 그리고 양수인을 특정하지 않고 승낙을 하더라도 그 효력을 부인할 이유가 없다.

2) 승낙의 효력

채무자는 채권양도를 승낙한 후에 취득한 양도인에 대한 채권으로서 양수인에 대하여 상계로서 대항하지 못한다(대판 1984.9.11, 83다카2288).

가) 이의(異議)를 보류한 승낙

명문의 규정이 없지만, 이의를 보류한 승낙이란 채무자가 승낙할 때에 양도인에 대하여 주장할 수 있는 항변을 보류하고 승낙을 한 경우로서, 그 효력은 통지의 효력과 같다. 즉 채무자는 양도인에 대한 항변사유로서 양수인에게 대항할 수 있다. 따라서 승낙 당시 이미 상계를 할 수 있는 원인이 있었던 경우에는 아직 상계적상에 있지 않았더라도 그 후에 상계적상이 생기면 채무자는 양수인에 대하여 상계로 대항할 수 있다(대판 1999.8.20, 99다18039).

나) 이의를 보류하지 않은 승낙

(i) 항변의 상실

(ㄱ) 채무자가 이의를 보류하지 않고 승낙한 때에는 양도인에게 대항할 수 있는 사유로써 양수인에게 대항하지 못한다(제451조 1항 본문). 여기서 양도인에게 대항할 수 있는 사유란 채권의 성립·존속·행사를 저지·배척하는 사유를 말한다(대판 2019.6.27, 2017다222962). 따라서 채무자는 이미 양도인에게 변제하였음을, 반대채권을 가지고 있음을 또는 동시이행의 항변권이 있음을 포함하여 그 밖의 일체의 항변을 주장할 수 없다.

(ㄴ) 채무자가 이의를 보류하지 않고 승낙하는 경우에는 양수인은 그 채권에 아무런 항변사유가 없는 것으로 신뢰할 것이므로, 제451조 1항은 양수인의 신뢰를 보호하기 위한 것이다. 따라서 양수인은 '선의'이어야 한다(통설). 그런데 판례는 채무자가 단순승낙을 하였더라도 양수인에게 '악의 또는 중과실'이 있으면 채무자의 승낙 당시까지 양도인에 대하여 생긴 사유로써 양수인에게 대항할 수 있다고 한다(대판 2002.3.29, 2000다13887). 따라서 채무자가 이의의 보류 없이 승낙하였더라도 양수인에게 악의 또는 중과실이 있는 경우, 승낙 당시 이미 상계를 할 수 있는 원인이 있었던 경우에는 아직 상계적상에 있지 않았더라도 그 후에 상계적상이 생기면 채무자는 양수인에 대하여 상계로 대항할 수 있다고 한다(대판 1999.8.20, 99다18039).

판 례

(ㄱ) 채무자가 채권양도에 대하여 이의를 보류하지 않는 승낙을 하였더라도 양도인에게 대항할 수 있는 사유로서 양수인에게 대항하지 못할 뿐이고(민법 제451조), 채권의 내용이나 양수인의 권리 확보에 위험을 초래할 만한 사정을 조사, 확인할 책임은 원칙적으로 양수인 자신에게 있으므로, 채무자는 양수인이 대상 채권의 내용이나 원인이 되는 법률관계에 대하여 잘 알고 있음을 전제로 채권양도를 승낙할지를 결정하면 되고 양수인이 채권의 내용 등을 실제와 다르게 인식하고 있는지까지 확인하여 위험을 경고할 의무는 없다. 따라서 채무자가 양도되는 채권의 성립이나 소멸에 영향을 미치는 사정에 관하여 양수인에게 알려야 할 신의칙상 주의의무가 있다고 볼 만한 특별한 사정이 없는 한 채무자가 그러한 사정을 알리지 아니하였다고 하여 불법행위가 성립한다고 볼 수 없다(대판 2015.12.24, 2014다49241).

(ㄴ) 채무자가 양도인에게 이의를 보류하지 않고 승낙하였다는 사정이 없거나 또는 이의를 보류하지 않고 승낙을 하였더라도 양수인이 악의 또는 중과실의 경우에 해당하는 한, 채무자의 승낙 당시까지 양도인에 대하여 생긴 사유로써 양수인에게 대항할 수 있다고 할 것인데, 승낙 당시 이미 상계를 할 수 있는 원인이 있었던 경우에는 아직 상계적상에 있지 않았더라도 그 후에 상계적상이 생기면 채무자는 양수인에 대하여 상계로 대항할 수 있다(대판 1999.8.20, 99다18039).

(ii) 항변상실의 범위

(ㄱ) '양도인에게 대항할 수 있는 사유'는 채권의 성립, 존속, 행사를 저지·배척하는 사유를 가리킬 뿐이고, 채권의 귀속(채권이 이미 타인에게 양도되었다는 사실)은 이에 포함되지 않는다(대판 1994.4.29, 93다35551). 채권에 관하여 권리를 주장하는 자가 여럿인 경우 그들 사이의 우열은 채무자에게도 효력이 미치기 때문이다. 즉 채무자가 단순승낙을 하였더라도 채권이 이중으로 양도된 경우의 그 우열은 제451조의 항변에 해당하지 않으며, 이것은 제450조에 의해 그 우열이 정해진다.

(ㄴ) 임차보증금반환채권의 성질 자체에 존재하는 제한은 양수인도 당연히 제한받으므로 이의보류가 없더라도 채무자는 항변할 수 있지만, 특약상의 항변사유는 이의보류를 하지 않는 한 양수인에게 대항할 수 없다. 즉 임대차보증금은 임대차관계가 종료되어 목적물을 반환하는 때까지 그 임대차관계에서 발생하는 임차인의 모든 채무를 담보하는 것으로서, 임대차보증금반환채권의 양도에 대하여 임대인이 아무런 이의를 보류하지 아니한 채 승낙하였어도 임차인이 부담할 손해배상액은 반환할 임대차보증금에서 당연히 공제할 수 있다. 다만 임대인과 임차인 사이에서 장래 임대목적물 반환시 원상복구비용의 보증금 명목으로 지급하기로 약정한 금액은, 임대차관계에서 당연히 발생하는 임차인의 채무가 아니라 임대인과 임차인 사이의 약정에 따라 비로소 발생하는 채무에 불과하므로, 반환할 임대차보증금에서 당연히 공제할 수 있는 것은 아니다. 따라서 이 경우 임대인이 단순승낙을 하면 제451조 1항이 적용되어 그 원상복구비용의 보증금청구채권으로 채권양수인에게 대항할 수 없다(대판 2002.12.10, 2002다52657).

(ㄷ) 이의를 보류하지 않은 항변상실의 효력은 채무자와 양수인 사이에서만 발생하고, 제3자(물상보증인·보증인·후순위담보권자·담보물의 제3취득자 등)의 권리에는 아무런 영향을 미치지 않는다. 예컨대 저당권 또는 보

증인에 대한 담보된 채권이 변제 등으로 소멸하였음에도 채무자가 단순승낙을 한 경우, 채권의 소멸로 저당권 또는 보증채무는 소멸하며, 따라서 양수인은 이러한 담보가 없는 단순채권을 가진다(통설).

(iii) 양도인에 대한 효력 　채무자가 단순승낙으로 인해 받게 되는 불이익은 양도인과의 사이에서 조정된다. 즉 채무자가 채무를 소멸시키기 위하여 양도인에게 급여한 것이 있으면 이를 회수할 수 있고, 양도인에 대하여 부담한 채무(예: 경개를 한 경우)가 있으면 그 채무의 불성립을 주장할 수 있다(제451조 1항 단서).

(3) 제3자에 대한 대항요건

(가) 확정일자 있는 증서에 의한 통지 또는 승낙

1) 양도인의 통지나 채무자의 승낙이 있는 양도행위는 그 통지나 승낙이 확정일자 있는 증서에 의한 경우에만 제3자에 대하여 대항할 수 있다(제450조 2항). 여기서 확정일자 있는 증서로 통지 또는 승낙을 하여야 한다는 것은 '통지행위' 또는 '승낙행위' 그 자체를 확정일자 있는 증서로 하여야 한다는 의미이며, 통지 또는 승낙이 있었다는 사실을 확정일자 있는 증서로 하여야 한다는 뜻이 아니다(대판 2000.4.11, 2000다2627; 김상용, 402면). 이처럼 '확정일자 있는 증서에 의한' 통지나 승낙을 갖추도록 하고 있는 취지는 채권의 양도인, 양수인 및 채무자가 통모하여 통지일 또는 승낙일을 소급함으로써 제3자의 권리를 침해하는 것을 방지하기 위한 것이다(대판 2011.7.14, 2009다49469). 따라서 통지나 승낙을 확정일자 없는 증서로 하고 나중에 그 증서에 확정일자를 받으면, 그 확정일자 이후에 제3자에 대한 대항력을 취득하며, 확정일자 제도의 취지에 비추어 볼 때 원본이 아닌 사본에 확정일자를 갖추었더라도 대항력의 판단에는 아무런 차이가 없다(대판 2006.9.14, 2005다45537).

2) 확정일자란 증서에 대하여 그 작성한 일자에 관한 완전한 증거가 될 수 있는 것으로 법률상 인정되는 일자, 즉 당사자가 나중에 변경하는 것이 불가능한 것으로 확정된 일자를 가리킨다(대판 2000.4.11, 2000다2627). 예컨대 공증인 또는 법원서기의 확정일자인이 있는 사문서상의 그 일자·공정증서에 기입한 일자·공무소에서 사문서에 어느 사항을 증명하고 기입한 일자(내용증명우편의 일자 등)가 이에 해당한다(민법 부칙 제3조).

채권양도의 통지를 배달증명의 방법으로 한 경우, 판례는 그 배달증명은 확정일자 있는 증서에 의한 통지에 해당하지 않는다고 한다(대판 2002.4.9, 2001다80815; 대판 1988.4.12, 87다카2429). 배달증명은 우체관서가 우편물의 내용을 확인하거나 그에 확정일자를 기재하는 것이 아니고, 다만 우편물의 배달만을 증명하기 위하여 집배원에게 별도의 증명서에 그 배달사항을 기재하고 서명날인한 것에 불과하기 때문이다. 한편 채권자가 채권양도의 통지서에 공증인가합동법률사무소의 확정일자 인증을 받은 후 그 자리에서 채무자에게 교부한 경우, 판례는 하나의 행위로 확정일자 인증과 채권양도의 통지가 이루어진 것으로 보고, 확정일자 있는 증서에 의한 채권양도의 통지가 있었다고 한다(대판 1986.12.9, 86다카858). 그 밖에 확정일자에 의하지 아니한 채권양도가 있은 후 채권양수인이 채무자를 상대로 제기한 양수금청구소송에서 승소의 확정판결을 받은 경우, 그 확정판결은 확정일자 있는 증서에 해당한다고 한다(대판 1999.3.26, 97다30622).

3) 제450조 2항의 '대항하지 못한다'는 것은 채권이 존재하고 그 채권 위에 양립할 수 없는 권리가 존재하는 경우를 전제로 하며, 채권이 소멸한 후에는 문제되지 않는다. 예컨대 채무자가 이미 양수인에게 변제한 후에, 2중 양도행위가 행하여지고 그 양도가 확정일자 있는 증서에 의하여 통지되어도 제2양도행위는 무효이며, 이미 한 변제는 유효하다(대판 2003.10.24, 2003다37426).

판 례

(ㄱ) 제450조 2항의 지명채권양도의 제3자에 대한 대항요건은 양도된 채권이 존속하는 동안에 그 채권에 관하여 양수인의 지위와 양립할 수 없는 법률상의 지위를 취득한 제3자가 있는 경우에 적용되는 것이므로, 양도된 채권이 이미 변제 등으로 소멸한 경우에는 그 후에 그 채권에 관한 채권압류 및 추심명령이 송달되더라도 그 채권압류 및 추심명령은 존재하지 않는 채권에 대한 것으로서 무효이고, 위와 같은 대항요건의 문제는 발생될 여지가 없다(대판 2003.10.24, 2003다37426).

(ㄴ) 지명채권의 양도통지가 확정일자 없는 증서에 의하여 이루어짐으로써 제3자에 대한 대항력을 갖추지 못하였으나 그 후 그 증서에 확정일자를 얻은 경우에는 그 일자 이후에는 제3자에 대한 대항력을 취득한다(대판 2010.5.13, 2010다8310).

(나) 채무자 이외의 제3자의 범위

제3자란 '그 채권에 대해 법률상의 이익을 가지고 있는 자' 또는 '그 채권에 대해 양수인의 지위와 양립할 수 없는 법률상의 지위를 취득한 자'를 말한다(대판 1983.2.22, 81다134). 예컨대 채권의 2중양수인(대판 1972.1.31, 71다2697)·채권상의 질권자·채권을 압류한 양도인의 채권자(대판 1986.2.11, 85다카1087) 및 그 채권의 양도인이 파산한 경우에 파산채권자 등이 이에 해당한다.

판 례

채권양도의 대항요건의 흠결의 경우 채권을 주장할 수 없는 채무자 이외의 제3자는 양도된 채권 자체에 관하여 양수인의 지위와 양립할 수 없는 법률상 지위를 취득한 자에 한하므로, 선순위의 근저당권부채권을 양수한 채권자보다 후순위의 근저당권자는 채권양도의 대항요건을 갖추지 아니한 경우 대항할 수 없는 제3자에 포함되지 않는다(대판 2005.6.23, 2004다29279).

(다) 채권의 양수인과 제3자간의 우열

동일한 채권에 대하여 양립할 수 없는 법률상의 지위를 취득한 자 사이의 우열을 결정하는 것이 대항문제이다. 채권의 이중양도에 관하여 양수인 상호간의 우열을 살펴보면 다음과 같다(편의상 통지의 경우만을 살펴본다). 그리고 채권의 이중양도에도 이중매매의 법리가 적용된다. 따라서 양도인이 채권양도의 통지를 하기 전에 제3자에게 이중으로 양도하고 채무자에게 확정일자 있는 양도통지를 하는 등 대항요건을 갖추어 줌으로써 양수인이 그 제3자에게 대항할 수 없게 되었고, 이러한 양도인의 배임행위에 제3자가 적극 가담한 경우라면, 제3자에 대한 양도행위는 사회질서에 반하는 법률행위로서 무효이다(대판 2006.9.14, 2005다45537).

1) 제1양도는 단순한 통지를 하고 제2양도는 확정일자 있는 증서에 의한 통지를 한 경우

이 경우에는 제2의 양도가 우선하게 된다(대판 1972.1.31, 71다2697). 따라서 확정일자 있는 증서에 의하지 않은 통지나 승낙이 있는 채권양도의 양수인은 확정일자 있는 증서에 의한 통지나 승낙이 있는 채권양도의 양수인에게 대항할 수 없다(대판 2013.6.28, 2011다83110).

2) 제1 · 제2의 양도 모두 확정일자 있는 증서에 의한 통지의 경우

다수설은 '확정일자의 선후'로 그 우열을 결정하여야 한다고 한다(곽윤직, 221면; 서민, 133면; 김형배, 597면). 그러나 소수설과 판례는 확정일자 있는 양도통지가 채무자에게 도달한 일시의 선후에 의하여 그 우열을 결정하여야 한다고 한다(대판 1994.4.26, 93다24223; 이은영, 629면; 정기웅, 380면). 생각건대 통지에는 의사표시에 관한 규정이 유추적용되므로, 채무자에게 도달한 때에 대항력이 발생한다. 그러므로 통지가 채무자에게 도달한 선후에 의한 것이 타당할 것이다. 다만 지명채권의 양도통지나 승낙이 확정일자 없는 증서에 의하여 이루어짐으로써 제3자에 대한 대항력을 갖추지 못하였으나 그 후 그 증서에 확정일자를 얻은 경우, 양도통지나 승낙이 있었으므로 '확정일자'를 기준으로 제3자에 대한 대항력을 취득한다(대판 2006.9.14, 2005다45537; 대판 2004.7.8, 2004다17481).

3) 확정일자 있는 증서에 의한 제1 · 제2의 양도통지가 동시에 도달한 경우

확정일자 있는 채권양도의 통지와 그 채권에 대한 가압류 또는 압류명령이 제3채무자에게 동시에 도달하여 우열이 없는 경우, ① 채권양수인, 가압류 또는 압류채권자는 모두 제3채무자에 대하여 완전한 대항력을 갖추고 있으므로, 제3채무자는 어느 누구에 대하여도 유효하게 변제할 수 있고, 만일 양수채권액과 가압류 또는 압류된 채권액의 합계액이 제3채무자에 대한 채권액을 초과할 때에는 그들 상호간에는 법률상의 지위가 대등하므로, 변제를 받은 자는 공평의 원칙상 각 채권액에 안분하여 이를 내부적으로 다시 정산할 의무가 있다(대판 1994.4.26, 93다24223). ② 제3채무자는 송달의 선후가 불명한 경우에 준하여 채권자를 알 수 없다는 이유로 변제공탁을 할 수 있고, 민사집행법 제291조, 제248조 1항에 의하여 가압류에 관련된 금전채권에 대한 집행공탁을 할 수도 있으며, 위와 같은 사유를 들어 채권자 불확지 변제공탁과 집행공탁을 합한 혼합공탁을 할 수도 있다(대판 2013.4.26, 2009다89436).

4) 제1 · 제2의 양도 모두 단순한 통지의 경우

양수인 상호간에 우열이 없지만 채무자는 양수인 중 한 사람을 선택하여 유효한 변제를 할 수 있다는 견해(김형배, 661면)와 먼저 통지와 승낙이 있는 양수인이 우선한다는 견해(김상용, 403면)가 있다. 생각건대 양도통지가 채무자에게 도달한 때에 대항력이 발생하므로, 통지가 채무자에게 도달한 선후에 의하여 결정하여야 할 것이다.

판 례

압류 및 추심명령 당시 피압류채권이 이미 대항요건을 갖추어 양도되어 그 명령이 효력이 없는 것이 되었다면, 그 후의 사해행위취소소송에서 채권양도계약이 취소되어 채권이 원채권자에게 복귀하였다고 하더라도 이미 무효로 된 압류 및 추심명령이 다시 유효로 되는 것은 아니다(대판 2020.10.15, 2019다235702).

(라) 이중채권양도와 제2양수인의 채권취득 여부

1) 채권양도가 유효하기 위해서는 양도인이 채권을 처분할 수 있는 권한을 가지고 있어야 한다. 처분권한 없는 자가 지명채권을 양도한 경우, 특별한 사정이 없는 한 채권양도로서 효력을 가질 수 없으므로 양수인은 채권을 취득하지 못한다(대판 2016.7.14, 2015다46119).

2) 양도인이 지명채권을 제1양수인에게 1차로 양도한 다음 제1양수인이 그에 따라 확정일자 있는 증서에 의한 대항요건을 적법하게 갖추었다면 이로써 채권이 제1양수인에게 이전하고 양도인은 채권에 대한 처분권한을 상실하므로, 그 후 양도인이 동일한 채권을 제2양수인에게 양도하였더라도 제2양수인은 채권을 취득할 수 없다. 이 경우 양도인이 다른 채무를 '담보'하기 위하여 제1차 양도계약을 하였더라도 '대외적'으로 채권이 제1양수인에게 이전되어 제1양수인이 채권을 취득하게 되므로 그 후에 이루어진 제2차 양도계약에 따라 제2양수인이 채권을 취득하지 못하게 됨은 마찬가지이다(대판 2016.7.14, 2015다46119).

또한 '제2차 양도계약 후' 양도인과 제1양수인이 제1차 양도계약을 '합의해지'한 다음 제1양수인이 그 사실을 채무자에게 통지함으로써 채권이 다시 양도인에게 귀속하게 되었더라도 특별한 사정이 없는 한 양도인이 처분권한 없이 한 제2차 양도계약이 채권양도로서 유효하게 될 수는 없으므로, 그로 인하여 제2양수인이 당연히 채권을 취득하게 된다고 볼 수는 없다(대판 2016.7.14, 2015다46119).

Ⅲ. 증권적 채권의 양도

1. 서 설

증권적 채권이란 채권이 증권으로 화체(化體)되어, 채권의 성립·존속·행사·양도 등 모든 것이 그 증권에 의하여 행해지는 것으로서, 유가증권의 일종이다. 증권적 채권은 채권자를 결정하는 방법에 따라 기명채권·지시채권·무기명채권·지명소지인출급채권으로 나누어지는데, 이중에 기명채권에 관하여 명문의 규정이 없다. 기명채권이란 증권상에 특정되어 있는 채권자에게 변제하여야 하는 증권적 채권으로, 유통성이 적을 뿐만 아니라 양도금지의 특약을 붙일 수도 있다. 기명채권의 양도는 당사자 사이의 양도합의와 증권의 교부로 성립한다는 점에서 지명채권의 양도와 구별된다.

2. 지시채권의 양도

(1) 의 의

지시채권은 특정인 또는 그가 지시(배서·양도)하는 자에게 변제하여야 하는 증권적 채권이다. 어음(어음법 제11조, 제77조)·수표(수표법 제14조)·화물상환증(상법 제130조)·창고증권(상법 제157조)·선하증권(상법 제820조) 등이 지시채권에 해당한다. 이와 같은 지시채권에는 어음법·수표법·상법이 적용되고, 민법상의 지시채권의 예는 없으므로, 민법의 지시채권에 관한 규정은 실질적으로 독자적인 존재의의를 가지지 못한다.

(2) 지시채권의 양도

(가) 양도방법

지시채권의 양도는 그 증서에 배서하여 양수인에게 교부하는 방식으로 행하여진다(제508조). 즉 양도인과 양수인 사이의 지시채권 양도의 '합의'와 그 증권의 '배서·교부'가 있어야 한다. 이때 증서의 배서·교부는 지시채권 양도의 대항요건이 아니라 성립요건이다.

(나) 배 서

1) 배서의 방식

배서는 증서 또는 그 보충지에 그 뜻을 기재하고 배서인이 서명 또는 기명날인함으로써 이를 한다(제510조 1항).

2) 배서의 종류

가) 기명식 배서

피배서인(양수인)의 이름을 기재하는 배서를 말하며(제510조 2항의 반대해석), 정식배서라고도 한다.

나) 약식배서

배서는 기명식 배서가 원칙이지만, 피배서인을 지정하지 않고 하는 배서를 약식배서라 하며(제510조 2항), 백지식 배서 또는 무기명배서라고도 한다. 약식배서의 처리방식에는 3가지가 있다. 즉 증서의 소지인은 ① 자기나 타인의 명칭을 피배서인으로 기재할 수 있고(제511조 1호), ② 약식으로 또는 타인을 피배서인으로 표시하여 다시 증서에 배서할 수 있으며(제511조 2호), ③ 피배서인을 기재하지 않고 배서 없이 증서를 제3자에게 교부하여 양도할 수 있다(제511조 3호).

다) 소지인출급배서

소지인출급배서는 증권의 소지인에게 지급할 뜻을 기재한 배서를 말하는데, 약식배서와 같은 효력을 갖는다(제512조).

라) 환 배 서

환배서(예: 甲→乙→丙→乙)는 채무자(발행인·배서인·보증인 등)를 피배서인으로 하는 배서이다(제509조 1항). 환배서가 있는 때에 채권은 혼동으로 소멸하지 않으며, 피배서인인 채무자는 다시 배서하여 양도할 수 있다(제509조 2항).

3) 배서의 효력

민법은 배서의 효력으로 권리이전적 효력과 자격수여적 효력을 인정하고 있지만, 어음법 및 수표법이 배서의 효력으로 인정하는 담보적 효력은 인정하지 않고 있다.

가) 권리이전적 효력

지시채권은 증서에 배서하고 이를 양수인에게 교부함으로써 그 채권이 양수인에게 이전되므로(제508조), 배서는 채권을 피배서인에게 이전하게 하는 효력이 있다.

나) 자격수여적 효력

배서가 연속되어 있을 때에 증서상에 피배서인으로 기재된 자가 그 증서(지시채권증권)를 소지하고 있으면, 그 소지인을 그 증서상의 권리자로서의 자격이 인정된다. 이를 자격수여적 효력이라 한다(제513조). 여기서 배서의 연속이란 최초의 권리자가 제1배서인이 되고 제1배서의 피배서인이 제2배서인이 되는 것처럼, 현재의 소지인에 이르기까지 배서가 단절됨이 없이 연속된 경우를 말한다. 또한 최후의 배서가 약식인 경우에는 증서의 소지인을 채권자로 보며(제513조 1항), 약식배서 다음에 다른 배서가 있으면 그 배서인은 약식배서로 증서를 취득한 것으로 본다(제513조 2항). 그 밖에 말소된 배서는 배서의 연속에 관하여 그 기재가 없는 것으로 본다(제513조 3항).

(다) 양수인의 보호 — 거래안전의 보호

1) 인적 항변의 제한

(i) 증권적 채권은 유통성을 본질로 하므로, 지시채권의 채무자는 소지인의 전자에 대한 인적 관계의 항변으로 소지인에게 대항하지 못한다(제515조 본문). 예컨대 乙이 甲으로부터 물건을 매수하고, 매매대금의 지급을 위해 약속어음을 발행하여 교부하였는데 매매계약이 무효인 경우, 甲이 乙에게 약속어음상의 금액의 지급을 청구하는 때에 乙은 매매계약이 무효라는 항변을 할 수 있다. 그러나 甲이 위 약속어음을 丙에게 배서·교부한 때에, 乙은 甲에 대한 항변을 가지고 丙에게 대항하지 못한다. 이와 달리 丙이 乙을 해함을 알고 그 약속어음을 취득한 때에, 乙은 甲에 대한 항변을 가지고 丙에게 대항할 수 있다(제515조 단서).

(ii) 한편 채무자는 모든 증서소지인에 대하여 대항할 수 있는 물적 항변(物的 抗辯), 즉 증서에 기재된 사항에 기한 항변(예: 방식의 흠결, 시효소멸, 만기의 미도래 등에 기한 항변)을 가지고 소지인에게 대항할 수 있다.

2) 선의취득

소지인이 증서를 취득할 때, 양도인이 무권리자임을 알지 못하고(선의) 또 알지 못한 데에 중대한 과실이 없으면 그 증권상의 권리를 취득한다(제514조). 지시채권증서의 선의취득은 동산의 선의취득(제249조)과 그 취지를 같이하지만, 경과실의 경우에도 선의취득이 인정되며 도품·유실물에 관한 특칙(제250조)이 적용되지 않는다.

판 례

(ㄱ) 어음의 선의취득으로 인하여 치유되는 하자의 범위, 즉 양도인의 범위는 양도인이 무권리자인 경우뿐만 아니라 대리권의 흠결이나 하자 등의 경우도 포함된다(대판 1995.2.10, 94다55217).

(ㄴ) 주권의 선의취득은 양도인이 무권리자인 경우뿐만 아니라 무권대리인인 경우에도 인정된다(대판 1997.12.12, 95다49646).

(라) 채무자의 보호

채무자는 배서의 연속 여부를 조사할 의무가 있으며, 배서인의 서명 또는 날인의 진위나 소지인의 진위를 조사할 권리는 있으나 의무는 없다(제518조 본문). 따라서 채무자가 이러한 조사를 하지 않음으로써 진정한 채권자 아닌 자에게 변제한 경우에도 유효한 변제로 된다. 그러나 채무자가 변제하는 때에 소지인이 권리자가 아님을 알았거나 중대한 과실로 알지 못한 때에는 그 변제는 무효이다(제518조 단서).

(3) 지시채권의 변제

(가) 변제의 장소

증서에 변제장소를 정하지 않은 때에는 채무자의 현 영업소를 변제장소로 한다. 영업소가 없는 때에는 현주소를 변제장소로 한다(제516조).

(나) 증서의 제시와 이행지체

증서에 변제기한이 있는 경우에도 그 기한이 도래한 후에 소지인이 증서를 제시하여 이행을 청구한 때부터 채무자는 지체책임이 있다(제517조). 그러나 백지어음을 백지의 보충 없이 제시한 경우에 채무자는 이행지체의 책임을 지지 않는다(대판 1970.3.10, 69다2184).

(다) 변제와 증서

채무자는 증서와 교환하여서만 변제할 의무가 있다(제519조). 지시채권을 자동채권으로 상계한 때에도 채권자는 상계의 의사표시와 함께 증서를 채무자에게 제시하여야 한다(대판 1971.6.29, 71다1047). 또한 채무자는 변제하는 때에 소지인에 대하여 증서에 영수를 증명하는 기재를 할 것을 청구할 수 있다(제520조 1항). 일부 변제의 경우에 채무자의 청구가 있으면, 채권자는 증서에 그 뜻을 기재하여야 한다(제520조 2항).

(4) 증서의 멸실 · 상실

멸실한 증서나 소지인의 점유를 이탈한 증서는 공시최고의 절차에 의하여 무효로 할 수 있다(제521조). 공시최고의 신청이 있는 때에는 채무자로 하여금 채무의 목적물을 공탁하게 할 수 있고, 소지인이 상당한 담보를 제공하면 변제하게 할 수 있다(제522조).

3. 무기명채권의 양도

무기명채권이란 증서면에 권리자의 이름이 표시되어 있지 않고, 증권의 정당한 소지인에게 변제하여야 하는 증권적 채권을 말한다. 예컨대 무기명사채·무기명주식·상품권·기차표·버스승차권·극장의 입장권·시중은행의 양도성예금증서(대판 2000.3.10, 98다29735) 등이 이에 속한다. 무기명채권의 양도는 지시채권과 달리 특정의 채권자가 증서면에 기재·표시되어 있지 않다는 점에서 배서를 요하지 않고, 양수인에게 그 증서를 교부함으로써 이루어진다(제523조). 그 밖에 무기명채권은 성질상 지시채권과 다를 것이 없으므로, 배서를 제외한 지시채권의 양도에 관한 규정(제514조-제522조)이 무기명채권에 준용된다(제524조).

4. 지명소지인출급채권의 양도

지명소지인출급채권이란 증서에 기재된 특정인 또는 증서의 소지인에게 변제하여야 하는 증권적 채권을 말한다. 이것은 증서의 소지인에게 변제하면 되는 점에서 무기명채권과 동일하므로, 제525조는 지명소지인출급채권에 대하여 무기명채권과 같은 효력을 인정하고 있다.

5. 면책증서

면책증서란 휴대품 예치증·철도의 수하물상환증·음식점의 신발표 등과 같이 채무자가 증서의 소지인에게 선의로 변제하면, 비록 소지인이 정당한 권리자가 아닌 경우에도 면책되는 효력을 가지는 증서를 말한다. 면책증서는 유통을 목적으로 하지 않는 증서로 채권이 증권에 화체된 증권적 채권이 아니며, 면책증서가 없더라도 채권자는 자기가 채권자라는 사실을 증명할 수 있으면 채권을 행사할 수 있다. 그런데 민법은 면책증서가 증권적 채권과 유사한 성질을 가지고 있다는 이유로, 지시채권에 관한 규정 중 변제의 장소(제516조)·증서의 제시와 이행지체(제517조)·영수기입청구권(제520조)의 규정을 면책증권에 준용하고 있다(제526조).

제 3 절 채무인수

영업을 양도하거나 저당권이 설정된 부동산을 매도하는 경우에 매수인이 영업상의 채무 또는 저당채무를 인수하는 사례가 있다. 이러한 채무인수(Schuldübernahme)에는 면책적 채무인수와 병존적 채무인수가 있다. 협의로 채무인수라 할 때에는 면책적 채무인수를 가리키며, 민법은 이에 관하여 규정을 두고 있다. 판례는 채무인수가 면책적 채무인수인지 병존적 채무인수인지가 분명하지 않은 때에는 병존적 채무인수로 보고 있다(대판 2002.9.24, 2002다36228; 대판 1988.5.24, 87다카3104).

Ⅰ. 면책적 채무인수

1. 서 설

(1) 의 의

면책적 채무인수(befreiende Schuldübernahme)는 채무의 동일성을 유지하면서 채무가 채무자로부터 제3자(인수인)에게 이전되는 것으로서, 계약에 의해 이루어진다. 채무인수에 의해 종전의 채무자는 채무를 면하고 인수인이 그 동일한 채무를 부담하므로, 법률행위에 의한 채무자 교체에 해당한다. 채무의 이전은 법률규정에 의해 생기는 경우도 있으나(예: 상속(제1005조), 포괄유증(제1078조), 회사의 합병(상법 제235조, 제530조) 등) 이러한 것은 채무인수가 아니며, 계약에 의한 채무이전만이 채무인수에 해당한다. 그 밖에 채무인수의 경우에 채무자는 변경되지만 종전의 채무는 그 동일성을 유지하면서 인수인에게 이전된다는 점에서, 채무자의 변경으로 인해 종전의 채무가 소멸하는 경개(제501조)와 구별된다.

(2) 성 질

(가) 의무부담행위 및 처분행위

채무인수는 계약에 의해 성립하는데(낙성·불요식 계약), 채무인수계약의 당사자가 누구인가에 따라서 인수계약의 법적 성질이 다르게 된다. 즉 채권자·인수인 사이의 계약(제453조 1항 본문) 또는 채권자·채무자·인수인의 3면 계약에 의한 인수계약에는 인수인이 채권자에게 종전의 채무자가 부담한 채무와 동일한 채무를 부담하는 의무부담행위(채권행위)와 채권자가 채권을 처분(채무에 대한 귀속주체의 변경)한다고 하는 의미에서 처분행위(준물권행위)가 결합되어 있다. 그러나 채무자·인수인 사이의 계약에 의하여 채무인수가 되는 때에는 채권자의 승낙이 있어야 그 효력이 생기므로(제454조 1항), 채무인수계약 그 자체는 의무부담행위(채권행위)이고, 채권자의 승낙은 처분행위(준물권행위)의 성질을 갖는다.

(나) 채무인수의 독자성과 무인성

채무인수는 채무이전 자체를 목적으로 하는 처분행위로서, 채무인수를 하게 된 원인된 법률관계(채무자와 인수인 사이의 기초적 법률행위)와는 구별되는 독자성을 지닌다(김형배, 620면; 정기웅, 396면). 또한 기초적 법률행위와 채무인수는 별개의 법률행위이므로, 채무자와 인수인 사이의 기초적 법률행위에 기한 항변사유로 채무인수로 이미 이해관계를 가지게 된 채권자에게 대항할 수 없다. 다시 말하면 채무인수는 원칙적으로 기초적 법률행위와 무인관계에 있다(김형배, 620면). 예컨대 乙이 甲 소유의 부동산을 매수하면서 매매대금의 지급에 갈음하여 甲이 丙에게 부담하는 채무를 인수하기로 丙과 채무인수계약을 체결한 경우, 甲과 乙 사이의 매매계약 무효·취소는 乙과 丙 사이의 채무인수계약에 아무런 영향을 주지 않는다.

2. 성립요건

(1) 인수되는 채무가 유효하게 존재할 것

채무가 유효하게 성립·존재하여야 한다. 조건부·기한부 채무도 이미 성립된 채무로서 인수의 대상이 되고, 또한 불완전채무나 장래의 채무도 인수할 수 있다(통설).

(2) 인수되는 채무가 이전할 수 있을 것

채무인수가 성립하기 위해서는 인수되는 채무가 이전할 수 있는 것이어야 한다. 원칙적으로 채무의 이전성은 인정되지만, 다음과 같은 채무는 이전성이 없다.

(가) 채무의 성질에 의한 제한

채무의 성질이 인수를 허용하지 않는 것일 때에는 그 채무를 인수하지 못한다(제453조 1항 단서). 예컨대 채무자가 변경되면 그 급부의 내용이 전혀 달라지는 부대체적 작위채무(예: 그림을 그리거나 음악을 연주하기로 하는 채무), 채무이행에 현저한 차이가 생기는 채무(예: 노무자의 노무제공의무(제657조 2항)·수임인의 의무(제682조)·임치인의 보관의무(제701조) 등) 또는 특정의 채무자와의 사이에서 지급·처리되어야 할 특별한 사유가 있는 채무(예: 상호계약에 산입된 채무)는 제3자가 인수할 수 없다.

(나) 당사자의 의사표시에 의한 제한

명문의 규정이 없지만, 채권자와 채무자가 인수금지의 특약을 한 경우에 그러한 특약은 유효하고, 이때에는 채무인수가 허용되지 않는다. 다만 그러한 특약은 선의의 제3자에게 대항하지 못한다(제449조 2항 단서 유추적용).

(3) 당사자 사이에 채무인수계약이 성립할 것

채무인수계약은 당사자 사이의 채무인수의 합의가 있어야 하는데, 인수계약의 당사자에는 채권자·채무자·인수인이 모두 당사자가 되는 경우, 채권자와 인수인이 당사자인 경우 및 채무자와 인수인이 당사자인 경우가 있다.

(가) 채권자 · 채무자 · 인수인 사이의 3면 계약

명문의 규정이 없지만, 계약자유의 원칙상 당사자가 동시에 또는 순차적으로 3면 계약으로 채무를 이전할 수 있다.

(나) 채권자 · 인수인 사이의 계약

1) 채권자와 인수인 사이의 계약이 채무인수의 기본형태로서, 채무소멸이 채무자에게 이익이 되므로 채무자의 동의나 수익의 의사표시는 필요로 하지 않는다. 그러나 이해관계 없는 제3자는 채무자의 의사표시에 반하여 채무를 인수하지 못한다(제453조 2항). 따라서 이해관계 있는 제3자, 즉 불가분채무자·연대채무자·보증인·물상보증인·담보물의 제3취득자 등은 채무자의 의사에 반해서도 채무를 인수할 수 있다. 주의할 것은 면책적 채무인수는 채무자의 의사에 반하여 인수하지 못하지만, 병존적 채무인수는 채무자의 의사에 반하여도 할 수 있다

는 점이다(대판 1988.11.22, 87다카1836; 곽윤직, 233면; 김증한/김학동, 327면; 김상용, 421면).

2) 채무인수가 채무자의 의사에 반하는지 여부는 인수계약 당시를 표준으로 하여 결정하여야 한다. 채무자의 의사에 반한다는 사실을 누가 증명을 하여야 하는지에 관하여, ① 채무자의 의사에 반한다는 사실을 주장하는 자가 증명하여야 한다는 견해(곽윤직, 230면; 임정평, 400면), ② 채무자가 증명책임을 부담한다는 견해가 있다(김형배, 624면; 김상용, 421면; 정기웅, 398면; 김증한/김학동, 323면). 판례는 채무자의 의사에 반한다는 사실을 주장하는 자가 증명하여야 한다고 한다(대판 1966.2.22, 65다2512).

(다) 채무자 · 인수인 사이의 계약

1) 채무인수는 채무자와 인수인 사이의 계약으로 할 수 있다. 그러나 이때에 채권자의 승낙이 있어야 채무인수의 효력이 생긴다(제454조 1항). 즉 채권자의 승낙은 채무인수의 효력발생요건이다. 따라서 채권자가 승낙을 거절한 때에는 채무인수로서 효력은 발생하지 않고, 이행인수로서의 효력이 있다. 예컨대 부동산매수인이 매매목적물에 관한 임대차보증금반환채무 등을 인수하는 한편 그 채무액을 매매대금에서 공제하기로 약정한 경우, 그 인수는 특별한 사정이 없는 한 채권자의 승낙이 없으므로 매도인을 면책시키는 면책적 채무인수가 아니라 이행인수에 해당한다(대판 1997.6.24, 97다1273). 이와 같이 채권자의 승낙을 효력발생요건으로 한 것은 채무자와 인수인 사이의 계약으로 채무자가 변경되고, 따라서 책임재산의 변경이 생겨 채권자의 이익을 해할 우려가 있기 때문이다.

2) 채권자의 승낙 또는 거절은 채무자나 인수인 가운데 누구에게 하여도 무방하다(제454조 2항). 채권자가 승낙을 거절하면 그 이후에는 채권자가 다시 승낙하여도 채무인수로서의 효력이 생기지 않는다(대판 1998.11.24, 98다33765). 승낙은 명시적으로뿐만 아니라 묵시적으로도 할 수 있으며, 채권자가 직접 채무인수인에 대하여 인수채무금의 지급을 청구한 것은 묵시적인 승낙에 해당한다(대판 1989.11.14, 88다카29962).

한편 인수인이나 채무자는 상당한 기간을 정하여 승낙 여부의 확답을 채권자에게 최고할 수 있고(제455조 1항), 채권자가 그 기간 내에 확답을 발송하지 않은 때에는 거절한 것으로 본다(제455조 2항). 그 밖에 채무자나 인수인은 채권자의 승낙이 있을 때까지 채무인수계약을 철회하거나 변경할 수 있다(제456조). 그러나 채권자의 승낙이 있는 후에는 임의로 철회하지 못하고 채권자의 승낙이 있어야 철회할 수 있다(대판 1962.5.17, 62다161; 곽윤직, 230면; 김상용, 422면; 정기웅, 398면).

3) 채권자의 채무인수에 대한 승낙은 다른 의사표시가 없으면 인수계약시에 소급하여 효력이 발생한다(제457조 본문). 그러나 그 소급효는 제3자를 해하지 못한다(제457조 단서). 여기서 '제3자'란 인수계약 후 채권자의 승낙이 있기 전까지 종전의 채무자에 대해 이해관계를 가지는 자를 말하는데, 예컨대 채권자대위권을 행사하여 채무자의 재산을 압류한 채권자의 채권자가 이에 해당한다(민형기, 민법주해(X), 639면).

3. 효 과

(1) 동일성의 유지

(가) 채무의 이전

1) 채무인수에 의해 채무는 그 '동일성'을 유지하면서 종전의 채무자로부터 인수인에게 이전된다. 따라서 ① 종전의 채무자는 채무를 면하고 인수인이 채무를 부담한다. ② 이자채무나 위약금채무와 같은 종된 채무도 원칙적으로 이전한다(제100조 2항 유추적용). 다만 이미 구체적으로 발생한 이자채무는 독립성을 가지는 결과, 채무인수에 의하여 당연히 인정되지는 않는다. ③ 인수채무가 원래 5년의 상사시효의 적용을 받던 채무라면 그 후 면책적 채무인수에 따라 그 채무자의 지위가 인수인으로 교체되었더라도 그 소멸시효의 기간은 여전히 5년의 상사시효가 적용되며, 채무인수행위가 상행위나 보조적 상행위에 해당하지 않더라도 마찬가지이다(대판 1999.7.9, 99다12376). 다만 채무인수가 있으면 인수인의 입장에서는 채무를 승인(제168조 3호)한 것이 되므로, 인수 당시 그 채무의 소멸시효는 중단된다(대판 1999.7.9, 99다12376).

2) 채무인수에 의한 채무이전의 효과는 채무인수계약의 효력이 발생한 때에 생긴다. 그러나 채무자·인수인 간의 계약에 의한 채무인수의 경우에는 채권자의 승낙으로 효력이 생기며(제454조 1항), 채무이전의 효과는 인수계약이 성립한 때에 소급하여 발생하지만(제457조 본문), 그 소급효로 제3자의 권리를 해하지 못한다(제457조 단서).

(나) 항변권의 이전

채무인수에 의해 채무는 그 동일성을 유지하면서 종전 채무자로부터 인수인에게 이전되므로, 종전 채무자가 채권자에게 갖는 항변사유(예: 채무의 불성립·무효·취소·동시이행의 항변권 등)는 인수인도 주장할 수 있다(제458조). 가령 도급계약에서 완성된 목적물에 하자가 있는 때에는 도급인은 수급인에 대하여 하자의 보수를 청구할 수 있고 그 하자의 보수에 갈음하여 또는 보수와 함께 손해배상을 청구할 수 있으며(제667조 1항, 2항), 이들 청구권은 수급인의 공사대금채권과 동시이행관계에 있으므로(제667조 3항, 제536조), 수급인의 하수급인에 대한 하도급 공사대금채무를 인수한 도급인은 수급인이 하수급인과 사이의 하도급계약상 동시이행의 관계에 있는 수급인의 하수급인에 대한 하자보수청구권 내지 하자에 갈음한 손해배상채권 등에 기한 동시이행의 항변으로써 하수급인에게 대항할 수 있다(대판 2007.10.11, 2007다31914). 다만 채무인수는 채무의 이전이지 채무자 지위의 이전이 아니므로, 계약당사자의 지위에서 인정되는 채무자의 취소권·해제권 및 상계권은 인수인에게 이전되지 않는다.

한편 인수인은 종전 채무자가 채권자에게 가지는 반대채권으로 상계하지 못한다. 반대채권은 채무자의 권리에 속하는 것이기 때문이다. 물론 인수인이 채권자에 대해 반대채권이 있는 경우에는 자신의 인수채무와 상계할 수 있다.

판 례

채무인수계약은 구 채무자의 채무의 동일성을 유지하면서 신 채무자가 이를 부담하는 것이므로 특별한 의사표시가 없으면 채무인수자의 구 채무자에 대한 항변사유로서는 채권자에게 대항할 수는 없다고 해석된다(대판 1966.11.29, 66다1861).

(2) 보증·담보물권의 수반 여부

(가) 약정담보의 경우

1) 제3자가 제공한 담보

채무인수에 의해 채무는 그 동일성을 유지하면서 인수인에게 이전되지만, 제3자가 제공한 담보는 그것이 보증이든 담보물권이든 채무인수로 인하여 원칙적으로 소멸한다(제459조 본문). 채무자의 변경으로 인해 채무자의 자력에 변화가 생김으로써 보증인이나 물상보증인에게 불이익을 줄 염려가 있기 때문이다. 그러나 보증인 또는 물상보증인이 채무인수에 동의한 때에는 보증 및 그가 제공한 담보는 소멸하지 않는다(제459조 단서). 여기서 동의는 새로운 담보설정행위를 의미하는 것이 아니고, 담보관계의 이전에 대한 의사표시이다(대판 1996.10.11, 96다27476). 따라서 물상보증인이 인수인이 되는 경우(즉 피담보채무를 인수한 때)에는 동의한 것으로 해석되므로, 물상보증인이 제공한 물적 담보는 그대로 존속한다(곽윤직, 231면; 김상용, 423면; 김형배, 628면; 김증한/김학동, 325면).

판 례

물상보증인이 근저당권 채무자의 계약상 지위를 인수한 것이 아니라, 다만 그 채무만을 면책적으로 인수하고 이를 원인으로 하여 근저당권 변경의 부기등기가 경료된 경우, 특별한 사정이 없는 한 그 변경등기는 당초 채무자가 근저당권자에 대하여 부담하고 있던 것으로서 물상보증인이 인수한 채무만을 그 대상으로 하는 것이지, 그 후 채무를 인수한 물상보증인이 다른 원인으로 근저당권자에 대하여 부담하게 된 새로운 채무까지 담보하는 것으로 볼 수는 없다(대판 2002.11.26, 2001다73022; 대판 1999.9.3, 98다40657). 한편 근저당권은 당사자 사이의 계속적인 거래관계로부터 발생하는 불특정채권을 어느 시기에 계산하여 잔존하는 채무를 일정한 한도액 범위 내에서 담보하는 저당권으로서 보통의 저당권과 달리 발생 및 소멸에 있어 피담보채무에 대한 부종성이 완화되어 있는 관계로 피담보채무가 확정되기 이전이라면 채무의 범위나 또는 채무자를 변경할 수 있는 것이고, 채무의 범위나 채무자가 변경된 경우에는 당연히 변경 후의 범위에 속하는 채권이나 채무자에 대한 채권만이 당해 근저당권에 의하여 담보되고, 변경 전의 범위에 속하는 채권이나 채무자에 대한 채권은 그 근저당권에 의하여 담보되는 채무의 범위에서 제외된다(대판 1999.5.14, 97다15777,15784).

2) 채무자가 제공한 담보

채무자가 자신의 물건에 담보물권을 설정한 경우에 대하여 명문의 규정이 없다. 그러나 채권자와 인수인간의 계약으로 채무인수가 이루어진 경우에 채무자가 제공한 담보는 소멸하지만, 채무자와 인수인 사이에 또는 3면 계약으로 채무인수가 발생한 때에는 담보제공자인 채무자가 채무인수에 동의한 것으로 보아 제459조 단서를 유추적용하여 그대로 존속한다고 할 것이다(통설).

(나) 법정담보의 경우

법정담보권인 유치권·법정질권·법정저당권 등은 법정채무의 보전을 위하여 법률상 당연히 성립하는 것이므로, 채무가 인수되어도 아무런 영향을 받지 않는다.

Ⅱ. 병존적 채무인수

1. 서 설

(1) 의 의

병존적 채무인수(kumulative Schuldübernahme)는 기존의 채무관계는 그대로 유지하면서 제3자가 채무자로 들어와 종래의 채무자와 더불어 동일한 내용의 채무를 부담하는 것으로, 중첩적 채무인수라고도 한다. 병존적 채무인수에 대한 명문의 규정이 없지만, 채무자가 추가되어 채권의 담보기능을 수행한다는 점에서 실제로는 면책적 채무인수에 비해 더 많이 이용되고 있다. 병존적 채무인수계약이 성립하였는지 여부는 의사표시해석을 통해 판단하여야 한다. 판례는 금전소비대차계약으로 인한 채무에 관하여 제3자가 채무자를 위하여 약속어음을 발행한 경우(대판 1998.3.13, 97다52493), 계약당사자 사이에서 당사자 일방이 상대방의 제3자에 대한 채무를 변제하여 주기로 약정한 경우(대판 1996.12.23, 96다33846)를 병존적 채무인수로 보고 있다. 그 밖에 채무인수가 면책적인지 병존적인지 불분명한 때에는 병존적 채무인수로 해석하고 있다(대판 2002.9.24, 2002다36228). 면책적 채무인수의 경우에는 주채무자가 채무를 면하게 되는 만큼 그것의 인정은 신중하여야 하기 때문이다.

(2) 성 질

병존적 채무인수에서는 채무가 동일성을 유지하면서 채무자로부터 인수인에게 이전되지 않는다. 그러므로 병존적 채무인수는 처분행위가 아니라 단순한 채권행위 내지 의무부담행위의 성질을 가진다.

판 례

상법 제724조 2항에 의하여 피해자가 보험자에게 갖는 직접청구권은 보험자가 피보험자의 피해자에 대한 손해배상채무를 병존적으로 인수한 것으로서(대판 2000.12.8, 99다37856) 피해자가 보험자에 대하여 가지는 손해배상청구권이므로, 민법 제766조 제1항에 따라 피해자 또는 그 법정대리인이 그 손해 및 가해자를 안 날부터 3년간 이를 행사하지 아니하면 시효로 인하여 소멸한다(대판 2005.10.7, 2003다6774).

2. 병존적 채무인수의 요건

(1) 채무가 존재하고 채무의 내용이 제3자에 의한 이행이 가능할 것

병존적 채무인수가 성립하기 위해서는 채무자의 채무가 성립·존속하여야 하고, 채무의 내용이 채무자 이외의 제3자에 의해서도 이행될 수 있는 성질의 것이어야 한다. 따라서 전속적·부대체적 급부를 목적으로 하는 채무는 병존적 채무인수의 대상이 될 수 없다.

(2) 당사자 사이에 채무인수계약이 존재할 것

채무인수는 채권자·채무자·인수인의 3면 계약으로 성립할 수 있고, '채권자와 인수인간의 계약'으로 발생할 수 있다. 면책적 채무인수의 경우에는 이해관계 없는 제3자는 채무자의 의사에 반하여 채무를 인수하지 못하지만(제453조 2항), 병존적 채무인수는 사실상 인적 담보의 기능을 가지는 점에서 보증채무의 경우(제444조 2항)에 준하여 채무자의 의사에 반하여도 할 수 있다(곽윤직, 233면; 김상용, 425면; 김형배, 631면; 정기웅, 401면). 그러나 이해관계 없는 제3자는 채무자의 반대의사가 있으면 제453조 2항을 유추적용하여 병존적 채무인수도 할 수 없다는 견해가 있다(이은영, 641면). 판례는 채권자와 인수인 사이의 계약으로 하는 병존적 채무인수는 순전히 채무자의 채무담보를 목적으로 한다는 이유로 채무자의 의사에 반하여도 할 수 있다고 한다(대판 1988.11.22, 87다카1836).

한편 '채무자와 인수인의 계약'에 의해서도 가능하며, 이때의 계약은 채권자로 하여금 직접 인수인에 대해 채권을 취득하게 하는 것으로서 일종의 제3자를 위한 계약이다(대판 1995.5.9, 94다47469). 그러므로 채권자의 수익의 의사표시(예: 청구 기타 채권자로서의 권리행사)를 필요로 한다(제539조 2항). 이러한 점에서 채무자에 대한 채권을 상실시키는 효과가 있는 '면책적 채무인수의 경우 채권자의 승낙을 계약의 효력발생요건'으로 보아야 하는 것과는 달리, 채무자와 인수인의 합의에 의한 '중첩적 채무인수의 경우 채권자의 수익의 의사표시는 그 계약의 성립요건이나 효력발생요건이 아니라 채권자가 인수인에 대하여 채권을 취득하기 위한 요건'이다(대판 2013.9.13, 2011다56033). 주의할 것은 인수인이 채무자와의 계약으로 채무자가 부담하는 채무의 이행을 인수하기로 한 경우는 '이행인수'이고, 병존적 채무인수가 아니라는 점이다.

3. 병존적 채무인수의 효과

(1) 채무자와 인수인의 관계

종전의 채무자는 자기 채무를 면하지 못하며, 인수인은 채무자의 채무와 병존하는 동일한 내용의 채무를 부담한다. 그런데 채무자의 채무와 인수인의 채무가 채권자에 대하여 대외적으로 어떤 관계에 있는지가 문제이다. 이에 대하여 ① 병존적 채무인수는 인수인의 이익을 위하여 부종성이 있는 보증채무로 이해하는 견해(김기선, 297면), ② 병존적 채무인수의 경우 대개 인수인과 채무자 사이는 주관적 공동의 목적을 가지며 동일한 내용의 이행의무이면서 1인의 이행으로 채무가 전부 소멸하므로 원칙적으로 연대채무관계로 이해하는 견해(이은영, 643면), ③ 민법상 연대채무에는 채무자의 1인에 관하여 생긴 사유에 절대적 효력을 인정하는 범위가 넓다는 이유로 부진정연대채무로 이해하는 견해가 있다(김증한/김학동, 328면; 김상용, 426면; 임정평, 405면). 판례는 중첩적 채무인수에서 인수인이 채무자의 부탁 없이 채권자와의 계약으로 채무를 인수하는 것은 매우 드문 일이므로 채무자와 인수인은 원칙적으로 주관적 공동관계가 있는 '연대채무관계'에 있고, 인수인이 채무자의 부탁을 받지 아니하여 주관적 공동관계가 없는 경우에는 '부진정 연대관계'에 있는 것으로 보아야 한다고 한다(대판 2009.8.20, 2009다32409).

생각건대 채무자와 인수인은 주종의 관계에 있는 것이 아니므로 보증채무로 이해하는 것은 적절하지 못하고, 또한 연대채무는 채무자의 1인에 관하여 생긴 사유가 다른 채무자에게 영향을 미치는 범위가 넓으므로, 병존적 채무인수를 일률적으로 연대채무로 보는 것은 당사자에게 예측하지 못하는 불합리한 결과가 생기므로 부당하다고 할 것이다. 그러므로 채무자와 인수인의 관계는 당사자의 의사와 구체적인 경우의 사정을 고려하여, 채무자의 부탁으로 인수인이 된 경우에는 당사자 사이에 상호보증적 변제공동체관계가 있으므로 연대채무로, 그러나 채무자의 부탁 없이 인수인이 된 경우에는 이러한 공동관계가 없으므로 부진정연대채무관계로 파악하여야 할 것이다(김형배, 633면; 정기웅, 402면).

판 례

(ㄱ) 중첩적 채무인수인이 채권자에 대한 손해배상채권을 자동채권으로 하여 채권자의 자신에 대한 그 채권에 대하여 대등액에서 상계의 의사표시를 하였다면, 연대채무자 1인이 한 상계의 절대적 효력을 규정하고 있는 제418조 1항에 의하여, 다른 연대채무자인 원채무자의 채권자에 대한 채무도 상계에 의하여 소멸되었다고 보아야 한다(대판 1997.4.22, 96다56443).

(ㄴ) 채권자와 보증인 사이에 보증인이 주채무를 중첩적으로 인수하기로 약정하였더라도 특별한 사정이 없는 한 보증인은 주채무자에 대한 관계에서는 종전의 보증인의 지위를 그대로 유지한다고 봄이 상당하므로, 채무인수로 인하여 보증인과 주채무자 사이의 주채무에 관련된 구상관계가 달라지는 것은 아니다(대판 2003.11.14, 2003다37730).

(2) 항변권의 이전

인수인은 채무자와 동일한 내용의 채무를 부담하므로, 인수 당시 채무자가 가진 일체의 항변사유를 가지고 채권자에게 대항할 수 있다.

(3) 담보권의 존속 여부

병존적 채무인수에서 채무자의 채무는 그대로 존재하므로, 면책적 채무인수와 달리 담보는 소멸하지 않는다.

Ⅲ. 채무인수와 유사한 제도

1. 이행인수

(1) 의 의

(가) 이행인수(Erfüllungsübernahme)는 채무자가 채권자에 대하여 부담하는 채무를 인수인이 이행하기로 한 채무자와 인수인 사이의 계약이다. 예컨대 부동산의 매수인이 매매목적물에 관한 근저당권의 피담보채무·가압류채무·임대차보증금 반환채무를 인수하면서 그 채무

액을 매매대금에서 공제하기로 약정한 경우, 다른 특별한 약정이 없는 한 채무인수가 아니라 이행인수에 해당한다(대판 2008.4.24, 2008다3053,3060; 대판 2015.5.29, 2012다84370). 설사 그것이 채무인수계약이라고 하더라도 이때는 채권자의 승낙이 있어야 그 효력이 생기므로(제454조 1항), 그 승낙이 없는 이상 이행인수에 지나지 않는다.

(나) 채무자와 인수인의 계약으로 체결되는 병존적 채무인수와 이행인수의 구별기준은 '계약 당사자에게 제3자 또는 채권자가 계약 당사자 일방 또는 인수인에 대하여 직접 채권을 취득하게 할 의사'가 있는지 여부에 달려 있다(대판 2008.3.27, 2006다40515; 대판 1997.10.24, 97다28698). 가령 ① 사업이나 부동산을 매수하는 사람이 근저당채무 등 그 부동산에 결부된 부담을 인수하고 그 채무액만큼 매매대금을 공제하기로 약정하는 경우, 인수의 대상으로 된 채무의 책임을 구성하는 권리관계도 함께 양도한 경우이거나 채무인수인이 그 채무부담에 상응하는 대가를 얻을 때에는 특별한 사정이 없는 한 원칙적으로 이행인수가 아닌 병존적 채무인수로 보아야 한다(대판 2008.3.13, 2007다54627). ② 부동산을 매매하면서 매도인과 매수인 사이에 중도금 및 잔금은 매도인의 채권자에게 직접 지급하기로 약정한 경우, 그 약정은 매도인의 채권자로 하여금 매수인에 대하여 그 중도금 및 잔금에 대한 직접청구권을 행사할 권리를 취득케 하는 제3자를 위한 계약에 해당하고 동시에 매수인이 매도인의 그 제3자에 대한 채무를 인수하는 병존적 채무인수에도 해당한다(대판 1997.10.24, 97다28698).

(2) 요 건

인수되는 채무는 제3자에 의한 변제가 허용되는 것이어야 하고, 채무자와 인수인 사이에 이행인수계약이 존재하여야 한다.

(3) 효 과

(가) 채무자는 인수인에 대하여 채권자에게 변제할 것을 청구할 수 있고, 인수인은 채무자에 대해서는 이를 이행할 의무를 부담하지만, 채권자에 대해서는 아무런 채무를 부담하지 않는다. 따라서 ① 인수인이 채무자의 채무를 이행하지 않으면 채무자에 대해서는 채무불이행이 되지만, 채권자는 인수인에 대해 직접 채무이행을 청구하지는 못한다. 다만 채권자는 채권자대위권에 의하여 채무자의 인수인에 대한 청구권을 대위행사할 수 있다(대판 2009.6.11, 2008다75072). ② 이행인수에 의해서는 채권자가 인수인에게 새로운 이해관계를 취득하는 것이 아니므로, 이행인수계약이 사기를 이유로 취소되는 경우 채권자는 선의의 제3자로 보호받을 수는 없다(대판 2005.1.13, 2004다54756).

(나) 소멸시효 중단사유인 채무의 승인은 시효이익을 받을 당사자나 대리인만 할 수 있으므로, 이행인수인이 채권자에 대하여 채무자의 채무를 승인하더라도 다른 특별한 사정이 없는 한 시효중단 사유가 되는 채무승인의 효력은 발생하지 않는다(대판 2016.10.27, 2015다239744).

(다) 부동산 매수인이 매매목적물에 관한 채무를 인수하고 그 채무액을 매매대금에서 공제하기로 약정한 경우, 매수인은 매매계약 시 인수한 채무를 현실적으로 변제할 의무를 부담하는 것은 아니며, 매수인이 매매대금에서 그 채무액을 공제한 나머지를 지급하면 매수인으로서의 매매대금채무는 이행한 것이 된다(대판 2008.4.24, 2008다3053,3060). 따라서 매수인이 인수채무를 현실적으로 변제하지 아니하였다 하더라도 매도인은 매매계약을 해제할 수 없다. 반면에 매수인이 인수채무를 이행하지 아니함으로써 매매대금의 일부를 지급하지 않은 것과 동일하다고 평가할 수 있는 특별한 사유가 있을 때에는 계약해제권이 발생한다(대판 2013.9.12, 2012다20703). 가령 매매목적물에 관한 근저당권의 피담보채무를 인수한 매수인이 인수채무의 일부인 근저당권의 피담보채무 변제를 게을리함으로써 매매목적물에 관하여 근저당권의 실행으로 임의경매절차가 개시되고 매도인이 경매절차의 진행을 막기 위하여 피담보채무를 변제하였다면, 매도인은 채무인수인에 대하여 손해배상채권을 취득하는 이외에 이 사유를 들어 매매계약을 해제할 수 있다(대판 2004.7.9, 2004다13083).

(라) 이행인수계약의 불이행으로 인한 손해배상의 범위는 원칙적으로 채무자가 채무의 내용에 따른 이행을 하지 않음으로써 생긴 통상의 손해를 한도로 한다. 매수인이 인수하기로 한 근저당권의 피담보채무를 변제하지 않아 원리금이 늘어났다면 그 원리금이 매수인의 이행인수계약 불이행으로 인한 통상의 손해액이 된다(대판 2021.11.25, 2020다294516).

판 례

(ㄱ) 물상보증인이 담보부동산을 제3취득자에게 매도하고 제3취득자가 담보부동산에 설정된 근저당권의 피담보채무의 이행을 인수한 경우, 그 이행인수는 매매당사자 사이의 내부적인 계약에 불과하여 이로써 물상보증인의 책임이 소멸하지 않는 것이고, 따라서 담보부동산에 대한 담보권이 실행된 경우에도 제3취득자가 아닌 원래의 물상보증인이 채무자에 대한 구상권을 취득한다(대판 1997.5.30, 97다1556).

(ㄴ) 이행인수는 인수인이 채무자에 대하여 그 채무를 이행할 것을 약정하는 채무자와 인수인 간의 계약으로서, 인수인은 채무자와 사이에 채권자에게 채무를 이행할 의무를 부담하는 데 그치고 직접 채권자에 대하여 채무를 부담하는 것이 아니므로 채권자는 직접 인수인에게 채무를 이행할 것을 청구할 수 없으나, 채무자는 인수인이 그 채무를 이행하지 않는 경우 인수인에 대하여 채권자에게 이행할 것을 청구할 수 있고, 그에 관한 승소의 판결을 받은 때에는 금전채권의 집행에 관한 규정을 준용하여 강제집행을 할 수도 있다. 이러한 채무자의 인수인에 대한 청구권은 그 성질상 재산권의 일종으로서 일신전속적 권리라고 할 수는 없으므로, 채권자는 채권자대위권에 의하여 채무자의 인수인에 대한 청구권을 대위행사할 수 있다(대판 2009.6.11, 2008다75072).

(ㄷ) 부동산매매계약과 함께 이행인수계약이 이루어진 경우, 매수인이 인수한 채무는 매매대금지급채무에 갈음한 것으로서 매도인이 매수인의 인수채무불이행으로 말미암아 또는 임의로 인수채무를 대신 변제하였다면, 그로 인한 손해배상채무 또는 구상채무는 인수채무의 변형으로서 매매대금지급채무에 갈음한 것의 변형이므로 매수인의 손해배상채무 또는 구상채무와 매도인의 소유권이전등기의무는 대가적 의미가 있어 이행상 견련관계에 있다고 인정되고, 따라서 양자는 동시이행의 관계에 있다(대판 2004.7.9, 2004다13083).

(ㄹ) 매수인이 매매목적물에 관한 근저당권의 피담보채무에 관하여 그 이행을 인수한 경우, 채권자에 대한 관계에서는 매도인이 여전히 채무를 부담한다고 하더라도, 매도인과 매수인 사이에서는 매수인에게 위 피담보채무를 변제할 책임이 있으므로, 매수인이 그 변제를 게을리하여 근저당권이 실행됨으로써 매도인이

매매목적물에 관한 소유권을 상실하였다면, 특별한 사정이 없는 한, 이는 매수인에게 책임 있는 사유로 인하여 소유권이전등기의무가 이행불능으로 된 경우에 해당하고, 거기에 매도인의 과실이 있다고 할 수는 없다(대판 2009.5.14, 2009다5193).

2. 계약인수

(1) 의 의

계약인수(Vertragsübernahme)라 함은 계약당사자로서의 지위의 승계를 목적으로 하는 계약으로, 예컨대 매매계약에서 매도인 또는 매수인의 지위, 임대차계약에서 임대인이나 임차인의 지위를 이전하는 계약을 가리킨다. 계약인수는 계약관계에서 발생하는 일체의 지위를 이전하는 점에서 채권양도 또는 채무인수와 구별된다. 계약인수에 관하여 주택임대차보호법 제3조 4항이 "임차주택의 양수인은 임대인의 지위를 승계한 것으로 본다"고 규정하고 있을 뿐이고, 민법에는 명문의 규정이 없다. 그러나 계약인수에 대한 현실적 필요성과 계약자유의 원칙에 의거 학설과 판례(대판 2023.3.30, 2022다296165; 대판 2007.9.6, 2007다31990)는 그 유효성을 인정하고 있다.

(2) 요 건

계약인수는 보통 원래의 계약당사자와 양수인(인수인) 사이의 3면 계약에 의하지만, 양도인과 양수인 사이의 합의와 나머지 당사자가 이를 동의 내지 승낙하는 방법으로도 할 수 있다(대판 2007.9.6, 2007다31990; 대판 1996.2.27, 95다21662). 다만 임대차에서 임대인이 목적물을 양도하면서 임대인의 지위를 양도하는 경우, 임대인과 양수인의 합의만으로 가능하다(대결 1998.9.2, 98마100).

판 례

임대차계약에 있어 임대인의 지위의 양도는 임대인의 의무의 이전을 수반하는 것이지만 임대인의 의무는 임대인이 누구인가에 의하여 이행방법이 특별히 달라지는 것은 아니고, 목적물의 소유자의 지위에서 거의 완전히 이행할 수 있으며, 임차인의 입장에서 보아도 신 소유자에게 그 의무의 승계를 인정하는 것이 오히려 임차인에게 훨씬 유리할 수도 있으므로 임대인과 신 소유자와의 계약만으로써 그 지위의 양도를 할 수 있다 할 것이나, 이 경우에 임차인이 원하지 아니하면 임대차의 승계를 임차인에게 강요할 수는 없는 것이어서 스스로 임대차를 종료시킬 수 있어야 한다는 공평의 원칙 및 신의성실의 원칙에 따라 임차인이 곧 이의를 제기함으로써 승계되는 임대차관계의 구속을 면할 수 있고, 임대인과의 임대차관계도 해지할 수 있다고 보아야 한다(대결 1998.9.2, 98마100).

(3) 효 과

계약인수가 있으면 양도인은 계약관계에서 탈퇴하고, 인수인이 계약당사자의 지위를 그대로 승계한다. 따라서 ① 종래 계약에서 이미 발생한 채권·채무뿐만 아니라(대판 2011.6.23, 2007다63089,63096) 장래에 발생할 채권·채무도 이전되며(대판 2023.9.27, 2018다260565), 채무인수와 달리 계약관계로부터 생기는 취소권·해제권·해지권도 양수인에게 이전된다. ② 잔류당사자와 양도인 사이에는 계약관계가 존재하지 않게 되며 그에 따른 채권채무관계도 소멸한다(대판 2023.9.27, 2018다260565; 대판 2013.11.14, 2012다97840).

판 례

(ㄱ) 계약당사자로서의 지위의 승계를 목적으로 하는 계약의 인수는 계약으로부터 발생하는 채권채무의 이전 외에 그 계약관계로부터 생기는 해제권 등 포괄적인 권리의무의 양도를 포함하는 것이다(대판 1992.3.13, 91다32534).

(ㄴ) 계약인수에 의하여 실질적으로는 계약관계에 포함되어 있는 채권과 채무가 이전되는 것이어서, 이러한 채권·채무 이전의 효과에 관하여는 당사자 사이에 약정이 있거나 계약인수의 성질에 반하지 않는 한 채권양도 및 채무인수에 관한 규정을 유추적용함이 타당하다 할 것이므로, 임차인이 임대인에 가지고 있던 임대보증금반환채권이 계약인수에 의하여 인수인에게 이전되었고, 보증채무의 부종성의 법리에 따라 임대보증금에 관한 연대보증채권 또한 인수인에게 이전되었다고 판단한 것은 정당하다(대판 2005.4.14, 2004다63293).

(ㄷ) 채권의 압류는 제3채무자에 대하여 채무자에게 지급 금지를 명하는 것이므로 채무자는 채권을 소멸 또는 감소시키는 등의 행위를 할 수 없고 그와 같은 행위로 채권자에게 대항할 수 없는 것이지만, 채권의 발생원인인 법률관계에 대한 채무자의 처분까지도 구속하는 효력은 없다. 그런데 계약 당사자로서의 지위 승계를 목적으로 하는 계약인수의 경우에는 양도인이 계약관계에서 탈퇴하는 까닭에 양도인과 상대방 당사자 사이의 계약관계가 소멸하지만, 양도인이 계약관계에 의하여 가지던 권리의무가 동일성을 유지한 채 양수인에게 그대로 승계된다. 따라서 양도인의 제3채무자에 대한 채권이 압류된 후 채권의 발생원인인 계약의 당사자 지위를 이전하는 계약인수가 이루어진 경우 양수인은 압류에 의하여 권리가 제한된 상태의 채권을 이전받게 되므로, 제3채무자는 계약인수에 의하여 그와 양도인 사이의 계약관계가 소멸하였음을 내세워 압류채권자에 대항할 수 없다(대판 2015.5.14, 2012다41359).

(ㄹ) 제450조 2항은 임대차계약상의 지위를 양도하는 등 임대차계약상의 권리의무를 포괄적으로 양도하는 경우에 그 권리의무의 내용을 이루고 있는 '임대차보증금 반환채권의 양도 부분'에 관하여도 마찬가지로 적용된다. 따라서 기존 임차인과 새로운 임차인 및 임대인 사이에 임대차계약상의 지위 양도 등 그 권리의무의 포괄적 양도에 관한 계약이 확정일자 있는 증서에 의하여 체결되거나, 임대차보증금 반환채권의 양도에 대한 통지·승낙이 확정일자 있는 증서에 의하여 이루어지는 등의 절차를 거치지 않는 한, 기존의 임대차계약에 따른 임대차보증금 반환채권에 대하여 채권가압류명령, 채권압류 및 추심명령 등을 받은 채권자 등 그 임대차보증금 반환채권에 관하여 양수인의 지위와 양립할 수 없는 법률상의 지위를 취득한 제3자에 대하여는 임대차계약상의 지위 양도 등 그 권리의무의 포괄적 양도에 포함된 임대차보증금 반환채권의 양도로써 대항할 수 없다(대판 2017.1.25, 2014다52933).

(ㅁ) 계약인수가 이루어지면 계약관계에서 이미 발생한 채권·채무도 이를 인수 대상에서 배제하기로 하는 특약이 있는 등 특별한 사정이 없는 한 인수인에게 이전된다. 계약인수는 개별 채권·채무의 이전을 목적으로 하는 것이 아니라 다수의 채권·채무를 포함한 계약당사자로서의 지위의 포괄적 이전을 목적으로 하는 것으로서 계약당사자 3인의 관여에 의해 비로소 효력을 발생하는 반면, 개별 채권의 양도는 채권양도인과 양수인 2인만의 관여로 성립하고 효력을 발생하는 등 양자가 법적인 성질과 요건을 달리하므로, 채무자 보호를 위해 개별 채권양도에서 요구되는 대항요건은 계약인수에서는 별도로 요구되지 않는다. 그리고 이러한 법리는 상법상 영업양도에 수반된 계약인수에 대해서도 마찬가지로 적용된다(대판 2020.12.10, 2020다245958).

제6장 채권의 소멸

제 1 절 서 설

Ⅰ. 의 의

채권의 소멸이란 채권이 절대적·객관적으로 존재하지 않게 되는 것을 말한다. 채권 소멸의 원인이 발생하였을 때에는 그때부터 채권은 법률상 당연히 소멸하며, 채권의 소멸을 위해서 채무자는 채권의 소멸을 주장할 필요는 없다.

Ⅱ. 채권의 소멸원인

1. 일반적 소멸원인

채권은 권리의 일반적 소멸원인(예: 소멸시효·제척기간 내지 존속기간의 만료·권리의 종기도래·해제조건의 성취·계약의 해제 또는 해지·법률행위의 취소·채무자의 책임으로 돌릴 수 없는 후발적 불능)에 의해서 소멸하며, 또 권리의 소멸을 목적으로 하는 계약에 의해서도 채권은 소멸한다.

2. 채권법상 소멸원인

민법은 제460조 이하에서 채권의 소멸원인으로 변제·대물변제·공탁·상계·경개·면제·혼동의 7가지를 규정하고 있다. 변제는 채권의 목적이 달성되었다는 사실에 의하여 채권이 소멸되는 사실행위이고, 대물변제·상계·경개·면제는 법률행위이며(이 중 상계는 채무자의 단독행위이고, 면제는 채권자의 단독행위이다), 혼동은 사건에 속한다. 한편 공탁에 관하여는 견해가 나누어져 있다.

Ⅲ. 채권소멸의 효과

1. 종된 권리의 소멸

채권이 소멸하면, 이에 종된 권리(예: 기본적 이자채권·보증채권·담보물권 등)도 당연히 소멸한다.

2. 채권증서의 반환

채권을 소멸시킨 자는 채권의 존재를 증명하는 증서의 반환을 청구할 수 있다. 민법은 이것을 변제에 관하여 규정하면서 그 밖의 소멸원인의 경우에 관해서도 마찬가지로 규정하고 있다(제475조).

3. 채권관계에 대한 영향

민법이 규정하는 채권의 소멸원인은 하나하나의 채권의 소멸원인이며, 직접적으로는 채권관계와 관계없다. 예컨대 乙이 甲 소유의 부동산을 매수하기로 계약을 체결한 경우, 乙이 甲에게 매매대금을 지급하면 甲의 매매대금채권은 소멸하지만, 이것이 매매계약관계의 소멸로 직결되는 것이 아니다. 즉 甲은 그에 대응하여 부동산소유권의 이전채무를 지고, 부동산의 권리에 하자가 있는 때에는 담보책임을 진다. 다만 어느 채권이 채권관계의 목적을 이루는 경우, 예컨대 임대차에서 목적물이 멸실한 때에는 임차인의 임차권(목적물의 사용·수익권)이 소멸하는 동시에 임대차관계도 소멸하는 경우가 있다.

제 2 절 변 제

Ⅰ. 변제의 의의와 성질

1. 의 의

변제(Erfüllung)란 채무자 또는 제3자에 의한 채무의 이행에 의하여 채권의 만족을 얻는 것, 즉 채권의 목적이 달성되는 것을 말한다. 따라서 변제가 있으면 채권은 소멸하게 된다. 예컨대 기존채무의 지급을 위하여 어음이 교부되어 기존채권과 어음채권이 병존하는 경우, 어음채권이 소멸하면 기존채권도 소멸하며, 이러한 법리는 채권자가 어음을 제3자에게 배서·양도한 후 그 어음소지인과 채무자 사이에 어음채권의 변제나 상계 등이 이루어진 경우에도 마찬가지이다(대판 2000.2.11, 99다56437).

한편 채무자 또는 제3자의 급부행위에 의한 채권의 소멸을 변제 또는 이행이라고 한다.

채무자가 급부행위에 의하여 채권을 소멸시키는 행위의 측면에서 이를 급부 또는 이행이라 하고(제387조 이하), 채권소멸이라는 결과의 측면에서 변제라고 부르기 때문에, 양자는 거의 같은 개념으로 쓰여지고 있다. 급부는 채권의 목적 내지 내용인 채무자의 행위이며, 급부의 실현을 급부행위라고 한다. 그러므로 급부행위가 있어야 비로소 변제가 있게 된다. 급부에는 법률행위도 있고 사실행위도 있다. 다시 말하면 변제가 되는 급부는 사실행위(예: 노무의 제공·경업을 하지 않는 것 등)인 경우도 있고, 법률행위(예: 제3자에 대한 채무의 면제·제3자와의 물건의 매매 등)인 경우도 있다. 채무자의 행위만으로 완료하는 경우뿐만 아니라 급부실현을 위하여 채권자의 협력을 필요로 하는 경우도 있으나 어느 쪽이든 채무의 내용에 따른 변제가 이루어지는 것이 필요하다(제460조, 제390조).

변제에 관한 증명책임은 채무자에게 있다. 채무자는 채권자에게 급부한 점 및 그 급부가 특정 채무의 변제로서 이루어졌다는 점을 증명해야 한다(대판 1997.6.13, 97다11072). 채무자가 객관적으로 특정 채무의 내용에 적합한 급부를 하였다면 특별한 사정이 없는 한 급부가 그 채무의 변제로서 이루어졌다는 점이 인정된다(대판 2024.10.8, 2024다258921).

2. 성 질

변제는 법률행위가 아니라 변제를 목적으로 하는 목적적 급부실현이다(김상용, 436면; 송덕수, C-488. 다만 곽윤직, 239면; 김증한/김학동, 338면은 변제는 법률행위가 아니고 준법률행위라고 하며, 김형배, 646면은 변제는 사람의 행위를 필요로 하는 법률사실이라는 의미에서 사실행위라고 한다). 변제로 채권이 소멸하는 것은 변제의사의 효과가 아니고 급부가 실현되었기 때문이다. 즉 변제가 되기 위해서 변제자에게 변제의사가 필요 없으며 채권자에게 변제수령의사를 필요로 하지 않는다. 따라서 변제 그 자체는 변제를 위하여 행하여지는 급부행위와 구별되며, 급부행위에는 법률행위와 사실행위가 있으나 변제 그 자체는 법률행위가 아니고 채무의 내용인 급부의 실현이다. 결국 실현된 급부와 채무의 내용이 객관적으로 합치하는 사실만으로, 즉 채권의 목적달성이라는 사실에 의해 변제가 된다.

주의할 것은 급부행위가 사실행위(예: 건물의 철거·물건의 수선 등)인 경우에 제한능력자는 단독으로 이를 할 수 있으며, 제한행위능력·착오·사기·강박을 이유로 변제를 취소할 수 없다. 그러나 급부행위가 법률행위인 때(예: 소유권이전의 합의·채권양도·제3자와의 계약체결 등)에는 제한행위능력·착오·사기·강박을 원인으로 하여 그 법률행위를 취소할 수 있지만, 그것은 급부행위의 취소이지 변제의 취소는 아니라는 점이다. 급부행위가 취소되면 그 결과 변제는 없었던 것으로 될 뿐이다. 그 이유는 변제는 급부행위 그 자체가 아니라 채무내용인 급부의 실현이기 때문이다. 그리고 급부행위가 법률행위인 때에는 대리인에 의하여 변제가 이루어질 수 있는데, 이때 대리인이 변제를 대리하는 것이 아니라 급부행위를 대리하여 급부가 실현됨으로써 변제가 이루어진다는 점이다.

Ⅱ. 변제의 제공

1. 의 의

변제가 되기 위해서는 급부결과가 실현되어야 한다. 채무의 내용에 따라 ① 채무자의 이행만으로 급부결과가 실현되는 경우가 있다. 예컨대 부작위채무·의사표시를 하여야 할 채무, 위임·도급에 의한 채무로서 결과의 인도를 필요로 하지 않아 채무자의 행위만에 의하여 사무의 처리 또는 일의 완성을 할 수 있는 채무 등이 이에 해당한다. ② 채권자의 수령 등 일정한 협력이 있어야 비로소 급부결과가 실현되는 경우가 있다. 예컨대 채권자가 미리 지정하는 일시 또는 장소에서 이행하여야 할 채무, 채권자가 미리 제공하는 재료 또는 노무에 의하여 이행이 행하여져야 할 채무, 추심채무, 채권자의 수령을 요하는 채무 등이 이에 속한다. 후자의 경우처럼 채무자의 채무이행이 가능하기 위해 채권자의 수령 등 협력을 필요로 하는 경우에 채권자가 그 협력을 하지 않는다면 채무자는 급부결과를 실현시킬 수 없다. 이와 같이 채무자가 채권자의 협력 없이 단독으로 급부결과를 실현할 수 없는 채무에 관하여, 그 급부실현에 필요한 준비를 하고 채권자에게 협력을 구하는 것을 변제의 제공이라 한다.

변제의 제공은 채무의 내용에 좇아서 하여야 한다(제460조). 따라서 채무의 내용에 따르지 않은 변제의 제공에 대하여 채권자가 협력을 하지 않더라도 채권자지체의 책임(제400조)을 지지 않으며, 채무자는 채무불이행책임을 지게 된다. 그리고 변제의 제공이 채무의 내용에 따른 것이냐의 여부는 거래관행·신의칙에 의하여 판단하여야 한다.

2. 변제제공의 방법

제공의 방법에는 현실제공(사실상의 제공)과 구두제공(언어상의 제공)의 두 가지가 있다(제460조).

(1) 현실의 제공

변제는 원칙적으로 채무의 내용에 따른 현실제공을 하여야 한다(제460조 본문). 현실의 제공이란 채무자로서 하여야 할 행위를 완료하여 채권자의 협력만 있으면 곧 급부결과를 실현할 수 있는 상태를 만드는 것을 말한다. 현실제공이 있기 위해서는 채권자가 제공의 사실을 알 수 있을 정도의 제공행위가 있어야 한다.

(가) 금전채무의 경우

금전채무에서 현실제공은 채무자가 금전을 이행기일 또는 장소에 지참하여 언제든지 지급할 수 있는 상태이면 되고, 그 금전을 채권자의 면전에 제시할 필요는 없다. 금전채무의 채무액은 원칙적으로 전액을 제공하여야 한다. 그러므로 채무액의 일부만을 제공하는 것은 채권자의 승낙이 없는 한 채무의 내용에 따른 제공이 되지 않는다(대판 1984.9.11, 84다카781). 금전채무의 변제는 원칙적으로 통화로 하여야 하지만(제376조), 거래상 통화와 동일한 취급을 받는 것(예: 은행이 발행한 수표·우편환 등)을 제시하면 현실제공이 된다. 한편 채무자가 급부를 위하여 채권자의 주소에 갔으나 채권자가 없어서 돌아온 경우에도 현실제공이 있었던 것으로 된다. 따라서 채권자가 이러한 제공을 몰랐더라도 그는 채권자지체(수령지체)에 빠지게 된다.

판 례

(ㄱ) 기존 채무의 이행에 관하여 채무자가 채권자에게 어음을 교부할 때의 당사자의 의사는 기존 원인채무의 '지급에 갈음하여', 즉 기존 원인채무를 소멸시키고 새로운 어음채무만을 존속시키려고 하는 경우와, 기존 원인채무를 존속시키면서 그에 대한 지급방법으로서 이른바 '지급을 위하여' 교부하는 경우 및 단지 기존 채무의 지급 담보의 목적으로 이루어지는 이른바 '담보를 위하여' 교부하는 경우가 있다. 그런데 당사자 사이에 특별한 의사표시가 없으면 어음의 교부가 있다고 하더라도 이는 기존 원인채무는 여전히 존속하고 단지 그 '지급을 위하여' 또는 그 '담보를 위하여' 교부된 것으로 추정할 것이므로(대판 1996.11.8, 95다25060), 약속어음의 제공은 금전채무의 현실제공이 될 수 없다.

(ㄴ) 민사집행법 제231조 본문은 "전부명령이 확정된 경우에는 전부명령이 제3채무자에게 송달된 때에 채무자가 채무를 변제한 것으로 본다"고 규정하고 있는바, 이는 집행채권자가 전부명령에 의하여 피전부채권에 대하여 독점적인 권리를 취득하는 것에 상응하여 전부명령으로 집행채권이 변제되는 것과 동일한 효과가 발생한다는 취지를 정하고 있는 것으로 해석된다. 그러므로 채권자가 약속어음금 채권을 집행채권으로 하여 약속어음 채무자가 제3채무자에 대하여 가지는 채권의 압류 및 전부명령을 받아 확정되었다면 전부명령이 제3채무자에게 송달된 때에 소급하여 피전부채권이 채권자에게 이전하고, 이는 집행채무자가 채무의 이행에 갈음하여 현실적인 출연을 한 것과 법률상 동일하게 취급되어 집행채권인 약속어음금 채권은 변제된 것으로 보아 소멸한다(대판 2009.2.12, 2006다88234).

(ㄷ) 확정판결에 대한 청구이의 사유는 그 확정판결의 변론 종결 후에 생긴 것이어야 한다(민사집행법 제44조). 그러나 확정판결의 변론 종결 전에 이루어진 일부 이행을 채권자가 변론 종결 후 수령함으로써 변제의 효력이 발생한 경우에는 그 한도 내에서 청구이의 사유가 될 수 있다고 보아야 한다(대판 2009.10.29, 2008다51359).

(나) 금전 이외의 물건의 급부를 목적으로 하는 채무의 경우

1) 금전 이외의 급부를 목적으로 하는 채무의 경우에는 지참채무라면 교부하여야 할 불특정물의 일정량을 채권자의 주소에 가지고 갔을 때, 기타 특정된 장소(예: 창고)에 목적물을 현존시켜서 언제든지 채권자가 물건을 수령할 수 있도록 하였을 때에 현실의 제공이 된다. 따라서 상거래에서 상품인도 대신에 그 상품의 인도청구권을 표창하고 있는 화물상환증이나 창고증권을 교부하는 것은 현실의 제공이 된다. 그리고 부동산매도인의 소유권이전채무는 매도인이 이행기일에 소유권이전등기에 필요한 서류를 갖추어 등기소 등의 이행장소에 출두함으로써 현실제공이 되고, 점유이전의 제공은 원칙적으로 필요하지 않는다. 그 밖에 매매목적인 부동산에 저당권등기가 있는 때에는 매수인이 그 저당권을 안고 매수하지 않는 한 그 저당권의 말소를 위해서 필요한 등기서류도 갖추어야 한다(대판 1979.11.13, 79다1562).

2) 판례는 임차인의 임차목적물 명도의무와 임대인의 보증금 반환의무는 동시이행의 관계에 있으며, 임대인의 동시이행항변권을 소멸시키고 임대보증금반환 지체책임을 인정하기 위해서는 임차인이 임대인에게 임차목적물 명도의 이행제공을 하여야 하므로, 임차인이 임

차목적물에서 퇴거하면서 그 사실을 임대인에게 알리지 않은 경우에는 임차목적물 명도의 이행제공이 있었다고 볼 수는 없다고 한다(대판 2002.2.26, 2001다77697).

판 례

부동산의 매매계약에 있어서 매도인이 목적 부동산의 소유권 이전에 필요한 서류들 일체를 매수인에게 교부하여 주었다면 특별한 사정이 없는 한 그로써 소유권이전의무의 이행은 완료되었다고 보아야 할 것이므로 제3채무자가 소유권이전등기서류를 모두 교부한 후 그에게 송달된 소유권이전등기청구권 가압류결정은 효력이 없고, 가압류결정 송달 후 제3채무자가 소유권이전등기 의사를 철회하고 이미 교부한 등기서류를 반환받는 등 소유권이전등기를 하지 못하도록 하는 조치를 취하지 아니하였다 하더라도 가압류결정에 위배된다고 할 수 없다(대판 1998.5.26, 98다8172).

(2) 구두제공

구두제공은 채권자에 대하여 변제준비의 완료를 통지하고, 그 수령을 최고하는 방법의 변제의 제공이다(제460조 단서).

(가) 구두제공이 필요한 경우

구두제공은 채권자가 미리 급부의 수령을 거절하거나 채무이행에 채권자의 행위를 필요로 하는 경우에 인정된다.

1) 채권자가 미리 변제받기를 거절한 경우

채권자가 미리 급부의 수령을 거절하는 경우에 채무자에게 현실의 제공을 하도록 하는 것은 무의미하며 공평의 관념에도 반하므로, 구두제공만으로 충분하다. 채권자가 이유 없이 수령기일을 연기하거나 계약해제를 요구하는 경우, 또는 자기가 부담하는 반대급부의 이행을 거절하거나 정당한 사유 없이 계약의 취소나 무효를 주장하는 경우 등이 수령거절에 해당한다.

2) 채무이행에 채권자의 행위를 필요로 하는 경우

채무를 이행하는데 채권자의 협력행위가 요구되는 경우로서, 예컨대 채권자가 미리 공급하는 재료에 가공하여야 할 채무·추심채무·채권자가 지정하는 장소나 기일에 이행하여야 할 채무 등이 이에 속한다. 이러한 채무는 먼저 채권자의 협력이 없으면 채무자가 급부를 실현할 수 없기 때문에 구두의 제공으로 충분하다. 물론 구두제공에 응하여 채권자가 그 협력을 한 때(예: 재료의 공급이나 장소의 지정)에 채무자는 이를 토대로 다시 현실의 제공을 하여야 한다.

(나) 구두제공이 필요 없는 경우

1) 회귀적 분할채무에서의 채권자지체

지료·차임·월부금 등의 회귀적 분할채무에서 채무자가 1회분의 제공을 하였는데 채권자가 수령을 거절하여 수령지체에 빠진 경우, 채권자가 그 수령지체에서 벗어나지 않는 한 채무자는 그 이후의 지분채무에 관하여 구두제공을 하지 않더라도 신의칙상 채무불이행책임을 지지 않는다(통설).

2) 채권자의 수령거절의사가 명백한 경우

채권자의 수령거절의 의사가 명확하고 확고한 경우에 채무자는 구두제공을 필요로 하지 않는다. 제460조 단서에서 채권자가 미리 변제받기를 거절한 경우에도 구두제공을 하게 한 것은, 수령을 거절한 채권자라도 그 후 번의하여 수령하는 경우를 예상하여 규정한 것이므로, 채권자가 변제를 수령하지 않을 의사가 명백하여 이전의 수령거절의사를 번의할 가능성이 보이지 않는 경우에까지 구두의 변제제공을 하여야 한다는 취지는 아니다. 따라서 이러한 경우에 채무자는 구두제공을 하지 않더라도 채권자에게 채무불이행의 책임이 없다(대판 2004.3.12, 2001다79013; 대판 1995.4.28, 94다16083). 주의할 것은 채권자가 변제받지 아니할 의사가 확고한 경우(즉 채권자의 영구적 불수령)에는 구두의 제공을 한다는 것조차 무의미하므로 구두의 제공조차 필요 없고, 이로써 채무자가 채무불이행책임을 면한다는 것에 불과하므로, 제538조 1항 2문의 '채권자의 수령지체 중에 당사자 쌍방의 책임 없는 사유로 이행할 수 없게 된 때'에 해당하기 위해서는 현실제공이나 구두제공이 필요하다는 점이다(대판 2004.3.12, 2001다79013).

3. 변제제공의 효과

(1) 채무불이행책임의 면책

채무자가 변제의 제공을 하면 그때부터 채무자는 채무불이행책임을 지지 않는다(제461조). 따라서 채무불이행을 전제로 한 책임, 예컨대 손해배상·지연이자·위약금의 청구를 당하지 않으며 담보권을 실행당하지 않는다.

주의할 것은 변제의 제공이 있더라도 급부결과가 실현되지 않은 이상 채무는 그대로 존속한다는 점이다. 따라서 채무자는 여전히 본래의 채무를 이행할 의무를 진다.

판 례

부동산 매매계약에 잔대금지급기일까지 잔대금을 지급하지 아니할 때에는 매매계약은 자동적으로 해제된다고 하는 약정이 있더라도 매도인이 그 대금지급기일에 자기 채무의 이행제공을 하여 매수인으로 하여금 이행지체에 빠지게 하여야 비로소 자동적으로 매매계약이 해제되는 것이고 매수인이 그 약정기한을 도과하였더라도 이행지체에 빠진 것이 아니라면 대금 미지급으로 계약이 자동해제되는 것은 아니다(대판 1992.7.24, 91다15614; 대판 1998.6.12, 98다505).

(2) 채권자지체의 성립

채무자가 변제제공을 하였는데 채권자가 이를 수령하지 않으면 채권자지체가 성립한다(제400조).

(3) 쌍무계약의 경우

쌍무계약에서 당사자 일방의 변제제공으로 상대방은 동시이행의 항변권을 잃는다. 다만 변제제공은 계속되어야 한다(대판 1999.7.9, 98다13754,13761; 곽윤직, 257면; 김형배, 663면; 김주수, 444면; 정기웅, 426면). 다시 말하면 과거에 한번 제공이 있었다는 사실만으로는 상대방은 동시이행의 항변권을 상실하지 않는다. 그러나 한번 이행의 제공으로 상대방의 동시이행의 항변권은 소멸한다는 견해가 있다(김상용, 473면). 한편 채무담보의 목적으로 마쳐진 채권자명의의 소유권이전등기나 그 청구권보전의 가등기의 말소를 구하려면 먼저 채무를 변제하여야 하고, 피담보채무의 변제와 교환적으로 말소를 구할 수 없다(대판 1984.9.11, 84다카781).

판 례

쌍무계약의 당사자 일방이 먼저 한번 현실의 제공을 하고 상대방을 수령지체에 빠지게 하였더라도 그 이행의 제공이 계속되지 않는 경우는 과거에 이행의 제공이 있었다는 사실만으로 상대방이 가지는 동시이행의 항변권이 소멸하는 것은 아니므로, 일시적으로 당사자 일방의 의무의 이행제공이 있었으나 곧 그 이행의 제공이 중지되어 더 이상 그 제공이 계속되지 않는 기간 동안에는 상대방의 의무가 이행지체 상태에 빠졌다고 할 수는 없다고 할 것이고, 따라서 그 이행의 제공이 중지된 이후에 상대방의 의무가 이행지체되었음을 전제로 하는 손해배상청구도 할 수 없다(대판 1999.7.9, 98다13754,13761).

Ⅲ. 변제의 내용

1. 변제의 당사자 — 변제자와 변제수령자

(1) 변 제 자

(가) 채 무 자

채무자가 본래의 변제자로서 변제의 의무를 부담하는 동시에 변제의 권한을 가진다. 물론 채무자는 급부의 성질에 반하지 않는 한 이행보조자를 이용하여 변제할 수 있다.

(나) 제 3 자

1) 원 칙

(i) 채무의 변제는 제3자도 할 수 있다(제469조 1항 본문). 채무자의 변제에만 국한시켜야 할 이유가 없을 뿐만 아니라, 제3자에 의하여 채권의 내용이 실현되어도 채권자에게는 불이익이 없기 때문이다. 제3자의 변제에는 변제뿐만 아니라 대물변제·공탁도 포함된다. 그러나 제3자가 채권자에 대하여 가지고 있는 채권으로 채무자의 채무와 상계할 수 있는지에 대하여, 견해가 대립하고 있다. 즉 ① 상계의 담보적 기능상 채권자의 채권이 제3자에 의해 소멸되는 것은 부당하며, 채권자와 제3자 사이에는 서로 대립하는 채권이 존재하지 않아 상계적상에 있지 않다는 이유로 이를 부정하는 견해(곽윤직, 241면; 김증한/김학동, 347면; 김상용, 440면), ② 제3자에 의한 상계는 실질적으로 대물변제로서의 의미를 가지기 때문에 이를 긍정하는 견해(김형배, 665면; 임정평, 417면; 정기웅, 430면)가 있다. 판례는 수동채권으로 될 수 있는 채권은 상대방이 상계자에 대하여 가지는 채권이어야 하고, 상대방이 제3자에 대하여 가지는 채권과는 상계할 수 없다고 한다(대판 2011.4.28, 2010다101394).

생각건대 상계의 의사표시를 하기 위해서는 원칙적으로 상계하는 자(甲)와 상대방(乙) 사이에 서로 채권이 대립하고 있어야 한다(제492조). 즉 상계적상에 있는 채권 사이에 상계가 가능하지만 채권자의 채권과 제3자의 채권은 상계적상에 있지 않다. 또한 채권자의 채권에 채무자의 항변권이 붙여 있는 경우, 상계를 허용하면 채무자는 이유 없이 항변권을 잃게 된다. 따라서 상대방(乙)이 제3자에 대하여 가지는 채권과 상계하지 못하고, 제3자는 채무자를 위하여 상계하지 못한다고 할 것이다.

(ii) 제3자에 의한 변제의 성질은 제3자가 채무자의 부탁을 받아 변제한 때에는 위임관계(제680조)에, 부탁 없이 변제한 때에는 사무관리(제734조)에 속한다. 그러므로 변제한 제3자는 채무자에 대하여 구상권을 취득하게 된다. 이 구상권의 확보를 위하여 민법은 제3자에 의한 변제에 변제자대위를 인정하고 있다(제480조-제486조). 변제자대위가 인정되는 한도에서는 제3자의 변제에 의하여 채권자의 채권은 소멸하지 않고, 그 제3자에게 이전되어 존속한다. 그리고 제3자에 의한 변제가 변제로서 인정되므로, 제3자에 의한 변제의 제공을 채권자가 정당한 이유 없이 수령하지 않으면 채권자지체(제400조)가 된다. 다만 제3자에 의한 변제는 어느 경우든 '자기의 이름으로' 그러나 '타인의 채무'로서 변제한 것이어야 한다. 따라서 타인의 채무를 자기의 채무로 잘못 알고 변제한 경우에 변제자는 그 반환을 청구할 수 있다(제745조).

(iii) 채무의 변제는 원칙적으로 채무자뿐만 아니라 제3자도 할 수 있고, 채무의 성질상 반드시 변제자 본인의 행위에 의해서만 가능한 것이 아닌 이상 제3자를 이행보조자 내지 이행대행자로 사용하여 대위변제할 수도 있다(대판 2001.6.15. 99다13515).

2) 제3자에 의한 변제제한

채무의 변제는 제3자도 할 수 있으나, 채무의 성질 또는 당사자의 의사표시로 제3자의 변제를 허용하지 않는 때에는 할 수 없으며(제469조 1항), 이해관계 없는 제3자는 채무자의 의사에 반하여 변제하지 못한다(제469조 2항).

가) 채무의 성질에 의한 제한

채무의 성질상 채무자에 의해서만 급부가 행하여져야 할 채무에서는 제3자에 의한 변제가 허용되지 않는다(제469조 1항 단서). 이를 일신전속적 채무라 한다. 여기에는 절대적 일신전속적 급부와 상대적 일신전속적 급부가 있다. 전자는 학자의 강연·예술품의 창작·연주자의 연주 등과 같이 절대적으로 채무자 자신만이 이행할 수 있는 급부이고, 제3자에 의한 변제가 허용되지 않는다. 후자는 노무자(제657조 2항)·수임인(제682조)·수치인(제701조, 제682조)의 급부처럼 성질상 채무자 이외의 자에 의한 변제가 법률상 제한되어 있으나 채권자의 동의가 있으면 제3자에 의한 변제가 가능한 급부이다.

나) 당사자의 반대의사표시에 의한 제한

당사자가 반대의 의사표시를 한 때에는 제3자는 변제하지 못한다(제469조 1항 단서). 계약에 의해 성립한 채권은 계약에서, 단독행위에 의해 성립한 채권은 단독행위에서 제3자의 변제를 금지할 수 있다.

다) 이해관계 없는 제3자의 변제제한

(i) 이해관계 없는 제3자는 채무자의 의사에 반하여 변제하지 못한다(제469조 2항). 여기의 이해관계는 법률상 이해관계를 가리킨다(대판 1991.7.12, 90다17774,17781). 즉 '이해관계' 있는 자는 변제를 하지 않으면 채권자로부터 집행을 받게 되거나 또는 채무자에 대한 자기의 권리를 잃게 되는 지위에 있기 때문에 변제함으로써 당연히 대위의 보호를 받아야 할 법률상 이익을 가지는 자를 말하고, 단지 사실상의 이해관계를 가진 자는 제외된다(대결 2009.5.28, 2008마109). 채무자의 반대의사는 적극적으로 표시될 필요는 없으나 변제할 당시의 객관적인 제반사정에 비추어 명확하게 채무자의 의사를 인식될 수 있는 것이어야 한다. 즉 함부로 채무자의 반대의사를 추정함으로써 제3자의 변제효과를 무효화시키는 일은 피하여야 한다(대판 1988.10.24, 87다카1644). 따라서 이해관계 없는 제3자에 의한 변제라도 그 제3자의 변제는 채무자의 의사에 반하지 않는 것으로 추정된다(대판 1961.11.9, 4293민상729). 결국 채무자의 반대의사에 대한 증명책임은 채무자의 의사에 반하여 변제로서 효력이 없다는 사실을 주장하는 자가 부담한다.

(ii) 연대채무자·보증인·물상보증인·담보물의 제3취득자·후순위담보권자 등과 같이 법률상 변제에 이해관계 있는 제3자는 채무자의 의사에 반하여서도 변제할 수 있다. 가령 부동산의 매수인은 법률상 이해관계가 있는 제3자이므로, 그 권리실현에 장애가 되는 그 부동산에 대한 담보권 등의 권리를 소멸시키기 위하여 매도인의 채무를 대신 변제할 수 있다(대판 1995.3.24, 94다44620). 판례는 공동저당의 목적인 물상보증인 소유의 부동산에 후순위로 채권을 담보하기 위하여 소유권이전청구권 가등기가 설정되어 있는데 그 부동산에 대하여 먼저 경매가 실행되어 공동저당권자가 매각대금 전액을 배당받고 채무의 일부가 남은 경우, 가등기권리자는 사실상 이해관계만을 가지며, 따라서 채무자의 의사에 반하여 그 채무 잔액을 대위변제하거나 변제공탁할 수 있는 '이해관계 있는 제3자' 또는 '변제할 정당한 이익이 있는 자'에 해당하지 않는다고 한다(대결 2009.5.28, 2008마109). 물상보증인이 선순위저당권을 대위취득하고 그 가등기권리자는 이 선순위저당권에 대해 물상대위함으로써 우선변제를 받을 수 있기 때문이다.

판 례

(ㄱ) 채무담보 목적의 가등기가 경료되어 있는 부동산을 시효취득하여 소유권이전등기청구권을 취득한 자가 그 등기를 경료하지 못하던 중에 채권자가 청산절차를 거치지 아니하고 가등기에 의하여 본등기를 경료하였다면 그는 부동산 소유자에 대한 소유권이전등기청구권을 보전하기 위하여 소유자를 대위하여 그의 채권자에게 채무를 변제할 법률상의 권한이 있어 이해관계 있는 제3자에 해당한다(대판 1991.7.12, 90다17774,17781).

(ㄴ) 변제할 정당한 이익이 있는 자란 변제를 하지 않으면 채권자로부터 집행을 받게 되거나 또는 채무자에 대한 자기의 권리를 잃게 되는 지위에 있기 때문에 변제함으로써 당연히 대위의 보호를 받아야 할 법률상의 이익을 가지는 자를 가리키는 것이지, 채무자와 연립주택건설 사업을 같이 하고 있어 채무자가 수사기관에서 조사를 받음으로 인하여 연립주택건설사업에 지장을 받을 우려가 있는 사실상의 이해관계를

가지는 자는 여기에 포함된다고 할 수 없다(대판 1990.4.10, 89다카24834).

(ㄷ) 제481조에 의하여 법정대위를 할 수 있는 '변제할 정당한 이익이 있는 자'라고 함은 변제함으로써 당연히 대위의 보호를 받아야 할 법률상의 이익을 가지는 자를 의미한다. 그런데 이행인수인이 채무자와의 이행인수약정에 따라 채권자에게 채무를 이행하기로 약정하였음에도 불구하고 이를 이행하지 않는 경우에는 채무자에 대하여 채무불이행의 책임을 지게 되어 특별한 법적 불이익을 입게 될 지위에 있다고 할 것이므로, '이행인수인'은 그 변제를 할 정당한 이익이 있다고 할 것이다(대결 2012.7.16, 2009마461).

3) 제3자 변제와 부당이득반환청구

주채무가 제3자의 변제에 의하여 소멸한 경우에 주채무의 소멸로 인하여 보증채무(연대보증채무)도 소멸하므로, 제480조 내지 제481조의 변제자대위가 성립하지 않는 한 제3자는 보증인에 대하여 부당이득반환청구 등의 어떠한 청구도 할 수 없게 된다(대판 1996.9.20, 96다22655). 즉 부당이득은 타인의 재산 또는 노무로 인하여 이익을 얻고 이로 인하여 타인에게 손해를 가한 경우에 성립하는데, 제3자의 변제로 인하여 주채무가 소멸되면 제3자는 주채무자에 대하여 자신의 변제에 대한 구상권을 행사할 수 있어 그에게 손해가 있다고 볼 수 없으므로 제3자는 보증인에 대하여 부당이득반환을 청구할 수 없다.

(2) 변제수령자

채권자가 원칙적으로 변제수령권한을 가지지만 여기에는 일정한 예외가 있고, 한편 그 권한을 가지지 않은 자에 대한 변제가 유효하게 되는 경우가 있다(제470조-제472조).

(가) 채 권 자

채권자가 원칙적으로 변제의 수령권한을 가진다. 다만 ① 채권자가 그의 채권자로부터 그 채권을 압류당한 때에는 제3채무자는 채무자(제3채무자의 입장에서는 채권자)에게 지급하는 것이 금지된다(민사집행법 제227조, 제296조 3항). ② 채권자가 그 채권을 입질(入質)하여 대항요건을 갖춘 때에는 질권자만이 변제수령권한을 가진다(제349조, 제352조-제355조). ③ 채권자가 파산선고를 받은 때에는 파산관재인만이 변제수령권한을 가진다(채무자회생법 제384조, 제479조).

(나) 표현수령권자

변제수령권한이 없는 자에 대하여 변제하여도 그 변제는 무효이다. 그러나 변제수령권한은 없지만 마치 수령권한이 있는 것처럼 보이는 표현수령권자에 대한 변제에 대해, 민법은 변제의 안전을 보호하기 위하여 예외적으로 일정한 경우에 그 변제를 유효한 것으로 인정하고 있다.

1) 채권의 준점유자

가) 의 의

채권의 준점유자에 대한 변제는 변제자가 '선의이며 과실이 없는 때'에 한하여 효력이 있다(제470조). 채권의 준점유자란 진실한 채권자가 아니면서 진실한 채권자와 같이 행동하여 거래의 관념에서 볼 때, 진실한 채권자(또한 수령권자)와 같은 외관을 가지고 있는 자를 가리킨다. 예컨대 표현상속인(대판 1995.3.17, 93다32996)·예금증서 기타 채권증서와 인장을 소지한 자·채권양도가 무효·취소된 경우의 사실상 양수인(곽윤직, 243면; 송덕수, C-499; 김상용, 445면; 김형배, 674면. 다만 김증한/김학동, 352면은 제452조를 근거로 사실상의 양수인은 채권의 준점유자가 아니라고 한다)이 이에 해당하지만, 위조된 수표의 소지자(대판 1971.3.9, 70다2895)·예금명의자도 아니고 예금통장도 소지하지 않은 예금행위자에 불과한 자(대판 2006.12.21, 2004다41194; 대판 2002.6.14, 2000다38992)는 채권의 준점유자가 아니다.

나) 요 건

(i) 채권의 준점유자에 대한 변제가 되기 위해서는 채권을 사실상 행사하는 자(채권의 준점유자)에 대한 변제이어야 한다. 여기서 채권의 준점유자라 함은 변제자의 입장에서 볼 때 일반의 거래관념상 채권을 행사할 정당한 권한을 가진 것으로 믿을 만한 외관을 가지는 자를 의미한다. 따라서 가압류로 인하여 채권의 추심 기타 처분행위에 제한받다가 가압류를 취소하는 가집행선고부 판결을 선고받아 다시 채권을 제한 없이 행사할 수 있을 듯한 외관을 가지게 된 채권자는 채권의 준점유자이다(대판 2003.7.22, 2003다24598). 또한 준점유자가 스스로 채권자라고 하여 채권을 행사하는 경우뿐만 아니라 채권자의 대리인이라고 하면서 채권을 행사하는 때에도 채권의 준점유자에 해당한다(대판 2004.4.23, 2004다5389).

(ii) 채무자가 선의·무과실로 채권의 준점유자에게 변제하여야 한다. 여기서 '선의'는 준점유자에게 변제수령의 권한이 없음을 알지 못하는 것뿐만 아니라 '적극적으로 진정한 권리자라고 믿었음'을 필요로 하고, 무과실은 그렇게 믿는 데에 과실이 없음을 뜻한다(대판 2021.1.14, 2018다286888). 따라서 무효인 채권압류 및 전부명령을 받은 자에 대한 변제라도 그 채권자가 피전부채권에 관하여 무권리자라는 사실을 알지 못하거나 과실 없이 그러한 사실을 알지 못하고 변제한 때에는 그 변제는 채권의 준점유자에 대한 변제로서 유효하다(대판 1997.3.11, 96다44747. 다만 김증한/김학동, 352면; 송덕수, C-499는 전부채권자에 대한 변제는 그를 채권자로 믿어서가 아니고 이행판결에 의하여 행하여진 것이라는 점, 판례처럼 새기면 채권양도의 대항요건 제도가 무의미해진다는 점을 이유로 무효인 전부명령을 받은 자를 채권의 준점유자로 보는 것은 타당하지 않다고 한다).

이와 관련하여 예금증서와 인장이 위조된 경우처럼, 채권자에게 아무런 귀책사유가 없는 경우에도 변제자가 선의·무과실로 변제하면 그 변제는 유효하는지가 문제이다. 이에 대해 채권자가 관여하지 않은 경우에 대하여도 채권의 준점유자에 대한 변제로 채권이 소멸한다고 하면 채권자에게 가혹하다고 보고 귀책사유를 필요로 한다고 하는 견해가 있지만(김증한/김학동, 350면), 일반적으로 채권의 준점유자에 대한 변제에서는 채무자의 선의·무과실만을 요건으로 삼고 채권자의 귀책사유는 고려하지 않고 있다(다수설).

판 례

(ㄱ) 공탁금의 대리수령에 있어서 공탁금수령권자인 본인이 대리인으로 칭하는 자에게 공탁금수령권한을 부여한 바 없다 하더라도 공탁수락과 출금의 권한을 부여한 것과 같은 외관을 발생시켜 제126조 내지 제129조의 표현대리가 인정되는 경우에는 이러한 표현수령권자의 공탁금수령은 본인에게도 그 효과가 발

생한다. 따라서 甲이 공탁금 수령권자인 乙에게 돈을 빌리는데 필요하다고 말하여 그로부터 받아둔 인감도장과 공탁금 관계에 필요하다고 말하여 乙이 직접 발급받아 건네어 준 공탁금회수용 인감증명 1통을 가지고 공탁금의 출급신청을 하였고 공탁관이 정당한 수령권자인 외관을 갖는 甲에게 공탁금을 지급하였다면 乙은 비록 그 공탁금을 현실로 수령하여 이득을 본바 없더라도 표현대리의 본인의 지위에서 그 공탁금을 수령한 셈이 된다(대판 1990.5.22, 89다카1121).

(ㄴ) 효력규정인 강행법규에 위반되는 계약을 체결한 자가 그 약정의 효력이 부인된다는 사실을 알지 못한 탓에 그 약정에 따라 변제수령권을 갖는 것처럼 외관을 갖게 된 자에게 변제를 한 경우에는, 특별한 사정이 없는 한 그 변제자가 채권의 준점유자에게 변제수령권이 있는 것으로 오해한 것은 법률적인 검토를 제대로 하지 않은 과실에 기인한 것이라고 할 것이다(대판 2004.6.11, 2003다1601).

(ㄷ) 절취한 예금통장에서 제1예금인출이 행해진 후 1시간 반 내에 거래지점을 바꿔가면서 행해진 제2예금인출과 제3예금인출에서도 제1예금인출과 같이 통장과 예금지급청구서에 아무런 하자가 없었고, 이미 신고된 진정한 인감이 사용되었으며, 철저한 보안이 요구되는 비밀번호까지 일치한 경우, 예금거래 기본약관의 내용과 그에 따른 금융거래의 관행에 비추어 제1예금인출에 따른 예금의 지급뿐만 아니라 제2, 제3의 예금인출에 따른 예금의 지급도 채권의 준점유자에 대한 변제로서 유효하다(대판 2007.10.25, 2006다44791).

(ㄹ) 甲의 乙은행에 대한 대출금 채무에 대하여 丙주식회사가 근보증, 丁주식회사 등이 연대보증한 후 丙회사가 乙은행에 대출금 채무를 대위변제하였는데, 甲이 乙은행으로부터 '대출금이 이미 상환되었으니 丁회사와 상의하라'고 안내받고 丁회사의 요청에 따라 丁회사 명의 계좌로 대출금 상당액을 송금한 경우, 丁회사가 대출금의 대위변제에 따른 구상금 채권을 행사할 정당한 권한을 가진 것으로 믿을 만한 외관을 구비하였다고 보기 어렵고, 甲이 선의·무과실이라고 보기도 어려우므로, 甲의 丁회사에 대한 대출금 상당액 지급이 채권의 준점유자에 대한 변제로서 유효하다고 할 수 없다(대판 2013.12.12, 2013다54055).

다) 효 과

채권의 준점유자에 대한 변제는 '효력이 있다'. 따라서 채권은 소멸하고 채무자는 채무를 면한다. 그 결과 채무자는 채권의 준점유자에 대하여 부당이득반환청구를 할 수 없고, 진정한 채권자도 채무자에게 채무이행이나 손해배상을 청구할 수 없다. 다만 진정한 채권자는 채권의 준점유자에 대하여 부당이득반환청구권을 가진다.

판 례

채권압류가 경합된 경우에 그 압류채권자 중의 한 사람이 전부명령을 얻은 경우 그 전부명령은 무효이지만 제3채무자가 선의·무과실로 그 전부채권자에게 전부금을 변제하였다면 이는 채권의 준점유자에 대한 변제로서 유효하므로 제3채무자의 채무자에 대한 채무는 소멸되고 제3채무자는 압류채권자에 대하여 2중 변제의 의무를 부담하지 아니하며 전부채권자에 대하여 전부명령의 무효를 주장하여 부당이득반환청구도 할 수 없다(대판 1980.9.30, 78다1292; 대판 1995.4.7, 94다59868).

2) 영수증소지자

영수증은 급부의 수령을 증명하는 문서이므로, 영수증을 소지하는 자는 채권자로부터 수령권한을 부여받은 자라고 생각되는 것이 보통이다. 이 점을 고려하여 제471조는 영수증을 소지한 자에 대한 변제는 그 소지자가 변제받을 권한이 없는 경우에도 효력이 있지만, 변제자가 그 권한 없음을 알거나 알 수 있을 경우에는 효력이 없는 것으로 규정하고 있다. 따라서 영수증소지자에 대한 변제가 유효하기 위해서는 ① 영수증이 진정한 것이어야 한다. 즉 영수증은 그것을 작성할 권한이 있는 자에 의하여 작성되어야 한다. 제471조는 제470조와 별도로 일정한 요건 하에 변제를 유효한 것으로 규정하고 있기 때문이다. 따라서 무권한자에 의하여 작성된 영수증 또는 위조된 영수증은 이에 포함되지 않는다. ② 변제자는 선의·무과실이어야 한다. 따라서 위조된 영수증에 대하여는 변제자가 선의·무과실로 변제를 하더라도 제471조에 의해 그 변제가 유효한 것으로 되지는 않는다. 다만 그 영수증을 소지하고 있는 자가 다른 여러 사정과 종합하여 채권의 준점유자로 인정될 때에는 제470조에 의해 유효한 변제로 될 수 있다.

3) 증권적 채권증서의 소지인

지시채권·무기명채권·지명소지인출급채권의 증서소지인에 대한 변제는 비록 그 소지인이 진정한 권리자가 아니더라도 변제자에게 '악의 또는 중대한 과실'이 없는 한 유효하다(제514조, 제518조, 제524조, 제525조).

(다) 권한 없는 자에 대한 변제

표현수령권자에 대한 변제를 제외하고는 변제받을 권한이 없는 자에 대한 변제는 무효이다. 그러나 변제수령자가 진실한 채권자에게 수령물을 인도하거나 기타 채권자가 이익을 받은 경우, 변제수령자를 채권자가 상속한 경우에 그 변제는 채권자가 이익을 받은 한도에서 효력이 있다(제472조). 여기서 '채권자가 이익을 받은' 경우에는 ① 변제의 수령자가 진정한 채권자에게 채무자의 변제로 받은 급부를 전달한 경우, ② 변제수령자가 변제로 받은 급부를 가지고 채권자의 자신에 대한 채무의 변제에 충당하거나 채권자의 제3자에 대한 채무를 대신 변제함으로써 채권자의 기존채무를 소멸시키는 등 채권자에게 실질적인 이익이 생긴 경우(대판 2012.10.25, 2010다32214), ③ 무권한자의 변제수령을 채권자가 사후에 추인한 때와 같이 무권한자의 변제수령을 채권자의 이익으로 돌릴 만한 실질적 관련성이 인정되는 경우도 포함된다(대판 2016.7.14, 2015다71856,71863). 따라서 변제수령자가 변제로 받은 급부를 가지고 자신이나 제3자의 채권자에 대한 채무를 변제함으로써 채권자의 기존채권을 소멸시킨 경우에는 채권자에게 실질적인 이익이 생겼다고 할 수 없으므로 제472조에 의한 변제의 효력을 인정할 수 없다(대판 2021.3.11, 2017다278729). 한편 추인은 명시적 뿐만 아니라 묵시적인 방법으로도 가능하며 그 의사표시는 무권대리인이나 그 상대방 어느 쪽에 하여도 무방하고, 이와 같이 무권한자의 변제수령을 채권자가 추인한 경우에 채권자는 무권한자에게 부당이득으로서 변제받은 것의 반환을 청구할 수 있다(대판 2023.12.14, 2023다272234).

2. 변제의 대상 — 목적물

채무자는 채무의 내용에 따른 급부를 하여야 하고, 변제의 대상도 그에 따라 정해진다.

민법은 물건의 인도를 목적으로 하는 채무에 관하여, 특정물의 현상인도(제462조)·타인의 물건 인도(제463조, 제465조)·양도능력 없는 소유자의 물건인도(제464조, 제465조)에 관하여 특별규정을 두고 있다.

(1) 특정물의 현상인도

(가) 특정물의 인도가 채권의 목적인 때에는 채무자는 이행기의 현상대로 그 물건을 인도하여야 한다(제462조). 채무자가 물건을 인도하기까지 선량한 관리자의 주의의무를 다하고도 물건이 멸실·훼손된 경우에 이행기의 현상대로 인도하면 변제로서 유효하는지가 문제이다. 이에 대해 ① 특정물은 다른 물건으로 대체할 수 없기 때문에, 이행기 당시의 목적물의 상태가 변질·훼손 등으로 채권의 성립 당시와 차이가 있더라도 그 상태로 인도하면 되고, 다만 그 차이가 채무자의 귀책사유에 의한 것인 때에는 채무자는 채무불이행책임을 부담한다고 한다는 견해(김증한/김학동, 355면; 이은영, 673면; 임정평, 428면), ② 아무리 특정물이라 하더라도 그 동일성을 유지할 수 없을 정도에 이른 경우까지 변제로서의 인도를 인정하는 것은 부당하다는 견해가 있다(김주수, 429면; 김형배, 687면). 소수설에 의하면 제462조에서의 현상인도란 그 특정물이 변질·훼손되더라도 본래의 특정물로서의 동일성이 유지되는 범위에서만 변제로서의 인도로 인정되는 것이고, 그렇지 않은 경우에는 그 효력을 인정할 수 없으며, 다만 그 변질·훼손에 채무자의 귀책사유가 있는 경우에 채무자에게 손해배상책임을 묻는 것은 별개라고 한다.

(나) 특정물이 멸실된 경우, 예컨대 甲이 자신의 건물을 乙에게 매각하였는데 그 후 그 건물이 甲의 귀책사유 또는 천재지변으로 멸실된 경우에 후발적 불능으로 인하여 甲은 인도의무를 면하게 된다(즉 이행불능 또는 위험부담이 문제된다). 한편 특정물이 이행기에 개량되거나 증가된 경우, 예컨대 동물에 관한 매매계약이 체결되고 이행기에 동물이 새끼를 가진 경우에 당사자 사이에 특약이 없는 한 이행기의 현상대로, 즉 동물의 배속에 든 새끼까지도 특정물의 범주에 포함되어 함께 인도하여야 한다.

(2) 타인의 물건인도

(가) 채무의 변제로 타인의 물건을 인도한 채무자는 다시 유효한 변제를 하지 않으면 그 물건의 반환을 청구하지 못한다(제463조). 제463조는 채무자만이 그 물건의 반환을 청구할 수 없다는 것에 불과할 뿐 채무자가 아닌 다른 권리자까지 그 물건의 반환을 청구할 수 없다는 취지는 아니다(대판 1993.6.8, 93다14998,15007). 그리고 채권자가 수령한 그 타인의 물건을 선의로 소비하였거나 양도한 경우에는 그 타인의 물건인도는 유효한 변제로 인정되어 채권은 소멸한다(제465조 1항). 이 때 채권자가 변제의 유효를 주장할 수 있는 것은 채무자에 대한 관계에서 뿐이며, 진실한 소유자에 대해서는 변제의 유효를 주장할 수 없다. 진실한 소유자가 채권자에게 소유권에 기한 반환청구를 하거나 부당이득에 기한 반환청구권을 행사하면 채권자는 반환하여야 하고, 채권자가 소유자에게 반환한 때에는 다시 채권자는 변제자에 대하여 구상권을 행사할 수 있다(제465조 2항).

(나) 주의할 것은, ① 제463조는 특정물채권에는 적용되지 않는다. 물건이 특정물인 때에는 다시 유효한 변제를 할 수 없기 때문이다. ② 채무자는 변제자를 의미한다. ③ 채권자에게 선의취득·첨부에 의한 소유권취득·취득시효 등의 요건을 갖추어진 경우에는 채권자가 소유권을 취득하게 되고, 제465조는 적용되지 않는다.

(3) 양도능력이 없는 소유자의 물건인도

제한능력자와 같이 양도할 능력 없는 소유자가 채무의 변제로 물건을 인도한 경우, 그 변제가 취소된 때에도 다시 유효한 변제를 하지 않으면 그 물건의 반환을 청구할 수 없다(제464조). 그러나 채권자가 변제로 받은 물건을 선의로 소비·양도한 경우에는 그 변제는 효력이 있다(제465조). 제464조는 특정물채권에는 적용되지 않는다.

3. 변제의 장소

(1) 변제장소는 1차적으로 당사자의 의사표시 또는 채무의 성질(예: 채권자의 건물을 수리해야 할 채무)에 의하여 정해진다(제467조 1항). 이러한 기준에 의하여 변제장소를 결정할 수 없는 때에는 민법상의 보충규정에 의하여 결정된다. 즉 ① 특정물의 인도는 채권성립 당시에 그 물건이 있던 장소에서 하여야 한다(제467조 1항). ② 특정물의 인도 이외의 급부를 목적으로 하는 채무, 즉 불특정물(종류물)의 인도 또는 하는 채무 등은 채권자의 현주소에서 하여야 하며(지참채무, 제467조 2항 본문), 다만 영업에 관한 채무는 채권자의 현영업소에서 하여야 한다(제467조 2항 단서). 그러므로 변제 전에 채권자가 주소를 변경한 때에는 신주소, 채권양도를 한 때에는 양수인의 주소가 변제장소가 된다. 다만 변제장소의 변경을 통하여 변제비용이 증가한 때에는 채권자가 증가액을 부담한다(제473조 단서).

(2) 한편 당사자 쌍방이 채무를 부담하는 경우에는 각자의 변제장소가 다를 수 있어 불편이 따를 수 있다. 그래서 민법은 매매목적물의 인도와 동시에 대금을 지급할 경우에는 채권자의 현주소가 아니라 그 인도장소에서 대금을 지급하여야 하는 것으로 특칙을 규정하고 있다(제586조).

4. 변제의 시기

(1) 변제시기란 채무를 이행하여야 할 시기, 즉 이행기 또는 변제기를 말한다. 변제기는 당사자의 의사표시·채무의 성질 또는 법률규정(제585조, 제603조, 제613조, 제635조, 제660조, 제698조 등)에 의하여 정해진다.

(2) 변제는 변제기에 하는 것이 원칙이지만, 채무자는 기한의 이익을 포기할 수 있기 때문에(제153조 2항 본문), 당사자의 특별한 의사표시가 없으면 채무자는 변제기 전이라도 변제할 수 있다(제468조 본문). 따라서 채권자는 변제기 미도래를 이유로 수령을 거절할 수 없다. 다만 변제기 전의 변제로 채권자가 손해를 입은 때에는 이를 배상하여야 한다(제468조 단서, 제153조 2항 단서). 이것은 변제기

에 변제를 받는 것이 채권자에게도 이익이 되는 것, 즉 채권자도 기한의 이익을 가지는 경우에 이를 보호하기 위한 것이다.

5. 변제비용의 부담과 변제의 증거

(1) 변제비용의 부담

변제비용(예: 운송비·하역비·보관료 등)은 다른 의사표시가 없으면 채무자가 부담한다(제473조 본문). 그러나 채권자의 주소이전 기타의 행위로 인하여 변제비용이 증가된 때에는 그 증가액은 채권자의 부담으로 한다(제473조 단서). 담보권자가 담보권을 확보하기 위하여 지출한 비용은 특약이 없는 한 담보권자가 부담하여야 한다(대판 1987.6.9, 86다카2435).

(2) 변제의 증거

변제의 유무에 관하여 다툼이 있는 경우에는 변제자가 변제의 사실을 증명해야 하고, 이를 증명하지 못하는 때에는 다시 변제해야 할 위험이 있기 때문에, 민법은 채무자의 불이익을 막기 위해 채무자를 포함한 변제자에게 영수증청구권과 채권증서반환청구권의 2가지를 인정하고 있다. 전자는 적극적으로 변제사실을 증명할 수 있도록 하기 위한 것이고, 후자는 소극적으로 채권자가 채권행사를 하지 못하도록 하는데 그 취지가 있다.

(가) 영수증청구권

영수증이란 변제수령의 사실을 증명하는 문서로서, 그 형식에는 제한이 없다. 전부를 변제한 경우뿐만 아니라 일부 변제의 경우에도 변제자는 변제수령자에 대하여 영수증의 교부를 청구할 수 있다(제474조). 변제와 영수증의 교부는 동시이행의 관계에 있다.

(나) 채권증서 반환청구권

채권증서는 채무자가 작성하여 채권자에게 교부한 채권의 성립 및 내용을 증명하는 서면이다. 증권적 채권에서 채권증서의 작성·교부는 필수적이지만, 지명채권에서는 단순한 증거방법에 지나지 않는다. ① 채권증서가 있는 경우(예: 지불각서)에 변제자가 채무 전부를 변제하거나 또는 변제 이외의 사유로 그 채권 전부가 소멸한 때에 그 채권증서의 반환을 청구할 수 있다(제475조). 따라서 채무의 일부를 변제한 때에는 채권증서의 반환은 청구할 수 없지만, 그 채권증서에 일부 변제의 뜻을 기재할 것을 청구할 수 있다(제484조 2항 유추적용). ② 지명채권의 경우에는 채권증서를 반드시 작성·교부해야 하는 것은 아니므로, 채권증서가 없는 때에는 반환청구의 문제도 생기지 않는다. ③ 채권증서 반환청구권은 채권 전부를 변제한 경우에 인정되므로, 영수증 교부의무와는 달리 채권증서의 반환과 변제는 동시이행관계에 있지 않으며(대판 2005.8.19, 2003다22042), 변제가 선행되어야 한다. 다만 증권적 채권의 행사에는 증권의 제시가 있어야 하므로, 증권의 반환과 변제는 동시이행의 관계에 있다(제519조, 제524조).

판 례

지불각서와 같은 채권증서는 채무자가 작성하여 채권자에게 교부하는 것이고, 채무자가 채무 전부를 변제하거나 그 밖의 사유로 채권이 소멸한 때에는 채권자에게 채권증서의 반환을 청구할 수 있고(제475조 참조), 이러한 채권증서 반환청구권은 채무 전부를 변제하는 등 채권이 소멸한 경우에 인정되므로, 채권자가 채무자로부터 채권증서를 교부받은 후 이를 다시 채무자에게 반환하였다면 특별한 사정이 없는 한 그 채권은 변제 등의 사유로 소멸하였다고 추정할 수 있다(대판 2011.11.24, 2011다74550).

Ⅳ. 변제의 충당

1. 서 설

(1) 의 의

채무자가 동일한 채권자에 대하여 같은 종류를 목적으로 한 '수개의 채무'(예: 수개의 금전채무)를 지는 경우, 변제의 제공이 채무 전부를 소멸시키기에 부족한 때에, 그 급부를 가지고 어떤 채무의 변제에 충당할 것인가를 정하는 문제를 변제충당이라고 한다. 예컨대 甲이 乙에게 X물건의 매매대금채무 500만원과 금전차용채무 600만원을 부담하는 경우, 甲이 800만원을 변제로 제공하면 어떤 채무의 변제에 충당하는가를 결정할 필요가 있다. 이때 甲이 乙에게 부담하는 여러 채무가 이자 또는 담보약정의 유무, 변제기 도래 여부 등처럼 그 태양을 달리하는 경우에 800만원을 어느 채무에 먼저 충당하는가에 따라 당사자의 이해에 영향을 미치게 된다. 이 점을 고려하여 민법은 변제충당의 순서와 방법에 관해 규정하고 있다(제476조, 제477조, 제479조). 한편 민법의 위 규정은 '1개의 채무에 수개의 급여'를 요할 경우(예: 임대차에서 수개월분의 차임)에 변제자가 그 채무 전부를 소멸하게 하지 못한 급여를 한 때에도 준용된다(제478조).

판 례

변제충당의 문제는 채무자가 동일한 채권자에 대하여 같은 종류를 목적으로 하는 수개의 채무를 부담한 경우에 발생하는바, 채무가 1개인지 수개인지는 보통 발생 원인에 따라 이를 정하여야 할 것인데, 근저당권에 의하여 담보된 피담보채무가 여러 차례에 걸쳐 대여받은 채무들로 이루어져 있는 경우, 그 피담보채무는 발생원인을 달리하고 있으므로 수개의 채무라고 보아야 한다(대판 1999.8.24, 99다22281,22298).

(2) 적용범위

변제충당은 변제뿐만 아니라 공탁·상계의 경우에도 적용된다. 특히 민법은 A가 B에게 반대채권을 가지는 경우에 그것을 B의 어느 채무와 상계할 것인지에 관해 변제충당의 규정을 준용하는데(제499조), 이를 '상계충당'이라고 한다. 한편 채무자 소유의 부동산에 대한 경매의 경우에도 채권자에 대한 배당금은 변제충당의 규정에 의해(법정변제충당의 방법) 충당되어야 한다(대판 2001.9.28, 2001다33352).

판 례

동일 징수권자의 압류 또는 교부청구에 관계되는 국세가 여럿 있고 배분된 금액이 그 국세들의 총액에 부족한 경우 충당의 순서에 관하여는 국세징수법상 아무런 규정이 없고, 민법상의 법정변제충당에 관한 규정을 준용하도록 하는 규정도 없는데, 조세채무가 금전채무라는 사실에서 사법상의 채무와 공통점을 갖지만, 조세채무는 법률의 규정에 의하여 정해지는 법정채무로서 당사자가 그 내용 등을 임의로 정할 수 없는 점을 고려하여 볼 때, 민법 제477조 내지 제479조에서 규정하고 있는 법정변제충당의 법리를 조세채권의 충당에서 그대로 적용하는 것이 타당하다고는 할 수 없다(대판 2007.12.14, 2005다11848).

2. 변제충당의 방법

변제의 충당은 당사자 사이에 합의가 있으면 그 합의에 따르고, 만일 당사자의 합의가 없는 경우에는 당사자 일방의 지정에 의하여(지정충당, 제476조) 그리고 당사자 일방의 지정도 없는 경우에는 법정충당(제477조)에 의하여 결정된다. 즉 합의충당 → 지정충당 → 법정충당의 순으로 한다.

(1) 계약에 의한 변제충당 — 합의충당

(가) 합의충당에 관한 명문의 규정이 없지만, 변제충당에 관한 제476조 내지 제479조의 규정은 임의규정이므로 변제자와 변제수령자의 합의로 충당의 방법을 정할 수 있으며, 상대방에 대한 의사표시 없이도 일정한 경우에 당연히 충당되는 것으로 정한 약정도 유효하다(대판 2004.3.25, 2001다53349). 특히 제479조의 비용·이자의 순서에 의한 충당의 규정도 달리 정할 수 있음은 물론이다(대판 2002.1.11, 2001다60767). 그러므로 채무자의 변제가 모든 채무를 소멸시키기에 부족한 때에 채권자가 적당하다고 인정하는 순서와 방법에 의하여 충당하기로 약정하면, 변제수령자인 채권자가 약정에 따라 스스로 적당하다고 인정하는 순서와 방법에 좇아 변제에 충당한 이상 변제자에 대한 의사표시와 관계없이 충당의 효력이 있다. 그러나 채권자와 채무자 사이에 미리 변제충당에 관한 별도의 약정이 있는 경우에는 채무자가 변제를 하면서 약정과 달리 특정채무의 변제에 우선적으로 충당한다고 지정하더라도, 채권자가 명시적 또는 묵시적으로 동의하지 않는 한 그 지정은 효력이 없어 채무자가 지정한 채무가 변제되어 소멸하는 것은 아니다(대판 2004.3.25, 2001다53349; 대판 1999.11.26, 98다27517).

(나) 주의할 것은 경매에서 배당금이 담보권자의 수개의 피담보채권 전부를 소멸시키기에 부족한 경우에는 채권자와 채무자 사이에 변제충당에 관한 합의가 있더라도 그 합의에 의한 충당은 허용되지 않고, 제477조에 의한 '법정변제충당'의 방법에 따라 충당하여야 한다는 점이다. 즉 경매에서는 채권자·채무자 이외에 다수의 이해관계인이 있을 수 있기 때문에 획일적으로 공평·타당한 충당방법인 제477조 및 제479조에 따라 충당하여야 한다(대판 2001.9.28, 2001다33353). 따라서 담보권의 실행을 위한 경매에서는 법정충당의 방법으로 충당하여야 하며, 지정충당뿐만 아니라 합의충당도 허용될 수 없다.

판 례

변제자(채무자)와 변제수령자(채권자)는 변제로 소멸한 채무에 관한 보증인 등 이해관계 있는 제3자의 이익을 해하지 않는 이상 이미 급부를 마친 뒤에도 기존의 충당방법을 배제하고 제공된 급부를 어느 채무에 어떤 방법으로 다시 충당할 것인가를 약정할 수 있다(대판 2013.9.12, 2012다118044,118051; 대판 2024.2.29, 2023다299789).

(2) 지정변제충당

(가) 변제자의 지정

충당에 대한 합의가 없는 경우에 우선 변제자는 변제시 변제수령자에 대한 의사표시에 의하여 어느 채무에 충당하는가를 지정할 수 있다(제476조 1항, 3항, 제478조). 변제자를 제1순위 변제충당지정권자로 하는 이유는 변제는 변제자의 행위이며, 변제자가 변제에 가장 큰 이해를 가지고 있기 때문이다. 이러한 변제자의 변제충당지정에 대하여 변제수령자의 동의를 필요로 하지 않으며, 또한 변제수령자는 이의를 제기할 수 없다.

(나) 변제수령자의 지정

변제자가 변제할 때에 변제충당의 지정을 하지 아니할 때에는 변제수령자가 변제받는 '당시에' 변제자에 대한 의사표시로써 어느 채무를 지정하여 변제에 충당할 수 있다(제476조 2항 본문, 3항, 제478조). 다만 변제자가 즉시 이의를 제기한 때에는 변제수령자의 충당지정은 효력을 잃는다(제476조 2항 단서). 즉 변제자가 지정하는 경우에는 변제수령자가 이의를 제기하지 못하지만, 변제수령자가 지정하는 때에는 변제자가 즉시 이의를 제기할 수 있고, 이 경우 그 지정은 효력을 잃는다.

판 례

(ㄱ) 연대보증인이 분할채무 중 일부에만 연대보증을 한 경우, 주채무자가 그 채무의 일부 변제로 수차례에 걸쳐 금원을 지급함에 있어 채권자가 주채무자에게 그 일부 변제금이 연대보증되지 아니한 채무의 변제조임을 명시하였다면, 주채무자가 행사하지 아니한 변제충당의 지정권을 채권자가 행사하였다고 보여지고, 채권자의 변제충당의 지정이 적법한 것인 이상 적어도 그 일부 변제금은 연대보증인이 연대보증하지 아니한 나머지 채무 부분의 변제에 충당되었다(대판 1995.3.14, 94다57244).

(ㄴ) 채권자에게 여러 채무를 부담하는 채무자의 급부가 동시에 여러 채무의 내용에 적합하나 그 채무 전부를 소멸시키기에 부족한 경우에는 변제충당이 문제 된다. 채무자가 그중 특정 채무의 변제로서 급부하였다고 주장함에 대하여, 채권자가 이를 수령한 사실을 인정하면서도 다른 채무의 변제에 충당하였다고 주장하는 경우에는 채권자는 그 다른 채권이 존재한다는 사실과 그 다른 채권에 변제충당하기로 하는 합의나 지정 또는 그 채권이 법정충당의 우선순위에 있었다는 사실을 주장·증명하여야 한다(대판 2024.10.8, 2024다258921).

(다) 지정충당에 대한 제한

1) 채무자가 원본 이외에 채무의 비용·이자를 지급하여야 하는 경우, 변제자가 한 급여가 그 전부를 소멸시키지 못한 때에는 비용 → 이자 → 원본의 순서로 변제에 충당해야 한다

(제479조 1항). ① 여기의 비용은 당사자 사이의 약정이나 법률의 규정 등에 의하여 채무자가 채권에 관하여 부담하여야 하는 비용을 의미한다. 따라서 채무자가 부담하여야 하는 변제비용(제473조 본문)이나, 채권자의 권리실행비용 중에서 소송비용액확정결정이나 집행비용액확정결정에 의하여 채무자가 부담하는 것으로 확정된 소송비용 또는 집행비용 등은 위의 비용에 속한다(대판 2008.12.24, 2008다61172). ② 이자에는 지연이자(지연손해금 채무)도 포함한다(대판 2013.3.14, 2012다85281).

2) 비용 상호간, 이자 상호간, 원본 상호간에는 제477조에 의한 법정충당에 의한다(제479조 2항). 비용 상호간·이자 상호간·원본 상호간에는 채무자에게 가장 유리한 것에 충당하는 것이 당사자의 의사에 합치되고 합리적이기 때문이다. 변제충당에 관한 제479조는 변제뿐만 아니라 공탁·상계 등 그 밖의 채무소멸원인에도 적용된다(대판 2006.10.12, 2004재다818). 여기서 제479조가 지정충당에 대한 제한인지가 문제이다. 이에 관하여, ① 긍정설은 제479조 1항과 다르게 일방적으로 지정할 수 없다고 하고(곽윤직, 342면; 김상용, 463면; 김증한/김학동, 363면; 김형배, 696면; 송덕수, C-520), ② 부정설은 제479조는 임의규정이므로 그와 다른 당사자의 합의가 있으면 그 적용이 배제되고 지정충당도 제479조에 우선한다고 한다(이은영, 710면).

판례는 비용, 이자, 원본에 대한 변제충당에 있어서는 제479조에 그 충당 순서가 법정되어 있고 지정 변제충당에 관한 제476조는 준용되지 않으므로 원칙적으로 비용, 이자, 원본의 순서로 충당하여야 하고, 채무자는 물론 채권자라 할지라도 법정 순서와 다르게 일방적으로 충당의 순서를 지정할 수는 없다. 그러나 당사자 사이에 특별한 합의가 있는 경우(계약에 의한 충당)이거나 당사자의 일방적인 지정에 대하여 상대방이 지체 없이 이의를 제기하지 아니함으로써 묵시적인 합의가 되었다고 보이는 경우에는 그 법정충당의 순서와는 달리 충당의 순서를 인정할 수 있다고 한다(대판 2002.5.10, 2002다12871,12888; 대판 2009.6.11, 2009다12399). 즉 긍정설을 따르고 있다.

3) 채무자가 이행지체에 빠진 이상, 채무자의 이행제공이 이행지체를 종료시키려면 완전한 이행을 제공하여야 하므로, 채무자가 원본뿐 아니라 지연이자도 지급할 의무가 있는 때에는 원본과 지연이자를 합한 전액에 대하여 이행의 제공을 하여야 할 것이고, 그에 미치지 못하는 이행제공을 하면서 이를 원본에 대한 변제로 지정하였더라도, 그 지정은 제479조 1항에 반하여 채권자에 대하여 효력이 없으므로, 채권자는 그 수령을 거절할 수 있다(대판 2005.8.19, 2003다22042).

판 례

상계의 의사표시가 있는 경우, 채무는 상계적상시에 소급하여 대등액에 관하여 소멸한 것으로 보게 되므로, 상계에 의한 양 채권의 차액 계산 또는 상계충당은 상계적상의 시점을 기준으로 하게 되고, 따라서 그 시점 이전에 수동채권의 변제기가 이미 도래하여 지체가 발생한 경우에는 상계적상 시점까지의 수동채권의 약정이자 및 지연손해금을 계산한 다음 자동채권으로써 먼저 수동채권의 약정이자 및 지연손해금을 소각하고 잔액을 가지고 원본을 소각하여야 한다(대판 2005.7.8, 2005다8125).

(3) 법정변제충당

변제충당에 관해 당사자 사이에 특별한 합의가 없거나 당사자가 변제충당을 지정하지 않은 때에는 제477조의 법정변제충당에 의해 충당이 이루어진다. 따라서 제477조의 적용을 배제하기 위해서는, 즉 특별한 합의가 있거나 지정을 하였다는 점에 대해서는 이를 주장하는 자가 증명책임을 진다(대판 1994.2.22, 93다49338).

한편 채무자가 원본 이외에 채무의 비용·이자를 지급하여야 하는 경우에는 비용→이자→원본의 순서로 변제에 충당하여야 한다(제479조). 이처럼 비용, 이자, 원본에 대한 변제충당에 관해서는 제479조에 충당 순서가 법정되어 있고 지정변제충당에 관한 제476조는 준용되지 않으므로, 당사자가 법정 순서와 다르게 일방적으로 충당 순서를 지정할 수 없다. 제479조에 따라 변제충당을 할 때 지연손해금은 이자와 같이 보아 원본보다 먼저 충당된다. 당사자 사이에 명시적·묵시적 '합의'가 있다면 법정변제충당의 순서와 달리 인정할 수 있지만 이러한 합의가 있는지는 이를 주장하는 자가 증명할 책임이 있다(대판 2020.1.30, 2018다204787).

판 례

(ㄱ) 변제충당에 관한 제476조 내지 제479조는 임의규정이므로, 변제자와 변제받는 자 사이에 다른 약정이 있다면 약정에 따라 변제충당의 효력이 발생하고, 다른 약정이 없는 경우에 변제의 제공이 채무 전부를 소멸하게 하지 못하는 때에는 제476조의 지정변제충당에 따라 변제충당의 효력이 발생하고 보충적으로 제477조의 법정변제충당의 순서에 따라 변제충당의 효력이 발생한다. 이때 제477조의 법정변제충당의 순서는 채무자의 변제제공 당시를 기준으로 정하여야 한다(대판 2015.11.26, 2014다71712).

(ㄴ) 가집행선고로 인한 강제집행을 면하기 위하여 채무자가 채권자에게 금원을 지급하였으나 그 가지급금의 액수가 채무자가 채권자에게 지급하여야 할 정당한 금원(최종적으로 확정된 금원)인 원본 및 지연손해금 합계액에 미치지 못하였다면, 그 가지급금으로는 특별한 사정이 없는 한, 민법 소정의 변제충당의 법리에 따라 채무자가 채권자에게 지급하여야 할 정당한 금원에 관하여 지연손해금, 원본의 순서로 변제에 충당되어야 한다. 이러한 법리는 가집행의 근거가 된 판결의 소송물이 복수의 금전청구가 객관적으로 병합된 경우에도 마찬가지로 적용된다(대판 2024.10.31, 2024다257812).

(가) 이행기가 도래한 채무

채무 중에 이행기가 도래한 것과 도래하지 않은 것이 있으면 먼저 이행기가 도래한 채무의 변제에 충당한다(제477조 1호, 제478조). 확정기한이 있는 채무는 그 기한에, 불확정기한의 경우에는 채무자가 기한의 도래를 알았는지 여부를 묻지 않고 그 기한이 객관적으로 도래한 때에, 기한의 정함이 없는 경우에는 그 채무가 성립한 때에 각각 이행기가 도래한 것이 된다.

판 례

법정변제충당의 순위를 정함에 있어서 변제의 유예가 있는 채무에 대하여는 유예기까지 변제기가 도래하지 않은 것과 같게 보아야 한다(대판 1999.8.24, 99다22281,22298).

(나) 변제이익이 많은 채무

채무 전부의 이행기가 도래하였거나 도래하지 않은 때에는 채무자에게 변제이익이 많은 채무의 변제에 먼저 충당한다(제477조 2호). 변제이익은 변제자를 기준으로 판단하여야 한다(대판 1999.8.24, 99다22281,22298). 일반적으로 무이자채무보다는 이자부 채무(대판 1971.11.23, 71다1560), 저이율의 채무보다는 고이율의 채무, 연대채무보다는 단순채무(대판 2002.7.12, 99다68652), 보증채무보다는 주채무(보증채무의 경우에는 부종성이 있기 때문임), 단순채무보다는 집행력을 갖춘 채무가 채무자에게 변제이익이 크다. 판례는 변제자가 주채무자인 경우, ① 보증인이 있는 채무와 보증인이 없는 채무 사이(대판 2013.7.11, 2013다22454), ② 보증기간 중의 채무와 보증기간 종료 후의 채무 사이(대판 2021.1.28, 2019다207141), ③ 물상보증인이 제공한 물적 담보가 있는 채무와 그러한 담보가 없는 채무 사이에는 양자가 변제이익이 같다고 한다(대판 2014.4.30, 2013다8250). 따라서 변제이익이 같으면, 이행기가 도래한 채무부터 법정변제충당하여야 한다(대판 1999.8.24, 99다26481).

판 례

(ㄱ) 주채무자 이외의 자가 변제자인 경우에는, 변제자가 발행 또는 배서한 어음에 의하여 담보되는 채무가 다른 채무보다 변제이익이 많다고 보아야 한다. 그리고 주채무자가 변제자인 경우에는, 담보로 제3자가 발행 또는 배서한 약속어음이 교부된 채무와 다른 채무 사이에 변제이익의 점에서 차이가 없다고 보아야 할 것이나, 담보로 주채무자 자신이 발행 또는 배서한 어음이 교부된 채무는 다른 채무보다 변제이익이 많은 것으로 보아야 한다(대판 1999.8.24, 99다22281,22298).

(ㄴ) 연대채무자 또는 연대보증인 중 1인이 채무의 일부를 변제한 경우에 당사자 사이에 특별한 합의가 없는 한 그 변제된 금액은 제479조의 법정충당 순서에 따라 비용, 이자, 원본의 순서로 충당되어야 하므로 지연손해금 채무가 원본채무보다 먼저 충당된다. 한편 여러 명의 연대채무자 또는 연대보증인에 대하여 따로따로 소송이 제기되는 등으로 그 판결에 의하여 확정된 채무원본이나 지연손해금의 금액과 이율 등이 서로 달라지게 되어 원금이나 지연손해금에 채무자들이 공동으로 부담하는 부분과 공동으로 부담하지 않는 부분이 생긴 경우에 어느 채무자가 채무 일부를 변제한 때에는 그 변제자가 부담하는 채무 중 공동으로 부담하지 않는 부분의 채무 변제에 우선 충당되고 그 다음 공동 부담 부분의 채무 변제에 충당된다. 그리고 채권의 목적을 달성시키는 변제와 같은 사유는 연대채무자 또는 연대보증채무자 전원에 대하여 절대적 효력을 가지므로 어느 채무자의 변제 등으로 다른 채무자와 공동으로 부담하는 부분의 채무가 소멸되면 그 채무소멸의 효과는 다른 채무자 전원에 대하여 미친다(대판 2013.3.14, 2012다85281).

(다) 이행기가 도래하거나 도래할 채무

채무자에게 변제이익이 같으면 이행기가 먼저 도래한 채무나 도래할 채무의 변제에 충당한다(제477조 3호, 제478조). 따라서 기한의 정함이 없는 채무는 언제나 이행기가 도래한 것으로 다루고, 이행기를 정하지 않은 채무상호간에는 먼저 성립한 채무를 변제기가 먼저 도래한 것으로 해석하여야 한다.

(라) 이행기가 동시에 도래하고 변제이익이 같은 채무

이상과 같은 기준으로도 변제충당의 선후가 정하여지지 않는 경우에는 각 채무액에 비례하여 변제에 충당한다(제477조 4호, 제478조).

V. 변제자의 대위 — 변제에 의한 대위·대위변제

1. 서 설

(1) 의 의

제3자 또는 채무자와 함께 채무를 부담하는 공동채무자가 채무자를 위하여 변제함으로써 채무자에 대하여 구상권을 취득하는 경우, 그 '구상권의 범위' 내에서 종래 채권자가 가지고 있었던 채권 및 그 담보에 관한 권리가 법률상 당연히 변제자에게 이전하여 변제자가 그 권리를 행사할 수 있는 것을 변제자의 대위 또는 대위변제라 한다. 변제자대위는 채무자가 아닌 제3자 또는 공동채무자가 채무자를 위하여 변제함으로써 취득하는 구상권을 확보하기 위해서 인정되는 제도이다.

(2) 구상권과 변제자대위권의 관계

(가) 제3자 또는 공동채무자의 변제로 채권자의 채권은 채무자에 대한 관계에서는 소멸하지만, 변제자를 위해서는 그대로 존속하며, 채권이 변제자에게 법률상 이전된다(다수설; 대판 2006.2.10, 2004다2762; 대판 2002.7.26, 2001다53929. 그러나 이은영, 716면은 변제자가 채권자의 권리를 이전받는 것이 아니라 채권자에게 그대로 둔 채 변제자의 명의로 그 권리를 행사할 권한을 갖는 데 불과하다고 한다). 그 결과 ① 변제자는 채무자에 대한 고유의 구상권과 대위변제로 인하여 취득한 채권자의 채권(원채권)을 행사할 수 있으므로, 이른바 '청구권의 경합'이 생긴다. ② 구상권과 변제자대위권은 원본·변제기·이자·지연손해금의 유무 등에서 내용이 다른 별개의 권리이다(대판 2015.11.12, 2013다214970). 따라서 그 소멸시효도 각각 따로 진행되고(대판 2009.10.26, 2007다78357), 대위변제자와 채무자 사이에 구상금에 관한 지연손해금 약정이 있더라도 이 약정은 구상금을 청구하는 경우에 적용될 뿐, 변제자대위권을 행사하는 경우에는 적용될 수 없다(대판 2009.2.26, 2005다32418).

(나) 변제자대위는 구상권을 확보하기 위한 제도이고, 대위변제로 인하여 취득한 원채권(채권자의 채권)은 구상권의 범위 내에서만 행사할 수 있으므로, 구상권과 원채권은 주종관계에 있는 경합을 이룬다. 따라서 원채권은 구상권이 소멸하면 당연히 소멸할 뿐만 아니라 원채권의 행사는 구상채권의 금액의 한도로 제한된다.

한편 대위변제자가 원채권의 담보권을 취득하더라도 그 피담보채권은 여전히 원채권이고, 그것이 원채권에서 구상권으로 변하는 것은 아니다. 따라서 ① 원채권이 시효로 소멸하면 그 담보권은 소멸하게 된다. ② 대위변제자가 대위변제에 의하여 취득하는 담보권을 실행하는 경우에 그 피담보채권으로서 취급되는 것은 원채권이고, 채무자에 대한 구상권은 아니며, 담보부동산의 경매에서 우선변제를 받는 것은 원채권이고 구상권은 아니다.

판 례

변제할 정당한 이익이 있는 자가 채무자를 위하여 채권의 일부를 대위변제할 경우에 대위변제자는 변제한 가액의 범위 내에서 종래의 채권자가 가지고 있던 채권 및 담보에 관한 권리를 취득하게 되고, 따라서 채권자가 부동산에 대하여 저당권을 가지고 있는 경우에는 채권자는 대위변제자에게 일부 대위변제에 따른 저당권의 일부 이전의 부기등기를 해 주어야 할 의무가 있다(대판 1996.12.6, 96다35774).

2. 요 건

(1) 변제나 그 밖의 방법으로 채권자에게 만족을 줄 것—채권의 만족

변제자대위가 성립하기 위해서는 제3자 또는 공동채무자가 자기의 출재로 채무자를 위하여 채권자에게 만족을 주는 면책행위를 하여야 한다. 따라서 변제는 물론이며, 대물변제·공탁·연대채무자의 상계(제418조) 기타 자기의 출재로 채무자의 채무를 면하게 한 경우에 대위변제가 성립한다(제486조). 한편 채권의 일부에 대해 변제 등을 한 경우에도 그 일부의 범위에서 대위변제가 성립한다(제483조).

(2) 변제자 등이 채무자에 대하여 구상권을 가질 것

변제자대위는 변제자의 구상권을 확보하기 위한 제도이므로, 구상권이 없는 경우에는 변제자대위가 성립하지 않는다(대판 1994.12.9, 94다38106). 가령 증여로서 변제한 때에는 대위변제는 성립하지 않는다. 반면에 불가분채무자·연대채무자·보증인이 변제한 때에는 다른 불가분채무자·연대채무자·주채무자에 대해 각각 구상권을 취득한다(제411조, 제425조 이하, 제441조 이하). 물상보증인이 변제한 때에는 보증채무에 관한 규정에 의해 채무자에 대해 구상권이 있다(제341조, 제355조, 제370조). 채무변제는 채무자 아닌 제3자도 할 수 있다(제469조). 제3자가 채무자의 부탁을 받아 변제한 때에는 위임사무 처리비용의 상환청구권(제688조)에 의해, 부탁 없이 변제한 때에는 사무관리비용의 상환청구권(제739조)에 의해 각각 채무자에 대해 구상권을 취득한다(대판 2022.3.17, 2021다276539).

판 례

(ㄱ) 타인의 채무를 담보하기 위하여 근저당권을 설정한 물상보증인이 채무를 변제한 때에는 채무자에 대한 구상권이 있고, 물상보증인은 변제할 정당한 이익이 있으므로 변제로 당연히 채권자를 대위하여 채권자의 채권 및 그 담보에 관한 권리를 행사할 수 있다. 다만 물상보증인은 자기의 권리에 의하여 구상할 수 있는 범위에서 그와 같은 권리를 행사할 수 있으므로, 물상보증인이 채무를 변제한 때에도 다른 사정에 의하여 채무자에 대하여 구상권이 없는 경우에는 채권자를 대위하여 채권자의 채권 및 담보에 관한 권리를 행사할 수 없다(대판 2014.4.30, 2013다80429,80436).

(ㄴ) 제3자가 자신의 출연으로 인하여 채무자의 채무가 소멸하였음을 주장하면서 채무자를 상대로 구상권을 행사하거나 부당이득의 반환을 구하는 경우, 제3자로서는 채무자의 채무가 존재한 사실에 대한 증명책임을 부담하고, 그 채무가 외국에 대한 조세납부 의무라 하여 이와 달리 볼 것은 아니다(대판 1995.8.22, 94다32054).

(3) 채권자의 승낙 또는 변제할 정당한 이익이 있을 것

변제할 정당한 이익이 있거나 채권자의 승낙을 얻어야 한다. 변제할 정당한 이익이 있는 자가 변제함으로써 법률상 당연히 채권자의 권리를 취득하는 것을 '법정대위'라 하고, 변제할 정당한 이익이 없는 자가 변제와 동시에 채권자의 승낙을 얻음으로써 채권자를 대위하는 경우를 '임의대위'라 한다.

(가) 임의대위

변제할 정당한 이익이 없는 자가 채무자를 위하여 변제한 때에는 채권자의 승낙이 없으면 채권자를 대위할 수 없다(제480조 1항). ① 채권자의 승낙은 변제와 '동시에' 하여야 한다(제480조 1항). 이는 변제자의 변제로 채권이 소멸되는 점을 고려하고, 물상보증인 및 담보물의 제3취득자에게 불측의 피해를 주지 않기 위해서이다. 채권자는 정당한 이유 없이 승낙을 거절할 수 없으며, 또 변제를 수령한 채권자는 승낙한 것으로 추정된다(통설). ② 채무자는 누가 대위변제를 하였는지 또는 채권자의 승낙이 있었는지를 알 수 없기 때문에, 채권양도의 대항요건을 갖추도록 규정하고 있다(제480조 2항). 따라서 임의대위를 채무자에게 주장하기 위해서는 채권자가 채무자에게 대위변제의 사실을 통지하거나 채무자가 대위변제의 사실을 승낙하여야 하며, 채무자 이외의 제3자에게 임의대위를 주장하기 위해서는 그 통지나 승낙이 확정일자 있는 증서에 의해 이루어져야 한다(제450조). 여기서 변제로 인한 임의대위를 위하여 대항요건을 갖추어야 하는 제3자란 대위변제의 목적인 그 채권 자체에 관하여 대위변제자와 양립할 수 없는 법률상 지위에 있는 자를 의미한다(대판 1996.2.23, 94다21160).

(나) 법정대위

변제할 정당한 이익이 있는 자는 채권자의 승낙 없이 당연히 변제로 채권자의 권리를 취득한다(제481조). 여기서 변제할 정당한 이익이 있는 자란 변제하지 않으면 채권자로부터 집행을 받게 되거나 또는 채무자에 대한 자기의 권리를 잃게 되는 지위에 있기 때문에, 변제함으로써 당연히 대위의 보호를 받아야 할 법률상의 이익을 가지는 자를 가리키며, 사실상의 이해관계를 가지는 자는 포함되지 않는다(대결 2009.5.28, 2008마109; 대판 1990.4.10, 89다카24834). 예컨대 불가분채무자·연대채무자·보증인·물상보증인·담보물의 제3취득자는 채권자로부터 집행을 받게 되는 점에서, 그리고 담보물의 후순위담보권자와 일반채권자는 선순위담보권자 또는 다른 일반채권자의 권리실행으로 변제를 받지 못하게 될 우려가 있다는 점(가령 담보물이 부당하게 싼 가격으로 처분되는 때)에서 각각 변제할 정당한 이익을 가진다. 반면에 공동저당의 목적인 물상보증인 소유의 부동산에 후순위로 소유권이전청구권 가등기가 설정되어 있는데 그 부동산에 대하여 먼저 경매가 실행되어 공동저당권자가 매각대금 전액을 배당받고 채무의 일부가 남은 경우, 물상보증인은 채무자 소유의 부동산에 대한 선순위저당권을 대위취득하고, 가등기권리자는 선순위저당권에 대해 물상대위를 함으로써 우선변제를 받을 수 있으므로, 위 가등기권리자는 변제할 정당한 이익이 있는 자에 해당하지 않는다(대결 2009.5.28, 2008마109). 즉 공동저당의 목적인 물상보증인 소유의 부동산에 대한 후순위담보권자는 법정대위를 할 수 없다.

한편 법정대위의 경우에는 채무자와 제3자가 대위의 발생여부를 예상할 수 있다는 점에서, 임의대위와는 달리 채무자 및 제3자에 대한 대항요건은 요구되지 않는다.

판 례

채무자 소유의 부동산에 대한 후순위 저당권자에게는 자신의 담보권을 보전하기 위하여 채무자의 선순위 저당권자에 대한 채무를 변제할 정당한 이익이 인정되고, 한편 제482조 1항은 변제할 정당한 이익이 있는 자가 채무자를 위하여 채권을 대위변제한 경우에는 대위변제자는 자기의 권리에 의하여 구상할 수 있는 범위에서 채권자의 채권 및 담보에 관한 권리를 행사할 수 있다고 규정하고 있으므로, 甲을 주채무자로 하고, 乙을 연대보증인으로 한 채무를 담보하기 위하여 甲과 乙의 공동소유인 부동산 전부에 관하여 선순위의 저당권이 설정된 후 甲 소유의 지분에 대하여서만 후순위 저당권을 취득한 자가 자신의 담보권을 보전하기 위하여 선순위 저당권자에게 당해 피담보채무를 변제한 경우에는 종전의 채권자인 선순위 저당권자의 채권 및 그 담보는 모두 대위변제를 한 후순위 저당권자에게 이전되고, 따라서 선순위 저당권자는 대위변제자인 후순위 저당권자에게 甲과 乙의 공동소유인 부동산 전체에 대하여 대위변제로 인한 저당권이전의 부기등기를 마쳐주어야 할 의무가 있다(대판 2002.12.6, 2001다2846).

3. 변제자대위의 효과

(1) 대위자와 채무자 사이의 효과

(가) 권리의 이전 — 대위자가 행사할 수 있는 권리

채권자가 채무자에 대하여 가지고 있던 '채권과 그 담보에 관한 권리'가 변제자의 구상권의 범위 내에서 그에게 법률상 이전된다(제482조 1항). 즉 ① 대위에 의해 이전되는 권리는 채권자가 채무자에게 가졌던 채권과 그 담보에 관한 권리이다. 여기서 채권자의 채권은 이행청구권·손해배상청구권·채권자대위권·채권자취소권 등을 가리키며, '담보에 관한 권리'에는 질권·저당권이나 보증인에 대한 권리 등과 같이 전형적인 물적·인적 담보뿐만 아니라, 채권자와 채무자 사이에 채무의 이행을 확보하기 위한 특약이 있는 경우에 그 특약에 의하여 채권자가 가지게 되는 권리도 포함된다(대판 2007.3.16, 2005다10760; 대판 1997.11.14, 95다11009). 따라서 채권자의 저당권은 등기 없이도(제187조) 대위자에게 당연히 이전된다. 또한 채권자가 판결 등의 집행권원을 가지고 있는 때에는 변제자가 승계집행문(민사집행법 제31조)을 받아 강제집행을 할 수 있다(대판 2007.4.27, 2005다64033). 이 경우 채무자는 법정대위에서는 변제시까지 그리고 임의대위에서는 채권자로부터 통지 또는 채무자 자신의 승낙이 있을 때까지 채권자에 대하여 가졌던 모든 항변으로써 대위자에게 대항할 수 있다. 그러나 변제로 채권자를 대위하는 경우 '채권과 그 담보에 관한 권리'가 변제자에게 이전될 뿐 계약당사자의 지위가 이전되는 것은 아니므로, 계약당사자의 지위에 부수하는 권리인 채권자의 취소권·계약해제권·계약해지권은 대위변제자에게 이전되지 않는다(제483조 2항). ② 대위의 범위는 변제자가 채무자에 대하여 가지는 구상권에 한정되고(대판 2005.10.13, 2003다24147), 이 범위에서 채권자의 권리를 행사할 수 있다. 변제자대위는 구상권의 실현을 확보하기 위한 것이기 때문이다. ③ 변제자는 채무자에 대한 자기 고유의 구상권과 대위에 의한 채권자의 권리를 아울러 가지며, 따라서 청구권의 경합이 발생한다(대판 1997.5.30, 97다1556).

판 례

(ㄱ) 리스이용자의 계약상 채무불이행으로 인한 손해의 보상을 목적으로 한 리스보증보험은 보험금액의 한도 내에서 리스이용자의 채무불이행으로 인한 손해를 담보하는 것으로서 보증에 갈음하는 기능을 가지고 있어 보험자의 보상책임은 본질적으로 보증책임과 같으므로, 그 보증성에 터잡아 보험금을 지급한 리스보증보험의 보험자는 변제자대위의 법리에 따라 피보험자인 리스회사가 리스이용자에 대하여 가지는 채권 및 그 담보에 관한 권리를 대위하여 행사할 수 있다(대판 1997.11.14, 95다11009).

(ㄴ) 타인의 채무를 변제하고 채권자를 대위하는 대위변제의 경우 채권자의 채권은 동일성을 유지한 채 법률상 당연히 변제자에게 이전하고, 이러한 법리는 채권이 근로기준법상의 임금채권이라 하더라도 그대로 적용되므로, 근로기준법 제38조 2항에 규정된 우선변제권이 있는 임금채권을 변제한 자는 채무자인 사용자에 대한 임금채권자로서 사용자의 총재산에 대한 강제집행절차나 임의경매절차가 개시된 경우에 매각기일까지 배당요구를 하여 그 배당절차에서 저당권의 피담보채권이나 일반채권보다 우선하여 변제받을 수 있으며, 이와 같이 근로자가 아닌 대위변제자에게 임금의 우선변제권을 인정하더라도 근로자에 대하여 임금이 직접 지급된 점에 비추어 이를 근로기준법 제43조 1항의 직접 지불의 원칙에 위배된다고 할 수 없다(대판 1996.2.23, 94다21160).

(ㄷ) 제3자가 채무자를 위하여 채무를 변제함으로써 채무자에 대하여 구상권을 취득하는 경우, 그 구상권의 범위 내에서 종래 채권자가 가지고 있던 채권과 그 담보에 관한 권리는 동일성을 유지한 채 법률상 당연히 변제자에게 이전한다. 이때 대위할 범위에 관하여 종래 채권자가 '배당요구 없이도 당연히 배당받을 수 있었던 경우'에는 대위변제자는 따로 배당요구를 하지 않아도 배당을 받을 수 있다(대판 2021.2.25, 2016다232597). 가령 甲회사가 대여금채무를 담보하기 위하여 채권자 乙 앞으로 마쳐준 甲회사 소유의 임야에 관한 소유권이전청구권가등기(이하 '담보가등기'라 한다)에 기해 乙이 가등기담보법에서 정한 청산절차를 거치지 않은 채 본등기를 마쳤고, 그 후 丙회사가 甲회사와 체결한 대위변제약정에 따라 乙의 승낙을 얻어 위 담보가등기의 피담보채무를 대위변제하였는데, 甲회사와 乙 및 丁회사가 체결한 약정에 따라 丁회사 앞으로 위 임야에 관한 소유권이전등기가 마쳐진 후 설정된 戊회사 명의의 근저당권에 기해 임의경매절차가 개시되자, 丙회사가 경매법원에 '담보가등기권리자 권리신고서'를 제출한 경우, 丙회사가 대위변제를 할 당시 담보가등기에 기한 본등기는 원인무효의 등기였고 담보가등기는 유효한 등기로 남아 있었으므로, 甲회사에 대하여 구상권을 취득한 丙회사는 담보가등기와 그 피담보채권인 乙의 甲 회사에 대한 대여금채권을 법률상 당연히 이전받았는데, 담보가등기가 위 경매절차의 경매개시결정 전에 등기가 되어 있었고, 가등기담보법 제16조 제1항에 따라 경매법원이 채권신고를 최고하기 전에 丙회사가 담보가등기권리자라고 주장하며 그 채권을 신고하였으므로, 丙회사는 부동산 매각으로 소멸하는 담보가등기를 가진 채권자로서 경매절차의 배당요구 종기 전에 배당요구를 하였는지와 관계없이 위 임야의 매각대금에서 배당받을 수 있다.

(나) 일부대위의 경우

1) 채권의 일부에 대하여 대위변제가 있는 때에는 대위자는 그 변제한 가액에 비례하여 채권자와 함께 그 권리를 행사한다(제483조 1항). 여기서 '채권자와 함께 그 권리를 행사한다'는 의미에 관하여, ① 다수설은 일부의 대위변제자는 대위한 권리가 비록 가분이더라도 단독으로

행사하지는 못하고 채권자가 그 권리를 행사하는 경우에 함께 그 권리를 행사할 수 있을 뿐이고, 변제에 관하여는 채권자가 우선한다고 한다(곽윤직, 259면; 김주수, 472면; 김증한/김학동, 368면; 임정평, 453면; 김상용, 482면). ② 소수설은 일부대위자는 채권자와 평등한 지위에서 그 채권액에 비례하여 권리행사를 함이 원칙이지만, 제3변제자가 채무자의 보증인·물상보증인·저당부동산의 제3취득자인 경우에는 채권자의 권리가 우선한다고 한다. 즉 제3자가 보증인 또는 담보제공자가 아닌 경우에 채권자는 제3자로부터 변제를 통해 만족을 얻은 이상 그 제3변제자와 동등한 지위에서 채무자 및 그 담보에 대한 권리를 나누어 행사함이 타당하다고 한다(이은영, 723면).

판례는 변제할 정당한 이익이 있는 사람이 채무자를 위하여 채권의 일부를 대위변제할 경우에 대위변제자는 변제한 가액의 범위 내에서 종래 채권자가 가지고 있던 채권 및 담보에 관한 권리를 취득하므로, 채권자가 부동산에 대하여 저당권을 가지고 있는 경우에는 채권자는 대위변제자에게 일부 대위변제에 따른 저당권 일부 이전의 부기등기를 할 의무를 진다. 이 경우에도 채권자는 일부 대위변제자에 대하여 우선변제권을 가진다 할 것이고, 다만 일부 대위변제자와 채권자 사이에 변제의 순위에 관하여 따로 약정을 하였다면 그 약정에 따라 변제의 순위가 정해진다고 하여(대판 2017.7.18, 2015다206973; 대판 2010.4.8, 2009다80460), 다수설에 따르고 있다. 예컨대 A가 B에게 5,000만원을 빌려주면서 그 담보로 B소유 토지에 저당권을 설정 받고 또 C가 보증을 한 다음, C가 3,000만원을 일부 변제하고, A가 남은 2,000만원을 받기 위해 위 토지를 경매신청하여 그 토지가 2,000만원에 매각된 경우, 그 2,000만원은 채권자인 A에게 우선 배당되는가 아니면 A와 C가 그 채권액에 따라 배당을 받는가에 대하여, 다수설과 판례는 A가 C에 우선하여 배당을 받는다고 한다.

2) 일부대위인 경우에 채무불이행을 원인으로 하는 계약의 해지 또는 해제는 채권자만이 할 수 있고, 채권자는 대위자에게 그 변제한 가액과 이자를 상환하여야 한다(제483조 2항). 다시 말하면 일부의 대위변제가 있은 후, 채권자가 잔액의 채무불이행을 이유로 계약을 해제한 경우, 채권자는 대위자에게 그가 변제한 가액과 이자를 상환하여야 한다.

3) 근저당권의 피담보채권이 확정되기 전에 그 채권의 일부를 대위변제한 경우, 근저당권은 대위변제자에게 이전되지 않는다(대판 2000.12.26, 2000다54451). 근저당권은 계속적인 거래관계로부터 발생·소멸하는 불특정다수의 채권 중 그 결산기에 잔존하는 채권을 일정한 한도액의 범위 내에서 담보하는 것으로서 그 거래가 종료하기까지 그 피담보채권은 계속적으로 증감·변동하기 때문이다. 그러나 근저당권에 의하여 담보되는 피담보채권이 확정되게 되면, 그 피담보채권액이 그 근저당권의 채권최고액을 초과하지 않는 한 그 근저당권 내지 그 실행으로 인한 매각대금에 대한 권리 중 그 피담보채권액을 담보하고 남는 부분은 저당권의 일부 이전의 부기등기 여부와 관계없이 대위변제자에게 법률상 당연히 이전된다(대판 2002.7.26, 2001다53929).

4) 채권의 일부에 대하여 대위변제가 있는 때에는 대위자는 제483조 1항에 의하여 그 변제한 가액에 비례하여 채권자의 권리를 행사할 수 있으므로, 여럿이 시기를 달리하여 채

권의 일부씩을 대위변제하고 근저당권 일부 이전의 부기등기를 각 마친 경우, 그들은 각 일부대위자로서 그 변제한 가액에 비례하여 근저당권을 준공유하고 있다고 보아야 하고, 그 근저당권을 실행하여 배당할 때에는 다른 특별한 사정이 없는 한 각 변제채권액에 비례하여 안분배당하여야 한다(대판 2006.2.10, 2004다2762; 대판 2001.1.19, 2000다37319).

5) 한편 보증인이 변제 기타의 출재로 주채무를 소멸하게 하는 등의 사유로 주채무자에 대하여 가지게 되는 구상권은 변제자가 갖는 고유의 권리로서 대위의 객체가 된 권리와는 별개라 할 것이어서 당사자 사이에 다른 약정이 있다는 등의 특정한 사정이 없는 한 일부대위에 관한 법리가 '보증인이 그 고유의 권리로서 행사하는 구상권의 경우'에 당연히 그대로 적용되는 것은 아니다(대판 1995.3.3, 94다33514).

판 례

(ㄱ) 변제할 정당한 이익이 있는 자가 채무자를 위하여 근저당권의 피담보채무의 일부를 대위변제한 경우에는 대위변제자는 근저당권의 일부 이전의 부기등기의 경료 여부에 관계없이 변제한 가액의 범위 내에서 종래 채권자가 가지고 있던 채권 및 담보에 관한 권리를 법률상 당연히 취득하게 되는 것이고, 대위할 범위에 관하여 종래 채권자가 이미 배당요구를 하였거나 배당요구 없이도 당연히 배당받을 수 있었던 경우에는 대위변제자는 따로 배당요구를 하지 않아도 배당을 받을 수 있다(대판 2006.2.10, 2004다2762).

(ㄴ) 채권자는 일부 대위변제자에 대하여 우선변제권을 가진다. 다만 일부 대위변제자와 채권자 사이에 변제의 순위에 관하여 따로 약정(이하 '우선회수특약'이라 함)을 하였다면 그 우선회수특약에 따라 변제의 순위가 정해진다. 그런데 변제로 채권자를 대위하는 경우에 '채권 및 그 담보에 관한 권리'가 변제자에게 이전될 뿐 계약당사자의 지위가 이전되는 것은 아니다. 그리고 변제로 채권자를 대위하는 사람이 구상권 범위에서 행사할 수 있는 '채권 및 그 담보에 관한 권리'에는 채권자와 채무자 사이에 채무의 이행을 확보하기 위한 특약이 있는 경우에 그 특약에 의하여 채권자가 가지는 권리도 포함된다고 할 것이나, 채권자와 일부 대위변제자 사이의 약정에 지나지 않는 '우선회수특약'이 '채권 및 그 담보에 관한 권리'에 포함된다고 보기는 어렵다. 따라서 일부 대위변제자의 채무자에 대한 구상채권에 대하여 보증한 사람이 자신의 보증채무를 변제함으로써 일부 대위변제자를 다시 대위하게 되었더라도, 그것만으로 채권자의 채무자에 대한 권리가 아니라 채권자와 일부 대위변제자 사이의 약정에 해당하는 '우선회수특약'에 따른 권리까지 당연히 대위하거나 이전받게 된다고 볼 수는 없다(대판 2010.4.8, 2009다80460). 그렇지만 '우선회수특약'은 일부 대위변제 후의 잔존 채권 변제 및 그 담보권 행사의 순위를 정한 약정으로서 그 일부 대위에 부수하여 이루어진 약정이므로, 일부 대위변제자는 특별한 사정이 없는 한 그 보증채무 변제자가 대위로 이전 받은 담보에 관한 권리 행사 등과 관련하여 채권자 등을 상대로 '우선회수특약'에 따른 권리를 주장할 수 있도록 그 권리의 승계 등에 관한 절차를 해 주어야 할 의무를 지고, 이를 위반함으로 인해 그 보증채무 변제자가 채권자 등에 대하여 그 권리를 주장할 수 없게 되어 손해를 입은 경우에는 그에 대한 손해배상 책임을 진다(대판 2017.7.18, 2015다206973).

(2) 법정대위자 상호간의 효과

법정대위자가 여럿 있는 경우에 혼란을 피하고 공평을 유지하기 위하여 제482조는 법정대위자 상호간의 대위의 순위와 비율에 관하여 규정하고 있다.

(가) 보증인과 제3취득자의 관계

1) 보증인이 변제한 경우

보증인은 미리 전세권이나 저당권의 등기에 그 대위를 부기(附記)하지 않으면 전세물이나 저당물에 대한 권리를 취득한 제3자에 대하여 채권자를 대위할 수 없다(제482조 2항 1호). 여기서 미리는 '보증인의 변제 후 제3취득자의 등기 전'을 가리킨다. 변제에 관한 증서를 보고 저당권 등이 소멸된 줄 알고 매수하였는데 후에 대위변제자가 등장하는 경우에는 제3취득자에게 불측의 손해를 줄 가능성이 있기 때문이다. 따라서 제3취득자가 전세물이나 저당물의 권리를 취득한 후 변제한 보증인은 대위의 부기등기 없이도 제3자에게 대위할 수 있다. 주의할 것은, 제482조 2항 1호의 '제3자'에 '후순위 근저당권자'는 포함되지 않는다(대판 2013.2.15, 2012다48855). 따라서 보증인이 변제한 때에는 미리 저당권의 등기에 그 대위를 부기하지 않아도 후순위 근저당권에 대하여 채권자를 대위한다.

2) 제3취득자가 변제한 경우

제3취득자는 보증인에 대하여 채권자를 대위할 수 없다(제482조 2항 2호). 제3취득자는 등기부상 담보권의 부담이 있음을 알고 권리를 취득한 자로서 그 담보권의 실행으로 인하여 예기치 못한 손해를 입을 염려가 없기 때문이다. 주의할 것은, 제482조 2항 2호의 '제3취득자'에 '후순위 근저당권자'는 포함되지 않는다(대판 2013.2.15, 2012다48855). 저당부동산에 대하여 후순위 근저당권을 취득한 제3자는 제364조에서 정한 저당권소멸청구권을 행사할 수 있는 제3취득자에 해당하지 않고, 달리 선순위 근저당권의 실행으로부터 그의 이익을 보호하는 규정이 없으므로 변제자대위와 관련해서 후순위 근저당권자보다 보증인을 더 보호할 이유가 없기 때문이다. 따라서 후순위 근저당권자가 변제한 때에는 보증인에 대하여 채권자를 대위한다.

3) 물상보증인이 변제하거나 담보권의 실행으로 소유권을 잃은 경우

(i) 판례는 제482조 2항 1호와 2호의 보증인에는 물상보증인도 포함하는 것으로 본다. 물상보증인은 보증인과 마찬가지로, ① 물상보증인이 채무를 변제하거나 담보권의 실행으로 소유권을 잃은 때에는 보증채무를 이행한 보증인과 마찬가지로 채무자로부터 담보부동산을 취득한 제3자에 대하여 구상권의 범위 내에서 출재한 전액에 관하여 채권자를 대위할 수 있는 반면, ② 채무자로부터 담보부동산을 취득한 제3자는 채무를 변제하거나 담보권의 실행으로 소유권을 잃더라도 물상보증인에 대하여 채권자를 대위할 수 없다(대판 2014.12.18, 2011다50233). 즉 제370조, 제341조에 의하면 물상보증인이 채무를 변제하거나 담보권의 실행으로 소유권을 잃은 때에는 '보증채무'에 관한 규정에 의하여 채무자에 대한 구상권을 가지므로, "보증인은 미리 전세권이나 저당권의 등기에 그 대위를 부기하지 아니하면 전세물이나 저당물에 권리를 취득한 제3자에 대하여 채권자를 대위하지 못한다"는 제482조 2항 1호와 "제3취득자는 보증인에 대하여 채권자를 대위하지 못한다"는 제482조 2항 2호를 유추적용하여, 채무자로부터 담보부동산을 취득한 제3자는 물상보증인에 대하여 채권자를 대위할 수 없다. 만일 물

상보증인의 지위를 보증인과 다르게 보아서 물상보증인과 채무자로부터 담보부동산을 취득한 제3자 상호간에는 각 부동산의 가액에 비례하여 채권자를 대위할 수 있다고 한다면, 본래 채무자에 대하여 출재한 전액에 관하여 대위할 수 있었던 물상보증인은 채무자가 담보부동산의 소유권을 제3자에게 이전하였다는 우연한 사정으로 이제는 각 부동산의 가액에 비례하여서만 대위하게 되는 반면, 당초 채무 전액에 대한 담보권의 부담을 각오하고 채무자로부터 담보부동산을 취득한 제3자는 그 범위에서 뜻하지 않은 이득을 얻게 되어 부당하기 때문이다.

(ii) 변제자대위와 관련하여 물상보증인은 보증인의 지위와 동일하므로, 제482조 2항 1호를 유추적용하여 물상보증인은 보증인과 마찬가지로 미리 대위의 '부기등기'를 하여야 제3취득자에게 채권자를 대위할 수 있다. 즉 채무자 소유 부동산과 물상보증인 소유 부동산이 1순위 공동저당권의 목적이 되었는데, 후자에 먼저 경매가 이루어져 채권 전액을 변제받은 경우, 물상보증인은 채무자 소유 부동산의 1순위 저당권을 대위하지만, 그 대위의 등기를 하지 않으면 그 부동산의 제3취득자에 대해서는 대위를 주장하지 못한다(대판 2011.8.18, 2011다30666,30673). 또한 대위변제한 물상보증인이 변제하지 않은 '다른 물상보증인 소유의 부동산을 매수한 제3취득자'에 대해 채권자를 대위하려는 경우, 제482조 2항 5호 단서 후문에 따라 보증인과 마찬가지로 저당권등기에 미리 대위의 '부기등기'를 하여야 한다(대판 2015.3.20, 2012다99341). 따라서 물상보증인 중 1인이 대위변제한 뒤 다른 물상보증인 소유의 X부동산에 설정된 근저당권설정등기에 관하여 대위의 부기등기를 하지 않고 있는 동안에 제3취득자가 X부동산을 취득하였다면, 대위변제한 물상보증인은 제3취득자에 대하여 채권자를 대위할 수 없다.

판 례

(ㄱ) 제482조 제2항 제1호와 제2호에서 보증인에게 대위권을 인정하면서도 제3취득자는 보증인에 대하여 채권자를 대위할 수 없다고 규정한 까닭은, 제3취득자는 등기부상 담보권의 부담이 있음을 알고 권리를 취득한 자로서 그 담보권의 실행으로 인하여 예기치 못한 손해를 입을 염려가 없고, 또한 저당부동산에 대하여 소유권, 지상권 또는 전세권을 취득한 제3자는 저당권자에게 그 부동산으로 담보된 채권을 변제하고 저당권의 소멸을 청구할 수 있으며(제364조), 저당물의 제3취득자가 그 부동산의 보존, 개량을 위하여 필요비 또는 유익비를 지출한 때에는 저당물의 경매대가에서 우선상환을 받을 수 있도록(제367조) 하는 등 그 이익을 보호하는 규정도 마련되어 있으므로, 변제자대위와 관련해서는 제3취득자보다는 보증인을 보호할 필요가 있기 때문이다. 그러나 저당부동산에 대하여 후순위 근저당권을 취득한 제3자는 제364조에서 정한 저당권소멸청구권을 행사할 수 있는 제3취득자에 해당하지 아니하고, 달리 선순위 근저당권의 실행으로부터 그의 이익을 보호하는 규정이 없으므로 변제자대위와 관련해서 후순위 근저당권자보다 보증인을 더 보호할 이유가 없으며, 나아가 선순위 근저당권의 피담보채무에 대하여 직접 보증책임을 지는 보증인과 달리 선순위 근저당권의 피담보채무에 대한 직접 변제책임을 지지 않는 후순위 근저당권자는 보증인에 대하여 채권자를 대위할 수 있다고 봄이 타당하므로, '제482조 제2항 제2호의 제3취득자에 후순위 근저당권자는 포함되지 아니한다'(대판 2013.2.15, 2012다48855).

(ㄴ) 제482조 제2항 제2호의 제3취득자에 후순위 근저당권자가 포함되지 않음에도 같은 항 제1호의 제3자에는 후순위 근저당권자가 포함된다고 하면, 후순위 근저당권자는 보증인에 대하여 항상 채권자를 대위할 수 있지만 보증인은 후순위 근저당권자에 대하여 채권자를 대위하기 위해서는 미리 대위의 부기등기

를 하여야만 하므로 보증인보다 후순위 근저당권자를 더 보호하는 결과가 되는데, 이러한 결과는 법정대위자인 보증인과 후순위 근저당권자 간의 이해관계를 공평하고 합리적으로 조절하기 위한 제482조 제2항 제1호와 제2호의 입법 취지에 부합하지 않을뿐더러 후순위 근저당권자는 통상 자신의 이익을 위하여 선순위 근저당권의 담보가치를 초과하는 담보가치만을 파악하여 담보권을 취득한 자에 불과하므로 변제자대위와 관련해서 후순위 근저당권자를 보증인보다 더 보호할 이유도 없다. 이러한 사정들과 제482조 제2항 제1호와 제2호가 상호작용하에 법정대위자 중 보증인과 제3취득자의 이해관계를 조절하는 규정인 점 등을 종합하여 보면, 보증인은 미리 저당권의 등기에 그 대위를 부기하지 않고서도 저당물에 후순위 근저당권을 취득한 제3자에 대하여 채권자를 대위할 수 있다고 할 것이므로 '제482조 제2항 제1호의 제3자에 후순위 근저당권자는 포함되지 않는다'(대판 2013.2.15, 2012다48855).

(나) 제3취득자 상호간의 관계

여러 부동산에 공동저당권이 설정되어 제3취득자가 여럿인 경우, 제3취득자 중의 1인이 변제한 때에 다른 제3취득자에 대하여 각 '부동산의 가액에 비례'하여 채권자를 대위한다(제482조 2항 3호). 제3취득자가 여럿인 경우에 먼저 변제한 자만이 대위할 수 있는 것으로 하면 공평하지 못하기 때문이다. 예컨대 甲이 乙에 대한 5,000만원의 채권을 담보하기 위하여 X토지(6천만원)와 Y토지(4천만원)에 각각 저당권을 취득하였고, 丙이 乙로부터 X토지를 丁이 Y토지를 매수하였는데, 제3취득자 丙이 甲에게 5,000만원을 변제한 경우에 丙이 Y토지에 대해 저당권을 실행하여 우선변제를 받을 수 있는 금액은 2,000만원(5,000×4,000/6,000+4,000)이 된다.

(다) 물상보증인 상호간의 관계

1) 물상보증인이 여럿인 경우는 제3취득자가 여럿인 경우처럼 각 담보부동산의 '가액에 비례'하여 다른 물상보증인에 대하여 채권자를 대위한다(제482조 2항 4호).

2) 여러 물상보증인 또는 그로부터 담보의 목적이 된 부동산에 관한 소유권 등을 취득한 제3취득자 중 '1인'이 채무를 변제하거나 담보권의 실행으로 소유권을 잃은 때에는 다른 물상보증인 또는 그로부터 담보의 목적이 된 부동산에 관한 소유권을 취득한 제3취득자에 대하여 구상권의 범위 내에서 채권자를 대위하여 채권 및 그 담보에 관한 권리를 행사할 수 있고, 이때에도 특별한 사정이 없는 한 그 행사는 물상보증인 상호 간의 대위를 규정한 제482조 2항 3호 및 4호에 따라 각 부동산의 가액에 비례한다(대판 2024.7.31, 2023다266420).

(라) 보증인과 물상보증인의 관계

1) 물상보증인과 보증인 간에는 그 인원수에 비례하여 채권자를 대위한다(제482조 2항 5호 본문). 다만 물상보증인이 여럿인 경우에는 보증인의 부담부분을 제외하고 그 나머지에 대하여 각 '재산의 가액에 비례'하여 대위한다(제482조 2항 5호 단서). 예컨대 乙의 甲에 대한 6,000만원 금전채무에 대하여 A·B가 보증인이 되고, C는 3,000만원의 부동산을 D는 2,000만원의 부동산을 각각 담보로 제공하였고, A가 6,000만원 전액을 변제한 경우, A는 우선 인원수에 비례하여 자기의 부담액 1,500만원과 보증인 B의 부담부분인 1,500만원을 공제하고, 물상보증인의 부담인

3,000만원 중 C에게 1,800만원(3,000×3,000/(3,000+2,000)), D에게 1,200만원(3,000×2,000/(3,000+2,000))을 각각 대위한다.

2) 이 경우에 물상보증인이 제공한 담보물이 부동산인 때에는 보증인은 미리 담보권의 등기에 대위의 부기등기를 하여야 한다(제482조 2항 5호 단서). 위의 예에서 보증인 A는 물상보증인 C나 D의 부동산에 대한 저당권의 등기에 그 대위를 부기등기하여야 C나 D로부터 그 부동산을 취득한 제3취득자에 대하여 채권자를 대위할 수 있다.

3) 한편 ① 동일한 채무에 대하여 보증인 또는 물상보증인이 여럿 있고, 이 중에서 보증인과 물상보증인의 지위를 겸하는 자가 포함되어 있는 경우, 제482조 2항 4호, 5호에 의한 대위비율은 보증인과 물상보증인의 지위를 겸하는 자를 1인으로 보아야 한다(대판 2010.6.10, 2007다61113,61120). 가령 근저당권 피담보채무인 400억원에 대하여 甲이 물상보증인이고, 乙·丙·丁이 연대보증인 겸 물상보증인의 지위에 있는 경우, 甲과 연대보증인 겸 물상보증인 乙·丙·丁의 각 부담부분은 근저당권 피담보채무의 전액인 400억원을 기준으로 인원수에 따른 평등한 비율로 계산한 100억원(400억원 × 1/4)이 된다. 보증인과 물상보증인 상호간에는 형식적으로 인원수에 비례하여 평등하게 대위비율을 결정하도록 규정한 것은, 인적 무한책임을 부담하는 보증인과 물적 유한책임을 부담하는 물상보증인 사이에는 상호 이해조정을 위한 합리적인 기준을 정하는 것이 곤란하고, 오히려 인원수에 따라 대위비율을 정하는 것이 공평하고 법률관계를 간명하게 처리할 수 있어 합리적이며 그것이 대위자의 통상의 의사 내지 기대에 부합하며, 이는 동일한 채무에 대하여 보증인 또는 물상보증인이 여럿 있고, 이 중에서 보증인과 물상보증인의 지위를 겸하는 자가 포함되어 있는 경우에도 동일하게 참작되어야 하기 때문이다. ② 제482조 2항 5호는 먼저 대위변제 등을 한 자가 부당하게 이익을 얻거나 대위가 계속 반복되는 것을 방지하고 대위관계를 공평하게 처리하기 위하여 대위자들 상호간의 대위의 순서와 분담비율을 규정하고 있다. 따라서 보증인과 물상보증인이 여럿 있는 경우 어느 누구라도 '각자의 부담부분을 넘는 대위변제 등'을 하지 않으면 다른 보증인과 물상보증인을 상대로 채권자의 권리를 대위할 수 없다(대판 2010.6.10, 2007다61113,61120). 즉 여러 보증인 또는 물상보증인 중 어느 1인이 자신의 부담부분에 미달하는 대위변제 등을 한 경우, 제482조 2항 5호에 따른 변제자대위를 할 수 없다.

판 례

여러 보증인과 물상보증인 사이에서 제482조 2항 5호에 의하여 대위관계에서의 부담 부분을 정하는 경우, 당초 성립한 주채무가 주채무자의 변제나 채무 면제 등으로 감소하거나 이자·지연손해금이 증가하는 때에는 그 당시 현존하고 있는 보증인이나 물상보증인의 부담 부분도 원칙적으로 그에 상응하여 감소하거나 증가하게 되므로, 보증인이나 물상보증인이 대위변제 등을 할 당시에 이미 주채무자의 변제나 채무면제 등으로 주채무가 감소하거나 이자·지연손해금이 증가한 사정이 있다면, 이를 반드시 참작하여 그 대위변제 등 당시를 기준으로 하여 당해 보증인이나 물상보증인의 대위변제액 등이 그의 부담 부분을 초과하는 것인지 여부를 판단하여야 한다(대판 2010.6.10, 2007다61113,61120).

(마) 연대채무자 상호간의 관계 · 보증인 상호간의 관계

연대채무자 상호간(제425조)·보증인 상호간(제448조) 또는 연대채무자나 불가분채무자와 보증인의 관계(제447조)에 대하여는 각각 특별규정에 의하여 구상의 범위가 정하여지며, 따라서 대위도 그 범위에서 발생한다.

(바) 채무자 소유 부동산의 후순위저당권자와 물상보증인의 관계

1) 공동저당의 부동산 중 일부인 물상보증인의 소유 부동산에 대하여 저당권이 실행된 경우, 그 물상보증인은 변제자대위의 규정(제481조, 제482조)에 의해 다른 부동산에 대하여 공동저당권자를 대위하게 된다. 이 경우 채무자 소유 부동산에 후순위저당권자가 있는 경우, 후순위저당권자의 대위권(제368조 2항)의 우열관계가 문제된다.

판례는 물상보증인이 후순위 담보권자보다 우선한다고 한다(물상보증인 대위우선설). 즉 ① 공동저당의 목적인 물상보증인 소유의 부동산에 후순위 저당권이 설정되어 있는 경우, 물상보증인 소유의 부동산에 대하여 먼저 경매가 이루어져 그 매각대금의 교부에 의하여 선순위 공동저당권자가 변제를 받은 때에는 물상보증인은 채무자에 대하여 구상권을 취득함과 동시에, 제481조, 제482조에 의한 변제자대위에 의하여 채무자 소유의 부동산에 대한 선순위 저당권을 대위취득하고, 그 물상보증인 소유의 부동산의 후순위 저당권자는 선순위 저당권에 대하여 물상대위를 할 수 있다(대판 2015.11.27, 2013다41097,41103). ② 채무자 소유의 부동산이 먼저 경매되면 그 부동산의 후순위저당권자는 제368조 2항 후단에 의하여 선순위 공동저당권자를 대위하여 물상보증인 소유의 부동산에 대하여 저당권을 행사할 수 없다. 이러한 법리는 채무자 소유의 부동산에 후순위 저당권이 설정된 후에 물상보증인 소유의 부동산이 추가로 공동저당의 목적으로 된 경우에도 마찬가지로 적용된다(대판 2014.1.23, 2013다207996). 따라서 제368조 2항의 후순위저당권자의 대위는 공동저당의 목적물이 채무자의 소유에 속하는 것을 전제로 하여 그 적용이 있다.

2) 참고로 후순위저당권자의 대위에 의하여 공동저당권자가 가지고 있던 저당권이 후순위저당권자에게 이전된 후 '제3자가 대위될 부동산을 취득'한 경우, 제3취득자에 대하여 제368조 2항에 따른 대위를 주장할 수 있는지가 문제이다. ① 후순위저당권자의 대위에 의하여 선순위저당권자가 가지고 있던 다른 부동산에 관한 저당권이 '후순위저당권자에게 이전된 후'에 아직 저당권이 말소되지 않고 부동산등기부에 존속하는 경우, 비록 공동저당의 대위등기를 하지 않더라도 제3취득자는 저당권이 유효하게 존재함을 알거나 적어도 저당권이 공동저당권으로서 공시되어 있는 상태에서 이를 알면서 해당 부동산을 취득할 것이므로, 후순위저당권자는 제3취득자에 대하여 제368조 2항에 따른 대위를 주장할 수 있다(대판 2015.3.20, 2012다99341). 반면에 ② 먼저 경매된 부동산의 후순위저당권자가 다른 부동산에 공동저당의 대위등기를 하지 않고 있는 사이에 선순위저당권자 등에 의해 그 부동산에 관한 저당권등기가 말소되고, 그와 같이 저당권등기가 말소되어 등기부상 저당권의 존재를 확인할 수 없는 상태에서 그 부동산에 관하여 소유권이나 저당권 등 새로 이해관계를 취득한 사람에 대하여, 후순위

저당권자는 제368조 2항에 의한 대위를 주장할 수 없다(대판 2015.3.20, 2012다99341). 변제로 인하여 저당권 등이 소멸한 것으로 믿고 목적부동산을 취득한 제3취득자가 불측의 손해를 입을 우려가 있기 때문이다(자세한 것은 물권법 제5장 V. 1. 공동저당).

판 례

(ㄱ) 공동저당의 목적인 물상보증인 소유의 부동산에 후순위 저당권이 설정되어 있는 경우, 물상보증인 소유의 부동산에 대하여 먼저 경매가 이루어져 그 경매대금의 교부에 의하여 선순위 공동저당권자가 변제를 받은 때에는 물상보증인은 채무자에 대하여 구상권을 취득함과 동시에, 제481조, 제482조의 규정에 의한 변제자대위에 의하여 채무자 소유의 부동산에 대한 선순위 저당권을 대위취득하고, 그 물상보증인 소유의 부동산의 후순위 저당권자는 선순위 저당권에 대하여 물상대위를 할 수 있다. 그러므로 그 선순위 저당권설정등기는 말소등기가 경료될 것이 아니라 위 물상보증인 앞으로 대위에 의한 저당권이전의 부기등기가 경료되어야 할 성질의 것이며, 따라서 아직 경매되지 아니한 공동저당물의 소유자로서는 선순위 저당권자에 대한 피담보채무가 소멸하였다는 사정만으로는 그 말소등기를 청구할 수 없다고 보아야 한다. 그리고 후순위 저당권자는 자신의 채권을 보전하기 위하여 물상보증인을 대위하여 선순위 저당권자에게 그 부기등기를 할 것을 청구할 수 있다(대결 2009.5.28, 2008마109).

(ㄴ) 변제자대위에 관한 제481조, 제482조에 의하면 물상보증인은 자기의 권리에 의하여 구상할 수 있는 범위에서 채권 및 담보에 관한 권리를 행사할 수 있으므로, 물상보증인이 채무를 변제하거나 저당권의 실행으로 저당물의 소유권을 잃었더라도 다른 사정에 의하여 채무자에 대하여 구상권이 없는 경우에는 채권자를 대위하여 채권자의 채권 및 담보에 관한 권리를 행사할 수 없다. 따라서 실질적인 채무자와 실질적인 물상보증인이 공동으로 담보를 제공하여 대출을 받으면서 실질적인 물상보증인이 저당권설정등기에 자신을 채무자로 등기하도록 한 경우, 실질적 물상보증인인 채무자는 채권자에 대하여 채무자로서의 책임을 지는지와 관계없이 내부관계에서는 실질적 채무자인 물상보증인이 변제를 하였더라도 그에 대하여 구상의무가 없으므로, 실질적 채무자인 물상보증인이 채권자를 대위하여 실질적 물상보증인인 채무자에 대한 담보권을 취득한다고 할 수 없다. 그리고 이러한 법리는 실질적 물상보증인인 채무자와 실질적 채무자인 물상보증인 소유의 각 부동산에 공동저당이 설정된 후에 실질적 채무자인 물상보증인 소유의 부동산에 후순위저당권이 설정되었다고 하더라도 다르지 아니하다. 이와 같이 물상보증인이 채무자에게 구상권이 없어 변제자대위에 의하여 채무자 소유의 부동산에 대한 선순위공동저당권자의 저당권을 대위취득할 수 없는 경우에는 물상보증인 소유의 부동산에 대한 후순위저당권자는 물상대위할 대상이 없으므로 채무자 소유의 부동산에 대한 선순위공동저당권자의 저당권에 대하여 물상대위를 할 수 없다(대판 2015.11.27, 2013다41097,41103).

(3) 대위자와 채권자 사이의 효과

(가) 채권자의 채권증서 · 담보물의 교부의무

대위변제에 의하여 전부 변제를 수령한 채권자는 채권에 관한 증서와 그 점유 아래 있는 담보물을 대위자에게 교부할 의무를 부담한다(제484조 1항). 또한 일부변제에 의한 대위인 경우에 채권자는 채권증서에 그 대위를 기입하고, 자기가 점유한 담보물의 보존에 관하여 대위자의 감독을 받아야 한다(제484조 2항). 따라서 담보물이 부동산인 때에는 대위의 부기등기에 협력하여야 하고, 또 임의대위의 경우에는 대위의 통지를 할 의무를 진다.

(나) 채권자의 담보보존의무

1) 법정대위를 할 수 있는 자는 채권자의 권리를 대위하는 것에 이해관계를 가지기 때문

에, 그의 이익을 보호하기 위해서는 채권자가 담보를 보존할 때에 그 실효성을 가지므로, 민법은 "채권자의 고의나 과실로 담보를 상실·감소시킨 때에는 그로 인해 상환을 받을 수 없는 한도에서 법정대위자는 그 책임을 면한다"고 규정하고 있다(제485조). 여기서 면책이 인정되는 것은 '담보'를 상실·감소시킨 때이고, '담보'는 주된 채무를 담보하기 위한 인적 담보 또는 물적 담보를 말하며, 담보의 상실 또는 감소의 전형적 예는 채권자가 인적 담보인 보증인의 채무를 면제해 주거나 물적 담보인 담보물권을 포기하거나 순위를 불리하게 변경하거나 담보물을 훼손하거나 반환하는 행위 등을 들 수 있다(대판 2000.12.12, 99다13669). 가령 ① 연대보증인은 피보증인의 채무를 변제할 정당한 이익이 있는 자로서 그 변제로 인하여 당연히 채권자를 대위할 법정대위권이 있는 것이므로, 다른 특단의 사정이 없는 한 채권자가 고의나 과실로 담보를 상실되게 하거나 감소되게 한 때에는 연대보증인의 대위권을 침해한 것이 되어 연대보증인은 제485조에 따라 그 상실 또는 감소로 인하여 상환을 받을 수 없는 한도에서 면책 주장을 할 수 있다(대판 2009.10.29, 2009다60527). ② 물상보증인은 근저당권의 피담보채무를 변제할 정당한 이익이 있는 자로서 변제로 채권자를 대위할 법정대위권이 있다. 채권자가 고의나 과실로 담보를 상실하게 하거나 감소하게 한 때에는 특별한 사정이 없는 한 물상보증인의 대위권을 침해하는 것이므로 물상보증인은 제485조에 따라 상실 또는 감소로 인하여 상환을 받을 수 없는 한도에서 면책 주장을 할 수 있다. 여기서 물상보증인이 면책 주장을 할 수 있다는 것은 채무자가 부담하는 근저당권의 피담보채무 자체가 소멸한다는 뜻은 아니고 피담보채무에 관한 물상보증인의 책임이 소멸한다는 의미이다(대판 2017.10.31, 2015다65042). 따라서 채무자 소유 부동산과 물상보증인 소유 부동산에 공동근저당권을 설정한 채권자가 공동담보 중 채무자 소유 부동산에 대한 담보 일부를 포기하거나 순위를 불리하게 변경하여 담보를 상실하게 하거나 감소하게 한 경우, 물상보증인은 그로 인하여 상환받을 수 없는 한도에서 책임을 면한다. 이 경우 공동근저당권자는 나머지 공동담보 목적물인 물상보증인 소유 부동산에 관한 경매절차에서, 물상보증인이 위와 같이 담보 상실 내지 감소로 인한 면책을 주장할 수 있는 한도에서는, 물상보증인 소유 부동산의 후순위 근저당권자에 우선하여 배당받을 수 없다(대판 2018.7.11, 2017다292756). 물상보증인 소유 부동산에 대한 후순위 저당권자는 물상보증인이 대위취득한 채무자 소유 부동산에 대한 선순위 공동저당권에 대하여 물상대위를 할 수 있기 때문이다.

2) 법정대위를 할 자는 채권자가 고의나 과실로 담보를 상실하게 하거나 감소하게 한 때에는 원칙적으로 제485조에 따라 면책을 주장할 수 있을 뿐이지만, 채권자가 제3자에 대하여 자신의 담보권을 성실하게 보존·행사하여야 할 의무를 부담하는 특별한 사정이 인정되는 경우에는 채권자의 담보권의 포기행위가 불법행위에 해당할 수 있다(대판 2022.12.29, 2017다261882). 채권자가 자신의 채권이나 담보권을 행사할 것인지 여부는 채권자가 자유롭게 선택할 수 있는 영역에 속하는 것이다. 따라서 대위변제의 정당한 이익을 갖는 자가 채권자의 담보상실 또는 감소 행위를 들어 제485조의 면책을 주장할 수 있음은 별론으로 하더라도 대위변제의 정당

한 이익을 갖는 자가 있다는 사정만으로 채권자가 자신의 채권이나 담보권을 성실히 행사하여야 할 의무를 부담한다고 할 수는 없다(대판 2005.11.25, 2004다66834,66841).

주의할 것은 근로자가 후순위저당권자가 존재하는 사용자의 재산에 대하여 임금채권 우선변제권을 행사하는 경우에 제485조를 유추적용할 수 없다는 점이다. 제485조는 변제할 정당한 이익이 있는 자의 출연에 의한 변제에 따른 구상권 및 대위에 대한 기대권을 두텁게 보호하기 위하여 특별히 마련된 규정이므로, 구상권의 발생이 예상되지 않는 경우에 유추적용하는 것은 적절하지 않고, 만일 유추적용을 인정하게 되면 근로자는 사용자의 재산에 대하여 별개로 경매절차가 진행될 경우 해당 재산의 책임분담액에 맞추어 개별 경매절차마다 일일이 임금채권 우선변제권을 행사하지 않으면 그 한도에서 우선변제권이 배제되는 불이익을 입게 되는바, 이는 근로자에게 지나친 비용과 노력을 요구하므로 근로자의 생활안정을 위하여 임금채권을 강하게 보장하는 근로기준법의 입법 취지에 현저히 반하는 결과를 초래하기 때문이다(대판 2006.12.7, 2005다77558). 다만 근로자가 사용자의 다른 재산에 대한 권리자 등과 공모하여 오로지 후순위저당권자의 대위에 관한 정당한 기대를 해하려는 의도 아래 후순위저당권의 목적물이 아닌 사용자의 다른 재산에 대하여 손쉽게 행사할 수 있었던 임금채권 우선변제권 행사를 포기해 버린 경우처럼, 근로자가 임금채권 우선변제권을 사용자의 일부 재산에 대하여만 선택적으로 행사하는 것이 사회생활상 용인될 수 없을 만큼 부당하여 권리남용으로 평가될 수 있는 경우에는 후순위저당권자의 대위에 관한 정당한 기대를 침해한 한도에서 임금채권 우선변제권이 배제되거나 제한될 수 있다(대판 2006.12.7, 2005다77558).

3) 법정대위자는 담보의 상실·감소로 인하여 상환을 받을 수 없는 한도에서 그 책임을 면한다. 따라서 대위자가 면책되는 범위는 담보가 상실된 경우에는 담보가 실행될 수 있는 때의 목적물의 교환가치 상당액이며(대판 2001.10.9, 2001다36283), 채권액을 훨씬 초과하는 부동산을 양도담보로 취득하였다가 그것을 상실하고 채권액에 미달하는 양도담보만을 갖게 된 경우에는 총 채권액에서 잔존 양도담보 부동산의 가액을 뺀 나머지 금액이다(대판 1997.10.28, 97다28858).

4) 면책의 범위는 어느 시기를 표준으로 하여 정할 것인가에 관하여, ① 담보의 상실 또는 감소의 시기를 표준으로 한다는 견해(김용한, 553면), ② 담보물을 실행하거나 실행할 수 있었던 때를 표준으로 한다는 견해(곽윤직, 263면; 김상용, 487면; 김형배, 716면; 임정평, 458면; 정기웅, 460면)가 대립하고 있다. 판례는 담보의 상실 또는 감소의 시점을 표준시점으로 한다(대판 2008.12.11, 2007다66590; 대판 2001.12.24, 2001다42677). 따라서 법정대위의 전제가 되는 보증 등의 시점 이전에 이미 소멸한 채권자의 담보에 대해서는 제485조가 적용되지 않는다(대판 2014.10.15, 2013다91788).

판 례

(ㄱ) 제485조의 면책규정은 법정대위권자로 하여금 구상의 실효성을 거둘 수 있도록 하기 위하여 채권자에게 담보의 보존을 간접적으로 강제하는 취지의 규정으로서 그 규정목적이 오로지 법정대위권자의 이익보호에 있으므로, 그 성질상 임의규정으로 보아야 할 것이고, 따라서 법정대위권자로서는 채권자와의 특약으로서 제485조에 의한 면책이익을 포기하거나 면책의 사유와 범위를 제한 내지 축소할 수 있다(대판 1987.4.14, 86다카520).

(ㄴ) 채권자가 일부 대위변제자에게 그가 대위변제한 비율을 넘어 근저당권 전부를 이전하여 준 경우, 결국 채권자는 근저당권의 피담보채무 중 일부를 대위변제한 다른 보증인이 법정대위권을 행사할 수 있는 채권의 담보를 고의로 상실되게 한 것이므로, 다른 보증인은 그의 보증채무를 이행함으로써 채권자에 대한 법정대위권자로서 근저당권을 실행하여 배당받을 수 있었던 금액의 한도에서 보증의 책임을 면한다(대판 1996.12.6, 96다35774).

(ㄷ) 대출절차상의 편의를 위하여 대출채무자의 명의를 빌려준 자는 채권자의 파산관재인에 대하여는 통정허위표시로 대항하지 못하므로 대출금채무를 변제할 의무를 직접 부담하고, 그 채무를 변제할 경우 채권자인 파산자가 실채무자에 대하여 가지는 채권 및 이에 관한 담보권을 당연히 대위행사할 수 있는 지위에 있으므로, 채권자가 파산 전에 채무에 관한 근저당권을 고의 또는 과실로 소멸시킨 경우, 형식상 주채무자는 근저당권의 소멸로 인하여 상환을 받을 수 없는 범위에서 채무를 면한다(대판 2005.5.12, 2004다68366).

(ㄹ) 양도담보로 제공된 부동산에 대하여 양도담보권자의 채권자가 가압류나 가처분의 기입등기를 경료하였더라도 그러한 사실만으로는 양도담보권자가 고의 또는 과실로 그 담보를 상실하거나 감소케 한 것이라고는 볼 수 없다(대판 1997.10.28, 97다28858).

(ㅁ) 주채무자가 채권자에게 가등기담보권을 설정하기로 약정한 뒤 이를 이행하지 않고 있음에도 채권자가 그 약정에 의하여 가등기가처분 명령신청, 가등기설정등기 이행청구 등과 같은 담보권자로서의 지위를 보전·실행·집행하기 위한 조치를 취하지 아니하다가 당해 부동산을 제3자가 압류 또는 가압류함으로써 가등기담보권자로서의 권리를 제대로 확보하지 못한 경우도 담보가 상실되거나 감소된 경우에 해당한다(대판 2009.10.29, 2009다60527).

(ㅂ) 연대보증인 중 1인이 변제 기타 자기의 출재로 공동면책이 된 때에는 제448조 2항, 제425조에 의하여 다른 연대보증인의 부담부분에 대하여 구상권을 행사할 수 있는 것과는 별개로 제481조에 의하여 당연히 채권자를 대위하여 주채무자에 대하여 구상권 범위 내에서 채권자로 되고, 위 연대보증인에 대하여 자기 부담부분에 대하여 상환을 하는 다른 연대보증인은 그의 상환액을 다시 주채무자에 대하여 구상할 수 있고 이 구상권 범위 내에서는 그 자는 공동면책시킨 위 연대보증인이 당초 채권자를 대위하여 가지는 권리를 다시 대위취득할 수 있기 때문에, 변제로 당초 채권을 대위 행사하는 연대보증인과 다른 연대보증인의 관계는 제485조에서 정한 '채권자'와 '제481조의 규정에 의하여 대위할 자'의 관계가 된다. 따라서 변제로 공동면책시켜 구상권을 가지는 연대보증인이 주채무자에 대한 채권 담보를 상실 또는 감소시킨 때에는 제485조의 '채권자의 고의나 과실로 담보가 상실되거나 감소된 때'에 해당하여, 다른 연대보증인은 구상의무를 이행하였을 경우에 담보 소멸로 인하여 주채무자로부터 상환을 받을 수 없는 한도에서 책임을 면한다(대판 2012.6.14, 2010다11651).

제 3 절 대물변제

Ⅰ. 서 설

1. 의 의

대물변제(Leistung an Erfüllungs Statt)란 채무자가 부담하는 본래의 급부에 갈음하여 다른 급부를 현실적으로 함으로써 채권을 소멸시키는 것으로서, 변제와 동일한 효력을 갖는다(제466조).

예컨대 乙이 甲으로부터 5,000만원을 차용하고 있는데, 채무자 乙이 채권자 甲의 승낙을 얻어 5,000만원의 금전채무에 갈음하여 토지 100m^{2}의 소유권을 이전하는 경우를 대물변제라 한다. 변제는 채무의 내용에 따른 것이어야 하므로, 변제자가 일방적으로 본래의 채무이행에 갈음하여 대물변제를 할 수 없고, 그러기 위해서는 채권자가 대물변제를 승낙하고 이를 수령하여야 한다. 또한 대물변제에 의하여 변제와 같은 효력이 발생하여 채권이 소멸하므로, 채무자가 현실적으로 다른 급부를 하여야 대물변제가 성립하며, 만일 乙 소유 토지 100m^{2}에 대한 소유권이 甲에게 이전되지 않은 상태에서는 대물변제가 성립하지 않는다.

2. 성 질

대물변제에 의하여 변제와 같은 효력이 발생하여 채권이 소멸하므로, 변제자의 대물급부는 현실적으로 행하여져야 한다. 여기서 대물변제는 계약인지 아니면 변제인지가 문제이다.

(1) 학설·판례

1) 유상·요물계약설 — 다수설·판례

대물변제가 성립하기 위해서는 채권자의 승낙, 다시 말해 채권자와 변제자의 합의(계약)가 있어야 하고, 변제자가 본래의 급부에 갈음한 다른 급부를 현실적으로 하여야 하며, 이때 다른 급부는 소멸하는 본래의 급부의 대가라는 점에서 이를 유상·요물계약이라고 한다(곽윤직, 265면; 송덕수, C-556; 김주수, 480면; 김증한/김학동, 373면). 그래서 대물급부에 관해 채권자의 승낙을 얻은데 지나지 않고 아직 현실적 급부가 이루어지지 않은 때에는 대물변제의 예약에 지나지 않는다고 한다. 판례도 대물변제는 본래 채무의 이행에 갈음하여 다른 급여를 현실적으로 하는 때에 성립하는 계약이므로, 다른 급여가 부동산의 소유권이전인 경우 등기를 완료하면 대물변제가 성립되어 기존채무가 소멸한다고 한다(대판 2023.2.2, 2022다276789).

2) 변제설 — 소수설

대물변제는 변제이지 계약이 아니라고 한다(김형배, 718면; 김상용, 493면). 즉 대물변제에 의한 변제의 효과는 채권자와 변제자 사이의 대물변제계약에 의하여 발생되는 것이 아니라 채권자의 승낙을 얻어 변제자가 현실적으로 다른 급부를 함으로써 발생한다고 한다. 이때 변제자는 본래의 급부에 갈음하여 다른 급부를 하고자 하는 청약을 하고, 채권자가 이를 승낙하는 합의가 있지만 그 합의(대물계약, Erfüllungsvertrag)가 대물변제는 아니며, 변제계약인 합의는 대물급부를 할 때에 동시에 이루어진다고 한다.

(2) 소 결

생각건대 대물변제란 현실적 대물급부에 대해 당사자의 합의가 이루어질 때 변제의 효과가 발생하는데 지나지 않으며, 이행의 문제가 남기지 않는다는 점에서 대물변제는 요물계약이라고 할 수 없다. 만일 대물변제를 계약으로 이해하면 법정대리인의 동의를 얻지 않은 제한능력자인 변제자의 대물급부를 채권자가 승낙하고 수령한 경우에 변제자는 대물변제계약을 취소할 수 있게 되는데(제5조, 제13조, 제140조), 변제는 준법률행위로서 급부행위가 사실행위일 때에는 제한능력자도 변제할 수 있다는 변제의 법적 성질에 반하는 결과가 발생하게 된다. 따라서 대물변제를 계약으로 이해하는 것은 타당하다고 할 수 없다.

Ⅱ. 요 건

1. 채권이 존재할 것

대물변제는 기존의 채권을 소멸시키는 것을 내용으로 하므로 채권이 존재하여야 한다. 따라서 채무자가 채권자의 승낙을 얻어 본래의 채무이행에 갈음하여 부동산으로 대물변제를 하였으나 본래의 채무가 존재하지 않았던 경우에 대물변제는 무효이다(대판 1991.11.12, 91다9503). 이와 같이 채권이 존재하지 않거나 무효·취소된 경우에 대물변제를 원인으로 한 목적물의 이전효과는 어떻게 되는지가 문제이다. 이에 대해 물권행위의 무인성을 인정하면 채권이 존재하지 않더라도 목적물의 소유권이전은 유효하며, 다만 변제자는 수령자에 대하여 부당이득의 반환을 청구할 수 있게 된다. 이때 대물급부는 비채변제에 해당하므로, 변제자가 선의이면 부당이득으로 반환을 청구할 수 있고, 악의이면 반환을 청구할 수 없다(제742조). 반면에 물권행위의 유인성을 인정하는 경우에는 목적물에 대한 소유권이전의 효과가 발생하지 않으므로(대판 1991.11.12, 91다9503), 변제자는 제213조 내지 제214조에 따라 소유권에 기한 물권적 청구권을 행사할 수 있게 된다.

판 례

(ㄱ) 대물변제는 본래의 채무에 갈음하여 다른 급여를 현실적으로 하는 때에 성립되는 요물계약이므로, 다른 급여가 부동산의 소유권이전인 때에는 등기를 완료하여야만 대물변제가 성립되어 기존채무가 소멸되는 것이므로, 대물변제계약이 효력을 발생하기 전에 채무의 본지에 따른 이행으로 기존채무가 소멸되고 난 뒤에는 대물변제예약 당사자 간에 예약된 대물변제 계약으로서는 부동산소유권이전등기청구를 할 수 없다(대판 1987.10.26, 86다카1755).

(ㄴ) 대물변제예약에 기한 소유권이전등기청구권과 매매계약에 기한 소유권이전등기청구권은 그 소송물이 서로 다르므로, 동일한 계약관계에 대하여 그 계약의 법적 성질을 대물변제의 예약이라고 하면서도 새로운 매매계약이 성립되었음을 인정하여 매매를 원인으로 한 소유권이전등기 절차를 이행할 의무가 있다고 하는 것은 위법하다(대판 1997.4.25, 96다32133).

2. 본래의 급부와 다른 급부를 현실적으로 행할 것

(1) 대물변제이기 위해서는 본래의 급부와 다른 급부를 하여야 한다. 본래의 급부와 차이가 있는 한 다른 급부의 내용이나 종류를 묻지 않는다. 예컨대 금전급부에 갈음하여 동산·

부동산의 급부뿐만 아니라 제3자에 대한 채권양도, 예금증서의 교부 및 이행에 갈음한 어음·수표의 교부도 대물변제가 될 수 있다. 그리고 본래의 급부와 다른 급부가 등가치(等價置)일 필요가 없다(대판 1992.2.28, 91다25574). 대물급부의 가치가 채무액보다 크더라도 초과액이 이자에 충당되지 않으며, 거기에 제607조·제608조가 적용되지도 않는다(대판 1992.2.28, 91다25574). 반대로 대물급부의 가치가 채무액보다 적더라도 일부의 대물변제라는 취지가 표시되어 있지 않는 한 채권 전부가 소멸한다. 다만 대물변제의 액이 본래의 급부에 비하여 훨씬 과대한 때에는 폭리행위(제104조)에 관한 규정을 유추적용하여 무효가 될 수 있다(대판 1964.10.27, 64다881).

(2) 다른 급부를 현실적으로 하여야 한다. 즉 대물변제는 단순히 급부를 약속한 사실만으로는 부족하고, 현실적으로 다른 급부(대물)가 행하여져야 한다. 예컨대 다른 급부가 부동산인 때에는 소유권이전등기를 마쳐야 대물변제로 되며(대판 1995.9.15, 95다13371), 동산일 때에는 목적물의 인도가 있어야 대물변제가 된다.

판 례

(ㄱ) 부동산실명법에 의하면 3자간 등기명의신탁의 경우, 같은 법에서 정한 유예기간 경과에 의하여 기존 명의신탁약정과 그에 의한 등기가 무효로 되고, 이 경우 수탁자가 제3자에게 신탁부동산에 대한 처분행위를 한 경우 3자간 등기명의신탁에 의한 소유권이전등기의 무효로써 제3자에게 대항할 수 없다고 하더라도(제4조 3항), 당초의 약정에 따른 신탁자에 대한 소유권이전등기의무가 이행된 것으로는 볼 수 없다(대판 2003.5.16, 2001다27470). 즉 대물변제를 위해 행한 소유권이전등기가 명의신탁등기로 되어 부동산실명법 위반으로 무효가 된 경우, 대물변제가 될 수 없다.

(ㄴ) 채무자가 채권자 앞으로 차용물 아닌 다른 재산권을 이전한 경우에 있어 그 권리의 이전이 '채무의 이행을 담보하기 위한 것이 아니고 그 채무에 갈음하여' 상대방에게 완전히 그 권리를 이전하는 경우, 즉 대물변제의 경우에는 가사 그 시가가 그 채무의 원리금을 초과한다고 하더라도 제607조, 제608조가 적용되지 아니한다(대판 1992.2.28, 91다25574). 즉 제607조, 제608조는 담보목적으로 대물변제의 예약을 한 경우에 적용되고 대물변제의 경우에는 적용되지 않는다.

3. 본래의 채무이행에 갈음하여 다른 급부가 행하여질 것

다른 급부는 본래의 채무를 소멸하게 하기 위하여, 즉 본래의 채무이행에 갈음하여 행하여져야 한다. 따라서 본래의 채무이행을 위하여, 즉 변제를 위하여 다른 급부를 하는 것은 대물변제가 아니고, 결국 채무는 소멸하지 않고 존속하게 된다. 특히 금전채무의 지급과 관련하여 수표·어음을 교부하는 경우, 그 대물급부가 '변제에 갈음하여' 행하여진 것으로 볼 것인지 아니면 '변제를 위하여' 행하여진 것으로 볼 것인지가 문제이다. 변제에 갈음하여 수표·어음을 교부한 때에는 대물변제가 되어 수표·어음에 의한 회수가 불가능(예: 부도)하더라도 그 위험을 채권자가 부담한다. 그러나 변제를 위하여 수표·어음을 교부한 때에는 대물변제가 되지 않고, 교부된 수표·어음으로 회수할 수 없는 때에 채권자는 본래의 급부를 청구할 수 있다.

그러므로 학설과 판례는 대물급부자의 의사가 변제에 갈음하여 대물급부를 한 것이 명백한 것이 아니면, '변제를 위하여' 대물급부한 것으로 추정함이 타당하다고 한다(대판 1995.12.22, 95다16660; 곽윤직, 269면; 김상용, 498면; 김형배, 729면; 정기웅, 468면). 다만 은행의 자기앞수표는 거래상 현금과 동일시하고 또한 현금과 같이 거래되므로, 본래의 급부 대신에 이러한 은행의 자기앞수표가 교부된 때에는 '변제에 갈음하여' 행하여진 것으로 추정함이 타당하다고 한다.

판 례

(ㄱ) 채무자가 채권자에게 기존채무의 이행에 관하여 어음이나 수표를 교부하는 경우, 다른 특별한 사정이 없는 한 이는 '지급을 위하여' 또는 그 '담보를 위하여' 교부된 것으로 추정할 것이고, 따라서 기존의 원인채무는 소멸하지 아니하고 어음·수표상의 채무와 병존한다고 보아야 한다(대판 2003.5.30, 2003다13512; 대판 1996.11.8, 95다25060). 따라서 원인채권의 지급을 확보하기 위한 방법으로 어음이 수수된 경우에 원인채권과 어음채권은 별개로서 채권자는 그 선택에 따라 권리를 행사할 수 있고, 원인채권에 의하여 청구를 한 것만으로는 어음채권 그 자체를 행사한 것으로 볼 수 없어 어음채권의 소멸시효를 중단시키지 못한다(대판 1999.6.11, 99다16378).

(ㄴ) 채무자가 채권자에게 채무변제와 관련하여 다른 채권을 양도하는 것은 특단의 사정이 없는 한 채무변제를 위한 담보 또는 변제의 방법으로 양도되는 것으로 추정할 것이지 채무변제에 갈음한 것으로 볼 것은 아니어서, 그 경우 채권양도만 있으면 바로 원래의 채권이 소멸한다고 볼 수는 없고 채권자가 양도받은 채권을 변제받은 때에 비로소 그 범위 내에서 채무자가 면책된다(대판 2013.5.9, 2012다40998).

(ㄷ) 채무자가 채권자에게 채무변제에 '갈음하여' 다른 채권을 양도하기로 한 경우에는 특별한 사정이 없는 한 채권양도의 요건을 갖추어 대체급부가 이루어짐으로써 원래의 채무는 소멸하는 것이고 그 양수한 채권의 변제까지 이루어져야만 원래의 채무가 소멸한다고 할 것은 아니다. 이 경우 대체급부로서 채권을 양도한 양도인은 양도 당시 양도대상인 채권의 존재에 대해서는 담보책임을 지지만 당사자 사이에 별도의 약정이 있다는 등 특별한 사정이 없는 한 그 채무자의 변제자력까지 담보하는 것은 아니다(대판 2013.5.9, 2012다40998).

(ㄹ) 변제공탁사유와 집행공탁사유가 함께 발생한 경우 채무자는 혼합공탁을 할 수 있다. 혼합공탁은 변제공탁에 관련된 새로운 채권자에 대해서는 변제공탁으로서 효력이 있고 집행공탁에 관련된 압류채권자 등에 대해서는 집행공탁으로서 효력이 있으며, 이 경우에도 적법한 공탁으로 채무자의 채무는 소멸한다(대판 2018.10.12, 2017다221501).

4. 채권자가 승낙하고 대물급부를 수령할 것

채권자는 본래의 급부와 다른 급부를 수령할 의무가 없으므로, 대물변제가 성립하기 위해서는 보통의 변제와 달리 채권자의 승낙이 있어야 하며, 변제에 갈음하여 제공된 대물급부를 수령하여야 한다. 대물변제를 계약으로 이해하는 견해는 채권자의 승낙을 채권자와 대물변제자 사이의 합의로 이해한다. 그러나 대물변제는 변제이므로 채권자의 승낙을 대물급부를 변제로 수령할 뜻 내지 의사로 이해하여야 할 것이다(김상용, 499면).

Ⅲ. 대물변제의 효과

1. 변제와 같은 효력

대물변제는 변제로서의 효력이 있다(제466조). 따라서 채권과 채권을 담보하는 담보권이 모두 소멸한다. 이와 같이 대물변제는 변제이므로 그 성질이 허용되는 한 제460조 이하의 변제에 관한 규정은 대물변제에도 적용된다.

2. 목적물에 하자가 있는 경우 — 채무자의 담보책임

대물변제로서 급부한 목적물에 하자가 있는 경우, 채권자는 채무자에 대하여 담보책임을 물을 수 있는지가 문제이다. 이에 대하여 대물변제를 계약으로 이해하는 견해(유상·요물계약설)는 대물변제는 유상계약이므로 매도인의 담보책임에 관한 규정(제570조 이하)이 적용된다고 한다(곽윤직, 270면; 김주수, 487면; 김증한/김학동, 377면). 그러나 대물변제를 변제로 이해하는 견해는 매도인에 관한 담보책임에 관한 규정이 대물변제에 유추적용되고, 기존채무의 발생원인이 무상계약인 때에는 증여자의 담보책임에 관한 규정(제559조)이 유추적용된다고 한다(김상용, 500면).

Ⅳ. 대물변제의 예약

1. 의 의

대물변제의 예약이란 채무자가 본래의 급부에 갈음하여 다른 급부를 할 것을 미리 약정한 계약을 말한다. 예컨대 乙이 甲으로부터 5,000만원을 빌리면서 변제기에 원금과 이자를 갚지 못하면 자신의 X소재 부동산을 甲에게 이전할 것을 미리 약정한 경우가 이에 해당한다. 그런데 대물변제의 예약은 본래의 채무변제가 주된 목적이 아니라 본래의 채무담보를 목적으로 행하여지는 것이 일반적이다. 즉 채권자는 대물변제의 예약을 등기원인으로 하여 소유권이전청구권 보전의 가등기를 함으로써 그 순위를 보전하고, 채무자가 채무를 이행하지 않는 경우에 대물변제예약을 완결함으로써 소유권이전의 본등기를 하게 된다. 물론 이에 대하여 가등기담보 등에 관한 법률이 적용된다. 한편 대물변제예약 완결권은 일종의 형성권으로 당사자 사이에 그 행사기간을 약정한 때에는 그 기간 내에, 그러한 약정이 없는 때에는 그 권리가 발생한 때부터 10년 내에 이를 행사하여야 하고, 이 기간을 도과한 때에는 예약완결권은 제척기간의 경과로 인하여 소멸한다(대판 1997.6.27, 97다12488).

판 례

재산권을 이전하기로 한 당사자 간의 약정이 담보목적이 아니라 대물변제의 의사로 한 것이라 하더라도 위 약정을 함에 있어 약정 후 3년 이내에 채무자가 그간의 원리금을 지급하면 채권자는 목적물을 채무자에게 되돌려 주기로 하는 약정도 함께 하였다면, 이는 결국 대물변제의 예약이라고 봄이 상당하며 그 약정 당시의 가액이 원리금을 초과하므로 대물변제의 예약 자체는 무효이고 다만 양도담보로서의 효력만 인정하여야 한다(대판 1991.12.24, 91다11223).

2. 요 건

대물변제의 예약이 성립하기 위해서는 채무자가 본래의 급부에 갈음하여 다른 급부를 할 것을 채권자와 약정하여야 한다. 대물변제의 예약은 대물변제와 달리 장차 다른 급부를 할 것을 약정한 낙성계약이며, 이에 따라 다른 급부를 하게 되면 본래의 채무는 소멸하게 된다.

판 례

채무를 담보하기 위하여 체결된 집합채권의 양도예약이 당연히 대물변제의 예약으로서의 성질을 갖는 것이라고 할 수는 없고, 당사자의 계약내용이 장차 선택권과 예약완결권의 행사로 채권양도의 효력이 발생하는 경우에 그 채권이 다른 채무의 변제를 위한 담보로 양도되는 것을 예정하고 있는지 또는 다른 채무의 변제에 갈음하여 양도되는 것을 예정하고 있는지에 따라 집합채권의 양도담보의 예약 또는 대물변제의 예약으로서의 성질을 가질 수 있고, 그 계약내용이 명백하지 아니한 경우에는 일반적인 채권양도에서와 마찬가지로 특별한 사정이 없는 한 채무변제를 위한 담보로 양도되는 것을 예정하고 있는 집합채권의 양도담보의 예약으로 추정된다(대판 2003.9.5, 2002다40456).

3. 효 과

대물변제의 예약만으로 본래의 채권은 소멸하지 않으므로, 채권자는 이행기에 본래의 채무이행을 청구하거나 대물변제예약에 기초하여 다른 급부를 청구할 수 있다.

4. 대물변제예약에 대한 법적 규율

대물변제의 예약은 채권자가 폭리를 취할 목적으로 체결되는 경우가 적지 않으므로, 이를 방지하기 위한 법적 규율이 필요하다.

(1) 제103조·제104조에 의한 규율

예약의 기초가 되는 소비대차계약 등이 폭리행위·반사회질서 기타의 이유로 무효(제104조, 제103조)이거나 실효된 때에 대물변제의 예약도 효력을 잃는다.

(2) 제607조와 제608조에 의한 규율

소비대차와 관련하여 대물변제의 예약을 한 때에 제607조·제608조가 적용되어 담보의 범위에서만 그 효력이 인정된다. 즉 목적물의 가액에서 차용액 및 이자를 공제한 나머지는 채무자에게 반환되어야 한다.

(3) 가등기담보법에 의한 규율

민법에는 대물변제의 예약에 의한 폭리행위를 규율할 수 있는 실체법적 규정(제607조, 제608조)만을 두고 청산절차에 관해서는 아무런 규정을 두고 있지 않다. 이와 같이 실체법적 규정을 절차법적으로 보충하기 위해, 가등기담보 등에 관한 법률이 제정되었다. 특히 대물변제의 예약에 따른 장래의 소유권이전청구권을 보전하기 위해 가등기를 한 경우를 가등기담보라 하는데, 이에 대해서는 가등기담보법이 적용된다. 대물변제의 예약과 함께 그 목적부동산에 소유권이전등기청구권에 기한 가등기를 하여 가등기담보권을 갖는 채권자는 채무자가 차용금채무의 이행을 지체하면 예약완결권을 행사하여 그 가등기에 기한 본등기를 실행한다. 가등기담보에 대해서는 가등기담보법이 적용되므로, 그 본등기가 있으면 소유권이 이전되는 것이 아니라 2개월의 청산기간(동법 제3조) 경과 후 청산금을 채무자 등에게 지급하여야 목적부동산의 소유권을 취득하게 된다.

제 4 절 공 탁

I. 서 설

1. 의 의

(1) 공탁(Hinterlegung)이란 법령의 일정한 원인에 의하여 금전·유가증권·그 밖의 물건을 국가기관인 공탁소에 임치하고, 그 공탁소를 통하여 일정한 자가 그 물건을 수령하도록 함으로써 법령의 일정한 목적을 달성하는 제도를 말한다. 공탁원인 내지 공탁의 목적에 따라 나누어 보면 공탁에는 변제의 목적을 위한 변제공탁(제487조-제491조), 담보목적을 위한 담보공탁(제353조 3항), 강제집행·파산절차에서 배당금을 공탁소에 맡겨서 관리·지급케 하는 집행공탁(민사집행법 제222조, 채무자회생법 제528조), 일정한 권리행사를 하기 위해 요구되는 사채 등의 단순한 보관을 위한 보관공탁(상법 제491조 4항, 제492조 2항), 일정한 일을 방지하기 위하여 그 일정한 사유가 발생하였을 때에 공탁물을 몰취할 수 있는 몰취공탁(민사소송법 제299조 2항, 제300조) 등이 있다. 이 중에서 민법 제487조 이하에서 정하는 공탁은 채권의 소멸원인으로서 다루어지는 '변제공탁'이다.

(2) 변제공탁이란 채권자가 변제받지 않거나 받을 수 없는 경우에 변제자가 채권자를 위하여 변제의 목적물을 공탁소에 임치함으로써 채무를 면하는 제도를 말한다. 변제의 제공은 채무자로 하여금 채무불이행책임을 면하게 하지만(제461조), 채무는 여전히 존속하는데 이때 변제의 목적물을 공탁함으로써 채무까지 면하는 제도가 변제공탁이다. 다만 유의할 것은 변

제의 제공이 문제되는 모든 경우에 변제공탁을 할 수 있는 것은 아니며, '금전의 지급 또는 물건의 인도'에 관한 채무에 한해서만 변제공탁이 인정된다는 점이다(제487조). 한편 변제공탁 등에 관한 구체적인 절차를 규율하는 법률로 공탁법이 있다.

판 례

(ㄱ) 공탁은 공탁자가 자기의 책임과 판단하에 하는 것으로서 공탁자는 누구에게 변제하여야 할 것인지를 판단하여 그에 따라 변제공탁이나 집행공탁 또는 혼합공탁을 선택하여 할 수 있을 뿐만 아니라, 변제공탁을 함에 있어서도 제487조 전단과 후단 중 어느 사유를 공탁원인사실로 할 것인지를 선택하여 할 수 있는바, 변제공탁이 제487조 전단의 '수령불능을 원인으로 한 변제공탁'인지, 후단의 '상대적 불확지 변제공탁'인지 아니면 두 가지 성격을 모두 가지고 있는지 여부는 공탁서의 '법령조항'란의 기재와 '공탁원인사실'란의 기재 등에 비추어 객관적으로 판단해야 한다(대판 2008.10.23, 2007다35596).

(ㄴ) 공탁은 공탁자가 자기의 책임과 판단하에 하는 것으로서 공탁자는 나름대로 누구에게 변제하여야 할 것인지를 판단하여 그에 따라 변제공탁이나 집행공탁 또는 혼합공탁을 선택하여 할 수 있고, 제3채무자가 변제공탁을 한 것인지, 집행공탁을 한 것인지 아니면 혼합공탁을 한 것인지는 피공탁자의 지정 여부, 공탁의 근거조문, 공탁사유, 공탁사유신고 등을 종합적·합리적으로 고려하여 판단하는 수밖에 없다(대판 2008.5.15, 2006다74693).

(ㄷ) 공탁은 반드시 법령에 근거하여야 하고 당사자가 임의로 할 수 없는 것이므로, 금전채권의 채무자가 공탁의 방법에 의한 채무의 지급을 약속하더라도 채권자가 채무자에게 이러한 약정에 의하여 공탁할 것을 청구하는 것은 허용되지 않는다. 그리고 이러한 법리는 채무자에게 민사집행법 제248조에서 정한 집행공탁의 요건이 갖추어져 있는 경우라도 다르지 않다(대판 2014.11.13, 2012다52526).

2. 법적 성질

공탁의 일방당사자인 공탁소가 사인이 아닌 국가기관이고, 공탁의 목적은 사법적 효과발생에 있으므로, 공탁의 법적 성질에 관하여 견해가 대립하고 있다. 특히 공탁의 법적 성질과 관련하여 공탁물출급청구가 공탁관에 의하여 거부된 경우에 그 구제방법으로 민사소송을 제기하여야 하는지 아니면 행정소송을 제기하여야 하는지 그리고 공탁물출급청구권의 소멸시효는 10년인지(민법 제162조 1항) 아니면 5년인지(정부보관금에 관한 법률 제1조)에 차이가 발생한다.

(1) 학설 · 판례

(가) 학 설

① 공탁자와 공탁소가 채권자로 하여금 그 권리를 취득하게 하기 위하여 체결하는 제3자를 위한 임치계약으로 보는 사법관계설(김기선, 341면), ② 공탁자의 공탁신청에 의한 공탁관의 수탁처분과 공탁물보관자(예: 은행 또는 창고업자)의 공탁물수령에 의하여 성립하는 공법상의 임치관계로 보는 공법관계설(김주수, 495면; 김형배, 743면; 정기웅, 481면), ③ 공탁에는 공법적인 면과 사법적인 면이 다 있으며, 전자를 규율하는 것이 공탁법이고 후자를 규율하는 것이 민법이라는 양면관계설(곽윤직, 271면; 김상용, 507면; 김증한/김학동, 382면; 임정평, 474면)이 있다.

(나) 판 례

진정한 출급청구권자가 아닌 자에게 공탁금이 출급된 경우에 진정한 공탁금 출급청구권자가 민사소송으로 공탁금의 지급을 구할 수 있는지에 대하여, 판례는 공탁관의 공탁금 출급인가처분이 있고 그에 따라 공탁금이 출급되었다면 설사 이를 출급받은 자가 진정한 출급청구권자가 아니더라도 이로써 공탁법상의 공탁절차는 종료되었다 할 것이고, 따라서 원래의 진정한 공탁금 출급청구권자라 하더라도 공탁사무를 관장하는 국가를 상대로 하여 민사소송으로 그 공탁금의 지급을 구할 수는 없다고 하여 공법관계설을 따르고 있다(대판 1993.7.13, 91다39429).

(2) 소 결

생각건대 변제공탁은 공탁에 의해 변제와 동일하게 채무소멸의 효과를 발생케 하여 채무자의 이익을 도모하고, 재판상 보증(담보)공탁은 가압류집행 등에 의해 손해를 받게 될 상대방의 이익을 보호하는 것을 목적으로 한다. 이처럼 공탁은 그 원인에 따라 목적과 기능을 달리하므로, 제3자를 위한 사법상의 임치계약설과 양면관계설은 변제공탁의 설명에는 적합하지만, 그 이외의 공탁(예: 집행공탁)의 설명에는 적합하지 않다. 다양한 원인과 목적을 가지는 공탁에 대한 법적 성질을 일원적으로 설명하기는 곤란하다고 할 수 있다. 여기서 변제공탁의 법적 성질만을 살펴보면, 채무자(공탁자)가 공탁소에 변제공탁을 하면 공탁소는 공탁물을 보관할 의무를 부담하는데, 이것은 공탁소가 공탁사무를 처리하기 위하여 공탁법에 의하여 부과된 것이지 사법상의 임치계약에 기한 것은 아니라고 할 것이다. 그런데 채무자의 변제공탁으로 채권자(피공탁자)는 공탁소에 대하여 그의 금전채권(예: 지료, 임차료 등)에 대응하는 공탁금출급청구권을 취득한다는 점(공법적 인 면)과 채무자는 채무를 면한다(사법적 인 면)는 점에 비추어 볼 때, 양면관계설이 타당하다고 할 것이다.

3. 공탁의 당사자

(1) 공 탁 자

변제공탁에서 공탁을 하는 자는 변제자이다. 따라서 원칙적으로 채무자가 공탁자이지만, 채무의 성질 또는 당사자의 의사표시로 변제를 허용한 때에는 제3자도 공탁할 수 있다.

(2) 공 탁 소

공탁을 받는 자는 채무이행지의 공탁소이다(제488조 1항). 공탁사무는 지방법원장의 감독하에 그가 지정하는 법원서기관 또는 법원사무관이 처리한다(공탁법 제2조). 공탁소는 단순히 공탁사무를 집행할 뿐이고, 실제로 공탁목적물을 보관하는 것은 공탁물보관자(대법원장이 지정하는 은행 또는 창고업자)가 이를 행한다(공탁법 제3조). 공탁소에 관하여 법률에 특별한 규정이 없으면, 법원은 변제자의 청구에 의하여 공탁소를 지정하고 공탁물보관자를 선임하여야 한다(제488조 2항).

(3) 피공탁자

공탁은 피공탁자를 특정하여 하여야 한다(대판 1997.10.16, 96다11747). 또한 피공탁자가 특정되었다고 하려면 피공탁자의 동일성에 대하여 공탁관의 판단이 개입할 여지가 없고 그 공탁통지서의 송달에 지장이 없는 정도에 이르러야 한다(대판 1997.10.16, 96다11747). 피공탁자(공탁물 수령자)는 채권자가 된다. 따라서 조합재산인 토지가 수용된 경우에는 그 토지의 수용보상금은 합유자의 소유에 속하므로, 합유자 전원을 피공탁자로 공탁하여야 한다. 변제공탁에는 채권자(피공탁자)의 수익의 의사표시를 필요로 하지 않는다.

4. 공탁의 목적물

(1) 물 건

공탁의 대상은 원칙적으로 변제의 '목적물'이다(제487조). 따라서 물건에 한해 공탁할 수 있으며, 동산이든 부동산이든 묻지 않는다(곽윤직, 273면; 김상용, 510면; 김주수, 498면; 김형배, 746면; 이은영, 743면). 그러나 목적물이 부동산인 경우에는 공탁을 인정해야 할 사회경제상의 필요가 없을 뿐만 아니라 본권 및 점유를 채권자에게 이전하는 것이 법기술상 곤란하다는 점에서 동산에 한하여야 한다는 견해가 있다(김증한/김학동, 385면). 생각건대 부동산의 공탁을 배제할 법적 근거는 없으므로, 공탁의 목적물은 동산에 한한다고 할 수 없다.

(2) 자조매각

변제의 목적물 자체를 공탁하여야 하는 것이 원칙이지만, 변제의 목적물이 공탁에 적당하지 않거나(예: 목재·폭발물) 멸실·훼손될 염려가 있는 때(예: 채소·어류·과일) 또는 공탁에 과대한 비용을 요하는 경우(예: 가축)에 변제자는 법원의 허가를 얻어 그 물건을 경매하거나 시가로 매각하여 그 대금을 공탁할 수 있다(제490조). 이것을 자조매각(自助賣却)이라 한다.

Ⅱ. 변제공탁의 요건

1. 공탁의 원인이 존재할 것

변제공탁에 의하여 채무를 면하려면 다음 공탁원인 가운데에 '어느 하나'가 있어야 하며(제487조), 공탁원인 없이 공탁을 한 경우에는 채무자는 채무를 면하지 못한다(대판 1962.4.12, 4294민상1138). 공탁원인의 증명책임은 공탁자에게 있다.

(1) 채권자가 변제받지 않은 때 — 수령거절

채권자가 변제받지 않을 때에 채무자는 공탁할 수 있는데(제487조 전문), 수령거절을 이유로 채무자가 공탁하기 전에 적법한 변제제공을 하여야 한다. 즉 변제기 경과 후에 변제제공을 하는 경우에는 채권원본액과 지연손해금을 합하여 제공하지 않으면 채무내용에 따른 제공이라 할 수 없다. 변제는 채무내용에 따른 현실제공으로 이를 하여야 하지만, 채권자가 이유 없이 수령기일을 연기하거나 계약해제를 요구하는 때에는 구두제공으로 무방하다(제460조). 그러나 채권자의 태도로 보아 채무자가 설사 채무의 이행제공을 하였더라도 그 수령을 거절할 것이 명백한 경우에는 채무자는 변제제공을 하지 않고 바로 변제공탁을 할 수 있다(대판 1994.8.26, 93다42276). 그 밖에 공탁은 채권자에게 어떤 불이익을 주지 않기 때문에, 채권자의 귀책사유를 묻지 않고 수령거절 사유가 객관적으로 존재하기만 하면 공탁할 수 있다(통설).

(2) 채권자가 변제받을 수 없는 때—수령불능

채권자가 객관적으로 변제를 받을 수 없는 사정이 있으면 된다. 수령불능은 추심채무의 경우에 교통두절에 의하여 채권자가 이행장소에 나타날 수 없는 경우, 채권자의 부재 등과 같은 사실상의 불능이나 채권자가 제한능력자로서 법정대리인이 없는 경우처럼 법률상 불능이든 불문한다. 한편 민사집행법 시행 전에는 채권 (가)압류가 있는 경우 제3채무자는 집행공탁을 할 수 없어서 채권에 대한 압류 또는 가압류를 받은 제3채무자가 수령불능을 원인으로 하여 공탁을 할 수 있는지가 문제되었다. 가령 甲이 乙에 대한 금전채권을 가지고 乙의 丙에 대한 공사대금채권을 압류한 경우, 丙은 압류의 효과로서 乙에 대한 공사대금지급이 금지되는데, 이때 丙은 乙의 수령불능을 이유로 공사대금을 변제공탁할 수 있는가이다. 이에 관하여 판례는 제3채무자 丙은 제487조에 의한 변제공탁을 할 수 있다고 하였다(대판 1994.12.13, 93다951). 그러나 민사집행법은 채권 (가)압류의 경우에도 집행공탁을 할 수 있는 규정을 두어 입법적으로 해결하였다(동법 제291조, 제248조 1항).

(3) 변제자가 과실 없이 채권자를 알 수 없는 때—채권자의 불명

(가) 채권자 또는 변제수령권자가 객관적으로 존재하기는 하지만, 누가 진정한 채권자인지를 채무자가 과실 없이 알 수 없는 경우에 채무자는 공탁함으로써 채무를 면할 수 있다(제487조 후문). 여기서 '변제자가 과실 없이 채권자를 알 수 없는 경우'라 함은 객관적으로 채권자 또는 변제수령권자가 존재하고 있으나 채무자가 선량한 관리자의 주의를 다하여도 채권자가 누구인지를 알 수 없는 경우를 말한다(대판 2005.5.26, 2003다12311; 대판 2004.11.11, 2004다37737). 예컨대 채권자가 사망하고 상속이 개시되었지만 그의 상속인이 누구인지 상속지분이 얼마인지 불분명한 경우, 채권자 甲과 그 채권의 양수인 乙 사이에 채권양도의 유무·효력에 관해 다툼이 있어 누가 채권자인지를 알 수 없는 경우, 확정일자 있는 증서에 의한 채권양도의 통지와 가압류 또는 압류명령 등이 제3채무자에게 동시에 송달되어 그들 상호간에 우열이 없는 경우, 동일한 채권(임대차보증금)에 대하여 복수의 압류명령이 있는 경우(대판 1999.11.26, 99다35256) 등이 이에 속한다.

(나) 한편 채권양도금지특약에 반하여 채권양도가 이루어진 경우, 그 양수인이 양도금지특약이 있음을 알았거나 중대한 과실로 알지 못하였던 경우에 채권양도는 효력이 없게 되고(대판 1999.2.12, 98다49937; 대판 2000.4.25, 99다67482), 반대로 양수인이 중대한 과실 없이 양도금지특약의 존재를 알지 못하였다면 채권양도는 유효하게 되어 채무자로서는 양수인에게 양도금지특약을 가지고 그 채무이행을 거절할 수 없게 되어 양수인의 선의·악의 등에 따라 양수채권의 채권자가 결정된다. 따라서 채무자가 양수인의 선의 등의 여부를 알 수 없는 때에는 채권자의 불명을 원인으로

하여 변제공탁을 할 수 있다(대판 2004.11.11, 2004다37737; 대판 2000.12.22, 2000다55904).

이와 달리 제487조 후문과 관련하여 양도금지의 특약이 있는 채권에 관해서 압류·전부명령이 발하여져 있는 경우, 제3채무자는 압류채권자가 선의인지 악의인지(제449조 2항)를 알 수 없다는 이유로 채권자불명을 원인으로 공탁을 할 수 있는지가 문제이다. 생각건대 양도금지특약이 있는 채권이라도 개인의 의사표시로써 압류금지재산을 만들어내는 것은 채권자를 해하는 것이 되어 부당하므로, 그 선의·악의를 불문하고 채권자는 압류할 수 있다(통설). 따라서 제3채무자는 채무자가 아니라 압류채권자에게 지급하여야 하므로, 채권자불명을 원인으로 변제공탁을 할 수 없다고 할 것이다.

(다) 참고로 공탁서의 정정은 공탁신청이 수리된 후 공탁서의 착오 기재가 발견된 때에 공탁의 동일성을 해하지 않는 범위 내에서만 허용되는 것이므로, 제487조 후단의 '과실 없이 채권자를 알 수 없는 경우'라고 하여 변제공탁을 하였다가 공탁원인사실에 제487조 전단의 '채권자의 수령불능'을 추가하는 것은 단순한 착오 기재의 정정에 그치지 않고 공탁의 동일성을 해하는 내용의 정정이므로 허용될 수 없다(대판 2008.10.23, 2007다35596; 대판 1995.12.12, 94다42693). 또한 판례는 특정 채권에 대하여 채권양도의 통지가 있었으나 그 후 통지가 철회되는 등으로 채권이 적법하게 양도되었는지 여부에 관하여 의문이 있어 제487조 후단의 채권자불확지를 원인으로 하는 변제공탁 사유가 생기고, 그 채권양도 통지 후에 그 채권에 대하여 채권가압류 또는 채권압류 결정이 내려짐으로써 민사집행법 제248조 1항의 집행공탁의 사유가 생긴 경우, 채무자는 제487조 후단 및 민사집행법 제248조 1항을 근거로 하여 채권자불확지를 원인으로 하는 변제공탁과 압류 등을 이유로 하는 집행공탁을 아울러 할 수 있고, 이러한 공탁은 변제공탁에 관련된 채권양수인에 대하여는 변제공탁으로서의 효력이 있고, 집행공탁에 관련된 압류채권자 등에 대하여는 집행공탁으로서의 효력이 있다고 한다(대판 2008.1.17, 2006다56015).

판 례

(ㄱ) 채권이 양도되었다는 등의 사유로 제3채무자가 종전의 채권자와 새로운 채권자 중 누구에게 변제하여야 하는지 과실 없이 알 수 없는 경우 제3채무자로서는 제487조 후단의 채권자 불확지를 원인으로 한 변제공탁사유가 생긴다(대판 2005.5.26, 2003다12311).

(ㄴ) 민사집행법 제248조 제1항은 "제3채무자는 압류에 관련된 금전채권의 전액을 공탁할 수 있다"고 규정하여 채권자의 공탁청구, 추심청구, 경합 여부 등을 따질 필요 없이 당해 압류에 관련된 채권 전액을 공탁할 수 있도록 규정하고 있는바, 이에 따라 금전채권의 일부만이 압류되었음에도 그 채권 전액을 공탁한 경우에는 그 공탁금 중 압류의 효력이 미치는 금전채권액은 그 성질상 당연히 집행공탁으로 보아야 하나, 압류금액을 초과하는 부분은 압류의 효력이 미치지 않으므로 집행공탁이 아니라 변제공탁으로 보아야 한다(대판 2008.5.15, 2006다74693).

(ㄷ) 집행공탁은 공탁 이후 행해질 배당 등 절차의 진행을 전제로 한 것인데, 처분금지가처분은 그것이 설령 금전채권을 목적으로 하더라도 이러한 배당 등 절차와는 관계가 없으므로 제3채무자로서는 이를 이유로 집행공탁을 할 수는 없고, 다만 채권자불확지에 의한 변제공탁을 할 수 있다(대판 2008.5.15, 2006다74693).

2. 채권이 동일내용의 것일 것

(1) 공탁원인의 존재 이외에 공탁에 의해 채권자가 공탁소에 대하여 가지는 공탁금출급청구권이 채무자에 대한 채권과 동일한 내용의 것이어야 한다. 즉 공탁은 채무의 이행지가 공탁소로 바뀐 것을 제외하고는 아무런 변동이 없으므로, 변제자는 본래의 채무 내용대로 공탁을 하여야 한다. 따라서 채무의 일부에 대한 공탁은 채권자가 승낙하지 않는 한 무효이다(대판 1992.7.28, 91다13380). 다만 채권자에 대한 변제자의 공탁금액이 채무액에 비하여 아주 근소하게 부족한 경우에 변제공탁은 신의칙상 유효한 것이라고 보아야 한다(대판 2002.5.10, 2002다12871,12888).

(2) 채무자가 채권자에 대하여 동시이행의 항변권을 가지는 때에는 채권자의 반대급부 제공을 공탁물수령의 조건으로 할 수 있으나(제491조), 그 채권에 붙일 수 없는 조건을 붙여서 한 공탁은 채권자가 승낙하지 않는 한 무효이다(대판 2002.12.6, 2001다2846). 예컨대 채무담보를 위하여 근저당권설정등기·가등기 등이 마쳐진 경우, 채무의 변제의무는 그 등기의 말소의무보다 선행되어야 하므로, 채무의 변제와 그 등기말소절차의 이행을 교환적으로 구할 수 없다. 따라서 등기의 말소등기절차이행에 소요되는 일체의 서류를 교부할 것을 반대급부로 하여 한 변제공탁은 채무의 내용에 따른 것이 아니므로 무효이다(대판 1991.4.12, 90다9872). 또한 건물명도와 동시이행관계에 있는 임차보증금의 변제공탁을 하면서 건물을 명도하였다는 확인서를 첨부할 것을 반대급부조건을 붙인 경우, 그 변제공탁은 명도의 선이행을 조건으로 한 것이므로 변제의 효력이 없다(대판 1991.12.10, 91다27594).

판 례

(ㄱ) 공탁서의 기재 내용으로 보아 채권자가 공탁물을 수령함에 있어 반대급부로서 이행할 조건을 기재한 것이 아니라, 단지 채권자가 공탁물을 수령한 후 변제자에게 이행하여야 할 의무의 내용을 미리 환기시키면서 그 협조를 구하는 내용에 불과한 경우는 조건부 변제공탁이 아니다(대판 2002.12.6, 2001다2846).

(ㄴ) 변제공탁의 경우 채권자가 반대급부 또는 기타 조건의 이행을 할 의무가 없음에도 불구하고 채무자가 이를 조건으로 공탁한 때에는 채권자가 이를 수락하지 않는 한 그 변제공탁은 효력이 없으며 그 뒤 채무자의 공탁에 붙인 조건의 철회정정청구에 따라 공탁관으로부터 정정청구의 인가결정이 있었더라도 그 변제공탁은 인가결정시부터 반대급부조건이 없는 변제공탁으로서의 효력을 갖는 것으로서 그 효력이 당초의 변제공탁시로 소급하는 것은 아니다(대판 1986.8.19, 85누280).

3. 채무가 현존하고 확정된 것일 것

장래의 채무나 불확정채무는 변제공탁할 수 없다. 따라서 정지조건부 채무 등은 그 조건이 성취되어 채무가 현실적으로 발생하여야 공탁이 가능하다. 그러나 기한부 채무는 채무가 이미 발생되어 있고, 또한 기한의 이익을 포기할 수 있으므로 공탁할 수 있다.

판 례

변제공탁의 목적인 채무는 현존하는 확정채무여야 하지만, 그 의미는 장래의 채무나 불확정채무는 원칙적으로 변제공탁의 목적이 되지 못한다는 것일 뿐, 채무자에 대한 각 채권자의 채권이 동일한 채권이어야 한다는 의미는 아니다(대판 2014.12.24, 2014다207245,207252).

Ⅲ. 공탁의 절차

공탁을 하려는 자는 공탁관에게 공탁서 2통(정본과 부본)을 제출하여야 하고(공탁규칙 제20조), 아울러 피공탁자에게 송부할 공탁통지서를 첨부하여야 한다(규칙 제23조). 공탁관이 공탁을 수리할 것으로 인정한 때에는 공탁금납입서와 함께 공탁서의 정본을 공탁자에게 교부하고, 공탁물을 납입기일까지 지정된 공탁물보관자에게 납입케 한다(규칙 제26조). 공탁자는 그에 따라 납입하고, 공탁물보관자는 이 사실을 공탁관에게 통지한다. 이 통지를 받은 공탁관은 공탁통지서를 채권자에게 발송한다(규칙 제29조). 민법 제488조 3항은 "공탁자는 지체 없이 채권자에게 공탁통지를 하여야 한다"고 규정하고 있으나, 공탁자가 직접 채권자에게 통지하는 것이 아니라 공탁관을 통해서 한다.

Ⅳ. 공탁의 효과

1. 채권의 소멸

(1) 공탁이 있으면 변제가 있었던 것처럼 채무는 소멸한다(제487조). 채무소멸의 시기는 공탁관이 공탁을 수리하고 공탁자가 공탁물보관자에게 공탁물을 납부한 때이며, 채권자에 대한 공탁통지나 채권자의 수익의 의사표시가 있는 때에 발생하는 것이 아니다(대결 1972.5.15, 72마401). 변제공탁이 적법한 경우에는 채권자가 공탁물 출급청구를 하였는지 여부와는 관계없이 공탁을 한 때에 변제의 효력이 발생하고(대판 2014.5.29, 2013다212295), 그 후 공탁물 출급청구권에 대하여 가압류집행이 되더라도 변제의 효력에 영향을 미치지 않는다(대판 2011.12.13, 2011다11580).

(2) 그런데 공탁이 행해진 후에도 변제자는 공탁물을 회수할 수 있기 때문에(제489조), 변제자의 회수권이 인정되는 동안은 공탁의 효력이 불확정한 상태에 있다. 여기서 공탁에 의한 채무소멸의 효과에 관하여, ① 다수설과 판례(대판 2002.12.6, 2001다2846)는 공탁으로 채무는 소멸하지만, 변제자가 공탁물을 회수한 때에는 소급하여 소멸하지 않는다고 한다(해제조건설). 채권소멸의 효력을 소급적으로 소멸시키는 공탁물의 회수에는 공탁자에 의하여 이루어진 경우뿐만 아니라, 제3자가 공탁자에게 대하여 가지는 별도 채권의 집행권원으로써 공탁자의 공탁물 회수청구권에 대하여 압류 및 추심명령을 받아 그 집행으로 공탁물을 회수한 경우도 포함된다(대판 2014.5.29, 2013다212295). ② 정지조건설은 회수권의 소멸을 정지조건으로 하여 공탁을 한 때에 소급하여 채무가 소멸

한다고 한다(김상용, 513면; 김주수, 501면; 김형배, 750면; 정기웅, 487면). 이러한 견해의 차이는 공탁 후 목적물이 불가항력으로 멸실한 경우, 해제조건설에 의하면 채무가 소멸되었으므로 채무자는 채권자에게 반대급부를 청구할 수 있지만, 정지조건설에 의하면 채무가 존속하는 것이므로 위험부담의 법리(제537조)에 의해 반대급부를 청구할 수 없다는 점에 있다(김증한/김학동, 387면).

생각건대 공탁 성립과 동시에 채무가 소멸한다고 하면서 채무소멸 후에 회수권을 인정하게 되면 회수권의 법적 근거를 설명할 수 없으며, 공탁제도는 채무자를 위한 제도이므로 채무자가 공탁물을 회수할 수 있는 때에는 채권은 소멸하지 않는다고 하는 것이 채권자와의 형평성의 견지에서 타당하다고 할 수 있다. 따라서 회수권이 소멸된 후에는 채권소멸의 효력은 공탁이 있는 때에 소급해서 발생되는 것으로 해석하는 정지조건설이 제489조의 규정에 부합된다고 할 것이다.

판 례

(ㄱ) 매수인이 매도인을 대리하여 매매대금을 수령할 권한을 가진 자에게 잔대금의 수령을 최고하고 그 자를 공탁물수령자로 지정하여 한 변제공탁은 매도인에 대한 잔대금 지급의 효력이 있다(대판 2012.3.15, 2011다77849).

(ㄴ) 변제공탁이 적법한 경우에는 채권자가 공탁물 출급청구를 하였는지 여부와는 관계없이 공탁을 한 때에 변제의 효력이 발생하나, 피공탁자를 포함한 제3자가 공탁자에 대하여 가지는 별도 채권의 집행권원으로써 공탁자의 공탁물 회수청구권에 대하여 압류 및 추심명령을 받아 그 집행으로 공탁물을 회수한 경우 채권소멸의 효력은 소급하여 없어진다. 나아가 부적법한 변제공탁으로 변제의 효력이 발생하지 않았다고 하더라도, 피공탁자는 이를 수락하여 공탁물 출급청구를 하는 대신 공탁자에 대한 다른 채권에 의하여 공탁자의 공탁물 회수청구권에 대하여 압류 및 추심명령을 받아 그 집행으로 공탁물을 회수할 수 있다(대결 2020.5.22, 2018마5697).

2. 담보권의 소멸

변제공탁으로 채무는 소멸하므로, 그 채무에 수반된 질권이나 저당권·가등기담보권·양도담보권 등도 소멸하며 보증인이나 공동채무자의 채무도 소멸한다. 제489조 2항은 변제공탁으로 질권·저당권이 소멸한 때에는 공탁자의 회수청구권이 없는 것으로 규정하고 있으므로, 공탁 성립과 동시에 질권·저당권은 확정적으로 소멸한다고 할 것이다.

3. 채권자의 공탁물출급청구권

(1) 공탁물수령과 상대의무이행

공탁에 의하여 채권자는 공탁소에 대하여 공탁물출급청구권을 취득하며, 이를 행사함으로써 공탁물을 수령할 수 있다. 공탁에 의하여 채무가 소멸하는 것은 채권자가 이 권리를 취득하기 때문이다. 채권자의 공탁물출급청구권은 본래의 채권에 갈음하는 것이므로, 본래의 채권에 선이행 또는 동시이행의 항변권이 붙어 있는 경우, 채권자는 자기의 급부를 이행하지 않으면 공탁물을 수령하지 못한다(제491조). 주의할 것은 변제공탁의 공탁물출급청구권자는 피공탁자 또는 그 승계인이고 피공탁자는 공탁서의 기재에 의하여 형식적으로 결정되므로, 실체법상의 채권자라고 하더라도 피공탁자로 지정되어 있지 않으면 공탁물출급청구권을 행사할 수 없다는 점이다. 따라서 피공탁자 아닌 제3자가 피공탁자를 상대로 하여 공탁물출급청구권 확인판결을 받았더라도 그 확인판결을 받은 제3자가 직접 공탁물출급청구를 할 수는 없고, 여러 명을 공탁금에 대하여 균등한 지분을 갖는 피공탁자로 하여 공탁한 경우, 피공탁자 각자는 공탁서의 기재에 따른 지분에 해당하는 공탁금을 출급청구할 수 있을 뿐이며, 비록 피공탁자들 내부의 실질적인 지분비율이 공탁서상의 지분비율과 다르더라도 이는 피공탁자 내부 간에 별도로 해결해야 할 문제이다(대판 2006.8.25, 2005다67476). 참고로 상대적 불확지 변제공탁의 경우(예: 증권예탁결제원이 선량한 관리자의 주의를 다하여도 보호예수의무자와 제3자 중 누구에게 주권을 반환해야 할 것인지를 알 수 없는 경우) 피공탁자 중의 1인이 공탁물을 출급청구하기 위해서는 다른 피공탁자들의 승낙서나 그들을 상대로 받은 공탁물출급청구권확인승소확정판결이 있으면 되므로, 이 경우에 피공탁자가 아닌 제3자를 상대로 공탁물출급청구권의 확인을 구하는 것은 확인의 이익이 없다(대판 2008.10.23, 2007다35596).

판 례

(ㄱ) 동일한 금액 범위 내의 사해행위취소 및 가액배상을 구하는 소송을 제기한 수인의 취소채권자들 중 누구에게 가액배상금을 지급하여야 하는지 알 수 없다는 이유로 채권자들의 청구금액 중 판결 또는 화해권고결정 등에 의하여 가장 다액으로 확정된 금액 상당을 공탁금액으로 하고 그 취소채권자 전부를 피공탁자로 하여 상대적 불확지공탁을 한 경우, 피공탁자 각자는 공탁서의 기재에 따라 각자의 소송에서 확정된 판결 또는 화해권고결정 등에서 인정된 가액배상금의 비율에 따라 공탁금을 출급청구할 수 있을 뿐이다(대판 2007.5.31, 2007다3391).

(ㄴ) 채권자가 가지는 공탁금출급청구권은 채무자에 대한 본래의 채권을 갈음하는 권리이므로, 그 귀속 주체와 권리 범위는 본래의 채권이 성립한 법률관계에 따라 정해진다. 따라서 채무자가 누가 진정한 채권자인지를 알 수 없어 상대적 불확지의 변제공탁을 하여 피공탁자 중 1인이 다른 피공탁자들을 상대로 자기에게 공탁금출급청구권이 있다는 확인을 구한 경우, 피공탁자들 사이에서 누가 진정한 채권자로서 공탁금출급청구권을 가지는지는 피공탁자들과 공탁자인 채무자 사이의 법률관계에서 누가 본래의 채권을 행사할 수 있는 진정한 채권자인지를 기준으로 판단하여야 한다(대판 2017.5.17, 2016다270049).

(ㄷ) 금전채권에 대한 가압류를 원인으로 제3채무자가 민사집행법 제291조, 제248조 1항에 따라 공탁을 하면 공탁에 따른 채무변제 효과로 당초의 피압류채권인 채무자의 제3채무자에 대한 금전채권은 소멸하고, 대신 채무자는 공탁금출급청구권을 취득하며, 가압류의 효력은 그 청구채권액에 해당하는 공탁금액에 대한 채무자의 공탁금출급청구권에 대하여 존속(민사집행법 제297조)한다(대판 2019.1.31, 2015다26009).

(2) 공탁물을 이의 없이 수령한 경우

1) 공탁원인이 없는데 이를 수령한 경우

공탁의 원인(제487조)이 존재하지 않는 경우에 공탁은 무효이지만, 채권자가 아무런 이의 없이 이를 수령한 경우에 그 공탁은 유효한 것으로 되고, 채무는 소멸한다(대판 1989.11.28, 88다카34148). 여기서 이의유보의 의사표시는 수령시 반드시 명시적으로 하여야 하는 것은 아니고 묵시적으로도 가능하며(예: 甲이 乙의 일부변제 공탁금을 수령하면서 동시에 그 공탁금을 초과하는 부분에 대해 강제경매를 신청하는 경우), 공탁관뿐만 아니라 공탁자에 대하여도 할 수 있다(대판 1997.11.11, 97다37784).

판 례

채무자가 변제공탁에 앞서 채권자에게 변제제공을 한 바 없다고 하여도 채권자가 그 공탁금을 수령한 이상 위와 같은 공탁요건의 흠결을 이유로 변제공탁의 효력을 다툴 수 없는 것이다(대판 1989.11.28, 88다카34148).

2) 채무내용에 따른 공탁이 아닌데 이를 수령한 경우

채무자가 채무내용에 따른 공탁을 하지 않았는데 채권자가 이의 없이 이를 수령한 경우, 예컨대 채무금액에 관하여 다툼이 있는 채권에 관하여 채무자가 채무 전액의 변제임을 밝히고 공탁하였는데, 채권자가 아무런 이의 없이 이를 수령한 때에는 채무 전액에 대한 공탁으로서의 효력이 생긴다(대판 1992.5.12, 91다44698).

판 례

(ㄱ) 공탁금수령자로서 공탁통지서를 받은 자가 그 공탁금을 이의 없이 수령하였다면 그 공탁의 취지에 의하여 수령한 것이 되어 그에 대한 법률효과만이 발생하는 것이고 그 후 다시 이에 저촉되는 의사표시를 하였다 하더라도 이에 의하여 아무런 법률효과도 발생하는 것은 아니라고 할 것이다(대판 1984.11.13, 84다카465).

(ㄴ) 채권자가 아무런 이의 없이 공탁금을 수령하였다면 이는 공탁의 취지에 의하여 수령한 것이 되어 그에 따른 법률효과가 발생하는 것이므로 채무자가 변제충당할 채무를 지정하여 공탁한 것을 채권자가 아무런 이의 없이 수령하였다면 그 공탁의 취지에 따라 변제충당된다(대판 1987.4.14, 85다카2313).

(3) 공탁물을 이의를 유보하고 수령한 경우

변제공탁이 유효하려면 채무 전부에 대한 변제제공 및 채무 전액에 대한 공탁이 있어야 하므로, 채무 전액이 아닌 일부에 대한 공탁은 그 부분에 관하여서도 효력이 생기지 않는다. 그러나 채권자가 공탁금을 채권의 일부에 충당한다는 유보의 의사표시를 하고 이를 수령한 때에는 그 공탁금은 채권의 일부 변제에 충당되고(대판 1996.7.26, 96다14616), 그 경우 유보의 의사표시는 반드시 명시적으로 하여야 하는 것은 아니다(대판 2009.10.29, 2008다51359).

판 례

(ㄱ) 공탁금수령자가 공탁금을 이의 없이 수령하였다면 특단의 사정이 없는 한 공탁의 취지에 의하여 수령한 것이 되어 그에 대한 법률효과가 발생하는 것이나, 하자보수가 가능함을 전제로 하자보수비 상당 금액을 공탁한 데 대하여 공탁금수령자가 하자보수만으로는 건물의 원상회복이 불가능하다 하여 건물철거 및 신축비용 상당의 배상을 구하는 소송을 제기하여 그 소송계속 중 공탁금을 수령한 바 있으나, 감정결과 하자보수만으로는 원상회복이 불가능한 것으로 밝혀졌다면 공탁금을 수령하였다는 것만으로는 손해배상채권이 전부 소멸한다고 볼 수 없을 것이다(대판 1992.4.28, 92다10067).

(ㄴ) 채권자가 단지 채무액에 대해서만 이의를 유보한 것이 아니라 채무자의 공탁원인인 부당이득반환 채무금과 다른 손해배상 채무금으로서 공탁금을 수령한다는 이의를 유보한 때에는, 그 공탁금 수령으로 채무자

의 공탁원인인 부당이득반환채무의 일부 소멸의 효과가 발생하지 않음은 당연하고, 채권자가 공탁금을 수령함에 있어 유보한 취지대로 손해배상채무가 인정되지도 않는 이상 그 공탁의 하자가 치유되어 손해배상채무의 일부 변제로서 유효하다고 할 수도 없다(대판 1996.7.26, 96다14616).

4. 공탁물의 소유권이전

(1) 공탁물이 금전인 경우

공탁물이 금전인 경우, 금전의 소유권은 점유자에게 있으므로 공탁물의 소유권은 일단 공탁물보관자에게 귀속하고, 채권자가 공탁물보관자로부터 금전을 수령하는 때에 채권자가 그 소유권을 취득한다.

(2) 공탁물이 금전 이외의 소비물인 경우

공탁물이 금전 이외의 소비물인 경우에는 공탁에 의하여 소비임치가 성립하므로(제702조), 공탁물의 소유권은 일단 공탁소에 귀속하고, 채권자가 공탁소로부터 동종·동질·동량의 물건을 수령한 때에 그 물건의 소유권을 취득한다.

(3) 공탁물이 특정물인 경우

공탁물이 유가증권 기타 특정물인 경우에 그 소유권은 공탁자로부터 채권자에게 이전한다(통설). 즉 변제자가 공탁을 한 때에 소유권이전의 청약이 있는 것으로 보고 채권자가 인도청구를 한 때에 그 승낙이 있는 것으로 하여 물권적 합의가 성립한 것으로 보며, 그에 따라 동산인 경우에는 인도를, 부동산인 경우에는 등기를 함으로써 소유권이 이전한다.

Ⅴ. 공탁물의 회수

1. 민법상의 회수

(1) 회 수 권

(가) 공탁은 본래 채무자 보호를 목적으로 하는 제도이므로, 채권자나 제3자에게 불이익을 주지 않는 한 공탁자는 원칙적으로 공탁물을 회수할 수 있다. 채무자의 공탁물회수청구권은 재산적 가치가 있으므로 양도할 수 있고, 압류·전부명령의 객체가 된다. 따라서 제3자가 공탁자의 공탁물회수청구권을 압류 및 전부명령을 받아 그 집행으로 공탁물을 회수할 수 있으며, 회수한 경우에는 공탁으로 인한 채권소멸의 효력은 소급하여 소멸된다(대판 1981.2.10, 80다77). 공탁물 출급청구권과 공탁물 회수청구권은 서로 독립한 별개의 청구권이므로, 설령 공탁물 출급청구권에 대한 압류 등이 있더라도 이는 공탁물 회수청구권에 대하여 아무런 영향을 미치지 않는다(대결 2020.5.22, 2018마5697).

(나) 공탁물을 회수할 수 있는 변제자의 권리는 일종의 형성권으로서, 변제자가 공탁물을 회수한 경우에는 공탁하지 않았던 것으로 된다(제489조 1항 후문). 공탁물을 회수한 때란 공탁소에 대해 회수의 의사표시를 한 때를 말한다.

(2) 회수권이 인정되지 않는 경우

(가) 공탁물의 회수는 채권자 또는 제3자에게 불이익을 미치지 않는 경우에만 인정된다. 그러므로 ① 채권자가 변제자에 대한 의사표시로 공탁을 승인하거나 공탁소에 대하여 공탁물을 받기를 통고한 때(제489조 1항), ② 공탁이 유효하다는 판결이 확정된 때(제489조 1항), ③ 공탁자가 회수권을 포기한 때, ④ 질권 또는 저당권이 공탁으로 인하여 소멸한 때(제489조 2항)에는 회수권이 인정되지 않는다.

(나) 공탁으로 채무는 소멸하였으므로 그 채무에 수반하는 질권·저당권도 부종성에 따라 당연히 소멸한다. 그런데 공탁물을 회수하면 채무는 소멸하지 않게 되고 그에 따라 질권·저당권도 소멸하지 않는 것으로 되는데, 공탁으로 채무가 소멸한 줄 알고 그 부동산에 저당권을 설정한 자는 그 회수에 의해 후순위저당권자로 밀리게 됨으로써 불측의 손해를 입게 된다. 이와 같이 물상보증인·제3취득자 또는 피담보채권의 소멸로 담보물권도 소멸하였다고 믿고 새로운 이해관계를 맺은 제3자를 보호하기 위하여, 제489조 2항은 질권·저당권이 공탁으로 소멸한 때에는 회수권 자체를 부정하고 있다. 즉 이 경우에는 회수권이 처음부터 발생하지 않는다. 반면에 어느 채무자의 공탁으로 공동채무(불가분채무·연대채무) 또는 보증채무가 소멸한 경우에 이들은 기본적으로 채무자이기 때문에 보호의 대상이 되는 제3자에 포함될 수 없다. 따라서 이들의 채무가 공탁으로 소멸한 경우에는 변제자는 공탁물을 회수할 수 있고, 변제자가 회수하면 이들의 채무는 부활한다(통설).

판례는 가등기 및 본등기에 의하여 담보된 채무의 변제공탁으로 인하여 가등기담보권이나 양도담보권이 소멸하는 경우에도 제489조는 변제자가 공탁물을 회수할 수 없다는 취지를 포함하는 것은 아니므로, 변제자의 채권자는 공탁금회수청구권을 압류·전부명령을 받아 변제공탁금을 회수할 수 있다고 한다(대판 1982.7.27, 81다495). 그러나 가등기담보권 등은 저당권과 마찬가지로 다루어야 하므로(가담법 제13조 참조), 가등기담보권 등이 소멸한 때에는 회수할 수 없다고 하여야 한다(송덕수, C-588).

판 례

공익사업을 위한 토지 등의 취득 및 보상에 관한 법률 제40조 2항에 의하여 사업시행자가 하는 손실보상금의 공탁은 제42조 1항에 의해 간접적으로 강제되는 것이고, 이와 같이 그 공탁이 자발적이 아닌 경우에는 민법 제489조의 적용은 배제되어 피공탁자가 공탁자에게 공탁금을 수령하지 아니한다는 의사를 표시하거나 피공탁자의 공탁금출급청구권의 소멸시효가 완성되었다 할지라도 사업시행자는 그 공탁금을 회수할 수 없는 것이어서, 그러한 공탁자는 진정한 보상금수령권자에 대하여 그가 정당한 공탁금출급청구권자임을 확인하여 줄 의무를 부담한다고 하여도 공탁금출급청구권의 시효소멸로 인하여 직접적인 이익을 받지 아니할 뿐만 아니라 채무자인 국가에 대하여 아무런 채권도 가지지 아니하므로 독자적인 지위에서나 국가를 대위하여 공탁금출급청구권에 대한 소멸시효를 원용할 수 없다(대판 2007.3.30, 2005다11312).

2. 공탁법상의 회수

공탁법은 민법의 규정에 의하여 공탁물을 회수할 수 있는 경우 이외에 ① 착오로 공탁을 한 때, ② 공탁원인이 소멸한 때에 공탁물의 회수를 인정하고 있다(동법 제9조 2항). 즉 공탁자가 착오로 공탁한 때 또는 공탁의 원인이 소멸한 때에는 공탁자가 공탁물을 회수할 수 있을 뿐(제9조 2항), 피공탁자의 공탁물출급청구권은 존재하지 않는다. 따라서 이러한 경우 공탁자가 공탁물을 회수하기 전에 위 공탁물출급청구권에 대한 전부명령을 받아 공탁물을 수령한 자는 법률상 원인 없이 공탁물을 수령한 것이 되어 공탁자에 대하여 부당이득반환의무를 부담한다(대판 2008.9.25, 2008다34668). 예컨대 甲이 토지수용위원회의 수용재결에 의하여 토지수용보상금을 공탁하였는데, 수용시기의 X부동산 소유자가 아닌 종전 소유자를 피공탁자로 지정하는 잘못을 범하였고, X부동산에 대한 저당권자인 乙이 물상대위권의 행사로서 공탁금출급청구권에 대한 압류 및 전부명령을 받아 공탁금을 출급하였지만, 그 후 수용재결은 위와 같은 공탁의 잘못 등을 이유로 그 효력을 상실하여 공탁의 원인이 소멸한 경우, 乙의 공탁금 출급은 부당이득에 해당한다.

제 5 절 상 계

Ⅰ. 서 설

1. 의 의

상계(Aufrechnung)란 채권자와 채무자가 서로 같은 종류의 채권·채무를 가지는 경우에 그 채권·채무를 대등액에서 소멸시키는 당사자의 일방적 의사표시를 말한다(제492조 1항). 예컨대 A가 B에 대하여 5,000만원의 금전채권을 가지고 있고, 반대로 B도 A에 대해 3,000만원의 매매대금채권을 가지는 경우, A 또는 B가 상대방에 대하여 상계(相計)의 의사표시를 함으로써 대등액인 3,000만원의 한도에서 소멸하게 되고, 그 결과 A의 B에 대한 2,000만원의 채권만이 남게 된다. 여기서 A가 상계를 하는 경우, 상계하는 측의 채권(5,000만원의 채권)을 '자동채권'이라 하고, 상대방 B의 채권을 '수동채권'이라 한다. 한편 채무자회생법 제144조, 제416조, 제587조는 (개인)회생·파산절차개시 전에 발생한 상계적상(Aufrechnungslage)에 대한 채권자의 신리를 보호하고 (개인)회생·파산절차에서 불공평한 결과발생을 방지하기 위하여, 상계권을 인정하고 있다.

2. 상계의 기능

(1) 상계제도의 존재이유는 ① 채권자·채무자가 같은 종류의 채권·채무를 서로 현실적으로 청구 또는 집행하고 이행한다는 무익한 노력과 비용의 낭비를 제거할 수 있고(간이결제기능), ② 양당사자 가운데 일방의 재산상태가 악화된 경우에 다른 채권자에 우선해서 자기 채권을 회수할 수 있다는 데 있다(담보적기능). 상계에 의하여 채권자는 자동채권을 수동채권의 한도에서 확실하고 실질적으로 회수할 수 있게 되므로, 상계의 담보적 기능이 가장 잘 발휘되는 것은 바로 채무자의 재산에 대하여 (개인)회생·파산절차가 개시된 경우이다. 왜냐하면 상대방 재산에 대하여 (개인)회생·파산절차가 개시된 경우, 상계를 허용하지 않으면 채무자는 (개인)회생·파산재단에 자기 채무를 전부 변제하여야 하지만, 자기 채권에 대해서는 (개인)회생·파산절차에 참가하여 일부 배당을 받아야 하므로 당사자 쌍방의 지위에 현저한 불균형이 발생하기 때문이다.

(2) 한편 상계는 간이한 결제수단의 기능과 담보적 기능을 가지지만, 제3자에게 불측의 손해를 줄 수 있다. 예컨대 甲이 파산상태에 직면한 경우에 甲의 채무자 乙이 거의 가치가 없게 된 甲에 대한 채권을 헐값으로 양수하여 대등액으로 상계하는 때에는 甲의 다른 채권자는 부당한 손해를 입게 된다. 즉 (개인)회생·파산절차개시 후, 지급정지 또는 (개인)회생·파산절차개시의 신청(위기시기)이 있었음을 알고 채권채무의 대립관계를 창설하는 경우, 채권자가 상계에 관하여 정당한 이익을 가진다고 할 수 없고, 따라서 채권자 사이의 공평을 해칠 우려가 있다. 채무자회생법은 이러한 취지에서 민법상 상계적상의 시기에 관하여 제한을 가하여, 수동채권 또는 자동채권을 (개인)회생·파산절차개시 이후에 취득한 경우(제145조 1호, 3호, 제422조 1호, 3호, 제587조)와 위기시기에 취득한 경우(제145조 2호, 4호, 제422조 2호, 4호, 제587조)에 상계를 금지하고 있다.

3. 상계계약

민법상의 상계는 단독행위이다(제493조). 그러나 계약자유의 원칙상 당사자의 특약으로 상계에 관한 약정을 할 수 있는데, 이를 상계계약이라 한다. 상계계약은 쌍방 당사자의 채권·채무를 대등액에서 소멸케 하므로 유상계약이다. 상인 사이에 행하여지는 상호계산(상법 제72조)이 전형적인 예이다. 상계계약에는 민법 제492조 이하에서 정하고 있는 상계의 요건이나 상계의 금지에 관한 규정이 적용되지 않는다. 따라서 불법행위로 인한 채권(제496조)이나 압류금지의 채권(제497조)에 관해서도 상계계약을 할 수 있다. 또한 민법상의 상계와 달리(제493조 1항) 상계계약에는 조건이나 기한을 붙일 수 있다.

Ⅱ. 상계의 요건

상계할 수 있기 위해서는 상계적상에 있어야 하고, 또 그것이 상계할 당시에 유지되고 있어야 한다.

1. 상계적상이 존재할 것

상계적상(相計適狀)이란 상계의 의사표시가 있으면 상호 소멸할 조건을 갖춘 채권·채무가 존재하는 상황이다. 다시 말하면 상계할 수 있기 위해서는 제492조 1항의 상계의 요건을 갖추고 또 상계가 금지되는 경우가 아니어야 하는데, 이 요건을 구비한 상태를 '상계적상'이라 한다. 상계적상은 상계의 의사표시를 할 당시에 존재하여야 한다.

(1) 채권자와 채무자가 서로 채권을 가지고 있을 것—양 채권의 대립

(가) 당사자들은 서로 상대방에 대하여 채권을 가지고 있어야 한다. 즉 각 당사자는 상대방에 대한 채권자이면서 동시에 상대방의 채무자이어야 한다. 상계를 하는 채무자가 채권자에 대해 가지는 채권이 '자동채권'이고, 자신이 지는 채무가 '수동채권'이다. 따라서 법률규정 등 특별한 사정이 없는 한 자동채권으로 될 수 있는 채권은 상계자가 상대방에 대하여 가지는 채권이어야 하고, 제3자가 상대방에 대하여 가지는 채권으로는 상계할 수 없다(대판 2022.12.16, 2022다218271). 다만 예외적으로 ① 상계할 채권이 있는 연대채무자가 상계하지 않은 때에는 그 채무자의 부담부분에 한하여 다른 연대채무자가 상계할 수 있고(제418조 2항), ② 보증인은 주채무자가 채권자에 대해 가지는 채권을 채권자의 주채무자에 대한 채권과 상계할 수 있다(제434조).

(나) 한편 수동채권은 상대방이 상계자에 대하여 가지는 채권이어야 한다. 따라서 제3자는 채무자를 위하여 변제할 수 있지만, 수동채권의 채무자가 아닌 제3자는 상계할 수 없다(대판 2011.4.28, 2010다101394). 상계할 수 있다고 한다면, 상계의 당사자가 아닌 상대방과 제3자 사이의 채권채무관계에서 상대방이 제3자에게서 채무의 본지에 따른 현실급부를 받을 이익을 침해하게 될 뿐 아니라, 상대방의 채권자들 사이에서 상계자만 독점적인 만족을 얻게 되는 불합리한 결과를 초래하게 되기 때문이다. 가령 유치권이 인정되는 아파트를 경락·취득한 자가 아파트 일부를 점유·사용하고 있는 유치권자에 대한 임료 상당의 부당이득금반환채권을 자동채권으로 하고 유치권자의 종전 소유자에 대한 유익비상환채권을 수동채권으로 하여 상계할 수 없다(대판 2011.4.28, 2010다101394). 다만 제3자인 제3취득자는 채무를 부담하고 있지 않지만 책임을 지므로, 제3자인 저당부동산의 제3취득자가 저당권자에 대하여 채권을 가지고 있는 경우에 그 채권으로써 채무자를 위하여 저당권자가 채무자에 대하여 가지는 채권(즉 채무자의 수동채권)과의 상계는 허용된다는 견해가 있다(김상용, 522면; 김형배, 763면; 김주수, 511면; 정기웅, 498면).

판 례

(ㄱ) 별도로 제기된 소송에서 판결에 의하여 확정된 채권을 자동채권으로 하여 상계항변을 할 수 있음은 당연하다(대판 2000.10.6, 2000다39049).

(ㄴ) 국세징수법에 의한 채권압류의 경우 압류채권자는 체납자에 대신하여 추심권을 취득할 뿐이고, 이로 인하여 채무자가 제3채무자에 대하여 가지는 채권이 압류채권자에게 이전되거나 귀속되는 것은 아니다. 따라서 압류채권자가 채무자의 제3채무자에 대한 채권을 압류한 경우 그 채권은 압류채권자가 제3채무자에 대하여 가지는 채권이 아니므로, 압류채권자는 이를 자동채권으로 하여 제3채무자의 압류채권자에 대한 채권과 상계할 수 없고, 이는 피압류채권에 대하여 이중압류, 배분요구 등이 없다고 하더라도 달리 볼 것은 아니다(대판 2022.12.16, 2022다218271).

(ㄷ) 상속인이 한정승인을 하는 경우에도, 피상속인의 채무와 유증에 대한 책임 범위가 한정될 뿐 상속인은 상속이 개시된 때부터 피상속인의 일신에 전속한 것을 제외한 피상속인의 재산에 관한 포괄적인 권리·의무를 승계하지만(제1005조), 피상속인의 상속재산을 상속인의 고유재산으로부터 분리하여 청산하려는 한정승인 제도의 취지에 따라 상속인의 피상속인에 대한 재산상 권리·의무는 소멸하지 아니한다(제1031조). 그러므로 상속채권자가 피상속인에 대하여는 채권을 보유하면서 상속인에 대하여는 채무를 부담하는 경우, 상속이 개시되면 위 채권 및 채무가 모두 상속인에게 귀속되어 상계적상이 생기지만, 상속인이 한정승인을 하면 상속이 개시된 때부터 제1031조에 따라 피상속인의 상속재산과 상속인의 고유재산이 분리되는 결과가 발생하므로, 상속채권자의 피상속인에 대한 채권과 상속인에 대한 채무 사이의 상계는 제3자의 상계에 해당하여 허용될 수 없다. 즉 상속채권자가 상속이 개시된 후 한정승인 이전에 피상속인에 대한 채권을 자동채권으로 하여 상속인에 대한 채무에 대하여 상계하였더라도, 그 이후 상속인이 한정승인을 하는 경우에는 제1031조의 취지에 따라 상계가 소급하여 효력을 상실하고, 상계의 자동채권인 상속채권자의 피상속인에 대한 채권과 수동채권인 상속인에 대한 채무는 모두 부활한다(대판 2022.10.27, 2022다254154,254161).

(2) 양 채권이 동종의 목적을 가질 것—동종의 채권

상계는 쌍방이 서로 같은 종류를 목적으로 한 채무를 부담한 경우에 인정되므로(제492조 1항), 금전채권 및 종류채권 상호간에 상계가 행하여질 수 있다. 따라서 당사자 쌍방의 채권이 같은 품질의 나주배 15상자와 20상자의 인도를 내용으로 하는 채권인 경우에 상계할 수 있다. 그러나 금전채권과 나주배의 인도청구권은 동종의 채권이 아니므로 상계할 수 없다. 한편 같은 종류의 채권이기만 하면, 채권액의 동일 여부·채권액의 확정 여부·이행지의 동일 여부(제494조) 등은 묻지 않으며, 채권의 발생원인도 중요하지 않다. 따라서 탈퇴조합원의 출자지분 반환청구권과 조합의 탈퇴조합원에 대한 횡령금 반환청구권은 서로 상계할 수 있고(대판 1983.10.11, 83다카542), 국가는 확정된 벌금채권을 자동채권으로 하여 사인의 국가에 대한 채권과 대등액에서 상계할 수 있다(대판 2004.4.27, 2003다37891). 또한 소송비용상환청구권은 소송에서 패소하였다는 사실을 요건으로 소송상 발생하는 실체적 권리이기는 하나 그 성질은 사법상의 청구권이며 상계의 수동채권으로 될 수 있다(대판 1994.5.13, 94다9856).

(3) 양 채권이 변제기에 있을 것—자동채권의 이행기 도래

① 자동채권은 반드시 이행기에 있어야 한다. 그렇지 않으면 상대방은 이유 없이 기한의

이익을 잃게 되기 때문이다. 그러나 수동채권은 채무자가 기한의 이익을 포기할 수 있으므로(제153조 2항), 이행기 전이라도 이를 포기하고 상계할 수 있다. ② 제492조 1항의 '채무의 이행기가 도래한 때'는 채권자가 채무자에게 이행의 청구를 할 수 있는 시기가 도래하였음을 의미하고, 채무자가 이행지체에 빠지는 시기를 말하는 것이 아니다(대판 2021.5.7, 2018다25946).

(4) 채권의 성질이 상계가 허용되는 것일 것

'부작위채무'(예: 甲과 乙이 서로 자신의 토지에 상가를 신축하지 않기로 한 경우)나 '하는 채무'(예: A와 B가 서로 진료해 주기로 한 경우)는 현실적으로 이행하여야 채권의 목적을 달성할 수 있으므로, 성질상 상계가 허용되지 않는다. 또한 자동채권에 항변권이 붙어 있는 경우에도 마찬가지이다. 상계를 허용하면 상대방은 이유 없이 항변권을 잃게 되기 때문이다. 따라서 수탁보증인이 주채무자에 대하여 가지는 사전구상권(제442조)에는 면책청구권(제443조)이 항변권으로 부착되어 있으므로 사전구상권을 자동채권으로 하는 상계는 허용될 수 없다(대판 2001.11.13, 2001다55222). 그러나 ① 수동채권에 항변권이 붙어 있는 경우에는 채무자가 이를 포기하고 상계하는 것은 무방하다(대판 2004.5.28, 2001다81245). ② 상계의 대상이 될 수 있는 자동채권과 수동채권이 동시이행관계에 있더라도 서로 현실적으로 이행하여야 할 필요가 없는 경우, 상계로 인한 불이익이 발생할 우려가 없고 오히려 상계를 허용하는 것이 동시이행관계에 있는 채권·채무 관계를 간명하게 해소할 수 있으므로 상계가 허용된다(대판 2006.7.28, 2004다54633). 가령 동시이행관계에 있는 매도인의 담보책임에 기한 손해배상채무와 매수인의 대금채무(제583조), 수급인의 담보책임에 기한 손해배상채무와 도급인의 보수지급채무(제667조 3항), 컴퓨터 매매계약이 해제된 경우 매도인의 대금반환채무와 매수인의 컴퓨터 사용이익의 반환채무는 각각 서로 상계할 수 있다.

판 례

(ㄱ) 도급인이 수급인과의 사이에 수급인이 그가 고용한 근로자들에 대한 노임지급을 지체한 경우 도급인이 수급인에 대한 기성공사대금에서 노임 상당액을 공제하여 근로자들에게 직접 지불할 수 있다고 약정하였다면, 수급인이 근로자들에게 노임지급을 지체한 상태에서 도급인에게 기성공사대금의 지급을 구할 경우 도급인으로서는 약정에 따라 적어도 수급인이 근로자들에게 노임을 지급할 때까지는 기성공사대금 중 수급인이 지체한 노임 상당액의 지급을 거절할 수 있다 할 것이므로, 수급인의 도급인에 대한 기성공사대금채권은 도급인이 위와 같이 일정한 경우 그 지급을 거절할 수 있는 항변권이 부착되어 있는 채권이라고 할 수 있을 것이고, 따라서 위 채권을 자동채권으로 한 상계는 허용될 수 없다(대판 2002.8.23, 2002다25242).

(ㄴ) 공동저당에 제공된 채무자 소유의 부동산과 물상보증인 소유의 부동산 가운데 물상보증인 소유의 부동산이 먼저 경매되어 매각대금에서 선순위공동저당권자가 변제를 받은 때에는 물상보증인은 채무자에 대하여 구상권을 취득함과 동시에 변제자대위에 의하여 채무자 소유의 부동산에 대한 선순위공동저당권을 대위취득한다. 물상보증인 소유의 부동산에 대한 후순위저당권자는 물상보증인이 대위취득한 채무자 소유의 부동산에 대한 선순위공동저당권에 대하여 물상대위를 할 수 있다. 이 경우에 채무자는 물상보증인에 대한 반대채권이 있더라도 특별한 사정이 없는 한 물상보증인의 구상금 채권과 상계함으로써 물상보증인 소유의 부동산에 대한 후순위저당권자에게 대항할 수 없다. 채무자는 선순위공동저당권자가 물상보증인 소유의 부동산에 대해 먼저 경매를 신청한 경우에 비로소 상계할 것을 기대할 수 있는데, 이처럼 우연한

사정에 의하여 좌우되는 상계에 대한 기대가 물상보증인 소유의 부동산에 대한 후순위저당권자가 가지는 법적 지위에 우선할 수 없다(대판 2017.4.26, 2014다221777,221784).

(5) 상계가 금지되어 있지 않을 것

(가) 당사자의 의사표시에 의한 상계금지

당사자는 의사표시에 의하여 상계를 금지할 수 있다(제492조 2항 본문). 즉 채권이 계약에 의하여 발생하는 경우에는 계약에 의하여, 그리고 단독행위에 의하여 발생한 때에는 일방적 의사표시에 의하여 상계를 금지할 수 있다. 그러나 그 의사표시로써 선의의 제3자에게 대항하지는 못한다(제492조 2항 단서). 예컨대 A·B 사이에 상계금지의 특약을 맺은 때에는 A와 B는 서로 상계할 수 없다. 그러나 A가 B에 대한 채권을 C에게 양도하고 C가 위 특약의 사실을 모르는 경우, C는 이 양수채권을 가지고 B에 대한 채무와 상계할 수 있다. 또한 B로부터 A에 대한 채무를 인수한 선의의 제3자 D는 자기가 A에 대하여 가지는 채권과 상계할 수 있다.

판 례

회생절차개시결정이 있는 때에는 채무자의 업무수행권과 재산의 관리처분권은 관리인에게 전속한다(채무자회생법 제56조 1항). 관리인은 채무자나 그의 기관 또는 대표자가 아니고 채무자와 그 채권자 등으로 구성되는 이른바 이해관계인 단체의 관리자로서 일종의 공적 수탁자에 해당한다. 이와 같이 관리인은 회생절차개시결정에 따라 채무자와 독립하여 채권자 등 전체의 공동의 이익을 위하여 선량한 관리자의 주의로써 직무를 수행하게 된다. 따라서 채권자와 채무자가 채무자의 상계를 금지하는 특약을 한 후에 채무자에 대한 회생절차가 개시된 경우 채무자의 관리인은 상계금지특약에 있어 민법 제492조 2항 단서에 정한 제3자에 해당한다. 이때 상계금지특약 사실에 대한 관리인의 선의·악의는 관리인 개인의 선의·악의를 기준으로 할 수는 없고, 모든 회생채권자 및 회생담보권자를 기준으로 하여 회생채권자 및 회생담보권자 모두가 악의로 되지 않는 한 관리인은 선의의 제3자라고 할 수밖에 없다(대판 2024.5.30, 2019다47387).

(나) 법률규정에 의한 상계금지

채무자가 실제로 변제하여야 할 특별한 사정이 있는 '수동채권'에 대해서는, 법률의 규정에 의하여 상계가 금지된다.

1) 고의의 불법행위로 인한 손해배상채권

(i) 채무가 고의의 불법행위로 인한 것인 때에는 그 채무자는 상계로써 채권자에게 대항하지 못한다(제496조). 즉 고의의 불법행위자는 피해자의 손해배상채권을 수동채권으로 하여 상계하지 못한다. 예컨대 A가 B에 대하여 100만원의 채권을 가지고 있는데, 그 후 B를 구타하여 100만원의 손해배상채무를 지게 된 경우, 이 채권과 채무를 상계하지는 못한다. 제496조의 취지는 불법행위의 피해자로 하여금 현실의 변제를 받게 하는 동시에, 불법행위의 유발(채권자가 변제에 대신하여 채무자에게 불법행위를 함으로써 만족을 얻고자 하는 것)을 방지하려는 데 있다. 따라서 당사자 쌍방이 고의의 불법행

위에 기한 손해배상채권을 가지는 경우에도 상계는 허용되지 않는다(대판 1994.2.25, 93다38444).

(ii) 제496조는 '고의의 불법행위'로 인한 손해배상채권을 수동채권으로 한 상계에 관한 것이므로 그 외의 채권을 수동채권으로 한 상계에는 적용되지 않는다. 다만 ① 고의의 불법행위가 동시에 채무불이행을 구성함으로써 하나의 행위에 기초하여 두 개의 손해배상채권이 발생하여 경합하는 경우(대판 2017.2.15, 2014다19776,19783), ② 고의의 불법행위가 동시에 부당이득 원인을 구성함으로써 하나의 원인에 기초하여 두 개의 청구권이 발생하여 경합하는 경우(대판 2002.1.25, 2001다52506) 등 상계 금지의 취지에 비추어 볼 때 수동채권이 실질적으로 고의의 불법행위로 인한 채권과 마찬가지라고 평가할 수 있는 때에는 제496조가 유추적용될 수 있다(대판 2024.8.1, 2024다204696). 따라서 이러한 예외적인 경우에는 제496조를 유추적용하여 고의의 채무불이행으로 인한 손해배상채권을 수동채권으로 하는 상계를 한 경우에도 채무자가 그 상계로 채권자에게 대항할 수 없다(대판 2017.2.15, 2014다19776,19783).

반면에 상대방의 기망행위로 소비대차계약을 체결한 자가 불법행위로 인한 손해배상청구를 하지 않고 계약상 채권에 따른 대여금 및 이자 등의 지급을 구하는 경우에는 제496조가 유추적용될 수 없다(대판 2024.8.1, 2024다204696). 계약상 채권은 상대방의 기망행위가 아니라 쌍방 사이의 계약에 기초하여 발생하는 권리이고, 그 급부의 이행으로 지향하는 경제적 이익이 불법행위로 인한 손해배상채권과 동일하여 양자가 경합하는 관계에 있다고 보기도 어려우며, 달리 제496조가 정한 상계 금지의 취지에 비추어 계약상 채권이 실질적으로 고의의 불법행위로 인한 채권과 마찬가지라고 평가할 만한 사정도 없기 때문이다.

(iii) 채무자(가해자)는 고의로 인한 불법행위채권을 수동채권으로 하여 상계할 수 없지만, ① 채권자(피해자)는 이를 자동채권으로 하여 상계할 수 있다(대판 2001.4.27, 2000다4050). 가령 탈퇴자가 공동영업사무집행 중 동업체의 금원을 횡령한 경우, '동업체의 업무집행자'는 손해배상채권을 자동채권으로 하여 탈퇴자의 출자금반환청구와 상계를 주장할 수 있다(대판 1983.10.11, 83다카542). ② 제496조는 '고의'의 불법행위에 대해서만 적용되므로, 중과실로 인한 불법행위 손해배상채무로 상계할 수 있다. 즉 고의의 불법행위에 인한 손해배상채권에 대한 상계금지를 중과실의 불법행위에 인한 손해배상채권에까지 유추 또는 확장적용할 수 없다(대판 1994.8.12, 93다52808).

(iv) 한편 피용자의 고의의 불법행위로 인하여 사용자책임을 부담하는 사용자가 제496조의 적용 배제를 주장할 수 있는지 여부에 관하여, 판례는 사용자의 손해배상책임은 피용자의 배상책임에 대한 대체적 책임이고, 사용자책임에서 사용자의 과실은 직접의 가해행위가 아닌 피용자의 선임·감독에 관련된 것이라는 점에 비추어 볼 때, 피용자의 고의의 불법행위로 인하여 사용자책임이 성립하는 경우에 제496조의 적용을 배제하여야 할 이유가 없으므로, 사용자책임이 성립하는 경우 사용자는 자신의 고의의 불법행위가 아니라는 이유로 제496조의 적용을 면할 수는 없다고 한다(대판 2006.10.26, 2004다63019). 즉 A는 B은행으로부터 18억원을 대출받

았는데, B의 대출업무 담당직원 C가 A를 속여 대출금에 대한 선이자 및 이면담보 명목으로 2억원을 예치하게 하고 이를 편취한 경우, C의 편취행위에 대해 사용자책임을 부담하는 B는 2억원의 손해배상채무를 수동채권으로 상계할 수 없다고 한다. 결국 판례는 사용자의 손해배상책임은 피용자의 배상책임에 대한 대체적 책임이므로 피용자에게 고의가 있으면 사용자의 사용자책임도 고의에 의한 불법행위책임으로 볼 수 있다는 태도를 보이고 있다. 이런 판례의 태도에 대하여, 사용자책임의 경우에는 비록 그 피용자의 불법행위는 고의에 의한 것이었더라도 사용자에게는 그러한 고의가 있었다고 할 수 없으며, 사용자책임 그 자체를 고의에 의한 불법행위책임이라고 할 수 없는 이상, 제496조를 사용자책임의 경우에까지 확장적용해야 할 필요성이 없다는 반대견해가 있다(윤진수, "민법 제496조는 사용자책임에도 적용되는가?", 법률신문 2007년 4월 9일). 일리가 있는 지적이라 하겠다.

판 례

고의의 불법행위로 인한 손해배상채권의 채무자는 그 채권을 수동채권으로 한 상계로 채권자에게 대항하지 못하고(제496조), 그 결과 채권이 양도된 경우에 양수인에게도 상계로 대항할 수 없게 되나(제451조 2항), 채권양도가 사해행위에 해당하는 경우 불법행위로 인한 손해배상채권의 채무자가 채권양도인에 대한 별도의 채권자 지위에서 채권양수인에게 채권자취소권을 행사하여 채권양도의 취소를 구함과 아울러 취소에 따른 원상회복 방법으로 직접 자신 앞으로 가액배상의 지급을 구하는 것 자체는 제496조에 반하지 않으므로 허용된다(대판 2011.6.10, 2011다8980,8997).

2) 압류가 금지된 채권

(ⅰ) 채권이 압류하지 못하는 것일 때에는 그 채무자는 상계로 채권자에게 대항하지 못한다(제497조). 즉 압류금지채권을 수동채권으로 하여 상계하지 못한다. 압류금지채권은 채권자와 그 가족의 최소한의 생존을 보장해 주려는 데 있다. 예컨대 부양청구권·구호사업이나 제3자의 도움으로 계속 받는 수입·병사의 급료와 급여채권(급료·연금·봉급·상여금·퇴직금·퇴직연금)의 2분의 1 상당액은 압류하지 못한다(민사집행법 제246조).

주의할 것은 월급여가 185만원 이하인 경우에는 전액 압류할 수 없으며, 185만원을 초과하고 370만원까지는 185만원을 제외한 나머지 금액을 압류할 수 있다. 또한 월급여가 370만원을 초과하고 600만원까지는 월급여의 2분의 1을 초과하는 금액을 압류할 수 있으며, 600만원을 넘는 경우에는 "300만원+[{(급여/2)−300만원}/2]"을 제외한 나머지 금액을 압류할 수 있다는 점이다(민사집행법 제195조 3호, 제246조 1항 4호, 시행령 제2조-제5조). 따라서 급여채권의 경우에는 압류할 수 있는 범위에서는 상계가 가능하지만, '임금'에 관해서는 근로기준법(제21조, 제43조 1항)에 특별규정이 있다. 즉 사용자는 근로자에 대한 채권을 가지고 임금과 상계할 수 없고, 또 임금은 통화로 직접 근로자에게 그 전액을 지급하여야 한다. 그러므로 사용자는 불법행위로 인한 손해배상채권을 자동채권으로 하고 임금채권을 수동채권으로 하여 상계할 수 없다(대판 1989.11.24, 88다카25038).

(ⅱ) 임금채권의 상계 여부와 관련하여, 판례는 근로기준법 제43조 1항은 사용자의 일방

적 임금공제를 금지하여 근로자의 경제생활을 보호하기 위한 것이므로, 사용자가 근로자에 대하여 가지는 채권을 가지고 일방적으로 근로자의 임금채권을 상계하는 것은 금지되지만, 사용자가 근로자의 동의를 얻어 근로자의 임금채권에 대하여 상계하는 경우, 그 동의가 근로자의 자유로운 의사에 터잡아 이루어진 것이라고 인정할 만한 합리적인 이유가 객관적으로 존재하는 때에는 근로기준법 제43조 1항에 위반하지 아니한다고 한다(대판 2001.10.23, 2001다25184). 주의할 것은 압류금지채권을 자동채권으로 하여 상계하는 것은 가능하다는 점이다.

판 례

(ㄱ) 양도 또는 대위되는 채권이 원래 압류가 금지되는 것이었던 경우에는, 처음부터 이를 수동채권으로 한 상계로 채권자에게 대항하지 못하던 것이어서 그 채권의 존재가 채무자의 자동채권에 대한 담보로서 기능할 여지가 없고, 따라서 그 담보적 기능에 대한 채무자의 합리적 기대가 있다고도 할 수 없으므로, 그 채권이 양도되거나 대위의 요건이 구비된 이후에 있어서도 여전히 이를 수동채권으로 한 상계로써 채권양수인 또는 대위채권자에게 대항할 수 없다(대판 2009.12.10, 2007다30171).

(ㄴ) 상계가 금지되는 채권이라고 하더라도 압류금지채권에 해당하지 않는 한 강제집행에 의한 전부명령의 대상이 될 수 있다(대결 2017.8.21, 2017마499).

(ㄷ) 금전채권에 대한 압류・추심명령이 있더라도 압류채권자에게 채무자의 제3채무자에 대한 채권이 이전되거나 귀속되는 것이 아니라 채권을 추심할 권능만 부여될 뿐이고 이러한 추심권능은 압류의 대상이 될 수 없다(대판 2019.1.31, 2015다26009).

3) 지급이 금지된 채권

(i) 지급금지명령을 받은 제3채무자는 그 지급금지명령 후에 취득한 채무자에 대한 채권에 의한 상계로써 그 지급명령을 신청한 채권자에게 대항하지 못한다(제498조). 이는 압류의 효력을 유지하려는데 그 취지가 있다. 여기서 지급금지명령을 받은 채권이란 압류 또는 가압류를 당한 채권을 말한다. 예컨대 甲은 乙에 대하여 1,000만원의 금전채권이 있고, 甲에 대하여 1,500만원의 매매대금채권이 있는 丙이 자기 채권을 확보하기 위해 甲의 乙에 대한 1,000만원의 금전채권을 압류하였는데, 그 후 乙이 甲에 대하여 1,000만원의 채권을 취득하여 甲에 대하여 상계의 의사표시를 하여도 그것으로 압류채권자 丙에게 대항하지 못한다.

(ii) 반면에 지급금지명령을 받기 전에 제3채무자가 이미 채무자에 대해 반대채권을 가지고 있는 경우에는 상계할 수 있다(제498조 반대해석). 다만 이 경우 수동채권은 제3채무자가 기한의 이익을 포기하고 미리 변제할 수 있으므로 특별히 문제되지 않지만, 자동채권도 그 명령을 받기 전에 이행기가 도래해 있어야 하는지가 문제된다. 이에 대하여 다수설(김상용, 529면; 김형배, 772면; 양창수, '상계적상', 월간고시 1992년 10월호, 82면; 이은영, 762면; 정기웅, 502면)과 판례(대판 2015.1.29, 2012다108764)는 민사집행법에 의하여 채권압류명령 또는 채권가압류명령을 받은 제3채무자가 압류채무자에 대한 반대채권을 가지고 있는 경우, (가)압류의 효력 발생 당시에 대립하는 양 채권이 모두 변제기가 도래하였거나, 그 당시 반대채권(자동채권)의 변제기가 도래하지 않은 때에는 그것이 피(가)압류채권(수동채권)의 변제기와 동시에 또는 그보다

먼저 도래하면, 상계로써 (가)압류채권자에게 대항할 수 있다고 한다. 이러한 법리는 채권압류명령을 받은 제3채무자이자 보증채무자인 사람이 압류 이후 보증채무를 변제함으로써 담보제공청구의 항변권을 소멸시킨 다음, 압류채무자에 대하여 압류 이전에 취득한 사전구상권으로 피압류채권과 상계하려는 경우에도 적용된다. 따라서 제3채무자가 압류채무자에 대한 사전구상권을 가지고 있는 경우에 상계로써 압류채권자에게 대항하기 위해서는, 압류의 효력 발생 당시 사전구상권에 부착된 담보제공청구의 항변권이 소멸하여 사전구상권과 피압류채권이 상계적상에 있거나, 압류 당시 여전히 사전구상권에 담보제공청구의 항변권이 부착되어 있는 경우에는 제3채무자의 면책행위 등으로 인해 위 항변권을 소멸시켜 사전구상권을 통한 상계가 가능하게 된 때가 피압류채권의 변제기보다 먼저 도래해야 한다(대판 2019.2.14, 2017다274703). 수탁보증인이 주채무자에 대하여 가지는 제442조의 사전구상권에는 제443조의 담보제공청구권이 항변권으로 부착되어 있는 만큼 이를 자동채권으로 하는 상계는 원칙적으로 허용되지 않기 때문이다(대판 2019.2.14, 2017다274703).

(iii) 한편 판례는 금전채권에 대한 압류 및 전부명령이 있는 때에는 압류된 채권은 동일성을 유지한 채로 압류채무자로부터 압류채권자에게 이전되고, 제3채무자는 채권이 압류되기 전에 압류채무자에게 대항할 수 있는 사유로써 압류채권자에게 대항할 수 있는 것이므로, 제3채무자의 압류채무자에 대한 자동채권이 수동채권인 피압류채권과 동시이행의 관계에 있는 경우, 압류명령이 제3채무자에게 송달되어 압류의 효력이 생긴 후에 자동채권이 발생하였더라도 동시이행의 항변권을 주장할 수 있는 제3채무자로서는 그 채권에 의한 상계로써 압류채권자에게 대항할 수 있다. 이 경우 자동채권이 발생한 기초가 되는 원인은 수동채권이 압류되기 전에 이미 성립하여 존재하고 있었던 것이므로, 그 자동채권은 제498조의 '지급을 금지하는 명령을 받은 제3채무자가 그 후에 취득한 채권'에 해당하지 않는다고 한다(대판 2005.11.10, 2004다37676; 대판 2010.3.25, 2007다35152). 즉 도급인이 수급인에 대하여 하자보수와 함께 청구할 수 있는 손해배상채권과 수급인의 공사대금채권은 서로 동시이행관계에 있는 점을 고려할 때, 하자확대손해로 인한 수급인의 손해배상채무와 도급인의 공사대금채무도 동시이행관계에 있다. 따라서 수급인 乙의 도급인 甲에 대한 공사대금채권을 丙이 압류 및 전부명령을 받은 후 甲(제3채무자)이 乙(압류채무자)에 대하여 공사도급계약에 따른 하자확대손해로 인한 손해배상채권을 취득한 경우, 甲의 乙에 대한 손해배상채권이 압류 후에 발생한 것이더라도 피압류채권(乙의 공사대금채권)과 상계할 수 있다.

판 례

(ㄱ) 근로자가 받을 퇴직금은 임금의 성질을 가지는 것으로서 근로기준법 제43조에 의하여 사용자는 그 수령권자에게 직접 전액을 지급하여야 하는 것이므로 사용자가 자기 직원으로 근무하다가 사망한 근로자의 퇴직금에 대하여 사용자의 동인에 대한 대출금채권으로 상계할 수 없다(대판 1990.5.8, 88다카26413).

(ㄴ) 퇴직위로금이나 명예퇴직수당은 그 직에서 퇴임하는 자에 대하여 그 재직 중 직무집행의 대가로서 지급

되는 후불적 임금으로서의 보수의 성질을 아울러 갖고 있다고 할 것이므로 퇴직금과 유사하다고 볼 것이고, 따라서 이들은 민사집행법 제246조 1항 5호의 압류금지채권인 퇴직금 기타 유사한 급여채권에 해당한다(대결 2000.6.8, 2000마1439).

(ㄷ) 일반적으로 임금은 직접 근로자에게 전액을 지급하여야 하므로 사용자가 근로자에 대하여 가지는 채권으로서 근로자의 임금채권과 상계를 하지 못하는 것이 원칙이나, 계산의 착오 등으로 임금이 초과 지급되었을 때 그 행사의 시기가 초과 지급된 시기와 임금의 정산, 조정의 실질을 잃지 않을 만큼 합리적으로 밀접되어 있고 금액과 방법이 미리 예고되는 등 근로자의 경제생활의 안정을 해할 염려가 없는 경우나, 근로자가 퇴직한 후에 그 재직 중 지급되지 아니한 임금이나 퇴직금을 청구하는 경우에는 초과 지급된 임금의 반환청구권을 자동채권으로 하여 상계하는 것은 무방하다(대판 1995.12.21, 94다26721; 대판 1998.6.26, 97다14200).

(ㄹ) 부동산 매수인의 매매잔대금 지급의무와 매도인의 가압류기입등기말소의무가 동시이행관계에 있었는데 위 가압류에 기한 강제경매절차가 진행되자 매수인이 강제경매의 집행채권액과 집행비용을 변제공탁한 경우 매도인은 매수인에 대해 대위변제로 인한 구상채무를 부담하게 되고, 그 구상채무는 가압류기입등기말소의무의 변형으로서 매수인의 매매잔대금 지급의무와 여전히 대가적인 의미가 있어 서로 동시이행관계에 있으므로, 매수인은 매도인의 매매잔대금채권에 대해 가압류로부터 본압류로 전이하는 압류 및 추심명령을 받은 채권자에게 가압류 이후에 발생한 위 구상금채권에 의한 상계로 대항할 수 있다(대판 2001.3.27, 2000다43819).

(ㅁ) 전세권을 목적으로 한 저당권이 설정된 경우, 전세권의 존속기간이 만료되면 전세권의 용익물권적 권능이 소멸하기 때문에 더 이상 전세권 자체에 대하여 저당권을 실행할 수 없게 되고, 저당권자는 저당권의 목적물인 전세권에 갈음하여 존속하는 것으로 볼 수 있는 전세금반환채권에 대하여 압류 및 추심명령 또는 전부명령을 받거나 제3자가 전세금반환채권에 대하여 실시한 강제집행절차에서 배당요구를 하는 등의 방법으로 물상대위권을 행사하여 전세금의 지급을 구하여야 한다. 전세권저당권자가 위와 같은 방법으로 전세금반환채권에 대하여 물상대위권을 행사한 경우, 종전 저당권의 효력은 물상대위의 목적이 된 전세금반환채권에 존속하여 저당권자가 전세금반환채권으로부터 다른 일반채권자보다 우선변제를 받을 권리가 있으므로, 설령 전세금반환채권이 압류된 때에 전세권설정자가 전세권자에 대하여 반대채권을 가지고 있고 반대채권과 전세금반환채권이 상계적상에 있다고 하더라도 그러한 사정만으로 전세권설정자가 전세권저당권자에게 상계로써 대항할 수는 없다. 그러나 전세금반환채권은 전세권이 성립하였을 때부터 이미 발생이 예정되어 있다고 볼 수 있으므로, 전세권저당권이 설정된 때에 이미 전세권설정자가 전세권자에 대하여 반대채권을 가지고 있고 반대채권의 변제기가 장래 발생할 전세금반환채권의 변제기와 동시에 또는 그보다 먼저 도래하는 경우와 같이 전세권설정자에게 합리적 기대 이익을 인정할 수 있는 경우에는 특별한 사정이 없는 한 전세권설정자는 반대채권을 자동채권으로 하여 전세금반환채권과 상계함으로써 전세권저당권자에게 대항할 수 있다(대판 2014.10.27, 2013다91672).

(ㅂ) 동산 양도담보권자는 양도담보 목적물이 소실되어 양도담보 설정자가 보험회사에 대하여 화재보험계약에 따른 보험금청구권을 취득한 경우 담보물 가치의 변형물인 화재보험금청구권에 대하여 양도담보권에 기한 물상대위권을 행사할 수 있는데, 동산 양도담보권자가 물상대위권 행사로 양도담보 설정자의 화재보험금청구권에 대하여 압류 및 추심명령을 얻어 추심권을 행사하는 경우 특별한 사정이 없는 한 제3채무자인 보험회사는 양도담보 설정 후 취득한 양도담보 설정자에 대한 별개의 채권을 가지고 상계로써 양도담보권자에게 대항할 수 없다. 그리고 이는 보험금청구권과 본질이 동일한 공제금청구권에 대하여 물상대위권을 행사하는 경우에도 마찬가지이다(대판 2014.9.25, 2012다58609).

4) 질권이 설정된 채권

채권질권자는 채무자에 대하여 직접 채무이행을 청구할 수 있으므로(제353조 1항), 이러한 채권

질권의 효력에 의하여 질권이 설정된 채권은 지급금지의 효력이 생긴다. 그러므로 질권이 설정된 채권은 지급금지명령을 받은 채권과 마찬가지로 상계가 금지된다. 다시 말하면 입질채권의 채무자(제3채무자)는 그 질권설정의 통지를 받은 이후에 채권자에 대해서 취득한 채권을 자동채권으로 하여 채권자와 상계하더라도 질권자에게 대항하지 못한다(제349조 1항, 제451조 2항).

5) 조합원 1인에 대한 채권

조합에 대한 채무자는 그 채무와 조합원에 대한 채권으로 상계할 수 없다(제715조). 조합에 대한 채무, 즉 조합채권은 조합원 전원에게 합유적으로 귀속되는 특별재산이기 때문이다. 따라서 조합으로부터 부동산을 매수하여 잔대금 채무를 지고 있는 자가 조합원 중의 1인에 대하여 개인 채권을 가지고 있더라도 그 채권과 조합과의 매매계약으로 인한 잔대금 채무를 서로 대등액에서 상계할 수 없다(대판 1998.3.13, 97다6919).

2. 상계할 당시 상계적상이 유지되고 있을 것 — 상계적상의 현존

(1) 원 칙

상계적상은 원칙적으로 상계의 의사표시가 행하여진 당시에 현존하고 있어야 한다. 따라서 일단 상계적상에 있었으나 상계하지 않은 동안에 일방의 채권이 변제·대물변제·계약해제·취소 등으로 소멸한 때에는 상계할 수 없다.

판 례

(ㄱ) 쌍방의 채무가 상계적상에 있었는데, 채무자가 그 수동채권에 관하여 상계 의사표시를 않고 그것이 변제 등의 사유로 소멸한 경우에는 이를 수동채권으로 하여 상계할 수 없다(대판 1979.8.28, 79다1077).

(ㄴ) 채무자회생법 제109조 1항에 의하면, 부인권이 행사된 경우 상대방이 그 부인의 대상이 되는 행위에 의하여 받은 급부를 원상회복으로 반환하거나 그 가액을 상환한 후에야 비로소 상대방의 채권이 부활하는 것인데, 부인권 행사에 기한 이행가액 상환청구에 대하여 상대방이 그 채무의 존재를 다투면서 이를 이행하지 않고 있는 경우 그 상대방의 채권은 아직 부활하지 않았으므로, 이와 같이 부활하지도 않은 채권을 자동채권으로 하는 상계는 그 상계적상을 흠결하여 부적법한 것이다(대판 2007.7.13, 2005다71710).

(2) 예 외

(가) 자동채권이 시효로 소멸된 경우에는 소멸시효가 완성된 채권이 그 완성 전에 상계할 수 있었던 것이면 그 채권자가 상계할 수 있다(제495조). 당사자 쌍방의 채권이 상계적상에 있는 때에 각 당사자는 그 채권·채무가 서로 결제된 것으로 생각하는 것이 보통이므로, 당사자의 이러한 신뢰를 보호하려는 것이다. 다만 이는 '자동채권의 소멸시효 완성 전에 양 채권이 상계적상에 이르렀을 것'을 요건으로 한다(대판 2021.2.10, 2017다258787).

(나) 매도인의 담보책임을 기초로 한 매수인의 손해배상채권 또는 수급인의 담보책임을 기초로 한 도급인의 손해배상채권이 각각 상대방의 채권과 상계적상에 있는 경우, 이러한

손해배상채권의 제척기간이 지난 경우에도 그 기간이 지나기 전에 상대방에 대한 채권·채무관계의 정산 소멸에 대한 신뢰를 보호할 필요성이 있다는 점은 소멸시효가 완성된 채권의 경우와 아무런 차이가 없다. 따라서 매도인이나 수급인의 담보책임을 기초로 한 손해배상채권의 제척기간이 지난 경우, 제495조를 유추적용해서 매수인이나 도급인이 상대방 채권과 상계할 수 있다(대판 2019.3.14, 2018다255648).

(다) 한편 연대보증인에 대한 채권자의 채권과 채권자에 대한 연대보증인의 채권이 상계적상에 있었으나 후에 주채무자에 대한 채권이 시효로 소멸한 경우에 대하여, ① 채권자는 연대보증인에 대한 채권을 가지고 연대보증인의 자신에 대한 채권과 상계할 수 있다는 견해(곽윤직, 281면; 김상용, 524면; 김증한/김학동, 396면; 임정평, 494면; 정기웅, 500면), ② 채권자의 주채무자에 대한 채권이 시효로 소멸하면 보증채무의 부종성에 의해서 연대보증인에 대한 보증채권도 소멸하므로, 채권자는 이미 소멸된 보증채권과 연대보증인의 채권자에 대한 채권과 상계할 수 없다는 견해가 있다(김주수, 513면; 김형배, 765면).

판 례

제495조는 '자동채권의 소멸시효 완성 전에 양 채권이 상계적상에 이르렀을 것'을 요건으로 한다. ① 제626조 2항은 임차인이 유익비를 지출한 경우에는 임대인은 임대차 종료 시에 그 가액의 증가가 현존한 때에 한하여 임차인의 지출한 금액이나 그 증가액을 상환하여야 한다고 규정하고 있으므로, 임차인의 유익비상환채권은 임대차계약이 종료한 때에 비로소 발생한다고 보아야 한다. 따라서 임대차 존속 중 임대인의 구상금채권의 소멸시효가 완성된 경우에는 위 구상금채권과 임차인의 유익비상환채권이 상계할 수 있는 상태에 있었다고 할 수 없으므로, 그 이후에 임대인이 이미 소멸시효가 완성된 구상금채권을 자동채권으로 삼아 임차인의 유익비상환채권과 상계하는 것은 제495조에 의하더라도 인정될 수 없다(대판 2021.2.10, 2017다258787). ② 임대인의 임대차보증금 반환채무는 임대차계약이 종료된 때에 비로소 이행기에 도달하므로, 임대차 존속 중 차임채권의 소멸시효가 완성된 경우에는 소멸시효 완성 전에 임대인이 임대차보증금 반환채무에 관한 기한의 이익을 실제로 포기하였다는 등의 특별한 사정이 없는 한 양 채권이 상계할 수 있는 상태에 있었다고 할 수 없다. 결국 그 이후에 임대인이 이미 소멸시효가 완성된 차임채권을 자동채권으로 삼아 임대차보증금 반환채무와 상계하는 것은 제495조에 의하더라도 인정될 수 없지만, 임대차 존속 중 차임이 연체되고 있음에도 임대차보증금에서 연체차임을 충당하지 않고 있었던 임대인의 신뢰와 차임연체 상태에서 임대차관계를 지속해 온 임차인의 묵시적 의사를 감안하면 연체차임은 제495조의 유추적용에 의하여 임대차보증금에서 '공제'할 수 있다(대판 2016.11.25, 2016다211309).

Ⅲ. 상계의 방법 — 상계표시

1. 상대방에 대한 의사표시

상계는 단독행위이므로 상대방에 대한 일방적 의사표시로 행한다(제493조 1항). 다시 말하면 상계의 의사표시가 있어야 상계가 이루어지는 것이지, 상계적상이 있다고 하여 당연히 상계가 이루어지는 것은 아니다. 또한 상계의 의사표시에는 상계할 채권을 표시하여야 한다. 그러나 그것은 채권의 동일성을 인식하게 할 수 있을 정도면 충분하고, 그 발생의 일시·발생원인·액수를 명시할 필요는 없다. 그리고 상계의 의사표시는 재판외·재판상으로 할 수 있다.

한편 어음채권을 자동채권으로 하여 상계하는 경우에 어음의 제시증권과 상환증권성을 이유로 어음을 제시·교부하여야 하는가에 대하여, 판례는 어음의 교부가 없으면 상계의 효력이 생기지 않는다고 한다(대판 1976.4.27, 75다739). 예컨대 대출금의 담보를 위하여 발행된 약속어음이 제3자에게 양도된 경우, 약속어음을 소지하고 있지 않는 한 대출금채권을 자동채권으로 하여 약속어음의 발행인에 대한 채무를 상계할 수 없다(대판 2001.5.8, 2000다58880).

판 례

(ㄱ) 당사자 쌍방의 채무가 서로 상계적상에 있더라도, 별도의 의사표시 없이도 상계된 것으로 한다는 특약이 없는 한, 그 자체만으로 상계로 인한 채무 소멸의 효력이 생기는 것은 아니고 상계의 의사표시를 기다려 비로소 상계로 인한 채무 소멸의 효력이 생긴다(대판 2000.9.8, 99다6524).

(ㄴ) 채권자의 부작위가 제3자에 대하여 불법행위를 구성하려면 그 부작위가 위법하여야 하므로 그 전제로서 채권자는 제3자에 대하여 작위의무를 지고 있어야 하는바, 일반적으로 채권자가 자신의 채무자에 대하여 상계권을 행사하고 아니하고는 채권자의 권리일 뿐 특별한 사정이 없는 한 제3자의 이익을 위하여 상계를 하여야 할 작위의무를 부담한다고 할 수는 없으므로, 채권자가 상계권을 행사하지 아니한 것이 제3자에 대하여 불법행위를 구성한다고 할 수 없다(대판 2002.2.26, 2001다74353).

(ㄷ) 민사소송절차에서 권리의 발생·변경·소멸이라는 법률효과의 판단의 요건이 되는 주요사실에 대한 주장·증명에는 변론주의의 원칙이 적용되는바, 상계는 상계적상에 있는 채권을 가진 채권자가 별도로 의사표시를 하여야 하는 것이고(제493조 1항) 그 의사표시 여부는 원칙적으로 채권자의 자유에 맡겨져 있는 것이므로, 비록 상계의 의사표시가 묵시적으로도 가능하더라도, 다른 의사와 구분되는 별도의 상계 의사를 확인하지 않은 채 이를 인정할 수는 없다(대판 2009.10.29, 2008다51359).

(ㄹ) 소송상 방어방법으로서의 상계항변은 통상 수동채권의 존재가 확정되는 것을 전제로 하여 행하여지는 일종의 예비적 항변으로서 소송상 상계의 의사표시에 의해 확정적으로 효과가 발생하는 것이 아니라 당해 소송에서 수동채권의 존재 등 상계에 관한 법원의 실질적 판단이 이루어지는 경우에 비로소 실체법상 상계의 효과가 발생한다. 이러한 피고의 소송상 상계항변에 대하여 원고가 다시 피고의 자동채권을 소멸시키기 위하여 소송상 상계의 재항변을 하는 경우, 법원이 원고의 소송상 상계의 재항변과 무관한 사유로 피고의 소송상 상계항변을 배척하는 경우에는 소송상 상계의 재항변을 판단할 필요가 없고, 피고의 소송상 상계항변이 이유 있다고 판단하는 경우에는 원고의 청구채권인 수동채권과 피고의 자동채권이 상계적상 당시에 대등액에서 소멸한 것으로 보게 될 것이므로 원고가 소송상 상계의 재항변으로써 상계할 대상인 피고의 자동채권이 그 범위에서 존재하지 않는 것이 되어 이때에도 역시 원고의 소송상 상계의 재항변에 관하여 판단할 필요가 없게 된다. 또한, 원고가 소송물인 청구채권 외에 피고에 대하여 다른 채권을 가지고 있다면 소의 추가적 변경에 의하여 그 채권을 당해 소송에서 청구하거나 별소를 제기할 수 있다. 그렇다면 원고의 소송상 상계의 재항변은 일반적으로 이를 허용할 이익이 없다. 따라서 피고의 소송상 상계항변에 대하여 원고가 소송상 상계의 재항변을 하는 것은 다른 특별한 사정이 없는 한 허용되지 않는다고 보는 것이 타당하다(대판 2014.6.12, 2013다95964).

(ㅁ) 원고의 소송상 상계의 재항변은 일반적으로 이를 허용할 이익이 없다. 따라서 피고의 소송상 상계항변에 대하여 원고가 소송상 상계의 재항변을 하는 것은 다른 특별한 사정이 없는 한 허용되지 않는다. 그리고 이러한 법리는 원고가 2개의 채권을 청구하고, 피고가 그중 1개의 채권을 수동채권으로 삼아 소송상 상계항변을 하자, 원고가 다시 청구채권 중 다른 1개의 채권을 자동채권으로 소송상 상계의 재항변을 하는 경우에도 마찬가지로 적용된다(대판 2015.3.20, 2012다107662).

2. 채권의 일부 양도가 이루어진 경우의 상계방법

채권의 일부 양도가 이루어지면 특별한 사정이 없는 한 각 분할된 부분에 대하여 독립한 분할채권이 성립하므로, 양도인에 대한 반대채권으로 상계하고자 하는 채무자는 양도인이나 각 분할채권자(즉 양수인)를 상계의 상대방으로 하여 상계할 수 있다. 따라서 채무자의 상계 의사표시를 수령한 분할채권자(양수인)가 제3자에 대한 대항요건을 갖춘 양수인이더라도 양도인 또는 다른 양수인에 귀속된 부분에 대하여 먼저 상계되어야 한다고 주장하거나 각 분할채권액의 채권총액에 대한 비율에 따라 상계되어야 한다는 이의를 할 수 없다(대판 2002.2.8, 2000다50596). 예컨대 C는 A건설회사의 B에 대한 건축공사대금채권 6억원 중 3억원을 양수하고 제3자에 대한 대항요건을 취득하였다. 한편 B는 건축공사의 하자로 인하여 A건설회사에 대하여 1억원의 손해배상채권을 가지고 있다. 이 경우 B는 A에 대한 1억원의 손해배상채권 전부를 자동채권으로 하여 C가 B에 대해 가지는 양수금채권(3억원)과 상계할 수 있다.

판 례

가분적인 금전채권의 일부에 대한 전부명령이 확정되면 특별한 사정이 없는 한 전부명령이 제3채무자에 송달된 때에 소급하여 전부된 채권 부분과 전부되지 않은 채권 부분에 대하여 각기 독립한 분할채권이 성립하게 되므로, 그 채권에 대하여 압류채무자에 대한 반대채권으로 상계하고자 하는 제3채무자로서는 전부채권자 혹은 압류채무자 중 어느 누구도 상계의 상대방으로 지정하여 상계하거나 상계로 대항할 수 있고, 그러한 제3채무자의 상계 의사표시를 수령한 전부채권자는 압류채무자에 잔존한 채권 부분이 먼저 상계되어야 한다거나 각 분할채권액의 채권 총액에 대한 비율에 따라 상계되어야 한다는 이의를 할 수 없다(대판 2010.3.25, 2007다35152).

3. 조건·기한부 상계의 금지

상계의 의사표시에는 조건이나 기한을 붙이지 못한다(제493조 1항 후문). 단독행위인 상계에 조건을 붙이면 상계자의 일방적 의사표시에 의하여 상대방의 지위가 불안정하게 되며, 기한을 붙이는 것은 상계의 소급효에 반하기 때문이다.

Ⅳ. 상계의 효과

1. 채권대등액의 소멸

상계의 의사표시에 의하여 당사자 쌍방의 채권은 그 대등액에서 소멸한다(제493조 2항). 양 채권의 액수가 동일하지 않은 때에는 일부의 상계가 있게 되고, 다액의 채권은 그 차액이 남게 된다.

2. 상계의 소급효

(1) 상계의 의사표시로 채권의 소멸은 각 채무가 상계적상이 있었던 때까지 소급하게

된다(제493조 2항). ① 여기서 '각 채무가 상계할 수 있는 때'란 양 채권이 모두 변제기가 도래한 경우와 수동채권의 변제기가 도래하지 않았더라도 기한의 이익을 포기할 수 있는 경우를 포함한다(대판 2011.7.28, 2010다70018). ② 상계적상에 있는 채권을 가진 당사자는 이미 그 채권관계가 결제된 것으로 취급하는 것이 보통이므로, 상계로 인한 채권소멸의 효력은 상계의 의사표시를 한 때가 아니라 상계적상이 있은 때로 소급하여 발생한다. 그 결과 상계적상 이후에는 이자가 발생하지 않으며, 또 그때부터 이행지체는 소멸한다.

(2) 상계의 소급효는 양 채권 및 이에 관한 이자나 지연손해금 등을 정산하는 기준시기를 소급하는 것일 뿐이고, 상계의 의사표시 전에 이미 발생한 사실까지 뒤집는 것은 아니다(대판 2015.10.29, 2015다32585). 가령 甲이 乙에게 반대채권을 가지고 있는데도 채무를 변제한 경우에는 그 변제는 유효하며 더 이상 상계할 수 없다. 채무불이행을 이유로 계약을 해제한 경우에도 같다. 양 채권이 상계적상에 있었더라도 그 후 변제, 대물변제, 경개, 계약의 해제·해지 등이 있었다면 상계적상이 유지되지 않아서 상계할 수 없게 되기 때문이다.

(3) 채권양수인이 양수채권을 자동채권으로 하여 그 채무자가 채권양수인에 대해 가지고 있던 기존채권과 상계한 경우, 채권양수인은 채권양도의 대항요건이 갖추어진 때 비로소 자동채권을 행사할 수 있으므로 채권양도 전에 이미 양 채권의 변제기가 도래하였다고 하더라도 상계의 효력은 변제기로 소급하는 것이 아니라 '채권양도의 대항요건이 갖추어진 시점'으로 소급한다(대판 2022.6.30, 2022다200089).

판 례

채권자가 자신의 채권을 매매대금채무로 상계하였으나 그 후 매매계약이 해제되었다면 그 상계도 효력을 발생할 수 없어 상계로 소멸한 채권자의 채권은 다시 살아난다(대판 1980.8.26, 79다1257,1258; 대판 1982.1.19, 80다3075).

3. 이행지가 다른 채권의 상계와 손해배상

상계는 쌍방의 채무이행지가 다른 경우에도 할 수 있다(제494조 본문). 그러나 상계를 하는 당사자는 상대방에게 상계로 인하여 생긴 손해를 배상하여야 한다(제494조 단서). 여기서 손해는 상대방이 원래의 이행지에서 변제받을 수 없게 됨으로써 발생된 불이익으로서, 가격차이·환시세의 차이에 의한 불이익이 이에 해당한다.

4. 상계의 충당

채무자가 채권자에 대해 수개의 수동채권을 부담하는데, 그 전부를 소멸시키기에 부족한 자동채권을 가지고 상계하는 경우, 변제의 충당에 관한 제476조 내지 제479조를 준용한다(제499조). 이를 상계충당이라 한다. 즉 상계의 경우 상계적상시까지의 수동채권의 원본 및 지연손해금에 대하여 상계충당의 순서에 따라 지연손해금, 원본의 순서로 자동채권과 대등액에서 소멸한다(대판 2021.7.8, 2021다222266; 대판 2005.7.8, 2005다8125). 또한 여러 개의 자동채권이 있고 수동채권의 원리금이 자동채권의 원리금 합계에 미치지 못하는 경우에는 우선 자동채권의 채권자가 상계의 대상이 되는 자동채권을 지정할 수 있고, 다음으로 자동채권의 채무자가 이를 지정할 수 있으며, 양 당사자가 모두 지정하지 않은 때에는 법정변제충당의 방법으로 상계충당이 이루어지게 된다(대판 2013.2.28, 2012다94155).

판 례

(ㄱ) 상계의 의사표시가 있는 경우, 채무는 상계적상 시에 소급하여 대등액에 관하여 소멸하게 되므로(제493조 2항), 상계에 따른 양 채권의 차액 계산 또는 상계충당은 상계적상의 시점을 기준으로 한다. 따라서 그 시점 이전에 수동채권에 대하여 이자나 지연손해금이 발생한 경우 상계적상 시점까지 수동채권의 이자나 지연손해금을 계산한 다음 자동채권으로써 먼저 수동채권의 이자나 지연손해금을 소각하고 잔액을 가지고 원본을 소각하여야 한다(대판 2021.5.7, 2018다25946).

(ㄴ) 변제충당에 관한 제476조 내지 제479조의 규정은 임의규정이므로 변제자인 채무자와 변제수령자인 채권자는 약정에 의하여 이를 배제하고 제공된 급부를 어느 채무에 어떤 방법으로 충당할 것인가를 결정할 수 있고, 이는 제499조에 의하여 위 규정이 준용되는 상계의 경우에도 마찬가지이다(대판 2015.6.11, 2012다10386).

제 6 절 경 개

Ⅰ. 서 설

1. 의 의

경개(Novation, Schuldersetzung, Schuldwandlung)는 한 개의 계약으로써 구채무를 소멸시키는 것과 동시에 신채무를 성립시키는 것을 내용으로 하는 것이다(제500조). 예컨대 乙이 甲에 대하여 500만원의 채무를 부담하고 있는데, 500만원의 채무에 갈음하여 중고자동차 1대를 인도할 것을 내용으로 하는 계약이 이에 속한다.

2. 성 질

경개(更改)는 당사자의 합의에 의하여 성립하는 계약이며, 경개계약은 신채권을 성립시키고 구채권을 소멸시키는 처분행위이다(대판 2003.2.11, 2002다62333). 다만 일부 견해(이은영, 770면)는 경개는 구채권을 소멸시키는 처분행위이면서 신채무를 부담하는 채무부담행위라고 한다. 한편 준소비대차는 당사자 쌍방이 소비대차에 의하지 않고 금전이나 그 밖의 대체물을 지급할 의무가 있는 경우에 당사자가 그 목적물을 소비대차의 목적으로 할 것을 약정한 때에 성립하는 것으로서,

기존채무를 소멸케 하고 신채무를 성립시키는 계약인 점에서 경개와 동일하지만 경개에서는 기존채무와 신채무 사이에 동일성이 없는 반면, 준소비대차에서는 원칙적으로 동일성이 인정된다는 점에 차이가 있다(대판 2007.1.11, 2005다47175; 대판 2003.9.26, 2002다31803,31810). 그리고 경개는 다른 급부를 현실적으로 하지 않고 단지 급부를 해야 할 새로운 채무를 성립시키는데 지나지 않는 점에서 대물변제와 구별된다.

Ⅱ. 요 건

1. 소멸할 채권이 존재할 것

경개에 의하여 소멸할 채권이 존재하지 않은 때에는 경개는 무효이며, 신채권도 성립하지 않는다. 다만 채권자의 변경으로 인한 경개에는 지명채권양도에 관한 제451조 1항이 채권자의 교체에 의한 경개에 준용되므로(제503조), 채무자가 채권이 이미 소멸하였는데 이의를 보류하지 않고 경개를 한 때는 채권소멸의 항변권을 잃게 되므로, 신채권이 성립하게 된다.

2. 신채무가 성립할 것

경개계약은 구채무를 소멸시키고 신채무를 성립시키는 처분행위로서 구채무의 소멸은 신채무의 성립에 의존하므로, 경개로 인한 신채무가 불법원인(선량한 풍속 기타 사회질서의 위반) 또는 당사자가 알지 못하는 사유(예: 원시적 불능)로 인하여 성립되지 않거나 취소된 때에는 당사자의 선의·악의를 불문하고 구채무는 소멸되지 않는다(제504조). 즉 신채무가 성립하지 않으면 경개의 효력은 발생하지 않으므로 구채무는 소멸하지 않는다. 특히 경개계약에 조건이 붙어 있는 조건부 경개의 경우에는 구채무의 소멸과 신채무의 성립 자체가 그 조건의 성취 여부에 걸려 있게 된다(대판 2007.11.15, 2005다31316).

3. 채무의 요소를 변경할 것

(1) 경개가 성립되기 위해서는 채무의 중요부분의 변경, 즉 요소의 변경이 있어야 한다(제500조). 여기서 중요한 부분은 계약의 동일성을 구성하는 부분을 의미하는 것으로서, 발생원인·채권자·채무자·채권의 목적이 이에 속한다(제500조-제502조). 그러나 채무의 중요부분의 변경이 있다고 하여 그것이 곧 경개가 되는 것은 아니다. 채권의 동일성을 유지하면서 채권관계의 변경은 채권양도와 채무인수에 의해 이룰 수 있기 때문이다. 그러므로 경개의 성립에는 구채무를 소멸시키고 신채무를 성립시키려는 당사자의 의사, 즉 경개의사가 있어야 한다. 다시 말하면 경개의사가 명확히 존재하는 때에 경개가 성립한다.

(2) 기존의 채권이 제3자에게 이전된 경우, 이를 채권의 양도로 볼 것인가 또는 경개로 볼 것인가는 일차적으로 당사자의 의사에 의하여 결정되고, 만약 당사자의 의사가 명백하지 않을 때에는 특별한 사정이 없는 한 동일성을 상실함으로써 채권자가 담보를 잃고 채무자가

항변권을 잃게 되는 것과 같이 스스로 불이익을 초래하는 의사를 표시하였다고는 볼 수 없으므로, 일반적으로 채권의 양도로 볼 것이다(대판 1996.7.9, 96다16612). 한편 기존 채권·채무의 당사자가 그 목적물을 소비대차의 목적으로 할 것을 약정한 경우, 그 약정이 경개로 볼 것인가 또는 준소비대차로 볼 것인가는 일차적으로 당사자의 의사에 의하여 결정되고, 당사자의 의사가 명백하지 않을 때에는 일반적으로 준소비대차로 보아야 하지만, 신채무의 성질이 소비대차가 아니거나 기존채무와 동일성이 없는 경우에는 준소비대차로 볼 수 없다(대판 2006.12.22, 2004다37669; 대판 2003.9.26, 2002다31803,31810). 따라서 현실적인 자금의 수수 없이 형식적으로만 신규 대출을 하여 기존채무를 변제하는 이른바 대환은 특별한 사정이 없는 한 형식적으로는 별도의 대출에 해당하나, 실질적으로는 기존채무의 변제기 연장에 불과하므로, 그 법률적 성질은 기존채무가 여전히 동일성을 유지한 채 존속하는 준소비대차로 보아야 한다(대판 2002.10.11, 2001다7445).

Ⅲ. 경개의 당사자

경개의 당사자는 변경의 대상이 되는 채무의 중요부분의 내용에 따라 다르다.

1. 채무내용의 변경

일정 금액의 지급을 목적으로 하는 채권을 특정물인도채권으로 변경하는 것처럼 채무의 내용을 다른 급부로 변경하는 경개의 경우에는 본래의 채권자와 채무자가 그 계약당사자가 된다.

2. 채무자의 변경

채무자를 변경하는 경개는 채권자와 신채무자 사이의 계약으로 할 수 있다. 그러나 구채무자의 의사에 반하여 이를 하지 못한다(제501조).

3. 채권자의 변경

채권자를 변경하는 경개는 신·구채권자와 채무자간의 3면 계약으로 하여야 한다. 채권양도와 달리 채무자도 반드시 계약당사자가 되어야 한다. 한편 채권자를 변경하는 경개는 채권양도와 유사하므로, 확정일자 있는 증서로 하지 않으면 이로써 제3자에게 대항하지 못한다(제502조). 또한 채무자가 신채권자에게 이의를 보류하지 않고 승낙한 경우에는 구채권자에게 대항할 수 있는 사유로써 신채권자에게 대항하지 못한다(제503조, 제451조 1항).

Ⅳ. 경개의 효과

1. 구채무의 소멸

경개가 성립하면 구채무는 당연히 소멸한다(제500조). 따라서 구채무에 관하여 존재하였던 담보권·보증채무·위약금 기타의 종된 권리와 항변권은 모두 소멸한다. 그러나 경개의 당사자는 특약에 의하여 구채무의 목적의 한도에서 그 채무의 담보로 제공된 질권 또는 저당권을 신채무로 이전할 수 있다. 다만 제3자가 제공한 담보는 그의 승낙을 얻어야 한다(제505조).

판 례

제505조는 경개에 의하여 구 채무가 소멸하기 때문에 이에 따르는 인적·물적 담보 또한, 부종성의 원리에 따라 당연히 함께 소멸하고, 당사자가 신 채무에 관하여 저당권 등을 설정하기로 합의하여도 구 채무에 관하여 존재하던 저당권 등은 어차피 소멸하여 그 순위의 보전이 불가능하나, 이러한 결과가 많은 경우 당사자의 의도에 반하는 것인 점을 고려하여 당사자의 편의를 위하여 부종성에 대한 예외를 인정한 것으로서, 경개계약의 경우 구 채무에 관한 저당권 등이 신 채무에 이전되기 위하여는 당사자 사이에 그러한 뜻의 특약이 이루어져야 하지만, 반드시 명시적인 것을 필요로 하지는 않고, 묵시적인 합의로도 가능하다(대판 2002.10.11, 2001다7445).

2. 신채무의 성립

경개에 의하여 신채무가 성립한다(제500조). 그러나 신채무는 구채무와 동일성을 가지지 않으므로, 구채무를 위하여 존재하였던 항변권은 신채무에 수반되지 않는다. 다만 채권자변경에 의한 경개의 경우, 채무자가 이의를 보류한 때에는 구채무에 관한 항변권은 존속한다(제503조, 제451조 1항). 한편 구채무의 소멸과 신채무의 성립은 인과관계를 가지며, 따라서 경개로 인한 신채무가 원인의 불법 또는 당사자가 알지 못하는 사유로 인하여 성립되지 않거나 취소된 때에는 구채무는 소멸되지 않는다(제504조).

3. 경개계약의 해제

경개는 구채무의 소멸과 신채무의 성립으로 이루어지는 계약으로서 신채무의 성립과 더불어 완결되는 것이므로, 경개계약은 신채무를 성립시키고 구채무를 소멸시키는 처분행위로서 이행이라는 문제를 남기지 않는다. 따라서 경개에 의하여 성립된 신채무의 불이행을 이유로 경개계약을 해제할 수는 없다(대판 2003.2.11, 2002다62333). 그러나 합의해제나 경개계약에서 해제권을 유보한 경우에 경개계약을 해제할 수 있다(김형배, 785면; 이은영, 777면; 김상용, 538면). 판례도 계약자유의 원칙상 경개계약의 성립 후에 그 계약을 합의해제하여 구채권을 부활시키는 것은 적어도 당사자 사이에서는 가능하다고 한다(대판 2003.2.11, 2002다62333).

판 례

계약자유의 원칙상 경개계약의 성립 후에 그 계약을 명시적이든 묵시적이든 합의해제하여 구채무를 부활시키는 것은 적어도 당사자 사이에서는 가능하다. 또한 다수 당사자 사이에서 경개계약이 체결된 경우 일부 당사자만이 경개계약을 합의해제하더라도 이를 무효라고 볼 수는 없고, 다만 그 효과가 경개계약을 해제하기로 합의한 당사자들에게만 미치는 것에 불과하다. 그런데 일부 당사자만이 경개계약을 합의해제하게 되면 그들 사이에서는 구채무가 부활하고 나머지 당사자들 사이에서는 경개계약에 따른 신채무가 여전히 효력을 가지게 됨으로써 당사자들 사이의 법률관계가 간명하게 규율되지 않는 경우가 발생할 수 있고, 경개계약을 합의해제하는 당사자들로서도 이러한 문제를 해결하는 것이 중요한 관심사가 될 터이므로 이에 관한 아무런 약정이나 논의 없이 그들 사이에서만 경개계약을 해제하기로 합의하는 것은 경험칙에 비추어 이례에 속하는 일이다(대판 2010.7.29, 2010다699). 가령 채권채무관계에 있는 甲, 乙, 丙 사이에 乙의 甲에 대한 대여금채무는 甲에 대한 채무자가 乙에서 丙으로, 丙의 乙에 대한 대여금채무는 丙에 대한 채권자가 乙에서 甲으로 각 변경되고, 기존의 위 각 채무의 내용도 甲과 丙 사이의 매매계약상 채무 이행으로 바뀌게 되는 정산약정 및 매매계약을 체결한 경우, 정산약정 및 매매계약은 제500조에서 규정한 경개계약에 해당하는데, 甲과 乙 사이에 위 정산약정을 합의해제하는 것만으로는 그 해제의 효력이 丙에게 미칠 수 없어 丙과 사이의 각 법률관계가 해결되지 않으므로, 甲과 乙이 그에 관하여 아무런 약정이나 논의도 없이 정산약정만을 합의해제하였다는 것은 경험칙상 이례적이라는 점을 감안하면, 甲이 지급한 매매대금을 乙로부터 회수하였다는 사정만으로 甲과 乙이 정산약정을 합의해제하였다고 인정할 수 없다.

제 7 절 면 제

Ⅰ. 의 의

면제(Erlaß)는 채권자가 채무자에 대한 일방적 의사표시로 채권을 무상으로 소멸시키는 것이다(제506조 본문). 면제는 채권자의 단독행위로서 결국 채권의 포기에 지나지 않는다. 또한 면제는 채권을 소멸시키는 행위로서 준법률행위이고, 따라서 처분행위이다.

Ⅱ. 요 건

1. 면제자에게 처분권한이 있을 것

면제는 채권자의 처분행위이므로 채권에 대하여 처분권한을 가진 자만이 할 수 있다. 따라서 채권의 추심위임을 받은 자가 면제의 의사표시를 하는 것은 무효이나 추심의 목적으로 채권을 신탁양도 받은 자가 면제하는 것은 유효하다. 채권이 압류되었거나 질권의 목적으로 되어 있는 경우에는 처분권한이 제한되므로, 면제로써 압류채권자 또는 질권자에게 대항하지 못한다.

2. 채권자의 의사표시가 있을 것

면제는 채무자에 대한 채권자의 일방적 의사표시로 한다. 면제의 의사표시는 명시적·묵시적으로 할 수 있다. 면제(즉 채권의 포기)여부는 채무자의 행위 내지 의사표시 해석에 의하여 파악하여야 하지만, 채권자의 행위 내지 의사표시의 해석을 엄격히 하여 그 적용 여부를 결정하여야 한다(대판 2007.2.15, 2004다50426). 따라서 매도인이 매수인의 계약불이행으로 인한 손해배상채권에 충당할 수 있는 계약금을 매수인에게 반환하기로 약정한 사실만으로 손해배상채권을 포기한 경우로 볼 수 없다(대판 1987.3.24, 86다카1907,1908). 그리고 채무면제의 사실을 인정하는데 반드시 처분문서가 필요한 것은 아니다(대판 2006.12.21, 2004다45400). 한편 면제는 단독행위이지만 이에 조건을 붙일 수 있다. 이로 인해 채무자에게 불측의 손해를 야기하지 않기 때문이다.

Ⅲ. 효 과

면제가 있으면 채권은 소멸한다(제506조 본문). 일부 면제도 가능하며, 면제된 범위에서 채무는 소멸한다. 채권이 면제에 의하여 전부 소멸하면, 채권에 수반하는 담보물권이나 보증채무 등의 종된 권리도 소멸한다. 채권자는 원칙적으로 자유로이 면제할 수 있으나, 그 채권에 관하여 정당한 이익을 가지는 제3자에게는 대항하지 못한다(제506조 단서). 예컨대 토지임차인이 임차지상의 건물 위에 저당권을 설정한 후에 그 임차권을 포기하거나 채권이 질권의 목적으로 되어 있는 경우, 그 채권을 면제하더라도 이로써 제3자(저당권자 또는 질권자)에게 대항하지 못한다.

제 8 절 혼 동

Ⅰ. 의 의

혼동(Konfusion)이란 채권과 채무가 동일인에게 귀속하게 된 사실을 말한다. 예컨대 채권자가 채무자를 상속하거나 채권자인 회사와 채무자인 회사가 합병한 경우, 채무자가 채권을 양수한 경우, 주택임차인이 임차주택을 매각 받아 그 대금을 납부함으로써 임차주택의 소유권을 취득한 경우(대판 1998.9.25, 97다28650) 등이 이에 해당한다. 혼동의 법적 성질은 사건이다.

Ⅱ. 효 과

혼동이 있으면 채권은 원칙적으로 소멸한다(제507조 본문). 자기가 자기에 대하여 채권을 보유하고 자기에게 이행을 청구한다는 것이 무의미하기 때문이다. 그러나 채권과 채무가 동일인에게 귀속되더라도 그 채권의 존속을 인정하여야 할 특별한 이유가 있는 때에는 그 채권은 혼동에 의하여 소멸하지 않는다. 즉 ① 그 채권이 제3자의 권리목적이 되어 있는 경우(제507조 단서), 예컨대 채권이 질권의 목적인 때에는 그 채무자가 채권을 상속하여 혼동이 생겼어도 그 채권은 소멸하지 않는다. 또한 부동산에 대한 소유권과 임차권이 동일인에게 귀속하게 되는 경우에 임차권은 혼동에 의하여 소멸하는 것이 원칙이지만, 그 임차권이 대항요건을 갖춘 후에 저당권이 설정된 때에는(제191조 1항 단서) 혼동으로 임차권은 소멸하지 않는다(대판 2001.5.15, 2000다12693). ② 지시채권·무기명채권·사채 등 증권적 채권은 채권이 증서에 화체되어 있는 독립된 유가물로서 거래되기 때문에 혼동에 의해서 소멸하지 않는다(제509조 1항, 제524조). ③ 상속인이 한정승인을 한 때에 피상속인에 대한 상속인의 권리의무가 소멸하지 아니하므로(제1031조), 채권은 혼동에 의해 소멸하지 않는다. ④ 채권의 존재가 채권자 겸 채무자의 제3자에 대한 권리행사의 전제가 되는 경우에도 채권은 존속한다(대판 2005.1.14, 2003다38573,38580). 예컨대 자동차운행 중 사고로 인한 손해배상채권과 채무가 상속으로 동일인에게 귀속하더라도 교통사고의 피해자에게 책임보험 혜택을 부여하여 이를 보호하여야 할 사회적 필요성은 동일하고 책임보험의 보험자가 혼동이라는 우연한 사정에 의하여 자신의 책임을 면할 합리적인 이유가 없다는 점 등을 고려할 때, 가해자가 피해자의 상속인이 되는 등 특별한 경우를 제외하고는 피해자의 보험자에 대한 직접청구권의 전제가 되는 자동차손해배상보장법 제3조에 의한 피해자의 운행자에 대한 손해배상청구권은 상속에 의한 혼동에 의하여 소멸되지 않는다(대판 2003.1.10, 2000다41653,41660).

판 례

(ㄱ) 자동차손해배상보장법 제9조 제1항에 의한 피해자의 보험자에 대한 직접청구권이 수반되는 경우에는 그 직접청구권의 전제가 되는 자동차손해배상보장법 제3조에 의한 피해자의 운행자에 대한 손해배상청구권은 비록 위 손해배상청구권과 손해배상의무가 상속에 의하여 동일인에게 귀속되더라도 혼동에 의하여 소멸되지 않고 이러한 법리는 자동차손해배상보장법 제3조에 의한 손해배상의무자가 피해자를 상속한 경우에도 동일하지만, 예외적으로 가해자가 피해자의 상속인이 되는 등 특별한 경우에 한하여 손해배상청구권과 손해배상의무가 혼동으로 소멸하고 그 결과 피해자의 보험자에 대한 직접청구권도 소멸한다(대판 2005.1.14, 2003다38573,38580).

(ㄴ) 상속포기는 자기를 위하여 개시된 상속의 효력을 상속개시시로 소급하여 확정적으로 소멸시키는 제도로서 피해자의 사망으로 상속이 개시되어 가해자가 피해자의 자신에 대한 손해배상청구권을 상속함으로써 그 손해배상청구권과 이를 전제로 하는 자동차손해배상보장법 제9조 제1항에 의한 보험자에 대한 직접청구권이 소멸하였다고 할지라도 가해자가 적법하게 상속을 포기하면 그 소급효로 인하여 위 손해배상청구권과 직접청구권은 소급하여 소멸하지 않았던 것으로 되어 다른 상속인에게 귀속되고, 그 결과 '가해자가 피해자의 상속인이 되는 등 특별한 경우'에 해당하지 않게 되므로 위 손해배상청구권과 이를 전제로 하는 직접청구권은 소멸하지 않는다(대판 2005.1.14, 2003다38573,38580).

Civil Law

제2편 채권각론

제2편 채권각론

제1장 ║ 계약총론

제 1 절 계약의 의의 및 작용

Ⅰ. 계약의 의의

계약은 사법상의 일정한 법률효과의 발생을 목적으로 하는 당사자의 합의이다. 채권·채무의 발생을 목적으로 하는 합의(채권계약), 물권의 변동을 목적으로 하는 합의(물권계약), 채권양도에 관한 합의(준물권계약), 혼인과 같은 친족법상의 합의(친족법상의 계약)도 넓은 의미의 계약에 해당한다. 그러나 보통 계약은 채권·채무의 발생을 가져오는 채권계약을 말하는 것이고, 민법 제3편 제2장 계약에 관한 규정은 이를 대상으로 하고 있다.

Ⅱ. 계약의 사회적 작용

사람의 생활은 대부분 계약과 연결되어 있다. 주택을 사거나 팔기도 하고(매매) 빌리기도 하며(임대차·사용대차), 교통수단을 이용하고(도급), 병원에 가서 치료받는 것(위임) 등이 그러하다. 이처럼 사람의 사회생활을 법률관계로 연결시켜 주는 제도가 계약이다.

근대 자본주의 사회는 재화에 대한 사적 지배와 재화의 자유로운 교환을 통해 형성되었는데, 이를 위한 법적 제도는 소유권과 계약이다. 계약은 재화의 이동 내지는 획득을 목적으로 하는 수단(채권·채무의 발생)이 되는 점에서, 소유권과 더불어 재산권의 양대 축을 이룬다.

제 2 절 계약의 자유와 그 제한

Ⅰ. 계약자유의 원칙

1. 의 의

사적 자치의 원칙은 사법상의 법률관계를 개인의 의사에 의해 자유로이 형성할 수 있다는 것으로서, 단체결성의 자유, 유언의 자유를 포함하지만 가장 전형적인 것은 계약의 자유이다. 즉 계약자유의 원칙은 법의 제한이 없는 한 개인과 개인 사이의 자유로운 의사의 합치에 의하여 법률관계를 형성할 수 있고, 법도 그 법률관계를 당사자 사이에 법적 구속력이 있는 것으로 승인하는 원칙이다. 계약자유의 원칙은 헌법에 의하여 보장되는데(헌법 제10조), 민법도 이러한 계약자유의 원칙에 입각하고 있다(제105조). 따라서 계약에 관한 법규정은 원칙적으로 당사자의 의사에 의하여 그와 다른 내용을 정하더라도 무방한 임의규정이며, 당사자들의 의사가 명확하지 않은 경우에 이를 보충하기 위한 것이다.

2. 내 용

계약자유의 원칙의 구체적 내용으로는 ① 계약을 체결할 것인지 여부에 관한 계약체결의 자유, ② 누구와 계약을 체결할 것인지에 대한 상대방선택의 자유, ③ 어떠한 내용으로 계약을 맺을 것인지에 관한 내용결정의 자유, ④ 어떠한 방식으로 계약을 맺을 것인가에 관한 방식의 자유 등을 들 수 있다.

Ⅱ. 계약자유의 원칙에 대한 제한

1. 제한의 필요성 및 그 한계

계약의 자유는 당사자 사이의 힘의 균형과 자유로운 경쟁을 전제로 하기 때문에, 이러한 전제가 충족되지 않은 상태에서 계약자유를 형식적으로 관철한다면, 사용자와 근로자·임대인과 임차인·제조자와 소비자 등과 같은 사회적·경제적으로 불평등한 관계로 인하여 결국 경제적 약자에게 계약부자유를 초래하게 된다. 그러므로 모든 국민에게 인간다운 생활을 보장해 주기 위해서는 사회적 형평이라는 이념에 따라 계약자유의 원칙을 제한할 필요가 있으며, 그 결과 계약자유에 대한 국가의 간섭이 점차 늘어나고 있다. 다만 주의할 것은 실질적인 자유와 평등을 확보하기 위한 사회적 형평의 이념은 어디까지나 소극적·제한적인 것이고, 따라서 계약자유의 원칙에 대한 제한은 필요한 최소한에 그쳐야 한다는 점이다.

2. 제한의 구체적 모습

(1) 계약체결의 자유에 대한 제한

(가) 공법상 체약강제

국민에게 일상생활에 필수 불가결한 재화나 노동을 공급하는 경우에 공익적 재화의 공급자나 철도·자동차운송·우편 등의 서비스제공자에게 수요자의 청약에 응할 승낙의무를 부과하고 있다(철도사업법 제20조 2항, 제22조, 도시가스사업법 제19조, 전기사업법 제14조, 수도법 제39조 등). 그리고 집행관(집행관법 제14조)·공증인(공증인법 제4조)·법무사(법무사법 제20조)와 같은 공공적인 직무를 수행하는 자, 의사·간호사(의료법 제15조)·약사(약사법 제24조)처럼 공익적 직무를 수행하는 자는 정당한 이유 없이 계약체결을 거절하거나 급부를 거절할 수 없다.

(나) 사법상 체약강제

민법상 일정한 자가 청약을 하면 상대방은 정당한 이유 없이 그 승낙을 거절하지 못하는 것으로 정하여 계약이 성립한 것으로 다루는 경우가 있다. 예컨대 지상권설정자가 지상물의 매수를 청구한 때에 지상권자는 정당한 이유 없이 이를 거절하지 못하고(제285조 2항), 전세권설정자가 부속물의 매수를 청구한 때에 전세권자는 정당한 이유 없이 이를 거절하지 못한다(제316조 1항). 주의할 것은 지상권자가 지상물의 매수를 청구하거나(제283조 2항) 전세권자가 부속물의 매수를 청구하는 경우(제316조 2항)에 매수청구권은 형성권으로서 계약이 아닌 단독행위이므로 승낙의무가 문제될 여지가 없다는 점이다.

(2) 상대방선택의 자유에 대한 제한

특정한 상대방과의 계약을 배척할 수 없거나 이를 받아들여야 하는 경우가 있다. 예컨대 노동조합의 조합원이라는 것을 이유로 고용을 거부하는 것은 부당노동행위에 해당하며(노동조합 및 노동관계조정법 제81조 2호), 사업주는 근로자의 모집과 채용에 있어서 여성에 대하여 차별할 수 없다(남녀고용평등법 제7조). 그 밖에 국가유공자예우 등에 관한 법률 제32조에 기한 고용명령 등이 있다.

(3) 내용결정의 자유에 대한 제한

기업의 독점화와 보통거래약관 등이 보편화됨으로써 계약의 상대방인 소비자는 계약의 내용을 자유롭게 결정할 수 있는 가능성이 상실되어 가고 있다. 이에 대하여 독점의 금지·불공정거래의 금지 및 약관의 승인 내지 심사 등을 통해 소비자를 보호하기 위하여 계약내용을 제한하는 경우가 있다(독점규제법 제3조 이하, 전기사업법 제16조, 항공사업법 제14조, 보험업법 제4조, 약관규제법 등). 또한 경제적 약자에 불리한 조항에 대해서는 그 효력을 부인하는 경우가 있다(할부거래법 제43조, 방문판매법 제52조, 주택임대차보호법 제10조, 상가임대차보호법 제15조, 전자상거래 등에서의 소비자보호법 제35조 등).

(4) 계약방식의 자유에 대한 제한

민법상 계약은 원칙적으로 불요식·낙성계약이지만, 특정한 방식을 요구하는 경우가 있다. 즉 법률관계를 명확하게 하기 위하여 서면의 작성이 요구되고, 서면이 그 법률행위의 효력을 좌우하는 경우가 있다(유언의 요식성 - 제1060조). 계약내용을 명확하게 함으로써 당사자 사이의 사후분쟁의 가능성을 방지하기 위하여 일정한 방식이 요구되는 경우가 있다(농지법 제24조, 건설산업기본법 제22조 이하, 할부거래법 제6조, 방문판매법 제7조 2항). 특히 계약의 성립에 대하여 국가의 인·허가 및 증명이 요구되는 경우에는 일정한 서면이 있어야 한다(부동산신고법 제7조, 농지법 제8조, 사립학교법 제28조, 전통사찰보존법 제9조 등).

제 3 절 계약의 종류

계약은 기본적으로 당사자의 합의에 의하여 자유롭게 체결되므로 그 내용이 매우 다양하게 나타난다.

Ⅰ. 전형계약·비전형계약

1. 전형계약

민법전에 규정되어 있는 15종의 계약으로서 유명계약(有名契約)이라고도 한다. 예컨대 증여·매매·교환·소비대차·사용대차·임대차·고용·도급·여행·위임·임치·현상광고·조합·종신정기금·화해 등이 이에 속한다.

2. 비전형계약

민법전에 규정되어 있지 않은 계약으로서 무명계약(無名契約)이라고도 한다. 예컨대 출판계약·연예인 출연전속계약·숙박계약 등이 이에 해당한다.

Ⅱ. 쌍무계약·편무계약

1. 쌍무계약

계약당사자 양쪽이 서로 대가적 의미를 가지는 채무를 부담하는 계약이다. 대가적 의미를 가진다는 것은 채무의 내용인 급부가 객관적·경제적으로 동일한 가치를 가져야 하는 것이 아니라 상대방이 나에게 급부를 하니까 내가 급부를 하는 관계로서, 양쪽 채무가 상호의존관계에 서는 것을 의미한다(즉 채무의 부담이 교환적 원인관계에 서는 것). 매매·교환·임대차·고용·도급·조합·화해·이자부 소비대차·유상위임·유상임치 등이 쌍무계약이다.

2. 편무계약

계약당사자 한쪽만이 채무를 부담하거나 또는 양쪽이 채무를 부담하더라도 그 채무가 서로 대가적 의미를 갖지 않는 계약이다. 예컨대 증여·사용대차·현상광고·무이자소비대차·무상위임·무상임치 등이 편무계약이다. 주의할 것은 소비대차·위임·임치는 원칙적으로 편무계약이고 예외적으로 쌍무·유상계약이라는 점이다.

3. 구별실익

쌍무계약은 계약당사자 양쪽의 채무가 견련관계(牽連關係)에 있으므로, 동시이행의 항변권(제536조)·위험부담(제537조·제538조)에 관한 규정이 적용된다.

Ⅲ. 유상계약·무상계약

1. 유상계약

계약당사자가 서로 대가적 의미 있는 재산상의 출연(出捐)을 하는 계약을 말한다. 출연은 자신의 경제적 손실로서 상대방에게 지급하는 것을 말하는데, 금전의 지급·재산권의 이전·사용수익의 제공·노무의 제공·일의 완성 등이 모두 그 예이다. 쌍무계약은 당사자 양쪽이 서로 대가적 채무를 부담하므로 모두 유상계약이다.

2. 무상계약

계약당사자 한쪽의 출연에 대하여 상대방의 대가적 출연이 없는 계약이 무상계약이다. 증여·사용대차가 이에 속한다. 소비대차·위임·임치는 대가지급을 하도록 하느냐에 따라 유상계약 또는 무상계약으로 된다.

3. 구별실익

유상계약에 관해서는 매매의 규정, 특히 매도인의 담보책임에 관한 규정이 준용된다(제567조). 특히 유상계약의 채무불이행책임에서 채무자의 과실은 추상적 경과실을 기준으로 하지만(제374조), 무상계약의 경우에는 구체적 경과실을 기준으로 한다(제695조. 다만 무상위임의 경우에는 추상적 경과실 = 선관주의의무를 정한 제681조가 적용된다).

Ⅳ. 낙성계약·요물계약

1. 낙성계약

당사자의 합의만으로 계약이 성립하는 경우로서, 민법상 전형계약 중 현상광고를 제외한 모든 계약이 낙성계약에 속한다. 한편 임대차계약에서 임차인의 채무를 담보하기 위해 임대인에게 지급하는 보증금에 관한 약정은 임대차계약의 종된 계약인데, 이를 요물계약으로 보는 견해(김주수, 320면; 김증한/김학동, 278면)와 낙성계약으로 보아야 한다는 견해가 대립하고 있다(곽윤직, 221면; 이은영, 461면; 송덕수, D-393).

2. 요물계약

당사자의 합의 이외에 물건의 인도나 그 밖의 급부를 성립요건으로 하는 계약을 말한다. 현행법상 현상광고는 응모자가 특정의 행위를 완료하여 광고의 내용에 따라 이를 제공하면서(요물성) 응모하면(계약을 승낙한 것이 된다), 계약이 성립하게 되므로 이를 요물계약이라 한다. 또한 매매계약을 체결하면서 교부하는 계약금에 관한 계약은 계약금을 지급하여야 성립하므로 요물계약에 속한다. 한편 대물변제(제466조)는 요물계약인지 변제인지에 대하여 견해가 대립하고 있으며, 판례는 요물계약으로 본다(대판 1978.8.22, 77다1940).

3. 구별실익

계약 성립의 시기에 관하여 차이가 발생한다.

V. 계속적 계약·일시적 계약

1. 계속적 계약

임대차·사용대차·임치·고용 등과 같이 일정기간 동안 계속하여 급부를 실현하여야 할 의무가 발생하는 계약, 즉 계약의 효과로서 발생하는 채권관계가 시간적 계속성을 가지는 계약을 말한다. 계속적 계약의 특수한 형태로 일정기간 동안 반복하여 급부할 것을 내용으로 하는 회귀적 급부계약(예: 매일 아침 집으로 우유나 신문을 배달하기로 하는 계약)이 있다. 이러한 계약에는 기본계약이 체결될 뿐 개별적 급부가 있을 때마다 새로이 계약을 체결하여야 하는 것은 아니므로 일종의 계속적 계약에 포함된다.

2. 일시적 계약

매매·증여·교환·도급 등과 같이 급부의 실현, 즉 이행이 어느 시점에서 행하여지는 것으로 끝나는 계약을 일시적 계약이라 한다.

3. 구별실익

계속적 계약에는 당사자 사이에 강한 인적 신뢰관계가 존재하고, 채권관계가 일정기간 계속되므로 그 사이의 사정변경을 고려할 필요성이 있으며(제635조, 제660조, 제689조 등: 각 당사자가 언제든지 계약을 해지할 수 있다), 계약의 해소는 장래에 대하여 효력을 가지는 해지에 의한다.

Ⅵ. 예약·본계약

장래 일정한 계약을 체결할 것을 미리 약정하는 계약을 예약이라 하고, 그 예약에 의하여 장차 체결될 계약을 본계약이라고 한다. 예약은 언제나 채권계약이지만, 본계약은 채권계약에 한하지 않고 물권계약일 수도 있고 혼인·입양과 같은 가족법상의 계약일 수 있다. 그 밖에 본계약이 불법·불능으로 무효이면 그 예약도 무효이다. 한편 예약은 정지조건부 계약과 구별된다. 즉 예약은 본계약을 성립시킬 채권·채무가 확정적으로 발생한 경우이고, 정지조건부 계약은 본계약의 성립여부가 조건의 성취 여부에 결정되는 미확정적인 권리·의무를 발생시킨다.

제 4 절 계약의 성립

Ⅰ. 일 반

1. 의사표시의 합치

(1) 계약이 어떠한 종류의 것이든, 계약이 성립하려면 당사자 사이에 대립하는 의사표시의 합치, 즉 합의가 반드시 있어야 한다. 예컨대 매수인의 사겠다는 의사와 매도인의 팔겠다는 의사가 합치되어야 매매계약이 성립한다. 의사의 합치는 계약의 내용을 이루는 모든 사항에 관하여 있어야 하는 것은 아니고, 본질적 사항이나 중요 사항에 관하여 구체적으로 의사가 합치되거나 적어도 장래 구체적으로 특정할 수 있는 기준과 방법 등에 관한 합의가 있으면 충분하다. 한편 당사자가 의사의 합치가 이루어져야 한다고 표시한 사항에 대하여 합의가 이루어지지 않은 경우에는 특별한 사정이 없는 한 계약은 성립하지 않는다(대판 2017.5.30, 2015다34437).

(2) 의사표시의 합의가 성립하기 위해서는 주관적 합치와 객관적 합치가 있어야 한다. 주관적 합치는 당사자의 의사표시가 서로 상대방에 대한 것이어서 상대방이 누구이냐에 관하여 잘못이 없는 것이고(즉 의사표시의 상대방에 대한 일치), 객관적 합치는 당사자 사이의 계약내용의 일치를 말한다. 예컨대 甲이 乙에게 TV를 100만원에 팔겠다는 의사표시에 대해, 청약의 내용대로 제3자 丙이 아니라 상대방 乙이 사겠다고 할 때, 의사표시가 주관적(甲과 乙)·객관적(목적물과 대금)으로 일치하여 계약이 성립한다. 계약 성립을 위한 의사표시의 객관적 합치의 정도에 관하여, 판례는 계약이 성립하기 위해서는 당사자의 서로 대립하는 수개의 의사표시의 객관적 합치가 필요하고 객관적 합치가 있다고 하기 위해서는 당사자의 의사표시에 나타나 있는 사항에 관하여는 모두 일치하고 있어야 하는 한편, 계약 내용의 '중요한 점' 및 계약의 객관적 요소는 아니

더라도 특히 당사자가 그것에 중대한 의의를 두고 계약 성립의 요건으로 할 의사를 표시한 때에는 이에 관하여 합치가 있어야 계약이 적법·유효하게 성립한다고 한다(대판 2003.4.11, 2001다53059).

판 례

아파트 등을 분양하기로 하는 계약이 성립하기 위해서는 분양 목적물 외에 분양대금의 액수, 목적물의 인도와 소유권이전등기 시기 등 계약의 중요 사항이 정해져 있거나 장래 구체적으로 특정할 수 있는 기준과 방법 등에 관한 합의가 있어야 한다. 아파트의 동·호수만을 지정하는 계약에 목적물만 특정되어 있을 뿐 그 밖에 분양대금의 액수, 목적물의 인도 시기 등 계약의 중요 사항이 정해져 있지 않고 나아가 장래에 이를 특정할 수 있는 기준과 방법 등에 관하여 구속력이 있는 합의가 있다고 보기 어려운 경우에는 위 계약을 분양계약이라고 할 수는 없고, 나중에 분양계약을 체결한 경우 동·호수만을 확보하는 의미가 있을 뿐이다(대판 2017.5.30, 2015다34437).

2. 불합의와 착오

(1) 의식적 불합의와 무의식적 불합의

계약은 청약과 승낙의 '내용상'의 일치, 즉 합의를 전제로 한다. 따라서 두 개의 의사표시의 내용이 서로 다르거나, 부분적으로만 일치하는 경우에 계약은 성립하지 않는다. 이것을 불합의(Dissens)라고 하는데, 의식적 불합의와 무의식적 불합의로 나누어진다. ① 의식적 불합의란 청약에 조건을 붙이거나 변경을 가하여 승낙을 하는 것처럼 당사자가 의식적으로 불일치를 초래하는 경우를 말한다. 이러한 의식적 불합의에 대해 제534조는 새로운 청약으로 보고 있다. 예컨대 甲이 乙에게 아파트를 1억 2,000만원에 팔겠다고 하였는데, 乙이 1억원이면 사겠다고 한 경우가 이에 해당한다. ② 계약당사자의 쌍방 또는 일방이 의사표시의 불일치를 의식하지 못하고 계약이 체결된 것으로 잘못 알고 있는 경우를 무의식적 불합의라고 하는데, 이 경우에도 계약은 성립하지 않는다. 예컨대 A가 B에게 쌀 10가마를 100만원에 팔겠다고 하였고 이를 B가 승낙하였는데, A의 거래지역에서 쌀 1가마가 60Kg이지만 B의 거래지역에서는 75Kg이고 A가 B 거래지역의 관행을 알지 못하였고 알 수 없었던 경우, 의사표시가 불합치하여 계약이 성립하지 않는다.

판 례

계약이 의사의 불합치로 성립하지 아니한 경우 그로 인하여 손해를 입은 당사자가 상대방에게 부당이득반환청구 또는 불법행위로 인한 손해배상청구를 할 수 있는지는 별론으로 하고, 상대방이 계약이 성립되지 아니할 수 있다는 것을 알았거나 알 수 있었음을 이유로 제535조를 유추적용하여 계약체결상의 과실로 인한 손해배상청구를 할 수는 없다(대판 2017.11.14, 2015다10929). 제535조는 원시적 불능으로 계약인 무효인 경우에 적용되기 때문이다.

(2) 무의식적 불합의와 착오

착오는 청약 또는 승낙의 어느 한 의사표시 내에서 의사표시자의 효과의사와 표시내용이 일치하지 않은 경우이지만, 불합의는 일단 표시된 청약과 승낙의 두 의사표시가 서로 내용이 일치하지 않은 경우를 의미하므로 양자는 구별된다. 따라서 객관적으로 해석하여 그 의미가 일치하면, 비록 그 승낙이 승낙자의 오해에 기인한 경우에도 불합의는 인정되지 않고 계약은 성립한다. 다만 중요부분에 착오가 있으면 그 계약은 취소할 수는 있다(제109조).

3. 계약성립의 모습

계약은 원칙적으로 당사자의 청약과 승낙의 일치에 의하여 성립한다. 즉 계약은 당사자의 청약에 대한 상대방의 승낙으로 성립한다. 그 밖에 민법은 교차청약(제533조)·의사실현(제532조)에 의한 계약의 성립을 규정하고 있으며, 상거래에서는 약관에 의하여 계약이 성립하는 것이 일반적이다.

Ⅱ. 청약과 승낙에 의한 계약의 성립

1. 청 약

(1) 의 의

청약은 청약자가 상대방에게 일정한 내용의 계약을 체결할 것을 제안(제의)하는 의사표시이다. 청약은 그에 응하는 승낙만 있으면 곧 계약이 성립하는 구체적, 확정적 의사표시여야 하므로, 청약은 계약의 내용을 결정할 수 있을 정도의 사항을 포함시키는 것이 필요하다(다판 2005.12.8, 2003다41463). 가령 매매계약의 체결을 위한 청약은 최소한 매매의 객체와 대금에 관한 사항이 확정되어 있거나 확정될 수 있어야 한다. 다만 청약은 상대방 있는 의사표시이지만, 상대방은 반드시 청약 당시에 특정되어 있을 필요는 없다(예: 자동판매기에 의한 매매 또는 현상광고). 즉 불특정 다수인에 대한 것도 유효하다. 이때 청약은 장래 계약의 당사자로 될 수 있는 자에 대해서만 효력을 가진다.

한편 청약은 그에 응하는 승낙만 있으면 계약이 성립하지만, 청약의 유인(예: 상품광고·구인광고·상품목록의 송부·항공기 등의 시간표 배부 등)은 타인을 유인하여 청약하게 하려는 것으로 청약유인 자체는 청약이 아니다. 다시 말하면 청약의 유인에서는 그 유인을 받은 자가 한 의사표시가 청약이 되고, 이에 대해 청약을 유인한 자가 승낙을 하여야 계약이 성립한다. 따라서 입찰공고는 청약의 유인에 지나지 않으므로 공매안내의 내용이 곧 계약내용으로 되지 않는다(대판 1977.2.22, 74다402). 판례는 광고는 일반적으로 청약의 유인에 불과하지만 내용이 명확하고 확정적이며 광고주가 광고의 내용대로 계약에 구속되려는 의사가 명백한 경우에는 이를 청약으로 볼 수 있다. 나아가 광고가 청약의 유인에 불과하더라도 이후의 거래과정에서 상대방이 광고의 내용을 전제로 청약을 하고 광고주가 이를 승낙하여 계약이 체결된 경우에는 광고의 내용이 계약의 내용으로 된다고 한다(대판 2018.2.13, 2017다275447). 가령 분양광고는 원칙적으로 청약의 유인으로 계약의 내용에 포함되지 않지만, 그 광고가 구체적 거래조건에 관한 것으로 분양자가 이행할 수 있는 것이면 묵시적 합의의 방식에 의해 계약의 내용이 된다(대판 2007.6.1, 2005다5812,5829).

판 례

(ㄱ) 하도급계약을 체결하려는 교섭당사자가 견적서를 제출하는 행위는 통상 주문자의 발주를 권유하는 영업행위의 수단으로서 계약체결의 준비·교섭행위 즉 청약의 유인에 해당한다고 할 것이고, 이 사건에서 피고 회사가 견적서와 함께 제출한 이행각서는 그 문면에 의하더라도 하도급계약이 성립될 경우 최초 견적서 기재 금액 범위 내에서 공사를 수행하겠다는 취지에 불과한 것이고, 하도급보증서 또한 앞으로 하도급계약이 성립되면 그 이행을 담보하려는 목적으로 청약 유인의 차원에서 교부된 것에 불과하므로, 피고 회사가 견적서, 이행각서 등의 서류를 제출하였다는 사정만으로 원고들과 피고 회사 사이에 하도급계약이 성립되었다고 볼 수 없다(대판 2001.6.15, 99다40418). 물론 어느 일방이 교섭단계에서 계약이 확실하게 체결되리라는 정당한 기대 내지 신뢰를 부여하여 상대방이 그 신뢰에 따라 행동하였음에도 상당한 이유 없이 계약의 체결을 거부하여 손해를 입혔다면 이는 신의성실의 원칙에 비추어 볼 때 계약자유 원칙의 한계를 넘는 위법한 행위로서 불법행위를 구성한다(대판 2001.6.15, 99다40418; 대판 2004.5.28, 2002다32301).

(ㄴ) 한국토지공사가 택지개발예정지구 내의 이주자택지 공급대상자의 선정기준에 따라 이주자택지 공급대상자를 확정하면 그 공급대상자에게 구체적인 수분양권이 발생하고, 그 후 공급대상자에게 분양신청 기간을 정하여 분양신청을 하도록 통지하면, 공급대상자는 그 통지에 따라 이주자택지에 관한 공급계약을 체결할 수 있는 청약권이 발생하게 되고, 그 공급대상자가 사망하여 공동상속인들이 청약권을 공동으로 상속하는 경우에는 공동상속인들이 그 상속지분비율에 따라 피상속인의 청약권을 준공유하게 되며, 공동상속인들은 단독으로 청약권 전부는 물론 그 상속지분에 관하여도 이를 행사할 수 없고, 그 청약권을 준공유하고 있는 공동상속인들 전원이 공동으로만 이를 행사할 수 있는 것이므로 위 청약권에 의하여 청약의 의사표시를 하고, 그에 대한 승낙의 의사표시를 구하는 소송은 청약권의 준공유자 전원이 원고가 되어야 하는 고유필수적 공동소송이다(대판 2003.12.26, 2003다11738).

(2) 청약의 효력

(가) 청약의 효력발생시기

1) 원 칙

청약은 상대방 있는 의사표시이므로, 상대방에게 도달한 때부터 그 효력이 발생한다(제111조 1항). 다만 불특정인에 대한 청약은 불특정인이 알 수 있는 때(예: 자동판매기의 설치나 광고의 게재 등. 그 요지 가능성 때문에 도달과 동가치적으로 평가된다)에 그 효력이 생긴다. 따라서 청약의 효력이 발생하기 전에는 청약자가 그 청약을 철회할 수 있다(제527조 반대해석).

2) 청약 후 청약자의 사망 등

가) 청약자가 그 통지를 발송한 후 도달 전에 사망하거나 제한능력자로 된 경우

청약의 효력에는 영향이 없다(제111조 2항). 다만 당사자의 인격 내지 개성이 중요시되는 계약(예: 위임·조합·고용 등)에서 청약자가 사망한 경우, 그의 상속인이 청약자의 지위를 승계하지 않으므로 청약은 그 효력을 잃게 된다.

나) 상대방이 청약을 받을 때에 제한능력자인 경우

수령능력의 문제로 되고(제112조), 사망한 때에는 그 청약의 내용이 그 상대방의 상속인이 승계할 성질의 것이냐에 따라 청약의 효력이 결정된다.

(나) 청약의 구속력

청약이 그 효력을 발생한 때에는 청약자가 임의로 이를 철회하지 못한다(제527조). 이를 청약의 구속력이라고 하는데, 그 이유는 청약자가 청약을 마음대로 철회할 수 있다면 거래의 안전을 유지할 수 없고 상대방에게 부당한 손해를 줄 염려가 있기 때문이다. 따라서 처음부터 철회권을 유보하면서 청약을 한 경우에는 상대방에게 의사표시가 도달한 이후에도 청약을 철회할 수 있다.

한편 근로계약의 합의해지는 근로자가 사직원의 제출로 근로계약관계의 합의해지를 청약하고 이에 대하여 사용자가 승낙함으로써 근로관계를 종료시키는 경우를 말한다. 사용자가 근로자에게 퇴직할 것을 권유하고 근로자가 자유의사에 따라 사표를 제출하여 퇴직하는 '권고사직'이나 근로자가 자유의사에 따라 사표를 낸 다음 사용자가 이를 수리하여 퇴직하는 '의원면직' 등은 근로계약의 합의해지의 한 형태로서 해고와는 구별된다. 이 경우 사용자가 사직원을 수리하고 이를 근로자가 통지받으면 그때부터 근로계약의 합의해지에 의한 퇴직의 효력이 발생한다. 이와 관련하여 판례는 사용자가 사직원을 수리하여 근로자의 해지청약에 대한 승낙의 의사표시를 하고 이 의사표시가 근로자에게 도달하기 이전에는 그 의사표시를 철회할 수 있고, 다만 근로자의 사직 의사표시 철회가 사용자에게 예측할 수 없는 손해를 주는 등 신의칙에 반한다고 인정되는 특별한 사정이 있는 경우에 한하여 그 철회가 허용되지 않는다고 한다(대판 2000.9.5, 99두8657). 또한 판례는 명예퇴직은 근로자가 명예퇴직의 신청(청약)을 하면 사용자가 요건을 심사한 후 이를 승인(승낙)함으로써 합의에 의하여 근로관계를 종료시키는 것으로, 명예퇴직의 신청은 근로계약에 대한 합의해지의 청약에 불과하여 이에 대한 사용자의 승낙이 있어 근로계약이 합의해지되기 전에는 근로자가 임의로 그 청약의 의사표시를 철회할 수 있다고 한다(대판 2003.4.25, 2002다11458). 주의할 것은 근로계약에서 근로자를 보호하기 위하여 특별히 배려한 임의철회의 법리는 단지 근로계약의 '합의해지'의 경우에만 적용될 수 있을 뿐이라는 점이다. 따라서 사직의 의사표시는 특별한 사정이 없는 한 근로계약의 합의해지를 청약한 것이 아니라 근로계약을 종료시키는 취지의 해약고지로 볼 것이고, 근로계약의 해지를 통고하는 사직의 의사표시가 사용자에게 도달한 이상 근로자는 사용자의 동의 없이는 비록 제660조 3항의 기간이 경과하기 이전이라 하여도 사직의 의사표시를 철회할 수 없다(대판 2000.9.5, 99두8657). 결국 사용자가 사표를 제출받은 날부터 1개월이 경과하면(기간의 보수를 정한 때에는 사용자가 사표를 제출받은 당기 후의 1기를 경과하면) 근로계약은 해지된다(제660조 2항, 3항). 이와 같이 근로계약 해지의 효력이 생긴 후 사용자가 근로자에 대하여 한 근로계약 소멸의 통지는 관념의 통지에 불과하고 이를 해고라고 할 수 없다(대판 1997.7.30, 95누7765).

그 밖에 소비자를 보호하기 위하여 청약의 구속력이 배제되는 경우가 있다. 예컨대 상인의 적극적인 권유나 외상이라는 유혹에 의해 충동구매를 한 때(할부거래법 제8조, 방문판매법 제8조, 제17조, 전자상거래 등에서의 소비자보호법 제17조)에 청약의 구속력에 대한 예외를 인정하여 일정한 기간 내에 매수인 또는 구매자가 청약을 철회할 수 있으며, 계약이 성립한 때에도 철회할 수 있다. 물론 후자의 철회는 실질적으로 계약해제를 의미한다.

판 례

명예퇴직은 근로자가 명예퇴직의 신청(청약)을 하면 사용자가 요건을 심사한 후 이를 승인(승낙)함으로써 합의에 의하여 근로관계를 종료시키는 것이고, 이러한 합의가 있은 후에는 당사자 일방이 임의로 그 의사표시를 철회할 수 없으며, 이 합의에 따라 명예퇴직예정일이 도래하면 근로자는 당연히 퇴직하고 사용자는 명예퇴직금을 지급할 의무를 부담하게 된다(대판 2003.6.27, 2003다1632).

(다) 청약의 존속기간

청약은 그 존속기간 동안에만 효력을 유지하며, 이 기간에만 청약자가 청약을 철회할 수 없는 청약의 구속력이 주어진다. 따라서 청약의 구속력은 청약의 존속기간이며, 승낙을 할 수 있는 기간을 의미한다. 승낙은 청약이 그 효력을 가지고 있는 때, 즉 청약의 존속기간 내에 이루어져야 승낙으로서 효력을 발생한다(청약의 존속기간=청약의 구속력=승낙기간=승낙적격).

1) 승낙기간을 정하여 청약을 한 경우

청약자는 그 기간 내에 청약을 철회하지 못한다. 이와 달리 승낙기간이 지나면 청약은 그 효력을 잃게 되므로 철회의 문제도 생기지 않는다(제528조 1항).

2) 승낙기간을 정하지 않고 청약을 한 경우

청약자가 상당한 기간 내에 승낙의 통지를 받지 못한 경우에 그 효력을 잃는다(제529조). 상당한 기간은 계약을 성립시키는데 통상 소요되는 기간으로, 청약과 승낙의 방법·계약내용의 중요도·거래관행·청약자가 알고 있는 상대방의 특별한 사정(예: 여행 중 또는 질병에 걸려 있다는 등) 등 여러 사정을 고려하여 결정되어야 한다.

3) 거절의 의사표시를 한 경우

청약의 상대방이 청약자에 대하여 승낙하지 않겠다는 의사표시, 즉 거절을 한 경우에는 승낙기간 또는 상당한 기간이 지나기 전이라도 청약은 소멸한다. 청약에 대하여 조건을 붙이거나 변경을 가하여 승낙한 때에는 청약을 거절하고 새로이 청약한 것으로 본다(제534조). 따라서 이때에도 청약은 소멸한다(대판 2002.4.12, 2000다17834; 송덕수, D-67).

2. 승 낙

(1) 의 의

승낙이란 청약에 대응하여 계약을 성립시킬 목적으로 청약자에게 하는 상대방의 의사표시이다. 승낙의 의사표시 방법은 특별한 사정(예: 청약자가 승낙기간 외에 승낙방법을 정한 경우)이 없는 한 아무런 제한이 없다(대판 1992.10.13, 92다29696). 즉 명시적으로 뿐만 아니라 묵시적으로도 할 수 있다(예: 청약받은 물품을 송부하는 경우). 다만 청약과 달리 불특정 다수인에 대한 승낙이란 있을 수 없다. 청약의 상대방은 청약을 받았다는 사실로부터 법률상 어떤 의무를 부담하지는 않는다. 즉 승낙 여부는 그의 자유이며, 청약에 대해 회답할 의무를 지지 않는다(예외: 상법 제53조). 따라서 청약자가 미리 정한 기간 내에 이의를 하지 않으면 승낙한 것으로 간주한다는 뜻을 청약시 표시하였더라도 이는 상대방을 구속하지 않으며, 그 기간은 경우에 따라 단지 승낙기간을 정하는 의미를 가질 수 있다(대판 1999.1.29, 98다48903).

승낙은 청약의 내용에 일치하여야 한다(객관적 합치). 객관적으로 합치하지 않는 승낙, 즉 청약에 조건을 붙이거나 변경을 가한 승낙은 승낙이 될 수 없고, 다만 청약을 거절하고 새로운 청약을 한 것으로 보게 된다(제534조). 이 경우에는 원래의 청약자가 이를 승낙하여야 계약이 성립한다. 예컨대 TV를 80만원에 팔겠다는 A의 의사표시에 대해 B가 60만원이면 구입하겠다고 한 경우, A가 60만원에 팔겠다고 하면 60만원에 매매계약이 성립한다.

판 례

매매계약 당사자 중 매도인이 매수인에게 매매계약의 합의해제를 청약하였다고 할지라도, 매수인이 그 청약에 대하여 조건을 붙이거나 변경을 가하여 승낙한 때에는 제534조에 비추어 그 청약의 거절과 동시에 새로 청약한 것으로 보게 되는 것이고, 그로 인하여 종전의 매도인의 청약은 실효된다(대판 2009.2.12, 2008다71926; 대판 2002.4.12, 2000다17834).

(2) 승낙적격

승낙은 청약이 그 효력을 가지고 있는 기간 내에, 즉 청약의 존속기간 내에 하여야 한다.

(가) 승낙기간이 정해진 경우

승낙기간이 있는 경우에는 승낙의 통지가 그 기간 내에 도달하지 않는 한 청약의 승낙적격은 상실되고 계약은 성립하지 않는다(제528조 1항). 그러나 승낙의 통지가 기간 후에 도착하였으나 통상적인 경우라면 그 기간 내에 도달할 수 있었을 경우, 청약자는 지체 없이 상대방에게 그 연착을 통지하여야 한다(제528조 2항). 만일 청약자가 연착의 통지를 하지 않은 때에는 연착하지 않은 것으로 본다(제528조 3항). 여기서 연착을 통지해야 할 청약자의 의무는 간접의무(책무)이다. 즉 연착통지를 하지 않은 경우에 상대방이 청약자에게 그 통지를 해 줄 것을 적극적으로 청구할 권리가 있는 것이 아니고, 다만 그 통지를 하지 않은 경우에는 계약이 성립된 것으로 간주되어 청약자가 불이익을 받을 뿐이라는 점에서, 이것을 의무와 구별하여 간접의무라고 한다.

(나) 승낙기간이 정해지지 않은 경우

상당한 기간 내에 승낙의 통지를 받지 못하면 청약의 효력이 상실되며(제529조), 따라서 계약은 성립하지 않는다.

(다) 연착된 승낙의 효력

승낙은 청약이 효력을 가지고 있는 기간 내에 행하여져야 한다. 따라서 승낙의 존속기간이 지난 후에 승낙이 도달하면, 계약은 성립하지 않지만, 제530조는 가급적 계약을 성립시키기 위해 청약자가 그 연착된 승낙을 새로운 청약으로 볼 수 있다고 규정하고 있다. 따라서 청약자는 연착된 승낙에 대해 승낙을 함으로써 계약을 성립시킬 수 있다.

(3) 승낙의 효력발생시기—계약의 성립시기

(가) 대화자 사이의 경우

도달주의의 일반원칙에 따라 승낙의 의사표시가 청약자에게 도달한 때에 계약이 성립한다.

(나) 격지자 사이의 경우

1) 문제점: 제531조와 제528조 1항 · 제529조의 충돌

상대방 있는 의사표시는 그 통지가 상대방에게 도달한 때부터 효력이 생긴다(제111조). 그러므로 제528조 1항과 제529조에 의하면 승낙이 승낙기간 내에 도달하지 않은 경우에는 계약은 성립하지 않는다. 그런데 격지자간의 계약체결에 관하여 제531조는 "승낙의 통지를 발송한 때에 계약이 성립한다"고 규정하고 있다. 예컨대 甲이 5월 30일까지를 승낙기간으로 정하여 乙에게 청약을 한 경우, 제531조에 의하면 乙이 청약의 존속기간 내인 5월 30일에 승낙의 통지를 발송하면 계약은 성립하는 것으로 된다. 그러나 제528조 1항에 의하면 그 승낙의 통지가 6월 3일에 甲에게 도달한 경우에 청약은 효력을 잃고, 따라서 계약은 성립하지 않게 되는 반대의 결과가 발생하게 된다.

2) 학 설

① 해제조건설은 승낙의 통지를 발송한 때에 계약이 성립하지만, 그 통지가 승낙기간 또는 상당한 기간 내에 도달하지 않은 경우에는 계약은 소급하여 성립하지 않는다고 한다(곽윤직, 43면; 이은영, 91면; 윤철홍, 59면; 지원림, 5-32). ② 정지조건설은 승낙의 통지가 청약자에게 도달하기도 전에 청약자에게 계약에 따른 채권·채무를 인정하는 것은 부당하므로, 승낙의 통지가 기간 내에 도달하는 것을 조건으로 하여 승낙의 통지를 발송한 때에 소급하여 계약이 성립한다고 한다(김상용, 55면; 김형배, 110면).

그런데 어느 학설을 취하더라도 승낙이 도달하지 않은 경우의 불이익은 승낙자가 부담한다. 다만 계약성립에 관한 증명책임과 승낙철회의 시기에서 차이가 생긴다. 즉 해제조건설에 의하면 승낙자가 발송사실을 증명하여야 하고, 승낙이 발송된 후에는 철회할 수 없다. 반면에 정지조건설에 의하면 승낙자가 발송과 도달을 증명하여야 하고, 승낙이 도달하기 전까지 철회할 수 있다.

생각건대 제531조는 거래의 신속을 위해 계약의 성립시기를 발송시로 앞당겼을 뿐이고 승낙이 도달될 필요가 없다는 것을 의미하지 않으므로, 해제조건설이 타당하다.

Ⅲ. 의사실현·교차청약에 의한 계약의 성립

1. 의사실현에 의한 계약 성립

(1) 의의와 취지

의사실현에 의한 계약은 승낙의 의사표시로 인정되는 사실이 있는 때에 성립한다(제532조). 제532조는 청약자를 보호하고 계약의 성립에 관한 다툼을 피하기 위한 것으로서, 거래행위를 간이·명확하게 하는 작용을 한다.

(2) 요 건

1) 청약자의 의사표시나 관습에 의하여 승낙의 통지가 필요하지 않을 것

의사실현에 의해 계약이 성립하기 위해서는, 승낙의 통지가 필요하지 않다는 청약자의 의사표시나 관습이 존재하여야 한다. 청약자가 승낙의 통지를 할 필요가 없음을 미리 밝히는 의사표시는 묵시적이라도 상관없다. 예컨대 매도할 목적으로 청약과 함께 상품을 송부하는 경우에 보통 묵시적으로 그러한 의사가 있었음을 인정할 수 있을 것이다.

2) 승낙의 의사표시로 인정될 수 있는 사실이 있을 것

계약에 의하여 취득하게 될 권리의 행사로 볼 수 있는 행위(예: 청약과 동시에 송부된 물건을 소비하는 행위)·계약상의 채무이행으로 볼 수 있는 행위(예: 주문받은 상품을 송부하는 경우)·계약상의 채무이행을 위한 준비행위(예: 주문을 장부에 기입하거나 여객으로부터 청약을 받고 객실을 청소하는 경우) 등이 있으면, 일반적으로 이들 행위는 계약의 성립을 전제로 하여 행하여진다고 할 수 있으므로, 승낙의 의사표시로 인정되는 사실로 된다.

(3) 계약의 성립시기

승낙의 의사표시로 인정되는 사실이 객관적으로 발생한 때에 계약이 성립하고(제532조), 청약자가 그 의사실현의 사실을 아는지 여부는 계약의 성립에 아무런 영향을 미치지 않는다. 예금계약의 성립요건에 관하여, 판례는 예금계약은 예금자가 예금의 의사를 표시하면서 금융기관에 돈을 제공하고 금융기관이 그 의사에 따라 그 돈을 받아 확인하면 그로써 성립하며, 금융기관의 직원이 그 받은 돈을 금융기관에 실제로 입금하였는지 여부는 예금계약의 성립에는 아무런 영향을 미치지 아니한다고 한다(대판 2007.9.7., 2005다30832; 대판 2005.12.23, 2003다30159).

2. 교차청약에 의한 계약 성립

(1) 의 의

당사자 사이에 동일한 내용의 청약을 서로 한 경우를 교차청약이라 한다(제533조). 예컨대 甲이 자신의 X물건을 乙에게 100만원에 팔겠다는 청약을 하였는데, 그 사실을 모르는 乙이 甲 소유의 X물건을 100만원에 구입하겠다는 청약을 하는 것과 같이 각 당사자가 우연히 서로 동일 내용의 청약을 하는 경우가 교차청약이다. 교차청약은 형식적으로는 2개의 청약만이 있는 것이지만, 객관적·주관적으로 합치되는 두 개의 의사표시가 존재하게 됨으로써 계약이 성립된다.

(2) 계약의 성립시기

두 청약이 상대방에게 모두 도달한 때에 계약이 성립한다(제533조). 따라서 두 청약이 동시에 도달하지 않는 한 도달주의의 일반원칙(제111조)에 따라 청약이 맨 마지막에 도달한 때에 계약이 성립한다.

Ⅳ. 보통거래약관에 의한 계약 성립 — 약관규제법

1. 서 설

(1) 의 의

계약의 전통적인 모습은 당사자가 서로 협의하여 계약의 내용을 확정한다. 그런데 은행·보험·할부판매·운송·리스 등 현대의 많은 계약에서는 계약당사자 한쪽이 계약의 내용으로 삼을 사항을 일방적으로 미리 정해 두고, 상대방이 이를 받아들이는 모습으로 계약이 체결된다. 여기서 당사자 한쪽이 계약의 내용으로 삼기 위해 미리 마련한 것을 '약관'이라고 한다. 즉 약관이란 그 명칭이나 형태 또는 범위에 상관없이 계약의 한쪽 당사자가 여러 명의 상대방과 계약을 체결하기 위하여 일정한 형식으로 미리 마련한 계약의 내용을 말한다(약관규제법 제2조 1항). 약관은 계약의 내용을 일일이 상대방과 협의하여 정하는 번거로움을 피하고 신속하게 통일적으로 처리한다는 장점이 있다. 반면에 약관은 사업자가 일방적으로 작성하는 것이므로 자신에게만 유리한 내용으로 이루어질 가능성이 크다.

(2) 약관규제법의 적용범위

약관규제법은 사용자와 고객 사이에 이용되는 약관에 대하여 일반적으로 적용된다. 따라서 약관이 상법 제3편(회사), 근로기준법, 그 밖에 대통령령으로 정하는 비영리사업의 분야에 속하는 계약에 관한 것일 때에는 이 법이 적용되지 않는다(제30조 1항). 또한 특정한 거래 분야의 약관에 대하여 다른 법률에 특별한 규정이 있는 경우에는 그 규정이 약관규제법의 규정에 우선하여 적용된다(제30조 2항).

판 례

일반적으로 특별법이 일반법에 우선한다는 원칙은 동일한 형식의 성문법규인 법률이 상호 모순·저촉되는 경우에 적용되는 것이고 법률이 상호 모순·저촉되는지 여부는 법률의 입법목적, 적용범위 및 규정사항 등을 종합적으로 검토하여 판단하여야 하는데, 약관규제법 제30조 2항에서 다른 법률에 특별한 규정이 있는 경우에 그 규정이 우선 적용되는 것으로 규정하고 있는 것도 위와 같은 법률의 상호 모순·저촉시의 특별법 우선 적용의 원칙이 약관에 관하여도 적용됨을 밝히고 있는 것이라고 할 것이다(대판 1998.11.27, 98다32564).

2. 약관의 구속력

(1) 구속력의 근거

약관은 계약당사자 한쪽이 일방적으로 준비한 계약조건에 지나지 않는다. 따라서 그것이 당연히 상대방을 구속할 수 없다. 약관이 계약의 내용으로 되어 계약당사자에게 구속력을 가지는 것은 계약당사자가 이를 계약의 내용으로 하기로 하는 명시적 또는 묵시적 합의를 하였기 때문이다(대판 2004.11.11, 2003다30807).

(2) 약관을 계약내용으로 주장할 수 있기 위한 요건

계약조건 내지 계약내용의 문례(文例)에 불과한 약관이 계약내용으로 편입되어 상대방에게 효력을 미치기 위해서는 ① 약관을 이용하는 사업자가 약관을 명시·설명하고, ② 상대방이 그 약관에 따라 계약을 체결하는 데 동의하여야 한다(제3조 2항, 3항). 따라서 일반적으로 당사자 사이에 보통보험약관을 계약내용에 포함시킨 보험계약서가 작성된 경우, 계약자가 그 보험약관의 내용을 알지 못하는 경우에도 그 약관의 구속력을 배제할 수 없는 것이 원칙이지만, 당사자 사이에서 명시적으로 약관에 관하여 달리 약정한 경우에는 약관의 구속력은 배제된다(대판 1991.9.10, 91다20432).

(가) 작성의무

사업자는 고객이 약관의 내용을 쉽게 알 수 있도록 한글로 작성하고, 표준화·체계화된 용어를 사용하며, 약관의 중요한 내용을 부호, 색채, 굵고 큰 문자 등으로 명확하게 표시하여 알아보기 쉽게 약관을 작성하여야 한다(제3조 1항).

(나) 명시의무

사업자는 계약을 체결할 때에는 고객에게 약관의 내용을 계약의 종류에 따라 일반적으로 예상되는 방법으로 분명하게 밝히고, 고객이 요구할 경우 그 약관의 사본을 고객에게 내주어 고객이 약관의 내용을 알 수 있게 하여야 한다(제3조 2항). 일반적으로 계약서에 약관을 인쇄해 놓거나 약관이 기재된 별도 서면을 계약서에 첨부하는 것이 일반적으로 예상되는 방법으로 명시한 것으로 된다. 다만 다른 법률규정에 의하여 행정관청의 인가를 받은 약관으로서 거래의 신속을 위하여 필요하다고 인정되는 경우, 가령 여객운송업, 통신업, 전기·가스 및 수도사업, 우편업, 공중전화 서비스 제공 통신업에 관한 약관에 대해서는 명시의무가 면제된다(제3조 2항 단서).

(다) 설명의무

1) 사업자는 계약의 성질상 설명하는 것이 현저하게 곤란한 경우가 아니라면 약관에 정

하여져 있는 '중요한 내용'을 고객이 이해할 수 있도록 설명하여야 한다(제3조 3항). 여기서 중요한 내용이란 사회통념에 비추어 고객이 계약체결의 여부 또는 대가를 결정하거나 계약체결 후 어떤 행동을 취할지에 관하여 직접적인 영향을 미칠 수 있는 사항을 말한다(대판 2025.3.13, 2023다250746). 예컨대 ① 보험상품의 내용·보험료율의 체계·보험청약서상 기재사항의 변동사항 및 보험자의 면책사유(대판 2006.1.26, 2005다60017,60024), ② 보험계약의 승계절차(대판 1994.10.14, 94다17970), ③ 은행거래약관에서 예금채권의 양도금지특약(대판 1998.11.10, 98다20059), ④ 안전설계보험약관 소정의 자동차 소유자에 자동차의 등록명의자만이 포함된다는 사실(대판 1996.6.25, 96다12009) 등은 설명의무의 대상이 되는 중요한 내용에 해당한다. 반면에 ① 자동차종합보험보통약관상 면책조항의 배우자에 사실혼관계의 배우자가 포함된다는 사실(대판 1994.10.25, 93다39942), ② 한국수출보험공사의 수출어음보험계약 약관에 규정된 수출계약의 의미(대판 1999.9.7, 98다19240), ③ 약관조항에 관한 설명의무가 제대로 이행되었더라도 그러한 사정이 보험계약의 체결 여부에 영향을 미치지 않는 경우(대판 2016.9.23, 2016다221023) 등은 중요한 내용에 해당되지 않는다.

2) 약관의 중요내용의 설명은 약관을 계약의 내용으로 주장하는 자, 즉 사업자가 하여야 하며, 설명의 상대방은 고객이겠으나 그의 대리인과 계약을 체결하는 때에는 그 대리인에게 설명하면 충분하다(대판 2001.7.27, 2001다23973). 설명은 구체적이고 상세하게 하여야 하며, 기존의 계약내용 중 잘못된 부분이 있으면 즉시 수정 신고하여야 한다는 안내문 또는 청약을 유인하는 추상적·개괄적인 내용의 안내문을 우송한 것만으로는 설명의무를 다하였다고 볼 수 없다(대판 1999.3.9, 98다43342,43359). 설명하였다는 사실의 증명책임은 사업자가 진다.

3) 사업자의 약관 설명의무는 계약 상대방이 알지 못하는 가운데 약관에 정해진 중요한 사항이 계약 내용으로 되어 예측하지 못한 불이익을 받게 되는 것을 피하기 위한 것이다(대판 2018.10.25, 2014다232784). 따라서 약관에 정하여진 사항이더라도 거래상 일반적이고 공통된 것이어서 고객이 별도의 설명 없이도 충분히 예상할 수 있었던 사항이거나, 이미 법령에 의하여 정해진 것을 되풀이하거나 부연하는 정도에 불과한 사항이라면, 사업자에게 설명의무가 없다(대판 2025.8.14, 2023다309679). 가령 ① 고객이 약관의 내용을 충분히 잘 알고 있는 경우(대판 2017.4.28, 2017다207338), ② 거래상 일반적이고 공통된 것이어서 보험계약자가 별도의 설명 없이도 충분히 예상할 수 있었던 사항이거나 명시·설명의무의 이행 여부가 보험계약의 체결 여부에 영향을 미치지 아니하였다고 볼 수 있는 경우(대판 2024.7.11, 2024다223949), ③ 이미 법령에 의하여 정하여진 것을 되풀이하거나 부연하는 정도에 불과한 경우(대판 2017.4.13, 2016다274904), ④ 어느 약관조항이 당사자 사이의 약정의 취지를 명백히 하기 위한 확인적 규정에 불과한 경우(대판 1998.2.27, 96다8277), 사업자가 이를 따로 설명할 의무는 없다.

(라) 위반의 효과

사업자가 명시·설명의무를 다하지 않고 계약을 체결한 때에는 약관을 계약의 내용으로 주장할 수 없다(제3조 4항). 따라서 보험자가 보험계약을 체결할 때에 보험계약자의 고지의무에 관하여 설명하지 않았으면, 보험계약자나 그 대리인이 그 약관에 규정된 고지의무를 위반하였더라도 이를 이유로 보험계약을 해지할 수 없다(대판 1997.9.26, 97다4494).

판 례

약관규제법 제3조 4항에 따라 해당 약관을 계약의 내용으로 주장할 수 없는 사유로서 '약관 사본 교부와 관련하여 제3조 2항을 위반하여 계약을 체결한 경우'라 함은 고객이 계약 체결 당시 사업자에게 약관 사본을 내줄 것을 요구하여 사업자가 약관 사본 교부의무를 부담하게 되었음에도 이를 이행하지 아니한 경우를 의미하고, 계약이 체결된 이후 고객이 사업자에게 약관의 사본을 내줄 것을 요구하고 사업자가 이에 불응한 경우까지 포함하는 것은 아니다(대판 2023.6.29, 2020다248384,248391). 제3조 2항, 4항이 사업자에 대하여 약관의 명시의무와 약관 사본 교부의무를 부과하고 이를 위반하여 계약을 체결한 경우에는 그 약관을 계약의 내용으로 주장할 수 없도록 한 것은, 고객으로 하여금 각 당사자를 구속하게 될 내용을 '미리' 알고 약관에 의한 계약을 체결하도록 함으로써 예측하지 못한 불이익을 받게 되는 것을 방지하여 고객을 보호하려는 데 입법 취지가 있기 때문이다.

3. 약관의 해석

(1) 일 반

약관의 내용과 그 효력의 확정은 해석에 의한다. 그런데 약관의 해석은 법률행위 해석의 일종이지만, 다수의 고객을 상대로 한다는 약관의 특성이 반영되어야 한다. 구체적으로 먼저 내용형성의 일방성이 결여된 개별약정을 제외하고, 평균적 고객의 이해가능성을 기준으로 하여 객관적·획일적으로 해석하여야 하고, 고객보호의 측면에서 약관 내용이 명백하지 못하거나 의심스러운 때에는 고객에게 유리하게, 약관작성자에게 불리하게 해석하여야 한다(대판 2007.9.6, 2006다55005).

(2) 개별약정 우선의 원칙

(가) 약관자체는 법규범이 아니라 합의를 근거로 계약의 내용이 되므로 당사자는 약관의 내용과 다른 계약을 체결할 수 있다. 따라서 약관에서 정하고 있는 사항에 관하여 사업자와 고객이 약관의 내용과 다르게 합의한 사항이 있을 때에는 그 합의사항은 약관에 우선한다(제4조). 약관 조항이 당사자 사이의 합의에 의하여 개별약정으로 되었다는 사실은 그것을 주장하는 사업자 측에서 증명하여야 한다(대판 2010.9.9, 2009다105383). 판례는 계약의 일방당사자가 일정한 형식에 의하여 미리 계약서를 마련하여 두었다가 이를 상대방에게 제시하여 계약을 체결하는 경우에도 특정 조항에 관하여 상대방과 개별적인 교섭(또는 흥정)을 거침으로써 상대방이 자신의 이익을 조정할 기회를 가졌다면, 그 특정 조항은 약관규제법의 규율대상이 아닌 개별약정이 된다고 보아야 한다. 이때 개별적인 교섭이 있었다고 하기 위해서는 그 교섭의 결과가 반드시 특정 조항의 내용을 변경하는 형태로 나타나야 하는 것은 아니고, 계약상대방이 그 특정 조항을 미리 마련한 당사자와 대등한 지위에서 특정 조항에 대하여 충분한 검토와 고려를 한 뒤 그 내용을 변경할 가능성은 있었다고 인정되면 된다고 한다(대판 2008.7.10, 2008다16950).

(나) 구체적인 계약에서 일방당사자와 상대방 사이에 교섭이 이루어져 계약의 내용으로

된 조항은 작성상의 일방성이 없으므로 약관규제법의 규제 대상인 약관에는 해당하지 않는다(대판 2008.2.1, 2005다74863). 다만 이 경우 개개의 조항별로 교섭의 존재 여부를 살펴야 하며, 약관조항 중 일부의 조항이 교섭되었음을 이유로 그 조항에 대하여는 같은 법의 적용이 배제되더라도 교섭되지 아니한 나머지 조항들에 대하여는 여전히 같은 법이 적용되어야 한다(대판 2000.12.22, 99다4634).

(3) 객관적 · 통일적 해석의 원칙

약관은 신의칙에 따라 공정하게 그리고 다수의 고객에게 동일하게 객관적으로 해석되어야 한다(제5조 1항). 즉 약관은 사업자와 고객의 이익을 공평하게 고려하여 해석되어야 하며, 개개 계약체결자의 의사나 구체적인 사정을 고려함이 없이 평균적 고객의 이해가능성을 기준으로 하여 객관적·획일적으로 해석하여야 한다(대판 2009.5.28, 2009다9294,9300).

(4) 작성자불이익의 원칙

약관의 뜻이 명백하지 않은 경우에는 고객에게 유리하게 해석하여야 한다(제5조 2항). 가령 근저당설정계약의 경우에 피담보채무에 관한 약관조항이 그 문언대로 해석하면 금융기관의 일반 대출 관례에 어긋나고 당사자의 의사는 당해 대출금채무만을 그 근저당권의 피담보채무로 약정한 취지라고 해석하는 것이 합리적일 때에는 피담보채무에 관한 포괄적 기재는 부동문자로 인쇄된 일반거래약관의 예문에 불과한 것으로 보아 그 구속력을 배제하는 것이 타당하다(대판 2004.2.13, 2002다43882).

판 례

약관은 신의성실의 원칙에 따라 해당 약관의 목적과 취지를 고려하여 공정하고 합리적으로 해석하되, 개별 계약 당사자가 의도한 목적이나 의사를 참작하지 않고 평균적 고객의 이해가능성을 기준으로 객관적 · 획일적으로 해석하여야 한다. 그리고 특정 약관조항을 그 목적과 취지를 고려하여 공정하고 합리적으로 해석하기 위해서는 특별한 사정이 없는 한 그 약관조항의 문언이 갖는 의미뿐만 아니라 그 약관조항이 전체적인 논리적 맥락 속에서 갖는 의미도 고려해야 한다. 위와 같은 해석을 거친 후에도 약관조항이 객관적으로 다의적으로 해석되고 각각의 해석이 합리성이 있는 등 해당 약관의 뜻이 명확하지 않은 경우에는 고객에게 유리하게 해석하여야 한다. 반면 약관의 목적과 취지를 고려하여 공정하고 합리적으로, 그리고 평균적 고객의 이해가능성을 기준으로 객관적이고 획일적으로 해석한 결과 약관조항이 일의적으로 해석된다면 약관조항을 고객에게 유리하게 해석할 여지가 없다(대판 2024.1.25, 2023다283913; 대판 2021.10.14, 2018다279217).

4. 약관의 통제 — 불공정한 약관조항의 무효

약관을 작성한 사업자들은 자신에게 일방적으로 유리한 내용을 정해 놓지만, 고객은 사실상 그러한 약관을 거부할 수 없는 문제가 발생한다. 즉 경제적 강자가 약자를 합법적으로 지배하는 모순현상이 발생한다. 이를 시정하기 위해 약관규제법은 불공정한 약관조항이 무효로 되는 경우에 대하여, 제6조에서 일반규정과 제7조 이하에서 개별규정을 두고 있다. 주의할 것은 약관조항의 무효여부를 검토할 때에 개별조항이 일반조항보다 우선하여 검토되어야 한다는 점이다(특별규정 우선의 원칙).

(1) 개별적 통제

(가) 약관규제법이 금지하고 있는 불공정약관조항으로서 무효가 되는 경우는 다음과 같다. 즉 ① 약관이용자인 사업자의 책임을 부당하게 면제하는 경우(제7조), ② 고객에 대하여 부당하게 과중한 손해배상액을 예정하는 경우(제8조), ③ 계약의 해제권·해지권을 고객에 대하여 부당하게 배제 또는 제한하거나, 반대로 사업자에 대해서는 부당하게 해제권·해지권을 폭넓게 인정하는 경우 등(제9조), ④ 채무이행과 관련하여 상당한 이유 없이 사업자가 급부의 내용을 일방적으로 결정·변경하거나 사업자의 급부를 중지 또는 제3자로 하여금 대행케 하는 경우(제10조), ⑤ 고객의 항변권·상계권을 배제·제한하거나, 기한의 이익을 박탈하거나 또는 기타의 권익을 제한·침해하는 경우(제11조), ⑥ 고객의 의사표시를 부당하게 의제하거나, 의사표시의 형식이나 요건에 대하여 부당하게 엄격한 제한을 가하거나, 사업자의 의사표시가 상당한 이유 없이 고객에게 도달된 것으로 의제하거나 그 의사표시에 부당하게 장기의 기한 또는 불확정 기한을 정하는 경우(제12조), ⑦ 고객의 대리인에 의하여 계약이 체결된 경우에 그 대리인에 대하여 이행의무를 지우는 경우(제13조), ⑧ 고객에게 부당하게 불리한 소제기의 금지조항 또는 재판관할의 합의조항이나 상당한 이유 없이 증명책임을 부담시키는 경우(제14조)이다.

(나) 약관은 사업자가 다수의 고객과 계약을 체결하기 위하여 일방적으로 작성한 것으로서 고객이 그 구체적인 조항내용을 검토하거나 확인할 충분한 기회를 가지지 못한 채 계약의 내용으로 된다. 따라서 약관의 내용이 사적자치의 영역에 속하는 것이더라도, 사업자가 상당한 이유 없이 자신이 부담하여야 할 위험을 고객에게 이전하는 내용의 약관조항은 고객의 정당한 이익과 합리적인 기대에 반할 뿐 아니라 사적자치의 한계를 벗어나므로 무효이다(대판 2010.10.28, 2008다83196).

(다) 약관규제법은 국제적으로 통용되는 약관 기타 특별한 사정이 있는 약관으로서 대통령령이 정하는 경우에는 개별적인 금지규정인 약관규제법 제7조 내지 제14조의 규정을 조항별·업종별로 제한할 수 있다고 규정하고 있다(제15조). 약관규제법 시행령은 국제적으로 통용되는 운송업·금융업·보험업, 무역보험법에 따른 무역보험의 약관을 그러한 약관으로 규정하고 있다(시행령 제3조). 한편 판례는 약관이 일반적으로 무효가 되는 경우를 포괄적으로 규정하고 있는 제6조도 그러한 약관에는 적용되지 않는다고 한다(대판 2002.5.28, 2000다50299). 그 규정이 적용되면 약관규제법 제15조의 규정취지가 몰각되기 때문이다.

판 례

(ㄱ) 사업자와 고객 사이에서 사업자의 영업소를 관할하는 지방법원으로 전속적 관할합의를 하는 내용의 약관조항이 고객에 대하여 부당하게 불리하다는 이유로 무효라고 보기 위해서는 그 약관조항이 고객에게 다소 불이익하다는 점만으로는 부족하고, 사업자가 그 거래상의 지위를 남용하여 이러한 약관조항을 작성·사용함으로써 건전한 거래질서를 훼손하는 등 고객에게 부당하게 불이익을 주었다는 점이 인정되어야 한

다. 그리고 전속적 관할합의 약관조항이 고객에게 부당한 불이익을 주는 행위인지 여부는, 그 약관조항에 의하여 고객에게 생길 수 있는 불이익의 내용과 불이익 발생의 개연성, 당사자들 사이의 거래과정에 미치는 영향, 관계 법령의 규정 등 제반 사정을 종합하여 판단하여야 한다(대결 2008.12.16, 2007마1328).

(ㄴ) 임차인의 월차임 연체에 대하여 월 5%(연 60%)의 연체료를 부담시킨 계약조항 및 임차인의 월차임 연체 등을 이유로 계약을 해지한 경우 임차인에게 임대차보증금의 10%를 위약금으로 지급하도록 한 계약조항이, 임차인에게 부당하게 불리한 조항으로서 공정을 잃은 것으로 추정되어 신의성실의 원칙에 반하거나 부당하게 과중한 지연손해금 등의 손해배상의무를 부담시키는 약관조항으로서 약관의 규제에 관한 법률 제6조, 제8조에 의하여 무효라고 볼 수 있다(대판 2009.8.20, 2009다20475,20482).

(ㄷ) 신용카드 회원약관에서 비밀번호가 회원으로부터 타인에게 유출되어 발생하는 모든 책임은 회원에게 귀속되고, 카드 비밀번호 유출로 인한 부정사용의 경우에는 부정사용대금에 대하여 보상에서 제외된다고 규정하고 있는 경우, 위 약관 규정을 회원에게 고의나 과실이 없는 경우에도 신용카드 부정사용으로 인한 손해를 회원이 부담하여야 한다고 해석하는 것은 약관의 규제에 관한 법률 제7조 제2호에서 규정하는 상당한 이유 없이 사업자가 부담하여야 할 위험을 고객에게 이전시키는 조항에 해당하여 무효이다. 그리고 신용카드업자와 회원 사이의 거래약관인 위 회원약관 규정에 의할 때, 회원은 신용카드의 이용·관리 및 비밀번호의 관리에 선량한 관리자의 주의의무를 다할 의무가 있으므로, 신용카드를 분실·도난당하여 제3자가 신용카드를 부정사용한 경우에 신용카드 회원이 그 책임을 면하기 위해서는 회원에게 신용카드의 분실·도난 및 비밀번호의 누설에 있어 아무런 과실이 없는 경우라야 하고, 이 점에 대한 입증책임은 회원에게 있다(대판 2009.10.15, 2009다31970).

(ㄹ) 민법 제548조 2항은 계약이 해제된 경우 반환할 금전에 그 받은 날부터 이자를 가산하여야 한다고 규정하고 있으므로, 계약해제로 인하여 사업자가 이미 받은 금전을 반환함에 있어 이자의 반환의무를 배제하는 약관조항은 고객에게 부당하게 불리하여 공정을 잃은 것으로 추정되어 이를 정당화할 합리적인 사유가 없는 한 무효이다(대판 2008.12.24, 2008다75393).

(ㅁ) 운전자연령 26세 이상 한정운전 특별약관은 이를 보험계약에 편입시킬 것인지 여부는 전적으로 보험계약자의 의사에 달려 있으므로, 무효라고 볼 수 없다(대판 1998.6.23, 98다14191).

---

(2) 일반적 통제

제6조 제2항을 제1항보다 우선하여 검토하여야 한다. 제2항의 각호는 제1항의 신의칙의 구체적 내용이 되기 때문이다.

(가) 불공정성의 추정

① 고객에 대하여 부당하게 불리한 조항, ② 고객이 계약의 거래형태 등 모든 사정에 비추어 예상하기 어려운 조항, ③ 계약의 목적을 달성할 수 없을 정도로 계약에 따르는 본질적 권리를 제한하는 조항은 공정을 잃은 것으로 추정되며(제6조 2항), 이러한 약관조항은 무효이다. 고객에 대하여 부당하게 불리한 조항으로서 '신의성실의 원칙에 반하여 공정을 잃은 약관조항'이라는 이유로 무효라고 하기 위해서는, 약관조항이 고객에게 다소 불이익하다는 점만으로는 부족하고, 약관작성자가 거래상 지위를 남용하여 계약상대방의 정당한 이익과 합리적인 기대에 반하여 형평에 어긋나는 약관조항을 작성·사용함으로써 건전한 거래질서를 훼손하는 등 고객에게 부당하게 불이익을 주었다는 점이 인정되어야 한다(대판 2023.3.30, 2018다207076; 대판 2017.4.28, 2017다207338).

(나) 신의성실의 원칙

사업자가 신의칙상의 의무에 위배하여 고객의 정당한 이익을 희생시키고 자신의 이익만을 추구하는 약관을 마련하여 이를 고객에게 강요하는 경우, 그 약관은 불공정한 것으로서 무효가 된다(제6조 1항). 예컨대 계약해제로 인한 고객의 원상회복청구권을 부당하게 포기하도록 하는 약관조항은 고객에게 부당하게 불리하여 공정을 잃은 것으로 추정되고 신의성실의 원칙에 반하는 것으로서 무효이다(대판 1998.12.23, 97다40131).

판 례

고객에 대하여 부당하게 과중한 손해배상의무나 위약벌 등을 부담시키는 약관조항은 고객에게 부당하게 불리하여 공정을 잃은 것으로 추정되고 신의성실의 원칙에 반하는 것으로서 무효라고 보아야 할 것이다(대판 2009.8.20, 2009다20475,20482).

5. 약관조항의 무효효과

(1) 약관조항이 무효로 되는 경우에 민법상의 일부무효의 법리(민법 제137조)가 적용되지 않는다. 즉 약관의 전부 또는 일부의 조항이 무효인 경우, 예컨대 약관규제법 제7조 이하의 개별규정에 해당하는 경우, 불공정한 내용으로 인해 무효가 된 경우(제6조), 사업자가 명시의무 및 설명의무를 이행하지 아니하여 약관내용이 되지 못한 경우에(제3조) 원칙적으로 계약은 나머지 부분만으로 유효하게 존속한다(제16조 본문). 다만 유효한 부분만으로는 계약의 목적달성이 불가능하거나 일방당사자에게 부당하게 불리한 때에는 그 계약 전부가 무효로 된다(제16조 단서). 한편 일부무효의 경우에 무효조항은 사실인 관습 또는 임의법규에 의하여 대체된다(제106조).

(2) 약관규제법은 강행규정이므로 무효인 약관조항이 다시 그대로 유효로 될 수는 없다. 판례도 무효인 약관조항에 의거하여 계약이 체결되었다면 그 후 상대방이 계약의 이행을 지체하는 과정에서 약관작성자로부터 채무의 이행을 독촉받고 종전 약관에 따른 계약내용의 이행 및 약정내용을 재차 확인하는 취지의 각서를 작성하여 교부하였다 하여 무효인 약관의 조항이 유효한 것으로 된다거나, 각서의 내용을 새로운 개별약정으로 보아 약관의 유·무효와는 상관없이 각서에 따라 채무의 이행 및 원상회복의 범위 등이 정하여진다고 할 수 없다고 한다(대판 2000.1.18, 98다18506).

판 례

약관규제법에 의하여 약관조항이 무효인 경우 그것이 유효함을 전제로 민법 제398조 제2항을 적용하여 적당한 한도로 손해배상예정액을 감액하거나, 과중한 손해배상의무를 부담시키는 부분을 감액한 나머지 부분만으로 그 효력을 유지시킬 수는 없다(대판 2009.8.20, 2009다20475,20482).

제 5 절 계약체결상의 과실

Ⅰ. 서 설

1. 의 의

계약체결상의 과실(culpa in contrahendo)이란 계약체결을 위한 당사자 간의 접촉개시시부터 계약 성립을 위한 계약체결시까지의 계약체결을 위한 협의과정상의 당사자의 과실을 말한다. 계약이 체결되면 당사자 간에는 급부의무와 부수적 의무가 발생한다. 그러나 계약체결을 위한 준비 내지 협의단계에서는 급부의무는 발생하지 않지만, 신의칙에 기한 부수적 의무는 발생한다. 그러므로 계약체결상의 과실은 이러한 부수적 의무위반이며, 그로 인한 손해배상책임이 계약체결상의 과실책임이다. 또한 계약체결을 위한 준비 내지 협의과정상 당사자 사이의 관계는 계약관계는 아니지만 계약유사적 관계(vertragsähnliches Verhältnis)가 형성되며, 이 계약유사적 관계는 급부의무 없는 부수적 의무를 그 내용으로 한다(김상용, 64면).

제535조는 계약이 원시적 불능으로 인하여 무효인 경우에 관하여 명문으로 이 책임을 인정하지만, 다수설은 손해의 공평한 분담에 기여하고 피해자의 보호에 이바지한다는 이유로, 원시적 불능 이외에 계약체결의 준비단계 또는 계약이 좌절된 경우에도 계약체결상의 과실책임을 인정한다. 이와 달리 우리 민법은 독일민법과 달리 채무불이행과 불법행위에 관하여 포괄적인 일반규정을 두고 있으므로, 이를 인정할 실익이 별로 없기 때문에 제535조의 경우에 한하여 인정하면 족하다는 견해가 있다(양창수, 민법연구 제1권, 381면 이하).

2. 법적 성질

(1) 학 설

(가) 불법행위책임설

계약체결상의 과실책임은 계약책임 내지 계약유사적 책임도 아닌 불법행위책임이라고 한다(최흥섭, "계약이전단계에서의 책임과 민법 제535조의 의미", 배경숙교수 화갑기념 논문집, 585면). 특히 비교법적인 관점에서 볼 때, 우리 민법상의 불법행위책임에 관한 제750조는 독일민법과 달리 유연성 있는 조문이기 때문에, 독일민법상 불법행위책임규정의 불충분성을 극복하기 위하여 정립된 계약체결상 과실책임의 법리를 독일에서와 동일하게 다룰 필요가 없다고 한다.

(나) 계약책임설

계약상의 의무는 주된 이행의무(급부의무)와 그 밖에 신의칙상 여러 부수적 의무를 포함한다. 이러한 신의칙상의 부수적 의무는 계약체결 이후뿐만 아니라 계약이 성립되어 가는 과정에서도 이미 성립할 수 있으며, 계약체결상의 과실책임은 바로 이러한 신의칙상 부수적 의무 위반에 대한 책임이므로, 그 본질은 계약책임이라고 한다(곽윤직, 53면). 이 견해에 의하면 계약이 체결되기 전에도 특별구속관계가 특정당사자 사이에 형성되면, 이에 따라 특별구속관계로부터 신의칙에 기한 상대방의 정당한 이익을 고려해야 할 의무(부수의무)가 발생하며, 이에 위반하여 손해가 발생하면 계약체결상의 과실에 대한 계약적 책임이 성립한다고 한다.

(다) 법정책임설

계약체결을 위한 협의의 개시로서 당사자 간에 접촉이 이루어지면, 그때부터 당사자 간에는 이미 법적 특별구속관계가 발생하고, 그 특별구속관계는 급부의무를 내용으로 하지 않으나 보호 내지 주의의무를 내용으로 하는 법정의 채권채무관계라고 한다(이영준, "계약체결상 과실책임의 법적 성질에 관한 연구", 현승종박사 화갑기념, 291면; 김형배, 125면). 이 견해에 의하면 계약체결상 과실책임은 법률행위에 의한 계약책임도 아니고 불법행위책임도 아니며, 독자적인 법정책임으로서 특히 계약체결상의 상대방의 신뢰를 깨뜨린 데 대한 책임이라고 한다.

(2) 판 례

판례는 어느 일방이 교섭단계에서 계약이 확실하게 체결되리라는 정당한 기대 내지 신뢰를 부여하여 상대방이 그 신뢰에 따라 행동하였음에도 상당한 이유 없이 계약의 체결을 거부하여 손해를 입혔다면 이는 신의성실의 원칙에 비추어 볼 때 계약자유원칙의 한계를 넘는 위법한 행위로서 불법행위를 구성한다고 하여(대판 2003.4.11, 2001다53059; 대판 2004.5.28, 2002다32301), 불법행위책임으로 보는 듯하다.

판 례

분양자가 오피스텔 분양계약의 교섭단계에 있는 사람들에게 광고를 통하여 잘못된 정보를 제공한 경우, 신의칙상의 고지의무 등을 위반한 것으로서 민법상의 불법행위책임을 진다(대판 2009.8.20, 2008다19355).

(3) 소 결

계약체결과정상의 당사자는 계약상의 의무(급부의무)는 부담하지 않지만, 특별구속관계로부터 신의성실의 원칙에 따라 상호보호와 주의의무를 내용으로 하는 부수의무가 성립되어 계약유사적 관계가 존재하게 된다. 다시 말하면 계약체결을 위한 상의나 협의에 착수하면, 그 순간부터 당사자는 일정한 특별구속관계에 서게 되며, 계약체결을 위한 긴밀한 결합관계가 이루어지고, 이에 따라 신의칙에 의해 상대방의 정당한 법익을 보호하는 것을 내용으로 하는 부수의무가 발생하게 된다. 그러므로 계약체결상의 과실책임은 계약체결을 위한 준비단계에서 신의칙상 부수의무에 위반하여 계약교섭의 상대방에게 손해를 입힌 경우, 그의 배상책임을 그 내용으로 한다고 할 것이다.

Ⅱ. 계약체결상 과실책임의 성립요건

계약체결상의 과실책임이 성립하기 위해서는, ① 계약체결을 위한 접촉을 개시하여야 하고, ② 상대방에 대한 주의의무·배려의무·설명의무 등의 부수의무를 위반하여야 하며, ③ 책임 있는 사유로 거래상의 접촉시부터 계약체결 전에 부수의무를 위반하여야 하고 의무위반이 위법하여야 하며 ④ 귀속가능한 손해가 발생하여야 한다(Brox, Rdnr. 57).

1. 계약체결을 위한 접촉을 개시할 것

신의칙상 법률행위적 접촉을 개시할 때부터 이미 잠재적인 장래의 계약상대방으로 될 자에 대하여 적정한 정도의 고려와 주의의무가 요구되어지므로(BGHZ 6, 333), 계약체결상 과실책임이 인정되기 위해서는 계약체결을 위한 접촉이 개시되어야 한다. 다시 말하면 계약체결상의 과실에 대한 책임은 계약적 행위를 개시한 특정당사자 사이에 신의칙상 부수의무의 성립을 전제로 하여 이를 위반한 경우에 인정되므로, 당사자 사이에 특별구속관계가 존재하여야 한다. 따라서 단순히 사회적 접촉(sozialer Kontakt)만으로는 불충분하고, 계약체결이나 준비를 위한 법률행위적 접촉(geschäftlicher Kontakt)이 있어야 한다(Palandt-Heinrichs, § 276 Rdnr. 66). 예컨대 물건을 구입하기 위해 백화점에 들어가거나 백화점 주차장으로 자동차를 몰고 가야 한다. 따라서 가까운 공원에 산책하거나 백화점 근처에서 일을 보기 위해 백화점 주차장에 주차하는 것으로는 충분하지 않게 된다. 주의할 것은 계약체결상 과실책임은 나중에 계약이 유효하게 체결되었는지 여부는 문제되지 않는다는 점이다.

2. 부수의무를 위반할 것

(1) 일 반

주의의무의 범위는 서로의 관계(Beziehung)가 어떠한 종류인가에 따라 다르고, 주의의무의 정도는 접촉의 집중도에 따라 강화되며, 따라서 상대방을 신뢰하여 상대방에게 자신의 이익을 맡길 수 있는 정도에 따르게 된다. 그러므로 계약체결 전의 의무범위는 신의성실을 기초로 하여 결정하게 된다(윤형열, "계약체결상 과실책임의 책임체계적 위상", 연세법학연구 제5집 제2권, 151면).

한편 부수의무 위반의 시점과 관련하여 계약체결상의 과실책임은 적극적 채권침해와 구별된다. 다시 말하면 청구권과 관련된 의무위반 시점(Zeitpunkt der Pflichtverletzung, an die der Anspruch geknüpft wird)이 중요한 기준이 된다. 따라서 의무위반 당시에 순수한 채권관계가 존재하는 때에는 적극적 채권침해가 성립하고, 이와 달리 비록 후에 계약이 체결되었더라도 의무위반 당시에 법률행위적 접촉만이 존재한 때에는 계약체결상 과실책임이 문제된다.

(2) 보호의무위반의 경우 — 계약체결의 준비단계

(가) 계약체결을 위한 접촉을 개시하면 계약교섭의 당사자는 상대방의 생명·신체·재산권

과 같은 법익을 침해하지 아니할 의무가 발생한다. 다시 말하면 계약체결을 위한 협의를 개시한 당사자 간에는 특별구속관계가 성립하고 당사자 쌍방이 서로의 이익을 침해하지 아니할 보호를 내용으로 하는 부수의무를 부담하며, 이러한 부수의무를 다하지 못하여 손해가 발생하였다면 계약법에 의거하여 배상책임이 인정된다. 따라서 계약준비과정에서 요구되는 주의의무는 특별구속관계의 상대방의 생명·신체·건강 그리고 재산권 등 정당한 보호법익의 침해를 하지 말아야 할 것을 내용으로 하므로, 계약체결상의 특별구속관계로부터 도출되는 부수의무의 내용은 보호의무로서의 성격을 갖는다. 예컨대 상점에서 융단을 사려고 보고 있었는데 옆에 세워 놓았던 다른 융단이 쓰러져서 손님이 다친 경우(RGZ 78, 239), 물건을 구입하기 위해 백화점 섬유류 매장통로로 가던 중 그 바닥에 떨어진 바나나 껍질에 미끄러져 다친 경우(BGH NJW 1962, 31)에 계약은 체결되지 않았으나 손님에게 위험이 없도록 배려할 의무를 위반하였으므로 계약체결상의 과실책임을 져야 한다.

(나) 한편 보호의무는 계약적 행위당사자에 한정되는 것이 아니라 급부에 근접해 있는 제3자에게 확장된다. 예컨대 어머니와 함께 乙의 상점에 간 甲이 어머니가 물건을 담는 것을 돕기 위해 가던 중 바닥에 떨어진 채소껍질에 미끄러져 다친 경우(BGH NJW 1976, 712), 독일판례는 아직 계약이 체결되지 않았으므로 보호의무 위반을 근거로 계약체결상 과실책임을 인정하였다. 다시 말하면 '제3자 보호효를 가진 계약체결상의 과실'(culpa in contrahendo mit Schutzwirkung für Dritte)에 대한 책임이 성립되어, 乙은 계약체결상 과실책임을 계약체결을 준비하는 당사자의 일정범위의 제3자에게도 직접 계약적 책임을 진다(윤형열, 120면).

(3) 계약이 불성립·무효·취소된 경우

(가) 계약교섭을 부당하게 중단한 경우

계약자유의 원칙상 계약교섭은 언제라도 중단될 수 있으며 상대방이 계약 성립을 기대하고 비용을 지출하였더라도 그것은 자기의 위험부담 아래 지출한 비용이므로, 원칙적으로 상대방은 비용을 청구할 수 없다. 다만 교섭 중에 당사자 일방이 계약을 체결할 것이라는 확신을 상대방에게 준 뒤에 상당한 이유 없이 교섭을 파기한 경우에 문제이다. 학설은 ① 계약체결상의 과실책임을 인정하는 견해(김상용, 74면; 김형배, 130면), ② 불법행위책임을 인정하는 견해(양창수, 민법연구(1), 389면; 송덕수, D-95)로 나누어져 있다. 판례는 상당한 이유 없이 계약의 체결을 거부하여 손해를 입혔다면 이는 신의성실의 원칙에 비추어 볼 때 계약자유 원칙의 한계를 넘는 위법한 행위로서 불법행위를 구성한다고 하여, 불법행위책임설을 따르고 있다(대판 2004.5.28, 2002다32301; 대판 2003.4.11, 2001다53059).

생각건대 일방당사자가 계약이 유효하게 성립할 것이라는 신뢰를 상대방에게 준 뒤에 정당한 이유 없이 계약교섭을 파기(Abbruch von Vertragsverhandlungen)함으로써 상대방에게 손해를 입힌 경우에 배상책임이 인정된다고 할 것이다. 즉 신의칙상 상대방이 계약체결을 신뢰할 합리적인 사정이 인정되는 때에 이러한 상대방의 정당한 신뢰는 침해되어서는 안 되며, 따라서 당사자 일방의 부당한 계약교섭파기로 상대방이 입은 신뢰손해는 배상되어야 한다. 예컨대 계약교섭이 장기간에 걸쳐 이루어졌고 그에 관하여 상대방이 이미 적지 않은 비용을 지출하였거나 계약의 성립을 기대하여 일정한 조치를 취하였는데 일방적으로 부당하게 계약교섭을 파기함으로써 상대방에게 손해를 야기한 경우에 계약체결상 과실책임을 인정할 수 있다.

판 례

(ㄱ) 계약 체결을 위한 교섭 과정에서 어느 일방이 보호가치 있는 기대나 신뢰를 가지게 된 경우에, 그러한 기대나 신뢰를 보호하고 배려해야 할 의무를 부담하게 된 상대방이 오히려 상당한 이유 없이 이를 침해하여 손해를 입혔다면, 신의성실의 원칙에 비추어 볼 때 계약 체결의 준비 단계에서 협력관계에 있었던 당사자 사이의 신뢰관계를 해치는 위법한 행위로서 불법행위를 구성할 수 있다. 특히 계약 체결을 위한 교섭 과정에서 상대방의 기대나 신뢰를 보호하고 배려해야 할 의무를 위반하면서 상대방의 성과물을 무단으로 이용한 경우에는 당사자 사이의 신뢰관계를 해칠 뿐만 아니라 상도덕이나 공정한 경쟁질서를 위반한 것으로서 그러한 행위의 위법성을 좀 더 쉽게 인정할 수 있다(대판 2021.6.30, 2019다268061).

(ㄴ) 이행의 착수가 상대방의 적극적인 요구에 따른 것이고 위와 같은 이행에 들인 비용의 지급에 관하여 이미 계약교섭이 진행되고 있었다는 등의 특별한 사정이 있다면, 당사자 중 일방이 계약의 성립을 기대하고 이행을 위하여 지출하였거나 지출할 것이 확실한 비용은 계약체결을 신뢰하여 발생한 손해로서 계약교섭의 부당파기로 인한 손해배상의 범위에 해당할 수 있다(대판 2022.7.14, 2021다216773).

(나) 착오 · 제한행위능력

당사자 일방이 계약의 무효 또는 취소를 유책적으로 야기하였기 때문에, 계약이 무효이거나 소급적으로 무효로 된 경우에도 계약의 유효한 성립에 대한 상대방의 신뢰를 보호하기 위하여 계약체결상의 과실책임이 문제될 수 있다. 이러한 유형으로 문제된 것으로 원시적 불능의 경우, 계약이 강행법규에 위반된 경우, 착오 및 제한행위능력의 취소 등을 들 수 있으나 민법은 원시적 불능의 경우(제535조)만 규정하고 있다. 주의할 것은 의사표시자에게 경과실이 있어도 중요부분의 착오를 이유로 의사표시를 취소할 수 있으므로(제109조 1항) 착오의 경우에 신뢰이익의 배상이 인정되지만, 제한행위능력의 경우에 제한능력자 보호제도상 배상책임을 인정할 여지는 거의 없다는 점이다. 여기서 착오자에게 경과실이 있는 경우에 계약체결상의 과실책임을 인정할 것인지에 관하여, ① 계약체약상의 과실을 인정하는 견해(김상용, 75면; 김증한/김학동, 60면; 이은영, 125면; 송덕수, D-94), ② 착오자의 배상책임을 부정하는 견해(고상룡, 민법총칙, 436면)가 나누어져 있다. 판례는 전문건설공제조합이 계약보증서를 발급하면서 조합원이 수급할 공사의 실제 도급금액을 확인하지 않은 과실이 있더라도 제109조에서 중과실이 없는 착오자의 착오를 이유로 한 의사표시의 취소를 허용하고 있는 이상, 전문건설공제조합이 과실로 인하여 착오에 빠져 계약보증서를 발급한 것이나 그 착오를 이유로 보증계약을 취소한 것이 위법하다고 할 수는 없다고 한다(대판 1997.8.22, 97다13023).

(다) 원시적 불능(제535조)

1) 요 건

① 계약체결상의 과실책임은 상대방이 유효한 계약 성립을 믿을 만한 객관적 사정이 존

재하는 경우에 그 믿음을 보호하는 것이다. 따라서 외견상 계약체결행위가 있어야 한다. ② 체결된 계약의 내용이 원시적 전부불능으로 무효이어야 한다. ③ 일방당사자가 그 불능을 알았거나(악의) 알 수 있었어야(과실) 하고, ④ 상대방은 선의·무과실이어야 한다. ⑤ 계약의 무효로 인하여 상대방이 손해를 입어야 한다.

주의할 것은 매매 기타 유상계약(제567조)에 원시적 일부불능이 있으면 특별규정인 제574조(수량부족·일부멸실의 경우의 담보책임)에 의한 책임만이 발생하고, 제535조에 의한 계약체결상의 과실책임은 생기지 않는다는 점이다. 즉 부동산매매계약에서 실제면적이 계약면적에 미달하는 경우에는 그 매매가 수량지정매매에 해당할 때에 한하여, 제574조, 제572조에 의한 대금감액청구권을 행사함은 별론으로 하고, 그 매매계약이 그 미달 부분만큼 일부무효임을 들어 이와 별도로 일반 부당이득반환청구를 하거나 그 부분의 원시적 불능을 이유로 계약체결상의 과실에 따른 책임의 이행을 구할 수는 없다(대판 2002.4.9, 99다47396). 실제면적이 계약면적에 미달하는 경우, 즉 계약내용이 원시적 일부불능인 경우에 매매계약은 무효가 아니라 유효하기 때문이다.

판 례

구분건물의 소유권취득을 목적으로 하는 매매계약에서 매도인의 소유권이전의무가 원시적 불능이어서 계약이 무효라고 하기 위해서는 단지 매매목적물이 '매매계약 당시' 구분건물로서 구조상, 이용상 독립성을 구비하지 못했다는 정도를 넘어서 '그 후로도' 매매목적물이 당사자 사이에 약정된 내용에 따른 구조상·이용상 독립성을 갖추는 것이 사회통념상 불가능하다고 평가될 정도에 이르러야 한다(대판 2017.12.22, 2017다225398).

2) 효 과

과실 있는 당사자는 상대방이 그 계약의 유효를 믿었기 때문에 받은 손해, 즉 신뢰이익을 배상하여야 한다(제535조 1항 본문). 예컨대 공사비의 지급에 갈음한 임야사용권 부여가 원시적으로 이행불능이라면 그 공사계약은 유효하게 성립하지 않았으므로, 계약체결상의 과실책임을 이유로 신뢰이익을 구할 수 있지만 그 계약의 후발적 이행불능을 이유로 이행에 대신하는 전보배상을 청구할 수 없다(대판 1975.2.10, 74다584; 대판 1971.6.22, 71다792). 그러나 그 배상액은 계약의 유효로 상대방이 얻었을 이익, 즉 이행이익을 넘지 못한다(제535조 1항 단서).

판 례

계약체결 후에 채무의 이행이 불가능하게 된 경우에는 채권자가 그 이행을 청구하지 못하고 채무불이행을 이유로 손해배상을 청구하거나 계약을 해제할 수 있다. 그러나 계약 당시에 이미 채무의 이행이 불가능했다면 특별한 사정이 없는 한 채권자가 그 이행을 구하는 것은 허용되지 않고, 제535조에서 정한 계약체결상의 과실책임을 추궁하는 등으로 권리를 구제받을 수밖에 없다. 채무의 이행이 불가능하다는 것은 절대적·물리적으로 불가능한 경우만이 아니라 사회생활상 경험칙이나 거래상의 관념에 비추어 볼 때 채권자가 채무자의 이행의 실현을 기대할 수 없는 경우도 포함한다. 이는 채무를 이행하는 행위가 법률로 금지되어 그 행위의 실현이 법률상 불가능한 경우에도 마찬가지이다(대판 2017.8.29, 2016다212524).

(4) 설명의무위반의 경우 — 내용상 불이익한 계약체결

(가) 계약적 행위에서 당사자 일방은 상대방에 대하여 계약의 체결에 관하여 본질적이거나 계약의 목적을 무산시킬 수 있는 모든 정황을 명백하게 설명해 주어야 한다(Stoll, FS für von Caemmerer, S. 455). 따라서 충분한 설명이나 고지를 하였더라면 계약당사자가 계약을 체결하지 않았거나 다른 계약내용을 조건으로 제시하여 계약을 체결할 수 있었던 경우, 계약과 관련하여 적절한 설명을 하지 않았다면 계약체결상 과실로 인한 손해배상책임이 성립한다(Gottwald, JuS 1982, 880).

(나) 한편 의사 등이 설명의무를 위반한 경우, 판례는 환자의 자기결정권 침해를 이유로 불법행위책임을 인정한다(대판 2006.11.23, 2005다11688; 대판 2002.10.25, 2002다48443). 설명의무는 약사가 의약품을 조제하여 판매함으로써 환자로 하여금 복용하도록 하는 경우에도 원칙적으로 인정되며(대판 2002.1.11, 2001다27449), 한약업사도 용법이나 용량이 어떠한지에 따라 인체에 치명적인 결과를 초래할 수도 있는 한약재를 일반인에게 판매할 때에는, 신의칙상 매수인에게 그 효능 내지 위험성과 안전한 용법 등을 상세히 알려 줌으로써 매수인 등으로 하여금 그 복용 여부나 복용방법에 관하여 스스로 선택, 결정할 기회를 가지도록 할 의무가 있다(대판 2002.12.10, 2001다56904).

판 례

(ㄱ) 부동산 거래에 있어 거래 상대방이 일정한 사정에 관한 고지를 받았더라면 그 거래를 하지 않았을 것임이 경험칙상 명백한 경우에는 신의성실의 원칙상 사전에 상대방에게 그와 같은 사정을 고지할 의무가 있으며, 그와 같은 고지의무의 대상이 되는 것은 직접적인 법령의 규정뿐 아니라 널리 계약상, 관습상 또는 조리상의 일반원칙에 의하여도 인정될 수 있다(대판 2007.6.1, 2005다5843; 대판 2006.10.12, 2004다48515). 따라서 분양회사가 분양아파트 단지 인근에 쓰레기 매립장이 건설예정인 사실을 알면서도 이를 고지하지 아니한 경우, 쓰레기 매립장 건설예정사실은 신의칙상 고지의무의 대상이 되며, 고지의무 위반은 부작위에 의한 기망행위에 해당하므로 원고들로서는 기망을 이유로 분양계약을 취소하고 분양대금의 반환을 구할 수도 있고, 분양계약의 취소를 원하지 않을 경우 그로 인한 손해배상만을 청구할 수도 있다(대판 2006.10.12, 2004다48515).

(ㄴ) 도로에서 유입되는 소음 때문에 인근 주택의 거주자에게 사회통념상 수인한도를 넘는 생활이익의 침해가 발생하였다고 하더라도, 그 주택을 건축하여 분양한 분양회사는 도로의 설치·관리자가 아니고 그 주택의 건축으로 인하여 소음이 발생하였다고 볼 수도 없으므로, 주택의 거주자들이 분양회사를 상대로 소음 때문에 발생한 생활이익의 침해를 원인으로 하는 불법행위책임을 물을 수는 없다. 다만 분양회사는 주택의 공급 당시에 주택법상의 주택건설기준 등 그 주택이 거래상 통상 소음 방지를 위하여 갖추어야 할 시설이나 품질을 갖추지 못한 경우에 집합건물의 소유 및 관리에 관한 법률 제9조 또는 민법 제580조의 담보책임을 부담하거나, 수분양자와의 분양계약에서 소음 방지 시설이나 조치에 관하여 특약이 있는 경우에 그에 따른 책임을 부담하거나, 또는 분양회사가 수분양자에게 분양하는 주택의 소음 상황 등에 관한 정보를 은폐하거나 부정확한 정보를 제공하는 등 신의칙상의 부수의무를 게을리한 경우에 그 책임을 부담할 뿐이다(대판 2008.8.21, 2008다9358,9365).

3. 부수의무위반이 위법하여야 하고, 귀책사유가 존재할 것

부수의무위반이 법질서에 반하여 위법하여야 한다. 그리고 계약체결상 과실에 대한 책임은 유책주의를 기반으로 하고 있다. 다시 말하면 계약체결상의 과실책임이 인정되기 위해서는 본인 또는 이행보조자의 고의·과실이 있어야 한다.

4. 손해가 발생할 것

계약체결상 과실책임은 의사의 자유(Willensfreiheit)를 보호하는 사기·강박으로 인한 취소제도(제110조)와 달리 상대방의 재산(Vermögen)을 보호하는 제도이므로, 이 책임이 성립하기 위해서는 상대방에게 손해가 발생하여야 한다. 이와 같이 계약체결상 과실책임은 자유로운 의사의 자유를 보호하는 것이 아니라 재산을 보호하는 제도이기 때문에, 계약체결상 과실책임이 착오 또는 사기·강박에 의한 의사표시로 인한 취소권과 경합하는 경우에도 인정된다. 예컨대 착오나 악의적인 사기·강박에 의하여 계약을 체결하게 된 자는 독립해서 그리고 취소권의 행사기간이 경과한 후에도 계약체결상의 과실로 인한 손해배상청구권을 행사할 수 있다(BGH NJW 1962, 1198; 윤형열, 157면). 그 밖에 계약체결상 과실책임을 묻기 위해서는 부수의무의 위반과 손해 사이에 인과관계가 존재하여야 한다.

Ⅲ. 법적 효과

1. 손해배상의 범위

(1) 과실 있는 당사자는 상대방이 입은 손해를 배상하여야 한다. 손해배상의 범위와 관련하여, ① 계약책임설은 제535조의 법문에 따라 배상범위를 신뢰이익에 한정한다. ② 법정책임설은 원칙적으로 신뢰손해의 배상을 한도로 하지만, 때로는 그것을 넘는 손해배상도 인정하여야(제535조 1항 단서의 제한을 완화 내지 수정해석되어야) 한다고 한다. ③ 불법행위책임설은 제763조, 제393조에 따라 손해배상의 범위를 정한다.

(2) 판례는 계약교섭의 부당한 중도파기가 불법행위를 구성하는 경우, 그러한 불법행위로 인한 손해는 일방이 신의에 반하여 상당한 이유 없이 계약교섭을 파기함으로써 계약체결을 신뢰한 상대방이 입게 된 상당인과관계 있는 손해로서 계약이 유효하게 체결된다고 믿었던 것에 의하여 입었던 손해(즉 신뢰손해)에 한정된다고 할 것이고, 이러한 신뢰손해란 예컨대 그 계약의 성립을 기대하고 지출한 계약준비비용과 같이 그러한 신뢰가 없었더라면 통상 지출하지 아니하였을 비용 상당의 손해라고 할 것이며, 아직 계약체결에 관한 확고한 신뢰가 부여되기 이전 상태에서 계약교섭의 당사자가 계약체결이 좌절되더라도 어쩔 수 없다고 생각하고 지출한 비용, 예컨대 경쟁입찰에 참가하기 위하여 지출한 제안서, 견적서 작성비용 등은 여기에 포함되지 아니한다고 한다(대판 2003.4.11, 2001다53059). 또한 계약교섭 단계에서는 아직 계약이 성립된 것이 아니므로 당사자 중 일방이 계약의 이행행위를 준비하거나 이를 착수하는 것은 이례적이라고 할 것이므로, 설령 이행에 착수하였더라도 이는 자기의 위험 판단과 책임에

의한 것이라고 평가할 수 있지만, 만일 이행의 착수가 상대방의 적극적인 요구에 따른 것이고, 바로 위와 같은 이행에 들인 비용의 지급에 관하여 이미 계약교섭이 진행되고 있었다는 등의 특별한 사정이 있는 경우에는 당사자 중 일방이 계약의 성립을 기대하고 이행을 위하여 지출한 비용 상당의 손해는 상당인과관계 있는 손해에 해당한다고 한다(대판 2004.5.28, 2002다32301). 그 밖에 판례는 침해행위와 피해법익의 유형에 따라서는 계약교섭의 파기로 인한 불법행위가 인격적 법익을 침해함으로써 상대방에게 정신적 고통을 초래하였다고 인정되는 경우라면 그러한 정신적 고통에 대한 손해에 대하여는 별도로 배상을 구할 수 있다고 한다(대판 2003.4.11, 2001다53059).

2. 과실상계

과실상계의 규정(제396조)이 유추적용된다.

3. 소멸시효

계약체결상 과실책임의 손해배상책임의 소멸시효기간은 계약책임설·법정책임설에 의하면 원칙적으로 제162조를 유추적용하여 10년이지만, 불법행위책임설에 의하면 제766조에 따라 손해 및 그 가해자를 안 날부터 3년, 불법행위를 한 날부터 10년이라고 한다.

4. 증명책임

계약책임설·법정책임설에 의하면 책임을 면하려는 가해자가 자신의 무과실을 증명(입증)하여야 하지만, 불법행위책임설에 의하면 과실책임을 주장하는 자(피해자)가 가해자의 귀책사유를 증명하여야 한다.

제 6 절 계약의 효력

Ⅰ. 서 설

1. 의 의

계약의 효력이란 계약이 성립하여 소멸할 때까지의 효력을 뜻하는데, 그 내용은 당사자의 계약에 의하여 발생된 채권·채무를 말한다. 예컨대 매매계약의 성립에 의하여 발생된 매도인의 재산권이전의무와 매수인의 매매대금지급의무가 매매계약의 효력이다. 그러나 구체적인 계약효력은 계약의 종류·내용에 따라 각각 다르며, 그 자세한 것은 각종의 전형계약에 따라 설명되어야 할 것이다. 한편 민법은 '계약의 효력'이라는 표제 아래 쌍무계약에 특유한 효력으로 동시이행의 항변권(제536조)과 위험부담에 관하여 규정하고(제537조, 제538조), 이어서 제3자를 위한 계약에 관하여 규정하고 있다(제539조 이하).

2. 계약의 일반적 효력발생요건

(1) 계약의 유효·무효는 계약의 성립을 전제로 하여, 그 계약이 목적한 대로 효과가 발생하느냐에 관한 것으로서, 계약이 불성립으로 끝난 경우에는 유효·무효의 문제는 생기지 않는다. 따라서 계약의 성립요건과 효력발생요건은 별개의 것이다. 계약의 성립요건은 두 개 이상의 의사표시가 객관적(의사표시의 내용적 일치)·주관적(의사표시의 상대방에 대한 일치)으로 합치하는 것, 즉 합의가 있어야 하는 것이다.

(2) 한편 계약은 법률행위이므로, 계약이 효력을 발생시키기 위해서는 역시 법률행위의 효력요건을 갖추어야 한다. 즉 당사자는 의사능력·행위능력이 있어야 하고, 계약의 목적이 확정성·실현가능성·적법성·사회적 타당성을 가져야 하며, 의사와 표시가 일치하고 하자가 없어야 한다. 그렇지 않으면 계약은 무효가 되거나 취소를 함으로써 무효가 되어 그 효력을 가질 수 없기 때문이다.

특히 계약목적의 실현불가능으로 계약이 무효로 되는 경우는 원시적 전부불능을 말하며, 후발적 불능을 의미하는 것이 아니라는 점이다. 후발적 불능의 경우에는 채무불이행·위험부담 등의 문제가 될 뿐이고, 계약이 무효로 되지 않는다. 그리고 일부만이 불가능한 경우, 민법은 매매목적물이 원시적으로 일부불능인 경우에 대하여 매도인의 담보책임을 인정하는 규정을 두고(제572조 이하), 이를 다른 유상계약에 준용하고 있다. 그러므로 매매에 관한 규정이 준용되지 않는 계약목적의 원시적 일부불능인 때에는 제137조에 의하여 해결하여야 한다. 즉 급부의 일부가 불가능이면 그러한 계약을 맺지 않았으리라고 인정되는 경우에 계약은 무효이다.

Ⅱ. 쌍무계약의 일반적 효력

1. 쌍무계약의 특질 — 견련성

쌍무계약은 각 당사자가 서로 대가적 의미를 가지는 채무를 부담하는 계약으로서, 각 채무는 서로 의존관계에 있다. 쌍무계약의 채무상호간의 의존관계를 채무의 견련성(牽連性)이라 한다.

(1) 성립상의 견련성

쌍무계약에 의해 발생한 일방의 채무가 불능·불법 등의 이유로 성립하지 않거나 제한행위능력 또는 착오·사기·강박 등의 이유로 취소된 경우에 다른 일방의 채무도 성립하지 않는다. 예컨대 이미 멸실된 건물에 대해 매매계약을 체결한 경우, 매도인의 소유권이전채무가 무효가 되어 성립하지 않는 것에 대응하여 상대방의 대금지급채무도 성립하지 않게 된다. 그러나 계약을 체결하는데 과실이 있는 때에는 그 과실에 따른 상대방의 신뢰이익에 대하여는 배상책임이 생긴다.

(2) 이행상의 견련성

쌍무계약에 기한 채무는 원칙적으로 상환으로 이행되어야 한다. 즉 쌍무계약의 각 채무는 일방의 채무가 이행될 때까지는 타방의 채무도 이행하지 않아도 좋다는 관계에 선다. 쌍무계약의 각 채무는 서로 대가적 의미를 갖고 있으므로, 자기의 채무를 이행하지 않고 상대방에 대하여 채무이행을 요구하는 것은 공평의 원칙에 반하고, 또한 다른 일방이 먼저 채무를 이행하면 상대방이 채무이행을 하지 않을 우려도 있다. 제536조의 동시이행 항변권은 이행상의 견련성을 실현하기 위한 것이다.

판 례

쌍무계약에서 일방 당사자의 자기 채무에 관한 이행의 제공을 엄격하게 요구하면 오히려 불성실한 상대방에게 구실을 주는 것이 될 수도 있으므로 일방 당사자가 하여야 할 제공의 정도는 그 시기와 구체적인 상황에 따라 신의성실의 원칙에 어긋나지 않게 합리적으로 정하여야 한다. 따라서 매수인이 잔대금의 지급준비가 되어 있지 않아 소유권이전등기서류를 수령할 준비를 하지 않은 경우에는 매도인으로서도 그에 상응한 이행의 준비를 하면 충분하다(대판 2015.12.10, 2015다229006). 계약상 채무자가 계약을 이행하지 않을 의사를 명백히 표시한 경우에 채권자는 신의성실의 원칙상 이행기 전이라도 이행의 최고 없이 채무자의 이행거절을 이유로 계약을 해제하거나 채무자를 상대로 손해배상을 청구할 수 있다. 이때 채무자가 계약을 이행하지 않을 의사를 명백히 표시하였는지 여부는 계약 이행에 관한 당사자의 행동과 계약 전·후의 구체적인 사정 등을 종합적으로 살펴서 판단하여야 한다(대판 2017.9.26, 2015다11984).

(3) 존속상의 견련성

쌍무계약에서 당사자 일방의 채무가 그의 책임 없는 사유로 인하여 급부불능이 되어 소멸한 경우, 그것과 상호의존관계에 있는 상대방의 채무도 소멸한다. 그 결과 채무자는 목적물을 잃으면서도 상대방으로부터 대가를 받지 못한 위험을 부담하게 되는데, 이것이 위험부담의 문제이다.

2. 동시이행의 항변권

(1) 의 의

쌍무계약에서 당사자의 일방은 상대방이 채무를 이행하거나 이행제공을 하지 않은 채 채무이행을 청구할 때, 자기 채무의 이행을 거절할 수 있다(제536조). 쌍무계약의 이행상의 견련성에 기한 이러한 거절권을 동시이행의 항변권이라 한다. 이 항변권에 의하여 자기 채무에 관한 이행지체 책임을 발생시키는 상대방의 일방적인 이행청구를 피할 수 있다. 동시이행의 항변권은 유치권과 마찬가지로 공평의 원칙과 신의칙에 기초하는 제도이다. 유의할 것은 동시이행의 항변권은 상대방의 청구권 그 자체를 부인하는 것이 아니라, 상대방이 그 채무의 이행을 제공할 때까지 자기의 채무이행을 거절할 수 있는데 불과하므로, 제536조는 임의규정이라는 점이다. 따라서 당사자의 약정으로 동시이행의 항변권을 배제하는 것은 유효하다.

(2) 적용범위

동시이행의 항변권은 공평의 원칙에 의하여 인정되는 것이므로, 두 개의 채무가 하나의 쌍무계약에서 발생한 것이 아니더라도 1개의 법률요건에 의하여 발생하고 서로 관련적으로 이행하게 하는 것이 공평에 적합한 경우에 널리 인정되어야 한다(곽윤직, 61면). 민법과 특별법에서 이러한 취지를 명문으로 규정하고 있으며, 그 밖의 경우에도 학설·판례는 동시이행의 항변권을 인정하고 있다.

(가) 민법 및 특별법에서 동시이행의 항변권을 인정하는 경우

① 전세권이 소멸한 때에 전세권자의 목적물인도 및 전세권설정등기말소의무와 전세권설정자의 전세금반환의무(제317조), ② 계약해제로 인한 당사자 쌍방의 원상회복의무(제549조), ③ 부담부 증여에서 당사자 쌍방의 의무(제561조), ④ 매도인의 담보책임으로서 계약을 해제한 경우 당사자 쌍방의 원상회복의무(제583조), ⑤ 완성된 목적물에 하자가 있는 경우 수급인의 하자보수의무 및 손해배상의무와 도급인의 보수지급의무(제667조), ⑥ 가등기담보에서 채권자의 청산금 지급의무와 채무자의 목적부동산에 대한 본등기 및 인도의무 사이(가담법 제4조 3항) 등이 있다.

(나) 학설과 판례가 동시이행의 항변권을 인정하는 경우

① 계약이 무효 또는 취소된 경우의 당사자 상호간의 반환의무(대판 2007.12.28, 2005다38843; 대판 1996.6.14, 95다54693), ② 변제와 영수증의 교부(제474조), 다만 변제와 담보권의 소멸 사이에는 변제가 선이행되어야 한다. 채무자의 변제의무와 채권자의 담보권 소멸의무가 동시이행관계에 있다고 보면, 담보권의 소멸로 인해 채권자가 우선변제를 받을 수 없게 되기 때문이다. ③ 원인채무의 지급확보를 위하여 어음·수표가 교부된 경우에 기존채무의 이행과 교부된 어음이나 수표의 반환의무(대판 1993.11.9, 93다11203,11210), ④ 부동산 매매계약에서 매수인의 잔대금 지급의무와 매도인의 소유권이전등기서류 교부의무(대판 2025.6.26, 2025다209893,209894), ⑤ 임대차계약의 기간이 만료된 경우에 임차인이 임차목적물을 명도할 의무와 임대인이 보증금 중 연체차임 등 해당 임대차에 관하여 명도시까지 생긴 모든 채무를 청산한 나머지를 반환할 의무(대판 1977.9.28, 77다1241,1242), ⑥ 토지임차인이 건물매수청구권을 행사한 경우, 토지임차인의 건물명도 및 소유권이전등기의무와 토지임대인의 건물대금지급의무(대판 1998.5.8, 98다2389), ⑦ 제571조에 의한 해제의 경우에 매도인의 손해배상의무와 매수인의 목적물 및 그 사용이익의 반환의무(대판 1993.4.9, 92다25946) 등이 있다.

판 례

(ㄱ) 금전채권의 채무자가 채권자에게 담보를 제공한 경우 특별한 사정이 없는 한 채권자는 채무자로부터 채무를 모두 변제받은 다음 담보를 반환하면 될 뿐 채무자의 변제의무와 채권자의 담보 반환의무가 동시이행관계에 있다고 볼 수 없다. 따라서 채권자가 채무자로부터 제공받은 담보를 반환하기 전에도 특별한 사정이 없는 한 채무자는 이행지체 책임을 진다(대판 2019.10.31, 2019다247651).

(ㄴ) 채무자가 채무 전부를 변제한 때에는 채권자에게 채권증서의 반환을 청구할 수 있으며, 제3자가 변제를 하는 경우에는 제3자도 채권증서의 반환을 구할 수 있으나(제475조), 이러한 채권증서 반환청구권은 채권 전부를 변제한 경우에 인정되는 것이고, 영수증 교부의무와는 달리 변제와 동시이행관계에 있지 않다(대판 2005.8.19, 2003다22042).

(3) 성립요건

(가) 쌍방의 채무가 동일한 쌍무계약에서 발생할 것

동일한 쌍무계약에 의하여 당사자 쌍방이 서로 대가적 의미 있는 채무를 부담하고 있어야 한다.

1) 쌍방이 서로 채무를 부담하더라도 그 채무가 다른 법률상의 원인에 의해 발생한 경우에는 동시이행의 항변권은 인정되지 않는다(대판 1990.4.13, 89다카23794; 대판 1989.2.14, 88다카10753). 가령 ① 임대차계약 해제에 따른 임차인의 목적물인도의무와 임대인이 임차인에게 건물을 사용·수익하게 할 의무를 불이행한 데 대하여 손해배상을 하기로 한 각서에 의하여 발생된 '약정지연손해배상의무'는 하나의 임대차계약에서 이루어진 계약이행의 원상회복관계에 있지 않고 그 발생원인을 달리하고 있어, 양자 사이에 이행상의 견련관계는 없다(대판 1990.12.26, 90다카25383). ② 공사도급계약상 도급인의 지체상금채권과 수급인의 공사대금채권은 특별한 사정이 없는 한 동시이행의 관계에 있다고 할 수 없다(대판 2015.8.27, 2013다81224,81231). 도급인의 지체상금채권은 수급인의 공사대금채권과 그 발생원인을 달리하기 때문이다.

반면에 계약관계에서 각 당사자가 부담하는 채무에 관한 약정내용에 따라 그것이 대가적 의미가 있어 이행상의 견련관계를 인정하여야 할 사정이 있는 경우에는 동시이행의 항변권을 인정할 수 있다(대판 2013.12.26, 2011다67699). 가령 부동산 매매계약에 있어 매수인이 부가가치세를 부담하기로 약정한 경우, 부가가치세를 매매대금과 별도로 지급하기로 했다는 등의 특별한 사정이 없는 한 부가가치세를 포함한 매매대금 전부와 부동산의 소유권이전등기의무가 동시이행의 관계에 있다(대판 2006.2.24, 2005다58656,58663). 그러나 매도인의 토지거래허가신청절차에 협력할 의무와 토지거래허가를 받으면 매매계약 내용에 따라 매수인이 이행하여야 할 매매대금 지급의무 및 매수인이 부담하기로 특약한 양도소득세의 지급의무는 동시이행 관계에 있지 않다(대판 1996.10.25, 96다23825). 토지거래허가구역 내의 토지에 관하여 토지거래허가를 받지 않고 체결한 매매계약은 유동적 무효이어서(부동산거래신고법 제11조 6항), 매수인의 매매대금 지급의무가 존재하지 않기 때문이다.

2) 서로 이행의 상대방을 달리하는 경우에는 동시이행의 항변권은 인정되지 않는다. 가

령 근저당권 실행을 위한 경매가 무효로 되어 채권자(근저당권자)가 채무자를 대위하여 매수인에 대한 소유권이전등기 말소청구권을 행사하는 경우, 매수인이 부담하는 소유권이전등기 말소의무는 채무자에 대한 것인 반면, 매수인의 배당금 반환청구권은 실제 배당금을 수령한 채권자에 대한 채권이므로, 즉 채권자가 매수인에 대하여 부담하는 배당금 반환채무와 매수인이 채무자에 대하여 부담하는 소유권이전등기 말소의무는 서로 이행의 상대방을 달리하므로, 두 채무는 동시에 이행되어야 할 관계에 있지 않다(대판 2006.9.22, 2006다24049). 반면에 경매절차가 무효로 되더라도 매각대금이 소유자에게 배당된 경우, 소유자의 배당금반환의무와 경매매수인의 소유권이전등기말소의무는 동시이행의 관계에 있다(대판 1995.9.15, 94다55071). 가령 임의경매가 진행 중인 X부동산에 관하여 소유권을 취득한 甲이 제3취득자로서 매각허가를 받은 경매신청채권자 乙의 피담보채무를 변제하였다. 그 후 X부동산에 대한 강제경매개시결정으로 종전의 경매절차가 속행되어 乙이 매각대금을 납부하고, 소유권이전등기를 마쳤다. 甲은 선순위채권자에게 배당하고 남은 금액을 배당받았는데, 법원이 강제경매개시결정을 채무자에게 송달하지 않아 경매절차가 무효로 된 경우가 그렇다.

3) 쌍무계약에서 당사자는 주된 채무 이외에 부수적 채무를 부담하는 경우가 있다. 이 경우에 기본적으로 상대방의 채무와 대가관계에 있는 채무(주된 급부의무)만이 동시이행의 관계에 있으며, 부수적 의무의 불이행에 대해서는 동시이행관계가 인정되지 않는다. 다만 당사자 일방이 부담하는 어떤 채무(부수의무)가 상대방에게 중요한 의의가 있는 것이면, 상대방의 채무와 동시이행의 관계에 선다고 할 것이다(곽윤직, 62면; 김상용, 90면). 가령 매도인의 소유권이전등기의무는 특별한 사정이 없는 한 제한이나 부담이 없는 완전한 소유권이전등기를 해 주는 것을 말한다. 따라서 근저당권이 설정된 부동산의 매매계약의 경우, 특별한 사정이 없는 한 매도인의 근저당권말소 및 소유권이전등기의무와 매수인의 잔대금지급의무(대판 1991.11.26, 91다23103), 또는 가압류등기가 있는 부동산 매매계약의 경우에 매도인의 소유권이전등기의무 및 가압류등기의 말소의무와 매수인의 대금지급의무는 동시이행 관계에 있다(대판 2000.11.28, 2000다8533).

4) 동시이행의 항변권은 쌍무계약을 체결한 당사자 사이에 한하여 인정되는 것은 아니며, 채권양도·채무인수·상속 등으로 당사자가 변경되어도 채권·채무가 동일성을 유지하는 한 이 항변권은 존속한다. 채권이 전부된 경우(민사집행법 제229조 3항)에도 마찬가지이다(대판 2002.7.26, 2001다68839; 대판 1989.10.27, 89다카4298). 전부명령이 확정되면, 압류된 채권은 압류채권자에게 이전되기 때문이다. 금전채권에 대한 압류 및 추심명령이 있는 경우, 채권이 추심채권자에게 이전되는 것이 아니므로 추심채무자는 당연히 동시이행의 항변권을 상실하지 않는다(대판 2001.3.9, 2000다73490). 추심명령은 추심채권자에게 채무자의 제3채무자에 대한 채권을 추심할 권능만을 부여하는 것이기 때문이다.

또한 동시이행의 관계에 있는 쌍방의 채무 중 어느 한 채무가 이행불능이 됨으로 인하여 발생한 손해배상채무도 여전히 다른 채무와 동시이행의 관계에 있다(대판 2014.4.30, 2010다11323). 그러나 일방의 채무가 경개로 인하여 동일성을 상실하면 항변권도 소멸한다. 그 밖에 동시이행의 항변권은 대가적 채무의 존재를 그 요건으로 하므로, 당사자 일방의 채무가 변제 기타의 원인으로 소멸한 경우에 동시이행의 항변권도 소멸하게 된다.

판 례

(ㄱ) 매도인은 특별한 사정이 없는 한 제한이나 부담이 없는 소유권이전등기의무를 지는 것이므로 매매목적 부동산에 지상권이 설정되어 있고 가압류등기가 되어 있는 경우에는 비록 매매가액에 비하여 소액인 금원의 변제로써 언제든지 말소할 수 있는 것이라 할지라도 매도인은 이와 같은 등기를 말소하여 완전한 소유권이전등기를 해 주어야 한다(대판 1991.9.10, 91다6368).

(ㄴ) 임차인의 임차보증금반환청구채권이 전부된 경우에도 채권의 동일성은 그대로 유지되는 것이어서 동시이행관계도 당연히 그대로 존속한다고 해석할 것이므로 임대차계약이 해지된 후에 임대인이 잔존임차보증금반환청구채권을 전부받은 자에게 그 채무를 현실적으로 이행하였거나 그 채무이행을 제공하였음에도 불구하고 임차인이 목적물을 명도하지 않음으로써 임차목적물반환채무가 이행지체에 빠지는 등의 사유로 동시이행의 항변권을 상실하게 되었다는 점에 관하여 임대인이 주장·입증을 하지 않은 이상 임차인의 목적물에 대한 점유는 동시이행의 항변권에 기한 것이어서 불법점유라고 볼 수 없다(대판 2002.7.26, 2001다68839).

(ㄷ) 교환계약의 당사자 일방이 교환 목적물의 차액의 지급에 갈음하여 상대방으로부터 인수한 대출원리금지급의무와 상대방의 소유권이전등기의무가 모두 각각의 이행기에 이행되지 않은 채 계약이 해제되지 않은 상태에서 이행기가 도과하였다면 쌍무계약인 교환계약에 기한 위 대출원리금지급의무와 소유권이전등기의무는 동시이행의 관계에 있다고 할 것이다(대판 1998.7.24, 98다13877).

(ㄹ) 제667조 3항에 의하여 제536조가 준용되는 결과 도급인이 수급인에 대하여 하자보수와 함께 청구할 수 있는 손해배상채권과 수급인의 공사대금채권은 서로 동시이행관계에 있는 점 등에 비추어 보면, 하자확대손해로 인한 수급인의 손해배상채무와 도급인의 공사대금채무도 동시이행관계에 있는 것으로 보아야 한다(대판 2007.8.23, 2007다26455,26462; 대판 2005.11.10, 2004다37676).

(ㅁ) 건물매수인이 아직 건물의 소유권을 취득하지 못한 채 매도인의 동의를 얻어 제3자에게 임대하였으나 매수인(임대인)의 채무불이행으로 매도인이 매매계약을 해제하고 임차인에게 건물의 명도를 구하는 경우, 임차인이 매매계약목적물에 대하여 직접 임차권을 취득했다고 보더라도, 대항력을 갖추지 아니한 상태에서는 그 매매계약이 해제되어 소급적으로 실효되면 그 권리를 보호받을 수가 없다는 점에 비추어 볼 때, 임차인의 건물명도의무와 매수인(임대인)의 보증금반환의무를 동시이행관계에 두는 것은 오히려 공평의 원칙에 반한다(대판 1990.12.7, 90다카24939).

(ㅂ) 부진정 연대채무자 중 1인으로서 피해자에 대한 손해배상의무를 실제로 이행한 도급인이 사용자책임을 부담하게 되는 수급인에 대하여 취득하게 되는 구상권은 도급인이 하자보수와 함께 청구할 수 있는 손해배상채권이나 이른바 하자확대손해의 배상채권의 변형물로서 수급인의 공사대금채권과 그 실질에 있어서 대가적인 의미가 있어 공평의 원칙에 비추어 이행상의 견련관계를 인정함이 상당하므로 위 양 채권은 서로 동시이행의 관계에 있다고 보아야 한다(대판 2005.11.10, 2004다37676).

(ㅅ) 공사도급계약의 도급인이 자신 소유의 토지에 근저당권을 설정하여 수급인으로 하여금 공사에 필요한 자금을 대출받도록 한 경우, 수급인의 근저당권 말소의무는 도급인의 공사대금채무와 이행상 견련관계가 인정되어 서로 동시이행관계에 있고, 나아가 도급인이 대출금 등을 대위변제함으로써 수급인이 지게 된 구상금채무도 근저당권 말소의무의 변형물로서 도급인의 공사대금채무와 동시이행관계에 있다(대판 2010.3.25, 2007다35152).

(ㅇ) 임차인의 임차목적물 반환의무는 임대차계약의 종료에 의하여 발생하나, 임대인의 권리금 회수 방해로 인한 손해배상의무는 상가건물 임대차보호법에서 정한 권리금 회수기회 보호의무 위반을 원인으로 하고 있으므로 양 채무는 동일한 법률요건이 아닌 별개의 원인에 의하여 발생한 것일 뿐 아니라 공평의 관점에서 보더라도 그 사이에 이행상 견련관계를 인정하기 어렵다(대판 2019.7.10, 2018다242727).

(ㅈ) 동시이행의 항변권은 당사자 쌍방이 부담하는 각 채무가 고유의 대가관계에 있는 쌍무계약상 채무가 아니더라도 구체적 계약관계에서 당사자 쌍방이 부담하는 채무 사이에 대가적인 의미가 있어 이행상 견련관계를 인정하여야 할 사정이 있는 경우에는 이를 인정해야 한다. 이러한 법리는 제536조 1항뿐만 아니라 2항의 '불안의 항변권'의 경우에도 적용된다(대판 2022.5.13, 2019다215791).

(나) 상대방의 채무가 변제기에 있을 것

1) 상대방의 채무가 변제기에 있지 않을 때에는 항변권이 발생하지 않는다. 선이행 의무는 법률의 규정(예: 제633조, 제665조)이나 당사자의 약정에 의하여 정해진다. 따라서 일방채무자가 선이행 의무를 부담하는 경우에는 동시이행의 항변권을 가질 수 없다. 가령 채무담보의 목적으로 마쳐진 채권자 명의의 소유권이전등기나 그 청구권보전의 가등기의 말소를 구하려면 먼저 채무를 변제하여야 하고 피담보채무의 변제와 교환적으로 말소를 구할 수는 없다(대판 1984.9.11, 84다카781).

2) 그러나 동시이행의 항변권의 요건으로서 변제기의 도래는 항변권을 행사할 때 상대방의 채무가 이행기에 있을 것을 요구하는 것일 뿐이며, 처음부터 이행기가 같아야 하는 것은 아니다. 따라서 ① 선이행의무자가 이행을 지체하는 동안에 '상대방의 채무가 이행기에 도래한 경우'에는 동시이행의 항변권을 갖는다(통설; 대판 2001.7.27, 2001다27784,27791). 가령 결국 매수인이 선이행 의무 있는 중도금을 지급하지 않았더라도 계약이 해제되지 않은 상태에서 잔대금 지급일이 도래한 경우, 다른 특별한 사정이 없는 한 매수인의 중도금 및 잔대금의 지급과 매도인의 소유권이전등기서류의 제공은 동시이행관계에 있으므로, 그때부터는 매수인은 중도금을 지급하지 아니한 데 대한 이행지체의 책임을 지지 않는다(대판 2002.3.29, 2000다577). 또한 매수인들이 선이행하여야 할 중도금지급의무를 이행하지 않은 상태에서 입주예정일이 도래한 경우, 매수인의 중도금지급의무와 매도인의 입주를 가능하게 할 의무는 그때부터 동시이행의 관계에 있다(대판 1998.2.10, 96다7793,7809,7816). ② 일방당사자가 선이행 의무를 부담하더라도 '상대방의 채무이행이 곤란할 현저한 사유가 있는 경우(불안의 항변권, 제536조 2항)'에는 동시이행의 항변권을 갖는다. 여기서 '선이행의무를 지고 있는 당사자가 상대방의 이행이 곤란할 현저한 사유가 있는 때에 자기의 채무이행을 거절할 수 있는 경우'란 선이행채무를 지고 있는 당사자가 계약 성립 후 상대방의 신용불안이나 재산상태 악화 등과 같은 사정으로 상대방의 이행을 받을 수 없는 사정변경이 생기고 이로 말미암아 당초의 계약 내용에 따른 선이행의무를 이행하게 하는 것이 공평과 신의칙에 반하게 되는 경우를 가리킨다. 따라서 상대방의 채무가 아직 이행기에 이르지 않았지만 이행기에 이행될 것인지 여부가 현저히 불확실하게 된 경우에는 선이행채무를 지고 있는 당사자라도 상대방의 이행이 확실하게 될 때까지 선이행의무의 이행을 거절할 수 있다(대판 2023.12.7, 2023다269139).

판 례

(ㄱ) 매매계약을 맺은 후에야 등기부상 매매목적물이 매도인의 소유가 아닌 것이 발견되었다면 매수인은 경우에 따라서는 제588조에 의하여 중도금의 지급을 거절할 수 있고 그렇지 않다고 하더라도 계약에 있어서

의 형평의 원칙이나 신의성실의 원칙에 비추어 선행의무에 해당하는 중도금지급의무라 하더라도 그 지급을 거절할 수 있다(대판 1974.6.11, 73다1632).

(ㄴ) 쌍무계약에서 서로 대가관계에 있는 당사자 쌍방의 의무는 원칙적으로 동시이행의 관계에 있고, 나아가 하나의 계약으로 둘 이상의 민법상의 전형계약을 포괄하는 내용의 계약을 체결한 경우에 당사자 일방의 여러 의무가 포괄하여 상대방의 여러 의무와 대가관계에 있다고 인정되면, 이러한 당사자 일방의 여러 의무와 상대방의 여러 의무는 동시이행의 관계에 있다(대판 2011.2.10, 2010다77385). 가령 甲의 대지 위에 甲 명의로 건축허가를 받아 乙이 3층 건물을 신축한 뒤 일부 층은 甲, 나머지 층은 乙의 소유로 하고 그 비율에 따른 대지지분을 乙에게 이전하기로 한 경우, 그로 인한 甲과 乙 사이의 여러 권리의무가 전체로서 동시이행관계에 있다(대판 1995.8.22, 95다1521).

(다) 상대방이 자기 채무의 이행 또는 그 제공을 하지 않고 이행을 청구할 것

1) 상대방이 채무의 내용에 따른 이행한 때

상대방이 채무이행을 제공할 때까지 당사자 일방이 자기 채무이행을 거절할 수 있으므로(제536조 1항), 상대방이 채무내용에 따른 이행을 하였거나 이행제공을 한 때에는 동시이행의 항변권은 인정되지 않는다.

2) 상대방이 불완전한 이행이나 일부이행 또는 그 제공만 한 때

(i) 상대방이 일부이행 또는 불완전이행의 상태에서 청구한 경우, 그 청구된 채무가 가분적 급부인 경우에 한해, 아직 이행하지 않은 부분 또는 불완전한 부분에 상응하는 채무의 이행만을 거절할 수 있다(통설). 예컨대 도급인이 하자의 보수에 갈음하여 손해배상을 청구한 경우, 도급인은 그 손해배상의 제공을 받을 때까지 손해배상액에 상당하는 보수액의 지급만을 거절할 수 있는 것이고, 그 나머지 보수액의 지급은 이를 거절할 수 없다(대판 1990.5.22, 90다카230).

(ii) 쌍방의 급부가 일정한 기간 회귀적 또는 계속적 가분급부를 목적으로 하는 경우에 일방이 어떤 시기의 채무를 이행하지 않으면, 상대방은 그 후 이에 상응하는 범위에서 자기의 채무이행을 거절할 수 있다. 판례도 계속적 물품공급계약에서 이미 공급된 물품의 대금 중 일부를 지급받지 못한 경우, 물품공급자는 그 대금의 지급을 받을 때까지 장래의 공급을 거절할 수 있다고 한다(대판 2002.9.4, 2001다1386; 대판 1970.3.10, 69다2076).

판 례

매도인이 말소할 의무를 부담하고 있는 매매목적물상의 근저당권을 말소하지 못하고 있다면 매수인은 그 위험의 한도에서 매매대금의 지급을 거절할 수 있고, 그 결과 제587조 단서에 의하여 매수인이 매매목적물을 인도받았더라도 미지급 대금에 대한 인도일 이후의 이자를 지급할 의무가 없으나, 이 경우 지급을 거절할 수 있는 매매대금이 어느 경우에나 근저당권의 채권최고액에 상당하는 금액인 것은 아니고, 매수인이 근저당권의 피담보채무액을 확인하여 이를 알고 있는 경우와 같은 특별한 사정이 있는 경우에는 지급을 거절할 수 있는 매매대금은 확인된 피담보채무액에 한정된다(대판 1996.5.10, 96다6554).

3) 수령지체에 빠진 경우

상대방(甲)의 이행제공이 있었는데도 이를 수령하지 않아 수령지체에 빠진 자(乙)는 그 후 상대방이 자기 채무의 이행제공을 다시 하지 않고 이행을 청구한 경우에는 동시이행의 항변권을 행사할 수 있다(통설; 대판 2014.4.30, 2010다11323). 즉 甲의 이행제공이 계속되지 않는 한 과거에 이행의 제공이 있었다는 사실만으로 乙이 가진 동시이행의 항변권은 소멸하지 않는다. 왜냐하면 수령지체를 이유로 그 항변권을 상실시켜 버리면, 그 후 甲이 무자력이 된 경우에 乙은 반대급부를 받지 못하면서도 자기 채무를 이행하게 되어 공평에 반하기 때문이다. 결국 이행의 제공에 의하여 동시이행의 항변권이 배제되는 경우에는 그 제공이 계속되는 동안에만 동시이행의 항변권이 배제되어 상대방이 이행지체에 빠지고, 따라서 그 기간 동안의 지연배상을 청구할 수 있다(대판 2005.4.29, 2005다8637). 그러나 수령지체에 빠진 자를 계속 이행의 제공을 한 자와 동일하게 다루는 것은 불공평하다는 이유로 한번 이행의 제공으로 수령지체에 빠진 자는 동시이행의 항변권을 잃는다는 견해가 있다(김상용, 92면).

판 례

(ㄱ) 일반적으로 채무불이행으로 인한 손해배상청구에 있어서 그 불이행의 귀책사유에 대한 증명책임은 채무자에게 있고, 채권자의 수령지체 중에 이행불능이 된 경우에도 채권자지체가 발생한 사실에 대한 증명책임은 채무자에게 있다. 또한 부동산에 대한 소유권이전등기의무에 관하여 채무자가 일단 그 이행제공을 하여 채권자가 수령지체에 빠지게 되었다고 하더라도 그 후 목적 부동산이 제3자에게 양도되어 그 소유권이전등기의무의 이행이 불능하게 되었다면, 채무자는 다른 특별한 사정이 없는 한 민법 제401조, 제390조에 따라 상대방에 대하여 자기 채무의 이행불능으로 인한 손해배상채무를 부담한다(대판 2016.3.24, 2015다249383).

(ㄴ) 쌍무계약의 당사자 일방이 먼저 한번 현실의 제공을 하고 상대방을 수령지체에 빠지게 하였다 하더라도 그 이행의 제공이 계속되지 않는 경우는 과거에 이행의 제공이 있었다는 사실만으로 상대방이 가지는 동시이행의 항변권이 소멸하는 것은 아니므로, 일시적으로 당사자 일방의 의무의 이행제공이 있었으나 곧 그 이행의 제공이 중지되어 더 이상 그 제공이 계속되지 아니하는 기간 동안에는 상대방의 의무가 이행지체 상태에 빠졌다고 할 수는 없다(대판 2023.4.27, 2022다302497,302503).

(4) 효 력

(가) 이행거절의 항변권

동시이행의 항변권은 상대방이 채무를 이행하거나 이행제공을 할 때까지 자기 채무의 이행을 거절할 수 있는 것을 그 내용으로 한다. 즉 이 항변권은 단순한 거절권능을 생기게 할 뿐, 채무자체를 소멸시키지 않는다. 다만 이러한 효과를 소송으로 관철하려면, 이것은 항변권이기 때문에 이를 주장하는 때에 한해 그 효력이 발생한다. 그 주장이 없는 경우에는 상대방의 청구권은 그대로 그 효력을 발생하며, 법원도 그 주장이 없는 한 이 항변권의 존재를 고려할 필요 없이 상대방의 청구를 인용하여야 한다(대판 1990.11.27, 90다카25222). 한편 이 항변권을 행사하는 시기에 관해 특별한 제한은 없고, 상대방으로부터 청구받은 때에 행사하면 된다.

판 례

(ㄱ) 부동산매매계약에서 발생하는 매도인의 소유권이전등기의무와 매수인의 매매잔대금지급의무는 동시이행관계에 있고, 동시이행의 항변권은 상대방의 채무이행이 있기까지 자신의 채무이행을 거절할 수 있는 권리이므로, 매수인이 매도인을 상대로 매매목적 부동산 중 일부에 대해서만 소유권이전등기의무의 이행을 구하고 있는 경우에도 매도인은 특별한 사정이 없는 한 그 매매잔대금 전부에 대하여 동시이행의 항변권을 행사할 수 있다(대판 2006.2.23, 2005다53187).

(ㄴ) 중간생략등기의 합의란 부동산이 전전 매도된 경우 각 매매계약이 유효하게 성립함을 전제로 그 이행의 편의상 최초의 매도인으로부터 최종의 매수인 앞으로 소유권이전등기를 경료하기로 한다는 당사자 사이의 합의에 불과할 뿐이므로, 이러한 합의가 있다고 하여 최초의 매도인이 자신이 당사자가 된 매매계약상의 매수인인 중간자에 대하여 갖고 있는 매매대금청구권의 행사가 제한되는 것은 아니다. 따라서 최초 매도인과 중간 매수인, 중간 매수인과 최종 매수인 사이에 순차로 매매계약이 체결되고 이들 간에 중간생략등기의 합의가 있은 후에 최초 매도인과 중간 매수인 간에 매매대금을 인상하는 약정이 체결된 경우, 최초 매도인은 인상된 매매대금이 지급되지 않았음을 이유로 최종 매수인 명의로의 소유권이전등기의무의 이행을 거절할 수 있다(대판 2005.4.29, 2003다66431).

(ㄷ) 기성고에 따라 공사대금을 분할하여 지급하기로 약정한 경우라도 특별한 사정이 없는 한 하자보수의무와 동시이행관계에 있는 공사대금지급채무는 당해 하자가 발생한 부분의 기성공사대금에 한정되는 것은 아니라고 할 것이다. 왜냐하면 이와 달리 본다면 도급인이 하자발생사실을 모른 채 하자가 발생한 부분에 해당하는 기성공사의 대금을 지급하고 난 후 뒤늦게 하자를 발견한 경우에는 동시이행의 항변권을 행사하지 못하게 되어 공평에 반하기 때문이다(대판 2001.9.18, 2001다9304).

(나) 소송상의 효력

동시이행의 항변권은 상대방의 청구를 전적으로 부인하는 것이 아니라 상대방이 이행을 제공할 때까지 이행을 거절할 수 있는 것에 지나지 않기 때문에, 원고(채권자)가 제기한 이행청구소송에서 피고(채무자)가 동시이행의 항변권을 주장하는 경우, 채권자의 패소로 되는 것이 아니라 '피고는 원고로부터 그 의무의 이행을 받음과 동시에(또는 상환으로) 자기 의무를 이행하라'는 취지의 판결(상환이행판결, 일부패소판결)을 받게 된다. 이 판결에 의하여 강제집행을 할 때, 원고의 반대급부 이행은 집행문부여의 요건이 아니라 집행개시의 요건(민사집행법 제41조)이다. 여기서 집행개시의 요건이란 집행력 있는 정본이 구비되더라도 이에 의하여 집행기관이 강제집행을 개시하기 위해서는 다시 몇 가지 요건(예: 집행당사자의 표시·집행권원의 송달·집행문 및 증명서의 송달·확정기한의 도래·담보의 제공·반대급부의 제공 등)을 구비해야 하는 것을 말하며, 집행개시의 요건은 집행기관이 조사·판정해야 한다.

판 례

동시이행의 항변권은 당사자가 이를 원용하여야 그 인정 여부에 대하여 심리할 수 있는 것이다(대판 2006.2.23, 2005다53187; 대판 1990.11.27, 90다카25222).

(다) 항변권 존재의 효력

1) 이행지체의 불성립

채무자가 동시이행의 항변권을 가지는 경우, 그가 이행기에 이행을 하지 않더라도 채무불이행, 즉 이행지체에 빠지지 않는다. 이러한 효과는 이행지체의 책임이 없다고 주장하는 자가 반드시 동시이행의 항변권을 행사하여야만 발생하는 것은 아니다(대판 2001.7.10, 2001다3764; 대판 1998.3.13, 97다54604,54611). 동시이행 항변권의 존재만으로 채무자가 채무를 이행하지 않음을 정당화하는 사유가 있다고 할 수 있기 때문이다(양창수, "동시이행의 항변권", 고시계 1990년 7월호, 101면). 따라서 동시이행관계에 있는 쌍무계약상 자기채무의 이행을 제공하는 경우, 그 채무를 이행함에 있어 상대방이 미리 변제받기를 거절하거나 상대방의 행위를 필요로 할 때에는 언제든지 현실로 이행을 할 수 있는 준비를 완료하고 그 뜻을 상대방에게 통지하여 그 수령을 최고하여야만 상대방으로 하여금 이행지체에 빠지게 할 수 있는 것이다(대판 2023.4.27, 2022다302497,302503).

한편 당사자 쌍방이 모두 변제의 제공을 하지 않고서 이행기를 경과한 때에는, 그 이후 쌍방의 채무는 기한의 정함이 없는 채무로서 동시이행의 관계에 있게 된다(대판 1980.8.26, 80다1037).

판 례

(ㄱ) 임대차계약의 종료에 의하여 발생된 임차인의 임차목적물 반환의무와 임대인의 연체차임을 공제한 나머지 보증금의 반환의무는 동시이행의 관계에 있다. 따라서 임차인이 동시이행의 항변권에 의하여 임차목적물을 점유하고 사용·수익한 경우, 그 점유는 불법점유라 할 수 없어 그로 인한 손해배상책임은 지지 않는다. 그러나 사용·수익으로 인하여 실질적으로 얻은 이익이 있으면 부당이득으로서 반환하여야 한다(대판 1998.7.10, 98다15545). 즉 동시이행의 항변권은 이행지체책임을 면하게 할 뿐 부당이득반환의무까지 면하게 하는 것은 아니다. 동시이행의 항변권은 채무불이행 성립의 위법성 조각사유이지만, 부당이득의 성립요건으로 위법성을 요하지 않기 때문이다.

(ㄴ) 쌍무계약이 무효로 되어 각 당사자가 서로 취득한 것을 반환하여야 할 경우, 어느 일방의 당사자에게만 먼저 그 반환의무의 이행이 강제된다면 공평과 신의칙에 위배되는 결과가 되므로 각 당사자의 반환의무는 동시이행관계에 있다. 이에 따라 어느 당사자 일방이 무효로 된 계약의 목적물을 점유하더라도 상대방이 동시이행의 관계에 있는 자신의 반환의무를 이행하거나 적법하게 이행제공하는 등으로 당사자 일방의 동시이행 항변권을 상실시키지 아니한 이상, 그 점유는 불법점유라 할 수 없으므로 이로 인한 손해배상책임을 지지 아니하고, 이러한 효과는 손해배상책임이 없다고 주장하는 자가 반드시 동시이행의 항변권을 행사하여야만 발생하는 것이 아니다(대판 2019.6.13, 2019다208533,208540).

2) 상계의 금지

동시이행의 항변권이 붙어 있는 채권은 이를 자동채권으로 하여 상계하지 못한다(제492조 1항 단서). 이를 허용하면 상대방은 이유 없이 동시이행의 항변권을 잃게 되기 때문이다. 예컨대 매수인 乙에 대하여 금전채무를 부담하고 있는 매도인 甲이 매매목적물을 제공하지 않고서 매매대금채권과 乙에 대한 금전채무를 상계하는 것은 무효이다. 그러나 이 항변권이 붙어 있는 상대방의 채권을 수동채권으로 하여, 즉 채무자가 자신의 항변권을 포기하고 상계하는 것은 무방하다. 또한 판례는 상계의 대상이 될 수 있는 자동채권과 수동채권이 동시이행관계에 있더라도 서로 현실적으로 이행하여야 할 필요가 없는 경우, 상계로 인한 불이익이 발생할 우려가 없고 오히려 상계를 허용하는 것이 동시이행관계에 있는 채권·채무 관계를 간명하게 해소할 수 있으므로 특별한 사정이 없는 한 상계가 허용된다고 한다(대판 2006.7.28, 2004다54633).

(라) 소멸시효

동시이행관계에 있더라도 소멸시효는 진행한다. 가령 부동산에 대한 매매대금 채권이 소유권이전등기청구권과 동시이행의 관계에 있다고 할지라도 매도인은 매매대금의 지급기일 이후 언제라도 그 대금의 지급을 청구할 수 있는 것이며, 다만 매수인은 매도인으로부터 그 이전등기에 관한 이행의 제공을 받기까지 그 지급을 거절할 수 있는 데 지나지 아니하므로 매매대금 청구권은 그 지급기일 이후 시효의 진행에 걸린다(대판 1991.3.22, 90다9797).

(5) 동시이행관계에 있는 계약당사자 사이의 이행제공의 정도

동시이행관계에 있는 쌍무계약의 경우, 상대방의 채무불이행을 이유로 계약을 해제하려고 하는 자는 동시이행관계에 있는 자기 채무의 이행을 제공하여야 하고, 그 채무를 이행하면서 상대방의 행위를 필요로 할 때에는 언제든지 현실로 이행할 수 있는 준비를 완료하고 그 뜻을 상대방에게 통지하여 그 수령을 최고하여야만 상대방으로 하여금 이행지체에 빠지게 할 수 있고, 단순히 이행의 준비태세를 갖추고 있는 것만으로는 부족하다(대판 2001.7.10, 2001다3764; 대판 1987.1.20, 85다카2197).

3. 위험부담

(1) 서 설

(가) 의 의

1) 쌍무계약의 당사자 한쪽의 채무가 당사자 양쪽의 책임 없는 사유로 후발적 불능이 되어 소멸한 경우(예: 乙이 甲 소유 그림을 100만원에 매수하기로 약정하였는데, 甲이 乙에게 인도하기 전에 그 그림이 丙의 방화로 소실된 경우), 그에 대응하는 상대방의 채무(매매대금 지급의무)도 소멸하는지 아니면 존속하는지 문제가 발생하는데, 이것이 위험부담의 문제이다. 여기서 위험이란 채권의 목적이 계약당사자 양쪽의 책임 없는 사유로 이행할 수 없게 된 경우의 그로 인한 불이익을 말한다. 위험에는 목적물의 멸실·훼손으로 인하여 목적물을 인도받지 못하거나 완전한 목적물을 인도받지 못할 위험인 '급부위험', 채무자가 반대급부인 대금지급을 받지 못하는 위험 또는 채권자가 급부를 받지 못함에도 반대급부를 부담해야 하는 위험인 '반대급부위험'(대가위험)이 있다.

2) 위험부담은 채무의 '후발적 불능'의 경우에 문제된다. 쌍무계약상 하나의 채무가 원시적으로 불능인 때에는 다른 채무의 존립여부는 성립상의 견련성으로 해결된다. 또한 위험부담은 후발적 불능이 '채무자에게 책임 없는 사유'로 생긴 때에 문제된다. 채무자의 책임 있는 사유로 불능이 된 때에는 본래의 채무가 손해배상채무로 변하여 존속하고, 다른 채무

에는 영향이 없다.

(나) 위험부담에 관한 입법주의

채무자의 귀책사유 없이, 목적물이 멸실된 경우에 채무자는 인도의무를 면하고, 훼손된 경우에는 훼손된 상태 그대로 인도하면 족하므로(제462조), 목적물의 멸실·훼손으로 인한 손실은 채권자가 감수하여야 한다. 결국 특정물채권에서의 급부위험은 '채권자'가 부담한다(송덕수, C-86). 한편 쌍무계약에서 대가위험(반대급부위험)을 누가 부담하느냐에 당사자의 이해가 달려 있으므로, 통상 위험이라고 하면 대가위험을 가리킨다. 여기서 채무자가 물건(목적물)도 잃고 채권자로부터 대가도 받지 못하는 경우를 가리켜 '채무자 위험부담'이라 하고, 반대로 채권자가 물건도 받지 못하면서 대가를 지급하여야 하는 경우를 '채권자 위험부담'이라 하는데, 민법은 채무자 위험부담을 원칙으로 삼고 있다(제537조). 민법의 위험부담에 관한 규정은 임의규정이므로, 당사자 사이에 특약이 있는 때에는 그에 따른다. 다만 약관에서 민법상 사업자가 부담하여야 할 위험을 상당한 이유 없이 고객에게 이전시키는 조항을 둔 경우, 그 조항은 무효이다(약관규제법 제7조 2호). 또한 상법은 운송인과 창고업자의 위험부담에 관해서 특별규정을 두고 있다(상법 제134조, 제135조, 제160조).

(다) 위험의 이전

매매계약에 의하여 소유권을 수반한 목적물의 인도가 이루어졌다면 더 이상 계약에 기한 위험의 배분이 문제되지 않으며, 소유권에 수반되는 물건의 위험이 문제될 뿐이다(물건의 위험은 당연히 소유자가 부담한다). 여기서 채무자가 부담하는 반대급부위험을 언제부터 채권자가 부담하게 되느냐가 문제이다.

1) 목적물이 동산인 경우

동산의 경우 소유권이전 여부와 상관없이 인도시에 위험이 이전하며, 화물상환증이나 창고증권의 경우 이를 교부하면 물건을 인도한 효력이 있으므로(상법 제133조, 제157조) 그 교부시에 위험이 채권자에게 이전한다(통설). 따라서 할부매매를 하면서 대금완납할 때까지 소유권을 매도인에게 유보(소유권유보)하기로 한 경우, 목적물 인도시에 위험이 매수인에게 이전한다.

2) 목적물이 부동산인 경우

부동산의 경우, ① 소유권이전등기시에 위험이 이전한다는 견해(이은영, 188면), ② 원칙적으로 소유권이전등기시를 기준으로 하지만 이전등기를 하기 전이라도 미리 인도를 하여 매수인이 점유·사용하는 경우에는 인도시에 위험이 이전한다는 견해(김형배, 165면; 김상용, 98면), ③ 이전등기 전이라도 매수인에게 인도하고 이전등기에 필요한 서류를 교부하면 일반적으로 채권자지체에 빠지므로 그때부터 매수인이 위험을 부담한다는 견해가 대립하고 있다(송덕수, D-131).

3) 채권자지체

채권자지체가 발생한 경우에는 그때부터 위험이 채권자에게 이전한다(제538조).

(2) 채무자의 반대급부위험부담 — 채무자 위험부담주의

계약당사자 양쪽의 책임 없는 사유로 당사자 한쪽의 채무가 불능이 된 경우에 채무자는 채권자에 대한 반대급부청구권을 상실하게 된다(제537조).

(가) 요 건

1) 쌍무계약이 존재할 것

위험부담은 대가위험의 부담을 다루는 것이고, 따라서 당사자 양쪽의 채무가 대가적 견련관계에 있어야 하기 때문에, 부수의무에 관해서는 원칙적으로 위험부담의 법리가 적용되지 않는다(이은영, 178면). 또한 당사자 한쪽만 채무를 부담하는 편무계약에서는 그와 대가관계에 서는 반대급부가 존재하지 않으므로 성질상 위험부담이 문제되지 않는다. 다시 말하면 편무계약의 경우에는 채무자의 귀책사유 없이 채무이행이 불가능하게 된 때에 채무자는 급부의무를 면하게 됨으로 급부불능에 따른 급부위험은 채권자가 부담하게 된다. 그러므로 편무계약의 경우에는 급부위험만 문제될 뿐이며, 채권자가 급부위험을 부담한다. 다만 부담부 증여에는 쌍무계약에 관한 규정이 준용되므로(제561조), 위험부담의 원칙도 이에 적용된다.

2) 당사자 한쪽의 채무가 후발적으로 불능이 될 것

위험부담은 후발적 불능을 둘러싸고 일어나는 문제이고, 원시적 불능의 경우에는 계약의 무효·계약체결상의 과실책임(제535조) 혹은 담보책임(제570조 이하)이 문제될 뿐이다. 급부불능은 특정물의 멸실, 급부자체는 물리적으로 가능하나 과다한 비용이나 노력이 들어 불능으로 판단되는 경우, 국가에 의한 적법한 금지조치 및 채무자의 처분권상실 등 사실상의 불능뿐만 아니라 거래관념상의 기대불가능에 의하여 발생한다. 급부가 가능한가의 판단은 원칙적으로 이행기를 기준으로 하지만, 이행기 전이라도 불능이 확실한 경우에는 위험부담의 효과가 발생할 수 있다(최병조, 민법주해(XIII), 67면).

3) 계약당사자 양쪽의 책임 없는 사유로 후발적 불능이 발생할 것

후발적 불능에 대하여 계약당사자 양쪽의 귀책사유가 없어야 한다. 따라서 채무자의 귀책사유로 인한 것이라면 채무는 이행불능에 의한 손해배상(전보배상)채무로 변하여 존속하므로, 위험부담의 문제는 생기지 않는다. 또한 채무자의 이행지체 중에 생긴 불가항력의 손해에 대하여 일정한 경우, 채무자는 채무불이행의 손해배상책임을 지므로(제392조), 그 한도에서 채무자의 이행지체 중에 생긴 당사자 양쪽의 귀책사유 없는 급부불능은 위험부담의 문제로 처리되지 않는다. 한편 당사자 양쪽에게 책임 있는 사유로 인한 후발적 불능은 채무불이행 및 과실상계가 문제되며, 채권자의 수령지체 중에 당사자 양쪽의 책임 없는 사유로 불능이 된

경우에 채무자는 반대급부청구권을 상실하지 않는다(제538조 1항 후문). 참고로 귀책사유와 관련한 이행불능과 위험부담의 차이점을 도표로 살펴보면 다음과 같다.

→ · 계약체결상의 과실 | 계약 성립

후발적 불능에 대한 귀책사유 유무(OX)
· 이행불능 : 채무자 O
· 위험부담 :
- 채무자 X
- 채권자
  - X - 제537조
  - O - 제538조 1항 전문
  - X but 수령지체 - 제538조 1항 후문

· 과실상계 :
- 채무자 O
- 채권자 O

(나) 효 과

1) 반대급부청구권의 소멸

(i) 당사자 양쪽의 책임 없는 사유로 채무이행이 불능으로 된 경우에 채무자는 채권자에 대한 반대급부청구권을 상실하게 된다(제537조). 다시 말하면 상대방(채권자)의 반대급부의무도 소멸한다. 이 경우 채권자는 급부위험을 부담하며, 채무자는 대가위험을 부담한다. 예컨대 甲 소유의 물건을 乙에게 매도하기로 계약을 체결하였는데, 이행기 전에 甲의 이웃집 화재로 매매목적물이 소실한 경우에 甲의 목적물에 대한 소유권이전의무는 소멸하고 아울러 乙에게 매매대금지급을 청구하지 못한다. 따라서 乙이 반대급부(매매대금)를 이미 이행한 경우, 甲에 대하여 부당이득을 이유로(제741조) 이행한 것의 반환을 청구할 수 있다(대판 2021.5.27, 2017다254228).

(ii) 기간을 정한 부동산의 임대차계약 등 채권·채무의 내용을 이루는 급부가 일정 기간 계속하여 행하여지는 이른바 계속적 계약에서 어떠한 사유로 일정기간 동안 채무이행이 불가능하게 된 경우, 해당 기간의 급부불능을 일시적인 것이 아니라 종국적인 것이라고 평가할 수 있다. 이때 '해당 기간의 급부불능이 종국적 이행불능'에 해당하는 이상 계약의 존속 여부는 제537조의 적용 여부에 영향을 미치지 않는다(대판 2025.5.1, 2024다293580). 가령 코로나19의 확산으로 국토교통부의 조치에 따라 공항의 국제선 운항이 중단되자 2020. 4. 6.부터 2020. 8. 31.까지 면세점 영업목적으로 부동산을 임차한 원고들이 임대인인 피고의 임대차목적물 사용·수익 상태 제공의무의 이행불능을 이유로 이미 지급한 차임의 반환을 청구한 경우, ① 임대차계약의 내용에 따라 임대인인 피고는 임차인인 원고들이 임대차목적물을 면세점 용도로 사용·수익할 수 있는 상태로 유지시켜 줄 의무가 있고, ② 국토교통부의 국제선 운항 중단 조치로 공항 국제선 청사가 폐쇄됨에 따라 면세점 운영이 중단되었던 2020. 4. 6.부터 2020. 8. 31.까지 기간 동안 피고가 임대차목적물을 면세점 용도로 사용·수익할 수 있는 상태로 유지시킬 의무는 당사자 쌍방의 책임 없는 사유로 이행할 수 없게 되었으므로 원고들이 이미 지급

한 차임 전액의 반환을 구할 수 있다.

판 례

(ㄱ) 매매목적물이 경매절차에서 매각됨으로써 당사자 쌍방의 귀책사유 없이 이행불능에 이르러 매매계약이 종료된 경우, 위험부담의 법리에 따라 매도인은 이미 지급받은 계약금을 반환하여야 하고 매수인은 목적물을 점유·사용함으로써 취득한 임료 상당의 부당이득을 반환할 의무가 있다(대판 2009.5.28, 2008다98655,98662).

(ㄴ) 쌍무계약에서 계약 체결 후에 당사자 쌍방의 귀책사유 없이 채무의 이행이 불가능하게 된 경우 채무자는 급부의무를 면함과 더불어 반대급부도 청구하지 못하므로, 쌍방 급부가 없었던 경우에는 계약관계는 소멸하고, 이미 이행한 급부는 법률상 원인 없는 급부가 되어 부당이득의 법리에 따라 반환청구할 수 있다. 한편 계약 당시에 이미 채무의 이행이 불가능했다면 특별한 사정이 없는 한 채권자가 그 이행을 구하는 것은 허용되지 않고, 이미 이행한 급부는 법률상 원인 없는 급부가 되어 부당이득의 법리에 따라 반환청구할 수 있으며, 나아가 민법 제535조에서 정한 계약체결상의 과실책임을 추궁하는 등으로 권리를 구제받을 수 있다(대판 2017.10.12, 2016다9643).

2) 일부불능과 반대급부의 감축

당사자 양쪽에게 책임 없는 사유로 급부의 일부가 불능으로 된 경우, 채무자는 불능의 범위에서 채무를 면하고, 상대방의 채무도 그 일부불능 부분에 비례하여 소멸하지만, 그 일부불능으로 인해 계약의 목적을 달성할 수 없는 때에는 전부불능과 동일하게 상대방의 채무 전부가 소멸한다(통설). 예컨대 매각허가결정이 있는 후 매각대금 지급 전에 당사자의 책임 없는 사유로 목적물의 일부가 멸실된 경우, 매수인이 나머지 부분을 매수할 의사로 매각대금의 감액신청을 할 때에 경매법원은 위험부담 내지 하자담보책임의 이론을 적용하여 감액할 수 있다(대결 1979.7.24, 78마248). 한편 민법은 임대차에서 이러한 취지를 명문으로 규정하고 있다(제627조 1항).

참고로 ① 채무자의 귀책사유로 일부불능으로 된 경우에는 일부 이행불능의 법리가 적용된다. 따라서 그 부분에 대한 손해배상을 청구하고 일부 해제가 있을 수 있지만, 그 일부불능으로 계약의 목적을 달성할 수 없는 때에는 전부 이행불능으로 처리된다. ② 채권자의 귀책사유로 일부불능으로 된 경우에는 채무자는 그 상태로 인도하고 상대방에게 제538조에 따라 반대급부의 이행을 청구할 수 있다.

3) 대상청구권의 인정

채무자가 급부불능을 원인으로 급부에 갈음하는 이익을 취득한 경우(예: 보상금청구권·제3자에 대한 손해배상청구권·보험금청구권 등)에 채권자는 그 대상을 청구하고 자기의 반대급부를 이행할 수 있다(代償請求權). 물론 채권자가 대상청구권을 행사하지 않고 반대급부의 소멸을 주장할 수 있다.

판 례

채무자가 목적물 소유자로서 수령하게 되는 보상금에 대하여 채권자인 경락인이 대상청구권을 가진다고 보는 이상, 특별한 사정이 없는 한 채권자는 그 목적물에 대하여 지급되는 보상금 전부에 대하여 대상청구권을 행사할 수 있는 것이고, 소유권이전등기의무의 이행불능 당시 채권자가 그 목적물의 소유권을 취득하기 위하여 지출한 매수대금 상당액 등의 한도 내로 그 범위가 제한된다고 할 수 없다(대판 2008.6.12, 2005두5956).

(3) 채권자의 귀책사유로 인한 급부불능—채권자 위험부담주의

위험부담은 원칙적으로 채무자가 부담하지만, 예외적으로 후발적 불능이 채권자의 책임 있는 사유로 발생한 때에는 채권자가 부담한다. 즉 쌍무계약의 당사자 한쪽의 채무가 '채권자의 책임 있는 사유로' 또는 '채권자의 수령지체 중에 당사자 양쪽에게 책임 없는 사유로' 이행할 수 없게 된 경우, 채무자는 상대방의 이행을 청구할 수 있다(제538조 1항).

(가) 요 건

1) 쌍무계약이 존재할 것

위험부담은 대가위험의 부담을 다루는 것이고, 채무의 대가적 견련관계를 전제로 하기 때문에 편무계약에서는 문제가 되지 않는다.

2) 당사자 한쪽의 채무가 후발적으로 불능이 될 것

불능은 이행불능에서 말하는 불능과 차이가 없으며, 자연과학적 물리적 불능에 한하지 않고 사회통념에 따라 정해진다.

3) 후발적 불능이 채권자의 책임 있는 사유로 발생하거나 수령지체 중에 당사자 양쪽의 책임 없는 사유로 발생할 것

가) 채권자의 책임 있는 사유

채권자의 책임 있는 사유란 채권자의 어떤 행위(작위나 부작위)가 채무자의 이행의 실현을 방해하고 그러한 행위는 채권자가 이를 피할 수 있었다는 점에서 신의칙상 비난받을 수 있는 경우를 의미한다(대판 2014.11.27, 2013다94701). 예컨대 ① 사용자의 위법·무효인 해고처분에 의하여 근로자가 근로제공의무를 이행할 수 없게 된 경우(대판 2002.5.31, 2000다18127), ② 부동산매수인이 매매목적물에 설정된 근저당권의 피담보채무를 이행인수한 뒤 그 변제를 게을리하여 근저당권이 실행됨으로써 매도인이 매매목적물에 대한 소유권을 상실한 경우(대판 2009.5.14, 2009다5193) 등이 그것이다.

판 례

부동산 매수인이 매매목적물에 설정된 근저당권의 피담보채무에 관하여 그 이행을 인수한 경우, 채권자에 대한 관계에서는 매도인이 여전히 채무를 부담한다고 하더라도, 매도인과 매수인 사이에서는 매수인에게 피담보채무를 변제할 책임이 있으므로, 매수인이 그 변제를 게을리하여 근저당권이 실행됨으로써 매도인이 매매목적물에 관한 소유권을 상실하였다면, 특별한 사정이 없는 한, 이는 매수인에게 책임 있는 사유로 인하여 소유권이전등기의무가 이행불능으로 된 경우에 해당하고, 거기에 매도인의 과실이 있다고 할 수는 없다(대판 2008.8.21, 2007다8464,8471). 경매로 낙찰받은 부동산에 관하여 낙찰대금의 납부 전에 체결한 매매계약에서 매수인이 그 낙찰대금의 납입을 대신하기로 약정하였으나 이를 이행하지 않아 부동산이 재경매됨으로써 매도인의 채무가 이행불능이 된 경우에도 마찬가지이다(대판 2008.8.11, 2008다25824).

나) 채권자의 수령지체

채무자가 이행기에 채무내용에 따른 이행의 제공을 하였으나 채권자가 이를 수령하지 않거나 채권자가 필요한 협력을 하지 않음으로써 채무자가 이행을 완료할 수 없을 때에 채권자는 지체책임을 진다(제400조). 채권자의 수령지체 중에 채무자의 급부가 당사자 양쪽의 책임 없는 사유로 불능이 된 때에 그 불이익은 채권자가 부담한다(제538조 1항 후문). 물론 '채권자의 수령지체 중에 당사자 양쪽의 책임 없는 사유로 이행할 수 없게 된 때'에 해당하기 위해서는 현실제공이나 구두 제공이 필요하다(대판 2004.3.12, 2001다79013). 또한 채권자지체가 성립하면 채무자의 급부가 그의 경과실에 의하여 불능으로 되더라도 제401조에 따라 그는 이에 대하여 책임을 지지 않으므로, 채무자의 경과실에 기한 급부불능은 그의 책임 없는 급부불능과 동일시된다. 따라서 제538조 1항 후문에 의하여 채권자지체 중에 채무자의 급부가 그의 경과실로 불능으로 되어 급부의무가 소멸하였더라도 채권자에 대한 반대급부청구권은 소멸하지 않는다. 한편 채무자의 중대한 과실에 의한 급부불능이 채권자의 수령지체 중에 발생한 경우, 채권자는 제390조에 의하여 손해배상을 청구하게 되고, 이때에 채권자의 지체가 과실상계(제396조)의 사유로 참작되어 채권자의 배상청구액이 감액될 것이다(김형배, 173면).

(나) 효 과

1) 채권자의 반대급부의무

급부불능이 된 채무자의 급부의무는 소멸하지만, 그의 반대급부청구권, 즉 상대방의 반대급부의무는 소멸하지 않는다(제538조 1항). 따라서 불능으로 된 급부의무의 채권자가 위험을 부담한다. 한편 수령지체 중에는 채무자의 경과실에 의한 급부불능이 당사자 쌍방의 책임 없는 사유에 의한 불능으로 다루어진다. 따라서 제538조 1항 후문에 의하여 수령지체 중에 채무자의 급부가 그의 경과실로 불능으로 되어 급부의무가 소멸하였더라도 채권자에 대한 반대급부청구권은 소멸하지 않는다.

2) 이득상환의무

채무자는 자기의 채무를 면하지만 채권자에 대한 반대급부청구권을 잃지 않는다(제538조 1항). 다만 채무자가 자기의 채무를 면함으로써 얻은 이익은 이를 채권자에게 상환하여야 한다(제538조 2항). 채권자의 귀책사유가 있기 전보다 이익을 얻는 것은 부당하기 때문이다. 예컨대 매도인의 재산권이전의무가 매수인의 책임 있는 사유로 불능으로 된 때에는 매도인은 재산권이전의무를 면하고 그에 따라 송부비용 등을 절약하였다면, 이 금액은 매매대금에서 공제되어야 한다. 이 경우 상환하여야 할 이익은 채무를 면한 것과 상당인과관계에 있는 것에 한한다(대판 1993.5.25, 92다31125). 가령 근로자가 해고기간 중에 노동조합기금으로부터 지급받은 금원은 그가 노무제공을 면한 것과 상당인과관계에 있는 이익으로 볼 수 없다(대판 1991.5.14, 91다2656).

3) 근로자의 부당해고에 따른 임금청구

근로자의 부당해고에 따른 임금청구에 관해, 판례는 제538조를 적용한다. 즉 ① 사용자의 근로자에 대한 퇴직처분이 무효인 경우에는 그 동안 근로계약 관계가 유효하게 계속되고 있었는데도 근로자가 사용자의 귀책사유로 말미암아 근로를 제공하지 못한 것이므로 근로자는 계속 근로하였을 경우에 받을 수 있는 임금 전부의 지급을 청구할 수 있다(대판 2002.5.31, 2000다18127; 대판 1993.5.25, 92다31125). ② 사용자가 정당한 사유에 의하여 사업을 폐지한 경우에는 사용자의 귀책사유로 인하여 근로제공을 못한 것이 아니므로 그 기간 중에는 임금을 청구할 수 없다(대판 1994.9.13, 93다50017). ③ 사용자의 근로자에 대한 해고가 무효이더라도 해고기간 중 근로자가 징역형을 선고받아 구속되어 있는 경우에는 근로자가 근로의 제공을 할 수 없는 처지였으므로 구속기간 동안의 임금을 청구할 수 없다(대판 1995.1.24, 94다40987). ④ 사용자의 귀책사유로 해고된 근로자가 해고기간 중에 다른 직장에 취업하여 지급받은 임금은 제538조 2항에 의해 이를 공제하여야 한다. 다만 근로기준법의 적용을 받는 근로관계에 한해서는 동법 제46조가 규정하는 휴업수당은 최소한 보장되어야 하므로, 다른 직장에서 받은 임금이 휴업수당 범위 내인 경우에는 이를 공제할 것이 아니고, 휴업수당을 초과한 경우에 한해 그 초과부분만을 공제하여야 한다(대판 1993.11.9, 93다37915). ⑤ 근로자가 무효인 부당전직에 불응하여 전직명령의 효력을 다투면서 전직발령지에서 근로를 제공하지 않는 경우, 이는 부당한 전직명령을 한 사용자의 귀책사유로 말미암은 것이므로, 근로자는 전직명령시부터 원직복귀시까지의 기간 동안 종전 근무지에서 계속 근로하였을 경우에 받을 수 있는 임금의 지급을 청구할 수 있다(대판 2006.9.14, 2006다33531).

판 례

사용자가 근로자들에 대한 해고처분이 정당하다고 다투면서 근로자들의 근로제공에 대하여 계속 그 수령을 거부하고 있는 경우, 의료전문인인 근로자들이 해고처분 이후 다른 병원에 취업하거나 독자적으로 개업을 하여 소득을 얻고 있다고 하더라도 이로써 사용자에 대한 근로자들의 근로제공이 사실상 불가능하게 되어 사용자의 귀책사유가 소멸하였다고 할 수 없다(대판 1996.9.24, 95다21785).

Ⅲ. 제3자를 위한 계약

1. 서 설

(1) 의 의

제3자를 위한 계약이란 계약으로부터 생기는 급부청구권을 계약당사자가 아닌 제3자가 취득하도록 하는 계약을 말한다(제539조 1항). 예컨대 甲이 생명보험에 들면서 사고발생시 보험금을 乙에게 지급할 것을 보험회사와 약정한 경우나 백화점에서 물건을 사면서 그것을 제3자에게 배달해 줄 것을 약정하는 경우가 제3자를 위한 계약이다. 또한 부동산을 매매하면서 매도인과 매수인 사이에 중도금 및 잔금은 매도인의 채권자에게 직접 지급하기로 약정한 경우, 그 약정은 매도인의 채권자로 하여금 매수인에 대하여 그 중도금 및 잔금에 대한 직접청구권을 행사할 권리를 취득케 하는 제3자를 위한 계약에 해당한다(대판 1997.10.24, 97다28698). 이때 제3자에 대한 이행약속을 요청한 채권자를 요약자(要約者), 제3자에게 급부를 행할 의무를 부담하는 채무자를 낙약자(채무부담 약속을 수락하는 자), 직접 급부를 받는 제3자를 수익자라고 부른다.

판 례

어떤 계약이 제3자를 위한 계약에 해당하는지 여부는 당사자의 의사가 그 계약에 의하여 제3자에게 직접 권리를 취득하게 하려는 것인지에 관한 의사해석의 문제로서 이는 계약 체결의 목적, 계약에 있어 당사자의 행위의 성질, 계약으로 인하여 당사자 사이 또는 당사자와 제3자 사이에 생기는 이해득실, 거래관행, 제3자를 위한 계약제도가 갖는 사회적 기능 등 제반 사정을 종합하여 계약 당사자의 의사를 합리적으로 해석함으로써 판별할 수 있다(대판 2006.9.14, 2004다18804; 대판 2006.1.26, 2005다54999).

(2) 제3자를 위한 계약과 구별되는 제도

(가) 제3자를 위한 계약에 속하는 경우

제3자를 위한 계약에 의하여 제3자(수익자)는 직접 채무자에 대하여 급부를 청구할 수 있는 권리를 취득한다. 따라서 타인을 위한 보험(상법 제639조), 변제를 위한 공탁(제487조), 제3자의 명의로 예금을 하는 경우, 병존적 채무인수 등이 제3자를 위한 계약에 속한다.

판 례

제3자를 위한 계약이 성립하기 위하여는 일반적으로 그 계약의 당사자가 아닌 제3자로 하여금 직접 권리를 취득하게 하는 조항이 있어야 할 것이지만, 계약의 당사자가 제3자에 대하여 가진 채권에 관하여 그 채무를 면제하는 계약도 제3자를 위한 계약에 준하는 것으로서 유효하다(대판 2004.9.3, 2002다37405).

(나) 제3자를 위한 계약에 속하지 않는 경우

1) 이행인수

이행인수는 인수인이 채무자에 대해 채무자를 면책케 하는 채무를 내부적으로 부담할 뿐 채권자로 하여금 직접 인수인에 대해 채권을 취득케 하는 것이 아닌 점에서 제3자인 채권자를 위한 계약이라고 할 수 없다(대판 1997.10.24, 97다28698).

2) 면책적 채무인수

면책적 채무인수는 채무의 동일성이 그대로 유지되고 채권자로 하여금 새로운 채권을 취득케 하는 것이 아니므로, 제3자를 위한 계약이라고 할 수 없다. 반면에 원채무자와 인수인 사이의 병존적 채무인수는 채권자에게 인수인에 대한 새로운 채권을 취득케 하는 것이므로, 제3자를 위한 계약이라고 할 수 있다(대판 2008.3.27, 2006다40515). 다시 말하면 계약당사자 일방이 상대방의 제3자에 대한 채무와 동일한 내용의 채무를 중첩적으로 인수하여 직접 제3자에게 이행하기로 하는 약정은 제3자를 위한 계약이다(대판 1989.4.25, 87다카2443). 따라서 부동산을 매매하면서 매도인과 매수인 사이에 중도금 및 잔금은 매도인의 채권자에게 직접 지급하기로 약정한 경우, 그 약정은 매도인의 채권자로 하여금 매수인에 대하여 그 중도금 및 잔금에 대한 직접청구권을 행사할 권리를 취득케 하는 제3자를 위한 계약에 해당하고 동시에 매수인이 매도인의 그 제3자에 대한 채무를 인수하는 병존적 채무인수에도 해당한다(대판 1997.10.24, 97다28698).

3) 부진정한 제3자를 위한 계약

제3자가 직접 채무자(낙약자)에 대하여 급부청구권을 가지지 않는 경우에는 진정한 의미의 제3자를 위한 계약이 성립하지 않는다. 예컨대 甲이 전자제품판매상 乙로부터 X회사 제품을 매수하기로 계약을 체결하였고, 해당 제품이 없는 乙(요약자)이 도매상 丙(낙약자)에게 부탁하여 甲(제3자)에게 직접 배달·인도하여 주도록 한 경우, 丙이 甲에게 X회사 제품을 인도한 때 乙의 채무는 이행되었지만 甲은 丙에 대하여 직접 이행청구권을 갖지는 않는다(이행인수에 해당). 이와 같이 제3자 甲이 낙약자 丙에 대하여 급부청구권을 취득하는 것이 아닌 점에서 진정한 의미의 제3자를 위한 계약과 다르고, 이를 부진정한 제3자를 위한 계약이라고 한다.

4) 제3자 보호효 있는 계약

제3자 보호효 있는 계약이란 계약당사자는 아니지만 계약관계에 기한 보호의무의 이행에 직접 이해관계를 가지는 제3자에게도 그 의무위반을 이유로 한 손해배상청구권을 인정하는 이론을 말한다. 가령 건물소유자가 수리업자에게 건물의 수리를 의뢰하였는데, 수리업자의 과실로 그 소유자의 가족이나 그 소유자로부터 그 건물을 임차하여 사용하고 있던 임차인이 피해를 본 경우, 가족이나 임차인이 수리업자에게 불법행위책임을 물을 수 있는 이외에 그들이 도급계약의 당사자는 아니지만 건물수리와 관련하여 이해관계를 가지고 있어 수리업자의 보호의무에 따른 보호의 범위 내에 들면 수리업자에게 보호의무 위반을 이유로 계약상의 손해배상을 청구할 수 있다는 이론이다. 그런데 제3자 보호효 있는 계약은 보호의 범위에 드는 제3자가 손해배상청구를 할 수 있을 뿐 본래의 계약상의 급부청구권 자체를 취득하는 것은 아니다. 반면에 제3자를 위한 계약은 계약의 당사자가 아닌 제3자에게 직접 급부청구권을 취득시키는 것이므로 제3자가 낙약자에게 직접 급부청구권을 갖는다. 따라서 양자는 구별된다.

2. 제3자를 위한 계약에 있어서 3면관계

예컨대 甲이 그 소유 토지를 乙에게 5,000만원에 매도하면서 그 대금은 乙이 丙에게 지급하기로 약정을 한 경우, 채무자 乙이 제3자 丙에게 그 대금을 지급하는 데는, 즉 제3자가 급부청구권을 취득하는 데는 2가지의 원인관계가 존재한다.

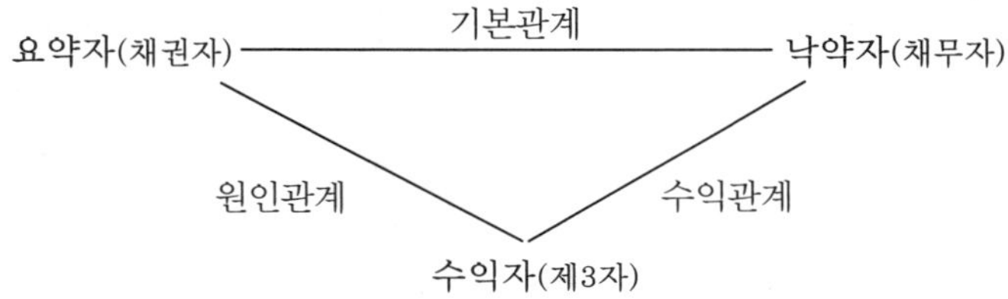

(1) 채권자 · 채무자 사이의 관계 — 기본(보상)관계

요약자(채권자)와 낙약자(채무자) 사이의 관계로, 낙약자가 수익자에게 급부를 함으로써 입게 되는 손실이 낙약자와 요약자 사이의 관계에 의하여 보상된다. 예컨대 채무자 乙이 丙에게 5,000만원을 지급하는 것은 전적으로 甲과의 매매계약을 기초로 하는 것이다. 즉 乙이 甲에게 지급할 5,000만원을 甲과의 약정으로 丙에게 지급하는 것을 제외하고는 甲과의 매매계약은 아무런 영향을 받지 않으며, 丙의 급부청구권은 매매계약에 의존하게 된다. 따라서 乙은 甲에게 토지소유권의 이전을 청구할 수 있고, 丙의 청구에 대해 동시이행의 항변을 할 수도 있으며, 또 甲과의 매매계약이 무효·취소·해제된 때에는 丙의 급부청구권도 소멸하게 되는 영향을 받는다(제542조). 한편 乙이 丙에게 5,000만원을 지급하면서 생긴 경제적 손실은 甲으로부터 소유권을 이전받아 전보되는 점에서, 요약자(甲)과 낙약자(乙)의 관계를 보상관계 내지 기본관계라 한다.

(2) 채권자 · 제3자 사이의 관계 — 원인(대가)관계

요약자(채권자)와 수익자(제3자) 사이의 관계로, 요약자가 자기가 취득할 권리를 제3자에게 귀속하게 하는 원인 내지 이유가 된다. 예컨대 丙이 5,000만원의 급부청구권을 취득하는데는 甲과 丙 사이에 어떤 원인관계가 있음을 전제로 한다. 그것은 증여일 수도 있고 또 丙에 대한 채무의 변제를 위한 것일 수 있다. 이러한 관계를 원인관계 또는 대가관계라고 한다. 그런데 대가관계는 요약자(채권자)와 수익자(제3자) 사이의 내부관계에 불과하여 제3자를 위한 계약의 내용이 되지 않으며, 따라서 이러한 원인관계의 흠결이나 하자는 제3자를 위한 계약의 성립에 영향을 미치지 않는다. 다만 요약자와 제3자 사이에서 부당이득의 반환이 문제될 뿐이다.

(3) 채무자 · 제3자 사이의 관계 — 수익관계

낙약자와 수익자 사이의 관계로, 수익자는 낙약자에 대하여 급부청구권을 가진다. 그런데 이 청구권은 위의 기본관계에 기한 것이므로 그에 의존하게 된다.

3. 성립요건

(1) 요약자와 낙약자간에 유효한 계약이 성립할 것

(가) 제3자를 위한 계약이 성립하기 위해서는 요약자와 낙약자 사이에 계약의 일반적 성립요건이 존재하여야 한다. 또한 기본관계에 관해서 특별한 성립·효력발생요건이 있으면 이를

갖추어야 한다. 예컨대 토지거래허가구역 내의 임야를 소유한 요약자가 낙약자에게 이를 매도한 경우에 토지거래계약이 유효하게 성립하기 위해서는 해당 시장·군수의 허가가 있어야 한다.

(나) 계약에는 조건을 붙일 수 있으므로, 조건부 제3자를 위한 계약이 가능하다(대판 1996.12.20, 96다34863). 한편 제3자의 부담을 목적으로 하는 계약, 즉 제3자에게 직접 채무만을 부담시키기로 하는 계약은 무효이다(통설). 누구도 자기의사에 의하지 않고는 채무를 부담하지 않아야 하기 때문이다(자기결정의 원칙).

판 례

주택분양보증은 사업계획승인을 얻은 자가 분양계약상의 주택공급의무를 이행할 수 없게 되는 경우, 주택사업공제조합이 수분양자가 이미 납부한 계약금 및 중도금의 환급 또는 주택의 분양에 대하여 이행책임을 부담하기로 하는 '조건부 제3자를 위한 계약'인데, 제3자 지위에 있는 수분양자는 수익의 의사표시에 의하여 권리를 취득함과 동시에 의무를 부담할 수 있고, 제3자를 위한 계약의 수익의 의사표시는 명시적으로뿐만 아니라 묵시적으로도 할 수 있다(대판 2006.5.25, 2003다45267).

(2) 제3자에게 직접 권리를 취득하게 하는 취지가 계약의 내용에 존재할 것

계약내용에 제3자로 하여금 직접 권리를 취득하게 하는 취지가 포함되어 있어야 한다. 제3자가 취득하도록 하는 권리는 채권인 경우가 보통이지만, 채권에 한하지 않고 계약에 의하여 일방의 당사자가 취득할 수 있는 권리는 모두 제3자로 하여금 취득하게 할 수 있다. 따라서 낙약자(채무자)가 제3자에 대하여 갖는 채권을 소멸시키기로 한 약정도 제3자를 위한 처분행위로서 유효하다(대판 1980.9.24, 78다709).

판 례

(ㄱ) 제3자를 위한 계약이 성립하기 위하여는 일반적으로 그 계약의 당사자가 아닌 제3자로 하여금 직접 권리를 취득하게 하는 조항이 있어야 할 것이지만, 계약의 당사자가 제3자에 대하여 가진 채권에 관하여 그 채무를 면제하는 계약도 제3자를 위한 계약에 준하는 것으로서 유효하다(대판 2004.9.3, 2002다37405).

(ㄴ) 제3자를 위한 계약에서 낙약자의 제3자에 대한 급부의 내용에는 제한이 없어 낙약자가 제3자에 대하여 가지는 청구권을 행사하지 않도록 하는 것도 급부에 해당하고, 이 경우 제3자는 낙약자의 청구에 대해 청구권불행사의 합의(부제소특약)가 있었다는 항변권을 행사할 수 있으며, 제3자를 위한 계약에서의 제3자는 계약의 당사자는 아니지만 낙약자가 제3자에 대하여 직접 급부의무를 부담하게 되고, 그 급부의무의 기초에는 요약자와 제3자 사이의 원인관계(대가관계)가 존재한다는 점에서 제3자의 의사나 사정은 요약자를 통해 계약의 내용에 반영되어 있다고 보아야 할 것이므로 제3자를 위한 계약의 내용을 해석할 때에는 제3자의 의사나 사정도 고려하여야 할 것이다(대판 2006.1.12, 2004다46922).

(3) 수익의 의사표시를 할 때에 제3자를 현존·특정할 수 있을 것

제3자는 계약체결 당시 현존하고 있어야 하는 것은 아니다. 따라서 제3자는 계약체결 당시 임신되지 않은 아이나 성립 전의 법인인 경우에도 상관없고, 다만 수익의 의사표시를 할 때에 현존하거나 특정할 수 있으면 된다.

4. 효 과

(1) 제3자에 대한 효력

(가) 제3자의 권리취득

1) 채무자에 대한 제3자의 급부청구권은 수익의 의사표시를 한 때부터 생긴다(제539조 2항). 제3자가 권리취득을 원하지 않을 수도 있으므로, 제3자의 수익의 의사표시를 권리발생의 요건으로 한 것이다. 그런데 수익의 의사표시가 없더라도 기본관계에 관하여 성립요건이 갖추어지면 제3자를 위한 계약자체는 성립하고, 당사자 사이에 효력이 발생한다. 따라서 수익의 의사표시는 제3자가 권리를 취득하기 위한 요건이다. 수익의 의사표시는 채무자에 대하여 명시적·묵시적으로 하여야 하며, 수익의 의사표시는 권리만 얻는 것이므로 미성년자도 독자적으로 할 수 있다(제5조 1항 단서).

2) 한편 수익의 의사표시는 권리취득의 절대적 요건인지, 즉 수익의 의사표시 없이 수익자가 당연히 권리를 취득한다는 계약당사자 사이의 특약이 유효한지가 문제이다. 이에 대해 ① 제3자에게는 이익을 포기할 수 있는 자유, 즉 수익거절권이 보장되어 이익이 강제되지 않으므로 유효하다는 견해(곽윤직, 76면; 이은영, 200면), ② 이익이라도 수익자의 의사에 반하여 강요할 수 없고, 수익의 의사표시 없이 수익자가 당연히 권리를 취득한다는 계약당사자 사이의 특약은 원칙적으로 효력이 없으며, 수익의 의사표시는 권리취득의 절대적 요건이며, 결국 수익의 의사표시에 관한 제539조 2항은 강행규정이라는 견해가 있다(김주수, 111면; 김증한/김학동, 69면; 송덕수, D-142; 지원림, 5-74). 생각건대 제539조 2항을 배제하게 되면 부담부 권리를 제3자에게 취득시킬 수 있어 부당하므로, 후설이 타당하다고 할 것이다. 다만 예외적으로 제3자를 위한 보험계약(상법 제639조 1항)·운송계약(상법 제140조)·신탁(신탁법 제56조) 또는 공탁 등에서는 수익의 의사표시를 필요로 하지 않는다.

(나) 제3자의 지위

1) 수익의 의사표시 전

제3자가 수익의 의사를 표시하면 채권을 취득하므로, 제3자는 일방적인 의사표시에 의해 권리를 취득할 수 있는 지위, 즉 일종의 형성권을 가진다. 이 형성권은 재산적 색채가 강하므로 상속·양도는 물론이고 채권자대위권의 목적이 된다. 제3자가 수익의 의사표시를 할 수 있는 기간은, ① 당사자가 존속기간을 정하고 있는 경우에는 그 기간이고, ② 존속기간을 정하고 있지 않은 경우에는 10년의 제척기간에 걸린다(채권자의 채무자에 대한 채권이 10년의 시효에 걸리기 때문이다). 그러나 채무자인 낙약자는 상당한 기간을 정하여 제3자에게 계약 이익의 향수 여부의 확답을 최고할 수 있고, 낙약자가 그 기간 내에 확답을 받지 못한 때에는 제3자가 수익을 거절한 것으로 본다(제540조).

2) 수익의 의사표시 후

(i) 수익의 의사표시에 의하여 수익자는 계약상의 권리를 확정적으로 취득한다. 그 결과 요약자와 낙약자의 합의에 의하여 제3자의 권리를 변경·소멸시킬 수 있음을 미리 유보하였거나 제3자의 동의가 있는 경우가 아니면 계약의 당사자인 요약자와 낙약자는 제3자의 권리를 변경·소멸시키지 못하고(제541조), 만일 계약의 당사자가 제3자의 권리를 임의로 변경·소멸시키는 행위를 한 경우 이는 제3자에 대하여 효력이 없다(대판 2022.1.14, 2021다271183).

(ii) 제3자는 계약당사자가 아니다. 따라서 제3자는 당사자의 제한행위능력이나 의사표시의 흠결을 이유로 한 취소권이나 당사자의 채무불이행을 이유로 한 해제권을 행사할 수 없다(대판 1994.8.12, 92다41559). 한편 다수설은 제3자는 계약당사자는 아니지만 그 계약에서 발생한 채권을 직접 취득하는 점에서, 민법에서 정하는 제3자 보호규정(제107조 2항, 제108조 2항, 제109조 2항, 제110조 3항, 제548조 1항 단서)에서 말하는 제3자에는 해당하지 않는다고 한다. 그러나 판례는 낙약자와 요약자 사이의 법률관계(기본관계)에 기초하여 수익자가 요약자와 원인관계(대가관계)를 맺음으로써 해제 전에 새로운 이해관계를 갖고 그에 따라 등기·인도 등을 마쳐 권리를 취득하였다면, 수익자는 제548조 1항 단서에서 말하는 계약해제의 소급효가 제한되는 제3자에 해당한다고 한다(대판 2021.8.19, 2018다244976). 따라서 낙약자가 제3자를 위한 계약에 따라 수익자에게 물건을 인도한 다음 위 계약이 해제되어 소유권이 소급적으로 복귀하였다고 주장하면서 수익자를 상대로 소유권에 기한 물권적 청구권을 행사하여 인도한 물건의 반환을 구할 수 없다.

(iii) 수익의 의사표시를 한 후에 낙약자의 귀책사유에 의하여 채무가 불이행된 경우에 제3자는 낙약자에 대하여 손해배상을 청구할 수 있다. 판례도 수익의 의사표시를 한 제3자는 낙약자에게 직접 이행을 청구할 수 있을 뿐만 아니라 낙약자의 채무불이행을 이유로 요약자가 계약을 해제한 경우, 낙약자에게 자기가 입은 손해의 배상을 청구할 수 있다고 한다(대판 1994.8.12, 92다41559).

판 례

(ㄱ) 제3자를 위한 계약은 그 성질상 낙약자의 행위자체가 불법행위가 되거나 계약자체가 무효인 경우에는 제3자는 특별한 사정이 없는 한 낙약자의 불법행위로 인한 손해배상청구나 채무불이행을 이유로 하는 손해배상청구는 할 수 없다(대판 1966.6.21, 66다674).

(ㄴ) 신탁계약상 수익자는 신탁이익을 향수할 권리를 포함하여 신탁법상의 여러 가지 권리, 의무를 갖게 되므로, 이러한 지위에 있게 되는 수익자를 정하는 것은 위탁자와 수탁자 간의 신탁계약 내용의 중요한 요소에 해당하는 것이어서, 수익자의 변경에는 계약 당사자인 위탁자와 수탁자의 합의가 있어야 하고, 미리 신탁계약에서 위탁자에게 일방적인 변경권을 부여하는 취지의 특약을 하지 않은 한 수탁자의 동의 없이 위탁자가 일방적으로 수익자를 변경할 수는 없다(대판 2007.5.31, 2007다13312).

(2) 요약자에 대한 효력

(가) 요약자(채권자)는 낙약자(채무자)에 대하여 수익자(제3자)에게 채무를 이행할 것을 청구할 수 있다(대판 2022.1.27, 2018다259565). 낙약자가 수익자에게 이행하면 요약자의 이 권리도 당연히 소멸하며, 낙약자의 귀책사유에 의하지 않고 이행불능이 되면 요약자의 권리도 소멸한다(위험부담). 요약자 권리의 소멸시효 기산점은 원칙적으로 계약 성립시이며, 제3자의 수익의 의사표시의 유무와 관계없이 진행된다.

(나) 요약자는 계약당사자로서 기본관계에 의한 채무를 이행하여야 하고, 그 계약으로부터 발생하는 취소권이나 해제·해지권을 취득하며(대판 1970.2.24, 69다1410), 그로 인한 원상회복관계 및 해제에 따른 손해배상관계는 수익자가 아니라 요약자에게 속한다.

(다) 제3자가 수익의 의사표시를 한 후에 생긴 제3자의 불수령은 수령지체가 되고, 요약자에 대한 관계에서도 낙약자의 책임이 경감된다(제401조). 제3자의 수익의 의사표시 후의 낙약자의 채무불이행에 대하여 제3자뿐만 아니라 요약자도 손해배상을 청구할 수 있는지가 문제이다. 이에 대해 ① 요약자는 제3자에게 손해를 배상할 것을 청구할 수 있을 뿐이고 자기에게 배상할 것을 청구할 수 없다는 견해(곽윤직, 79면; 김상용, 109면; 송덕수, D-148), ② 제3자 이외에 요약자도 자기에게 손해를 배상할 것을 청구할 수 있다는 견해가 대립하고 있다(김형배, 192면; 김증한/김학동, 108면; 이은영, 203면; 김주수, 120면).

(라) 한편 제3자의 권리가 확정된 후에도 낙약자(채무자)의 채무불이행이 있는 경우에 요약자는 제3자의 동의 없이 그 계약을 해제할 수 있는가에 대하여, ① 긍정설과 판례는 채권자가 제3자에게 권리를 취득시키기 위해서는 그 자신도 채무를 부담하는 것이 보통이므로, 계약을 해제하여 자기의 채무를 면하는 것을 금할 이유가 없다고 한다(대판 1970.2.24, 69다1410; 곽윤직, 79면; 김주수, 120면). ② 부정설은 제3자의 수익의 의사표시 후에 요약자는 권리를 소멸시킬 수 없다는 이유로 제3자의 승낙 없이는 요약자는 해제권을 행사할 수 없다고 한다(김형배, 193면; 이은영, 205면; 송덕수, D-148). 생각건대 제3자의 동의는 요약자와 제3자간의 내부적인 문제에 불과하므로, 낙약자에 대해서는 요약자가 단독으로 해제할 수 있다고 할 것이다.

(3) 낙약자에 대한 효력

(가) 제3자를 위한 계약이 쌍무계약인 때에는 동시이행의 항변권에 관한 규정(제536조)과 위험부담에 관한 규정이 그대로 적용된다(제537조, 제538조). 즉 낙약자(채무자)가 제3자(수익자)에 대해 부담하는 급부의무는 요약자(채권자)와의 계약에 의해 발생한 것이므로, 낙약자는 제3자의 청구에 대해 그 계약에 기한 항변으로 대항할 수 있다(제542조). 가령 그 계약이 쌍무계약이면 요약자가 반대급부를 제공할 때까지는 동시이행의 항변권을 주장하여 제3자에 대한 이행을 거절할 수 있고, 그 계약에 무효 또는 취소의 원인이 있으면(취소의 경우에는 그 행사를 전제로 하여) 제3자의 권리를 부인할 수 있다. 수익자의 채권취득에 의하여 낙약자가 더 불리한 지위에 놓일 수 없기 때문이다. 그러나 요

약자와 제3자 사이의 법률관계의 효력은 제3자를 위한 계약 자체는 물론 그에 기한 요약자와 낙약자 사이의 법률관계 성립이나 효력에 영향을 미치지 않는다. 따라서 낙약자는 요약자와 수익자 사이의 법률관계에 기한 항변으로 수익자에게 대항하지 못하고, 요약자도 수익자와의 법률관계 부존재나 효력의 상실을 이유로 낙약자에게 부담하는 채무의 이행을 거부할 수 없다(대판 2003.12.11, 2003다49771).

(나) 낙약자는 요약자의 채무불이행이 있는 경우 제3자를 위한 계약을 해제하고, 요약자에 대하여 손해배상을 청구할 수 있다. 한편 제3자를 위한 계약관계에서 낙약자와 요약자 사이의 법률관계(이른바 기본관계)를 이루는 계약이 무효이거나 해제된 경우, 그 계약관계의 청산은 계약의 당사자인 낙약자와 요약자 사이에 이루어져야 하므로, 특별한 사정이 없는 한 낙약자가 이미 제3자에게 급부한 것이 있더라도 낙약자는 계약해제에 기한 원상회복 또는 부당이득을 원인으로 제3자를 상대로 그 반환을 구할 수 없다(대판 2005.7.22, 2005다7566,7573). 가령 매도인 甲과 매수인 乙이 토지거래허가구역 내 토지의 지분에 관한 매매계약을 체결하면서 매매대금을 丙에게 지급하기로 하는 제3자를 위한 계약을 체결하고 그 후 매수인 乙이 그 매매대금을 丙에게 지급하였는데, 토지거래허가를 받지 않아 유동적 무효였던 매매계약이 확정적으로 무효로 된 경우, 그 계약관계의 청산은 요약자인 甲과 낙약자인 乙 사이에 이루어져야 하므로 특별한 사정이 없는 한 乙은 丙에게 매매대금 상당액의 부당이득반환을 구할 수 없다(대판 2010.8.19, 2010다31860,31877).

(다) 낙약자는 상당한 기간을 정하여 이익의 향유 여부의 확답을 제3자에게 최고할 수 있고, 낙약자가 그 기간 내에 확답을 받지 못한 때에는 제3자가 수익을 거절한 것으로 본다(제540조).

제 7 절 계약의 해제 · 해지

Ⅰ. 계약의 해제

1. 일 반

(1) 의 의

(가) 해제는 당사자의 일방적인 의사표시에 의하여 유효하게 존재하던 계약의 효력을 상실시켜 그 계약이 존재하지 않았던 것과 동일한 상태로 복귀시키는 제도이다. 예컨대 甲이 자신의 자동차를 乙에게 500만원에 매도하기로 하는 계약을 체결하였는데, 그 후 자동차의 값이 400만원으로 떨어져서 乙이 대금지급을 지체하고 있는 경우, 甲은 乙의 채무불이행(이행지체)을 이유로 乙과의 매매계약을 해제할 수 있다(제544조). 해제를 하게 되면 甲과 乙 사이에는

매매계약이 없었던 것으로 된다. 따라서 甲은 자동차 소유권이전의무를 면하고 乙은 대금지급의무를 면하며, 만일 이미 이행한 것이 있으면 각 당사자는 상대방에 대하여 원상회복을 하여야 한다(제548조 1항). 그 밖에 乙의 채무불이행으로 인해 甲이 입은 손해(자동차의 매매대금과 현 시가와 차액인 1백만원)에 대하여서는 乙이 배상책임을 지는 것(제551조)으로 계약관계가 청산·정리되는 것이다.

일반적으로 해제의 개념에 대하여, 해제란 유효하게 성립한 계약의 효력을 당사자 일방의 의사표시에 의하여 소급적으로 소멸케 하여 계약이 처음부터 존재하지 않는 것과 같은 상태로 복귀시키는 것을 말한다고 정의되고 있다(직접 효과설). 그런데 청산관계설에 의하면 해제에 의하여 유효하게 존재하던 계약이 소급적으로 소멸하는 것이 아니라 기존의 계약관계는 청산관계로 전환된다고 한다.

(나) 채무자가 이행해야 할 본래 채무가 이행불능이라는 이유로 계약을 해제하려면 그 이행불능의 대상이 되는 채무자의 본래 채무가 유효하게 존속하고 있어야 한다. 본래 채권이 시효로 인하여 소멸하였다면, 그 채권은 그 기산일에 소급하여 더는 존재하지 않는 것이 되어(제167조) 채권자는 그 권리의 이행을 구할 수 없는 것이고, 이와 같이 본래 채권이 유효하게 존속하지 않는 이상 본래 채무의 불이행을 이유로 계약을 해제할 수 없다. 결국 채무불이행에 따른 해제의 의사표시 당시에 이미 채무불이행의 대상이 되는 본래 채권이 시효가 완성되어 소멸하였다면, 채무자가 소멸시효의 완성을 주장하는 것이 신의성실의 원칙에 반하여 허용될 수 없다는 등의 특별한 사정이 없는 한, 채권자는 채무불이행 시점이 본래 채권의 시효 완성 전인지 후인지를 불문하고 그 채무불이행을 이유로 한 해제권 및 이에 기한 원상회복청구권을 행사할 수 없다(대판 2022.9.29, 2019다204593).

(다) 당사자가 일방적 의사표시에 의하여 계약을 해제할 수 있는 권리가 해제권이다. 그 법적 성질은 형성권이며(대판 2005.7.14, 2004다67011), 해제권은 당사자 간의 계약이나 법률규정에 의하여 발생한다(제543조 1항). 이와 같은 해제권은 계약관계의 당사자 또는 당사자의 지위를 승계한 자만이 가질 수 있다. 그러므로 당사자의 지위를 이전받지 않은 단순한 채권의 양수인 또는 제3자를 위한 계약에서 제3자(수익자)는 해제권을 가지지 못한다.

판 례

(ㄱ) 계약의 해제권은 일종의 형성권으로서 당사자의 일방에 의한 계약해제의 의사표시가 있으면 그 효과로서 새로운 법률관계가 발생하고 각 당사자는 그에 구속되는 것이므로, 일방 당사자의 계약위반을 이유로 한 상대방의 계약해제 의사표시에 의하여 계약이 해제되었음에도 상대방이 계약이 존속함을 전제로 계약상 의무의 이행을 구하는 경우 계약을 위반한 당사자도 당해 계약이 상대방의 해제로 소멸되었음을 들어 그 이행을 거절할 수 있는 것이고, 다른 특별한 사정이 없는 한 그러한 주장이 신의칙이나 금반언의 원칙에 위배된다고 할 수도 없다(대판 2008.10.23, 2007다54979). 즉 일방 당사자의 계약위반을 이유로 상대방이 계약을 해제한 경우, 계약을 위반한 당사자도 계약해제의 효과를 주장할 수 있다.

(ㄴ) 매도인에게 매매목적물에 관한 소유권 기타 처분권한이 없다고 하더라도 매매계약은 유효하게 성립하므로, 부동산실명법 제4조 1항에 따라 무효로 되는 명의신탁약정에 의하여 소유권보존등기를 마친 명의수

탁자가 제3자와의 사이에 그 부동산에 관하여 매매계약을 체결한 경우에도 매매계약은 유효하고, 그 매매계약이 해제된 때에는 매수인에 대하여 원상회복을 구할 수 있다(대판 2009.4.9, 2008다94714).

(2) 해제와 구별되는 개념

(가) 해 지

해제는 일시적 계약을 대상으로 하지만, 해지는 계속적 계약을 대상으로 하는 것으로서 해지한 때부터 계약은 장래에 향하여 그 효력을 잃는 점(민법 제550조)에서 구별된다.

(나) 취 소

취소는 일방적인 의사표시에 의하여 법률관계를 소멸시키는 점에서 해제와 동일하다. 그러나 해제는 계약에 특유한 제도인 데 반하여, 취소는 계약에 한하지 않고 모든 법률행위에 관하여 인정된다. 또한 취소는 의사표시가 제한행위능력·착오·사기·강박에 의한 경우에만 인정되지만, 해제는 채무불이행 또는 계약에 의하여(약정해제) 유보된 해제사유가 발생한 경우에 인정된다. 그리고 그 효과로서 취소는 부당이득에 의한 반환의무가 생기나, 해제의 경우에는 원상회복의무와 손해배상의무가 생긴다는(제548조, 제551조) 점에서 차이가 있다.

판 례

매도인이 매수인의 중도금 지급채무 불이행을 이유로 매매계약을 적법하게 해제한 후라도 매수인은 상대방이 한 계약해제의 효과로서 발생하는 손해배상책임을 지거나 매매계약에 따른 계약금의 반환을 받을 수 없는 불이익을 면하기 위하여 착오를 이유로 한 취소권을 행사하여 매매계약 전체를 무효로 돌리게 할 수 있다(대판 1996.12.6, 95다24982,24999).

(다) 해제조건

해제조건은 조건의 성취라는 사실에 의하여 당연히 장래에 향하여 소멸한다. 반면에 해제는 해제권의 행사가 있어야 비로소 그 효과가 발생한다.

(라) 실권특약(실권조항)

1) 의 의

계약을 체결하면서 채무불이행이 있으면 채권자의 특별한 의사표시가 없더라도 당연히 계약이 효력을 잃는다고 약정할 수도 있는데, 이를 실권특약(실권조항)이라 한다. 실권조항이 약관의 형식으로 계약이 체결된 때에는 약관규제법이 적용된다. 따라서 실권조항의 내용은 계약이 해제되는 등 중요한 내용으로서 사업자가 고객에게 명시·설명하지 않은 때에는 이를 계약의 내용으로 주장할 수 없고(동법 제3조 4항), 고객에게 부당하게 불리한 조항, 즉 사업자의 해제권 행사요건을 완화하고 또 고객의 원상회복청구권을 포기하게 하는 불공정조항으로서 무효가 된다(동법 제9조 2호, 3호).

2) 판례의 동향

가) 해제권 유보로서의 약정

(i) 판례는 기본적으로 실권조항을 해제조건이 아닌 해제권 유보, 즉 약정해제권을 정하는 것으로 본다(대판 1971.9.28, 71다1601). 따라서 ① "매도인이 위약시에는 계약금의 배액을 배상하고 매수인이 위약시에는 지급한 계약금을 매도인이 취득하고 계약은 자동적으로 해제된다"는 조항은, 위약 당사자가 상대방에 대하여 계약금을 포기하거나 그 배액을 배상하여 계약을 해제할 수 있다는 해제권 유보조항이라 할 것이고 최고나 통지 없이 해제할 수 있다는 특약이라고 볼 수 없다(대판 1982.4.27, 80다851). ② "부동산매매계약에서 매수인이 잔대금 지급기일까지 그 대금을 지급하지 못하면 그 계약이 자동적으로 해제된다"는 취지의 약정이 있더라도, 그것은 채무이행의 기한을 도과한 자가 이행지체에 놓이는 것을 전제로 하는 것인데, 매수인의 잔대금 지급의무와 매도인의 소유권이전등기의무는 '동시이행의 관계'에 있으므로, 매도인이 잔대금지급기일에 이행의 제공을 하여 매수인으로 하여금 이행지체에 빠지게 하였을 때에 비로소 자동적으로 매매계약이 해제된다고 보아야 하고, 매수인이 그 약정기한을 경과하였더라도 이행지체에 빠진 것이 아니라면 대금 미지급으로 계약이 자동해제된 것으로 볼 수 없다(대판 1998.6.12, 98다505; 대판 2007.12.27, 2007도5030).

(ii) 반면에 쌍방의 채무가 '동시이행 관계에 있지 않은 경우'에는 조건이 성취되면 해제의 의사표시 없이 당연히 계약은 해제된 것으로 본다. 즉 ① "매수인이 중도금을 약정한 일자에 지급하지 아니하면 그 매매계약을 무효로 한다"고 하는 특약이 있는 경우, 매수인이 약정한대로 중도금을 지급하지 않으면(해제의 의사표시를 요하지 않고) 그 불이행 자체로써 계약은 그 일자에 자동적으로 해제된다(대판 1991.8.13, 91다13717; 대판 1992.8.18, 92다5928). 즉 중도금의 지급은 선이행의무이므로 그 불이행시 즉시 조건이 성취되어 해제의 효력이 발생한다. ② 임대차계약을 체결하면서, "한 달 이내에 임차인이 입점하지 않으면 자동적으로 해지된다"고 약정한 경우, 임차인이 기한 내에 입점하지 않으면 해지의 의사표시를 요하지 않고 그 불이행 자체로써 임대차계약은 그 일자에 자동적으로 해지된다(대판 2003.1.24, 2000다5336,5343).

판 례

매도인이 소유권이전등기에 필요한 서류를 갖추었는지 여부를 묻지 않고 매수인의 지급기일 도과사실 자체만으로 계약을 실효시키기로 특약을 하였다거나, 매수인이 수회에 걸친 채무불이행에 대하여 책임을 느끼고 잔금 지급기일의 연기를 요청하면서 새로운 약정기일까지는 반드시 계약을 이행할 것을 확약하고 불이행시에는 매매계약이 자동적으로 해제되는 것을 감수하겠다는 내용의 약정을 하였다고 볼 특별한 사정이 있다면, 매수인이 잔금 지급기일까지 잔금을 지급하지 않음으로써 그 매매계약은 자동적으로 실효된다(대판 2022.11.30, 2022다255614; 대판 2020.12.24, 2018다256023).

나) 손해배상액의 예정

매수인이 이미 지급한 계약금 등을 반환청구할 수 없다는 취지의 약정에 대해서는 손해배상액을 예정한 것으로 본다(대판 1971.9.28, 71다1601).

다) 제3자의 보호

계약 당사자의 일방이 계약을 해제하였을 때에는 계약은 소급하여 소멸하고 각 당사자는 원상회복의 의무를 지게 되지만, 이 경우 계약해제로 인한 원상회복등기 등이 이루어지기 전에는 계약의 해제를 주장하는 자와 양립되지 않는 법률관계를 가지게 되었고 계약해제 사실을 몰랐던 제3자에 대하여는 계약해제를 주장할 수 없으며(제548조 1항 단서), 이러한 법리는 실권특약부 매매계약이 그 특약에 의하여 소급적으로 실효되는 경우에도 마찬가지로 적용된다(대판 2000.4.21, 2000다584).

(마) 철 회

해제는 계약이 유효하게 성립되어 그 효력이 존속하고 있는 중에, 그 계약관계를 해소하는 당사자 일방의 의사표시인데 반하여, 철회는 법률효과가 발생하지 않은 법률행위 또는 의사표시의 효력을 장래에 향하여 상실시키는 의사표시이다.

2. 해제권의 발생원인

(가) 해제권에는 약정해제권과 법정해제권이 있다. 약정해제권은 당사자가 계약에서 미리 해제권을 유보한 경우의 해제권이며, 법정해제권은 법률의 규정에 의하여 발생하는 해제권이다. 법정해제권은 모든 계약에 공통적으로 채무불이행에 의하여 발생하며(제544조~제546조), 그 밖에 각종의 계약에 특수하게 인정되는 경우가 있다. 예컨대 증여(제556조, 제557조)·매매(제570조~제578조, 제580조)·도급(제668조, 제673조, 제674조) 등에서는 그 계약에만 특수한 법정해제권이 인정된다.

(나) 당사자 사이에 해제권이 발생하는 것을 약정한 경우에도 법정해제권의 포기 또는 배제를 규정하지 않은 이상, 그것이 채무불이행을 이유로 한 법정해제권의 발생에 어떤 영향을 주는 것은 아니다(대결 1990.3.27, 89다카14110). 한편 채무불이행이 있더라도 법정해제권의 발생을 배제하기로 하는 합의는 유효하지만, 그러한 약정은 그 자체로서 채무불이행을 용인하는 결과가 되므로, 계약당사자의 합의에 따라 명시적으로 법정해제권을 배제하기로 약정하였다고 볼 수 있는 경우가 아닌 이상 엄격하게 제한해석하여야 한다(대판 2006.11.9, 2004다22971).

3. 법정해제권

법정해제권의 발생원인에는 각종 계약에 특수한 것과 채무불이행을 이유로 하는 계약일반에 공통한 것이 있다. 여기서는 후자에 대해서만 설명하기로 한다. 모든 계약에 공통적인 법정해제권의 발생원인은 '채무불이행'이다. 민법은 법정해제권의 발생원인으로 이행지체와 이행불능을 규정하고 있으며, 학설은 불완전이행도 법정해제권의 발생원인이 된다고 한다.

(1) 해제권의 발생

(가) 이행지체

이것은 보통의 이행지체(제544조)와 정기행위의 이행지체(제545조)로 나누어진다. 전자는 최고를 필요로 하지만 후자는 이를 필요로 하지 않는 점에서 차이가 있다.

1) 보통의 이행지체 — 계약이 정기행위가 아닌 경우의 이행지체

이행지체로 인한 해제권이 발생하기 위해서는 ① 채무자의 책임 있는 사유로 이행이 지체되어야 하고, ② 채권자가 상당한 기간을 정하여 이행을 최고하여야 하며, ③ 채무자가 최고기간 내에 이행 또는 이행의 제공을 하지 않아야 한다(제544조).

가) 채무자의 귀책사유로 이행이 지체되었을 것

(i) 이행지체를 이유로 계약을 해제할 수 있기 위해서는 먼저 채무자의 책임 있는 사유로 이행이 지체되어야 한다. 여기서 이행지체가 성립하기 위해서는 ① 당사자 사이에 채권관계가 존재하고, ② 이행기가 도래하여야 하며, ③ 이행이 가능하여야 하고, ④ 채무자의 책임 있는 사유로 이행이 지체되어야 하며(다만 김형배, 214면; 이은영, 229면은 채무자의 귀책사유는 손해배상청구권을 인정하기 위한 요건일 뿐이고, 해제권 취득의 요건으로는 채무자의 귀책사유를 묻지 않고 객관적인 급부의 장애만 있으면 해제권을 인정할 수 있다고 한다), 또한 ⑤ 이행하지 않는 것이 위법하여야 한다. 그러므로 채무자가 이행기에 이행하지 않음에 정당한 사유가 있는 경우에는 이행지체가 성립하지 않고, 따라서 해제권이 발생하지 않는다. 예컨대 채무자가 동시이행의 항변권을 가지고 있는 경우, 채무자가 이행기에 자기 채무를 이행하지 않아도 해제권이 발생하지 않는다. 이러한 때에는 채권자가 먼저 자기 채무를 이행하거나 이행제공을 하여 채무자를 이행지체에 빠뜨려야 한다(대판 2004.12.9, 2004다49525). 계약을 해제하기 위해서는 당사자 사이에 유효한 계약이 존재하여야 하므로, 유동적 무효의 상태에 있는 거래계약의 당사자는 상대방이 그 거래계약의 효력이 완성되도록 협력할 의무를 이행하지 아니하였음을 들어 일방적으로 유동적 무효의 상태에 있는 거래계약 자체를 해제할 수 없다(대판 2006.1.27, 2005다52047; 대판 1999.6.17, 98다40459).

(ii) 부동산의 매수인이 매매목적물에 관한 채무를 인수하는 한편 그 채무액을 매매대금에서 공제하기로 약정한 경우, 그 인수는 특별한 사정이 없는 한 매도인을 면책시키는 채무인수가 아니라 이행인수로 보아야 하고, 매수인은 매매계약시 인수한 채무를 현실적으로 변제할 의무를 부담하는 것은 아니며, 특별한 사정이 없는 한 매수인이 매매대금에서 그 '채무액을 공제한 나머지를 지급'함으로써 잔금지급의 의무를 다하였다 할 것이므로, 설사 매수인이 위 채무를 현실적으로 변제하지 아니하였다 하더라도 그와 같은 사정만으로는 매도인은 매매계약을 해제할 수 없는 것이지만, '매수인이 인수채무를 이행하지 아니함으로써 매매대금의 일부를 지급하지 않은 것과 동일'하다고 평가할 수 있는 특별한 사유가 있을 때에는 계약해제권이 발생한다(대판 2007.9.21, 2006다69479,69486). 따라서 매매목적물에 관한 근저당권의 피담보채무

를 인수한 매수인이 인수채무의 일부인 근저당권의 피담보채무 변제를 게을리함으로써 매매목적물에 관하여 근저당권의 실행으로 임의경매절차가 개시되고 매도인이 경매절차의 진행을 막기 위하여 피담보채무를 변제하였다면, 매도인은 채무인수인에 대하여 손해배상채권을 취득하는 이외에 이 사유를 들어 매매계약을 해제할 수 있다(대판 2004.7.9, 2004다13083). 반면에 부동산 매수인이 매도인의 임차보증금 반환채무를 인수하였는데, 매도인이 매수인에게 먼저 인수채무의 이행을 요구해 보지도 않은 채 자신의 출연이 아니라 매매목적물을 제3자에게 다시 임대하여 받은 돈으로 종전 임차인의 임차보증금을 반환하고 매수인에게 그 임차보증금 상당액의 반환을 요구하였으나 매수인이 이에 응하지 않자 매매계약을 해제한 경우, 매수인이 그 임차보증금 상당액을 지급하지 않은 사실만으로는 매수인이 매매대금 지급의무를 불이행하였다고 평가할 수 없을 뿐 아니라, 매도인이 자기의 의무에 관한 이행의 제공 없이 한 매매계약 해제권의 행사는 그 효력이 없다(대판 1995.8.11, 94다58599).

판 례

(ㄱ) 분양권매매계약에서 수분양자 명의변경이 불가능한 사정이 있는 경우, 매도인이 매수인에게 수분양자 명의변경에 필요한 서류를 교부하였다 하더라도 매수인은 자신 앞으로의 명의변경이 가능할 때까지 잔금지급의 이행을 거절할 수 있으므로, 매도인은 매수인의 잔금지급채무의 이행지체를 이유로 분양권매매계약을 해제할 수 없다(대판 2006.11.23, 2006다44401).

(ㄴ) 동시이행의 관계에 있는 쌍무계약에서 상대방의 채무불이행을 이유로 계약을 해제하려고 하는 자는 동시이행관계에 있는 자기 채무의 이행을 제공하여야 하고, 그 채무를 이행함에 있어 상대방의 행위를 필요로 할 때에는 언제든지 현실로 이행을 할 수 있는 준비를 완료하고 그 뜻을 상대방에게 통지하여 그 수령을 최고하여야만 상대방으로 하여금 이행지체에 빠지게 할 수 있는 것이며 단순히 이행의 준비태세를 갖추고 있는 것만으로는 안 된다(대판 2009.3.26, 2008다94646,94653; 대판 2008.4.24, 2008다3053,3060).

(ㄷ) 건축도급계약에 있어서 미완성부분이 있는 경우라도 공사가 상당한 정도로 진척되어 그 원상회복이 중대한 사회적, 경제적 손실을 초래하게 되고 완성된 부분이 도급인에게 이익이 되는 경우에, 수급인의 채무불이행을 이유로 도급인이 그 도급계약을 해제한 때는 그 미완성부분에 대하여서만 도급계약이 실효된다고 보아야 할 것이고, 따라서 이 경우 수급인은 해제한 때의 상태 그대로 그 건물을 도급인에게 인도하고 도급인은 그 건물의 완성도 등을 참작하여 인도받은 건물에 상당한 보수를 지급하여야 할 의무가 있다(대판 1997.2.25, 96다43454; 대판 1986.9.9, 85다카1751).

(ㄹ) 총 매매대금이 2,000만원인 부동산의 매매대금 중 미지급액이 불과 105,000원일 뿐 아니라 그 미지급액에 대하여 월 5분의 지연이자를 지급하기로 약정한 경우에 있어서 위와 같은 미지급액이 있다는 이유만으로 위 매매계약을 해제한다는 것은 신의칙에 위배되는 것이다(대판 1971.3.31, 71다352,353,354).

나) 상당기간을 정하여 최고할 것

(i) 여기서 최고는 채권자가 채무자에 대하여 채무의 이행을 촉구하는 것을 의미한다. 그러므로 일정한 기일까지 또는 일정한 기간 내에 이행할 것을 표시하면 족하고, 이행하지 않으면 계약을 해제한다는 표시를 할 필요는 없다. 그러나 이행하지 않으면 해제한다는 의사를 표시하여 최고한 때에는 그 기일 또는 기간의 경과로 계약은 당연히 해제된 것으로 본

다(대판 1979.9.25, 79다1135,1136). 주의할 것은 기한의 정함이 없는 채무의 이행청구(제387조)를 한 때에는 제544조에 의한 최고를 다시 할 필요가 없다는 점이다. 즉 채권자가 상당한 기간을 정하여 이행의 청구를 하고, 그 기간 내에 채무자가 채무를 이행하지 않으면 해제권이 발생한다.

(ii) 최고에는 채무자가 이행하여야 할 채무를 표시하여야 하지만, 채무자가 알 수 있을 정도로 표시하면 된다. 이때 최고와 의무의 내용이 분량적으로 불일치한 경우, 그 양적인 차이가 비교적 적다거나 과다하게 최고한 진의가 본래 급부하여야 할 수량을 청구한 것이라면 그 최고는 본래 급부하여야 할 수량의 범위 내에서 유효하다(대판 2004.7.9, 2004다13083). 그러나 너무 과대하게 최고하여 채무자가 본래의 급부액을 지급하더라도 채권자가 수령을 거절할 것이 명백한 경우에는 그 과대최고(過大催告)는 최고로서 효력이 없다(대판 1995.9.5, 95다19898). 그리고 과소최고(過小催告)의 경우에는 원칙적으로 최고에 표시된 수량에 관해서만 그 효력이 생긴다. 왜냐하면 채권자는 채무의 일부만을 특히 빨리 이행하라고 청구할 수 있기 때문이다.

(iii) 채권자의 이행최고는 상당한 기간을 정하여 하여야 한다. 여기서 상당한 기간은 채무자가 이행하는 데 필요한 기간으로서, 이행하여야 할 채무의 성질·계약을 체결하게 된 사정·기타 객관적 사정을 고려하여 결정된다. 이때 기간의 상당성을 판단할 때에 채무자의 여행·질병 등의 주관적 사정을 고려할 것인가에 대하여, 긍정설(김형배, 217면; 김상용, 131면)과 부정설(곽윤직, 87면)이 대립하고 있다.

한편 소유권이전등기의 이행을 최고하면서 채권자가 그 일시와 장소를 알리지 않고 단지 이행기간만을 정하여 한 이행최고도 효력이 있다(대판 2002.4.26, 2000다50497). 또한 기간이 상당하지 않거나 기간을 정하지 않은 최고도 유효하며, 다만 상당한 기간이 경과한 후에 해제권이 발생한다.

(iv) 채무자가 미리 이행하지 아니할 의사를 표시한 경우에는 최고가 필요 없다(제544조 단서). 즉 이행지체가 있으면 곧 해제권이 발생한다. 따라서 쌍무계약에서 상대방이 미리 이행을 하지 아니할 의사를 표시하거나 당사자 일방이 이행을 제공하더라도 상대방이 그 채무를 이행하지 아니할 것이 객관적으로 명백한 경우는 그 일방이 이행을 제공하지 아니하여도 상대방은 이행지체의 책임을 지며 이를 이유로 계약을 해제할 수 있다고 할 것이고, 당사자 일방이 이행을 제공하더라도 상대방이 상당한 기간 내에 그 채무를 이행할 수 없음이 객관적으로 명백한 경우에도 그 일방은 자신의 채무이행을 제공하지 않더라도 상대방의 이행지체를 이유로 계약을 해제할 수 있다(대판 1993.8.24, 93다7204). 만일 부동산매수인이 매도인의 중도금 수령거절과 계약이행의 의사가 없음을 이유로 매매계약을 해제할 수 없다면, 매수인은 중도금을 공탁한 후 잔금지급기일까지 기다렸다가 잔금을 이행제공하고, 매도인이 소유권이전등기의무의 이행제공을 하지 않을 때에 비로소 계약을 해제할 수 있다는 결론에 이르게 되는데, 이는 신의칙에 반하기 때문이다.

당사자의 일방이 이행을 제공하더라도 상대방이 채무를 이행할 수 없음이 명백한지의 여부는 '계약해제시'를 기준으로 하여 판단하여야 한다(대판 1993.8.24, 93다7204). 또한 채무자가 채무를 이행하지 아니할 의사를 명백히 표시하였는지 여부는 채무이행에 관한 당사자의 행동과 계약 전후의 구체적인 사정 등을 종합적으로 살펴서 판단하여야 한다(대판 2007.9.20, 2005다63337; 대판 2005.8.19, 2004다53173). 가령 부동산 매매계약에 있어 매수인이 이행기일을 도과한 후 매도인에 대하여 계약상 의무 없는 과다한 채무의 이행을 요구하고 있는 경우(대판 1992.9.14, 92다9463), 매매계약상 특약을 하였는데 매수인이 매도인의 계속된 특약사항의 이행촉구에도 특약의 존재를 부정하면서 이를 이행하지 않은 경우(대판 1997.11.28, 97다30257), 자신의 채무를 이행하지 아니할 의사를 분명하게 표시하였다고 할 것이므로 매도인은 자기의 채무의 이행제공이 없더라도 매매계약을 해제할 수 있다. 반면에 부동산매매계약 당사자 사이의 소유권이전등기소송 계속 중에 매수인이 매도인의 수차에 걸친 잔대금지급 최고에 대하여 아무런 회답을 하지 않은 사실만으로는 매수인이 자신의 채무를 이행하지 아니할 의사를 표시하였다고 볼 수 없다(대판 1991.7.12, 90다8343).

한편 이행거절의 의사표시는 해제가 있기까지는 철회할 수 있다고 할 것이다. 따라서 당사자 일방이 이행거절의 의사표시를 적법하게 철회한 경우, 상대방은 자기 채무의 이행을 제공하고 상당한 기간을 정하여 이행을 최고한 후가 아니면 채무불이행을 이유로 계약을 해제할 수 없다(대판 2003.2.26, 2000다40995).

판 례

(ㄱ) 매수인이 잔대금 지급의무를 이행하고 소유권이전등기를 넘겨받을 의사가 없음을 미리 표시한 것으로 볼 수 있는 객관적인 명백한 사정이 있는 경우에는 당사자 일방이 자기의 채무의 이행을 제공을 하지 않더라도 상대방의 이행지체를 이유로 계약을 해제할 수 있는 것으로, 매수인이 이를 번복할 가능성이 있다고 볼 만한 다른 특별한 사정이 없는 한, 이러한 경우까지 매도인에게 매수인을 이행지체에 빠뜨리기 위하여 구두제공의 방법으로라도 자기의 반대채무를 이행제공할 것을 요구할 것은 아니라고 볼 것이다(대판 1995.4.28, 94다16083).

(ㄴ) 이행의 최고는 채권자가 채무자에 대하여 채무의 내용인 급부를 실현할 것을 요구하는 의사의 통지에 불과하므로, 본래의 급부에 비하여 과다한 급부의 실현을 요구하는 최고를 한 경우라 하더라도 그에 따른 법적 효과가 발생하지 아니함에 그치는 것이지 그 과다한 최고로 인하여 바로 채무자의 재산상 또는 비재산상 이익이 침해된다고 할 수 없고, 채권자가 채무자의 채무불이행을 이유로 계약해지의 의사표시를 하였으나 그 해지의 의사표시가 부적법한 경우에는 계약해지의 법률효과가 발생하지 아니하고 계약은 여전히 유효하게 존속한다고 할 것이므로 부적법한 계약해지의 의사표시로 인하여 채무자에게 그 계약에 기한 어떠한 손해가 발생한다고 할 수도 없다(대판 1999.12.10, 99다31407).

(ㄷ) 채무불이행에 의한 계약해제에 있어서 미리 이행하지 아니할 의사를 표시한 경우, 이른바 '이행거절'로 인한 계약해제의 경우, 최고 및 동시이행관계에 있는 자기 채무의 이행제공을 요하지 아니하여 이행지체 시의 계약해제와 비교할 때 계약해제의 요건이 매우 완화되어 있으므로, 명시적으로 이행거절의사를 표명하는 경우 이외에 계약 당시나 계약 후의 여러 사정을 종합하여 묵시적 이행거절의사를 인정함에 있어서는 이행거절의사가 명백하고 종국적으로 표시되어야 할 것이다(대판 2006.11.9, 2004다22971).

(ㄹ) 계약상 채무자가 계약을 이행하지 아니할 의사를 명백히 표시한 경우에 채권자는 신의성실의 원칙상 이행기 전이라도 이행의 최고 없이 채무자의 이행거절을 이유로 계약을 해제하거나 채무자를 상대로 손해배상을 청구할 수 있다(대판 2008.10.23, 2007다54979; 대판 2005.8.19, 2004다53173).

(ㅁ) 매매계약 중 일부만 무효이고 나머지는 유효인 경우 매도인은 매매계약 전부가 유효한 것으로 알고 있는 매수인에게 이행의 최고를 함에 있어서는 계약의 일부이행이 불능임을 알리고 이행이 가능한 나머지 부분

의 이행의 제공을 하여 이행의 최고를 하여야지 이를 부인하거나 무시하고 한 이행의 최고는 적법하다고 할 수 없고, 매수인으로서는 계약의 전부 무효를 주장할 수 있는 경우에는 그 이행을 거부하는 것이 당연하다고 하겠으나, 무효인 부분이 없더라도 계약을 유지하고자 할 경우에는 그에 상응한 자신의 채무는 이행하는 것이 옳고 그렇게 하지 아니하면 이행지체의 책임을 진다고 보는 것이 상당하다(대판 1992.4.14, 91다43527).

(ㅂ) 채무자의 급부불이행 사정을 들어 계약을 해제하겠다는 통지를 한 때에는 특별히 그 급부의 수령을 거부하는 취지가 포함되어 있지 아니하는 한 그로써 이행의 최고가 있었다고 볼 수 있으며, 그로부터 상당한 기간이 경과하도록 이행되지 아니하였다면 채권자는 계약을 해제할 수 있다(대판 2021.7.8, 2020다290804).

다) 최고기간 내에 이행 또는 이행의 제공이 없을 것

(i) 채무자가 최고기간 내에 이행을 하지 않아야 한다. 문제는 채무자가 이행 또는 이행의 제공을 하지 않은 것이 채무자의 귀책사유에 의한 것이어야 하는지이다. 학설은 긍정설(곽윤직, 88면; 윤철홍, 121면; 송덕수, D-176)과 부정설(김상용, 132면; 김형배, 219면)로 나누어져 있다. 생각건대 책임 없는 채무자에게 가혹하므로 긍정설이 타당하다고 할 것이다.

(ii) 쌍무계약에서 채무자가 동시이행의 항변권을 가지는 경우에는 채권자의 이행제공은 최고기간 동안 계속되어야 한다(대판 1995.3.14, 94다26646). 즉 쌍무계약의 당사자 일방이 먼저 한번 현실의 제공을 하고, 상대방을 수령지체에 빠지게 하였더라도 그 이행의 제공이 계속되지 않는 경우는 과거에 이행의 제공이 있었다는 사실만으로 상대방이 가지는 동시이행의 항변권이 소멸하는 것은 아니므로, 일시적으로 당사자 일방의 의무의 이행제공이 있었으나 곧 그 이행의 제공이 중지되어 더 이상 그 제공이 계속되지 않는 기간 동안에는 상대방의 의무가 이행지체 상태에 빠졌다고 할 수는 없으며, 따라서 이행의 제공이 중지된 이후에 상대방의 의무가 이행지체되었음을 전제로 하는 손해배상청구도 할 수 없다(대판 1999.7.9, 98다13754,13761). 이때의 이행제공은 이행지체를 위한 것과 달리 엄격하게 새길 필요는 없다. 즉 쌍무계약의 일방 당사자가 이행기에 한번 이행제공을 하여서 상대방을 이행지체에 빠지게 한 경우, 신의성실의 원칙상 이행을 최고하는 일방 당사자로서는 그 채무이행의 제공을 계속할 필요는 없더라도 상대방이 최고기간 내에 이행 또는 이행제공을 하면 계약해제권은 소멸되므로, 상대방의 이행을 수령하고 자신의 채무를 이행할 수 있는 정도의 준비가 되어 있으면 된다(대판 1982.6.22, 81다카1283,1284). 따라서 부동산 매수인이 잔대금 지급기일에 잔대금의 이행제공을 하였음에도 매도인이 명도의무를 이행하지 못하여 이행지체에 빠진 경우, 매수인이 매도인에게 상당한 기간 내에 명도의무의 이행이 없을 것을 정지조건으로 하여 미리 해제의 의사표시를 함과 동시에 매도인으로서의 이행을 최고하면서 현실로 이행제공하였던 잔대금으로 양도성예금증서를 구입하여 보관하면서 자신의 채무를 이행할 수 있는 준비를 하고 있었다면 적법한 이행제공에 해당한다(대판 1996.11.26, 96다35590,35606). 한편 채권자가 최고기간 동안 이행의 제공을 하여 해제권이 발생하면, 그 이후에는 해제를 위하여 더 이상 이행의 제공을 할 필요는 없다.

판 례

(ㄱ) 동시이행관계에 있는 의무자의 일방이 상대방의 이행지체를 이유로 한 해제권을 적법하게 취득하기 위하여는 이행청구에 표시된 이행기가 '일정한 기간 내'로 정하여진 경우라면 이행을 청구한 자가 원칙으로 그 기간 중 이행제공을 계속하여야 할 것이고, '일정한 일시'등과 같이 기일로 정하여진 경우에는 그 기일에 이행제공이 있어야 한다(대판 1992.12.22, 92다28549; 대판 1981.4.14, 80다2381).

(ㄴ) 채권자가 채무자에게 지급하여야 할 채무의 이행을 최고한 것을 부적법한 이행의 최고라고 할 수는 없다고 할지라도 그 이행을 지체하게 된 전후 사정, 그 이행에 관한 당사자의 태도, 소송의 경과 등 제반 사정에 비추어 보아 채무자가 최고기간 또는 상당한 기간 내에 이행하지 아니한 데에 정당한 사유가 있다고 여겨질 경우에는 신의칙상 그 최고기간 또는 상당한 기간 내에 이행 또는 이행의 제공이 없다는 이유로 해제권을 행사하는 것이 제한될 수 있다(대판 2013.6.27, 2013다14880,14897).

(ㄷ) 쌍무계약에서 당사자의 채무에 관하여 이행의 제공을 엄격하게 요구하면 불성실한 상대 당사자에게 구실을 주게 될 수도 있으므로 당사자가 하여야 할 제공의 정도는 그 시기와 구체적인 상황에 따라 신의성실의 원칙에 어긋나지 않게 합리적으로 정하여야 한다(대판 2021.10.28, 2020다278354,278361). 따라서 부동산 매도인이 계약의 이행에 비협조적인 태도를 취하면서 잔금 지급일까지 부동산 매매계약에서 정한 매도인의 의무를 이행하지 못하여 잔금을 수령할 준비를 하지 않은 경우에는 매수인도 그에 상응한 이행의 준비를 하면 족하다(대판 2024.9.13, 2024다237757).

2) 정기행위의 이행지체

(i) 일정한 시일 또는 기간 내에 이행하지 않으면 계약의 목적을 달성할 수 없는 것을 '정기행위'라 한다. 이것은 '계약의 성질에 의한 정기행위'와 '당사자의 의사표시에 의한 정기행위'로 나누어진다. 전자는 특정한 일시에 개최된 연회를 위한 요리의 주문·특정한 일시에 개최될 회의 장소의 임대와 같이 급부의 성질에 의하여 그 급부가 일정한 일시 또는 일정한 기간 내에 이행되지 않으면, 계약의 목적을 달성할 수 없는 경우이다. 후자는 혼례식에 입을 양복을 주문하는 것처럼 급부의 성질로부터 당연히 정기행위임이 도출되는 것은 아니고, 당사자의 의사표시를 통해 채무자도 이행기의 준수가 절대로 필요한 것임을 알게 되는 경우이다.

(ii) 정기행위에서는 채무불이행이 있으면 곧 해제권이 발생하고, 최고를 필요로 하지 않는다(제545조). 주의할 것은 해제권이 발생한다는 것이지 해제의 효과가 발생한다는 것은 아니라는 점이다. 해제의 효과가 발생하기 위해서는 해제권을 행사하여야 한다.

(나) 이행불능

1) 채무자의 책임 있는 사유로 채무의 이행이 불가능하게 되면, 상대방은 최고를 하지 않고 곧바로 계약을 해제할 수 있다(제546조). 즉 이행불능의 경우에 이행을 전제로 하는 최고가 무의미하기 때문에 최고 없이 해제권이 발생한다. 그리고 채무자의 채무가 상대방의 채무와 동시이행관계에 있더라도 그 이행의 제공을 할 필요가 없다. 가령 매도인의 매매계약상의 소유권이전등기의무가 이행불능이 되어 이를 이유로 매매계약을 해제할 경우, 상대방의 잔대금

지급의무가 매도인의 소유권이전등기의무와 동시이행관계에 있더라도 그 이행의 제공을 필요로 하는 것이 아니다(대판 2003.1.24, 2000다22850). 이행불능이 성립하기 위해서는, ① 당사자 사이에 채권관계가 존재하고, ② 채권성립 후 이행이 불능으로 되어야 하며, ③ 후발적 불능이 채무자의 귀척사유에 의하여 발생하고, ④ 위법하여야 한다. 그리고 이행기가 도래하기 전에 이행이 불능이고, 이행기에도 이행이 불능인 것이 확실한 때에는 불능으로 된 시점에 해제권이 발생한다.

2) 이행불능을 이유로 계약을 해제할 수 있기 위해서는 이행불능이 채무자(매도인)의 귀책사유에 의한 경우이어야 하므로(제546조), 매도인의 매매목적물에 관한 소유권이전의무가 이행불능이 되었더라도 그 이행불능이 매수인의 귀책사유에 의한 경우, 매수인은 그 이행불능을 이유로 계약을 해제할 수 없다(대판 2002.4.26, 2000다50497). 참고로 이 경우에는 위험부담의 법리에 적용되므로, 제538조 1항에 의하여 매도인은 매수인에게 매매대금의 지급을 청구할 수 있다.

계약의 일부이행이 불능인 경우에 이행이 가능한 나머지 부분만의 이행으로 계약의 목적을 달성할 수 없는 경우에는 계약 전부의 해제가 가능하다(대판 1996.2.9, 94다57817; 대판 1995.7.25, 95다5929). 다만 수필의 토지와 지상건물의 매매가 불가분의 상호연관관계에 있는 경우, 계약의 이행 및 해제는 전체에 대해서만 가능하고 그중 일부를 분리하여 이행 또는 해제할 수 없다(대판 1991.7.12, 90다8343).

3) 한편 매수인은 '매매목적물'에 대하여 가압류집행이 되었다고 하여 매매에 따른 소유권이전등기가 불가능한 것도 아니므로, 이러한 경우 매수인으로서는 신의칙 등에 의해 대금지급채무의 이행을 거절할 수 있음은 별론으로 하고, 매매목적물이 가압류되었다는 사유만으로 매도인의 계약위반을 이유로 매매계약을 해제할 수는 없다(대판 1999.6.11, 99다11045). 즉 '매매목적물'에 대하여 가압류 또는 처분금지가처분 집행이 되어 있다고 하여 매매에 따른 소유권이전등기가 불가능한 것은 아니며, 이러한 법리는 가압류 또는 가처분집행의 대상이 매매목적물 자체가 아니라 매도인이 매매목적물의 원소유자에 대하여 가지는 소유권이전등기청구권 또는 분양권인 경우에도 마찬가지이다. 그러나 소유권이전등기청구권에 대한 압류나 가압류는 채권에 대한 것이지 등기청구권의 목적물인 부동산에 대한 것이 아니며, 채무자와 제3채무자에게 그 결정을 송달하는 외에 현행법상 등기부에 이를 공시하는 방법이 없다. 그래서 채권자와 채무자 및 제3채무자 사이에만 효력이 있을 뿐 압류나 가압류와 관계가 없는 제3자에 대하여는 압류나 가압류의 처분금지적 효력을 주장할 수 없으므로, 소유권이전등기청구권의 압류나 가압류는 청구권의 목적물인 부동산 자체의 처분을 금지하는 대물적 효력은 없다. 또한 채권에 대한 가압류는 채무자가 제3채무자로부터 현실로 급부를 추심하는 것만을 금지하는 것이므로, 채무자는 제3채무자를 상대로 그 이행을 구하는 소송을 제기할 수 있고, 소유권이전등기를 명하는 판결은 '의사의 진술을 명하는 판결'로서 확정되면 채무자는 일방적으로 이전등기를 신청할 수 있고(부동산등기법 제23조 4항) 제3채무자는 이를 저지할 방법이 없게 된다. 이러한 경우에는 가압류의 해제를 조건으로 하지 않는 한 법원은 이를 인용하여서는 안 되고, 가처분이 있는 경우도 이와 마찬가지로 그 가처분의 해제를 조건으로 하여야만 소

유권이전등기절차의 이행을 명할 수 있다(대판 1999.2.9, 98다42615). 즉 '매도인이 매매목적물의 원소유자에 대하여 가지는 소유권이전등기청구권에 대하여 가압류 또는 처분금지가처분이 있는 경우'에는 가압류 또는 가처분의 해제를 조건으로 소유권이전등기절차의 이행을 명받을 수 있는 것이어서, 매도인은 가압류 또는 가처분을 해제하지 않고 매도인 명의의 소유권이전등기를 마칠 수 없고, 따라서 매수인 명의의 소유권이전등기도 마쳐 줄 수 없으므로, 매도인이 그 가압류 또는 가처분 집행을 모두 해제할 수 없는 '무자력의 상태'에 있다고 인정되는 경우에는 매수인이 매도인의 소유권이전등기의무가 이행불능임을 이유로 매매계약을 해제할 수 있다(대판 2006.6.16, 2005다39211).

판 례

(ㄱ) 매매목적물인 부동산에 근저당권설정등기나 가압류등기가 있는 경우에 매도인으로서는 근저당권설정등기나 가압류등기를 말소하여 완전한 소유권이전등기를 해 주어야 할 의무를 부담한다고 할 것이지만, 매매목적물인 부동산에 대한 근저당권설정등기나 가압류등기가 말소되지 아니하였다고 하여 바로 매도인의 소유권이전등기의무가 이행불능으로 되었다고 할 수 없고, 매도인이 미리 이행하지 아니할 의사를 표시한 경우가 아닌 한, 매수인이 매도인에게 상당한 기간을 정하여 그 이행을 최고하고 그 기간 내에 이행하지 아니한 때에 한하여 계약을 해제할 수 있다(대판 2003.5.13, 2000다50688).

(ㄴ) 매매목적물에 관하여 매도인의 다른 채권자가 강제경매를 신청하여 그 절차가 진행 중에 있다는 사유만으로는 아직 매도인이 그 목적물의 소유권을 취득할 수 없는 때에 해당한다고 할 수 없으므로 매수인은 이를 이유로 계약을 해제하거나 위약금의 청구를 할 수 없다고 할 것이고, 그와 같은 법리는 매매목적물에 관하여 강제경매가 진행 중인데 대한 책임이 누구에게 있느냐에 따라 달라지는 것이 아니다(대판 1987.9.8, 87다카655).

(다) 불완전이행

불완전이행이 성립하기 위해서는 ① 당사자 사이에 채권관계가 존재하여야 하고, ② 이행행위가 있어야 하며, ③ 채무이행이 불완전하거나 부수의무 내지 보호의무를 위반하여야 하고, ④ 채무자에게 귀책사유가 있어야 하며, 또한 ⑤ 위법하여야 한다. 불완전이행(적극적 채권침해)을 이유로 계약을 해제할 수 있는가에 대하여 명문의 규정이 없지만, ① 다수설은 이를 긍정한다. 즉 채무자가 채무의 이행으로 급부를 하였으나 완전이행(추완)이 가능한 경우에는 보통의 이행지체처럼 채권자는 상당한 기간을 정하여 그 추완을 최고하고 채무자가 그 기간 내에 추완하지 않으면 해제권이 발생한다고 하며(제544조 유추적용), 완전이행이 불가능할 때에는 이행불능과 마찬가지로 채권자는 최고를 하지 않고 바로 해제할 수 있다고 한다(제546조 유추적용). 그러나 ② 불완전이행으로 인하여 계약의 목적달성이 위협을 받는 경우에 한하여 계약해제를 인정하는 견해(이은영, 237면)가 있으며, 그 밖에 ③ 보호의무에 반하는 불완전한 급부로 인하여 부가적인 손해가 발생한 경우를 불완전이행 내지 적극적 채권침해로 이해하는 견해에 의하면(지원림, 5-89), 원칙적으로 계약해제권이 발생하지 않는다고 한다. 그 이유로 보호의무 위반의 경우에 주로 부가적 손해의 배상이 문제되므로, 원칙적으로 손해배상청구권을 인정함으로써 족하고, 그와 별도로 계약해제권을 인정할 필요가 없음을 들고 있다. 다만 계속적 채권관계에서 보호의무 위반으로 당사자들 사이의 신뢰관계의 기초가 파괴된 경우에는 예외적으로 계약해지권이 인정될 수 있다고 한다.

(라) 채권자지체 — 수령지체

채권자지체로 인하여 법정해제권이 발생하는가는 채권자지체의 법적 성질에 따라 달라진다. 즉 ① 채권자의 수령 내지 협력행위를 채무로 파악하여 그 위반이 있을 경우에는 채무불이행책임이 성립한다는 채무불이행설에 의하면(곽윤직, 채권총론, 97면; 김용한, 채권총론, 170면; 임정평, 채권총론, 171면), 채권자의 책임 있는 사유로 인한 채권자지체의 경우에 채무자는 법정해제권을 취득한다고 한다. ② 채무자가 변제의 제공을 한 경우에 이익형평의 원칙에 따라 민법이 특별히 규정을 둔 것이므로 그 책임은 민법에 규정되어 있는 것만을 물을 수 있다는 법정책임설에 의하면(김증한/김학동, 채권총론, 175면; 이은영, 채권총론, 404면), 채권자지체를 이유로 해제권은 발생하지 않는다고 한다. ③ 채권자에게 일반적으로 수령의무를 인정하지 않지만, 매매·도급·임치와 같은 계약유형에서는 부수적 의무의 일종으로서 수취의무를 인정하여야 한다는 절충설에 의하면(김형배, 채권총론, 304면; 정기웅, 채권총론, 188면), 채권자의 수령의무가 인정되지 않으므로 채권자에게 채무불이행책임이 발생하지 않고, 따라서 채무불이행의 효과로서 해제권은 발생하지 않지만, 예외적으로 수취의무가 인정되는 계약에서는 채권자가 수취의무를 다하지 않을 경우에는 계약의 성질상 혹은 신의칙상 채무자에게 해제권이 발생한다고 한다.

(마) 사정변경

1) 사정변경을 이유로 한 계약 해제는 ① 계약 성립 당시 당사자가 예견할 수 없었던 현저한 사정의 변경이 발생하였고 ② 그러한 사정의 변경이 해제권을 취득하는 당사자에게 책임 없는 사유로 생긴 것으로서, ③ 계약 내용대로의 구속력을 인정한다면 신의칙에 현저히 반하는 결과가 생기는 경우에 계약준수 원칙의 예외로서 인정된다. 여기서 사정이란 계약의 기초가 되었던 객관적인 사정으로서, 한쪽 당사자의 주관적 또는 개인적인 사정을 의미하는 것은 아니다. 가령 경제상황 등의 변동으로 당사자에게 손해가 생기더라도 합리적인 사람의 입장에서 사정변경을 예견할 수 있었다면 사정변경을 이유로 계약을 해제할 수 없다. 따라서 계약의 성립에 기초가 되지 않은 사정이 그 후 변경되어 한쪽 당사자가 계약 당시 의도한 계약 목적을 달성할 수 없게 됨으로써 손해를 입게 되었더라도 특별한 사정이 없는 한 그 계약 내용의 효력을 그대로 유지하는 것이 신의칙에 반한다고 볼 수 없다. 이러한 법리는 계속적 계약관계에서 사정변경을 이유로 계약의 해지를 주장하는 경우에도 마찬가지로 적용된다(대판 2017.6.8, 2016다249557; 대판 2013.9.26, 2012다13637).

2) 사정변경을 이유로 계약을 해제할 수 있는가에 대하여, 다수설은 일반적으로 제2조를 근거로 사정변경으로 인한 해제권의 발생을 인정한다. 판례는 과거에는 이를 인정하지 않았으나 근래에는 사정변경으로 인한 계약해제를 인정하고 있다(대판 2007.3.29, 2004다31302). 참고로 계속적 보증과 같은 계속적 채권관계에서 채무자의 자산상태가 현저히 악화되거나 채무자의 지위 또는

신분에 현저한 변화가 생긴 경우에는 보증인의 이익을 보호하기 위하여 사정변경을 이유로 보증인에게 해지권을 인정하고 있다(대판 1994.12.27, 94다46008; 대판 1992.11.24, 92다10890).

(바) 부수적 의무의 불이행과 계약해제권

계약관계에서 채무자는 채권자에 대하여 채권의 내용인 급부를 이행하여야 할 급부의무(Leistungspflicht)와 신의칙에 의하여 인정되는 부수의무(Nebenpflicht)를 부담한다. 부수의무를 불이행한 경우, 계약을 해제할 수 있는가에 대하여, ① 계약해제는 채무자의 급부의무의 불이행의 경우에 인정되고 부수의무의 불이행의 경우에는 인정되는 않는다는 견해(곽윤직, 95면), ② 계약상의 여러 의무 중 일부를 불이행한 경우에는 계약상의 의무를 전부라고 볼 때 그 일부에 대하여 지체나 불능이 있는 것이므로, 일부무효의 법리를 적용하여 원칙적으로 계약 전부를 해제할 수 있지만, 나머지 채무만으로도 계약을 체결하였으리라고 인정되는 때에는 불이행한 채무에 관하여서만 해제할 수 있다는 견해가 있다(송덕수, D-188). 판례는 제544조에 의하여 채무불이행을 이유로 계약을 해제하려면, 당해 채무가 계약의 목적 달성에 있어 필요불가결하고 이를 이행하지 아니하면 계약의 목적이 달성되지 아니하여 채권자가 그 계약을 체결하지 아니하였을 것이라고 여겨질 정도의 주된 채무이어야 하고, 그렇지 아니한 부수적 채무를 불이행한 데에 지나지 않은 경우에는 계약을 해제할 수 없다고 한다(대판 2022.6.16, 2022다203804). 예컨대 영상물제작공급계약의 수급인이 부수적 채무인 시사회 준비의무를 위반한 경우(대판 1996.7.9, 96다14364), 약정된 잔금의 일부를 호의로 지급기일 전에 미리 지급하기로 약정하였으나 이를 위반한 경우(대판 1993.7.13, 93다17966)에 계약을 해제할 수 없다고 한다. 다만 상가의 일부 층을 먼저 분양하면서 그 수분양자에게 장차 나머지 상가의 분양에 있어 상가 내 기존 업종과 중복되지 않는 업종을 지정하여 기존 수분양자의 영업권을 보호하겠다고 약정한 경우, 판례는 그 약정에 기한 영업권보호채무를 분양계약의 주된 채무로 보고 그 불이행을 이유로 분양계약을 해제할 수 있다고 한다(대판 2005.7.14, 2004다67011).

생각건대 부수의무의 이행 없이는 계약의 목적을 달성할 수 없거나 부수의무가 계약의 중요내용을 구성하는 경우, 채무자의 귀책사유로 그 부수의무를 이행하지 않을 때에 채권자는 상당한 기간을 정하여 그 부수의무의 이행을 최고하고 그 기간 내에 부수의무를 이행하지 않으면, 계약을 해제할 수 있다고 할 것이다(김상용, 140면).

판 례

(ㄱ) 매매계약시 향후 작성할 검인계약서상의 매매대금을 실제 대금과는 달리 매매대상 부동산의 과세표준액으로 작성하기로 약정하였으나 매수인이 이를 이행하지 않은 경우 검인계약서상의 매매대금에 관한 약정 부분은 조세회피 등의 의도에서 매도인의 편의를 보아 준다는 것일 뿐 매매계약의 주된 목적을 달성하는 데 필수불가결한 것은 아니라 할 것이므로 매매계약에 부수되는 의무를 규정한 것에 불과한 것이어서 그 불이행에 의하여 매매계약의 목적을 달성할 수 없게 되는 등의 특별한 사정이 없는 한 그 불이행만을 들어 매도인이 매매계약을 해제할 수는 없다(대판 1992.6.23, 92다7795).

(ㄴ) 전대차계약을 체결한 후 중도금 수수시에 비로소 전차보증금의 반환을 담보하기 위하여 전대인이 그 소유 부동산에 근저당권을 설정하여 주기로 약정한 경우, 전대인의 근저당권설정등기의무는 부수적 채무에 불과하여 전차인은 그 채무불이행을 이유로 전대차계약을 해지할 수 없다(대판 2001.11.13, 2001다20394,20400).

(ㄷ) 계약으로부터 발생하는 부수적 채무의 불이행을 원인으로 하여 계약을 해제할 수 있는 것은 그 불이행으로 인하여 채권자가 계약의 목적을 달성할 수 없는 경우 또는 특별한 약정이 있는 경우에 한정된다고 볼 것이다(대판 2012.3.29, 2011다102301; 대판 2005.11.25, 2005다53705,53712).

(2) 해제권의 행사

(가) 해제권의 행사방법

1) 해제권이 발생하였더라도 그 권리가 행사되지 않는 한 해제의 효과는 발생하지 않는다. 즉 해제권을 행사할 것인지는 해제권자의 자유이다. 해제권을 행사하는 경우에는 상대방에 대한 의사표시로 하고(제543조 1항), 따라서 상대방에게 도달한 때부터 그 효력이 생긴다(제111조 1항). 가령 해지권자가 해지의 의사표시를 담은 소장 부본을 피고에게 송달함으로써 해지권을 재판상 행사하는 경우에는 그 소장 부본이 피고에게 도달할 때에 비로소 해지권 행사의 효력이 발생한다(대판 2000.1.28, 99다50712). 결국 소제기로써 계약해제권을 행사한 후 그 소송을 취하하여도 해제권은 형성권이므로, 그 행사의 효력에는 아무런 영향을 미치지 않는다(대판 1982.5.11, 80다916).

2) 해제의 의사표시에는 조건과 기한을 붙이지 못한다. 해제는 단독행위라는 점에서 조건이나 기한을 붙이면 상대방이 불리한 지위에 놓이게 되기 때문이다. 따라서 그러한 염려가 없는 때에는 무방하다(통설). 가령 소정의 기간 내에 이행이 없으면 계약은 당연히 해제된 것으로 한다는 뜻을 포함하고 있는 이행청구는 이행청구와 동시에 그 기간 내에 이행이 없는 것을 정지조건으로 하여 미리 해제의 의사를 표시한 것으로 볼 수 있다(대판 1992.12.22, 92다28549). 이러한 정지조건부 해제는 상대방을 특별히 불리하게 하는 것이 아니므로 유효하다.

3) 해제의 의사표시는 철회하지 못한다(제543조 2항). 이는 계약이 해제되었다고 믿는 상대방을 보호하기 위한 것이다. 따라서 상대방이 승낙하면 철회할 수 있다.

판 례

보험자 및 보험계약의 체결 또는 모집에 종사하는 자는 보험계약의 중요한 내용에 대하여 구체적이고 상세한 명시·설명의무를 지고 있다고 할 것이어서 보험자가 이러한 보험약관의 명시·설명의무에 위반하여 보험계약을 체결한 때에는 그 약관의 내용을 보험계약의 내용으로 주장할 수 없다 할 것이므로, 보험계약자나 그 대리인이 그 약관에 규정된 고지의무를 위반하였다 하더라도 이를 이유로 보험계약을 해지할 수는 없다(대판 1998.4.10, 97다47255). 즉 명시·설명의 대상이 되는 약관조항을 명시·설명하지 않으면 그 약관조항의 효력이 부정되므로 그 조항을 근거로 보험계약을 해지할 수 없다.

(나) 해제권의 불가분성

1) 당사자의 일방 또는 쌍방이 여럿인 경우, 계약의 해제는 그 전원으로부터 또는 전원에

대하여 하여야 한다(제547조 1항). 각자가 자기의 부분에 관하여 해제를 하거나 해제를 받는다면, 어떤 자에 대하여는 계약이 체결되지 않았던 것으로 되고 또 어떤 자에 대하여는 계약이 그대로 존속하는 것이 되어 복잡한 법률관계가 생기기 때문에 실제상의 편의를 고려하여 둔 규정이다. 따라서 당사자의 특약으로 이를 배제할 수 있다(대판 1994.11.18, 93다46209). 주의할 것은 하나의 부동산을 여럿이 공유하는 경우 각 공유자는 각 그 소유의 지분을 자유로이 처분할 수 있으므로, 공유자 전원이 공유물에 대한 각 그 소유 지분 전부를 형식상 하나의 매매계약에 의하여 동일한 매수인에게 매도하는 경우라도 당사자들의 의사표시에 의하여 각 지분에 관한 소유권이전의무, 대금지급의무를 불가분으로 하는 특별한 사정이 없는 한 실질상 각 공유지분별로 별개의 매매계약이 성립되었다고 할 것이고, 일부 공유자가 매수인의 매매대금지급의무불이행을 원인으로 한 그 공유지분에 대한 매매계약을 해제하는 것은 가능하다는 점이다(대판 1995.3.28, 94다59745). 따라서 당사자들의 의사표시에 의하여 각 지분에 관한 소유권이전의무, 대금지급의무를 '불가분으로 하고 실질상으로도 하나의 매매계약인 경우'에는 매도인 중 공유자 1인이 그의 지분비율에 상응하는 매매대금 중 일부를 매수인으로부터 지급받지 못한 때에도 자신의 지분에 관한 매매계약 부분만을 해제할 수는 없다.

2) 동일한 취지에서 당사자의 일방 또는 쌍방이 여럿인 경우에 그중의 한 사람에 관하여 해제권이 소멸한 때에는 다른 당사자에 대하여도 소멸한다(제547조 2항).

판 례

제547조 1항은 '당사자의 일방 또는 쌍방이 여럿인 경우에는 계약의 해지나 해제는 그 전원으로부터 또는 전원에 대하여 하여야 한다'고 규정하고 있다. 따라서 매매계약의 일방 당사자가 사망하였고 그에게 여러 명의 상속인이 있는 경우에 그 상속인들이 위 계약을 해제하려면, 상대방과 사이에 다른 내용의 특약이 있다는 등의 특별한 사정이 없는 한, 상속인들 전원이 해제의 의사표시를 하여야 한다(대판 2013.11.28, 2013다22812).

(3) 해제의 효과

(가) 일 반

계약이 해제되면 당사자는 계약의 구속력에서 해방되고, 이미 이루어진 급부는 원상회복해야 하며(제548조 1항), 계약의 해제는 손해배상의 청구에 영향을 미치지 않는다(제551조). 그런데 원상회복의무의 법적 성질 및 해제와 손해배상의 관계를 규정한 제551조를 어떻게 이해할 것인지에 대하여 학설이 나누어져 있다.

(나) 해제효과에 관한 학설

1) 직접효과설 — 처음에 소급해서 없던 것으로

해제의 의사표시에 의하여 유효하게 존재하였던 계약관계는 처음부터 전혀 존재하지 않았던 것으로 된다고 한다(대판 2008.2.14, 2006다37892; 대판 1995.3.24, 94다10061; 곽윤직, 99면; 윤철홍, 133면; 송덕수, D-193). 따라서 해제 당시에 아직 이행되지 않은 급부는 소멸하고, 이미 이행된 급부는 법률상 원인을 잃게 되어 부당이득으로 반환하여야 한다고 한다. 이 견해에 의하면 원상회복의무의 법적 성질을 부당이득반환의무로 파악하고, 부당이득의 반환범위는 현존이익에 한정하는 것보다는(제748조) 원상회복에 의하도록 함이 합리적이라고 한다.

그런데 직접효과설은 제548조 1항 본문이 당사자 쌍방에게 원상회복의무를 규정하고 있으므로, 이 원상회복의무를 설명함에 적절하다. 그러나 계약이 소급적으로 소멸하였음에도 채무불이행으로 인한 손해배상책임을 진다고 할 수 있는 것인지를 적절히 설명할 수 없는 문제점이 있다.

판 례

계약이 해제되면 그 효력이 소급적으로 소멸함에 따라 그 계약상 의무에 의하여 이행된 급부는 원상회복을 위하여 부당이득으로 반환되어야 하는 것이다(대판 2008.2.14, 2006다37892).

2) 신직접효과설

기본적으로 해제는 소급적 효력을 가지는 것으로 이해하는 것이 민법의 기본태도라고 한다(김욱곤, "해제의 효과에 관한 법리 소고", 황적인박사화갑기념논문집, 727면 이하; 양창수, 민법연구 제3권, 278면; 김준호, 1208면; 지원림, 5-97). 그 근거로서 원상회복에 관한 제548조 1항과 동시이행을 규정한 제549조를 들고 있다. 다만 채무불이행과 같이 법률행위가 아닌 사실로부터 발생한 손해는 소급하여 소멸하지 않으므로 계약관계가 소멸하더라도 손해배상청구는 그대로 남아 있게 된다고 한다. 즉 제551조는 이러한 취지를 규정한 것이라고 한다.

3) 청산관계설

해제에 의하여 아직 이행되지 않은 급부의무는 소멸하게 되고, 이미 이행된 급부에 관해서는 반환하여야 하는 새로운 채권관계로 전환된다고 한다(김형배, 236면 이하; 김상용, 148면; 이은영, 251면). 즉 해제에 의하여 본래의 계약관계는 소멸하지 않고, 원상회복을 위한 청산관계로 변형(Umgestaltung)된다고 한다. 그리고 손해배상의무는 계약 성립 후 해제시까지의 채무불이행으로 인한 손해, 즉 이행이익의 손해의 배상을 그 내용으로 한다고 한다.

한편 청산관계설에 의하면 제3자가 물권을 취득하면서 물권변동에 관한 공시방법을 갖추고 있으면 해제의 의사표시 전후를 구분하지 않고 제3자는 보호된다. 해제의 의사표시에 의해 원래의 채권관계가 단지 반환채권관계로 변할 뿐이기 때문이다.

4) 소 결

생각건대 청산관계설이 해제의 효과로서 원상회복의무와 손해배상의무를 모순 없이 설명할 수 있다고 할 것이다. 즉 해제의 의사표시가 있으면, 원계약관계는 청산관계로 변경되어 아직 이행되지 않은 급부는 이행의무가 소멸하고, 이미 이행된 급부는 원상회복하여야 할 반환채권관계(Rückgewährschuldverhältnis)로 전환하게 된다. 특히 제548조 1항 본문의 원상회복은 부당이득반환의무로서 원상회복이 아니라 계약 성립 전 상태로의 회복을 의미한다고 할 것이다.

(다) 계약구속력의 소멸

계약의 해제권은 일종의 형성권으로서 당사자의 일방에 의한 계약해제의 의사표시가 있으면 그 효과로서 새로운 법률관계가 발생하고 각 당사자는 그에 구속되는 것이므로(대판 2005.7.14, 2004다67011), 일방 당사자의 계약위반을 이유로 한 상대방의 계약해제 의사표시에 의하여 계약이 해제되었는데도 상대방이 계약의 존속을 전제로 계약상 의무의 이행을 구하는 경우 계약을 위반한 당사자도 그 계약이 상대방의 해제로 소멸되었음을 들어 그 이행을 거절할 수 있다(대판 2001.6.29, 2001다21441,21458).

1) 미이행채무의 소멸

계약에 의하여 발생한 미이행채권 및 채무가 장래에 대하여 소멸한다(해방효). 직접효과설에 의하면 해제의 의사표시에 의하여 계약관계는 소급적으로 소멸하므로, 미이행채무는 당연히 소멸한다고 한다. 그러나 청산관계설에 의하면 해제에 의하여 기존의 계약관계는 청산관계로 변형되므로, 미이행채무는 소멸한다고 한다.

2) 기존 계약관계의 소멸

계약이 해제되기 전에 당사자가 채무의 이행으로 등기나 인도까지 완료하여 이미 물권변동이 일어난 경우, 해제는 상대방에게 이전된 물권에 어떠한 영향을 미치는지가 문제이다. 특히 직접효과설에 의하면 해제에 의하여 계약관계는 소급적으로 소멸하게 되므로, 채권행위의 소멸과 물권변동의 관계가 문제된다. 이에 대해 직접효과설은 채권적 효과설과 물권적 효과설로 나누어진다.

가) 채권적 효과설

해제는 채권행위의 효력을 소급적으로 소멸하게 하는 것일 뿐이고 그 이행행위인 물권행위 및 그 기초한 물권변동에 직접 영향을 미치지 않는다고 한다(김기선, 96면; 김석우, 134면; 김주수, 148면). 이 견해에 의하면 해제로 인하여 이전된 물권이 당연히 복귀하는 것은 아니며, 유효하게 이전된 물권 자체를 반환하는 등 원상회복시킬 의무가 발생할 뿐이라고 한다. 따라서 채권적 효과설에 의하면, 말소등기를 하기까지 이해관계를 맺은 제3자는 선의이든 악의이든 언제나 보호받게 된다. 이와 같이 해제된 계약으로부터 발생한 법률효과를 기초로 하여 새로운 권리를 취득한 제3자가 해제에 의하여 입게 되는 손해가 있을 수 없으므로, 제548조 1항 단서는 주의적 규정에 불과하다고 한다.

나) 물권적 효과설

계약해제는 채권행위의 효력을 소급적으로 소멸하게 하고, 그 결과 그와 유인적 관계에 있는 물권행위의 효력도 소급적으로 소멸하기 때문에 해제로 인하여 이전되었던 물권은 당연히 복귀된다고 한다(대판 1995.5.12,94다18881,18898; 대판 1982.7.27, 80다2968; 곽윤직, 101면; 윤철홍, 133면). 이 견해에 의하면 해제로 인하여 물권 등이 당연히 소급적으로 복귀하기 때문에 해제되기 전에 해제된 계약에 의하여 새로운 권리를 취득한 제3자의 보호가 문제되는데, 이러한 제3자의 권리 내지 거래의 안전을 보호하기 위하여 제548조 1항 단서가 해제의 소급효에 일정한 제한을 가하고 있다고 한다. 예컨대 매매 목적물에 대한 소유권이전등기가 제3자에게 마쳐진 후 계약이 해제된 경우, 계약해제로 당연히 목적물의 소유권이 매도인에게 복귀하지 않으므로 매도인은 소유권에 의하여 매수인 명의의 소유권이전등기 말소를 청구할 수 없다고 한다(대판 1982.11.23, 81다카1110).

다) 청산관계설

해제의 의사표시에 의하여 기존의 계약관계는 청산관계로 변경되며, 따라서 제548조 1항 본문이 규정하고 있는 원상회복의무는 기존 채권관계의 청산을 뜻하므로 채무적 효력을 가진다고 한다. 그러므로 계약의 이행으로 변동이 생겼던 물권에 대해서는 해제의 상대방이 계약이 없었던 상태로 복귀시켜야 할 의무를 부담할 뿐이며, 해제권자에게 물권적 청구권이 발생하는 것은 아니라고 한다. 청산관계설에 의하면 해제로 인하여 계약은 장래에 대해서만 소멸하고, 이미 이행한 급부는 청산되어야 하므로 청산에 의하여 상대방 명의의 등기에서 원권리자 명의로 이전등기가 행하여질 때까지 상대방이 물권자이기 때문에, 이전등기가 마쳐질 때까지 이해관계를 맺은 제3자는 선의이든 악의이든 언제나 보호받게 된다. 이와 같이 제3자의 법적 지위는 해제에 의하여 영향을 받지 않으므로, 제548조 1항 단서는 주의적 구정에 불과하다고 한다.

3) 제3자의 보호

(i) 해제의 효과로서 원상회복의무가 발생하지만, 해제의 의사표시 '전'에 이해관계를 맺은 제3자의 권리를 해하지 못한다(제548조 1항 단서). 또한 합의해제의 경우에도 제3자의 권리를 해할 수 없다(대판 2005.6.9, 2005다6341). 여기서 제3자란 일반적으로 그 해제된 계약으로부터 생긴 법률효과를 기초로 하여 해제 전에 새로운 이해관계를 가졌을 뿐 아니라 등기·인도 등으로 완전한 권리를 취득한 자를 말한다(대판 2007.12.27, 2006다60229; 대판 2007.4.26, 2005다19156). 가령 부동산에 대한 매매계약이 해제되기 전에 부동산을 매수하여 소유권을 취득한 사람(대판 1999.9.7, 99다14877; 대판 1997.12.26, 96다44860), 해제된 매매계약에 의하여 채무자의 책임재산이 된 부동산을 가압류한 사람(대판 2005.1.14, 2003다33004), 주택에 대한 매매계약의 해제로 인하여 소유권을 상실하게 된 임대인으로부터 그 계약이 해제되기 전에 주택을 임차 받아 주택임대차보호법상의 대항요건을 갖춘 임차인(대판 2008.4.10, 2007다38908,38915; 대판 2003.8.22, 2003다12717), 매수인과 매매예약을 체결한 후 그에 기한 소유권이전청구권 보전을 위한 가등기를 마친 사람(대판 2014.12.11, 2013다14569)은 제548조 1항 단서의 제3자에 해당한다. 따라서 甲이 그의 토지를 乙에게 매도하고, 乙은 다시 丙에게 매도하여 그 소유권이전등기가 된 후에 甲이 乙의 채무불이행을 이유로 매매계약을 해제하더라도 丙의 소유권취득에는 영향을 주지 않는다.

(ii) 제548조 1항 단서는 해제의 효과로서 원상회복하면 이로 인해 제3자의 권리침해가 발생하는 경우에 적용된다. 제548조 1항은 계약을 해제하면 당사자는 원상회복의무가 있지

만, 제3자의 권리를 해하지 못한다고 규정하고 있기 때문이다. 즉 제548조 1항 단서는 계약상의 채무가 완전히 이행된 상태에서 그 계약이 해제되어 원상회복을 할 경우, 계약상의 채무를 이행 받은 자로부터 그 이행된 대로의 권리가 있음을 신뢰하여 새로운 권리를 취득한 자 또는 그와 유사한 지위에 있는 자를 보호하기 위한 규정이므로, 해제된 계약에 기한 채무가 완전히 이행되기 전에 그 계약당사자로부터 권리를 취득한 자는 제548조 1항 단서에 의하여 보호를 받지 못한다(지원림, 5-98). 따라서 계약상의 채권을 양도받은 양수인(대판 2003.1.24, 2000다22850), 건축주 허가명의만을 양수한 사람(대판 2007.4.26, 2005다19156), 계약상의 '채권 자체'를 압류 또는 전부한 사람(대판 2000.4.11, 99다51685)은 제548조 1항 단서의 제3자에 해당하지 않는다. 이 경우 계약을 해제하면 채권이 소멸하기 때문에 채권에 대한 원상회복이 문제되지 않는다. 반면에 해제된 매매계약에 의하여 채무자의 책임재산이 된 '부동산'을 가압류 집행한 가압류채권자는 제548조 1항 단서의 제3자에 포함된다(대판 2005.1.14, 2003다33004). 즉 제108조 2항(허위표시에 의하여 외형상 형성된 법률관계로 생긴 채권을 가압류한 경우, 그 가압류권자는 제108조 2항의 제3자에 해당한다)과 달리 제548조 1항 단서는 계약상의 채무가 완전히 이행된 상태에서 그 계약이 해제되어 원상회복을 한 경우에 적용되기 때문에 계약상의 채권을 양수하거나 그 채권 자체를 압류 또는 전부한 채권자는 제548조 1항 단서의 제3자가 되지 못하지만, 채무자의 책임재산이 된 부동산을 가압류 집행한 가압류채권자는 여기의 제3자에 해당한다.

(iii) 한편 판례는 거래안전을 위하여 해제의 의사표시가 있은 '후' 해제를 원인으로 하는 말소등기(계약해제로 인한 원상회복등기) 등이 있기 전에 이해관계를 갖게 된 '선의'의 제3자도 포함된다고 하여(대판 2022.4.14, 2021다294186; 대판 2005.6.9, 2005다6341), 제3자의 범위를 확대하고 있다. 즉 계약당사자의 일방이 계약을 해제하였을 때에는 계약은 소급하여 소멸하고 각 당사자는 원상회복의 의무를 지게 되지만, 이 경우 계약해제로 인한 원상회복등기 등이 이루어지기 전에는 계약의 해제를 주장하는 자와 양립되지 않는 법률관계를 가지게 되었고 계약해제 사실을 몰랐던 제3자에 대하여는 계약해제를 주장할 수 없으며, 이러한 법리는 실권특약부 매매계약이 그 특약에 의하여 소급적으로 실효되는 경우에도 마찬가지로 적용된다고 한다(대판 2000.4.21, 2000다584; 대판 1996.11.15, 94다35343). 제3자가 악의라는 사실의 주장·증명책임은 계약해제를 주장하는 자에게 있다(대판 2005.6.9, 2005다6341).

판 례

(ㄱ) 계약이 해제되기 이전에 계약상의 채권을 양수하여 이를 피보전권리로 하여 처분금지가처분결정을 받은 경우, 그 권리는 채권에 불과하고 대세적 효력을 갖는 완전한 권리가 아니므로 그 채권자는 제548조 1항 단서의 해제의 소급효가 미치지 않는 '제3자'에 해당하지 아니한다(대판 2000.8.22, 2000다23433).

(ㄴ) 계약당사자의 일방이 계약을 해제하여도 제3자의 권리를 침해할 수 없지만, 여기에서 그 제3자는 계약의 목적물에 관하여 권리를 취득하고 또 이를 가지고 계약당사자에게 대항할 수 있는 자를 말하므로, 토지를 매도하였다가 대금지급을 받지 못하여 그 매매계약을 해제한 경우에 있어 그 토지 위에 신축된 건물의 매수인은 위 계약해제로 권리를 침해당하지 않을 제3자에 해당하지 아니한다(대판 1991.5.28, 90다카16761).

(ㄷ) 미등기 무허가건물에 관한 매매계약이 해제되기 전에 매수인으로부터 해당 무허가건물을 다시 매수하고 무허가건물관리대장에 소유자로 등재되었더라도 건물에 관하여 완전한 권리를 취득한 것으로 볼 수 없으

므로 제548조 1항 단서에서 규정하는 제3자에 해당한다고 할 수 없다(대판 2014.2.13, 2011다64782).

(ㄹ) 소유권이전등기청구권의 가압류나 압류가 행하여지면 제3채무자로서는 채무자에게 등기이전행위를 하여서는 아니 되고, 그와 같은 행위로 채권자에게 대항할 수 없다 할 것이나, 가압류나 압류에 의하여 그 채권의 발생원인인 법률관계에 대한 채무자와 제3채무자의 처분까지도 구속되는 것은 아니므로 기본적 계약관계인 매매계약 자체를 해제할 수 있다(대판 2006.1.26, 2003다29456; 대판 2000.4.11, 99다51685;).

(ㅁ) 제3자를 위한 계약에서 낙약자와 요약자 사이의 법률관계(기본관계)에 기초하여 수익자가 요약자와 원인관계(대가관계)를 맺음으로써 해제 전에 새로운 이해관계를 갖고 그에 따라 등기·인도 등을 마쳐 권리를 취득하였다면, 수익자는 제548조 1항 단서에서 말하는 계약해제의 소급효가 제한되는 제3자에 해당한다(대판 2021.8.19, 2018다244976).

(라) 원상회복의무

1) 원상회복의무의 법적 성질

계약이 해제되면 각 당사자는 해제시까지 이미 이행한 급부를 원상에 회복하여야 할 원상회복의무를 진다(제548조 1항 본문). 이러한 원상회복의무의 법적 성질에 관하여, 직접효과설은 계약에 기인하여 이루어진 급부는 해제에 의해 법률상 원인을 잃고 그 수령자는 부당이득으로서 그것을 반환하여야 한다고 한다(법정 채무). 판례도 해제로 인한 각 당사자의 원상회복의무는 일종의 부당이득반환의 성질을 가진다고 한다(대판 2008.2.14, 2006다37892; 대판 2003.7.22, 2001다76298). 그러나 청산관계설에 의하면 해제에 의하여 본래의 계약관계는 청산을 목적으로 한 반환채권채무관계로 변하므로, 원상회복의무는 부당이득반환채무와 성질이 다르다고 한다.

판 례

(ㄱ) 보증채무는 주채무와 동일한 내용의 급부를 목적으로 함이 원칙이지만 주채무와는 별개 독립의 채무이고, 한편 보증채무자가 주채무를 소멸시키는 행위는 주채무의 존재를 전제로 하므로, 보증인의 출연행위 당시에는 주채무가 유효하게 존속하고 있었더라도 그 후 주계약이 해제되어 소급적으로 소멸하는 경우에는 보증인은 변제를 수령한 채권자를 상대로 이미 이행한 급부를 부당이득으로 반환청구할 수 있다(대판 2004.12.24, 2004다20265).

(ㄴ) 아파트 분양계약에서 수분양자의 중도금 대출이자를 분양자가 부담하기로 하는 약정은 분양계약의 존속을 전제로 하는 것이어서 분양계약이 해제되면 위 약정도 소급적으로 효력을 잃는다고 보아야 하므로, 수분양자는 그 원상회복으로서 대납 대출이자 상당액의 돈을 분양자에게 지급해야 한다(대판 2022.4.28, 2018다290801,290818).

2) 당 사 자

(i) 원상회복의무는 계약의 당사자가 부담한다. 즉 해제의 상대방은 물론이고 해제한 자도 원상회복의무가 있다(대판 1995.3.24, 94다10061). 따라서 ① 甲이 乙에게 부동산을 매도하고 乙이 이를 丙에게 매도한 후 丙이 매매대금을 '乙의 지시에 따라' 직접 甲에게 지급하였는데, 乙과 丙의 계약이 해제된 경우, 丙이 乙의 지시에 따라 甲에게 송금한 것은 丙이 乙에게 지급하고 乙이

甲에게 지급한 것에 해당하므로, 丙은 甲에게 매매대금을 부당이득으로 반환청구할 수 없고, 乙에게 계약해제에 따른 원상회복을 청구해야 한다(대판 2003.12.26, 2001다46730). 이는 제3자를 위한 계약관계에서 낙약자와 요약자 사이의 법률관계를 이루는 계약이 해제된 경우에도 마찬가지이다. 즉 계약관계의 청산은 계약의 당사자인 낙약자와 요약자 사이에 이루어져야 하므로, 특별한 사정이 없는 한 낙약자가 이미 제3자에게 급부한 것이 있더라도 낙약자는 계약해제에 기한 원상회복 또는 부당이득을 원인으로 제3자를 상대로 그 반환을 구할 수 없다(대판 2005.7.22, 2005다7566,7573). ② 계약이 적법한 대리인에 의하여 체결되었는데 상대방 당사자가 계약상 채무불이행을 이유로 계약을 해제한 경우, 해제로 인한 원상회복의무는 대리인이 아니라 계약의 당사자인 본인이 부담한다. 이는 본인이 대리인으로부터 그 수령한 급부를 현실적으로 인도받지 못하였다거나 해제의 원인이 된 계약상 채무의 불이행에 관하여 대리인에게 책임 있는 사유가 있다고 하여도 다른 특별한 사정이 없는 한 마찬가지이다(대판 2011.8.18, 2011다30871).

(ii) 그러나 계약해제로 인하여 소멸되는 채권을 양수한 자는 채무자로부터 이행받은 급부를 원상회복할 의무가 있다(대판 2003.1.24, 2000다22850). 가령 甲이 乙에게 상가를 분양하고 乙이 상가를 명도받은 후 甲이 그 대금채권을 丙에게 양도하여 양수인 丙이 乙로부터 분양대금의 일부를 받았으나 甲과 乙의 분양계약이 해제된 경우, 해제에 의해 소멸하게 되는 채권을 양수한 丙은 해제에 따른 제548조 1항 단서의 제3자로서 보호받을 수 없고, 甲의 乙에 대한 해제에 따른 동시이행항변권을 원용할 수도 없어 자신이 받은 분양대금을 乙에게 원상회복으로 반환하여야 한다.

3) 원상회복의무의 범위

(i) 직접효과설에 의하면 원상회복의무는 부당이득반환의무이지만 반환범위는 제748조의 특별규정인 제548조와 부당이득규정에 의한다고 한다. 그러나 청산관계설은 단지 제548조의 규정에 따라 원상회복의무의 범위를 정하여야 하며, 원상회복의 범위와 내용은 쌍무계약의 상환성 및 등가성에 기초하여 정하여진다고 한다. 즉 채무자의 책임 없는 사유로 받은 급부의 목적물이 멸실·훼손된 경우에 채무자는 현존 상태대로의 반환의무만 진다고 한다. 따라서 청산관계에서도 양 당사자의 반환채무 간에는 견련관계가 있으므로, 제537조 및 제538조의 규정이 적용된다고 한다. 판례는 계약해제의 효과로서의 원상회복의무를 규정한 제548조 1항 본문은 부당이득에 관한 특별 규정의 성격을 가지므로, 그 이익 반환의 범위는 이익의 현존 여부나 선의·악의에 불문하고 특단의 사유가 없는 한 받은 이익의 전부이라고 한다(대판 1998.12.23, 98다43175).

(ii) 한편 계약해제로 인하여 계약당사자가 원상회복의무를 부담할 때에 당사자 일방이 목적물을 이용한 경우, 그 사용에 의한 이익을 상대방에게 반환하여야 한다. 다만 사용이익을 반환하는 외에 감가상각비까지 반환할 필요는 없다(대판 2000.2.25, 97다30066). 사용이익 속에 감가상각비가 포함되어 있기 때문이다. 채무자의 영업수완 등 노력으로 인한 운용이익은 사회통념상 채무자의 행위가 개입되지 아니하였더라도 그 목적물로부터 채권자가 당연히 취득하였으리

라고 인정되는 범위 내에서 반환되어야 한다(대판 2006.9.8, 2006다26328,26335). 따라서 매도인이 당연히 취득하였으리라고 생각되는 범위 내의 것이 아닌 한 매수인이 반환하여야 할 사용이익의 범위에서 공제하여야 한다(제한적 반환).

판 례

(ㄱ) 부당이득반환의 경우 수익자가 반환해야 할 이득의 범위는 손실자가 입은 손해의 범위에 한정되고, 여기서 손실자의 손해는 사회통념상 손실자가 당해 재산으로부터 통상 수익할 수 있을 것으로 예상되는 이익 상당이라 할 것이며, 부당이득한 재산에 수익자의 행위가 개입되어 얻어진 이른바 운용이익의 경우, 그것이 사회통념상 수익자의 행위가 개입되지 아니하였더라도 부당이득된 재산으로부터 손실자가 통상 취득하였으리라고 생각되는 범위 내에서는 반환해야 할 이득의 범위에 포함된다(대판 2008.1.18, 2005다34711).

(ㄴ) 과실상계는 본래 채무불이행 또는 불법행위로 인한 손해배상책임에 대하여 인정되는 것이고, 매매계약이 해제되어 소급적으로 효력을 잃은 결과 매매당사자에게 당해 계약에 기한 급부가 없었던 것과 동일한 재산상태를 회복시키기 위한 원상회복의무의 이행으로서 이미 지급한 매매대금 기타의 급부의 반환을 구하는 경우에는 적용되지 아니한다. 그리고 계약의 해제로 인한 원상회복청구권에 대하여 해제자가 그 해제의 원인이 된 채무불이행에 관하여 '원인'의 일부를 제공하였다는 등의 사유를 내세워 신의칙 또는 공평의 원칙에 의하여 일반적으로 손해배상에 있어서의 과실상계에 준하여 그 권리의 내용이 제한될 수 있다고 하는 것은 허용되어서는 아니된다(대판 2014.3.13, 2013다34143)

4) 원상회복의무의 내용

가) 원물반환의 원칙

채무의 이행으로 토지·건물·상품 등의 특정물이 급부된 경우에는 그것이 그대로 남아 있으면 그 물건을 반환하고, 대체물은 동종·동질·동량으로 반환하면 된다. 판례는 하자로 인하여 계약의 목적을 달성할 수 없어 제작물공급계약이 해제되고 그 결과 원상회복의무가 있다고 인정되는 경우, 그 회복에 목적물의 시가보다 많은 비용이 소요된다는 이유만으로 구체적인 원상회복의무가 없다고 할 수도 없고, 또한 채무의 이행으로 물건이 인도된 경우 원상회복의 범위는 그 수령한 원물을 반환하는 것이 원칙이나 수령한 원물이 멸실 등으로 반환할 수 없게 되었을 때에는 예외적으로 그 가격을 반환하여야 한다고 한다(대판 1990.3.9, 88다카31866).

나) 가액반환

(i) 특정물의 멸실　수령한 물건이 멸실·훼손·소비되어 원물반환이 불가능할 때에는 가액반환을 하여야 하며, 가액산정은 해제 당시의 가액을 기준으로 하여야 한다(다수설). 그러나 반환 당시의 시가를 기준으로 하여야 한다는 견해가 있으며(이은영, 261면), 판례는 이행불능으로 해제된 경우에 관하여 이행불능 당시의 가액이라고 한다(대판 1994.9.13, 94다7942,7959; 대판 1998.5.12, 96다47913). 그렇다면 채무자의 책임 없는 사유로 수령한 급부의 목적물이 멸실·훼손되었을 경우에도 가액반환을 하여야 하는지에 관하여, 부정설(곽윤직, 105면; 김증한/김학동, 167면은 이렇게 해석하면 채권자는 해제하더라도 아무 것도 반환받지 못하고, 반면에 자신이 급부받은 것은 반환해야 하는 결과가 되어, 채권자는 오히려 해제함으로써 불이익을 입게 되는데, 이런 부당한 결과를 피하기 위해서 채권자는 해제를 철회할 수 있다고 한다)과 긍정설(이은영, 262면; 김형배, 248면; 송덕수, D-204)이 대립하고 있다.

생각건대 일방의 물건반환의무는 면제되고 상대방의 대금반환의무만이 존속한다면 쌍무계약의 존속상의 견련성 원칙에 위반하게 되어 부당하다. 따라서 청산관계가 존속하는 동안은 양 당사자 사이에 견련관계가 존재하고 있으므로, 제537조 및 제538조가 적용되어야 한다(김형배, 248면). 즉 양 당사자의 책임 없는 사유로 원물반환이 불가능하게 된 경우, 해제상대방은 원물에 갈음하는 대체물이나 가액을 반환하지 않으면 그가 급부한 것을 해제권자로부터 반환받을 수 없게 되어(제537조), 결국 해제상대방은 불가항력에 의한 멸실의 경우에도 가액반환을 하여야 한다. 반면에 해제권자의 귀책사유로 원물반환이 불가능하게 된 경우, 해제상대방은 반환의무를 면하지만 반환청구권을 보유하게 된다(제538조).

판 례

(ㄱ) 계약해제의 효과로서 원상회복의무를 규정한 민법 제548조는 부당이득에 관한 특별 규정의 성격을 가진 것이므로, 그 이익 반환의 범위는 이익의 현존 여부나 선의·악의에 불문하고 특단의 사유가 없는 한 받은 이익의 전부이다. 따라서 매도인으로부터 매매 목적물의 소유권을 이전받은 매수인이 매도인의 계약해제 이전에 제3자에게 목적물을 처분하여 계약해제에 따른 원물반환이 불가능하게 된 경우에 매수인은 원상회복의무로서 가액을 반환하여야 하며, 이때에 반환할 금액은 특별한 사정이 없는 한 그 처분 당시의 목적물의 대가 또는 그 시가 상당액과 처분으로 얻은 이익에 대하여 그 이득일부터의 법정이자를 가산한 금액이다(대판 2013.12.12, 2013다14675).

(ㄴ) 매도인으로부터 매매 목적물의 소유권을 이전받은 매수인이 매도인의 계약해제 이전에 제3자에게 목적물을 처분하여 계약해제에 따른 원물반환이 불가능하게 된 경우에 매수인은 원상회복의무로서 가액을 반환하여야 하며, 이때에 반환하여야 하는 목적물의 가액은 특별한 사정이 없는 한 그 처분 당시의 대가 또는 그 시가 상당액이라 할 것이고, 그리고 이러한 법리는 매수인과 매도인의 약정에 따라 매도인으로부터 직접 제3자에게 목적물의 권리가 이전된 경우에도 마찬가지이다(대판 2013.12.12, 2012다58029).

(ii) 노무제공 등　노무 기타 무형의 급부와 같이 처음부터 원물반환이 불가능한 경우에는 급부의 가액을 반환하여야 한다. 그 가액의 기준시에 대해서는 ① 급부 당시의 가격이라는 견해(김상용, 155면; 김형배, 245면; 이은영, 262면), ② 해제 당시의 가격이라는 견해(김주수, 155면; 김증한/김학동, 166면; 윤철홍, 137면; 송덕수, D-205)로 나누어져 있다.

(iii) 금전의 경우　채무의 이행으로 금전이 급부된 경우에는 그 받은 금전에 관하여 받은 날부터 이자를 붙여서 반환하여야 한다(제548조 2항). 여기서 가산되는 이자는 원상회복의 범위에 속하는 것으로서 일종의 부당이득반환의 성질을 가지는 것이고 반환의무의 이행지체로 인한 지연손해금이 아니다(대판 2016.6.9, 2015다222722; 대판 2013.4.26, 2011다50509). 따라서 당사자 사이에 그 이자에 관하여 특별한 약정이 있으면 그 약정이율이 우선 적용되고, 약정이율이 없으면 민사 또는 상사 법정이율이 적용된다(대판 2013.4.26, 2011다50509).

반면에 원상회복의무는 그 성질이 부당이득의 반환이고, 이것은 기한의 정함이 없는 채무로서 채무자는 이행청구를 받은 때부터 지체책임이 있다(제387조 2항). 채권자의 이행청구로 인해 채무자의 원상회복의무가 이행지체에 빠지면, 그 이후의 기간에 대해서는 부당이득반환의무로서의 이자가 아니라 반환채무에 대한 지연손해금이 발생하게 되므로 거기에는 지연손해금률이 적용되어야 한다(대판 2013.4.26, 2011다50509). 원상회복의무가 이행지체에 빠진 이후의 '지연손해금률'에 관하여, ① 당사자 사이에 별도의 약정이 있으면 그에 따라야 하고, 설사 그것이 법정이율보다 낮다 하더라도 마찬가지이다(대판 2013.4.26, 2011다50509). 따라서 원상회복으로서의 이자에 대해서는 약정이나 법정이율이, 지연손해금에 대해서는 그에 관한 약정이율이 따로 적용된다. ② 지연손해금률에 관하여 별도의 약정이 없으면 제397조 1항에 의한다. 따라서 계약해제 시 반환할 금전에 가산할 이자에 관하여(제548조 2항) 당사자 사이에 약정이 없으면 원상회복의무의 이행지체로 인한 지연손해금도 법정이율에 의하여 산정하고, 약정이율이 있으면 그것은 지연손해금에도 통용된다. 다만 그 약정이율이 법정이율보다 낮은 경우에는 약정이율에 의하지 않고 법정이율에 의한 지연손해금을 청구할 수 있다. 계약해제로 인한 원상회복 시 반환할 금전에 받은 날부터 가산할 이자의 지급의무를 면제하는 약정이 있는 때에도 그 금전반환의무가 이행지체 상태에 빠진 경우에는 법정이율에 의한 지연손해금을 청구할 수 있는 점과 비교해 볼 때 그렇게 보는 것이 논리와 형평의 원리에 부합하기 때문이다(대판 2013.4.26, 2011다50509).

한편 계약해제로 인한 원상회복의무의 이행으로 금전의 반환을 명하는 판결을 선고하는 경우에는 그 지연손해금률에 대해서는 소장을 송달받은 다음 날부터 소송촉진 등에 관한 특례법 제3조 1항에 의한 이율이 적용된다(대판 2003.7.22, 2001다76298).

판 례

(ㄱ) 입주계약의 해제로 인한 원상회복으로서 반환할 분양대금에 대하여 분양대금납부의무의 지체에 관하여 약정한 시중은행의 일반대출 연체금리에 의한 지연손해금이 아닌 법정이자를 가산하여야 한다(대판 2003.10.23, 2001다75295).

(ㄴ) 제548조 2항의 이자 반환은 원상회복의무의 범위에 속하는 것으로 일종의 부당이득반환의 성질을 가지는 것이지 반환의무의 이행지체로 인한 손해배상은 아니라고 할 것이고, 소송촉진 등에 관한 특례법 제3조 1항은 금전채무의 전부 또는 일부의 이행을 명하는 판결을 선고할 경우에 있어서 금전채무불이행으로 인한 손해배상액 산정의 기준이 되는 법정이율에 관한 특별규정이므로, 제548조 2항의 이자에는 동법 제3조 1항에 의한 이율을 적용할 수 없다(대판 2024.2.29, 2023다289720). 계약해제로 인한 원상회복의무의 이행으로 금전의 반환을 구하는 소송이 제기된 경우, 채무자는 그 소장을 송달받은 다음 날부터 반환의무의 이행지체로 인한 지체책임을 지게 되므로, 그와 같이 원상회복의무의 이행으로 금전의 반환을 명하는 판결을 선고할 경우에는 금전채무불이행으로 인한 손해배상액 산정의 기준이 되는 법정이율에 관한 특별규정인 동법 제3조 1항에 의한 이율을 적용하여야 한다(대판 2003.7.22, 2001다76298).

(ㄷ) 법정해제권 행사의 경우 당사자 일방이 그 수령한 금전을 반환함에 있어 그 받은 때부터 법정이자를 부가함을 요하는 것은 제548조 2항이 규정하는 바로서, 이는 원상회복의 범위에 속하는 것이며 일종의 부당이득반환의 성질을 가지는 것이고 반환의무의 이행지체로 인한 것이 아니므로, 부동산 매매계약이 해제된 경우 매도인의 매매대금 반환의무와 매수인의 소유권이전등기말소등기 절차이행의무가 동시이행의 관계에 있는지 여부와는 관계없이 매도인이 반환하여야 할 매매대금에 대하여는 그 받은 날부터 민법 소정의 법정이율인 연 5푼의 비율에 의한 법정이자를 부가하여 지급하여야 하고, 이와 같은 법리는 약정된 해제권을 행사하는 경우라 하여 달라지는 것은 아니다(대판 2000.6.9, 2000다9123).

다) 비용상환

상대방이 반환할 물건에 대해 필요비 또는 유익비를 지출한 경우에는 회복자에 대해 상환을 청구할 수 있다(제203조 유추적용). 그 밖에 각 당사자가 받은 물건이나 권리로부터 생긴 과실도 반환하여야 한다(제548조 2항 유추적용).

5) 소멸시효

해제에 따른 원상회복청구권도 소멸시효에 걸린다. 그 기산점은 해제권이 발생한 때가 아니고 해제한 때, 즉 원상회복청구권이 발생한 때이다(대판 2009.12.24, 2009다63267).

(마) 손해배상의무

1) 손해배상의무의 법적 성질

해제권자는 상대방의 채무불이행으로 입은 손해에 대해 배상을 청구할 수 있다(제551조). 즉 계약의 해제는 손해배상청구를 배제하지 않는다. 직접효과설에 따르면 해제에 의하여 계약이 소급적으로 소멸하기 때문에 손해배상을 청구할 수 있는 기초가 존재하지 않게 된다. 그러나 직접효과설은 해제상대방이 자신의 채무불이행으로 해제권자에게 준 손해는 현실적으로 그대로 남게 되므로 실제적 공평의 관점에서 볼 때 그 손해발생의 유책자인 상대방이 배상책임을 지는 것은 당연하다고 한다. 판례도 해제의 효과에 대하여 직접효과설을 취하면서 손해배상의 성질을 채무불이행에 의한 것으로 구성한다(대판 1983.5.24, 82다카1667). 생각건대 해제와 양립가능한 손해배상의 청구는 계약관계의 존속을 전제로 하므로, 청산관계설에 의해 손해배상청구권을 설명하는 것이 이론적으로 타당하다고 할 것이다.

2) 손해배상의 요건

해제로 인한 손해배상은 채무불이행으로 인한 손해배상의무이므로, 해제의 의사표시의 상대방에게 귀책사유가 있어야 한다. 따라서 상대방에게 고의 또는 과실이 없을 때에는 배상책임을 지지 않는다(제390조). 이는 상대방의 채무불이행과 상관없이 일정한 사유가 발생하면 계약을 해지 또는 해제할 수 있도록 하는 약정해지·해제권을 유보한 경우에도 마찬가지이고 그것이 자기책임의 원칙에 부합한다(대판 2016.4.15, 2015다59115).

3) 손해배상의 범위

(i) 손해배상의 범위에 관하여는 채무불이행으로 인한 손해배상범위에 관한 제393조가 그대로 적용된다. 따라서 이행이익을 배상하여야 한다(곽윤직, 106면; 김상용, 156면; 김형배, 250면; 이은영, 265면. 그러나 김주수, 155면은 손해배상의 범위를 신뢰이익의 배상으로 한정한다). 다만 판례는 채무불이행을 이유로 계약해제와 아울러 손해배상을 청구하는 경우, 채권자는 채무가 이행되었더라면 얻었을 이익을 얻지 못하는 손해를 입은 것이므로 계약의 이행으로 얻을 이익, 즉 이행이익의 배상을 구하는 것이 원칙이다. 그러나 채권자는 그 대신에 계약이 이행되리라고 믿고 지출한 비용, 즉 신뢰이익의 배상을 구할 수도 있으며, ① 그 신뢰이익 중 계약의 체결과 이행을 위하여 통상적으로 지출되는 비용은 통상의 손해로서 상대

방이 알았거나 알 수 있었는지의 여부와는 관계없이 그 배상을 구할 수 있고(제393조 1항), 이를 초과하여 지출되는 비용은 특별한 사정으로 인한 손해로서 상대방이 이를 알았거나 알 수 있었던 경우에 한하여 그 배상을 구할 수 있다(제393조 2항)고 한다(대판 2003.10.23, 2001다75295). ② 이러한 지출비용의 배상(신뢰이익의 배상)은 이행이익의 증명이 곤란한 경우에 그 증명을 용이하게 하기 위하여 인정되는데, 이 경우에도 채권자가 입은 손해, 즉 이행이익의 범위를 초과할 수 없다(대판 2016.4.15, 2015다59115; 대판 2015.5.14, 2012다101695). 따라서 채권자가 계약의 이행으로 얻을 수 있는 이익이 인정되지 않는 경우라면, 채권자에게 배상해야 할 손해가 발생하였다고 볼 수 없으므로, 당연히 지출비용의 배상을 청구할 수 없다고 한다(대판 2017.2.15, 2015다235766). 가령 주택조합원 모집업무를 위탁하는 분양대행계약을 체결하면서 일정 숫자 이상의 조합원을 모집한 경우에 한하여 분양대행수수료를 지급하기로 약정한 경우, 분양률이 저조하여 이행이익에 해당하는 분양대행수수료의 지급을 청구할 수 없다면 지출비용의 배상도 구할 수 없다.

(ii) 한편 목적물의 가액이 변동된 경우, 손해배상액의 산정은 해제시의 거래가액을 기준으로 한다(다수설). 이행불능으로 인한 해제의 경우, 해제에 의하여 본래의 급부반환의무가 전보배상의무로 전환되기 때문이다. 그러나 이행지체를 이유로 한 해제의 경우에는 해제시를 기준으로 하고, 이행불능에 의한 해제의 경우에는 불능시를 기준으로 하여야 한다는 견해(송덕수, D-208)가 있다. 판례는 채무가 이행불능으로 되거나, 타인의 권리매매에 있어 매도인이 그 권리를 매수인에게 이전할 수 없게 된 경우의 손해배상은 이행불능 당시의 목적물의 시가를 기준으로 그 손해를 산정한다고 한다(대판 1967.5.18, 66다2618; 대판 1980.3.11, 80다78). 그리고 해제에 따른 손해배상은 그 지급을 구한 때부터 지연이자가 발생한다(통설).

판 례

채무불이행을 이유로 계약해제와 아울러 손해배상을 청구하는 경우, 그 계약이행으로 인하여 채권자가 얻을 이익, 즉 이행이익의 배상을 구하는 것이 원칙이고, 다만 일정한 경우에는 그 계약이 이행되리라고 믿고 채권자가 지출한 비용, 즉 신뢰이익의 배상도 구할 수 있는 것이지만, 중복배상 및 과잉배상 금지원칙에 비추어 그 신뢰이익은 이행이익에 갈음하여서만 구할 수 있고, 그 범위도 이행이익을 초과할 수 없다(대판 2007.1.25, 2004다51825).

4) 손해배상액의 예정

특약에 의하여 본래의 급부에 갈음하는 배상액의 예정을 한 경우, 비록 해제권이 행사되더라도 예정액에 대한 특약은 효력을 잃지 않으므로 해제에 의한 손해배상의 기준이 된다(통설). 직접효과설에 의하면 해제에 의하여 손해배상액의 예정특약도 소급적으로 실효된다고 해석하여야 할 것인데, 배상액의 특약은 해제 후에도 효력이 계속 유지된다고 한다. 그러나 청산관계설에 의하면 해제 후에도 손해배상액의 예정특약이 계속 효력을 유지한다.

(바) 보증인의 보증채무

원래의 채무에 대한 보증인은 해제 이후의 원상회복의무 및 손해배상의무에 대해서도 여전히 보증채무를 부담한다(통설). 직접효과설에 따르면 해제에 의하여 기존의 계약관계는 소급적으로 소멸하므로, 기존의 계약상 채무를 보증한 자의 보증채무도 소멸한 것으로 보아야 할 것인데, 보증채무의 취지에 비추어 기왕의 보증인은 그 계약당사자가 부담하는 모든 채무를 보증하는 것이라고 한다. 그러나 청산관계설에 따르면 원상회복의무와 손해배상의무는 원래의 계약과 동일성을 유지하는 청산관계에 서 있기 때문에 특약이 없는 한 보증채무관계는 해제 후에도 존속하는 것으로 볼 수 있다. 판례도 보증책임은 특별한 사정이 없는 한 채무불이행으로 인한 계약의 해제에 따른 채무자의 원상회복의무에도 미친다고 한다(대판 1999.3.26, 96다23306; 대판 1972.5.9, 71다1474).

(사) 해제의 효과와 동시이행

계약의 해제로 인하여 각 당사자가 부담하는 원상회복의무와 손해배상의무는 동시이행의 관계에 있다(제549조, 제536조). 직접효과설에 의하면 원상회복의무자 사이에 동시이행의 관계가 성립하는 것은 양 당사자 사이의 공평을 기하기 위한 것이라고 한다. 그러나 청산관계설에 의하면 해제로 인한 쌍방의 원상회복의무와 손해배상의무는 서로 견련관계에 있기 때문에 당연히 동시이행의 항변권이 인정된다고 한다.

판 례

부동산에 관한 매매계약을 체결한 후 매수인 앞으로 소유권이전등기를 마치기 전에 매수인으로부터 그 부동산을 다시 매수한 제3자의 처분금지가처분신청으로 매매목적부동산에 관하여 가처분등기가 이루어진 상태에서 매도인과 매수인 사이의 매매계약이 해제된 경우, 매도인만이 가처분이의 등을 신청할 수 있을 뿐 매수인은 가처분의 당사자가 아니어서 가처분이의 등에 의하여 가처분등기를 말소할 수 있는 법률상의 지위에 있지 않고, 제3자가 한 가처분을 매도인의 매수인에 대한 소유권이전등기의무의 일부이행으로 평가할 수 없어 그 가처분등기를 말소하는 것이 매매계약 해제에 따른 매수인의 원상회복의무에 포함된다고 보기도 어려우므로, 위와 같은 가처분등기의 말소와 매도인의 대금반환의무는 동시이행의 관계에 있다고 할 수 없다(대판 2009.7.9, 2009다18526).

(아) 해제된 계약을 부활시킬 수 있는지 여부

해제를 한 후에도 당사자 간의 합의로 종전 계약을 부활시킬 수 있다. 가령 해제를 한 후에 급부를 이행하고 이를 수령한 경우, 해제된 계약을 부활하는 묵시적 합의가 있는 것으로 볼 수 있다. 판례도 매매계약이 해제된 후에도 매도인이 별다른 이의 없이 일부 변제를 수령한 경우 특별한 사정이 없는 한 당사자 사이에 해제된 계약을 부활시키는 약정이 있었다고 해석함이 상당하고, 이러한 경우 매도인으로서는 새로운 이행의 최고 없이 바로 해제권을 행사할 수 없다고 한다(대판 1992.10.27, 91다483). 물론 종전의 해제된 계약을 부활시키는 당사자 사이의 약정은 종전의 해제된 계약과 별개의 새로운 법률행위인 이상, 종전 계약의 해제 여부에 관하여 이해관계를 갖는 제3자에 대한 관계에서도 종전의 계약이 해제로 실효된 바 없이 계속 효력을 유지하고 있었던 것이라고 주장할 수 없다(대판 2007.12.27, 2007도5030).

(4) 해제권의 소멸

(가) 일반적 소멸원인

1) 해제권이 발생하였더라도 채권자가 해제권을 행사하기 전에 채무자가 채무내용에 따른 이행제공을 하면 해제권은 소멸한다.

2) 해제권은 실효의 법리에 의하여 소멸할 수 있으며(대판 1994.11.25, 94다12234), 포기할 수도 있다. 포기의 의사표시는 묵시적으로도 할 수 있다. 따라서 상가분양계약에서 약정해제사유의 발생에 의해 계약해제권을 갖게 된 후에도 계약해제의 의사표시를 하지 않고 그 잔대금과 약정연체료까지 지급받으면서 소유권이전등기절차를 이행할 뜻을 통고까지 하였다면, 분양계약을 이행할 의사로 그 전에 발생한 약정해제사유에 의하여 갖게 된 해제권을 포기하기로 한 것으로 보아야 하고, 해제권을 그대로 유보하기로 하였다거나 새로이 해제권이 발생하였다는 등의 특별한 사정이 인정되지 않는 한 그 후의 계약해제통고는 아무런 효력이 없다(대판 1991.5.14, 91다8005).

3) 당사자 사이의 특약 또는 법률의 규정(제573조-제575조, 제601조, 제673조 등)에 의하여 해제권의 행사기간이 정하여져 있으면, 그 기간의 경과로 해제권은 소멸한다. 행사한 기간의 정함이 없는 경우에 해제권은 형성권이므로 10년의 제척기간에 걸린다. 그리고 계약상의 채무가 시효로 소멸하면 법정해제권도 소멸한다고 할 것이다.

(나) 해제권에 특유한 소멸원인

1) 해제권의 행사기간을 정하지 않은 경우에 상대방은 상당한 기간을 정하여 해제권의 행사여부에 대한 확답을 해제권자에게 최고할 수 있고, 그 기간 내에 해제의 통지를 받지 못할 때에는 해제권은 소멸한다(제552조). 해제권의 행사기간이 없는 경우에 너무 오랫동안 해제권이 존속하는 것을 막기 위함이다. 다만 이에 의한 해제권의 소멸은 그 후 새로운 사유에 의하여 발생한 해제권에는 아무런 영향이 없다(대판 2005.12.8, 2003다41463).

2) 해제권자의 고의나 과실로 인하여 계약의 목적물이 현저히 훼손되거나 이를 반환할 수 없게 된 때 또는 가공이나 개조로 인하여 다른 종류의 물건으로 변경된 때 해제권은 소멸한다(제553조). 제553조는 자신의 행위로 원물의 반환을 할 수 없게 한 뒤에도 해제권을 행사할 수 있다면, 결국 신의칙에 반하게 된다는 점을 고려한 규정이다.

3) 그 밖에 해제의 불가분성에 의하여 해제권이 소멸될 수 있다(제547조 2항).

4. 약정해제권

(1) 의 의

계약에 의해 당사자는 일정한 경우에 해제권이 발생하는 것으로 미리 약정할 수 있고,

그 해제권을 당사자 일방이나 쌍방에게 유보시킬 수 있다(민법 제543조 1항). 이것은 반드시 처음의 계약에서 약정하여야 하는 것은 아니며 별개의 계약에 의해서도 할 수 있다. 약정해제권은 당사자 사이의 계약에 의해 해제권이 발생하는 점에서 채무불이행을 원인으로 해제권이 발생하는 법정해제권과 다르지만, 양자는 모두 단독행위인 점에서는 같다. 약정해제권은 해제권의 발생 자체를 당사자 사이의 계약으로 정하는 것을 말한다. 따라서 당사자 사이의 계약으로 종전의 계약을 없었던 것으로 하는 해제계약(합의해제)과는 다르다.

(2) 약정해제권의 유보추정

민법상 약정해제권을 유보한 것으로 추정되는 것이 있다. 즉 매매에서 계약금을 교부한 때에는 당사자 사이에 다른 약정이 없는 한, 당사자의 일방이 이행에 착수할 때까지(예: 중도금지급) 교부자는 이를 포기하고 수령자는 그 배액을 상환하여 매매계약을 해제할 수 있다(제565조). 즉 매매에서 계약금은 해약금으로 추정되고, 이것은 다른 유상계약에 준용된다(제567조).

(3) 효 과

당사자는 계약에서 그 행사방법이나 효과에 관해 약정할 수 있고, 이때에는 그에 따르면 된다. 그러한 약정이 없는 때에는 법정해제권에 관한 행사방법(제543조, 제547조)·효과(제548조, 제549조)·해제권의 소멸(제552조, 제553조) 등에 관한 민법의 규정은 약정해제권에도 그대로 적용된다(통설). 이들 규정은 약정해제와 법정해제에 공통하는 것이기 때문이다. 다만 해제의 효과인 손해배상청구(제551조)는 채무불이행을 전제로 하므로, 약정해제에는 원칙적으로 적용되지 않는다(대판 1983.1.18, 81다89,90). 또한 약정해제권은 중도금을 지급한 후에 행사하여도 유효하다(대판 1979.9.25, 79다832,833).

5. 해제계약(합의해제)

(1) 의 의

해제권 유무와 상관없이 당사자의 합의로 이미 체결한 계약을 해소하여 원상으로 회복시키는 새로운 계약을 말한다. 해제와 합의해제는 계약관계를 해소시키는 것을 내용으로 하는 점에서는 같지만, 해제는 채무불이행시에 해제권을 가지는 자의 일방적 의사표시인 단독행위인데 반해, 합의해제는 계약이라는 점에서 다르다. 합의해제는 사적 자치의 원칙상 당연히 인정된다. 예컨대 상속재산 분할협의는 공동상속인들 사이에 이루어지는 일종의 계약이므로, 공동상속인들은 이미 이루어진 상속재산 분할협의의 전부 또는 일부를 전원의 합의에 의하여 해제한 다음 다시 새로운 분할협의를 할 수 있다(대판 2004.7.8, 2002다73203).

(2) 합의해제의 성립

(가) 일반적인 계약의 성립요건과 마찬가지로, ① 기존 계약의 효력을 소멸시키기로 하는 청약과 승낙이라는 의사표시가 합치되어야 하고, ② 표시행위에 나타난 청약과 승낙의 내용

이 서로 객관적으로 일치하여야 한다(대판 2011.4.28, 2010다98412,98429). 즉 계약당사자의 일방이 계약해제에 따른 원상회복 및 손해배상의 범위에 관한 조건을 제시한 경우 그 조건에 관한 합의까지 이루어져야 합의해제가 성립된다(대판 2007.11.30, 2005다21647,21654; 대판 1996.2.27, 95다43044). 따라서 매도인이 매수인에게 매매계약의 합의해제를 청약하였더라도, 매수인이 그 청약에 대하여 조건을 붙이거나 변경을 가하여 승낙한 때에는 청약의 거절과 동시에 새로 청약한 것으로 되어(제534조), 매도인의 청약은 실효된다(대판 2009.2.12, 2008다71926).

(나) 계약의 합의해제는 묵시적으로 이루어질 수도 있다. 묵시적인 합의해제를 한 것으로 인정되려면 당사자 쌍방에게 계약을 실현할 의사가 없거나 계약을 포기할 의사가 있다고 볼 수 있을 정도에 이르러야 하고(대판 2011.2.10, 2010다77385), 계약이 일부 이행된 경우에는 그 원상회복에 관하여도 의사가 일치되어야 한다(대판 2011.4.28, 2010다98412,98429). 가령 매도인이 잔대금 지급기일 경과 후 계약해제를 주장하여 이미 지급받은 계약금과 중도금을 반환하는 공탁을 하였을 때, 매수인이 아무런 이의 없이 그 공탁금을 수령하였다면 매매계약은 특단의 사정이 없는 한 합의해제된 것이다(대판 1979.10.10, 79다1457). 반면에 계약을 합의해제할 때에 원상회복에 관하여 반드시 약정을 하여야 하는 것은 아니지만, 임대차계약을 합의해제하는 경우에 이미 지급된 임차보증금의 반환에 관하여 아무런 약정도 하지 않은 채 임대차계약을 해제하기만 하는 것은 묵시적 합의해제로 볼 수 없다(대판 1992.6.23, 92다4130,4147).

(3) 합의해제의 효력

(가) 당사자 사이의 효력

1) 합의해제는 계약이므로 그 기본적 효력은 합의 내용에 의해 정해지고, 단독행위로서의 해제를 전제로 하는 제543조 이하의 규정은 원칙적으로 적용되지 않는다(대판 1997.11.14, 97다6193). 따라서 ① 해제계약에 따른 법률관계는 해제계약의 내용과 부당이득에 관한 규정에 의해 정하여지게 된다. ② 채무불이행으로 인한 손해배상을 청구할 수 없으나, 상대방에게 손해배상을 하기로 특약하거나 손해배상 청구를 유보하는 의사표시가 있으면 그러한 특약이나 의사에 따라 손해배상을 하여야 한다(대판 2021.3.25, 2020다285048). 손해배상의 특약이 있었다거나 손해배상 청구를 유보하였다는 점은 이를 주장하는 당사자가 증명할 책임이 있다(대판 2021.5.7, 2017다220416). ③ 제548조 2항은 적용되지 않으므로, 당사자 사이에 약정이 없는 이상 합의해제로 인하여 반환할 금전에 그 받은 날부터 이자를 가산하여야 할 의무는 없다(대판 2003.1.24, 2000다5336,5343).

2) 합의해제에 따른 물권변동 유무에 관하여, 판례는 매매계약이 합의해제되면 매수인에게 이전되었던 소유권은 당연히 매도인에게 복귀하는 것이므로, 합의해제에 따른 매도인의 원상회복청구권은 소유권에 기한 물권적 청구권으로 소멸시효의 대상이 아니라고 한다(대판 1982.7.27, 80다2968).

(나) 제3자에 대한 효력

1) 계약의 효력은 원칙적으로 당사자 사이에만 미치므로 완전한 권리를 취득한 제3자의 권리관계에는 아무런 영향을 미치지 못한다. 즉 민법 제548조 1항 단서는 합의해제에 유추적용된다. 따라서 해제계약의 소급효는 제3자의 권리를 해하지 못한다(대판 2005.6.9, 2005다6341). 제3자의 범위에 관해서도 계약해제의 경우와 같이 제3자가 대세적 효력을 갖는 완전한 권리(예: 인도나 등기를 갖춘 물권 등)를 취득한 자로 제한한다. 즉 매매목적 토지를 전득한 자가 완전한 권리를 취득하지 못한 때에는 제3자에 해당하지 않는다(대판 1991.4.12, 91다2601). 또한 계약해제로 인한 원상회복등기 등이 이루어지기 이전에 해약당사자와 양립되지 않는 법률관계를 가지게 되었고 계약해제 사실을 몰랐던 제3자에 대하여는 계약해제를 주장할 수 없다. 이 경우 제3자가 악의라는 사실의 주장·증명책임은 계약해제를 주장하는 자에게 있다(대판 2005.6.9, 2005다6341; 대판 2000.4.21, 2000다584).

2) 매매에 기한 채권의 가압류와 매매계약 자체의 합의해제에 관하여, 판례는 채권에 대한 가압류는 제3채무자에 대하여 채무자에게의 지급 금지를 명하는 것이므로, 채권을 소멸 또는 감소시키는 등의 행위는 할 수 없고 그와 같은 행위로 채권자에게 대항할 수 없는 것이지만, 채권의 발생원인인 법률관계에 대한 채무자의 처분까지도 구속하는 효력은 없다. 따라서 채무자와 제3채무자가 아무런 합리적 이유 없이 채권의 소멸만을 목적으로 계약관계를 합의해제한다는 등의 특별한 경우를 제외하고는, 제3채무자는 채권에 대한 가압류가 있은 후라고 하더라도 채권의 발생원인인 법률관계를 합의해제하고 이로 인하여 가압류채권이 소멸되었다는 사유를 들어 가압류채권자에 대항할 수 있다고 한다(대판 2001.6.1, 98다17930).

3) 채권자가 채권자대위권에 의하여 채무자의 권리를 행사하고 있다는 사실을 채무자가 알게 된 후에는 채무자가 그 권리를 처분하여도 이로써 채권자에게 대항하지 못한다(제405조 2항). 따라서 채무자가 채권자대위권 행사 사실을 알게 된 후에 계약을 합의해제함으로써 채권자대위권의 객체를 소멸시키더라도 채권자에게 대항할 수 없고, 그 결과 제3채무자 또한 그 계약해제로써 채권자에게 대항할 수 없다(대판 2007.6.28, 2006다85921).

(4) 합의해제의 실효

해제합의는 그것에 의해 원계약을 소멸시키는 효과가 완결되므로, 그 자체로 이행의 문제는 발생할 여지가 없다. 따라서 채무불이행을 이유로 원계약에 대한 합의해제를 해제할 수 없다(대판 1992.8.18, 92다6266). 물론 계약을 합의해제한 후 그 합의해제를 무효화시키고, 해제된 계약을 부활시키는 약정은 계약자유의 원칙상 당사자 사이에서는 가능하다(대판 2006.4.13, 2003다45700).

판 례

경개계약은 신채권을 성립시키고 구채권을 소멸시키는 처분행위로서 신채권이 성립되면 그 효과는 완결되고 경개계약 자체의 이행의 문제는 발생할 여지가 없으므로, 경개에 의하여 성립된 신채무의 불이행을 이유로 경개계약을 해제할 수는 없다. 다만 계약자유의 원칙상 경개계약의 성립 후에 그 계약을 합의해제하여 구채권을 부활시키는 것은 적어도 당사자 사이에서는 가능하다(대판 2003.2.11, 2002다62333).

Ⅱ. 계약의 해지

1. 의 의

(1) 소비대차·임대차·고용 등과 같이 계약의 내용인 급부가 일정한 시점에 행하여지는 것이 아니라 '일정기간 동안' 계속해서 행하여지는 채권관계를 계속적 채권관계라 한다. 계속적 채권관계를 일방적 의사표시로 '장래에 향하여' 소멸케 하는 행위를 해지라 하고, 해지할 수 있는 권리를 해지권이라 한다. 따라서 임차인이 임대차계약에 따라 임대인으로부터 임차목적물을 명도 받아 점유를 계속하여 온 경우, 임차목적물에 있는 법률적 제한으로 말미암아 임차의 목적을 달성할 수 없게 되어 임대인의 담보책임을 물어 계약의 효력을 장래에 향하여 소멸하게 하는 해지를 할 수는 있으나, 그 효력을 소급적으로 소멸시키는 해제를 할 수는 없다(대판 1994.11.22, 93다61321).

(2) 해지가 인정되는 것은 계속적 계약에 한한다. 당사자 일방이 계약을 해지하는 경우, 그 계약은 장래에 대하여 효력을 잃는 점에서 소급하여 계약이 실효되는 해제와는 다르다. 계약해지는 해지권에 기초하여 해지의 의사표시를 함으로써 효력이 생기는 것인데, 이와 구별할 것으로 합의해지 또는 해지계약이 있다. 합의해지 또는 해지계약은 해지권의 유무에 관계없이 계약당사자 쌍방이 합의에 의하여 계속적 계약의 효력을 해지시점 이후부터 장래를 향하여 소멸하게 하는 것을 내용으로 하는 새로운 계약이다. 합의해지가 인정되기 위해서는 해지에 관한 당사자의 의사표시 합치가 있어야 한다(대판 2004.6.10, 2004다2151,2168). 합의해지는 묵시적으로 이루어질 수도 있으며, 묵시적 합의해지는 계약에 따른 채무의 이행이 시작된 후에 당사자 쌍방의 계약실현 의사의 결여 또는 포기로 계약을 실현하지 않을 의사가 일치되어야만 한다(대판 2000.3.10, 99다70884). 이와 같은 합의가 성립하기 위해서는 쌍방 당사자의 표시행위에 나타난 의사의 내용이 객관적으로 일치하여야 하므로, 계약당사자 일방이 계약해지에 관한 조건을 제시한 경우 조건에 관한 합의까지 이루어져야 한다(대판 2018.12.27, 2016다274270,274287).

한편 합의해지의 효력은 합의의 내용에 의하여 결정되고, 여기에는 해제·해지에 관한 제548조 2항이 적용되지 아니하므로, 당사자 사이에 약정이 없는 한 합의해지로 인하여 반환할 금전에 그 받은 날부터의 이자를 가하여야 할 의무는 없다(대판 2003.1.24, 2000다5336,5343).

2. 해지권의 발생

해제권과 마찬가지로 해지권도 법률규정에 의하여(법정 해지권) 또는 당사자의 약정에 의하여

(약정해지권) 발생한다.

(1) 약정해지권의 발생

계속적 계약을 체결할 때에 당사자의 일방 또는 쌍방이 해지권을 유보하는 약정을 할 수 있다.

판 례

계속적 계약관계에서 당사자의 일방 또는 쌍방이 해지권을 유보하는 약정을 한 경우, 약정에서 정한 요건을 갖추어 계속적 계약을 해지함으로써 장래에 향하여 효력을 소멸시킬 수 있으나, 위와 같은 해지가 인정되는 것은 계속적 채권관계를 발생시키는 계약에 한한다(대판 2015.5.29, 2012다87751).

(2) 법정해지권의 발생

민법은 각종의 계약에 관하여 개별적으로 법정해지권의 발생원인을 규정하고 있다(제610조 3항, 제625조, 제627조 2항, 제629조 2항, 제635조-제637조, 제639조, 제640조, 제657조-제663조, 제689조, 제698조, 제716조, 제720조 등). 하지만 법정해지권의 발생에 관하여 해제의 경우(제544조, 제545조, 제546조)와 같은 일반규정을 두고 있지 않다. 그러므로 계속적 계약에서 채무불이행을 이유로 해지권의 발생을 인정할 수 있는가에 관하여, 이를 긍정하는 견해(곽윤직, 111면; 윤철홍, 147면)와 제한적으로 긍정하는 견해가 있다(김형배, 266면; 김상용, 162면; 이은영, 272면). 판례는 계속적 계약은 당사자 상호간의 신뢰관계를 기초로 하는 것으로서, 당해 계약의 존속 중에 당사자 일방의 부당한 행위 등으로 인하여 계약의 기초가 되는 신뢰관계가 파괴되어 계약의 존속을 기대할 수 없는 중대한 사유가 있는 때에는 상대방은 계약을 해지함으로써 장래에 향하여 효력을 소멸시킬 수 있다고 한다(대판 2013.4.11, 2011다59629).

생각건대 계속적 채권관계에서 1회의 급부가 지체되거나 불능되었다는 이유로 해지한다는 것은 지나치게 가혹할 수 있다. 따라서 채무자의 귀책사유에 의한 급부장애가 계속되거나 중대한 시점에 채무를 불이행하여 당사자 간의 신뢰관계가 유지될 수 없을 정도로 파괴된 경우에만 해지권을 인정함이 타당하다고 할 것이다.

3. 해지권의 행사

해지권은 형성권이므로, 그 행사는 상대방에 대한 일방적 의사표시로써 한다(제543조 1항). 해지의 의사표시가 상대방에게 도달하면 철회하지 못한다(제543조 2항). 당사자가 여럿인 경우에는 해지권의 행사는 전원으로부터 전원에 대하여 하여야 한다(제547조 1항). 따라서 여러 사람이 공동임대인으로서 임차인과 하나의 임대차계약을 체결한 경우에는 제547조 1항의 적용을 배제하는 특약이 있다는 등의 특별한 사정이 없는 한 공동임대인 전원의 해지의 의사표시에 따라 임대차계약 전부를 해지하여야 한다. 이러한 법리는 임대차계약의 체결 당시부터 공동임대인이었던 경우뿐만 아니라 임대차목적물 중 일부가 양도되어 그에 관한 임대인의 지위가 승계됨으로써 공동임대인으로 되는 경우에도 마찬가지로 적용된다(대판 2015.10.29, 2012다5537).

4. 해지의 효과

(1) 해지의 비소급효

계약이 해지되면 그 계약은 장래에 향하여 효력을 잃는다(제550조). 해지가 있기 이전에 성립한 채무, 가령 연체된 차임이나 이자채무는 해지가 있더라도 소멸하지 않고 그대로 존속한다. 따라서 그 채무는 이행하여야 한다(대판 1996.9.6, 94다54641).

(2) 해지기간

해지는 상대방 있는 의사표시로서 상대방에게 도달한 때부터 효력이 생긴다(제111조 1항). 다만 민법은 계약의 존속기간을 정하지 않거나 그 밖의 일정한 경우, 해지는 상대방이 그 통고를 받은 날부터 일정한 기간이 경과한 때에 효력이 생기는 것으로 규정하고 있다(제635조, 제637조, 제660조, 제662조).

(3) 청산의무

계속적 계약이 해지되면 계약관계의 청산의무가 존재한다. 가령 임대차의 경우 임차인의 목적물반환의무가 그것이다. 여기의 청산의무는 해제의 경우의 원상회복의무와 다르다.

(4) 손해배상의 청구

손해가 있으면 계약을 해지하면서 동시에 손해배상도 청구할 수 있다(제551조). 이때의 손해배상은 상대방의 채무불이행을 원인으로 하는 것이다. 따라서 계속적 계약에서 개별적으로 해지를 인정하는 경우에도 그것이 채무불이행을 원인으로 하는 것이 아니면 제551조가 적용되지 않는다. 판례도 상대방의 채무불이행과 상관없이 일정한 사유가 발생하면 계약을 해지할 수 있도록 하는 약정해지권을 유보한 경우, 상대방에게 고의 또는 과실이 없을 때에는 배상책임을 지지 않으며, 그것이 자기책임의 원칙에 부합한다고 한다(대판 2016.4.15, 2015다59115).

제2장 각종의 계약

제 1 절 서 설

계약자유의 원칙이 계약법의 대원칙이므로, 계약의 유형도 계약당사자의 자유의사에 의하여 자유롭게 형성할 수 있다. 따라서 당사자는 사회경제의 발달과 함께 새로운 유형의 계약을 맺을 수 있고, 실제로 민법에서 예정하고 있지 않은 의료계약·리스계약·팩토링·신용카드계약 등의 신종계약이 출현하고 있다. 다만 민법은 증여·매매·교환·소비대차·사용대차·임대차·고용·도급·여행·현상광고·위임·임치·조합·종신정기금·화해의 15종류의 전형계약에 관해 규정하고 있다. 이 전형계약은 사회에서 행하여지는 수많은 계약 중에서 빈번하게 이용되는 것을 유형화한 것이다. 그런데 민법에서 예정하고 있는 교환·고용·종신정기금은 오늘날 그 이용이 거의 없거나 다른 제도로 대체되고 있는 상황이다. 그 밖에 계약에는 계약자유의 원칙이 적용되므로, 당사자는 민법에서 정한 내용과 달리 약정할 수 있다. 즉 전형계약에 관한 대부분의 규정은 임의규정이다.

한편 각종 전형계약을 그 목적의 성질에 따라 분류하면, 증여·매매·교환계약은 재산권을 이전할 것을 목적으로 하는 계약이며, 소비대차·사용대차·임대차계약은 재산권을 이용할 것을 목적으로 하는 계약이다. 그리고 고용·도급·여행·현상광고·위임·임치계약은 타인의 노무를 이용할 것을 목적으로 하는 계약이다. 그 밖에 조합계약은 단체계약이고, 종신정기금·화해계약은 기타의 계약에 속한다.

제 2 절 증여계약

Ⅰ. 서 론

1. 의 의

증여계약(Schenkungsvertrag)은 당사자 한쪽(증여자)이 무상으로 재산을 상대방(수증자)에게 수여하는 의사를 표시하고, 상대방이 이를 승낙함으로써 성립하는 무상·편무계약이다(제554조).

2. 증여계약의 성립과 목적물

(1) 증여계약은 낙성계약이므로, 증여자가 아무런 대가없이 재산을 상대방인 수증자에게 수여할 의사표시를 하고, 수증자가 이를 승낙함으로써 성립한다.

(2) 증여의 목적물은 재산권이다. 즉 물건뿐만 아니라 지식재산권 및 채권 등도 증여의 객체가 될 수 있다.

판 례

(ㄱ) 사람이 사망한 경우에 부조금 또는 조위금 등의 명목으로 보내는 부의금은 상호부조의 정신에서 유족의 정신적 고통을 위로하고 장례에 따르는 유족의 경제적 부담을 덜어줌과 아울러 유족의 생활안정에 기여함을 목적으로 증여되는 것으로서, 장례비용에 충당하고 남는 것에 관하여는 특별한 다른 사정이 없는 한 사망한 사람의 공동상속인들이 각자의 상속분에 응하여 권리를 취득하는 것으로 봄이 우리의 윤리감정이나 경험칙에 합치된다고 할 것이다(대판 1992.8.18, 92다2998).

(ㄴ) 증여는 증여자와 수증자 간의 계약으로서 수증자의 승낙을 요건으로 하므로 아직 형성되지도 아니한 종중 또는 친족공동체에 대한 증여의 의사표시는 아무런 효력이 없다(대판 1992.2.25, 91다28344).

Ⅱ. 증여자의 의무

1. 의무의 내용

(1) 급부의무

증여자는 증여계약에 따라 그 재산을 상대방에게 이전할 의무를 진다(제554조). 즉 동산의 경우에는 동산의 인도를, 부동산의 경우에는 등기 및 인도를 그리고 채권의 경우에는 대항요건을 갖추어 주어야 한다. 이와 같이 증여자만이 계약상의 의무(Vertragspflicht)를 부담한다. 계약상 수증자의 권리는 법적 이익이므로, 미성년자는 법정대리인의 동의 없이 증여계약을 체결할 수 있다(제5조 1항 단서).

(2) 주의의무

증여의 객체가 특정물인 경우, 증여자는 증여계약이 성립한 때부터 그 목적물을 선량한 관리자의 주의(제374조)로 보관하여야 하는지에 관하여, 특정물채무의 원칙에 따라 선관주의의무를 인정하는 견해가 있다(김대정, 328면; 김상용, 172면; 송덕수, D-220). 그러나 증여는 무상행위이므로 무상수치인의 주의의무에 관한 제695조를 유추적용하여 자기 재산과 동일한 주의로 보관하면 족하다고 할 것이다(김형배, 403면; 윤철홍, 154면; 이은영, 281면; 지원림, 5-110). 따라서 증여자가 자기 재산과 동일한 주의의무를 게을리 한 때에만 채무불이행에 의한 손해배상책임을 부담한다.

2. 증여자의 담보책임

(1) 담보책임의 면책—원칙

증여계약의 무상성에 비추어 유상계약에서와 동일한 담보책임을 인정하는 것은 증여자에게 심히 불공평하기 때문에, 민법은 "증여의 목적인 물건 또는 권리의 하자나 흠결에 대하여 책임을 지지 않는다"는 특칙을 두고 있다(제559조 1항 본문). 즉 증여자는 원칙적으로 담보책임을 부담하지 않는다. 증여자의 담보책임 면책에 관한 제559조 1항 본문은 특정물의 경우에 적용되는데 의심의 여지가 없다. 다만 불특정물, 즉 계약체결 당시에 목적물이 지정 내지 특정되어 있지 않은 경우, 증여자는 하자 없는 물건을 구해서 수증자에게 급부할 의무를 부담하므로 제559조 1항은 불특정물에 대해서는 적용되지 않는다는 견해가 있다(김형배, 404면). 그러나 매도인의 하자담보책임의 경우에는 특정물과 불특정물을 구별하여 규정하고 있지만(제580조, 제581조), 제559조는 이를 구별하지 않고 있는 점, 증여는 무상계약인 점을 고려할 때, 증여의 목적이 불특정물이든 특정물이든 이를 구별할 필요는 없다고 할 것이다(김대정, 329면; 김주수, 177면; 송덕수, D-221; 이은영, 280면; 윤철홍, 154면).

(2) 담보책임의 인정—예외

증여자가 그 하자나 흠결을 알고서 수증자에게 고지하지 않은 때'에는 담보책임을 진다(제559조 1항 단서). 따라서 수증자가 이미 목적물의 하자나 흠결을 알고 있었던 때에는 증여자의 담보책임이 발생하지 않는다. 담보책임의 내용은 수증자가 목적물에 대하여 하자나 흠결이 없다고 믿음으로써 입은 손해(신뢰이익의 상실)의 배상이다(Palandt-Putzo, § 523 Rdnr. 2; 곽윤직, 117면; 김상용, 174면; 김형배, 404면). 이러한 수증자의 권리는 매매에 관한 제575조 3항을 유추적용하여 1년의 제척기간에 걸린다(다수설. 그러나 김대정, 330면은 일반규정에 의하여 10년의 제척기간에 걸린다고 한다). 그 밖에 부담 있는 증여(부담부증여)에 대하여는 증여자는 그 부담의 한도에서 매도인과 같은 담보책임이 있다(제559조 2항).

Ⅲ. 증여계약의 종료

1. 증여자의 이행

증여자가 증여계약에 따라 그 재산을 상대방에게 이전하면 증여계약은 종료된다(제460조).

2. 증여계약의 해제

민법은 증여에 특유한 해제원인으로 3가지를 규정하고 있다.

(1) 증여의 의사가 서면으로 표시되지 않은 경우

(가) 증여의사가 서면으로 표시되지 않은 경우에는 각 당사자는 증여계약을 해제할 수 있다(제555조). 이는 증여자가 경솔하게 증여하는 것을 방지하고 증여의 의사를 명확하게 하여 분쟁을 예방하기 위한 것이다(대판 1988.9.27, 86다카2634). 따라서 증여계약이 성립한 당시에는 서면이 작성되지 않았더라도 그 후 계약이 존속하는 동안 서면을 작성한 때에는 그때부터는 서면에 의한 증여로서 당사자가 임의로 이를 해제할 수 없다(대판 1992.9.14, 92다4192). 여기서 서면으로 표시되어야 하는 것은 증여자의 '증여의사'이다. 즉 증여자가 자신의 재산을 상대방에게 준다는 증여의사가 서면에 나타는 것으로 족하다. 증여계약서를 작성하여야만 하는 것은 아니며, 서면의 작성에 이르게 된 경위를 고려할 때 그 서면이 바로 증여의사를 표시한 서면이라고 인정되면 이를 제555조에서 말하는 서면에 해당한다(대판 2003.4.11, 2003다1755). 또한 등기신청을 하기 위해서는 등기원인을 증명하는 정보를 제공하여야 하므로, 등기신청을 위한 계약서가 작성되면 이는 증여의 서면에 해당한다. 그러나 증여의 의사표시는 '수증자'에 대하여 서면으로 표시되어야 한다(대판 2009.9.24, 2009다37831; 대판 1998.9.25, 98다22543). 따라서 증여자가 단순히 제3자에 대한 관계에서 증여의사가 있음을 인정할 수 있는 것만으로는 부족하다.

(나) 증여의사가 서면으로 표시되지 않은 증여는 각 당사자, 즉 증여자뿐만 아니라 수증자도 해제할 수 있다. 당사자가 해제하지 않고 사망한 때에는 해제권은 상속인에게 승계된다.

(다) 판례는 제555조의 해제는 일종의 특수한 철회이고, 본래 의미의 해제와는 다르므로 형성권의 제척기간의 적용을 받지 않는다고 한다(대판 2009.9.24, 2009다37831; 대판 2003.4.11, 2003다1755). 즉 일반적인 형성권은 별도의 규정이 없는 경우에는 10년의 제척기간이 적용되지만, 서면에 의하지 않은 증여의 해제는 형성권의 제척기간의 적용을 받지 않으며, 따라서 증여계약을 하고 10년이 경과한 후에도 이행하기 전이면 해제할 수 있다고 한다. 생각건대 현행법상 특수한 철회를 인정하지 않으며, 설사 특수한 철회로 보더라도 철회권은 형성권이므로, 10년의 제척기간이 적용된다고 할 것이다.

(라) 서면에 의하지 않은 증여는 당사자가 해제할 수 있으나, 이미 이행한 부분에 대해서는 해제에 의하여 아무런 영향을 받지 않는다(제558조). 따라서 ① 동산의 증여의 경우, 인도가

있으면 해제할 수 없다. ② 토지에 대한 증여는 증여자의 의사에 의하여 수증자에게 소유권 이전등기가 행하여짐으로써 이행이 완료되며(대판 2005.5.12, 2004다63484; 대판 1991.8.13, 90다6729), 甲이 생전에 소유권이전등기에 필요한 서류를 수증자 乙에게 제공하였고 甲이 사망한 후에 등기가 마쳐진 경우, 증여계약의 이행으로 볼 수 있다(대판 2001.9.18, 2001다29643). ③ A소유의 토지를 매수한 B가 소유권이전등기를 마치지 않고 A에 대한 소유권이전등기청구권을 수증자 C에게 양도하고 매도인 A에게 양도통지까지 마친 경우, 증여계약은 이미 이행한 것이므로 서면에 의하지 않은 증여라는 이유의 해제는 이에 아무런 영향을 끼치지 않는다(대판 1998.9.25, 98다22543).

한편 ① 증여자의 의사에 의하지 않은 원인무효의 등기가 마쳐진 경우에는 증여계약의 적법한 이행이 있다고 볼 수 없으므로, 서면에 의하지 않은 증여자의 증여계약의 해제에 대해 수증자가 실체관계에 부합한다는 주장으로 대항할 수 없다(대판 2009.9.24, 2009다37831). ② 재단법인설립을 위하여 서면에 의한 증여(출연)를 하였지만 출연자에게 착오가 있는 경우, 해제는 취소와 요건 및 효과가 다르므로 서면에 의한 출연이더라도 제109조에 따라 출연자는 착오를 이유로 출연의 의사표시를 취소할 수 있고, 상대방 없는 단독행위인 재단법인에 대한 출연행위라고 하여 달리 볼 것은 아니다(대판 1999.7.9, 98다9045).

(마) 증여의 의사가 서면으로 표시되지 않은 경우, 각 당사자는 원칙적으로 제555조에 따라 '부담부 증여계약'을 해제할 수 있다. 그러나 부담부 증여계약에서 증여자의 증여 이행이 완료되지 않았더라도 '수증자가 부담의 이행을 완료'한 경우, 그러한 부담이 의례적·명목적인 것에 그치거나 그 이행에 특별한 노력과 비용이 필요하지 않는 등 실질적으로는 부담 없는 증여가 이루어지는 것과 마찬가지라고 볼 만한 특별한 사정이 없는 한, 각 당사자가 서면에 의하지 않은 증여임을 이유로 증여계약의 전부 또는 일부를 해제할 수 없다(대판 2022.9.29, 2021다299976,299983). 제558조는 제555조에 따라 증여계약을 해제하더라도 이미 이행한 부분에 대해서는 영향을 미치지 못한다고 정하고, 부담부 증여에서는 이미 이행한 부담 역시 제558조에서의 '이미 이행한 부분'에 포함된다. 따라서 수증자가 부담의 이행을 완료하였음에도 증여자가 증여를 이행하지 않은 상태에서 제555조에 따라 부담부 증여계약을 자유롭게 해제할 수 있다고 본다면, 증여자가 아무런 노력 없이 수증자의 부담 이행에 따른 이익을 그대로 보유하는 부당한 결과가 발생할 수 있기 때문이다.

(2) 수증자의 망은행위가 있는 경우

증여계약의 무상성에 비추어, 수증자가 증여자 또는 배우자나 직계혈족에 대하여 범죄행위를 하거나, 증여자에 대하여 부양의무를 부담하는데 이를 이행하지 않는 경우처럼 수증자의 망은행위가 있는 때에는, 증여자는 증여계약을 해제할 수 있다(제556조 1항). 이러한 증여자의 해제권은 증여자가 해제원인이 있음을 안 날부터 6개월이 경과하거나 증여자가 수증자에 대하여 용서의 의사를 표시한 때에는 소멸한다(제556조 2항). 그러나 수증자의 망은행위에 의하여 증여자가 증여계약을 해제하더라도 이미 이행한 부분에 대하여는 영향을 미치지 않는다(제558조). 주의할 것은 제556조 1항 2호의 부양의무는 제974조에 규정되어 있는 '직계혈족 및 그 배우자 또는 생계를 같이 하는 친족 간의 부양의무'를 가리키며, 따라서 친족 간이 아닌 당사자 사이의 약정에 의한 부양의무는 이에 해당하지 않는다(대판 1996.1.26, 95다43358).

(3) 증여자의 재산상태가 악화된 경우

증여계약을 체결한 후에 증여자의 재산상태가 현저히 악화되고 그 이행으로 인하여 생계에 중대한 영향을 미칠 경우, 증여자는 증여를 해제할 수 있다(제557조). 그러나 증여자의 재산상태의 악화를 이유로 증여계약을 해제한 경우에도 이미 이행한 부분에 대해서는 영향을 미치지 않는다(제558조).

Ⅳ. 특수한 증여

1. 부담부 증여

(1) 부담부 증여(Schenkung unter Auflage)는 수증자가 증여자로부터 증여를 받으면서 동시에 일정한 부담을 지는 경우를 말한다. 예컨대 화가 甲이 乙시에 미술품을 증여하면서 이를 예술의 전당의 전시를 조건으로 하는 경우(부관이 붙은 증여), A가 B에게 부동산을 증여하고 B는 A의 자녀의 대학재학 동안 돌봐주기로 하는 경우(대가관계가 존재하는 증여) 등이 이에 해당한다.

(2) 부담부 증여의 성질에 관하여, 부담부 증여에서는 증여자·수증자는 모두 상호의존적인 채무를 부담하므로 쌍무계약이지만, 부담이 증여이익 전부를 보상하는 관계가 아닌 이상 그것은 무상계약이라는 견해가 있다(김대정, 323면; 김상용, 176면; 김형배, 410면). 그러나 부담부 증여에서 부담은 증여에 대하여 대가관계에 있지 않으므로, 무상·편무계약이고 쌍무·유상계약이 아니라고 할 것이다(곽윤직, 120면; 송덕수, D-227; 김주수, 180면; 지원림, 5-115). 다만 부담의 한도에서 증여자는 담보책임을 지며(제559조 2항), 증여의 규정 이외에 쌍무계약에 관한 규정이 준용될 뿐이다(제561조). 따라서 상대부담 있는 증여에서 부담의무 있는 상대방이 자기 의무를 이행하지 않을 때에는 비록 증여계약이 이미 이행되었더라도 증여자는 계약을 해제할 수 있다(대판 1997.7.8, 97다2177). 즉 부담의무의 불이행을 이유로 계약을 해제할 수 있으며, 제555조와 제558조는 적용되지 않는다.

판 례

증여에 상대부담(민법 제561조) 등의 부관이 붙어 있는지 또는 증여와 관련하여 상대방이 별도의 의무를 부담하는 약정을 하였는지 여부는 당사자 사이에 어떠한 법률효과의 발생을 원하는 대립하는 의사가 있고 그것이 말 또는 행동 등에 의하여 명시적 또는 묵시적으로 외부에 표시되어 합치가 이루어졌는가를 확정하는 것으로서 사실인정의 문제에 해당하므로, 이는 그 존재를 주장하는 자가 증명하여야 하는 것이다(대판 2010.5.27, 2010다5878).

2. 정기증여

정기증여는 일정한 시기에 정기적으로 아무런 대가없이 재산을 수여하기로 한 증여로서, 계속적 채권관계에 해당된다. 이러한 정기증여는 기간이 정함이 있는지 여부를 묻지 않고 당사자 일방의 사망으로 그 효력을 상실한다(제560조).

3. 사인증여

사인증여는 증여자의 생전에 체결된 증여이지만 그 효력이 증여자의 사망으로 발생하는 경우를 말한다. 사인증여는 단독행위인 유증과 엄격히 구별되지만 기능상 유사하므로 계약의 성질에 반하지 않는 범위에서 유증의 규정이 준용된다(제562조). 따라서 유증의 철회에 관한 제1108조 1항은 사인증여에 준용되지만(대판 2022.7.28, 2017다245330), 유증이 단독행위임을 전제로 한 유언능력(제1061조-제1063조)·유언의 방식(제1065조-제1072조)·유증의 승인과 포기(제1074조-제1077조) 등에 관한 규정은 계약인 사인증여에 적용되지 않는다(대판 2001.9.14, 2000다66430,66447). 예컨대 포괄적 사인증여는 낙성·불요식의 증여계약의 일종이고, 포괄적 유증은 엄격한 방식을 요하는 단독행위이며, 방식을 위배한 포괄적 유증은 대부분 포괄적 사인증여로 볼 수 있는데, 포괄적 사인증여에 제1078조가 준용된다면 양자의 효과는 같게 되어, 결국 포괄적 유증에 엄격한 방식을 요하는 규정이 무의미하게 된다. 그러므로 제1078조가 포괄적 사인증여에 준용된다고 하는 것은 사인증여의 성질에 반하므로, 준용되지 않는다.

제 3 절 매매계약

Ⅰ. 서 설

1. 의 의

(1) 매매계약(Kaufvertrag)은 낙성계약이므로, 당사자 한쪽(매도인)이 ‘재산권’을 상대방(매수인)에게 이전할 것을 약정하고, 상대방이 그 대금을 지급할 것을 약정함으로써 성립하는 유상·쌍무계약을 말한다(제563조). 민법은 매매가 가장 대표적인 유상계약이어서 그에 관한 자세한 규정을 두고, 그 규정을 다른 유상계약에 준용하고 있다(제567조). 가령 매매의 담보책임은 대물변제에도 준용되며, 임대차에 대해서도 준용된다.

(2) 한편 국가를 당사자로 하는 계약에 관한 법률 제11조는 지방자치단체가 당사자로서 계약을 체결하고자 할 때에는 계약서를 작성하여야 하고, 그 경우 담당공무원과 계약당사자가 계약서에 기명날인 또는 서명함으로써 계약이 확정된다고 규정함으로써, 지방자치단체가 당사자

가 되는 계약의 체결은 계약서의 작성을 성립요건으로 하는 요식행위로 정하고 있다(대판 2006.6.29, 2005다41603).

판 례

임차보증금반환채권의 양도는 유상계약으로서 임차보증금반환채권의 양도에 대하여 임대인이 동의하지 않는 것으로 확정되는 경우, 제567조에 의하여 매매에서의 매도인의 담보책임에 관한 규정이 준용된다 할 것이므로, 양도인은 자신의 의무가 이행불능으로 확정됨에 귀책사유가 없다 할지라도 담보책임의 법리상 이행불능으로 인한 양수인의 손해를 배상하여야 할 것이고 이로 인한 양수인의 손해는 임차보증금 상당액이다(대판 1993.6.25, 93다13131).

2. 매매계약의 성립

(1) 의사표시의 합치

다른 유형의 계약과 같이 매매계약도 청약(Angebot)과 승낙(Annahme)의 의사표시의 합치에 의하여 성립한다.

(2) 매매목적물과 매매대금

목적물과 매매대금은 매매계약의 본질적 요소이다. 따라서 이에 관한 합의가 없는 경우에는 매매계약은 성립할 수 없다. 반면에 특별한 사정이 없는 한 이행시기, 이행장소, 담보책임 등에 관한 합의가 없었더라도 매매계약이 성립하는 데에 지장이 없다(대판 2023.9.14, 2023다227500).

(가) 매매의 목적물은 현존하는 재산권이든, 장래에 생성될 것이든, 매도인 소유의 물건 또는 권리이든, 타인 소유의 물건 또는 권리이든 상관없다. 이와 같이 타인의 권리도 매매의 목적물이 될 수 있으므로, 매매계약을 체결할 당시에 매도인이 반드시 처분권자이어야 하는 것은 아니다(제569조 참조). 그러나 성질상 또는 법률규정에 의하여 처분이 금지되는 것은 매수인에게 이전할 수 없으므로, 매매의 목적물이 될 수 없다.

(나) 한편 당사자는 매매목적물 이외에 매매대금에 대해서도 합의를 하여야 한다. 반대급부로서 금전 이외의 다른 물건이나 권리의 이전을 약정하는 것은 매매가 아니라 교환이다(제596조).

(다) 매매목적물과 대금은 반드시 계약체결 당시에 구체적으로 특정할 필요는 없고, 이를 나중에라도 구체적으로 특정할 수 있는 방법과 기준이 정해져 있으면 충분하다(대판 2020.4.9, 2017다20371). 이 경우 그 약정된 기준에 따른 대금액 산정에 관하여 당사자 간에 다툼이 있다면 법원이 이를 정할 수밖에 없다. 매매대금 액수를 일정기간 후 시가에 의하여 정하기로 하였다는 사유만을 들어 매매계약이 아닌 매매예약이라고 단정할 것은 아니다(대판 2023.9.14, 2023다227500).

판 례

(ㄱ) 계약이 성립하기 위하여는 당사자의 서로 대립하는 수개의 의사표시의 객관적 합치가 필요하고 객관적 합치가 있다고 하기 위하여는 당사자의 의사표시에 나타나 있는 사항에 관하여는 모두 일치하고 있어야 하는 한편, 계약 내용의 '중요한 점' 및 계약의 객관적 요소는 아니더라도 특히 당사자가 그것에 중대한 의의를 두고 계약 성립의 요건으로 할 의사를 표시한 때에는 이에 관하여 합치가 있어야 계약이 적법·유

효하게 성립한다(대판 2003.4.11, 2001다53059).

(ㄴ) 토지에 대한 매매는 매매당사자가 지적공부에 의하여 소유권의 범위가 확정된 토지를 매매할 의사가 아니고 사실상의 경계대로의 토지를 매매할 의사를 가지고 매매한 사실이 인정되는 등 특별한 사정이 없으면, 현실의 경계와 관계없이 지적공부상의 경계와 지적에 의하여 확정된 토지를 매매의 대상으로 하는 것으로 보아야 한다(대판 2005.3.24, 2004다71522,71539; 대판 1991.2.22, 90다12977). 따라서 1필의 토지 위에 여러 동의 건물을 짓고 건물의 경계에 담장을 설치하여 각 건물의 부지로 사실상 구획지워 어림잡아 매도한 후 그 분필등기를 하였기 때문에 그 경계와 지적이 실제의 것과 일치하지 않은 경우(대판 1997.2.28, 96다49339,49346), 지적도상의 경계표시가 분할측량의 잘못 등으로 사실상의 경계와 다르게 표시된 경우(대판 1993.5.11, 92다48918,48925) 등에도 매매당사자의 의사는 특별한 사정이 없는 한 사실상의 경계에 관계없이 지적공부에 기재된 지번·지목·지적 및 경계에 의하여 소유권의 범위가 확정된 토지를 매매한 것으로 보아야 한다. 그리고 매매당사자가 그 토지의 실제의 경계가 지적공부상의 경계와 상이한 것을 모르는 상태에서 당시 실제의 경계를 대지의 경계로 알고 매매하였다고 해서 매매당사자들이 지적공부상의 경계를 떠나 현실의 경계에 따라 매매목적물을 특정하여 매매한 것이라고 볼 수는 없다(대판 2005.3.24, 2004다71522,71539). 다만 지적도를 작성함에 있어 기점을 잘못 선택하는 등의 기술적인 착오로 말미암아 지적도상의 경계가 진실한 경계선과 다르게 잘못 작성되었다는 등의 특별한 사정이 있는 경우에는 그 토지의 경계는 지적도에 의하지 않고 실제의 경계에 의하여 확정하여야 한다(대판 2006.9.22, 2006다24971; 대판 2000.5.26, 98다15446).

(ㄷ) 지적공부에 1필지로 등록된 토지의 경계는 특별한 사정이 없는 한 이 등록으로써 특정되고 그 소유권의 범위도 현실의 경계와 관계없이 공부상 경계에 의하여 확정되며, 이러한 토지가 매매의 목적이 된 경우 그 목적물의 범위 역시 공부상 경계에 의하여 확정됨이 원칙이지만, 이는 어디까지나 그 토지가 지적공부에 1필지로서 등록되어 있음을 전제로 한 것일 뿐이므로, 1필지의 토지 중 일부만을 매매의 목적물로 삼은 경우에도 항상 그와 같은 법리가 엄격하게 적용된다고 볼 수는 없고, 오히려 이러한 경우에는 구체적인 증거에 터 잡아 그 목적물의 범위를 확정하여야 한다(대판 1996.7.30, 94다30324).

---

3. 매매의 예약

(1) 일 반

(가) 의 의

장래 본계약 체결을 내용으로 하는 계약을 매매의 예약이라고 한다. 매매의 예약도 하나의 계약이므로 당사자의 합의에 의해 성립하며, 상대방이 본계약을 체결하지 않는 경우에는 채무불이행으로 인한 손해배상청구와 예약해제도 가능하다. 다만 예약성립 후에는 본계약 성립 전이라도 일방이 그 예약내용을 변경할 수 없다(대판 2006.6.29, 2005다41603). 본계약의 목적이 불능이거나 사회질서 또는 강행법규에 반하여 무효이면 예약도 무효가 된다. 한편 매매의 예약은 오늘날 주로 채권담보의 수단으로 이용된다. 가령 甲이 乙에게 금전을 빌려주면서 그 담보로 乙 소유의 부동산에 대해 매매예약을 등기원인으로 하여, 즉 장래의 소유권이전등기청구권을 보전하기 위해 가등기를 하는 것이 그러하다.

(나) 종 류

1) 편무예약·쌍무예약

예약의 일방당사자가 본계약의 청약을 하면 상대방은 승낙을 하여야 할 의무를 부담하는 것으로서, ① 당사자 일방만이 본계약 체결을 청약할 수 있는 권리를 갖고 상대방은 승낙의무를 부담하는 예약을 편무예약이라고 하며, ② 당사자 쌍방이 모두 상대방에 대하여 청약할 수 있는 권리를 갖고 이에 대해 상대방은 서로 승낙의무를 부담하는 예약을 쌍무예약이라 한다.

판 례

지방자치단체가 당사자로서 계약을 체결하고자 할 때에는 계약서를 작성하여야 하고 그 경우 담당공무원과 계약당사자가 계약서에 기명날인 또는 서명함으로써 계약이 확정되므로(국가를 당사자로 하는 계약에 관한 법률 제11조), 즉 지방자치단체가 당사자가 되는 계약의 체결은 계약서의 작성을 성립요건으로 하는 요식행위이므로, 이 경우 낙찰자의 결정으로 바로 계약이 성립된다고 볼 수는 없어 낙찰자는 지방자치단체에 대하여 계약을 체결하여 줄 것을 청구할 수 있는 권리를 갖는 데 그치고, 위 법률에 따른 낙찰자 결정의 법적 성질은 입찰과 낙찰행위가 있은 후에 더 나아가 본계약을 따로 체결한다는 취지로서 계약의 편무예약에 해당한다(대판 2006.6.29, 2005다41603).

2) 일방예약·쌍방예약

본계약을 성립시키는 일방적 의사표시(예약완결의 의사표시)에 의하여 상대방의 승낙을 요하지 않고 본계약이 성립하는 예약으로서, ① 예약완결의 의사표시를 할 수 있는 권리(예약완결권)를 당사자 일방만이 가지는 것을 일방예약, ② 당사자 쌍방이 모두 가지는 것을 쌍방예약이라고 한다.

판 례

점포분양에 대한 매매예약완결권을 가지는 임차인이 임대인과 사이에 정식 임대차계약을 체결하면서 임대차 기간 만료 후 또는 그 이전이라도 임대인이 점포를 분양하고자 할 시에는 임차인은 이에 응하여야 한다고 약정한 경우, 위 약정은 분양청구권이 임대인에게만 있다는 취지라기보다는 임차인이 그러한 권리를 가지는 것으로 분양약정되었음을 전제로 임대인도 임차인에 대하여 분양청구권의 행사를 요구할 수 있는 권리가 있음을 나타낸 것으로 해석함이 상당하다(대판 1998.5.29, 97다27015).

(2) 매매의 일방예약

(가) 일방예약의 추정

매매의 일방예약은 상대방이 매매를 완성하려는 의사표시를 하는 때에 매매의 효력이 생긴다(제564조 1항). 따라서 당사자의 특별한 의사표시가 없으면 매매의 예약은 일방예약으로 추정된다.

(나) 법적 성질

매매의 일방예약의 법적 성질에 관하여, 예약권리자의 완결의 의사표시를 조건으로 하는 정지조건부 매매라는 견해가 있다(김형배, 302면; 이은영, 300면). 그러나 예약과 정지조건부 계약은 서로 다르므로, 정지조건부 매매에서와 같은 효과가 생기는 특수한 예약에 지나지 않는다고 할 것이다(곽윤직, 126면; 김상용, 187면; 김주수, 188면; 송덕수, D-239; 지원림, 5-122).

(다) 성립요건

매매의 일방예약은 당사자의 일방이 매매를 완결할 의사를 표시한 때에 매매의 효력이 생기는 것이므로, 그것이 성립하려면 그 예약에 터 잡아 맺어질 본계약의 요소가 되는 매매목적물·이전방법·매매가액 및 지급방법 등의 내용이 확정되어 있거나 확정할 수 있어야 한다(대판 1993.5.27, 93다4908,4915).

(라) 예약완결권

1) 예약완결권이란 매매의 일방예약 또는 쌍방예약에 의하여 예약상의 권리자가 예약의무자에 대하여 매매완결의 의사표시를 할 수 있는 권리를 말한다. 예약완결권은 형성권에 속하며(대판 2003.1.10, 2000다26425; 대판 2000.10.13, 99다18725), 따라서 예약의무자에 대하여 예약완결의 의사표시를 하면, 자동적으로 본계약이 성립하고 효력이 발생한다(제564조 1항). 즉 매매의 일방예약은 상대방이 매매를 완결할 의사를 표시하는 때에 매매의 효력이 생긴다.

2) 부동산물권을 이전하여야 할 본계약의 예약완결권은 가등기할 수 있으며(부동산등기법 제88조), 그때에는 예약완결권을 가지고 제3자에게 대항할 수 있다. 예약완결권은 양도할 수 있지만(대판 1998.11.19, 98다24105: 가등기되어 있으면 가등기의 부기등기만에 의하여 이전된다), 채권양도(제450조)에 준하여 예약의무자에게 통지하여야 의무자에게 대항할 수 있고, 확정일자 있는 증서에 의한 예약상의 권리자의 통지 또는 의무자의 승낙이 있어야 제3자에게 대항할 수 있다(송덕수, D-240; 지원림, 5-123).

3) 예약완결권은 권리자가 예약의무자에 대하여 행사하여야 하지만, 완결권이 양도된 경우에는 양수인이 행사하여야 한다. 예약완결권이 가등기된 경우에 목적부동산이 제3자에게 양도되었다면 완결권자가 누구에게 예약완결권을 행사하여야 하는지에 관하여, ① 예약의무자라는 견해(김상용, 188면; 김주수, 190면; 김형배, 303면), ② 부동산 양수인이라는 견해(곽윤직, 129면), ③ 부동산의 양수인이 예약상대방의 지위를 양수받은 경우라면 그 양수인이라는 견해(이은영, 302면), ④ 예약의무자 또는 그의 포괄승계인이 상대방이라는 견해가 있다(송덕수, D-241). 판례는 예약상의 의무자에 대하여 예약완결권을 행사하고 가등기에 기한 본등기신청을 하면, 목적부동산에 관한 양수인 명의의 본등기는 직권으로 말소된다고 한다(대결 1981.10.6, 81마140).

4) 예약완결권은 ① 당사자 사이에 그 행사기간을 정한 때에는 그 기간 내에 행사하여야 하고, ② 그러한 약정이 없는 때에는 그 예약이 성립한 때부터 10년 내에 이를 행사하여야 하며, 그 기간을 지난 때에는 예약완결권은 제척기간의 경과로 인하여 소멸한다(대판 2018.11.29, 2017다247190). 따라서 그 기간이 지난 후에 상대방이 예약목적물인 부동산을 인도받은 경우라도 예약완결권은 제척기간의 경과로 인하여 소멸한다(대판 1997.7.25, 96다47494,47500). 매매예약완결권의 제척기간이 경과하였는지 여부는 직권조사 사항으로서 이에 대한 당사자의 주장이 없더라도 법원

이 당연히 직권으로 조사하여 재판에 고려하여야 한다(대판 2000.10.13, 99다18725).

한편 당사자가 예약완결권의 행사기간을 정하지 않은 때에는 10년이 지나기 전이라도 예약상의 의무자는 상당한 기간을 정하여 매매완결 여부의 확답을 최고할 수 있고(제564조 2항), 의무자가 그 기간 내에 확답을 받지 못하면 예약은 그 효력을 잃는다(제564조 3항).

판 례

(ㄱ) 백화점 점포에 관하여 매매예약이 성립한 이후 일시적으로 법령상의 제한으로 인하여 분양이 금지되었다가 다시 그러한 금지가 없어진 경우, 그 매매예약에 기한 매매예약완결권의 행사가 이행불능이라고 할 수는 없다(대판 2000.10.13, 99다18725).

(ㄴ) 수인의 채권자가 각기 채권을 담보하기 위하여 채무자와 채무자 소유의 부동산에 관하여 수인의 채권자를 공동매수인으로 하는 1개의 매매예약을 체결하고 그에 따라 수인의 채권자 공동명의로 그 부동산에 가등기를 마친 경우, 수인의 채권자가 공동으로 매매예약완결권을 가지는 관계인지 아니면 채권자 각자의 지분별로 별개의 독립적인 매매예약완결권을 가지는 관계인지는 매매예약의 내용에 따라야 한다(대판 2012.2.16, 2010다82530).

(ㄷ) 공동명의로 담보가등기를 마친 수인의 채권자가 각자의 지분별로 별개의 독립적인 매매예약완결권을 가지는 경우, 채권자 중 1인은 단독으로 자신의 지분에 관하여 가등기담보 등에 관한 법률이 정한 청산절차를 이행한 후 소유권이전의 본등기절차 이행청구를 할 수 있다(대판 2012.2.16, 2010다82530). 가령 甲이 乙에게 돈을 대여하면서 담보 목적으로 乙 소유의 부동산 지분에 관하여 乙의 다른 채권자들과 공동명의로 매매예약을 체결하고 각자의 채권액 비율에 따라 지분을 특정하여 가등기를 마친 경우, 甲이 단독으로 자신의 지분에 관한 매매예약완결권을 행사하여 가등기담보법상의 청산절차를 이행한 후 그 지분에 관하여 가등기에 기한 본등기절차 이행을 구할 수 있다.

(ㄹ) 매매예약이 성립한 이후 상대방의 매매예약 완결의 의사표시 전에 목적물이 멸실 기타의 사유로 이전할 수 없게 되어 예약 완결권의 행사가 이행불능이 된 경우에는 예약 완결권을 행사할 수 없고, 이행불능 이후에 상대방이 매매예약 완결의 의사표시를 하여도 매매의 효력이 생기지 아니한다(대판 2015.8.27, 2013다28247).

(ㅁ) 당사자 사이에 약정하는 예약완결권의 행사기간에 특별한 제한은 없다(대판 2017.1.25, 2016다42077).

(ㅂ) 예약완결권은 재판상이든 재판외이든 그 기간 내에 행사하면 되는 것으로서, 예약완결권자가 예약완결권 행사의 의사표시를 담은 소장 부본을 상대방에게 송달함으로써 재판상 행사하는 경우에는 그 소장 부본이 상대방에게 도달한 때에 비로소 예약완결권 행사의 효력이 발생하여 예약완결권자와 상대방 사이에 매매의 효력이 생기므로, 예약완결권 행사의 의사표시가 담긴 소장 부본이 제척기간 내에 상대방에게 송달되어야만 예약완결권자가 제척기간 내에 적법하게 예약완결권을 행사하였다고 볼 수 있다(대판 2019.7.25, 2019다227817).

4. 계 약 금

(1) 일 반

계약금이란 계약을 체결할 때에 그 계약에 부수하여 당사자의 일방이 상대방에게 교부하는 금전이나 그 밖의 유가물을 말한다. 계약금계약은 하나의 독립한 요물계약(계약금약정+금전 등 지급)이며, 매매 기타의 계약에 부수하여 행해지는 종된 계약이다(대판 2008.3.13, 2007다73611). 따라서 주계약이 무효이거나 취소되면 계약금계약도 당연히 효력이 소멸한다. 주계약이 쌍방의 귀책사유 없이 이행불능이 되어 채무가 소멸하면 계약금계약도 효력이 소멸하므로 계약금은 반환하여야 한다.

판 례

계약금계약은 금전 기타 유가물의 교부를 요건으로 하므로 단지 계약금을 지급하기로 약정만 한 단계에서는 아직 계약금으로서의 효력, 즉 제565조 1항에 의해 계약해제를 할 수 있는 권리는 발생하지 않는다. 따라서 당사자가 계약금의 일부만을 먼저 지급하고 잔액은 나중에 지급하기로 약정하거나 계약금 전부를 나중에 지급하기로 약정한 경우, 교부자가 계약금의 잔금이나 전부를 약정대로 지급하지 않으면 상대방은 계약금 지급의무의 이행을 청구하거나 채무불이행을 이유로 계약금약정을 해제할 수 있고, 나아가 위 약정이 없었더라면 주계약을 체결하지 않았을 것이라는 사정이 인정된다면 주계약도 해제할 수도 있을 것이나, 교부자가 계약금의 잔금 또는 전부를 지급하지 않는 한 계약금계약은 성립하지 아니하므로 당사자가 임의로 주계약을 해제할 수는 없다(대판 2008.3.13, 2007다73611).

(2) 계약금의 법적 성질

계약을 체결할 때 당사자가 계약금을 교부하는 목적에는 여러 가지가 있을 수 있지만, 대체로 증약금, 위약금 및 해약금의 3가지 성질 전부 또는 일부를 가진다.

(가) 증약금(증약계약금)

계약체결의 증거로서의 의미를 가지는 계약금이다. 계약금이 교부되어 있는 경우, 그것은 계약체결의 증거가 되므로 모든 계약금은 언제나 증약금으로서의 성질을 가진다.

(나) 위약계약금(위약금)

1) 위약금의 성질을 가지는 계약금으로, 계약금을 교부받은 자가 계약을 위반하면 그 배액을 상환하고, 계약금을 교부한 자가 계약상의 채무를 이행하지 않는 경우에 그것을 수령한 자가 몰수하는 형태로 나타난다. 위약계약금에는 ① 위약벌의 성질을 가지는 것과 ② 손해배상액 예정의 성질을 가지는 것이 있다. 전자는 교부자의 채무불이행이 있을 때 벌로서 몰수하는 계약금이므로, 계약금이 위약벌인 경우에 채무불이행에 의한 손해배상은 위약금의 몰수와 관계없이 따로 청구할 수 있다. 위약벌은 손해배상액의 예정과 다르므로 부당하다는 이유로 감액할 수도 없다(제398조 2항). 판례도 위약벌의 약정은 채무의 이행을 확보하기 위하여 정해지는 것으로서 손해배상의 예정과는 그 내용이 다르므로 손해배상의 예정에 관한 제398조 2항을 유추적용하여 그 액을 감액할 수는 없고, 다만 그 의무의 강제에 의하여 얻어지는 채권자의 이익에 비하여 약정된 벌이 과도하게 무거울 때에는 그 일부 또는 전부가 공서양속에 반하여 무효로 된다고 한다(대판 2016.1.28, 2015다239324).

2) 계약금이 위약금으로 되려면 반드시 특약이 있어야 한다. 위약금의 특약이 위약벌인지 손해배상액 예정인지 불분명할 때에는 손해배상액의 예정으로 추정(제398조 4항)하여야 할 것이다(송덕수, D-244; 김형배, 306면; 지원림, 5-125). 판례도 위약금은 제398조 4항에 의하여 손해배상액의 예정으로 추정되므로, 위약금이 위약벌로 해석되기 위해서는 특별한 사정이 주장·증명되어야 한다고 한다

(대판 2016.7.14, 2012다65973). 또한 매매당사자 사이에 수수된 계약금에 대하여 매수인이 위약하였을 때에는 이를 무효로 하고 매도인이 위약하였을 때에는 그 배액을 상환할 뜻의 약정이 있는 경우에는 특별한 사정이 없는 한 그 계약금은 제398조 1항의 손해배상액 예정의 성질을 가질 뿐 아니라 제565조의 해약금의 성질도 가진 것으로 볼 것이다고 한다(대판 1992.5.12, 91다2151).

판 례

(ㄱ) 입찰보증금이 계약체결을 담보하는 동시에 계약체결 불이행에 대한 위약벌 또는 제재금의 성질을 가진 경우에는 채무불이행으로 인한 보증금의 귀속에 관하여 손해의 발생이 필요한 것이 아니며, 그와 같은 규정이 공서양속에 반하여 무효라고 할 수도 없다(대판 1979.9.11, 79다1270).

(ㄴ) 유상계약을 체결함에 있어서 계약금 등 금원이 수수되었다고 하더라도 이를 위약금으로 하기로 하는 특약이 있는 경우에 한하여 제398조 4항에 의하여 손해배상액의 예정으로서의 성질을 가진 것으로 볼 수 있을 뿐이고, 그와 같은 특약이 없는 경우에는 그 계약금 등을 손해배상액의 예정으로 볼 수 없다(대판 1996.6.14, 95다11429).

(ㄷ) 가계약금에 관하여 해약금 약정이 있었다고 인정하기 위해서는 약정의 내용, 계약이 이루어지게 된 동기 및 경위, 당사자가 계약에 의하여 달성하려고 하는 목적과 진정한 의사, 거래의 관행 등에 비추어 정식으로 계약을 체결하기 전까지 교부자는 이를 포기하고, 수령자는 그 배액을 상환하여 계약을 체결하지 않기로 약정하였음이 명백하게 인정되어야 한다(대판 2022.9.29, 2022다247187).

(다) 해약금(해약계약금)

계약의 해제권을 보류하는 작용을 하는 계약금이다. 따라서 해약금이 교부된 경우에는 계약금의 교부자는 그것을 포기하면서 계약을 해제할 수 있고, 교부받은 자는 그 배액을 상환하면서 계약을 해제할 수 있다.

(3) 해약금의 추정

민법은 당사자 간에 다른 약정이 없는 한 계약금을 해제권을 유보하기 위하여 수수된 것으로 추정한다(제565조). 판례는 손해배상액 예정의 성질을 가지는 위약계약금의 특약이 있는 경우에는 특별한 사정이 없는 한 그 성질 외에 해약금의 성질도 가진다고 한다(대판 1992.5.12, 91다2151). 물론 계약금이 해약금의 성질을 갖지 않는 것으로 하겠다는 취지의 특약이 있는 때에는 계약금은 해약금의 성질을 갖지 못한다. 판례도 제565조의 해약권은 당사자 간에 다른 약정이 없는 경우에 한하여 인정되는 것이고, 만일 당사자가 위 조항의 해약권을 배제하기로 하는 약정을 하였다면 더 이상 그 해제권을 행사할 수 없다고 한다(대판 2009.4.23, 2008다50615).

판 례

매매계약을 맺을 때 매수인의 사정으로 실제로는 그 다음 날 계약금을 지급하기로 하면서도 형식상 매도인이 계약금을 받아서 이를 다시 매수인에게 보관한 것으로 하여 매수인이 매도인에게 현금보관증을 작성·교부하였다면, 위 계약금은 계약해제권유보를 위한 해약금의 성질을 갖는다 할 것이고 당사자 사이에는 적어도 그 다음 날까지는 계약금이 현실로 지급된 것과 마찬가지의 구속력을 갖게 된 것이라고 할 것이어서 당사자는 약정된 계약금의 배액상환 또는 포기 등에 의하지 않는 한 계약을 해제할 수 없기로 약정한 것으로 보는 것이 상당하다(대판 1991.5.28, 91다9251).

(4) 해약금의 효력

(가) 해약금에 의한 해제

계약금을 상대방에게 교부한 때에는 당사자 사이에 다른 약정이 없는 한 당사자 일방이 이행에 착수할 때까지 교부자는 이를 포기하고 수령자는 그 배액을 상환하여 매매계약을 해제할 수 있다(제565조 1항). 계약금계약은 금전이나 그 밖의 유가물 교부를 요건으로 하므로, 단지 계약금을 지급하기로 약정만 한 단계에서는 아직 계약금의 효력, 즉 제565조 1항에 의해 계약해제를 할 수 있는 권리는 발생하지 않는다. 따라서 교부자가 계약금의 잔금 또는 전부를 지급하지 않는 한 계약금계약은 성립하지 아니하므로, 당사자가 임의로 주계약을 해제할 수 없다(대판 2008.3.13, 2007다73611).

1) 계약금의 교부자는 계약금을 포기하면서 계약을 해제할 수 있는데, 해제의 의사표시와 별도로 계약금 포기의 의사표시를 할 필요는 없다.

2) 계약금의 교부자는 계약금을 포기하고 해제할 수 있으나, 그 수령자는 해제의 의사표시와 함께 배액을 제공하여야만 해제의 효과가 발생한다. 즉 매도인이 수령한 계약금의 배액을 매수인에게 상환하거나 적어도 그 이행제공을 하지 않으면 계약을 해제할 수 없다(대판 1992.7.28, 91다33612). 상대방이 이를 수령하지 않더라도 공탁까지 할 필요는 없다(대판 1992.5.12, 91다2151).

한편 매매계약을 체결할 때에 "매수인이 잔금을 지불하기 전까지 매도인은 계약금의 배액을 배상하고, 매수인은 계약금을 포기하고 계약을 해제할 수 있다"고 약정하였고, 매도인이 계약금 '일부'만 지급받은 경우, 매도인은 지급받은 금원의 배액을 상환하고 매매계약을 해제할 수 없다(대판 2015.4.23, 2014다231378). '실제 교부받은 계약금'의 배액만을 상환하여 매매계약을 해제할 수 있다면, 이는 당사자가 일정한 금액을 계약금으로 정한 의사에 반하게 될 뿐 아니라, 교부받은 금원이 소액일 경우에는 사실상 계약을 자유로이 해제할 수 있어 계약의 구속력이 약화되는 결과가 되어 부당하기 때문이다. 즉 계약금의 일부만 지급된 경우에는 계약금계약 자체가 성립하지 않지만, 위 약정에 따라 계약을 해제할 수 있고, 해약금의 기준이 되는 금원은 '실제 교부받은 계약금'이 아니라 '약정계약금'이다.

3) 계약을 해제할 수 있는 기간은 '당사자의 한쪽이 이행에 착수할 때까지'이다. 따라서 계약당사자 중 누구라도 이행에 착수하였다면 해제권이 봉쇄된다. 가령 매도인이 매매계약의 이행에는 전혀 착수하지 않았더라도 매수인이 중도금을 지급하여 이미 이행에 착수한 이상 매수인은 제565조에 의하여 계약금을 포기하고 매매계약을 해제할 수 없다(대판 2000.2.11, 99다62074).

해제권 행사의 시기를 이와 같이 제한한 것은, 당사자 일방이 이미 이행에 착수하였다면 그 당사자는 그에 필요한 비용을 지출하였을 것이고, 또 그 당사자는 계약이 이행될 것으로 기대하고 있는데, 만일 이러한 단계에서 상대방으로부터 계약이 해제된다면 예측하지 못한 손해를 입게 될 우려가 있으므로, 이를 방지하기 위한 것이다(대판 2006.2.10, 2004다11599). 여기서 '이행에 착수한다'는 것은 객관적으로 외부에서 인식할 수 있는 정도로 채무의 이행행위의 일부를 행하거나(예: 중도금의 지급이나 목적물의 인도) 또는 이행을 하기 위하여 필요한 전제행위를 하는 경우(예: 잔대금을 준비하고 등기절차를 밟기 위하여 등기소에 동행할 것을 촉구하는 것)를 말하는 것으로서, 단순히 이행의 준비를 하는 것만으로는 부족하고, 그렇다고 반드시 계약내용에 들어맞는 이행제공의 정도에까지 이르러야 하는 것은 아니지만, 매도인이 매수인에 대하여 매매계약의 이행을 최고하고 매매잔대금의 지급을 구하는 소송을 제기한 것만으로는 이행에 착수하였다고 볼 수 없다(대판 2008.10.23, 2007다72274,72281; 대판 2002.11.26, 2002다46492). 또한 이행의 착수는 당사자가 채무이행기 전에 착수하지 않기로 특약하는 등 특별한 사정이 없는 한 이행기 전에도 할 수 있다(대판 2006.2.10, 2004다11599).

한편 부동산 매매계약에서 중도금 또는 잔금 지급기일은 일반적으로 계약금에 의한 해제권의 유보기간의 의미를 가진다고 이해되고 있으므로, 계약에서 정한 '매매대금의 이행기가 매도인을 위해서도 기한의 이익'을 부여하는 것이라고 볼 수 있다면, 채무자가 이행기 전에 이행에 착수할 수 없는 특별한 사정이 있는 경우에 해당한다고 할 수 있다(대판 2024.1.4, 2022다256624).

4) 주의할 것은 부동산거래신고법상 토지거래계약에 관한 허가구역으로 지정된 구역 안에 위치한 토지에 관하여 매매계약이 체결된 경우, 당사자는 그 매매계약이 효력이 있는 것으로 완성될 수 있도록 서로 협력할 의무가 있지만, 이러한 의무는 그 매매계약의 효력으로서 발생하는 '매도인의 재산권이전의무나 매수인의 대금지급의무'와는 달리 '신의칙상의 의무'에 해당한다. 따라서 토지거래계약에 관한 허가구역으로 지정된 구역 안의 토지에 관하여 매매계약이 체결된 후 계약금만 수수한 상태에서 당사자가 토지거래허가신청을 하고 이에 따라 관할관청으로부터 그 허가를 받았더라도, 그러한 사정만으로는 아직 이행의 착수가 있다고 볼 수 없어 매도인은 제565조에 의하여 계약금의 배액을 상환하여 매매계약을 해제할 수 있다는 점이다(대판 2009.4.23, 2008다62427). 즉 토지거래허가구역 내 토지에 관하여 매매계약을 체결하고 계약금만 주고받은 상태에서 토지거래허가를 받은 경우, 매도인은 제565조에 의하여 그 계약을 해제할 수 있다.

(나) 해제의 효과

해약금에 기한 해제가 있으면 계약은 소멸한다. 다만 이행행위에 착수하기 전에만 해제할 수 있으므로, 해제에 의하여 당사자 사이에 원상회복의 문제는 생기지 않는다. 그리고 해제에 의한 손해배상청구권도 생기지 않는다(제565조 2항). 그러나 계약금이 교부되어 있어도 채무불이행이 발생하면 채무불이행을 이유로 해제할 수 있고, 이 경우에는 원상회복청구나 손해배상청구도 인정된다(대판 1990.3.27, 89다카14110). 주의할 것은 유상계약을 체결하면서 계약금이 수수된 경우,

계약금은 해약금의 성질을 가지므로, 이를 위약금으로 하기로 약정하지 않는 한 계약이 당사자 일방의 귀책사유로 인하여 해제되었더라도 상대방은 계약불이행으로 입은 실제 손해만을 배상받을 수 있을 뿐, 계약금이 위약금으로서 상대방에게 당연히 귀속되는 것은 아니라는 점이다(대판 2006.1.27, 2005다52078,52085; 대판 1992.11.27, 92다23209).

판 례

매매계약 당시 매수인이 중도금 일부의 지급에 갈음하여 매도인에게 제3자에 대한 대여금채권을 양도하기로 약정하고, 그 자리에 제3자도 참석한 경우, 매수인은 매매계약과 함께 채무의 일부 이행에 착수하였으므로, 매도인은 제565조 1항에 정한 해제권을 행사할 수 없다(대판 2006.11.24, 2005다39594).

(5) 계약의 이행과 계약금의 반환

계약상 채무가 이행된 때에는 계약금 수령자가 이를 교부자에게 반환하여야 하지만, 거래상 대금의 일부에 충당되는 것이 보통이다.

5. 계약비용의 부담

매매계약에 관한 비용은 당사자 사이의 특약이 없는 한 당사자 쌍방이 균분하여 부담한다(제566조). 여기서 계약비용이란 계약체결에 소요되는 비용으로 목적 토지의 측량이나 평가비용·계약서작성 비용 등이 이에 속한다. 계약비용과 달리 이행에 관한 비용(변제비용)은 다른 약정이 없으면 채무자가 부담한다(제473조).

Ⅱ. 매도인의 주된 의무와 불이행

1. 매도인의 주된 의무

(1) 재산권이전의무

매도인의 주된 의무는 매매목적인 재산권을 매수인에게 이전하여야 할 의무이다(제568조 1항). 따라서 매매의 목적이 된 권리가 타인에게 속한 경우, 매도인은 그 권리를 취득하여 매수인에게 이전하여야 한다(제569조). 또한 매매목적물이 물건인 경우에는 그 소유권 및 점유를 이전하여야 하며, 권리인 때에는 권리 그 자체를 이전하여야 한다. 특히 지명채권의 매매에서는 대항요건을 갖추기 위하여 채무자에게 통지하여야 한다(제450조 참조). 그 밖에 이전하여야 할 재산권은 특약이 없는 한 아무런 부담이 없는 완전한 재산권이어야 한다(대판 1967.7.11, 67다813; 김상용, 197면). 예컨대 매매목적물에 제한물권·가등기 또는 가압류등기가 마쳐진 경우, 당사자 사이에 약정이 없으면 매도인은 이러한 등기를 말소하여 완전한 소유권을 이전하여야 하며, 매수인은 그러한 등기의 말소에 필요한 서류의 교부가 있을 때까지 매매대금의 지급을 거절할 수 있다

(제568조 2항, 제536조 1항). 즉 매도인의 소유권이전등기의무와 아울러 이러한 등기의 말소의무도 매수인의 대금지급의무와 동시이행관계에 있다(대판 2000.11.28, 2000다8533).

판 례

(ㄱ) 수분양권을 매매목적물로 하는 매매계약의 주목적은 매수인으로 하여금 수분양권에 기한 목적물의 소유권을 취득하게 하는데 있으므로, 매도인은 매수인으로 하여금 그 수분양권에 근거한 목적물의 소유권을 취득할 수 있도록 하여줄 의무가 있는바, 이때 분양자측에서 수분양권자 명의변경을 허용하여 매수인 앞으로 수분양권자 명의변경을 함으로써 매매계약의 목적을 달성할 수 있는 경우에 매도인으로서는 수분양권자의 명의변경 절차를 이행하면 그 의무를 다한 것이 되고, 나아가 그 수분양권에 근거하여 목적물에 관한 소유권을 취득한 다음 매수인 앞으로 소유권이전등기를 마쳐 줄 의무까지는 없으나, 매수인 앞으로 수분양권자 명의변경이 이루어지지 않고 있는 사이에 매도인이 스스로 분양권을 행사하여 목적물에 관한 소유권을 취득한 경우에는 매수인 앞으로 목적물에 관한 소유권이전등기를 넘겨주는 방법 외에는 매매목적을 달성하는 방법이 없으므로, 그 분양대금의 청산관계가 남아 있음은 별론으로 하고 매수인에게 목적물에 관한 소유권이전등기절차를 이행할 의무가 있다(대판 2006.11.23, 2006다44401).

(ㄴ) 분양권매매계약에서 수분양자 명의변경이 불가능한 사정이 있는 경우, 매도인이 매수인에게 수분양자 명의변경에 필요한 서류를 교부하였다 하더라도 매수인은 자신 앞으로의 명의변경이 가능할 때까지 잔금지급의 이행을 거절할 수 있으므로, 매도인은 매수인의 잔금지급채무의 이행지체를 이유로 분양권매매계약을 해제할 수 없다(대판 2006.11.23, 2006다44401).

(2) 제587조(과실의 귀속과 대금의 이자)

매매계약을 맺은 후에도 인도되지 않은 목적물에서 생긴 과실은 매도인에게 귀속되고, 매수인은 목적물의 인도를 받은 날부터 대금의 이자를 지급하여야 한다(제587조). ① 매매목적물이 인도되지 않고 대금도 모두 지급하지 않은 경우, 과실은 매도인에게 귀속된다(제587조 전문). 즉 부동산매수인이 미리 소유권이전등기를 마쳤더라도 대금을 모두 지급하지 않은 이상, 인도되지 않은 부동산으로부터 발생하는 과실은 매도인에게 귀속한다(대판 1992.4.28, 91다32527). 이 경우 과실은 대금의 이자에 대응하는 것이므로, 매도인의 인도의무의 지체가 있더라도 매수인은 그에 따른 손해배상을 구할 수 없다(대판 2004.4.23, 2004다8210). ② 대금지급기한이 지나더라도 목적물의 인도를 받을 때까지는 매수인은 매매대금에 대한 이자지급의무를 부담하지 않는다(제587조 후문). 따라서 매수인의 대금지급채무의 지체가 있더라도 매도인은 매매대금의 이자 상당액의 손해배상을 청구할 수 없다(대판 1995.6.30, 95다14190). ③ 매매목적물이 인도되지 않았더라도 매수인이 매매대금을 모두 지급한 때에는 그 이후의 과실은 매수인에게 귀속된다(대판 2021.6.24, 2021다220666). 이때에도 매도인에게 과실수취권을 인정하면 매도인은 2중의 이득(대금의 이자와 과실)을 얻게 되기 때문이다. ④ 매수인의 대금지급의무와 매도인의 근저당권설정등기 내지 가압류등기 말소의무가 동시이행관계에 있는 등으로 매수인이 대금지급을 거절할 정당한 사유가 있는 경우에는 매매목적물을 미리 인도받았다 하더라도 제587조에 의한 이자를 지급할 의무는 없다(대판 2018.9.28, 2016다246800).

한편 ① 판례는 제587조를 쌍무계약이 취소된 경우에 이를 유추적용한다. 즉 쌍무계약이 취소된 경우, 선의의 매수인에게 제201조가 적용되어 과실취득권이 인정되는 이상, 선의의 매도인에게도 제587조의 유추적용에 의하여 대금의 운용이익 내지 법정이자의 반환을 부정함이 형평에 맞다고 한다(대판 1993.5.14, 92다45025). ② 매수인이 매매대금의 지급에 관하여 후이행의무를 지는 때에는 목적물의 인도를 받았더라도 그 기한이 도래할 때까지는 이자지급의무를 부담하지 않지만, 선이행의무를 지는 때에는 목적물의 인도를 받지 못하였더라도 그 기한이 경과한 때부터 이자를 지급하여야 한다(제587조 단서).

판 례

토지의 매수인이 아직 소유권이전등기를 받지 아니하였다 하여도 매매계약의 이행으로 그 토지를 인도받은 때에는 매매계약의 효력으로서 이를 점유·사용할 권리가 생기게 된 것으로 보아야 하고, 또 매수인으로부터 토지를 다시 매수한 자는 위와 같은 토지의 점유·사용권을 취득한 것으로 봄이 상당하므로 매도인은 매수인으로부터 다시 토지를 매수한 자에 대하여 토지소유권에 의한 물권적 청구권을 행사할 수 없다(대판 1998.6.26, 97다42823).

2. 매도인의 주된 채무의 불이행

(1) 매수인의 이행청구권

매도인은 목적물을 매수인에게 이전할 의무가 있기 때문에, 이를 불이행한 경우에 매수인은 제568조 1항에 의하여 이행을 청구할 수 있으며, 매도인의 매매대금 지급요구에 대하여 동시이행의 항변권이 있다(제536조). 또한 이행이 가능한 때에 매수인은 이행의 소를 제기하여, 매도인의 채무이행을 강제할 수 있다(제389조).

(2) 이행불능에 대한 매수인의 권리

(가) 원시적 불능

매매계약 체결 당시에 이미 매매목적물의 멸실로 인해 매도인이 급부를 제공할 수 없는 원시적·객관적 전부불능인 급부를 목적으로 하는 매매계약은 무효이다(제535조). 이러한 원시적·객관적 불능인 매매계약의 매수인은 귀책사유 있는 매도인에 대하여 신뢰배상을 청구할 수 있다(제535조 1항).

그러나 매매계약 체결 당시에 이미 매매목적물의 도난·양도로 인하여 매도인만이 급부를 제공할 수 없는 원시적·주관적 불능인 급부를 목적으로 하는 매매계약은 유효이다. 이러한 원시적·주관적 불능인 급부를 목적으로 하는 매매계약에 관하여, 우리 민법은 타인의 권리 매매로서 그 유효성을 인정하고 있으며(제569조), 매도인이 급부를 이행하지 않은 경우에 담보책임을 부담하도록 규정하고 있다(제570조, 제571조). 원시적·주관적 불능의 경우에 매도인이 목적물을 보유하고 있지 않지만 목적물 자체는 존재하므로, 매도인이 반환을 받거나 취득하여 매수인에게 이전할 수 있기 때문이다.

(나) 후발적 불능

매매의 목적인 급부가 계약이 체결된 후에 불능으로 된 경우에는 매매계약의 성립에 아무런 영향이 없다. 다만 급부의 후발적 불능에 대하여 채무자에게 귀책사유가 있는 경우에는 '이행불능'의 문제이지만(제390조), 귀책사유가 없는 경우에는 제537조, 제538조의 '위험부담'이 문제된다. 예컨대 甲이 자기 소유의 고서를 乙에게 매도하기로 약정을 하였는데, 甲의 귀책사유로 인하여 고서가 소실된 경우, 제390조에 의하여 매수인 乙은 매도인 甲에게 채무불이행책임(손해배상, 계약해제, 대상청구권)을 주장할 수 있다. 그러나 고서의 소실에 대하여 甲에게 귀책사유가 없는 경우, 매수인 乙은 매도인 甲에게 목적물의 이행을 청구할 수 없으며, 甲도 乙에게 매대대금의 지급을 청구할 수 없다(제537조).

(3) 이행지체에 대한 매수인의 권리

급부의 이행이 가능함에도 매도인의 책임 있는 사유로 이행하지 않은 경우, 이행지체에 관한 일반규정이 매매계약에 적용된다.

(4) 권리의 하자에 대한 매수인의 권리—권리의 하자에 대한 담보책임

(가) 의의와 성질

매매목적물인 소유권이나 그 밖의 권리에 법률적 흠결이 존재한 경우, 매수인은 매매목적을 달성할 수 없게 될 것이므로, 매도인은 매매목적물인 권리의 하자에 대하여 일정한 책임을 부담하게 된다. 이것을 권리의 하자에 대한 담보책임이라고 하며, 매도인에게 과실이 없는 경우에도 발생한다. 즉 매도인의 담보책임은 '무과실책임'이다.

한편 매도인은 매수인에 대하여 완전한 권리를 이전할 의무가 있다(제568조 1항). 따라서 매도인이 매수인에게 흠이 있는 권리를 이전한 경우, 그것은 매도인의 채무불이행으로 된다. 이와 같이 물건의 하자에 대한 담보책임과 달리 학설은 권리의 하자에 대한 담보책임을 채무불이행책임으로 이해하는 것이 일반적이다(곽윤직, 137면; 김상용, 201면; 김형배, 330면). 그리고 매도인의 담보책임을 인정하는 취지는 대가적인 계약관계를 조정하여 등가성을 유지하려는 데에 있다(대판 1992.12.22, 92다30580).

(나) 권리의 전부가 타인에게 속하는 경우의 담보책임(제570조)

매매의 목적이 된 권리의 전부가 타인에게 속하는 경우(제569조), 즉 타인의 권리를 매매한 경우에도 계약은 유효하며(대판 1993.9.10, 93다20283), 매도인은 그 목적물을 취득하여 매수인에게 이전하여 줄 의무가 있다(대판 1993.8.24, 93다24445). 만약 자기가 정당한 상속인이라고 믿고 매도한 경우(대판 1966.4.6, 66다267), 자기 명의로 등기된 부동산이 법령에 의하여 국유화된 줄 모르고 매도한 경우(대판 1979.4.24, 77다2290), 국유인 하천부지를 점유자가 매도한 경우(대판 1963.10.31, 63다606) 등과 같이 매도인이 타인의 권리를 취득해서 이전할 수 없는 때에 매도인은 담보책임을 지게 된다(제570조).

판 례

명의신탁한 부동산을 명의신탁자가 매도하는 경우에 명의신탁자는 그 부동산을 사실상 처분할 수 있을 뿐 아니라 법률상으로도 처분할 수 있는 권원에 의하여 매도한 것이므로 이를 제569조의 타인의 권리의 매매라고 할 수 없다(대판 1996.8.20, 96다18656).

1) 성립요건

제570조의 담보책임이 성립하기 위해서는, 매매의 목적물은 현존하지만 그것이 타인의 권리에 속하기 때문에 이전할 수 없어야 한다(원시적·주관적 불능).

(i) 매매계약 당시 목적물 자체가 전혀 존재하지 않거나 또는 소멸한 경우와 같이 원시적·객관적 불능인 급부를 목적으로 하는 매매계약은 무효이며, 이 경우에는 계약체결상의 과실책임(제535조)이 문제될 뿐이고 제570조, 제571조의 매도인의 담보책임은 발생하지 않는다. 물론 매도인의 목적물을 매수인에게 이전할 수 없게 된 것이 오직 매수인의 귀책사유에 기인한 경우, 매수인은 매도인에 대하여 담보책임을 묻지 못한다(대판 1979.6.26, 79다564). 이러한 경우에 매도인은 위험부담의 법리에 따라 자신의 급부의무를 면하지만 매수인에게 반대급부(매매대금)의 지급을 청구할 수 있고(제538조 1항), 매도인이 급부의무를 면함으로써 이익을 얻은 때에는 이를 매수인에게 상환해야 한다(제538조 2항).

(ii) '이전할 수 없다'는 것, 즉 소유권의 이전불능은 채무불이행에서와 같은 정도로 엄격하게 해석할 필요는 없고, 사회통념상 매수인에게 해제권을 행사시키거나 손해배상을 구하게 하는 것이 형평에 타당하다고 인정되는 정도의 이행장애가 있으면 족하고, 반드시 객관적 불능에 한하는 엄격한 개념은 아니다(대판 1982.12.28, 80다2750).

(iii) 甲이 乙의 부동산을 매수하여 아직 등기를 이전받지 않은 상태로 丙에게 매도하는 경우, 즉 부동산미등기 전매행위가 타인의 권리매매에 해당하는지 여부에 관하여, 학설은 긍정한다. 이때 甲이 잔금을 지급하고 등기서류를 넘겨받았는지 여부는 상관없으며, '타인의 권리의 매매'에서 타인의 권리는 '법률상' 그 권리가 매도인에게 귀속하지 않는 것을 의미하고, 사실상 처분할 수 있었는지는 관계없다고 한다. 그러나 판례는 부정한다. 즉 "부동산을 매수한 자가 그 소유권이전등기를 하지 않은 채 이를 다시 제3자에게 매도한 경우, 사실상 처분할 수 있을 뿐 아니라 법률상으로도 처분할 수 있는 권원에 의하여 매도한 것이므로 그것을 제569조에서 말하는 타인의 권리매매라고 할 수 없다"고 한다(대판 1996.4.12, 95다55245). 다만 부동산을 경매 받은 매수인이 매각대금을 완납하지 않은 채 타인에게 매도한 것은 타인의 권리매매라고 한다(대판 2008.8.11, 2008다25824). 경매매수인이 매각대금을 다 낸 때에 '등기 없이' 부동산의 소유권을 취득하지만(민사집행법 제135조, 민법 제187조), 대금지급기한까지 매각대금을 다 내지 않아 재매각명령(민사집행법 제138조)이 나면 확정된 매각허가결정의 효력이 잃게 되므로(대결 2009.5.6, 2008마1270), 사실상·법률상 처분할 수 있

는 권원에 의한 매도라고 볼 수 없기 때문이다.

2) 담보책임의 내용

(i) 매수인은 그의 선의·악의를 묻지 않고 계약을 해제할 수 있으며(제570조 본문), 다만 '선의의 매수인'은 계약해제와 더불어 손해배상을 청구할 수 있다(제570조 단서). 즉 악의의 매수인에게는 손해배상청구권이 인정되지 않는다. 다만 이행불능에 대하여 매도인에게 귀책사유가 존재한 경우, 매수인은 제570조의 권리행사 이외에 채무불이행의 일반규정(제546조, 제390조)에 의하여 계약을 해제하고 손해배상을 청구할 수 있다(대판 1993.11.23, 93다37328). 다시 말하면 매수인이 악의인 때에도(제570조 단서) 매도인에 대하여 손해배상을 청구할 수 있으며, 이때 손해배상의 범위는 이행이익의 배상이다. 주의할 것은, 권리의 전부가 타인에게 속하는 경우의 매도인의 담보책임에 대한 권리행사의 기간(제척기간)에 관해서는 권리의 일부가 타인에게 속하는 경우와는 달리(제573조) 특별한 규정이 없다는 점이다.

(ii) 매수인이 선의인 때에는 해제를 하면서 손해배상을 청구할 수 있는데(제570조 단서), 그 범위는 이행이익의 배상이다(대판 1979.4.24, 77다2290. 그러나 송덕수 D-266은 신뢰이익이라고 한다). 따라서 매도인은 이행불능 당시의 목적물의 시가와 매매대금의 차액을 손해로서 배상하여야 한다(대판 1967.5.18, 66다2618; 대판 1980.3.11, 80다78). 참고로 부동산을 매수하고 소유권이전등기까지 넘겨받았지만 매도인과 매수인 앞으로 마쳐진 소유권이전등기의 말소를 명한 판결이 확정된 경우, 매도인의 손해배상액 산정의 기준시점은 '판결확정시'이다(대판 1993.4.9, 92다25946). 한편 타인의 권리매매에서 매도인의 기망에 의하여 타인의 물건을 매도인의 것으로 알고 매수의 의사표시를 한 경우, 제110조에 의하여 사기를 이유로 취소할 수 있다(대판 1973.10.23, 73다268).

판 례

제570조에 따라 매매계약이 해제되는 경우, 매도인은 매수인에게 매매대금과 그 받은 날부터의 이자를 반환할 의무를 부담하고, 매수인 역시 특별한 사정이 없는 한 매도인에게 목적물을 반환할 의무는 물론이고 목적물을 사용하였으면 그 사용이익을 반환할 의무도 부담한다. 이러한 결론은 매도인이 목적물의 사용권한을 취득하지 못하여 매수인으로부터 반환받은 사용이익을 궁극적으로 정당한 권리자에게 반환하여야 할 입장이라 하더라도 마찬가지이다. 다만 매수인이 진정한 권리자인 타인에게 직접 목적물 또는 사용이익을 반환하는 등의 특별한 사정이 있는 경우에는 매수인은 적어도 그 반환 등의 한도에서는 매도인에게 목적물 및 사용이익을 반환할 의무를 부담하지 않는다(대판 2017.5.31, 2016다240).

3) 선의의 매도인의 보호

선의의 매도인은 매매의 목적인 제3자에 속하는 권리를 취득하여 매수인에게 이전할 수 없는 경우에 매수인이 선의인 때에는 손해를 배상하고 매매계약을 해제할 수 있으며, 악의인 때에는 손해를 배상하지 않고 매매계약을 해제할 수 있다(제571조). 제571조는 담보책임이 아니며, 다만 선의의 매도인을 보호하기 위해 특별히 해제권을 부여한 것에 지나지 않는다. 주의할 것은 제571조 1항은 선의의 매도인이 매매의 목적인 권리의 '전부'를 이전할 수 없는 경우에 적용될 뿐, 매매의 목적인 권리의 일부를 이전할 수 없는 경우에는 적용될 수 없고, 마찬가지로 수개의 권리를 일괄하여 매매의 목적으로 정하였으나 그중 일부의 권리를 이전할 수 없는 경우에도 적용될 수 없다는 점이다(대판 2004.12.9, 2002다33557).

(다) 권리의 일부가 타인에게 속하는 경우의 담보책임(제572조)

甲이 乙에게 토지 2,000m²를 3억원에 매도하였는데, 그중 300m²가 丙의 소유에 속하는 경우 또는 B는 A소유의 토지를 매수하기로 하는 매매계약을 체결하고 계약금 및 중도금을 지급하였는데, 계약체결 이전에 이미 도시계획에 의하여 토지의 일부가 도로부지로 수용결정된 경우와 같이 매매의 목적인 권리의 일부가 타인에게 속하기 때문에, 매도인이 그 부분의 권리를 매수인에게 이전할 수 없는 경우, 매도인은 담보책임을 부담한다.

1) 성립요건

제572조의 담보책임이 성립하기 위해서는, 매매의 목적이 된 권리의 일부가 타인에게 속하기 때문에 매도인이 그 부분의 권리를 취득하여 매수인에게 이전할 수 없어야 한다. 즉 원시적·주관적 일부불능이어야 한다. 여기서 '이전할 수 없는 때'라 함은 채무불이행에서와 같은 정도의 엄격한 개념이 아니며 사회관념상 매수인에게 해제권을 행사시키는 것이 타당하다고 인정되는 정도의 이행장애가 있는 경우를 의미한다(대판 1977.10.11, 77다1283). 판례는 수개의 권리를 일괄하여 매매의 목적으로 정한 경우에도 그 가운데 이전할 수 없게 된 권리부분이 차지하는 비율에 따른 대금 산출이 불가능한 경우 등 특별한 사정이 없는 한 제572조가 적용된다고 한다(대판 1989.11.14, 88다카13547).

2) 담보책임의 내용

매수인은 선의·악의를 묻지 않고 그 부분의 비율로 대금의 감액을 청구할 수 있다(제572조 1항). 또한 '선의의 매수인'은 잔존한 부분만을 매수하지 아니하였을 때에는 계약 전부를 해제할 수 있으며(제572조 2항), 대금감액청구·계약해제 이외에 손해배상도 청구할 수 있다(제572조 3항). 이때 손해배상액은 매도인이 매매목적이 된 권리의 일부를 취득하여 매수인에게 이전할 수 없게 된 때의 권리시가, 즉 이행이익 상당액이다(대판 1993.1.19, 92다37727). 이러한 매수인의 권리는 매수인이 선의인 경우에는 사실을 안 날부터, 악의의 경우에는 계약한 날부터 1년 내에 행사하여야 한다(제573조). 여기서 매수인이 '사실을 안 날'이란 단순히 권리의 일부가 타인에게 속한 사실을 안 날이 아니라 그 때문에 매도인이 이를 취득하여 매수인에게 이전할 수 없게 되었음이 확실하게 된 사실을 안 날을 말한다(대판 2002.11.8, 99다58136; 대판 1997.6.13, 96다15596).

판 례

매매계약에서 건물과 그 대지가 계약의 목적물인데 건물의 일부가 경계를 침범하여 이웃 토지 위에 건립되어 있는 경우에 매도인이 그 경계 침범의 건물부분에 관한 대지부분을 취득하여 매수인에게 이전하지 못하는 때에는 매수인은 매도인에 대하여 제572조를 유추적용하여 담보책임을 물을 수 있다. 그리고 그 경우에 이웃토지의 소유자가 소유권에 의하여 그와 같은 방해상태의 배제를 구하는 소를 제기하여 승소의 확정판결을 받았으면, 다른 특별한 사정이 없는 한 매도인은 그 대지부분을 취득하여 매수인에게 이전할 수 없게 되었다고 봄이 상당하다(대판 2009.7.23, 2009다33570).

(라) 목적물의 수량이 부족하거나 일부멸실의 경우의 담보책임(제574조)

甲이 乙 소유의 토지를 3,000m²로 알고 1m²당 50,000원으로 계산하여 1억 5,000만원에 매수하였는데, 실측 결과 2,700m²인 경우 또는 창고가 있는 A소유의 건물을 B가 매수하였는데, 계약체결 전에 창고가 멸실된 경우와 같이 매매의 목적물이 부족하거나 매매목적물의 일부가 계약 당시에 이미 멸실되어 매도인이 그 부분을 이전할 수 없게 된 경우, 매도인은 담보책임을 부담한다.

1) 성립요건

당사자가 수량을 지정해서 매매계약을 체결하였는데, 그 수량이 부족하거나 매매의 목적물의 일부가 계약 당시에 이미 멸실되어야 한다(원시적·객관적 일부불능).

(i) 수량을 지정한 매매란 당사자가 매매목적물인 특정물이 일정한 수량을 가지고 있다는 데 주안을 두고, 대금도 이 수량을 기초로 하여 정한 경우를 말한다(대판 1990.5.8, 89다카7266). 다시 말하면 토지매매의 경우 매수인이 일정한 면적이 있는 것으로 믿고 매도인도 그 면적이 있는 것을 명시적·묵시적으로 표시하고, 또한 당사자들이 면적을 가격결정요소 중 가장 중요한 요소로 파악하고 그 객관적인 수치를 기준으로 가격을 정한 경우가 '수량을 지정한 매매'이다(대판 2001.4.10, 2001다12256). 가령 목적물이 일정한 면적(수량)을 가지고 있다는 데 주안을 두고 대금도 면적을 기준으로 하여 정하여지는 아파트분양계약은 수량을 지정한 매매에 해당한다(대판 2002.11.8, 99다58136).

반면에 토지매매에서 목적물을 등기부상의 평수에 따라 특정한 경우라도 대상 토지를 전체로서 평가하였고, 평수에 의하여 매매대금을 산출한 것은 당사자들 사이에 대상 토지를 특정하고 그 대금을 결정하기 위한 방편이었다고 보일 때에는 수량을 지정한 매매라고 할 수 없다(대판 2003.1.24, 2002다65189). 가령 담보권실행을 위한 경매에서 경매법원이 경매목적인 토지의 등기부상 면적을 표시하는 것은 단지 토지를 특정하여 표시하기 위한 방법에 지나지 않은 것이고, 그 최저경매가격을 결정함에 있어 감정인이 단위면적당 가액에 공부상의 면적을 곱하여 산정한 가격을 기준으로 삼았다 하여도 이는 해당 토지 전체의 가격을 결정하기 위한 방편에 불과하다 할 것이어서, 특별한 사정이 없는 한 이를 '수량을 지정한 매매'라고 할 수 없다.

(ii) 주의할 것은 제574조의 담보책임은 매매의 목적물이 '특정물'인 경우에 한한다는 점이다(다수설). 불특정물, 특히 종류물의 매매에서 급부된 물건의 수량부족과 일부멸실은 단순한 채무불이행책임이 문제되기 때문이다. 그러나 수량부족으로 인한 담보책임은 특정물매매와 종류물매매 양자에서 발생한다는 견해가 있다(이은영, 324면).

(iii) 매매목적물의 일부가 멸실한 때에 제574조의 담보책임이 발생하는 경우는 계약체결

당시에 이미 멸실된 때, 즉 원시적 일부불능의 경우에 한한다. 따라서 계약 성립 이후에 목적물의 일부가 멸실된 경우에는 후발적 일부불능으로 채무불이행이 되거나 위험부담의 문제가 된다. 한편 판례는 매각목적물의 일부가 멸실한 때라 함은 물리적인 멸실 뿐만 아니라 경매개시결정이 취소되는 등의 사유로 매수인이 해당 목적물의 소유권을 취득할 수 없게 된 경우도 이에 포함된다고 한다(대결 2005.3.29, 2005마58).

판 례

건물 일부의 임대차계약을 체결함에 있어 임차인이 건물면적의 일정한 수량이 있는 것으로 믿고 계약을 체결하였고, 임대인도 그 일정 수량이 있는 것으로 명시적 또는 묵시적으로 표시하였으며, 또한 임대차보증금과 월임료 등도 그 수량을 기초로 하여 정하여진 경우에는, 그 임대차는 수량을 지정한 임대차라고 봄이 타당하다(대판 1995.7.14, 94다38342).

2) 담보책임의 내용

(i) 제574조의 담보책임의 내용은 권리의 일부가 타인에게 속하는 경우(제572조)의 매도인의 담보책임과 동일하지만, '악의'의 매수인에 대해서는 담보책임이 발생하지 않는다는 점이 다르다. 즉 선의의 매수인의 경우에만 대금감액청구권과 손해배상청구권을 가지며, 또한 잔존한 부분만으로는 이를 매수하지 않았을 경우에는 계약 전부를 해제할 수 있다(제574조, 제572조). 이러한 권리는 매수인이 그 사실을 안 날부터 1년 이내에 행사하여야 한다(제574조, 제573조). 판례는 매수인이 '사실을 안 날'이란 단순히 권리 일부가 타인에게 속한 사실을 안 날이 아니라 그 때문에 매도인이 이를 취득하여 매수인에게 이전할 수 없게 되었음이 확실하게 된 사실을 안 날을 말한다고 한다(대판 2002.11.8, 99다58136). 하지만 목적물의 수량부족·일부멸실은 원시적 객관적 일부불능으로, 원시적 주관적 일부불능(제572조)과 달리 매도인이 해당 부분을 취득하여 이행할 수 없으므로, 제574조의 매수인이 사실을 안 날은 수량부족·일부멸실의 사실 자체를 안 날을 의미한다고 볼 것이다.

(ii) 부동산매매에서 실제면적이 계약면적에 미달하고 그 매매가 수량지정매매에 해당하는 경우, 제574조, 제572조에 의한 대금감액청구권 행사와 별도로 부당이득반환청구 또는 계약체결상 과실책임의 이행청구는 인정되지 않는다(대판 2002.4.9, 99다47396). 매매계약이 유효하기 때문이다.

판 례

매매계약을 체결함에 있어 토지의 면적을 기초로 하여 평수에 따라 대금을 산정하였는데 토지의 일부가 매매계약 당시에 이미 도로의 부지로 편입되어 있었고, 매수인이 그와 같은 사실을 알지 못하고 매매계약을 체결한 경우 매수인은 제574조에 따라 매도인에 대하여 토지 중 도로의 부지로 편입된 부분의 비율로 대금의 감액을 청구할 수 있다. 매수인에게 대금감액청구권이 있고 감액될 부분이 아직 확정되지 않고 있다면 매수인은 대금의 일부에 관한 매도인의 지급청구에도 불구하고 대금전부에 관하여 지급의무의 이행을 거절할 수 있다(대판 1992.12.22, 92다30580).

3) 특정물매매에서의 수량부족 · 일부멸실과 제580조의 담보책임

민법은 수량을 지정한 목적물의 부족 또는 일부멸실의 경우에 대하여 특정물 하자와 별도로 규정하고 있지만, 특정물매매에서 수량부족·일부멸실과 제580조의 특정물 하자는 동일하다고 할 것이다. 그러므로 매수인은 수량을 지정한 목적물의 부족 또는 일부멸실의 경우에 제574조의 담보책임을 묻거나 제580조의 담보책임을 물을 수 있다(이은영, 327면; 남효순, 민법주해(XIV), 402면). 그러나 제574조의 경우가 매수인에게 유리하다. 왜냐하면 첫째 책임요건에서 수량부족·일부멸실의 경우는 매수인의 선의만을 요구하는데, 특정물 하자의 경우는 매수인의 선의 이외에 무과실까지 요구하고 있다. 둘째 제580조가 규정하는 담보책임에는 6개월의 제척기간(제582조)이 적용되지만, 제574조의 담보책임에는 1년의 제척기간(제573조)이 적용되기 때문이다.

(마) 권리가 타인의 제한물권에 의해 제한을 받고 있는 경우의 담보책임(제575조)

乙이 甲 소유의 부동산을 매수하였는데 丙이 그 부동산에 대해 지상권이나 전세권을 가지고 있어서, 乙이 그 부동산을 사용하지 못하는 경우와 같이 매매의 목적물 위에 지상권·전세권 등 제3자의 용익물권이 설정되어 있거나 대항력을 갖춘 임대차의 객체이기 때문에, 매수인이 매매목적물을 사용·수익할 수 없게 된 경우, 매도인은 담보책임을 부담한다. 제575조의 담보책임은 매도인은 완전한 소유권을 매수인에게 이전하여야 하는데, 이를 이행하지 못하기 때문에 부담하는 책임이다.

1) 성립요건

매매의 목적물이 지상권·지역권·전세권·질권·유치권의 목적이 되거나, 매매목적물인 부동산을 위하여 존재하여야 할 지역권이 없거나 목적부동산 위에 대항력 있는 임차권이 존재하여야 한다. 또한 이로 인해 매도인이 매수인에게 완전한 소유권을 이전할 수 없어야 한다.

2) 담보책임의 내용

계약체결시에 제한물권의 존재를 알고 있었던 매수인을 보호할 필요가 없으므로, 제575조의 매도인의 담보책임은 매수인이 '선의'인 경우에만 인정된다. 즉 제한물권으로 인하여 선의의 매수인이 계약의 목적을 달성할 수 없는 경우에 매매계약을 해제할 수 있으며, 아울러 손해배상을 청구할 수 있다(제575조 1항). 따라서 계약의 목적을 달성할 수 있는 선의의 매수인은 손해배상청구권을 행사할 수 있을 뿐이다. 이러한 손해배상청구권과 해제권은 매수인이 그 사실을 안 날부터 1년 이내에 행사하여야 한다(제575조 3항). 주의할 것은 제3자의 용익물권으로 인해 매수인이 목적물을 사용·수익할 수 없는 것은, 매매의 목적물인 권리에 양적인 하자가 존재하는 것이 아니라 질적인 하자가 있는 경우로서, 감액의 대상이 되는 금액을 산정할 수 없기 때문에(곽윤직, 145면), 다른 담보책임과 달리 제575조의 담보책임의 경우에는 매수인에게 대금감액청구권이 인정되지 않는다는 점이다.

(바) 저당권 또는 전세권의 행사로 인하여 소유권을 취득할 수 없거나 상실한 경우의 담보책임(제576조)

저당권이 설정된 甲의 부동산을 乙이 매수하였는데, 그 후 저당권의 실행으로 제3자에게 매각되고 이로 인해 甲이 부동산에 대한 소유권을 상실한 경우와 같이 저당권이나 전세권이 실행되어 제3자가 소유권을 취득하게 된다면, 매매계약에 의하여 매수인은 소유권을 취득할 수 없을 뿐만 아니라 이미 소유권이전등기를 마친 매수인의 소유권도 상실하게 되는 경우, 매도인은 담보책임을 부담한다.

1) 성립요건

제576조의 담보책임이 성립하기 위해서는, ① 매매의 목적이 된 부동산에 설정된 저당권 또는 전세권의 행사로 인하여 매수인이 그 소유권을 취득할 수 없거나, ② 취득한 소유권을 잃어야 한다(제576조 1항). 또는 ③ 매매목적물인 부동산에 설정된 저당권·전세권의 실행으로 인한 소유권의 상실을 피하기 위하여, 매수인이 자신의 출재(出財)로 부동산의 소유권을 보존하여야 한다(제576조 2항).

(i) 가등기가 설정된 부동산의 매수인이 가등기에 의한 본등기로 인해 권리를 상실한 경우, 이는 매매의 목적 부동산에 설정된 저당권 또는 전세권의 행사로 인하여 매수인이 취득한 소유권을 상실한 경우와 유사하므로, 제576조가 유추적용된다(대판 1992.10.27, 92다21784; 대결 1997.11.11, 96그64). 즉 매도인은 제576조의 담보책임을 부담하고, 제570조에 의한 담보책임을 지지 않는다.

(ii) 매매당사자 사이에 매수인의 출재 특약이 있는 경우에는 여기의 담보책임이 생기지 않는다. 판례도 매수인이 매매목적물에 관한 근저당권의 피담보채무를 인수하는 것으로 매매대금의 지급에 갈음하기로 약정한 경우, 매도인에 대하여 제576조 1항의 담보책임을 면제하여 주었거나 이를 포기한 것으로 봄이 상당하므로, 매수인이 매매목적물에 관한 근저당권의 피담보채무 중 일부만을 인수한 경우에 매도인이 자신이 부담하는 피담보채무를 모두 이행한 이상 매수인이 인수한 부분을 이행하지 않음으로써 근저당권이 실행되어 매수인이 취득한 소유권을 잃게 되더라도 제576조의 담보책임을 부담하게 되는 것은 아니라고 한다(대판 2002.9.4, 2002다11151).

판 례

(ㄱ) 임대차계약에 기한 임차권(임대차보증금반환청구권을 포함)을 목적물로 한 매매계약이 성립한 경우, 매도인이 임대인의 임대차계약상의 의무이행을 담보한다는 특별한 약정(제579조 참조)을 하지 않는 한, 임차권 매매계약 당시 임대차 목적물에 이미 설정되어 있던 근저당권이 임차권 매매계약 이후에 실행되어 매수인(낙찰인)이 임대차 목적물의 소유권을 취득함으로써 임대인의 목적물을 사용·수익하게 할 의무가 이행불능으로 되었다거나, 임대인의 무자력으로 인하여 임대차보증금반환의무가 사실상 이행되지 않고 있더라도, 임차권 매도인에게 제576조에 따른 담보책임이 있다고 할 수 없고, 이러한 법리는 임차권을 교환계약의 목적물로 한 경우에도 마찬가지이다(대판 2007.4.26, 2005다34018,34025). 즉 제576조의 담보책임은 매매의 목적이 된 부동산에 설정된 저당권 또는 전세권의 행사

로 인하여 매수인이 그 소유권을 취득할 수 없는 경우이거나 매수인의 출재로 그 소유권을 보존한 경우에 인정되고, 제579조는 매매의 목적이 된 채권에 관하여 매도인이 매수인에 대하여 담보한 채무자의 자력이 부존재하는 경우에 적용되기 때문이다.

(ㄴ) 매수인이 경매절차에서 부동산에 대한 매각허가결정을 받아 매각대금까지 내고 소유권을 취득하였으면, 그 후 매매의 목적물의 권리가 타인에게 속하게 되거나 매매의 목적이 된 부동산에 설정된 담보권이 실행되는 등의 사유로 소유권을 상실하게 되더라도 부동산의 매각 등으로 소유권의 이전이 불가능하였던 것은 아니다. 따라서 이러한 사유는 민사집행법 제268조, 제96조 1항에서 정한 경매절차의 취소사유에 해당하지 않는다. 이러한 경우 매수인은 매도인의 담보책임에 관한 민법 규정을 적용하거나 유추적용하여 담보책임을 물을 수 있고, 이러한 담보책임은 매수인이 경매절차 밖에서 별소로써 채무자 또는 채권자를 상대로 추급하는 것이 원칙이다. 다만 아직 배당이 실시되기 전이라면 매수인으로 하여금 배당이 실시되는 것을 기다렸다가 경매절차 밖에서 별소에 의하여 담보책임을 추급하게 하는 것은 가혹하므로, 매수인은 민사집행법 제96조를 유추적용하여 집행법원에 대하여 경매에 의한 매매계약을 해제하고 납부한 매각대금의 반환을 청구하는 방법으로 담보책임을 추급할 수 있다(대결 2017.4.19, 2016그172).

2) 담보책임의 내용

저당권·전세권이 설정되어 있어도 그것이 항상 실행되는 것은 아니기 때문에, 매수인은 '선의·악의'를 묻지 않고 계약을 해제할 수 있다(제576조 1항). 또한 매수인이 자기 출재로 소유권을 보존한 때에는 상환청구뿐만 아니라(제576조 2항) 손해배상도 청구할 수 있다(제576조 3항). 즉 악의의 매수인도 상환청구 및 손해배상을 청구할 수 있다. 판례도 부동산의 매수인이 소유권을 보존하기 위하여 자신의 출재로 피담보채권을 변제함으로써 그 부동산에 설정된 저당권을 소멸시킨 경우, 매수인이 그 부동산 매수시 저당권이 설정되었는지 여부를 알았든 몰랐든 간에 이와 관계없이 제576조 2항에 의하여 매도인에게 그 출재의 상환을 청구할 수 있다고 한다(대판 1996.4.12, 95다55245). 이러한 권리의 행사기간에 관해서 특별한 제한이 없다.

판 례

가압류 목적이 된 부동산을 매수한 사람이 그 후 가압류에 기한 강제집행으로 부동산 소유권을 상실하게 되었다면 이는 매매의 목적 부동산에 설정된 저당권 또는 전세권의 행사로 인하여 매수인이 취득한 소유권을 상실한 경우와 유사하므로, 이와 같은 경우 매도인의 담보책임에 관한 제576조의 규정을 유추적용하여 매수인은 같은 조 제1항에 따라 매매계약을 해제할 수 있고, 같은 조 제3항에 따라 손해배상을 청구할 수 있다고 보아야 한다(대판 2011.5.13, 2011다1941).

(사) 저당권의 목적인 지상권·전세권의 매매의 경우의 담보책임(제577조)

저당권의 목적으로 되어 있는 지상권이나 전세권이 매매의 목적인데(제371조), 그 저당권의 실행으로 매수인이 지상권이나 전세권을 취득할 수 없게 되거나, 매수인이 자기 출재로 지상권 또는 전세권을 보전한 경우에 제576조가 준용된다(제577조). 매매의 목적이 다를 뿐 이익상황은 동일하기 때문이다. 따라서 매수인은 선의·악의를 묻지 않고 계약을 해제할 수 있으며(제577조, 제576조 1항), 매수인이 자기 출재로 소유권을 보존한 때에는 상환청구뿐만 아니라(제577조, 제576조 2항) 손해배상도 청구할 수 있다(제577조, 제576조 3항).

(5) 채권의 양도인의 담보책임(제579조)

채권도 매매의 대상이 된다. 채권이 물건에 대한 매매와 다른 것은 그 가치가 채무자의 자력에 의존하게 된다는 점이다. 그 결과 채권매매에서 흠이라 함은 채무자의 자력이 없거나 부족한 것을 말한다. 그리하여 민법은 매도인이 매매의 목적이 된 채권과 관련해서 채무자의 자력을 담보하는 특약을 하였으나 채무자의 자력이 없거나 부족한 경우에 담보책임을 인정하고 있다.

(가) 성립요건

매도인이 매수인에게 매매의 목적으로 된 채권의 채무자에 대한 자력을 담보한다고 특약(예: 무자력으로 변제받지 못하면 배상한다는 특약)하여야 하고, 매도인이 담보한 채무자의 자력이 부족하여야 한다. 또한 매수인이 매매의 목적인 채권을 채무자에게 행사하여 만족을 얻지 못하여야 한다.

(나) 담보책임의 내용

1) 담보책임에 관한 일반규정의 적용

매도인이 어떠한 내용의 담보책임을 질 것인지에 관해 명문의 규정이 없지만, 채권도 권리인 점에서 대체로 제570조 이하의 규정에 따라 그 책임내용이 정해진다. 즉 매매의 목적인 채권에 하자가 있으면 그 유형에 따라 제570조 이하의 담보책임에 관한 규정이 적용된다. 가령 매매의 목적인 채권이 전부 또는 일부가 타인에게 속하는 경우에는 제570조 내지 제573조가 적용되고, 채권의 일부가 계약의 무효·취소 또는 변제 등으로 존재하지 않은 경우에는 제574조가 적용되며, 채권이 질권의 목적인 때에는 제576조가 적용되고, 경매의 경우에는 제578조가 적용된다. 그 밖에 채권에 담보권이나 보증이 있다고 하여 그 채권을 매입하였는데, 그 담보권이나 보증이 존재하지 않은 경우, 그것은 매매의 목적물에 대한 법률적 하자이므로 제575조가 적용된다.

2) 채무자의 자력에 대한 담보책임

제579조는 매도인이 담보한 채무자의 자력이 부존재하는 경우에 적용된다. 즉 담보책임의 일반원칙으로는 채권의 매도인은 채권의 존재와 채권액에 대해서는 책임을 져야 하지만, 그 채무자가 변제할 만한 자력을 가지고 있다는 점에 대해서는 특약이 없는 한 책임을 지지 않는다. 따라서 채권의 매매에 수반하여 매도인이 채무자의 자력과 그 시점에 관하여 명시적으로 합의한 경우에는 그 합의시점의 채무자의 자력을 담보한다. 그러나 채무자의 어느 시점의 자력을 담보할 것인지에 관하여 명시적 합의가 없을 때에는 보충적으로 제579조에 의하여 결정한다. 즉 ① 변제기에 도달한 채권의 매도인이 채무자의 자력을 담보한 때에는 '매매계약 당시'의 자력을 담보한 것으로 추정하고(제579조 1항), ② 변제기가 아직 도래하지 않은 채권의 매도인이 채무자의 자력을 담보한 때에는 '변제기'의 자력을 담보한 것으로 추정한

다(제579조 2항). 결국 합의시점 또는 제579조에 의해 추정되는 시기에 채무자에게 변제자력이 없다면 매수인은 매도인에게 손해배상을 청구할 수 있으며, 담보된 시기에서의 채권액이 손해배상의 내용으로 된다.

(6) 매각받은 권리의 하자에 대한 매수인(경락인)의 권리 — 경매에서의 담보책임

경매목적물의 하자로부터 매수인을 보호하기 위하여 제578조와 제580조 2항을 두고 있다. 즉 경매의 경우, 매수인은 권리의 하자에 관하여 담보책임을 물을 수 있으나(제578조 1항), 물건의 하자에 관해서는 이를 묻지 못한다(제580조 2항). 경매의 경우에 담보책임을 경감한 것은 경매제도의 신용을 유지하기 위한 것이다. 여기서 경매는 민사집행법상의 강제집행이나 담보권 실행을 위한 경매 또는 국세징수법상의 공매 등과 같이 국가나 그를 대행하는 기관 등이 법률에 의하여 목적물 권리자의 의사와 무관하게 행하는 매도행위만을 의미한다(대판 2016.8.24, 2014다80839).

(가) 성립요건

① 경매목적물에 하자가 있어야 한다. 경매목적물의 하자라 함은 그 목적물에 제570조 내지 제577조에서 규정된 권리의 하자가 존재하는 경우의 하자를 말한다(제578조 1항). 물건의 하자는 이에 포함되지 않는다(제580조 2항). ② 담보책임은 매매계약의 유효를 전제로 하여 성립하므로, 경매가 '유효'한 경우이어야 한다. 제578조의 경매는 국가기관이 법률에 의해 행하는 경우를 말하며, 민사집행법에 의한 강제경매, 담보권실행을 위한 경매(임의경매) 및 국세징수법에 의한 공매가 이에 해당한다(대판 2016.8.24, 2014다80839).

주의할 것은, ① 강제경매의 경우에는 경매신청 목적물은 경매가 허용되는 것이어야 할 뿐만 아니라 '채무자의 소유'(즉 책임재산)이어야 한다. 따라서 경매목적물에 대한 권리가 경매개시 당시부터 채무자의 소유에 속하지 않았던 경우에는 경매절차는 무효이고, 이 경우 매수인은 담보책임에 의하여 보호될 수 없고 부당이득의 법리에 따라 반환을 청구할 수 있다. 판례도 매수인(경락인)이 강제경매절차를 통하여 부동산을 매각 받아 대금을 완납하고 그 앞으로 소유권이전등기까지 마쳤으나, 그 후 강제경매절차의 기초가 된 채무자명의의 소유권이전등기가 원인무효의 등기이어서 경매부동산에 대한 소유권을 취득하지 못하게 된 경우, 이와 같은 강제경매는 무효이므로 매수인은 경매채권자에게 매각대금 중 그가 배당받은 금액에 대하여 일반부당이득의 법리에 따라 반환을 청구할 수 있고, 제578조 1항, 2항에 따른 경매의 채무자나 채권자의 담보책임은 인정될 여지가 없다고 한다(대판 2004.6.24, 2003다59259). 이에 대하여 제578조가 제570조를 준용하고 있으므로, 채무자 소유 아닌 부동산에 대한 강제경매도 유효하고, 다만 채무자는 타인 권리의 매매로 인한 담보책임을 진다고 보아야 한다는 비판이 있다(양창수, 경영법무 통권 123호, 36면 이하; 오시영, 민사법학 42호, 317면 이하). 강제경매는 '집행력 있는 정본이 존재'하는 경우에 한하여 국가의 강제집행권의 실행으로서 실시되므로, 일단 '유효한 집행력 있는 정본'에 터잡아 경매절차가 완결된 때에는 집행권원에 표상된 실체상의 청구권이 부존재·무효이거나 경매절차 완결시까지 변제 등의 사유로 인하여 소멸한 경우에도 경매절차가 유효하는 한 매수인은 유효하게 목적물의 소유권을 취득한다. 따라서 강제경매개시 당시 집행권원이 전혀 존재하지 않거나 무효인 경우에 그 경매는 무효이고(대판 1978.6.27, 78다446), 이로 인하여 경매부동산에 대한 소유권을 취득하지 못하게 된 매수인은 경매채권자에게 매각대금 중 그가 배당받은 금액에 대하여 부당이득의 법리에 따라 반환을 청구할 수 있을 뿐, 제578조에 의한 담보책임을 물을 수는 없다(대판 1991.10.11, 91다21640; 대판 1993.5.25, 92다15574). 반면에 매수인이 소유권에 기한 가등기의 목적이 된 부동산을 매각 받아 매각대금까지 납부하여 소유권을 취득하였는데 그 뒤 가등기에 기한 본등기가 마쳐짐으로써 소유권을 상실한 경우에는 경매절차가 무효가 되는 것은 아니며(대판 1992.10.27, 92다5065), 가집행선고부판결에 의해 이루어진 강제경매에서 집행권원이 취소된 경우(대판 1993.4.23, 93다3165), 매각허가결정이 확정되고 매수인이 매각대금을 완납했는데 결정 전에 변제·변제공탁·채무면제 등에 의하여 집행채권이 소멸한 경우라도 매수인의 소유권취득의 효과에는 영향이 없다. ② 담보권실행을 위한 경매(임의경매)는 담보권자의 담보권에 내재된 현금화하는 권능의 실행을 국가기관이 대행하는 것에 불과하므로, 담보권에 흠이 있으면 그것은 매각의 효력에 영향을 미친다. 즉 임의경매의 정당성은 실체적으로 '유효한 담보권'의 존재에 근거하므로, 담보권에 실체적 하자(담보권의 부존재·무효, 피담보채권의 부존재·소멸 등)가 있다면 그에 기초한 경매는 원칙적으로 무효이다. 따라서 피담보채권이 소멸되어 무효인 근저당권에 기초하여 임의경매절차가 개시되고 매수인이 해당 부동산의 매각대금을 지급하였더라도, 그 경매절차는 무효이므로 담보책임은 인정되지 않으며 매수인은 부동산의 소유권을 취득할 수 없다(대판 2022.8.25, 2018다205209). 이와 같이 경매가 무효인 경우, 매수인은 경매채권자 등 배당금을 수령한 자를 상대로 그가 배당받은 금액에 대하여 부당이득반환을 청구할 수 있다(대판 2023.7.27, 2023다228107). 다만 '실체상 존재'하는 저당권에 터잡아 경매개시결정이 내려진 이상 그 뒤에 저당권이 소멸(예: 저당권설정계약이 해지된 경우)하거나 변제 등으로 피담보채권이 소멸하게 되었더라도 경매절차의 취소 또는 정지되지 아니한 채 진행된 결과 매각허가결정이 확정되고 매수인이 매각대금을 완납한 때에는 적법하게 매각부동산의 소유권을 취득한다(민사집행법 제267조; 대판 2001.2.27, 2000다44348).

판 례

(ㄱ) 제578조 1항, 2항은 매매의 일종인 경매에 있어서 그 목적물의 하자로 인하여 매수인(경락인)이 매각의 목적인 재산권을 완전히 취득할 수 없을 때에 매매의 경우에 준하여 매도인의 위치에 있는 경매의 채무자나 채권자에게 담보책임을 부담시켜 매수인을 보호하기 위한 규정으로서, 그 담보책임은 매매의 경우와 마찬가지로 경매절차는 유효하게 이루어졌으나 경매의 목적이 된 권리의 전부 또는 일부가 타인에게 속하는 등의 하자로 매수인이 완전한 소유권을 취득할 수 없거나 이를 잃게 되는 경우에 인정되는 것이고, 경매절차 자체가 무효인 경우에는 경매의 채무자나 채권자의 담보책임은 인정될 여지가 없다(대판 1991.10.11, 91다21640).

(ㄴ) 농지법상 농지에 관한 공매절차에서 매각결정과 대금납부가 이루어졌다고 하더라도 매수인은 농지법에서 정한 농지취득자격증명을 발급받지 못하는 이상 소유권을 취득할 수 없고, 공매대상 농지의 원소유자가 여전히 농지의 소유자이므로, 공매절차의 매수인이 위와 같은 사유로 소유권을 취득하지 못하던 중 원소

유자에 대한 가압류채권에 근거한 민사집행절차에서 농지를 매수한 매수인이 농지취득자격증명을 발급받고 대금을 완납한 때에는 적법하게 농지의 소유권을 취득하고, 공매절차의 매수인은 소유권을 취득할 수 없게 된다. 그러나 이러한 결론은 공매절차의 매수인이 가압류의 처분금지적 효력에 의하여 민사집행절차의 매수인에게 대항할 수 없어 발생하는 것이 아니라, 국세체납절차와 민사집행절차가 별개의 절차로 진행된 결과일 뿐이므로, 공매절차의 매각결정 당시 이미 존재하였던 원인에 의하여 후발적으로 소유권을 취득할 수 없게 되는 경우에 해당하지 아니하고, 이러한 경우에까지 민법 제578조, 제576조가 준용된다고 볼 수는 없다(대판 2014.2.13, 2012다45207).

(나) 담보책임의 내용

1) 채무자에게 자력이 있는 경우에 매수인(경락인)은 1차적으로 '채무자(매도인)'에게 경매에 의한 매매계약의 해제 또는 대금감액청구를 할 수 있다(제578조 1항). 물상보증인이 제공한 담보물이 매각된 경우에 물상보증인을 1차적 책임자로 보는 견해(곽윤직, 152면)가 있지만, 물상보증인을 보호하기 위한 취지에서 채무자를 1차적 책임자로 보아야 할 것이다(다수설). 판례는 1차적 책임을 지는 채무자에는 임의경매에서의 물상보증인도 포함되는 것이므로, 매수인이 그에 대하여 적법하게 계약해제권을 행사했을 때에는 물상보증인은 매수인에 대하여 원상회복의 의무를 진다고 한다(대판 1988.4.12, 87다카2641). 그러나 경매절차에서 유치권이 주장되지 않은 경우, 판례는 "담보목적물이 매각되어 그 소유권이 이전됨으로써 근저당권이 소멸하였더라도 채권자는 유치권의 존재를 알지 못한 매수인으로부터 제575조, 제578조 1항, 2항에 의한 담보책임을 추급당할 우려가 있고, 위와 같은 위험은 채권자의 법률상 지위를 불안정하게 하는 것이므로, 채권자인 근저당권자로서는 위 불안을 제거하기 위하여 유치권 부존재 확인을 구할 법률상 이익이 있다. 반면 '채무자가 아닌 소유자'는 위 각 규정에 의한 '담보책임'을 부담하지 아니하므로, 유치권의 부존재 확인을 구할 법률상 이익이 없다"고 한다(대판 2020.1.16, 2019다247385). 즉 물상보증인이 제578조에 의한 담보책임을 지는지에 관하여 모순되는 태도를 취하고 있다.

한편 채무자에게 자력이 없는 경우에 2차적으로 '채권자'가 책임을 진다. 따라서 매수인은 매각대금의 배당을 받은 채권자에 대하여 그 대금 전부나 일부의 반환을 청구할 수 있다(제578조 2항). 즉 경매가 사법상 매매로서의 성격을 띠고 있기는 하지만 채무자의 의사에 반하여 실행되고 채권자가 경매목적물의 가액으로부터 배당을 받는 등 차이점이 있으므로, 이를 고려하여 제578조 2항은 채무자가 자력이 없는 경우, 매수인은 대금의 배당을 받은 채권자에 대하여 그 대금 전부나 일부의 반환을 청구할 수 있다고 규정하고 있다. 이때 채권자의 책임은 배당받은 금액을 한도로 제한된다. 주의할 것은 제578조 1항은 '전 8조의 규정에 의하여'라고 하여 제576조와 제577조도 포함시키고 있으나, 저당권과 매도인의 권리에 대항할 수 없는 전세권은 경매로 인해 소멸하므로(민사집행법 제91조 2항, 제268조), 제576조와 제577조는 경매의 경우에는 적용될 여지가 없다는 점이다.

2) 경매는 채무자의 의사에 따라 행하여지는 것이 아니고 또한 채권자도 경매의 목적인

권리의 상태를 자세히 알지 못하는 것이 보통이므로, 이들은 원칙적으로 손해배상책임을 지지 않는다. 그러나 채무자가 권리의 흠결을 알고도 고지하지 않았거나 채권자가 이를 알고 경매를 신청하였다면, 매수인은 그 흠결을 안 채무자나 채권자에 대하여 계약의 해제·대금감액청구 이외에 손해배상을 청구할 수 있다(제578조 3항). 손해배상을 청구하기 위해서는 손해가 발생하여야 하므로, 경매절차에서 청구권보전의 가등기가 있는 부동산을 매각 받았으나 가등기에 기한 본등기가 마쳐지지 않은 경우, 아직 매수인(경락인)이 그 부동산의 소유권을 상실한 것이 아니므로 제578조에 의한 손해배상책임을 물을 수 없다(대판 1999.9.17, 97다54024). 이와 달리 선순위 근저당권의 존재로 후순위 임차권이 소멸하는 것으로 알고 부동산을 매각 받았으나, 그 후 채무자가 후순위 임차권의 대항력을 존속시킬 목적으로 선순위 근저당권의 피담보채무를 모두 변제하고 그 근저당권을 소멸시키고도 이를 매수인에게 아무런 고지도 하지 않아 매수인이 대항력 있는 임차권이 존속하게 된다는 사정을 알지 못한 채 대금지급기일에 매각대금을 지급하였다면, 채무자는 제578조 3항에 의하여 매수인이 입게 된 손해를 배상할 책임이 있다(대판 2003.4.25, 2002다70075).

3) 이러한 권리는 모두 1년의 제척기간에 걸린다.

판 례

(ㄱ) 경매의 목적물에 대항력 있는 임대차가 존재하는 경우에 매수인(경락인)이 이를 알지 못한 때에는 매수인은 이로 인하여 계약의 목적을 달성할 수 없는 경우에 한하여 계약을 해제하고 채무자 또는 채무자에게 자력이 없는 때에는 배당을 받은 채권자에게 그 대금의 전부나 일부의 반환을 구하거나, 그 계약해제와 함께 또는 그와 별도로 경매목적물에 위와 같은 흠결이 있음을 알고 고지하지 아니한 채무자나 이를 알고 경매를 신청한 채권자에게 손해배상을 청구할 수 있을 뿐, 계약을 해제함이 없이 채무자나 매각대금(경락대금)을 배당받은 채권자들을 상대로 경매목적물상의 대항력 있는 임차인에 대한 임대차보증금에 상당하는 매각대금의 전부나 일부를 부당이득하였다고 하여 바로 그 반환을 구할 수 있는 것은 아니다(대판 1996.7.12, 96다7106).

(ㄴ) 임의경매절차가 진행되어 그 매각허가결정이 확정되었는데 그 매각대금 지급기일이 지정되기 전에 그 매각목적물에 대한 소유자 내지 채무자 또는 그 매수인의 책임으로 돌릴 수 없는 사유로 말미암아 그 매각목적물의 일부가 멸실되었고, 그 매수인이 나머지 부분이라도 매수할 의사가 있어서 경매법원에 대하여 그 매각대금의 감액신청을 하여 왔을 때에는 경매법원으로서는 민법상의 쌍무계약에 있어서의 위험부담 내지 하자담보책임의 이론을 적용하여 그 감액결정을 허용하는 것이 상당하다(대결 2004.12.24, 2003마1665; 대결 2005.3.29, 2005마58).

Ⅲ. 매수인의 의무와 불이행

1. 매매대금지급의무

(1) 매수인은 대금지급의무가 있으며(제568조 1항), 이것은 원칙적으로 매도인의 의무와 동시이행의 관계에 있다(제568조 2항). 한편 대금의 지급은 금전채무의 일종이므로, 이에 관해서는 금전채권에 관한 일반규정(제376조 이하)이 적용된다. 그리고 대금의 지급기일·장소·이자 등은 당사자 사이의 특약이나 관습으로 정하여지나, 민법은 그러한 특약이 없는 경우를 대비하여 임의규정을

두고 있다(제585조-제587조).

(2) 매수인이 대금지급의무를 이행하지 않은 경우, 매도인은 이행지체를 이유로 매수인에 대하여 대금채무의 이행 및 손해배상(지연배상)을 청구할 수 있으며(제390조), 상당한 기간을 정하여 이행을 최고하여도 그 기간 내에 이행하지 않은 때에는 손해배상(전보배상)을 청구할 수 있고(제395조), 또한 매매계약을 해제할 수 있다(제544조). 이때 매수인은 자기에게 과실 없음을 항변하지 못하며(제397조 2항), 당사자 사이에 특별한 약정이 없으면 이행지체로 인한 매수인의 손해배상액은 법정이율에 의해 정해진다(제397조 1항). 주의할 것은 매수인의 대금지급의무는 금전채무이므로, 이행불능이 성립할 수 없다는 점이다.

(3) 매매의 목적물에 대하여 권리를 주장하는 자가 있는 경우에 매수인이 매수한 권리의 전부나 일부를 잃을 염려가 있는 때에는 매수인은 그 위험의 한도에서 대금의 전부나 일부의 지급을 거절할 수 있다(제588조). 이를 추탈위험의 항변권이라 한다. 제588조에 의하여 매수인이 대금지급을 거절할 수 있기 위해서는, ① 매매의 목적물에 관하여 권리를 주장하는 자가 있어야 한다. 여기의 권리는 소유권에 한정되지 않으며 용익물권·대항력 있는 임차권 및 저당권과 같은 담보권 등을 포함한다. 판례는 매도인이 말소할 의무를 부담하고 있는 매매목적물상의 근저당권을 말소하지 못하고 있다면 매수인은 그 위험의 한도에서 매매대금의 지급을 거절할 수 있다고 하여(대판 1996.5.10, 96다6554), 대금지급거절의 항변권을 인정하면서, 다른 한편으로 매도인의 근저당권의 말소의무와 매수인의 잔대금 지급의무가 동시이행관계에 있다고 한다(대판 1962.6.21, 62다200). ② 매수한 권리의 전부나 일부를 잃을 염려가 있어야 한다.

이와 같은 요건을 갖추면, 매수인은 그 '위험의 한도에서' 대금의 지급을 거절할 수 있다. 가령 매수인이 매매부동산에 설정된 근저당권설정등기가 있어 완전한 소유권이전을 받지 못할 우려가 있으면, 그 근저당권의 말소등기가 될 때까지 그 등기상의 담보한도금액에 상당한 대금지급을 거절할 수 있다(대판 1988.9.27, 87다카1029). 그러나 매도인이 상당한 담보를 제공한 때에는 매수인은 대금지급을 거절하지 못한다(제588조 단서). 그리고 매수인에게 대금지급거절권이 있는 경우에 매도인은 매수인에 대하여 대금의 공탁을 청구할 수 있다(제589조).

(4) 특약이나 관습이 없는 한 매매목적물의 인도와 동시에 대금을 지급해야 하는 경우에는 목적물의 인도장소에서 대금을 지급해야 한다(제586조). 이는 종류물의 인도를 급부내용으로 하는 채무의 변제장소에 관한 제467조 2항 본문(즉 지참채무의 규정)에 대한 특별규정이다.

판 례

(ㄱ) 부동산매매에 있어 목적부동산을 제3자가 점유하고 있어 인도받지 아니한 매수인이 명도소송제기의 방편으로 미리 소유권이전등기를 경료받았다고 하여도 아직 매매대금을 완급하지 않은 이상 부동산으로부터 발생하는 과실은 매수인이 아니라 매도인에게 귀속되어야 한다(대판 1992.4.28, 91다32527).

(ㄴ) 특정물의 매매에서 그 목적물이 매수인에게 인도되지 아니하였으면 매수인이 대금지급을 지체하여도 매

도인은 매수인에게 인도가 이루어지기 이전의 기간 동안의 목적물의 관리보존비의 상환이나 매매대금의 이자상당액의 손해배상청구를 할 수 없다(대판 1981.5.26, 80다211; 대판 2004.4.23, 2004다8210).

(ㄷ) 매매계약을 맺은 후에야 등기부상 매매목적물이 매도인의 소유가 아닌 것이 발견되었다면 매수인은 경우에 따라서는 제588조에 의하여 중도금의 지급을 거절할 수 있고 그렇지 않다고 하더라도 계약에 있어서의 형평의 원칙이나 신의성실의 원칙에 비추어 선행의무에 해당하는 중도금지급의무라 하더라도 그 지급을 거절할 수 있다(대판 1974.6.11, 73다1632).

2. 매매목적물의 수취의무

매수인은 매도인이 제공한 목적물을 수령할 의무를 부담하는가? 이는 채권자지체의 법적 성질을 어떻게 볼 것인가에 따라 견해가 나누어져 있다. 즉 ① 채권자지체를 채무불이행책임이라는 견해는 수령의무를 인정하지만(곽윤직, 158면; 김주수, 228면), ② 채권자지체를 법정책임이라고 하는 견해는 수령의무를 부정하고 단지 매수인이 일정한 불이익을 받게 되는 간접의무만 있다고 한다(김상용, 227면; 이은영, 297면). 따라서 법정책임설과 달리 채무불이행설에 의하면 매도인은 매수인의 수령의무위반을 이유로 계약을 해제 또는 손해배상을 청구할 수 있다고 한다. ③ 매매에서는 도급·임치에서처럼 매수인의 수취의무가 있다는 견해도 있다(김형배, 316면). 이 견해에 의하면 이러한 계약유형에서 수취의무위반에 대한 매수인의 귀책사유가 있을 경우에는 매도인은 손해배상청구권이나 계약해제권을 행사할 수 있다고 한다.

Ⅳ. 물건의 하자에 대한 매수인의 권리 — 매도인의 하자담보책임

1. 매도인의 하자담보책임 일반

(1) 의 의

매매목적물인 물건의 하자에 대한 매도인의 담보책임을 일반적으로 하자담보책임이라고 한다. 매매의 목적물에 하자가 있는 경우에 매수인은 일정한 요건 아래 계약을 해제하고 손해배상을 청구할 수 있고, 경우에 따라 하자 없는 완전물의 급부를 청구할 수 있다. 예컨대 병든 닭·잎말림병에 감염된 종자·고장난 기계 등과 같이 물건에 하자가 있는 경우에 매도인은 하자담보책임을 부담한다.

판 례

임의경매절차가 진행되어 그 매각허가결정이 확정되었는데 그 매각대금 지급기일이 지정되기 전에 그 매각목적물에 대한 소유자 내지 채무자 또는 그 매수인의 책임으로 돌릴 수 없는 사유로 말미암아 그 매각목적물의 일부가 멸실되었고, 그 매수인이 나머지 부분이라도 매수할 의사가 있어서 경매법원에 대하여 그 매각대금의 감액신청을 하여 왔을 때에는 경매법원으로서는 민법상의 쌍무계약에서의 위험부담 내지 하자담보책임의 이론을 적용하여 그 감액결정을 허용하는 것이 상당하다(대결 2004.12.24, 2003마1665; 대결 1979.7.24, 78마248).

(2) 법적 성질

매도인의 담보책임의 본질이 무엇이냐에 관해서는 특정물채무의 이행방법을 규정한 제462조를 어떻게 해석할 것인지를 중심으로 견해가 나누어진다.

(가) 법정책임설

매도인의 담보책임은 매매계약의 유상성에 비추어 매수인을 보호하고, 일반거래의 동적 안전을 보장하려는 뜻에서 매도인에게 부과된 법정책임이라고 한다(임정평, 265면; 어인의, "하자담보책임의 본질", 판례월보 1989년 7월호, 25면). 그 이유로 첫째, 특정물매매에서의 매도인은 제462조에서 규정한대로 이행기에 현상대로 이행하면 의무를 다한 것이 되므로, 비록 목적물에 하자가 있어도 하자가 존재하는 상태대로 급부를 하면 채무를 면한다는 것과, 둘째, 목적물의 하자부분은 계약성립시에 존재한 원시적 일부불능이므로, 후발적 이행장애를 문제삼는 채무불이행과는 달리 매도인의 과실유무를 묻지 않는다는 것을 들고 있다.

(나) 채무불이행설

제462조의 의미는 이행기에 '있어야 할 현상대로'로 이행할 의무가 있음을 규정한 것이므로, 목적물이 특정물이든 불특정물이든 상관없이 매도인은 하자 없는 완전한 목적물을 인도하여야 할 채무(완전물 급부의무)를 부담한다고 한다(김주수, 182면; 김대정, "매도인의 하자담보책임에 관한 연구", 성균관대 대학원 박사학위논문, 254면 이하; 서민, 민사판례연구(XVII), 130면; 김형배, 319면; 김상용, 204면). 즉 매도인의 담보책임은 본질적으로 채무불이행책임의 성격을 가지지만, 담보책임은 매도인의 과실을 요건으로 하지 않기 때문에, 특히 그 효과와 관련해서 채무불이행책임의 특칙이라고 한다. 이 견해는 손해배상의 범위가 이행이익까지 미치게 되어 매수인을 보다 두텁게 보호할 수 있을 뿐만 아니라, 특정물매매와 불특정물매매를 통일적으로 설명할 수 있는 이론구성이 된다는 것을 그 이유로 들고 있다.

(다) 판 례

판례는 채무불이행설을 따르고 있으며, "양도목적물의 숨은 하자로부터 손해가 발생한 경우, 양도인이 양수인에 대하여 부담하는 하자담보책임은 그 본질이 불완전이행책임으로서 본 계약내용의 이행과 직접 관련된 책임인바, 동일한 사실관계에 의하여 하자담보책임과 불법행위책임이 경합하는 경우에 그 불법행위책임의 존부에 관한 분쟁은 본 계약내용의 이행과 밀접하게 관련된 분쟁으로서 중재조항이 규정하는 '본 계약내용에 관하여 당사자간에 해결할 수 없는 법적 분쟁'이라는 중재대상에 포함된다고 보는 것이 타당하다"고 하여(대판 1992.4.14, 91다17146,17153), 명시적으로 채무불이행책임 중에서도 불완전이행책임으로 보고 있다.

(라) 소 결

생각건대 법정책임설이 그 이론적 근거로 하는 원시적 일부불능론은 특정물, 그중에서도 부대체물인 특정물의 인도의무의 경우에 한하여 그 타당성을 인정할 수 있지만, 우리 민법이 종류매매의 경우에도 하자담보책임을 인정하고 있는데 이를 어떻게 설명할 수 있을지

의문이다. 이에 대해 법정책임설은 종류물도 특정되면 특정물로 전환되기 때문에 이론상 문제가 없다고 한다. 그러나 계약체결시에 하자 없는 물건의 급부는 동종류에 속하는 물건 전부에 하자가 존재하는 경우가 아니면 완전히 가능하기 때문에, 종류매매에서의 특정물전환의 이론을 승인한다고 해도 원시적 일부불능론이 성립할 수 없다(김대정, 재산법연구 제10권 제1호, 12면). 따라서 매도인의 하자담보책임의 본질은 매도인의 하자 없는 완전물급부의무를 위반한 것에 대한 책임이라고 할 수 있고, 또한 민법은 매매의 유상성을 고려하여 급부와 반대급부 사이에 균형을 유지하기 위하여 일반채무불이행의 경우와는 달리 무과실책임으로 구성하고 있기 때문에, 이것은 채무불이행책임에 대한 특칙이라고 할 것이다.

2. 하자담보책임의 성립요건

(1) 매매계약이 존재할 것

매매목적물의 하자를 이유로 매도인이 매수인에 대하여 일정한 책임을 부담하므로, 하자담보책임이 성립하기 위해서는 먼저 매도인과 매수인 사이에 유효한 매매계약이 존재하여야 한다. 주의할 것은 공익사업을 위한 토지 등의 취득 및 보상에 관한 법률에 의한 '수용재결'의 효과로서 수용에 의한 사업시행자의 토지소유권 취득은 토지소유자와의 법률행위에 의한 승계취득이 아니라 법률의 규정에 의한 원시취득이므로, 수용목적물에 숨은 하자가 있는 경우에도 하자담보책임을 물을 수 없지만(대판 2001.1.16, 98다58511), 사업시행자가 '협의취득'한 경우, 이는 사법상의 법률행위이므로 그 일방 당사자의 채무불이행에 대하여 민법에 따른 손해배상 또는 하자담보책임을 물을 수 있다는 점이다(대판 2004.7.22, 2002다51586).

(2) 위험의 이전시에 매매목적물에 하자가 존재할 것

(가) 하자의 개념

1) 매매목적물의 하자란 통상 거래상의 관념에 비추어 그 물건이 지니고 있어야 할 품질·성질·견고성·성분 등을 갖추지 못해서 계약의 적합성을 갖지 못한 경우를 말한다. 다시 말하면 물건이 갖고 있어야 할 상태에 현재 갖고 있는 상태가 미달될 때에 하자가 있다고 할 수 있다.

하자에는 계약의 목적물이 계약체결 당시에 당사자 쌍방이 전제로 하고 있는 성질을 갖추고 있지 않은 경우(주관적 하자)와 당사자가 계약체결 당시에 물건의 용도나 전제되는 성질에 관해 언급하지 않은 경우에는 객관적으로 보아 그 물건이 갖추고 있을 것으로 기대되는 통상의 성질을 갖추고 있지 않은 경우(객관적 하자)가 있다(Palandt-Putzo, § 459 Rdnr. 8;Reinicke/Tiedtke, Kaufrecht, Rdnr. 268). 예컨대 물건의 물리적 성질이나 계약내용의 해석에 의해 일정기간 어떤 특성(견고성·내구성 등)을 가질 것으로 기대되는데, 그것을 결여한 경우가 객관적 하자이다. 매도인이 견본품을 제시하거나 광고를 통해서 물건의 품질이나 성능을 표시하였는데, 실제로는 이에 미달한 경우가 주관적 하자이다. 판례도 객관적 하자뿐만 아니라 주관적 하자에 대해서도 하자담보책임을 인정하고 있다(대판 2002.4.12, 2000다17834).

2) 매매목적물에 하자가 존재할 때에 하자담보책임이 인정되기 때문에, 매도인이 매매목적물과 다른 물건을 급부한 경우에는 매도인의 하자담보책임이 발생하지 않는다. 예컨대 乙은 甲으로부터 A회사의 자동차 X를 구입하였는데, 甲이 乙에게 B회사의 자동차 Y를 인도한 경우, 자동차 Y는 하자 있는 자동차 X가 아니라 전혀 다른 물건이므로 하자담보책임이 성립하지 않는다. 이 경우 甲은 계약상의 채무를 아직 이행하지 않았기 때문에(BGH NJW 1997, 1914), 제568조 1항에 의하여 乙은 甲에 대하여 이행을 청구할 수 있고, 또한 제390조의 채무불이행책임을 주장할 수 있다.

판 례

(ㄱ) 매도인이 매수인에게 공급한 기계가 통상의 품질이나 성능을 갖추고 있는 경우, 그 기계에 작업환경이나 상황이 요구하는 품질이나 성능을 갖추고 있지 못하다 하여 하자가 있다고 인정할 수 있기 위해서는, 매수인이 매도인에게 제품이 사용될 작업환경이나 상황을 설명하면서 그 환경이나 상황에 필요한 품질이나 성능을 갖추고 있는 제품의 공급을 요구한 데 대하여 매도인이 그러한 품질과 성능을 갖춘 제품이라는 점을 명시적으로나 묵시적으로 보증하고 공급하였다는 사실이 인정되어야만 할 것이다(대판 2002.4.12, 2000다17834).

(ㄴ) 분양회사가 신축한 아파트를 분양받은 자는 분양된 아파트에서 일정한 일조시간을 확보할 수 없다고 하더라도, 이를 가지고 아파트가 매매목적물로서 거래상 통상 갖추어야 하거나 당사자의 특약에 의하여 보유하여야 할 품질이나 성질을 갖추지 못한 것이라거나, 또는 분양회사가 수분양자에게 분양하는 아파트의 일조상황 등에 관하여 정확한 정보를 제공할 신의칙상 의무를 게을리 하였다고 볼 여지가 있을지는 몰라도, 분양회사가 신축한 아파트로 인하여 수분양자가 직사광선이 차단되는 불이익을 입게 되었다고 볼 수는 없으므로 분양회사에게 일조방해를 원인으로 하는 불법행위책임을 물을 수는 없다(대판 2001.6.26, 2000다44928,44935).

(나) 법률적 하자

예컨대 벌채의 목적으로 매수한 산림이 관계 법률에 의해 벌채하지 못하는 경우, 공장부지로 매수한 토지가 하천법의 적용을 받는 지역이어서 공장을 세울 수 없는 경우, 매매목적 토지가 건축금지구역에 있는 경우와 같은 법률적 하자에 대하여, 권리의 하자에 관한 제575조가 적용될 것인지 아니면 물건의 하자담보책임에 관한 제580조가 적용될 것인지가 문제된다. 이에 대해 물건의 하자로 이해하는 견해(이은영, 338면)가 있지만, 대체로 학설은 권리의 하자로 이해한다(곽윤직, 148면; 김형배, 352면; 김상용, 215면). 그 이유는 민법은 경매의 경우에는 하자담보책임을 인정하지 않고 있으므로(제580조 2항), 권리하자로 보아 경매의 목적물에 법률적 하자가 있는 경우에도 제575조를 유추적용하여 담보책임을 인정하려는 데 있다. 한편 판례는 건축을 목적으로 매매된 토지에 대하여 건축허가를 받을 수 없어 건축이 불가능한 경우, 위와 같은 법률적 제한 내지 장애 역시 '매매목적물의 하자'에 해당하지만, 하자의 존부는 매매계약 성립시를 기준으로 판단하여야 할 것이라고 한다(대판 2000.1.18, 98다18506).

(다) 하자판단의 기준시기

하자가 어느 시점에 존재할 때 매도인의 담보책임이 발생하는가의 문제는 하자담보책임의 법적 성질과 관련이 있다. 특정물의 하자를 원시적 일부불능으로 보는 법정책임설에 의하면 하자판단의 기준시를 계약체결시로 보고 있다. 이와 달리 채무불이행설은 매매목적물에 대한 위험의 이전시기를 기준으로 하자를 판단하고 있다.

생각건대 매도인은 인도 전에 스스로 목적물을 보수할 수 있기 때문에(Medicus, Rdnr. 48), 하자가 어느 시점에 존재하여야 하는 문제와 매수인이 어느 시점부터 하자담보책임을 주장할 수 있는지의 문제를 구별하여야 한다. 따라서 계약체결과 위험이전(Gefahrübergang) 사이에 발생한 하자에 대하여 매도인은 하자담보책임을 부담하지만, 계약체결시에 존재하던 하자를 위험이 이전될 때까지 제거한 경우에는 책임을 지지 않는다(Palandt-Putzo, § 459 Rdnr. 6). 결국 위험이전의 시점인 목적물의 인도시를 기준으로 하는 것이 타당할 것이다. 그러므로 매수인이 매도인의 하자담보책임을 주장할 수 있기 위해서는, 위험이전시에 매매목적물에 하자가 존재하여야 한다.

(3) 목적물의 하자에 대하여 매수인이 선의·무과실일 것

매수인은 목적물에 하자가 있다는 사실을 알지 못하고, 또한 알지 못하는데 과실이 없어야 한다.

(가) 어떤 경우에 매수인에게 과실이 있다고 볼 것인가? 매수인의 선의여부를 판단하는 기준시점에 관하여, ① 법정책임설은 계약체결 후에 하자 있음을 안 매수인에게도 하자담보책임을 인정하기 위하여 선의여부의 판단기준시를 계약 성립시로 보고 있다. 반면에 ② 채무불이행설은 위험이전시로 보고 있다. 이 견해에 의하면 매도인은 하자 없는 물건을 급부하여야 할 채무를 부담하므로, 인도시에 하자있음을 알게 된 매수인은 물건의 수령을 거절하고, 보수가 불가능한 특정물의 경우에는 이행불능으로 인한 계약해제를, 그리고 종류물인 경우에는 완전한 다른 물건을 인도할 것을 청구할 수 있다고 한다.

생각건대 매수인이 목적물의 인도시에 하자있음을 알게 된 경우, 법정책임설에 의하면 매수인이 하자의 존재를 알면서도 목적물의 수령을 거절할 수 없게 된다. 그러나 하자 있는 목적물을 매수인이 일단 수령한 후에 계약해제와 손해배상을 청구할 수 있다는 것은 불필요한 우회적 해결 방법이며, 거래관념에도 부합하지 않는다. 따라서 매수인의 선의 여부를 판단하는 기준시점은 하자판단의 기준시점과 같이 목적물의 인도시, 즉 위험의 이전시라고 해석하여야 할 것이다.

(나) 한편 매수인은 목적물에 하자가 있다는 사실을 알지 못하는데 과실이 없어야 한다. 매수인이 그러한 하자가 있는 것을 알았을 경우, 매수인은 그 하자로 인하여 물건의 가치가 감소하는 만큼 그 대금을 깎아서 급부와 반대급부 사이에 균형을 유지할 수 있었을 것이라고 생각되기 때문에, 민법은 매도인에게 이러한 면책사유를 인정하고 있다. 또한 민법은 매수인의 부지(不知)가 그의 과실에 기인한 경우에는 그 불이익을 매수인이 스스로 감수하는 것이 합리적이라고 판단하여 매도인의 담보책임을 면제해 주고 있다(권오승, 민법특강, 530면).

(4) 담보책임 면제의 특약이 없을 것

매도인의 담보책임에 관한 규정은 강행규정이 아니므로, 당사자가 특약으로 그 책임을 가중·경감하거나 면제할 수 있다. 그러나 매도인이 매매목적물에 하자가 있다는 사실을 알면서 이를 매수인에게 고지하지 않고 담보책임 면제의 특약을 맺은 때에는 책임을 면할 수 없다(제584조). 또한 보통거래약관으로 매도인이 자신의 담보책임을 배제·제한하는 때에는, 약관규제법 제7조 3호에 의하여 그 약관조항은 무효이다.

3. 매도인의 하자담보책임의 내용

(1) 특정물매매의 경우

(가) 계약해제권

특정물매매의 경우에 목적물의 하자로 말미암아 계약의 목적을 달성할 수 없는 때에는 매수인은 계약해제와 손해배상을 청구할 수 있다(제580조 1항, 제575조 1항). 여기서 목적물의 하자로 인하여 계약의 목적을 달성할 수 없다는 것은, 그 하자가 중대하고 보수가 불가능하거나 가능하더라도 장기간을 요하는 등 계약해제권을 행사하는 것이 정당하다고 인정되는 경우를 의미한다(대판 2023.4.13, 2022다296776). 한편 매수인이 목적물의 하자를 이유로 계약을 해제하면, 매도인과 매수인은 수령한 급부를 반환하여야 한다(제548조).

(나) 손해배상청구권

매수인은 계약해제와 함께 손해배상을 청구하거나 또는 하자가 계약의 목적을 달성할 수 없을 정도로 중대한 것이 아닌 때에는 손해배상만을 청구할 수 있다(제580조 1항, 제575조 1항 단서). 그런데 민법은 손해배상의 범위에 대해서는 아무런 언급이 없기 때문에, 이에 대해 견해가 나누어져 있다.

1) 판 례

판례는 제580조, 제581조에 기한 매도인의 하자담보책임은 법이 특별히 인정한 무과실책임으로서, 여기에 제396조의 과실상계규정이 준용될 수는 없다고 하더라도, 담보책임이 민법의 지도이념인 공평의 원칙에 입각한 것인 이상, 하자발생 및 그 확대에 가공한 매수인의 잘못을 참작하여 손해배상의 범위를 정함이 상당하다고 한다(대판 1995.6.30, 94다23920).

2) 신뢰이익의 손해배상설 — 법정책임설

매도인의 하자담보책임의 본질에 대한 법정책임설은 매도인의 하자담보책임은 목적물의 하자로 인하여 계약의 목적이 원시적 일부불능이 되어 매매계약이 일부무효로 되는 경우에 인정되는 책임이며 또한 무과실책임이기 때문에, 계약이 유효하다고 믿었음에도 그 효력이 발생하지 않은 것에 대한 소극적 계약이익(신뢰이익의 배상)에 한정하는 것이 타당하다고 한다(곽윤직, 149면).

그리고 계약의 목적이 전부불능인 경우에 인정되는 계약체결상의 과실책임(제535조)에서 손해배상이 신뢰이익의 배상이므로, 이것과 균형을 맞추기 위해서도 하자담보책임에서 손해배상은 이행이익의 배상이 아니라 신뢰이익의 배상에 한정되어야 한다고 한다.

3) 이행이익의 손해배상설 — 채무불이행설

채무불이행설에 입각하면, 이행이익의 손해까지 배상하여야 한다고 함이 일반적이지만, 반드시 그렇지는 않다. 즉 ① 매도인의 담보책임의 본질이 채무불이행책임이므로, 매도인의 손해배상책임은 이행이익의 손해의 배상책임으로 이해하는 견해(이은영, 317면), ② 물건의 하자에 관하여 매도인에게 과실이 있는 경우에는 이행이익의 손해배상을 하여야 하고, 과실이 없는 경우에는 신뢰이익의 손해만을 배상하여야 한다는 견해(김상용, 207면), ③ 신뢰이익의 배상은 매도인의 과실을 묻지 않고 바로 청구할 수 있고 매도인에게 과실이 있다면 이행이익의 배상도 포함되지만 하자로 인한 확대손해는 제390조에 따라 배상되어야 한다는 견해(조규창, "물건의 하자담보책임 - 법정책임설에 대한 비판적 고찰", 월간고시 1984년 2월호, 57면) 등으로 나누어져 있다.

4) 소 결

생각건대 앞서 살펴본 바와 같이 하자담보책임의 본질을 채무불이행책임으로 파악하는 이상, 매도인의 귀책사유로 채무불이행책임의 요건을 충족한 경우에도 특칙인 담보책임의 규정만이 적용된다고 보는 것이 논리적으로 일관된 결론일 것이다. 다만 매매목적물의 하자로 인하여 매수인이 입은 손해 중에서 하자담보책임에 의하여 전보되지 않는 손해, 즉 확대손해는 적극적 채권침해의 법리에 따라 제390조로 해결하여야 할 것이다. 다시 말하면 목적물의 하자로 인한 확대손해(Mangelfolgeschäden)와 부수의무의 위반으로 인한 손해에 대해서는 적극적 채권침해에 속한다(BGHZ 101, 339; BGH NJW 1978, 2241).

(2) 불특정물매매의 경우

(가) 계약해제권

불특정물매매, 즉 매매의 목적물을 종류로 지정한 경우, 매도인이 이행한 목적물에 하자가 존재하고 이로 인하여 매매계약의 목적을 달성할 수 없는 때에는 매수인은 계약을 해제하고 아울러 손해배상을 청구할 수 있다(제581조 1항, 제580조 1항, 제575조 1항).

(나) 손해배상청구권

매수인은 계약의 해제와 아울러 손해배상을 청구하거나 또는 하자가 계약의 목적을 달성할 수 없을 정도로 중대한 것이 아닌 때에는 손해배상만을 청구할 수 있다(제581조 1항, 제580조 1항, 제575조 1항 후문). 이때 매도인의 담보책임의 내용으로서 손해배상책임의 범위는 전술한 바와 같다.

(다) 완전물급부청구권

매수인은 계약해제 또는 손해배상을 청구하지 아니하고, 그에 갈음하여 하자 없는 물건을 청구할 수 있다(제581조 2항). 판례는 매매목적물의 하자가 경미하여 수선 등의 방법으로도 계약의 목적을 달성하는 데 별다른 지장이 없는 반면 매도인에게 하자 없는 물건의 급부의무를 지우면 다른 구제방법에 비하여 지나치게 큰 불이익이 매도인에게 발생되는 경우와 같이 하자담보의무의 이행이 오히려 공평의 원칙에 반하는 경우에는, 완전물급부청구권의 행사를 제한함이 타당하다고 한다(대판 2014.5.16, 2012다72582).

판 례

甲이 乙 주식회사로부터 자동차를 매수하여 인도받은 지 5일 만에 계기판의 속도계가 작동하지 않는 하자가 발생하였음을 이유로 乙 회사 등을 상대로 신차 교환을 구한 경우, 위 하자는 계기판 모듈의 교체로 큰 비용을 들이지 않고서도 손쉽게 치유될 수 있는 하자로서 하자수리에 의하더라도 신차구입이라는 매매계약의 목적을 달성하는 데에 별다른 지장이 없고, 하자보수로 자동차의 가치하락에 영향을 줄 가능성이 희박한 반면, 매도인인 乙 회사에 하자 없는 신차의 급부의무를 부담하게 하면 다른 구제방법에 비하여 乙 회사에 지나치게 큰 불이익이 발생되어서 오히려 공평의 원칙에 반하게 되어 매수인의 완전물급부청구권의 행사를 제한함이 타당하므로, 甲의 완전물급부청구권 행사가 허용되지 않는다(대판 2014.5.16, 2012다72582).

(3) 권리행사의 기간

(가) 제척기간

매수인은 목적물에 하자가 있음을 안 날부터 6개월 내에 위 권리를 행사하여야 한다(제582조). 제582조의 매수인의 권리행사 기간은 재판상 또는 재판 외에서의 권리행사에 관한 기간이므로, 매수인은 소정 기간 내에 재판상 또는 재판 외에서 권리행사를 함으로써 그 권리를 보존할 수 있다(대판 2003.6.27, 2003다20190).

(나) 제척기간과 소멸시효의 경합

하자담보책임으로 인한 손해배상청구권의 경우, 제582조의 제척기간이 적용되고 동시에 소멸시효에 관한 제162조 1항이 적용된다. 다만 소멸시효는 매수인이 매매목적물을 인도받은 때부터 진행한다(대판 2011.10.13, 2011다10266).

(다) 제495조의 유추적용

매도인의 담보책임을 기초로 한 매수인의 손해배상채권에 대한 제척기간이 지난 경우에도 그 기간이 지나기 전에 상대방의 채권과 상계할 수 있었던 경우에는 매수인은 제495조를 유추적용해서 손해배상채권을 자동채권으로 하여 상대방 채권과 상계할 수 있다(대판 2019.3.14, 2018다255648). 제495조는 당사자 양쪽의 채권이 상계적상에 있었던 경우에 당사자들은 채권·채무관계가 이미 정산되어 소멸하였거나 추후에 정산될 것이라고 생각하는 것이 일반적이라는 점을 고려하여 당사자들의 신뢰를 보호하기 위한 규정이기 때문이다(대판 2016.11.25, 2016다211309).

판 례

매도인에 대한 하자담보에 기한 손해배상청구권에 대하여는 민법 제582조의 제척기간이 적용되고, 이는 법률관계의 조속한 안정을 도모하고자 하는 데에 취지가 있다. 그런데 하자담보에 기한 매수인의 손해배상청구권은 권리의 내용·성질 및 취지에 비추어 제162조 제1항의 채권 소멸시효의 규정이 적용되고, 제582조의 제척기간 규정으로 인하여 소멸시효 규정의 적용이 배제된다고 볼 수 없으며, 이때 다른 특별한 사정이 없는 한 무엇보다도 매수인이 매매 목적물을 인도받은 때부터 소멸시효가 진행한다(대판 2011.10.13, 2011다10266).

4. 매도인의 하자담보책임과 다른 제도와의 관계

(1) 담보책임과 동시이행

제572조 내지 제575조, 제580조, 제581조의 경우에 매수인은 대금감액청구·계약해제 또는 손해배상청구를 할 수 있는데, 이때에는 동시이행의 항변권에 관한 규정이 준용된다(제583조, 제536조). 가령 매수인이 담보책임을 이유로 계약을 해제하는 경우, 그가 지급하였던 대금의 전부나 일부의 반환 또는 손해금의 지급을 청구하면서 아울러 그가 수령한 것이 있으면 그것도 반환하여야 한다. 그런데 당사자 쌍방의 이러한 의무는 하나의 쌍무계약에서 발생한 것은 아니지만, 동일한 생활관계에서 발생한 것으로서 서로 밀접한 관계에 있으므로, 당사자 사이의 공평을 기하기 위하여 민법은 동시이행관계에 관한 규정을 준용한다.

(2) 하자담보책임과 법률행위의 취소와의 관계

(가) 착오와의 관계

매매의 목적물인 물건의 하자에 대하여 착오가 있고, 그 하자가 매매계약의 중요부분이고 또한 매수인에게 중대한 과실이 없는 경우, 매수인은 매도인에 대하여 제580조, 제581조의 담보책임 이외에 제109조의 착오를 이유로 매매계약을 취소할 수 있는지가 문제이다.

1) 학 설

(i) 다수설은 매수인은 담보책임만을 주장할 수 있고, 착오를 이유로 매매계약을 취소할 수 없다고 한다. 그 이유로 담보책임 이외에 착오로 인한 취소를 인정하게 되면, 취소권의 행사기간이 담보책임의 행사기간보다 장기이므로 일상생활에서 빈번히 행하여지는 매매계약이나 그 밖의 유상계약을 오랫동안 불확정한 상태에 두게 된다는 점을 들고 있다. 이와 달리 소수설은 매수인을 두텁게 보호하기 위하여 제109조와 담보책임에 관한 규정의 경합을 인정하고 있다(김상용, 222면; 이은영, 315면).

(ii) 판례는 착오로 인한 취소 제도와 매도인의 하자담보책임 제도는 그 취지가 서로 다르고, 그 요건과 효과도 구별된다. 따라서 매매계약 내용의 중요 부분에 착오가 있는 경우 매수인은 매도인의 하자담보책임이 성립하는지와 상관없이 착오를 이유로 그 매매계약을 취소할 수 있다고 한다(대판 2018.9.13, 2015다78703). 가령 甲이 乙로부터 매수한 그림이 위작인 경우, 甲이 위

작인 그림을 진품으로 알고 과실 없이 매수한 것은 법률행위 내용의 중요 부분에 착오에 해당하므로 甲은 乙과의 매매계약을 착오를 이유로 취소할 수 있다고 한다.

(iii) 생각건대 하자담보책임에 관한 제580조·제581조는 매수인을 보호하기 위한 것이지만, 한편으로는 제582조가 매수인의 권리행사기간을 제한하고 있는데, 이는 매도인을 보호하기 위한 것이다. 따라서 담보책임에 관한 규정은 계약의 적합성을 고려한 특별규정이라고 할 수 있다. 이에 반하여 제109조의 착오규정은 법률행위의 일반규정이므로, 착오의 요건과 담보책임의 요건을 동시에 충족하는 경우에는 특별규정우선의 원칙에 따라 매수인은 담보책임만을 주장할 수 있다고 할 것이다. 주의할 것은 표시상·내용상의 착오에서 매수인의 착오는 물건의 하자와 아무런 관계가 없으므로 제109조의 착오와 제580조·제581조의 하자담보책임 사이의 경합문제가 원칙적으로 발생하지 않는다는 점이다. 즉 매수인이 표시상의 착오 또는 내용상의 착오로 매도인과 매매계약을 체결한 경우에 제109조에 의하여 매매계약을 취소할 수 있다(Jauernig-Vollkommer, § 459 IV 4).

반면에 하자 있는 물건을 하자 없는 물건이라고 잘못 믿고 매수한 경우와 같은 성질의 착오(Eigenschaftsirrtum)에서 물건의 성질이 법률행위의 중요부분에 해당한 때에는 제109조와 제580조·제581조의 경합 여부가 문제된다. 예컨대 甲이 乙에게 조선백자를 1,000만원에 매도하여 인도하였는데, 전문가의 감정결과 甲이 매도한 조선백자는 가짜임이 밝혀졌다. 이 경우에 매수인 乙은 甲에 대하여 성질의 착오를 이유로 매매계약을 취소할 수 없고, 조선백자에 있는 하자는 제거할 수 없는 것이기 때문에 제580조 1항에 의하여 매매계약을 해제하고 손해배상을 청구할 수 있다.

2) 취소권배제시기

전술한 바와 같이 매수인이 하자를 이유로 매도인의 하자담보책임을 주장할 수 있기 위해서는 위험의 이전시에 하자가 존재하여야 한다. 다시 말하면 위험이전시부터 매수인은 제580조·제581조의 하자담보책임을 주장할 수 있으므로, 위험이전의 시점인 목적물의 인도시부터 제109조에 의한 매수인의 취소권이 배제된다(BGHZ 60, 320; BGHZ 78, 218). 이와 달리 위험이 이전되기 전에는 매수인은 착오를 이유로 매매계약을 취소할 수 있다(BGHZ 34, 32).

(나) 사기에 의한 의사표시와의 관계

매매의 목적물에 하자가 있는 사실을 알고 있는 매도인이 매수인을 기망하여 매매계약을 체결한 때에는 매수인은 제110조 1항의 사기로 인한 의사표시를 이유로 매매계약을 취소할 수 있고, 또한 제580조·제581조의 하자담보책임을 주장할 수 있다(대판 1973.10.23, 73다268). 즉 사기자인 매도인을 보호할 필요가 없고 또한 사기에 의한 의사표시의 취소와 담보책임의 성립요건이 상이하기 때문에, 양자의 경합이 인정된다. 여기서 주의할 것은, 매수인이 사기를 이유로 매매계약을 취소하면 매도인에 대하여 하자담보책임을 주장할 수 없다는 점이다. 하자담보책임은 매매계약의 존재를 전제로 하기 때문이다.

(3) 하자담보책임과 이행불능과의 관계

매도인의 귀책사유로 인하여 물건에 하자가 존재하게 된 경우, 매수인은 하자담보책임이외에 채무불이행책임을 주장할 수 있는지가 문제이다. 이에 대해 매도인의 담보책임은 채무불이행에 대한 특별책임이므로, 매수인은 매도인에 대하여 담보책임 이외에 별도로 채무불이행책임을 주장할 수 없다는 견해(김대정, 민사법학 제9·10호, 269면), 양 책임의 요건과 효과가 다를 뿐만 아니라 행사기간에서 현저한 차이가 있으며 또한 매수인 보호를 이유로 양자의 경합을 인정하는 견해(김상용, 223면; 이은영, 313면)가 있다.

생각건대 하자담보책임은 채무불이행책임의 특칙이므로, 동일한 사실이 양 책임의 요건을 충족시키는 경우에는 원칙적으로 매수인은 담보책임만을 주장할 수 있다고 할 것이다. 다시 말하면 위험이 이전된 후에 비로소 매수인은 하자담보책임을 주장할 수 있기 때문에, 위험이 이전되기 전에는 제390조의 채무불이행책임이 문제되고, 위험이 이전된 후에는 제580조, 제581조의 하자담보책임만이 문제된다. 예컨대 乙은 창고가 있는 甲 소유의 주택을 매수하기로 계약을 체결하였는데, 주택을 인도하기 전에 甲의 과실로 인하여 창고가 전소되었다. 이 경우에 乙은 甲에 대하여 제390조의 채무불이행책임을 주장할 수 있지만, 만일 甲이 점유를 이전한 때에는 제580조 1항, 제575조 1항의 담보책임만이 문제된다. 한편 이 사안에서 원시적 일부불능에 한하여 인정되는 제574조의 담보책임은 문제되지 않으며, 또한 창고의 전소에 대하여 甲에게 귀책사유가 없는 때에는 위험부담(제537조, 제538조)이 문제된다.

(4) 하자담보책임과 적극적 채권침해와의 관계

매수인이 물건의 하자와 직접 관련해서 입은 손해(예컨대 감가차액·하자를 제거하는데 지출한 비용(수리비용)·하자로 인해 다른 물건을 사용하는데 지출한 비용 등)에 대해서는 제580조 또는 제581조가 적용된다. 그러므로 물건의 하자에 대하여 매도인에게 과실이 존재한 경우에도 적극적 채권침해가 고려되지 않는다. 이와 달리 甲이 세탁기를 乙에게 매도하여 인도하면서 과실로 인해 乙의 유리창을 깨뜨린 경우, 주유소 A가 휘발유가 아니라 경유를 주유하여 B의 자동차엔진을 훼손케 한 경우와 같이 물건의 하자와 관련이 없는 부수의무위반으로 인한 손해에 대해서, 매수인은 매도인에게 적극적 채권침해로 인한 손해배상을 청구할 수 있다(제390조). 그러나 매도인이 과실로 하자있는 물건을 인도하여 급부의무를 위반하고 이로 인해 매수인의 다른 법익이 침해된 경우, 즉 확대손해에 대하여 매수인은 하자담보책임(손해배상)과 적극적 채권침해로 인한 손해배상 중 어느 것을 청구하여야 하는지가 문제이다.

생각건대 적극적 채권침해론은 법의 흠결(Gesetzeslücke)을 보충하기 위한 제도로서 특별규정이 없는 경우에 비로소 적용될 수 있다. 그런데 담보책임은 쌍무·유상계약의 대가적 균형의 회복을 목적으로 매도인에게 부과되는 무과실책임이기 때문에, 급부의무의 불이행으로부터 발생되는 손해배상에 한정되어야 한다(김형배, 360면). 그러므로 물건의 하자로 인하여 발생한 확대손해에 대하여 귀책사유 있는 매도인에게 매수인은 적극적 채권침해로 인한 손해배상을 청구하여야 할 것이다. 판례도 매매목적물의 하자로 인하여 확대손해 내지 2차손해가 발생하였다는 이유로 매도인에게 그 확대손해에 대한 배상책임을 지우기 위해서는 채무의 내용으로 된 하자 없는 목적물을 인도하지 못한 의무위반사실 이외에 그러한 의무위반에 대하여 매도인에게 귀책사유가 인정될 수 있어야만 한다고 한다(대판 2003.7.22, 2002다35676; 대판 1997.5.7, 96다39455). 즉 판례는 특정물의 하자로 인한 '확대손해'에 관해서는 별도의 책임귀속요건을 충족시켜야만 하고 하자담보책임에 의하여는 확대손해를 청구할 수 없다고 한다.

판 례

(ㄱ) 토지 매도인이 성토작업을 기화로 다량의 폐기물을 은밀히 매립하고 그 위에 토사를 덮은 다음 도시계획사업을 시행하는 공공사업시행자와 사이에서 정상적인 토지임을 전제로 협의취득절차를 진행하여 이를 매도함으로써 매수자로 하여금 그 토지의 폐기물처리비용 상당의 손해를 입게 하였다면 매도인은 이른바 불완전이행으로서 채무불이행으로 인한 손해배상책임을 부담하고, 이는 하자 있는 토지의 매매로 인한 제580조의 하자담보책임과 경합적으로 인정된다(대판 2004.7.22, 2002다51586).

(ㄴ) 매매의 목적물에 하자가 있는 경우 매도인의 하자담보책임과 채무불이행책임은 별개의 권원에 의하여 경합적으로 인정된다. 이 경우 특별한 사정이 없는 한 하자를 보수하기 위한 비용은 매도인의 하자담보책임과 채무불이행책임에서 말하는 손해에 해당한다. 따라서 매매목적물인 토지에 폐기물이 매립되어 있고 매수인이 폐기물을 처리하기 위해 비용이 발생한다면 매수인은 그 비용을 제390조에 따라 채무불이행으로 인한 손해배상으로 청구할 수도 있고, 제580조 1항에 따라 하자담보책임으로 인한 손해배상으로 청구할 수도 있다(대판 2021.4.8, 2017다202050).

(ㄷ) 상인 간의 매매에서 매수인이 목적물을 수령한 때에는 지체 없이 이를 검사하여 하자 또는 수량의 부족을 발견한 경우에는 '즉시', 즉시 발견할 수 없는 하자가 있는 경우에는 '6개월 내'에 매수인이 매도인에게 그 통지를 발송하지 아니하면 그로 인한 계약해제, 대금감액 또는 손해배상을 청구하지 못하도록 규정하고 있는 상법 제69조 제1항은 민법상 매도인의 담보책임에 대한 특칙으로서, 채무불이행에 해당하는 이른바 불완전이행으로 인한 손해배상책임을 묻는 청구에는 적용되지 않는다(대판 2015.6.24, 2013다522).

(5) 하자담보책임과 계약체결상의 과실과의 관계

매도인은 계약체결을 위한 협의의 개시에서 계약체결 전까지 신의칙에 기한 주의의무·보호의무·충실의무·설명의무 등 부수의무를 부담하는데, 매도인이 물건의 성질을 잘못 설명하거나 물건의 하자를 알면서 이를 고지하지 않은 경우, 매수인은 하자담보책임 이외에 매도인의 과실을 증명하여 계약체결상의 과실책임을 주장할 수 있는지가 문제이다. 이에 대하여 양자의 경합을 인정하여 매수인이 매도인에 대하여 담보책임을 주장할 수 있는 제척기간이 경과하였을 때에는 계약체결상의 과실책임을 주장하여 신뢰이익의 손해를 배상받을 수 있도록 허용하여야 한다는 견해가 있다(김상용, 223면).

생각건대 이 견해는 법률관계를 조속히 확정하기 위해 제척기간을 규정한 제582조의 취지에 반한다고 할 것이다. 따라서 하자담보책임과 계약체결상의 과실책임이 경합하는 경우에는 특별규정인 제580조, 제581조에 의하여 매수인은 하자담보책임만을 주장할 수 있다고 할 것이다.

(6) 하자담보책임과 제조자의 품질보증과의 관계

제품에 첨부되거나 교부된 품질보증서에 의하여 제조자는 일정기간 동안 제품의 결함에 대해 책임을 부담한다. 일상거래에서 사용되고 있는 품질보증서는 제품의 하자나 사용 중에 발생한 결함에 대하여, 제조자 또는 판매자가 일정기간 동안 교환 또는 유·무상의 보증수리를 내용으로 하고 있다.

(가) 품질보증계약

품질이란 제품의 유용성(有用性)을 결정하는 성질 또는 제품이 그 사용목적을 수행하는데 있어 갖추어야 할 성질을 의미한다. 이는 소비자가 구입한 제품에 하자가 있는지 여부를 결정하기 위한, 즉 평가의 대상이 되는 고유의 성질·성능의 전부를 말한다. 한편 제품에 대한 신뢰를 향상시키기 위한 품질보증은 제품판매 후 일정기간 동안 발생한 결함이나 고장에 대하여 제조자가 책임을 부담하는 일종의 소비자와의 계약이다. 다시 말하면 제조자와 제품을 구입한 소비자 사이에 명시적·묵시적으로 체결된 보증계약(Garantievertrag)이다. 물론 소비자가 구입한 제품에 부착되어 있거나, 그 포장 내에 삽입되어 있는 보증서가 구속력이 없는 단순한 상품선전(Anpreisung)인지 아니면 법적 구속력이 있는 제조자의 담보약속인가에 대해서는, 법률행위의 해석을 통해 판단하여야 한다(Walter, Kaufrecht, S. 410).

(나) 양자의 관계

하자담보책임은 매매목적물의 하자에 대하여 그 계약의 채무자(매도인)가 부담하는 책임이고, 제조자의 품질보증은 제품의 하자나 사용 중에 발생한 결함에 대하여 일정기간 내에는 제조자가 제품교환이나 수리책임을 부담한다. 이와 같이 양자의 목적은 매수인을 보호하고, 매매에 의한 거래의 신용을 유지함으로써 거래의 안전을 기함에 있다는 점에서 동일하다고 할 수 있다.

그러나 하자담보책임은 그 내용과 범위가 법률에 정하여져 있는데 반하여, 품질보증책임은 품질보증서라는 약관을 통해 제조자의 책임과 그 범위가 정하여 진다. 또한 하자담보책임은 매매계약에 의하여 매도인이 계약의 상대방인 매수인에 대하여 부담하는 책임인데 반하여, 품질보증책임은 제조자가 거래의 상대방인 중간상인 등에 대해 부담하는 책임이 아니라 거래상대방이 아닌 소비자(최종구입자)에 대하여 품질보증서상의 책임을 부담한다는 점에서 구별된다.

(7) 하자담보책임과 제조물책임과의 관계

제조물책임이란 제조물에 통상적으로 기대되는 안전성을 결여한 결함으로 인하여 제조물 이외에 다른 재산이나 생명·신체에 대한 '확대손해'를 일으킨 경우에 제조업자 등에게 지우는 손해배상책임을 말한다. 이는 목적물 이외에 확대손해를 일으키는 것이어야 하고 계약관계가 있느냐와 상관없이 제조업자에게 불법행위책임을 묻는 것인 점에서, 물건 자체에 발생한 손해에 대해 계약당사자에게 책임을 묻는 하자담보책임과는 구별된다. 따라서 제조물에 상품적합성이 결여되어 제조물 그 자체에 발생한 손해는 제조물책임이 아니라 하자담보책임으로서 그 배상을 구하여야 한다(대판 2000.7.28, 98다35525).

(8) 하자담보책임과 불법행위책임과의 관계

불법행위로 인한 손해배상청구권은 매도인의 하자담보책임을 배제하지 않는다. 즉 하자담보책임과 불법행위책임은 경합하게 된다.

V. 특수한 매매

1. 환 매

(1) 서 설

(가) 의 의

매도인이 매매계약과 동시에 목적물을 환매할 권리를 보유하고, 일정기간 내에 그 환매권을 행사하여 매매목적물을 다시 매수하는 경우를 환매(還買)라고 한다(제590조 1항). 그런데 환매는 주로 채권담보의 수단으로 이용되고 있다. 예컨대 甲이 乙로부터 금전을 차용하기 위해 9,000만원 상당의 부동산을 6,000만원에 乙에게 매도하면서, 동시에 매매목적물을 다시 회수하기 위해 장래의 일정한 기간 내에 매매대금과 그에 대한 이자의 상환으로 다시 매수하기로 하는 환매의 특약을 하는 것이 일반적이다. 이와 같이 신용의 수수를 매매의 형식으로 하는 것을 매도담보(賣渡擔保)라고 한다. 특히 소비대차와 결합된 부동산의 매도담보에 관해서는 가등기담보법이 적용된다.

판 례

토지를 매매하면서 그 토지 중 공장부지 및 그 진입도로부지에 편입되지 아니할 부분토지를 매도인에게 원가로 반환한다는 약정은, 공장부지 및 진입도로로 사용되지 아니하기로 확정된 때에는 그 부분토지에 관한 매매는 해제되어 원상태로 돌아간다는 일종의 해제조건부 매매라고 봄이 상당하고, 조건부환매계약이라고 볼 수 없다(대판 1981.6.9, 80다3195).

(나) 재매매의 예약과의 차이

1) 재매매의 예약은 매도인이 물건이나 권리를 타인에게 매도한 후 장차 그 물건이나 권리를 다시 매수할 것을 예약하는 것으로, 계약자유의 원칙에 의하여 이러한 예약도 허용된다. 재매매의 예약은 일종의 매매예약이며, 매매의 예약은 일방예약으로 추정되므로(제564조), 예약완결권의 행사에 의해 본계약을 성립시킬 수 있다. 그리고 재매매의 예약도 환매와 마찬가지로 채권담보의 기능을 하는 경우가 많으며, 담보목적으로 재매매의 예약을 한 경우에는 매도담보로 되므로 일정한 요건을 갖춘 경우, 제607조 및 제608조 그리고 가등기담보법

이 적용될 수 있다.

2) 재매매의 예약과 환매의 차이는, ① 목적물에는 차이가 없다. ② 환매의 특약은 매매계약과 동시에 하여야 하지만, 재매매의 예약에는 그러한 제한이 없다. ③ 환매대금은 특약이 없으면 일정한 범위에 한정되지만(제590조 1항), 재매매의 예약에는 처음부터 제한이 없다. ④ 환매기간은 제한이 있으나(제591조), 재매매의 예약에는 제한이 없다. ⑤ 환매의 경우에는 환매권의 보류를 등기할 수 있으나(제592조), 재매매의 예약의 경우에는 특별규정이 없어서 일반적인 청구권 보전의 가등기를 할 수 있을 뿐이다.

(다) 성 질

1) 환매권은 환매권자의 일방적 의사표시에 의하여 환매의무자로 하여금 매매목적물의 소유권을 환매대금과 상환하여 환매권자에게 이전할 의무를 발생하게 하는 형성권이다. 한편 환매의 법률적 구성에 대하여 학설이 대립하고 있다. ① 환매가 매매계약의 약정해제이고, 환매권은 형성권의 일종인 해제권이며, 환매권을 행사한 경우에 매매계약이 해제된다는 견해(김증한/김학동, 172면), 즉 환매를 해제권유보부매매의 일종으로 보는 견해, ② 환매는 재매매의 예약과 성질을 같이하며, 따라서 환매권은 일종의 예약완결권이라는 견해(김상용, 231면; 송덕수, D-305; 지원림, 5-143; 이은영, 346면), ③ 환매권 행사 전의 매매는 채권의 담보수단으로 이루어진 매매이고, 행사 후의 매매는 채권 담보관계를 청산하기 위한 매매임을 근거로 정지조건부 매매라는 견해(김형배, 386면)가 있다.

2) 환매권은 일신전속권이 아니므로 양도성과 상속성을 가진다. 매매계약과 동시에 환매특약을 등기한 경우에 환매권의 양도는 이전등기의 방법에 의하고, 이전의 부기등기를 하여야 하며(부동산등기법 제52조 2호), 미등기의 환매권에서는 매수인에 대한 통지나 매수인의 승낙이 대항요건이 된다(제450조).

(2) 요 건

(가) 재산권일 것

환매는 부동산과 동산은 물론 그 밖의 재산권(예: 채권·지식재산권)에 대하여도 그 특약을 할 수 있다. 매매목적물이 부동산인 경우, 매매등기와 동시에 환매권의 보류를 등기하면 제3자에 대해서도 그 효력이 있다(제592조). 또한 환매특약의 등기는 권리취득을 위한 소유권이전등기에 대한 부기등기의 형식으로 이루어진다(부동산등기법 제52조 6호). 환매특약의 등기에는 ① 매수인이 지급한 대금, ② 매매비용, ③ 환매기간을 기록해야 하고, ③은 등기원인에 그 사항이 정하여져 있는 경우에만 기록한다(동법 제53조).

(나) 매매계약과 동시에 환매의 특약을 할 것

환매의 특약은 매매계약과 동시에 하여야 한다(제590조 1항). 따라서 매매계약이 있은 후에 환매의 특약을 하면, 재매매의 예약이 될 수는 있어도 환매가 되지 않는다. 한편 환매의 특약은 매매계약의 종된 계약으로, 매매계약의 효력을 상실하면 환매의 특약도 그 효력을 잃는다.

(다) 부동산은 5년, 동산은 3년을 넘지 않을 것

환매기간은 부동산은 5년, 동산은 3년을 넘지 못하며, 당사자가 이 기간보다 긴 기간을 정하더라도 부동산은 5년, 동산은 3년으로 단축된다(제591조 1항). 환매기간을 정한 때에는 다시 이를 연장하지 못하며, 환매기간을 정하지 않은 때에는 그 기간은 부동산은 5년, 동산은 3년으로 한다(제591조 2항, 3항).

판 례

환매기간을 제한하는 환매특약이 등기부에 기재되어 있는 때에는 반증이 없는 한 등기부 기재와 같은 환매특약이 진정하게 성립된 것으로 추정함이 상당하다(대판 1991.10.11, 91다13700).

(3) 환매권의 행사

(가) 매도인은 환매기간 내에 환매대금을 매수인에게 제공하고 환매의 의사표시를 하여야 한다(제594조 1항). 환매권자는 환매대금을 상대방에게 제공하여야 하며, 환매대금에 관하여 당사자 사이에 특별히 정한 바가 없으면, 환매권자는 최초의 매매대금과 매수인이 부담한 매매비용을 반환하고 환매할 수 있다(제590조 1항, 2항). 그런데 매도인의 환매대금 제공은 현실제공이어야 한다(제460조). 환매권 행사의 상대방은 매수인이지만, 목적물이 양도된 경우에는 전득자가 된다. 한편 목적물의 과실과 대금의 이자는 특별한 약정이 없으면 이를 상계한 것으로 본다(제590조 3항). 즉 매도인은 환매할 때까지의 대금의 이자를 지급할 필요가 없고, 매수인은 환매가 있을 때까지 목적물로부터 얻은 과실을 반환할 필요가 없다.

(나) 환매권은 양도성이 있고 일신전속권이 아니므로 매도인의 채권자는 이를 대위행사할 수 있다(제404조). 다만 채권자의 만족과 매수인의 보호를 위하여, 매도인의 채권자가 매도인을 대위하여 환매하고자 하는 경우, 매수인은 법원이 선정한 감정인의 평가액에서 매도인이 매수인에게 반환할 금액(환매대금)을 공제하고 그 잔액으로 매도인의 채무를 변제하고(잉여가 있으면 매도인에게 반환하고), 매도인의 환매권을 소멸시킬 수 있다는 특칙을 규정하고 있다(제593조).

판 례

(ㄱ) 부동산에 관하여 매매등기와 아울러 환매특약의 등기가 경료된 이후 그 부동산 매수인으로부터 그 부동산을 전득한 제3자가 환매권자의 환매권행사에 대항할 수 없으나, 환매특약의 등기가 부동산의 매수인의 처분권을 금지하는 효력을 가지는 것은 아니므로 그 매수인은 환매특약의 등기 이후 부동산을 전득한 제3자에 대하여 여전히 소유권이전등기절차의 이행의무를 부담하고, 나아가 환매권자가 환매권을 행사하지 아니한 이상 매수인이 전득자인 제3자에 대하여 부담하는 소유권이전등기절차의 이행의무는 이행불능 상태에 이르렀다고 할 수 없으므로, 부동산의 매수인은 전득자인 제3자에 대하여 환매특약의 등기사실만으로 제3자의 소유권이전등기청구를 거절할 수 없다(대판 1994.10.25, 94다35527).

(ㄴ) 매도인이 환매기간 내에 환매를 하지 아니하면 그 기간의 경과와 동시에 매수인의 소유로 귀속되는 것이지만 당해 부동산이 미등기로서 매수인이 그 취득등기를 하고 있지 아니하였다면 매수인은 소유권을 취득할 수 없고 다만 환매기간 경과 후에는 채권적인 담보권만을 행사할 수 있다(대판 1980.9.9, 80다941).

(4) 환매의 효과

(가) 환매권 행사의 효과는 다수설인 해제권설에 의하면, 해제의 효과와 동일하며, 환매에 의하여 매매는 처음에 소급하여 그 효력을 상실한다. 그러나 일종의 예약완결권으로 보면 환매권의 행사에 의하여 두 번째 매매, 즉 환매가 성립하고 그 이행이 있어야 환매권자가 소유권을 취득하게 된다. 따라서 매매목적물이 부동산인 경우에 전자에 의하면 그 등기방식은 매수인명의의 소유권이전등기를 말소하는 방식으로 이루어지지만, 후자에 의하면 매매계약에 기해 소유권이전등기를 청구하는 방식으로 이루어진다. 한편 판례는 환매의 의사표시를 하고 매도인 명의로 소유권이전등기를 하여야 소유권이 복귀한다고 하며, 이 경우의 권리취득의 등기는 이전등기의 방법으로 하여야 한다고 한다(대판 1990.12.26, 90다카16914).

(나) 매수인이나 전득자가 목적물에 비용을 지출한 때에는 매도인은 제203조(점유자의 상환청구권)에 의하여 이를 상환하여야 한다(제594조 2항 본문). 그러나 유익비에 대하여는 법원은 매도인의 청구에 의하여 상당한 상환기간을 정해 줄 수 있다(제594조 2항 단서).

판 례

징발재산정리에 관한 특별조치법 제20조 제1항의 '환매'는 환매권자와 국가간의 사법상 매매에 불과하고 그 밖의 특별한 효력이 있다고 볼 수 없으므로 국가가 환매권자로부터 환매권행사통지를 받은 후 대상토지를 타에 양도하고 그 소유권이전등기까지 마쳤으면 환매권 행사로 인한 소유권이전등기의무는 이행불능이 된다(대판 1990.2.13, 89다카12435).

(5) 공유지분의 환매

공유지분에 대한 환매특약이 있은 후 그 환매실행 전에 목적물의 분할이나 경매가 있는 때에는 매도인은 매수인이 받은 또는 받을 그 부분이나 대금에 대하여 환매권을 행사할 수 있다(제595조 본문). 그러나 매수인이 이해관계인인 매도인에게 통지하지 않고 분할이나 경매에 참여한 경우, 매도인은 공유지분으로써 환매할 수 있고(제595조 단서), 그 결과 분할이나 경매는 그 효력을 잃는다.

2. 할부매매

(1) 서 설

당사자 사이에 매매계약이 성립하게 되면, 매도인은 매수인에게 매매의 목적물을 인도하고 소유권을 이전하여야 하며, 동시에 매수인은 매도인에게 매매대금을 지급하여야 하지만(제568조), 이는 강행규정이 아니므로 당사자는 이와 다른 약정을 할 수 있다. 그리하여 일상거래에서는 상품을 대량으로 생산·판매하는 제조자(즉 매도인)는 소비자의 구매력을 증진시켜 상품판매를 촉진하기 위하여, 매수인에게 목적물을 인도하여 사용·수익케 하고, 매수인은 매도인에게 일정기간에 걸쳐 매매대금을 분할·지급하기로 하는 할부매매가 광범위하게 활용되고 있다. 이와 같이 할부매매는 장래로 연기된 대금을 분할·지급한다는 점에서, 장래로 연기된 대금전액을 일시에 지급하여야 하는 외상매매와 구별된다.

한편 매도인이 매매대금을 완전히 지급받기 전에 매수인에게 목적물의 인도 및 목적물에 대한 소유권을 이전하게 되면, 매수인의 파산 등으로 매매대금을 회수할 수 없게 되는 경우가 발생할 수 있다. 그러므로 매도인은 매매대금채권을 확보하기 위하여(Bülow, Recht der Kreditsicherheiten, Rdnr. 10 f.; Weber, Kreditsicherheiten, § 2 II), 할부매매에서는 매도인이 물건을 매수인에게 먼저 인도하지만, 소유권을 매매대금의 완불시까지 유보하되 대금의 완불이 있으면 소유권이 자동적으로 매수인에게 이전되는 소유권유보가 담보제도로 크게 활용되고 있다. 소유권유보에서 소유권의 이전은 매매대금의 완불을 정지조건부로 이루어지고(제147조 1항, 제188조 1항), 매수인이 이행을 지체한 경우에 매도인은 계약을 해제할 수 있다(제544조).

(2) 할부매매와 소비자보호

할부계약 및 선불식 할부계약에 의한 거래를 공정하게 함으로써 소비자의 권익을 보호할 목적으로 '할부거래에 관한 법률'이 제정되었다.

(가) 할부계약의 의의

할부계약이란 ① 소비자가 사업자에게 재화의 대금(代金)이나 용역의 대가(이하 '재화 등의 대금'이라 한다)를 2개월 이상의 기간에 걸쳐 3회 이상 나누어 지급하고, 재화 등의 대금을 완납하기 전에 재화의 공급이나 용역의 제공(이하 '재화 등의 공급'이라 한다)을 받기로 하는 계약(이하 '직접할부계약'이라 한다), ② 소비자가 신용제공자에게 재화 등의 대금을 2개월 이상의 기간에 걸쳐 3회 이상 나누어 지급하고, 재화 등의 대금을 완납하기 전에 사업자로부터 재화 등의 공급을 받기로 하는 계약(이하 '간접할부계약'이라 한다)을 말한다(할부거래법 제2조 1호).

(나) 적용범위

할부거래법은 재화 등의 대금을 '2개월 이상의 기간에 걸쳐 3회 이상 분할하여' 지급하고, 그 대금을 완납하기 전에 재화 등의 공급을 받기로 하는 계약에 적용된다(동법 제2조 1호). 그러나 동법은 소비자의 이익을 보호하기 위한 것이기 때문에, 사업자가 상행위를 위하여 재화 등의 공급을 받는 거래에는 적용되지 않는다(제3조 1호 본문). 다만 사업자가 사실상 소비자와 같은 지위에서 다른 소비자와 같은 거래조건으로 거래하는 경우는 적용한다(제3조 1호 단서). 또한 성질상 할부거래법을 적용하는 것이 적합하지 아니한 것으로서 대통령령으로 정하는 재화 등의 거래에도 적용되지 않는다(제3조 2호).

(다) 계약체결 전의 정보제공과 할부계약의 서면주의

소비자가 충동구매를 하지 않고 합리적인 선택을 할 수 있도록 하고 분쟁을 사전에 예방하기 위하여(대판 2006.7.28, 2004다54633), 할부계약을 체결하기 전에 소비자가 계약의 내용을 이해할 수 있도록 일정한 사항(즉 재화 등의 종류 및 내용·현금가격과 할부가격·지급횟수·지급시기·할부수수료의 실제연간요율·계약금 등)을 표시하여야 한다(제5조). 또한 할부거래업자는 일정한 사항을 적은 서면으로 할부계약을 체결하여야 하고(제6조 1항 본문), 그가 할부계약을 체결한 경우에는 계약서를 소비자에게 발급하여야 한다(제6조 2항).

(라) 소비자의 철회권(Widerrufsrecht)

할부거래법은 충동구매나 불합리한 구매결정으로부터 소비자를 보호하기 위하여, 소비자에게 할부계약에 관한 청약을 철회할 수 있는 권리(撤回權)를 인정하고 있다.

1) 철회기간

소비자는 ① 계약서를 받은 날부터 7일, 다만 그 계약서를 받은 때보다 재화 등의 공급이 늦게 이루어진 경우에는 재화 등을 공급받은 날부터 7일, ② 계약서를 받지 않은 경우, 할부거래업자의 주소 등이 적혀 있지 않은 계약서를 받은 경우 또는 할부거래업자의 주소변경 등의 사유로 청약을 철회할 수 없는 경우에는 그 주소를 안 날 또는 알 수 있었던 날 등 청약을 철회할 수 있는 날부터 7일 이내, ③ 계약서에 청약의 철회에 관한 사항이 적혀 있지 않은 경우에는 청약을 철회할 수 있음을 안 날 또는 알 수 있었던 날부터 7일, ④ 할부거래업자가 청약의 철회를 방해한 경우에는 그 방해 행위가 종료한 날부터 7일에 할부계약에 관한 청약을 철회할 수 있다(제8조 1항).

2) 철회할 수 없는 경우

소비자는 ① 소비자에게 책임 있는 사유로 재화 등이 멸실되거나 훼손된 경우(다만 재화 등의 내용을 확인하기 위하여 포장 등을 훼손한 경우는 제외), ② 사용 또는 소비에 의하여 그 가치가 현저히 낮아질 우려가 있는 것으로서 대통령령으로 정하는 재화 등을 사용 또는 소비한 경우, ③ 시간이 지남으로써 다시 판매하기 어려울 정도로 재화 등의 가치가 현저히 낮아진 경우, ④ 복제할 수 있는 재화 등의 포장을 훼손한 경우, ⑤ 그 밖에 거래의 안전을 위하여 대통령령으로 정하는 경우에는 청약의 철회를 할 수 없다(제8조 2항 본문). 물론 할부거래업자가 청약의 철회를 승낙한 경우에는 청약을 철회할 수 있다(제8조 2항 단서). 할부거래업자는 ②부터 ④까지의 청약을 철회할 수 없는 재화 등에 대하여는 그 사실을 재화 등의 포장이나 그 밖에 소비자가 쉽게 알 수 있는 곳에 분명하게 표시하거나 시용(試用) 상품을 제공하는 등의 방법으로 소비자가 청약을 철회하는 것이 방해받지 않도록 조치하여야 한다(제8조 6항). 만일 할부거래업자가 이러한 조치를 하지 않으면 ②부터 ④까지 해당하는 경우에도 청약을 철회할 수 있다(제8조 2항 단서).

3) 철회의 방법 및 효력발생시기 등

소비자가 청약을 철회할 경우, 철회기간 이내에 할부거래업자에게 청약을 철회하는 의사표시가 적힌 서면을 발송하여야 하며(제8조 3항), 청약의 철회는 서면을 발송한 날에 그 효력이 발생한다(제8조 4항). 한편 계약서의 발급사실과 그 시기, 재화 등의 공급 사실과 그 시기 및 철회할 수 없는 경우에 해당하는지 여부에 관하여 다툼이 있는 때에는 할부거래업자가 이를 증명하여야 한다(제8조 5항).

4) 간접할부계약에 관한 청약을 철회한 경우

소비자가 할부거래업자에게 간접할부계약에 관한 청약을 철회한 경우, 철회기간 이내에 신용제공자에게 청약을 철회하는 의사표시가 적힌 서면을 발송하여야 한다(제9조 1항). 만일 소비자가 신용제공자에게 서면을 발송하지 않은 경우, 신용제공자의 할부금지급청구를 거절할 수 없다(제9조 2항 본문). 다만 ① 신용제공자가 철회기간 이내에 할부거래업자에게 재화 등의 대금을 지급한 경우, ② 신용제공자가 할부거래업자로부터 할부금청구의 중지 또는 취소를 요청받은 경우에는 소비자가 그 서면을 발송하지 않은 경우라도 신용제공자의 할부금지급청구를 거절할 수 있다(제9조 2항 단서).

5) 청약철회의 효과

소비자는 청약을 철회한 경우 이미 공급받은 재화 등을 반환하여야 하고(제10조 1항), 할부거래업자(소비자로부터 재화 등의 계약금 또는 할부금을 지급받은 자 또는 소비자와 할부계약을 체결한 자를 포함한다)는 일정한 영업일 이내에 이미 지급받은 계약금 및 할부금을 환급하여야 한다. 이 경우 할부거래업자가 소비자에게 재화 등의 계약금 및 할부금의 환급을 지연한 때에는 그 지연기간에 따라 이자제한법에서 정한 이자의 최고한도의 범위에서 대통령령으로 정하는 이율을 곱하여 산정한 지연이자를 함께 환급하여야 한다(제10조 2항).

청약이 철회된 경우, 이미 재화 등이 사용되었거나 일부 소비된 때에는 할부거래업자는 그 재화 등을 사용하거나 일부 소비하여 소비자가 얻은 이익 또는 그 재화 등의 공급에 든 비용에 상당하는 금액으로서 대통령령으로 정하는 범위의 금액을 초과하여 소비자에게 청구할 수 없다(제10조 9항). 그리고 할부거래업자는 소비자가 청약을 철회한 경우, 공급받은 재화 등의 반환에 필요한 비용을 부담하며, 소비자에게 청약의 철회를 이유로 위약금 또는 손해배상을 청구할 수 없다(제10조 10항).

(마) 할부거래업자의 계약해제권과 손해배상청구권

1) 할부계약 해제

할부거래업자는 소비자가 할부금 지급의무를 이행하지 않으면 할부계약을 해제할 수 있다. 이 경우 할부거래업자는 그 계약을 해제하기 전에 14일 이상의 기간을 정하여 소비자에게 이행할 것을 서면으로 최고하여야 한다(제11조 1항). 할부계약이 해제된 경우, 할부거래업자 또는 소비자는 상대방에게 원상회복하여 줄 의무를 지며, 이 경우 상대방이 원상회복할 때까지 자기의 의무이행을 거절할 수 있다(제11조 2항). 한편 재화 등의 소유권이 할부거래업자에게 유보된 경우, 할부거래업자는 할부계약을 해제하지 않고서 그 반환을 청구할 수 없다(제11조 3항).

2) 손해배상 청구금액의 제한

할부거래업자 또는 신용제공자가 할부금 지급의무를 이행하지 않은 것을 이유로 소비자에게 청구하는 손해배상액은 지연된 할부금에 이자제한법에서 정한 이자의 최고한도의 범위에서 대통령령으로 정하는 이율을 곱하여 산정한 금액에 상당하는 지연손해금을 초과하지 못한다(제12조 1항). 할부거래업자 또는 신용제공자는 손해배상액의 예정, 위약금, 그 밖에 명칭·형식이 어떠하든 위 금액을 초과하여 손해배상을 청구할 수 없다(제12조 3항).

(바) 기한이익의 상실과 기한 전의 지급

1) 기한이익의 상실

소비자는 ① 할부금을 다음 지급기일까지 연속하여 2회 이상 지급하지 않고 그 지급하지 않은 금액이 할부가격의 100분의 10을 초과하는 경우, ② 국내에서 할부금 채무이행 보증이 어려운 경우로서 대통령령으로 정하는 경우에는 할부금의 지급에 대한 기한의 이익을 주장하지 못한다(제13조 1항). 할부거래업자 또는 신용제공자가 소비자로부터 한꺼번에 지급받을 금액은 나머지 할부금에서 나머지 기간에 대한 할부수수료를 공제한 금액으로 하며, 이 경우 할부수수료는 일단위로 계산한다(제13조 2항).

2) 기한 전 지급

소비자는 기한이 되기 전이라도 나머지 할부금을 한꺼번에 지급할 수 있다(제14조 1항). 소비자가 할부거래업자 또는 신용제공자에게 지급하는 금액은 제13조 2항에 따른 금액으로 한다(제14조 2항).

(사) 할부대금채권의 소멸시효와 소비자의 항변권

1) 소멸시효

할부계약에 의한 할부대금채권은 3년간 행사하지 아니하면 소멸시효가 완성한다(제15조).

2) 소비자의 항변권

소비자는 ① 할부계약이 불성립·무효인 경우, ② 할부계약이 취소·해제 또는 해지된 경우, ③ 재화 등의 전부 또는 일부가 재화 등의 공급 시기까지 소비자에게 공급되지 않은 경우, ④ 할부거래업자가 하자담보책임을 이행하지 않은 경우, ⑤ 그 밖에 할부거래업자의 채무불이행으로 인하여 할부계약의 목적을 달성할 수 없는 경우, ⑥ 다른 법률에 따라 정당하게 청약을 철회한 경우에는 할부거래업자에게 그 할부금의 지급을 거절할 수 있다(제16조 1항).

(아) 그 밖의 사항

1) 할부계약의 내용 중에서 제6조부터 제13조까지, 제15조, 제16조, 제22조의2, 제23조부터 제26조까지의 규정, 즉 할부계약의 서면주의, 청약의 철회, 간접할부계약에서의 청약의 철회 통보, 청약철회의 효과, 할부거래업자의 할부계약 해제, 할부거래업자 등의 손해배상

청구금액의 제한, 소비자의 기한의 이익 상실, 할부대금채권의 소멸시효, 소비자의 항변권에 관한 규정을 위반한 약정으로서 소비자에게 불리한 것은 효력이 없다(제43조).

2) 할부거래(및 선불식 할부거래)에서의 소비자보호와 관련하여 할부거래법과 다른 법률이 경합하여 적용되는 경우에는 할부거래법을 우선하여 적용한다. 다만 다른 법률을 적용하는 것이 소비자에게 유리한 경우에는 그 법률을 적용한다(제4조).

3. 그 밖의 특수한 매매

할부매매의 특수형태로 방문판매·전화권유판매·다단계판매 및 통신판매가 있고, 견본매매·시험매매 등이 있다. 방문판매·전화권유판매·다단계판매는 방문판매 등에 관한 법률(이하 '방문판매법'이라 한다)에 의해 그리고 통신판매는 전자상거래 등에서의 소비자보호에 관한 법률(이하 '전자상거래법'이라 한다)에 의해 규제된다.

(1) 방문판매 · 전화권유판매 · 다단계판매 및 통신판매

(가) 방문판매 · 전화권유판매

방문판매란 재화 또는 용역의 판매업자가 방문을 하는 방법으로 사업장 외의 장소에서 소비자에게 권유하여 계약의 청약을 받거나 계약을 체결하여 재화 또는 용역(이하 '재화 등'이라 한다)을 판매하는 것을 말한다(방문판매법 제2조 1호). 전화권유판매란 전화를 이용하여 소비자에게 권유를 하거나 전화회신을 유도하는 방법으로 재화 등을 판매하는 것을 말한다(제2조 3호).

방문판매자 또는 전화권유판매자(이하 '방문판매자 등'이라 한다)은 재화 등의 판매에 관한 계약을 체결하기 전에 소비자가 계약의 내용을 이해할 수 있도록 방문판매업자 등의 성명, 재화 등의 가격과 그 지급의 방법, 청약의 철회 및 계약의 해제 등 일정한 사항을 설명하여야 하고(제7조 1항), 계약을 체결할 때에는 일정한 사항을 적은 계약서를 소비자에게 발급하여야 한다(제7조 2항). 그리고 방문판매 또는 전화권유판매의 방법으로 재화 등의 구매에 관한 계약을 체결한 소비자는 일정한 기간 내(일반적으로 계약서를 받은 날부터 14일)에 계약에 관한 청약을 철회할 수 있다(제8조 1항). 그 밖에 방문판매법은 청약철회 등의 효과(제9조), 손해배상청구 금액의 제한(제10조), 금지행위(제11조) 등에 관하여 규정하고 있다.

(나) 다단계판매

다단계판매란 판매업자가 특정인에게 일정한 활동을 하면 일정한 이익을 얻을 수 있다고 권유하여 판매원의 가입이 단계적으로 이루어지는 다단계판매조직을 통하여 재화 등을 판매하는 것을 말한다(제2조 5호). 다단계판매의 방법으로 재화 등의 판매에 관한 계약을 체결하는 경우, 방문판매에 관한 제7조(소비자에 대한 정보제공의무 등), 제8조(청약철회 등), 제10조(손해배상청구금액의 제한 등) 등이 다단계판매에 준용되며(제16조, 제17조, 제19조), 그 밖에 방문판매법은 청약철회 등의 효과(제18조), 금지행위(제23조) 등에 관하여 자세한 규정을 두고 있다.

(다) 통신판매

통신판매란 우편·전기통신, 그 밖에 총리령으로 정하는 방법으로 재화 또는 용역의 판매에 관한 정보를 제공하고 소비자의 청약을 받아 재화 등을 판매하는 것을 말한다. 다만 방문판매법에 따른 전화권유판매는 통신판매의 범위에서 제외된다(전자상거래법 제2조 2호). 통신판매업자는 소비자가 계약체결 전에 재화 등에 대한 거래조건을 정확하게 이해하고 실수나 착오 없이 거래할 수 있도록 일정한 사항을 적절한 방법으로 표시·광고하거나 고지하여야 하며, 계약이 체결되면 계약자에게 일정한 사항이 기재된 계약내용에 관한 서면을 재화 등을 공급할 때까지 교부하여야 한다(제13조 2항). 또한 통신판매업자는 소비자로부터 재화 등의 거래에 관한 청약을 받으면 청약 의사표시의 수신 확인 및 판매 가능 여부에 관한 정보를 소비자에게 신속하게 알려야 하며, 계약체결 전에 소비자가 청약내용을 확인하고, 정정하거나 취소할 수 있도록 적절한 절차를 갖추어야 한다(제14조). 그리고 계약을 체결한 소비자는 일정한 기간 내(일반적으로 계약내용에 관한 서면을 받은 날부터 7일)에 계약에 관한 청약을 철회할 수 있고(제17조), 소비자의 손해배상청구 금액은 일정한 한도를 넘지 못한다(제19조).

(라) 다른 법률과의 관계

소비자보호와 관련하여 방문판매법 또는 전자상거래법과 다른 법률이 경합하여 적용되는 경우에는 방문판매법 등을 우선 적용한다. 다만 다른 법률을 적용하는 것이 소비자에게 유리한 경우에는 그 법률을 적용한다(방문판매법 제4조 1항, 전자상거래법 제4조).

(2) 견본매매 · 시험매매

(가) 견본매매는 견본에 의하여 목적물의 품질·속성을 미리 정해 두는 매매이다. 견본매매의 경우에 견본과 같은 물건이 급부되지 않은 때에는 하자담보책임이 생긴다. 물론 경우에 따라 불완전이행이 문제될 수 있다.

(나) 시험매매(시용매매라고도 한다)는 매수인이 실제로 목적물을 시험(시용)하거나 점검한 뒤에 마음에 들면 사겠다는 정지조건부 매매이다(경우에 따라서는 매매의 일방예약일 수 있다). 매수인이 시험해 보았으나 마음에 들지 않아 사지 않은 경우, 특약이 없는 한 시험한 대가를 지급할 의무는 없다. 매수할 것인지를 결정하여야 하는 시기에 대해서는 제564조 2항, 3항을 유추적용할 것이다(통설).

제 4 절 교환계약

Ⅰ. 서 설

1. 의 의

교환은 당사자 쌍방이 금전 이외의 재산권을 상호 이전할 것을 약정함으로써 성립하는 유상·쌍무계약이다(제596조). 매매에서는 물건이나 권리의 양도에 대한 반대급부가 매매대금인데 반하여, 교환에서는 매매대금에 대한 합의가 존재하지 않는다.

2. 교환계약의 성립과 목적물

교환계약은 낙성계약이므로, 통상의 계약과 같이 청약과 승낙의 의사표시의 합치에 의하여 성립한다. 그리고 교환계약의 목적물은 금전 이외의 재산권이다. 물건·권리 및 영업도 교환의 목적물이 된다. 당사자의 일방이 금전을 지급하는 경우에는 교환이 아니라 매매가 된다. 그런데 쌍방이 서로 교환하는 목적물 내지 재산권의 가격이 균등하지 않기 때문에, 그 차액을 보충하기 위하여 일방당사자가 일정한 금전을 보충적으로 지급할 것을 약정하기도 하는데, 이 경우에도 교환계약이 성립한다. 이때 일방당사자가 지급하는 금전을 보충금(補充金)이라고 한다(제597조).

판 례

(ㄱ) 일반적으로 교환계약을 체결하려는 당사자는 서로 자기가 소유하는 교환 목적물은 고가로 평가하고, 상대방이 소유하는 목적물은 염가로 평가하여, 보다 유리한 조건으로 교환계약을 체결하기를 희망하는 이해상반의 지위에 있고, 각자가 자신의 지식과 경험을 이용하여 최대한으로 자신의 이익을 도모할 것이 예상되기 때문에, 당사자 일방이 알고 있는 정보를 상대방에게 사실대로 고지하여야 할 신의칙상의 주의의무가 인정된다고 볼만한 특별한 사정이 없는 한, 일방 당사자가 자기가 소유하는 목적물의 시가를 묵비하여 상대방에게 고지하지 아니하거나, 혹은 허위로 시가보다 높은 가액을 시가라고 고지하였다 하더라도, 이는 상대방의 의사결정에 불법적인 간섭을 한 것이라고 볼 수 없으므로 불법행위가 성립한다고 볼 수 없다(대판 2002.9.4, 2000다54406,54413; 대판 2001.7.13, 99다38583).

(ㄴ) 교환계약에서 당사자의 일방이 교환 목적물인 각 재산권의 차액에 해당하는 금원인 보충금의 지급에 갈음하여 상대방으로부터 이전받을 목적물에 관한 근저당권의 피담보채무를 인수하기로 약정한 경우, 특별한 사정이 없는 한 채무를 인수한 일방은 위 보충금을 제외한 나머지 재산권을 상대방에게 이전하여 줌으로써 교환계약상의 의무를 다한 것이 된다 할 것이고, 다만 채무를 인수한 일방이 인수채무인 근저당권의 피담보채무의 변제를 게을리함으로써 교환 목적물에 관하여 설정된 근저당권의 실행으로 임의경매절차가 개시되었거나 개시될 염려가 있어 상대방이 이를 막기 위하여 부득이 피담보채무를 변제한 경우 등 채무를 인수한 일방이 보충금을 지급하지 아니한 것으로 평가할 수 있는 특별한 사정이 있는 경우, 상대방은 채무인수인에 대하여 동액 상당의 손해배상채권 또는 구상채권을 갖게 되는 것이며, 한편 이와 같은 특별한 사정이 있다는 사유를 들어 교환계약을 해제할 수 있다(대판 1998.7.24, 98다13877).

(ㄷ) 부동산교환계약에 있어서 목적 부동산에 설정된 담보권의 피담보채무를 인수하기로 하는 약정이 행하여진 경우 그 일방이 상대방의 채무인수의무 불이행으로 말미암아 그 채무를 대신 변제하였다면 그로 인한 손해배상채무는 채무인수의무의 변형으로서 일방의 소유권이전등기의무와 상대방의 그 손해배상채무는 대가적 의미가 있어 이행상 견련관계에 있다고 할 것이고, 따라서 양자는 동시이행의 관계에 있다(대판 2014.4.30, 2010다11323).

Ⅱ. 교환계약의 효력

교환은 유상계약이므로 매매에 관한 규정이 준용된다(제567조). 그러므로 교환계약의 당사자는 매도인·매수인과 같이 상대방에 대하여 목적물을 양도할 의무가 있으며, 상대방은 이를 수령하고 동시에 자기 급부를 이행할 의무가 있다(제567조, 제568조). 또한 교환계약의 각 당사자는 목적물의 하자에 대하여 상대방에게 담보책임을 부담한다(제567조, 제570조 이하).

제 5 절 소비대차계약

Ⅰ. 서 설

1. 의 의

소비대차는 당사자 한쪽(대주)이 금전이나 그 밖의 대체물의 소유권을 상대방(차주)에게 이전하기로 약정하고, 상대방은 그와 같은 종류·품질·수량으로 반환할 것을 약정함으로써 성립하는 계약이다(제598조). 소비대차의 차주는 목적물에 대한 소유권을 취득하고 동종·동질·동량의 물건을 반환하면 되지만, 사용대차·임대차에서 차주는 목적물의 소유권을 취득하지 못하고 그 자체를 반환하여야 한다는 점에서 구별된다.

2. 법적 성질

소비대차는 이자부로 약정할 수 있고, 무이자부로 약정할 수도 있다. 민법상의 소비대차계약은 무상이 원칙이지만, 당사자의 합의로 유상으로 할 수 있다. 소비대차계약의 법적 성질에 대하여 이자부일 때에는 쌍무계약이고, 무이자부일 때에는 편무계약이라는 것이 일반적 견해이다(곽윤직, 173면). 그러나 이자부 소비대차는 쌍무계약이지만, 무이자부 소비대차는 순수한 편무계약이 아니라는 견해가 있다(김형배, 534면; 김상용, 263면).

3. 성립과 목적물

소비대차는 낙성계약이므로, 당사자 사이의 의사표시의 합치에 의하여 성립한다. 다시 말하면 대주는 금전 기타 대체물의 소유권을 이전하고, 차주는 반환시기가 도래하였을 때에 동종·동량·동질의 물건을 반환하기로 약정함으로써 성립한다. 그런데 소비대차에서 과다한 이자를 약정한 경우가 있는데, 이때에는 연 25%를 초과하지 않는 범위에서 대통령령으로 정한 최고이자율을 초과하는 부분은 무효이다(이자제한법 제2조 3항). 한편 소비대차의 목적물은 금전 또는 대체물이며(제598조), 비대체물은 동종·동질·동량의 물건으로 반환할 수 없으므로 소비대차의 목적물이 될 수 없다.

판 례

민법상 소비대차는 당사자 일방이 금전 기타 대체물의 소유권을 상대방에게 이전할 것을 약정하고 상대방은 그와 같은 종류, 품질 및 수량으로 반환할 것을 약정함으로써 그 효력이 생기는 이른바 낙성계약이므로, 차주가 현실로 금전 등을 수수하거나 현실의 수수가 있은 것과 같은 경제적 이익을 취득하여야만 소비대차가 성립하는 것은 아니다(대판 1991.4.9, 90다14652). 소비대차는 요물계약이 아니기 때문이다. 반대로 당사자 일방이 상대방에게 현실로 금전 기타 대체물의 소유권을 이전하였더라도 상대방이 같은 종류, 품질 및 수량으로 반환할 것을 약정한 경우가 아니라면 이들 사이의 법률행위를 소비대차라 할 수 없다(대판 2018.12.27, 2015다73098).

Ⅱ. 소비대차의 대주와 차주의 의무

1. 소비대주의 의무

(1) 목적물이전의무

소비대주는 목적물(금전 기타 대체물)의 소유권을 차주에 이전하여, 그가 목적물을 이용할 수 있도록 할 의무가 있다(제598조).

(2) 담보책임

(가) 이자부 소비대차의 경우

이자 있는 소비대차에서 목적물에 하자가 있는 때, 대주(貸主)는 매도인의 하자담보책임과 같은 책임을 지게 된다(제602조 1항). 즉 선의·무과실의 차주(借主)는 ① 목적물의 하자가 중대한 것이어서 계약의 목적을 달성할 수 없는 경우에 계약을 해제하고, ② 기타의 경우에는 손해배상을 청구할 수 있으며, ③ 특히 대주가 종류물 채무를 부담하는 경우에는 계약해제 또는 손해배상청구에 갈음하여 하자 없는 물건을 청구할 수 있다. 차주는 이러한 권리를 그 사실을 안 날부터 6개월 내에 행사하여야 한다. 한편 소비대차의 목적물이 금전일 때에는 목적물에 하자가 인정될 수 없으므로, 하자 있는 금전의 인도는 처음부터 이행이 될 수 없다.

(나) 무이자부 소비대차의 경우

이자 없는 소비대차의 목적물에 하자가 있는 경우, 차주는 하자 있는 물건의 가액으로 반환할 수 있으며(제602조 2항 본문), 만일 대주가 그 하자를 알고 차주에게 고지하지 않은 때에는 이자부 소비대차에서와 동일한 담보책임이 인정된다(제602조 2항 단서).

2. 소비차주의 의무

(1) 목적물반환의무

(가) 반환할 물건

차주(借主)는 약정시기에 대주로부터 인도받은 물건과 동일한 종류·품질·수량의 물건으로 반환하여야 한다(제598조, 제603조 1항). 금전소비대차에서는 강제통용력이 있는 금전으로 동액을 반환하여야 한다. 여기에는 다음과 같은 예외가 있다.

1) 대물대차의 경우

금전소비대차에서 대주가 금전을 차주에게 교부하지 않고, 그것에 갈음하여 약속어음 기타 물건을 인도하는 것을 대물대차(代物貸借)라 한다. 대물대차에서 차주는 금전에 갈음한 물건을 반환하는 것이 아니라 금전을 반환하여야 한다. 다만 반환할 금액은 약정액이 아니라 인도받은 '물건의 인도시의 가액'이다(제606조). 제606조에 위반한 당사자의 약정으로서 차주에 불리한 것은 그 효력이 없다(제608조).

2) 대물변제예약의 경우

가) 일 반

대물변제의 예약이란 차주가 목적물의 반환의무를 이행하지 않을 것에 대비하여 목적물에 갈음하는 다른 재산권을 이전할 것을 미리 약정하는 것을 말한다. 실제 대물변제의 예약은 금전소비대차에서 차주의 채무불이행에 대비한 물적 담보로서의 기능을 한다. 대물변제예약이 행해지는 경우에는 대주가 폭리를 취하는 경우가 많다. 그래서 제607조는 대물반환을 예약한 경우에는 그 재산의 예약 당시의 가액이 '차용액 및 이에 붙인 이자의 합산액을 넘지 못한다'고 규정하고, 제608조는 그에 위반한 당사자의 약정으로서 '차주에 불리한 것은 환매 기타 어떠한 명목으로도 그 효력이 없다'고 규정하고 있다.

나) 제607조·제608조의 적용범위

제607조·제608조는 소비대차와 관련하여 차용물의 반환에 갈음하여 다른 재산권을 이전할 것을 예약한 경우를 적용대상으로 한다. 즉 소비대차계약 또는 준소비대차계약에 의하여 차주가 반환할 차용물에 관하여 대물반환의 예약이 있는 경우에 적용된다(대판 1997.3.11, 96다50797). 따라서 ① 소비대차에 따른 차용물의 반환채무가 아닌 것, 가령 전세금반환채무(대판 1965.9.21, 65다1302), 매매계약에 따른 대금지급채무(대판 1971.2.23, 70다2802), 경매(대결 1980.3.21, 80마77), 유상행위에 수반하여 행하여지는 경우(대판 1965.9.21, 65다1302) 등에 관하여는 적용되지 않는다. ② 대물반환의 예약에만 적용되고, 차주가 임의로 '대물반환'을 하는 경우에는 적용되지 않는다(대판 1992.2.28, 91다25574). ③ 대물변제예약이 채권담보의 목적으로 행하여지고 가등기(또는 가등록)가 되어 있으며, 예약 당시의 가액이 차용액 및 이에 붙인

이자의 합산액을 넘는 때에는 가등기담보법이 적용된다.

다) 요 건

제607조가 적용되기 위해서는, 차용물에 갈음하여 이전하기로 한 다른 재산의 예약 당시의 가액이 차용액과 그에 붙인 이자의 합산액을 넘어야 한다. ① 다른 재산의 가액 산정은 '예약 당시'를 기준으로 하며, 그 예약에 의한 권리이전시를 기준으로 하지 않는다(대판 1996.4.26, 95다34781). 따라서 대물변제의 예약을 한 후에 그 재산권의 가액이 상승한 때에도 그것은 고려되지 않는다. ② 차용액은 예약 당시의 원금과 약정이자를 기준으로 산정한다. 다만 대물변제예약을 한 후에 추가로 차용한 경우 이것도 채무 범위에 포함하여 산정한다(대판 2010.4.29, 2009다16896). ③ 이자는 변제기까지를 기준으로 하며, 변제기 이후의 지연손해금은 포함되지 않는다(대판 1966.5.31, 66다638). 한편 대물변제예약에서 대신 급부하기로 한 목적물에는 제한이 없다. 따라서 부동산·동산뿐만 아니라 그밖의 권리도 목적이 될 수 있다(대판 2002.7.9, 2001다46761).

라) 효 력

제607조는 대주의 폭리취득을 방지하기 위한 규정으로, 이에 위반한 당사자의 약정으로서 차주에게 불리한 것은 환매 기타 어떠한 명목이라도 그 효력이 없다(제608조). 판례는 제607조, 제608조에 위반된 대물변제의 약정은 대물변제의 예약으로서는 무효이지만, 청산을 전제로 하는 양도담보설정의 약정(약한 의미의 양도담보)의 효력을 가지는 것으로 본다. 따라서 채권자는 양도담보의 약정을 원인으로 하여 담보목적물에 관하여 소유권이전등기절차의 이행을 청구할 수 있다고 한다(대판 1999.2.9, 98다51220).

판 례

(ㄱ) 제607조, 제608조에 위반된 대물변제의 약정은 대물변제의 예약으로서는 무효가 되지만 약한 의미의 양도담보를 설정하기로 하는 약정으로서는 유효하되, 다만 그에 기한 소유권이전등기를 미처 경료하지 아니한 경우에는 아직 양도담보가 설정되기 이전의 단계이므로 가등기담보법 제3조 소정의 담보권 실행에 관한 규정이 적용될 여지가 없는 한편, 채권자는 양도담보의 약정을 원인으로 하여 담보목적물에 관하여 소유권이전등기절차의 이행을 청구할 수 있다(대판 1999.2.9, 98다51220).

(ㄴ) 채권자가 채무자와 담보계약을 체결하였지만, 담보목적부동산에 관하여 가등기나 소유권이전등기를 마치지 아니한 경우에는 '담보권'을 취득하였다고 할 수 없으므로, 이러한 경우에는 가등기담보법 제3조, 제4조는 원칙적으로 적용될 수 없다. 따라서 채권자와 채무자가 담보계약을 체결하였지만, 담보목적부동산에 관하여 가등기나 소유권이전등기를 마치지 아니한 상태에서 채권자로 하여금 귀속정산 절차에 의하지 않고 담보목적부동산을 타에 처분하여 채권을 회수할 수 있도록 약정하였다 하더라도, 그러한 약정이 가등기담보법의 규제를 잠탈하기 위한 탈법행위에 해당한다는 등의 특별한 사정이 없는 한 가등기담보법을 위반한 것으로 보아 무효라고 할 수는 없다(대판 2013.9.27, 2011다106778).

3) 하자 있는 물건을 받은 경우

무이자 소비대차에서 목적물에 하자가 있는 경우에 차주는 하자 있는 물건의 가액으로 반환할 수 있다(제602조 2항 본문). 이자부 소비대차에 관하여는 명문의 규정이 없으므로, 제602조 2항 본문을 유추적용하여 차주는 하자 있는 목적물의 가액으로 반환할 수 있다고 할 것이다(통설).

4) 목적물반환불능의 경우

차주가 차용물과 같은 종류·품질·수량의 물건을 반환할 수 없는 때에는 불능으로 된 때의 시가로 상환하면 된다(제604조 본문). 다만 목적물이 특종의 통화이거나 다른 나라의 통화인데, 그 통화가 변제기에 강제통용력을 잃은 때에는 다른 통화로 변제하여야 한다(제604조 단서, 제376조, 제377조 2항).

(나) 반환시기

1) 반환시기의 약정이 있는 경우

차주는 약정시기에 차용물과 동종·동질·동량의 물건을 반환하여야 한다(제603조 1항). 당사자가 반환시기에 관하여 약정한 때에도 차주가 기한의 이익을 상실하게 되면 대주의 반환청구가 있을 때에는 반환하여야 한다(제388조, 채무자회생법 제425조).

한편 차주는 기한의 이익을 포기할 수 있으므로(제153조 2항), 무이자 소비대차에서는 차주는 언제든지 차용물과 동일한 물건을 반환할 수 있고, 이자 있는 소비대차에서는 변제기까지의 이자를 붙여서 반환할 수 있다.

2) 반환시기의 약정이 없는 경우

반환시기의 약정이 없는 때에 대주는 상당한 기간을 정하여 반환을 최고하여야 한다(제603조 2항 본문). 따라서 상당한 기간이 경과한 경우에 차주는 이행지체의 책임을 지게 된다(제390조). 그러나 차주는 언제든지 반환할 수 있다(제603조 2항 단서).

판 례

반환시기의 정함이 없는 소비대차에서는 그 반환의 최고를 소장의 송달로서도 할 수 있고 그때부터 변론종결 시까지 상당한 기간이 경과하였다면 차주는 최고의 항변권을 상실한다(대판 1963.5.9, 63다131).

(2) 이자지급의무

이자부 소비대차에서 차주는 이자를 지급하여야 한다. 이자는 목적물의 이용대가이므로, 실제로 목적물을 인도받은 때부터 그것을 반환할 때까지의 기간에 대해서만 이자를 지급하여야 한다. 다만 차주가 목적물의 인도를 받을 때에 그의 책임 있는 사유로 수령을 지체한 때에는 대주가 이행을 제공한 때부터 이자를 계산하여야 한다(제600조). 그리고 대주가 목적물의 반환에 관하여 수령지체에 빠진 경우, 차주는 수령지체의 기간에 대해서는 이자를 지급할 의무가 없다(제402조).

판 례

(ㄱ) 금전채무의 지연손해금채무는 금전채무의 이행지체로 인한 손해배상채무로서 이행기의 정함이 없는 채무에 해당하므로, 채무자는 확정된 지연손해금채무에 대하여 채권자로부터 이행청구를 받은 때부터 지체책임을 부담하게 된다(대판 2004.7.9, 2004다11582).

(ㄴ) 이미 발생한 이자에 관하여 채무자가 이행을 지체한 경우에는 그 이자에 대한 지연손해금을 청구할 수 있다(대판 1996.9.20, 96다25302).

(3) 담보제공의무

원본과 이자의 반환을 확보하기 위하여, 대주는 차주에게 인적·물적담보를 제공할 것을 약정할 수 있다. 이 경우 담보제공약정은 소비대차계약에 부종하게 된다.

Ⅲ. 소비대차계약의 종료

1. 소비대차의 실효와 해제에 관한 특칙

(1) 파산과 소비대차의 실효

대주가 목적물을 차주에게 인도하기 전에 당사자 일방이 파산선고를 받은 때에, 소비대차는 그 효력을 잃는다(제599조).

(2) 무이자부 소비대차와 해제권

무이자부 소비대차의 당사자는 목적물의 인도전에는 언제든지 계약을 해제할 수 있다(제601조 본문).

2. 반환시기의 도래

약정한 시기가 도래하게 되면, 소비대차계약은 종료하게 되고 이때 차주는 목적물을 반환하여야 한다(제603조 1항). 차주는 확정기한의 경우에는 그 기한이 도래한 때부터 그리고 불확정기한의 경우에는 그 기한의 도래를 안 때부터 지체책임을 진다(제387조 1항). 그 밖에 반환시기를 약정하지 않은 경우에 대주는 상당한 기간을 정하여 반환을 최고하여야 한다(제603조 2항).

3. 기한의 이익상실

반환시기까지의 기한은 차주의 이익을 위한 것으로 추정된다(제153조 1항). 그러나 ① 차주가 담보를 손상·감소·멸실하게 하거나 담보제공의 의무를 이행하지 않을 때, ② 파산선고를 받을 때(제388조), ③ 약정된 기한이익상실의 사유가 발생한 때에 차주는 기한의 이익을 상실하게 되므로, 대주의 반환청구가 있으면 그때 소비대차계약은 종료하게 된다.

Ⅳ. 준소비대차

1. 의 의

준소비대차란 소비대차 이외의 다른 계약에 의하여 금전이나 그 밖의 대체물을 지급할 의무를 부담하고 있는 자가 그 목적물을 소비대차의 목적으로 할 것을 상대방과 약정한 경우를 말한다(제605조). 준소비대차가 일반적인 소비대차와 다른 것은 '차주의 반환의무'만이 소비대차의 내용으로 된다는 점이다. 준소비대차는 기존채무를 소멸시키고 새로운 소비대차계약에 의하여 채무를 발생시킨다는 점에서 경개(제500조)와 같다. 그러나 경개에서는 기존채무와 신채무 사이에 동일성이 없지만, 준소비대차에서는 소멸하는 기존채무와 신채무 사이에 '동일성이 유지된다'는 점에서 구별된다. 여기서 기존채무와 신채무의 동일성이란 기존채무에 동반한 담보권, 항변권 등이 당사자의 의사나 그 계약의 성질에 반하지 않는 한 신채무에도 그대로 존속한다는 의미이다(대판 2007.1.11, 2005다47175).

한편 판례는 기존채권·채무의 당사자가 그 목적물을 소비대차의 목적으로 할 것을 약정한 경우, 그 약정을 경개 또는 준소비대차로 볼 것인가는 법률행위의 해석문제이지만, 특별한 사정이 없는 한 동일성을 상실함으로써 채권자가 담보를 잃고 채무자가 항변권을 잃게 되는 것과 같이 스스로 불이익을 초래하는 의사를 표시하였다고는 볼 수 없으므로 일반적으로 준소비대차로 보아야 하지만(대판 2016.6.9, 2014다64752), 신채무의 성질이 소비대차가 아니거나 기존채무와 동일성이 없는 경우에는 준소비대차로 볼 수 없다고 한다(대판 2006.12.22, 2004다37669).

2. 성립요건

준소비대차가 성립하기 위해서는, ① 당사자 사이에 금전 기타 대체물의 급부를 목적으로 하는 기존채무가 존재하여야 하고, ② 기존채무의 당사자가 그 채무의 목적물을 소비대차의 목적으로 한다는 합의가 있어야 한다. 따라서 기존채무가 존재하지 않거나 또는 존재하고 있더라도 그것이 무효가 된 때에는 준소비대차계약은 효력이 없다. 준소비대차계약의 채무자가 기존채무의 부존재를 주장하는 이상 채권자로서는 기존채무의 존재를 증명할 책임이 있다(대판 2024.4.25, 2022다254024).

주의할 것은 준소비대차는 소비대차에 의하지 않고 금전이나 그 밖의 대체물을 지급할 의무가 있는 경우에 당사자가 그 목적물을 소비대차의 목적물로 할 것을 약정함으로써 당사자 사이에 소비대차의 효력이 생기는 것을 말하므로, 준소비대차계약의 당사자는 '기존채무의 당사자'이어야 한다는 점이다(대판 2002.12.6, 2001다2846). 또한 판례는 제605조의 준소비대차는 구채무가 소비대차일 경우에도 성립한다고 하여(대판 1994.5.13, 94다8440), 구채무 자체가 소비대차상의 채무인 경우에도 이를 기초로 준소비대차계약이 가능하다고 한다.

3. 효 과

준소비대차는 소비대차의 효력이 있다(제605조). 따라서 준소비대차는 보통의 소비대차와 동일하지만, 대주의 목적물에 대한 소유권이전의무가 존재하지 않는다. 또한 준소비대차에 의하여 새로운 채무가 성립하고 기존채무는 소멸하게 된다. 특히 준소비대차로 성립한 새로운 채무와 기존채무는 내용적으로 동일하므로, 기존채무에 붙여 있던 동시이행의 항변권 및 담보권은 새로운 채무에 원칙적으로 존속한다. 다만 시효는 채무자체의 성질에 의하여 결정되므로 언제나 새로운 채무를 표준으로 하여야 한다(대판 1989.6.27, 89다카2957; 대판 1981.12.22, 80다1363). 한편 기존채무에 대하여 채권가압류가 마쳐진 후 채무자와 제3채무자 사이에 준소비대차 약정이 체결된 경우, 준소비대차 약정은 가압류된 채권을 소멸하게 하는 것으로서 채권가압류의 효력에 반하므로, 가압류의 처분제한의 효력에 따라 채무자와 제3채무자는 준소비대차의 성립을 가압류채권자에게 주장할 수 없고, 다만 채무자와 제3채무자 사이에서는 준소비대차가 유효하다(대판 2007.1.11, 2005다47175).

판 례

제164조 제3호 소정의 단기소멸시효의 적용을 받는 노임채권이라도 채권자인 원고와 채무자인 피고 회사 사이에 위 노임채권에 관하여 준소비대차의 약정이 있었다면, 준소비대차계약은 상인인 피고 회사가 영업을 위하여 한 상행위로 추정함이 상당하고, 이에 의하여 새로이 발생한 채권은 상사채권으로서 5년의 상사시효의 적용을 받게 된다(대판 1981.12.22, 80다1363).

제 6 절 사용대차계약

I. 서 설

1. 의 의

사용대차는 당사자 한쪽(사용대주)이 상대방(사용차주)에게 무상으로 사용·수익하게 하기 위하여 목적물을 인도하기로 약정하고, 상대방은 이를 사용·수익한 후에 그 물건을 반환할 것을 약정함으로써 성립하는 계약이다(제609조). 사용대차는 차용물을 그대로 반환한다는 점에서 소비대차와 다르고, 이용의 대가를 지급하지 않는 무상계약이라는 점에서 유상계약인 임대차와 구별된다.

2. 성립과 목적물

사용대차는 낙성계약이므로, 무상으로 목적물을 사용·수익하기로 사용대주와 사용차주 사이의 의사표시 합치에 의하여 성립한다. 이와 같이 사용대차는 물건의 사용·수익을 목적으로 하는 계약으로서 '물건'에 관해서만 성립한다. 그런데 권리의 사용대차를 인정하는 견해가 있다(김상용, 284면). 이 견해에 의하면 특허권을 무상으로 일정한 기간 동안 사용케 하는 것이 권리의 사용대차라고 한다. 생각건대 사용대차는 물건에 관해서만 성립하므로, 물건 이외의 권리에 관하여는 사용대차에 관한 규정이 유추적용될 수 있다고 할 것이다.

Ⅱ. 사용대주의 의무와 불이행에 대한 효과

1. 목적물인도의무와 부수의무

대주는 사용·수익할 수 있도록 목적물을 차주에게 인도할 의무가 있다(제609조). 그리고 인도한 후에는 차용물에 대한 차주의 용익을 방해하여서는 안 된다(제610조). 그 밖에 신의칙상 목적물에 대한 사용설명 등 부수의무를 부담한다. 이러한 의무를 이행하지 않은 경우에 대주는 차주에 대하여 채무불이행책임을 지게 된다(제390조).

2. 담보책임

사용대차는 무상계약이므로, 대주의 담보책임에 관하여는 증여자의 담보책임에 관한 규정이 준용된다(제612조, 제559조). 따라서 원칙적으로 담보책임을 부담하지 않으나, 예외적으로 대주가 차용물의 하자나 흠결을 알고 차주에게 고지하지 않은 경우에만 책임을 진다.

3. 비용상환의무

목적물의 보존이나 이용에 필요한 통상의 필요비(자동차의 정비비용·물건의 조세 등과 같이 물건의 지속적인 보존·관리를 위하여 거래관념에 비추어 예견될 수 있는 회귀적으로 지출하는 비용)는 차주가 부담한다(제611조 1항). 따라서 차주가 통상적이지 않은 필요비(특별한 필요비: 일상적인 물건의 보존·관리 이외에 지출하는 필요비용)를 지출한 때에는 그 지출한 금액의 상환할 의무가 있고, 유익비에 대해서는 그 가액의 증가가 현존한 경우에 한하여, 대주는 선택에 좇아 그 지출한 금액이나 증가액을 차주에게 상환할 의무가 있다(제611조 2항, 제594조 2항, 제203조 2항). 이러한 차주의 비용상환청구권은 대주가 차용물을 반환받은 날부터 6개월의 제척기간에 걸린다(제617조).

Ⅲ. 사용차주의 의무와 불이행에 대한 효과

1. 용법에 따른 사용·수익의무

차주(借主)는 목적물을 무상으로 사용·수익할 권리가 있지만, 계약 또는 그 목적물의 성질에 의하여 정하여진 용법에 따라 차용물을 사용·수익하여야 한다(제610조 1항). 그리고 차주는 대주(貸主)의 승낙이 없으면 제3자에게 차용물을 사용·수익하게 하지 못한다(제610조 2항). 따라서 차주의 권리를 양도받은 자는 그 양도에 관한 대주의 승낙이 없으면 대주에게 대항할 수 없다(대판 1999.5.11, 98다61746).

이러한 의무를 차주가 이행하지 않은 경우에 대주는 계약을 해지할 수 있을 뿐만 아니라 손해배상을 청구할 수 있다(제610조 3항). 다만 손해배상의 청구는 대주가 목적물의 반환을 받은 날부터 6개월 내에(제척기간) 행사하여야 한다(제617조).

판 례

사용대차 계약에 따라 사용차주는 목적물을 사용·수익할 권리를 취득하고 이를 위하여 사용대주에게 목적물의 인도를 구할 권리를 가진다고 할 것이지만, 나아가 사용차주에게 자신의 사용·수익을 위하여 소유자인 사용대주가 목적물을 처분하는 것까지 금지시킬 권능이 있다고 할 수는 없다(대판 2007.1.26, 2006다60526).

2. 차용물반환의무

차주는 사용대차의 종료시에 차용물 자체를 반환하여야 한다(제609조). 즉 차주가 목적물을 용법에 따라 사용·수익하였으나 목적물이 손상되었을 때에, 사용대차가 종료한 때에 손상된 현상대로 반환하면 된다(제462조). 그러나 차주가 목적물에 물건을 부속시킨 경우에 물건을 철거하고, 변경을 가한 때에는 원상으로 회복하여 반환하여야 한다(제615조 1항). 그런데 이러한 의무를 위반한 때에 차주는 대주에 대하여 채무불이행책임을 지게 된다(제390조). 한편 차주가 사용대차의 종료시에 차용물을 반환하지 않은 경우, 대주는 제609조에 의하여 차용물반환을 청구할 수 있고 또한 제213조에 의하여 소유물반환을 청구할 수 있다. 이러한 대주의 청구권은 경합한다.

3. 공동사용차주의 연대의무

수인이 공동으로 물건을 차용한 때에는 연대하여 그 의무를 부담한다(제616조).

Ⅳ. 사용대차계약의 종료

1. 존속기간의 만료

계약에서 존속기간을 정한 경우에 그 기간이 만료한 때 사용대차가 종료한다(제613조 1항). 종료시기에 관하여 약정이 없으면 계약 또는 목적물의 성질에 의한 사용·수익이 종료한 때 사용대차는 종료하며, 사용·수익에 족한 기간이 경과한 경우에는 대주가 언제든지 계약을 해지할 수 있다(제613조 2항).

2. 사용대차의 해지

차주가 정하여진 용법에 위반하여 사용·수익하거나 대주의 승낙 없이 제3자에게 차용물을 사용·수익하게 한 때(제610조 3항), 반환시기의 약정이 없는 경우에 사용·수익에 족한 기간이 경과한 때(제613조 2항 단서), 차주가 사망하거나 파산선고를 받은 때(제614조)에 대주는 사용대차를 해지할 수 있다. 그러나 판례는 건물의 소유를 목적으로 하는 토지사용대차에서 토지의 사용·수익의 필요는 지상건물의 사용·수익의 필요가 있는 한 그대로 존속하는 것이고, 이는 특별한 사정이 없는 한 차주 본인이 사망하더라도 당연히 상실되는 것이 아니어서, 그로 인하여 곧바로 계약의 목적을 달성하게 되는 것은 아니라고 봄이 통상의 의사해석에도 합치되므로, 이러한 경우에는 제614조의 규정에 불구하고 대주가 차주의 사망 사실을 사유로 들어 사용대차계약을 해지할 수 없다고 한다(대판 1993.11.26, 93다36806).

한편 차주가 무상계약인 사용대차를 해지하는 것은 기한의 이익포기(제153조 2항)이므로, 차주는 특약이 없는 한 언제든지 사용대차를 해지할 수 있다.

판 례

사용대차 계약에 있어서 그 목적물이 도로부지라 하더라도 그 사용수익에 족한 기간이 경과되었을 때에는 대주는 언제든지 계약을 해지할 수 있고 차주인 지방자치단체가 사용대차계약해지 이후 부동산을 점유하고 있는 것은 불법점유이므로 이로 인한 손해배상책임을 면할 수 없다(대판 1976.1.27, 75다1828).

3. 사용대차의 해제

목적물의 인도전에는 양 당사자는 언제든지 사용대차를 해제할 수 있다. 그러나 이로 인해 상대방에게 손해가 발생한 때에는 이를 배상하여야 한다(제612조, 제601조).

제 7 절 임대차계약

I. 서 설

1. 의 의

임대차는 당사자 한쪽(임대인)이 상대방(임차인)에게 목적물을 사용·수익하게 하기로 약정하고, 상대방이 그 대가로 차임(임차료)을 지급하기로 약정함으로써 그 효력이 생기는 유상·쌍무계약이다(제618조). 타인의 물건을 사용·수익하는 점에서 소비대차 및 사용대차와 같지만, 임차인이 임차물 그 자체를 반환하여야 하고 또한 그 소유권을 취득하지 않는 점에서 사용대차(제609조)와 같고 소비대차(제598조)와 다르다. 그리고 사용·수익의 대가로 차임을 지급하여야 한다는 점에서 사용대차와 구별된다.

2. 계약 성립과 목적물

임대차는 낙성계약이므로, 임대인과 임차인의 의사표시 합치에 의하여 성립하며, 당사자들은 목적물과 차임에 대하여 합의하여야 한다.

임대차의 목적물은 물건에 한하지 않고 권리도 그 대상이 된다(김형배, 425면; 김상용, 307면; 이은영, 414면). 그러나 권리나 기업을 빌리고 그 대가를 지급하는 계약은 임대차가 아니라 임대차와 비슷한 일종의 무명계약이라는 반대의 주장이 있다(김준호, 1291면). 물론 광업권의 임대차는 금지된다(광업법 제11조). 한편 임대차는 물건의 일부에 대해서도 성립하며, 임대인이 임차목적물에 대한 소유권 기타 처분권을 가지고 있어야 하는 것은 아니다(대판 2001.6.29, 2000다68290). 따라서 임대인이 임대목적물에 대한 소유권 기타 임대할 권한이 없더라도 임대차계약은 성립한다(대판 2009.9.24, 2008다38325; 대판 1996.9.6, 94다54641).

판 례

(ㄱ) 임대인이 임대차 목적물에 대한 소유권 기타 이를 임대할 권한이 없다고 하더라도 임대차계약은 유효하게 성립하고, 따라서 임대인은 임차인으로 하여금 그 목적물을 완전하게 사용·수익케 할 의무가 있고 또한 임차인은 이러한 임대인의 의무가 이행불능으로 되지 않는 한 그 사용·수익의 대가로 차임을 지급할 의무가 있으며, 그 임대차관계가 종료되면 임차인은 임차목적물을 임대인에게 반환하여야 할 계약상의 의무가 있지만, 임차인이 진실한 소유자로부터 목적물의 반환청구나 임료 내지 그 해당액의 지급요구를 받는 등의 이유로 임대인이 임차인으로 하여금 사용·수익케 할 수가 없게 되었다면 임대인의 채무는 이행불능으로 되고, 임차인은 이행불능으로 인한 임대차의 종료를 이유로 그때 이후의 임대인의 차임지급 청구를 거절할 수 있다(대판 2009.9.24, 2008다38325).

(ㄴ) 타인 소유의 부동산을 임대한 것이 임대차계약을 해지할 사유는 될 수 없고 목적물이 반드시 임대인의 소유일 것을 특히 계약의 내용으로 삼은 경우라야 착오를 이유로 임차인이 임대차계약을 취소할 수 있다(대판 1975.1.28, 74다2069).

3. 임대차의 존속기간

(1) 계약으로 기간을 정한 경우

(가) 계약으로 정한 기간

임대차의 당사자가 그 존속기간을 계약으로 정한 경우에는 그 기간이 존속기간이 된다. 최장기간에 관해 제651조 1항은 견고한 건물이나 수목 등의 소유를 목적으로 한 임대차가 아닌 것은 그 존속기간은 20년을 넘지 못하는 것으로 규정하고 있지만, 헌법재판소는 제651조 1항에 대해 계약의 자유를 침해한다고 하여 위헌결정을 선고하였다(헌재결 2013.12.26, 2011헌바234). 따라서 소유건물이 견고한 건물에 해당하는지 여부를 묻지 않고 20년이라는 최장기간의 제한을 받지 않는다. 한편 지상권의 경우에는 계약으로 존속기간을 정하는 경우에도 일정기간보다 단축하지는 못하는 것으로 하여 최단기간을 제한하고 있지만(제280조), 임대차의 경우에는 이러한 제한을 두고 있지 않다. 다만 주택임대차나 상가건물임대차의 경우에는 특별법에서 최단기간을 보장하고 있다(주택임대차보호법 제4조 1항, 상가건물임대차보호법 제9조).

(나) 임대차의 갱신(기간의 연장)

1) 계약에 의한 갱신 — 약정갱신

(i) 임대차의 존속기간은 계약자유의 원칙상 당사자의 합의로 그 기간을 갱신할 수 있다. 갱신된 임대차의 존속기간은 제한이 없으며, 갱신의 횟수에도 제한이 없다.

(ii) 건물이나 그 밖의 공작물의 소유 또는 식목·소금 채취·목축을 목적으로 하는 토지 임대차의 기간이 만료된 때에, 건물·수목·그 밖의 지상시설이 현존하는 경우에는 임차인은 계약의 갱신을 청구할 수 있다(제643조). 임대인이 계약의 갱신을 원하지 않는 때에 임차인은 상당한 가액으로 시설물의 매수를 청구할 수 있다(제643조). 이 지상물매수청구권은 형성권이며, 제643조는 강행규정이다(통설; 대판 1991.4.23, 90다19695).

2) 묵시의 갱신 — 법정갱신

임대차기간이 만료한 후에도 임차인이 임차물의 사용·수익을 계속하는 경우, 임대인이 상당한 기간 내에 이의를 제기하지 않은 때에는 이전의 임대차와 동일한 조건으로 다시 임대차한 것으로 본다(제639조 1항 본문). 다만 그 존속기간은 기간의 약정이 없는 것으로 되며(제639조 1항 단서), 임대인 또는 임차인은 언제든지 해지통고를 할 수 있다(제635조).

묵시적 갱신이 인정되는 경우에는 전임대차에 대하여 제3자가 제공한 담보, 예컨대 질권·저당권·보증 등은 기간의 만료로 소멸한다(제639조 2항). 주의할 것은, 제639조 1항의 묵시의 갱신은 임차인의 신뢰를 보호하기 위하여 인정되는 것이고, 2항에 의하여 제3자가 제공한 담보는 소멸한다고 규정한 것은 담보를 제공한 자의 예상하지 못한 불이익을 방지하기 위한 것이므로, 제639조 2항은 '당사자들의 합의'에 따른 임대차 기간연장의 경우에는 적용되지 않는다(대판 2005.4.14, 2004다63293).

판 례

제639조 1항 본문은 "임대차기간이 만료한 후 임차인이 임차물의 사용·수익을 계속하는 경우에 임대인이 상당한 기간 내에 이의를 하지 아니한 때에는 전 임대차와 동일한 조건으로 다시 임대차한 것으로 본다."라고 규정하고 있다. 이때 임대인의 이의는 명시적으로뿐만 아니라 묵시적으로도 할 수 있고, 차임을 증액하지 않으면 임대차관계를 지속하지 않겠다는 것과 같이 조건부로도 할 수 있다. 다만 임차인의 신뢰를 보호하기 위한 위 규정의 취지에 비추어 볼 때, 묵시적 또는 조건부 이의가 있다고 보기 위해서는 더 이상 임대차관계를 지속하지 않겠다는 임대인의 의사를 객관적으로 추단할 만한 사정이 있어야 한다. 한편 제628조의 차임증액청구권은 임대차계약이 존속하고 있음을 전제로 행사하는 권리이므로, 임대인이 전 임대차기간 만료 후 차임증액청구권을 행사하였다는 사정만으로는 임대인이 더 이상 임대차관계를 지속하지 않겠다는 의사에 의하여 제639조 1항의 이의를 하였다고 보기 어렵다(대판 2025.3.13, 2024다315046).

(2) 계약으로 기간을 정하지 않은 경우

임대차기간의 약정이 없는 때에는 임대인 또는 임차인은 언제든지 계약해지를 통고할 수 있다(제635조 1항). 해지의 효력은 상대방이 해지통고를 받은 날부터 일정한 기간이 지나야 발생한다. 즉 ① 토지·건물 그 밖의 공작물에 대해서는 임대인이 해지를 통고한 경우에는 6개월, 임차인이 해지를 통고한 경우에는 1개월, ② 동산에 대하여는 누가 해지를 통고하든 5일이다(제635조 2항). 제635조에 위반하는 약정으로 임차인에게 불리한 것은 그 효력이 없다(제652조). 한편 임대차기간의 약정이 없는 경우에도 주택임대차의 존속기간은 2년, 상가건물임대차의 존속기간은 1년이다(주택임대차보호법 제4조 1항, 상가건물임대차보호법 제9조).

판 례

민법 제619조에서 처분능력, 권한 없는 자의 단기임대차의 경우에만 임대차기간의 최장기를 제한하고 있을 뿐, 민법상 임대차기간이 영구인 임대차계약의 체결을 불허하는 규정은 없다. 소유자가 소유권의 핵심적 권능에 속하는 사용·수익의 권능을 대세적으로 포기하는 것은 특별한 사정이 없는 한 허용되지 않으나, 특정인에 대한 관계에서 채권적으로 사용·수익권을 포기하는 것까지 금지되는 것은 아니다. 따라서 당사자들이 자유로운 의사에 따라 임대차기간을 영구로 정한 약정은 이를 무효로 볼 만한 특별한 사정이 없는 한 계약자유의 원칙에 의하여 허용된다. 특히 영구임대라는 취지는, 임대인이 차임지급 지체 등 임차인의 귀책사유로 인한 채무불이행이 없는 한 임차인이 임대차관계의 유지를 원하는 동안 임대차계약이 존속되도록 이를 보장하여 주는 의미로, 위와 같은 임대차기간의 보장은 임대인에게는 의무가 되나 임차인에게는 권리의 성격을 갖는 것이므로 임차인으로서는 언제라도 그 권리를 포기할 수 있고, 그렇게 되면 임대차계약은 임차인에게 기간의 정함이 없는 임대차가 된다(대판 2023.6.1, 2023다209045).

(3) 단기임대차의 존속기간

(가) 임대차는 처분행위가 아니다. 따라서 처분할 능력이나 권한이 없는 자도 임대차계약을 맺을 수 있다. 그러나 너무 장기의 임대차를 맺는 것은 실질적으로 처분행위를 하는 것과 같은 결과를 가져온다. 그래서 민법은 처분의 능력 또는 권한이 없는 사람, 즉 부재자의 재산관리인(제25조)·권한의 정함이 없는 대리인(제118조)·상속재산관리인(제1023조 2항, 제1047조 2항, 제1053조 2항)·후견인(제950조, 제946조)이 임대차를 하는 경우에는 최장기간을 제한하고 있다. 즉 ① 식목, 소금 채취 또는 돌·석회·벽돌 및 이와 유사한 재료를 사용한 건축을 목적으로 하는 토지의 임대차는 10년, ② 그 밖의 토지의 임대차는 5년, ③ 건물이나 그 밖의 공작물의 임대차는 3년, ④ 동산의 임대차는 6개월을 넘지 못한다(제619조).

(나) 단기임대차의 기간은 계약으로 갱신할 수 있으나, 그 기간이 만료되기 전 토지는 1년 내에, 건물이나 그 밖의 공작물은 3개월 내에, 동산은 1개월 내에 갱신해야 한다(제620조). 위 기간 이전에 갱신을 허용하게 되면, 사실상 제619조가 정하는 법정기간을 준수하지 못하는 결과를 초래하기 때문이다.

Ⅱ. 임대인의 권리와 의무

1. 임대인의 권리

(1) 차임청구권

제618조에 의하여 임대인은 임차인에 대하여 차임지급을 청구할 수 있다.

(가) 차임채권을 위한 법정담보물권

민법은 임대인의 차임채권을 보호하기 위하여, 다음과 같은 경우에 법정담보물권을 인정하고 있다. 즉 ① 토지임대인이 임대차에 관한 채권에 의하여, 임대토지에 부속 또는 그 사용의 편익에 공용한 임차인소유의 '동산 및 그 토지의 과실'을 압류한 때에는 질권과 동일한 효력이 있다(제648조). ② 토지임대인이 변제기를 경과한 최후 2년의 차임채권에 의하여, 그 지상에 있는 임차인소유의 '건물'을 압류한 때에는 저당권과 동일한 효력이 있다(제649조). ③ 건물 기타 공작물의 임대인이 임대차에 관한 채권에 의하여, 그 건물 기타 공작물에 부속한 임차인소유의 '동산'을 압류한 때에는 질권과 동일한 효력이 있다(제650조). 다만 일시사용을 위한 임대차의 경우에는 제648조, 제650조의 법정담보물권이 인정되지 않는다(제653조).

(나) 사정변경에 의한 차임증액청구권

임대물에 대한 공과부담의 증감 기타 경제사정의 변동으로 인하여 약정한 차임이 상당하지 아니하게 된 때에, 당사자는 장래에 대한 차임의 증감을 청구할 수 있다(제628조). 이 청구권은 형성권으로서의 성질을 가지므로, 상대방의 승낙을 필요로 하지 않는다(통설). 따라서 임대인은 재판 외에서도 차임증액을 청구할 수 있으며, 증액청구가 상당하다고 인정된 이상 청구권 행사시에 그 증액의 효과가 발생한다(대판 1974.8.30, 74다1124).

한편 주택임대차보호법은 양 당사자의 차임보증금증감청구권을 인정하고 있으나(동법 제7조), 시행령을 통하여 증액청구를 크게 제한하고 있다(시행령 제8조).

판 례

임대차계약을 할 때에 임대인이 임대 후 일정 기간이 경과할 때마다 물가상승 등 경제사정의 변경을 이유로 임차인과의 협의에 의하여 차임을 조정할 수 있도록 약정하였다면, 그 취지는 임대인에게 일정 기간이 지날 때마다 물가상승 등을 고려하여 상호 합의에 의하여 차임을 증액할 수 있는 권리를 부여하되 차임 인상요인이 생겼는데도 임차인이 인상을 거부하여 협의가 성립하지 않는 경우에는 법원이 물가상승 등 여러 요인을 고려하여 정한 적정한 액수의 차임에 따르기로 한 것으로 보아야 한다. 한편 임대인이 민법 제628조에 의하여 장래에 대한 차임의 증액을 청구하였을 때에 당사자 사이에 협의가 성립되지 아니하여 법원이 결정해 주는 차임은 증액청구의 의사표시를 한 때에 소급하여 그 효력이 생기는 것이므로, 특별한 사정이 없는 한 증액된 차임에 대하여는 법원 결정 시가 아니라 증액청구의 의사표시가 상대방에게 도달한 때를 이행기로 보아야 한다(대판 2018.3.15, 2015다239508,239515).

(2) 계약해지권

임차인이 임대인의 동의 없이 제3자에게 임차권을 양도하거나 임차물을 전대한 때(제629조 2항), 차임연체액이 2기분의 차임액에 이른 때(제640조, 제641조), 임차인이 계약 또는 목적물의 성질에 반하여 사용·수익하는 경우와 기타 부득이한 사유가 있는 때에 임대인은 임대차를 즉시 해지할 수 있다.

2. 임대인의 의무와 불이행에 대한 효과

(1) 임대인의 주된 의무

(가) 목적물인도의무

임차인이 임차목적물의 사용·수익을 위하여 점유를 필요로 하는 경우에 임대인은 목적물을 인도하여야 한다. 일반적으로 임차인에게 목적물과 그 종물(예: 열쇠 등)에 대한 점유를 이전하여야 한다(제100조 2항). 임대인이 임차인에게 목적물을 인도하면, 임대인과 임차인 사이에 제194조의 점유매개관계가 존재하게 된다. 이러한 의무를 임대인이 이행하지 않거나 이행할 수 없는 경우, 임대인은 제390조의 채무불이행책임을 부담하게 된다.

(나) 사용·수익에 필요한 상태유지의무 — 수선의무

1) 임대인은 임대차기간 중 임차인이 목적물을 사용·수익하는 데 필요한 상태를 유지할 적극적 의무를 부담한다(제623조). 따라서 건물을 타인에게 임대한 소유자가 건물을 적합하게 유지·관리할 의무를 위반하여 임대목적물에 필요한 안전성을 갖추지 못한 설치·보존상의 하자가 생기고 그 하자로 인하여 임차인에게 손해를 입힌 경우, 건물의 소유자 겸 임대인은 임차인에게 공작물책임(제758조)과 수선의무 위반에 따른 채무불이행책임을 진다(대판 2017.8.29, 2017다227103). 반면에 임차인은 임대인의 수선을 용인하여야 하지만(제624조), 그로 인해 임차목적을 달성할 수 없는 경우에는 임대차를 해지할 수 있다(제625조).

2) 임대인의 수선을 필요로 하는지 여부는 임차인이 목적물을 사용·수익할 수 없는 상태가 생길 정도에 따라 정한다. 즉 목적물에 파손 또는 장해가 생긴 경우, 임차인이 별 비용을 들이지 않고도 손쉽게 고칠 수 있을 정도의 사소한 것이어서 임차인의 사용·수익을 방해할 정도가 아닌 때에는 임대인은 수선의무를 부담하지 않지만, 수선하지 않으면 임차인이 계약에 의하여 정해진 목적에 따라 사용·수익할 수 없는 상태로 될 정도인 때에는 임대인은 수선의무를 부담한다(대판 2004.6.10, 2004다2151,2168; 대판 2012.6.14, 2010다89876,89883). 이는 자신에게 귀책사유가 있는 임대차 목적물의 훼손의 경우뿐만 아니라 자신에게 귀책사유가 없는 훼손의 경우에도 마찬가지다(대판 2010.4.29, 2009다96984). 물론 임대인의 상태유지의무에 관한 제623조는 강행규정이 아니므로, 당사자약정에 따라 수선의무를 임대인이 면하거나 임차인의 부담으로 할 수 있다. 다만 특약에 의한 수선의무의 면제는 그 범위를 명시하는 등의 특별한 사정이 없는 한 소규모의 수선에 국한한다. 따라서 대파손에

대한 수리·건물의 주요부분에 대한 대수선·기본적 설비부분의 교체 등과 같은 대규모의 수선은 이에 포함되지 아니하고, 여전히 임대인이 그 수선의무를 부담한다(대판 2000.3.23, 98두18053).

3) 수선을 필요로 하는 상태가 임차인의 귀책사유로 인한 것이든 아니면 불가항력에 기한 것이든 이를 묻지 않는다(김상용, 315면; 송덕수, D-364; 5-171. 그러나 이은영, 417면은 임차인의 귀책사유로 인한 경우에는 임대인의 수선의무를 부정한다). 물론 임차인은 선량한 관리자의 주의로 임차목적물을 보존하다가(제374조) 이행기의 현상대로 인도하여야 하지만(제462조), 임차인의 이러한 보존 및 인도의무가 있다고 하여 임차목적물의 사용·수익이라는 임대차 본래의 목적에 기한 임대인의 수선의무가 면제된다고 하기 어렵기 때문이다. 따라서 임차인의 귀책사유로 인한 경우에도 수선의무는 인정된다. 다만 이 경우에 임차인은 그와 별도로 임차물보관의무(제374조)의 위반을 이유로 한 손해배상의무를 지게 된다.

4) 한편 임대인이 목적물을 사용·수익하게 할 의무는 임차인의 차임지급의무와 서로 대응하는 관계에 있으므로, 임대인이 이러한 의무를 불이행하여 목적물의 사용·수익에 지장이 있으면 임차인은 지장이 있는 한도에서 차임의 지급을 거절할 수 있다(대판 2019.11.14, 2016다227694). 가령 ① 임대인이 수선의무를 불이행하여 임차인이 목적물을 전혀 사용할 수 없을 경우에는 임차인은 차임 전부의 지급을 거절할 수 있고(대판 2009.9.24, 2009다41069), 목적물의 사용·수익이 부분적으로 지장이 있는 상태인 경우에는 그 지장의 한도 내에서 차임의 지급을 거절할 수 있다(대판 1997.4.25, 96다44778,44785). ② 임대인은 목적물을 계약 존속 중 사용·수익에 필요한 상태를 유지하게 할 의무를 부담하고, 이러한 의무와 관련한 임차물의 보존을 위한 비용도 임대인이 부담해야 하므로, 임차인이 필요비를 지출하면, 임대인은 이를 상환할 의무가 있다. 임대인의 필요비상환의무는 특별한 사정이 없는 한 임차인의 차임지급의무와 서로 대응하는 관계에 있으므로, 임차인은 지출한 필요비 금액의 한도에서 차임의 지급을 거절할 수 있다(대판 2019.11.14, 2016다227694).

판 례

(ㄱ) 임대인은 임차인이 목적물을 사용·수익할 수 있도록 목적물을 임차인에게 인도하여야 한다(제623조 전단). 임차인이 계약에 의하여 정하여진 목적에 따라 사용·수익하는 데 하자가 있는 목적물인 경우 임대인은 하자를 제거한 다음 임차인에게 하자 없는 목적물을 인도할 의무가 있다. 임대인이 임차인에게 그와 같은 하자를 제거하지 않고 목적물을 인도하였다면 사후에라도 하자를 제거하여 임차인이 목적물을 사용·수익하는 데 아무런 장해가 없도록 해야만 한다. 임대인의 임차목적물의 사용·수익상태 유지의무는 임대인 자신에게 귀책사유가 있어 하자가 발생한 경우는 물론, 자신에게 귀책사유가 없이 하자가 발생한 경우에도 면해지지 아니한다. 또한 임대인이 그와 같은 하자 발생 사실을 몰랐다거나 반대로 임차인이 이를 알거나 알 수 있었다고 하더라도 마찬가지이다(대판 2021.4.29, 2021다202309).

(ㄴ) 임대인은 일반적으로 임차인에 대하여 임대차목적물을 임차인에게 인도하고 계약이 존속하는 동안 그 사용·수익에 필요한 상태를 유지하게 할 의무를 부담한다. 그리고 건물부분의 임대차에서 별도의 약정이 있는 경우에는 거기서 더 나아가 임대인은 그 소유 건물의 다른 부분에서 제3자가 임차인이 임대차목적물에서 행하는 영업 등 수익활동을 해할 우려가 있는 영업 기타 행위를 하지 아니하도록 할 의무를 임차인에 대하여 부담할 수 있음은 물론이다. 그러한 약정은 다른 계약의 경우와 마찬가지로 반드시 계약서면의 한 조항 등을 통하여 명시적으로 행하여질 필요는 없고, 임대차계약의 목적, 목적물 이용의 구체적

내용, 임대차계약관계의 존속기간 및 그 사이의 경과, 당사자 사이의 인적 관계, 목적물의 구조 등에 비추어 위와 같은 내용의 약정이 인정될 수도 있다(대판 2010.6.10, 2009다64307). 즉 임대인이 그 소유 건물의 다른 부분에서 제3자에게 임차인의 영업 등 수익활동을 해할 우려가 있는 행위를 하지 아니하도록 할 의무를 부담하는 내용의 묵시적 약정을 인정할 수 있다.

(다) 담보책임

임대차는 유상계약이므로, 임대인의 담보책임에 대하여는 매매에 관한 규정이 준용된다(제567조). 따라서 임대인은 매도인과 같은 담보책임을 부담한다. 즉 임대차의 목적물에 하자가 있거나 그 권리에 하자가 있는 때에는 손해배상을 청구할 수 있고, 목적물의 수량이 부족한 경우에는 차임의 감액을 청구할 수 있으며, 하자로 인하여 계약의 목적을 달성할 수 없는 때에는 계약을 해제·해지할 수 있다.

판 례

건물 일부의 임대차계약을 체결함에 있어 임차인이 건물면적의 일정한 수량이 있는 것으로 믿고 계약을 체결하였고, 임대인도 그 일정 수량이 있는 것으로 명시적 또는 묵시적으로 표시하였으며, 또한 임대차보증금과 월임료 등도 그 수량을 기초로 하여 정하여진 경우에는, 그 임대차는 수량을 지정한 임대차라고 봄이 타당하다. 한편 상사매매에 관한 상법 제69조는, 민법의 매매에 관한 규정이 민법 제567조에 의하여 매매 이외의 유상계약에 준용되는 것과 달리, 상법에 아무런 규정이 없는 이상 상인간의 수량을 지정한 건물의 임대차계약에 준용될 수 없다(대판 1995.7.14, 94다38342).

(2) 임대인의 부수의무

(가) 일반적 계약상의 부수의무

1) 설명의무 · 안전배려의무 등

신의칙상 임대인은 임차인에 대하여 여러 부수의무를 부담한다. 통상의 임대차에서는 임대인은 특별한 사정이 없는 한 임차인의 안전을 배려하여 주거나 도난을 방지하는 등의 보호의무까지 부담하는 것은 아니다(대판 1999.7.9, 99다10004). 그러나 숙박계약의 경우에는 고객에게 위험이 없는 안전하고 편안한 객실 및 관련 시설을 제공함으로써 고객의 안전을 배려하여야 할 보호의무를 부담하며, 숙박업자가 이를 위반하여 고객의 생명·신체를 침해하여 손해를 입힌 경우, 불완전이행으로 인한 채무불이행책임을 부담한다(대판 2000.11.24, 2000다38718,38725).

2) 계약에 적합한 사용인용의무 및 방해제거의무

임대인은 계약에 적합한 사용을 인용하거나 당사자가 합의한 사용·수익의 범위를 초과하지 않는 임차인의 조치를 허용하여야 할 의무가 있다. 예컨대 임차인이 친구를 며칠간 숙박시키는 경우나 사무실을 직원과 함께 이용하는 행위 등을 인용하여야 하고, 또한 전화·인터넷·상가간판 설치 등을 허용하여야 한다. 그 밖에 제3자가 임차인이 점유하는 임차물을 침해하는 등 그 사용·수익을 방해하는 경우에 임대인은 임차인을 위하여 그 방해의 제거에 노력하여야 한다. 임차인이 점유보호청구권을 가진다는 이유로 임대인은 방해제거의 의무를 면하지 못한다.

(나) 법적 부수의무

1) 비용상환의무

(i) 임차인이 목적물에 지출한 필요비 및 유익비에 대하여 임대인은 일정범위에서 상환의무를 부담한다(제626조). 목적물의 보존을 위하여 임차인이 필요비를 지출한 경우, 임차인은 즉시 그 상환을 청구할 수 있다(제626조 1항). 이러한 임대인의 필요비상환의무는 제623조의 수선의무에 일치한다. 물론 당사자약정으로 임차인이 필요비를 부담하도록 할 수 있다.

(ii) 임차인이 목적물의 객관적 가치를 증가시키기 위하여 유익비를 지출한 경우, 임대인은 임대차 종료시에 그 임차목적물 가액의 증가가 현존하는 때에 한하여 임차인이 지출한 금액이나 그 증가액을 임차인에게 상환하여야 한다(제626조 2항 전문). 임차인이 임대차기간 중에 자기 비용으로 임차물을 개량하여 그 효용가치를 높임으로써 가액을 증대시켰고, 그 증가된 가액이 임대차 종료 시에도 남아있는 경우에 임대인이 그 이익을 누리는 것은 부당하기 때문이다. 주의할 것은 임대인의 유익비상환의무는 임차인이 행한 개량이 목적물의 구성부분으로 된 경우에 발생한다는 점이다. 다시 말하면 개량물이 임차물과 별개의 독립된 소유권의 객체가 되어 소유권이 임차인에게 귀속하는 때에는 유익비라 할 수 없고, 부속물매수청구권(제646조)의 문제가 발생할 뿐이다. 또한 필요비나 유익비는 임차물의 보존이나 객관적 가치를 증가시키기 위하여 지출된 비용을 말하므로, 임차인이 임차건물의 경영을 위하여 한 시설개수비용이나 부착된 물건의 비용 등은 필요비나 유익비에 해당하지 않는다(대판 1991.8.27, 91다15591,15607). 임차인의 유익비상환청구권은 임대인이 목적물을 반환받은 날부터 6개월 내에 행사하여야 한다(제654조, 제617조). 그러나 법원은 임대인의 청구에 의하여 상당한 상환기간을 정해 줄 수 있으며(제626조 2항 후문), 이 경우 유익비상환청구권은 이행기에 도달하지 않아 임차인은 임차물에 대하여 유치권(제320조)을 행사할 수 없게 된다.

(iii) 임차인의 비용지출 후에 목적물의 소유자가 변동된 경우, ① 주택임대차보호법 또는 상가건물임대차보호법상의 대항력을 갖추고 있는 때에는 신소유자가 임대인의 지위를 승계하므로(주택임대차보호법 제3조 4항, 상가건물임대차보호법 제3조 2항), 임차인은 그에 대하여 비용 상환을 청구할 수 있다. ② 임차권이 대항력이 없는 때에는 임차인은 신소유자에 대하여 임대차관계를 주장할 수 없으므로 비용상환청구도 할 수 없고, 결국 임대인이 제626조에 의하여 비용상환의무를 부담한다고 할 것이다. 다만 임차인은 임대인(종전 소유자)에 대하여 가지는 비용상환청구권에 의하여 유치권을 행사함으로써 신소유자에 대하여 사실상 상환을 강제할 수 있을 것이다. ③ 전대차의 경우, 임대인과 전차인 사이에는 임대차관계가 존재하지 않으므로, 전차인은 임대인

에 대하여 제626조에 기한 비용상환청구를 할 수 없고, 전대인에 대하여 상환을 청구하여야 한다.

(iv) 임차인의 비용상환청구권의 법적 성질은 부당이득반환청구권이고, 따라서 제626조는 부당이득에 관한 특칙이다(지원림, 5-172). 또한 비용상환청구권에 관한 규정은 임의규정이다.

2) 부속물매수의무

임차인(전차인)이 임대인의 동의를 얻어 임차물(전차물)의 사용의 편익을 위하여 부속한 물건 또는 임대인으로부터 매수한 부속물은 임대차 종료시에 임차인(전차인)의 부속물매수 청구가 있으면 임대인이 이를 매수하여야 한다(제646조, 제647조).

Ⅲ. 임차인의 권리와 의무

1. 임차인의 권리

(1) 이행청구권

임대인이 목적물을 임차인에게 인도하여 임대차 존속기간 동안 사용·수익하게 할 의무(제618조, 제623조 등)는 임차인의 차임지급의무(제618조)와 대가관계에 있다. 그러므로 임대인의 이행이 가능할 경우에 임차인은 제618조 이하에 의하여 임대인에게 1차적 급부의무(즉 목적물인도·수선의무 등)의 이행을 청구할 수 있고, 이를 이행하지 않거나 불완전하게 이행한 때에 2차적 급부의무(손해배상)를 주장할 수 있다.

(2) 임차목적물의 사용·수익권—임차권

임차인은 계약 또는 그 목적물의 성질에 의하여 정하여진 용법으로 이를 사용·수익할 권리가 있다(제618조). 다만 임차인은 임대인의 동의 없이 임차권을 제3자에게 양도하거나 전대하지 못한다(제629조). 임차권의 양도·전대에 대해서는 후술하기로 한다.

(3) 비용상환청구권

임차인은 목적물에 지출한 필요비 및 유익비의 상환을 청구할 수 있다(제626조). 판례에 의하면 비용상환청구권은 임차인이 필요비·유익비를 임대차의 목적물에 대해 지출된 것에 한해서 인정된다. 즉 점포의 임차인이 사진관의 운영을 위해 특수장치를 하거나(대판 1948.4.12, 4280민상352) 다방경영에 필요한 시설을 한 경우(대판 1968.12.17, 68다1923) 또는 음식점을 경영하기 위하여 부착된 간판 등에 지출된 비용(대판 1994.9.30, 94다20389,20396)은 필요비·유익비에 해당하지 않는다고 한다. 물론 이러한 시설이나 장치는 임차인의 철거권(제654조, 제615조)의 대상이 된다고 할 것이다.

판 례

(ㄱ) 건물의 임차인이 임대차관계 종료시에는 건물을 원상으로 복구하여 임대인에게 명도하기로 약정한 것은 건물에 지출한 각종 유익비 또는 필요비의 상환청구권을 미리 포기하기로 한 취지의 특약이라고 볼 수 있어 임차인은 유치권을 주장을 할 수 없다(대판 1975.4.22, 73다2010).

(ㄴ) 건물 임차인이 자신의 비용을 들여 증축한 부분을 임대인 소유로 귀속시키기로 하는 약정은 임차인이 원상회복의무를 면하는 대신 투입비용의 변상이나 권리주장을 포기하는 내용이 포함된 것으로서 특별한 사정이 없는 한 유효하므로, 그 약정이 부속물매수청구권을 포기하는 약정으로서 강행규정에 반하여 무효라고 할 수 없고 또한 그 증축 부분의 원상회복이 불가능하다고 해서 유익비의 상환을 청구할 수도 없다(대판 1996.8.20, 94다44705,44712). 그러나 이 사건에서 증축부분은 임차건물이 아닌 임대인 소유의 기존 건물의 3층 건물부분의 일부를 철거하고 그 철거부분과 옥상부분에 새로이 건축한 것으로, 유익비상환청구권의 경우처럼 임차한 건물을 개량하거나, 부속물매수청구권의 경우처럼 임차한 건물에 부속시킨 물건이라 할 수 없다는 점에서 유익비상환청구권 또는 부속물매수청구권의 대상이 아니라고 판단하여 임차인이 자신의 비용을 지출하여 증축한 부분을 임대인 소유로 귀속시키기로 한 약정은 임차인에게 불리한 여부를 살필 필요도 없이 유효하다고 판단한 것으로 보인다(이우룡, "건물임차인이 자신의 비용을 들여 증축한 부분의 소유권을 임대인에게 귀속시키기로 하는 약정의 효력", 광주지법 재판실무연구 1996, 321면).

(4) 부속물매수청구권

(가) 의 의

건물이나 그 밖의 공작물의 임차인이 사용의 편익을 위하여 임대인의 동의를 받아 임차물에 부속시킨 물건이 있는 경우에는 임대차가 종료된 때에 임대인에게 그 부속물의 매수를 청구할 수 있다(제646조). 이것이 임차인의 부속물매수청구권이다. 임차인이 임차물에 결합한 물건이 임차물의 구성부분으로 되면 임대인의 소유권에 포함되어 비용상환의 문제(제626조)가 생기는 반면, 임차물의 구성부분으로 되지 않고 독립한 존재를 가지는 경우에 임차인이 그 물건의 소유권을 가진다(제256조 단서). 그런데 임대차 종료시 임차인이 부속물을 분리하여 수거하여야 한다면, 부속물의 가치는 감소되고 사회경제적으로 손실이 있게 된다. 그래서 민법은 임차인의 부속물매수청구권을 규정한 것이다.

(나) 요 건

1) 임차인이 부속물매수청구권을 행사하기 위해서는, ① 부속물이 건물이나 그 밖의 공작물에 부속된 물건으로서 임차인의 소유에 속하고 건물의 구성부분이 아니라 건물과는 독립된 별개의 물건이어야 한다(대판 1977.6.7, 77다50,51). 임차인이 부속한 물건이 임차물의 구성부분으로 되면 임대인의 소유권에 포함되어 비용상환의 문제가 생길 뿐이다. 따라서 기존건물과 분리되어 독립한 소유권의 객체가 될 수 없는 증축 부분이나 임대인의 소유에 속하기로 한 부속물은 매수청구의 대상이 될 수 없다(대판 1982.1.19, 81다1001). ② 부속물은 건물의 사용에 객관적인 편익을 가져오게 하는 물건이어야 한다. 따라서 부속된 물건이 오로지 임차인의 특수목적(예: 카페영업, 삼계탕 영업)에 사용하기 위하여 부속된 것일 때에는 매수청구의 대상이 될 수 없다(대판 1993.10.8, 93다25738,25745; 대판 1993.2.26, 92다41627).

③ 부속물은 임대인의 동의를 얻어 부속시켰거나 또는 임대인으로부터 매수한 것이어야 한다. 따라서 임차인이 임의로 부가시킨 부속물에 대하여는 매수청구권이 부인된다. 부속물매수청구권에 관한 제646조는 강행규정인 점(제652조)에 비추어 아무 물건이나 부가시켜 놓고 매수를 강요한다면 임대인의 이익이 크게 침해되는 남용의 염려가 있기 때문이다. ④ 임대차가 종료되어야 한다. 종료원인은 묻지 않는다. 그러나 판례는 임차인의 채무불이행에 의한 해지의 경우에는 부속물매수청구권을 부인하고 있다(대판 1990.1.23, 88다카7245,7252).

2) 청구권자는 건물 그 밖의 공작물의 임차인이며, 임차인의 지위가 승계된 때에는 현 임차인이다(대판 1995.6.30, 95다12927). 상대방은 원칙적으로 임대인이고, 임차권을 가지고 제3자에게 대항할 수 있는 경우 또는 임대인의 지위가 승계된 경우에는 제3자(예: 임대물의 양수인)나 새로운 임대인이다(송덕수, D-375).

(다) 효 과

1) 임차인의 부속물매수청구권은 형성권이며, 임차인의 의사표시만으로 매매계약이 성립한 경우와 같은 효과가 발생한다. 따라서 임차인은 그 부속물에 관한 매도인의 입장에서 그 매매가액을 지급받기까지 동시이행의 항변권에 의하여 부속물의 인도를 거절할 수 있다. 그러나 임차인이 반드시 이 권리를 행사하여야 하는 것은 아니며, 임차인은 그 부속물을 철거하여 소기의 목적을 이룰 수도 있다(제654조, 제615조).

2) 임대차계약 종료로 발생한 임차인의 목적물 반환의무와 임차인의 부속물매수청구권 행사로 발생한 임대인의 부속물 매매대금 지급의무는 동시이행관계에 있으므로, 임대인이 부속물 매매대금 지급의무를 이행하거나 적법하게 이행제공을 하는 등으로 임차인의 동시이행항변권을 상실시키지 않은 이상, 임차인이 적법한 부속물매수청구권 행사 후에 목적물을 계속 점유하는 것을 불법점유라고 할 수 없고 임차인은 이에 대한 손해배상의무를 지지 않는다(대판 2025.5.15, 2024다317332,317349; 대판 2020.5.14, 2019다252042).

3) 부속물매수청구권에 관한 제646조는 편면적 강행규정으로서(대판 1996.8.20, 94다44705,44712), 이에 위반하는 약정으로 임차인에게 불리한 것은 무효이고(제652조), 일시적으로 사용하기 위한 임대차에는 적용되지 않는다(제653조). 가령 임차보증금과 차임을 저렴하게 해 주거나(대판 1992.9.8, 92다24998,25007) 원상회복의무를 면하여 주는 사정이 있는 때에는(대판 1996.8.20, 94다44705,44712) 임차인에게 불리하지 않아서 무효로 되지 않을 수 있다.

4) 임대차가 종료한 후에 부속물매수청구권을 포기하는 약정을 하는 것은 상관없다. 따라서 임대차가 종료한 후에 임차인이 임의로 임대인과 협의하여 시가보다 저렴한 가격으로 부속물을 매도하더라도 역시 문제가 되지 않는다.

판 례

건물의 소유를 목적으로 한 토지의 임차인이 임대차계약을 체결하거나 임차인으로서의 지위를 승계할 당시 임대인과의 사이에 건물 기타 지상시설 일체를 포기하기로 약정을 하였다고 하더라도 임대차계약의 조건이나 계약이 체결된 경위 등 제반 사정을 종합적으로 고려하여 실질적으로 임차인에게 불리하다고 볼 수 없는 특별한 사정이 인정되지 않는 한 위와 같은 약정은 임차인에게 불리한 것으로서 민법 제652조에 의하여 효력이 없다(대판 1993.6.22, 93다16130; 대판 2002.5.31, 2001다42080).

(5) 토지임차인의 지상물매수청구권

(가) 의 의

건물이나 그 밖의 공작물의 소유 또는 식목, 소금 채취, 목축을 목적으로 하는 토지 임대차의 기간이 만료된 때에 건물·수목, 그 밖의 지상시설이 현존하는 경우에는 토지임차인은 적절한 가액으로 그 매수를 청구할 수 있다. 다만 임차인은 지상물의 매수를 청구하기 전에 계약의 갱신을 청구하여야 하며, 임대인이 그 갱신을 원하지 않는 경우에 지상물의 매수를 청구할 수 있다(제643조, 제283조).

(나) 매수청구권의 대상과 상대방

1) 매수청구의 대상이 되는 지상물

매수청구권의 대상이 되는 건물은 ① 그것이 토지의 임대목적에 반하여 축조되고 임대인이 예상할 수 없을 정도의 고가의 것이라는 특별한 사정이 없는 한, 임대차계약 당시의 기존건물이거나 임대인의 동의를 얻어 신축한 것에 한정되지 않는다(대판 1993.11.12, 93다34589). ② 행정관청의 허가를 받지 않은 무허가건물이더라도 그 대상이 될 수 있다(대판 2013.11.28, 2013다48364,48371). ③ 건물소유를 목적으로 하는 토지임대차에서 임차인소유의 지상건물이 임차지상과 제3자의 소유 토지 위에 걸쳐있는 경우에는 임차지상에 있는 건물부분 중 구분소유의 객체가 될 수 있는 부분에 한하여, 임차인에게 매수청구가 허용된다(대판 1996.3.21, 93다42634). ④ 지상건물이 객관적으로 경제적 가치가 있는지 여부나 임대인에게 소용이 있는지 여부도 묻지 않는다(대판 2002.5.31, 2001다42080). ⑤ 토지임차인 소유의 건물에 근저당권이 설정되어 있는 경우에도 매수청구권은 인정된다. 이 경우 그 건물의 매수가격은 매수청구권 행사 당시 건물이 현존하는 대로의 상태에서 평가된 시가상당액을 의미하고, 근저당권의 채권최고액이나 피담보채무액을 공제한 금액을 매수가격으로 정할 것은 아니다. 다만 매수청구권을 행사한 지상건물 소유자가 근저당권을 말소하지 않는 경우, 토지소유자는 제588조에 의하여 근저당권의 말소등기가 될 때까지 그 채권최고액에 상당한 대금의 지급을 거절할 수 있다(대판 2008.5.29, 2007다4356). ⑥ 매수청구의 대상이 되는 건물에는 임차인이 임차토지상에 그 건물을 소유하면서 그 필요에 따라 설치한 것으로서 건물로부터 용이하게 분리될 수 없고 그 건물을 사용하는 데 객관적인 편익을 주는 부속물이나 부속시설 등이 포함되지만, 이와 달리 임차인이 자신의 특수한 용도나 사업을 위하여 설치한 물건이나 시설은 이에 해당하지 않는다(대판 2002.11.13, 2002다46003,46027).

2) 매수청구의 당사자

(i) 지상물매수청구권은 지상물의 소유자에 한하여 행사할 수 있고, 따라서 토지임차인이 그 건물을 타인에게 양도한 경우에는 그 임차인은 매수청구권을 행사할 수 없다(대판 1993.7.27, 93다6386). 다만 건물을 매수하여 점유하고 있는 사람은 소유자로서의 등기명의가 없다 하더라도 그 점유 중인 건물에 대하여 법률상·사실상의 처분권을 가지고 있다. 따라서 종전 임차인으로부터 미등기 무허가건물을 매수하여 점유하고 있는 임차인은 특별한 사정이 없는 한 소유자로서의 등기명의가 없어 소유권을 취득하지 못하였더라도 임대인에 대하여 지상물매수청구권을 행사할 수 있다(대판 2013.11.28, 2013다48364,48371).

(ii) 매수청구권의 상대방은 ① 원칙적으로 기간만료(또는 해지통고)로 인하여 임차권이 소멸할 당시의 토지소유자인 임대인이다. ② 임대인이 제3자에게 토지를 양도하는 등으로 토지소유권이 이전된 경우에는 임대인의 지위가 승계되거나 임차인이 토지소유자에게 임차권을 대항할 수 있다면 새로운 토지소유자를 상대로 매수청구권을 행사할 수 있다(대판 1996.6.14, 96다14517; 대판 1977.4.26, 75다348). 토지소유권을 상실한 종전 임대인에 대해서는 매수청구권을 행사할 수 없다(대판 1994.7.29, 93다59717,59724). 가령 甲이 丙으로부터 토지를 취득할 당시 丙과 乙 사이에 임대차계약이 유효하게 존재하고 있었다면, 건물소유를 목적으로 한 토지임차권이 '제622조 1항에 의하여 대항력'을 갖춘 경우, 甲은 임대차계약의 임대인 丙의 지위를 승계하고, 따라서 그 임대차계약이 종료한 때에 乙은 그 건물에 관하여 제643조, 제283조에 의하여 甲에게 매수청구권을 행사할 수 있다. 또한 乙이 지상건물에 대하여 보존등기를 하여 토지임차권에 대항력이 생긴 경우, 甲이 임대차계약이 종료된 후에 丙의 토지를 취득하더라도 乙은 甲에 대하여 매수청구권을 행사할 수 있다. ③ 토지소유자가 아닌 제3자가 계약당사자로서 토지를 임대한 경우에는 토지소유자가 임대인의 지위를 승계하지 않는 이상, 임대인이 아닌 '토지소유자'에 대해서는 매수청구권을 행사할 수 없다. 물론 이 경우에 제3자가 토지소유자를 적법하게 대리하거나 토지소유자가 제3자의 무권대리행위를 추인하는 등으로 임대차계약의 효과가 토지소유자에게 귀속되었다면, 토지소유자가 임대인으로서 지상물매수청구권의 상대방이 된다(대판 2017.4.26, 2014다72449,72456). ④ 토지소유자가 아닌 제3자가 토지를 임대한 경우에 '임대인'은 특별한 사정이 없는 한 지상물매수청구권의 상대방이 될 수 없다(대판 2022.4.14, 2020다254228,254235). 가령 국가로부터 국유 토지의 관리를 위탁받은 甲회사와 사용수익계약을 체결하여 그 토지 위에 건물을 건축한 乙회사가 계약기간 만료 후 甲을 상대로 지상물매수청구권을 행사한 경우, 甲은 국유 토지의 관리를 위탁받아 乙과 사용수익계약을 체결한 자일뿐 토지소유자가 아니므로 지상물매수청구권의 상대방이 될 수 없다.

판 례

임차인 소유의 건물이 구분소유의 객체가 되지 아니하고 또한 임대인 소유의 토지 외에 임차인 또는 제3자 소유의 토지 위에 걸쳐서 건립되어 있다면 임차인의 건물매수청구는 허용되지 아니한다(대판 1997.4.8, 96다45443).

(다) 요 건

건물 등의 소유를 목적으로 하는 토지임차인이 지상물매수청구권을 행사할 수 있기 위해서는, ① 먼저 임대차계약이 종료하여야 하고, ② 건물·수목 기타 지상시설이 현존하여야 하며, ③ 임대인에 대하여 1차적으로 계약의 갱신을 청구하여야 한다. 만일 임대인이 그 갱신을 원하지 않은 때에 한하여 2차적으로 지상물의 매수를 청구할 수 있는 것이다(제643조, 제283조).

주의할 것은 갱신청구권은 임대차 기간의 만료 후 지체 없이 행사해야 한다. 따라서 임대차의 존속기간 만료 후 지체 없이 행사하지 아니하여 갱신청구권이 소멸한 경우, 임차인의 적법한 갱신청구권의 행사와 임대인의 갱신 거절을 요건으로 하는 지상물매수청구권은 발생하지 않는다(대판 2023.4.27, 2022다306642).

1) 토지임차인의 지상물매수청구권은 그 행사에 특정의 방식을 요하지 않는 것으로서 재판상으로뿐만 아니라 재판 외에서도 행사할 수 있는 것이고, 그 행사의 시기에 대하여도 제한이 없다. 즉 ① 토지의 임대인이 임차인에 대하여 제기한 토지인도 및 건물철거청구 소송에서 패소하여 그 패소판결이 확정되었더라도, 그 확정판결에 의하여 건물철거가 집행되지 아니한 이상 토지의 임차인은 건물매수청구권을 행사하여 별소로써 임대인에 대하여 건물매매대금의 지급을 구할 수 있다(대판 1995.12.26, 95다42195). ② 임차인이 건물매수청구권을 제1심에서 행사하였다가 철회한 후 항소심에서 다시 행사하더라도 무방하다(대판 2002.5.31, 2001다42080). ③ 임차인의 건물매수청구권이 인정되는 경우에는 임대인의 건물철거 및 대지인도청구는 임대인이 건물의 대금지급과 상환으로 건물인도를 구하지 않으면 기각될 수밖에 없다(대판 2009.11.26, 2009다70012).

2) 기간의 약정이 없는 토지임대차계약에 대해 임대인이 해지통고를 한 경우(제635조), 이때에는 임대인이 미리 계약의 갱신을 거절한 것으로 볼 수 있으므로, 임차인은 계약의 갱신을 청구할 필요 없이 곧바로 지상물의 매수를 청구할 수 있다(대판 1995.12.26, 95다42195; 대판 1995.7.11, 94다34265). 반면에 토지임차인의 차임연체 등 채무불이행으로 인해 임대인이 임대차계약을 해지한 때에는 임차인이 계약의 갱신을 청구할 여지가 없으므로, 이를 전제로 하는 2차적인 지상물의 매수청구를 할 수 없다(대판 2003.4.22, 2003다7685).

(라) 효 과

1) 지상물매수청구권은 형성권으로서, 재판상으로뿐만 아니라 재판 외에서도 행사할 수 있으며(대판 2002.5.31, 2001다42080), 그 행사로 임대인과 임차인 사이에서는 지상물에 대하여 매수청구권 행사 당

시의 건물시가를 대금으로 하는 매매계약이 체결된 것과 같은 효과가 발생한다(대판 2002.11.13, 2002다46003,46027). 따라서 ① 임차인이 기존건물을 철거하고 새 건물을 신축하기 위하여 지출한 모든 비용을 임대인이 보상할 의무는 없다(대판 2002.11.13, 2002다46003,46027). ② 임차인의 건물명도 및 그 소유권이전등기의무와 토지임대인의 건물대금지급의무는 서로 대가관계에 있는 채무로서 당사자는 동시이행을 주장할 수 있으므로, 임차인이 임대인에게 자신의 의무를 이행하지 않았다면 임대인에게 그 매매대금에 대한 지연손해금을 구할 수 없다(대판 1998.5.8, 98다2389). ③ 임차인이 지상물매수청구권을 행사하여 임대인인 토지의 소유자로부터 매수대금을 지급받을 때까지 그 지상건물의 인도를 거부할 수 있다. 다만 지상건물 등의 점유·사용을 통하여 그 부지를 계속하여 점유·사용하는 한 임차인은 부지의 임료 상당액을 부당이득으로 반환할 의무가 있다(대판 2001.6.1, 99다60535). ④ 지상물매수청구의 대상이 된 건물의 매수가격에 관하여 당사자 사이에 의사합치가 이루어지지 않았다면, 법원은 매수청구권 행사 당시의 건물 시가를 매매대금으로 하는 매매계약이 성립하였음을 인정할 수 있을 뿐, 시가를 임의로 증감하여 직권으로 매매대금을 정할 수는 없다(대판 2024.4.12, 2023다309020,309037).

2) 지상물매수청구권에 관한 제643조는 편면적 강행규정이므로, 당사자의 약정으로서 임차인에게 불리한 것은 효력이 없다(제652조). 예컨대 토지임대인과 토지임차인 사이에 임대차기간 만료시에 임차인이 지상건물을 양도하거나 이를 철거하기로 하는 약정은 특별한 사정이 없는 한 임차인의 지상물매수청구권을 배제하기로 하는 약정으로서 임차인에게 불리한 것이므로 제652조에 의하여 무효이다(대판 2002.5.31, 2001다42080).

3) 토지임차인의 건물이나 그 밖의 공작물의 매수청구권에 관한 제643조는 건물 등의 소유를 목적으로 하는 '토지의 전세권'에도 유추적용될 수 있다(대판 2007.9.21, 2005다41740).

(6) 계약해지권

임차인의 의사에 반하는 임대인의 보존행위(제625조), 임차물의 일부가 임차인의 과실에 의하지 않는 멸실로 인하여(제627조 2항) 임차의 목적을 달성할 수 없는 경우, 임대인이 주된 의무를 이행하지 않는 경우(제390조, 제543조)에 임차인은 계약을 즉시 해지할 수 있다. 그 밖에 임대인 지위의 양도와 관하여, 판례는 원칙적으로 임대인과 신소유자의 계약만으로 임대인의 지위가 양도되지만, 신의칙상 임대차의 승계를 원하지 않는 임차인이 이의를 제기함으로써 임대인과의 임대차관계를 해지할 수 있다고 한다(대결 1998.9.2, 98마100).

판 례

(ㄱ) 임대차계약에 있어 임대인 지위의 양도는 임대인의 의무 이전을 수반하는 것이지만 임대인의 의무는 임대인이 누구인가에 의하여 이행방법이 특별히 달라지는 것은 아니고, 목적물의 소유자 지위에서 거의 완전히 이행할 수 있으며, 임차인의 입장에서 보아도 신 소유자에게 그 의무의 승계를 인정하는 것이 오히려 임차인에게 훨씬 유리할 수도 있으므로 임대인과 신 소유자와의 계약만으로써 그 지위의 양도를 할

수 있다 할 것이나, 이 경우에 임차인이 원하지 아니하면 임대차의 승계를 임차인에게 강요할 수는 없는 것이어서 스스로 임대차를 종료시킬 수 있어야 한다는 공평의 원칙 및 신의성실의 원칙에 따라 임차인이 곧 이의를 제기함으로써 승계되는 임대차관계의 구속을 면할 수 있고, 임대인과의 임대차관계도 해지할 수 있다고 보아야 한다(대결 1998.9.2, 98마100).

(ㄴ) 임차인이 부동산에 대한 임대차계약을 체결하고 임차권을 피보전권리로 한 처분금지가처분등기를 집행(기입)한 후에 강제경매신청에 의한 경매개시결정이 이루어지고 그 경매결과 제3자가 부동산을 매각받았더라도 임차인이 임차권설정등기이행청구의 본안승소판결을 받아 그 판결이 확정되면 임차권설정등기를 경료하였는지의 여부에 관계없이 선행된 가처분등기와 위 확정판결에 의하여 그 매수인(경락인)은 가처분권리자의 권리보전과 상용되지 않는 범위 내에서 그 권리를 취득하는 것으로 확정된다 할 것이고, 따라서 임차인은 임차인의 지위를 포괄승계한 매수인에 대하여 임차보증금의 반환을 청구할 수 있다(대판 1988.4.25, 87다카458).

(7) 임차인의 차임감액청구권

(가) 목적물의 일부멸실에 의한 차임감액청구

임차인은 임차물의 일부가 그의 과실 없이 멸실 기타의 사유로 사용·수익할 수 없는 때에는 그 부분의 비율에 의한 차임의 감액을 청구할 수 있으며(제627조 1항), 잔존부분만으로 임대차의 목적을 달성할 수 없는 때에는 계약을 해지할 수 있다(제627조 2항). 임차인의 차임감액청구권은 형성권으로서의 성질을 가지므로, 임대인의 승낙을 필요로 하지 않는다(통설).

판 례

임차목적물인 건물지하실 부분의 사용불능으로 인하여 그 차임의 차액이 감액되었다면 보증금 중 지하실부분 상당액의 반환청구나 그 지연손해금청구는 허용될 수 없다(대판 1989.6.13, 88다카13332,13349).

(나) 사정변경에 의한 차임감액청구

임대물에 대한 공과부담의 증감 기타 경제사정의 변동으로 인하여 약정한 차임이 상당하지 않게 된 때에는 당사자는 장래에 대한 차임의 증감을 청구할 수 있다(제628조). 제628조는 편면적 강행규정이므로, 이에 위반하는 약정으로서 임차인에게 불리한 것은 그 효력이 없다(제652조). 예컨대 임대차계약 체결시에 임대인이 일방적으로 차임을 인상할 수 있고 상대방은 이의를 할 수 없다고 약정한 경우, 이는 임차인에게 불리한 것이므로 제652조에 의하여 효력이 없다(대판 1992.11.24, 92다31163,31170). 그러나 임대차계약에서 차임증액을 하지 않는다는 특약이 있더라도 그 특약을 그대로 유지시키는 것이 신의칙에 반한다고 인정될 정도의 사정변경이 있는 경우에는 형평의 원칙상 임대인에게 차임증액청구를 인정할 수 있다(대판 1996.11.12, 96다34061). 한편 차임증감청구는 형성권이며(대판 1968.11.19, 68다1882,1883; 김형배, 455면; 이은영, 421면; 송덕수, D-376; 곽윤직, 217면. 그러나 김상용, 328면은 청구권이라고 한다), 제628조에 의하여 장래에 대한 차임의 증감을 청구하였을 때에 그 청구가 상당하다고 인정되면 그 효력은 '청구시'에 발생한다(대판 1974.8.30, 74다1124).

판 례

토지의 소유자가 법률상 원인 없이 토지를 점유하고 있는 자를 상대로 장래의 이행을 청구하는 소로서, 그 점유자가 토지를 인도할 때까지 토지를 사용 수익함으로 인하여 얻을 토지의 임료에 상당하는 부당이득금의 반환을 청구하여, 그 청구의 전부나 일부를 인용하는 판결이 확정된 경우, 그 소송의 사실심 변론종결 후에 토지의 가격이 현저하게 앙등하고 조세 등의 공적인 부담이 증대되었을 뿐더러 그 인근 토지의 임료와 비교하더라도 그 소송의 판결에서 인용된 임료액이 상당하지 아니하게 되는 등 경제적 사정의 변경으로 당사자간의 형평을 심하게 해할 특별한 사정이 생긴 때에는, 토지의 소유자는 점유자를 상대로 새로 소를 제기하여 전소 판결에서 인용된 임료액과 적정한 임료액의 차액에 상당하는 부당이득금의 반환을 청구할 수 있다(대판 1993.12.21, 92다46226). 즉 토지소유자가 임료 상당 부당이득의 반환을 구하는 장래이행의 소를 제기하여 승소판결이 확정된 후 임료가 상당하지 아니하게 되는 등의 사정이 있는 경우 새로 부당이득반환을 청구할 수 있다.

2. 임차인의 의무와 불이행에 대한 효과

(1) 임차인의 주된 의무—차임지급의무

(가) 일 반

임차인은 임차물을 사용·수익하는 대가로 임대인에게 차임을 지급할 의무가 있다(제618조). 임차인의 차임지급의무는 여럿이 공동으로 임차한 경우, 임차인이 연대하여 그 의무를 부담한다(제654조, 제616조). 임차인의 차임지급의무와 목적물을 사용·수익하게 할 임대인의 의무는 특별한 사정이 없는 한 임대차계약이 유효하게 성립하면 발생하는 것이고, 상대방의 의무이행이나 이행의 제공이 있어야 비로소 발생하는 것은 아니다. 그러므로 임차인의 차임지급의무는 그가 임대인으로부터 목적물을 인도받았는지와 무관하게 임대차계약의 효력으로서 발생한다(대판 2024.9.13, 2024다256116). 다만 임대인의 위와 같은 의무는 임차인의 차임지급의무와 서로 대응하는 관계에 있으므로, 임대인이 이러한 의무를 불이행하여 목적물의 사용·수익에 지장이 있으면 임차인은 지장이 있는 한도에서 차임지급을 거절할 수 있다(대판 2024.9.13, 2024다256116; 대판 2019.11.14, 2016다227694).

(나) 차임의 지급시기

차임의 지급시기는 당사자가 계약으로 자유롭게 정할 수 있다. 그러한 특약이 없고, 또한 다른 관습이 없으면 동산·건물·대지에 관하여는 매월 말에, 대지가 아닌 토지에 대하여는 매년 말에 지급하여야 한다(제633조 본문). 그러나 수확기 있는 임차물에 대하여는 그 수확 후 지체 없이 지급하여야 한다(제633조 단서). 당사자가 차임지급시기를 정한 경우에 차임채권의 소멸시효는 특별한 사정이 없는 한 임대차계약에서 정한 지급기일부터 진행한다(대판 2016.11.25, 2016다211309).

(다) 차임연체와 해지

1) 임차인이 차임지급의무를 이행하지 않는 경우, 계약일반의 해지의 경우와 달리 건물이나 그 밖의 공작물의 임대차 또는 건물 등의 소유를 목적으로 하는 토지임대차에서는 임차인의 차임 연체액이 2기분의 차임액에 이른 때에, 임대인은 이행을 최고하지 않고 즉시

계약을 해지할 수 있다(제640조, 제641조). 제640조, 제641조는 편면적 강행규정이다(제652조).

2) 임대인 지위가 양수인에게 승계된 경우, 이미 발생한 연체차임채권은 따로 채권양도의 요건을 갖추지 않는 한 승계되지 않는다. 따라서 양수인이 연체차임채권을 양수받지 않은 이상 승계 이후의 연체차임액이 2기분의 차임액에 이르려야만 비로소 임대차계약을 해지할 수 있다(대판 2008.10.9, 2008다3022).

한편 제640조는 주택임대차보호법의 적용을 받는 주택임대차에도 적용된다(대판 2014.7.24, 2012다28486). 제640조에 대한 특별규정이 주택임대차보호법에 없기 때문이다. 따라서 주택의 임대인이라도 임차인의 차임연체액이 2기분의 차임액에 이르는 때에는 임대차계약을 해지할 수 있다. 반면에 상가건물임대차보호법 제10조의8은 "임차인의 차임연체액이 3기분의 차임액에 이른 때에는 임대인은 계약을 해지할 수 있다"는 특별규정을 두고 있어 민법 제640조가 적용되지 않는다.

(2) 임차인의 부수의무

(가) 계약에 적합하게 사용·수익할 의무

임차인은 계약 또는 목적물의 성질에 의하여 정하여진 용법으로 임차물을 사용·수익하여야 한다. 예컨대 주거목적의 임차주택을 공장이나 영업용으로 사용·수익하거나 제3자에게 임차권의 양도 또는 임차물을 전대하여서는 안 된다. 만일 임차인이 이러한 의무를 위반한 때에, 임대인은 임차인에 대하여 적극적 채권침해를 이유로 손해배상을 청구할 수 있으며(제390조), 이러한 임대인의 손해배상청구권은 목적물을 반환받은 날부터 6개월 내에 행사되어야 한다(제654조, 제617조). 또한 임대인은 임차인에 대하여 위반행위의 중지를 요구할 수 있으며, 그 밖에 위반행위의 중지를 요구하는데도 계약에 반한 사용·수익을 계속할 경우에는 계약을 즉시 해지할 수 있다(제629조 2항).

(나) 임차물수선에 대한 인용의무

임대인이 목적물의 보존에 필요한 행위를 하는 때에는 임차인은 이를 거절하지 못한다(제624조). 다만 임차인의 의사에 반한 임대인의 보존행위로 인하여 임차의 목적을 달성할 수 없는 때에는 전술한 바와 같이 임차인은 계약을 해지할 수 있다(제625조). 또한 임대인의 보존행위로 인하여 임차의 목적을 달성할 수 없었던 기간 동안에는 차임의 지급의무를 부담하지 않는다(쌍무계약의 견련성).

(다) 하자통지의무

임차물이 수리를 필요로 하거나 임차물에 대하여 권리를 주장하는 자가 있는 때에는 임차인은 지체 없이 임대인에게 이를 통지하여야 한다(제634조 본문). 그러나 임대인이 이미 이를 알고 있는 경우에는 통지의무가 없다(제634조 단서).

(라) 임차물의 보관의무

임차인은 임대차관계의 종료로 임차물을 임대인에게 반환할 때까지 선량한 관리자의 주의로 임차물을 보관할 의무가 있다(제374조). 즉 임차인은 임차건물의 보존에 관하여 선량한 관리자의 주의의무를 다하여야 하며, 임차인의 임차물반환채무가 이행불능이 된 경우, 임차인이 그 이행불능으로 인한 손해배상책임을 면하려면 그 이행불능이 임차인의 귀책사유로 인한 것이 아님을 증명할 책임이 있다(대판 2006.1.13, 2005다51013,51020).

판 례

임대차목적물인 건물이 훼손된 경우에 그 수리가 불가능하다면 훼손 당시의 건물의 교환가치가 통상의 손해일 것이고 수리가 가능한 경우에는 그 수리비가 통상의 손해일 것이나 그것이 건물의 교환가치를 넘는 경우에는 형평의 원칙상 그 손해액은 그 건물의 교환가치 범위 내로 제한되어야 한다(대판 1999.12.21, 97다15104; 대판 1994.10.14, 94다3964).

(마) 임차물반환의무와 원상회복의무

1) 임대차가 종료한 때에는 임차인은 임차물 자체를 반환하여야 한다. 임차인이 임차물을 반환할 때에는 원상으로 회복시켜야 하고, 임차물에 부속시킨 물건을 철거할 수 있다(제654조, 제615조). 원상회복은 임차인이 임차물을 인도받았을 때의 상태로 회복시키면 된다(대판 1990.10.30, 90다카12035). 따라서 ① 임대인 또는 그 승낙을 받은 제3자가 임차건물 부분에서 다시 영업허가를 받는데 방해가 되지 않도록 임차인은 임차건물 부분에서의 영업허가에 대하여 폐업신고절차를 이행할 의무가 있다(대판 2008.10.9, 2008다34903). ② 임대차가 종료한 경우이면, 임차인의 원상회복의무는 임대인의 귀책사유로 중도에 해지된 경우에도 인정된다(대판 2002.12.6, 2002다42278). 물론 임차인은 손해배상을 청구할 수 있다.

2) 임차인이 임대차 종료로 인한 원상회복의무를 지체함으로써 임대인이 대신 원상회복을 완료한 경우, 임대인은 원상회복에 필요한 비용, 즉 철거비용(대판 1995.4.28, 94다33989)과 그동안 사용하지 못한 데 따른 손해의 배상을 임차인에게 청구할 수 있다. 후자의 경우, 임대인이 입은 손해의 범위는 이행지체일부터 임대인이 실제로 자신의 비용으로 원상회복을 완료한 날까지의 임대료 상당액이 아니라 임대인 스스로 원상회복을 할 수 있었던 기간까지의 임대료 상당액이다(대판 2001.10.26., 2001다47757; 대판 1999.12.21, 97다15104).

3) 임차인의 임차물반환의무가 '이행불능'이 된 경우, 임차인은 이행불능이 자기가 책임질 수 없는 사유로 인한 것이라는 증명을 다하지 못하면 이행불능으로 인한 손해를 배상할 책임을 지며, 화재 등의 구체적인 발생 원인이 밝혀지지 않은 때에도 마찬가지이다. 이러한 법리는 임대차 종료 당시 임차물반환의무가 이행불능 상태는 아니지만 반환된 임차건물이 화재로 인하여 훼손되었음을 이유로 손해배상을 구하는 경우에도 동일하게 적용된다(대판 2017.5.18, 2012다86895,86901).

반면에 ① 임대인은 목적물을 임차인에게 인도하고 임대차계약 존속 중에 그 사용·수익에 필요한 상태를 유지하게 할 의무를 부담하므로(제623조), 임대차계약 존속 중에 발생한 화재가 '임대인이 지배·관리하는 영역에 존재하는 하자로 인하여 발생한 것'으로 추단된다면, 그 하자를 보수·제거하는 것은 임차물을 사용·수익하기에 필요한 상태로 유지하여야 하는 임대인의 의무에 속하며, 임차인이 하자를 미리 알았거나 알 수 있었다는 등의 특별한 사정이 없는 한, 임대인은 화재로 인한 목적물 반환의무의 이행불능 등에 관한 손해배상책임을 임차인에게 물을 수 없다(대판 2017.5.18, 2012다86895,86901). ② 숙박업자와 고객의 관계는 통상적인 임대인과 임차인의 관계와는 다르다. 숙박업자는 고객에게 객실을 사용·수익하게 하는 것을 넘어서서 고객이 안전하고 편리하게 숙박할 수 있도록 시설 및 서비스를 제공하고 고객의 안전을 배려할 보호의무를 부담한다. 숙박업자에게는 숙박시설이나 설비를 위생적이고 안전하게 관리할 공법적 의무도 부과된다(공중위생관리법 제4조 1항). 그러므로 객실을 비롯한 숙박시설은 특별한 사정이 없는 한 숙박기간 중에도 고객이 아닌 숙박업자의 지배 아래 놓여 있다고 보아야 한다. 그렇다면 임차인이 임대차기간 중 목적물을 직접 지배함을 전제로 한 임대차 목적물 반환의무 이행불능에 관한 법리는 이와 전제를 달리하는 숙박계약에 그대로 적용될 수 없다. 즉 고객이 숙박계약에 따라 객실을 사용·수익하던 중 발생 원인이 밝혀지지 않은 화재로 인하여 객실에 발생한 손해는 특별한 사정이 없는 한 숙박업자의 부담으로 귀속된다(대판 2023.11.2, 2023다244895).

4) 임차인이 임대인 소유 건물의 일부를 임차하여 사용·수익하던 중 임차 건물 부분에서 화재가 발생하여 '임차 건물 부분이 아닌 건물 부분(임차 외 건물부분)까지' 불에 타 그로 인해 임대인에게 재산상 손해가 발생한 경우, ① 임차인이 보존·관리의무를 위반하여 화재가 발생한 원인을 제공하는 등 화재발생과 관련된 임차인의 계약상 의무위반이 있었음이 증명되고, ② 그러한 의무 위반과 임차 외 건물 부분의 손해 사이에 상당인과관계가 있으며, ③ 임차 외 건물 부분의 손해가 그러한 의무 위반에 따른 통상의 손해에 해당하거나, 임차인이 그 사정을 알았거나 알 수 있었을 특별한 사정으로 인한 손해에 해당한다고 볼 수 있는 경우라면, 임차인은 임차 외 건물 부분의 손해에 대해서도 제390조, 제393조에 따라 임대인에게 손해배상책임을 부담하게 된다(대판 2017.5.18, 2012다86895,86901). 즉 임차 외 건물 부분이 구조상 불가분의 일체를 이루는 관계에 있는 부분이더라도, 그 부분에 발생한 손해에 대하여 임대인이 임차인을 상대로 채무불이행을 원인으로 하는 배상을 구하려면, 임차인이 보존·관리의무를 위반하여 화재가 발생한 원인을 제공하는 등 화재 발생과 관련된 임차인의 계약상 의무위반이 있었고, 그러한 의무 위반과 임차 외 건물 부분의 손해 사이에 상당인과관계가 있으며, 임차 외 건물 부분의 손해가 의무 위반에 따라 제393조에 의하여 배상하여야 할 손해의 범위 내에 있다는 점에 대하여 임대인이 주장·증명하여야 한다.

판 례

(ㄱ) 임대차계약이 종료되면 임차인은 특별한 사정이 없는 한 임차목적물을 원상으로 복구하여 임대인에게 반환하여야 하고, 임차인이 자신의 영업을 위하여 설치한 시설에 관한 비용을 임대인에게 청구하지 않기로

약정한 사정만으로는 그러한 원상복구의무를 면하기로 하는 합의가 있었다고 볼 수 없다(대판 2006.10.13, 2006다39720).

(ㄴ) 중기를 이용한 작업을 함에 있어 임대인 측의 운전기사는 중기의 운전을 할 뿐 중기의 이용과 관련된 일체의 사항에 관하여 임차인 측의 지휘·감독을 받는 관계인 경우, 임차인 측의 과실로 인해 중기가 파손되었다면 임차인은 임차물을 원상대로 반환하지 못함에 따른 손해배상책임을 부담한다(대판 2013.7.12, 2011다28854,28861).

(ㄷ) 임차인이 임대인에게 임차목적물을 반환하는 때에는 원상회복의무가 있다(제654조, 제615조). 임차인이 임차목적물의 그 현상을 변경한 때에는 원칙적으로 변경 부분을 철거하는 등으로 임차목적물을 임대 당시의 상태로 사용할 수 있도록 해야 하나, 토지 임대 당시 이미 임차목적물인 토지에 종전 임차인 등이 설치한 가건물 기타 공작물이 있는 경우에는 특별한 사정이 없는 한 임차인은 그가 임차하였을 때의 상태로 임차목적물을 반환하면 되고 종전 임차인 등이 설치한 부분까지 원상회복할 의무는 없다. 위 특별한 사정의 인정은 임대차계약의 체결 경위와 내용, 임대 당시 목적물의 상태, 임차인에 의한 현상 변경 유무 등을 심리하여 구체적·개별적으로 이루어져야 한다(대판 2023.11.2, 2023다249661; 대판 2019.8.30, 2017다268142).

Ⅳ. 임대차관계에서의 제3자

1. 제3자에 대한 임차인의 보호

(1) 임차물의 점유자로서 임차인의 보호

임차인이 임대인으로부터 목적물을 인도받은 경우, 목적물에 대하여 점유권을 취득하고(제192조), 임대차계약에 의하여 점유할 권리를 취득한다. 그러므로 목적물을 사용·수익하고 있는 임차인은 임대차 존속기간 동안 임대인의 목적물반환청구를 거절할 수 있고(제213조 단서), 제204조, 제205조에 의하여 임차물의 침해자 또는 침해할 염려가 있는 자에 대하여 점유보호청구권(점유물반환·방해제거·방해예방청구권)을 행사할 수 있다. 또한 임차권이 공시되어 대항력을 갖춘 경우(제621조, 제622조, 주택임대차보호법 제3조 1항, 제3조의3, 상가건물임대차보호법 제3조 1항, 제6조)에는 임차권에 의하여 권한 없는 제3자의 방해를 배제할 수 있다. 그 밖에 임차물에 대한 점유권을 침해한 자에 대하여 불법행위로 인한 손해배상(제750조) 및 부당이득반환을 청구할 수 있다(제741조).

(2) 임차물의 양수인에 대한 임차인의 보호—부동산임차권의 대항력

(가) 일 반

임대차계약에 의하여 임차인이 취득하는 임차권은 채권이므로, 임차인은 임대인에 대해서만 임차권을 주장할 수 있고, 임대인으로부터 목적물을 취득한 제3자(양수인)에 대하여 임차권을 가지고 대항하지 못한다.

(나) 예외 — 대항력의 인정

1) 부동산임차인의 등기청구권

(i) 부동산임차인은 당사자 사이에 반대의 특약이 없으면, 임대인에 대하여 임차권의 등기절차에 협력할 것을 청구할 수 있고(제621조 1항), 부동산임대차를 등기한 때에는 그때부터 제3자

에 대하여 효력이 생긴다(제621조 2항). 등기된 임차권이 침해된 경우, 그 임차권에 기한 방해배제를 청구할 수 있는지에 관하여, 판례는 등기된 임차권에는 용익권적 권능 외에 임차보증금반환채권에 대한 담보권적 권능이 있고, 임대차기간이 종료되면 용익권적 권능은 임차권등기의 말소등기 없이도 곧바로 소멸하지만 담보권적 권능은 곧바로 소멸하지 않는다. 따라서 임차권자는 임대차기간이 종료한 후에도 임차보증금을 반환받기까지는 임대인이나 그 승계인에 대하여 임차권등기의 말소를 거부할 수 있으며, 임차권등기가 원인 없이 말소된 때에는 그 방해를 배제하기 위한 청구를 할 수 있다고 한다(대판 2002.2.26, 99다67079).

(ii) 임차권설정의 등기를 할 때에는 일반적인 등기사항(부동산등기법 제48조) 외에 ① 차임, ② 범위, ③ 차임지급시기, ④ 존속기간(다만 처분능력 또는 처분권한 없는 임대인에 의한 제619조의 단기임대차인 경우에는 그 뜻도 기록한다), ⑤ 임차보증금, ⑥ 임차권의 양도 또는 임차물의 전대에 대한 임대인의 동의, ⑦ 임차권설정 또는 임차물전대의 범위가 부동산의 일부인 때에는 그 부분을 표시한 도면의 번호를 기록한다. 다만 ③부터 ⑥까지는 등기원인에 그 사항이 있는 경우에만 기록한다(동법 제74조).

(iii) 주택·상가건물에 대하여 제621조에 의거 임차권등기가 되면, 임차인은 제3자에 대하여 대항할 수 있을 뿐만 아니라 민사집행법에 따른 경매 또는 국세징수법에 따른 공매를 할 때에는 주택·상가건물의 환가대금에서 후순위권리자나 그 밖의 채권자보다 우선하여 보증금을 변제받을 권리가 있다(주택임대차보호법 제3조의4 1항, 상가건물임대차보호법 제7조 1항). 주택(상가건물)임차인이 대항력이나 우선변제권을 갖추고 제621조 1항에 따라 임대인의 협력을 얻어 임대차등기를 신청하는 경우에는 신청서에 임차권설정등기의 일반적인 등기사항 외에 ① 주민등록을 마친 날(사업자등록을 신청한 날), ② 임차주택(건물)을 점유한 날, ③ 임대차계약증서상의 확정일자를 받은 날을 기재해야 하며, 이를 증명할 수 있는 서면을 첨부해야 한다(주택임대차보호법 제3조의4 제2항, 상가건물임대차보호법 제7조 2항).

(iv) 임차인이 제621조에 의하여 임차권등기를 마친 경우, 당사자 사이에 다른 약정이 없는 한 임대차 종료 후 임대인의 임차보증금 반환의무와 임차인의 임차권등기 말소의무는 동시이행관계에 있으므로, 임차인은 임차권등기 말소의무를 이행하거나 이행제공을 하여 상대방을 이행지체에 빠뜨려야 비로소 임차보증금에 대한 지연손해금의 지급을 청구할 수 있다(대판 2024.12.12, 2024다261989).

2) 건물의 소유를 목적으로 한 토지임대차의 경우

(i) 건물의 소유를 목적으로 하는 '토지임대차'는 이를 등기하지 않은 경우에도 임차인이 그 지상건물을 등기한 때에는 제3자에 대하여 임대차의 효력이 있다(제622조 1항). 여기서 '지상건물의 등기'는 보존등기에 한하지 않고 이전등기도 포함된다(대판 1966.9.27, 66다1224). 가령 ① X토지의 임차인 甲이 그 토지에 Y건물을 신축하고 Y건물에 대해 보존등기를 한 경우, ② 토지임차인 甲이 신축한 Y건물과 X토지의 임차권을 양수한 乙이 Y건물에 대해 이전등기를 한 경우, X토지에 권리를 취득한 제3자에 대해 X토지의 임차권을 주장할 수 있다. 다만 임차권의 양도가

적법하여야 하므로 ②의 경우에는 임차권의 양도에 임대인의 동의가 있어야 하며(대판 1996.2.27, 95다29345), 건물을 양수한 것(건물의 소유권이전등기)만으로는 부족하다(대판 1968.7.31, 67다2126). 또한 임차인이 그 지상건물을 등기하기 전에 제3자가 그 토지에 관하여 물권취득의 등기를 한 때에는 임차인이 그 지상건물을 등기하더라도 그 제3자에 대하여 임대차의 효력이 생기지 않는다(대판 2003.2.28, 2000다65802,65819).

(ⅱ) 대지에 관한 적법한 임대차계약 없이 그 대지상의 건물에 대하여 등기를 하였더라도 제622조는 적용되지 않는다(대판 1996.2.27, 95다29345). 한편 건물이 임대차기간의 만료 전에 멸실되거나 낡아서 쓸모없게 된 경우에는 토지임차인을 보호할 필요가 없기 때문에 토지임대차는 그 효력을 잃는다(제622조 2항).

판 례

甲이 대지와 건물의 소유자였던 乙로부터 이를 임차하였는데 그 후 甲이 그 건물을 강제경매절차에서 매각받아 그 대지에 관한 임차권은 등기하지 아니한 채 그 건물에 관하여 甲 명의의 소유권이전등기를 경료하였다면, 甲과 乙 사이에 체결된 대지에 관한 임대차계약은 건물의 소유를 목적으로 한 토지임대차계약이 아님이 명백하므로, 그 대지에 관한 甲의 임차권은 제622조에 따른 대항력을 갖추지 못하였다(대판 1994.11.22, 94다5458).

3) 주택임대차보호법 · 상가건물임대차보호법에서의 대항력

주택임대차보호법 또는 상가건물임대차보호법의 보호를 받는 임대차에서는 등기가 없는 경우에도 임차인이 주택의 인도를 받고 주민등록을 마친 때에 또는 건물의 인도와 사업자등록을 신청한 때에, 그 다음 날부터 제3자에 대하여 효력이 생긴다(동법 제3조).

2. 임차권의 양도와 임차물의 전대

(1) 일 반

임차인은 임대인의 동의를 받지 않고 임차물을 타인에게 사용·수익하게 할 수 없다(제629조 1항). 즉 민법은 임대인의 동의 없는 임차권의 양도와 임차물의 전대를 금지하고 있으며, 만일 임차인이 임대인의 동의를 받지 않고 양도·전대를 한 경우, 임대인은 계약을 해지할 수 있다(제629조 2항). 판례는 임대인의 동의 없는 임차권의 양도·임차물의 전대인 경우에도 "그것이 임대인과 임차인간의 신뢰관계를 파괴할 정도의 배신적 행위라고 인정될 수 없는 특별한 사정이 있는 때에는 임대인은 무단양도·무단전대를 이유로 제629조 2항에 따라 임대차계약을 해지할 수 없고, 그와 같은 특별한 사정이 있는 때에 한하여 매수인(경락인)은 임대인의 동의가 없더라도 임차권의 이전을 임대인에게 대항할 수 있으며, 특별한 사정이 있는 점은 매수인이 주장·증명하여야 한다"고 한다(대판 1993.4.13, 92다24950; 대판 1993.4.27, 92다45308).

임차권의 양도는 임차인이 임대차계약에 따라 가지는 모든 권리와 의무(임차인의 지위)가 제3자에게 이전되므로(통설), 제629조 1항의 임대인의 동의는 임차권 양도의 경우에는 계약인수의 의사표시이고, 임차물 전대의 경우에는 임대인이 임차물을 전대할 수 있는 권능을 임차인에게 주는 의사표시이다. 한편 무단양도·무단전대의 금지에 관한 제629조는 강행규정이 아니며, 예외적으로 건물의 임차인이 그 건물의 소부분을 타인에게 사용하게 하는 경우에는 임대인의 동의 없이도 전대할 수 있다(제632조).

(2) 임차권의 양도

(가) 의의와 성질

임차권의 양도란 임차인이 임차권을 계약에 의하여 그 동일성을 유지하면서, 제3자에게 이전하는 것을 말한다. 임차권을 양도할 경우에 임차인은 그 법적 지위를 상실하게 되고, 임대인과 양수인 사이에 임대차관계가 계속하게 된다. 즉 양수인이 임차인으로서 권리를 갖고 의무를 부담하게 된다.

임차권양도의 법적 성질에 대하여, 임차권도 일종의 지명채권이므로 임차권의 양도는 지명채권인 임차권 그 자체의 직접적인 이전을 목적으로 하는 계약이고 준물권행위라는 견해(곽윤직, 205면), 임차권의 양도는 계약인수로서 양수인은 임차인의 지위를 이전받는 것이라는 견해(김상용, 319면)가 있다. 생각건대 임차권의 양도를 지명채권의 양도로 보게 되면, 양수인이 임대인에 대하여 차임지급의무를 부담하는 점을 설명할 수 없게 되므로, 후설이 타당하다고 할 것이다.

(나) 임대인의 동의가 없는 경우(무단양도)의 법률관계

1) 임차인(양도인)과 양수인

(i) 임차인이 임대인의 동의 없이 임차권을 양도한 경우, 임차인과 양수인 사이의 채권계약은 유효하므로 임차인은 양수인을 위하여 임대인의 동의를 받아줄 의무를 부담한다(대판 1986.2.25, 85다카1812). ① 임차권의 양도를 지명채권의 양도로 이해하는 견해에 의하면, 임대인의 동의가 없더라도 양도인(임차인)과 양수인 사이의 채권양도로 인하여 양수인은 임차권을 취득한다고 하지만(곽윤직, 205면), ② 계약인수로 이해하는 견해는 임대인의 동의 없이는 임차인과 양수인 사이에도 임차권은 이전되지 않는다(제454조 1항 참조)고 한다(김형배, 476면). 즉 무단양도의 경우에 임차인과 양수인 사이의 채권계약은 유효하지만 임대인과의 관계에서 임차권이 임차인으로부터 양수인에게 이전되는 처분적 효력은 발생하지 않는다.

(ii) 한편 임차권의 무단양도의 경우에 임차인이 임대인의 동의를 받지 못하면 임차인은 양수인에 대하여 담보책임을 부담하며(제567조, 제570조 이하), 또한 임대인의 동의를 받지 못한 것이 임차인의 귀책사유에 기인한 때에 양수인은 담보책임 이외에 채무불이행책임을 주장할 수 있다는 견해가 있다(김형배, 476면; 김상용, 321면).

생각건대 임차인 乙이 임차권을 양도할 권한이 있는 것으로 잘못 알고 있고, 실제로는 乙이 甲의 동의를 받지 못한 상황인데, 임차권의 양도계약체결 당시에 임대인 甲의 동의가 없음을 양수인 丙이 알고 있었다면, 채무불이행책임을 인정하는 견해에 따를 경우, 丙은 제

567조, 제570조에 의해서는 손해배상을 청구할 수 없지만 제390조에 의하면 손해배상을 청구할 수 있게 되어, 평가모순에 빠지게 된다. 그런데 매도인의 하자담보책임에서 설명한 바와 같이 담보책임은 위험이 이전된 후에 발생한다. 임차권의 양도를 계약인수로 파악하는 사견에 의하면, 임차인과 양수인 사이의 채권계약은 유효하지만 목적물에 대한 임차권 자체는 아직 양수인 丙에게 이전되지 않았으므로, 임차인의 귀책사유로 인하여 임대인의 동의를 받지 못한 경우에 양수인 丙은 담보책임이 아니라 이행불능을 이유로 채무불이행책임만을 주장할 수 있다고 할 것이다.

판 례

(ㄱ) 주택법에 의하여 아파트 분양 후 일정기간 동안 임차권의 양도가 금지되어 있더라도 이는 매수인이 분양자에게 양도사실로 대항할 수 없다는 것이지 당사자 사이의 사법상의 임차권의 양도계약의 효력까지 무효로 한다는 것은 아니다. 또한 임차권의 양도가 금지된다 하더라도 임차보증금반환채권의 양도마저 금지되는 것은 아니므로 양도인은 양수인에 대하여 그 채권의 양도에 관하여 임대인에게 통지를 하거나 그에 대한 승낙을 받아 주어야 할 의무를 부담한다(대판 1993.6.25, 93다13131; 대판 1995.11.7, 94다1890).

(ㄴ) 임대차계약의 당사자 사이에 '임차인은 임대인의 동의 없이는 임차권을 양도 또는 담보제공하지 못한다'는 약정을 하였다면, 그 약정의 취지는 임차권의 양도를 금지한 것으로 볼 것이지 임대차계약에 기한 임대보증금반환채권의 양도를 금지하는 것으로 볼 수는 없다(대판 2013.2.28, 2012다104366,104373).

2) 임대인과 양수인

(i) 양수인은 임대인에 대하여 임차권의 취득을 주장할 수 없다. 따라서 ① 양수인이 목적물을 점유·사용하는 것은 불법점유에 속하고, 임대인은 이에 대하여 방해배제를 청구할 수 있다(제213조, 제214조). 다만 임대인이 임대차계약을 해지하지 않은 때에는 목적물을 직접 자기에게 반환할 것을 청구할 수 없고 임차인에게 반환하라고 청구할 수 있을 뿐이다(제207조 2항). ② 임대인이 임대차계약을 해지하지 않는 한 임차인에 대하여 여전히 차임청구권을 가지므로, 임대차계약이 존속하는 한도 내에서는 양수인에게 불법점유를 이유로 한 차임상당 손해배상청구나 부당이득반환청구를 할 수 없다(대판 2008.2.28, 2006다10323). 그러나 임대차계약이 종료된 이후에는 임차물을 소유하고 있는 임대인은 양수인을 상대로 위와 같은 손해배상청구나 부당이득반환청구를 할 수 있다(대판 2023.3.30, 2022다296165). ③ 양수인은 임차권을 가지고 임대인에게 대항할 수 없으므로, 임대인의 권리를 대위행사할 수 없다(대판 1985.2.8, 84다카188).

(ii) 한편 건물의 소유를 목적으로 하여 토지를 임차한 사람이 그 토지 위에 소유하는 건물에 저당권을 설정한 때에는 저당권의 효력이 건물뿐만 아니라 건물의 소유를 목적으로 한 토지의 임차권에도 미친다(제358조). 따라서 건물에 대한 저당권이 실행되어 매수인이 건물의 소유권을 취득한 때에는 특별한 다른 사정이 없는 한 건물의 소유를 목적으로 한 토지의 임차권도 건물의 소유권과 함께 매수인에게 이전된다. 다만 토지의 임대인에 대한 관계에서는 그의 동의가 없는 한 매수인은 그 임차권의 취득을 대항할 수 없다(대판 1993.4.13, 92다24950). 즉 제622조 1항

은 건물의 소유를 목적으로 한 토지 임대차는 이를 등기하지 않은 경우에도 임차인이 그 지상 건물을 등기한 때에는 '토지에 관하여 권리를 취득한 제3자'에 대하여 임대차의 효력을 주장할 수 있음을 규정한 것에 불과할 뿐, 임차인으로부터 건물의 소유권과 함께 건물의 소유를 목적으로 한 토지의 임차권을 취득한 사람이 토지의 임대인에 대한 관계에서 임차권의 양도에 관한 그의 동의가 없어도 임차권의 취득을 대항할 수 있다는 것까지 규정한 것은 아니다(대판 1996.2.27, 95다29345).

판 례

(ㄱ) 임대인의 동의 없는 임차권의 양도는 당사자 사이에서는 유효하다 하더라도 다른 특약이 없는 한 임대인에게는 대항할 수 없는 것이고 임대인에 대항할 수 없는 임차권의 양수인으로서는 임대인의 권한을 대위 행사할 수 없다(대판 1985.2.8, 84다카188).

(ㄴ) 민법상 임차인은 임대인의 동의 없이 그 권리를 양도하거나 임차물을 전대하지 못하고 임차인이 이에 위반한 때에는 임대인은 계약을 해지할 수 있으나(제629조), 이는 임대차계약이 원래 당사자의 개인적 신뢰를 기초로 하는 계속적 법률관계임을 고려하여 임대인의 인적 신뢰나 경제적 이익을 보호하여 이를 해치지 않게 하고자 함에 있고, 임차인이 임대인의 동의 없이 제3자에게 임차물을 사용·수익시키는 것은 임대인에게 임대차관계를 계속시키기 어려운 배신적 행위가 될 수 있는 것이기 때문에 임대인에게 일방적으로 임대차관계를 종료시킬 수 있도록 하고자 함에 있다. 따라서 임차인이 비록 임대인으로부터 별도의 승낙을 얻지 아니하고 제3자에게 임차물을 사용·수익하도록 한 경우에 있어서도, 임차인의 당해 행위가 임대인에 대한 배신적 행위라고 할 수 없는 특별한 사정이 인정되는 경우에는, 임대인은 자신의 동의 없이 전대차가 이루어졌다는 것만을 이유로 임대차계약을 해지할 수 없으며, 임차권 양수인이나 전차인은 임차권의 양수나 전대차 및 그에 따른 사용·수익을 임대인에게 주장할 수 있다(대판 2010.6.10, 2009다101275).

3) 임대인과 임차인

무단양도로 인하여 양수인이 임차목적물을 사용·수익하게 되면, 이를 이유로 임대인은 임대차계약을 해지할 수 있다(제629조 2항). 즉 임차권의 양도를 계약인수로 파악하는 견해에 따르면, 양도계약만으로는 임차권이 이전되지 않으므로 임대인의 동의 없이 양도계약을 체결하였다는 이유로 임대인이 계약을 해지하는 것은 부당하며, 따라서 양수인이 현실적으로 사용·수익할 때 해지할 수 있게 된다(김형배, 476면; 김주수, 278면; 이은영, 442면). 또한 임대인이 무단양도를 이유로 계약을 해지하지 않는 한, 임차인은 그 법적 지위를 상실하지 않으므로, 임대인은 임차인에 대하여 차임지급을 청구할 수 있다(제618조).

판 례

건물 소유를 목적으로 한 대지 임차권을 가지고 있는 자가 대지상의 자기 소유 건물에 대하여 제3자에 대한 채권담보의 목적으로 제3자 명의의 소유권이전등기를 경료하여 준 이른바 양도담보의 경우에는, 채권담보를 위하여 신탁적으로 양도담보권자에게 건물의 소유권이 이전될 뿐 확정적, 종국적으로 이전되는 것은 아니고 또한 특별한 사정이 없는 한 양도담보권자가 건물의 사용수익권을 갖게 되는 것도 아니므로, 이러한 경우 건물의 부지에 관하여 제629조의 해지의 원인인 임차권의 양도 또는 전대가 이루어지지 않았다고 해석함이 상당하다(대판 1995.7.25, 94다46428).

(다) 임대인의 동의가 있는 경우의 법률관계

임대인의 동의가 있는 경우에 임차권은 그 동일성을 유지하면서 양수인에게 포괄적으로 이전되고, 임차인은 그 법적 지위를 상실하게 된다. 다시 말하면 임대인과 임차인(양도인) 사이에 존재하던 임대차관계는 임대인과 양수인 사이에 계속 존재하게 된다. 따라서 양수인이 임대인에 대하여 차임지급의무를 부담하게 된다. 그러나 연체차임채무나 그 밖의 의무위반으로 인한 손해배상채무 등은 특약이 없는 한 양수인에게 이전되지 않는다(통설).

(3) 임차물의 전대

(가) 의 의

임차물의 전대란 임차인이 임차물을 제3자(전차인)에게 사용·수익하게 하는 계약을 말한다. 전대에서는 임차권의 양도와 달리 임차인이 그 법적 지위를 상실하지 않는다. 그러므로 임대인과 임차인 사이의 임대차관계와 전대인(임차인)과 전차인 사이의 전대차관계가 동시에 존재하게 된다.

(나) 임대인의 동의가 없는 경우(무단전대)의 법률관계

1) 전대인(임차인)과 전차인

무단전대의 경우에 전대차계약은 전대인(임차인)과 전차인 사이에 유효하게 성립하며, 임차인은 전차인에 대하여 목적물을 인도하여 전차인이 사용·수익할 수 있도록 할 의무가 있으며, 또한 전차인에게 차임의 지급을 청구할 수 있다. 그 밖에 임차인은 전차인에 대하여 임대인의 동의를 얻어 목적물을 적법하게 사용·수익할 수 있도록 할 의무가 있다.

2) 임대인과 전차인

전차인은 임차인과의 전대차계약으로 발생한 임차권을 가지고 임대인에게 대항하지 못한다. 즉 전차인은 임대인에 대한 관계에서는 점유할 권리가 없기 때문에, 임대인은 소유권에 의하여 물권적 청구권을 행사할 수 있다(제213조, 제214조). 다만 임차인이 임대인의 동의를 받지 않고 제3자에게 임차권을 양도하거나 전대하는 등의 방법으로 임차물을 사용·수익하게 하더라도, 임대인이 이를 이유로 임대차계약을 해지하거나 그 밖의 다른 사유로 임대차계약이 적법하게 종료되지 않는 한 임대인은 임차인에 대하여 여전히 차임청구권을 가지므로, 임대차계약이 존속하는 한도 내에서는 제3자에게 불법점유를 이유로 한 차임상당 손해배상청구나 부당이득반환청구를 할 수 없다(대판 2008.2.28, 2006다10323).

3) 임대인과 전대인(임차인)

임차인이 임차물을 전대한 경우에도 임대인과 임차인 사이의 임대차관계는 임대차의 양도와 달리 소멸하지 않고 그대로 존속하게 된다. 따라서 임대인은 임차인에 대하여 차임지급을 청구할 수 있고, 임차인은 임대차관계의 종료로 임차물을 임대인에게 반환할 때까지 선량한 관리자의 주의로 목적물을 보관할 의무가 있다(제374조). 그 밖에 무단전대를 이유로 임대인은 임대차계약을 해지할 수 있다(제629조 2항). 이와 관련하여 판례는 임대인과 임차인사이의 신뢰관계를 파괴할 정도가 아니라는 특별한 사정이 있는 때에, 임대인은 무단전대를 이유로 계약을 해지할 수 없다고 한다(대판 1993.4.27, 92다45308; 대판 1993.4.13, 92다24950). 또한 건물의 임차인이 그 건물의 소부분을 타인에게 사용하게 하는 경우에는 이를 이유로 임대차계약을 해지하지 못한다(제632조).

판 례

임차인이 비록 임대인으로부터 별도의 승낙을 얻지 아니하고 제3자에게 임차물을 사용·수익하도록 한 경우에도, 임차인의 당해 행위가 임대인에 대한 배신적 행위라고 할 수 없는 특별한 사정이 인정되는 경우에는, 임대인은 자신의 동의 없이 전대차가 이루어졌다는 것만을 이유로 임대차계약을 해지할 수 없으며, 전차인은 그 전대차나 그에 따른 사용·수익을 임대인에게 주장할 수 있다(대판 2007.11.29, 2005다64255).

(다) 임대인의 동의가 있는 경우의 법률관계

1) 전대인(임차인)과 전차인

(i) 전대인과 전차인 사이의 법률관계는 전대차계약의 내용에 의해 정해진다. 다만 전차인은 임차인에 대한 차임의 지급으로 임대인에 대하여 대항할 수 없기 때문에, 차임을 임대인에게 직접 지급하여야 한다(제630조 1항).

(ii) 전대인과 전차인은 계약자유의 원칙에 따라 전대차계약의 내용을 변경할 수 있다. 그로 인하여 제630조 1항에 따라 전차인이 임대인에 대하여 직접 부담하는 의무의 범위가 변경되더라도, 전대차계약의 내용 변경이 전대차에 동의한 임대인 보호를 목적으로 한 제630조 1항의 취지에 반하여 이루어진 것이라고 볼 특별한 사정이 없는 한 전차인은 변경된 전대차계약의 내용을 임대인에게 주장할 수 있다. 전대인과 전차인이 전대차계약상의 차임을 감액한 경우도 마찬가지이다. 또한 이 경우 임대차종료 후 전차인이 임대인에게 반환하여야 할 차임 상당 부당이득액을 산정할 때에도, 부당이득 당시의 실제 차임액수를 심리하여 이를 기준으로 삼지 않고 약정 차임을 기준으로 삼는 경우라면, 전차인이 임대인에 대하여 직접 의무를 부담하는 차임인 변경된 차임을 기준으로 할 것이지, 변경 전 전대차계약상의 차임을 기준으로 할 것은 아니다(대판 2018.7.11, 2018다200518).

판 례

임대차가 종료된 경우 임대목적물이 타인 소유라고 하더라도 그 타인이 목적물의 반환청구나 임료 내지 그 해당액의 지급을 요구하는 등 특별한 사정이 없는 한 임차인은 임대인에게 그 부동산을 명도하고 임대차 종료일까지의 연체차임을 지급할 의무가 있음은 물론, 임대차 종료일 이후부터 부동산 명도 완료일까지 그 부동산을 점유·사용함에 따른 차임 상당의 부당이득금을 반환할 의무도 있으며, 이와 같은 법리는 임차인이 임차물을 전대하였다가 임대차 및 전대차가 모두 종료된 경우의 전차인에 대하여도 특별한 사정이 없는 한 그대로 적용된다(대판 2001.6.29, 2000다68290).

2) 임대인과 전차인

(i) 임대인과 전차인 사이에는 직접적인 계약관계가 발생하지 않는다. 그러나 제630조 1항은 임대인을 보호하기 위해, '전차인은 직접 임대인에 대하여 의무를 부담한다'고 규정하고 있다. 여기서 전차인이 직접 임대인에게 부담하는 의무는 전대인과 전차인 사이의 전대차계약과 임대인과 임차인 사이의 임대차계약상 의무를 한도로 한다(대판 2018.7.11, 2018다200518). 가령 전대차상의 차임이 월 60만원이고, 임대차상의 차임이 월 50만원(또는 80만원)인 경우, 이 가운데 적은 것만큼 부담하므로 전차인이 직접 임대인에게 지급할 차임은 50만원(또는 60만원)이다.

임대인의 차임청구시기는 전대인·전차인의 차임채무의 변제기가 모두 도래한 때이며, 전차인이 임대인과 전대인 중 어느 하나에게 이행하면 다른 사람에게는 의무를 면한다. 다만 '전대인에 대한 차임의 지급으로' 임대인에게 대항하지 못한다(제630조 1항 2문). 그러므로 전차인이 차임을 전대인에게 지급한 후에 임대인의 청구가 있으면 전차인은 임대인에게 다시 지급해야 한다(이 경우 전차인은 전대인에게 부당이득반환을 청구할 수 있다.). 제630조 1항 2문은 전차인이 '전대차계약상의 차임지급시기 전'에 전대인에게 차임을 지급하게 되면, 임대인은 임차인이 차임을 지급하지 않은 경우에 전차인에 대하여 차임을 청구할 수 없게 되는 불이익을 방지하기 위한 것이다. 따라서 ① 전차인은 '전대차계약상의 차임지급시기 전'에 전대인에게 차임을 지급한 사정을 들어 임대인에게 대항하지 못하지만, '차임지급시기 이후'에 지급한 차임으로는 임대인에게 대항할 수 있다(대판 2008.3.27, 2006다45459). 가령 전대차계약 종료와 전대차목적물의 반환 당시 전차인의 연체차임은 전대차보증금에서 당연히 공제되어 소멸하며, 이는 전대차계약상의 차임지급시기 이후 발생한 채무소멸사유이므로 전차인은 이로써 임대인에게 대항할 수 있다. ② 전대차계약상의 차임지급시기 전에 전대인에게 지급한 차임이라도, 임대인의 차임청구 전에 차임지급시기가 도래한 경우에는 그 지급으로 임대인에게 대항할 수 있다(대판 2018.7.11, 2018다200518).

(ii) 한편 전차인을 보호하기 위하여 민법은 특별규정을 두고 있다(편면적 강행규정, 제652조). ① 임차인이 임대인의 동의를 얻어 전대한 경우에 임대인과 임차인(전대인)의 합의로 계약을 종료하더라도 전차인의 권리는 소멸하지 않으며(제631조), ② 해지통고로 인한 임대차계약의 종료(제635조, 제636조)의 경우에도 해지통고로 임대차계약이 종료되었음을 전차인에게 통지하지 않으면 해지로써 전차인에게 대항할 수 없다(제638조). 주의할 것은 제638조는 해지의 통고로 인하여 임대차계약이 종료된 경우에 적용된다는 점이다. 따라서 임차인의 차임연체를 이유로 임대인이 임대차계약을 해지하는 경우(제640조)에는 전차인에 대하여 그 사유를 통지하지 않더라도 해지로써 전차인에게 대항할 수 있고, 해지의 의사표시가 임차인에게 도달하는 즉시 임대차관계는 해지로 종료된다(대판 2012.10.11, 2012다55860). ③ 건물이나 그 밖의 공작물의 소유 또는 식목·소금채취·목축을 목적으로 한 토지임차인이 적법하게 그 토지를 전대한 경우에 임대차 및 전대차의 기간이 동시에 만료되고 건물·식목·그 밖의 지상시설이 현존하는 경우에 전차인은 임대인에 대하여 종전의 전대차와 동일한 조건으로 임대할 것을 청구할 수 있고, 임대인이 임대할 것을 원하지 않으면 지상시설

의 매수를 청구할 수 있으며(제644조, 제645조), 전대차의 종료시 부속물의 매수를 청구할 수 있다(제647조). 즉 전차인은 전대차의 종료시에 전차물의 사용 편익을 위하여 임대인의 동의를 얻어 부속한 물건(제647조 1항), 임대인으로부터 매수하였거나 그 동의를 얻어 임차인으로부터 매수한 부속물의 매수를 임대인에 대하여 청구할 수 있다(제647조 2항). 주의할 것은 제644조에 의한 전차인의 임대청구권과 매수청구권은 토지임차인이 토지임대인의 승낙을 얻어 '적법하게 그 토지를 전대'한 경우에만 인정된다는 점이다(대판 1993.7.27, 93다6386).

판 례

(ㄱ) 임차인이 임차물을 전대하여 그 임대차 기간 및 전대차 기간이 모두 만료된 경우에는, 그 전대차가 임대인의 동의를 얻은 여부와 상관없이 임대인으로서는 전차인에 대하여 소유권에 기한 반환청구권에 터잡아 목적물을 자신에게 직접 반환해 줄 것을 요구할 수 있고, 전차인으로서도 목적물을 임대인에게 직접 명도함으로써 임차인(전대인)에 대한 목적물 명도의무를 면한다(대판 1995.12.12, 95다23996).

(ㄴ) 임차인이 임대인의 동의를 얻어 전대한 경우에 전차인은 임대인에 대하여 그 사용의 편익을 위하여 임대인의 동의를 얻어 시설한 부속물의 매수청구권을 행사할 수 있고, 임대인을 대위하여 명도청구를 하는 원고에 대하여도 부속물 매수대금 지급시까지의 연기적 항변권을 주장할 수 있다(대판 1981.11.10, 81다378).

3) 임대인과 전대인(임차인)

임대인의 동의를 얻어 임차물을 전대한 경우에도 임대인과 전대인 사이의 임대차관계는 아무런 영향을 받지 않는다(제630조 2항). 그러므로 임대인은 임차인에 대하여 차임지급을 청구할 수 있다. 한편 임차인은 전차인의 귀책사유로 인하여 목적물이 멸실·훼손된 경우에 대하여, 다수설은 전차인을 이행대행자로 보고 제682조 및 제121조를 유추적용하여 임차인에게 전차인의 선임·감독상의 주의의무를 게을리하였을 때에만 임대인에 대하여 손해배상책임을 부담한다고 한다.

(4) 임차권 이전 또는 임차물 전대의 등기

임차인이 임차권설정등기가 마쳐진 임차권을 양도하거나 임차물을 전대한 경우, 임차권의 이전 또는 임차물 전대의 등기는 임차권의 양수인 또는 전차인이 등기권리자, 양도인 또는 전대인이 등기의무자로서 공동으로 신청해야 한다(부동산등기법 제23조 1항). 임차권의 이전 또는 임차물 전대의 등기는 임차권등기에 부기의 형식으로 한다(동법 제52조 2호, 3호). 다만 임대차의 존속기간이 만료된 경우, 주택임차권등기 및 상가건물임차권등기가 마쳐진 경우에는 그 등기에 기초한 임차권이전등기나 임차물전대등기를 할 수 없다(등기예규 제1688호). 주택임차권등기와 상가건물임차권등기는 임대차가 끝난 후에 하는 등기이기 때문이다.

3. 제3자 보호효 있는 임대차계약

제3자 보호효 있는 계약(Vertrag mit Schutzwirkung zugunsten Dritter)이란 계약상의 보호의무

로 인한 손해배상청구권을 계약당사자가 아닌 일정한 보호의 범위 내에 있는 제3자에게 인정하는 이론을 말한다. 예컨대 乙은 甲의 주택을 임차하여, 배우자 丙 및 자녀 丁과 함께 살고자 한다. 그런데 이사하던 날 丙은 천장이 무너져 머리가 다치게 되었다. 이 경우에 丙은 甲에 대하여 제390조에 의하여 손해배상을 청구할 수 있는가? 임대차계약에서 목적물을 사용·수익할 수 있는 계약당사자는 임차인 乙이고, 丙과 丁은 계약당사자가 아니다. 그러므로 丙은 甲에 대하여 제750조에 의하여 불법행위로 인한 손해배상청구권을 행사할 수 있어도, 제390조에 의하여 손해배상을 원칙적으로 청구할 수 없다. 그러나 독일판례(BGHZ 66, 51; BGH NJW 1987, 1758)에 의하여 인정되고 있는 제3자 보호효 있는 계약론에 의하면, 丙과 丁은 임대차계약의 당사자는 아니지만 임대차계약상의 보호의무의 범위 내에 있는 제3자로서 피해를 입은 丙은 임대차계약에 의하여 甲에게 손해배상을 청구할 수 있게 된다.

이와 같이 제3자 보호효 있는 계약법리는 독일민법 제242조의 신의성실의 원칙에 의하여 형성된 이론으로서, 계약상의 보호의무의 범위 내에 있는 제3자만이 보호의무위반을 이유로 손해배상청구권을 행사할 수 있다. 여기서 주의할 것은 제3자 보호효 있는 계약에서 제3자는 계약당사자가 아니기 때문에 1차 급부청구권(이행청구권)을 갖지 못하고, 2차 급부청구권(손해배상청구권)만을 행사할 수 있을 뿐이라는 점이다.

Ⅴ. 보 증 금

1. 의 의

임대차에 따른 임차인의 여러 채무를 담보하기 위해 약정에 의해 임차인 또는 제3자가 임대인에게 일정액의 금전을 교부하게 되는데, 이를 임대차보증금이라고 한다. 즉 보증금은 부동산, 특히 건물의 임대차에 있어 임차인의 채무를 담보하기 위하여, 임차인 또는 제3자가 임대인에게 교부하는 '금전이나 그 밖의 유가물'을 가리킨다. 보증금의 성질에 관하여, 다수설은 임대차 종료 후 임차인이 목적물을 인도한 때에 임차인의 채무불이행이 없었을 것을 정지조건으로 하는 '정지조건부 반환의무'를 수반하는 금전소유권의 이전이라고 한다.

2. 보증금의 효력

(1) 임차인의 채무확보

(가) 보증금은 임대차관계가 종료되어 임차인이 목적물을 임대인에게 인도하는 때까지 차임채무, 목적물의 멸실·훼손 등으로 인한 손해배상채무 등 임대차관계에서 생긴 '임차인의 모든 채무'를 담보한다. 따라서 임대차가 종료한 때에 임차인의 채무가 있는 때에는 별도의 의사표시 없이 그 채무액은 보증금에서 당연히 공제된다(대판 2014.2.27, 2009다39233). 즉 ① 임대차종료 후 목적물 반환시까지 임차인이 목적물을 사용하는 경우, 임차인은 차임 상당의 부당이득을 취

하였고 이것은 보증금에서 공제할 수 있다(대판 1987.6.23, 87다카98). ② 차임채권에 관하여 압류 및 추심명령이 있었더라도 임대차계약이 종료되어 목적물이 반환될 때에는 그때까지 추심되지 않은 채 잔존하는 차임채권도 임대보증금에서 당연히 공제된다(대판 2004.12.23, 2004다56554). ③ 임대인이 임차인을 상대로 차임연체로 인한 임대차계약의 해지를 원인으로 임차물인 부동산의 인도 및 연체차임의 지급을 구하는 소송비용은 임차인이 부담할 원상복구비용 및 차임지급의무 불이행으로 인한 것이어서 임대차관계에서 발생하는 임차인의 채무에 해당하므로 임대차보증금에서 공제할 수 있다(대판 2012.9.27, 2012다49490). ④ 임차건물의 양수인이 건물소유권을 취득한 후 임대차관계가 종료되어 임차인에게 임대차보증금을 반환해야 하는 경우, 임대인의 지위를 승계하기 '전'까지 발생한 연체차임이나 관리비 등은 그에 관하여 채권양도의 요건을 갖추지 않았더라도 임대차보증금에서 당연히 공제된다(대판 2017.3.22, 2016다218874). 이는 임대차보증금이 수수된 임대차계약에서 차임채권이 양도되었더라도 마찬가지이다(대판 2017.10.12, 2016다277880; 대판 2015.3.26, 2013다77225). 물론 임대인의 지위를 승계한 임차건물의 양수인이 보증금에서 공제한 연체차임에 상당한 금액만큼 임차인에 대한 보증금 반환채무를 면하게 되므로, 종전 임대인 등은 임차건물의 양수인에게 그 금액의 구상청구를 할 수 있다. ⑤ 보증금이 수수된 저당부동산에 관한 임대차계약이 저당부동산에 대한 경매로 종료되었는데, 저당권자가 차임채권 등(민법 제359조)에 대하여 민사집행법 제273조에 따른 채권집행의 방법으로 별개로 저당권을 실행하지 않은 경우, 저당부동산에 대한 '압류의 전후'와 관계없이 임차인이 연체한 차임 등의 상당액은 임차인이 배당받을 보증금에서 당연히 공제되며, 저당권자가 차임채권 등에 대하여 별개로 저당권을 실행한 경우에도 채권집행절차에서 임차인이 실제로 차임 등을 지급하거나 공탁하지 않았다면 잔존하는 차임채권 등의 상당액은 임차인이 배당받을 보증금에서 당연히 공제된다(대판 2016.7.27, 2015다230020).

(나) 임대인은 임대차보증금에서 공제될 차임채권, 관리비채권 등의 발생원인에 관하여 주장·증명을 하여야 하며, 다만 그 발생한 채권이 변제 등의 이유로 소멸하였는지에 관하여는 임차인이 주장·증명책임을 부담한다(대판 2005.9.28, 2005다8323,8330). 주의할 것은, 임대차보증금은 임대차계약이 종료된 후 임차인이 목적물을 인도할 때까지 발생한 차임도 담보하기 위하여 교부된 것이므로, 임대차가 종료하였더라도 목적물이 인도되지 않았다면, 임차인은 보증금이 있음을 이유로 연체차임의 지급을 거절할 수 없다(대판 1999.7.27, 99다24881). 따라서 임대인은 보증금으로 충당하지 않고 연체차임 전액을 청구할 수 있다. 또한 임대차보증금액보다도 임차인의 채무액이 많은 경우에는 제477조의 법정충당 순서에 따라야 한다(대판 2007.8.23, 2007다21856,21863).

판 례

(ㄱ) 차임지급채무는 그 지급에 확정된 기일이 있는 경우에는 그 지급기일 다음 날부터 지체책임이 발생하고 보증금에서 공제되었을 때 비로소 그 채무 및 그에 따른 지체책임이 소멸되는 것이므로, 연체차임에 대한 지연손해금의 발생종기는 다른 특별한 사정이 없는 한 임대차계약의 해지 시가 아니라 '목적물이 반환되는 때'이다(대판 2014.2.27, 2009다39233).

(ㄴ) 임대인의 임대차보증금 반환의무는 임대차관계가 종료되는 경우에 그 임대차보증금 중에서 목적물을 반환받을 때까지 생긴 연체차임 등 임차인의 모든 채무를 공제한 나머지 금액에 관하여서만 비로소 이행기에 도달한다(대판 2025.3.27, 2024다302217).

(2) 임대차존속 중의 보증금충당

임대인에게 임대차보증금이 교부되어 있더라도 임대인은 임대차관계가 계속되고 있는 동안에는 임대차보증금에서 연체차임을 충당할 것인지를 자유로이 선택할 수 있다. 따라서 임대차계약 종료 전에는 공제 등 별도의 의사표시 없이 연체차임이 임대차보증금에서 당연히 공제되는 것은 아니고, 임차인도 임대차보증금의 존재를 이유로 차임의 지급을 거절할 수 없다(대판 2016.11.25, 2016다211309).

3. 보증금의 반환

(1) 임대차보증금반환과 동시이행

(가) 임대차계약이 종료되면 임대인은 보증금에서 임차인이 불이행한 차임과 손해배상금을 공제한 잔액을 임차인에게 반환하여야 한다(대판 2005.9.28, 2005다8323,8330). 즉 임대차관계가 종료하게 되면 공제한 잔액이 있을 것을 조건으로 하여 그 잔액에 관하여 임차인은 임대인에게 보증금반환청구권을 갖게 된다(대판 1988.1.19, 87다카1315).

(나) 보증금은 임대차에 따른 임차인의 모든 채무를 담보하는 것으로서 그 피담보채무 상당액은 임대차관계의 종료 후 목적물이 반환될 때에 특별한 사정이 없는 한 별도의 의사표시 없이 보증금에서 당연히 공제된다. 따라서 보증금이 수수된 임대차계약에서 차임채권이 양도되었더라도, 임차인은 임대차계약이 종료되어 목적물을 반환할 때까지 연체한 차임 상당액을 보증금에서 공제할 것을 주장할 수 있다(대판 2015.3.26, 2013다77225).

(다) 임대인의 보증금반환의무는 임차인의 임차목적물 반환의무와 동시이행의 관계에 있다(대판 2002.2.26, 2001다77697). 따라서 ① 임대인의 동시이행의 항변권을 소멸시키고 임대차보증금반환 지체책임을 인정하기 위해서는 임차인이 임대인에게 임차물 명도의 이행제공을 하여야만 하므로, 임차인이 임차물에서 퇴거하면서 그 사실을 임대인에게 알리지 않은 경우에는 임차물 명도의 이행제공이 있었다고 볼 수 없다(대판 2002.2.26, 2001다77697). ② 임차인이 동시이행의 항변권에 의하여 임차물을 점유하고 사용·수익한 경우 그 점유는 불법점유라 할 수 없어 그로 인한 손해배상책임은 지지 않는다. 다만 ㉠ 사용·수익으로 인하여 실질적으로 얻은 이익이 있으면 부당이득으로서 반환하여야 한다(대판 1998.7.10, 98다15545). 이때 부당이득은 차임 상당액이다(대판 2001.6.1, 99다60535). 반면에 임차인이 임대차계약 종료 후 동시이행의 항변권을 행사하면서 임대차건물을 계속 점유하였으나 본래의 용도대로 사용·수익하지 않은 때에는 실질적 이득을 얻고 있다고 할 수

없으므로, 임차인의 부당이득반환의무는 성립하지 않는다(대판 2008.4.10, 2007다76986,76993). ㉡ 임대인의 임대차보증금 반환 또는 임대차에 따른 임차인의 채무 공제 등으로 임차인이 그러한 동시이행항변권을 상실하였는데도 목적물의 반환을 계속 거부하면서 점유하고 있다면, 달리 점유에 관한 적법한 권원이 인정될 수 있는 특별한 사정이 없는 한 임차인이 동시이행항변권의 상실을 알 수 있는 때부터의 점유는 적어도 과실에 의한 점유로서 불법행위를 구성한다(대판 2024.6.13, 2022다228667; 대판 2020.5.14, 2019다252042).

(라) 주의할 것은, 주택임대차보호법 제4조 2항, 상가건물임대차보호법 제9조 2항에 의하면, 임대차가 종료한 경우에도 임차인이 보증금을 반환받을 때까지 임대차관계가 존속하는 것으로 의제된다. 따라서 주택(상가)임대차보호법이 적용되는 주택이나 상가건물의 임차인이 임대차 종료 이후에 보증금을 반환받기 전에 임차목적물을 점유하고 있더라도 임차인에게 차임 상당의 부당이득이 성립한다고 할 수 없다. 즉 임대차가 기간만료나 당사자의 합의, 해지 등으로 종료된 경우 보증금을 반환받을 때까지 임차목적물을 계속 점유하면서 사용·수익한 임차인은 종전 임대차계약에서 정한 차임을 지급할 의무를 부담할 뿐이고, 시가에 따른 차임에 상응하는 부당이득금을 지급할 의무를 부담하는 것은 아니다(대판 2023.11.9, 2023다257600).

판 례

(ㄱ) 임차인의 임차보증금반환청구채권이 전부된 경우에도 채권의 동일성은 그대로 유지되는 것이어서 동시이행관계도 당연히 그대로 존속한다고 해석할 것이므로 임대차계약이 해지된 후에 임대인이 잔존임차보증금반환청구채권을 전부받은 자에게 그 채무를 현실적으로 이행하였거나 그 채무이행을 제공하였음에도 불구하고 임차인이 목적물을 명도하지 않음으로써 임차목적물반환채무가 이행지체에 빠지는 등의 사유로 동시이행의 항변권을 상실하게 되었다는 점에 관하여 임대인이 주장·증명을 하지 않은 이상 임차인의 목적물에 대한 점유는 동시이행의 항변권에 기한 것이어서 불법점유라고 볼 수 없다(대판 2002.7.26, 2001다68839; 대판 1989.10.27, 89다카4298).

(ㄴ) 건물의 임대차에 있어서 임차인의 임대인에게 지급한 임차보증금반환청구권이나 임대인이 건물시설을 아니하기 때문에 임차인에게 건물을 임차목적대로 사용 못한 것을 이유로 하는 손해배상청구권은 제320조의 건물에 관하여 생긴 채권이라 할 수 없다(대판 1976.5.11, 75다1305).

(ㄷ) 임대차관계가 종료된 후 임차인이 목적물을 임대인에게 반환하였으면 임대인은 보증금을 무조건으로 반환하여야 하고, 임차인으로부터 목적물의 인도를 받는 것과의 상환이행을 주장할 수 없다. 그리고 이는 종전의 임차인이 임대인으로부터 새로 목적물을 임차한 사람에게 그 목적물을 임대인의 동의 아래 직접 넘긴 경우에도 다를 바 없다. 그 경우 임차인의 그 행위는 임대인이 임차인으로부터 목적물을 인도받아 이를 새로운 임차인에게 다시 인도하는 것을 사실적인 실행의 면에서 간략하게 한 것으로서, 법적으로는 두 번의 인도가 행하여진 것으로 보아야 하므로, 역시 임대차관계 종료로 인한 임차인의 임대인에 대한 목적물반환의무는 이로써 제대로 이행되었다고 할 것이기 때문이다(대판 2009.6.25, 2008다55634). 즉 종전의 임차인이 임대인으로부터 새로 목적물을 임차한 사람에게 그 목적물을 임대인의 동의 아래 직접 넘긴 경우, 임대인의 동시이행항변은 인정되지 않는다.

(2) 임대차보증금반환채권이 가압류 또는 압류된 후 임차권이 양도된 경우

임대인의 승낙을 얻어 임차인이 임차권을 제3자에게 양도한 경우, 임대인과 임차인 사이의 임대차관계는 종료되므로, 임차인의 임대차보증금반환채권은 임대인의 임차권양도 승낙시에 이행기에 도달하게 된다. 따라서 ① 임대차보증금에 관한 양도인(구 임차인)의 권리의무관계는 임대인과 사이에 임대차보증금을 양수인(신 임차인)의 채무불이행의 담보로 하기로 약정하거나 양수인에 대하여 임대차보증금반환채권을 양도하기로 하는 등의 특별한 사정이 없는 한 양수인에게 승계되지 않는다(대판 1998.7.14, 96다17202). ② 그러한 특약을 한 때에도 그 이전에 임대차보증금반환채권이 제3자에 의하여 가압류 또는 압류되어 있는 경우에는 그 특약으로 압류권자 등에게 대항할 수 없으므로, 양수인(신 임차인)이 차임지급을 연체하는 등 새로운 채무를 부담하게 되었다고 하여 그 연체차임 등을 임대차보증금에서 공제할 수는 없다(대판 1998.7.14, 96다17202).

판 례

임대차보증금 반환채권을 양도하는 경우에 확정일자 있는 증서로 이를 채무자에게 통지하거나 채무자가 확정일자 있는 증서로 이를 승낙하지 아니한 이상 양도로써 채무자 이외의 제3자에게 대항할 수 없으며(제450조), 이러한 법리는 임대차계약상의 지위를 양도하는 등 임대차계약상의 권리의무를 포괄적으로 양도하는 경우에 권리의무의 내용을 이루고 있는 임대차보증금 반환채권의 양도 부분에 관하여도 마찬가지로 적용된다. 따라서 위 경우에 기존 임차인과 새로운 임차인 및 임대인 사이에 임대차계약상의 지위 양도 등 권리의무의 포괄적 양도에 관한 계약이 확정일자 있는 증서에 의하여 체결되거나, 임대차보증금 반환채권의 양도에 대한 통지·승낙이 확정일자 있는 증서에 의하여 이루어지는 등의 절차를 거치지 않는 한, 기존의 임대차계약에 따른 임대차보증금 반환채권에 대하여 채권가압류명령, 채권압류 및 추심명령 등을 받은 채권자 등 임대차보증금 반환채권에 관하여 양수인의 지위와 양립할 수 없는 법률상의 지위를 취득한 제3자에 대하여는 임대차계약상의 지위 양도 등 권리의무의 포괄적 양도에 포함된 임대차보증금 반환채권의 양도로써 대항할 수 없다(대판 2017.1.25, 2014다52933).

(3) 보증금반환청구권에 대한 전부명령과 양도의 경우

(가) 임차보증금을 피전부채권으로 하여 전부명령이 있는 경우에도 제3채무자인 임대인은 임차인에게 대항할 수 있는 사유로서 전부채권자에게 대항할 수 있으므로, 임차인이 목적물을 반환할 때를 기준으로 그때까지의 채무를 공제한 잔액에 대해서만 전부명령이 유효하다(대판 1988.1.19, 87다카1315).

(나) 임차인이 다른 사람에게 임대차보증금 반환채권을 양도하고 임대인에게 양도통지를 하였어도, 채권양도는 그 동일성이 유지되어 임대인은 임차인에게 대항할 수 있는 사유로서 양수인에게 대항할 수 있으므로, 임차인이 임차물을 인도할 때까지의 임차인의 채무를 임대차보증금에서 당연히 공제할 수 있다(대판 2012.9.27, 2012다49490). 주의할 것은, ① 임대인의 보증금반환의무는 임대차관계가 종료되는 경우, 보증금 중에서 목적물을 반환받을 때까지 생긴 연체차임 등 임차인의 모든 채무를 공제한 나머지 금액에 관하여서만 비로소 이행기에 도달하는 것이므로, 보증금반환채권의 양도에 대하여 임대인이 아무런 이의를 '보류하지 않고 채권양도를 승낙'하였어도 임차물을 개축 등을 하여 임차인이 부담할 원상복구비용 상당의 손해배상액은 반환할 임대차보증금에서 당연히 공제할 수 있다(대판 2002.12.10, 2002다52657). ② 임대인이 임대차보증금

반환청구채권의 양도통지를 받은 후에는 임대인과 임차인 사이에 임대차계약의 갱신이나 계약기간 연장에 관하여 명시적 또는 묵시적 합의가 있더라도 그 합의의 효과는 보증금반환 채권의 양수인에 대하여는 미칠 수 없다(대판 1989.4.25, 88다카4253,4260). 양도인의 양도통지가 있으면 양수인이 채권자로 취급되므로, 통지 이후에는 채무자는 양도인에 대하여 생긴 사유로써 양수인에게 대항할 수 없기 때문이다(제451조 2항).

(4) 임차목적물의 양수인이 임차보증금반환채무의 부담을 인수한 경우

부동산의 매수인이 매매목적물에 관한 임대차보증금 반환채무 등을 인수하고, 그 채무액을 매매대금에서 공제하기로 약정한 경우, 그 인수는 특별한 사정이 없는 이상 매도인을 면책시키는 면책적 채무인수가 아니라 이행인수로 보아야 한다. 면책적 채무인수로 보기 위해서는 이에 대한 채권자, 즉 임차인의 승낙이 있어야 한다(대판 2001.4.27, 2000다69026).

(5) 부동산소유권의 이전과 보증금의 승계

부동산임대차가 등기되어 있거나(제621조) 건물소유를 목적으로 한 토지임차인이 그 지상건물을 등기한 때에는(제622조), 임차인은 토지의 양수인에 대하여도 임차권을 가지고 대항할 수 있다. 이 경우에 임대인(양도인)의 보증금반환채무는 임차목적물의 양도와 함께 양수인에게 면책적으로 이전된다(송덕수, D-395; 지원림, 5-178). 물론 구 임대인·신 임대인·임차인 사이의 3면계약으로 이와 달리 정할 수 있다.

(6) 임대차보증금반환채무와 상계

(가) 임대인이 임대차계약이 존속 중에 임대차보증금반환채무와 상계할 수 있는지 여부

임대인의 임대차보증금반환채무는 장래에 실현되거나 도래할 것이 확실한 임대차계약의 종료시점에 이행기에 도달하며(대판 2002.12.10, 2002다52657), 임대인은 임대차보증금 없이도 부동산 임대차계약을 유지할 수 있다. 따라서 임대인은 임대차계약이 존속 중이라도 임대차보증금반환채무에 관한 기한의 이익을 포기하고 임차인의 임대차보증금반환채권을 수동채권으로 하여 상계할 수 있고(대판 2016.11.25, 2016다211309), 임대차 존속 중에 그와 같은 상계의 의사표시를 한 경우에는 임대차보증금반환채무에 관한 기한의 이익을 포기한 것으로 볼 수 있다(대판 2017.3.15, 2015다252501).

(나) 임대인이 소멸시효가 완성된 차임채권을 임대차보증금반환채무와 상계할 수 있는지 여부

차임의 지급이 연체되면 장차 임대차관계가 종료되었을 때 임대차보증금으로 충당될 것으로 생각하는 것이 당사자의 일반적인 의사이다. 이는 차임채권의 변제기가 따로 정해져 있어 임대차 존속 중 소멸시효가 진행되고 있는데도 임대인이 임대차보증금에서 연체차임을 충당하여 공제하겠다는 의사표시를 하지 않고 있었던 경우에도 마찬가지이다.

한편 소멸시효가 완성된 채권이 그 '완성 전'에 상계할 수 있었던 것이면 채권자는 상계할 수 있다(제495조). 이는 '자동채권의 소멸시효 완성 전에 양 채권이 상계적상에 이르렀을 것'

을 요건으로 하는 것인데, 임대인의 임대차보증금 반환채무는 임대차계약이 종료된 때에 비로소 이행기에 도달하므로, 임대차 존속 중 차임채권의 소멸시효가 완성된 경우에는 소멸시효 완성 전에 임대인이 임대차보증금 반환채무에 관한 기한의 이익을 실제로 포기하였다는 등의 특별한 사정이 없는 한 양 채권이 상계할 수 있는 상태에 있었다고 할 수 없다. 그러므로 그 이후에 임대인이 이미 소멸시효가 완성된 차임채권을 자동채권으로 삼아 임대차보증금 반환채무와 상계하는 것은 제495조에 따르더라도 인정될 수 없다. 그러나 임대차 존속 중 차임이 연체되고 있음에도 임대차보증금에서 연체차임을 충당하지 않고 있었던 임대인의 신뢰와 차임연체 상태에서 임대차관계를 지속해 온 임차인의 묵시적 의사를 감안하면, 그 연체차임은 제495조를 유추적용하여 임대차보증금에서 '공제'할 수는 있다(대판 2025.3.27, 2024다302217; 대판 2016.11.25, 2016다211309).

Ⅵ. 임대차계약의 종료

1. 존속기간의 만료 · 임대목적달성의 불능

임대차에 존속기간이 정하여져 있는 경우에 그 기간의 만료로 임대차는 종료된다. 또한 임대인이 목적물의 소유권을 제3자에게 양도하고 그 소유권을 취득한 제3자가 임차인에게 임차물의 인도를 요구하여 이를 인도한 경우, 임대인이 임차인에게 목적물을 사용·수익하게 할 의무는 이행불능이 되었으며, 이러한 이행불능이 일시적이라고 볼 만한 특별한 사정이 없다면 임대차는 '당사자의 해지 의사표시를 기다릴 필요 없이' 당연히 종료된다(대판 1996.3.8, 95다15087).

판 례

(ㄱ) 임대차는 당사자 일방이 상대방에게 목적물을 사용·수익하게 할 것을 약정하고 상대방이 이에 대하여 차임을 지급할 것을 약정함으로써 성립하는 것으로서 임대인이 그 목적물에 대한 소유권 기타 이를 임대할 권한이 있을 것을 성립요건으로 하고 있지 아니하므로, 임대차계약이 성립된 후 그 존속기간 중에 임대인이 임대차 목적물에 대한 소유권을 상실한 사실 그 자체만으로 바로 임대차에 직접적인 영향을 미친다고 볼 수는 없지만, 임대인이 임대차 목적물의 소유권을 제3자에게 양도하고 그 소유권을 취득한 제3자가 임차인에게 그 임대차 목적물의 인도를 요구하여 이를 인도하였다면 임대인이 임차인에게 임대차 목적물을 사용·수익케 할 의무는 이행불능이 되었다고 할 것이고, 이러한 이행불능이 일시적이라고 볼 만한 특별한 사정이 없다면 임대차는 당사자의 해지 의사표시를 기다릴 필요 없이 당연히 종료되었다고 볼 것이지, 임대인의 채무가 손해배상 채무로 변환된 상태로 채권·채무관계가 존속한다고 볼 수 없다(대판 1996.3.8, 95다15087).

(ㄴ) 기간약정이 있는 임대차에서는 특별한 사유가 없는 한 기간이 만료되면 사전 최고나 해지를 할 필요 없이 임대차는 종료하고 임차인은 임차물을 임대인에게 반환할 의무가 있으므로 임대차 종료이후의 점유는 불법점거가 되는 것이다(대판 1969.1.28, 68다1537).

2. 임대차의 해지

(1) 해지의 통고

(가) 임대차기간의 약정이 없는 때에 당사자는 언제든지 계약해지의 통지를 할 수 있고,

상대방이 그 통고를 받은 날부터 일정기간이 지난 때, 즉 토지·건물·그 밖의 공작물에 대하여 임대인이 해지를 통고한 경우에는 6개월, 임차인이 해지를 통고한 경우에는 1개월, 그리고 동산의 임대차의 경우에는 5일이 경과한 때 임대차는 종료된다(제635조). 임대차기간의 약정이 있는 경우에도 당사자의 일방 또는 쌍방이 그 기간 내에 해지할 권리를 보유한 때에 제635조의 규정이 준용된다(제636조). 주의할 것은 임대인의 임대차계약 해지권은 오로지 임대인의 의사에 행사의 자유가 맡겨져 있는 행사상의 일신전속권에 해당하지 않는다는 점이다(대판 2007.5.10, 2006다82700,82717). 따라서 임대인의 채권자는 임대인을 대위하여 임차인에게 임대차계약의 해지를 통고할 수 있다.

(나) 임차인이 파산선고를 받은 경우, 임대차기간의 약정이 있는 때에도 임대인 또는 파산관재인은 제635조의 규정에 의하여 계약해지의 통고를 할 수 있으며(제637조 1항), 이 경우에 각 당사자는 상대방에 대하여 계약해지로 인하여 생긴 손해의 배상을 청구하지 못한다(제637조 2항).

(2) 계약의 해지

임대인이 임차인의 의사에 반하여 보존행위를 한 때(제625조), 임차물의 일부가 임차인의 과실에 의하지 않고서 멸실한 경우에 그 잔존 부분만으로는 임차의 목적을 달성할 수 없을 때(제627조 2항), 임차인이 임대인의 동의 없이 제3자에게 임차권을 양도하거나 임차물을 전대한 때(제629조 2항), 차임연체액이 2기분의 차임액에 이른 때(제640조, 제641조)에는 임대차계약을 즉시 해지할 수 있다. 그 밖에 임대인 지위의 양도에 관하여, 판례는 원칙적으로 임대인과 신소유자의 계약만으로 임대인의 지위가 양도되지만, 신의칙상 임대차의 승계를 원하지 않는 임차인이 이의를 제기함으로써 임대인과의 임대차관계를 해지할 수 있다고 한다(대결 1998.9.2, 98마100). 또한 임차주택의 양수인에게 대항할 수 있는 임차권자라도 스스로 임대차관계의 승계를 원하지 아니할 때에는 승계되는 임대차관계의 구속을 면할 수 있다. 즉 임차주택이 임대차기간의 만료 전에 경매되는 경우 임대차계약을 해지함으로써 종료시키고 우선변제를 청구할 수 있다(대판 1996.7.12, 94다37646).

판 례

(ㄱ) 제638조 1항, 2항 및 제635조 2항에 의하면 임대차계약이 해지 통고로 인하여 종료된 경우에 그 임대물이 적법하게 전대되었을 때에는 임대인은 전차인에 대하여 그 사유를 통지하지 아니하면 해지로써 전차인에게 대항하지 못하고, 전차인이 통지를 받은 때에는 토지, 건물 기타 공작물에 대하여는 임대인이 해지를 통고한 경우에는 6월, 임차인이 해지를 통고한 경우에는 1월, 동산에 대하여는 5일이 경과하면 해지의 효력이 생긴다. 반면에 제640조에 터 잡아 임차인의 차임연체액이 2기의 차임액에 달함에 따라 임대인이 임대차계약을 해지하는 경우에는 전차인에 대하여 그 사유를 통지하지 않더라도 해지로써 전차인에게 대항할 수 있고, 해지의 의사표시가 임차인에게 도달하는 즉시 임대차관계는 해지로 종료된다(대판 2012.10.11, 2012다55860).

(ㄴ) 임대인 지위가 양수인에게 승계된 경우 이미 발생한 연체차임채권은 따로 채권양도의 요건을 갖추지 않는 한 승계되지 않고, 따라서 양수인이 연체차임채권을 양수받지 않은 이상 승계 이후의 연체차임액이 2기의 차임액에 달하여야만 비로소 임대차계약을 해지할 수 있다(대판 2008.10.9, 2008다3022).

3. 임대차종료의 법률효과

(1) 임대차의 종료는 그 원인 여하를 묻지 않고 언제나 장래에 향하여 효력이 발생하며(제550조), 임차인은 목적물을 원상으로 회복하여 임대인에게 반환하는 것이 원칙이다(제654조, 제615조). 임차인은 임대인에 대하여 지상건물 또는 부속물의 매수를 청구할 수 있고(제643조-제647조), 그 밖에 비용상환청구권을 행사할 수 있다(제626조).

(2) 임대차는 당사자 일방이 상대방에게 목적물을 사용·수익하게 할 것을 약정하고 상대방이 이에 대하여 차임을 지급할 것을 약정함으로써 그 효력이 생기는 것이므로, 임차인은 임대차계약이 종료된 경우 특별한 사정이 없는 한 임대인에게 그 목적물을 명도하고 임대차 종료일까지의 연체차임을 지급할 의무가 있음은 물론, 임대차 종료일 이후부터 목적물 명도 완료일까지 그 부동산을 점유·사용함에 따른 차임 상당의 부당이득금을 반환할 의무도 있다. 이와 같은 법리는 임차인이 임차물을 전대하였다가 임대차 및 전대차가 모두 종료된 경우의 전차인에 대하여도 특별한 사정이 없는 한 그대로 적용된다(대판 2007.8.23, 2007다21856,21863; 대판 2001.6.29, 2000다68290).

Ⅶ. 주택임대차보호법상의 임대차 — 주택의 임대차

1. 서 설

(1) 입법의 목적

주택임대차보호법은 '주거용 건물의 임대차'에 관하여 민법에 대한 특례를 규정함으로써 국민의 주거생활 안정을 보장함을 목적으로 한다. 따라서 주택임대차보호법의 규정에 위반된 약정으로서 임차인에게 불리한 것은 그 효력이 없다(강행규정, 제10조).

(2) 적용범위

(가) 주택임대차보호법은 '주거용 건물'(주택)의 전부 또는 일부에 대한 임대차에 적용된다(제2조). 주택임대차보호법은 ① 임차주택의 일부가 주거 이외의 목적으로 사용되는 경우에도 적용된다(제2조). 그러나 임차주택의 일부가 비주거용이 아니라 상점에 딸린 방과 같이 '비주거용 건물에 주택의 목적으로 일부를 사용하는 경우'에는 적용되지 않는다(대판 1996.3.12, 95다51953). ② 주택의 등기를 하지 않은 전세계약에 관하여도 준용한다(제12조). ③ 주택임대차보호법은 임차주택이 관할관청의 허가를 받은 건물인지, 등기를 마친 건물인지 아닌지를 구별하지 않으며, 건물 등기부상 '건물내역'을 제한하고 있지도 않는다. 따라서 어느 건물이 주택에 해당하는 이상 미등기 주택의 경우에도 적용되며(대판 2007.6.21, 2004다26133), 점포 및 사무실로 사용하던 건물에 근저당권이 설정된 후 그 건물이 주거용 건물로 용도 변경되어 이를 임차한 소액임차인에게도 적용된다(대판 2009.8.20, 2009다26879). ④ 주택임대차보호법이 적용되는 임대차는 임차인과 주택 소유자인 임

대인 사이에 임대차계약이 체결된 경우에 한정되는 것은 아니고, 주택 소유자는 아니더라도 주택에 관하여 적법하게 임대차계약을 체결할 수 있는 권한을 가진 임대인과 임대차계약이 체결된 경우도 포함된다(대판 2012.7.26, 2012다45689). 가령 주택의 소유자는 아니지만 주택에 관하여 적법하게 임대차계약을 체결할 수 있는 권한을 가진 명의신탁자 사이에 임대차계약이 체결된 경우, 임차인은 등기부상 주택의 소유자인 명의수탁자에 대한 관계에서도 적법한 임대차임을 주장할 수 있다. 그러나 주택에 대한 경매절차에서 아직 '매각대금을 납부하지 않은 최고가매수신고인'은 이에 해당하지 않는다(대판 2014.2.27, 2012다93794). 결국 주택임대차보호법에 따른 보호를 받지 못한다. 가령 甲이 임의경매절차에서 최고가매수신고인의 지위에 있던 乙과 주택임대차계약을 체결한 후 주택을 인도받아 전입신고를 마치고 임대차계약서에 확정일자를 받았는데, 다음 날 乙이 매각대금을 완납하고 丙에 근저당권설정등기를 마쳐준 경우, 甲은 동법 제3조의2 제2항에서 정한 우선변제권을 취득하지 못한다.

(나) 주택임대차보호법은 ① 일시사용하기 위한 임대차임이 명백한 경우에는 적용되지 않는다(제11조). ② 법인이 주택을 임차하면서 그 소속 직원 명의로 주민등록을 하고 확정일자를 구비한 경우에는 원칙적으로 적용되지 않는다(대판 2003.7.25, 2003다2918). 법인은 동법 제3조 1항의 대항요건의 하나인 주민등록을 구비할 수 없기 때문이다. 다만 ㉠ 주택도시기금을 재원으로 하여 저소득층 무주택자에게 주거생활 안정을 목적으로 전세임대주택을 지원하는 법인이 주택을 임차한 경우(제3조 2항), ㉡ 중소기업기본법 제2조에 따른 중소기업에 해당하는 법인이 소속 직원의 주거용으로 주택을 임차한 경우(제3조 3항)에는 주택임대차보호법이 적용된다.

판 례

주택에 관한 부동산담보신탁계약을 체결한 경우 임대권한은 특별한 약정이 없는 한 수탁자에게 있는 것이 일반적이지만, 위탁자가 수탁자의 동의 없이 임대차계약을 체결한 후 수탁자로부터 소유권을 회복한 때에는 임대차계약에 대하여 주택임대차보호법 제3조 1항이 적용될 수 있다(대판 2019.3.28, 2018다44879,44886). 가령 甲회사가 乙신탁회사와 甲회사의 소유인 주택에 관하여 부동산담보신탁계약을 체결하고 乙회사에 신탁을 원인으로 한 소유권이전등기를 마친 후 乙회사의 승낙 없이 丙과 임대차계약을 체결하였고, 丙은 같은 날 위 주택을 인도받고 전입신고를 마쳤는데, 그 후 甲회사가 위 주택에 관하여 신탁재산의 귀속을 원인으로 한 소유권이전등기를 마쳤고, 丁조합이 같은 날 위 주택에 관하여 근저당권설정등기를 마쳤으며, 이후 丁조합이 신청한 임의경매절차에서 戊회사가 위 주택을 매수한 경우, 甲회사는 임대차계약 체결 당시 수탁자인 乙회사의 승낙 없이 위 주택을 임대할 수 없었지만, 위 주택에 관하여 신탁재산의 귀속을 원인으로 한 소유권이전등기를 마침으로써 적법한 임대권한을 취득하였고, 丙이 위 주택을 인도받고 전입신고를 마친 날부터 위 주택에 관한 주민등록에는 소유자 아닌 丙이 거주하는 것으로 나타나 있어서 제3자가 보기에 丙의 주민등록이 소유권 아닌 임차권을 매개로 하는 점유임을 인식할 수 있었으므로, 丙의 주민등록은 丙이 전입신고를 마친 날부터 임대차를 공시하는 기능을 수행하고 있었다고 할 것이어서, 丙은 甲회사가 위 주택에 관하여 소유권이전등기를 마친 즉시 임차권의 대항력을 취득하였고, 丁조합의 근저당권설정등기는 丙이 대항력을 취득한 다음에 이루어졌으므로, 丙은 임차권으로 주택의 매수인인 戊회사에 대항할 수 있다.

2. 제3자에 대한 대항력

(1) 요 건

주택의 임대차는 그 등기가 없는 경우에도 임차인이 '주택의 인도'와 '주민등록'(전입신고를 한 때에 주민등록이 된 것으로 본다)을 마친 때에는 그 '다음 날'부터 제3자에 대하여 효력이 생긴다(제3조 1항). 또한 ① 주택도시기금을 재원으로 하여 저소득층 무주택자에게 주거생활 안정을 목적으로 전세임대주택을 지원하는 법인이 주택을 임차한 후 지방자치단체의 장 또는 그 법인이 선정한 '입주자'가 그 주택을 인도받고 주민등록을 마쳤을 때(제3조 2항), ② 중소기업기본법 제2조에 따른 중소기업에 해당하는 법인이 소속 직원의 주거용으로 주택을 임차한 후 그 법인이 선정한 '직원'이 해당 주택을 인도받고 주민등록을 마쳤을 때에도 그 다음 날부터 제3자에 대하여 효력이 생긴다(제3조 3항 전문). 만일 임대차가 끝나기 전에 그 직원이 변경된 경우에는 그 법인이 선정한 새로운 직원이 주택을 인도받고 주민등록을 마친 다음 날부터 제3자에 대하여 효력이 생긴다(제3조 3항 후문). 여기서 '직원'은 해당 법인이 주식회사라면 그 법인에서 근무하는 사람 중 법인등기사항증명서에 대표이사 또는 사내이사로 등기된 사람을 제외한 사람을 의미한다(대판 2023.12.14., 2023다226866).

(가) 임차인이 주택을 인도받을 것

1) '주택의 인도'는 임차목적물인 주택에 대한 점유의 이전을 말한다. 이때 점유는 사회통념상 어떤 사람의 사실적 지배에 있다고 할 수 있는 객관적 관계를 가리키는 것으로서, 사실상의 지배가 있다고 하기 위해서는 반드시 물건을 물리적·현실적으로 지배할 필요는 없고, 물건과 사람의 시간적·공간적 관계, 본권관계, 타인의 간섭가능성 등을 고려해서 사회통념에 따라 합목적적으로 판단하여야 한다. 임대주택을 인도하는 경우에는 임대인이 임차인에게 현관이나 대문의 열쇠를 넘겨주었는지, 자동문 비밀번호를 알려주었는지, 이사를 할 수 있는지 등도 고려하여야 한다(대판 2017.8.29., 2017다212194).

2) 주택의 인도는 임차인(제3조 2항은 입주자, 제3조 3항은 직원)이 주택에 거주하면서 이를 직접점유하는 경우뿐만 아니라 타인의 점유를 매개로 하여 이를 간접점유하는 경우도 포함된다(대판 2007.11.29., 2005다64255). 그러나 전입신고의 경우, 주택에 실제로 거주하지 않는 간접점유자인 임차인은 주민등록의 대상이 되는 '해당 주택에 주소 또는 거소를 가진 자'(주민등록법 제6조 1항)가 아니므로, 간접점유자에 불과한 임차인 자신의 주민등록으로는 대항력의 요건을 적법하게 갖추었다고 할 수 없다. 결국 임차인과의 점유매개관계에 의하여 주택에 실제로 거주하는 직접점유자가 자신의 주민등록을 마친 경우에 한하여 그 임차인의 임대차가 제3자에 대하여 적법하게 대항력을 취득할 수 있다(대판 2007.11.29., 2005다64255). 가령 임차인 甲이 임대인 乙의 승낙을 얻어 丙에게 전대한 경우, 甲이 이미 대항력을 취득하였는지를 불문하고 丙이 직접점유를 하고 또 그의 이름으로 주민등록을 하는 것을 통해 甲이 대항력을 가진다. 반면에 丙에게 전대를 하고서도 丙이 주민등록을 하지 않고 실제로 살지 않는 甲의 이름으로 주민등록이 된 경우, 甲은 임차권의 대항력을 취득할

수 없다(대판 2001.1.19, 2000다55645).

(나) 임차인이 주민등록을 이전(전입신고)할 것

1) 임차인(제3조 2항은 입주자, 제3조 3항은 직원)은 주택의 인도 이외에 주민등록을 이전하여야 한다. ① 주민등록의 신고는 행정청에 도달함으로써 바로 신고로서의 효력이 발생하는 것이 아니라 행정청이 '수리'한 경우에 비로소 그 효력이 발생한다(대판 2009.1.30, 2006다9255; 대판 2009.1.30, 2006다17850). 따라서 임차인이 임차건물 소재지 지번으로 전입신고를 올바르게 하였는데, 담당공무원의 착오로 주민등록부에 지번이 다소 틀리게 기재된 경우, 임대차의 대항력이 생긴다(대판 1991.8.13, 91다18118). ② 주민등록은 거래의 안전을 위하여 임대차의 존재를 제3자가 명백히 인식할 수 있게 하는 공시방법으로, 주민등록이 어떤 임대차를 공시하는 효력이 있는지 여부는 일반 사회통념상 '그 주민등록으로' 임대차 건물에 임차인의 주소 또는 거소를 가진 자로 등록되어 있는지를 인식할 수 있는가에 따라 결정된다(대판 2009.1.30, 2006다17850). 따라서 임차인이 임대차계약을 체결할 때 임차주택의 등기부상 표시가 아니라 현관문에 부착된 호수대로 계약서에 기재하고, 주택에 입주하여 그 계약서상의 표시대로 전입신고를 한 경우에는 대항력이 없다(대판 1996.4.12, 95다55474). 이 경우 임차인이 실제 동·호표시와 맞게, 즉 등기부상의 표시대로 주민등록을 정리한 이후에야 비로소 대항력을 취득하게 된다(대판 1994.11.22, 94다14176). 반면에 다가구주택은 공동주택이 아니라 '단독주택'이므로, 전입신고를 하는 경우에 지번만 기재하면 되고, 편의상 부여된 호수를 기재하지 않거나 잘못 기재하였더라도 대항력에는 영향을 미치지 않는다(대판 1997.11.14, 97다29530). ③ 주민등록이 대항력의 요건을 충족시킬 수 있는 공시방법이 되려면 단순히 형식적으로 주민등록이 되어 있다는 것만으로는 부족하고, 주민등록에 의하여 표상되는 점유관계가 임차권을 매개로 하는 점유임을 제3자가 인식할 수 있는 정도는 되어야 한다(대판 2002.11.8, 2002다38361,38378; 대판 2000.2.11, 99다59306). ④ 주민등록이 임차인의 의사에 의하지 않고 제3자에 의하여 임의로 이전되었고 그와 같이 주민등록이 잘못 이전된 데 대하여 임차인에게 책임을 물을 만한 사유도 없는 경우, 주택임차인이 이미 취득한 대항력은 주민등록의 이전에도 불구하고 그대로 유지된다(대판 2000.9.29, 2000다37012). ⑤ 임차인의 주민등록이 직권말소된 경우, 주민등록이 회복되기 전에 주민등록이 없는 것으로 믿고 임차주택에 관하여 새로운 이해관계를 맺은 선의의 제3자에 대하여는 임차인은 대항력의 유지를 주장할 수 없다(대판 2002.10.11, 2002다20957).

2) 임차인이 가족과 함께 살면서 그 가족의 주민등록을 남겨둔 채 임차인만 일시적으로 주민등록을 다른 곳으로 옮긴 경우에도 그것은 종국적으로 주민등록의 이탈이라고 할 수 없으므로 대항력은 그대로 유지되며(대판 1989.1.17, 86다카143), 주민등록이라는 대항요건은 임차인 본인뿐만 아니라 그 배우자나 자녀 등 가족의 주민등록을 포함한다(대판 1996.1.26, 95다30338).

3) 공시방법으로서 주민등록은 원칙적으로 등기부상의 주택의 현황과 일치하여야 하지만, 임차주택의 소유권보존등기가 된 후 토지대장·건축물대장 등의 주택의 지번표시가 변경되었는데도 등기부에는 종전 지번으로 등재되어 있는 경우, 토지대장 및 건축물대장에 일치

하게 주택의 지번과 동호수를 표시하였다면, 임대차의 공시방법으로 유효하다(대판 2001.12.27, 2001다63216).

판 례

(ㄱ) 경매절차에서 매수인(낙찰인)이, 주민등록은 되어 있으나 대항력은 없는 종전 임차인과의 사이에 새로이 임대차계약을 체결하고 매각대금을 납부한 경우, 종전 임차인의 주민등록은 매수인의 소유권취득 이전부터 매수인과 종전 임차인 사이의 임대차관계를 공시하는 기능을 수행하고 있었으므로, 종전 임차인은 당해 부동산에 관하여 매수인이 낙찰대금을 납부하여 소유권을 취득하는 즉시 임차권의 대항력을 취득한다(대판 2002.11.8, 2002다38361,38378).

(ㄴ) 주택을 임차하여 적법한 전입신고를 마친 후에 그 대지가 분할됨으로써 주택의 지번이 변경되자 갱신된 임대차계약서에는 새로운 지번을 표시하였으나 주민등록상 주소는 주택에 대한 경매개시결정 기입등기가 경료된 후에야 변경한 경우, 임차인은 주택에 대한 유효한 공시방법인 주민등록을 갖추었다고 볼 수 없어 매수인(경락인)에게 대항할 수 없다(대판 2000.4.21, 2000다1549,1556).

(ㄷ) 건축 중인 주택에 대한 소유권보존등기가 경료되기 전에 그 일부를 임차하여 주민등록을 마친 임차인의 주민등록상의 주소 기재가 그 당시의 주택의 현황과 일치한다고 하더라도 그 후 사정변경으로 등기부 등의 주택의 표시가 달라졌다면 특별한 사정이 없는 한 달라진 주택의 표시를 전제로 등기부상 이해관계를 가지게 된 제3자로서는 당초의 주민등록에 의하여 당해 주택에 임차인이 주소 또는 거소를 가진 자로 등록되어 있다고 인식하기 어렵다고 할 것이므로 그 주민등록은 그 제3자에 대한 관계에서 유효한 임대차의 공시방법이 될 수 없다고 할 것이며, 이러한 이치는 입찰절차에서의 이해관계인 등이 잘못된 임차인의 주민등록상의 주소가 건축물관리대장 및 등기부상의 주소를 지칭하는 것을 알고 있었다고 하더라도 마찬가지이다(대판 2003.5.16, 2003다10940).

(ㄹ) 출입국관리법 제88조의2 제2항이 외국인이 외국인등록과 체류지 변경신고를 하면 주민등록법에 의한 주민등록 및 전입신고를 한 것으로 간주하는 것은, 외국인은 주민등록법에 의한 주민등록을 할 수 없는 대신 외국인등록과 체류지 변경신고를 하면 주민등록을 한 것과 동등한 법적 보호를 해 주고자 하는 데 그 취지가 있는 점, 헌법 제2조 2항은 국가는 법률이 정하는 바에 의하여 재외국민을 보호할 의무를 진다고 규정하고 있는데, 이러한 헌법정신은 재외국민의 가족이 외국인 또는 외국국적동포인 경우에도 관철되어야 실질적으로 실현될 수 있는 점 등에 비추어 보면, '외국인이 출입국관리법에 따라서 한 외국인등록이나 체류지변경신고'에 대하여는, 주택임대차보호법 제3조 1항에서 주택임대차의 대항력 취득 요건으로 규정하고 있는 주민등록과 동일한 법적 효과가 인정된다고 보아야 한다. 이는 외국인등록이나 국내거소신고 등이 주민등록과 비교하여 그 공시기능이 미약하다고 하여 달리 볼 수 없다. 그리고 주택임대차보호법 제3조 1항에 의한 대항력 취득의 요건인 주민등록은 임차인 본인뿐 아니라 그 배우자나 자녀 등 가족의 주민등록도 포함되고, 이러한 법리는 재외동포법에 의한 재외국민이 임차인인 경우에도 마찬가지로 적용된다(대판 2016.10.13, 2014다218030). 따라서 임차인인 재외국민이 재외동포법에 따라 국내거소신고 및 거소이전신고를 하고, 외국인으로서 그 동거가족인 배우자 및 자녀들이 출입국관리법에 따라 외국인등록이나 체류지 변경신고를 한 경우, 임차인의 동거가족인 외국인이 한 외국인등록이나 체류지 변경신고는 주택임대차보호법상 대항력 요건인 주민등록과 동일한 법적 효과가 인정되므로, 임차주택을 인도 받은 임차인인 재외국민은 그 동거가족인 외국인이 한 외국인등록이나 체류지 변경신고로써 임차주택에 대하여 주택임대차보호법 제3조 1항에서 정한 대항력을 취득한다(대판 2016.10.13, 2015다14136).

(다) 주택의 인도와 주민등록이 계속 존속할 것

1) '주택의 인도' 및 '주민등록'이라는 대항요건은 대항력의 취득시에만 일시적으로 구비하면 충분한 것이 아니고, 대항력의 유지를 위하여 계속 존속하여야 한다(대판 1998.12.11, 98다34584; 대판 1998.1.23, 97다43468).

따라서 임차인이 대항력 취득 후 가족과 함께 일시 다른 곳으로 주민등록을 이전했다가 재전입한 경우, 원래의 대항력은 소멸하고 재전입한 때부터 새로운 대항력이 다시 발생한다. 주택의 인도와 주민등록이라는 대항요건은 민사집행법상 '배당요구의 종기'까지 계속 존속하고 있어야 하며(대판 2007.6.14, 2007다17475), 새매각(민사집행법 제119조, 제125조, 제127조)을 하거나 매각허가결정의 확정 후 최고가매수인이 매각대금을 납부하지 아니하여 재매각(동법 제138조 1항)을 한 경우에는 배당금의 기초가 되는 매각대금을 납부한 매수인에 대하여 매각허가결정을 한 '마지막 배당요구의 종기'까지 존속하고 있어야 한다(대판 2002.8.13, 2000다61466).

2) 다만 '임대차가 끝난 후' 보증금을 반환받지 못한 임차인이 임차주택의 소재지를 관할하는 법원에 임차권등기명령을 신청하여, 임차권등기명령의 집행에 따른 '임차권등기를 마치면' 제3조의 대항요건을 상실한 때에도 대항력을 상실하지 않는다(제3조의3 제1항, 제5항). 따라서 임대차의 존속기간이 종료되더라도 임차권등기가 되지 않은 상태에서 주민등록을 이전하면 그 즉시 대항력을 상실한다.

(2) 대항력의 발생시기

임차인이 주택의 인도와 주민등록을 마친 때에는 그 다음 날 오전 0시부터 대항력이 생긴다(대판 1999.5.25, 99다9981). 그 이유는 주택에 대해 동법에 의한 임차권의 대항력과 제3자의 민법에 의한 임차권의 등기가 같은 날 이루어진 경우에 그 선후관계를 정하는 것이 곤란하기 때문에, 그 '다음 날'부터 대항력을 가지는 것으로 정한 것이다(대판 1997.12.12, 97다22393). 따라서 임차인의 주택의 인도 및 주민등록과 그 주택에 대한 제3자의 저당권등기가 같은 날 이루어진 경우에는 제3자의 저당권이 우선한다.

한편 자기 명의의 주택을 매도하면서 동시에 그 주택을 임차한 경우, 매도인이 임차인으로서 가지는 대항력은 매수인 명의의 소유권이전등기를 마친 다음 날부터 발생한다(대판 2000.2.11, 99다59306).

(3) 대항력의 내용

채권자가 주택임대차보호법상의 대항력을 취득하는 방법으로 기존채권을 우선변제 받을 목적으로 주택임대차계약의 형식을 빌려 기존채권을 임대차보증금으로 하기로 하고 주택의 인도와 주민등록을 마침으로써 주택임대차로서의 대항력을 취득한 것처럼 외관을 만들었을 뿐 실제 주택을 주거용으로 사용·수익할 목적을 갖지 않은 계약은 주택임대차계약으로서는 통정허위표시에 해당되어 무효라고 할 것이므로, 이에 주택임대차보호법이 정하고 있는 대항력을 부여할 수는 없다(대판 2007.12.13, 2007다55088). 이것은 소액임차인의 경우에도 다를 것이 없다(대판 2001.5.8, 2001다14733).

(가) 양수인에 대한 관계

1) 임대인 지위의 승계

(i) 대항요건을 갖춘 임차인은 임차주택의 양수인에게 임차권을 주장할 수 있다. 제3조 4항은 임차주택의 양수인 그 밖에 임대할 권리를 승계한 자(예: 상속·경매 등으로 주택의 소유권을 취득한 자)는 '임대인의 지

위'를 승계한 것으로 본다. 가령 주택의 임차인이 대항요건을 갖춘 후 그 주택이 양도된 경우, 양수인은 주택의 소유권과 결합하여 임대인의 임대차계약상의 권리·의무 일체를 그대로 승계하며, 그 결과 양수인이 임대차보증금반환채무를 면책적으로 인수하고, 양도인은 임대차관계에서 탈퇴하여 임차인에 대한 임대차보증금반환채무를 면하게 된다(대판 2013.1.17, 2011다49523). 이는 임차인이 임대차보증금반환채권에 질권을 설정하고 임대인이 그 질권 설정을 승낙한 후에 임대주택이 양도된 경우에도 마찬가지이다(대판 2018.6.19, 2018다201610). 따라서 ① 대항요건을 갖춘 임차인이 주택을 양수한 경우에도 임대인의 보증금반환채무는 소멸하고 양수인인 임차인이 임대인의 자신에 대한 보증금반환채무를 인수하게 되어, 임차인의 보증금반환채권은 혼동으로 인하여 소멸하게 된다(대판 1996.11.22, 96다38216). 다만 부동산임차권이 대항요건을 갖춘 후에 저당권이 설정된 때에는 부동산에 대한 소유권과 임차권이 동일인에게 귀속된 경우에는 민법 제191조 1항 단서에 의하여 임차권은 소멸하지 않는다(대판 2001.5.15, 2000다12693). ② 임차인이 임대인의 지위승계를 원하지 않는 경우, 임차인이 임차주택의 양도사실을 안 때부터 상당한 기간 내에 이의를 제기함으로써 승계되는 임대차관계의 구속으로부터 벗어날 수 있고, 이 경우에는 양도인의 임차인에 대한 보증금반환채무는 소멸하지 않는다(대판 2002.9.4, 2001다64615).

(ii) 임대인의 지위를 승계한 것으로 보게 되는 임차주택의 양수인이 되려면 주택을 임대할 권리나 이를 수반하는 권리를 종국적·확정적으로 이전받게 되는 경우라야 한다(대판 2002.4.12, 2000다70460). 따라서 ① 주택의 양도담보의 경우에는 채권담보를 위하여 신탁적으로 양도담보권자에게 주택의 소유권이 이전될 뿐이고, 확정적·종국적으로 이전되는 것이 아니므로 양도담보권자는 동법 제3조 4항의 양수인에 해당하지 않는다(대판 1993.11.23, 93다4083). ② 경매부동산이 매각되면 저당권·압류채권·가압류채권보다 뒤에 등기되었거나 대항력을 갖춘 임차권은 함께 소멸하므로(제3조의5, 민사집행법 제91조), 임차권에 우선하는 저당권의 실행으로 임차주택을 매각받은 매수인은 제3조 4항의 양수인에 포함되지 않는다(대판 2000.2.11, 99다59306). 반면에 ① 소유권을 취득하였다가 계약해제로 인하여 소유권을 상실하게 된 임대인으로부터 그 계약이 해제되기 전에 주택을 임차받아 주택의 인도와 주민등록을 마침으로써 주택임대차보호법 제3조 1항에 의한 대항요건을 갖춘 임차인은 민법 제548조 1항 단서에 따라 계약해제로 인하여 권리를 침해받지 않는 제3자에 해당하므로, 임대인의 임대권원의 바탕이 되는 계약의 해제에도 불구하고 자신의 임차권을 새로운 소유자에게 대항할 수 있고, 이 경우 계약해제로 소유권을 회복한 제3자는 주택임대차보호법 제3조 4항에 따라 임대인의 지위를 승계한다(대판 2003.8.22, 2003다12717). ② 매도인이 악의인 계약명의신탁의 명의수탁자로부터 명의신탁의 목적물인 주택을 임차하여 주택임대차보호법 제3조 1항의 대항요건을 갖춘 임차인은 명의수탁자의 소유권이전등기가 말소됨으로써 등기명의를 회복한 매도인과 그로부터 다시 소유권이전등기를 마친 명의신탁자에 대하여 자신의 임차권을 대항할 수 있고, 이 경우 소유권이전등기를 마친 명의신탁자가 제3조 4항에 따라 임대인의 지위를 승계한다(대판 2022.3.17, 2021다210720).

(iii) 임대인의 지위를 승계한 것으로 보는 임차주택의 양수인은 임대차의 목적이 된 '주거용 건물의 양수인'을 의미하며, 제3조의2 제2항이 대항요건을 갖춘 임차인에게 경매 또는 공매에 의한 임차주택의 '대지의 환가대금'에서 후순위권리자보다 보증금을 우선변제 받을 권리를 인정하고 있어도 '대지'를 매각 받은 자를 임차주택의 양수인이라고 할 수 없다(대판 1998.4.10, 98다3276). 예컨대 丙은 저당권 등이 전혀 설정되어 있지 않은 甲 소유 주택을 전세보증금 4,000만원에 임차하여 주민등록전입신고를 하고 거주하고 있다. 그런데 위 주택의 대지에는 근저당권이 설정되어 있었고, 그 후 근저당권자의 대지에 대한 경매신청으로 대지는 乙에게 매각되었다. 이 경우 丙은 대지만을 경매절차에서 매수한 乙에 대하여 주택임차권을 주장할 수 없다.

(iv) 제3조 4항에 따라 임차주택의 양수인이 임대인의 지위를 승계하는 것은 임차인이 대항력을 갖추고 있는 것을 요건으로 하므로, 대항력을 갖추지 못한 임차인의 경우 임차주택이 다른 사람에게 이전되었더라도 임대인이 임차보증금 반환의무를 부담한다. 임차주택의 양수인에게 대항할 수 있는 임차권자라도 스스로 임대차관계의 승계를 원하지 않을 때에는 승계되는 임대차관계의 구속을 면할 수 있다고 보는 것이 공평의 원칙 또는 신의성실의 원칙에 부합한다. 따라서 임차목적물에 대한 경매의 현황조사 절차에서 전입신고를 마친 임차인임을 신고하여 매각물건명세서에도 대항력 있는 임차인으로 기재되도록 한 甲이 경매절차 진행 중 스스로 주민등록을 이전하여 대항력을 상실한 후, 종전 임대인 乙을 상대로 잔여 임대차보증금의 지급을 구하는 것은, 신의성실의 원칙에 반하는 행위라고 볼 수 없다(대판 2023.6.29, 2020다276914).

(v) 판례는 임대주택의 양도로 임대인의 지위가 일체로 양수인에게 이전된다면, 채권압류의 제3채무자의 지위도 임대인의 지위와 함께 이전된다고 한다. ① 임차인의 임대차보증금반환채권이 가압류된 상태에서 그 주택이 양도된 경우, 양수인이 채권가압류의 제3채무자의 지위도 승계하고, 가압류권자는 주택의 양도인이 아니라 양수인에 대하여만 가압류의 효력을 주장할 수 있다(대판 2013.1.17, 2011다49523). ② 대항요건을 갖춘 임차인의 임대차보증금반환채권에 대한 압류 및 전부명령이 확정되어 임차인의 임대차보증금반환채권이 집행채권자에게 이전된 경우(민사집행법 제229조 3항), 제3채무자인 임대인으로서는 임차인에 대하여 부담하고 있던 채무를 집행채권자에 대하여 부담하게 될 뿐 그가 임대차목적물인 주택의 소유자로서 이를 제3자에게 매도할 권능은 그대로 보유하는 것이며, 위와 같이 소유자인 임대인이 그 주택을 매도한 경우 주택임대차보호법 제3조 4항에 따라 집행채권자에 대한 보증금지급의무를 면하게 되므로, 결국 임대인은 전부금지급의무를 부담하지 않는다(대판 2005.9.9, 2005다23773).

(vi) 한편 법인은 제3조 1항이 정하는 대항요건의 하나인 주민등록을 마칠 수 없기 때문에, 주택을 임차한 법인에게는 제3조 2항, 3항이 정하는 경우를 제외하고는 제3조가 적용되지 않는다. 그러므로 임차주택의 양수인이 임대인의 지위를 당연히 승계한다는 내용의 제3조 4항도 주택임차인이 법인인 경우에는 원칙적으로 적용되지 않는다. 즉 임대인이 법인을 임차인으로 하는 주택을 양도한 경우, 임대인의 임대차보증금 반환채무를 양수인이 면책적

으로 인수하였다는 등의 특별한 사정이 없는 한 임대인의 법인에 대한 임대차보증금 반환채무는 소멸하지 않는다(대판 2024.6.13, 2024다215542; 대판 2003.7.25, 2003다2918).

판 례

(ㄱ) 부동산에 대하여 가압류등기가 마쳐진 후에 그 채무자로부터 그 부동산을 임차하여 대항요건을 갖춘 자는 가압류집행으로 인한 처분금지의 효력에 의하여 가압류사건의 본안판결의 집행으로 그 부동산을 취득한 매수인에게 그 임대차의 효력을 주장할 수 없다(대판 1983.4.26, 83다카116).

(ㄴ) 주택의 명의신탁자가 임대차계약을 체결한 후 명의수탁자가 명의신탁자로부터 주택을 임대할 권리를 포함하여 주택에 대한 처분권한을 종국적으로 이전받는 경우에 임차인이 주택의 인도와 주민등록을 마친 이상 명의수탁자는 주택임대차보호법 제3조 4항의 규정에 의하여 임차인과의 관계에서 그 주택의 양수인으로서 임대인의 지위를 승계하였다고 보아야 한다(대판 1999.4.23, 98다49753).

(ㄷ) 건물이 미등기인 관계로 그 건물에 대하여 아직 소유권이전등기를 마치지는 못하였지만 그 건물에 대하여 사실상 소유자로서의 권리를 행사하고 있는 자는 전소유자로부터 건물의 일부를 임차한 자에 대한 관계에서는 사실상 소유자가 제3조 4항의 주택의 양수인으로서 임대인의 지위를 승계하였다고 볼 수 있다(대판 1987.3.24, 86다카164).

(ㄹ) 경매목적 부동산이 매각된 경우에는 경매로 인하여 소멸하는 저당권보다 뒤에 등기되었거나 대항력을 갖춘 임차권은 선순위 저당권과 함께 소멸하는 이상 경매목적 부동산의 매수인은 주택임대차보호법 제3조에서 말하는 임차주택의 양수인에 포함되지 않으므로, 임차인은 매수인에 대하여 임차권의 효력을 주장할 수 없다(대판 2025.4.15, 2024다326398).

(ㅁ) 임차주택의 양수인에게 대항할 수 있는 임차권자라도 스스로 임대차관계의 승계를 원하지 아니할 때에는 승계되는 임대차관계의 구속을 면할 수 있다고 보아야 하므로, 임대차기간의 만료 전에 임대인과 합의에 의하여 임대차계약을 해지하고 임대인으로부터 임대차보증금을 반환받을 수 있으며, 이러한 경우 임차주택의 양수인은 임대인의 지위를 승계하지 않는다(대판 2018.12.27, 2016다265689).

2) 임대차의 종료와 대항력

임대차기간이 끝난 경우에도 임차인이 보증금을 반환받을 때까지는 임대차관계가 존속되는 것으로 본다(제4조 2항). 따라서 임차인은 임대차가 종료한 경우에도 임차보증금을 반환받을 때까지 양수인에게 대항할 수 있다.

한편 임차권등기명령의 집행에 의한 임차권등기를 마친 경우, 민법 제621조에 의거 주택에 대해 임차권등기가 된 경우, 임차인이 제3조 1항, 2항, 3항의 대항요건을 상실한 때에도 임차주택을 양수한 자에 대하여 대항할 수 있다(제3조의3 제5항, 제3조의4 제1항).

판 례

근저당권자가 담보로 제공된 건물에 대한 담보가치를 조사할 당시 대항력을 갖춘 임차인이 임대차 사실을 부인하고 건물에 관하여 임차인으로서의 권리를 주장하지 않겠다는 내용의 무상임대차 확인서를 작성해 주었고, 그 후 개시된 경매절차에 무상임대차 확인서가 제출되어 매수인이 확인서의 내용을 신뢰하여 매수신청금액을 결정하는 경우와 같이, 임차인이 작성한 무상임대차 확인서에서 비롯된 매수인의 신뢰가 매각절차에 반영되었다고 볼 수 있는 사정이 존재하는 경우에는, 비록 매각물건명세서 등에 건물에 대항력 있는 임대차 관계가 존재한다는 취지로 기재되었더라도 임차인이 제3자인 매수인의 건물인도청구에 대하여 대항력 있는 임대차를 주장하여 임차보증금반환과의 동시이행의 항변을 하는 것은 금반언 또는 신의성실의 원칙에 반하여 허용될 수 없다(대판 2016.12.1, 2016다228215).

(나) 제3자에 대한 관계

1) 제3조 1항, 2항, 3항에 의하여 주택의 인도와 주민등록을 마친 때에는 그 다음 날부터 제3자에 대하여 대항할 수 있으므로, 저당권자·압류채권자 등과 같은 제3자와 임차인의 관계는 대항력의 선후를 기준으로 그 우열관계가 정하여진다. 즉 경매목적 부동산이 매각된 경우에는 소멸된 선순위 저당권보다 뒤에 등기되었거나 대항력을 갖춘 임차권은 함께 소멸한다(제3조의5 본문, 대판 2000.2.11, 99다59306). 따라서 근저당권설정등기와 제3자의 집행채권자의 강제경매신청 사이에 대항력을 갖춘 주택임차인이 있는 경우, 임차인의 임차권은 소멸하므로 매수인에게 대항할 수 없다(대판 1987.3.10, 86다카1718). 다만 경매로 인하여 근저당권이 소멸하고 매수인이 소유권을 취득하게 되는 시점인 매각대금지급기일 이전에 선순위 근저당권이 다른 사유로 소멸한 경우, 임차권의 대항력이 소멸하지 않는다(대판 2003.4.25, 2002다70075).

2) 주택임대차보호법상 임차인으로서 우선변제를 받을 수 있는 권리와 전세권자로서 우선변제를 받을 수 있는 권리는 근거규정 및 성립요건을 달리하는 별개의 권리이다(대판 2010.6.24, 2009다40790). 따라서 주택에 전세권설정등기를 마친 후 등기부상 새로운 이해관계인이 없는 상태에서 전세권과 같은 내용의 임대차계약을 체결하여 주택임대차보호법상 대항요건도 갖추었다면, 전세권자의 지위와 주택임대차보호법상 대항력을 갖춘 임차인의 지위를 함께 가지게 된다. ① 이 경우 전세권자로서 배당요구를 하여 전세권이 매각으로 소멸되었더라도 변제받지 못한 나머지 보증금에 의하여 대항력을 행사할 수 있고, 그 범위 내에서 임차주택의 매수인은 임대인의 지위를 승계한다(대결 2010.7.26, 2010마900). ② 임차인의 지위에 의하여 경매법원에 배당요구를 한 경우, 배당요구를 하지 않은 전세권에 관하여는 배당요구가 있는 것으로 볼 수 없다(대판 2010.6.24, 2009다40790). 따라서 그 전세권이 저당권 등에 대항할 수 있는 경우에는 전세권자가 배당요구를 하지 않는 한 그 전세권은 매수인에게 인수된다(민사집행법 제91조 3항, 4항). ③ 주택임차인이 그 지위를 강화하고자 별도로 전세권설정등기를 마쳤더라도 주택임차인이 주택임대차보호법 제3조 1항의 대항요건을 상실하면 이미 취득한 주택임대차보호법상의 대항력 및 우선변제권을 상실한다(대판 2007.6.28, 2004다69741). ④ 甲이 제3조 1항의 대항력을 갖춘 후에, 乙이 주택에 대하여 근저당권을 설정하고 그 후 甲이 주택에 전세권등기를 하였는데, 乙의 경매신청으로 임차주택이 丙에게 매각되어 甲의 전세권이 경매로 인하여 소멸한 경우에도 甲의 주택임차권의 대항력은 그대로 존속한다(제3조의5 단서; 대판 1993.11.23, 93다10552,10569).

(다) 대항력을 갖춘 주택임차인이 그 임차권을 적법하게 양도 또는 임대한 경우

대항력을 갖춘 주택임차인이 임대인의 동의를 얻어 적법하게 임차권을 양도하거나 임

차물을 전대한 경우, 양수인이나 전차인이 임차인의 주민등록퇴거일부터 주민등록법상의 전입신고기간 내에 전입신고를 마치고 주택을 인도받아 점유를 계속하고 있다면, 비록 임차권의 양도나 전대에 의하여 임차권의 공시방법인 점유와 주민등록이 변경되었더라도 원래의 임차인이 갖는 임차권의 대항력은 소멸되지 않고 동일성을 유지한 채로 존속한다(대판 1988.4.25, 87다카2509).

(라) 공동임차인 중 1인만이 대항력 요건을 갖춘 경우

주택의 공동임차인 중 1인이라도 주택임대차보호법 제3조 1항에서 정한 대항력 요건을 갖추게 되면 그 대항력은 임대차 전체에 미치므로, 임차 건물이 양도되는 경우 특별한 사정이 없는 한 공동임차인에 대한 보증금반환채무 전부가 임대인 지위를 승계한 양수인에게 이전되고 양도인의 채무는 소멸한다. 이러한 법리는 계약당사자 사이에 공동임차인의 임대차보증금 지분을 별도로 정한 경우에도 마찬가지이다(대판 2021.10.28, 2021다238650). 공동임차인으로서 임대차계약을 체결한 것은 기본적으로 임대차계약에 따른 권리·의무를 함께하겠다는 것이고, 공동임차인 중 1인이 취득한 대항력이 임대차 전체에 미친다고 보더라도 주택임대차보호법에 따른 공시의 목적, 거래관행 등에 비추어 임대차계약을 전제로 법률행위를 하고자 하는 제3자의 권리가 침해된다고 볼 수 없기 때문이다. 가령 공동임차인 중 1인은 법인, 1인은 그 직원이고 임대인과 사이에 보증금을 각 지분별로 지급·반환받기로 임대차계약을 한 경우, 직원만이 취득한 주택임대차보호법상 대항력이 임대차 전체에 효력이 미친다.

(마) 다가구용 단독주택이 다세대주택으로 변경된 경우

처음에 다가구용 단독주택으로 소유권보존등기가 마쳐진 건물의 일부를 임차한 임차인은 이를 인도받고 임차건물의 지번을 정확히 기재하여 전입신고를 하면 주택임대차보호법 소정의 대항력을 적법하게 취득하고, 나중에 다가구용 단독주택이 다세대주택으로 변경되었다는 사정만으로 임차인이 이미 취득한 대항력을 상실하게 되는 것은 아니다(대판 2007.2.8, 2006다70516).

(바) 대항력 있는 임차주택 매도인의 담보책임

1) 대항력 있는 임차주택을 매수하거나 경매에서 매각 받은 양수인이 임대인 지위의 승계로 인하여(제3조 4항) 입은 불이익에 대해서는 매도인의 담보책임(민법 제575조, 제578조)에 관한 규정이 준용된다(제3조 5항). 따라서 주택의 매수인이 선의인 경우에 한하여 매도인에게 손해배상을 청구할 수 있고, 목적달성을 할 수 없을 때에는 계약해제도 할 수 있으며(민법 제575조 1항), 주택의 경락인(매수인)은 채무자에게 계약의 해제 또는 대금감액을 청구할 수 있다(민법 제578조 1항).

2) 담보책임의 내용으로서 계약의 해제로 인해 생기는 쌍방의 채무에 관하여는 민법 제536조(동시이행의 항변권)의 규정을 준용한다(제3조 6항).

3. 주택임대차의 존속보장

(1) 임대차기간

기간을 정하지 않거나 2년 미만으로 정한 임대차는 그 기간을 2년으로 본다(제4조 1항 본문). 다만 임차인은 2년 미만으로 정한 기간이 유효함을 주장할 수 있다(제4조 1항 단서).

(2) 계약갱신요구권

(가) 임대인은 임차인이 임대차기간이 끝나기 6개월 전부터 2개월 전까지의 기간 이내에 계약갱신을 요구할 경우 정당한 사유 없이 거절하지 못한다(제6조의3 제1항 본문). 다만 ① 임차인이 2기의 차임액에 해당하는 금액에 이르도록 차임을 연체한 사실이 있는 경우, ② 임차인이 거짓이나 그 밖의 부정한 방법으로 임차한 경우, ③ 서로 합의하여 임대인이 임차인에게 상당한 보상을 제공한 경우, ④ 임차인이 임대인의 동의 없이 목적 주택의 전부 또는 일부를 전대한 경우, ⑤ 임차인이 임차한 주택의 전부 또는 일부를 고의나 중대한 과실로 파손한 경우, ⑥ 임차한 주택의 전부 또는 일부가 멸실되어 임대차의 목적을 달성하지 못할 경우, ⑦ 임대인이 ㉠ 임대차계약 체결 당시 공사시기 및 소요기간 등을 포함한 철거 또는 재건축 계획을 임차인에게 구체적으로 고지하고 그 계획에 따르는 경우, ㉡ 건물이 노후·훼손 또는 일부 멸실되는 등 안전사고의 우려가 있는 경우, ㉢ 다른 법령에 따라 철거 또는 재건축이 이루어지는 경우의 어느 하나에 해당하는 사유로 목적 주택의 전부 또는 대부분을 철거하거나 재건축하기 위하여 목적 주택의 점유를 회복할 필요가 있는 경우, ⑧ 임대인(임대인의 직계존속 직계비속 포함)이 목적 주택에 실제 거주하려는 경우, ⑨ 그 밖에 임차인이 임차인으로서의 의무를 현저히 위반하거나 임대차를 계속하기 어려운 중대한 사유가 있는 경우에는 갱신거절을 할 수 있다(제6조의3 제1항 단서). 또한 제3조 4항에 의하여 임대인의 지위를 승계한 임차주택의 양수인도 그 주택에 실제 거주하려는 경우, 갱신거절을 할 수 있다(대판 2022.12.1, 2021다266631).

주택임대차보호법 제6조의3 제1항은 임차인의 주거생활 안정을 위하여 임차인에게 계약갱신요구권을 보장하는 동시에 임대인의 재산권을 보호하고 재산권에 대한 과도한 제한을 방지하기 위하여 임대인에게 정당한 사유가 있는 경우 계약갱신을 거절할 수 있도록 함으로써 임차인과 임대인의 이익 사이에 적절한 조화를 도모하고자 함에 있다(대판 2023.12.7, 2022다279795).

(나) 임차인은 계약갱신요구권을 1회에 한하여 행사할 수 있다. 이 경우 갱신되는 임대차의 존속기간은 2년으로 본다(제6조의3 제2항). 갱신요구에 따라 갱신된 임대차에 대하여, 임차인은 언제든지 임대인에게 계약해지를 통지할 수 있고, 이 경우 임대차의 해지는 임대인이 그 통지를 받은 날부터 3개월이 지나면 그 효력이 발생한다(제6조의3 제4항). 주의할 것은 임차인이 주택임대차보호법 제6조의3 제1항에 따라 임대차계약의 갱신을 요구하면 임대인에게 갱신거절 사유가 존재하지 않는 한 임대인에게 '갱신요구가 도달'한 때 갱신의 효력이 발생한다. 갱신요구에 따라 임대차계약에 갱신의 효력이 발생한 경우 임차인은 제6조의2 제1항에 따라 언제든

지 계약의 해지통지를 할 수 있고, 해지통지 후 3개월이 지나면 그 효력이 발생하며, 이는 계약해지의 통지가 갱신된 임대차계약 기간이 개시되기 전에 임대인에게 도달하였더라도 마찬가지이다(대판 2024.1.11, 2023다258672). 즉 임차인이 제6조의2 제1항에 따라 한 계약해지의 통지가 갱신된 임대차계약 기간이 개시되기 '전'에 임대인에게 도달한 경우 해지의 효력 발생 시점은 해지통지 후 3개월이다.

(다) 갱신되는 임대차는 전 임대차와 동일한 조건으로 다시 계약된 것으로 본다. 다만 차임과 보증금은 제7조의 범위에서 증감할 수 있다(제6조의3 제3항).

(라) 임대인이 목적 주택에 실제 거주를 사유로(제6조의3 제1항 8호) 임차인의 갱신요구를 거절하였는데, 갱신요구가 거절되지 않았더라면 갱신되었을 기간이 만료되기 전에 정당한 사유 없이 제3자에게 목적 주택을 임대한 경우, 임대인은 갱신거절로 인하여 임차인이 입은 손해를 배상하여야 한다(제6조의3 제5항). 임대인의 손해배상액은 거절 당시 당사자 간에 손해배상액의 예정에 관한 합의가 있는 때에는 그 예정액으로 한다. 갱신거절 당시 손해배상액의 예정에 관한 합의가 없는 때에는 ① 갱신거절 당시 월차임(차임 외에 보증금이 있는 경우에는 그 보증금을 제7조의2 각 호 중 낮은 비율에 따라 월 단위의 차임으로 전환한 금액을 포함한다. 이하 '환산월차임'이라 한다)의 3개월분에 해당하는 금액, ② 임대인이 제3자에게 임대하여 얻은 환산월차임과 갱신거절 당시 환산월차임 간 차액의 2년분에 해당하는 금액, ③ 갱신거절로 인하여 임차인이 입은 손해액 중 큰 금액으로 한다(제6조의3 제6항).

판 례

임차인의 계약갱신 요구를 거절할 수 있는 사유 중 하나인 임대인(임대인의 직계존속·직계비속을 포함한다)이 목적 주택에 실제 거주하려는 경우에 해당한다는 점에 대한 증명책임은 임대인에게 있다. '실제 거주하려는 의사'의 존재는 임대인이 단순히 그러한 의사를 표명하였다는 사정이 있다고 하여 곧바로 인정될 수는 없지만, 임대인의 내심에 있는 장래에 대한 계획이라는 위 거절사유의 특성을 고려할 때 임대인의 의사가 가공된 것이 아니라 진정하다는 것을 통상적으로 수긍할 수 있을 정도의 사정이 인정된다면 그러한 의사의 존재를 추인할 수 있을 것이다(대판 2023.12.7, 2022다279795).

(3) 계약의 묵시적 갱신

(가) 임대인이 임대차기간이 끝나기 6개월 전부터 2개월 전까지의 기간에 임차인에게 갱신거절의 통지를 하지 않거나 계약조건을 변경하지 않으면 갱신하지 않는다는 뜻의 통지를 하지 않은 경우, 그 기간이 끝난 때에 전 임대차와 동일한 조건으로 다시 임대차한 것으로 본다(제6조 1항 전문). 임차인이 임대차기간이 끝나기 2개월 전까지 통지하지 않은 경우에도 또한 같다(제6조 1항 후문). 그러나 묵시적 갱신은 2기분의 차임액에 이르도록 연체하거나 그 밖에 임차인으로서의 의무를 현저히 위반한 때에는 인정되지 않는다(제6조 3항).

(나) 묵시적 갱신의 경우, 임대차의 존속기간은 '2년'으로 본다(제6조 2항). 다만 임차인은 언제든지 임대인에게 계약해지를 통지할 수 있고, 임대인이 그 통지를 받은 날부터 3개월이 지나

면 해지의 효력이 발생한다(제6조의2).

(다) 대항력과 우선변제권을 갖춘 임대차계약이 갱신된 경우에도 종전 보증금의 범위 내에서는 최초 임대차계약에 의한 대항력과 우선변제권이 그대로 유지된다(대판 2012.7.12, 2010다42990).

4. 차임·보증금의 증감청구권

(1) 당사자는 약정한 차임이나 보증금이 임차주택에 관한 조세, 공과금, 그 밖의 부담의 증감이나 경제사정의 변동으로 인하여 적절하지 않게 된 때에는 장래에 대하여 그 증감을 청구할 수 있다. 이 경우 증액청구는 임대차계약 또는 약정한 차임이나 보증금의 증액이 있은 후 1년 이내에는 하지 못한다(제7조 1항). 그러나 '증액'의 경우에는 일정한 제한이 있다. 즉 증액청구는 약정한 차임이나 보증금의 20분의 1의 금액을 초과하지 못한다. 다만 특별시·광역시·특별자치시·도 및 특별자치도는 관할 구역 내의 지역별 임대차 시장 여건 등을 고려하여 약정한 차임이나 보증금의 20분의 1의 범위에서 증액청구의 상한을 조례로 달리 정할 수 있다(제7조 2항).

주의할 것은, 제7조는 임대차계약의 존속 중 당사자 일방이 약정한 차임 등의 증감을 청구한 때에 한하여 적용되고, 임대차계약이 종료된 후 재계약하거나 또는 임대차계약 종료 전이라도 당사자의 합의로 차임 등이 증액된 경우에는 적용되지 않는다(대판 2002.6.28, 2002다23482).

(2) 한편 임차권의 대항력을 갖춘 후 그 임차물에 대해 저당권설정등기가 마쳐지고 그 후 임차보증금이 증액된 경우, 그 임차보증금의 증액부분은 저당권자를 해치는 것으로서 저당권자에게는 대항할 수 없다(대판 1989.8.24, 90다카11377). 따라서 임차인은 증액된 보증금에 대해서는 저당권자보다 우선변제를 받을 수 없다.

5. 보증금의 효력

(1) 보증금의 우선변제권

(가) 요 건

제3조 1항, 2항, 3항의 '대항요건'과 임대차계약증서(제3조 2항, 3항의 경우에는 법인과 임대인 사이의 임대차계약증서)상의 '확정일자'를 갖춘 임차인은 민사집행법에 따른 경매 또는 국세징수법에 따른 공매를 할 때에 임차주택 및 대지의 환가대금에서 후순위권리자나 그 밖의 채권자보다 우선하여 보증금을 변제받을 권리가 있다(제3조의2 제2항). 임대차계약서상에 확정일자를 요구하는 것은 임대인과 임차인 사이의 담합으로 '임차보증금의 액수를 사후에 변경하는 것을 방지'하는 데 있으며, 임대차의 존재사실을 제3자에게 공시하고자 하는 것이 아니다. 따라서 확정일자를 받은 임대차계약서가 진정하게 작성된 이상, 계약서에 목적물을 표시하면서 아파트의 명칭과 전유부분의 동·호수의 기재를 누락하였더라도 제3조의2 제2항에 규정된 확정일자의 요건을 갖춘 것이다(대판 1999.6.11, 99다7992).

1) 주택임대차로서의 우선변제권을 취득한 것처럼 외관을 만들었을 뿐 실제 주택을 주거용으로 사용·수익할 목적을 갖지 아니한 계약에는 주택임대차보호법이 정하고 있는 우선변제권을 부여할 수 없다(대판 2003.7.22, 2003다21445).

2) 임차인이 임대인에게 임차보증금의 일부만을 지급하고 대항요건과 임대차계약증서상의 확정일자를 갖춘 다음 나머지 보증금을 나중에 지급하였다고 하더라도 특별한 사정이 없는 한 대항요건과 확정일자를 갖춘 때를 기준으로 임차보증금 전액에 대해서 후순위권리자나 그 밖의 채권자보다 우선하여 변제를 받을 권리를 갖는다(대판 2017.8.29, 2017다212194). 즉 우선변제권이 인정되기 위해서는 대항요건과 임대차계약증서상의 확정일자를 갖추면 되고, 계약 당시 임차보증금의 전액 지급은 요건이 아니다.

3) 주택의 임차인이 임차권의 대항력을 취득하고 임대차계약서상에 확정일자를 갖춘 후 다른 곳으로 주민등록을 이전하였다가 재전입한 경우, 전출로 소멸하였던 대항력이 회복되는 것이 아니라 재전입한 때부터 새로운 대항력이 다시 발생하며, 이 경우 전출 이전에 이미 임대차계약서상에 확정일자를 갖추었고 임대차계약도 재전입 전후를 통하여 그 동일성을 유지한다면, 임차인은 재전입시 임대차계약서상에 다시 확정일자를 받을 필요 없이 재전입 이후에 그 주택에 관하여 담보물권을 취득한 자보다 우선하여 보증금을 변제받을 수 있다(대판 1998.12.11, 98다34584).

4) 임차권과 분리된 임차보증금반환채권만을 양수한 채권양수인은 주택임대차보호법상의 우선변제권을 행사할 수 있는 임차인에 해당하지 않는다. 따라서 채권양수인은 임차주택에 대한 경매절차에서 동법상의 임차보증금 우선변제권자의 지위에서 배당요구를 할 수 없고(민사집행법 제88조), 이는 채권양수인이 주택임차인으로부터 다른 채권에 대한 담보목적으로 임차보증금반환채권을 양수한 경우에도 마찬가지이다. 물론 이와 같은 경우에도 채권양수인이 일반 금전채권자로서의 요건을 갖추어 배당요구를 할 수 있다(대판 2010.5.27, 2010다10276). 그러나 은행 등의 금융기관이 우선변제권을 취득한 임차인의 보증금반환채권을 계약으로 양수한 경우에는 양수한 금액의 범위에서 우선변제권을 승계한다(제3조의 2 제7항).

(나) 내 용

1) 임차인의 우선변제권이 다른 채권자보다 선순위인지 여부는 대항요건과 확정일자를 모두 갖춘 날을 기준으로 판단한다(대판 1992.10.13, 92다30597). 가령 우선변제적 효력은 대항력과 마찬가지로 인도와 주민등록을 마친 다음 날을 기준으로(오전 0시) 발생한다(대판 1999.3.23, 98다46938; 대판 1997.12.12, 97다22393). 따라서 ① 대항력을 갖춘 다음 날 설정된 저당권과의 관계에서는 확정일자를 갖춘 임차인이 우선한다. ② 임차인이 대항요건을 미리 갖추었더라도 확정일자를 부여받은 날짜가 가압류채권자의 가압류 날짜보다 늦은 경우에는 가압류채권자보다 우선변제를 받을 수 없다(대판 1992.10.13, 92다30597). 이 경우 부동산 담보권자보다 선순위의 가압류채권자가 있으면 그 담보권자가 선순위의 가압

류채권자와 채권액에 비례한 평등배당을 받을 수 있는 것과 마찬가지로 임차인과 선순위의 가압류채권자와는 평등배당의 관계에 있다(대판 1992.10.13, 92다30597). 부동산 담보권이나 임차인의 우선변제권은 '후순위' 채권자보다 우선하여 변제를 받을 수 있고, 가압류에는 우선변제권이 인정되지 않기 때문이다.

2) 대항요건 및 확정일자를 갖춘 임차인과 소액임차인은 임차주택과 대지가 함께 경매될 경우뿐만 아니라 임차주택과 별도로 대지만이 경매될 경우에도 대지의 환가대금에 대하여 우선변제권(제3조의2 제2항)을 행사할 수 있다(대판 2012.7.26, 2012다45689). 이와 같은 우선변제권은 이른바 법정담보물권의 성격을 갖는 것으로서 임대차 성립시의 임차목적물인 임차주택 및 대지의 가액을 기초로 임차인을 보호하고자 인정되는 것이다. 따라서 임대차 성립 당시 임대인의 소유였던 대지가 타인에게 양도되어 임차주택과 대지의 소유자가 서로 달라지게 된 경우에도 그 대지 환가대금에 대한 우선변제권을 행사할 수 있다(대판 2007.6.21, 2004다26133). 이러한 법리는 여러 필지의 임차주택 대지 중 일부가 타인에게 양도되어 일부 대지만이 경매되는 경우도 마찬가지이다(대판 2012.7.26, 2012다45689).

3) 대지에 甲명의의 저당권이 설정된 후에 건물이 신축되고, 그 신축건물에 대하여 乙이 임차권을 취득한 다음 다시 甲명의의 저당권이 설정된 후 대지와 건물이 일괄 경매된 경우, 제3조의2 제2항의 확정일자를 갖춘 임차인 乙은 대지의 환가대금에서는 우선하여 변제를 받을 권리가 없지만, 신축건물의 환가대금에서는 확정일자를 갖춘 임차인 乙이 신축건물에 대한 후순위권리자인 甲보다 우선하여 변제받을 권리가 있다(대판 2010.6.10, 2009다101275).

4) 주택임대차보호법상의 대항력을 갖춘 주택임차인이 임대인의 동의를 얻어 적법하게 임차권을 양도하거나 전대한 경우, 양수인이나 전차인에게 점유가 승계되고 전입신고가 이루어졌다면 원래의 임차인이 갖는 임차권의 대항력은 동일성을 유지한 채로 존속한다. 이러한 경우 임차권 양수인은 원래의 임차인이 가지는 우선변제권을 행사할 수 있고, 전차인은 원래 임차인의 우선변제권을 대위행사할 수 있다(대판 2010.6.10, 2009다101275).

(다) 우선변제권의 실현을 위한 절차

1) 제3자가 임차주택을 경매하는 경우

(i) 주택임차인의 우선변제권은 실체법상의 권리로서, 담보물권과 달리 등기부에 기록되어 있지 않으므로 경매·공매절차에서 배당받기 위해서는 배당요구(공매의 경우에는 배분요구)의 종기까지 배당요구(배분요구)를 하여야 한다(민사집행법 제88조, 제148조 2호, 국세징수법 제76조 1항, 제96조). 따라서 임차보증금의 우선변제청구권이 인정되는 임차인이 적법한 배당요구를 하지 않은 경우에는 매각대금으로부터 배당을 받을 수 없고, 적법한 배당요구를 한 경우에 배당받을 수 있었던 금액이 후순위채권자에게 배당되었다고 하여 이를 법률상 원인이 없는 것이라고 할 수 없다(대판 2002.1.22, 2001다70702).

(ii) 우선변제권을 행사하기 위해서는 그 전제인 대항요건이 '배당요구의 종기'까지 존속하여야 한다(대판 2007.6.14, 2007다17475).

(iii) 임차인은 임차주택을 양수인에게 인도하지 않으면 보증금을 받을 수 없다(제3조의2 제3항). 이것은 경매 또는 공매절차에서 임차인이 보증금을 수령하기 위하여는 임차주택을 명도한 증명을 하여야 한다는 것을 의미하는 것이고, 임차인의 주택명도의무가 보증금반환의무보다 선이행되어야 하는 것은 아니다(대판 1994.2.22, 93다55241).

판 례

주택임대차보호법에 따른 주택임차인의 대항력 발생일과 임대차계약서상 확정일자가 모두 당해 주택에 관한 1순위 근저당권 설정일보다 앞서는 경우, 주택임차인은 특별한 사정이 없는 한 대항력뿐 아니라 1순위 근저당권자보다 선순위의 우선변제권도 가지므로, 그 주택에 관하여 개시된 경매절차에서 배당요구종기 이전에 배당요구를 하였다면 1순위 근저당권자보다 우선하는 배당순위를 가진다. 한편 주택임차인이 주택에 관하여 개시된 경매절차에서 임차보증금 액수, 주택인도일, 주민등록일(전입신고일), 임대차계약서상 확정일자 등 대항력 및 우선변제권 관련 사항을 밝히고 권리신고 및 배당요구를 한 경우 그 내용은 매각물건명세서에 기재되어 공시되므로, 매수희망자는 보통 이를 기초로 매각기일에서 신고할 매수가격을 정하게 된다. 따라서 주택 경매절차의 매수인이 권리신고 및 배당요구를 한 주택임차인의 배당순위가 1순위 근저당권자보다 우선한다고 신뢰하여 임차보증금 전액이 매각대금에서 배당되어 임차보증금반환채무를 인수하지 않는다는 전제 아래 매수가격을 정하여 매각을 받아 주택에 관한 소유권을 취득하였다면, 설령 주택임차인이 1순위 근저당권자에게 무상거주확인서를 작성해 준 사실이 있어 임차보증금을 배당받지 못하게 되었더라도, 그러한 사정을 들어 주택의 인도를 구하는 매수인에게 주택임대차보호법상 대항력을 주장하는 것은 신의칙에 위반되어 허용될 수 없다(대판 2017.4.7, 2016다248431).

2) 임차인이 임차주택을 경매하는 경우

(i) 임대인이 임대차기간 만료 후 보증금을 반환하지 않는 경우, 다른 채권자에 의해 경매가 개시되면 임차인은 배당요구의 종기까지 배당요구를 하여 우선변제를 받을 수 있지만, 임차인의 자격에서 경매를 신청할 권한은 없다. 이때에는 임대인을 상대로 보증금반환청구의 소를 제기하여 확정판결을 받거나 그 밖에 이에 준하는 집행권원에 따라서 강제경매를 신청할 수밖에 없다. 이 경우 임차인은 임차주택을 인도하지 않고 강제경매를 신청할 수 있다(제3조의2 제1항). 제3조의2 제1항이 적용되는 임차주택에는 건물뿐만 아니라 그 부지도 포함한다(대결 2000.3.15, 99마4499).

(ii) 주택임대차보호법상의 대항력과 우선변제권을 모두 가지고 있는 임차인이 보증금을 반환받기 위하여 보증금반환청구 소송의 확정판결 등 집행권원을 얻어 임차주택에 대하여 스스로 강제경매를 신청하였다면 특별한 사정이 없는 한 대항력과 우선변제권 중 우선변제권을 선택하여 행사한 것으로 보아야 하고, 이 경우 우선변제권을 인정받기 위하여 배당요구의 종기까지 별도로 배당요구를 하여야 하는 것은 아니다. 그리고 그 경매절차에서 집행관의 현황조사 등을 통하여 경매신청채권자인 임차인의 우선변제권이 확인되고 그러한 내용이 현황조사보고서, 매각물건명세서 등에 기재된 상태에서 경매절차가 진행되어 매각이 이루어졌다면, 임차인은 배당절차에서 후순위권리자나 일반채권자보다 우선하여 배당받을

수 있다(대판 2013.11.14, 2013다27831).

(라) 임차권등기명령과 민법에 의한 주택임대차등기

1) 임차권등기명령

(i) 보증금에 대하여 우선변제를 받기 위해서는 대항요건(주택의 인도와 전입신고)과 확정일자를 갖추어야 하는데, 임차인이 사정상 임대차가 끝난 후 다른 곳으로 이사를 하게 되면 우선변제권을 잃게 된다. 그래서 이를 해결하기 위해 제3조의3 제1항은 "임대차가 끝난 후 보증금이 반환되지 않은 경우 임차인은 임차주택의 소재지를 관할하는 지방법원·지방법원지원 또는 시·군 법원에 임차권등기명령을 신청할 수 있다"고 규정하고 있다. 이것이 임차권등기명령제도이다.

(ii) 임차권등기명령의 집행에 따른 임차권등기를 마치면 임차인은 주택임대차보호법이 정하는 대항력과 우선변제권을 취득한다. 다만 임차인이 임차권등기 이전에 이미 대항력이나 우선변제권을 취득한 경우에는 그 대항력이나 우선변제권은 그대로 유지되며, 임차권등기 이후에는 주택임대차보호법이 정한 대항요건을 상실하더라도 이미 취득한 대항력이나 우선변제권을 상실하지 않는다(제3조의3 제5항). 즉 대항력과 우선변제권은 임차권등기가 마쳐진 때부터 발생한다. 따라서 대항력이 상실된 이후에 임차권등기가 마쳐졌더라도 이로써 소멸하였던 대항력이 당초에 소급하여 회복되는 것이 아니라 그 등기가 마쳐진 때부터 그와는 동일성이 없는 새로운 대항력이 발생한다(대판 2025.4.15, 2024다326398).

(iii) 임차권등기명령의 집행에 따른 임차권등기가 끝난 주택(임대차의 목적이 주택의 일부분인 경우에는 해당 부분으로 한정한다)을 그 이후에 임차한 임차인은 제8조(보증금 중 일정액의 보호)에 따른 우선변제를 받을 권리가 없다(제3조의3 제6항). 이러한 경우까지 소액보증금의 최우선변제권을 인정한다면 임차권등기명령제도의 기능을 유지할 수 없기 때문이다.

(iv) 임차권등기는 이미 임대차계약이 종료하였음에도 임대인이 그 보증금을 반환하지 않는 상태에서 마쳐지고, 임대인의 임대차보증금의 반환의무는 사실상 이행지체에 빠진 것이며, 특히 임차권등기는 임차인으로 하여금 기왕의 대항력이나 우선변제권을 유지하도록 해 주는 담보적 기능만을 주목적으로 하는 점 등에 비추어 볼 때, 임대인의 임대차보증금의 반환의무가 임차인의 임차권등기 말소의무보다 먼저 이행되어야 할 의무이다(대판 2005.6.9, 2005다4529).

판 례

채무담보의 목적으로 경료된 채권자 명의의 소유권이전등기나 그 청구권보전의 가등기의 말소를 구하려면 먼저 채무를 변제하여야 하고 피담보채무의 변제와 교환적으로 말소를 구할 수는 없다(대판 1984.9.11, 84다카781).

2) 민법에 의한 주택임대차등기

민법 제621조에 의거 주택에 대해 임차권등기가 된 경우에도 임차인은 우선변제권이 인정된다(제3조의4 제1항, 제3조의3 제5항). 다만 임차권등기명령과 같이 주택임대차등기가 끝난 주택을 그 이후에 임차한 소액보증금에 해당하는 임차인은 우선변제를 받을 권리가 없다(제3조의4 제1항, 제3조의3 제6항).

판 례

임차권등기명령에 의하여 임차권등기가 첫 경매개시결정등기 전에 등기된 경우, 배당받을 채권자의 범위에 관한 민사집행법 제148조 4호의 '저당권·전세권, 그 밖의 우선변제청구권으로서 첫 경매개시결정등기 전에 등기되었고 매각으로 소멸하는 것을 가진 채권자'에 준하여, 임차인은 별도로 배당요구를 하지 않아도 당연히 배당받을 채권자에 속하는 것으로 보아야 한다(대판 2005.9.15, 2005다33039). 즉 첫 경매개시결정등기 전에 등기된 가압류채권자·저당권자·전세권자는 배당요구를 하지 않아도 배당받을 수 있다.

(마) 보증금 우선변제권의 승계

은행 등 금융기관이 주택임대차보호법에 따른 우선변제권을 취득한 임차인의 보증금반환채권을 계약으로 양수한 경우에는 양수한 금액의 범위에서 우선변제권을 승계한다(제3조의2 제7항). 따라서 주택임차인 甲이 주택도시보증공사(乙)와 임대차보증금반환 등 보증계약을 체결하면서 乙에게 담보 목적으로 보증금반환채권을 양도하였고, 이후 임차주택에 대한 경매절차가 개시된 경우, 乙은 보증금반환채권 양수인의 지위에서 배당요구를 하여 보증금을 배당받을 수 있다(대판 2023.2.2, 2022다255126). 우선변제권을 승계한 금융기관 등은 ① 임차인이 주택임대차보호법의 대항요건을 상실한 경우, ② 임차권등기명령의 집행에 따른 임차권등기가 말소된 경우, ③ 민법 제621조에 따른 임대차등기가 말소된 경우에는 우선변제권을 행사할 수 없다(제3조의2 제8항). 또한 금융기관 등은 우선변제권을 행사하기 위하여 임차인을 대리하거나 대위하여 임대차를 해지할 수 없다(제3조의2 제9항).

(바) 경매에 의한 임차권의 소멸과 보증금의 확보

1) 임차권은 임차주택에 대하여 민사집행법에 따른 경매가 행하여진 경우에는 그 임차주택의 매각에 따라 소멸한다(제3조의5 본문). 그러나 보증금이 모두 변제되지 아니한, 대항력이 있는 임차권은 소멸하지 않는다(제3조의5 단서). 보증금의 전액 회수를 보장하기 위한 것으로서, 그에 따라 임대차관계는 존속하고(제4조 2항), 매수인은 임대인의 지위를 승계하게 된다(제3조 4항). 즉 주택임대차보호법에 정한 대항력과 우선변제권 두 가지 권리를 겸유하고 있는 임차인이 먼저 우선변제권을 선택하여 임차주택에 대하여 진행되고 있는 경매절차에서 배당요구를 하였으나 보증금 전액을 배당받지 못한 경우, 임차인은 여전히 대항요건을 유지함으로써 임대차관계의 존속을 주장할 수 있으므로, 임차인이 대항력을 구비한 후 임차주택을 양수한 자는 그와 같이 존속되는 임대차의 임대인 지위를 당연히 승계한다. ① 이는 제3조의2 제7항의 금융기관이 임차인으로부터 보증금반환채권을 계약으로 양수함으로써 양수한 금액의 범위에서 우선변제권을 승계한 다음 경매절차에서 배당요구를 하여 보증금 중 일부를 배당받은 경우에도

마찬가지이다. 따라서 주택임대차의 대항요건이 존속되는 한 '임차인'은 보증금반환채권을 양수한 금융기관이 보증금 잔액을 반환받을 때까지 임차주택의 양수인을 상대로 임대차관계의 존속을 주장할 수 있다(대판 2023.2.2, 2022다255126). ② 임차인이 배당받을 수 있었던 금액이 실제 배당받은 금액보다 많은 경우에는 임차인이 그 차액에 관하여 과다 배당받은 후순위 배당채권자를 상대로 부당이득의 반환을 구하는 것은 별론으로 하고 경매매수인을 상대로 그 반환을 구할 수는 없다(대판 2001.3.23, 2000다30165). 임대인 지위를 승계한 매수인에게 대항할 수 있는 보증금 잔액은 보증금 중 경매절차에서 올바른 배당순위에 따른 배당이 실시될 경우의 배당액을 공제한 나머지 금액을 의미하기 때문이다. 주의할 것은 매각부동산 위의 저당권·압류채권·가압류채권은 매각으로 소멸하므로(민사집행법 제91조), 선순위 저당권 등보다 뒤에 등기되었거나 대항력을 갖춘 임차권은 임차주택이 경매로 매각되면 소멸하며(대판 2000.2.11, 99다59306), 임차인이 배당요구를 하여야 매각대금으로부터 배당을 받을 수 있다(민사집행법 제148조, 제88조).

2) 주택임대차보호법상의 대항력과 우선변제권의 두 가지 권리를 함께 가지고 있는 임차인이 우선변제권을 선택하여 제1경매절차에서 보증금 전액에 대하여 배당요구를 하였으나 보증금 전액을 배당받을 수 없었던 때에는 매수인에게 대항하여 이를 반환받을 때까지 임대차관계의 존속을 주장할 수 있을 뿐이고, 임차인의 우선변제권은 매각으로 인하여 소멸하는 것이므로 제2경매절차에서 우선변제권에 의한 배당을 받을 수 없다(대판 2006.2.10, 2005다21166).

가령 임차인 A가 甲 소유의 X주택을 임차하여 입주하고 전입신고를 마친 다음 X주택이 B은행 앞으로 근저당권설정등기가 되었고, 그 후 A가 주택임대차계약서에 확정일자를 받았다. B가 근저당권을 실행하여 이루어진 제1경매절차에서 A는 임대차기간이 남아 있음에도 배당요구를 하였는데 B의 근저당권보다 후순위여서 전액을 배당받지 못하였으며, X주택을 매각받은 乙이 C 앞으로 근저당권을 설정해 주고 C가 근저당권을 실행하였다. 이 경우 A는 제3조 4항에 의하여 乙뿐만 아니라 제2경매절차에서 매각받은 매수인에게 보증금을 반환받을 때까지 임대차관계의 존속을 주장할 수 있을 뿐이고, 주택임차인이 갖는 우선변제권은 법정담보물권의 성격을 갖는 것으로서(대판 2012.7.26, 2012다45689) 매각으로 소멸하며, 그 결과 제2경매절차에서 거듭 우선변제권을 행사할 수 없다.

3) 주택임대차보호법상의 대항력과 우선변제권이 있는 임차인이 우선변제권을 선택하여 임차주택에 대하여 진행되고 있는 경매절차에서 보증금에 대한 배당요구를 하여 보증금 전액을 배당받을 수 있는 경우에는 임차인이 그 배당금을 지급받을 수 있는 때, 즉 '임차인에 대한 배당표가 확정될 때'까지는 임차권이 소멸하지 않는다(대판 2004.8.30, 2003다23885). 따라서 매수인이 매각대금을 납부하여 임차주택에 대한 소유권을 취득한 이후에 임차인이 임차주택을 계속 점유하여 사용·수익하였더라도 임차인에 대한 배당표가 확정될 때까지의 사용·수익은 소멸하지 않은 임차권에 기한 것이므로 매수인에 대한 관계에서 부당이득이 성립하지 않는다.

판 례

대항요건을 갖춘 주택임차인이라고 하더라도 그에 앞서 담보권을 취득한 담보권자에게는 대항할 수 없고, 그러한 경우에는 그 주택임차인은 그 담보권에 기한 환가절차에서 당해 주택을 취득하는 취득자에 대하여도 자신의 임차권을 주장할 수 없다. 이러한 법리는 채무의 담보를 위하여 부동산의 소유권을 이전하는 양도담보의 경우에도 그대로 타당하다(대판 2001.1.5, 2000다47682).

(2) 소액보증금 중 일정액의 보호

(가) 의 의

주택에 대한 '경매신청의 등기 전'에 임차인이 제3조 1항의 대항요건을 갖춘 때에는 보증금 중 일정액을 다른 담보물권자보다 우선하여 변제받을 권리가 있다(제8조 1항). 이는 임차보증금이 소액이라 하더라도 임차인에게는 큰 재산이므로, 사회보장적 고려에서 인정한 것이다. 따라서 임대차계약의 주된 목적이 주택을 사용·수익하려는 것에 있는 것이 아니고 소액임차인으로 보호받아 선순위 담보권자에 우선하여 채권을 회수하려는 것에 주된 목적이 있었던 경우에는 소액임차인으로 보호받을 수 없다(대판 2008.5.15, 2007다23203; 대판 2007.12.13, 2007다55088).

(나) 요 건

1) 임차인이 주택에 대한 '경매신청의 등기 전'에 제3조 1항의 대항요건(주택의 인도와 주민등록)을 갖추어야 한다. 임대차계약서에 확정일자를 받을 필요는 없다. 대항요건은 배당요구의 종기(민사집행법 제84조 1항: 배당요구의 종기는 집행법원이 첫 매각기일 이전으로 정한다)까지 유지되어야 한다. 즉 임차인이 주택임대차보호법에 의한 대항력과 우선변제권을 인정받기 위한 주택의 인도와 주민등록이라는 요건은 그 대항력 및 우선변제권의 취득시에만 구비하면 족한 것이 아니다(대판 2002.8.13, 2000다61466).

2) 우선변제를 받을 임차인의 범위는 보증금이 ① 서울특별시에서는 1억 6,500만원 이하, ② 수도권정비계획법에 따른 과밀억제권역(서울특별시 제외)·세종특별자치시·용인시·화성시 및 김포시 1억 4,500만원 이하, ③ 광역시(과밀억제권역에 포함된 지역과 군지역 제외)·안산시·광주시·파주시·이천시 및 평택시 8,500만원 이하, ④ 그 밖의 지역 7,500만원 이하여야 한다(제8조 3항, 시행령 제11조). 만일 처음 임대차계약을 체결할 당시에는 보증금액이 많아 주택임대차보호법상의 소액임차인에 해당하지 않았지만 그 후 새로운 임대차계약에 의하여 정당하게 보증금을 감액하여 소액임차인에 해당된 경우, 그 임대차계약이 통정허위표시에 의한 계약이어서 무효라는 등의 특별한 사정이 없는 한 그러한 임차인은 소액임차인으로 보호받을 수 있다(대판 2008.5.15, 2007다23203).

(다) 소액보증금의 효력

1) 임차인은 보증금 중 일정액을 다른 담보물권자보다 우선하여 변제받을 권리가 있다(제8조 1항). 다만 전술한 바와 같이 임차권등기명령의 집행에 따른 임차권등기가 끝난 주택 또는

민법 제621조에 따른 임차권등기가 된 주택을 그 등기 이후에 임차한 임차인에게는 소액보증금에 대한 우선변제권이 인정되지 않는다(제3조의3 제6항, 제3조의4 제1항).

우선변제를 받을 보증금 중 일정액의 범위는, ① 주택(대지 포함)가액의 2분의 1을 최고한도로 하여, 서울특별시 5,500만원 이하, 수도권정비계획법에 따른 과밀억제권역(서울특별시 제외)·세종특별자치시·용인시·화성시 및 김포시 4,800만원 이하, 광역시(수도권정비계획법에 따른 과밀억제권역에 포함된 지역과 군지역 제외)·안산시·광주시·파주시·이천시 및 평택시 2,800만원 이하, 그 밖의 지역 2,500만원 이하이며(시행령 제10조 1항, 2항), ② 하나의 주택에 임차인이 2명 이상이고, 그 각 보증금 중 일정액을 모두 합한 금액이 주택가액의 2분의 1을 초과하는 경우에는 그 2분의 1에 해당하는 금액을 기준으로 각 임차인의 보증금에 비례하여 분할한다(시행령 제10조 3항).

2) 확정일자를 갖춘 임차인이 소액임차인의 지위를 겸하는 경우에는 양 지위를 모두 인정하여 배당을 받는다. 즉 먼저 소액임차인으로서 일정액을 우선 배당받고 남은 보증금은 확정일자를 갖춘 임차인으로서의 순위에 따라 배당을 받는다(대판 2007.11.15, 2007다45562).

3) 소액임차인의 소액보증금반환채권은 민사집행법 제88조에서 규정하는 배당요구가 필요한 배당요구채권에 해당한다(대판 2002.1.22, 2001다70702). 따라서 배당요구 종기까지 배당요구를 하여야 배당을 받을 수 있고, 적법한 배당요구를 하지 않은 경우에는 그가 적법한 배당요구를 하였다면 배당받을 수 있었던 금액이 후순위채권자에게 배당되었다고 하여 이를 법률상 원인이 없는 것이라고 할 수 없다.

4) 주택임대차보호법 제8조에 규정된 소액보증금반환청구권은 임차목적 주택에 대하여 저당권에 의하여 담보된 채권, 조세 등에 우선하여 변제받을 수 있는 법정담보물권으로서, 주택임차인이 대지와 건물 모두로부터 배당을 받는 경우에는 마치 그 대지와 건물 전부에 대한 공동저당권자와 유사한 지위에 서게 되므로, 대지와 건물이 동시에 매각되어 주택임차인에게 그 매각대금을 동시에 배당하는 때에는 민법 제368조 1항을 유추적용하여 대지와 건물의 매각대금에 비례하여 그 채권의 분담을 정하여야 한다(대판 2003.9.5, 2001다66291).

5) 제3조의2 제2항과 제8조 3항은 임차주택의 환가대금 및 주택가액에 건물뿐만 아니라 대지의 환가대금 및 가액도 포함하고 있으므로, 대지에 관한 저당권의 실행으로 경매가 진행된 경우에도 지상건물의 소액임차인은 대지의 환가대금 중에서 소액보증금을 우선변제받을 수 있다. 이 법리는 대지에 관한 저당권설정 당시에 이미 지상건물이 존재하는 경우에만 적용될 수 있는 것이고, 저당권설정 후에 비로소 건물이 신축된 경우에는 적용될 수 없다(대판 1999.7.23, 99다25532). 저당권설정 후에 건물이 신축된 경우에까지 소액임차인에게 우선변제권을 인정한다면 저당권자가 예측할 수 없는 손해를 입게 되는 범위가 지나치게 확대되기 때문이다. 따라서 저당권설정 후에 신축된 건물의 소액임차인은 대지의 환가대금에 대하여 우선변제를 받을 수 없다.

판 례

(ㄱ) 주택임대차보호법 제8조의 우선변제권의 한도가 되는 주택가액의 2분의 1에서 '주택가액'이라 함은 매각대금에다가 입찰보증금에 대한 배당기일까지의 이자, 몰수된 입찰보증금 등을 포함한 금액에서 집행비용을 공제한 실제 배당할 금액이라고 봄이 상당하다(대판 2001.4.27, 2001다8974).

(ㄴ) 임대차보다 먼저 이루어진 근저당권에 의하여 개시된 경매절차에서 소액임차보증금의 임차인이 보증금의 지급을 받지 못한 경우, 그 임차인은 임차주택의 매수인에 대하여 보증금의 우선변제를 요구할 수는 없다(대판 1988.4.12, 87다카844). 근저당권의 실행으로 임차주택이 매각되면 근저당권보다 뒤에 대항력을 갖춘 임차권도 소멸하고(제3조의5), 임차주택의 매수인이 임대인의 지위(제3조 4항)를 승계하지 않기 때문이다.

6. 주택임차권의 승계

(1) 일 반

주택의 임차인이 상속권 없는 사실혼 배우자와 동거하다가 사망한 경우, 사실혼 배우자의 주거생활의 안정은 크게 위협받게 된다. 그래서 제9조는 사실혼 배우자와 임차인의 상속인의 지위에 대해 특칙을 규정하고 있다.

(2) 승계인

(가) 상속인이 없는 경우

임차인이 상속인 없이 사망한 경우에는 그 주택에서 가정공동생활을 하던 사실상의 혼인 관계에 있는 자가 임차인의 권리와 의무를 승계한다(제9조 1항).

(나) 상속인이 있는 경우

임차인이 사망한 때에 사망 당시 상속인이 그 주택에서 가정공동생활을 하고 있지 않은 경우, 그 주택에서 가정공동생활을 하던 사실상의 혼인 관계에 있는 자와 2촌 이내의 친족이 공동으로 임차인의 권리와 의무를 승계한다(제9조 2항). 따라서 ① 상속인이 있으나 그가 2촌 이내의 친족이 아닌 때에는 사실혼 배우자만이 임차권을 승계한다. ② 상속인이 사실혼 배우자와 함께 가정공동생활을 하고 있는 경우에는 상속인만이 임차권을 승계한다.

(3) 승계의 효과

임대차 관계에서 생긴 채권·채무는 임차인의 권리·의무를 승계한 자에게 귀속된다(제9조 4항). 따라서 임대차기간 동안의 사용·수익권 이외에 임대차종료시의 보증금반환채권도 승계인에게 귀속된다. 또한 차임지급채무도 승계인에게 귀속된다. 그러나 임차권의 승계 대상자가 그 승계를 원하지 않을 때에는 임차인이 사망한 후 1개월 이내에 임대인에게 반대의사를 표시함으로써 승계를 포기할 수 있다(제9조 3항).

7. 주택임대차계약의 신고

(1) 임대차계약당사자는 보증금이 6,000만원을 초과하거나 월 차임이 30만원을 초과하는 주택임대차계약(계약을 갱신하는 경우로서 보증금 및 차임의 증감 없이 임대차기간만 연장하는 계약은 제외)을 체결한 경우, 그 보증금 또는 차임 등을 임대차계약의 체결일부터 30일 이내에 주택소재지를 관할하는 신고관청에 공동으로 신고해야 한다(부동산거래신고법 제6조의2 제1항, 시행령 제4조의3 제1항). 만일 계약당사자 중 한쪽이 신고를 거부하는 경우에는 다른 한쪽이 단독으로 신고할 수 있다(부동산거래신고법 제6조의2 제3항). 다만 임차인이 주민등록법에 따라 전입신고를 하는 경우, 제1항에 따른 주택임대차계약의 신고를 한 것으로 본다(부동산거래신고법 제6조의5 제1항).

(2) 계약당사자가 주택임대차계약 체결을 신고한 후, 해당 주택임대차계약의 보증금, 차임 등 임대차 가격이 변경되거나 임대차계약이 해제된 때에는 변경 또는 해제가 확정된 날부터 30일 이내에 해당 신고관청에 공동으로 신고해야 한다(부동산거래신고법 제6조의3 제1항). 만일 계약당사자 중 한쪽이 신고를 거부하는 경우에는 다른 한쪽이 단독으로 신고할 수 있다(제6조의3 제2항).

(3) 부동산거래신고법 제6조의2, 제6조의3에 따른 신고의 접수를 완료한 때에는 주택임대차보호법 제3조의6 제1항에 따른 확정일자를 부여한 것으로(임대차계약서가 제출된 경우로 한정한다) 본다(부동산거래신고법 제6조의5 제3항). 부동산거래신고법 제6조의2 또는 제6조의3에 따른 신고를 하지 아니하거나(공동신고를 거부한 자 포함) 그 신고를 거짓으로 한 자에게는 100만원 이하의 과태료를 부과한다(제28조 5항 3호).

Ⅷ. 상가건물임대차보호법상의 임대차 — 상가건물의 임대차

1. 서 설

(1) 목 적

상가건물임대차보호법은 상가건물의 임대차에서 일반적으로 사회적·경제적 약자인 임차인을 보호함으로써 임차인의 경제생활 안정을 도모하기 위하여 민법에 대한 특례를 규정하고 있다. 따라서 상가건물임대차보호법의 규정에 위반한 약정으로서 임차인에게 불리한 것은 효력이 없다(제15조).

(2) 적용범위

(가) 상가건물임대차보호법은 보증금액이 서울시에서는 9억원 이하, 수도권정비계획법에 따른 과밀억제권역(서울시는 제외) 및 부산광역시는 6억 9,000만원 이하, 광역시(과밀억제권역에 포함된 지역과 군지역, 부산광역시는 제외)·세종특별자치시·파주시·화성시·안산시·용인시·김포시 및 광주시는 5억 4,000만원 이하, 그 밖의 지역은 3억 7,000만원 이하인 상가임대차에 적용된다(제2조 1항, 시행령 제2조 1항). 이때 보증금액을 산정하면서 보증금 이외에 월차임이 있는 경우에는 월차임에 100을 곱한 금액을 보증금에 합산한다(시행령 제2조 2항, 제3항). 다만 제3자에 대한 대항력(제3조), 계약갱신요구권(제10조 1항, 2항, 3항 본문), 계약갱신의 특례

(제10조의2), 권리금(제10조의3~제10조의5), 차임연체와 해지(제10조의8)에 관한 규정은 위 보증금액을 초과하는 상가임대차에도 적용된다(제2조 3항). 여기서 상가건물임대차보호법이 적용되는 상가건물의 임대차는 사업자등록의 대상이 되는 건물로서 임대차 목적물인 건물을 영리를 목적으로 하는 영업용으로 사용하는 임대차를 가리킨다(대판 2024.11.14, 2024다264865).

(나) 등기하지 않은 전세계약에 적용되지만(제17조), 상가임대차가 일시사용을 위한 임대차임이 명백한 경우에는 이를 적용하지 않는다(제16조).

판 례

상가건물임대차보호법이 적용되는 상가건물에 해당하는지 여부는 공부상의 표시가 아닌 건물의 현황·용도 등에 비추어 영업용으로 사용하느냐에 따라 실질적으로 판단하여야 하고, 단순히 상품의 보관·제조·가공 등 사실행위만이 이루어지는 공장·창고 등은 영업용으로 사용하는 경우라고 할 수 없으나 그곳에서 그러한 사실행위와 더불어 영리를 목적으로 하는 활동이 함께 이루어진다면 같은 법의 적용대상인 상가건물에 해당한다(대판 2024.11.14, 2024다264865).

2. 제3자에 대한 대항력

(1) 상가임대차는 그 등기가 없는 경우에도 임차인이 '건물의 인도'와 부가가치세법 제8조, 소득세법 제168조 또는 법인세법 제111조에 따른 '사업자등록을 신청'하면 그 다음 날부터 제3자에 대하여 효력이 생긴다(제3조 1항). 사업자등록은 거래의 안전을 위하여 임대차의 존재와 내용을 제3자가 명백히 인식할 수 있게 하는 공시방법으로서 마련된 것이므로, 사업자등록이 어떤 임대차를 공시하는 효력이 있는지는 일반 사회통념상 사업자등록을 통해 건물에 관한 임대차의 존재와 내용을 인식할 수 있는가에 따라 판단하여야 한다(대판 2016.6.9, 2013다215676).

(2) 임차건물의 양수인(그밖에 임대할 권리를 승계한 자를 포함한다)은 임대인의 지위를 승계한 것으로 본다(제3조 2항). 그러나 상가건물 임차인이 대항력과 우선변제권을 취득한 후 그 건물이 제3자에게 양도되었는데, 임차인이 새로운 소유자와 종전 임대차계약의 효력을 소멸시키려는 의사로 별개의 임대차계약을 새로이 체결한 경우에는 종전의 임대차계약을 기초로 발생하였던 대항력 또는 우선변제권도 종전 임대차계약과 함께 소멸하여 이를 새로운 소유자 등에게 주장할 수 없다(대판 2013.12.12, 2013다211919).

(3) 상가건물의 임차인이 제3자에 대한 대항력을 취득한 다음 임차건물의 양도 등으로 소유자가 변동된 경우에는 양수인 등 새로운 소유자가 임대인의 지위를 당연히 승계한다(제3조 2항). 소유권 변동의 원인이 매매 등 법률행위든 상속·경매 등 법률의 규정이든 상관없이 제3조 2항이 적용된다. 따라서 임대를 한 상가건물을 여러 사람이 공유하고 있다가 이를 분할하기 위한 경매절차에서 건물의 소유자가 바뀐 경우에도 양수인이 임대인의 지위를 승계하며, 양수인은 임차인에게 임대보증금반환의무를 부담하고 임차인은 양수인에게 차임지급

의무를 부담한다. 그러나 임차건물의 소유권이 이전되기 전에 이미 발생한 연체차임이나 관리비 등은 별도의 채권양도절차가 없는 한 원칙적으로 양수인에게 이전되지 않고 임대인만이 임차인에게 청구할 수 있다(대판 2017.3.22, 2016다218874). 차임이나 관리비 등은 임차건물을 사용한 대가로서 임차인에게 임차건물을 사용하도록 할 당시의 소유자 등 처분권한 있는 자에게 귀속된다고 볼 수 있기 때문이다.

한편 임대차계약에서 임대차보증금은 임대차계약 종료 후 목적물을 임대인에게 명도할 때까지 발생하는, 임대차에 따른 임차인의 모든 채무를 담보한다. 따라서 임차건물의 양수인이 건물소유권을 취득한 후 임대차관계가 종료되어 임차인에게 임대차보증금을 반환해야 하는 경우에 임대인의 지위를 승계하기 전까지 발생한 연체차임이나 관리비 등이 있으면 이는 특별한 사정이 없는 한 임대차보증금에서 당연히 공제된다(대판 2017.3.22, 2016다218874). 일반적으로 임차건물의 양도 시에 연체차임이나 관리비 등이 남아있더라도 나중에 임대차관계가 종료되는 경우 임대차보증금에서 이를 공제하겠다는 것이 당사자들의 의사나 거래관념에 부합하기 때문이다.

(4) 상가건물임대차보호법에 따라 임대차의 목적이 된 건물이 매매 또는 경매의 목적이 된 경우에는 매도인의 담보책임(민법 제575조, 제578조)에 관한 규정이 준용된다(제3조 3항). 담보책임에 따른 해제에 의한 원상회복이나 손해배상 등은 동시이행관계에 있다(제3조 4항).

(5) 제3자에 대한 대항력에 관한 규정은 대통령령으로 정하는 보증금액을 초과하는 임대차에 대하여도 적용된다(제2조 3항). 즉 모든 상가건물임대차에 대항력에 관한 규정이 적용된다.

판 례

(ㄱ) 상가건물을 임차하고 사업자등록을 마친 사업자가 임차 건물의 전대차 등으로 당해 사업을 개시하지 않거나 사실상 폐업한 경우에는 그 사업자등록은 부가가치세법 및 상가건물 임대차보호법이 상가임대차의 공시방법으로 요구하는 적법한 사업자등록이라고 볼 수 없고, 이 경우 임차인이 상가건물 임대차보호법상의 대항력 및 우선변제권을 유지하기 위해서는 건물을 직접 점유하면서 사업을 운영하는 전차인이 그 명의로 사업자등록을 하여야 한다(대판 2006.1.13, 2005다64002).

(ㄴ) 소유권이전등기청구권을 보전하기 위하여 가등기를 경료한 자가 그 가등기에 의하여 본등기를 경료한 경우에 가등기의 순위보전의 효력에 의하여 중간처분이 실효되는 효과를 가져오므로, 가등기가 경료된 후 비로소 상가건물 임대차보호법 소정의 대항력을 취득한 상가건물의 임차인으로서는 그 가등기에 의하여 본등기를 경료한 자에 대하여 임대차의 효력으로써 대항할 수 없다(대판 2007.6.28, 2007다25599).

3. 보증금의 효력

(1) 보증금의 우선변제

(가) 제3조 1항의 대항요건(건물의 인도 및 사업자등록을 한 때)을 갖추고 관할 세무서장으로부터 '임대차계약서상의 확정일자'를 받은 임차인은 민사집행법에 따른 경매 또는 국세징수법에 따른 공매시

임차건물(임대인 소유의 대지를 포함한다)의 환가대금에서 후순위권리자나 그 밖의 채권자보다 우선하여 보증금을 변제받을 권리가 있다(제5조 2항). 물론 임차인은 임차건물을 양수인에게 인도하지 않으면 보증금을 받을 수 없다(제5조 3항).

(나) 대항요건은 대항력 또는 우선변제권의 취득요건일 뿐만 아니라 존속요건이기도 하므로, '배당요구의 종기'까지 존속하고 있어야 상가건물의 임차인은 임대차보증금 반환채권에 대하여 우선변제를 받을 수 있다(대판 2006.1.13, 2005다64002). 따라서 상가건물을 임차하고 사업자등록을 마친 사업자가 폐업한 경우에는 그 사업자등록은 상가건물 임대차보호법이 상가임대차의 공시방법으로 요구하는 적법한 사업자등록이라고 볼 수 없으므로, 그 사업자가 폐업신고를 하였다가 다시 같은 상호 및 등록번호로 사업자등록을 하였다고 하더라도 상가건물 임대차보호법상의 대항력 및 우선변제권이 그대로 존속한다고 할 수 없다(대판 2006.10.13, 2006다56299).

(2) 임차권등기명령

(가) 임대차가 종료된 후 보증금이 반환되지 않은 경우, 임차인은 임차건물의 소재지를 관할하는 지방법원·지방법원지원 또는 시·군법원에 임차권등기명령을 신청할 수 있다(제6조 1항).

(나) 임차권등기명령의 집행에 따른 임차권등기를 마치면 임차인은 제3조 1항에 따른 대항력과 제5조 2항에 따른 우선변제권을 취득한다. 다만 임차인이 임차권등기 이전에 이미 대항력 또는 우선변제권을 취득한 경우에는 그 대항력 또는 우선변제권이 그대로 유지되며, 임차권등기 이후에는 제3조 1항의 대항요건을 상실하더라도 이미 취득한 대항력 또는 우선변제권을 상실하지 않는다(제6조 5항). 이와 같은 임차권등기명령에 의한 등기의 효력은 민법 제621조에 따른 건물임대차등기의 효력에 그대로 준용된다(제7조 1항).

(다) 임차권등기명령의 집행에 따른 임차권등기를 마친 건물(임대차의 목적이 건물의 일부분인 경우에는 해당 부분에 한한다) 또는 민법 제621조에 따른 임차권등기가 된 건물을 그 등기 이후에 임차한 소액임차인은 보증금 중 일정액(제14조)을 다른 담보물권자보다 우선변제를 받을 권리가 없다(제6조 6항, 제7조 1항).

(3) 보증금 우선변제권의 승계

은행 등의 금융기관이 대항요건(제3조 1항)과 확정일자, 임차권등기명령 또는 건물임대차등기를 통해 보증금의 우선변제권(제5조 2항, 제6조 5항, 제7조 1항)을 취득한 임차인의 보증금반환채권을 계약으로 양수한 경우에는 양수한 금액의 범위에서 우선변제권을 승계한다(제5조 7항). 다만 우선변제권을 승계한 금융기관 등은 임차인이 대항요건을 상실한 경우, 임차권등기명령의 집행에 따른 임차권등기가 말소된 경우 또는 민법 제621조에 따른 임대차등기가 말소된 경우에는 우선변제권을 행사할 수 없다(제5조 8항). 또한 금융기관 등은 우선변제권을 행사하기 위하여 임차인을 대리하거나 대위하여 임대차를 해지할 수 없다(제5조 9항).

(4) 경매에 의한 임차권의 소멸과 보증금의 확보

임차권은 임차건물에 대하여 민사집행법에 따른 경매가 실시된 경우에는 그 임차건물이 매각되면 소멸하지만, 보증금이 전액 변제되지 않은 대항력이 있는 임차권은 소멸하지 않는다(제8조).

(5) 소액보증금 중 일정액의 우선변제권

(가) 임차인은 보증금 중 일정액을 다른 담보물권자보다 우선하여 변제받을 권리가 있다. 이 경우 임차인은 건물에 대한 경매신청의 등기 전에 제3조 1항의 요건을 갖추어야 한다(제14조 1항).

(나) 우선변제를 받을 수 있는 임차인 및 보증금 중 일정액의 범위는 임대건물가액(임대인 소유의 대지 가액을 포함)의 2분의 1을 최고한도로 하여, 보증금액이 서울시에서는 6,500만원 이하인 경우에 2,200만원까지, 수도권정비계획법에 따른 과밀억제권역(서울시 제외)은 5,500만원 이하인 경우에 1,900만원까지, 광역시(수도권정비계획법에 따른 과밀억제권역에 포함된 지역과 군지역은 제외)·안산시·용인시·김포시 및 광주시는 3,800만원 이하인 경우에 1,300만원, 그 밖의 지역은 3,000만원 이하인 경우에 1,000만원까지이다(제14조 3항, 시행령 제6조, 제7조).

판 례

임차인이 수개의 구분점포를 동일한 임대인에게서 임차하여 하나의 사업장으로 사용하면서 단일한 영업을 하는 경우 등과 같이, 임차인과 임대인 사이에 구분점포 각각에 대하여 별도의 임대차관계가 성립한 것이 아니라 일괄하여 단일한 임대차관계가 성립한 것으로 볼 수 있는 때에는, 비록 구분점포 각각에 대하여 별개의 임대차계약서가 작성되어 있더라도 구분점포 전부에 관하여 상가건물 임대차보호법 제2조 제2항의 규정에 따라 환산한 보증금액의 합산액을 기준으로 상가건물 임대차보호법 제14조에 의하여 우선변제를 받을 임차인의 범위를 판단하여야 한다(대판 2015.10.29, 2013다27152).

4. 상가건물임대차의 존속보장

(1) 임대차기간

기간을 정하지 않거나 기간을 1년 미만으로 정한 임대차는 그 기간을 1년으로 본다. 다만 임차인은 1년 미만으로 정한 기간이 유효함을 주장할 수 있다(제9조 1항). 임대차가 종료한 경우에도 임차인이 보증금을 반환받을 때까지는 임대차 관계는 존속하는 것으로 본다(제9조 2항).

제9조 2항은 임대차기간이 끝난 후에도 상가건물의 임차인이 보증금을 반환받을 때까지는 임차인의 목적물에 대한 점유를 임대차기간이 끝나기 전과 마찬가지 정도로 강하게 보호함으로써 임차인의 보증금반환채권을 실질적으로 보장하기 위한 것이다. 따라서 상가임대차법이 적용되는 상가건물의 임차인이 임대차 종료 이후에 보증금을 반환받기 전에 임차목적물을 점유하고 있더라도 임차인에게 차임 상당의 부당이득이 성립한다고 할 수 없다. 즉 상가건물임대차보호법이 적용되는 임대차가 기간만료나 당사자의 합의, 해지 등으로 종료된

경우, 보증금을 반환받을 때까지 임차목적물을 계속 점유하면서 사용·수익한 임차인은 종전 임대차계약에서 정한 차임을 지급할 의무를 부담할 뿐이고, 시가에 따른 차임에 상응하는 부당이득금을 지급할 의무를 부담하는 것은 아니다(대판 2023.11.9, 2023다257600).

(2) 계약갱신요구권

(가) 임대인은 임차인이 임대차기간이 만료되기 6개월 전부터 1개월 전까지 사이에 계약갱신을 요구할 경우 정당한 사유 없이 거절하지 못한다. 다만 ① 임차인이 3기의 차임액에 해당하는 금액에 이르도록 차임을 연체한 사실이 있는 경우, ② 임차인이 거짓이나 그 밖의 부정한 방법으로 임차한 경우, ③ 서로 합의하여 임대인이 임차인에게 상당한 보상을 제공한 경우, ④ 임차인이 임대인의 동의 없이 목적 건물의 전부 또는 일부를 전대한 경우, ⑤ 임차인이 임차한 건물의 전부 또는 일부를 고의나 중대한 과실로 파손한 경우, ⑥ 임차한 건물의 전부 또는 일부가 멸실되어 임대차의 목적을 달성하지 못할 경우, ⑦ 임대인이 '임대차계약을 체결한 당시 공사시기 및 소요기간 등을 포함한 철거 또는 재건축 계획을 임차인에게 구체적으로 고지하고 그 계획에 따르는 경우, 건물이 노후·훼손 또는 일부 멸실되는 등 안전사고의 우려가 있는 경우 또는 다른 법령에 따라 철거 또는 재건축이 이루어지는 경우'로 인해 목적 건물의 전부 또는 대부분을 철거하거나 재건축하기 위해 목적 건물의 점유 회복이 필요한 경우, ⑧ 그 밖에 임차인이 임차인으로서의 의무를 현저히 위반하거나 임대차를 존속하기 어려운 중대한 사유가 있는 경우에는 계약갱신을 거절할 수 있다(제10조 1항).

(나) 임차인의 계약갱신요구권은 최초의 임대차기간을 포함한 전체 임대차기간이 10년을 초과하지 않는 범위 내에서만 행사할 수 있다(제10조 2항). 여기서 '최초의 임대차기간'이라 함은 상가건물임대차보호법 시행 이후에 체결된 임대차계약이나 시행 이전에 체결되었다가 시행 이후에 갱신된 임대차계약에 있어서 모두 당해 상가건물에 관하여 최초로 체결된 임대차계약의 기간을 의미한다(대판 2006.3.23, 2005다74320). 갱신되는 임대차는 전 임대차와 동일한 조건으로 다시 계약된 것으로 본다. 다만 차임과 보증금은 제11조의 규정(차임 등의 증감청구권)에 의한 범위 안에서 증감할 수 있다(제10조 3항).

(다) 계약갱신요구권은 대통령령으로 정하는 보증금액을 초과하는 상가임대차에도 인정된다(제2조 3항).

(라) 주의할 것은 상가건물의 임대차기간 중 어느 때라도 차임이 3기분에 달하도록 연체된 사실이 있는 경우, 임대인은 임차인의 계약갱신요구를 거절할 수 있다. 즉 임대인은 임차인이 '3기의 차임액에 해당하는 금액에 이르도록 차임을 연체한 사실이 있는 경우'에는 계약갱신을 거절할 수 있다(제10조 1항 1호). 이는 임대차계약 관계는 당사자 사이의 신뢰를 기초로 하므로, 종전 임대차기간에 차임을 3기분에 달하도록 연체한 사실이 있는 경우에까지 임차인의 일방적 의사에 의하여 계약관계가 연장되는 것을 허용하지 아니한다는 것이다. 따라서 임대차기간 중 어느 때라도 차임이 3기분에 달하도록 연체된 사실이 있다면 임차인과의 계

약관계 연장을 받아들여야 할 만큼의 신뢰가 깨어졌으므로 임대인은 계약갱신요구를 거절할 수 있고, 반드시 임차인이 계약갱신요구권을 행사할 당시에 3기분에 이르는 차임이 연체되어 있어야 하는 것은 아니다(대판 2021.5.13, 2020다255429).

판 례

상가건물임대차보호법에서 기간을 정하지 않은 임대차는 그 기간을 1년으로 간주하지만(제9조 1항), 대통령령으로 정한 보증금액을 초과하는 임대차는 위 규정이 적용되지 않으므로(제2조 1항 단서), 원래의 상태 그대로 기간을 정하지 않은 것이 되어 민법의 적용을 받는다. 민법 제635조 1항, 2항 1호에 따라 이러한 임대차는 임대인이 언제든지 해지를 통고할 수 있고 임차인이 그 통고를 받은 날부터 6개월이 지남으로써 효력이 생기므로, 임대차기간이 정해져 있음을 전제로 그 기간 만료 6개월 전부터 1개월 전까지 사이에 행사하도록 규정된 임차인의 계약갱신요구권(제10조 1항)은 발생할 여지가 없다(대판 2021.12.30, 2021다233730).

(3) 묵시적 갱신

(가) 임대인이 임대차기간이 만료되기 6개월 전부터 1개월 전까지 사이에 임차인에게 갱신거절의 통지 또는 조건 변경의 통지를 하지 않은 경우에는 그 기간이 만료된 때에 전 임대차와 동일한 조건으로 다시 임대차한 것으로 본다. 이 경우에 임대차의 존속기간은 '1년'으로 본다(제10조 4항). 이것은 임대차갱신제도와는 그 취지와 내용을 달리하므로, 임차인의 갱신요구권에 관하여 전체 임대차기간을 10년으로 제한하는 제10조 2항은 묵시적 갱신에 적용되지 않는다(대판 2010.6.10, 2009다64307). 한편 임차인은 언제든지 임대인에게 계약해지의 통고를 할 수 있고, 임대인이 통고를 받은 날부터 3개월이 지나면 효력이 발생한다(제10조 5항).

(나) 상가의 '임차인'이 임대차기간 만료 1개월 전부터 만료일 사이에 갱신거절의 통지를 한 경우, 해당 임대차계약은 묵시적 갱신이 인정되지 않고 임대차기간의 만료일에 종료한다(대판 2024.6.27, 2023다307024). 제10조 1항은 임차인의 계약갱신요구권을 인정할 뿐이고, 임차인이 갱신거절의 통지를 할 수 있는 기간은 제한하지 않았으며, 제10조 4항은 묵시적 갱신을 규정하면서 임대인의 갱신거절 또는 조건변경의 통지기간을 제한하였을 뿐, 주택임대차보호법 제6조 1항 후문(임차인이 임대차기간이 끝나기 2개월 전까지 통지하지 아니한 경우에도 또한 같다)과 달리 상가의 임차인에 대하여는 기간의 제한을 두지 않고 있기 때문이다. 결국 기간을 정한 임대차계약은 법률의 특별한 규정이 없는 한 기간이 만료함으로써 종료한다.

판 례

(ㄱ) 공유자가 공유물을 타인에게 임대하는 행위 및 그 임대차계약을 해지하는 행위는 공유물의 관리행위에 해당하므로 민법 제265조 본문에 의하여 공유자의 지분의 과반수로써 결정하여야 한다. 상가건물 임대차보호법이 적용되는 상가건물의 공유자인 임대인이 같은 법 제10조 제4항에 의하여 임차인에게 갱신거절의 통지를 하는 행위는 실질적으로 임대차계약의 해지와 같이 공유물의 임대차를 종료시키는 것이므로 공유물의 관리행위에 해당하여 공유자의 지분의 과반수로써 결정하여야 한다(대판 2010.9.9, 2010다37905).

(ㄴ) 상가건물임대차보호법 제10조 4항에 따른 임대인의 갱신 거절의 통지에 제10조 1항 제1호 내지 제8호에서 정한 정당한 사유가 없는 한 그와 같은 임대인의 갱신 거절의 통지의 선후와 관계없이 임차인은 제10조 1항에 따른 계약갱신요구권을 행사할 수 있고, 이러한 임차인의 계약갱신요구권의 행사로 인하여 종전 임대차는 제10조 3항에 따라 갱신된다. 위와 같이 임차인이 계약갱신요구권을 행사한 이후 임차인과 임대인이 종전 임대차기간이 만료할 무렵 신규 임대차계약의 형식을 취한 경우에도 그것이 임차인의 계약갱신요구권 행사에 따른 갱신의 실질을 갖는다고 평가되는 한 이를 두고 종전 임대차에 관한 재계약으로 볼 것은 아니다(대판 2014.4.30, 2013다35115).

5. 권 리 금

(1) 의 의

권리금이란 임대차 목적물인 상가건물에서 영업을 하는 자 또는 영업을 하려는 자가 영업시설·비품, 거래처, 신용, 영업상의 노하우, 상가건물의 위치에 따른 영업상의 이점 등 유형·무형의 재산적 가치의 양도 또는 이용대가로서 임대인, 임차인에게 보증금과 차임 이외에 지급하는 금전 등의 대가를 말한다(제10조의3 제1항). 즉 영업용 건물의 임대차에 수반되어 행하여지는 권리금의 지급은 임대차계약의 내용을 이루는 것은 아니다(대판 2008.4.10, 2007다76986,76993; 대판 2000.9.22, 2000다26326). 권리금 계약이란 신규임차인이 되려는 자가 임차인에게 권리금을 지급하기로 하는 계약을 말한다(제10조의3 제2항). 즉 권리금 계약은 임대차계약이나 임차권양도계약 등에 수반되어 체결되지만 임대차계약 등과는 별개의 계약이다(대판 2013.5.9, 2012다115120).

판 례

임차권양도계약에 수반되어 체결되는 권리금계약은 임차권양도계약과는 별개의 계약이지만, 두 계약의 체결 경위와 계약 내용 등에 비추어 볼 때, 권리금계약이 임차권양도계약과 결합하여 전체가 경제적·사실적으로 일체로 행하여진 것으로서, 어느 하나의 존재 없이는 당사자가 다른 하나를 의욕하지 않았을 것으로 보이는 경우에는 그 계약 전부가 하나의 계약인 것과 같은 불가분의 관계에 있다고 보아야 한다(대판 2017.7.11, 2016다261175).

(2) 권리금반환청구의 인정 여부

권리금은 임대차 목적물이 가지는 장소적 이익이나 특정점포의 영업상의 명성 등의 대가로서 지급되는 것이기 때문에 임대차가 종료된 때에 그 반환을 청구할 수 없다. 다시 말하면 임차인이 권리금을 임대인에게 지급한 경우, 그 유형·무형의 재산적 가치의 양수 또는 약정기간 동안의 이용이 유효하게 이루어진 이상 임대인은 권리금의 반환의무를 지지 않으며, 임차인은 새로운 임차인으로부터 회수할 수 있을 뿐이다(대판 2002.7.26, 2002다25013; 대판 2001.4.10, 2000다59050). 다만 임대인이 임대차의 종료에 즈음하여 그 재산적 가치를 다시 양수한다든지 권리금 수수 후 일정한 기간 이상 임대차를 존속시켜 그 가치를 이용하기로 약정하였는데 임대인의 사정으로 중도 해지되어 약정기간 동안 그 재산적 가치를 이용케 해주지 못하였다는 등의 특별한 사정이 있을 경우, 임대인은 권리금 전부 또는 일부의 반환의무를 진다(대판 2008.4.10, 2007다76986,76993; 대판 2000.9.22, 2000다26326).

판 례

임대인과 임차인 사이에 건물명도시 권리금을 반환하기로 하는 약정이 있었다 하더라도 그와 같은 권리금반환청구권은 건물에 관하여 생긴 채권이라 할 수 없으므로 그와 같은 채권을 가지고 건물에 대한 유치권을 행사할 수 없다(대판 1994.10.14, 93다62119).

(3) 권리금 회수기회 보호 등

(가) 임대인은 '임차인의 계약갱신 요구를 거절할 수 있는 사유(제10조 1항 각호)가 있는 경우'를 제외하고는 임대차기간이 끝나기 6개월 전부터 임대차 종료 시까지 다음과 같은 행위를 함으로써 권리금 계약에 따라 임차인이 주선한 신규임차인이 되려는 자로부터 권리금을 지급받는 것을 방해하여서는 안 된다. 즉 ① 임차인이 주선한 신규임차인이 되려는 자에게 권리금을 요구하거나 임차인이 주선한 신규임차인이 되려는 자로부터 권리금을 수수하는 행위, ② 임차인이 주선한 신규임차인이 되려는 자로 하여금 임차인에게 권리금을 지급하지 못하게 하는 행위, ③ 임차인이 주선한 신규임차인이 되려는 자에게 상가건물에 관한 조세, 공과금, 주변 상가건물의 차임 및 보증금, 그 밖의 부담에 따른 금액에 비추어 현저히 고액의 차임과 보증금을 요구하는 행위, ④ 그 밖에 정당한 사유 없이 임대인이 임차인이 주선한 신규임차인이 되려는 자와 임대차계약의 체결을 거절하는 행위 등이다(제10조의4 제1항). 다만 ① 임차인이 주선한 신규임차인이 되려는 자가 보증금 또는 차임을 지급할 자력이 없는 경우, ② 임차인이 주선한 신규임차인이 되려는 자가 임차인으로서의 의무를 위반할 우려가 있거나 그 밖에 임대차를 유지하기 어려운 상당한 사유가 있는 경우, ③ 임대차 목적물인 상가건물을 1년 6개월 이상 영리목적으로 사용하지 않은 경우, ④ 임대인이 선택한 신규임차인이 임차인과 권리금 계약을 체결하고 그 권리금을 지급한 경우에는 임대인이 임차인이 주선한 신규임차인이 되려는 자와 임대차계약의 체결을 거절할 수 있다(제10조의4 제2항).

(나) 제10조의4 제1항의 권리금 회수 방해를 인정하기 위하여 반드시 임차인과 신규임차인이 되려는 자 사이에 권리금 계약이 미리 체결되어 있어야 하는 것은 아니다(대판 2019.7.10, 2018다239608).

(다) 제10조 2항에 따라 최초의 임대차기간을 포함한 전체 임대차기간이 10년을 초과하여 임차인이 계약갱신요구권을 행사할 수 없는 경우에도 임대인은 제10조의4 제1항에 따른 권리금 회수기회 보호의무를 부담한다(대판 2019.5.16, 2017다225312,225329). 또한 임대인이 스스로 영업할 계획이라는 이유만으로 임차인이 주선한 신규 임차인이 되려는 자와 임대차계약의 체결을 거절한 것에는 제10조의4 제1항 제4호에서 정한 정당한 사유가 있다고 볼 수 없다(대판 2020.9.3, 2018다252441,252458).

(라) 임대인이 제10조의4 제1항을 위반하여 임차인에게 손해를 발생하게 한 때에는 그 손해를 배상할 책임이 있다. 이 경우 그 손해배상액은 신규임차인이 임차인에게 지급하기로

한 권리금과 임대차 종료 당시의 권리금 중 낮은 금액을 넘지 못한다(제10조의4 제3항). 이러한 임차인의 임대인에 대한 손해배상청구권은 임대차가 종료한 날부터 3년 이내에 행사하지 아니하면 시효의 완성으로 소멸한다(제10조의4 제4항). 상가임대차보호법이 보호하고자 하는 권리금의 회수기회란 임대차 종료 당시를 기준으로 하여 임차인이 임대차 목적물인 상가건물에서 영업을 통하여 창출한 유·무형의 재산적 가치를 신규임차인으로부터 회수할 수 있는 기회를 의미한다. 이러한 권리금 회수기회를 방해한 임대인이 부담하게 되는 손해배상액은 임대차 종료 당시의 권리금을 넘지 않도록 규정되어 있는 점, 임대인에게 손해배상을 청구할 권리의 소멸시효 기산일 또한 임대차가 종료한 날인 점 등을 종합하면, 임대인의 권리금 회수기회 방해로 인한 손해배상책임은 상가임대차보호법이 그 요건, 배상범위 및 소멸시효를 특별히 규정한 '법정책임'이고, 그 손해배상채무는 '임대차가 종료한 날에 이행기가 도래하여 그 다음 날부터 지체책임'이 발생하는 것으로 보아야 한다(대판 2023.2.2, 2022다260586).

(마) 임차인은 임대인에게 임차인이 주선한 신규임차인이 되려는 자의 보증금 및 차임을 지급할 자력 또는 그 밖에 임차인으로서의 의무를 이행할 의사 및 능력에 관하여 자신이 알고 있는 정보를 제공하여야 한다(제10조의4 제5항).

(바) 한편 권리금 회수기회 보호에 관한 제10조의4는 대통령령으로 정하는 보증금액을 초과하는 임대차에 대하여도 적용되지만(제2조 3항), ① 임대차 목적물인 상가건물이 유통산업발전법 제2조에 따른 대규모점포 또는 준대규모점포의 일부인 경우(다만 전통시장 및 상점가 육성을 위한 특별법 제2조 1호에 의한 '전통시장'은 제외), ② 임대차 목적물인 상가건물이 국유재산법에 따른 국유재산 또는 공유재산 및 물품 관리법에 따른 공유재산인 경우에는 적용되지 않는다(제10조의5).

판 례

(ㄱ) 임차인이 임대인에게 권리금 회수 방해로 인한 손해배상을 구하기 위해서는 원칙적으로 임차인이 신규임차인이 되려는 자를 주선하였어야 한다. 그러나 임대인이 정당한 사유 없이 임차인이 신규임차인이 되려는 자를 주선하더라도 그와 임대차계약을 체결하지 않겠다는 의사를 확정적으로 표시하였다면 이러한 경우에까지 임차인에게 신규임차인을 주선하도록 요구하는 것은 불필요한 행위를 강요하는 결과가 되어 부당하다. 이와 같은 특별한 사정이 있다면 임차인이 실제로 신규임차인을 주선하지 않았더라도 임대인의 위와 같은 거절행위는 상가건물임대차보호법 제10조의4 제1항 제4호에서 정한 거절행위에 해당한다고 보아야 한다. 따라서 임차인은 제3항에 따라 임대인에게 권리금 회수 방해로 인한 손해배상을 청구할 수 있다(대판 2019.7.4, 2018다284226). 가령 상가임차인 甲이 임대차기간 만료 전 임대인 乙에게 甲이 주선하는 신규임차인과 임대차계약을 체결하여 줄 것을 요청하였으나, 乙이 甲에게 임대차 종료 후에는 신규임차인과 임대차계약을 체결하지 않고 자신이 상가를 직접 이용할 계획이라고 밝힘으로써 甲의 신규임차인 주선을 거절하는 의사를 명백히 표시한 경우, 甲에게 신규임차인을 주선하도록 요구하는 것은 부당하므로 甲은 실제로 신규임차인을 주선하지 않았더라도 임대인의 권리금 회수기회 보호의무 위반을 이유로 乙에게 손해배상을 청구할 수 있다.

(ㄴ) 상가건물임대차보호법 제10조의4 제2항 제3호에서 정하는 '임대차 목적물인 상가건물을 1년 6개월 이상 영리목적으로 사용하지 아니한 경우'는 임대인이 임대차 종료 후 임대차 목적물인 상가건물을 1년 6개월 이상 영리목적으로 사용하지 아니하는 경우를 의미하고, 위 조항에 따른 정당한 사유가 있다고 보

기 위해서는 임대인이 임대차 종료 시 그러한 사유를 들어 임차인이 주선한 자와 신규 임대차계약 체결을 거절하고, 실제로도 1년 6개월 동안 상가건물을 영리목적으로 사용하지 않아야 한다. ① 그렇지 않고 임대인이 다른 사유로 신규 임대차계약 체결을 거절한 후 사후적으로 1년 6개월 동안 상가건물을 영리목적으로 사용하지 않았다는 사정만으로는 위 조항에 따른 정당한 사유로 인정할 수 없다(대판 2021.11.25, 2019다285257). 반면에 ② 종전 소유자인 임대인이 임대차 종료 후 상가건물을 영리목적으로 사용하지 아니한 기간이 1년 6개월에 미치지 못하는 사이에 상가건물의 소유권이 변동되었더라도, 임대인이 상가건물을 영리목적으로 사용하지 않는 상태가 새로운 소유자의 소유기간에도 계속하여 그대로 유지될 것을 전제로 처분하고, 실제 새로운 소유자가 그 기간 중에 상가건물을 영리목적으로 사용하지 않으며, 임대인과 새로운 소유자의 비영리 사용기간을 합쳐서 1년 6개월 이상이 되는 경우, 임대인에게 임차인의 권리금을 가로챌 의도가 있었다고 보기 어려우므로, 그러한 임대인에 대하여는 위 조항에 따른 정당한 사유를 인정할 수 있다(대판 2022.1.14, 2021다272346).

6. 차임연체와 계약해지

임차인의 차임연체액이 3기분의 차임액에 이른 때에는 임대인은 계약을 해지할 수 있다(제10조의8). 이는 대통령령으로 정하는 보증금액을 초과하는 임대차에 대하여도 적용된다(제2조 3항).

한편 임차인은 '감염병의 예방 및 관리에 관한 법률'에 따른 집합 제한 또는 금지 조치를 총 3개월 이상 받음으로써 발생한 경제사정의 중대한 변동으로 폐업한 경우에는 임대차계약을 해지할 수 있다(제11조의2 제1항). 이 경우 해지는 임대인이 계약해지의 통고를 받은 날부터 3개월이 지나면 효력이 발생한다(제11조의2 제2항).

7. 차임·보증금의 증감청구권

(1) 차임 또는 보증금이 임차건물에 관한 조세·공과금·그 밖의 부담의 증감이나 경제사정의 변동으로 인하여 상당하지 않게 된 경우에는 당사자는 장래의 차임 또는 보증금에 대하여 증감을 청구할 수 있다(제11조 1항). 다만 ① 차임·보증금을 증액하는 경우, 청구 당시의 차임·보증금의 100분의 5의 금액을 초과하지 못한다(시행령 제4조). ② 증액청구는 임대차계약 또는 약정한 차임 등의 증액이 있은 후 1년 이내에는 이를 하지 못한다(제11조 2항). 이를 초과하여 지급하기로 하는 차임 등에 관한 약정은 증액비율을 초과하는 범위 내에서 무효이고(제15조), 임차인은 초과 지급된 차임 등에 대해 부당이득으로 반환을 구할 수 있다(대판 2014.4.30, 2013다35115).

(2) 제11조는 임대차계약의 존속 중 당사자 일방이 약정한 차임 등의 증감을 청구한 경우에 한하여 적용되고, 임대차계약이 종료한 후 재계약을 하거나 임대차계약 종료 전이라도 당사자의 합의로 차임 등을 증액하는 경우에는 적용되지 않는다(대판 2014.2.13, 2013다80481).

8. 월차임 전환시 산정율의 제한

상가건물의 임대인이 보증금의 전부 또는 일부를 월 단위의 차임으로 전환하는 경우에는 그 전환되는 금액에, '은행법에 따른 은행의 대출금리 및 해당 지역의 경제 여건 등을 고려하여 대통령령으로 정하는 비율', '한국은행에서 공시한 기준금리에 대통령령으로 정하는 배수를 곱한 비율' 중 낮은 비율을 곱한 월차임의 범위를 초과할 수 없다(제12조).

제 8 절 고용계약

I. 서 설

1. 의 의

고용계약은 당사자 한쪽(노무자)이 노무를 제공하고, 이에 대하여 상대방(사용자)이 보수를 지급할 것을 약정함으로써 성립하는 유상·쌍무계약이다(제655조). 가령 사립학교 교원의 임용을 위한 계약은 고용계약이다. 판례도 사립학교 교원의 임용계약은 사립학교법 소정의 절차에 따라 이루어지는 것이지만 그 법적 성질은 사법상의 고용계약에 다름 아닌 것으로 누구를 교원으로 임용할 것인지 여부는 원칙적으로 당해 학교법인의 자유의사 내지 판단에 달려 있고, 또한 이러한 임용계약에 조건을 붙일 수도 있는 것이며 그 계약이 조건부일 때에는 당연히 그 조건의 성취 여부에 따라 계약의 효력이 좌우된다고 한다(대판 2000.12.22, 99다55571).

고용계약은 노무제공 그 자체를 내용으로 하지만, 도급은 타인의 노동력에 의한 일의 완성, 즉 일의 결과를 목적으로 한다는 점에서 구별된다. 또한 도급은 수급인이 일의 완성에 대한 위험을 부담하는 데 반하여, 고용은 노무제공의 결과에 대한 위험을 노무자가 부담하지 않는다는 점에서 본질적인 차이가 있다(Brox/Walker, § 19 Rdnr. 9). 따라서 수급인이 도급계약에서 정한 일을 완성하지 못한 경우에는 도급인에 대하여 보수의 지급을 청구할 수 없지만(제664조), 노무자는 자기 행위로 추구한 결과를 얻지 못한 경우에도 임금지급을 청구할 수 있다(제655조).

그 밖에 위임도 타인의 노동력 확보를 목적으로 하지만, 수임인은 자기의 재량에 의하여 독자적으로 위임사무를 처리할 수 있는데 반하여(제680조), 노무자는 사용자의 지휘·명령에 따라 노무를 제공한다는 점에서 위임과 구별된다. 그리고 임치는 타인의 물건을 보관한다는 특수한 노무를 목적으로 하는 계약이지만(제693조), 고용은 노무 일반을 내용으로 한다는 점에서 차이가 있다.

2. 고용계약과 근로계약

자유로운 노무제공 계약인 고용계약에 대하여, 노동자들의 생존과 인격을 보호하기 위하여 사회적 요소가 가미되어, 계약자유가 제한된 근로계약이 생성되게 되었다. 그렇다면 고용계약과 근로계약은 어떠한 관계에 있는지가 문제이다. 이에 대하여 고용계약이나 근로계약은 그 내용 및 본질에서는 동일하다는 견해(김상용, 350면; 곽윤직, 237면; 이은영, 498면), 고용계약은 자주적·독립적인 노동의 제공은 물론 종속적 노무의 제공도 포함되는 노무공급계약이고, 근로계약은 종속적인 노무공급계약으로 이해하는 견해가 있다(김형배, 563면).

생각건대 근로기준법 제11조 1항은 '상시 5인 이상의 근로자를 사용하는 사업 또는 사업장'에 동법이 적용된다고 규정하고 있다. 그러므로 사용자의 사업·사업장에 5인 이상의 근로자가 고용된 경우에는 근로기준법이 적용되고, 4인 이하 또는 동거가족만을 사용하는 사업·사업장에는 민법이 적용된다고 할 것이므로, 양자는 동일하다는 견해가 타당하다고 할 것이다.

3. 고용계약의 성립과 계약자유가 제한된 근로계약

(1) 고용계약은 낙성계약이므로, 보통의 계약과 같이 사용자와 노무자의 의사표시의 합치에 의하여 성립한다. 즉 고용계약은 노무자가 사용자에 대하여 노무를 제공하고, 사용자는 노무자에 대하여 노무제공에 대한 대가로서 보수지급에 관한 합의가 있어야 한다(제655조).

고용계약에서 보수는 계약의 본질적 부분이므로, 보수지급을 전제로 하지 않는 고용계약은 존재할 수 없다. 다만 보수에 관한 합의는 묵시적으로도 할 수 있다(대판 1999.7.9, 97다58767).

(2) 한편 고용계약에는 계약자유의 원칙이 적용되지만, 근로계약에는 노동자들의 인간다운 생활을 위하여 계약자유가 제한되고 있다(근로기준법 제64조 1항, 제65조, 제67조 2항, 최저임금법 제4조, 제5조).

Ⅱ. 노무자의 의무

1. 노무자의 의무내용

(1) 노무제공의무

고용계약에 의해 발생한 노무자의 주된 급부의무는 노무의 제공이다(제655조). 즉 노무자는 계약에 적합하게 노무를 사용자에게 제공하여야 한다.

(가) 노무의 내용

노무자가 제공하여야 할 노무의 내용과 종류는 당사자의 약정에 의하여 정하여지고, 약정이 없는 때에는 고용기간이나 신뢰정도 등을 고려하여 거래관행에 따라 결정된다. 그 밖에 고용계약을 체결할 때에 노무의 내용을 추상적으로 정한 경우에는 사용자에게 지시권이 인정되며, 사용자의 지시에 의하여 추상적인 노무제공의무가 구체화되고, 또한 계약의 범위 내에 속하는 한 노무의 내용이 변경될 수 있다. 그러나 사용자의 지시권은 계약의 취지·법률규정 또는 신의칙상 인정되는 범위 내에서 행사되어야 한다(Brox/Walker, § 20 Rdnr. 2; 김형배, 581면). 따라서 사용자가 법률이 금지하고 있는 것이나 선량한 풍속에 반하는 근로를 요구할 경우, 노무자는 노무제공을 거절할 수 있다.

(나) 노무제공의무의 일신전속성

고용계약은 당사자의 개성과 능력(Persönlichkeit und Fähigkeit)이 중요시되므로, 노무자는 노무를 직접 제공하여야 한다(일신전속성). 따라서 노무자는 사용자의 동의 없이 제3자로 하여금 자기에 갈음하여 노무를 제공하게 하지 못한다(제657조 2항). 노무자가 이를 위반한 때에는 사용자는 고용계약을 해지할 수 있다(제657조 3항).

판 례

근로자를 그가 고용된 기업으로부터 다른 기업으로 적을 옮겨 다른 기업의 업무에 종사하게 하는 이른바 전적은, 종래에 종사하던 기업과 간의 근로계약을 합의해지하고 이적하게 될 기업과 간에 새로운 근로계약을 체결하는 것이거나 근로계약상의 사용자 지위를 양도하는 것이므로, 동일 기업 내의 인사이동인 전근이나 전보와 달라, 특별한 사정이 없는 한 근로자의 동의를 얻어야 효력이 생긴다(대판 2006.1.12, 2005두9873; 대판 1993.1.26, 92누8200).

(다) 영업양도와 근로관계의 이전

제655조에 의하여 사용자는 노무자에게 노무급부청구권이 있으며, 고용계약은 당사자의 개성이 중요시되므로 사용자는 노무자의 동의 없이 노무급부청구권을 제3자에게 양도하지 못한다(제657조 1항). 이와 관련하여 일정한 영업 목적에 의하여 조직화된 업체, 즉 인적·물적 조직을 그 동일성은 유지하면서 일체로서 이전하는 영업양도의 경우에 양수인과 근로자 사이의 근로관계를 계속 유지하기 위하여 근로자의 동의를 필요로 하는지가 의문이다. 이에 대하여 근로자의 동의를 필요로 하지 않는다는 견해(대판 2003.5.30, 2002다23826; 대판 2005.2.25, 2004다34790; 김형배, 580면; 임종률, 노동법, 517면), 다른 특약이 없으면 근로자는 근로계약의 이전에 동의한 것으로 보는 견해가 있다(김상용, 357면).

생각건대 고용관계와 달리 사용자 개인이나 법인과 근로자 개인의 인적관계는 근로관계의 존속에 크게 문제되지 않는다는 사실과 근로자의 보호라는 관점을 고려하여 볼 때, 영업양도에는 제657조 1항이 적용되지 않는다고 할 것이다(축소해석). 따라서 근로관계가 양수인에게 이전하면 양도인과 근로자 사이에 존재하였던 근로관계는 동일성을 유지하면서 양수인과 근로자 사이에 존속하게 된다. 다시 말하면 근로관계 승계에 관하여 근로자는 반대할 이유가 없고 실직의 위험을 무릅쓰고 승계를 반대하는 근로자는 영업양도 후에도 스스로 사직할 수 있으므로, 근로자의 동의를 불문하고 근로관계는 양수인에게 승계된다.

(2) 노무자의 부수의무

노무자는 보통의 채권계약과 같이 노무제공의무 이외에 신의칙에 의하여 여러 부수의무를 부담한다(예: 업무상 비밀을 준수하여야 할 의무, 경업금지의무, 선관주의의무 등).

2. 노무자의 채무불이행에 대한 효과 — 사용자의 권리

(1) 이행청구권

노무자가 계약상의 노무를 임의로 제공하지 않은 경우, 사용자는 이행청구뿐만 아니라(제655조) 강제이행을 법원에 청구할 수 있다(제389조 1항).

(2) 보수지급거절권

노무자의 노무제공의무는 사용자의 보수지급의무와 대가관계에 있으므로, 사용자는 제536조 1항에 의하여 노무자가 노무를 제공할 때까지 보수지급을 거절할 수 있다. 노무자의 노무제공이 당사자 양쪽의 책임 없는 사유로 실현이 불가능하게 된 때에는 사용자는 보수지급의무를 면한다(제537조).

(3) 손해배상청구권

노무자의 귀책사유로 노무제공이 지체된 경우, 사용자는 제390조에 의하여 이행청구와 더불어 지체로 인하여 발생한 손해배상(지연배상)을 청구할 수 있다. 그러나 사용자가 상당한 기간을 정하여 이행을 최고하였는데도 노무자가 그 기간 내에 이행하지 아니하거나 지체 후의 이행이 채권자에게 이익이 없는 경우, 사용자는 수령을 거절하고 이행에 갈음한 손해배상(전보배상)을 청구할 수 있고 또한 계약을 해제할 수 있다(제395조, 제544조, 제551조).

Ⅲ. 사용자의 의무

1. 사용자의 의무내용

(1) 보수지급의무

(가) 고용계약의 내용으로써의 보수지급

사용자는 노무자의 노무제공에 대한 대가로서 보수를 지급하여야 한다(제655조). 보수지급의무는 고용관계에서 발생한 사용자의 주된 의무이다. 이와 같이 보수지급은 고용계약의 본질적인 내용이므로(유상계약), 보수 없이 노무를 제공하는 것은 고용계약이 아니라 위임계약에 해당할 것이다.

사용자는 고용·근로계약에서 약정한 보수를 지급하여야 하지만, 약정이 없는 때에는 관습에 의한다(제656조 1항). 그리고 보수지급시기에 관하여 당사자가 약정한 때에는 그 약정시기에 지급하여야 하며, 약정하지 않은 때는 관습에 의하고 관습이 없는 경우에는 노무를 종료한 후 지체 없이 지급하여야 한다(제656조 2항). 이와 같이 보수는 특약이 없는 한 후급이 원칙이므로, 노무자는 동시이행의 항변권을 행사하지 못한다.

판 례

근로계약은 근로자가 사용자에게 근로를 제공할 것을 약정하고 사용자는 이에 대하여 임금을 지급할 것을 약정하는 쌍무계약으로서(근로기준법 제2조 4호), 근로자의 임금청구권은 특별한 약정이나 관습이 없으면 근로를 제공함으로써 비로소 발생하는 것이고 근로자가 근로를 제공하지 않은 이상 그 대가관계인 임금청구권을 갖지 못한다(대판 2002.8.23, 2000다60890,60906).

(나) 노무제공의 불능과 보수청구권과의 관계 — 위험부담

노무자가 일시적 또는 장기적으로 노무를 제공할 수 없는 경우(불능), 노무자는 사용자에 대하여 보수지급을 청구할 수 있는지가 문제이다.

1) 노무자의 노무급부가 양 당사자의 책임 없는 사유로 그 실현이 불가능하게 된 경우, 노무자는 원칙적으로 사용자에 대하여 보수지급을 청구할 수 없으며(제537조), 또한 불능이 노무자의 귀책사유로 인한 때에도 사용자에 대하여 보수지급을 청구할 수 없다.

이와 달리 사용자의 책임 있는 사유로 인하여 노무자가 노무를 제공할 수 없었을 경우, 노무자는 노무제공의무를 면함과 동시에 사용자에 대하여 보수전액의 지급을 청구할 수 있지만(제538조 1항), 노무제공이 불가능한 기간 중에 노무자가 다른 직장에 종사하여 이익을 얻은 때에는 이를 사용자에게 상환하여야 한다(제538조 2항). 그러나 근로기준법 제46조 1항은 사용자의 귀책사유로 인하여 휴업하는 경우, 사용자는 근로자에 대하여 임금전액이 아니라 평균임금의 70% 이상의 수당을 지급하도록 하고 있다.

2) 한편 화재로 인한 공장의 소실·제조기계의 고장·원자재의 부족·파업 등으로 노무자(근로자)가 노동을 제공할 수 없는 경우와 같이 노무의 객관적 불능 또는 사용자의 귀책사유에 의한 불능 중 어느 경우에 해당하는지를 판단하기 어려운 때에, 노무자는 사용자에 대하여 보수지급을 청구할 수 있는지가 문제이다. 이에 대하여 지배영역설(Sphärentheorie)은 양 당사자에게 책임이 없는 경영·경제상의 위험(Betriebs- und Wirtschaftsrisiko)의 경우, 즉 경영·경제상의 이유로 노무자(근로자)가 노무를 제공할 수 없게 된 때에는 사용자는 약정한 보수를 지급하여야 한다고 한다(BAG NJW 1981, 937 ff.; MünchKomm-Schaub, § 615 Rdnr. 93 ff.; 김상용, 361면; 김증한/김학동, 486면; 곽윤직, 채권총론, 98면). 다시 말하면 원자재의 부족·제조기계의 파손이나 판매부진에 의한 조업정지 등의 경영·경제상의 위험은 사용자가 부담한다고 한다. 이와 달리 노동분규의 위험은 노무자(근로자)가 부담하여야 한다고 한다. 즉 하청업체의 노사분규나 어느 부서의 분규로 인하여 다른 부서의 노무자(근로자)가 노동을 제공할 수 없게 된 때에는 노무자는 보수지급을 청구할 수 없다고 한다.

(2) 부수의무

사용자는 보수지급의무 이외에 신의칙에 의하여 여러 가지 부수의무를 진다. 즉 사용자는 고용(근로)계약에 수반되는 신의칙상의 부수적 의무로서 노무자가 노무를 제공하는 과정에서 생명·신체·건강을 해치는 일이 없도록 인적·물적 환경을 정비하는 등 필요한 조치를 강구하여야 할 보호의무를 부담하며(안전배려의무), 이러한 보호의무를 위반함으로써 노무자가 손해를 입은 경우에 이를 배상할 책임이 있다(대판 2006.9.28, 2004다44506; 대판 2001.7.27, 99다56734).

2. 사용자의 채무불이행에 대한 효과 — 노무자의 권리

(1) 이행청구권

고용계약은 채권계약이기 때문에, 사용자의 채무불이행에 대하여 채권법 일반규정이 적용된다. 즉 사용자가 노무지급의무를 이행하지 않은 때에는 노무자(근로자)는 사용자에 대하여 이행을 청구할 수 있거나(제655조) 법원에 이행강제를 청구할 수 있다(제389조).

(2) 손해배상청구권 등

사용자의 귀책사유로 안전배려의무를 위반한 경우, 사용자는 노무자에 대하여 채무불이행책임을 부담한다(제390조). 다시 말하면 사용자의 책임 있는 사유로 안전배려의무를 위반하여 노무자에게 손해가 발생한 경우에는 적극적 채권침해를 이유로 손해배상을 청구할 수 있고, 사용자에 대하여 적절한 안전조치를 강구할 것을 요구하거나 안전배려의무에 위반한 행위의 중지 또는 개선을 청구할 수 있으며, 사용자의 위반행위가 매우 중대하여 노무를 계속할 수 없을 정도인 때에는 고용관계(근로관계)를 해지할 수 있다(김형배, 597면; 김상용, 363면).

Ⅳ. 고용계약의 종료

1. 고용계약의 종료사유

(1) 고용계약의 무효 · 취소

고용계약은 일반계약과 같이 여러 가지 원인에 의하여 무효·취소될 수 있다.

(2) 고용기간의 만료

(가) 원 칙

고용계약에서 고용기간을 약정한 때에는 그 약정된 고용기간이 만료함으로써 고용관계는 종료된다.

(나) 묵시적 갱신

그러나 고용기간이 만료된 경우에도 노무자가 계속하여 노무를 제공하고 사용자가 이에 대하여 상당한 기간 내에 이의를 제기하지 않은 때에는 전 고용과 동일한 조건으로 다시 고용한 것으로 본다(제662조 1항 본문). 다만 전 고용에 대하여 제3자가 제공한 담보는 기간의 만료로 인하여 소멸한다(제662조 2항). 제3자는 본래의 고용기간에 한정하여 그에 따른 노무자의 채무를 담보한 것으로 보아야 하기 때문이다. 한편 이러한 묵시적 갱신은 고용기간의 약정이 없는 것으로 간주되고, 따라서 당사자는 언제든지 계약해지의 통고를 할 수 있고, 그 통고를 받은 때부터 1개월이 경과하면 해지의 효력이 생긴다(제662조 1항 단서, 제660조).

(3) 고용계약의 해지

(가) 해지의 통고

1) 고용기간의 약정이 있는 경우

고용의 약정기간이 3년을 넘거나 당사자의 일방 또는 제3자의 종신까지로 된 경우, 각 당사자는 3년이 지난 후에는 언제든지 계약해지의 통고를 할 수 있고(제659조 1항), 이 경우에 상대방이 해지의 통고를 받은 날부터 3개월이 지나면 해지의 효력이 생긴다(제659조 2항).

2) 고용기간의 약정이 없는 경우

고용기간의 약정이 없는 때에는 당사자는 언제든지 계약해지의 통고를 할 수 있으며(제660조 1항), 상대방이 해지의 통고를 받은 날부터 1개월이 지나면 해지의 효력이 발생한다(제660조 2항). 다만 기간으로 보수를 정한 때에는 상대방이 해지의 통고를 받은 그 기간이 지난 후 다음 기간이 끝날 때에 해지의 효력이 생긴다(제660조 3항). 예컨대 甲은 乙에게 월급을 주기로 한 경우, 甲이 5월 중에 해지통고를 한 때에는 5월이 지나고 6월이 끝날 때, 즉 7월 1일부터 계약해지의 효력이 발생한다.

한편 노동법이 적용되는 근로계약에 기간의 약정이 없는 경우에 사용자는 정당한 이유 없이 근로자를 해고할 수 없으며(근로기준법 제23조 1항), 정당한 이유로 해고할 경우에도 30일 전에 이를 예고하여야 하며, 예고하지 않은 때에는 30일분 이상의 통상임금을 지급하여야 한다(동법 제26조 본문). 다만 근로자가 계속 근로한 기간이 3개월 미만인 경우, 천재·사변·그 밖의 부득이한 사유로 사업을 계속하는 것이 불가능한 경우, 또는 근로자가 고의로 사업에 막대한 지장을 초래하거나 재산상 손해를 입힌 경우에는 즉시해고를 할 수 있다(동법 제26조 단서).

판 례

근로자가 사직서를 작성하여 사용자에게 제출한 경우에, 특별한 사정이 없는 한 그 사직서는 사용자와의 근로계약관계를 해지하는 의사표시를 담고 있는 것이므로 당사자 사이의 근로계약관계는 사용자가 그 사직서 제출에 따른 사직의 의사표시를 수락하여 합의해지(의원면직)가 성립하거나 제660조 소정의 일정기간의 경과로 그 사직서 제출에 따른 해지의 효력이 발생함으로써 종료되는 것이나, 제660조는 근로자의 해약의 자유를 보장하는 규정으로서 근로자에게 불리하지 않는 한 그 기간이나 절차에 관하여 취업규칙에서 이와 달리 규정하는 것도 가능하다고 할 것이므로, 근로자가 사직할 때에는 일정한 기간 내에 사용자의 승인을 얻도록 하고 있는 경우 근로자가 사직원을 제출하였으나 사용자가 승인을 거부할 합리적인 이유가 없는데도 승인을 하지 아니하고 있을 때에는 위 법조 소정의 기간(취업규칙에서 이보다 짧은 기간을 규정한 때에는 그 기간)이 경과함으로써 근로관계는 종료된다(대판 1997.7.8, 96누5087).

(나) 즉시해지

1) 동의 없는 권리양도 또는 갈음한 노무제공

사용자가 노무자의 동의 없이 노무제공청구권을 제3자에게 양도한 경우(제657조 1항), 노무자는 계약을 해지할 수 있다(제657조 3항). 노무자가 사용자의 동의 없이 제3자로 하여금 자기에 갈음하여 노무를 제공하게 하는 경우(제657조 2항), 사용자는 계약을 해지할 수 있다(제657조 3항).

2) 약정에 반한 노무제공요구 또는 특수한 기능결여

사용자가 노무자에 대하여 고용계약에서 약정하지 않은 노무제공을 요구한 때에는 노무자는 고용계약을 해지할 수 있고(제658조 1항), 약정한 노무가 특수한 기능을 필요로 하는데 노무자가 그 기능이 없는 때에는 사용자가 고용계약을 해지할 수 있다(제658조 2항).

3) 부득이한 사유가 있는 경우

고용기간의 약정이 있는지 여부를 묻지 않고, 부득이한 사유가 있는 때에는 각 당사자는 계약을 해지할 수 있다(제661조 본문). 그러나 그 사유가 당사자 일방의 과실로 인하여 생긴 때에는 상대방에 대하여 손해를 배상하여야 한다(제661조 단서). 여기서 '부득이한 사유'란 고용계약을 계속하여 존속시켜 그 이행을 강제하는 것이 사회통념상 불가능한 경우를 말하고, 고용은 계속적 계약으로 당사자 사이의 특별한 신뢰관계를 전제로 하므로 고용관계를 계속하여 유지하는데 필요한 신뢰관계를 파괴하거나 해치는 사실도 부득이한 사유에 포함되며, 따라서 고용계약상 의무의 중대한 위반이 있는 경우에도 부득이한 사유에 포함된다(대판 2004.2.27, 2003다51675).

4) 사용자의 파산

고용기간의 약정 여부를 묻지 않고, 사용자가 파산선고를 받은 경우에는 노무자 또는 파산관재인은 계약을 해지할 수 있다(제663조 1항). 이 경우에는 각 당사자는 계약해지로 인한 손해배상을 청구하지 못한다(제663조 2항) .

(4) 노무자의 사망

노무자가 사망하면 고용관계는 종료되지만, 사용자의 사망은 원칙적으로 종료사유가 아니다. 그러나 간병인 乙이 환자 甲을 간호하기로 한 경우에는 甲의 사망으로 고용관계는 종료하게 된다.

(5) 합의에 의한 종료

(가) 근로자의 공로퇴직신청에 대하여 사용자가 이를 승인하여 근로관계를 종료시키는 공로퇴직은 근로계약의 합의해지에 해당한다. 따라서 당사자간에 합의가 있어야 하며, 합의가 성립하기 위하여는 쌍방 당사자의 표시행위에 나타난 의사의 내용이 객관적으로 일치하여야 하므로 계약당사자의 일방이 계약해지에 관한 조건을 제시한 경우, 그 조건에 관한 합의까지 이루어져야 합의해지가 성립된다(대판 2007.11.30, 2005다21647,21654).

(나) 명예퇴직은 근로자가 명예퇴직의 신청(청약)을 하면 사용자가 요건을 심사한 후 이를 승인(승낙)함으로써 합의에 의하여 근로관계를 종료시키는 것이다. 합의가 있은 후에는 당사자 일방이 임의로 그 의사표시를 철회할 수 없으며, 이 합의에 따라 명예퇴직예정일이 도래하면 근로자는 당연히 퇴직되고 사용자는 명예퇴직금을 지급할 의무를 부담하게 된다(대판 2003.6.27, 2003다1632). 다만 판례는 명예퇴직 합의 이후 명예퇴직예정일 도래 이전에 근로자에게 근로관계를 계속하게 하는 것이 곤란할 정도의 중대한 비위행위가 있는 경우에는 사용자로서는 명예퇴직의 승인을 철회할 수 있다고 한다(대판 2002.8.23, 2000다60890,60906). 또한 명예퇴직의 신청은 근로계약에 대한 합의해지의 청약에 불과하여 이에 대한 사용자의 승낙이 있어 근로계약이 합의해지되기 전에는 근로자가 임의로 그 청약의 의사표시를 철회할 수 있다고 한다(대판 2003.4.25, 2002다11458).

2. 고용계약의 종료 후의 법률관계

고용관계가 종료하면 이미 발생한 채권·채무를 제외하고는 고용관계에 따른 권리·의무는 소멸한다. 한편 고용관계의 종료 후에도 노무자는 신의칙상 인정되는 범위에서 경업피지의무와 비밀유지의무를 부담한다(대판 1997.6.13, 97다8229).

제 9 절 도급계약

Ⅰ. 서 설

1. 의 의

도급은 당사자 한쪽(수급인)이 어떤 일을 완성할 것을 약정하고, 상대방(도급인)은 그 일의 결과에 대하여 보수를 지급할 것을 약정함으로써 성립하는 유상·쌍무계약이다(제664조). 이와 같이 도급계약은 '일의 완성'을 본질적 내용으로 한다는 점에서, 일정한 일 그 자체의 수행을 내용으로 하는 고용계약(제655조)과 구별되고, 타인의 사무를 처리한다는 활동 그 자체를 목적으로 하는 위임(제680조)과 구별된다. 예컨대 의료계약·소송의뢰계약 등은 일반적으로 사무처리를 목적으로 하므로 위임계약으로 다루어지지만, 일의 완성 다시 말하면 병의 완쾌나 승소를 계약내용으로 하는 경우에는 도급계약이 된다.

2. 도급계약의 성립과 목적물

도급계약은 낙성계약이므로, 수급인이 일을 완성하고 이에 대하여 도급인이 보수를 지급하기로 하는 의사표시의 합치에 의하여 성립한다. 도급계약의 목적은 일의 완성이다.

3. 도급과 제작물공급계약

(1) 일 반

도급계약에서 수급인은 도급인이 제공한 재료로 도급인의 지시에 따라 약정한 일을 완성하여 인도할 의무를 부담한다. 그러나 때로는 수급인이 스스로 재료를 조달하여 도급인의 지시에 따라 일을 완성한 다음 그 결과물을 도급인에게 인도할 의무를 부담하는 경우가 있다. 이를 제작물공급계약이라 한다.

(2) 주문판매계약과 제작물공급계약

제작물공급계약이란 수급인이 자기의 재료를 사용하여 도급인이 주문한 부대체물(不代替物)을 제작·완성하여 도급인에게 그 목적물의 소유권을 이전해야 할 의무를 부담하고, 도급인은 이에 대해 보수를 지급할 의무를 부담하는 유상·쌍무계약을 말한다. 그런데 다수설은 수급인이 부대체물뿐만 아니라 대체물의 제작을 주문받은 경우에도 제작물공급계약이 성립할 수 있다고 한다(곽윤직, 252면; 김상용, 385면).

생각건대 수급인이 자기의 재료를 가지고 도급인의 주문(Bestellerwünsch)에 적합한 부대체물을 제작·완성해야 하는 경우, 수급인은 임의로 다른 물건으로 대체할 수 없고 또한 도급인 이외의 다른 사람에게 쉽게 팔리지 않으므로 '일의 완성'이라는 의무를 반드시 실현하여야 한다(Palandt-Thomas, § 651 Rdnr. 4). 다시 말하면 수급인이 부대체물을 제작·공급하여야 하는 경우에 계약의 본질적 내용은 특별한 제작·완성(spezielle Anfertigung) 그 자체이다. 그러나 수급인이 대체물의 제작을 주문받은 경우, 계약의 본질적 내용은 특별한 제작·완성이 아니라 공급(Lieferung)이기 때문에, 이러한 주문판매계약(Lieferungsvertrag)은 제작물공급계약에서 제외시켜야 할 것이다(Larenz, SchuldR BT II/1, § 53 IV; 김형배, 613면; 이은영, 510면). 예컨대 甲이 乙의 카탈로그를 보고 A피자를 시킨 경우, 乙이 A피자를 새로 제작하지 않고 이미 제작된 A피자를 甲에게 배달하더라도 채무이행에 반하지 않는다. 이와 같이 주문판매는 주문에 응해 제작되어야 할 제품이 대체물로서 매매의 특성이 강한 경우이며, 그것은 종류물매매에 속한다고 할 것이다.

(3) 제작물공급계약의 법적 성질

(가) 학설 · 판례

1) 제작물공급계약은 내용상 물건의 제작과 제작된 물건의 공급이라는 2가지 요소를 포함하고 있기 때문에, 그 법적 성질을 어떻게 이해할 것인지가 문제이다. 이에 대해 ① 도급과 매매의 혼합계약으로 보는 견해(김상용, 386면), ② 제작물이 대체물인 경우에는 매매이며 부대체물인 때에는 도급이라는 견해(곽윤직, 252면; 송덕수, D-432), ③ 제작물이 대체물일 때는 매매이고, 부대체물일 때는 도급과 매매의 혼합계약으로 보는 견해가 있다(김형배, 664면; 이은영, 511면).

2) 한편 판례는 ②를 따르고 있다. 즉 "당사자의 일방이 상대방의 주문에 따라 자기 소유의 재료를 사용하여 만든 물건을 공급하기로 하고, 상대방이 대가를 지급하기로 약정하는

이른바 제작물공급계약은 그 제작의 측면에서는 도급의 성질이 있고, 공급의 측면에서는 매매의 성질이 있어 대체로 매매와 도급의 성질을 함께 가지고 있으므로, 그 적용 법률은 계약에 의하여 제작 공급하여야 할 물건이 대체물인 경우에는 매매에 관한 규정이 적용되지만, 물건이 특정의 주문자의 수요를 만족시키기 위한 부대체물인 경우에는 당해 물건의 공급과 함께 그 제작이 계약의 주목적이 되어 도급의 성질을 띠게 된다"고 한다(대판 2006.10.13, 2004다21862; 대판 1996.6.28, 94다42976).

(나) 소 결

생각건대 매매계약은 목적물에 대한 소유권이전을 목적으로 하고, 도급계약은 일의 완성을 목적으로 한다. 그런데 제작물공급계약에서 수급인은 부대체물을 제작·완성할 의무와 더불어 완성된 목적물에 대한 소유권을 도급인에게 이전하여야 할 의무가 있기 때문에, 제작물공급계약은 도급과 매매의 혼합계약이라고 할 것이다. 따라서 제작물의 소유권이전 및 권리의 하자에 대해서는 매매에 관한 규정이 그리고 물건의 하자에 대해서는 도급에 관한 제667조 이하가 적용된다(Jauernig-Schlechtriem, § 651 2 b; Erman-Seiler, § 651 Rdnr. 9 f.; 김형배, 666면). 이와 달리 수급인이 대체물을 제작·공급하여야 하는 경우, 수급인은 동종·동질·동량의 물건을 조달·공급하면 되므로, 실질적으로는 종류물매매라고 할 것이다.

Ⅱ. 수급인의 의무

1. 수급인의 의무내용

(1) 일의 완성의무

(가) 수급인의 주된 의무는 일의 완성이다(제664조). 일의 완성으로 유형적인 결과가 발생할 수 있고 무형적인 결과가 발생할 수도 있지만, 일을 완성할 의무는 수급인의 가장 기본적인 의무이다.

수급인은 계약에 적합하게 그리고 하자 없이 완전하게 일을 완성하여야 한다. 그러므로 완성된(유형적인) 일의 결과에 흠이 있는 경우, 이는 채무내용에 따른 현실제공이 아니기 때문에(제460조) 도급인은 완성된 목적물의 수령을 거절할 수 있으며, 이 경우에 도급인은 수령지체에 빠지지 않는다. 그 밖에 도급계약은 일을 완성할 것을 내용으로 하므로, 고용계약과 달리 수급인이 스스로 일을 완성할 의무는 없다. 즉 도급계약에 다른 약정이 없거나 계약목적에 반하지 않는 한 수급인은 제3자를 사용하여 일을 완성할 수 있다(대판 2002.4.12, 2001다82545,82552). 특히 도급계약에서는 이행대행자의 사용에 의한 일의 완성을 하도급(일명 하청)이라 하며, 이행대행자를 하수급인이라 한다. 이와 같이 수급인이 이행보조자 또는 이행대행자를 사용한 때에는 제3자의 고의·과실에 대하여 수급인은 책임을 부담한다(제391조).

(나) 건물신축공사 도급계약에서 지체상금이 약정되는 경우가 많다. 건설공사 도급계약

의 경우, 공사가 비교적 장기간에 걸쳐 시행되기 때문에 그 사이에 공사의 완성에 장애가 된 사정이 발생할 가능성이 많으므로, 이러한 경우에 대비하여 도급인의 손해액에 대한 증명곤란을 덜고 손해배상에 관한 법률관계를 간이화하기 위해 지체상금의 약정을 한다(대판 2005.8.19, 2002다59764). 지체상금 약정은 수급인이 약정한 기간 내에 공사를 완공하지 않은 경우는 물론 수급인의 귀책사유로 인하여 도급계약이 해제되고 그에 따라 도급인이 수급인을 다시 선정하여 공사를 완공하느라 완공이 지체된 경우에도 적용된다(대판 1999.1.26, 96다6158). 다만 천재지변이나 이에 준하는 경제사정의 급격한 변동 등 불가항력으로 인하여 목적물의 준공이 지연된 경우에는 수급인은 지체상금을 지급할 의무가 없지만(대판 2005.11.25, 2003다60136), 이른바 IMF 사태 및 그로 인한 자재 수급의 차질 등은 그와 같은 불가항력적인 사정이라고 볼 수 없다(대판 2002.9.4, 2001다1386). 또한 일반적으로 수급인이 공사도급계약상 공사기간을 약정할 때에는 통상 비가 와서 정상적으로 작업을 하지 못하는 것까지 감안하고 이를 계약에 반영하므로, 천재지변에 준하는 이례적인 경우가 아니라면 지체상금의 면책사유로 삼을 수 없다(대판 2002.9.4, 2001다1386).

한편 수급인이 완공기한 내에 공사를 완성하지 못한 채 완공기한을 넘겨 도급계약이 해제된 경우에 그 지체상금 발생의 시기(始期)는 완공기한 다음 날이고(대판 2002.9.4, 2001다1386), 그 종기는 수급인이 공사를 중단하거나 기타 해제사유가 있어 도급인이 이를 해제할 수 있었을 때(현실로 도급계약을 해제한 때가 아니다)를 기준으로 하여 도급인이 다른 업자에게 의뢰하여 같은 건물을 완공할 수 있었던 시점까지이다(대판 2000.12.8, 2000다19410). 물론 수급인이 책임질 수 없는 사유로 인하여 공사가 지연된 경우에는 그 기간만큼 공제되어야 한다(대판 2010.1.28, 2009다41137,41144).

판 례

(ㄱ) 공사도급계약에 있어서 수급인의 공사중단이나 공사지연으로 인하여 약정된 공사기한 내의 공사완공이 불가능하다는 것이 명백하여진 경우에는 도급인은 그 공사기한이 도래하기 전이라도 계약을 해제할 수 있지만, 그에 앞서 수급인에 대하여 위 공사기한으로부터 상당한 기간 내에 완공할 것을 최고하여야 하고, 다만 예외적으로 수급인이 미리 이행하지 아니할 의사를 표시한 때에는 위와 같은 최고 없이도 계약을 해제할 수 있다(대판 1996.10.25, 96다21393,21409).

(ㄴ) 건물 신축의 도급계약에서 지체상금에 관한 약정이 있는 경우, 수급인이 약정된 기간 내에 그 일을 완성하여 도급인에게 인도하지 않는 한 특별한 사정이 있는 경우를 제외하고는 지체상금을 지급할 의무가 있고, 약정된 기일 이전에 그 공사의 일부만을 완료한 후 공사가 중단된 상태에서 약정 기일을 넘기고 그 후에 도급인이 계약을 해제함으로써 일을 완성하지 못한 것이라고 하여 지체상금에 관한 약정이 적용되지 않는다고 할 수 없다(대판 1995.9.5, 95다18376).

(ㄷ) 건축도급계약시 도급인과 수급인 사이에 준공기한 내에 공사를 완성하지 아니한 때에는 매 지체일수마다 계약에서 정한 지체상금율을 계약금액에 곱하여 산출한 금액을 지체상금으로 지급하도록 약정한 경우 이는 수급인이 완공예정일을 지나서 공사를 완료하였을 경우에 그 지체일수에 따른 손해배상의 예정을 약정한 것이지 공사도중에 도급계약이 해제되어 수급인이 공사를 완료하지 아니한 경우에는 지체상금을 논할 여지가 없다(대판 1989.9.12, 88다카15901,15918).

(ㄹ) 수급인이 납품기한 내에 납품을 완료하지 못하면 지연된 일수에 비례하여 계약금액에 일정 비율을 적용하여 산정한 지체상금을 도급인에게 지급하기로 약정한 경우, 수급인이 책임질 수 없는 사유로 의무 이

행이 지연되었다면 해당 기간만큼은 지체상금의 발생기간에서 공제되어야 한다. 그리고 도급계약의 보수 일부를 선급하기로 하는 특약이 있는 경우, 수급인은 그 제공이 있을 때까지 일의 착수를 거절할 수 있고 이로 말미암아 일의 완성이 지연되더라도 채무불이행책임을 지지 않으므로, 도급인이 수급인에 대하여 약정한 선급금의 지급을 지체하였다는 사정은 일의 완성이 지연된 데 대하여 수급인이 책임질 수 없는 사유에 해당한다. 따라서 도급인이 선급금 지급을 지체한 기간만큼은 수급인이 지급하여야 하는 지체상금의 발생기간에서 공제되어야 한다(대판 2016.12.15, 2014다14429,14436).

(ㅁ) 공사수급인의 연대보증인이 부담하는 지체상금 지급의무는 주채무자인 공사수급인이 지급하여야 할 지체상금의 범위에 부종하는 것이므로, 이른바 손해배상액의 예정으로서 지체상금액이 과다한지 여부는 주채무자인 공사수급인을 기준으로 판단하여야 할 것이지 연대보증인을 중심으로 판단할 것은 아니다(대판 2005.8.19, 2002다59764).

(ㅂ) 도급계약에 있어 일의 완성에 관한 주장·증명책임은 일의 결과에 대한 보수의 지급을 구하는 '수급인'에게 있으므로, 도급인이 도급계약상의 공사 중 미시공 부분이 있다고 주장한 바가 없다고 하더라도 그 공사의 완성에 따른 보수금의 지급을 구하는 수급인으로서는 공사의 완성에 관한 주장·증명을 하여야 한다(대판 1994.11.22, 94다26684,26691).

(2) 완성된 목적물인도의무

(가) 수급인은 완성한 일이 유형적인 경우에는 그 완성된 목적물을 도급인에게 인도할 의무가 있다. 그러나 완성된 일이 무형적인 때에는 일을 완성하면 족하고 완성된 결과물을 인도할 의무는 발생하지 않는다.

수급인의 완성한 목적물의 인도의무와 도급인의 보수지급의무는 원칙적으로 동시이행의 관계(제536조)에 있으며, 목적물이 도급인의 소유물인 때에는 수급인은 보수를 지급받을 때까지 그 목적물에 대하여 유치권을 행사할 수 있다(제320조 1항, 제213조 단서).

(나) 수급인은 완성된 목적물을 도급인에게 인도할 의무가 있으나, 이때 인도는 단순한 목적물의 직접점유를 이전하는 것이 아니라 도급인에 의한 '검수'를 의미한다. 다시 말하면 수급인이 인도할 대상은 매매와 달리 '일의 완성'이라는 결과이기 때문에, 원칙적으로 도급인이 목적물을 점검하고, 일이 계약내용대로 완성되었음을 명시적 또는 묵시적으로 시인해서 그 직접점유를 받는 것을 뜻한다(Brox/Walker, § 25 Rdnr. 11). 이러한 도급인의 의무를 검수의무(Abnahmepflicht)라 하며, 학설은 도급인이 목적물을 수취하는 것은 단순히 사실적으로 점유를 이전받는데 그치는 것이 아니라 점검을 통한 수령, 즉 검수를 의미한다고 한다(김형배, 643면; 김상용, 373면; 곽윤직, 255면). 판례도 목적물의 인도는 완성된 목적물에 대한 단순한 점유의 이전만을 의미하는 것이 아니라 도급인이 목적물을 검사한 후 그 목적물이 계약내용대로 완성되었음을 명시적 또는 묵시적으로 시인하는 것까지 포함하는 의미이라고 한다(대판 2023.3.30, 2022다289174; 대판 2006.10.13, 2004다21862).

판 례

(ㄱ) 일반적으로 건축공사도급계약에서 공사대금의 지급의무와 공사의 완공의무가 반드시 동시이행관계에 있는 것은 아니지만, 도급인이 계약상 의무를 부담하는 공사 기성부분에 대한 공사대금 지급의무를 지체하고 있고, 수급인이 공사를 완공하더라도 도급인이 공사대금의 지급채무를 이행하기 곤란한 현저한 사유

가 있는 경우에는 수급인은 그러한 사유가 해소될 때까지 자신의 공사 완공의무를 거절할 수 있다(대판 2005.11.25, 2003다60136).

(ㄴ) 제665조 1항은 도급계약에서 보수는 완성된 목적물의 인도와 동시에 지급해야 한다고 정하고 있다. 이때 목적물의 인도는 단순한 점유의 이전만을 의미하는 것이 아니라 도급인이 목적물을 검사한 후 목적물이 계약 내용대로 완성되었음을 명시적 또는 묵시적으로 시인하는 것까지 포함하는 의미이다. 도급계약의 당사자들이 '수급인이 공급한 목적물을 도급인이 검사하여 합격하면, 도급인은 수급인에게 보수를 지급한다.'고 정한 경우 도급인의 수급인에 대한 보수지급의무와 동시이행관계에 있는 수급인의 목적물 인도의무를 확인한 것에 불과하고 '검사 합격'은 법률행위의 효력 발생을 좌우하는 조건이 아니라 보수지급 시기에 관한 불확정기한이다. 따라서 수급인이 도급계약에서 정한 일을 완성한 다음 검사에 합격한 때 또는 검사 합격이 불가능한 것으로 확정된 때 보수지급청구권의 기한이 도래한다(대판 2019.9.10, 2017다272486,272493).

(3) 제작물공급계약에서의 완성된 목적물의 소유권이전의무 — 소유권귀속관계

전자제품의 수리·건물의 보수·세탁 등과 같은 도급계약에서의 목적물에 대한 소유권은 도급인에게 귀속되므로(제256조, 제257조), 수급인은 목적물에 대한 소유권을 이전할 의무가 없다. 그러나 도급인 또는 수급인이 전적으로 또는 주요부분의 재료를 공급하여 수급인이 목적물을 완성한 경우에 그에 대한 소유권이 원시적으로 누구에게 귀속되는지가 문제이다.

(가) 도급인이 재료의 전부 또는 주요부분을 제공한 경우

도급인이 재료의 전부 또는 주요부분을 공급한 경우, 완성된 목적물이 동산·부동산을 묻지 않고 그에 대한 소유권은 원시적으로 도급인에 귀속하며, 이때 가공에 관한 제259조는 적용되지 않는다(통설). 그러므로 완성된 목적물에 대한 소유권을 도급인에게 이전할 의무는 존재하지 않는다.

(나) 수급인이 재료의 전부 또는 주요부분을 조달한 경우

1) 학설 · 판례

수급인이 전적으로 또는 주로 자기의 재료를 사용한 경우, ① 완성된 목적물이 동산이든 부동산이든 묻지 않고 그에 대한 소유권은 원시적으로 수급인에게 속하므로, 수급인은 그 소유권을 도급인에게 이전하여야 한다는 견해(이태재, 295면; 김기선, 260면), ② 완성된 물건이 동산인 경우에 그 소유권은 수급인에게 속하지만, 부동산인 경우에는 원시적으로 도급인에게 귀속한다는 견해가 있다(곽윤직, 256면; 김형배, 621면).

한편 판례는 일반적으로 자기의 노력과 재료를 들여 건물을 건축한 사람은 그 건물의 소유권을 원시취득하고, 다만 도급계약에서는 수급인이 자기의 노력과 재료를 들여 건물을 완성하더라도 도급인과 수급인 사이에 도급인 명의로 건축허가를 받아 소유권보존등기를 하기로 하는 등 완성된 건물의 소유권을 도급인에게 귀속시키기로 합의한 것으로 보여질 경우에는 그 건물의 소유권은 '도급인'에게 원시적으로 귀속된다고 한다(대판 2005.11.25, 2004다36352; 대판 2003.12.18, 98다43601). 또한 자기의 비용과 노력으로 건물을 신축한 자는 그 건축허가가 타인의 명의로 된 여부에 관계없이 그 소유권을 원시취득하며, 따라서 건축주의 사정으로 건축공사가 중단된 미완성의 건물을 인도받아 나머지 공사를 하게 된 경우에는 그 공사의 중단 시점에 이미 사회통념상 독립한 건물이라고 볼 수 있는 정도의 형태와 구조를 갖춘 경우가 아닌 한 이를 인도받아 자기의 비용과 노력으로 완공한 자가 그 건물의 원시취득자가 된다고 한다(대판 2006.5.12, 2005다68783).

판 례

(ㄱ) 신축건물의 소유권을 원칙상 자기의 노력과 재료를 들여 이를 건축한 사람이 원시취득하는 것임은 물론이나, 건물신축도급계약에 있어서는 수급인이 자기의 노력과 재료를 들여 건물을 완성하더라도 도급인과 수급인 사이에 도급인 명의로 건축허가를 받아 소유권보존등기를 하기로 하는 등 완성된 건물의 소유권을 도급인에게 귀속시키기로 합의한 경우에는 그 건물의 소유권은 도급인에게 원시적으로 귀속된다(대판 2003.12.18, 98다43601). 이때 신축건물이 집합건물로서 여러 사람이 공동으로 건축주가 되어 도급계약을 체결한 것이라면, 그 집합건물의 각 전유부분 소유권이 누구에게 원시적으로 귀속되느냐는 공동 건축주들의 약정에 따라야 한다(대판 2005.11.25, 2004다36352).

(ㄴ) 일반적으로 자기의 노력과 재료를 들여 건물을 건축한 사람은 그 건물의 소유권을 원시취득하는 것이고, 다만 도급계약에 있어서는 수급인이 자기의 노력과 재료를 들여 건물을 완성하더라도 도급인과 수급인 사이에 도급인 명의로 건축허가를 받아 소유권보존등기를 하기로 하는 등 완성된 건물의 소유권을 도급인에게 귀속시키기로 합의한 것으로 보여질 경우에는 그 건물의 소유권은 도급인에게 원시적으로 귀속되나, 단지 채무의 담보를 위하여 채무자가 자기 비용과 노력으로 신축하는 건물의 건축허가 명의를 채권자 명의로 하였다면 이는 완성될 건물을 담보로 제공하기로 하는 합의로서 법률행위에 의한 담보물권의 설정에 다름 아니므로, 완성된 건물의 소유권은 일단 이를 건축한 채무자가 원시적으로 취득한 후 채권자 명의로 소유권보존등기를 마침으로써 담보목적의 범위 내에서 채권자에게 그 소유권이 이전된다(대판 1997.5.30, 97다8601).

2) 소 결

생각건대 수급인이 전적으로 또는 주요부분의 재료를 조달하여 목적물(특히 동산)을 완성한 경우에 당사자 사이에 제작물공급계약이 존재하므로, 제작물공급계약을 도급과 매매의 혼합계약으로 파악하는 사견에 의하면 수급인의 소유권이전의무는 매매계약으로부터 발생한다고 할 것이다. 그러나 수급인이 자기의 노력과 재료를 들여 건물을 완성하더라도 완성된 건물의 소유권을 도급인에게 귀속시키기로 하는 합의가 있는 때(예: 도급인명의로 소유권보존등기를 하기로 한 경우·공사의 진척비율에 따라 상당액의 공사대금이 지급된 경우 등)에는 당사자 사이에 제작물공급계약이 아니라 도급계약이 존재한다고 할 것이다. 따라서 도급계약으로부터 소유권이전의무가 발생하지 않으므로, 수급인은 도급인에게 완성된 건물에 대한 소유권이전의무를 부담하지 않는다.

(4) 부수의무

수급인은 일의 완성의무 및 완성된 목적물인도의무 이외에 도급의 성질상 필요한 때에는 신의칙에 의하여 도급인과 상의하거나 도급인에게 정보를 제공하여야 할 부수의무가 있으며, 제669조 단서, 제672조에 규정된 수급인의 고지의무, 그 밖의 보호의무 등을 부담한다.

2. 수급인의 채무불이행에 대한 효과 — 도급인의 권리

(1) 이행청구권

수급인이 일의 완성의무 또는 인도의무를 이행하지 않은 경우, 도급인은 제664조에 의하여 그 이행을 청구할 수 있다.

(2) 수급인의 담보책임

(가) 일 반

수급인은 계약내용에 합치되는 결과를 하자 없이 완성할 의무를 부담한다. 완성한 일의 결과에 흠이 있는 경우, 도급계약은 유상계약이므로 수급인은 도급인에 대하여 담보책임을 진다(제567조). 그런데 수급인의 담보책임은 수급인이 일을 완성하는 과정에서 발생한 흠에 대한 책임이므로, 민법은 목적물인 물건의 하자에 대한 매도인의 하자담보책임과 다른 특별규정을 두고 있다(제667조-제672조).

도급인의 하자보수청구권과 계약해제권은 수급인의 귀책사유를 필요로 하지 않으므로, 수급인의 하자담보책임은 무과실책임이다(통설; 대판 1990.3.9, 88다카31886). 그 밖에 수급인의 하자담보책임은 완성된 일의 결과가 유형적인 경우뿐만 아니라 무형적인 경우에도 인정된다.

판 례

수급인의 하자담보책임에 관한 제667조는 법이 특별히 인정한 무과실책임으로서 여기에 제396조의 과실상계 규정이 준용될 수는 없다 하더라도 담보책임이 민법의 지도이념인 공평의 원칙에 입각한 것인 이상 하자발생 및 그 확대에 가공한 도급인의 잘못을 참작하여 손해배상의 범위를 정함이 상당하다(대판 2004.8.20, 2001다70337; 대판 1990.3.9, 88다카31866).

(나) 성립요건

1) 도급계약이 성립할 것

도급인이 수급인에 대하여 하자보수청구권 및 계약해제권을 행사할 수 있기 위해서는, 당사자 사이에 도급계약이 존재하여야 한다.

2) 일의 완성에 하자가 존재할 것

담보책임의 대상인 완성된 목적물 또는 완성 전의 성취된 부분에 하자가 존재하여야 하며, 수급인은 완성된 목적물을 도급인에게 인도(인도가 필요 없는 경우에는 일의 종료시점)하였는지를 묻지 않고 일을 완성하는 과정에서 발생한 하자에 대하여 담보책임을 진다. 여기서 ① '완성 전의 성취된 부분'이란 도급계약에 따른 일이 전부 완성되지는 않았지만 하자가 발생한 부분의 작업이 완료된 상태를 말한다(대판 2001.9.18, 2001다9304). ② 하자라 함은 매매계약에서와 같이 통상 거래관념에 비추어 완성된 목적물 또는 완성 전의 성취된 부분이 지니고 있어야 할 품질·성질·성분 등을 갖추지 못하여, 도급계약의 적합성을 갖지 못한 경우를 말한다. 다만 매도인의 하자담보책임은 매매의 목적물인 물건의 흠에 대하여 지는 책임인 데 반하여, 수급인의 하자담보책임은 수급인이 일을 완성하는 과정에서 생긴 흠에 대한 책임이다.

3) 면책사유가 없을 것

(i) 도급인이 완성된 일의 결과가 도급계약에 부합되는 것으로 명시적·묵시적으로 승인하면서 목적물을 수취한 후에는 수급인의 하자담보책임은 소멸한다. 그러나 도급인이 검수를 할 때에 하자의 존재를 알 수 없었거나 수급인이 하자에 대하여 악의적으로 침묵한 경우에는 수급인의 담보책임은 소멸되지 않는다(김형배, 626면; 김상용, 376면).

(ii) 담보책임에 대한 면책특약이 없어야 한다. 다만 담보책임이 없음을 약정한 경우에도 수급인이 알고 있으면서 도급인에게 고지하지 않은 사실에 대해서는 담보책임을 면하지 못한다(제672조). 판례는 담보책임을 면제하는 약정을 한 경우뿐만 아니라 담보책임기간을 단축하는 약정을 한 경우에도 수급인이 알고 고지하지 않은 사실에 대하여 그 책임을 제한하는 것이 신의성실의 원칙에 위배된다면 담보책임이 제한되지 않는다고 한다(대판 1999.9.21, 99다19032).

(iii) 하자가 도급인이 공급한 재료의 성질 또는 지시에 기인하지 않아야 한다. 도급에서는 매매와 달리 도급인이 재료 등을 제공하거나 수급인에게 지시를 하는 경우가 있는데, 목적물의 하자가 도급인이 제공한 재료의 성질 또는 일의 지시에 기인하는 때에는, 수급인은 담보책임을 부담하지 않는다(제669조 본문). 참고로 제669조 본문은 수급인의 하자담보책임이 아니라 제390조에 따른 채무불이행책임에는 적용되지 않는다(대판 2020.1.30, 2019다268252). 판례는 건축도급계약의 수급인이 설계도면의 기재대로 시공한 경우에 이는 도급인의 지시에 따른 것과 같아서 그로 인하여 목적물에 하자가 생겼더라도 원칙적으로 수급인에게 담보책임을 지울 수 없다고 한다(대판 1996.5.14, 95다24975). 물론 재료 및 지시가 부적당함을 알면서도 수급인이 도급인에게 고지하지 않은 때에는 담보책임을 진다(제669조 단서).

(다) 담보책임의 내용

1) 하자보수청구권

완성된 목적물 또는 완성 전의 성취된 부분에 하자가 있는 경우, 도급인은 수급인에 대하여 상당한 기간을 정하여 그 하자의 보수(補修)를 청구할 수 있다(제667조 1항 본문). 이 기간이 경과할 때까지는 도급인은 하자보수에 갈음하여 손해배상을 청구하지 못한다. 민법이 보수청구권(補修請求權)과 보수에 갈음하는 손해배상청구권을 선택적으로 행사할 수 있도록 규정하고 있기 때문이다. 수급인이 기간 내에 보수를 하지 않은 경우에도 도급인은 보수를 청구할 수 있다. 다만 하자가 중요하지 않으면서 동시에 그 보수에 과다한 비용을 필요로 하는 경우에는 하자보수나 하자보수에 갈음하는 손해배상을 청구할 수 없고, 그 하자로 인하여 입은 손해배상만을 청구할 수 있을 뿐이다(제667조 1항 단서). 따라서 ① 보수비용의 과다 여부를 불문하고 하자가 중요한 경우, ② 하자가 중요하지 않더라도 그 보수에 과다한 비용을 요하지 않는 경우에 도급인은 하자보수를 청구할 수 있다. 한편 도급인이 하자보수를 청구한 경우, 그 보수(補修)

가 끝날 때까지 보수(報酬)의 지급을 거절할 수 있다(제667조 3항, 제536조). 따라서 도급인이 인도받은 목적물에 하자가 있는 경우, 하자보수나 하자보수에 갈음하는 손해배상을 청구하지 않고 곧바로 보수의 지급을 거절할 수 없다(대판 1991.12.10, 91다33056). 주의할 것은 기성고에 따라 공사대금을 분할하여 지급하기로 약정한 경우라도 특별한 사정이 없는 한 하자보수의무와 동시이행관계에 있는 공사대금지급채무는 당해 하자가 발생한 부분의 기성공사대금에 한정되는 것은 아니라는 점이다(대판 2001.9.18, 2001다9304). 왜냐하면 이와 달리 본다면 도급인이 하자발생사실을 모른 채 하자가 발생한 부분에 해당하는 기성공사의 대금을 지급하고 난 후 뒤늦게 하자를 발견한 경우에는 동시이행의 항변권을 행사하지 못하게 되어 공평에 반하기 때문이다.

2) 손해배상청구권

완성된 목적물에 하자가 있을 경우에 도급인은 수급인에게 그 '하자의 보수나 하자의 보수에 갈음한 손해배상'을 청구할 수 있지만, 하자가 중요하지 아니하면서 동시에 보수에 과다한 비용을 요할 때에는 '하자로 인하여 입은 손해배상'만을 청구할 수 있다(제667조 2항).

(i) 제667조 2항의 하자보수에 갈음한 손해배상청구권은 보수청구권과 병존하여 처음부터 도급인에게 존재하는 권리이고, 일반적으로 손해배상청구권은 사회통념에 비추어 객관적이고 합리적으로 판단하여 현실적으로 손해가 발생한 때에 성립하는 것이므로, 하자보수에 갈음한 손해배상청구권은 하자가 발생하여 보수가 필요하게 된 시점에서 성립된다(대판 2000.3.10, 99다55632).

(ii) 하자가 중요하여 도급인이 하자보수에 갈음하여 손해배상을 청구하는 경우, 그 손해배상에는 보수에 갈음하는 비용, 즉 '실제로 보수에 필요한 비용'이 모두 포함된다(대판 2016.8.18, 2014다31691,31707). 따라서 완성된 건물이나 그 밖의 토지의 공작물에 중대한 하자가 있고 이로 인하여 건물 등이 무너질 위험성이 있어서 보수가 불가능하고 다시 건축할 수밖에 없는 경우, 특별한 사정이 없는 한 건물 등을 철거하고 다시 건축하는 데 드는 비용 상당액을 하자로 인한 손해배상으로 청구할 수 있다(대판 2016.8.18, 2014다31691,31707). 하자가 중요한 경우, 손해배상의 액수(하자보수비)는 목적물의 완성시가 아니라 하자보수청구시 또는 손해배상청구시를 기준으로 산정한다(대판 1998.3.13, 95다30345).

한편 하자가 중요하지 아니하면서 보수에 과다한 비용을 요할 때에는 '하자로 인하여 입은 손해'의 배상만을 청구할 수 있는데, 이 경우 하자로 인하여 입은 통상의 손해는 특별한 사정이 없는 한 도급인이 하자 없이 시공하였을 경우의 목적물의 교환가치와 하자가 있는 현재의 상태대로의 교환가치와의 차액이며, 교환가치의 차액을 산출하기가 현실적으로 불가능한 경우의 통상손해는 하자 없이 시공하였을 경우의 시공비용과 하자 있는 상태대로의 시공비용의 차액이다(대판 1998.3.13, 97다54376).

(iii) 도급인이 하자의 보수에 갈음하여 손해배상을 청구하는 경우에 도급인의 손해배상청구권과 수급인의 보수청구권은 동시이행의 관계에 있으므로, 도급인은 그 손해배상액에 상당하는 보수의 지급을 거절할 수 있다(제667조 3항, 제536조). 판례는 ① 도급인이 하자보수나 손해배상청구

권을 행사하는 한 도급인의 공사대금지급채무는 이행지체에 빠지지 않고, 도급인이 자기 채권을 수급인의 공사대금채권과 상계의 의사표시를 한 다음 날 비로소 지체에 빠진다고 한다(대판 1996.7.12, 96다7250,7267). ② 도급인은 수급인이 손해배상청구에 관하여 채무이행을 제공할 때까지 그 손해배상액에 상응하는 보수액에 관하여만 자기의 채무이행을 거절할 수 있을 뿐이고 그 나머지 보수액은 지급을 거절할 수 없으므로(대판 1991.12.10, 91다33056), 도급인의 손해배상채권과 동시이행관계에 있는 수급인의 공사대금채권은 그 대등액에 한정되며, 그 나머지 보수채무에 관하여는 동시이행의 항변권을 주장할 수 없고 이를 수급인에게 지급하여야 한다고 한다(대판 1996.6.11, 95다12798). ③ 수급인이 도급계약에 따른 의무를 제대로 이행하지 못함으로 말미암아 도급인의 신체 또는 재산에 손해가 발생한 경우, 수급인에게 귀책사유가 없었다는 점을 스스로 증명하지 못하는 한 도급인에게 그 손해를 배상할 의무가 있으며, 도급인이 수급인에 대하여 하자보수와 함께 청구할 수 있는 손해배상채권과 수급인의 공사대금채권은 서로 동시이행관계에 있는 점(제667조 3항, 제536조) 등에 비추어 보면, 하자확대손해로 인한 수급인의 손해배상채무와 도급인의 공사대금채무도 동시이행관계에 있다고 한다(대판 2007.8.23, 2007다26455,26462; 대판 2005.11.10, 2004다37676).

(ⅳ) 수급인의 손해배상책임에 관하여, 즉 배상되어야 하는 손해의 범위에 대하여 ① 언제나 이행이익의 배상을 포함한다는 견해(김주수, 374면 이하), ② 원칙적으로 신뢰이익에 한정되지만 수급인의 귀책사유가 있는 때에만 이행이익의 배상에 미친다는 견해(곽윤직, 258면; 김상용, 375면; 송덕수, D-445), ③ 하자 있는 일의 결과와 직접적으로 연관되어 있거나 일의 하자와 밀접한 상관관계에 있는 손해를 포함하며 수급인에게 과실이 있는 경우에는 이행이익 내지 하자결과손해를 배상하여야 한다는 견해가 대립하고 있다(김형배, 629면). 판례는 도급계약에 따라 완성된 목적물에 하자가 있는 경우, 수급인의 하자담보책임과 채무불이행책임은 별개의 권원에 의하여 경합적으로 인정된다. 목적물의 하자를 보수하기 위한 비용은 수급인의 하자담보책임과 채무불이행책임에서 말하는 손해에 해당한다. 따라서 도급인은 하자보수비용을 제667조 2항에 따라 하자담보책임으로 인한 손해배상으로 청구할 수도 있고, 제390조에 따라 채무불이행으로 인한 손해배상으로 청구할 수도 있다. 하자보수를 갈음하는 손해배상에 관해서는 제667조 2항에 따른 하자담보책임만이 성립하고 제390조에 따른 채무불이행책임이 성립하지 않는다고 볼 이유가 없다고 한다(대판 2020.6.11, 2020다201156).

생각건대 수급인은 계약내용에 합치되는 결과를 하자 없이 완성할 채무를 부담하기 때문에, 수급인의 손해배상책임은 수급인의 과실을 전제로 하는 것은 아니지만, 그 본질은 채무불이행책임이므로 이행이익의 손해까지 배상하여야 할 것이다. 다만 완성된 목적물의 하자로 인하여 도급인이 입은 손해 중에서 담보책임에 의하여 전보되지 않는 손해, 즉 확대손해는 적극적 채권침해의 법리(제390조)로 해결하여야 할 것이다. 판례도 "액젓 저장탱크의 제작·설치공사 도급계약에 의하여 완성된 저장탱크에 균열이 발생한 경우, 보수비용은 제667조 2항에 의한 수급인의 하자담보책임 중 하자보수에 갈음하는 손해배상이고, 액젓 변질로 인한 손해배상은 위 하자담보책임을 넘어서 수급인이 도급계약의 내용에 따른 의무를 제대로 이행하지 못함으로 인하여 도급인의 신체·재산에 발생한 손해에 대한 배상으로서 양자는 별개의 권원에 의하여 경합적으로 인정된다"고 하여(대판 2004.8.20, 2001다70337), 확대손해에 대해서는 적극적 채권침해의 법리로 해결하고 있다.

판 례

(ㄱ) 공사도급계약서 또는 그 계약내용에 편입된 약관에 수급인이 하자담보책임 기간 중 도급인으로부터 하자보수요구를 받고 이에 불응한 경우 하자보수보증금은 도급인에게 귀속한다는 조항이 있을 때 이 하자보수보증금은 특별한 사정이 없는 한 손해배상액의 예정으로 볼 것이고, 다만 하자보수보증금의 특성상 실손해가 하자보수보증금을 초과하는 경우에는 그 초과액의 손해배상을 구할 수 있다는 명시 규정이 없다고 하더라도 도급인은 수급인의 하자보수의무 불이행을 이유로 하자보수보증금의 몰취 외에 그 실손해액을 입증하여 수급인으로부터 그 초과액 상당의 손해배상을 받을 수도 있는 특수한 손해배상액의 예정으로 봄이 상당하다(대판 2002.7.12, 2000다17810).

(ㄴ) 도급계약에 있어서 완성된 목적물에 하자가 있는 때에는 도급인은 수급인에 대하여 하자의 보수를 청구할 수 있고 그 하자의 보수에 갈음하여 또는 보수와 함께 손해배상을 청구할 수 있으며, 이들 청구권은 수급인의 공사대금채권과 동시이행관계에 있으므로(대판 2001.6.15, 2001다21632,21649), 수급인의 하수급인에 대한 하도급 공사대금채무를 인수한 도급인은 수급인이 하수급인과 사이의 하도급계약상 동시이행의 관계에 있는 수급인의 하수급인에 대한 하자보수청구권 내지 하자에 갈음한 손해배상채권 등에 기한 동시이행의 항변으로써 하수급인에게 대항할 수 있다(대판 2007.10.11, 2007다31914).

(ㄷ) 건물신축도급계약에 있어서 수급인이 신축한 건물의 하자가 중요하지 아니하면서 동시에 그 보수에 과다한 비용을 요하는 경우에는 도급인은 하자보수나 하자보수에 갈음하는 손해배상을 청구할 수 없고 그 하자로 인하여 입은 손해의 배상만을 청구할 수 있다 할 것인데, 이러한 경우 그 하자로 인하여 입은 통상의 손해는 특별한 사정이 없는 한 도급인이 하자 없이 시공하였을 경우의 목적물의 교환가치와 하자가 있는 현재의 상태대로의 교환가치와의 차액이 되고, 그 하자 있는 목적물을 사용함으로 인하여 발생하는 정신적 고통으로 인한 손해는 수급인이 그러한 사정을 알았거나 알 수 있었을 경우에 한하여 특별손해로서 배상받을 수 있다(대판 1997.2.25, 96다45436).

(ㄹ) 건물신축 도급계약에서 수급인이 공사를 완성하였더라도, 신축된 건물에 하자가 있고 그 하자 및 손해에 상응하는 금액이 공사잔대금액 이상이어서, 도급인이 수급인에 대한 하자보수청구권 내지 하자보수에 갈음한 손해배상채권 등에 의하여 수급인의 공사잔대금 채권 전부에 대하여 동시이행의 항변을 한 때에는, 공사잔대금 채권의 변제기가 도래하지 아니한 경우와 마찬가지로 수급인은 도급인에 대하여 하자보수의무나 하자보수에 갈음한 손해배상의무 등에 관한 이행의 제공을 하지 아니한 이상 공사잔대금 채권에 기한 유치권을 행사할 수 없다(대판 2014.1.16, 2013다30653).

3) 계약해제권

(i) '완성된 목적물'의 하자로 인하여 계약의 목적을 달성할 수 없는 때에, 도급인은 계약을 해제할 수 있다(제668조 본문). 하자의 보수가 불가능한 경우에 최고 없이 곧바로 해제할 수 있으나, 보수가 가능한 경우에는 제544조를 유추적용하여 상당한 기간을 정하여 최고한 후에만 해제할 수 있다(다수설).

(ii) 다만 완성된 '건물 기타 토지의 공작물'에 관하여는 중대한 하자가 있더라도 해제할

수 없다(제668조 단서). 이 경우에 해제를 인정하게 되면, 수급인은 건물이나 공작물을 제거하여야 하므로(원상회복), 수급인에게 너무 큰 부담일 뿐만 아니라 사회경제적으로 손실이 크기 때문이다. 제668조 단서는 강행규정이다(통설). 그렇다면 건물 기타 토지의 공작물이 완성되기 전에는 계약을 해제할 수 있는가에 대하여, 다수설은 도급인은 수급인의 채무불이행을 이유로 도급계약을 해제할 수 있다고 한다. 그러나 판례는 해제를 긍정하면서도 공사가 상당한 정도로 진척되어 그 원상회복이 중대한 사회경제적 손실을 초래하고, 완성된 부분이 도급인에게 이익이 되는 때에는 해제의 효과를 달리 구성하여, "도급계약은 미완성 부분에 대하여만 실효되며, 수급인은 해제한 때의 상태 그대로 공작물을 도급인에게 인도하고, 그에 상당한 보수를 청구할 수 있다"고 한다(대판 2017.12.28, 2014다83890; 대판 1994.11.4, 94다18584). 이는 제668조 단서와 신의칙에 바탕을 둔 것인데, 요컨대 기시공부분에 대해서는 채무불이행을 이유로 하는 경우에도 마찬가지로 해제할 수 없는 것으로 하겠다는 것이다. 이러한 법리는 ① 일정시기까지 공사를 끝내지 못하면 도급인이 계약을 해제하고 공사부분에 대해서는 공사대금을 청구하지 않기로 약정한 경우(대판 1986.9.9, 85다카1751), ② 당사자 사이의 합의로 수급인이 공사를 중단한 경우(대판 1997.2.25, 96다43454), ③ 수급인이 건물신축공사 중 도급인의 채무불이행을 이유로 계약을 해제한 경우(대판 1993.3.26, 91다14116) 등에도 마찬가지라고 한다.

판 례

수급인이 공사를 완공하지 못한 채 공사도급계약이 해제되어 기성고에 따른 공사비를 정산하여야 할 경우, 기성 부분과 미시공 부분에 실제로 들어가거나 들어갈 공사비를 기초로 산출한 기성고 비율을 약정 공사비에 적용하여 공사비를 산정하여야 한다. 기성고 비율은 공사대금 지급의무가 발생한 시점, 즉 수급인이 공사를 중단할 당시를 기준으로 이미 완성된 부분에 들어간 공사비에다 미시공 부분을 완성하는 데 들어갈 공사비를 합친 전체 공사비 가운데 완성된 부분에 들어간 비용이 차지하는 비율을 산정하여 확정하여야 한다(대판 2017.12.28, 2014다83890).

(라) 담보책임의 존속기간 — 제척기간

1) 기 간

담보책임(하자보수·손해배상·계약해제)의 존속기간은 원칙적으로 1년이다(제670조). 다만 ① 토지·건물·그 밖의 공작물이나 지반(地盤) 공사의 하자는 5년, ② 돌·석회·벽돌·금속·그 밖에 이와 유사한 재료로 만들어진 경우에는 10년이다(제671조 1항). 하지만 토지 등의 목적물이 하자로 멸실되거나 훼손된 경우에는 도급인은 멸실되거나 훼손된 날부터 1년 내에 하자보수나 손해배상을 청구하여야 한다(제671조 2항). 담보책임에 관한 기간은 제척기간으로서 재판상 또는 재판외의 권리행사기간이며 재판상 청구를 위한 출소기간이 아니다(대판 2004.1.27, 2001다24891).

2) 기산점

매매에서는 매수인이 하자의 사실을 안 날 또는 계약한 날을 기산점으로 하지만, 도급에서는 목적물을 ① 인도할 필요가 있는 경우에는 '인도를 받은 날'(제670조 1항, 제671조 1항), ② 인도할 필요가 없는 경우에는 그 일이 '종료된 날'이다(제670조 2항). ③ 목적물이 멸실·훼손된 때에는 그때가 기산점이 된다(제671조 2항).

판 례

건설공사에 관한 도급계약이 상행위에 해당하는 경우 그 도급계약에 근거한 수급인의 하자담보책임은 상법 제64조 본문에 의하여 원칙적으로 5년의 소멸시효에 걸리고, 그 소멸시효기간은 민법 제166조 제1항에 따라 그 권리를 행사할 수 있는 때인 하자가 발생한 시점부터 진행하는 것이 원칙이나, 그 하자가 건물의 인도 당시부터 이미 존재하고 있는 경우에는 이와 관련한 하자보수를 갈음하는 손해배상채권의 소멸시효기간은 건물을 인도한 날부터 진행한다(대판 2021.8.12, 2021다210195).

3) 제척기간과 소멸시효의 경합

수급인의 담보책임에 기한 하자보수에 갈음하는 손해배상청구권에 대하여는, 권리의 내용·성질 및 취지에 비추어 제162조 1항의 채권 소멸시효의 규정 또는 도급계약이 상행위에 해당하는 경우에는 상법 제64조의 상사시효의 규정이 적용되고, 민법 제670조 또는 제671조의 제척기간 규정으로 인하여 소멸시효 규정의 적용이 배제되지 않는다(대판 2012.11.15, 2011다56491). 즉 제척기간과 소멸시효가 경합하므로, 도급인의 손해배상청구권에 대하여 제척기간을 준수하였더라도 소멸시효가 이미 완성된 때에는 시효로 소멸한다.

4) 제495조의 유추적용

제495조는 당사자 쌍방의 채권이 상계적상에 있었던 경우에 당사자들은 채권·채무관계가 이미 정산되어 소멸하였거나 추후에 정산될 것이라고 생각하는 것이 일반적이라는 점을 고려하여 당사자들의 신뢰를 보호하기 위한 규정이다(대판 2016.11.25, 2016다211309). 따라서 매도인이나 수급인의 담보책임을 기초로 한 손해배상채권의 제척기간이 지난 경우에도 그 기간이 지나기 전 상대방의 채권과 상계할 수 있었던 경우에는 매수인이나 도급인은 제495조를 유추적용해서 손해배상채권을 자동채권으로 하여 상대방의 채권과 상계할 수 있다(대판 2019.3.14, 2018다255648). 가령 수급인이 도급인에게 분쇄기 등을 제작·설치한 다음 2년여가 지나 도급계약상 미지급 대금의 지급을 청구하는 경우, 도급인은 제495조를 유추적용해서 제척기간이 지난 수급인에 대한 손해배상채권을 수급인의 대금지급채권과 상계할 수 있다.

Ⅲ. 도급인의 의무

1. 도급인의 의무내용

(1) 보수지급의무

(가) 도급인은 수급인에게 일의 결과에 대하여 보수를 지급할 의무가 있다(제664조). 이러한 도급인의 보수지급의무와 수급인의 일의 완성·목적물인도의무는 동시이행의 관계에 있다

(제536조). 보수의 종류에는 제한이 없으며, 금전에 한하지 않는다.

보수의 지급시기는 당사자 사이에 특약이 있으면 그에 의하고, 특약이 없으면 관습에 의하며, 관습도 없으면 목적물의 인도와 동시에 지급하여야 한다(제665조, 제656조 2항). 그러나 목적물을 인도할 필요가 없는 경우에는 그 일을 완성한 후 지체 없이 지급해야 한다(제665조 1항 단서). 한편 수급인의 보수채권은 목적물에 관하여 생긴 채권이므로, 수급인은 보수를 받을 때까지 목적물에 대한 유치권(제320조)을 가진다(대판 1995.9.15, 95다16202).

(나) 수급인의 보수는 통상 그 완성된 목적물의 인도와 동시에 지급하여야 하지만(제665조), 당사자 사이에 일의 진행정도에 따라 보수를 일정액씩 분할지급하기로 특약을 한 경우, 가령 건축공사에서 기성고에 따라 보수를 지급하기로 약정한 경우, 공사가 중단되거나 도급계약이 해제된 경우에도 도급인은 공사 기성고 비율에 따라 보수를 지급할 의무가 있다(대판 1986.9.9, 85다카2517; 대판 1985.5.28, 84다카856).

판 례

(ㄱ) 공사도급계약에 따라 주고받는 선급금은 일반적으로 구체적인 기성고와 관련하여 지급되는 것이 아니라 전체 공사와 관련하여 지급되는 공사대금의 일부이다. 도급인이 선급금을 지급한 후 도급계약이 해제되거나 해지된 경우에는 특별한 사정이 없는 한 별도의 상계 의사표시 없이 그때까지 기성고에 해당하는 공사대금 중 미지급액은 당연히 선급금으로 충당되고 공사대금이 남아 있으면 도급인은 그 금액에 한하여 지급의무가 있다. 거꾸로 선급금이 미지급 공사대금에 충당되고 남는다면 수급인이 남은 선급금을 반환할 의무가 있다(대판 2017.1.12, 2014다11574,11581).

(ㄴ) 도급계약에서 수급인의 보수는 완성된 목적물의 인도와 동시에 지급하여야 하고, 인도를 요하지 않는 경우 일을 완성한 후 지체 없이 지급하여야 하며, 도급인은 완성된 목적물의 인도의 제공이나 일의 완성이 있을 때까지 보수지급을 거절할 수 있으므로, 도급계약에서 정한 일의 완성 이전에 계약이 해제된 경우 수급인으로서는 도급인에게 보수를 청구할 수 없음이 원칙이다. 다만 도급계약에 따라 수급인이 일부 미완성한 부분이 있더라도 계약해제를 이유로 이를 전부 원상회복하는 것이 신의성실의 원칙 등에 비추어 공평·타당하지 않다고 평가되는 특별한 경우라면 예외적으로 이미 완성된 부분에 대한 수급인의 보수청구권이 인정될 수 있다(대판 2023.3.30, 2022다289174).

(2) 검수의무

전술한 바와 같이 수급인이 완성한 일의 결과를 인도한 경우, 도급인은 일의 결과가 계약에 적합하는지 그리고 하자가 존재하는지 여부를 점검하고 완성된 목적물이 계약에 일치하는 급부로 묵시적·명시적으로 인정(Anerkennung)한 다음에 수취하여야 한다(BGHZ 48, 263). 예컨대 甲의 의뢰로 제작한 책상을 乙이 甲에게 인도할 때, 甲은 완성된 책상을 검수하여야 한다. 도급인의 이러한 검수의무는 도급계약에 내재하는 계약상의 채무이다.

물론 도급인의 수취행위와 인정은, 예컨대 담을 쌓거나 토지를 개간하는 일과 같이 목적물의 수취행위가 필요하지 않는 경우에는 완성된 일에 대하여 점검 및 승인에 검수가 존재하게 되며, 운송이나 영화 상영과 같이 일의 성질상 승인이 불가능하거나 의미 없는 때에는 일의 완성으로 검수가 대체된다.

(3) 부수의무

구체적인 경우에 따라 도급인은 수급인에게 필요한 재료 및 일정한 장소를 제공하거나 일정한 지시를 하여야 할 협력의무를 부담한다. 또한 수급인이 도급인의 지배하에 있는 장소에서 일을 할 때에는 수급인의 생명·신체·건강 등을 보호하기 위하여, 필요한 모든 안전조치를 취하여야 할 보호의무가 있다.

판 례

실질적인 사용관계에 있는 노무도급인이 고의 또는 과실로 보호의무를 위반함으로써 노무수급인의 생명·신체·건강을 침해하여 손해를 입힌 경우 노무도급인은 노무도급계약상의 채무불이행책임과 경합하여 불법행위로 인한 손해배상책임을 부담한다(대판 1997.4.25, 96다53086).

2. 도급인의 채무불이행에 대한 효과 — 수급인의 권리

(1) 이행청구권

도급인이 완성된 일에 대하여 보수를 지급하지 않거나 검수를 하지 않는 경우, 수급인은 제664조에 의하여 이행을 청구할 수 있다. 또한 당사자가 보수지급에 대하여 일의 진척에 따라 지급하기로 한 경우, 도급인이 분할도급보수를 지급하지 아니할 때에는 수급인은 그 다음 부분의 일의 계속을 거절할 수 있다. 참고로 수급인의 보수채권에 대한 압류가 행하여지면 그 효력으로 채무자가 압류된 채권을 처분하더라도 채권자에게 대항할 수 없고, 제3채무자도 채권을 소멸 또는 감소시키는 등의 행위는 할 수 없으며, 그와 같은 행위로 채권자에게 대항할 수 없다. 다만 압류로써 압류채권의 발생원인인 도급계약관계에 대한 채무자나 제3채무자의 처분까지도 구속하는 효력은 없으므로, 채무자나 제3채무자는 기본적 계약관계인 도급계약 자체를 해지할 수 있고, 채무자와 제3채무자 사이의 기본적 계약관계인 도급계약이 해지된 이상 그 계약에 의하여 발생한 보수채권은 소멸하게 되므로, 이를 대상으로 한 압류명령 또한 실효될 수밖에 없다(대판 2006.1.26, 2003다29456).

(2) 부동산공사 수급인의 저당권설정청구권

(가) 부동산공사의 수급인은 그 보수에 관한 채권을 담보하기 위하여, 도급인에게 공사목적 부동산 위에 저당권의 설정을 청구할 수 있다(제666조). 부동산에 관한 공사도급의 경우에 수급인의 노력과 출재로 완성된 목적물의 소유권은 원칙적으로 수급인에게 귀속되지만 도급인과 수급인 사이의 특약에 의하여 달리 정하거나 그 밖의 특별한 사정이 있으면 도급인이 원시취득하게 되므로, 제666조는 그러한 경우에 수급인에게 목적물에 대한 저당권설정청구권을 부여함으로써 수급인이 목적물로부터 공사대금을 사실상 우선적으로 변제받을 수 있도록 하고 있다(대판 2008.3.27, 2007다78616,78623). 이 점을 고려할 때, 건물신축공사에 관한 도급계약에서 수급인

이 자기의 노력과 출재로 건물을 완성하여 그 소유권이 수급인에게 귀속된 경우에는 수급인으로부터 건물신축공사 중 일부를 도급받은 하수급인도 수급인에 대하여 제666조에 따른 저당권설정청구권을 가진다(대판 2016.10.27, 2014다211978). 물론 수급인은 자기의 보수채권을 담보하기 위하여, 그가 완성한 부동산을 점유하고 있는 경우에는 유치권을 행사할 수도 있다(제320조 1항). 또한 수급인이 저당권의 설정을 청구하는 것만으로 곧 저당권이 성립하는 것이 아니고, 도급인이 이에 응하여 승낙을 하고 나아가 등기를 함으로써 저당권이 성립한다(제186조).

(나) 도급받은 공사의 공사대금채권은 제163조 3호에 따라 3년의 단기소멸시효가 적용되고, 그 공사에 부수되는 채권도 마찬가지라고 할 것인데(대판 2009.11.12, 2008다41451), 제666조에 따른 저당권설정청구권은 공사대금채권을 담보하기 위하여 저당권설정등기절차의 이행을 구하는 채권적 청구권으로서 공사에 부수되는 채권에 해당하므로 그 소멸시효기간 역시 3년이라고 보아야 한다(대판 2016.10.27, 2014다211978).

(다) 수급인의 저당권설정청구권은 공사대금채권에 부수하여 인정되는 권리이므로, 다른 특별한 사정이 없는 한 공사대금채권이 양도되는 경우에는 저당권설정청구권도 이에 수반하여 함께 이전된다(대판 2018.11.29, 2015다19827). 한편 수급인의 저당권설정청구권은 수급인이 본래 목적물에 대하여 유치권을 행사하는 지위보다 더 강화되는 것은 아니어서 도급인이 수급인의 청구에 따라 신축건물에 저당권을 설정하는 행위는 사해행위에 해당하지 않는다(대판 2008.3.27, 2007다78616,78623). 따라서 신축건물의 수급인으로부터 공사대금채권을 양수받은 자의 저당권설정청구에 의하여 신축건물의 도급인이 그 건물에 저당권을 설정하는 행위 역시 사해행위에 해당하지 않는다(대판 2018.11.29, 2015다19827).

(3) 손해배상청구권

도급인이 신의칙에 의하여 여러 부수의무를 부담하는데, 그 위반으로 수급인이 손해를 입은 경우에 수급인은 채무불이행으로 인한 손해배상을 청구할 수 있다(제390조).

Ⅳ. 도급계약에서의 위험부담

1. 일의 완성 전에 목적물이 멸실·훼손된 경우

(1) 일의 완성이 불가능한 경우

도급계약은 쌍무계약이므로, 위험부담의 법리가 도급계약에 그대로 적용된다. 그러므로 양 당사자의 책임 없는 사유로 완성 전에 목적물이 멸실·훼손된 경우에 일을 완성할 수급인의 의무는 소멸하며, 도급인에 대하여 보수지급을 청구할 수 없다(제537조). 그러나 도급인의 책임 있는 사유로 목적물이 멸실·훼손된 경우, 수급인은 도급인에 대하여 보수지급을 청구할 수 있다(제538조 1항 전단).

(2) 일의 완성이 가능한 경우

도급계약은 일의 완성을 목적으로 하므로, 목적물이 멸실·훼손되었더라도 일의 완성이 가능한 경우에는 원칙적으로 수급인은 일의 완성의무를 면하지 못한다. 따라서 양 당사자의 책임 없는 사유로 목적물이 멸실·훼손된 때에도 수급인의 의무는 소멸하지 않는다. 다만 예상치 못한 특별한 사정으로 인하여 수급인의 일의 완성이 방해받거나 과도하게 어려워진 경우에는 사정변경의 원칙을 적용하여, 수급인에게 보수의 증액청구권 또는 도급계약의 해지를 인정할 수 있을 것이다(김상용, 382면).

한편 양 당사자의 귀책사유로 목적물이 멸실·훼손된 때에도 도급계약은 일의 완성을 본질적 내용으로 하므로(제664조), 수급인은 완성의무를 면하지 못한다. 다만 도급인은 수급인이 계약에 따른 일을 완성하는데 협력하여야 할 의무가 있으므로, 도급인의 귀책사유로 인하여 목적물이 멸실·훼손된 때에는 수급인은 도급인에게 협력의무위반을 이유로 손해배상을 청구할 수 있을 것이다.

2. 일의 완성 이후에 목적물이 멸실 · 훼손된 경우

도급인이 완성된 목적물의 수령을 지체 중에 급부불능이 된 때에는 반대급부의 위험을 도급인이 부담하게 되므로, 수급인은 보수지급청구권을 행사할 수 있다(제538조 1항 후문).

그러나 일이 완성된 후에 목적물이 양 당사자의 귀책사유 없이 멸실·훼손된 경우, 그 위험은 누가 부담하여야 하는지가 문제이다. 이는 목적물이 완성된 후에 어느 시점에 위험이 수급인으로부터 도급인에게 이전되는가에 달려있다. 수급인은 일을 완성하여 이를 도급인에게 인도하면, 도급인이 일의 결과가 계약에 적합한지·하자가 존재한지 여부를 점검하고 완성된 목적물이 계약에 일치하는 급부로 묵시적·명시적으로 인정한 때에, 수급인은 자신의 채무이행이 있게 된다. 그러므로 일의 결과가 유형적인 것이든 무형적인 것이든 도급인의 검수시에 위험이 도급인에게 이전된다고 할 것이다(김형배, 650면; 김상용, 382면).

판 례

수급인이 도급인에게 공사금을 지급하고 기성부분을 인도받아 가라고 최고하였다면 수급인은 이로써 자기 의무의 이행 제공을 하였다고 볼 수 있는데 도급인이 아무런 이유 없이 수령을 거절하던 중 쌍방이 책임질 수 없는 제3자의 행위로 기성부분이 철거되었다면 도급인의 수급인에 대한 공사대금지급채무는 여전히 남아 있다(대판 1993.3.26, 91다14116).

Ⅴ. 도급의 종료

1. 채무의 이행

도급계약은 수급인의 이행행위를 도급인이 수취함으로써 소멸하게 된다.

2. 계약의 해제·도급인의 파산

(1) 수급인이 일의 착수를 지체한 때에는 수급인의 이행지체를 이유로 도급인은 계약을 해제할 수 있다(제544조). 그러나 도급계약은 일의 완성을 본질적인 내용으로 하므로, 일의 착수가 지체된 경우에도 약정한 기한 내에 일을 완성할 수 있으면, 도급인은 신의칙상 도급계약을 해제할 수 없다.

(2) 수급인의 채무불이행이 있는 경우에 도급인은 제543조 이하에 의하여 도급계약을 해제할 수 있을 것이다. 그러나 민법은 도급계약의 특성을 고려하여, 도급계약의 특수한 종료원인으로 수급인이 일을 완성하기 전에 할 수 있는 도급인의 임의해제(제673조)와 도급인의 파산한 경우에 수급인 또는 파산관재인에 의한 해제(제674조)를 규정하고 있다. 즉 도급인이 파산선고를 받은 경우, 수급인 또는 파산관재인은 계약을 해제할 수 있다(제674조 1항). 이 경우에 수급인은 일의 완성된 부분에 대한 보수 및 보수에 포함되지 않은 비용에 대하여 파산재단의 배당에 가입할 수 있다(제674조 1항). 다만 각 당사자는 상대방에 대하여 계약해제로 인한 손해의 배상을 청구하지 못한다(제674조 2항). 참고로 도급인이 파산선고를 받은 경우에는 당사자 쌍방이 이행을 완료하지 않은 쌍무계약의 해제 또는 이행에 관한 채무자회생법 제335조 1항이 적용되지 않지만(대판 2002.8.27, 2001다13624), 수급인이 파산선고를 받은 경우에는 그 도급계약에 동법 제335조 1항이 적용된다(대판 2001.10.9, 2001다24174,24181).

(3) 수급인이 일을 완성하기 전에는 도급인은 손해를 배상하고 계약을 해제할 수 있다(제673조). 제673조는 도급인의 일방적인 의사에 기한 도급계약 해제를 인정하는 대신, 도급인의 일방적인 계약해제로 인하여 수급인이 입게 될 손해, 즉 수급인이 이미 지출한 비용과 일을 완성하였더라면 얻었을 이익을 합한 금액을 전부 배상하게 하는 것이므로, 제673조에 의하여 도급계약을 해제하는 경우, 특별한 사정이 없는 한 도급인은 수급인에 대한 손해배상에서 과실상계나 손해배상예정액 감액을 주장할 수는 없다(대판 2002.5.10, 2000다37296,37302).

(4) 도급인이 수급인의 채무불이행을 이유로 도급계약 해제의 의사표시를 하였으나 실제로는 채무불이행의 요건을 갖추지 못한 것으로 밝혀진 경우, 도급계약의 당사자 사이에 분쟁이 있었다고 하여 그러한 사정만으로 위 의사표시에 제673조에 따른 임의해제의 의사가 포함되어 있다고 볼 수는 없다(대판 2025.5.15, 2024다282177; 대판 2022.10.14, 2022다246757). 도급인이 수급인의 채무불이행을 이유로 도급계약을 해제하면 수급인에게 손해배상을 청구할 수 있지만, 제673조에 의하여 도급인이

도급계약을 해제하면 오히려 수급인에게 손해배상을 해주어야 하는 처지가 되기 때문이다.

판 례

미이행계약의 해제와 이행에 관한 규정인 채무자회생법 제121조와 제337조의 규율 내용이 동일하므로, 파산절차에 관한 특칙인 민법 제674조 1항은 공사도급계약의 도급인에 대하여 회생절차가 개시된 경우에도 유추적용할 수 있다. 따라서 도급인의 관리인이 도급계약을 미이행쌍무계약으로 해제한 경우 그때까지 일의 완성된 부분은 도급인에게 귀속되고, 수급인은 채무자회생법 제121조 2항에 따른 급부의 반환 또는 그 가액의 상환을 구할 수 없고 일의 완성된 부분에 대한 보수청구만 할 수 있다. 이때 수급인이 갖는 보수청구권은 특별한 사정이 없는 한 기성비율 등에 따른 도급계약상의 보수에 관한 것으로서 주요한 발생원인이 회생절차개시 전에 이미 갖추어져 있다고 봄이 타당하므로, 이는 채무자회생법 제118조 1호의 회생채권에 해당한다(대판 2017.6.29, 2016다221887).

제10절 여행계약

Ⅰ. 의 의

여행계약은 당사자 한쪽이 상대방에게 운송, 숙박, 관광 또는 그 밖의 여행 관련 용역을 결합하여 제공하기로 약정하고 상대방이 그 대금을 지급하기로 약정함으로써 효력이 생긴다(제674조의2).

여행계약이 실현되는 모습은 매우 다양하다. 여행계약이 체결되어 그것이 종료되기까지는 장기간의 시간이 경과하고 또 여행계약에는 당사자 이외에 많은 사람들이 관여하는 관계로 그 법률관계는 매우 복잡한 양상을 띠고 있다. 그래서 민법은 여행계약에 관한 기본적이고 핵심적인 사항만을 규율하고 있다.

Ⅱ. 여행계약의 성립

여행계약은 낙성계약이므로, 여행주최자는 여행 관련 용역을 제공하고 상대방은 그 대금을 지급하기로 하는 의사표시의 합치에 의하여 성립한다.

Ⅲ. 여행계약의 효력

1. 여행주최자의 의무

(1) 여행 관련 용역 제공의무

여행주최자는 여행자와의 계약에 의하여 약정된 내용대로, 운송·숙박·관광·그 밖의 여행 관련 용역을 제공하여야 한다. 또한 여행계약의 부수의무로서 여행자의 안전을 배려하여야 할 신의칙상의 주의의무를 진다(대판 1998.11.24, 98다25061).

(2) 담보책임

(가) 일 반

여행주최자는 여행에 하자가 있는 경우에는 일정한 내용의 담보책임을 진다. 여행계약은 유상계약이기 때문에 매도인의 담보책임에 관한 규정이 여행계약에도 준용된다(제567조). 그런데 민법은 그것과 별도로 여행주최자의 담보책임에 관한 특별규정을 두고 있다. 여행주최자의 담보책임은 무과실책임이다. 여행주최자의 담보책임에 관한 규정(제674조의6-제674조의8)을 위반하는 약정으로서 여행자에게 불리한 것은 효력이 없다(제674조의9).

(나) 내 용

1) 시정청구권

여행에 하자가 있는 경우에는 여행자는 여행주최자에게 하자의 시정을 청구할 수 있다. 다만 그 시정에 지나치게 많은 비용이 들거나 그 밖에 시정을 합리적으로 기대할 수 없는 경우에는 시정을 청구할 수 없다(제674조의6 제1항). 이때 시정청구는 상당한 기간을 정하여야 한다. 그러나 즉시 시정할 필요가 있는 경우에는 그렇지 않다(제674조의6 제2항).

2) 대금감액청구권

여행에 하자가 있는 경우에는 여행자는 여행주최자에게 대금의 감액을 청구할 수 있다(제674조의6 제1항). 대금감액청구권은 시정청구권과 경합하여 인정된다. 따라서 여행자는 두 권리 가운데 선택적으로 행사할 수 있다. 여행자가 대금감액청구권을 행사할 때에는 상당한 기간을 정해서 할 필요는 없다.

3) 손해배상청구권

여행자는 시정청구, 감액청구를 갈음하여 손해배상을 청구하거나 시정청구, 감액청구와 함께 손해배상을 청구할 수 있다(제674조의6 제3항).

4) 계약해지권

(i) 여행자는 여행에 중대한 하자가 있는 경우에 그 시정이 이루어지지 않거나 계약의 내용에 따른 이행을 기대할 수 없는 경우에는 계약을 해지할 수 있다(제674조의7 제1항). 여행의 하자를 이유로 계약이 해지된 경우에는 여행주최자는 대금청구권을 상실하지만, 여행자가 이미 실행된 여행으로 이익을 얻은 경우에는 그 이익을 여행주최자에게 상환하여야 한다(제674조의7 제2항).

(ii) 여행주최자는 계약의 해지로 인하여 필요하게 된 조치를 할 의무를 지며, 계약상 귀환운송 의무가 있으면 여행자를 귀환운송하여야 한다. 이 경우 상당한 이유가 있는 때에는 여행주최자는 여행자에게 그 비용의 일부를 청구할 수 있다(제674조의7 제3항).

(다) 담보책임의 존속기간

여행주최자의 담보책임에 따른 여행자의 권리는 여행기간 중에도 행사할 수 있으며, 계약에서 정한 여행 종료일부터 6개월 내에 행사하여야 한다(제674조의8). 즉 기산점은 계약으로 정한 ‘여행 종료일’이다. 여행기간 중간에 계약이 해지된 경우에도 여행자가 언제나 즉시 출발지로 귀환하는 것이 아니고, 또 여행자가 일정한 목적지로 이동하는 경우 필요한 조치를 취하기까지는 시간이 필요하기 때문이다.

2. 여행자의 의무

여행자는 약정한 시기에 대금을 지급하여야 하며, 그 시기의 약정이 없으면 관습에 따르고, 관습이 없으면 여행의 종료 후 지체 없이 지급하여야 한다(제674조의5).

Ⅳ. 여행계약의 종료

1. 여행 개시 전의 계약 해제

여행자는 여행을 시작하기 전에는 언제든지 계약을 해제할 수 있다(제674조의3 본문). 여행계약은 체결된 이후 상당한 기간 또는 장기간이 지난 후에 여행이 개시되는 경우가 많아 그 기간 동안 여행계약을 이행할 수 없는 사정이 발생할 가능성이 많기 때문이다. 다만 여행자는 상대방에게 발생한 손해를 배상하여야 한다(제674조의3 단서). 제674조의 3을 위반하는 약정으로서 여행자에게 불리한 것은 효력이 없다(제674조의9).

2. 계약의 해지

(1) 부득이한 사유가 있는 경우에는 각 당사자는 계약을 해지할 수 있다(제674조의4 제1항 본문). 여기서 부득이한 사유라 하면 당사자의 부모 사망과 같은 가정 사정, 질병, 천재지변 등을 말하는데, 그 사유가 당사자의 귀책사유에 의한 것이라도 상관없다. 다만 그 사유가 당사자 한쪽의 과실로 인하여 생긴 경우에는 상대방에게 손해를 배상하여야 한다(제674조의4 제1항 단서).

(2) 계약이 해지되면 여행주최자는 원칙적으로 귀환운송의무가 없으나, 원래의 계약이 귀환운송을 포함하는 경우에는 여행주최자는 여행자를 귀환운송할 의무가 있다(제674조의4 제2항). 이때 귀환에 따르는 추가비용은 그 해지 사유가 어느 당사자의 사정에 속하는 경우에는 그 당사자가 부담하고, 누구의 사정에도 속하지 않는 경우에는 각 당사자가 절반씩 부담한다(제674조의4 제3항).

(3) 부득이한 사유로 인한 계약해지에 관한 규정(제674조의4)을 위반하는 약정으로서 여행자에게 불리한 것은 효력이 없다(제674조의9).

제11절 현상광고계약

Ⅰ. 서 설

1. 의 의

현상광고는 광고자가 어느 행위를 한 자에게 일정한 보수를 지급할 의사를 표시하고, 이에 응한 자가 그 광고에 정한 행위를 완료함으로써 성립하는 계약이다(제675조). 예컨대 유실물·유아 등을 찾아주는 사람이나 사고발생을 목격한 자가 그 사실을 알려주면 일정한 보수를 지급하겠다는 광고가 이에 해당한다. 한편 제677조가 광고가 있었음을 모르고 지정행위를 한 자에게도 보수청구권을 인정하는 점을 이유로 현상광고의 법적 성질을 단독행위(즉 조건부 채무부담행위)로 이해하는 견해가 있지만(김상용, 392면; 송덕수, D-456), 법률에 특별한 규정이 없는 한 단독행위에 의하여 채권이 발생하지 않는다는 점, 민법이 현상광고를 전형계약의 하나로 규정하고 있다는 점을 고려할 때, 일종의 계약으로 이해하여야 할 것이다(다수설).

2. 현상광고의 성립과 철회

(1) 현상광고의 성립

현상광고는 어느 행위를 한 자에게 일정한 보수를 지급할 의사를 광고를 통해 표시하고(청약), 이에 응한 자가 그 광고에서 정한 행위를 완료(승낙+이행)함으로써 성립한다. 현상광고는 의사의 합치만으로 성립하지 않고 지정행위를 완료한 때에 성립하는 점에서 요물계약(要物契約)이고, 응모자가 지정행위를 완료하고 광고자는 그 대가로 보수를 지급하는 것, 즉 당사자 쌍방이 서로 대가적 의미를 가지는 출연을 하는 점에서 '유상계약'이며, 응모자가 지정행위를 완료하면 계약이 성립하여 광고자의 보수지급의무만이 남는 점에서 '편무계약'이다. 광고자가 지정하는 행위는 사실상의 것이든 법률상의 것이든 상관없으며, 행위의 결과가 누구의 이익으로 되느냐는 문제되지 않는다.

한편 광고에 정한 행위의 완료에 조건이나 기한을 붙일 수 있다(대판 2000.8.22, 2000다3675). 가령 경찰이 탈옥수를 수배하면서 "제보로 검거되었을 때에 신고인 또는 제보자에게 현상금을 지급한다"는 내용의 현상광고를 한 경우, 이때 지정행위는 신고 내지 제보이고, 검거되었을 때가 조건에 해당한다.

(2) 현상광고의 철회

광고에서 지정행위의 완료기간을 정한 경우, 그 기간만료 전에는 광고를 철회하지 못한다(제679조 1항). 반면에 지정행위의 완료기간을 정하지 않은 경우, 그 행위를 완료한 자가 있기 전에 한하여 그 광고와 동일한 방법으로 광고를 철회할 수 있다(제679조 2항). 광고와 동일한 방법으로 철회할 수 없을 때에는 그와 유사한 방법으로 철회할 수 있지만(제679조 3항 전단), 이때 철회의 효력은 철회가 있었음을 안 자에 대해서만 발생한다(제679조 3항 후문).

Ⅱ. 현상광고의 효과

광고에서 정한 행위를 완료한 자는 광고자에 대하여 광고에서 정한 보수를 청구할 수 있다(제675조). 지정행위완료자의 보수청구권은 광고를 알고서 지정행위를 한 경우뿐만 아니라 광고를 알지 못하고 지정행위를 한 경우에도 발생한다(제677조).

만일 지정행위를 완료한 자가 여럿인 경우에는 최초로 지정행위를 완료한 자가 보수청구권을 취득한다. 여럿이 동시에 지정행위를 완료한 때에는 각각 균등한 비율로 보수를 받을 권리가 인정되지만, 보수가 성질상 분할할 수 없는 것이면 추첨에 의하여 보수청구권자를 정한다(제676조).

Ⅲ. 우수현상광고

광고에 정한 행위를 완료한 자가 여럿인 경우에 그중 우수한 자에 한하여 보수를 지급하기로 하는 현상광고를 우수현상광고라고 한다(제678조 1항). 우수현상광고는 우수자를 확정하기 위해 응모기간이 반드시 정하여져 있고(제678조 1항), 우수자로 판정된 자만이 보수청구권을 취득한다는 점에서 보통의 현상광고와 다르다.

한편 우수현상광고에서 우수의 판정은 광고에서 정한 자가 하지만, 판정자를 정하지 않은 때에는 광고자가 한다(제678조 2항). 우열의 판단은 응모자들 중에서 상대적으로 정하는 것이기 때문에, 우수한 지정행위를 완료한 자가 없다고 판정을 할 수 없다(제678조 3항 본문). 그러나 광고에서 다른 의사표시를 하거나 광고의 성질상 판정의 객관적인 표준이 정하여져 있는 때에는 우수자가 없다고 판정을 할 수 있다(제678조 3항 단서). 그 밖에 우수의 판정에 대하여 응모자는 이의를 제기할 수 없으며(제678조 4항), 다수의 지정행위가 동등하다고 판정된 때에 보수가 가분이면 균등한 비율로 보수를 받게 되지만, 불가분이면 추첨으로 보수를 받을 자를 결정하여야 한다(제678조 5항, 제676조 2항).

판 례

(ㄱ) 우수현상광고의 광고자로서 당선자에게 일정한 계약을 체결할 의무가 있는 자가 그 의무를 위반함으로써 계약의 종국적인 체결에 이르지 않게 되어 상대방이 그러한 계약체결의무의 채무불이행을 원인으로 하는 손해배상을 청구한 경우 그 손해배상청구권은 계약이 체결되었을 경우에 취득하게 될 계약상의 이행청구권과 실질적이고 경제적으로 밀접한 관계가 형성되어 있기 때문에, 그 손해배상청구권의 소멸시효기간은

계약이 체결되었을 때 취득하게 될 이행청구권에 적용되는 소멸시효기간에 따른다(대판 2005.1.14, 2002다57119).

(ㄴ) 우수현상광고의 당선자가 광고주에 대하여 우수작으로 판정된 계획설계에 기초하여 기본 및 실시설계계약의 체결을 청구할 수 있는 권리를 가지고 있는 경우, 이러한 청구권에 의하여 계약이 체결되었을 경우에 취득하게 될 계약상의 이행청구권은 '설계에 종사하는 자의 공사에 관한 채권'으로서 이에 관하여는 제163조 제3호 소정의 3년의 단기소멸시효가 적용되므로, 위의 기본 및 실시설계계약의 체결의무의 불이행으로 인한 손해배상청구권의 소멸시효 역시 3년의 단기소멸시효가 적용된다(대판 2005.1.14, 2002다57119).

제12절 위임계약

Ⅰ. 서 설

1. 의 의

위임계약은 당사자 한쪽(위임인)이 상대방(수임인)에 대하여 사무처리를 위탁하고, 상대방이 이를 승낙함으로써 성립하는 계약이다(제680조). 위임계약은 수임인이 위임인의 사무를 처리하여야 할 계약상의 의무가 존재한다는 점에서, 법률적 구속을 받으려는 의사가 없는 단순한 호의관계(Gefälligkeitsverhältnis)와 구별된다. 또한 위임계약은 수임인이 위탁받은 사무를 그의 재량에 의하여 처리한다는 점에서, 노무자가 사용자의 지휘·명령을 받는 고용계약(제655조)과 다르다. 그리고 타인의 사무를 처리한다는 활동 그 자체를 목적으로 하는 점에서, 일의 완성을 목적으로 하는 도급계약(제664조)과 구별된다.

그 밖에 대리는 원칙적으로 법률행위에 한하여 인정되고, 본인의 이름으로 제3자와 대리행위를 하여야 한다는 점에서, 위임사무가 사실행위이거나 수임인이 자기의 이름으로 법률행위를 하고 그로 인하여 생긴 결과를 위임인에게 이전하는 경우에는 위임과 대리관계는 문제되지 않는다. 그러나 위임인이 수임인에게 제3자와 법률행위를 할 것을 위탁한 경우에는 특별한 사정이 없는 한 대리권의 수여를 수반하는 것으로 해석되지만, 우리 민법은 기초적 내부관계와 별도로 수권행위의 독자성을 인정하고 있다(제128조 참조).

2. 위임계약의 성립과 목적

(1) 위임계약은 낙성계약이므로, 수임인이 위임인의 사무를 처리하기로 하는 의사표시의 합치에 의하여 성립한다. 위임계약은 타인의 사무처리를 내용으로 하므로, 원칙적으로 편무·무상계약이다. 다만 당사자의 특약으로 위임인의 보수지급의무를 계약의 내용으로 정한 때에는 유상·쌍무계약으로 된다. 그런데 대부분의 위임계약은 유상으로 행하여지고 있는 것이 현실이다.

(2) 위임계약은 타인의 사무처리를 목적으로 한다. 따라서 일반인이 법무사에게 등기의 신청대리를 의뢰하고 법무사가 이를 승낙하는 법률관계(대판 2006.9.28, 2004다55162; 대판 2003.1.10, 2000다61671), 부동산중개업자와 중개의뢰인과의 법률관계(대판 1993.5.11, 92다55350), 아파트 입주자대표회의와 아파트 관리회사 사이의 법률관계는 위임에 해당한다(대판 1997.11.28, 96다22365). 또한 주택 등 건설공사 감리계약은 감리대상이 된 공사의 완성여부·진척정도와는 독립된 별도의 용역을 제공하는 것을 본질적 내용으로 하므로 위임계약의 성질을 갖고 있다(대판 2001.5.29, 2000다40001; 대판 2000.8.22, 2000다19342). 위임계약의 내용인 사무처리는 법률상 또는 사실상의 모든 행위를 포함하므로, 법률행위(물건의 매매 등)·준법률행위(사원총회소집의 통지, 채무변제, 등기신청 등) 및 사실행위(재산관리, 여행간 A의 부탁으로 동물에 사료를 주는 행위, 병의 치료를 의사에게 부탁하는 것 등)가 위임사무로 될 수 있다. 변호사에게 소송수행을 의뢰하거나 세무사에게 세무신고를 의뢰하는 위임계약의 경우에는 사무처리가 법률행위와 사실행위가 결합되는 경우도 있다. 그러나 혼인·입양·이혼 등의 가족법상의 법률행위는 본인 스스로 의사를 결정하여야 하므로, 위임의 목적이 될 수 없다. 또한 판례는 경찰관이 응급의 구호를 요하는 자를 보건의료기관에게 긴급구호요청을 하고, 보건의료기관이 이에 따라 치료행위를 하였더라도 국가와 보건의료기관 사이에 국가가 그 치료행위를 보건의료기관에 위탁하고 보건의료기관이 이를 승낙하는 내용의 치료위임계약이 체결된 것으로는 볼 수 없다고 한다(대판 1994.2.22, 93다4472). 경찰관은 경찰관직무집행법 제4조에 따라 구호대상자에 대하여 보호조치의무(예: 보건의료기관 등에 긴급구호요청 등)가 있지만, 치료의무는 존재하지 않기 때문이다.

Ⅱ. 수임인의 의무

1. 수임인의 의무내용

(1) 위임사무 처리의무

수임인은 위탁받은 사무를 처리하여야 할 의무가 있으며(제680조), 위임사무를 위임의 '본래 취지'(본지)에 따라 선량한 관리자의 주의로써 처리하여야 한다(제681조).

(가) 위임은 위임인의 신뢰를 바탕으로 하기 때문에 수임인은 어느 정도 재량을 가지고 독립적으로 사무를 처리하게 된다. 그렇지만 사무의 처리에 관하여 위임인의 지시가 있으면 그에 따라야 한다. 다만 위임인의 지시에 따르는 것이 위임의 취지에 적합하지 않거나 위임인에게 불이익한 때에는, 수임인은 그 사실을 위임인에게 통지하고 지시의 변경을 요청하여야 한다(대판 2005.10.7, 2005다38294; 대판 2003.1.10, 2000다61671; 송덕수, D-462).

(나) 위임은 당사자 사이의 신뢰관계를 기초로 하므로, 유상·무상을 묻지 않고 수임인은 선관주의의무를 부담한다. 따라서 의사가 환자에게 부담하는 진료채무는 질병의 치료와 같은 결과를 반드시 달성해야 할 결과채무가 아니라 환자의 치유를 위하여 선량한 관리자의 주의의무를 가지고 현재의 의학수준에 비추어 필요하고 적절한 진료조치를 다해야 할 채무(수단채무)이므로, 주의의무를 다하였는데도 그 진료 결과 질병이 치료되지 않았더라도 치료비는 청구

할 수 있다(대판 2001.11.9, 2001다52568). 반면에 의사가 선량한 관리자의 주의의무를 다하지 못하여 의료사고가 발생한 경우, 그 수술비나 치료비의 지급을 청구할 수 없다(대판 1993.7.27, 92다15031). 선관주의의무는 무상계약에서 일반적으로 인정되는 책임경감, 즉 증여자·사용대주의 담보책임의 경감(제559조, 제612조), 무상수치인이 임치물을 보관할 때의 자기 재산과 동일한 정도의 주의의무 경감(제695조)과 다르다.

(다) 위임계약은 당사자의 신뢰관계를 기초로 하므로, 원칙적으로 수임인은 자기 스스로 위임사무를 처리하여야 한다(자기복무의 원칙). 다만 위임인이 승낙을 하거나 부득이한 사유가 있는 때에는, 수임인은 제3자로 하여금 자기에 갈음하여 위임사무를 처리하게 할 수 있다(제682조 1항). 이 때 복수임인(復受任人)과 위임인 사이에는 위임인과 수임인 사이에서와 동일한 권리·의무가 발생한다(제682조 2항, 제123조 2항). 그러나 수임인이 이행보조자를 사용하여 위임사무를 처리하는 것은 수임인에 갈음하여 사무를 처리하는 것이 아니므로, 특약이 없는 한 위임계약에 반하지 않는다.

판 례

(ㄱ) 일반적으로 수임인은 위임의 내용에 따라 선량한 관리자의 주의의무를 다하여야 하고, 특히 소송대리를 위임받은 변호사는 그 수임사무를 수행함에 있어 전문적인 법률지식과 경험에 기초하여 성실하게 의뢰인의 권리를 옹호할 의무가 있으며, 구체적인 위임사무의 범위는 변호사와 의뢰인 사이의 위임계약의 내용에 의하여 정하여지는 것이지만, 위임사무의 종료단계에서 패소판결이 있었던 경우에는 의뢰인으로부터 상소에 관하여 특별한 수권이 없는 때에도 그 판결을 점검하여 의뢰인에게 불이익한 계산상의 잘못이 있다면 의뢰인에게 그 판결의 내용과 상소하는 때의 승소가능성 등에 대하여 구체적으로 설명하고 조언하여야 할 의무가 있다(대판 2004.5.14, 2004다7354).

(ㄴ) 재단법인 정관에서 일상적 사무를 처리하기 위해 사무총장, 사무국장 등의 명칭으로 상근 임원을 따로 두고 있는 경우, 비상근 또는 업무집행을 직접 담당하지 아니하는 이사도 단지 이사회에 상정된 의안에 대하여 찬부의 의사표시를 하는 데에 그치지 않고 상근 임원의 전반적인 업무집행을 감시할 의무가 있으므로, 상근 임원의 업무집행이 위법하다고 의심할 만한 사유가 있음에도 불구하고 감시의무를 위반하여 방치한 때에는 이로 말미암아 재단법인이 입은 손해에 대하여 배상책임을 면할 수 없다(대판 2016.8.18, 2016다200088).

(2) 부수의무

수임인은 주된 의무에 부수하여, ① 위임인의 청구가 있는 때에 위임사무의 처리상황을 보고하여야 하며, 또한 위임이 종료한 때에 지체 없이 그 '경과와 결과'(전말)를 보고할 의무(제683조, 보고의무), ② 위임사무의 처리로 인하여 받은 금전이나 그 밖의 물건 및 수취한 과실을 위임인에게 인도할 의무를 부담한다(제684조 1항, 취득물 인도의무). 이때 인도 시기는 당사자 간에 특약이 있거나 위임의 본뜻에 반하는 경우 등과 같은 특별한 사정이 있지 않는 한 위임계약이 종료한 때이므로, 수임인이 반환할 금전의 범위도 위임종료시를 기준으로 정해진다(대판 2024.11.14, 2021다215060). ③ 위임인을 위하여 자기의 명의로 취득한 권리는 위임인에게 이전할 의무(제684조 2항, 취득권리이전의무), ④ 그 밖에 신의칙에 의하여 여러 부수의무를 부담한다. 즉 일정한 경우에 수임인은 위임인에게 적절한 자문과 권고를 하여야 하며, 위임인의 이익에 반하는 다른 사무를 수임하여서는 안 된다(김형배, 682면; 김상용, 409면).

가령 세무사는 위임인인 납세자가 위임사무의 처리에 필요한 자료를 제대로 제출하지 못하는 경우에는 그 경위를 구체적으로 확인한 다음 그 결과에 따라 세무전문가의 입장에서 적절한 설명과 조언을 함으로써 위임인인 납세자가 손해를 입는 일이 없도록 하여야 할 주의의무가 있으며(대판 2005.1.14, 2003다63968), 관세사는 의뢰받은 사무와 밀접하게 연관되는 범위 안에서는 비록 별도의 위임이 없다 하여도 의뢰인이 이익을 도모하고 손해를 방지하기 위하여 필요한 조치를 취하도록 의뢰인에게 설명하고 조언할 의무가 있다(대판 2005.10.7, 2005다38294). 또한 부동산 매수인의 의뢰로 매매계약 및 대금 지급에 참여하는 등 부동산 거래관계에 관여하고 그에 따른 등기신청서류의 작성과 등기신청을 대리한 법무사는 그 등기신청과 관련된 한도 내에서는 등기부를 열람하여 등기의 목적과 관련된 권리관계를 확인하고, 이를 의뢰인에게 설명하고 필요한 조언 등을 할 의무가 있다. 따라서 형식적으로 소유권이전등기신청에 관한 서류를 작성하여 제출한 것만으로는 법무사가 수임인으로서의 의무를 다하였다고 할 수 없다(대판 2008.3.27, 2007다76313).

판 례

(ㄱ) 일반적으로 채무불이행으로 인한 손해배상청구에 있어서 그 불이행의 귀책사유에 관한 증명책임은 채무자에게 있으므로(대판 1985.3.26, 84다카1864), 건물의 위탁관리계약에서 위임의 본지에 따라 선량한 관리자의 주의로써 위탁관리사무를 처리하여야 하는 위탁관리인의 관리사무처리에 있어 위탁관리계약의 내용에 좇은 이행이 행하여지지 아니하여 위임인에게 손해가 발생한 경우 위탁관리계약에 따른 관리사무 처리불이행의 귀책사유에 관한 증명책임은 위탁관리인에게 있다(대판 2008.4.10, 2007다83755,83762).

(ㄴ) 수임인이 위임사무를 처리함에 있어 받은 물건으로 위임인에게 인도한 목적물은 그것이 대체물이더라도 당사자 간에는 특정된 물건과 같은 것으로 보아야 한다(대판 1962.12.16, 67다1525).

(ㄷ) 금전의 수수를 수반하는 사무처리를 위임받은 자가 그 행위에 의하여 위임자를 위하여 제3자로부터 수령한 금전은 목적이나 용도를 한정하여 위탁된 금전과 마찬가지로 달리 특별한 사정이 없는 한 그 수령과 동시에 위임자의 소유에 속하고, 위임을 받은 자는 이를 위임자를 위하여 보관하는 관계에 있다고 보아야 한다(대판 2004.3.12, 2004도134; 대판 2005.8.19, 2005도3681).

(ㄹ) 위임계약이 위임인과 수임인의 신임관계를 기초로 하는 것이라는 점 및 수임인은 위임의 본지에 따라 선량한 관리자의 주의로써 위임사무를 처리하여야 하는 것이라는 점 등을 감안하여 볼 때, 제684조 1항에서 말하는 '위임사무의 처리로 인하여 받은 금전 기타 물건'에는 수임인이 위임사무의 처리와 관련하여 취득한 금전 기타 물건으로서 이를 수임인에게 그대로 보유하게 하는 것이 위임의 신임관계를 해한다고 사회통념상 생각할 수 있는 것도 포함된다(대판 2010.5.27, 2010다4561).

2. 수임인의 채무불이행에 대한 효과 — 위임인의 권리

(1) 계약상의 청구권

(가) 수임인이 사무처리를 하지 않거나 불완전하게 이행한 경우 또는 위임의 본래 취지에 따라 선관주의로 사무처리를 하지 않은 경우, 일반규정에 따라 이행청구·손해배상청구 및 계약을 해제할 수 있다(제390조, 제544조 이하). 참고로 위임계약에서 수임인이 위임의 본래 취지에 따른 업무처리를 하지 아니한 까닭에 만약 수임인이 위임의 본래 취지에 따른 업무처리를 하였더라

면 지출하지 않아도 될 비용을 위임인이 지출한 경우, 수임인의 채무불이행으로 인하여 위임인이 입게 된 손해액은 그 지출한 비용이다(대판 1996.12.10, 96다36289).

(나) 또한 수임인이 위임인의 승낙 없이 또는 부득이한 사유가 없는데, 위임사무를 자기에 갈음하여 제3자에게 처리하게 하여, 그로 인하여 위임인이 손해를 입은 경우에는 제390조에 의하여 손해배상을 청구할 수 있다(Brox/Walker, § 29 Rdnr. 19). 그러나 위임인의 승낙이 있거나 부득이한 사유가 있는 경우, 수임인은 복수임인의 선임·감독에 과실이 있을 때에만 위임인에 대하여 책임을 진다(제682조 2항, 제121조 1항). 복수임인을 위임인의 지명에 따라 선임한 때에는, 수임인은 그가 부적임 또는 불성실함을 알고 위임인에게 대한 통지나 복수임인을 해임하는 것을 태만히 한 경우에만 책임을 진다(제682조 2항, 제121조 2항).

(다) 사무처리의 내용은 위임인의 개별적 지시에 의하여 구체화되므로, 사무처리에 관하여 위임인의 지시가 있으면 수임인은 그 지시에 따라야 한다. 그런데 수임인이 위임인의 지시가 부적절함을 부주의로 알지 못하고 또는 알면서 그 지시에 따라 사무를 처리함으로써 위임인에게 손해가 발생한 경우, 위임인은 수임인에 대하여 선관주의의무위반으로 인한 손해배상을 청구할 수 있다(제681조, 제390조).

(2) 수임인이 금전을 소비한 경우

수임인이 위임인에게 인도할 금전 또는 위임인의 이익을 위하여 사용할 금전을 자기를 위하여 소비한 경우, 소비한 날 이후의 이자를 지급하여야 하며 그 밖에 손해가 있으면 배상하여야 한다(제685조).

Ⅲ. 위임인의 의무

1. 위임인의 의무내용

(1) 비용선급의무

위임사무의 처리에 비용을 필요로 하는 경우에는 위임인은 수임인의 청구에 의하여 이를 선급하여야 한다(제687조). 선급을 필요로 하는 비용은 여행경비·물품이나 건물구입비용·세금 등과 같이 위임사무의 처리에 객관적으로 필요한 비용을 말한다. 이러한 비용은 수임인이 청구하였을 때에만 지급의무가 발생하며, 청구를 받은 위임인이 비용을 선급하지 않는 한 수임인이 사무처리를 하지 않더라도 이행지체가 되지 않는다(곽윤직, 277면; 김형배, 685면). 그 밖에 수임인은 선급 받은 비용 중에서 지출하고 남은 금액이 있는 경우, 이를 위임인에게 반환하여야 한다(제684조 1항).

(2) 필요비상환의무

수임인이 위임사무의 처리에 관하여 필요비를 지출한 경우에는 위임인은 그 비용과 지출한 날 이후의 이자를 상환할 의무가 있다(제688조 1항). 여기서 필요비는 수임인이 주관적으로 사무처리에 필요하다고 판단하여 지출한 비용을 의미한다. 그러므로 수임인이 지출한 필요비(제688조 1항)는 위임사무 처리에 객관적으로 필요한 비용(제687조)과 구별된다.

수임인이 위임인의 이익을 고려하여 선량한 관리자의 주의를 가지고 필요하다고 판단하여 지출한 비용이면, 비록 그것이 객관적·결과적으로 필요한 비용이 아닌 경우에도 위임인은 그 필요비를 상환하여야 한다(Brox/Walker, § 29 Rdnr. 28; 곽윤직, 278면; 김형배, 685면; 김상용, 410면). 예컨대 변호사가 소송활동에 필요한 것으로 판단하고 조사를 위한 비용을 지출하였지만, 결국 그 조사가 소송수행에 아무런 도움이 되지 못한 때에도 변호사는 의뢰인에게 조사비용의 상환을 청구할 수 있다. 판례도 제688조 1항에 따라 수임인이 상환을 청구할 수 있는 필요비는 선량한 관리자의 주의를 가지고 수임인이 필요하다고 판단하여 지출한 비용으로서 위임인에게 실익이 생기는지 여부 또는 위임인이 소기의 목적을 달성하였는지 여부는 불문한다고 한다(대판 2024.2.29, 2023다294470,294487).

한편 수임인이 위임사무를 처리하는 과정에서 선관주의의무를 위반한 사실이 있더라도, 그 이후 수임인이 위임사무 처리를 위해 비용을 지출하였고, 해당 비용의 지출 과정에서 수임인이 선량한 관리자로서의 주의를 다하였다면, 수임인은 선행 선관주의의무 위반과 상당인과관계 있는 비용 증가에 대하여 손해배상의무를 부담하는 것은 별론으로 하고 위임인에 대하여 필요비의 상환을 청구할 수 있다(대판 2024.2.29, 2023다294470,294487). 제3자가 채무자의 부탁으로 채무자를 위하여 변제한 경우에는 제688조 1항에 의해 구상권을 가지게 된다(대판 1994.12.9, 94다38106).

판 례

수탁자가 신탁의 본지에 따라 신탁사업을 수행하면서 정당하게 지출하거나 부담한 신탁비용 등에 관하여는 신탁자에게 보상을 청구할 수 있는 것이지만, 수탁자가 선량한 관리자의 주의를 위반하여 신탁비용을 지출한 경우에는 이러한 과실로 인하여 확대된 비용은 신탁비용의 지출 또는 부담에 정당한 사유가 없는 경우에 해당하여 수탁자는 비용상환청구를 할 수 없다(대판 2006.6.9, 2004다24557).

(3) 채무대변제의무 및 담보제공의무

수임인이 위임사무의 처리에 필요한 채무를 부담한 때(예: 회사의 이사가 회사의 영업용 부동산 매수대금의 일부를 마련하기 위하여 금융기관으로부터 대출금채무를 부담하는 경우)에는 위임인에게 자기에 갈음하여 이를 변제하게 할 수 있고(위임인의 채무대변제의무), 그 채무가 변제기에 있지 않은 때에는 상당한 담보를 제공(위임인의 담보제공의무)하게 할 수 있다(제688조 2항). 수임인이 위임인의 대리인으로서 위임사무를 처리하였을 경우에는 채무는 직접 위임인에게 귀속하므로(제114조 1항), 수임인이 제3자에 대하여 채무를 부담하게 되는 것은 수임인이 대리권 없이 자기 이름으로 위임사무를 처리한 경우이다.

또한 수임인에게 비용상환청구권 내지 대변제청구권이 인정된 경우에도 비용선급청구권의 행사가 제한되지 않는다(곽윤직, 278면; 김형배, 686면; 김상용, 411면). 양 청구권은 그 취지를 달리하기 때문이다.

판 례

(ㄱ) 수임인이 가지는 제688조 2항 전단의 대변제청구권은 통상의 금전채권과는 다른 목적을 갖는 것이므로, 수임인이 이 대변제청구권을 보전하기 위하여 채무자인 위임인의 채권을 대위행사하는 경우에는 채무자의 무자력을 요건으로 하지 아니한다(대판 2002.1.25, 2001다52506).

(ㄴ) 수임인이 위임사무 처리와 관련하여 선관주의의무를 다하여 자기의 이름으로 위임인을 위해 필요한 계약을 체결하였다고 하더라도(제681조), 이후 그에 따른 채무를 이행하지도 않고 위임인에 대하여 필요한 보고 등의 조치(제683조)도 취하지 않으면서 방치하여 두거나 계약 상대방의 소제기에 제대로 대응하지 않음으로써 '수임인' 자신이 계약 상대방에 대하여 부담하여야 할 채무액이 확대된 경우, 그 범위가 확대된 부분까지도 당연히 '위임사무의 처리에 필요한 채무'로서 '위임인에게 대신 변제하게 할 수 있는 채무'의 범위에 포함된다고 보기는 어렵다(대판 2018.11.29, 2016다48808).

(4) 손해배상의무

예컨대 A가 출장 중에 과실 없이 부상을 입은 경우처럼 수임인이 위임사무를 처리하면서 과실 없이 손해를 입은 때에는 위임인은 이를 배상할 의무가 있다(제688조 3항). 이러한 위임인의 손해배상의무는 위임이 원칙적으로 무상이기 때문에, 수임인에게 경제적인 부담을 주지 않기 위한 것이다. 제688조 3항에 의하여 수임인이 위임인에 대하여 손해배상을 청구할 수 있기 위해서는 수임인에게 '과실이 없어야' 한다. 다시 말하면 위임인의 고의·과실을 그 요건으로 하지 않는다. 따라서 위임인의 손해배상의무는 무과실책임이다(통설).

한편 쌍무계약의 당사자 한쪽의 채무가 당사자 양쪽의 채무 없는 사유로 이행할 수 없게 된 때에는 채무자가 그 위험을 부담하므로(제537조), 쌍무계약인 유상위임에서는 원칙적으로 위임사무의 처리로 인하여 발생한 손해는 수임인이 부담한다(김형배, 687면; 김주수, 410면; 김상용, 411면). 즉 위임인의 손해배상의무는 무상위임에서만 인정된다.

(5) 보수지급의무

(가) 위임계약은 무상이 원칙이지만, 당사자 사이에 보수의 특약이 있는 때에 위임인은 수임인에 대하여 보수를 지급하여야 한다(제686조 1항). 보수에 대하여 당사자의 약정이 없는 경우에도 거래관행상 보수를 지급하기로 되어 있거나 위임사무가 수임인의 영업 내지 업무에 관련되어 있는 때에는 위임인은 보수를 지급하여야(유상성의 추정) 한다(대판 1993.11.12, 93다36882; 대판 1982.9.14, 82다125). 예컨대 변호사에게 사건처리를 위임하면서 보수에 관하여 약정을 하지 않은 경우, 무보수로 한다는 특약이 없는 한 보수를 지급할 묵시의 약정이 있는 것으로 된다(대판 1975.5.25, 75다1637). 보수의 지급 시기는 특약으로 정할 수 있으나, 특약이 없는 때에는 위임인은 수임인이 위임사무를 완료한 후에 지급하여야 한다. 그러나 기간으로 보수를 약정한 때에는 그 기간이 경과한 후에 지급하여야 한다(제686조 2항).

(나) 한편 수임인이 위임사무를 처리하는 중에 수임인의 책임 없는 사유로 인하여 위임이

종료한 때, 수임인은 이미 처리한 사무의 비율에 따른 보수를 청구할 수 있다(제686조 3항). 위임은 도급과 달리 결과발생을 채무의 내용으로 하지 않으며, 사무처리 그 자체를 목적으로 하기 때문이다. 따라서 제686조 3항은 쌍무계약에서 양 당사자에게 책임 없는 사유로 이행이 불능으로 되었을 때에는 상대방에 대하여 이행을 청구하지 못한다는 제537조 및 채권자(위임인)의 귀책사유로 이행불능이 되었을 때에는 상대방(수임인)은 반대급부(보수) 전액을 청구할 수 있다는 제538조 1항에 대한 특칙이다.

판 례

위임계약에서 보수액에 관하여 약정한 경우에 수임인은 원칙적으로 약정보수액을 전부 청구할 수 있는 것이 원칙이지만, 위임의 경위, 위임업무 처리의 경과와 난이도 등 제반 사정을 고려할 때 약정보수액이 부당하게 과다하여 신의성실의 원칙이나 형평의 원칙에 반한다고 볼 만한 특별한 사정이 있는 때에는 예외적으로 상당하다고 인정되는 범위 내의 보수액만을 청구할 수 있다(대판 2016.2.18, 2015다35560).

2. 위임인의 채무불이행에 대한 효과 — 수임인의 권리

수임인은 위임인에 대하여 보수지급·비용선급·필요비상환·손해배상 등을 청구할 수 있을 뿐만 아니라, 위임사무를 처리하면서 위임인의 고의·과실로 인하여 수임인이 손해를 입은 때에는 채무불이행을 이유로 손해배상을 청구할 수 있다(제390조). 그 밖에 위임인이 보수지급·필요비상환·손해배상의무를 이행하지 않은 경우, 수임인은 강제이행을 법원에 청구할 수 있으며(제389조), 비용선급의무를 지체한 때에는 제544조에 의하여 계약을 해제할 수 있다.

Ⅳ. 위임계약의 종료

1. 위임의 종료원인

위임은 일반적으로 위임사무의 종료·채무불이행으로 인한 해제·종기의 도래 등에 의하여 종료한다. 예컨대 수임인이 채무를 제대로 이행하지 않은 경우, 그 채무이행이 가능한 때에는 위임인은 수임인에 대하여 상당한 기간을 정하여 이행을 최고하고, 그 기간 내에 이행하지 아니할 때에 계약을 해제할 수 있다(대판 1996.11.26, 96다27148). 한편 민법은 위임계약의 특별종료사유로, 당사자의 계약해지(제689조)·당사자 한쪽의 사망이나 파산(제690조 전단)과 수임인이 성년후견개시의 심판을 받은 경우(제690조 후문)를 규정하고 있다.

(가) 계약해지

1) 위임은 유상계약이든 무상계약이든 당사자 쌍방의 특별한 신뢰관계를 기초로 하므로, 위임인이나 수임인은 언제든지 또 특별한 이유 없이 자유로이 해지할 수 있다(제689조 1항). 따라서 ① 위임계약의 일방 당사자가 타방 당사자의 채무불이행을 이유로 위임계약을 해지한다는

의사표시를 하였으나 실제로는 채무불이행을 이유로 한 계약해지의 요건을 갖추지 못한 경우라도, 특별한 사정이 없는 한 의사표시에는 제689조 1항에 따른 임의해지로서의 효력이 인정된다(대판 2015.12.23, 2012다71411). ② 당사자가 위임을 해지한 경우에 그로 인해 상대방이 손해를 입는 일이 있어도 배상할 의무를 부담하지 않는 것이 원칙이다(대판 2005.11.24, 2005다39136). 그러나 상대방이 불리한 시기에 해지한 때에는 그 해지가 부득이한 사유(예: 수임인의 질병)에 의한 것이 아닌 한 그로 인한 손해를 배상하여야 한다(제689조 2항). 이 경우 그 배상범위는 위임이 해지되었다는 사실로부터 생기는 손해가 아니라 '적당한 시기에 해지되었더라면 입지 아니하였을 손해'에 한한다(대판 2015.12.23, 2012다71411).

주의할 것은 사무처리의 완료를 조건으로 하여 보수를 지급받기로 하는 내용의 계약과 같은 유상위임계약에서는 시기 여하에 불문하고 사무처리 완료 이전에 계약이 해지되면 당연히 그에 대한 보수청구권을 상실하는 것으로 계약 당시에 예정되어 있어 특별한 사정이 없는 한 해지에서의 불리한 시기란 있을 수 없다 할 것이므로, 수임인의 사무처리 완료 전에 위임계약을 해지한 것만으로 수임인에게 불리한 시기에 해지한 것이라고 볼 수는 없다는 점이다(대판 2000.6.9, 98다64202). 따라서 건물임대중개의 완료를 조건으로 중개료 상당의 보수를 지급받기로 하는 중개계약이 중개완료 이전에 해지된 경우, 중개인은 임대중개 의뢰를 받은 건물 전체에 대한 중개가 가능하였음을 전제로 기대중개료 상당의 손해배상청구를 할 수 없다(대판 1991.4.9, 90다18968). 반면에 수임인이 재임 중에 기본급·주택수당 및 자녀학비 등을 지급받고 퇴임시에는 퇴직금까지 지급받기로 하는 등과 같이 위임인의 이익과 함께 수임인의 이익도 목적으로 하고 있는 위임의 경우, 위임인은 정당한 이유 유무에 관계없이 해지할 수 있지만, 정당한 이유 없이 해지한 때에는 수임인에게 그로 인한 손해를 배상할 책임이 있다(대판 2000.4.25, 98다47108).

2) 법인과 이사의 법률관계는 신뢰를 기초로 한 위임 유사의 관계이므로, 이사는 제689조 1항에 따라 언제든지 사임할 수 있고, 법인의 이사를 사임하는 행위는 상대방 있는 단독행위이므로 그 의사표시가 상대방에게 도달함과 동시에 그 효력을 발생하고, 그 의사표시가 효력을 발생한 후에는 마음대로 이를 철회할 수 없음이 원칙이다. 그러나 법인이 정관에서 이사의 사임절차나 사임의 의사표시의 효력발생시기 등에 관하여 특별한 규정을 둔 경우에는 그에 따라야 한다. 따라서 이 경우에는 이사의 사임의 의사표시가 법인의 대표자에게 도달하였더라도 그와 같은 사정만으로 곧바로 사임의 효력이 발생하는 것은 아니고 정관에서 정한 바에 따라 사임의 효력이 발생하는 것이므로, 이사가 사임의 의사표시를 하였더라도 정관에 따라 사임의 효력이 발생하기 전에는 그 사임의사를 자유롭게 철회할 수 있다(대판 2008.9.25, 2007다17109).

판 례

(ㄱ) 수임인이 위임받은 사무를 처리하던 중 사무처리를 완료하지 못한 상태에서 위임계약을 해지함으로써 위임인이 사무처리의 완료에 따른 성과를 이전받거나 이익을 얻지 못하게 되더라도, 별도로 특약을 하는 등 특별한 사정이 없는 한 위임계약에서는 시기를 불문하고 사무처리 완료 전에 계약이 해지되면 당연히 위임인이 사무처리의 완료에 따른 성과를 이전받거나 이익을 얻지 못하는 것으로 계약 당시에 예정되어

있으므로, 수임인이 사무처리를 완료하기 전에 위임계약을 해지한 것만으로 위임인에게 불리한 시기에 해지한 것이라고 볼 수는 없다(대판 2015.12.23, 2012다71411).

(ㄴ) 제689조 1항, 2항은 임의규정에 불과하므로 당사자의 약정에 의하여 위 규정의 적용을 배제하거나 내용을 달리 정할 수 있다. 그리고 당사자가 위임계약의 해지사유 및 절차, 손해배상책임 등에 관하여 제689조 1항, 2항과 다른 내용으로 약정을 체결한 경우, 이러한 약정은 당사자에게 효력을 미치면서 당사자 간의 법률관계를 명확히 함과 동시에 거래의 안전과 이에 대한 각자의 신뢰를 보호하기 위한 취지라고 볼 수 있으므로, 이를 단순히 주의적인 성격의 것이라고 쉽게 단정해서는 아니 된다. 따라서 당사자가 위임계약을 체결하면서 제689조 1항, 2항과 다른 내용으로 해지사유 및 절차, 손해배상책임 등을 정하였다면, 제689조 1항, 2항이 이러한 약정과는 별개 독립적으로 적용된다고 볼 만한 특별한 사정이 없는 한, 약정에서 정한 해지사유 및 절차에 의하지 않고는 계약을 해지할 수 없고, 손해배상책임에 관한 당사자 간 법률관계도 약정이 정한 바에 의하여 규율된다(대판 2019.5.30, 2017다53265).

(나) 당사자 한쪽의 사망·파산

위임계약은 당사자 한쪽의 사망이나 파산으로 종료된다(제690조 전단). 당사자 한쪽의 파산을 위임계약 종료사유로 하고 있는 것은 위임계약이 당사자 사이의 신뢰관계를 바탕으로 하므로, 당사자 한쪽이 파산한 경우에 그 '신뢰관계를 유지'하기 어렵게 되기 때문이다. 따라서 위임계약의 당사자 한쪽이 여럿인 경우, 그중 1인에게 파산 등의 사유가 있다고 하여 위임계약이 당연히 종료되는 것은 아니므로, 주택법상 공동사업주체가 사업계획 승인권자의 감리자 지정에 따라 공동으로 감리계약을 체결한 경우, 공동사업주체의 1인이 파산선고를 받은 것만으로 제690조에 따라 감리계약이 당연히 종료된다고 볼 수 없다(대판 2003.1.10, 2002다11236).

판 례

도급인이나 위임의 당사자 일방이 파산선고를 받은 경우에는 당사자 쌍방이 이행을 완료하지 아니한 쌍무계약의 해제 또는 이행에 관한 채무자회생법 제335조 1항이 적용될 여지가 없고, 도급인이 파산선고를 받은 경우에는 민법 제674조 1항에 의하여 수급인 또는 파산관재인이 계약을 해제할 수 있고, 위임의 당사자 일방이 파산선고를 받은 경우에는 민법 제690조에 의하여 위임계약이 당연히 종료된다고 할 것이며, 위와 같은 도급계약의 해제 및 위임계약의 종료는 그 각 조문의 해석상 장래에 향하여 도급 및 위임의 효력을 소멸시키는 것을 의미한다(대판 2002.8.27, 2001다13624).

(다) 수임인의 성년후견개시 심판

수임인이 성년후견개시의 심판을 받은 경우에 위임은 종료한다(제690조 후문). 반면에 위임인이 성년후견개시심판을 받은 경우는 위임종료의 사유가 아니다.

2. 위임종료시의 특별조치

(1) 수임인의 긴급사무처리의무

(가) 위임종료의 경우에 급박한 사정이 있는 때에는 수임인·그 상속인이나 법정대리인은

위임인·그 상속인이나 법정대리인이 위임사무를 처리할 수 있을 때까지 그 사무의 처리를 계속하여야 한다(제691조 전단). 이 경우에는 위임의 존속과 동일한 효력이 있다(제691조 후문).

(나) 민법상 법인과 그 기관인 이사와의 관계는 위임자와 수임자의 법률관계와 같은 것으로서 이사의 임기가 만료되면 그 위임관계는 종료되는 것이 원칙이지만, 후임이사 선임시까지 이사가 존재하지 않는다면 기관에 의하여 행위를 할 수밖에 없는 법인으로서는 당장 정상적인 활동을 중단하여야 할 상황에 놓이게 되고, 이는 제691조에 규정된 급박한 사정이 있는 때와 같으므로 임기 만료되거나 사임한 이사라고 할지라도 그 임무를 수행함이 부적당하다고 인정할 만한 특별한 사정이 없는 한 그 급박한 사정을 해소하기 위하여 필요한 범위 내에서 신임이사가 선임될 때까지 이사의 직무를 계속 수행할 수 있으며(대판 2003.3.14, 2001다7599), 이러한 법리는 법인 아닌 사단에서도 마찬가지이다(대판 2007.6.15, 2007다6307).

(2) 위임종료의 대항요건

위임종료의 사유는 이를 상대방에게 통지하거나 상대방이 이를 안 때가 아니면 이로써 상대방에게 대항하지 못한다(제692조). 예컨대 위임인 甲이 사망하였는데 이를 상속인 丙이 수임인 乙에게 통지하지 않은 경우, 그 사망사실을 모르고 사무처리를 계속한 수임인 乙은 상속인 丙에 대하여 그 동안의 비용상환이나 보수를 청구할 수 있다. 한편 계약해지는 상대방에 대한 의사표시로 행사하므로(제111조), 제692조는 해지 이외의 종료사유(당사자 한쪽의 사망·파산, 수임인의 성년후견개시심판)의 경우에 적용된다.

제13절 임치계약

Ⅰ. 서 설

1. 의 의

임치(任置)는 당사자 한쪽(임치인)이 상대방(수치인)에게 금전·유가증권·그 밖의 물건의 보관을 위탁하고, 상대방이 이를 승낙함으로써 성립하는 계약이다(제693조). 타인의 물건을 임치계약이 아니라 법적 구속의사(Rechtsbindungswille)가 없는 호의관계에 의하여 보관하는 경우가 있다. 임치는 목적물을 안전하게 보관하고자 하는 임치인의 이익을 위한 계약이라는 점에서 사용·수익을 위해 임차인·차주가 목적물을 점유하는 임대차·사용대차와 구별된다. 이와 같이 임치는 목적물의 보관을 목적으로 하기 때문에, 수치인은 보관 중에 임치인의 동의 없이 임치물을 사용하지 못한다(제694조).

한편 상법은 타인을 위하여 창고에 물건을 보관함을 영업으로 하는 경우(창고업)에 대하여(제155조 이하), 그리고 극장·여관·음식점 기타 공중접객업소에서 손님으로부터 물건을 임치 받은 경우(공중접객업)에 대하여 따로 규정하고 있으므로(제151조 이하), 민법의 임치에 관한 규정이 적용되는 경우는 많지 않다.

2. 성립과 목적물

임치계약은 임치인이 물건의 보관을 위탁하고 이에 대하여 수치인이 승낙함으로써, 즉 당사자의 의사표시의 합치에 의하여 성립한다. 이와 같이 임치계약은 낙성계약이므로, 계약의 성립을 위해서 수치인이 목적물에 대한 점유를 취득할 필요는 없다. 따라서 '여관부설주차장에 시정장치가 된 출입문이 설치되어 있거나 출입을 통제하는 관리인이 배치'되어 있는 등 공중접객업자가 주차장의 출입과 주차시설을 통제하거나 확인할 수 있는 조치가 되어 있는 경우, 여관투숙객이 주차한 차량에 관하여 명시적인 위탁의 의사표시가 없어도 여관업자와 투숙객 사이에 임치계약이 성립한다(대판 1998.12.8, 98다37507). 그 밖에 임치계약은 무상·편무계약을 원칙으로 하지만, 당사자 사이에 보수지급의 특약이 있는 때에는 유상·쌍무계약으로 된다. 한편 임치의 목적물은 금전·유가증권·그 밖의 물건이다. 그러나 금전의 보관에 대해서는 소비임치가 성립한다(제702조).

판 례

第693조의 임치는 금전이나 유가증권 기타 물건의 보관을 목적으로 하는 계약이고, 여기서 '보관'이란 수치인이 목적물의 점유를 취득하여 자기의 지배하에 두면서 멸실·훼손을 방지하고 원상을 유지하는 것을 말한다. 따라서 위임 등의 계약에 수반하여 그에 따른 사무처리 등에 '사용'할 목적으로 금전이나 물건이 교부된 경우에는 '보관'을 주된 목적으로 하는 것이 아니므로, 다른 특별한 사정이 없는 한 해당 금전 등에 관한 임치계약이 별도로 성립한다고 할 수 없다(대판 2025.5.15, 2023다258504).

Ⅱ. 수치인의 의무

1. 수치인의 의무내용

(1) 주된 의무—임치물 보관의무

수치인(受置人)은 임치물을 훼손 및 분실되지 않도록 보관하여야 한다. 이를 보관의무라고 하며, 수치인의 주된 급부의무에 속한다.

(가) 보관의무의 내용

임치물을 보관하면서 수치인이 기울여야 할 주의의무의 정도는, 유상임치의 경우에 수치인은 '선량한 관리자의 주의'로 임치물을 보관하여야 한다(제374조). 이와 달리 임치계약이 무상인 경우, 수치인은 임치물을 '자기 재산과 동일한 주의'로 보관하면 된다(제695조). 다만 상인이 자신의 영업범위 내에서 물건의 임치를 맡은 경우에는 무상이더라도 선관주의의무를 부담한다(상법 제62조). 예컨대 이용객이 공중접객업자에게 주차사실을 고지하거나 차량열쇠를 맡겨 차량보관을 위탁한 경우에 임치계약이 성립하며(대판 1992.2.11, 91다21800), 이 경우 공중접객업자는 선관주의의무를 진다. 따라서 공중접객업자의 주차장에 차량출입을 통제할 시설이나 인원을 따로 두지 않은 경우, 주차장은 단지 이용객의 편의를 위한 주차장소로 제공된 것에 불과하므로, 이용객이 공중접객업자에게 열쇠를 보관시키는 등 명시적·묵시적으로 주차차량의 관리를 맡겼다는 등의 특수한 사정이 없는 한, 공중접객업자는 선량한 관리자의 주의로써 주차차량을 관리할 책임이 없다(대판 1998.12.8, 98다37507). 한편 공중접객업자는 손님으로부터 받은 물건에 대하여 불가항력으로 인한 것임을 증명하지 못하는 한 멸실·훼손에 대한 책임을 면할 수 없다(상법 제152조 1항).

(나) 목적물의 사용금지

임치계약은 목적물의 보관을 그 목적으로 하기 때문에, 수치인은 임치인의 동의 없이 임치물을 사용하지 못한다(제694조).

(다) 제3자에 의한 목적물의 보관

임치계약은 당사자의 신뢰관계를 기초로 하기 때문에, 원칙적으로 수치인은 스스로 임치받은 물건을 보관하여야 한다. 물론 이행보조자를 사용하여 목적물을 보관할 수 있으며, 이때 이행보조자의 고의·과실은 수치인의 고의·과실로 된다(제391조).

한편 수치인은 자신이 스스로 목적물을 보관하여야 하지만, 예외적으로 임치인의 승낙이 있거나 부득이한 사유가 있는 때에는 제3자에게 보관케 할 수 있다(제701조, 제682조 1항). 이때 수치인은 제3보관자(復受置人)의 선임·감독에 대하여 책임을 지며, 또한 제3보관자는 임치인 및 제3자에 대하여 수치인과 동일한 권리·의무를 가진다(제701조, 제682조 2항, 제123조 2항).

판 례

집행관이 민사집행법 제258조에 의한 건물명도청구의 집행시 집행목적물인 건물 내에 있는 채무자 또는 제3자 소유의 집행목적외 동산을 스스로 보관하지 않고 채권자의 승낙을 얻어 채권자에게 보관하게 한 경우, 채권자의 그 보관에 관한 권리나 의무는 원칙적으로 집행관과의 사이에 체결된 임치계약 등 사법상의 계약에 의하여 정하여 진다고 할 것이므로, 채권자가 집행관과의 약정에 따라 그 동산을 보관하던 중 이를 분실한 경우 채권자가 그 보관에 필요한 계약상의 주의의무를 다하였다고 인정되는 때에는 집행관이나 그 동산의 소유자 등에 대하여 계약상의 손해배상책임은 물론 불법행위로 인한 손해배상책임까지도 부담하지 않지만, 이 경우 채권자가 보관상의 주의의무를 제대로 이행하지 못한 과실의 정도가 불법행위의 요건을 충족시킬 수 있고 또한 그 보관상 주의의무의 위반행위가 구체적인 태양이나 정도 등에 비추어 위법하다고 인정되는 경우에는 달리 특별한 사정이 없는 한 채권자는 집행관이나 그 동산의 소유자 등에 대하여 불법행위로 인한 손해배상책임을 진다(대판 1996.12.20, 95다19843; 대판 2008.9.25, 2007다1722).

(2) 부수의무

(가) 취득물 반환의무 및 취득권리 이전의무

수치인은 임치물의 보관과 관련하여 받은 금전, 그 밖의 물건 및 수취한 과실을 인도하여야 하며, 자기의 명의로 취득한 권리가 있으면 이를 임치인에게 이전하여야 한다(제701조, 제684조).

(나) 임치물 반환의무

임치관계가 종료하면, 수치인은 임치 받은 물건을 임치인에게 반환하여야 한다. 반환하여야 할 목적물은 수치인이 받은 금전, 유가증권이나 그 밖의 물건 그 자체이다. 임치물이 대체물인 때에도 임치계약에서는 특정물이므로, 임치 받은 그 목적물을 반환하여야 하며 동종·동질·동량의 것을 반환하여야 하는 것은 아니다(대판 1976.11.9, 76다1932). 따라서 임치물이 전부 멸실한 때에는 임치물 반환의무는 이행불능으로 된다. 그러나 혼장임치나 소비임치에서는 수치인은 임치 받은 목적물과 동종·동질·동량의 것으로 반환하면 된다. 그리고 유상임치에서 수치인의 임치물 반환의무는 임치인의 보수지급의무와 동시이행의 관계(제536조)에 있으며(통설), 수치인은 보관료에 관하여 임치물에 유치권을 행사할 수 있다(제320조 1항).

(다) 통지의무

제3자가 소유권이나 그 밖의 점유할 권리를 근거로, 임치물의 인도를 청구하는 소를 제기하거나 압류한 경우, 수치인은 지체 없이 그 사실을 임치인에게 통지하여야 한다(제696조).

(라) 그 밖의 신의칙에 의한 부수의무

수치인은 계약의 내용에 따라 임치물을 보관하여야 하지만, 사정의 변경으로 인하여 종래의 보관방법이나 장소가 적당하지 않은 때에는, 임치인의 이익을 위하여 신의칙상 적절한 조치를 취하여야 한다(곽윤직, 277면).

2. 수치인의 채무불이행에 대한 효과 — 임치인의 권리

수치인이 이러한 의무를 위반한 경우, 임치인은 임치에 관한 규정에 의하여 그 이행을 청구하거나 채권일반 규정에 의하여 손해배상 또는 계약을 해제·해지할 수 있다(제390조, 제543조 이하). 예컨대 항공화물이 통관을 위하여 보세창고에 입고된 경우에는 운송인과 보세창고업자 사이에 항공화물에 관하여 묵시적 임치계약이 성립한다. 따라서 보세창고업자는 운송인과의 임치계약에 따라 운송인 또는 그가 지정하는 자에게 화물을 인도할 의무가 있으므로, 보세창고업자가 운송인의 지시 없이 수하인이 아닌 사람에게 화물을 인도함으로써 수하인의 화물인도청구권을 침해한 경우에는 그로 인한 손해를 배상할 책임이 있다(대판 2007.6.28, 2005다22404; 대판 2004.1.27, 2000다63639). 다만 '무상임치'에서 수치인은 구체적 경과실에 대해서만 책임을 부담하기 때문에(제695조), 임치물의 보관에 대하여 수치인에게 추상적 경과실이 있는 때에는 임치인은 채무불이행책임을 주장할 수 없다.

수치인이 임치인의 금전을 자기를 위하여 소비한 경우, 임치인은 소비한 날 이후의 이자 지급을 청구할 수 있으며, 그 밖에 손해가 있으면 그 배상을 청구할 수 있다(제701조, 제685조). 수치인이 임치물의 반환의무를 이행하지 않은 경우, 임치인은 임치계약에 기한 채권적 반환청구권(제693조) 및 소유권에 의한 목적물반환청구권(제213조)을 행사할 수 있으며, 이때 양 청구권은 경합한다.

Ⅲ. 임치인의 의무

1. 임치인의 의무내용

(1) 주된 의무

(가) 임치물 인도의무의 인정 여부

(i) 임치인은 계약에 따라 목적물을 수치인에게 인도할 의무를 부담하는지가 문제이다. ① 긍정설은 유·무상을 묻지 않고 임치인은 언제나 목적물을 수치인에게 인도할 의무가 있으며, 만일 이러한 의무를 이행하지 않으면 채무불이행이 되어 이행이익의 손실을 배상하여야 한다고 한다(이태재, 340면; 김상용, 426면). ② 부정설은 임치인은 자기의 물건에 대한 보관을 청구할 권리를 가진 계약당사자로 이해되어야 하며, 임치목적물의 인도의무를 부담하는 채무자로 이해될 수 없다는 이유로 임치인의 인도의무를 부정하고 있다(김형배, 705면; 이은영, 583면). ③ 절충설은 무상임치의 경우에는 목적물의 인도가 없더라도 수치인이 아무런 피해 내지 손해를 입지 않으므로 임치물 인도의무를 인정할 필요가 없지만, 유상임치의 경우에는 수치인이 목적물을 보관하는데 경제적 이익이 있으므로 인도의무를 인정하여야 한다고 한다(곽윤직, 287면; 김주수, 450면).

(ii) 생각건대 임대차의 본질적 내용인 임차권은 목적물을 사용·수익하는 권리인데 반하여, 임치계약은 임치인의 이익을 위한 계약이며, 수치인은 임치목적물의 점유 그 자체에 어떤 권리를 갖지 않는다. 다시 말하면 임치계약의 본질적 내용은 임치인이 자기 물건의 보관을 청구하는 권리이므로, 임치인은 인도의무를 부담하지 않는다고 할 것이다. 따라서 임치인이 목적물을 인도하지 않아 수치인이 보관할 수 없게 된 것은 채권자지체(제400조) 및 채권자의 귀책사유로 이행할 수 없게 된 경우(제538조)에 해당한다(이은영, 584면). 특히 유상임치의 경우에 수치인이 목적물을 보관할 수 없어서 보수를 받을 수 없는 손해를 입은 때에는, 제538조 1항에 의하여 수치인은 임치인에게 약정된 보수의 지급을 청구할 수 있다고 할 것이다.

(나) 보수지급의무 — 유상임치의 경우

보수는 금전으로 지급함이 일반적이지만 반드시 금전으로 제한되는 것은 아니며, 지급시기는 후급(後給)이 원칙이다(제701조, 제686조 2항). 또한 수치인에게 책임 없는 사유로 도중에 임치관계가 종료한 경우, 수치인은 이미 이행한 보관의 비율로 보수를 청구할 수 있다(제701조, 제686조 3항).

(2) 부수의무

(가) 비용선급의무 등

임치의 유·무상을 묻지 않고 임치인은 위임에서의 위임인과 마찬가지로 비용선급의 의무·필요비상환의무·채무대변제 및 담보제공의 의무를 부담한다(제701조, 제687조, 제688조).

(나) 손해배상의무

임치인은 임치물의 성질 또는 하자로 인하여 생긴 손해를 수치인에게 배상하여야 한다(제697조 본문). 그러나 수치인이 그 성질 또는 하자를 안 때에는 손해배상의무를 지지 않는다(제697조 단서).

2. 임치인의 채무불이행에 대한 효과 — 수치인의 권리

임치인이 이러한 의무를 위반한 경우, 수치인은 임치에 관한 규정에 의하여 그 이행을 청구하거나 채권일반 규정에 의하여 지연배상이나 강제이행을 법원에 청구할 수 있으며(제390조, 제389조), 비용선급의무를 지체한 때에는 제544조에 의하여 계약을 해제할 수 있다. 특히 임치물의 성질 또는 하자로 인하여 수치인이 손해를 입은 경우, 임치인에게 과실이 없을 때에도 제697조 본문에 의하여 손해배상을 청구할 수 있다. 또한 수치인은 보수청구권을 확보하기 위해 임치계약이 종료할 때에 임치물의 반환을 거절하거나(동시이행의 항변권, 제536조) 임치물에 대하여 유치권을 행사할 수 있다(제320조 1항).

Ⅳ. 임치계약의 종료

1. 종료원인

임치는 기간만료·목적물의 멸실 등과 같은 일반계약의 종료원인에 의하여 종료한다. 주의할 것은 위임종료의 원인(제690조)인 '당사자 한쪽의 사망이나 파산 또는 수임인의 성년후견개시'를 임치의 종료원인으로 준용되지 않는다는 점이다(제701조 참조).

2. 계약의 해지

임치인은 임치기간의 약정이 있는지 여부를 묻지 않고 언제든지 계약을 해지할 수 있다(제698조 단서, 제699조). 그러나 수치인은 임치기간의 약정이 없는 때에는 언제든지 해지할 수 있지만(제699조), 기간의 약정이 있는 때에는 부득이한 사유가 있는 경우에만 기간만료 전에 계약을 해지할 수 있다(제698조 본문). 따라서 수치인이 적법하게 임치계약을 해지하고 임치인에게 임치물의 회수를 최고하였는데, 임치인의 수령지체로 반환하지 못하고 있는 사이에 임치물이 멸실·훼손된 경우, 수치인에게 고의 또는 중대한 과실이 없는 한 채무불이행으로 인한 손해배상책임이 없다(제401조; 대판 1983.11.8, 83다카1476).

Ⅴ. 특수한 임치

1. 혼장임치

혼장임치란 곡물·주류 등과 같은 대체물을 임치하면서 수치인이 동종·동질의 다른 임치물과 혼합하여 보관하고, 반환할 때에는 임치받은 물건과 동종·동질·동량의 것으로 반환하기로 하는 임치를 말한다. 혼장임치를 할 수 있는 것은 '대체물'에 한하며, 혼장임치가 성립하기 위해서는 서로 섞어서 보관하게 되는 임치물의 모든 임치인의 명시적·묵시적 승낙이 있어야 한다.

혼장임치는 수치인이 임치물에 대한 소유권이나 처분권을 취득하지 못하며, 즉 임치물은 다수 임치인의 공유로 된다(제262조). 예컨대 증권회사가 고객으로부터 담보로 제공받은 증권을 다른 예탁자가 예탁한 동일종목의 증권과 혼합 보관할 수 있다고 약정한 경우, 고객이 제공한 증권의 소유권은 증권회사에게 귀속되지 않으며, 따라서 증권회사가 이를 임의로 소비하거나 처분할 수 없다(대판 1994.9.9, 93다40256). 그 밖에 임치에서는 수치인은 특정물을 반환하여야 하지만, 혼장임치에서는 임치한 물건 그 자체가 아니라 대체물을 반환하면 된다. 따라서 혼장임치의 임치인은 수치인에 대하여 일종의 제한종류채권을 갖는다.

2. 소비임치

(1) 소비임치란 수치인이 임치물을 소비하고 이와 동종·동질·동량의 것을 반환하기로 하는 낙성계약을 말한다. 그러므로 보통의 임치와 혼장임치에서는 목적물에 대한 소유권이 임치인에게 있지만, 소비임치의 경우에는 임치물의 소유권 또는 처분권이 수치인에게 이전된다(Erman-Seiler, § 700 Rdnr. 1). 이와 같이 소비임치에서는 임치물의 소유권이 수치인에게 귀속되므로, 수치인은 그 물건을 보관할 의무를 부담하지 않으며, 임치받은 물건과 동종·동질·동량의 것으로 반환할 의무를 지게 된다.

그 밖에 수치인이 임치물에 대한 소유권을 취득한다는 점에서 소비임치는 임치보다는 소비대차와 유사하기 때문에, 민법은 소비임치에 소비대차의 규정을 준용하고 있다(제702조 본문). 다만 반환시기의 약정이 없는 경우, 소비대차에서는 상당한 기간을 정하여 반환을 최고하여야 하지만(제603조 2항), 소비임치의 경우에는 임치인은 언제든지 그 반환을 청구할 수 있다(제702조 단서). 그 이유는 소비대차는 차주의 이익을 위한 계약이지만, 소비임치는 임치인의 이익을 위한 계약이라는 점에 있다(Staudinger-Reuter, § 700 Rdnr. 3; Soergel-Mühl, § 700 Rdnr. 1; 김상용, 430면).

(2) 예금계약은 예금자가 예금의 의사를 표시하면서 금융기관에 돈을 제공하고 금융기관이 그 의사에 따라 그 돈을 받아 확인을 하면 그로써 성립한다. 따라서 금융기관의 직원이

그 받은 돈을 금융기관에 실제로 입금하였는지 여부는 예금계약의 성립에는 아무런 영향을 미치지 않는다(대판 2007.9.7, 2005다30832; 대판 2005.12.23, 2003다30159).

한편 계좌이체는 은행간 및 은행점포간의 송금절차를 통하여 저렴한 비용으로 안전하고 신속하게 자금을 이동시키는 수단이고, 다수인 사이에 다액의 자금이동을 원활하게 처리하기 위하여, 그 중개 역할을 하는 은행이 각 자금이동의 원인인 법률관계의 존부, 내용 등에 관여함이 없이 이를 수행하는 체제로 되어 있다. 따라서 ① 송금의뢰인이 수취인의 예금구좌에 계좌이체를 하는 경우, 송금의뢰인과 수취인 사이에 계좌이체의 원인인 법률관계가 존재하는지 여부에 관계없이 수취인과 수취은행 사이에는 계좌이체금액 상당의 예금계약이 성립하고, 수취인이 수취은행에 대하여 위 금액 상당의 예금채권을 취득한다. 이때 송금의뢰인과 수취인 사이에 계좌이체의 원인이 되는 법률관계가 존재하지 않는데도 계좌이체에 의하여 수취인이 계좌이체금액 상당의 예금채권을 취득한 경우, 송금의뢰인은 수취인에 대하여 위 금액 상당의 부당이득반환청구권을 가지게 되지만, 수취은행은 이익을 얻은 것이 없으므로 수취은행에 대하여는 부당이득반환청구권을 취득하지 않는다(대판 2007.11.29, 2007다51239). ② 송금의뢰인이 착오로 자금이체의 원인관계 없이 수취인의 계좌에 금원을 입금한 경우, 수취인은 수취은행에 대해 입금액 상당의 예금채권을 취득하므로, 수취은행이 수취인에 대한 대출채권 등을 자동채권으로 하여 예금채권과 상계하는 것은 유효하다(대판 2010.5.27, 2007다66088). 다만 송금의뢰인이 착오송금임을 이유로 수취은행에 그 송금액의 반환을 요청하고 수취인도 착오송금임을 인정하여 수취은행에 그 반환을 승낙하고 있는 경우, 이러한 때에도 수취은행이 상계하는 것은 신의칙 위반 내지 권리남용에 해당하여 허용되지 않는다(대판 2013.12.12, 2012다72612).

(3) 본인인 예금명의자의 의사에 따라 예금명의자의 실명확인 절차가 이루어지고 예금명의자를 예금주로 하여 예금계약서를 작성한 경우에는 예금명의자가 예금주이며, 예금명의자가 아닌 출연자 등을 예금계약의 당사자라고 볼 수 있으려면, 금융기관과 출연자 등과 사이에서 실명확인 절차를 거쳐 서면으로 이루어진 예금명의자와의 예금계약을 부정하여 예금명의자의 예금반환청구권을 배제하고, 출연자 등과 예금계약을 체결하여 출연자 등에게 예금반환청구권을 귀속시키겠다는 명확한 의사의 합치가 있는 극히 예외적인 경우에 해당하여야 한다(대판 2013.9.26, 2013다2504). 가령 甲이 배우자인 乙을 대리하여 금융기관과 乙의 실명확인절차를 거쳐 乙 명의의 예금계약을 체결하였는데, 그 돈은 甲 명의로 다른 금융기관에 개설된 다른 예금계좌에서 인출되어 입금된 것이고, 그 예금거래신청서는 甲에 의하여 작성된 것으로서 그의 도장이 거래인감으로 등록 사용되었으며, 비밀번호도 甲의 다른 정기예금계좌의 비밀번호와 동일하며, 예금계좌의 이자가 甲 명의의 다른 은행 예금계좌로 자동 이체되도록 한 경우, 이러한 사정만으로는 乙의 아닌 甲을 예금계약의 당사자로 볼 수 없다(대판 2009.3.19, 2008다45828).

(4) 은행에 공동명의로 예금을 하고 은행에 대하여 그 권리를 함께 행사하기로 한 경우에 만일 동업자금을 공동명의로 예금한 경우라면 채권의 준합유관계에 있지만, 공동명의 예

금채권자들 각자가 분담하여 출연한 돈을 동업 이외의 특정 목적을 위하여 공동명의로 예치해 둠으로써 그 목적이 달성되기 전에는 공동명의 예금채권자가 단독으로 예금을 인출할 수 없도록 방지·감시하고자 하는 등의 목적으로 공동명의로 예금을 개설한 경우라면 하나의 예금채권이 분량적으로 분할되어 각 공동명의 예금채권자들에게 귀속된다. 다만 은행과 공동명의 예금채권자들 사이에 공동반환의 특약이 존재하는 경우 은행에 대한 지급 청구만을 공동명의 예금채권자들 모두가 공동으로 하여야 하는 부담이 남는다(대판 2008.10.9, 2005다72430). 하지만 공동명의 예금채권자 중 1인에 대한 채권자는 그 1인의 지분에 상응하는 예금채권에 대한 압류 및 추심명령 등을 얻어 이를 집행할 수 있고, 한편 이러한 압류 등을 송달받은 은행은 압류채권자의 압류명령 등에 기초한 단독 예금반환청구에 대하여, '공동명의 예금채권자가 공동으로 그 반환을 청구하는 절차를 밟아야만 예금청구에 응할 수 있다'는 공동명의 예금채권자들과 사이의 공동반환특약을 들어 그 지급을 거절할 수는 없다(대판 2005.9.9, 2003다7319). 이를 인정하게 되면 공동반환특약을 체결하는 방법에 의하여, 공동명의자의 예금채권에 대한 강제집행 가능성을 사실상 박탈 내지 제한함으로써 그들에 대한 압류채권자의 권리 행사를 부당하게 제한하는 결과가 되기 때문이다.

(5) 만기가 정해진 예금계약에 따른 금융기관의 예금 반환채무는 그 만기가 도래하더라도 임치인이 미리 만기 후 예금 수령방법을 지정한 경우와 같은 특별한 사정이 없는 한 임치인의 적법한 지급 청구가 있어야 비로소 이행할 수 있다. 따라서 예금계약의 만기가 도래한 것만으로 금융기관인 수치인이 임치인에 대하여 예금반환 지연으로 인한 지체책임을 부담한다고 볼 수 없고, 정당한 권한이 있는 임치인의 지급 청구에도 불구하고 수치인이 예금반환을 지체한 경우에 그 지체책임을 물을 수 있다(대판 2023.6.29, 2023다218353).

판 례

(ㄱ) 일반적으로 예금계약은 예금자가 예금의 의사를 표시하면서 금융기관에 금전을 제공하고 금융기관이 그 의사에 따라 그 금전을 받아서 확인을 하면 그로써 예금계약이 성립되고, 예금증서는 예금계약서의 구실을 하는 것이어서 예금증서 대신 담보물건보관증을 교부받은 경우에는 특별한 사정이 없는 한 예금계약의 성립을 인정하기 어렵다(대판 2006.10.27, 2005다32913).

(ㄴ) 은행의 자기보통예금구좌에 예입한 수표가 소지인출급식 수표라면 그 인도로 인하여 은행은 그 수표상의 권리를 양도받은 것으로서 예금자와 은행간에는 예금계약이 성립한다(대판 1987.5.26, 86다카1559).

제14절 조합계약

Ⅰ. 서 설

1. 조합계약과 조합

조합계약이란 2인 이상이 상호 출자하여 공동사업을 경영할 것을 내용으로 하는 상호간의 계약을 말한다(제703조 1항). 조합(농협협동조합·수산업협동조합 등은 명칭은 조합이지만 민법상 조합이 아니라 특수한 법인이다)은 조합계약에 의해 성립되며, 공동사업을 목적으로 하는 인적 공동체를 의미한다. 가령 건설공동수급체(공동으로 건설공사를 도급받는 결합체)는 기본적으로 민법상의 조합의 성질을 가진다(대판 2006.8.25, 2005다16959; 대판 2000.12.12, 99다49620). 민법상 조합의 대표적인 경우는 몇 사람이 출자하여 공동으로 영업 또는 기업을 경영하기로 하는 동업관계이다. 인적 공동체인 조합은 조합 자체에 권리능력이 인정되지 않는다는 점에서 권리능력이 인정되는 사단법인과 구별된다. 따라서 조합의 대외적 법률관계는 조합대리에 의하여 성립될 수 있음에 반하여, 사단법인은 대표에 의하여 성립된다. 또한 조합재산은 조합원의 합유이지만, 사단법인의 재산은 사단법인의 단독소유이다.

판 례

(ㄱ) 계는 다 같이 금전을 급부물로 하는 것이라도 그것을 조직한 목적과 방법, 급부물의 급여 방법과 급부 전 또는 그 후의 계금 지급 방법, 계주의 유·무 및 계주와 계 또는 계원과의 관계나 계원 상호간의 관계, 기타의 점에 관한 태양에 따라 그 법률적 성질을 달리하여 조합계약이나 소비대차계약 또는 무명계약의 성질을 가지고 있어 그 성질에 따라 계원 또는 계주의 책임을 달리한다(대판 1998.3.13, 97다57191).

(ㄴ) 낙찰계는 각 계원이 조합원으로서 상호 출자하여 공동사업을 경영하는 이른바 민법상 조합계약의 성격을 띠고 있는 것이 아니라 계주가 자기의 개인사업으로 계를 조직 운영하는 것이라 할 것이고, 위와 같은 성질의 계에서는 계금 및 계불입금 등의 계산관계는 오직 계주와 각 계원 사이에 개별적으로 존재하는 것이므로, 계가 깨어졌다 하여 그 계가 조합적 성질을 띠고 있음을 전제로 한 해산이나 청산의 문제도 생길 여지가 없다(대판 1994.10.11, 93다55456).

2. 조합계약의 법적 성질

조합이라는 단체적 법률관계(인적 공동체)를 성립·발생시키는 원인이 되는 계약을 조합계약이라 하며, 조합계약은 조합원 상호간의 개인적 이익의 교환을 목적으로 하는 것이 아니라 조합원들로 구성된 인적 공동체의 이익증진을 목적으로 한다. 조합계약의 법적 성질에 관하여, 조합계약은 합동행위로서의 성질과 계약으로서의 성질을 모두 가지는 특수한 법률행위라는 견해(곽윤직, 296면; 김상용, 437면), 조합계약에 의해서 조합관계라고 하는 조합원 상호간의 법률관계가 성립하는 것 이외에 조합이라는 단체가 별도로 설립되는 것은 아니므로, 조합계약은 순수한 계약이라는 견해(김형배, 736면; 이은영, 599면; 김재형, 민법주해(XVI), 34면)가 있다.

3. 조합의 성립

(1) 성립요건

조합은 2인 이상이 서로 출자하여 공동사업을 경영할 것을 내용으로 하는 조합계약에 의하여 성립된다. 다시 말하면 조합이 성립하기 위해서는, ① 조합은 단체의 일종이므로 2인 이상의 조합원을 필요로 한다. ② 공동사업을 경영할 것을 목적으로 하는 조합원들간의 공동목적이 있어야 한다. 사업의 종류나 성질에는 제한이 없지만, 그 사업은 공동으로 경영하는 것이어야 한다. 따라서 영리사업을 목적으로 하면서 당사자 중의 일부만이 이익을 분배받고, 다른 자는 전혀 이익분배를 받지 않는 경우에는 조합관계(동업관계)라고 할 수 없다(대판 2000.7.7, 98다44666). 또한 특정한 사업을 공동경영하는 약정에 한하여 이를 조합계약이라 할 수 있고, 공동의 목적달성이라는 정도만으로는 조합의 성립요건을 갖추었다고 할 수 없다(대판 2004.4.9, 2003다60778). 가령 여럿이 부동산을 공동으로 매수한 경우, 매수인들 사이의 법률관계는 공유관계로서 단순한 공동매수인에 불과할 수도 있고, 그 여럿을 조합원으로 하는 동업체에서 매수한 것일 수도 있다. 따라서 공동매수의 목적이 전매차익의 획득에 있을 경우 그것이 공동사업을 위해 동업체에서 매수한 것이 되려면, 적어도 공동매수인들 사이에서 그 매수한 토지를 공유가 아닌 동업체의 재산으로 귀속시키고 공동매수인 전원의 의사에 의해 전원의 계산으로 처분한 후 그 이익을 분배하기로 하는 명시적 또는 묵시적 의사의 합치가 있어야만 할 것이고, 이와 달리 공동매수 후 매수인별로 토지에 관하여 공유에 기한 지분권을 가지고 각자 자유롭게 그 지분권을 처분하여 대가를 취득할 수 있도록 한 것이라면 이를 동업체에서 매수한 것으로 볼 수는 없다(대판 2007.6.14, 2005다5140).

(2) 조합계약에 하자가 있는 경우

(가) 조합계약이 성립하고 그에 기초하여 조합으로서 활동이 시작된 이후에, 조합원의 1인 또는 여럿에게 무효사유가 존재하거나 의사표시의 흠결을 이유로 1인 또는 여럿이 조합계약을 취소한 경우, 나머지 조합원으로 조합이 존속되는지가 문제이다. 이에 대하여 학설은 일부무효의 법리(제137조)를 적용하여 해결하고 있다. 즉 나머지 조합원들에 관하여 무효부분이 없더라도 계약을 하였으리라고 인정될 때에 한하여, 그들만으로 조합의 성립을 인정하고 있다(곽윤직, 301면; 김상용, 442면; 김형배, 740면). 판례도 조합이 사업을 개시하여 제3자와의 사이에 거래관계가 이루어지고 난 다음에는 조합계약 체결 당시의 의사표시의 하자를 이유로 취소하여 조합성립 전으로 환원시킬 수 없다고 하여(대판 1972.4.25, 71다1833), 학설과 같은 입장이다.

(나) 동업계약과 같은 조합계약에서는 조합의 해산청구를 하거나 조합으로부터 탈퇴 또는 다른 조합원을 제명할 수 있을 뿐이고, 일반계약처럼 조합계약을 해제하고 상대방에게

그로 인한 원상회복의 의무를 부담지울 수는 없다(대판 2024.9.27, 2024다224645,224652; 대판 2007.4.26, 2005다62006). 즉 해제에 관한 일반규정을 조합계약에 그대로 적용할 수 없다.

Ⅱ. 조합의 업무집행과 조합대리

1. 조합의 대내관계 — 조합의 업무집행

조합의 업무집행은 내부적으로 조합의 업무를 집행하는 것으로서, 조합이 외부적으로 제3자와 법률행위를 하는 것과 구별된다.

(1) 업무집행자를 정하지 않은 경우

조합계약으로 조합원 중 일부 또는 제3자를 업무집행자로 정하지 않은 경우에는 모든 조합원이 원칙적으로 업무집행권을 가진다(대판 2018.8.30, 2016다46338,46345). 모든 조합원이 업무를 집행하는 경우에 의견이 일치되지 않은 때에는 조합원의 과반수로써 결정한다(제706조 2항 전문). 그러나 조합재산의 보존행위 등과 같은 조합의 통상사무는 각 조합원이 행할 수 있지만, 그 사무의 완료 전에 다른 조합원의 이의가 있는 때에는 즉시 중지하여야 한다(제706조 3항). 조합업무를 집행하는 조합원과 다른 조합원 사이에는 위임에 관한 규정이 준용되며(제707조), 따라서 업무를 집행하는 조합원은 조합계약의 내용에 따라 선량한 관리자의 주의로써(제681조) 조합사무를 처리하여야 한다(대판 2018.8.30, 2016다46338,46345). 또한 각 조합원은 언제든지 조합의 업무 및 재산상태를 검사할 수 있다(제710조).

판 례

조합의 통상사무는 각 조합원 또는 각 업무집행자가 단독으로 집행할 수 있고(제706조 3항), 조합업무를 집행하는 조합원이 그 집행에 관하여 필요비를 지출한 때에는 그 비용의 상환을 조합에 청구할 수 있다(제707조, 제688조 1항). 여기에서 필요비는 조합업무를 집행하는 조합원이 선량한 관리자의 주의를 가지고 조합에 필요하다고 판단하여 지출한 비용을 의미한다(대판 2024.2.29, 2023다294470,294487). 이때 조합의 비용상환채무는 특별한 사정이 없는 한 조합채무에 해당한다(대판 2025.6.26, 2025다205399,205405). 가령 조합과 조합원이 명의신탁약정을 맺고 그에 따라 조합원이 조합의 공동사업에 필요한 부동산을 매수하는 계약명의신탁한 경우, 상대방 당사자가 명의신탁약정 사실을 알지 못한 상태에서 조합원의 매매계약 및 조합원 명의의 등기가 이루어짐으로써 부동산 소유권이 조합원에게 귀속되었더라도(부동산실명법 제4조 2항 단서) 조합원은 특별한 사정이 없는 한 조합업무 집행에 관하여 부동산에 지출한 필요비의 상환을 조합에 청구할 수 있다.

(2) 업무집행자를 정한 경우

조합계약으로 일부의 조합원에게 업무의 집행을 맡길 수 있다. 조합계약으로 업무집행자를 정하지 않은 경우에는 조합원의 3분의 2이상의 찬성으로 이를 선임할 수 있다(제706조 1항). 업무집행자가 여럿인 때에는 그 과반수로써 결정한다(제706조 2항 후문). 그러나 조합의 통상사무는 업무집행자가 단독으로 할 수 있지만, 다른 업무집행자의 이의가 있는 때에는 즉시 중지하여야 한다(제706조 3항).

업무집행자와 다른 조합원 사이에는 위임에 관한 규정이 준용되며(제707조), 업무집행자인 조합원은 정당한 이유 없이 사임하지 못하고, 다른 조합원의 일치가 아니면 해임하지 못한다(제708조). 한편 각 조합원은 언제든지 조합의 업무 및 재산상태를 검사할 수 있다(제710조).

판 례

제706조에서는 조합원 3분의 2 이상의 찬성으로 조합의 업무집행자를 선임하고 조합원 과반수의 찬성으로 조합의 업무집행방법을 결정하도록 규정하고 있는바, 여기서 말하는 조합원은 조합원의 출자가액이나 지분이 아닌 조합원의 인원수를 뜻한다. 다만 위와 같은 민법의 규정은 임의규정이므로, 당사자 사이의 약정으로 업무집행자의 선임이나 업무집행방법의 결정을 조합원의 인원수가 아닌 그 출자가액 내지 지분의 비율에 의하도록 하는 등 그 내용을 달리 정할 수 있고, 그와 같은 약정이 있는 경우에는 그 정한 바에 따라 업무집행자를 선임하거나 업무집행방법을 결정하여야만 유효하다(대판 2009.4.23, 2008다4247).

2. 조합의 대외관계 — 조합대리

(1) 조합은 그 자체 법인격이 없으므로, 조합이 제3자와 법률행위를 할 때에는 조합원 전원의 이름으로 하여야 한다. 이것은 불편한 점이 있으므로 실제로는 대리의 방법을 이용하고 있다. 조합의 대외관계는 이처럼 대리의 형식에 의하고 있기 때문에 '조합대리'라고도 한다. 조합대리에서도 대리의 일반법리가 적용되므로 현명이 필요하지만, 조합원 모두를 대리하는 것을 상대방이 알 정도로 표시하면 족하고 반드시 전 조합원을 구체적으로 표시할 필요는 없다(대판 2009.1.30, 2008다79340). 주의할 것은 두 사람이 동업계약을 체결한 후 한 사람의 명의로 사업자등록을 하고 그의 책임으로 경영하여 왔다면 내부적으로는 조합이지만, 대외적으로는 그 경영자만이 권리의무를 갖는다는 점이다(대판 1997.9.26, 96다14838,14845). 가령 甲은 출자금을 지급하고, 乙은 공장의 임대보증금과 시설 등을 책임지며 그 사업은 乙 명의로 하여 그의 책임하에 경영하고 이익금은 공장 내에 유보하며, 乙은 甲과 합의한 급여를 매월 받기로 하는 내용의 동업계약을 체결하였다. 乙은 동업계약에 따라 그의 명의로 사업자등록을 하고 그 책임하에 공장을 경영한 경우, 이는 내부관계에서는 조합이라고 할 수 있지만, 대외적으로는 조합원의 합유인 조합재산이 없고 乙이 대외적인 법률행위를 할 때 甲을 대리할 필요 없이 자기 명의로 하는 점에서 대외적으로는 영업을 경영하는 乙만이 권리를 취득하고 채무를 부담한다(대판 1988.10.25, 86다카175).

(2) 조합대리는 내부적인 업무집행과 구별되며, 조합대리권은 수권행위에 의하여 발생한다. 수권행위는 조합계약으로 할 수도 있고, 개별적인 수권행위에 의할 수도 있다. 조합대리권과 관련하여 민법은 "조합의 업무를 집행하는 조합원은 그 업무집행의 대리권이 있는 것으로 추정한다"고 규정하고 있다(제709조). 따라서 업무집행자가 정해지지 않은 때에는 각 조합원이, 업무집행자가 정해진 때에는 그가 대리권이 있는 것으로 추정된다.

판 례

(ㄱ) 第709조에 의하면 조합계약으로 업무집행자를 정하였거나 또는 선임한 때에는 그 업무집행조합원은 조합의 목적을 달성하는 데 필요한 범위에서 조합을 위하여 모든 행위를 할 대리권이 있는 것으로 추정되지만, 위 규정은 임의규정이라고 할 것이므로 당사자 사이의 약정에 의하여 조합의 업무집행에 관하여 조합원 전원의 동의를 요하도록 하는 등 그 내용을 달리 정할 수 있고, 그와 같은 약정이 있는 경우에는 조합의 업무집행은 조합원 전원의 동의가 있는 때에만 유효하다 할 것이어서, 조합의 구성원이 위와 같은 약정의 존재를 주장·증명하면 조합의 업무집행자가 조합원을 대리할 권한이 있다는 추정은 깨어지고 업무집행자와 사이에 법률행위를 한 상대방이 나머지 조합원에게 그 법률행위의 효력을 주장하기 위하여는 그와 같은 약정에 따른 조합원 전원의 동의가 있었다는 점을 주장·증명할 필요가 있다(대판 2002.1.25, 99다62838).

(ㄴ) 第114조 1항은 "대리인이 그 권한 내에서 본인을 위한 것임을 표시한 의사표시는 직접 본인에게 대하여 효력이 생긴다"라고 규정하고 있으므로, 원칙적으로 대리행위는 본인을 위한 것임을 표시하여야 직접 본인에 대하여 효력이 생기는 것이고, 한편 민법상 조합의 경우 법인격이 없어 조합 자체가 본인이 될 수 없으므로, 이른바 조합대리에 있어서는 본인에 해당하는 모든 조합원을 위한 것임을 표시하여야 하나, 반드시 조합원 전원의 성명을 제시할 필요는 없고, 상대방이 알 수 있을 정도로 조합을 표시하는 것으로 충분하다. 그리고 상법 제48조는 "상행위의 대리인이 본인을 위한 것임을 표시하지 아니하여도 그 행위는 본인에 대하여 효력이 있다. 그러나 상대방이 본인을 위한 것임을 알지 못한 때에는 대리인에 대하여도 이행의 청구를 할 수 있다"고 규정하고 있으므로, 조합대리에 있어서도 그 법률행위가 조합에게 상행위가 되는 경우에는 조합을 위한 것임을 표시하지 않았다고 하더라도 그 법률행위의 효력은 본인인 조합원 전원에게 미친다(대판 2009.1.30, 2008다79340).

(ㄷ) 甲이 금전을 출자하면 乙이 골재현장에서 골재를 생산하여 그 이익금을 50:50으로 나누어 분배하기로 하는 내용의 동업계약에서, 乙은 민법상 조합의 업무집행조합원에 해당한다고 볼 수 있고, 乙이 골재현장의 터파기 및 부지 평탄작업에 투입될 중장비 등에 사용할 목적으로 유류를 공급받는 행위는 골재생산업을 영위하는 상인인 甲과 乙을 조합원으로 한 조합이 그 영업을 위하여 하는 행위로서 상법 제47조 1항에 정한 보조적 상행위에 해당한다고 볼 여지가 충분하므로, 乙이 골재현장에 필요한 유류를 공급받으면서 그 상대방에게 조합을 위한 것임을 표시하지 아니하였더라도 상법 제48조에 따라 그 유류공급계약의 효력은 본인인 조합원 전원에게 미친다(대판 2009.1.30, 2008다79340).

3. 업무집행조합원이 조합에 손해를 끼친 경우

업무집행조합원이 임무에 위배되는 행위로 조합원이 출자한 동업자금을 모두 허비한 경우, 그로 인한 손해에 대하여 조합원이 조합관계를 벗어난 개인의 지위에서 손해배상을 청구할 수 없다(대판 1999.6.8, 98다60484). 다시 말하면 조합업무를 집행하는 조합원이 개인적인 자금융통을 위하여 조합재산을 담보로 제공하여 그 소유권을 잃게 한 경우, 이로 인해 손해를 입은 것은 조합재산을 상실한 조합체이므로, 결국 조합원들이 그 재산에 대한 합유지분을 상실하였더라도 이는 개인으로서 입은 손해가 아니라 조합원의 지위에서 입은 손해에 지나지 아니하므로, 피해를 입은 조합원은 조합관계를 벗어난 개인의 지위에서 그 손해배상을 구할 수는 없다(대판 1997.11.28, 95다35302; 대판 1996.9.20, 94다52881).

Ⅲ. 조합의 재산관계

1. 조합재산

(1) 조합재산의 의의

(가) 조합은 공동사업을 경영할 목적으로 구성된 조합원들의 인적 공동체로서, 공동사업을 위하여 재산을 갖는 것이 일반적이다. 그런데 조합의 권리능력이 인정되지 않기 때문에, 그 재산은 조합원이 공동으로 갖게 된다. 따라서 조합재산은 공동사업을 위하여 조합원들이 공동으로 갖는 재산을 의미한다.

(나) 조합재산은 조합원이 출자한 재산(동산·부동산·특허권 등), 출자청구권(출자를 약속한 조합원에 대하여 다른 조합원이 그 이행을 청구할 수 있는 권리), 조합의 업무집행으로 취득한 재산, 조합재산에서 생긴 재산(예: 조합재산의 과실, 수용의 대가, 제3자에 대한 손해배상청구권 등), 조합의 채무(소극재산) 등으로 구성된다(송덕수, D-494). 물론 조합원이 출자하기로 한 권리가 조합재산으로 되려면 권리이전 절차가 완료되어야 하며, 그 이전에는 그 권리를 조합재산이라고 주장할 수 없다(대판 1996.2.27, 94다27083,27090). 가령 부동산의 소유자가 동업계약(조합계약)에 의하여 부동산의 소유권을 투자하기로 하였으나 아직 그의 소유로 등기가 되어 있고 조합원의 합유로 등기되어 있지 않다면, 그와 조합 사이에 채권적인 권리의무가 발생하여 그로 하여금 조합에 대하여 그 소유권을 이전할 의무 내지 그 사용을 인용할 의무가 있다고 할 수는 있지만, 그 동업계약을 이유로 조합계약 당사자 아닌 사람에 대한 관계에서 그 부동산이 조합원의 합유에 속한다고 할 근거는 없으므로, 조합원이 아닌 제3자에 대하여는 여전히 소유자로서 그 소유권을 행사할 수 있다(대판 2002.6.14, 2000다30622). 한편 매수인들이 상호 출자하여 공동사업을 경영할 것을 목적으로 하는 조합이 조합재산으로서 부동산의 소유권을 취득하였다면 제271조 1항에 의하여 당연히 그 조합체의 합유물이 되고, 다만 그 조합체가 합유등기를 하지 않고 그 대신 조합원 1인의 명의로 소유권이전등기를 하였다면 이는 조합체가 그 조합원에게 명의신탁한 것으로 보아야 한다(대판 2006.4.13, 2003다25256; 대판 2002.6.14, 2000다30622. 물론 그 공유등기는 부동산실명법 제4조 2항에 의하여 무효로 된다).

(2) 조합재산의 귀속형태 — 조합원의 합유

(가) 합유적 귀속

1) 제704조는 "조합원의 출자 기타 조합재산은 조합원의 합유로 한다"라고 규정하고 있다. 따라서 ① 조합재산은 조합원 개인의 고유재산과 구별되며, 조합재산에 대하여 조합원 전원은 지분(持分)을 갖는다. ② 조합원 지분의 양도는 원칙적으로 다른 조합원 전원의 동의가 있어야 하지만(제273조 1항), 다른 조합원의 동의 없이 각자 지분을 자유로이 양도할 수 있도록 조합원 상호간에 약정하거나 사후적으로 지분 양도를 인정하는 합의를 하는 것은 유효하다(대판 2025.6.26, 2022다278501; 대판 2016.8.30, 2014다19790). 결국 2인이 동업하는 조합의 조합원 1인이 다른 조합원의 동의 없이 한 조합채권 양도행위는 무효이며(대판 1990.2.27, 88다카11534), 조합이 해산된 경우에도 청산절차를 거쳐 조합재

산을 조합원에게 분배하지 않는 한 조합재산은 계속하여 조합원의 합유이고 청산이 종료할 때까지 조합은 존속하므로, 일부 조합원이 다른 조합원들의 동의를 얻지 아니한 채 조합재산인 채권을 타인에게 양도한 행위는 무효이다(대판 1992.10.9, 92다28075). ③ 조합원(합유자)은 조합재산의 분할을 청구할 수 없다(제273조 2항).

2) 조합재산에 속하는 소유권 이외의 재산권(예: 지상권·저당권 등의 물권, 광업권·어업권·특허권, 채권 등)은 모든 조합원의 준합유로 된다(제278조). 또한 조합이 부담하는 채무도 모든 조합원의 준합유하게 된다. 이와 같이 채권·채무가 조합원에게 합유적으로 귀속하기 때문에 채권이 가분급부를 목적으로 하더라도 조합원 중 1인이 임의로 청구할 수 없고, 조합원들이 공동으로 하여야 한다. 예컨대 동업약정에 따라 동업자 공동으로 토지를 매수하였다면 그 토지는 동업자들을 조합원으로 하는 동업체에서 토지를 매수한 것이므로 그 동업자들은 토지에 대한 소유권이전등기청구권을 준합유하는 관계에 있고, 합유재산에 관한 소는 고유필요적 공동소송이므로 그 매매계약에 의하여 소유권이전등기의 이행을 구하는 소를 제기하려면 동업자들이 공동으로 하여야 한다(대판 1994.10.25, 93다54064; 대판 1996.12.10, 96다23238).

3) 조합재산은 조합원에게 합유적으로 귀속되므로(제704조), 특별한 사정이 없는 한 조합원 중 1인에 대한 채권자가 그 조합원 개인을 집행채무자로 하여 조합의 채권에 대하여 강제집행을 할 수 없고, 조합 업무를 집행할 권한을 수여받은 업무집행 조합원은 조합재산에 관하여 조합원으로부터 임의적 소송신탁을 받아 자기 이름으로 소송을 수행할 수 있다(대판 2001.2.23, 2000다68924). 물론 조합원 중 1인의 채권자가 그 조합원 개인을 집행채무자로 하여 조합의 채권에 대하여 강제집행하는 경우, 다른 조합원은 보존행위로서 제3자이의의 소를 제기하여 그 강제집행의 불허를 구할 수 있다(대판 1997.8.26, 97다4401).

판 례

(ㄱ) 공동이행방식의 공동수급체는 기본적으로 민법상 조합의 성질을 가지는 것이므로, 공동수급체가 공사를 시행함으로 인하여 도급인에 대하여 가지는 채권은 원칙적으로 공동수급체의 구성원에게 합유적으로 귀속하는 것이어서 특별한 사정이 없는 한 구성원 중 1인이 임의로 도급인에 대하여 출자지분의 비율에 따른 급부를 청구할 수 없다. 다만 공동이행방식의 공동수급체라도 그 개별 구성원이 각자의 지분비율에 따라 직접 도급인에게 공사대금을 청구할 수 있도록 하는 별도의 약정을 한 경우와 같이 공사도급계약의 내용에 따라서는 도급인에 대한 채권이 조합체로서의 공동수급체가 아니라 구성원 각자에게 지분비율에 따라 구분·귀속될 수 있고, 그러한 약정은 명시적으로는 물론 묵시적으로도 이루어질 수 있다(대판 2013.7.11, 2011다60759).

(ㄴ) 민법상 조합계약은 2인 이상이 상호 출자하여 공동으로 사업을 경영할 것을 약정하는 계약으로서, 조합재산은 조합의 합유에 속하므로 조합재산에 속하는 채권에 관한 소송은 합유물에 관한 소송으로서 특별한 사정이 없는 한 조합원들이 공동으로 제기하여야 하는 고유필수적 공동소송에 해당한다(대판 2012.11.29, 2012다44471).

(ㄷ) 민법상 조합에서 조합의 채권자가 조합재산에 대하여 강제집행을 하려면 조합원 전원에 대한 집행권원을 필요로 하고, 조합재산에 대한 강제집행의 보전을 위한 가압류의 경우에도 마찬가지로 조합원 전원에 대한 가압류명령이 있어야 하므로, 조합원 중 1인만을 가압류채무자로 한 가압류명령으로써 조합재산에 가

압류집행을 할 수는 없다(대판 2015.10.29, 2012다21560).

(나) 조합재산의 처분·변경에 관한 법률문제

조합재산은 조합원에게 합유적으로 귀속된다(제704조). 합유물을 처분·변경함에는 합유자의 전원의 동의가 있어야 한다(제272조 본문). 한편 제706조 2항은 "조합의 업무집행은 조합원의 과반수로써 결정한다. 업무집행자가 여럿인 때에는 그 과반수로써 결정한다"고 규정하고 있다. 여기서 합유물의 처분·변경은 조합의 업무에 속하는 것으로 해석되므로, 제272조와 제706조 2항이 충돌하게 된다.

1) 학설·판례

① 조합재산에 속하는 물건의 처분이 조합의 업무집행에 속하는 경우에는 제706조 2항이 적용되고, 업무집행으로 인정될 수 없는 경우에는 제272조가 적용된다는 견해(황적인, 현대민법론(IV), 261면), ② 업무집행조합원이 선임되어 있는 경우에는 제706조 2항이 적용되어 업무집행조합원의 과반수로 처분 또는 변경할 수 있고, 선임되어 있지 않은 때에는 제272조의 규정에 따라 조합원 전원의 합의로 처분 또는 변경할 수 있다는 견해(곽윤직, 310면 이하), ③ 제706조 2항은 제272조에 대한 특별규정이기 때문에, 일반적인 합유물의 처분 또는 변경에는 제272조가 적용되고, 그 합유물이 조합재산인 경우에는 제706조 2항이 특별규정으로서 우선적으로 적용되어야 한다는 견해(김형배, 765면; 민일영, 민법주해(V), 609면) 등이 대립하고 있다.

판례는 제272조에 따르면 합유물을 처분 또는 변경함에는 합유자 전원의 동의가 있어야 하나, 합유물 가운데서도 조합재산의 경우 그 처분·변경에 관한 행위는 조합의 특별사무에 해당하는 업무집행으로서, 이에 대하여는 특별한 사정이 없는 한 제706조 2항이 제272조에 우선하여 적용되므로, 조합재산의 처분·변경은 업무집행자가 없는 경우에는 조합원의 과반수로 결정하고, 업무집행자가 여럿인 경우에는 그 업무집행자의 과반수로써 결정하며, 업무집행자가 1인만 있는 경우에는 그 업무집행자가 단독으로 결정한다고 한다(대판 2010.4.29, 2007다18911).

2) 소 결

생각건대 민법은 공동사업의 효율적인 경영을 위하여, 통상적인 재산의 처분·변경에 대하여 과반수로 결정하도록 제706조 2항을 규정한 것이므로, 통상적인 재산의 처분·변경에 대해서는 특별규정인 제706조 2항이 적용되어야 할 것이다. 그러나 조합의 존립과 불가분의 관계에 있는 조합의 기본적 재산의 처분·변경은 공동사업의 경영을 주된 내용으로 하는 조합계약과 관련이 없으므로, 이러한 재산의 처분·변경은 합유물의 처분·변경에 관한 일반규정인 제272조에 의하여 조합원 전원의 합의를 필요로 한다고 할 것이다. 물론 제272조와 제706조는 임의규정이므로, 조합계약에서 업무집행조합원에게 조합재산의 처분·변경에 관한 모든 권한을 부여한 것으로 해석될 때에는, 조합계약에 따라 해결하면 된다.

(3) 조합재산과 개인재산의 구별

(가) 합유지분에 대한 압류

조합원의 채권자는 그 조합원이 조합재산에 대하여 가지는 지분을 압류할 수 있지만, 합유지분은 합유자 전원의 동의 없이는 처분·분할할 수 없으므로(제273조) 합유지분을 실행할 수 없다. 그러므로 민법은 조합원의 지분에 대한 압류는 그 조합원의 장래의 이익배당 및 지분의 반환을 받을 권리에 대하여 효력이 있다고 규정하고 있다(제714조). 여기의 '조합원의 지분'이란 전체로서의 조합재산에 대한 조합원 지분을 의미하므로, 조합재산을 구성하는 개개의 재산에 대한 합유지분에 대하여는 압류 기타 강제집행의 대상으로 삼을 수 없다(대결 2007.11.30, 2005마1130).

(나) 조합채무자의 상계금지

조합의 채무자는 그가 부담하는 채무와 조합원에 대해 가지는 채권을 서로 상계하지 못한다(제715조). 조합에 대한 채무자는 조합원 모두에 대해 채무를 부담하는 것이고 어느 조합원 개인에 대해 지는 것이 아니므로, 어느 조합원에 대해 채권을 가지고 있더라도 조합에 대한 채무와 상계할 수 없다. 예컨대 甲·乙 2인이 조합원으로 구성된 조합에 대하여 3,000만원의 채무를 부담하는 丙이 甲에 대하여 1,000만원의 채권을 가지고 있는 경우, 1,000만원에 관하여 조합에 대한 채무와 상계할 수 없다. 물론 조합의 채권과 조합에 대한 채권을 상계하는 것은 가능하다(대판 2006.3.9, 2004다49693,49709; 대판 1983.10.11, 83다카542).

판 례

탈퇴한 동업자의 출자금반환청구에 있어서 그 탈퇴자가 공동영업사무집행 중 동업체의 금원을 횡령하였다면 탈퇴자는 동업체에 이를 변상할 책임이 있다고 할 것이므로 동업체의 업무집행자는 위 손해배상채권을 자동채권으로 하여 탈퇴자의 출자금반환청구와 상계를 주장할 수 있다(대판 1983.10.11, 83다카542).

2. 조합채무에 대한 책임

조합은 권리능력이 없으므로 채무의 주체가 되지 못하며, 조합채무는 조합원 모두의 채무로 귀속하게 된다(준합유). 즉 조합채무에 대하여 각 조합원은 그의 개인재산을 가지고 책임을 부담할 뿐만 아니라 조합재산을 가지고도 공동으로 책임을 진다(대판 1957.10.31, 4290민상459). 따라서 조합의 채권자가 조합원에 대하여 조합재산에 의한 공동책임을 묻는 것이 아니라 각 조합원의 개인적 책임에 의하여 채권을 행사하는 경우에는 조합원 각자를 상대로 하여 그 이행의 소를 제기할 수 있다(대판 1991.11.22, 91다30705).

(1) 조합재산에 의한 공동책임

조합의 채권자는 조합재산으로 채권의 전액을 변제할 것을 청구할 수 있다. 이때 채권자가 조합재산에 대하여 강제집행을 하기 위해서는, 조합원 전원에 대한 집행권원이 필요하므로 채권자는 조합원 전원에 대하여 채권의 전액에 관한 이행의 소를 제기하여야 한다.

(2) 조합원의 개인재산에 의한 책임

(가) 분할채무의 원칙

조합채무가 성질상 불가분이거나 조합채무에 관하여 조합원이 연대책임을 부담한다는 특약이 없는 한, 각 조합원은 균등한 비율로 책임을 부담한다(제408조). 그러나 조합채무가 조합원 1인 또는 전원에게 상행위로 인하여 발생한 때에는 상법 제57조 1항에 따라 조합원 전원은 연대채무를 지게 된다(대판 2018.4.12, 2016다39897).

판 례

(ㄱ) 조합의 채무는 각 조합원의 채무로서 그 채무가 불가분의 채무이거나 연대의 특약이 없는 한 조합채권자는 각 조합원에 대하여 지분의 비율에 따라 또는 균일적으로 변제의 청구를 할 수 있을 뿐이지 달리 그 금원 전부나 연대의 지급을 구할 수는 없는 것이다(대판 1985.11.12, 85다카1499).

(ㄴ) 공동이행방식의 공동수급체는 민법상 조합의 성질을 가지는데, 조합의 채무는 조합원의 채무로서 특별한 사정이 없는 한 조합채권자는 각 조합원에 대하여 지분의 비율에 따라 또는 균일적으로 권리를 행사할 수 있지만, 조합채무가 조합원 전원을 위하여 상행위가 되는 행위로 인하여 부담하게 된 것이라면 상법 제57조 제1항을 적용하여 조합원들의 연대책임을 인정함이 상당하므로, 공동수급체의 구성원들이 상인인 경우, ① 공사도급계약에 따라 도급인에게 하자보수를 이행할 의무는 구성원 전원의 상행위에 의하여 부담한 채무로서 공동수급체의 구성원들은 연대하여 도급인에게 하자보수를 이행할 의무가 있다(대판 2015.3.26, 2012다25432). ② 탈퇴한 조합원에 대하여 잔존 조합원들이 탈퇴 당시의 조합재산상태에 따라 탈퇴 조합원의 지분을 환급할 의무는 구성원 전원의 상행위에 따라 부담한 채무로서 공동수급체의 구성원들인 잔존 조합원들은 연대하여 탈퇴한 조합원에게 지분환급의무를 이행할 책임이 있다(대판 2016.7.14, 2015다233098).

(나) 손실부담의 비율

조합채무는 분할채무이므로, 손실(책임)부담의 비율에 대한 특약이 없으면 균등한 비율로 책임을 진다(제408조). 그러나 민법은 이에 대하여 특별규정을 두고 있다. 즉 손실부담(損失負擔)의 특약이 있더라도 조합채권자가 채권이 발생할 당시에 그 손실부담의 비율을 알지 못한 경우, 각 조합원에 대하여 균등한 비율로 변제를 청구할 수 있다(제712조). 특히 조합원 중에 변제자력이 없는 자가 있는 경우에는 그 변제할 수 없게 된 부분에 대하여 다른 조합원들이 균분하여 변제할 책임을 진다(제713조).

(다) 조합원의 지위변동과 조합채무에 대한 책임과의 관계

조합원은 조합원으로 있던 동안에 발생한 조합채무에 대해서만 책임을 진다(대판 1973.12.26, 73다1024). 즉 조합원으로 가입하기 전이나 탈퇴 이후에 발생한 조합채무에 대해서는 책임을 지지 않지만, 조합이 해산되더라도 조합원으로 있던 동안에 발생한 조합채무는 책임을 져야 한다.

3. 손익분배

(1) 손익분배의 비율

조합원은 손익분배의 비율에 대하여 조합계약에서 자유로이 정할 수 있으나, 그러한 특약이 없는 경우에 손익분배의 비율은 각 조합원의 출자가액에 비례하며(제711조 1항), 이익 또는 손실에 대하여 분배의 비율을 정한 때에는 그 비율은 이익과 손실에 공통된 것으로 추정된다(제711조 2항).

(2) 손익분배의 시기

이익분배의 시기에 관하여 조합계약에서 자유로이 정할 수 있다. 조합계약으로 정하지 않은 경우, ① 조합이 영리를 목적으로 하는 때에는 이익의 분배는 통상적인 조합재산의 처분에 속한다. 따라서 조합의 업무집행의 규정에 따라(제706조 1항, 2항) 과반수로 이익분배와 적절한 시기를 정할 수 있다. ② 조합이 문화·친목 등과 같이 영리를 목적으로 하지 않은 때에는 조합원 전원의 합의가 있는 때 또는 조합이 청산할 때에 분배된다(김형배, 772면; 곽윤직, 315면; 김상용, 457면). 한편 손실분배의 시기에 관해서도 조합계약에서 정할 수 있지만, 이를 정하지 않은 경우에는 조합이 청산할 때 그 부담비율에 따라 손실이 분배된다.

판 례

(ㄱ) 당사자들이 공동이행방식의 공동수급체를 구성하여 도급인으로부터 공사를 수급받는 경우 공동수급체는 원칙적으로 민법상 조합에 해당한다. 건설공동수급체 구성원은 공동수급체에 출자의무를 지는 반면 공동수급체에 대한 이익분배청구권을 가지는데, 이익분배청구권과 출자의무는 별개의 권리·의무이다. 따라서 공동수급체의 구성원이 출자의무를 이행하지 않더라도, 공동수급체가 출자의무의 불이행을 이유로 이익분배 자체를 거부할 수도 없고, 그 구성원에게 지급할 이익분배금에서 출자금이나 그 연체이자를 당연히 공제할 수도 없다. 다만 구성원에 대한 공동수급체의 출자금 채권과 공동수급체에 대한 구성원의 이익분배청구권이 상계적상에 있으면 상계에 관한 민법 규정에 따라 두 채권을 대등액에서 상계할 수 있을 따름이다(대판 2018.1.24, 2015다69990).

(ㄴ) 공동수급체의 구성원들 사이에 '출자의무와 이익분배를 직접 연계시키는 특약'을 하는 것도 계약자유의 원칙상 허용된다. 따라서 구성원들이 출자의무를 먼저 이행한 경우에 한하여 이익분배를 받을 수 있다고 약정하거나 출자의무의 불이행 정도에 따라 이익분배금을 전부 또는 일부 삭감하기로 약정할 수도 있다. 나아가 금전을 출자하기로 한 구성원이 출자를 지연하는 경우 그 구성원이 지급받을 이익분배금에서 출자금과 그 연체이자를 '공제'하기로 하는 약정을 할 수도 있다. 이러한 약정이 있으면 공동수급체는 그 특약에 따라 출자의무를 불이행한 구성원에 대한 이익분배를 거부하거나 구성원에게 지급할 이익분배금에서 출자금과 그 연체이자를 공제할 수 있다. 이러한 '공제'는 특별한 약정이 없는 한 당사자 쌍방의 채권이 서로 상계적상에 있는지 여부와 관계없이 가능하고 별도의 의사표시도 필요하지 않다. 이 점에서 상계적상에 있는 채권을 가진 채권자가 별도로 의사표시를 하여야 하는 상계(민법 제493조 제1항)와는 구별된다. 물론 상계의 경우에도 쌍방의 채무가 상계적상에 이르면 별도의 의사표시 없이도 상계된 것으로 한다는 특약을 할 수 있다. 그러나 공제 약정이 있으면 별도의 의사표시 없이도 당연히 공제되는 것이 원칙이다(대판 2018.1.24, 2015다69990).

(ㄷ) 조합관계의 이익분배에 관하여 분기별로 이익금을 정산할 경우 이익배당은 매 분기 종료 시에 청구할 수 있고, 어느 분기에 이익이 발생하였다면 다른 분기에 손실이 발생하였는지와 관계없이 해당 분기의 이익

배당금을 청구할 수 있으나, 연도별로 이익배당금을 청구할 경우에는 해당 연도의 분기별 손익을 가감하여 연도 말 기준으로 배당 가능한 최종 이익이 있어야 이익배당금을 청구할 수 있으므로, 일반적으로 연도별 이익배당이 분기별 이익배당에 비하여 조합원들에게 불리하다. 그러므로 조합이 분기별로 이익금을 정산하여 조합원들에게 분배하기로 약정하였더라도, 조합원이 '분기별' 정산 및 이익배당보다 자신에게 불리한 '연도별' 이익배당을 청구하는 것이 허용되지 않는다고 할 이유는 없다. 따라서 연도별 이익금이 인정되고 당사자가 이를 기준으로 배당금을 청구하고 있다면, 분기별 이익금을 증명하지 못하였다는 이유만으로 가벼이 청구를 배척할 것은 아니다(대판 2016.8.30, 2014다19790).

Ⅳ. 조합원의 변동

1. 조합원의 탈퇴

(1) 임의탈퇴(자신의 의사에 의한 탈퇴)

(가) 조합계약으로 조합의 존속기간을 정하지 않거나 조합원의 종신까지 존속할 것을 정한 경우, 각 조합원은 언제든지 탈퇴할 수 있다(제716조 1항 본문). 그러나 부득이한 사유 없이 조합에 불리한 시기에 탈퇴하지 못한다(제716조 1항 단서). 조합의 존속기간을 정한 때에도 조합원은 부득이한 사유가 있으면 탈퇴할 수 있다(제716조 2항). 부득이한 사유에 해당하는지 여부는 조합원 일신상의 주관적인 사유 및 조합원 개개인의 이익뿐만 아니라 단체로서의 조합의 성격과 조합원 전체의 이익 등을 종합적으로 고려하여 판단하여야 한다(대판 1997.1.24, 96다26305).

(나) 임의탈퇴는 다른 조합원 전원에 대한 의사표시로 하여야 한다(대판 1997.9.9, 96다16896). 이는 업무집행자가 정하여져 있더라도 마찬가지이다. 탈퇴는 조합계약의 해지이므로 그것의 수령은 조합의 업무집행이 아니기 때문이다. 그러나 조합계약에서 탈퇴의사의 표시방법을 따로 정하는 특약은 유효하다(대판 1997.9.9, 96다16896).

(다) 한편 판례는 2인으로 된 조합에서 1인의 탈퇴를 인정하고 있다. 즉 2인으로 구성된 조합에서 한 조합원이 탈퇴하면 조합관계는 종료되나 특별한 사정이 없는 한 조합은 해산이나 청산이 되지 않는다. 다만 조합원의 합유에 속한 조합재산은 남은 조합원의 단독소유에 속하여 탈퇴 조합원과 남은 조합원 사이에는 탈퇴로 인한 계산을 해야 한다. 이때 탈퇴 조합원이 탈퇴로 인한 계산 결과 남은 조합원에게 가지게 되는 지분반환청구권(제719조)은 조합의 해산에 따른 잔여재산 분배청구권(제724조 2항)과 구별되는 별도의 권리이다(대판 2024.9.13, 2024다234239).

판 례

민법상 조합원은 조합의 존속기간이 정해져 있는 경우 등을 제외하고는 원칙적으로 언제든지 조합에서 탈퇴할 수 있고(제716조 참조), 조합원이 탈퇴하면 그 당시의 조합재산 상태에 따라 다른 조합원과 사이에 지분의 계산을 하여 지분환급청구권을 가지게 되는바(제719조 참조), 조합원이 조합을 탈퇴할 권리는 그 성질상 조합계약의 해지권으로서 그의 일반재산을 구성하는 재산권의 일종이라 할 것이고 채권자대위가 허용되지 않는 일신전속적 권리라고는 할 수 없다(대결 2007.11.30, 2005마1130).

(2) 비임의탈퇴(자신의 의사에 의하지 않은 탈퇴)

조합원의 비임의적 탈퇴사유는 조합원의 사망·파산·성년후견개시 및 제명이다(제717조). 즉 조합은 조합원 사이의 개인적인 신뢰관계를 그 기초로 하므로 조합원이 사망하면 당연히 탈퇴하는 것이 되고, 그의 상속인이 조합원의 지위를 승계하지 못한다(통설). 다만 조합계약으로 그 지위의 상속을 인정하는 때에는 상속인에게 승계될 수 있다(대판 1987.6.23, 86다카2951).

한편 정당한 사유가 있는 때에 한하여, 다른 조합원 모두의 일치로써 조합원을 제명할 수 있지만(제718조 1항), 제명결정을 제명된 조합원에게 통지하지 않으면 그 조합원에게 대항하지 못한다(제718조 2항). 여기에서 '정당한 사유가 있는 때'란 특정 조합원이 동업계약에서 정한 의무를 이행하지 않거나 조합업무를 집행하면서 부정행위를 한 경우와 같이 특정 조합원에게 명백한 귀책사유가 있는 경우는 물론이고, 이에 이르지 않더라도 특정 조합원으로 말미암아 조합원들 사이에 반목·불화로 대립이 발생하고 신뢰관계가 근본적으로 훼손되어 특정 조합원이 계속 조합원의 지위를 유지하도록 한다면 조합의 원만한 공동운영을 기대할 수 없는 경우도 포함한다(대판 2021.10.28, 2017다200702).

이와 같이 제명에는 다른 조합원의 일치된 합의를 필요로 하므로, 2인 조합에서는 제명은 있을 수 없다. 또 제명당하는 조합원 각자에 대해 다른 조합원의 일치가 있어야 하므로 2인 이상을 동시에 제명하지 못한다. 판례는 조합원의 출자이행의 해태는 제명을 위한 정당한 사유에 해당하며, 제명을 하기 위해 상당기간을 정한 출자의무의 이행을 최고할 필요는 없다고 한다(대판 1997.7.25, 96다29816).

판 례

(ㄱ) 조합의 탈퇴라 함은 특정 조합원이 장래에 향하여 조합원으로서의 지위를 벗어나는 것으로서, 이 경우 조합 그 자체는 나머지 조합원에 의해 동일성을 유지하며 존속하는 것이므로 결국 탈퇴는 잔존 조합원이 동업사업을 계속 유지·존속함을 전제로 하는 것이다(대판 2007.11.15, 2007다48370,48387).

(ㄴ) 조합원들이 조합계약 당시 제717조의 규정과 달리 차후 조합원 중에 파산하는 자가 발생하더라도 조합에서 탈퇴하지 않기로 약정한다면 이는 장래의 불특정 다수의 파산채권자의 이해에 관련된 것을 임의로 위 법 규정과 달리 정하는 것이어서 원칙적으로는 허용되지 않는다 할 것이지만, 파산한 조합원이 제3자와의 공동사업을 계속하기 위하여 그 조합에 잔류하는 것이 파산한 조합원의 채권자들에게 불리하지 아니하여 파산한 조합원의 채권자들의 동의를 얻어 파산관재인이 조합에 잔류할 것을 선택한 경우까지 조합원이 파산하여도 조합으로부터 탈퇴하지 않는다고 하는 조합원들 사이의 탈퇴금지의 약정이 무효라고 할 것은 아니다(대판 2004.9.13, 2003다26020).

(ㄷ) 공동수급체는 기본적으로 민법상의 조합의 성질을 가지고, 공동수급체의 구성원 사이에서 구성원 지위를 제3자에게 양도할 수 있기로 약정하지 아니한 이상, 공동수급체의 구성원 지위는 상속이 되지 않고 다른 구성원들의 동의가 없으면 이전이 허용되지 않는 귀속상의 일신전속적인 권리의무에 해당하므로, 공동수급

체의 구성원 지위는 원칙적으로 회사의 분할합병으로 인한 포괄승계의 대상이 되지 아니한다(대판 2011.8.25, 2010다44002).

(3) 탈퇴의 효과

(가) 탈퇴한 조합원은 장래에 향하여 조합원의 지위를 잃는다. 따라서 조합원이 탈퇴한 경우에도 탈퇴 전의 조합채무에 대해서는 소멸하지 않고 존속하게 된다.

(나) 탈퇴한 조합원은 조합재산에 대한 합유지분을 상실하고, 합유지분에 해당하는 가액의 반환을 청구할 수 있다. 이때 탈퇴한 조합원과 잔존 조합원 사이의 지분계산은 탈퇴 당시의 조합재산 상태에 의해야 하며(제719조 1항), 탈퇴한 조합원의 지분은 그가 출자한 재산의 종류를 불문하고 금전으로 반환할 수 있다(제719조 2항). 즉 ① 조합에서 조합원이 탈퇴하는 경우, 탈퇴자와 잔존자 사이의 탈퇴로 인한 계산은 특별한 사정이 없는 한 '탈퇴 당시의 조합재산 상태'를 기준으로 평가한 조합재산 중 탈퇴자의 지분에 해당하는 금액을 금전으로 반환해야 하고(제719조), 조합원의 지분비율은 '조합 내부의 손익분배 비율'을 기준으로 계산해야 하지만(대판 2023.10.12, 2022다285523,285530), 당사자가 손익분배의 비율을 정하지 않은 때에는 각 조합원의 출자가액에 비례하여(제711조) 이를 정해야 한다(대판 2008.9.25, 2008다41529; 대판 2006.3.9, 2004다49693,49709). ② 탈퇴한 조합원은 탈퇴 당시의 조합재산을 계산한 결과 조합의 재산상태가 적자가 아닌 경우에 지분을 환급받을 수 있다. 따라서 탈퇴 조합원의 지분을 계산할 때 지분을 계산하는 방법에 관해서 별도 약정이 있다는 등 특별한 사정이 없는 한 지분의 환급을 주장하는 사람에게 조합재산의 상태를 증명할 책임이 있다(대판 2021.7.29, 2019다207851).

(다) 2인 조합에서 조합원 1인이 탈퇴하면 조합관계는 종료되지만 특별한 사정이 없는 한 조합이 해산되지 않고, 조합원의 합유에 속하였던 재산은 남은 조합원의 단독 소유에 속하게 되지만, 그 조합재산이 부동산인 경우에는 그 물권변동의 원인은 조합관계에서의 탈퇴라고 하는 법률행위에 의한 것으로서 잔존 조합원의 단독 소유로 하는 내용의 등기를 하여야 비로소 소유권 변동의 효력이 발생한다(대판 2011.1.27, 2008다2807).

판 례

(ㄱ) 탈퇴한 조합원의 지분은 그 출자의 종류 여하에 불구하고 금전으로 반환할 수 있고, 이 경우 탈퇴 조합원의 지분 계산에 있어서 자산평가의 기준시기는 탈퇴 당시이며, 조합원이 지분의 정산을 장기간 거부하였다거나 금전으로 정산하겠다는 의사표시를 뒤늦게 하였다 하여 달리 볼 것이 아니다(대판 1998.10.27, 98다15170).

(ㄴ) 2인 조합에서 조합원 1인이 탈퇴하는 경우, 탈퇴자와 잔존자 사이에 탈퇴로 인한 계산을 함에 있어서는 특단의 사정이 없는 한 민법 제719조 제1항, 제2항의 규정에 따라 '탈퇴 당시의 조합재산상태'를 기준으로 평가한 조합재산 중 탈퇴자의 지분에 해당하는 금액을 금전으로 반환하여야 할 것이고, 이러한 계산은 사업의 계속을 전제로 하는 것이므로 조합재산의 가액은 단순한 매매가격이 아닌 '영업권의 가치를 포함하는 영업가격'에 의하여 평가하되, 당해 조합원의 지분비율은 조합청산의 경우에 실제 출자한 자산가액의 비율에 의하는 것과는 달리 '조합내부의 손익분배 비율'을 기준으로 계산하여야 하는 것이 원칙이다(대판 2006.3.9, 2004다49693,49709).

(ㄷ) 2인으로 된 동업관계, 즉 조합관계에 있어 그 가운데 한 사람이 탈퇴하면 조합관계는 종료되나 특별한 사정이 없는 한 조합은 해산되지 아니하고 따라서 청산이 뒤따르지 아니하며, 다만 조합원의 합유에 속한 조합 재산은 남은 조합원의 단독소유에 속하여 탈퇴자와 남은 자 사이에는 탈퇴로 인한 계산을 하는 데 불과하고, 탈퇴한 조합원과 다른 조합원 간의 계산은 제719조 1항에 의하여 탈퇴 당시의 조합 재산상태에 의하여 하는 것이므로 그 지분계산에 있어서 자산평가의 기준 시기는 탈퇴 당시라고 보아야 한다(대판 1996.9.6, 96다19208).

(ㄹ) 2인 조합에서 조합원 1인이 탈퇴하는 경우, 조합의 탈퇴자에 대한 채권은 잔존자에게 귀속되므로 잔존자는 이를 자동채권으로 하여 탈퇴자에 대한 지분 상당의 조합재산 반환채무와 상계할 수 있다(대판 2006.3.9, 2004다49693,49709).

(ㅁ) 탈퇴한 조합원이 조합재산에서 그 출자가액에 비례하여 산정한 지분비율에 따라 계산한 금액을 반환받은 경우, 그 출자가액 중 일부가 기망행위에 의해 교부한 것이 드러났다고 하여 출자가액 중 기망행위로 인한 부분 전액에 대한 배상이 명해진다면 탈퇴자에게 이중으로 변제되는 부분이 생기게 되므로, 기망행위로 인하여 배상하여야 할 손해액을 산정할 때에는 그 출자가액 중 기망행위로 인한 부분(a)에서, 탈퇴자가 조합재산에서 실제로 반환받은 금액(b)과 기망행위로 인한 출자 부분이 없었을 경우의 지분비율에 따라 계산한 경우 탈퇴자가 반환받을 금액(c)의 차액을 공제하여야[=a-(b-c)] 한다(대판 2008.9.25, 2008다41529).

(ㅂ) 조합원이 분양신청을 하지 아니하거나 철회하는 경우에는 조합원의 지위를 상실함으로써 현금청산 대상자가 되는데, 조합원이 재건축조합에서 제명되거나 탈퇴하는 등 후발적인 사정으로 그 지위를 상실하는 경우에도 처음부터 분양신청을 하지 아니하거나 철회하는 경우와 마찬가지로 현금청산 대상자가 된다(대판 2013.11.28, 2012다110477,110484).

2. 조합원의 가입

조합원의 가입에 대하여, 명문의 규정이 없지만 조합계약 또는 조합원 전원의 합의에 의하여 조합원의 신규가입이 가능하다고 할 것이다(통설).

3. 조합원 지위의 양도

조합원의 지위를 제3자에게 양도할 수 있는가에 관하여, 학설과 판례는 조합계약에서 그 양도를 인정할 때·조합원 전원의 동의가 있을 때에 조합원의 지위를 양도할 수 있다고 한다(대판 1997.9.26, 95다6205; 곽윤직, 322면; 김형배, 782면; 김상용, 462면). 조합원의 지위의 양도가 있으면 양도인은 조합원으로서 지위를 상실하고 양수인은 양도인의 지위에 들어서게 된다.

판 례

(ㄱ) 조합원은 다른 조합원 전원의 동의가 있으면 그 지분을 처분할 수 있으나 조합의 목적과 단체성에 비추어 조합원으로서의 자격과 분리하여 그 지분권만을 처분할 수는 없으므로, 조합원이 지분을 양도하면 그로써 조합원의 지위를 상실하게 되며, 이와 같은 조합원 지위의 변동은 조합지분의 양도양수에 관한 약정으로써 바로 효력이 생긴다(대판 2009.3.12, 2006다28454).

(ㄴ) 2인 이상이 상호 출자하여 공동사업을 경영할 것을 약정함에 따라 성립한 민법상 조합에서 조합원 지분의 양도는 원칙적으로 다른 조합원 전원의 동의가 있어야 하지만, 다른 조합원의 동의 없이 각자 지분을

자유로이 양도할 수 있도록 조합원 상호 간에 약정하거나 사후적으로 지분 양도를 인정하는 합의를 하는 것은 유효하다(대판 2016.8.30, 2014다19790).

V. 조합의 종료 — 해산 및 청산

일반적으로 조합계약에서 정한 사유의 발생, 조합원 전원의 합의, 조합의 목적인 사업의 성공 또는 성공 불능, 해산청구 등에 의하여 조합관계가 종료된다(대판 2018.8.30, 2016다46338,46345). 그런데 조합은 조합원 사이의 계약관계이면서 동시에 단체성이 인정되므로, 조합의 종료의 경우에는 법인에서와 같이 해산 및 청산의 절차가 이루어지고, 조합은 청산이 끝난 때에 소멸한다.

1. 조합의 해산

존속기간의 만료·조합계약에서 정한 해산사유의 발생·조합원 전원의 합의 등으로 조합은 해산하게 된다. 조합의 해산은 조합이 소멸하기 위하여 그 목적인 사업을 수행하기 위한 적극적인 활동을 중지하고 조합재산을 정리하는 단계에 들어가는 것이다(대판 2024.9.13, 2024다234239). 민법은 부득이한 사유가 있는 때에 각 조합원이 조합의 해산을 청구할 수 있다고 규정하고 있다(제720조). 해산청구는 해지의 성질을 가지는 것이어서 다른 조합원 전원에 대한 의사표시로 하여야 한다(대판 1991.2.22, 90다카26300). 제720조의 부득이한 사유는 경제계의 사정변경에 따른 조합 재산상태의 악화나 영업부진 등으로 조합의 목적달성이 매우 곤란하다고 인정되는 객관적인 사정이 있거나 조합 당사자 간의 불화·대립으로 인하여 신뢰관계가 파괴됨으로써 조합업무의 원활한 운영을 기대할 수 없는 경우를 말한다(대판 2007.11.15, 2007다48370,48387). 따라서 조합 당사자 간의 불화·대립으로 인하여 신뢰관계가 깨어지고 특정 조합원의 탈퇴나 제명으로도 조합업무의 원활한 운영을 기대할 수 없게 된 상황에서 특정 조합원이 다른 조합원에게 해지통고를 한 것이라면 이는 조합의 소멸을 동반하는 조합의 해산청구로 볼 수 있다(대판 2024.9.27, 2024다224645,224652).

2. 조합의 청산

(1) 일 반

해산한 조합의 재산관계를 정리하는 것이 청산이며, 이 청산이 완료하는 때에 조합은 소멸된다. 다만 청산이 끝난 후에도 각 조합원은 조합채권자에 대하여 개인재산으로 책임을 부담하므로, 조합의 청산절차는 조합채권자를 보호하기 위한 것이 아니라 조합원 상호간의 재산관계의 공정한 처리를 목적으로 한다(곽윤직, 323면). 물론 조합의 청산에 관한 규정은 임의규정이므로(대판 1985.2.26, 84다카1921), 조합원 전원의 합의에 의하여 다른 방법으로 조합재산을 처리할 수 있다.

(2) 청산절차

민법이 규정하고 있는 청산절차는, 청산인이 합유재산을 정리하고 남은 재산을 각 조합원에게 분배하는 것이다.

(가) 청 산 인

청산사무는 모든 조합원이 공동으로 또는 조합원의 과반수로 선임된 청산인이 집행한다(제721조). 청산인은 반드시 조합원 중에서 선임하여야 하는 것은 아니지만, 조합원 중에서 청산인을 정한 때에는 그 청산인은 정당한 사유 없이 사임하지 못하며, 다른 조합원의 의견이 일치가 않으면 해임하지 못한다(제723조, 제708조). 그리고 청산인이 여럿인 때에는 청산사무의 집행은 그 과반수로 결정한다(제722조, 제706조 2항 후문).

(나) 청산인의 직무와 권한

청산인의 직무는 현존사무의 종결·채권의 추심 및 채무의 변제·잔여재산을 인도하는 것이고, 이러한 직무를 행하기 위하여 필요한 모든 행위를 할 수 있다(제724조 1항, 제87조). 한편 잔여재산은 각 조합원의 출자가액에 비례하여 분배된다(제724조 2항). 특히 조합이 해산된 경우, 원칙적으로 청산절차가 종료되지 않은 상태에서 잔여재산의 분배를 청구할 수 없다. 즉 조합이 해산된 때에 처리하여야 할 잔무가 없고 잔여재산의 분배만이 남아 있을 경우에는 따로 청산절차를 밟을 필요가 없지만, 그렇지 않은 경우에는 조합원들에게 분배할 잔여재산과 그 가액은 청산절차가 종료된 때에 확정되므로 조합원들 사이에 별도의 약정이 없는 이상 청산절차가 종료되지 아니한 상태에서 잔여재산의 분배를 청구할 수는 없다(대판 2024.9.13, 2024다234239; 대판 2018.11.29, 2018다201344).

판 례

(ㄱ) 민법의 조합의 해산사유와 청산에 관한 규정은 그와 내용을 달리하는 당사자의 특약까지 배제하는 강행규정이 아니므로, 당사자가 민법의 조합의 해산사유와 청산에 관한 규정과 다른 내용의 특약을 한 경우, 그 특약은 유효하다(대판 1985.2.26, 84다카1921). 반면에 법인의 청산절차에 관한 규정은 강행규정이다(대판 1980.4.8, 79다2036).

(ㄴ) 조합해산의 경우에 조합원에게 분배할 잔여재산의 범위와 그 가액은 '청산절차가 종료된 때'에 비로소 확정되는 것이므로, 그 가액의 평가는 청산절차 종료 당시를 기준으로 하여야 하고, 한편 이와 같이 청산절차가 종료되지 않은 상태에서의 조합, 즉 청산의 목적범위 내에서 존속하는 조합이 종국적으로 부담하게 된 채무도 조합의 채무로서 조합의 잔여재산의 계산에서 고려되어야 할 것이다(대판 2007.11.15, 2007다48370,48387).

(ㄷ) 조합이 해산된 경우 당사자 사이에 별도의 약정이 없는 이상 청산절차를 밟는 것이 통례이나, 조합의 잔무로서 처리할 일이 없고, 다만 잔여재산의 분배만이 남아 있을 때에는 따로 청산절차를 밟을 필요가 없으며, 잔여재산은 조합원 사이에 별도의 특약이 없는 이상 각 조합원의 출자가액에 비례하여 분배하게 되어 있으므로, 비록 조합채무의 변제 사무가 완료되지 아니한 사정이 있더라도 그 채권자가 조합원인 경우에는 동업체 자산을 보유하는 자가 동업체 자산에서 채권자 조합원에 대한 조합채무를 공제하여 분배대상 잔여재산액을 산출한 다음, 다른 조합원들에게 잔여재산 중 각 조합원의 출자가액에 비례한 몫을 반환함과 아울러 채권자 조합원에게 조합채무를 이행함으로써 별도의 청산절차를 거침이 없이 간이한 방법으로 공평한 잔여재산의 분배가 가능하다고 할 것이다(대판 2007.11.15, 2007다48370,48387).

(ㄹ) 조합이 해산되어 청산절차를 거칠 필요가 없는 경우라고 하더라도, 각 조합원은 분배비율을 초과하여 잔여재산을 보유하고 있는 조합원에 대하여 잔여재산을 분배하여 줄 것을 청구할 수 있는 권리만을 가질 뿐이지 그 조합재산의 소유권이 곧바로 각 조합원에게 귀속하는 것은 아니다. 따라서 그 조합재산은 조

합원에게 분배되기 전까지는 계속하여 조합원의 합유로 남아 있는 것이라고 보아야 한다(대판 2011.1.27, 2008다2807).

(ㅁ) 2인으로 구성된 조합의 조합원 중 1인이 선량한 관리자의 주의의무 위반 또는 불법행위 등으로 인하여 조합에 대하여 손해배상책임을 지게 되고 또한 그로 인하여 조합관계마저 그 목적 달성이 불가능하게 되어 종료되고 달리 조합의 잔여업무가 남아 있지 않은 상황에서 조합재산의 분배라는 청산절차만이 남게 된 경우, 다른 조합원은 조합에 손해를 가한 조합원을 상대로 선량한 관리자의 주의의무 위반 또는 불법행위에 따른 손해배상채권액 중 자신의 출자가액 비율에 의한 몫에 해당하는 돈을 청구하는 형식으로 조합관계의 종료로 인한 잔여재산의 분배를 청구할 수 있다(대판 2018.8.30, 2016다46338,46345).

(ㅂ) 조합관계가 종료된 경우 당사자 사이에 별도의 약정이 없는 이상 청산절차를 밟는 것이 통례이나, 조합의 잔무로서 처리할 일이 없고, 다만 잔여재산의 분배만이 남아 있을 때에는 따로 청산절차를 밟을 필요가 없으며, 잔여재산은 조합원 사이에 별도의 특약이 없는 이상 각 조합원의 출자가액에 비례하여 분배하도록 되어 있으므로, 비록 조합채무의 변제 사무가 완료되지 아니한 사정이 있더라도 채권자가 조합원인 경우에는 동업체 자산을 보유하는 자가 동업체 자산에서 채권자 조합원에 대한 조합채무를 공제하여 분배대상 잔여재산액을 산출한 다음, 다른 조합원들에게 잔여재산 중 각 조합원의 출자가액에 비례한 몫을 반환함과 아울러 채권자 조합원에게 조합채무를 이행함으로써 별도의 청산절차를 거침이 없이 간이한 방법으로 공평한 잔여재산의 분배가 가능하다(대판 2019.7.25, 2019다205206,205213).

(ㅅ) 조합의 일부 조합원이 당초 약정한 출자의무를 이행하고 있지 않은 상태에서 조합의 해산사유가 발생하여 해산이 이루어진 경우 그 잔여업무가 남아 있지 않고 다만 잔여재산의 분배 절차만이 남아 있을 때에는 조합원 사이에 별도의 약정이 없는 이상, 그 이행되지 아니한 출자금 채권을 추심하거나 청산절차를 거치지 않고도 각 조합원은 자신이 실제로 출자한 가액 비율의 범위 내에서 그 출자가액 비율을 초과하여 잔여재산을 보유하고 있는 조합원에 대하여 잔여재산의 분배절차를 진행할 수 있다. 이때 잔여재산은 특별한 사정이 없는 한 각 조합원이 실제로 출자한 가액에 비례하여 이를 분배하여야 할 것인데, 일부 이행되지 아니한 출자금이 있더라도 이를 고려하지 않고 잔여재산의 범위를 확정한 다음 각 조합원이 실제로 출자한 가액에 비례하여 이를 분배함이 타당하다. 이러한 기준에 따라 잔여재산분배 절차를 진행하는 이상 다른 조합원들은 출자의무를 이행하지 아니한 조합원에게 더 이상 출자의무의 이행을 청구할 없다(대판 2022.2.17, 2016다278579,278586).

(ㅇ) 민법은 조합원 중에서 청산인을 정한 때 다른 조합원의 일치가 아니면 청산인인 조합원을 해임하지 못한다고 정하고 있을 뿐이고(제723조, 제708조), 조합원이 법원에 청산인의 해임을 청구할 수 있는 규정을 두고 있지 않다. 민법상 조합의 청산인에 대하여 법원에 해임을 청구할 권리가 조합원에게 인정되지 않으므로, 특별한 사정이 없는 한 그와 같은 해임청구권을 피보전권리로 하여 청산인에 대한 직무집행정지와 직무대행자선임을 구하는 가처분은 허용되지 않는다(대결 2020.4.24, 2019마6918). 법률관계의 변경·형성을 목적으로 하는 형성의 소는 법률에 명문의 규정이 있는 경우에 한하여 제기할 수 있기 때문이다. 즉 단체의 대표자 등에 대하여 해임을 청구하는 소는 형성의 소에 해당하고, 이를 허용하는 법적 근거가 없는 경우 대표자 등에 대하여 직무집행정지와 직무대행자선임을 구하는 가처분 신청은 가처분에 의하여 보전될 권리관계가 존재한다고 볼 수 없어 허용되지 않는다.

제15절 종신정기금계약

Ⅰ. 서 설

1. 의 의

종신정기금계약은 당사자 한쪽이 자기나 상대방 또는 제3자가 사망할 때까지 금전이나 그 밖의 물건을 상대방 또는 제3자에게 정기적으로 지급할 것을 약정함으로써 성립하는 계약이다(제725조). 이것은 채권자의 노후 생활을 보장하기 위한 수단으로 이용될 수 있지만, 오늘날 보험·연금 등의 발달로 인해 이용될 가능성이 낮다.

2. 법적 성질

종신정기금은 낙성·불요식의 계약이다. 또한 종신정기금은 일정한 원인관계를 전제로 한다. 가령 매매에 기초한 대금지급채무, 증여에 의한 증여자의 급부의무가 발생한 경우에 그 이행의 방법으로써 당사자간에 종신정기금계약을 맺을 수 있다. 따라서 증여·매매·소비대차에 관한 규정이 적용될 뿐만 아니라 원인행위의 무효나 취소는 당연히 종신정기금의 효력에 영향을 미친다. 이처럼 종신정기금은 그 원인행위에 영향을 받는 유인계약인 점에서 그 원인행위가 무상인 때에는 무상계약이 되고, 유상인 때에는 유상·쌍무계약이 된다.

Ⅱ. 성립과 목적물

종신정기금은 낙성계약이므로, 특정인이 사망할 때까지 정기로 금전이나 그 밖의 대체물을 지급하기로 하는 당사자의 의사표시의 합치에 의하여 성립한다. 정기금채권자는 계약의 상대방에 한하지 않으며 제3자일 수 있다(제725조). 또한 종신정기금채권은 계약이 아닌 유언에 의해서도 발생할 수 있다. 이 경우 유언의 방식(제1065조 이하)과 효력(제1073조 이하)이 적용되는 것 이외에 종신정기금에 관한 규정이 준용된다(제730조).

종신정기금의 목적물은 금전이나 그 밖의 대체물이다(제725조). 제725조는 단순히 물건으로 규정하고 있으나 정기적으로 급부하여야 하므로, 물건은 '대체물'에 한하게 된다(통설).

Ⅲ. 효 력

(1) 종신정기금계약이 성립하거나 유증의 효력이 발생하면 종신정기금채권이 발생한다.

종신정기금채권에는 이자채권에서와 같이 기본권과 지분적 채권의 두 가지가 있는데, 그 채권은 일정한 시기에 정기금을 청구할 수 있는 하나의 채권일 뿐이다. 채권의 발생시기는 특약이 있으면 그에 따르고, 특약이 없는 때에는 제726조를 고려할 때 매 기간이 지난 후이어야 한다. 종신이 문제되는 자가 기간의 도중에 사망한 때에는 종신정기금은 일수로 계산한다(제726조).

(2) 정기금채무자의 불이행이 있는 때에는 채무불이행의 일반규정이 적용된다. 민법은 일정한 경우에 관하여 특별규정을 두고 있다. 즉 정기금채무자가 정기금채무의 원본을 받은 경우, 정기금채무의 지급을 게을리하거나 그 밖의 의무를 이행하지 않은 때에는 정기금채권자는 원본의 반환을 청구할 수 있다. 그러나 이미 지급을 받은 채무액에서 그 원본의 이자를 공제한 잔액을 정기금채무자에게 반환하여야 한다(제727조 1항). 정기금채권자가 계약을 해제하더라도 손해가 있는 때에는 그 배상을 청구할 수 있다(제727조 2항). 한편 종신정기금의 해제에 따라 각 당사자가 부담하는 의무는 동시이행의 관계에 있다(제728조).

(3) 종신정기금은 당사자 또는 제3자가 사망할 때까지 존속하므로, 당사자 또는 제3자가 사망하면 그때부터 계약은 종료된다. 그러나 정기금수령자의 사망이 채무자의 책임 있는 사유로 일어난 경우, 법원은 채권자 또는 그 상속인의 청구에 의하여 상당한 기간 동안 종신정기금채권의 존속을 청구할 수 있다(제729조 1항). 여기서 상당한 기간은 정기금수령권자가 생존하였을 것으로 판단되는 기간을 말한다(통설).

제16절 화해계약

Ⅰ. 서 설

1. 의 의

화해는 당사자가 서로 양보하여 당사자 사이의 분쟁을 끝낼 것을 약정함으로써 성립하는 계약이다(제731조). 다시 말하면 화해계약은 당사자가 서로 양보하여 법률관계에 대한 다툼이나 불확실(Ungewißheit)을 제거하는 계약을 말한다. 예컨대 ① 甲은 乙에게 600만원의 외상대금채권이 있다고 주장하고, 乙은 400만원의 채무가 있다고 주장하는 경우에 甲과 乙이 서로 양보하여 500만원의 채권이 있는 것으로 약정하는 경우, ② 도로건설공사의 현장책임자가 공사로 인한 양계장의 피해보상을 요구하는 양계업자와 사이에 민사상의 소를 취하하는 대신 환경분쟁조정위원회의 결정에 승복하기로 합의한 경우가 화해계약에 해당한다(대판 2004.6.25, 2003다32797).

2. 화해와 유사한 다른 분쟁해결제도

(1) 재판상 화해

재판상 화해는 화해과정에 법관이 개입하고 화해가 성립하면, 법원이 화해조서를 작성하는 점에서 민법상의 화해와 다르다. 화해조서는 법원의 확정판결과 동일한 효력이 있다.

(2) 조 정

법관과 민간인인 조정위원으로 구성되는 조정위원회가 분쟁당사자로 하여금 어떠한 해결책에 합의하도록 하는 절차이다. 조정조서가 작성되면 재판상 화해와 동일한 효력이 있다.

(3) 중 재

중재는 사인 간의 거래관계에서의 분쟁을 법관이 아닌 중재인에게 판단시키는 제도이다. 즉 분쟁당사자 쌍방의 합의에 의해 분쟁에 관한 판단을 제3자인 사인(중재인)에게 맡기고, 그 판단에 복종함으로써 분쟁을 해결하는 제도이다.

Ⅱ. 성립요건

1. 법률관계에 대하여 당사자 사이에 분쟁이 존재할 것

화해계약이 성립하기 위해서는, 먼저 당사자 사이의 법률관계에 대한 분쟁이 존재하여야 한다. 다툼이 있는 법률관계의 종류에는 제한이 없으나, 친자 기타 친족관계의 존부확인 등과 같이 당사자가 자유로이 처분할 수 없는 법률관계는 화해계약의 대상이 되지 못한다.

2. 당사자가 상호양보할 것

화해는 당사자가 서로 양보하여 법률관계의 분쟁이나 불확실을 해결하는 것이므로, 상호양보가 있어야 화해계약이 성립한다. 상호양보에는 채무의 부분적 승인 또는 면제·분할지급·이자감액·비용분담 등 여러 모습이 있다. 다시 말하면 화해계약이 성립하기 위해, 당사자가 반드시 50%씩 양보하여야 하는 것은 아니다.

3. 당사자에게 처분능력 및 처분권한이 있을 것

화해는 당사자 간의 상호양보를 내용으로 하고, 그 양보는 다투어지고 있는 법률관계에 관하여 처분하는 결과로 되므로, 화해계약의 당사자는 처분의 능력과 권한을 가지고 있어야 한다.

4. 당사자가 서로 양보하여 분쟁을 끝내기로 합의할 것

화해계약은 낙성계약이므로, 당사자가 서로 양보하여 법률관계에 대한 분쟁을 해결하기로 한 의사표시의 합치가 있어야 한다. 따라서 당사자가 조금씩 양보를 하였지만, 그에 대하여 합의가 존재하지 않는 경우에는 화해계약이 성립하지 않는다.

Ⅲ. 화해계약의 효과

1. 창설적 효력

화해계약이 성립하면, 당사자 사이에 다투어졌던 법률관계는 화해계약의 내용대로 확정된다. 즉 화해 전 법률관계는 소멸하고 새로운 법률관계가 창설되므로(대판 2018.5.30, 2017다21411), 화해 전 법률관계에 기초하여 존재하던 담보 등은 소멸하게 된다. 따라서 화해에 의하여 당사자 일방이 양보한 권리는 소멸하고, 상대방이 그 권리를 그대로 취득하게 된다(제732조). 주의할 것은 화해에 창설적 효력을 인정한 제732조는 임의규정이라는 점이다(통설). 그러므로 계약 성립 후에 이전의 법률관계가 명확해지면 화해계약은 소멸되고 이전의 법률관계에 따른다는 약정(해제조건부 화해)을 할 수 있다.

판 례

(ㄱ) 재판상 화해 또는 제소전 화해는 확정판결과 동일한 효력이 있으며 당사자 간의 사법상의 화해계약이 그 내용을 이루는 것이면 화해는 창설적 효력을 가져 화해가 이루어지면 종전의 법률관계를 바탕으로 한 권리의무관계는 소멸하나, 재판상 화해 등의 창설적 효력이 미치는 범위는 당사자가 서로 양보를 하여 확정하기로 합의한 사항에 한하며, 당사자가 다툰 사실이 없었던 사항은 물론 화해의 전제로서 서로 양해하고 있는데 지나지 않은 사항에 관하여는 그러한 효력이 생기지 않는다(대판 2001.4.27, 99다17319).

(ㄴ) 화해계약이 성립하기 위해서는 분쟁이 된 법률관계에 관하여 당사자 쌍방이 서로 양보함으로써 분쟁을 끝내기로 하는 의사의 합치가 있어야 하는데, 화해계약이 성립한 이후에는 그 목적이 된 사항에 관하여 나중에 다시 이행을 구하는 등으로 다툴 수 없는 것이 원칙이므로, 당사자가 한 행위나 의사표시의 해석을 통하여 묵시적으로 그와 같은 의사의 합치가 있었다고 인정하기 위해서는 그 당시의 여러 사정을 종합적으로 참작하여 이를 엄격하게 해석해야 한다. 따라서 당사자들이 분쟁을 인식하지 못한 상태에서 일방 당사자가 이행해야 할 채무액에 관하여 협의하였다거나 일방 당사자의 채무이행에 대해 상대방 당사자가 이의를 제기하지 않았다는 사정만으로는 묵시적 화해계약이 성립하였다고 보기 어렵다(대판 2021.9.9, 2016다203933).

2. 화해와 착오와의 관계

(1) 착오를 이유로 한 취소

(가) 원 칙

화해계약도 법률행위로서 의사표시를 요소로 하므로, 무효·취소에 관한 규정(제103조 이하)이 모두 적용된다. 다만 착오를 이유로 화해의 의사표시를 취소할 수 있게 된다면, 화해제도가 무의미하게 되므로, 민법은 "화해계약은 착오를 이유로 취소하지 못한다"고 규정하고 있다(제733조 본문). 즉 화해계약의 의사표시에 착오가 있더라도 이것이 '분쟁의 대상인 법률관계 자체'에 관한 것일 때에는 이를 취소할 수 없다. 가령 ① 동업계약을 체결한 조합원의 상속인이 동업재산 중 지분의 환급범위에 관하여 분쟁하던 중 지분비율을 확정하여 그에 대한 환급지분액을 일정금액으로 합의 정산하기로 한 경우에 지분비율의 산정에 착오가 있는 경우(대판 1989.9.12, 88다카10050), ② 퇴직금 지급률을 인하 조정하는 퇴직금지급규정의 개정에 대하여 노사간에 다툼이 있어, 그 판단을 계속 중인 소송의 확정판결에 따르기로 합의한 경우에 신규정이 근로자집단의 집단의사결정방법에 의한 동의를 얻어 유효한지에 관하여 잘못 안 경우(대판 1995.12.12, 94다22453), ③ 동업하는 사업의 이익금과 개발부담금을 둘러싼 정산관계에 관해서 다툼이 있다가 지불각서를 통해서 그 사업의 손익배분에 관한 분쟁을 종결하기로 하는 화해계약을 체결한 경우(대판 2018.5.30, 2017다21411) 등이 그렇다.

(나) 예 외

'화해당사자의 자격' 또는 '화해의 목적인 분쟁 이외의 사항'에 착오가 있는 때에는, 화해의 의사표시를 취소할 수 있다(제733조 단서). 여기서 화해의 목적인 분쟁 이외의 사항이란 분쟁의 대상이 아니라 분쟁의 전제 또는 기초가 된 사항으로서, 쌍방당사자가 예정한 것이어서 상호양보의 내용으로 되지 않고 다툼이 없는 사실로 양해된 사항을 말한다(대판 2005.8.19, 2004다53173; 대판 2004.6.25, 2003다32797). 예컨대 퇴직금 등이 5,000만원이 넘는데도 213만원 내임을 전제로 하여 화해계약을 맺은 경우(대판 1989.8.8, 88다카15413), 의사의 치료행위 직후 환자가 사망하여 의사가 환자의 유족에게 손해배상금을 지급하기로 합의하였으나 그 후 환자의 사망이 의사의 치료행위와는 무관한 것으로 밝혀진 경우(대판 2001.10.12, 2001다49326), 교통사고에 가해자의 과실이 경합되어 있는데도 오로지 피해자의 과실로 인하여 발생한 것으로 착각하고 치료비를 포함한 합의금으로 실제 입은 손해액보다 훨씬 적은 금액만을 받고 일체의 손해배상청구권을 포기하기로 합의한 경우(대판 1997.4.11, 95다48414), 甲이 자신의 재산 전부를 A에게 준다는 유언서를 작성한 후에 마음이 변해 전 재산을 B에 준다는 유언서를 작성하였는데(제1109조), 甲이 사망한 후에 A와 B가 甲의 재산을 50%씩 분배하기로 한 경우 등이 제109조의 요건을 갖추면 착오를 이유로 취소할 수 있다. 물론 화해계약의 의사표시에 있어 중요 부분에 관한 착오의 존재 및 이것이 당사자의 자격이나 목적인 분쟁 이외의 사항에 관한 것이라는 점은 착오를 이유로 화해계약의 취소를 주장하는 자가 증명하여야 한다(대판 2004.8.20, 2002다20353).

(2) 화해와 후발손해에 대한 배상청구

교통사고 등에서 가해자와 피해자가 손해배상에 관하여 합의를 하면서, '향후 민·형사상 일체의 청구권을 포기한다'라고 약정하였으나, 합의 당시에 예상하지 못한 후유증(소위 후발손해)이 발생한 경우에 피해자는 그 손해에 대하여 따로 배상을 청구할 수 있는지에 대하여, 판례는 "그 합의가 손해발생의 원인인 사고 후 얼마 지나지 아니하여 손해범위를 정확히 확인하기 어려운 상황에서 이루어진 것이고, 후발손해(後發損害)가 합의 당시의 사정으로 보아 예상이 불가능한 것으로서 당사자가 후발손해를 예상하였더라면 사회통념상 그 합의금액으로는 화해하지 않았을 것이라고 보는 것이 상당할 만큼 그 손해가 중대한 것일 때에는 당사자의 의사가 이러한 손해에 대해서까지 그 배상청구권을 포기한 것이라고 볼 수 없으므로, 다시 그 배상을 청구할 수 있다"고 한다(대판 2001.9.14, 99다42797).

판 례

(ㄱ) 제733조에 의하면, 화해계약은 화해당사자의 자격 또는 화해의 목적인 분쟁 이외의 사항에 착오가 있는 경우를 제외하고는 착오를 이유로 취소하지 못하지만, 화해계약이 사기로 인하여 이루어진 경우에는 화해의 목적인 분쟁에 관한 사항에 착오가 있는 때에도 제110조에 따라 이를 취소할 수 있다(대판 2008.9.11, 2008다15278).

(ㄴ) 교통사고의 경우, 피해자 본인과는 별도로 그의 부모들도 그 사고로 말미암아 그들이 입은 정신적 손해에 대하여 고유의 위자료청구권을 가진다 할 것이므로, 피해자 본인이 합의금을 수령하고 가해자측과 나머지 손해배상청구권을 포기하기로 하는 등의 약정을 맺었다 하더라도 그의 부모들이 합의 당사자인 피해자 본인과 가해자 사이에 합의가 성립되면 그들 자신은 별도로 손해배상을 청구하지 아니하고 손해배상청구권을 포기하겠다는 뜻을 명시적 혹은 묵시적으로 나타낸 바 있다는 등의 특별한 사정이 없는 한 위 포기 등 약정의 효력이 당연히 고유의 손해배상청구권을 가지는 그의 부모들에게까지 미친다고는 할 수 없다(대판 1999.6.22, 99다7046).

제3장 ‖ 사무관리

Ⅰ. 서 설

1. 의 의

(1) 사무관리(Geschäftsführung ohne Auftrag)란 계약상 또는 법률상 의무 없이 타인을 위하여 그의 사무를 처리하는 것을 말한다(제734조 1항). 다시 말하면 위임·도급계약 또는 후견·법정부양의무 등의 법률규정에 의하여 타인의 사무를 처리하는 것이 아니라 이러한 의무가 존재하지 않는데도 타인을 위하여 그의 사무를 처리하는 행위가 사무관리이다. 가령 A가 부탁을 받지 않고 B의 채무를 변제하거나 B의 부재중에 병든 강아지를 돌보는 행위 또는 사고 장소에 있던 통행인 甲이 환자 乙을 병원에 후송하는 행위 등이 이에 해당한다.

(2) 사무관리가 인정되는 이유에 대하여, 사회부조설은 본인의 허락이나 부탁 없이 함부로 타인의 사무에 간섭하는 것은 원칙적으로 위법하지만, 일정한 경우에는 타인의 사무에 개입하여 이를 처리하는 것이 결과적으로 타인에게 이익이 될 수도 있기 때문에, 사무관리는 인간의 상호부조정신을 법적으로 승인하고 이를 고양하고자 하는 제도라고 한다(다수설). 그러나 귀속성설에 의하면 사무관리는 계약상 또는 법률상 의무 없이 행하여진 타인사무의 처리로부터 발생하는 관리자와 본인 사이의 재산관계를 조정하고자 함이 그 목적이라고 한다(이은영, 649면).

생각건대 민법은 사무관리자에게 법정채권인 비용상환청구권(제739조)을 인정하면서 동시에 본인을 위하여 사무를 적절히 처리하여야 할 부수의무를 부과하고 있으므로(제736조-제738조), 사무관리는 타인의 생활영역에 대한 간섭을 일정한 범위에서 시인함을 전제로, 본인과 사무관리자 사이의 이익조정(Interessenausgleich)을 목적으로 하는 제도라고 할 것이다.

판 례

사무관리는 의사표시를 요소로 하는 법률행위가 아니므로 본인이 사무관리의 목적이었던 사무를 본인이 직접 관리하려면 사무관리자에게 그 관리를 종료하여 줄 것을 내용으로 하는 의사표시를 하여야 하는 것이 아니고 본인 자신이 직접 관리하겠다는 의사가 외부적으로 명백히 표현된 경우에는 사무관리는 그 이상 성립할 수 없다(대판 1975.4.8, 75다254). 즉 본인이 사무관리의 종료를 요구하지 않더라도 본인의 의사에 반하는 것이 명백해지면 사무관리는 더 이상 성립하지 않는다.

2. 법적 성질

사무관리는 당사자의 의사와는 관계없이 법률규정에 의하여 채권관계를 발생시키는 준법률행위이다. 그러므로 계약상 또는 법률상 의무 없이 타인을 위하여 사무를 관리하는 사실이 있으면, 본인과 사무관리자 사이에 법정채권관계가 발생한다.

Ⅱ. 사무관리의 성립요건

1. 계약상 또는 법률상 의무가 존재하지 않을 것

(1) 사무관리가 성립하기 위해서는, 본인(Geschäftsherr)과 관리자(Geschäftsführer) 사이에 계약이나 법률규정에 의한 권리·의무가 존재하지 않아야 한다. 만일 관리자가 계약이나 법률규정에 의하여 타인의 사무를 관리할 의무(권한)가 있는 때에는, 본인과 관리자 사이의 관계는 그 계약 또는 법률규정에 의하여 규율되기 때문에, 사무관리는 성립하지 않는다. 예컨대 乙이 甲의 부탁으로 그의 물건을 보관(제693조)하거나 사무를 처리하는 경우(제680조), 미성년자 A의 친권자 B가 A의 재산을 관리하는 경우(제916조) 또는 파산관재인이 파산재단을 관리하는 경우(채무자회생법 제384조), 관리자와 본인의 내부관계에서 발생하는 권리·의무관계가 각각의 계약이나 법률규정에 의하여 결정된다. 따라서 사용자가 근로자의 업무상 부상에 대한 치료비를 지급하는 것은 근로기준법에 따라 부담하는 사용자 자신의 채무를 이행하는 것으로 이는 자신의 사무처리라 할 것이고, 타인의 사무를 처리하는 것으로 볼 수는 없다(대판 1998.5.12, 97다54222). 이와 같이 사무관리는 당사자의 계약이나 법률규정에 의해 관리자와 본인 사이의 법률관계를 규율하지 않았을 때에 성립하므로(사무관리의 보충성), 보충적(subsidiär)이라고 할 수 있다(Medicus, Rdnr. 622).

(2) 계약상·법률상의 의무에 따라 타인사무를 처리하였으나 그 계약이 무효·취소된 경우 또는 사무처리가 그 계약상·법률상 의무의 범위를 초과한 경우에 그 초과부분에 대하여 사무관리가 성립하는지가 의문이다. 이에 대해 학설은 계약의 성립을 믿고 계약상 의무에 따른 급부를 하였으나 계약이 무효·취소된 때에는 '법률상 원인 없이' 재산의 이전이 있는 경우에 해당하는 것이고, '의무 없이 타인을 위하여 사무를 관리하는' 경우로 볼 수 없다는 이유로, 계약이 무효로 되어 그 동안의 급부를 청산할 때에는 부당이득제도만이 적용되어야 한다고 한다(김형배, 사무관리·부당이득, 18면; 이은영, 667면; 김상용, 528면).

생각건대 계약의 무효·취소 또는 초과 사무처리에서 사무처리는 자기 채무이행을 위해

처리한 것이지, 타인의 일로 처리한 것이 아니기 때문에 행위자에게 관리의사가 존재하지 않는다. 타인사무의 관리의사가 없는 사안에 대하여 사무관리 규정을 적용함으로써 오히려 법률상의 원인 없이 행하여진 급부의 청산시에 적용되어야 할 부당이득에 관한 규정의 적용이 배제되는 것은 부당하다고 할 것이다(MünchKomm-Seiler, § 677 Rdnr. 41). 따라서 사무관리는 성립하지 않는다고 할 것이며, 결국 관리자는 본인에 대하여 부당이득반환을 청구하여야 할 것이다.

(3) 관리자가 본인에 대하여 법률상 또는 계약상 아무런 의무가 없으나 제3자에 대한 관계에서 사무를 관리할 의무를 부담하는 경우, 그 의무의 내용이 본인의 사무를 처리하는 것이더라도 사무관리는 성립하지 않는다. 예컨대 甲의 위탁으로 乙이 丙의 집을 수리한 때에 甲과 乙 사이에 제3자를 위한 계약(제539조)이 성립하는 것이고, 乙·丙 사이에 사무관리가 성립하지 않는다. 이와 달리 甲과 丙 사이의 원인관계에서 유상계약상의 채무이행, 증여 또는 부양의무의 이행과 같은 의무가 존재하지 않는 경우에는 사무관리가 성립할 수 있다(김형배, 20면). 예컨대 호텔주인이 실종된 투숙자를 수색하기 위하여 구조대원과 위임계약을 체결한 경우에 호텔주인(관리자)과 투숙자(본인) 사이에는 사무관리가 성립할 수 있다.

판 례

의무 없이 타인의 사무를 처리한 자는 그 타인에 대하여 민법상 사무관리 규정에 따라 비용상환 등을 청구할 수 있으나, 제3자와의 약정에 따라 타인의 사무를 처리한 경우에는 의무 없이 타인의 사무를 처리한 것이 아니므로 이는 원칙적으로 그 타인과의 관계에서는 사무관리가 된다고 볼 수 없다(대판 2013.9.26, 2012다43539).

2. 타인의 사무를 관리할 것

(1) 사무의 관리

(가) 사무를 관리하는 것은 타인의 사무를 처리한다는 것을 의미하며, 이는 위임계약(제680조)의 내용인 사무처리와 동일하다. 즉 사무관리의 대상이 되는 '사무'는 사실행위인 경우도 있고(예: 붕괴할 위험이 있는 담을 받침대로 받쳐 놓는 것·화재를 소화시켜 주는 것·부상당한 사람을 치료해 주는 것 등) 법률행위인 경우(예: 타인의 집수리를 위하여 도급계약을 체결하는 것 등)가 있다. 여기서 주의할 것은, 예컨대 부재중인 A의 주택이 폭우로 붕괴위험에 있기 때문에 안전조치를 하기 위해 B가 C와 도급계약을 맺은 경우에 법률행위(도급계약) 자체가 사무관리는 아니며, 그 법률행위를 수단으로 하여 타인의 사무를 처리하는 것(B가 C와의 도급계약을 통해 A주택의 붕괴위험을 방지한 행위)이 바로 사무관리라는 점이다. 관리자가 사무관리 행위로서 본인을 위해서 법률행위, 즉 제3자와의 계약을 체결할 수 있다는 것은 관리인이 본인을 대외적으로 대리할 수 있다는 의미가 아니다. 따라서 관리자는 제3자와 법률행위를 할 경우에는 자기의 이름으로 하여야 하고, 그로 인해서 발생된 채무의 변제를 본인에게 청구할 수 있을 뿐이며(제739조 2항, 제688조 2항), 관리자가 본인을 대외적으로 대리하는 법률행위를 할 수 없다.

(나) 일시적·계속적인 행위 및 정신적·재산적인 행위뿐만 아니라 보존행위·이용행위·개

량행위는 물론이고 본인의 의사에 반하지 않는 한 처분행위도 사무관리의 목적이 될 수 있다(대판 1957.7.25, 4290 민상290; 김형배, 21면). 판례도 몰수할 수 있는 압수물에 대한 수사기관의 환가처분은 그 경제적 가치를 보존하기 위한 형사소송법상의 처분이라고 할지라도 해당 압수물이 그 후의 형사절차에 의하여 몰수되지 않는 경우 그 환가처분은 그 물건 소유자를 위한 사무관리에 준하는 행위라 할 것이므로, 검사가 압수물에 대한 환가처분을 하며 소요된 비용은 물건의 소유자에게 상환을 구할 수 있다고 한다(대판 2000.1.21, 97다58507). 따라서 생선식료품점의 주인이 교통두절로 며칠 동안 상점에 나올 수 없게 된 경우, 그 생선의 부패를 염려하여 이를 매각할 때에 사무관리를 인정해야 할 것이다. 다만 단순한 인용으로써의 부작위 또는 위법한 행위는 사무가 되지 못한다(곽윤직, 337면; 김상용, 524면).

(2) 타인의 사무

관리자의 행위가 객관적·주관적으로 타인의 사무이어야 사무관리가 성립하는데, 관리자 자신의 것이 아닌 타인의 의무영역과 이익영역(Pflichten- und Interessenkreis)으로 귀속되는 것으로 판단될 수 있는 사무가 타인의 사무에 해당한다(Palandt-Thomas, § 677 Rdnr. 4; 이혁주, 비교사법 제3권 1호, 255면). 따라서 관리자는 타인의 의무영역과 이익영역에 속하는 사무를 관리하여야 한다. 예컨대 자기의 자동차를 타인의 자동차로 믿고 수선한 때와 같이 성질상 객관적으로 자기의 사무를 타인의 사무로 오인한 경우에는 타인사무를 관리한 경우가 아니므로 사무관리에 해당하지 않는다. 또한 乙이 혼인외 출생자 甲을 양육 및 교육하면서 그 비용을 지출한 경우, 생부인 丙이 혼인외 출생자(甲)를 인지하거나 부모의 결혼으로 그 혼인중의 출생자로 간주되지 않는 한 생부인 丙은 혼인외 출생자인 甲을 부양할 법률상 의무는 없으므로, 乙이 丙의 사무를 관리하였다고 볼 수 없다(대판 1981.5.26, 80다2515). 이와 같이 사무관리가 성립하기 위해서는 객관적으로나 주관적으로 타인의 사무이어야 하는데, 타인사무의 객관성 또는 주관성의 문제는 '타인을 위하여 행하는 의사'의 증명에 영향을 줄 수 있으므로, 유형별로 살펴볼 필요가 있다.

(가) 객관적 타인사무

객관적 타인사무(Das objektiv fremde Geschäft)는 사무가 외부적으로 타인사무로 인정되는 경우, 즉 관리자의 의무와 이익범위에 속하지 않은 경우를 말한다. 예컨대 타인의 채무를 변제하거나 인명구조를 하는 경우, 홍수로 인한 파손을 막기 위하여 이웃집의 담을 보강한 경우, 타인주택의 화재를 진화한 경우 등은 성질상 당연히 타인의 사무가 된다. 일반적으로 타인의 법익(fremde Rechtsgüter)을 위험이나 손해로부터 방어하려는 행위는 객관적 타인사구에 해당한다.

(나) 주관적 타인사무

주관적 타인사무(Das subjektiv fremde Geschäft)는 사무의 성질상 자기의 사무일 수도 있고 타인의 사무일 수도 있는 중립적인 사무이지만, 관리자가 타인을 위하여 사무를 처리한다는 의사가 있는 경우를 말한다. 예컨대 우표수집의 취미가 없는 B는 친구 A가 값진 우표를 수집하는 사실을 알고 있기 때문에, 희귀한 우표를 구입하였다. 이 경우에 우표구입은 객관적으로 타인의 의무(권리) 또는 이익범위에 아무런 관련이 없기 때문에, 중립적인 사무에 속한다. 이러한 중립적인 사무는 A를 위해 우표를 구입하였다는 B의 의사에 의하여 타인사무로 된다. 즉 주관적 타인사무의 경우에는 타인을 위하여 행하는 의사가 명백히 인식되거나 추단될 수 있어야 하고, 그렇지 않으면 관리자와 본인 사이에 사무관리가 성립할 수 없다.

(다) 병존적 타인사무

병존적 타인사무(Das auch-fremde Geschäft)는 사무관리가 동시에 타인의 이익과 관리자 자신의 이익에 속하는 경우를 말한다(BGHZ 82, 330; BGHZ 110, 314). 즉 타인의 이익을 위하면서도 동시에 자기의 이익을 위하여 하나의 사무가 이루어진 경우에는 타인의 이익을 위하는 한도에서 사무관리가 성립한다(김상용, 524면; 이혁주, 257면). 예컨대 乙이 규정 속도를 지키면서 자동차로 귀가하고 있는데, 갑자기 자전거를 타고 가던 甲이 도로에 넘어졌다. 교통사고를 예방하기 위해 乙이 급히 오른쪽으로 돌렸는데 그만 가로수에 충돌하게 되었다. 이 경우에 甲은 스스로 아무런 일(교통사고)이 발생하지 않도록 주의를 하여야 하는데, 乙이 이를 하였으므로 乙의 행위는 타인의 사무에 속한다. 동시에 乙은 교통사고를 예방할 의무가 존재하므로, 乙의 행위는 자신의 사무에 해당하기도 한다. 이와 같이 사무의 처리가 여러 사람의 이해와 관련되는 경우, 독일의 다수설은 그 사무가 전적으로 관리자의 것이 아닌 때에는 언제나 사무의 타인성이 인정될 수 있다고 한다. 따라서 관리자의 사무처리에 의하여 관리자 자신의 이해관계를 꾀하거나 의무를 수행하는 경우에도 사무의 타인성이 인정될 수 있다(Staudinger-Wittmann, Vor § 677 Rdnr. 33 ff.; Schlechtriem, Rdnr. 611).

3. 타인을 위하여 사무를 관리한다는 의사가 존재할 것

(1) 관리의사

(가) 타인을 위한 의사(관리의사)가 존재하여야 한다. 사무관리자는 본래 타인의 의무영역과 이익영역에 속하는 사무를 타인을 위하여 처리(관리)한다는 의식(Bewußtsein)과 의사(Wille)가 있어야 한다(BGHZ 65, 357; Brox/Walker, § 35 Rdnr. 7). 즉 사무처리가 타인에게 도움이 된다는 것을 사무관리자가 알고 있어야(wissen) 하고 또한 의욕(wollen)하여야 한다. 그러므로 오직 관리자 자신의 이익영역(Interessenkreis)에 속하는 사무에는 관리의사가 인정될 수 없다(Brox/Walker, § 35 Rdnr. 7). 이처럼 관리의사는 장래의 사무처리 결과를 본인에게 귀속시키려는 관리자의 의사 내지 의도로서, 관리자 자신이 본인의 이익을 위하여 행동하고 본인의 이익을 증진한다는 의사를 가지고 있을 때, 관리자는 본인이 자신의 사무처리를 시인하거나 그 비용을 상환할 것으로 기대할 수 있을 것이다.

(나) 사무관리의 성립과 관련하여, 민법은 명문으로 관리의사를 규정하고 있지 않으므로, 사무관리의 성립요건으로 관리의사(Fremdgeschäftsführungswille)가 필요한지가 문제이다.

1) 학설·판례

① 주관설은 사무관리가 성립하기 위해서는 타인을 위하여 사무를 처리하는 의사, 즉 관리의 사실상 이익을 타인에게 귀속시키려는 의사가 있어야 하며, 타인을 위한 의사는 관리자 자신의 이익을 위한 의사와 함께 병존하여도 무방하다고 한다(다수설). ② 객관설은 사무관리의 성립에는 객관적으로 타인의 사무를 처리하면 족하고, 주관적으로 관리자의 관리의사를 요하지 않는다고 한다(이은영, 666면). 즉 사무관리제도는 타인사무의 처리로 생기는 당사자 사이의 재산적 이익을 조정하는 제도이기 때문에 관리자의 이타적 의사는 사무관리의 요건이 아니라고 한다. ③ 판례는 사무관리가 성립하기 위하여는 우선 그 사무가 타인의 사무이고 타인을 위하여 사무를 처리하는 의사, 즉 관리의 사실상의 이익을 타인에게 귀속시키려는 의사가 있어야 하며, 나아가 그 사무의 처리가 본인에게 불리하거나 본인의 의사에 반한다는 것이 명백하지 아니할 것을 요한다. 여기에서 '타인을 위하여 사무를 처리하는 의사'는 관리자 자신의 이익을 위한 의사와 병존할 수 있고, 반드시 외부적으로 표시될 필요가 없으며, 사무를 관리할 당시에 확정되어 있을 필요가 없다고 한다(대판 2013.8.22, 2013다30882).

판 례

(ㄱ) 관리자가 처리한 사무의 내용이 관리자와 제3자 사이에 체결된 계약상의 급부와 그 성질이 동일하다고 하더라도, 관리자가 위 계약상 약정된 급부를 모두 이행한 후 본인과의 사이에 별도의 계약이 체결될 것을 기대하고 사무를 처리하였다면 그 사무는 위 약정된 의무의 범위를 벗어나 이루어진 것으로서 법률상 의무 없이 사무를 처리한 것이며, 이 경우 특별한 사정이 없는 한 그 사무처리로 인한 사실상의 이익을 본인에게 귀속시키려는 의사, 즉 타인을 위하여 사무를 처리하는 의사가 있다(대판 2010.1.14, 2007다55477).

(ㄴ) 채무자가 다른 상속인과 공동으로 부동산을 상속받은 경우에는 채무자의 상속지분에 관하여서만 상속등기를 하는 것이 허용되지 아니하고 공동상속인 전원에 대하여 상속으로 인한 소유권이전등기를 신청하여야 한다(부동산등기규칙 제52조 7호). 그리고 채권자가 자신의 채권을 보전하기 위하여 채무자가 다른 상속인과 공동으로 상속받은 부동산에 관하여 위와 같이 공동상속등기를 대위신청하여 그 등기가 행하여지는 것과 같이 채권자에 의한 채무자 권리의 대위행사의 직접적인 내용이 제3자의 법적 지위를 보전·유지하는 것이 되는 경우에는, 채권자는 자신의 채무자가 아닌 제3자에 대하여도 다른 특별한 사정이 없는 한 사무관리에 의하여 그 등기에 소요된 비용의 상환을 청구할 수 있다고 할 것이다. 이와 같은 경우에 채권자가 채권자대위권에 관한 민법 제404조 제1항에서 정하는 대로 '자기의 채권을 보전하기 위하여' 채무자의 권리를 행사한다는 점은 그것만으로 그 권리 행사의 결과로 행하여지는 위와 같은 공동상속등기에 의한 이익을 공동상속인들에게 귀속시킨다는 채권자의 통상적·일반적 의사를 부인할 만한 사정이 되지 못하는 것이다(대판 2013.8.22, 2013다30882).

2) 소 결

생각건대 만일 객관설에 의하면 타인의 사무라는 객관적 측면만 강조되어 주관적 타인사무(중립적 사무)의 경우에 사무관리가 성립하지 못하게 되어, 재산상의 이익조정을 꾀하려는 의도와 달리 사무관리의 인정범위가 축소되는 모순이 발생하게 된다. 결국 제734조 1항이 '타인을 위하여'라고 규정하고 있으므로, 사무관리의 성립에는 관리의사가 필요하다고 할 것이다. 그러므로 타인의 사무를 자기의 사무로 오인하여 관리를 한 경우, 사무관리의 객관적 요소로서 타인의 사무를 관리하였으므로 사무의 타인성을 인정할 수 있지만, 관리자에게 타인을 위하여 사무를 처리한다는 관리의사(주관적 요소)가 존재하지 않으므로 사무관리에 해당하지 않는다.

(다) 관리의사는 타인의 사무처리로 인하여 발생하게 될 이익을 본인(타인)에 귀속시키려는 의사로서, 타인에게 직접 사무관리의 법적 효과를 귀속시키고자 하는 의사까지는 필요로 하지 않고, 다만 최종적으로 타인에게 사무관리로 인한 이익의 귀속의사만 있는 것으로 족하다(이혁주, 256면). 타인의 사무를 처리한다는 의식과 의사는 사무관리가 반사적 행위로 이루어진 때에도 존재할 수 있다(BGHZ 38, 270; Brox/Walker, § 35 Rdnr. 8). 예컨대 주의 깊게 운행하고 있는 자동차 앞에 갑자기 자전거가 끼어들어 교통사고를 면하기 위해 무의식적으로 핸들을 돌린 경우에도 관리의사가 존재할 수 있다.

한편 관리의사는 한 사람의 공유자가 공유자 전원을 위하여 공유물에 필요비를 지출한 경우처럼 관리자 자신을 위한 의사와 타인을 위한 의사가 병존하여도 상관없다(김상용, 525면; 이혁주, 257면). 또한 관리의사는 타인을 위한 의사이면 충분하고 관리자가 본인이 누구인지를 알 것이 요구되지 않는다(Brox/Walker, § 35 Rdnr. 9; 김상용, 525면; 곽윤직, 338면; 김주수, 503면). 따라서 본인에 대하여 착오가 있을 때, 예컨대 丙이 착오로 甲의 주택을 乙의 주택으로 알고 수선한 때에도 본인인 甲에 대하여 사무관리가 성립한다.

(2) 관리의사의 증명문제

타인을 위한 의사는 내적 사실(innere Tatsache)로서 증명하기가 어렵기 때문에, 독일판례는 다음과 같이 추정하고 있다. ① 관리자가 객관적인 타인사무를 처리한 경우에는 그에게 타인을 위하여 처리하고자 하는 관리의사가 있는 것으로 추정한다(BGH DB 2000, 1561; BGHZ 98, 240). 따라서 관리자의 관리의사를 부정할 수 있기 위해서는 특별한 사유가 있어야 한다. 예컨대 A소유의 물건을 훔친 B가 C에게 양도하는 경우, B의 행위는 객관적 타인사무이지만, 관리의사는 부정된다. B는 사실상 타인사무를 처리한다는 의식을 가지고 있지만, A의 이익을 위해서가 아니라 자기의 이익을 위해서 사무를 처리하였기 때문이다. ② 주관적 타인사무의 경우, 관리자의 관리의사가 추정되지 않으며, 관리행위를 통해서 표시되거나 또는 관리의사 그 자체가 직접 외부에 표시되어야 타인사무로 된다(BGH DB 2000, 1561; BGHZ 82, 323). 즉 타인을 위하여 행하는 의사가 명백히 인식되거나 추단될 수 있어야 한다. ③ 병존적 타인사무의 경우, 예컨대 임차인이 귀책사유 없이 임차목적물에 발생한 화재를 끄는 것과 같이 사무가 타인의 사무이면서 동시에 관리자 자신의 사무인 경우, 타인의 이익을 위하여 사무를 처리하고자 하는 관리의사가 있는 것으로 추정된다(BGH NJW 2000, 422 f.; BGHZ 65, 357).

(3) 관리의사 존재 여부가 문제되는 경우

(가) 계약상 또는 법률상 의무를 부담하는 관리자

1) 공법상 관리자의 의무

관리자가 공법상 의무에 따라 사무를 관리한 경우, 예컨대 경찰이 도로교통법에 위반하여 주차한 자동차가 교통에 위험하거나 방해될 염려가 있어서 견인하거나 소방서가 화재를 진화하는 경우, 비용상환청구권(견인 및 보관비용 등)은 행정법규에 따라 부과된다. 만일 행정법규에 비용상환청구권 등에 관한 규정이 없을 때에 사무관리의 성립을 인정할 수 있는지가 문제이다. 이에 대해 독일의 판례와 일부 학설은 공법상의 의무를 이행한 경우 그것은 객관적·병존적 타인사무이며 관리의사가 추정된다고 하여, 사무관리의 성립을 긍정한다(BGH NJW 1963, 1825; BGH NJW 1976, 748 m.w.N). 그러나 독일의 다수설은 관리자가 공법상의 의무를 이행한 경우, 사무의 타인성과 관리의사를 부정하고 있다(Brox/Walker, § 35 Rdnr. 15; Martinek/Theobald, JuS 1997, 992).

생각건대 관리자가 공법상의 의무에 의하여 사무를 처리한 경우, 그 비용상환 여부는 공법상의 문제이므로, 입법의 흠을 시정하기 위해 사무관리에 관한 규정을 유추적용하는 것은 타당하다고 할 수 없다.

2) 제3자와의 계약에 의한 관리자의 의무

관리자는 본인에 대하여 사실상 사무를 처리하여야 할 법률관계는 존재하지 않지만, 제3자와의 계약에 의해 사무를 처리하여야 할 경우에 사무관리가 성립할 수 있는지가 문제이다. 예컨대 시골관할 경찰서(甲)는 견인업자 乙과 사고자동차 견인에 대하여 계약을 체결하였다. 乙은 甲의 요청에 의하여 교통사고로 크게 훼손된 丙의 자동차를 견인하였고, 丙에 대하여 견인비용의 상환을 요구한다. 이와 같이 상대방에게 계약상 의무를 이행하는 것이 동시에 제3자에 대하여 법률상 의무 없이 사무관리의 성립을 가져올 수 있는가에 대하여, 의무를 부담하는 사무관리자는 자기의 계약상 급부를 행함으로써 이미 객관적으로 자신의 사무 내지 계약상대방의 사무를 행한 것이고, 또한 계약상 채무자가 사무관리에서 요구되는 관리의사를 가질 수 없다는 이유로 사무관리를 부정하는 견해가 있다(Schubert, AcP 178, 439 ff.; Medicus, Rdnr. 630; Martinek/Theobald, JuS 1997, 992; 이혁주, 253면).

생각건대 丙은 자동차의 운행자로서 교통사고로 야기된 장애를 제거하여야 할 도로교통법상의 의무(동법 제54조)가 존재하므로, 乙이 丙의 자동차를 견인한 행위는 丙의 이익을 위한 사무처리이면서, 동시에 甲과의 계약상의 의무를 이행하고자 하였기 때문에 乙은 제664조에 의하여 甲에게 보수지급을 청구할 수 있고, 또한 제739조 1항에 의하여 丙에게 견인비용의 상환을 청구할 수 있다고 인정할 수도 있을지 모르겠다. 그러나 계약상의 채무자를 제쳐놓고 비용상환이라는 형식으로 채무를 변제받기 위하여 계약과 무관한 제3자를 끌어들이면서 사무관리를 원용하는 것은 계약법질서에 반할 뿐만 아니라 사무관리 제도의 보충성에 비추어 볼 때 정당하다고 할 수 없다(김형배, 28면). 또한 계약상의 의무를 부담하는 자는 원칙적으로 계약상대방의 파산위험(Konkursrisiko)을 부담하여야 하며, 계약상대방과 제3자(본인) 사이에 사무관리가 성립한다는 이유로 의무를 부담하는 자가 제3자에 대하여 비용상환을 청구하는 것은 타당하다고 할 수 없다. 즉 계약당사자가 상대방의 파산위험을 부담하여야 한다는 원칙은 사무관리의 인정으로 파괴되어서는 안 된다.

(나) 자력구제

소유자는 소유권을 방해하는 자에 대하여 방해의 제거를 청구할 수 있고(제214조), 점유자는 그 점유를 침탈 또는 방해하는 행위에 대하여 자력으로 이를 방위할 수 있다(제209조). 그런데 점유자 또는 소유자가 스스로 그 방해를 제거한 경우에 비용상환에 대한 명문의 규정이 없으므로, 사무관리를 이유로 비용상환을 청구할 수 있는지가 문제이다. 예컨대 甲은 자기 건물에 주차장을 가지고 있는데, 乙이 그곳에 무단 주차하여 甲이 丙에게 乙의 자동차를 공용주차장으로 견인을 의뢰하였다. 이 경우 丙과의 도급계약에 따라 보수지급의무가 있는 甲이 乙에 대하여 사무관리를 이유로 비용상환을 청구할 수 있는지 여부이다. 이에 대하여 독일의 다수설은 자동차견인은 객관적 타인의 사무이고 관리의사는 추정된다는 이유로 사무관리의 성립을 인정하고 있다(Janssen, NJW 1995, 624). 생각건대 무단 주차한 乙은 자동차를 다른 곳으로 이동하여야 할 의무가 있고, 자동차의 견인으로 이러한 의무를 면하게 되었다. 또한 甲이 丙과 도급계약을 체결하여 이러한 乙의 사무를 처리하였으므로 관리의사가 존재한다고 할 것이다.

(4) 당사자의 행위능력

(가) 본인의 경우

사무관리는 본인의 행위능력 유무에 관계없이 성립할 수 있다. 사무관리가 성립하기 위해서는 본인의 이익이나 의사에 일치하여야 하는데, 본인이 제한능력자인 경우, 사무의 처리는 제한능력제도의 취지에 비추어 볼 때 법정대리인의 의사에 일치하여야 할 것이다(Vgl. Brox/Walker, § 35 Rdnr. 32).

(나) 관리자의 경우

관리의사는 법률효과를 본인에게 귀속시키려는 의사표시가 아니지만, 타인사무의 처리로 발생하게 될 사실상의 이익을 본인에게 귀속시키려는 의사이므로, 사무관리가 성립하기 위해서는 관리자가 행위능력자이어야 하는가에 대하여 견해가 나누어져 있다.

1) 행위능력 필요설

관리자에게 상당히 무거운 의무와 책임이 지워져 있다는 점과 사무관리는 위임관계에 있지 않은 관리자에게 위임에서와 비슷한 책임을 인정하려는 것이며, 그것은 이른바 '위임 없는 타인사무의 처리'라는 이유로, 위임에서와 마찬가지로 관리자는 행위능력을 가지고 있을 것이 요구된다고 한다. 따라서 제한능력자가 사무관리 행위를 하더라도 관리자로서의 특별책임을 지지 않고, 불법행위로 인한 손해배상책임(제한능력자가 책임능력을 가지고 있는 경우) 내지 부당이득에 의한 책임을 부담할 뿐이라고 한다(곽윤직, 337면; 김주수, 496면).

2) 행위능력 불요설

사무관리는 법률행위가 아니기 때문에 행위능력에 관한 규정이 적용되지 않는다고 한다. 그러나 관리자에게 행위능력이 필요 없다는 이유로 관리자에게 책임능력이 경감되지 않거나 관리계속의무와 같은 무거운 책임이 부과된다면 이는 민법상의 제한능력자 보호정신에 어긋나기 때문에, 제한능력자에 대한 특별책임을 배제하기 위하여 제135조 2항을 유추적용하여야 한다고 한다. 따라서 제한능력자는 계약의무에 해당하는 관리상의 의무(제734조, 제736조- 제738조)를 부담하지 않지만, 사무관리로부터 얻은 이익이 있으면 이를 부당이득으로 반환해야 하며, 관리행위가 불법행위에 해당될 때에는 손해배상책임(책임능력자인 경우)을 부담한다고 한다(이은영, 663면; 김상용, 527면; 김형배, 35면).

3) 소 결

생각건대 사무관리의 성립을 위해서 관리자의 행위능력을 필요로 한다면, 만일 제한능력자가 타인의 사무를 처리한 때에 제739조의 비용상환청구권을 행사할 수 없게 되어, 제한능력자인 관리자를 보호할 수 없게 된다. 사무관리는 법률행위가 아니므로 제한능력자가 타인의 사무를 처리한 때에도 사무관리는 성립하며, 따라서 제한능력자인 관리자의 비용상환청구권은 인정되고, 다만 제한능력자 보호를 위하여 제135조 2항 후문의 규정을 유추적용하여 제한능력자는 사무관리자로서의 책임을 지지 않고 단지 부당이득 또는 불법행위책임만을 부담하는 것이 타당하다고 할 것이다.

(5) 무단사무관리 — 준사무관리

(가) 의 의

사무관리가 성립하기 위해서는 관리자가 타인을 위하여 사무를 처리할 관리의사가 존재하여야 한다. 따라서 타인의 사무를 자기를 위하여 처리하는 경우, 예컨대 타인의 물건을 자기의 물건이라고 하여 마음대로 고가로 매각하거나 타인소유의 주택을 허락 없이 임대하여 고액의 차임을 받는 경우, 사무관리가 성립하지 않는다. 다시 말하면 타인사무라는 사실을 알고 자기를 위한 의사를 가지고 자기의 이름으로 관리행위를 하는 경우(불법관리)에는 사무관리가 성립하는 것이 아니라 부당이득이나 불법행위가 된다. 그러나 부당이득이나 불법행의에서는 권리자(본인)의 손해를 한도로 하므로(제741조, 제750조), 권리침해자가 권리침해를 통하여 큰 이익을 얻은 경우에도 그 이익의 반환을 청구할 수 없다.

그런데 독일민법 제687조 2항은 타인의 사무임을 알면서 감히 이를 자기의 사무라 하여 부당하게 행하는 불법관리(Geschäftsanmaßung)의 경우에 본인은 관리자에 대하여 취득물의 반환(Herausgabe des Erlangten)을 청구할 수 있도록 규정하고 있다. 이러한 명문의 규정이 없는 우리 민법에서도 사무관리에 관한 규정을 유추적용하여(준사무관리), 관리의 결과 발생된 이익 전부에 대하여 본인은 관리자에게 반환을 청구할 수 있는가에 대하여 견해가 나누어져 있다.

(나) 학 설

준사무관리를 인정하는 견해에 의하면, 일반적으로 불법관리만을 준사무관리라고 하며, 또한 준사무관리로 인정되는 경우에도 불법행위나 부당이득의 성립을 긍정한다. 즉 불법행위나 부당이득을 이유로 손해배상청구 또는 이득반환청구를 할 수 있을 뿐만 아니라 이와 선택적으로 사무관리에서의 본인의 권리를 행사할 수 있다고 한다.

1) 긍 정 설

긍정설은 준사무관리론을 통하여, 객관적 타인사무를 자기를 위하여 관리하거나 침해하는 경우, 피해자는 침해자가 취득한 모든 이익을 청구할 수 있다고 한다. 이 견해에 의하면, 진정한 사무관리의 경우에는 관리자가 그 얻은 수익을 모두 인도하여야 하는데 반하여, 타인의 사무를 자기를 위하여 악의로 관리한 경우에 관리자는 본인이 입은 손해만 배상하면 되므로, 관리자가 불법관리로 얻은 이익이 본인의 손해보다 큰 때에 관리자는 불법행위를 통해 이득을 얻는 모순현상이 발생한다고 한다(김주수, 519면; 김형배, 56면). 한편 사무관리에는 주관적 요건인 사무관리 의사가 필요하지 않다는 귀속성설에 의하면, 불법관리는 준사무관리가 아니라 사무관리에 해당하기 때문에, 관리자는 당연히 이익인도의무를 부담한다고 한다(이은영, 659면).

2) 부 정 설

부정설은 불법관리에 대한 본인의 보호는 부당이득·불법행위에 의한 이득반환이나 손해배상으로 충분하고, 준사무관리를 인정할 필요가 없다고 한다. 이 견해에 의하면, 특히 관리자의 뛰어난 재능에 의하여 본인으로는 도저히 거두지 못할 이익을 얻은 경우에는 오히려 모든 이익의 반환을 인정하지 않는 태도가 형평에 적합하다고 한다(곽윤직, 343면; 김상용, 534면).

3) 소 결

생각건대 불법관리는 불법행위이고, 따라서 위법행위임에도 사무관리로 인정하게 되면 위법행위가 적법행위로 다루어지는 모순현상이 발생하며, 또한 사무관리가 성립하기 위해서는 관리의사를 필요로 한다. 그러므로 관리의사가 존재하지 않는 준사무관리 개념을 우리 민법상 인정할 필요는 없다고 할 것이다.

4. 본인의 이익이나 의사에 일치할 것

(1) 본인의 이익과 의사

제734조 1항이 "의무 없이 타인을 위하여 사무를 관리하는 자는 그 사무의 성질에 좇아 가장 본인에게 이익이 되는 방법으로 이를 관리하여야 한다"고 규정하고 있고, 또한 2항에서 "관리자가 본인의 의사를 알거나 알 수 있는 때에는 그 의사에 적합하도록 관리하여야 한다"고 규정하고 있어, 사무관리가 성립하기 위해서는 관리자의 사무처리가 본인의 '객관적 이익'(objektives Interesse) 또는 '의사'(Wille)에 일치하여야 한다. 다시 말하면 법정채권관계

를 발생시키는 적법한 사무관리는 관리자가 타인을 위하여 사무를 단순히 관리하는 것으로 부족하고, 현실적으로 본인의 이익과 의사에 적합하게 관리하여야 한다. 그러므로 사무의 처리가 처음부터 본인의 이익에 반하거나 본인의 의사에 반하는 것이 객관적으로 명백한 때에는 사무관리가 성립할 여지가 없다. 만일 관리자의 사무처리가 본인의 이익이나 의사에 반할 때, 즉 부당관리(unberechtigte Geschäftsführung)의 경우에 관리자는 본인의 모든 손해를 배상하여야 하며, 본인은 관리자의 사무처리로 얻은 이익을 부당이득의 법리(제741조)에 따라 모두 그에게 반환하여야 한다. 그러나 사무처리로 발생한 이익이 본인에 대하여 '강요된 부당이득'이 될 경우(예: A가 철거하여 새로 신축하기 위해 비워둔 주택에 비가 새므로, 그 사실을 모르는 B가 지붕을 수리한 경우)에는 관리자는 반환을 청구할 수 없다(김상용, 552면).

(2) 본인의 이익과 의사의 판단방법

(가) 본인의 이익

사무관리가 성립하기 위해서는, 타인의 사무처리가 본인의 이익에 일치하여야 하는데, 일반적으로 사무처리가 본인에게 객관적으로 유익(objektiv nützlich)할 때에는 본인의 이익에 일치한다(BGHZ 16, 16; MünchKomm-Seiler, § 683 Rdnr. 4). 사무처리가 본인에게 유익하는지 여부는 사무의 성질·본인의 개인적 상황 등을 고려하여 표준인을 기준으로 하여 객관적으로 판단하여야 한다. 특히 손해를 예방하기 위한 사무관리의 경우에는 주어진 상황에 비추어 무엇이 본인에게 유익한 것인지를 객관적으로 판단하여야 한다. 예컨대 제3자 丙이 乙의 甲에 대한 채무를 변제할 경우, 이로 인해 乙의 채무가 소멸하기 때문에(제469조) 丙의 행위는 乙에게 객관적으로 유익하다고 할 수 있다. 그러나 乙에 대한 채권을 甲이 일정기간을 행사하지 않아 소멸시효가 완성되거나(제162조 이하) 乙이 甲에 대하여 반대채권을 가지고 있는 경우, 제3자 丙의 변제로 인하여 乙은 甲에 대하여 소멸시효의 완성을 주장할 수 없고 또는 상계의 의사표시를 할 수 없기 때문에(제492조), 이 경우에는 본인의 이익에 일치하지 않는다.

그 밖에 본인의 이익여부를 판단할 때, 예컨대 본인이 수집가로서 특정한 대상에 대한 흥미를 표시하거나 특정한 장소에 있는 토지를 갖기를 원하거나 자신에게 제공된 좋은 기회에 어떤 물건을 구입하기 원하거나 하는 경우, 본인의 이익은 본인의 의향이나 소망 등 주관적인 동기도 고려하여 판단하여야 한다. 다시 말하면 본인에게 이익이 되는 사무관리인지 여부는 주어진 상황을 객관적으로 고려하면서 본인의 실제의사(wirklicher Wille) 또는 추정적 의사(mutmaßlicher Wille)를 함께 참작하여 판단하여야 한다. 본인의 실제의사를 알았거나 알 수 있을 때에는 그 의사에 따라 관리하는 것이 원칙이지만, 이를 알 수 없을 때에는 추정적 의사가 기준이 될 것이다. 추정적 의사는 본인의 이익을 고려하여 객관적으로 판단할 수밖에 없다(김형배, 30면).

(나) 본인의 의사

관리자가 본인의 의사를 알았거나 알 수 있는 때에는 그 의사에 적합하도록 관리하여야 한다(제734조 2항). 다시 말하면 관리인의 사무처리가 명시적·묵시적으로 표시된 본인의 의사에 일치하여야 한다. 예컨대 甲이 해수욕장에서 수영하던 중 장난으로 허우적거리면서 '사람 살려'라고 외쳐서, 구조의 의사로 乙이 甲을 구조하였다. 이 경우에 乙의 구조행위는 甲의 실제의사(진의)에 일치하지 않지만, 명시적으로 표시된 의사에는 일치한다. 따라서 급히 甲을 구조하기 위해 乙이 양복을 벗지 않고 물속에 뛰어 든 경우, 乙은 甲을 구조할 보증인적 지위에 있지 않으므로 계약상·법률상 의무가 존재하지 않고, 구조행위는 乙의 이익범위에 속하지 않으므로 타인의 사무에 속한다. 또한 乙에게 관리의사가 존재하고 乙의 구조행위는 본인의 의사에 일치하므로, 乙은 甲에 대하여 세탁비의 상환을 청구할 수 있다(제739조).

(다) 본인의 이익과 의사의 관계

1) 사무관리가 성립하기 위해서는, 타인의 사무처리가 본인의 이익이나 의사에 일치하여야 한다. 일반적으로 관리자의 사무처리가 객관적으로 유익한 행위일 경우에는 본인의 의사에도 일치한다. 만일 본인의 객관적 이익과 의사가 서로 충돌할 경우에는 본인의 의사가 우선되어야 할 것이다(Brox/Walker, § 35 Rdnr. 26; Esser/Weyers, § 46 II 3 a; 이은영, 670면). 그 이유는 사무관리의 성립을 위한 이익적합성과 의사적합성이라는 요건은 가능한 본인의 결정자유를 확보해 주고, 따라서 원하지 않는 법률관계의 일방적 강요로부터 본인을 보호하기 위한 것이기 때문이다. 예컨대 여호와 증인을 신봉하는 甲이 부상으로 인하여 치료를 위해서 수혈을 필요로 하지만, 甲이 수혈을 거부하는데도 의사 乙이 수혈을 하였다. 이 경우에 乙의 수혈행위는 甲의 객관적 이익에 일치하지만 의사에 반한다. 따라서 乙의 행위에 대하여 사무관리가 성립하지 않으므로(제734조), 乙은 甲에 대하여 수혈과 관련된 치료비의 지급을 청구할 수 없다. 다만 乙은 甲에 대하여 제741조, 제747조 1항에 의하여 수혈과 관련된 치료비의 상환을 청구할 수 있을 것이다.

이와 달리 관리자의 사무처리가 객관적 이익에는 반하지만 본인의 의사에는 일치하는 경우에는 사무관리가 성립하게 된다(Medicus, Bürgerliches Recht, Rdnr. 422). 예컨대 희귀한 우표만을 수집하는 A는 기념우표 1세트 중에서 우표 1개가 부족하여, 시가 이상을 지급하더라도 구입하고자 했다. 그리하여 친구 B가 그 우표를 C에게 시가보다 2배를 더 주고 A를 위해 구입하였다. 이 경우에 B의 매수행위는 A의 객관적 이익에는 부합하지 않지만 의사에는 일치하므로, 사무관리가 성립한다.

2) 관리자의 사무처리가 본인의 의사에 반할 때에는 사무관리가 적법성을 가질 수 없다. 그러나 타인의 사무처리가 공공의 이익에 적합할 때(제734조 3항 단서) 또는 본인의 의사가 강행법규·사회질서에 위반하는 때에는(제103조), 타인의 사무처리가 본인의 의사에 반한 경우에도 사무관리가 성립될 수 있다. 즉 사무처리가 공공의 이익에 적합하거나 본인의 의사가 강행법규·선량한 풍속 기타 사회질서에 위반한 경우, 사무관리의 성립여부에 본인의 의사는 고려되지 않는다(김상용, 529면; 김주수, 505면). 예컨대 甲이 자살하려고 한강다리에서 뛰어 내렸는데, 우연히 지나가던 乙이 甲을 구조하였다. 이 경우에 乙의 구조행위는 甲의 명시적 의사에 일치하지 않지만, 그것은 선량한 풍속 기타 사회질서에 반하므로(제103조) 고려되지 않는다.

(3) 적합성의 정도

관리자는 본인의 의사나 이익에 적합하게 사무를 관리하여야 한다. 이에 반하여 사무를 처리할 때에는 사무관리가 성립하지 않는다. 여기서 관리자의 사무의 관리를 개시 또는 수행하는 경우에 본인의 의사 또는 이익에 어느 정도로 일치하는 경우에 사무관리의 성립을 인정할 것인지가 문제된다. 생각건대 제734조 3항이 "관리자가 전 2항의 규정에 위반하여 사무를 관리한 경우에는 과실 없는 때에도 이로 인한 손해를 배상할 책임이 있다"고 규정하고 있으므로, 사무처리를 할 때에 관리자가 본인의 의사 또는 이익과의 적합성 판단과 관련하여 과실이 없어야 할 것이다. 다만 이 경우에 과실을 엄격하게 해석하는 것은 관리자와 본인 사이의 이해조정이라는 사무관리제도의 성질에 비추어 타당하다고 할 수 없으므로, 관리자가 객관적으로 명백히 인식할 수 있었던 본인의 의사와 이익을 제대로 인식하지 못한 경우에 과실이 있는 것으로 볼 것이다(김형배, 31면). 따라서 타인사무의 처리가 본인에게 불이익하거나 본인의 의사에 반한다는 것이 객관적으로 명백한 때에는 사무관리가 성립하지 않는다(통설). 판례도 사무관리가 성립하기 위해서는 우선 그 사무가 타인의 사무이고, 타인을 위하여 사무를 처리하는 의사, 즉 관리의 사실상의 이익을 타인에게 귀속시키려는 의사가 있어야 함은 물론 나아가 그 사무의 처리가 본인에게 불리하거나 본인의 의사에 반한다는 것이 명백하지 않을 것을 요한다고 하여(대판 1994.12.22, 94다41072,41089; 대판 1997.10.10, 97다26326), 본인에게 불이익하거나 본인의 의사에 반하는 것이 명백한 경우에는 사무관리의 성립을 부인하고 있다.

(4) 본인의 추인

관리자의 사무처리가 본인의 이익이나 의사에 반한 때에는 사무관리가 성립되지 않으나(부당관리), 독일민법은 본인의 추인이 있는 경우에 사무관리의 성립을 인정하고 있다(§ 684 S. 2 BGB). 본인의 추인에 대하여 명문의 규정이 없는 우리 민법에서도 본인이 후에 관리자의 사무처리를 승인한 경우, 사무관리의 성립을 인정할 수 있을 것이다. 그런데 이러한 추인은 명시적·묵시적으로 행하여 질 수 있다. 물론 묵시적 추인의 경우 본인의 추인의사가 뚜렷이 인식될 수 있어야 한다. 예컨대 본인이 관리자에 대하여 관리로 인하여 얻은 것의 반환을 청구한 경우가 묵시적 추인에 해당한다(Brox/Walker, § 35 Rdnr. 31). 추인은 원칙적으로 본인과 관리자 사이의 내부관계에 대해서만 그 효력이 미치며, 따라서 관리인이 제3자와 체결한 계약에 의하여 발생한 외부관계(즉 본인과 제3자 사이의 관계)에는 효력이 미치지 않는다.

Ⅲ. 사무관리의 효과

1. 대내적 효과

(1) 관리행위의 위법성조각 및 법정채권관계

(가) 계약상·법률상 타인을 위하여 그의 사무를 처리할 의무가 없는데도 그 타인을 위하

여 사무를 처리한 경우, 민법은 그 사무처리 행위를 적법행위로 인정하고 있다. 따라서 사무관리의 성립요건을 충족하게 되면, 타인의 권리영역에 대한 침해임에도 위법하지 않으며, 그 결과 어떤 손해가 발생하더라도 불법행위가 성립하지 않는다. 예컨대 A가 연탄가스에 질식된 B를 구조하기 위하여, 잠긴 B의 방문을 파손한 행위는 제750조의 재산권 침해행위이지만, 그것은 적법행위로서 위법성이 조각되기 때문에 불법행위가 성립하지 않는다.

(나) 사무관리는 부당이득제도와 마찬가지로 어떤 사람과의 사이에 계약이나 법률상 원인 없이 그 사람의 활동에 의하여 이익을 받은 자가 있는 경우, 그 사람과 이익을 받는 자 사이의 이익조정을 도모하는 제도이다. 그러나 부당이득이 성립하기 위해서는 먼저 당사자 사이에 법률상 원인이 존재하지 않아야 하는데(제741조), 사무관리가 성립하게 되면 본인과 관리자 사이에 '법정채권관계'가 발생하므로, 이때에는 부당이득이 문제되지 않는다. 이와 같이 사무관리는 적법행위 또는 법률상의 원인에 해당하므로, 사무관리가 성립하게 되면 부당이득이나 불법행위가 성립하지 않는다. 따라서 부당이득·불법행위의 성립여부 보다는 사무관리의 성립여부를 먼저 검토하여야 한다.

판 례

계약상 급부가 계약 상대방뿐 아니라 제3자에게 이익이 된 경우에 급부를 한 계약당사자는 계약 상대방에 대하여 계약상 반대급부를 청구할 수 있는 이외에 제3자에 대하여 직접 부당이득반환청구를 할 수는 없다고 보아야 하고, 이러한 법리는 급부가 사무관리에 의하여 이루어진 경우에도 마찬가지이다. 따라서 의무 없이 타인을 위하여 사무를 관리한 자는 타인에 대하여 민법상 사무관리 규정에 따라 비용상환 등을 청구할 수 있는 외에 사무관리에 의하여 결과적으로 사실상 이익을 얻은 다른 제3자에 대하여 직접 부당이득반환을 청구할 수는 없다(대판 2013.6.27, 2011다17106).

(2) 관리자의 본인에 대한 의무

(가) 본인의 의사 및 이익에 부합하는 사무처리의무

관리자는 사무의 성질에 따라 본인에게 가장 이익이 되는 방법으로 관리하여야 하며(제734조 1항), 관리자가 본인의 의사를 알거나 알 수 있는 때에는 본인의 의사에 적합하게 관리하여야 한다(제734조 2항). 만일 관리자가 본인의 의사에 반하거나 본인에게 불이익하게 사무를 관리한 경우, 관리행위에 과실이 없다고 하더라도 본인에 대하여 관리행위로 인한 손해를 배상할 책임이 있다(제734조 3항 본문). 그러나 관리행위가 본인의 의사나 이익에 위반하더라도 공공의 이익에 적합한 경우에는 중대한 과실에 대해서만 배상책임이 인정된다(제734조 3항 단서).

(나) 주의의무

관리자는 관리의 방법과 수단에 관하여 선량한 관리자의 주의의무를 가지고 본인의 이익과 의사에 적합한 방법을 취할 주의의무를 부담한다(제735조의 반대해석). 만일 관리자가 주의의무를 위반하여 본인에게 손해를 입힌 때에는 손해배상책임을 진다(대판 1995.9.29, 94다13008). 다만 관리자가 '본인의 생명·신체·명예 또는 재산에 대한 급박한 위해'를 면하게 하기 위하여 긴급 사무관리를 한 경우에는 '고의 또는 중대한 과실'이 없으면, 이로 인한 손해를 배상할 책임이 없다(제735조). 예컨대 A의 주택에 화재가 발생하여, 이웃 B가 진화하기 위해 물을 뿌렸다. 이로 인해 A의 다른 물건이 훼손되었다. 이 경우에 B의 진화행위는 사무관리의 효과로 발생한 의무를 위반하지 않았을 뿐만 아니라 A의 다른 물건을 훼손하려는 고의나 중대한 과실이 없기 때문에, A는 B에 대하여 채무불이행책임이나 불법행위책임을 주장할 수 없다.

(다) 관리계속의무

관리행위가 일시적 성질의 행위가 아니라 계속적 성질을 가지는 경우, 관리자가 관리를 개시한 때에는 본인·상속인·법정대리인이 관리를 할 수 있을 때까지 그 관리를 계속하여야 한다(제737조 본문). 관리자가 사무관리를 도중에 중지하게 되면 본인에게 불이익한 경우가 많기 때문에 이러한 관리계속의무를 인정한 것이다. 그러나 관리의 계속이 본인의 의사에 반하거나 본인에게 불리함이 명백한 때에는 관리를 중단하여야 한다(제737조 단서).

(라) 정보제공의무

1) 통지의무

관리자가 타인사무의 관리를 개시한 때에는 지체 없이 본인에게 그 사실을 통지하여야 한다. 다만 본인이 이미 관리사실을 알고 있는 때에는 통지할 필요가 없다(제736조). 만일 관리자가 통지의무를 게을리하여 본인에게 손해가 발생한 경우, 관리자는 본인에 대하여 채무불이행책임을 진다(이은영, 672면). 예컨대 A와 B는 각각 경포호수 근처에 별장을 소유하고 있으며, 절친한 이웃이었다. A와 B는 둘 중에 한쪽이 부재중에 이웃 별장을 서로 관리를 해 주기로 하고, 현관열쇠를 교환하였다. 그리고 사업 때문에 자주 별장을 이용하지 못하는 A는 자기 별장을 다른 사람에게 임대를 해주고자 했는데, 마땅한 임차인을 물색하지 못했으며, 이러한 사실을 잘 알고 있는 B는 마침 강릉 경포에 휴가를 온 친구 C에게 A의 별장을 1주일간 임대해 주었다. 그런데 B는 A에게 이러한 사실을 통지하지 않았고, 임대사실을 모르는 A는 주말을 경포에서 보내기 위해 서울에서 출발하여 밤늦게 도착하였다. A는 임대사실을 알았을 때, 사실상 기분이 좋았지만 임대사실을 알았더라면 경포에 오지 않았을 것이기 때문에, B에게 교통비를 배상받고자 한다. 사안에서 B의 임대행위는 사무관리에 해당하므로(제734조), B는 제736조에 의하여 통지의무를 부담한다. 그런데 B는 이러한 통지의무를 위반하였으며, 일반적으로 A에게 전화로 쉽게 알려줄 수 있는데 이를 하지 않았으므로 귀책사유가 인정된다. 그러므로 B는 통지의무위반으로 甲에게 발생한 손해를 배상할 책임이 있다(제390조). 다시 말하면 A는 B에 대하여 적극적 채권침해로 인한 손해배상을 청구할 수 있다.

2) 보고의무

관리자는 본인의 청구가 있는 때에 사무처리의 상황을 보고하여야 하며, 또한 사무처리가 종료된 때에는 지체 없이 그 경과와 결과를 보고하여야 한다(제738조, 제683조).

(마) 취득물 등의 이전·인도의무

관리자는 사무처리로 인하여 받은 금전·물건·수취한 과실 그리고 자기의 명의로 취득한 권리를 본인에게 인도 및 이전하여야 한다(제738조, 제684조). 만일 관리자가 본인에게 인도할 금전 또는 본인을 위하여 사용할 금전을 소비한 때에는 소비한 날 이후의 이자를 지급하여야 하며, 그 밖의 손해가 있으면 배상하여야 한다(제738조, 제685조).

판 례

양도인이 채권양도 통지를 하기 전에 채무자로부터 채권을 추심하여 금전을 수령한 경우, 아직 대항요건을 갖추지 아니한 이상 채무자가 양도인에 대하여 한 변제는 유효하고, 그 결과 양수인에게 귀속되었던 채권은 소멸하지만, 이는 이미 채권을 양도하여 그 채권에 관한 한 아무런 권한도 가지지 아니하는 양도인이 양수인에게 귀속된 채권에 대한 변제로서 수령한 것이므로, 채권양도의 당연한 귀결로서 그 금전을 자신에게 귀속시키기 위하여 수령할 수는 없는 것이고, 오로지 양수인에게 전달해 주기 위하여서만 수령할 수 있을 뿐이어서, 양도인이 수령한 금전은 양도인과 양수인 사이에서 양수인의 소유에 속하고, 여기에다가 위와 같이 양도인이 양수인을 위하여 채권보전에 관한 사무를 처리하는 지위에 있다는 것을 고려하면, 양도인은 이를 양수인을 위하여 보관하는 관계에 있다고 보아야 할 것이다(대판 1999.4.15, 97도666).

(3) 본인의 관리자에 대한 의무

(가) 비용상환의무

1) 본인의 의사에 반하지 않는 경우

(i) 관리자가 본인의 사무를 처리하면서 비용을 지출한 경우, 본인은 관리자에게 그 '필요비 또는 유익비 전액'을 상환하여야 한다(제739조 1항). 부당이득반환청구권은 원칙적으로 이득자의 현존이익의 반환을 내용으로 하지만(제748조 1항), 사무관리에서의 비용상환청구권은 원칙적으로 필요비 및 유익비 전액의 반환을 그 내용으로 하기 때문에, 비용상환청구권의 법적 성질은 부당이득반환청구권이 아니라 사무관리의 고유한 반환청구권이다(김상용, 532면; 이은영, 673면). 그 밖에 관리자는 유익비 전액을 청구할 수 있다는 점에서, 관리자의 비용상환청구권은 가액의 증가가 현존하는 경우에만 상환받을 수 있는 점유자의 회복자에 대한 비용상환청구권과 다르다(제203조).

(ii) 본인에게 비용지출이 필요·유익한가의 판단기준 시기는 관리행위를 한 시점이 된다(LG Köln NJW-RR 1991, 990). 따라서 관리자가 비용을 지출하였으나 의도한 대로 결과가 발생하지 않은 때에도 본인은 관리자에 대하여 비용상환의무를 부담한다(Erman-Ehmann, § 683 Rdnr.1). 예컨대 A가 이웃 B의 병든 강아지를 돌보는 사이에 강아지가 죽은 경우에도 강아지의 사료비나 치료비의 상환을 청구할 수 있다.

(iii) 한편 관리자가 사무관리를 위하여 제3자에게 채무를 부담한 때에는 본인에게 자기에 갈음하여 이를 변제해 줄 것을 청구할 수 있고, 그 채무의 변제기가 도래하지 않은 때에

는 상당한 담보를 제공하게 할 수 있다(제739조 2항, 제688조 2항). 다시 말하면 관리자의 청구가 있는 경우에 한하여, 본인은 관리자에 갈음하여 그 채무를 변제할 의무가 있고, 그 채무가 변제기에 있지 아니할 때에는 담보제공의무를 부담한다. 예컨대 A가 이웃 B의 강아지를 위해 C로부터 외상으로 사료를 구입한 경우, A는 C에 대한 채무변제를 B에게 청구할 수 있다.

판 례

타인의 사무가 국가의 사무인 경우, 원칙적으로 사인이 법령상 근거 없이 국가의 사무를 수행할 수 없다는 점을 고려하면, 사인이 처리한 국가의 사무가 사인이 국가를 대신하여 처리할 수 있는 성질의 것으로서, 사무 처리의 긴급성 등 국가의 사무에 대한 사인의 개입이 정당화되는 경우에 한하여 사무관리가 성립하고, 사인은 그 범위 내에서 국가에 대하여 국가의 사무를 처리하면서 지출된 필요비 내지 유익비의 상환을 청구할 수 있다(대판 2014.12.11, 2012다15602). 가령 甲회사 소유의 유조선에서 원유가 유출되는 사고가 발생하자 해상 방제업 등을 영위하는 乙회사가 피해 방지를 위해 해양경찰의 직접적인 지휘를 받아 방제작업을 보조한 경우, 甲회사의 조치만으로는 원유 유출사고에 따른 해양오염을 방지하기 곤란할 정도로 긴급방제조치가 필요한 상황이고, 방제작업은 乙회사가 국가를 위해 처리할 수 있는 국가의 의무 영역과 이익 영역에 속하는 사무이므로, 乙회사는 국가의 사무를 처리한다는 의사로 방제작업을 한 것으로, 사무관리에 근거하여 국가에 방제비용을 청구할 수 있다.

2) 본인의 의사에 반하는 경우

관리자의 사무처리가 본인의 의사에 반함이 명백하지는 않으나 본인의 의사에 반하는 경우, 본인은 현존이익의 한도 내에서 필요비 또는 유익비의 상환의무를 부담하고, 관리자의 채무를 변제하거나 담보제공의무를 진다(제739조 3항). 만일 관리자의 사무처리가 본인의 의사에 반함이 명백한 때에는 사무관리는 성립하지 않고, 부당이득 또는 불법행위가 성립된다(곽윤직, 338면; 김상용, 532면).

(나) 손해배상의무

관리자가 사무관리를 하면서 과실 없이 손해를 입은 때에는 본인의 현존이익의 한도 내에서 그 손해의 배상을 청구할 수 있다(제740조). 관리자의 손해배상청구권은 비용상환청구권과 달리 손해의 전액이 아닌 본인의 현존이익의 범위 내로 한정된다. 제740조의 손해란 사무의 관리로 인하여 야기된 예상 밖의 재산상·인체상 피해를 의미한다.

(다) 보수지급의무

사무관리가 성립한 경우에 제739조에 의하여 관리자는 본인에 대하여 지출한 비용의 상환을 청구할 수 있다. 그러나 사무관리의 노무제공에 대한 관리자의 보수지급청구에 대하여 명문의 규정이 없을 뿐만 아니라 사무관리는 그 본질이 위임계약(제680조)과 유사하고, 위임계약은 무상이 원칙이므로 관리자는 본인에 대하여 보수지급을 청구할 수 없다. 다만 예외적으로 관리자의 사무처리가 그의 직업·영업(예: 사고차량견인업)에 속하는 때에는, 협정가격 또는 일반적인 기준의 보수를 청구할 수 있다고 할 것이다(제686조 1항 유추적용). 판례는 직업 또는 영업에 의하여 유상으로 일하는 사람이 그 직업 또는 영업의 범위 내에서 타인의 사무를 관리한 경우, 통상의 보수 상당 금액을 필요비 또는 유익비로 청구할 수 있다고 한다(대판 2010.1.14, 2007다55477).

한편 유실물을 습득하여 인도한 자(유실물법 제4조)·표류물 또는 침몰품을 습득하여 인도한 자(수상구조법제39조)·항해선 또는 그 적하를 구조한 자(상법 제882조)는 특별법에 의하여 보수청구권이 인정된다.

판 례

A 조합이 B 조합의 해산 후 별도의 절차에 따라 새로 설립되었으나 B 조합과 조합업무 위임계약 및 조합업무대행 수수료 지급약정을 체결한 甲이 실제로 B 조합에 이어 A 조합의 업무를 상당 부분 대행해 왔고, A 조합도 그 법률적 효과와 경제적 이익을 누려왔다면, 甲은 A 조합이 B 조합과 실체가 동일하여 B 조합과 甲 사이에 체결된 위 약정을 승계한 것으로 생각하였거나, 적어도 A 조합과 새로운 조합업무 위임계약이 체결될 것을 기대하고 보수를 지급받을 목적으로 법률상 의무 없이 A 조합을 위하여 A 조합의 사무를 처리해 온 것임을 인정할 수 있으므로, A 조합과 甲 사이에 사무관리에 의한 법정채권관계가 성립한다(대판 2010.6.10, 2009다98669).

2. 대외적 효과

관리자가 타인의 사무를 처리하기 위하여, 예컨대 병든 강아지를 치료하기 위해 수의사와 도급계약을 체결한 경우에 그 법률행위의 효과가 누구에게 귀속되는지가 문제이다.

(1) 관리자의 이름으로 한 행위

관리자가 자기의 이름으로 법률행위를 한 경우에는 그 법률행위의 효과는 본인에게 귀속하지 않고 사무관리자에게 귀속한다. 다만 전술한 바와 같이 관리자가 법률행위의 효과로서 부담하는 상대방에 대한 채무에 관하여는 본인으로 하여금 자기에 갈음하여 상대방에게 변제시킬 수 있다(제739조 2항, 제688조 2항). 그러나 이러한 본인의 변제의무는 관리자에 대한 것이며, 상대방에 대한 것이 아니다.

(2) 본인의 이름으로 한 행위

사무관리의 효과는 본인과 관리자 사이에서만 생긴다. 다시 말하면 사무관리는 본인·관리자 간의 '대내관계'에 그치며, 본인과 상대방 사이의 대외관계와 별개의 문제이다(김주수, 512면). 따라서 관리자가 사무처리를 위하여 본인의 이름으로 제3자와 법률행위를 한 경우, 그것은 무권대리가 되어 본인이 후에 추인하지 않는 한, 그 효과는 직접 본인에게 귀속하지 않는다(제130조).

제4장 부당이득

제 1 절 서 설

Ⅰ. 의의 및 법적 성질

1. 의 의

부당이득(ungerechtfertigte Bereicherung)이란 법률상 원인 없이 타인의 재산이나 노무로 인하여 얻은 이득을 말하며, 이러한 부당이득으로 인하여 타인에게 손해를 가한 자는 반환의무를 부담한다(제741조). 부당이득은 사무관리(제734조)·불법행위(제750조)와 같이 법률규정에 의한 채권발생원인이다. 부당이득은 수익자(이득자)의 재산증가를 제거하는 것을 주된 목적으로 한다는 점에서, 가해자의 위법한 행위로 인하여 피해자에게 발생한 손해를 전보케 하는 것을 목적으로 하는 불법행위와 다르다.

2. 법적 성질

부당이득은 법률상 원인 없는 이득이 생겼다는 사실 자체만으로 이득반환의무가 발생한다. 따라서 그 성질은 사람의 행위와는 관계없는 '사건'이며, 이 점에서 부당이득은 법률행위인 계약이나 적법한 법률적 행위인 사무관리 및 위법한 행위인 불법행위와 구별된다.

판 례

가집행선고부 제1심판결에 따라 금원을 지급하였다가 다시 상소심판결의 선고에 의해 가집행선고가 실효됨에 따라 금원의 수령자가 부담하게 되는 원상회복의무는 성질상 부당이득의 반환채무이지만, 이러한 원상회복의무는 가집행선고의 실효가 기왕에 소급하는 것이 아니기 때문에 본래부터 가집행이 없었던 것과 같은 원상으로 회복시키려는 공평의 관념에서 민사소송법이 인정한 법정채무이다(대판 2015.2.26, 2012다79866).

Ⅱ. 부당이득반환청구권과 다른 청구권의 관계

1. 계약상의 이행청구권과의 관계

부당이득반환청구권은 법률상 원인 없이 이득을 얻은 경우에 인정되는데, 계약관계가 존재하는 한 법률상 원인이 있는 것이 통상적이며, 또한 계약에 기한 채무의 불이행이 있는 경우에 채무자는 그 채무를 면하는 것은 아니므로, 부당이득에서의 이득을 취한 것으로 볼 수 없다. 다만 채무불이행 중의 이용 또는 과실취득은 부당이득을 성립시키지만(예: 임대차나 사용대차 종료 후에도 목적물을 계속하여 사용·수익하고 그 결과 이득을 얻는 경우: 대판 1992.4.14, 91다45202,45219) 대개 특별규정(예: 제587조, 제626조)에 의하여 해결된다.

판 례

부동산매매계약에서 실제면적이 계약면적에 미달하는 경우에는 그 매매가 수량지정매매에 해당할 때에 한하여 제574조, 제572조에 의한 대금감액청구권을 행사함은 별론으로 하고, 그 매매계약이 그 미달 부분만큼 일부 무효임을 들어 이와 별도로 일반 부당이득반환청구를 하거나 그 부분의 원시적 불능을 이유로 제535조가 규정하는 계약체결상의 과실에 따른 책임의 이행을 구할 수 없다(대판 2002.4.9, 99다47396). 즉 채권계약의 유효를 전제로 하는 담보책임을 우선 적용하여야 하므로, 무효를 전제로 하는 부당이득이나 계약체결상의 과실책임의 문제로 되지 않는다.

2. 계약해제에 따른 원상회복청구권과의 관계

계약해제를 소급적 소멸로 보는 직접효과설은 원상회복의무를 규정한 제548조 1항 본문은 부당이득에 관한 특별 규정의 성격을 가진 것이라 할 것이어서, 그 이익 반환의 범위는 이익의 현존 여부나 선의, 악의를 불문하고 특단의 사유가 없는 한 받은 이익의 전부라고 한다(대판 1998.12.23, 98다43175). 반면에 청산관계설에서는 원상회복청구권은 본질이 부당이득이 아니라 계약상의 청구권이라고 한다.

판 례

(ㄱ) 제548조 제2항은 계약해제로 인한 원상회복의무의 이행으로 반환하는 금전에는 그 받은 날부터 이자를 가산하여야 한다고 하고 있는바, 위 이자의 반환은 원상회복의무의 범위에 속하는 것으로 일종의 부당이득반환의 성질을 가지는 것이지 반환의무의 이행지체로 인한 손해배상은 아니다(대판 2003.7.22, 2001다76298).

(ㄴ) 부동산 매매계약이 해제된 경우 매도인의 매매대금 반환의무와 매수인의 소유권이전등기말소등기 절차이행의무가 동시이행의 관계에 있는지 여부와는 관계없이 매도인이 반환하여야 할 매매대금에 대하여는 그 받은 날부터 민법 소정의 법정이율인 연 5푼의 비율에 의한 법정이자를 부가하여 지급하여야 하고, 이와 같은 법리는 약정된 해제권을 행사하는 경우라 하여 달라지는 것은 아니다(대판 2000.6.9, 2000다9123).

3. 물권적 청구권과의 관계

손실자가 수익자에 대하여 그 수익을 반환케 하기 위하여, 소유권이나 그 밖의 본권에 의한 반환청구권 또는 점유권에 의한 반환청구권을 가지는 경우, 부당이득반환청구권과의 관계가 문제된다. 이에 대하여 타인의 물건을 점유할 권리가 없는데도 이를 점유하고 있는 경우, 예컨대 계약의 이행을 위하여 일방당사자(甲)가 계약의 내용을 이루는 급부를 상대방(乙)에게 이행하였는데, 계약이 처음부터 무효이거나 취소된 경우, ① 물권행위의 유인론에 따르면 甲은 급부에 대한 소유권을 상실하지 않으므로 乙에 대하여 소유권에 의한 물권적 청구권을 행사할 수 있으며, 점유는 그 자체가 이득이므로 물권적 청구권과의 경합이 문제된다. 하지만 일반적으로 물권적 청구권과 점유의 부당이득반환청구권의 경합을 부정하여 물권적 청구권만 발생하고, 여기서의 물권적 청구권은 부당이득반환청구권의 성질을 갖는다고 한다. 즉 수익자가 원물을 반환하는 경우에 그 법률관계는 제201조 내지 제203조에 규정된 점유자와 회복자의 관계와 유사하며, 제201조 내지 제203조는 소유권 등 본권에 기한 청구권을 행사하는 것을 전제로 하지만 실질적으로 부당이득반환청구의 성질을 가지고 있다고 한다. ② 물권행위의 무인론에 따르면 乙은 급부에 대한 소유권을 취득하므로 甲은 급부에 대해 제741조에 의하여 부당이득으로 반환을 청구할 수 있을 뿐이고, 제213조와의 경합은 발생하지 않게 된다. 다만 무효·취소의 원인이 원인행위인 채권행위와 물권행위에 공통한 경우에는 물권적 청구권과 부당이득반환청구권과의 경합이 인정될 수 있다.

4. 불법행위로 인한 손해배상청구권과의 관계

불법행위는 피해자의 '손해전보'를, 그러나 부당이득은 수익자에게 부당하게 증대된 '재산제거'를 주된 목적으로 하므로, 하나의 사실이 불법행위와 부당이득에 관한 요건을 동시에 충족하는 경우에 양 청구권의 경합이 인정된다(통설). 판례도 사기를 이유로 법률행위가 취소된 경우에 그 법률행위가 동시에 불법행위를 구성하는 때에는 취소의 효과로 생기는 부당이득반환청구권과 불법행위로 인한 손해배상청구권은 경합하여 병존하는 것이므로, 채권자는 어느 것이라도 선택하여 행사할 수 있지만 중첩적으로 행사할 수는 없다고 하여, 경합을 인정하고 있다(대판 1993.4.27, 92다56087).

판 례

부당이득반환청구권과 불법행위로 인한 손해배상청구권은 서로 실체법상 별개의 청구권으로 존재하고 그 각 청구권에 기초하여 이행을 구하는 소는 소송법적으로도 소송물을 달리하므로, 채권자로서는 어느 하나의 청구권에 관한 소를 제기하여 승소 확정판결을 받았다고 하더라도 아직 채권의 만족을 얻지 못한 경우에는 다른 나머지 청구권에 관한 이행판결을 얻기 위하여 그에 관한 이행의 소를 제기할 수 있다. 그리고 채권자가 먼저 부당이득반환청구의 소를 제기하였을 경우 특별한 사정이 없는 한 손해 전부에 대하여 승소판결을 얻을 수 있었을 것임에도 우연히 손해배상청구의 소를 먼저 제기하는 바람에 과실상계 또는 공평의 원칙에 기한 책임제한 등의 법리에 따라 그 승소액이 제한되었다고 하여 그로써 제한된 금액에 대한 부당이득반환청구권의 행사가 허용되지 않는 것도 아니다(대판 2013.9.13, 2013다45457).

Ⅲ. 전용물소권의 문제

계약에 의한 급부가 계약상대방뿐만 아니라 제3자에게도 이익이 된 경우에 그 제3자에 대하여 직접 부당이득반환청구권을 인정하는 것을 '전용물소권'이라고 한다. 가령 甲과 乙은 X건물의 공유자(지분은 각 1/2)인데, 乙은 甲의 동의 없이 丙에게 X건물의 창호공사를 5,000만원에 도급하였고, 丙이 약정 기간 내에 이를 완료하였으나 乙은 丙에게 공사대금을 지급하지 않았으며, 丙의 공사로 건물의 가치가 증가한 경우, 丙은 甲에 대하여 부당이득반환을 청구할 수 있는지가 문제이다. 이러한 경우에 학설(송덕수, D-552; 지원림, 5-245)과 판례는 전용물소권을 부정한다. 즉 계약의 일방당사자가 계약상대방에 대하여 급부를 한 원인관계인 법률관계에 무효 등의 흠이 있거나 계약이 해제되었다는 이유로 제3자를 상대로 하여 직접 부당이득반환청구를 할 수 있다고 보면 자기 책임 아래 체결된 계약에 따른 위험부담을 제3자에게 전가하는 것이 되어 계약법의 원리에 반하는 결과를 초래할 뿐만 아니라 수익자인 제3자가 계약상대방에 대하여 가지는 항변권 등을 침해하게 되어 부당하다. 따라서 계약의 일방당사자가 계약상대방의 지시 등으로 급부과정을 단축하여 계약상대방과 또 다른 계약관계를 맺고 있는 제3자에게 직접 급부한 경우(삼각관계에서의 급부가 이루어진 경우), 그 급부로써 급부를 한 계약당사자의 상대방에 대한 급부가 이루어질 뿐 아니라 상대방의 제3자에 대한 급부도 이루어지는 것이므로, 계약의 일방당사자는 제3자를 상대로 하여 법률상 원인 없이 급부를 수령하였다는 이유로 부당이득반환청구를 할 수 없다고 한다(대판 2017.7.11, 2013다55447; 대판 2011.11.10, 2011다48568).

생각건대 계약의 효력은 계약당사자에게만 미친다는 점, 급부자는 상대방이 제3자에 대하여 가지는 비용상환청구권을 대위행사할 수 있다는 점을 고려할 때, 전용물소권은 허용하지 않아야 할 것이다. 따라서 ① 甲이 乙과 상가 분양계약을 체결할 당시 丙과 체결한 분양관리신탁계약 및 대리사무계약에 따라 분양대금채권을 丙에게 양도하였으며, 乙이 이를 승낙하고 분양대금 전부를 丙의 계좌로 납입하였는데, 그 후 乙이 甲과의 분양계약을 정당한 사유로 해제 내지 취소한 경우, 乙은 丙을 상대로 원상회복청구나 부당이득반환청구를 할 수 없다(대판 2017.7.11, 2013다55447). ② 甲회사의 운전기사 乙이 甲 소유의 화물차량을 운전하면서 甲의 지정 주유소가 아닌 丙의 주유소에서 유류를 공급받아 편취한 뒤 이를 甲의 화물운송사업에 사용하였는데, 丙에게 그 대금을 결제하지 않은 경우, 乙에게 경유를 공급한 丙은 경유가 甲의 화물운송사업에 사용되어 甲에게 이익이 되었더라도 계약당사자가 아닌 甲에 대하여 직접 부당이득반환을 청구할 수 없다(대판 2010.6.24, 2010다9269).

판 례

(ㄱ) 계약당사자 사이에서 그 계약의 이행으로 급부된 것은 그 급부의 원인관계가 적법하게 실효되지 아니하는 한 부당이득이 될 수 없고, 계약에 따른 어떤 급부가 그 계약의 상대방 아닌 제3자의 이익으로 된 경우에도 급부를 한 계약당사자는 계약상대방에 대하여 계약상의 반대급부를 청구할 수 있는 것이지 그 제3자에 대하여 직접 부당이득을 주장하여 반환을 청구할 수 없다(대판 2023.4.27, 2022다304189).

(ㄴ) 유효한 도급계약에 의하여 수급인이 도급인으로부터 제3자 소유 물건의 점유를 이전받아 이를 수리한 결과 그 물건의 가치가 증가한 경우, 도급인이 그 물건을 간접점유하면서 궁극적으로 자신의 계산으로 비용지출과정을 관리한 것이므로, 도급인만이 소유자에 대한 관계에 있어서 민법 제203조에 의한 비용상환청구권을 행사할 수 있는 비용지출자라고 할 것이고, 수급인은 그러한 비용지출자에 해당하지 않는다고 보아야 한다(대판 2002.8.23, 99다66564,66571).

(ㄷ) 계약상 급부가 계약상대방뿐 아니라 제3자에게 이익이 된 경우에 급부를 한 계약당사자는 계약상대방에 대하여 계약상 반대급부를 청구할 수 있는 이외에 제3자에 대하여 직접 부당이득반환청구를 할 수는 없다고 보아야 하고, 이러한 법리는 급부가 사무관리에 의하여 이루어진 경우에도 마찬가지이다. 따라서 의무 없이 타인을 위하여 사무를 관리한 자는 타인에 대하여 민법상 사무관리 규정에 따라 비용상환 등을 청구할 수 있는 외에 사무관리에 의하여 결과적으로 사실상 이익을 얻은 다른 제3자에 대하여 직접 부당이득반환을 청구할 수는 없다(대판 2013.6.27, 2011다17106).

(ㄹ) 甲 주식회사가 아파트 신축공사를 시행하여 완공한 후 乙 주식회사를 아파트 주택관리업자로 선정하여 관리용역 계약을 체결하였고, 乙 회사는 직원 丙을 아파트 관리소장으로 선임하였는데, 丙이 입주자대표회의가 구성되지 않은 상태에서 아파트에 관한 화재보험 가입을 위한 자금을 甲 회사에게서 차용하면서 아파트 입주율이 50% 이상이 되면 운영하는 관리비에서 이를 상환하기로 하는 내용의 확약서 및 차용증서를 작성하여 준 경우, 丙에게 아파트 화재보험료 납입자금 명목으로 돈을 대여한 甲 회사로서는, 비록 그 돈이 丙에 의하여 아파트 화재보험료 납입에 사용됨으로써 아파트 입주자대표회의가 동액 상당의 이득을 얻게 되었더라도, 실제 화재보험료를 대납한 丙이 입주자대표회의를 상대로 부당이득반환 내지 비용상환을 청구할 수 있는지는 별론으로 하고, 단지 자신의 대여금이 화재보험료 납입에 사용되었다는 사정만으로 입주자대표회의에 직접 부당이득반환을 청구할 수는 없다(대판 2011.11.10, 2011다48568).

제 2 절 부당이득의 성립요건

부당이득에 관하여 제741조는 부당이득의 요건과 효과를, 제742조 내지 제746조는 특수한 사정 때문에 부당이득의 반환을 청구할 수 없는 사유를 규정하고 있다. 따라서 부당이득반환을 청구할 수 있기 위해서, ① 법률상 원인이 없어야 하고, ② 타인의 재산이나 노무로 인하여 이익을 얻어야 하며, ③ 이로 인하여 타인에게 손해가 발생하여야 하고, ④ 부당이득반환을 배제하는 사유가 없어야 한다.

Ⅰ. 법률상 원인이 없을 것

수익자의 이득이 '법률상 원인 없이' 생긴 것이어야 한다. 이와 관련하여 모든 종류의 부당이득을 통일된 요건에 의하여 일괄해서 이해하는 입장(통일설), 통일설에 따르면 부당이득의 요건이 너무 추상적이고 모호하다는 이유로 유형별로 그 요건을 살펴보아야 한다는 입장(비통일설)이 있다. 독일 민법 제812조는 '타인의 급부로 인하여 또는 그 밖의 방법에 의하여'라고 한데 반해, 우리 민법은 이를 '법률상 원인 없이'라고 하여 추상적으로 표현하고 있다는 점, '법률상 원인 없이'를 공평의 원칙 내지 사회적 정의에 반하는 의미로는 모든 부당이득을 예외 없이 설명할 수 없다는 점을 고려하여, 이하에서는 통일설의 입장을 유지하면서 부당이득의 유형별 검토를 병행하기로 한다.

1. 급부부당이득

(1) 급부부당이득이란 법률행위나 계약을 원인으로 급부가 행해졌으나 그 법률행위 등이 무효·소멸된 경우에 급부행위로 인해 발생한 이익을 말한다. 여기서 급부(Leistung)란 의식적이고 의도적으로 타인의 재산을 증대케 하는 행위를 말하며, 법률상 원인의 유무는 '수익을 갖는 권한의 유무'를 의미하고, 수익의 전제가 되는 법률상 권리의 유무를 뜻하는 것은 아니다(곽윤직, 355면). 예컨대 유치권이나 동시이행의 항변권에 의하여 목적물을 사용하는 행위는 정당한 행위로서 불법행위를 구성하지 않으나 그 사용에 따른 이득은 법률상 원인이 없는 것에 해당하므로, 그 대가 상당액은 부당이득으로 된다(대판 1981.2.10, 80다1495).

(2) ① 甲이 자동차로 丙의 강아지에 손해를 입혔는데, 착오로 乙을 강아지의 소유자로 믿고 그에게 손해배상을 한 경우처럼 甲과 乙 사이에 '채권관계가 원시적으로 부존재한 경우', ② A가 무효인 매매계약의 이행으로 B에게 목적물을 양도한 경우와 같이 '채권관계 발생의 원인행위가 무효이거나 취소된 경우', ③ 甲이 乙과의 종류물에 대한 유효한 매매계약에 의하여 목적물을 양도하였는데 그 품질이 중등품인 아닌 하등품인 경우(제375조 1항)처럼 '이행하여야 할 채무는 존재하지만 이행의 효과(Erfüllungswirkung)가 발생하지 않은 경우', ④ A가 B에 대하여 정지조건부 채무를 부담하고 있어서 A가 조건성취를 예상하여 미리 채무를 이행하였으나 그 조건이 불성취로 끝난 경우처럼 '채권관계에 의하여 당사자가 의도한 목적을 달성할 수 없게 된 경우', ⑤ 해제조건부 계약에 의하여 급부를 하였으나 해제조건이 성취된 경우 또는 기한이 도래한 경우처럼 '목적이 소멸한 경우'도 법률상 원인이 없는 것에 해당한다.

(3) 행정행위로서 과세처분의 공정력 때문에 조세의 과오납이 부당이득이 되기 위해서는 납세 또는 조세의 징수가 실체법적으로나 절차법적으로 전혀 법률상의 근거가 없거나 과세처분의 하자가 중대하고 명백하여 당연무효이어야 하고, 과세처분의 하자가 단지 취소할 수 있는 정도에 불과할 때에는 과세관청이 이를 스스로 취소하거나 항고소송절차에 의하여 취소되지 않는 한 그로 인한 조세의 납부가 부당이득이 된다고 할 수 없다(대판 1994.11.11, 94다28000). 또한 집행권원에 기한 강제경매신청에 의하여 경매목적 부동산에 대한 매각허가결정이 확정된 경우에는 비록 경매개시결정 전에 마쳐진 제3자 명의의 가등기에 의하여 제3자 명의로 소유권이전본등기가 마쳐짐으로써 매수인이 매각부동산의 소유권을 취득하지 못하게 되었더라도 그 사유만으로 매각허가결정이 무효로 되는 것은 아니므로, 채권자가 매각대금 중에서 채권의 변제로 교부받은 배당금을 법률상 원인 없이 취득한 부당이득이라고 할 수는 없

다(대판 1986.9.23, 86다카560; 대판 1992.10.27, 92다5065).

(4) 지방세법 제107조 1항에 따라 재산세 납세의무를 부담하는 '재산을 사실상 소유하고 있는 자'는 공부상 소유자로 등재된 여부를 불문하고 당해 토지나 재산에 대한 실질적인 소유권을 가진 자를 의미한다(대판 2012.12.13, 2010두4964). 명의신탁자가 소유자로부터 부동산을 양수하면서 명의수탁자와 사이에 명의신탁약정을 하여 소유자로부터 바로 명의수탁자 명의로 해당 부동산의 소유권이전등기를 하는 3자간 등기명의신탁의 경우, 명의신탁자의 매수인 지위는 일반 매매계약에서 매수인 지위와 근본적으로 다르지 않으므로, 명의신탁자가 부동산에 관한 매매계약을 체결하고 매매대금을 모두 지급하였다면 재산세 과세기준일 당시 그 부동산에 관한 소유권이전등기를 마치기 전이라도 해당 부동산에 대한 실질적인 소유권을 가진 자로서 특별한 사정이 없는 한 그 재산세를 납부할 의무가 있다. 그런데 과세관청이 3자간 등기명의신탁에 따라 해당 부동산의 공부상 소유자가 된 명의수탁자에게 재산세 부과처분을 하고 이에 따라 명의수탁자가 재산세를 납부하였더라도 명의수탁자가 명의신탁자 또는 그 상속인을 상대로 재산세 상당의 금액에 대한 부당이득반환청구권을 가진다고 보기는 어렵다(대판 2020.9.3, 2018다283773). 명의신탁자는 여전히 해당 부동산에 대한 재산세 납부의무를 부담하므로, 명의수탁자가 자신에게 부과된 재산세를 납부하였다고 하여 명의신탁자가 재산세 납부의무를 면하는 이익을 얻게 되었다고 보기 어렵기 때문이다. 또한 명의수탁자에 대한 재산세 부과처분은 특별한 사정이 없는 한 위법한 것으로 취소되지 않은 이상 유효한 처분이고, 과세관청이 명의수탁자에게 재산세를 부과하여 명의수탁자가 이를 납부한 것을 두고 민법 제741조에서 정한 '법률상 원인없이' 명의신탁자가 이익을 얻었거나 명의수탁자에게 손해가 발생한 경우라고 보기는 어렵기 때문이다.

(5) 채권자가 채무자로부터 변제를 받는 것은 채권에 기한 것으로서 법률상 원인이 있는 것이다. 그런데 판례는 채무자가 횡령한 금전으로 자신의 채권자에 대한 채무를 변제하는 경우, 채권자가 그 변제를 수령함에 있어 '악의 또는 중대한 과실'이 있는 때에는 그 변제가 법률상 원인이 없는 것이 되어 부당이득이고(대판 2024.6.27, 2024다216817), 단순히 과실로 모른 때에는 유효한 변제로서 법률상 원인이 있는 것이 되어 부당이득이 성립하지 않는다고 한다(대판 2016.6.28, 2012다44358,44365). 이와 같은 법리는 채무자가 편취한 금전을 자신의 채권자의 다른 채권자에 대한 채무를 대신 변제하는 데 사용한 경우(대판 2008.3.13, 2006다53733,53740), 채무자가 횡령한 돈을 제3자에게 증여한 경우에도 마찬가지라고 한다(대판 2012.1.12, 2011다74246).

(6) 당사자 일방이 자신의 의사에 따라 일정한 급부를 한 다음 급부가 법률상 원인 없음을 이유로 반환을 청구하는 이른바 '급부부당이득'의 경우에는 법률상 원인이 없다는 점에 대한 증명책임은 부당이득반환을 주장하는 사람에게 있다. 이 경우 부당이득의 반환을 구하는 자는 급부행위의 원인이 된 사실의 존재와 함께 그 사유가 무효·취소·해제 등으로 소멸되어 법률상 원인이 없게 되었음을 주장·증명하여야 하고, 급부행위의 원인이 될 만한 사유

가 처음부터 없었음을 이유로 하는 이른바 착오 송금과 같은 경우에는 착오로 송금하였다는 점 등을 주장·증명하여야 한다. 이는 타인의 재산권 등을 침해하여 이익을 얻었음을 이유로 부당이득반환을 구하는 이른바 '침해부당이득'의 경우에는 부당이득반환 청구의 상대방이 이익을 보유할 정당한 권원이 있다는 점을 증명할 책임이 있는 것과 구별된다(대판 2018.1.24, 2017다37324).

판 례

(ㄱ) 토지의 매수인이 아직 소유권이전등기를 마치지 않았더라도 매매계약의 이행으로 토지를 인도받은 때에는 매매계약의 효력으로서 이를 점유·사용할 권리가 있으므로, 매도인이 매수인에 대하여 그 점유·사용을 법률상 원인이 없는 이익이라고 하여 부당이득반환청구를 할 수는 없다. 이러한 법리는 대물변제 약정 등에 의하여 매매와 같이 부동산의 소유권을 이전받게 되는 사람이 이미 부동산을 점유·사용하고 있는 경우에도 마찬가지로 적용된다(대판 2016.7.7, 2014다2662).

(ㄴ) 채무불이행으로 인한 손해배상채권은 본래의 채권이 확장된 것이거나 본래의 채권의 내용이 변경된 것이므로 본래의 채권과 동일성을 가진다. 따라서 본래의 채권이 시효로 소멸한 때에는 손해배상채권도 함께 소멸한다. 한편 어떠한 계약상의 채무를 채무자가 이행하지 않았다고 하더라도 채권자는 여전히 해당 계약에서 정한 채권을 보유하고 있으므로, 특별한 사정이 없는 한 채무자가 채무를 이행하지 않고 있다고 하여 채무자가 법률상 원인 없이 이익을 얻었다고 할 수는 없고, 설령 채권이 시효로 소멸하게 되었다 하더라도 달리 볼 수 없다(대판 2018.2.28, 2016다45779).

2. 침해부당이득

침해부당이득(Eingriffskondiktion)이란 수익자가 손실자에게 귀속되어야 할 재화 또는 권리를 침해하여 법률상 원인 없이 얻은 재산증가(Vermehrung des Vermögens)를 말한다. 따라서 무권리자가 타인의 권리를 제3자에게 처분하였으나 선의의 제3자 보호규정에 의하여 원래 권리자가 권리를 상실하는 경우, 권리자는 무권리자를 상대로 제3자에게서 처분의 대가로 수령한 것을 침해부당이득으로 보아 반환청구할 수 있다(대판 2011.6.10, 2010다40239).

침해부당이득은 많은 경우에 불법행위로 인한 손해배상청구권과 경합하게 된다. 침해부당이득에서 침해는 수익자뿐만 아니라 제3자에 의해서도 발생할 수 있고, 인간의 행위에 의하지 않는 경우(자연현상)와 법률규정에 의한 경우도 있다(제253조-제260조). 침해부당이득의 반환청구는 침해의 위법성(Rechtswidrigkeit des Eingriffs)을 이유로 한 것이 아니라 손실자의 재화를 허락 없이 사용·소비·처분 등으로 수익자가 얻은 이익의 반환에 있기 때문에, 침해의 위법성 여부는 문제되지 않는다. 오히려 수익자가 얻은 이익이 손실자에게 귀속되어야 하는지 여부가 중요하다(Brox/Walker, § 38 Rdnr. 409; Reuter/Martinek, § 7 m.w.N.). 따라서 정당한 권원에 의한 경우도 부당이득이 될 수 있다. 예컨대 유치권의 행사로 인한 유치물건을 사용한 경우에 특별한 사정이 없는 한 차임 상당의 이득을 반환할 의무가 있으며(대판 1962.8.30, 62다294), 법정지상권자가 대지를 점유·사용하여 얻은 이익은 부당이득으로서 대지소유자에게 반환할 의무가 있다(대판 1997.12.26, 96다34665). 또한 임차인이 제643조의 지상물매수청구권을 행사한 경우, 임대인으로부터 매수대금을 지급받기 전까지의 부지사용은 부당이득에 해당한다(대판 2001.6.1, 99다60535).

(1) 법률상 원인의 부존재

1) 침해부당이득은 손실자에게 귀속되어야 할 재화 또는 권리를 침해하여 얻은 이익이기 때문에, 수익자가 얻은 이익이 법률규정에 의하여 다른 자(손실자)에게 귀속되어야 할 때, 법률상 원인이 없는 것으로 된다(Brox/Walker, § 38 Rdnr. 7). 예컨대 수익자가 손실자의 물건이나 권리의 사용·수익·소비를 할 정당한 권리(예: 지상권·전세권·임차권 등)를 가지고 있지 않은 것이 법률상 원인이 없는 것으로 되며, 또한 경매의 배당절차에서 매득금이 담보권자 전원을 만족시킬 수 없는데 후순위자가 선순위자보다 먼저 배당받아 채권을 실현한 경우, 선순위자에게 귀속되어야 할 배당금을 후순위자가 취득한 것이므로 수익자(후순위자)의 이득에는 법률상 원인이 없기 때문에 선순위자는 후순위자에 대하여 부당이득의 반환을 청구할 수 있다(대판 2004.2.27, 2003다17682; 곽윤직, 358면). 다만 임금채권과 같이 실체법상 우선변제청구권이 있는 채권자는 배당요구를 한 경우에 한하여 배당을 받을 수 있으므로(민사집행법 제88조, 제148조 2호), 채권자가 적법한 배당요구를 하지 않은 경우, 그가 적법한 배당요구를 한 경우에 배당받을 수 있었던 금액이 후순위 채권자에게 배당되어도 이를 법률상 원인이 없는 것이라고 할 수 없다(대판 2005.8.25, 2005다14595; 대판 1996.12.20, 95다28304).

2) 저당권자·가압류채권자·전세권자 등 당연히 배당에 참가할 수 있는 채권자(첫 경매개시결정등기 전에 등기된 자)와 매각기일까지 배당요구를 한 배당요구 채권자(민법·상법 그 밖의 법률에 의하여 우선변제권이 있는 채권자)가 실체상의 권리에 따른 배당을 받지 못한 경우(민사집행법 제148조, 제88조), 확정된 배당표에 의하여 배당을 실시하는 것은 실체법상의 권리를 확정하는 것이 아니므로, 배당을 받아야 할 자가 배당받지 못하고 배당받지 못할 자가 배당받은 경우에는 배당에 관하여 이의를 한 여부 또는 형식상 배당절차가 확정되었는지 여부에 관계없이 배당받지 못한 채권자는 배당받은 자에 대하여 부당이득반환을 청구할 수 있다(대판 2008.6.26, 2008다19966; 대판 2007.3.29, 2006다49130). 그리고 공탁자가 착오로 공탁한 때 또는 공탁의 원인이 소멸한 때에는 공탁자가 공탁물을 회수할 수 있을 뿐 피공탁자의 공탁물출급청구권은 존재하지 않는다. 따라서 이러한 경우 공탁자가 공탁물을 회수하기 전에 위 공탁물출급청구권에 대한 전부명령을 받아 공탁물을 수령한 자는 법률상 원인 없이 공탁물을 수령한 것이 되어 공탁자에 대하여 부당이득반환의무를 부담한다(대판 2008.9.25, 2008다34668). 한편 부동산을 채권담보의 목적으로 양도한 경우, 특별한 사정이 없는 한 목적부동산에 대한 사용·수익권은 채무자인 양도담보설정자에게 있으므로, 양도담보권자는 사용·수익할 수 있는 정당한 권한이 있는 채무자나 채무자로부터 그 사용·수익할 수 있는 권한을 승계한 자에 대하여는 사용·수익을 하지 못한 것을 이유로 임료 상당의 손해배상이나 부당이득반환청구를 할 수 없다(대판 2008.2.28, 2007다37394,37400; 대판 2001.12.11, 2001다40213).

판 례

(ㄱ) 제824조는 "혼인 취소의 효력은 기왕에 소급하지 아니한다"고 규정하고 있을 뿐 재산상속 등에 관해 소급효를 인정할 별도의 규정이 없는바, 혼인 중에 부부 일방이 사망하여 상대방이 배우자로서 망인의 재

산을 상속받은 후에 그 혼인이 취소되었다는 사정만으로 그 전에 이루어진 상속관계가 소급하여 무효라거나 또는 그 상속재산이 법률상 원인 없이 취득한 것이라고는 볼 수 없다(대판 1996.12.23, 95다48308).

(ㄴ) 등기는 물권의 효력 발생 요건이고 존속 요건은 아니어서 등기가 원인 없이 말소된 경우에는 그 물권의 효력에 아무런 영향이 없고, 그 회복등기가 마쳐지기 전이라도 말소된 등기의 등기명의인은 적법한 권리자로 추정되므로, 근저당권설정등기가 위법하게 말소되어 아직 회복등기를 경료하지 못한 연유로 그 부동산에 대한 경매절차의 배당기일에서 피담보채권액에 해당하는 금액을 배당받지 못한 근저당권자는 배당기일에 출석하여 이의를 하고 배당이의의 소를 제기하여 구제를 받을 수 있고, 가사 배당기일에 출석하지 않음으로써 배당표가 확정되었다고 하더라도, 확정된 배당표에 의하여 배당을 실시하는 것은 실체법상의 권리를 확정하는 것이 아니기 때문에 경매절차에서 실제로 배당받은 자에 대하여 부당이득반환청구로서 그 배당금의 한도 내에서 그 근저당권설정등기가 말소되지 아니하였더라면 배당받았을 금액의 지급을 구할 수 있다(대판 2002.10.22, 2000다59678).

(ㄷ) 배당이의소송은 대립하는 당사자 사이의 배당액을 둘러싼 분쟁을 그들 사이에서 상대적으로 해결하는 것에 지나지 아니하여 그 판결의 효력은 오직 그 소송의 당사자에게만 미칠 뿐이므로, 어느 채권자가 배당이의소송에서의 승소확정판결에 의하여 경정된 배당표에 따라 배당을 받은 경우에도, 그 배당이 배당이의소송에서 패소확정판결을 받은 자 아닌 다른 배당요구채권자가 배당받을 몫까지도 배당받은 결과로 된다면 그 다른 배당요구채권자는 위 법리에 의하여 배당이의소송의 승소확정판결에 따라 배당받은 채권자를 상대로 부당이득반환청구를 할 수 있다(대판 2007.2.9, 2006다39546; 대판 2008.6.26, 2008다19966).

(ㄹ) 담보권의 실행을 위한 경매에서 신청채권자가 경매를 신청함에 있어서 경매신청서에 피담보채권 중 일부만을 청구금액으로 기재하였을 경우에는 다른 특별한 사정이 없는 한 신청채권자가 당해 경매절차에서 배당을 받을 금액이 그 기재된 채권액을 한도로 확정되고, 신청채권자가 채권계산서를 제출하는 방법에 의하여 청구금액을 확장할 수 없다고 할 것이므로(대판 2001.3.23, 99다11526; 대판 1998.7.10, 96다39479), 근저당권자가 경매신청서에 피담보채권 중 일부만을 청구금액으로 기재하여 담보권의 실행을 위한 경매를 신청한 후 청구금액을 확장한 채권계산서를 제출하였을 뿐 달리 매각기일까지 이중경매를 신청하는 등 필요한 조치를 취하지 아니한 채 그대로 경매절차를 진행시켜 경매신청서에 기재된 청구금액을 기초로 배당표가 작성·확정되고 그에 따라 배당이 실시되었다면, 신청채권자가 청구하지 아니한 부분의 해당 금원이 후순위채권자들에게 배당되었다 하여 이를 법률상 원인이 없는 것이라고 볼 수는 없다(대판 1997.2.28, 96다495).

(ㅁ) 타인 소유의 토지 위에 권원 없이 건물을 소유하는 자는 그 자체로써 건물 부지가 된 토지를 점유하고 있는 것이므로 특별한 사정이 없는 한 법률상 원인 없이 타인의 재산으로 인하여 토지의 차임에 상당하는 이익을 얻고 이로 인하여 타인에게 동액 상당의 손해를 주고 있다고 할 것이고, 이는 건물소유자가 미등기건물의 원시취득자이고 그 건물에 관하여 사실상의 처분권을 보유하게 된 양수인이 따로 존재하는 경우에도 다르지 아니하므로, 미등기건물의 원시취득자는 토지소유자에 대하여 부당이득반환의무를 진다(대판 2011.7.14, 2009다76522,76539). 한편 미등기건물을 양수하여 건물에 관한 사실상의 처분권을 보유하게 됨으로써 그 양수인이 건물 부지 역시 아울러 점유하고 있다고 볼 수 있는 경우에는 미등기건물에 관한 사실상의 처분권자도 건물 부지의 점유·사용에 따른 부당이득반환의무를 부담한다. 이러한 경우 미등기건물의 원시취득자와 사실상의 처분권자가 토지소유자에 대하여 부담하는 부당이득반환의무는 동일한 경제적 목적을 가진 채무로서 부진정연대채무 관계에 있다(대판 2022.9.29, 2018다243133,243140).

(ㅂ) 국가 또는 지방자치단체가 위법하게 사유지에 대한 점유를 개시한 경우, 국가 또는 지방자치단체가 토지보상법에 따라 해당 토지에 대한 수용 또는 사용 절차를 거쳐 손실보상금을 지급할 가능성이 있었다는 사정만으로 토지소유자에 대한 부당이득 반환의무가 소멸한다고 볼 수 없다. 국가 또는 지방자치단체로서는 토지보상법에 따른 적법한 수용 또는 사용 절차를 통해 정당한 보상을 함으로써 그 토지에 대한 사용권을 획득한 이후에야 그 범위 내에서 부당이득 반환의무를 면할 뿐이다(대판 2024.6.27, 2023다275530).

(2) 침해에 법률상 원인이 존재하는 경우

(가) 계약상 침해를 수인(Duldung)할 의무

손실자가 계약상 침해를 수인할 의무가 있거나 동의한 경우에는 그 침해에는 법률상 원인이 존재한다. 예컨대 乙이 甲 소유의 건물을 임차하였는데, 甲이 건물을 인도하지 않아 乙이 사력으로 건물을 점유한 경우, 甲은 계약상 乙에게 침해에 일치한 법률상태(Rechtslage)를 창출할 의무가 있으므로, 甲은 乙에 대하여 침해부당이득을 주장할 수 없다. 다시 말하면 乙은 사실상 甲의 희생으로 점유라는 이익을 얻었지만, 부당이득으로 되지 않는다(Vgl. Emmerich, § 17 Rdnr. 25).

(나) 법률규정(gesetzliche Regelung)에 의하여 이득이 생긴 때

법규가 편의상의 이유로 형식상 그 권리를 수익자에게 귀속시킨 데 지나지 않는 때에는 부당이득이 되지만, 종국적으로 실질적인 가치의 이동을 인정하려는 것이면 부당이득은 성립하지 않는다(곽윤직, 359면). 법률상 원인이 존재하는지가 문제되는 경우로 선의취득·취득시효·유실물습득·매장물발견·첨부 등이 있다.

1) 실질적 가치의 이동을 인정하는 경우

가) 선의취득

무권리자로부터 동산을 양수한 자가 선의취득한 경우에 이는 진정한 권리자의 소유권을 침해하는 것이지만, 선의취득에 관한 제249조는 법률상 원인(법적근거)으로 된다. 예컨대 B가 A에게 빌린 책을 선의의 C에게 매도·양도한 경우, C는 제249조에 의하여 책에 대한 소유권을 취득하므로 A는 C에게 부당이득반환을 청구할 수 없다. 그 밖에 C는 B의 급부에 의하여 책에 대한 소유권을 취득하였으므로 C의 A에 대한 침해부당이득이 고려되지 않는다(침해부당이득의 보충성). 물론 무권리자 B는 진정한 권리자 A에게 귀속될 소유권을 침해하여 이익을 얻었으므로, 그 이득은 부당이득이 된다.

나) 취득시효

제245조 이하의 취득시효도 법률상 원인이 된다. 시효로 물건에 대한 소유권을 취득한 자가 제741조에 의하여 상실자에게 목적물을 반환하여야 한다면, 취득시효의 인정이유인 법률관계의 안정과 거래안전의 보호에 반하게 되기 때문이다(Palandt-Bassenge, Vor § 937 Rdnr. 2; Fikentscher, Rdnr. 1125). 판례도 부동산에 대한 취득시효가 완성되면 점유자는 소유명의자에 대하여 취득시효완성을 원인으로 한 소유권이전등기절차의 이행을 청구할 수 있고, 소유명의자는 이에 응할 의무가 있으므로 점유자가 그 명의로 소유권이전등기를 마치지 아니하여 아직 소유권을 취득하지 못하였더라도 소유명의자는 점유자에 대하여 점유로 인한 부당이득반환청구를 할 수 없다고 한다(대판 1993.5.25, 92다51280).

다) 유실물습득·매장물발견

유실물의 소유권취득에 관한 제253조, 매장물의 소유권취득에 관한 제254조는 법률상 원인이 된다. 예컨대 유실물(매장물)을 법률에 정한 바에 의하여 공고하였는데 소유자가 그 권리를 주장하지 않아 습득자(발견자)가 소유권을 취득한 경우, 그 취득에 법적 근거가 있기 때문에 종전의 소유자는 습득자(발견자)에 대하여 부당이득반환을 주장할 수 없다.

라) 수익자의 집행행위

판결이 확정되면 기판력에 의하여 그 대상이 된 청구권의 존재가 확정되고 그 내용에 따라 집행력이 발생한다. 따라서 확정판결은 재심의 소(민소법 제451조 이하) 등으로 취소되지 않는 한 그 소송당사자를 기속하는 것이므로, 확정판결 당시에 채권이 존재하지 않았다는 이유만으로 부당이득이 성립한다고 할 수 없다(대판 2000.5.16, 2000다11850). 가령 불법행위로 인한 인신손해에 대한 손해배상청구소송에서 판결이 확정된 후 피해자가 그 판결에서 손해배상액 산정의 기초로 인정된 기대여명보다 일찍 사망한 경우라도 그 판결이 재심의 소 등으로 취소되지 않는 한 그 판결에 의하여 지급받은 손해배상금 중 일부를 법률상 원인 없는 이득이라 하여 반환을 구하는 것은 그 판결의 기판력에 저촉되어 허용될 수 없다(대판 2009.11.12, 2009다56665). 물론 확정판결이 있은 후에 변제 등에 의해 채권이 소멸하였는데도 확정판결에 의해 집행한 때에는 부당이득이 성립한다.

한편 담보권에 기한 경매는 담보권에 있는 환가권을 국가기관의 힘을 빌려 실행하는 것에 지나지 않으므로, 판결에 의한 강제집행과 달리 그 경매에는 실체적 법률관계를 확정하는 효력이 없다. 즉 저당권의 실행을 위하여 경매를 하였으나 그 저당권이 실체상 존재하지 않은 경우, 경매절차가 형식상 유효하게 행하여지더라도 매수인은 목적부동산의 소유권을 취득하지 못한다. 따라서 매수인(경락인)은 대금의 배당을 받은 채권자에 대하여 부당이득의 반환을 청구할 수 있다(대판 1973.3.13, 72다1073; 곽윤직, 359면).

판 례

(ㄱ) 소송당사자가 허위의 주장으로 법원을 기망하고 상대방의 권리를 해할 의사로 상대방의 소송관여를 방해하는 등 부정한 방법으로 실체의 권리관계와 다른 내용의 확정판결을 취득하여 그 판결에 의하여 강제집행을 하는 것은 정의에 반하고 사회생활상 도저히 용인될 수 없는 것이어서 권리남용에 해당한다고 할 것이지만, 확정판결에 대한 재심의 소가 각하되어 확정되는 등으로 확정판결이 취소되지 아니한 이상 확정판결에 기한 강제집행으로 취득한 채권을 법률상 원인 없는 이득이라고 하여 반환을 구하는 것은 확정판결의 기판력에 저촉되어 허용될 수 없다(대판 2001.11.13, 99다32905).

(ㄴ) 채무자 이외의 자의 소유에 속하는 동산을 경매한 경매절차에서 그 동산을 매각받아 매각대금을 납부하고 이를 인도받은 매수인이 동산의 소유권을 선의취득한 경우, 그 동산의 매각대금은 채무자의 것이 아니어서 채권자가 이를 배당을 받았다고 하더라도 채권은 소멸하지 않고 계속 존속하므로, 배당을 받은 채권자는 이로 인하여 법률상 원인 없는 이익을 얻고 소유자는 경매에 의하여 소유권을 상실하는 손해를 입게 되었다고 할 것이니 그 동산의 소유자는 배당을 받은 채권자에 대하여 부당이득으로서 배당받은 금원의 반환을 청구할 수 있다(대판 1998.6.12, 98다6800).

(ㄷ) 확정판결은 재심의 소 등으로 취소되지 않는 한 그 소송당사자를 기속하므로 확정판결에 기한 이행으로 받은 급부는 법률상 원인 없는 이익이라고 할 수 없다. 이는 해당 급부뿐만 아니라 그 급부의 대가로서

기존 급부와 동일성을 유지하면서 형태가 변경된 것에 불과한 처분대금 등에 대해서도 마찬가지이다(대판 2023.6.29, 2021다243812).

2) 법규가 편의상 권리를 수익자에게 귀속시킨 경우 — 첨부

부합·혼화·가공에 의하여 목적물에 대한 권리를 잃게 된 자는 소유권을 취득한 자에 대하여 부당이득에 관한 규정에 의하여 보상을 청구할 수 있다(제261조). 여기서 '부당이득에 관한 규정에 의하여 보상을 청구할 수 있다'는 것은 법률효과만이 아니라 법률요건도 부당이득에 관한 규정이 정하는 바에 따른다는 의미이다(대판 2016.4.28, 2012다19659). 따라서 제261조의 보상청구권이 성립하기 위해서는 부합·혼화·가공에 기한 권리변동으로 인하여 손실이 발생할 뿐만 아니라 제741조의 부당이득 성립요건도 모두 구비되어야 한다. 가령 매도인 甲에게 소유권이 유보된 건축자재가 제3자 乙과 매수인 丙 사이에 이루어진 도급계약의 이행으로 乙 소유건물의 건축에 사용되어 부합된 경우, 乙이 그 자재에 대한 소유권을 취득하지만 甲에게 귀속될 이득까지 취득할 수 없다. 하지만 제3자 乙이 도급계약에 의하여 제공된 자재의 소유권이 유보된 사실에 관하여 과실 없이 알지 못한 경우라면 선의취득의 경우와 마찬가지로 제3자가 그 자재의 귀속으로 인한 이익을 보유할 수 있는 법률상 원인이 있다고 봄이 상당하므로, 매도인 甲은 그에 관한 보상청구를 할 수 없다(대판 2009.9.24, 2009다15602). 즉 제261조의 보상청구권이 성립하려면 부당이득의 요건도 구비하여야 하는데, 선의취득은 법률상 원인으로 되므로 甲의 乙에 대한 부당이득반환청구권은 성립하지 않는다. 이러한 법리는 매도인에게 소유권이 유보된 자재가 본인에게 효력이 없는 계약에 기초하여 매도인으로부터 무권대리인에게 이전되고, 무권대리인과 본인 사이에 이루어진 도급계약의 이행으로 본인 소유 건물의 건축에 사용되어 부합된 경우에도 마찬가지로 적용된다(대판 2018.3.15, 2017다282391).

3. 구상부당이득

(1) 구상부당이득(Rückgriffskondiktion)이란 제3자가 채무자를 채권관계의 구속으로부터 해방시킨 경우에 제3자에 의하여 채무자가 얻은 이익을 말한다. 구상부당이득은 주로 제3자가 타인의 채무를 변제하는 것과 관련하여 삼자간에 문제된다. 민법에서 누가 채무자에 대해 구상권을 갖는지 정하고 있는데, 이 경우에는 그 규정이 적용된다. 따라서 불가분채무자(제411조)·연대채무자(제425조)·보증인(제441조 이하)·물상보증인(제341조, 제355조, 제370조)은 명문의 규정에 의하여 구상권을 취득하며, 피용자에 대한 사용자(제756조 3항) 및 담보부동산의 제3취득자도 역시 법률규정에 의하여 구상권이 인정되므로(제576조 2항) 채무자에 대하여 부당이득의 반환을 청구할 수 없다. 그 밖에 제3자에 의한 채무면책행위는 위임계약(제680조)이나 사무관리의 법리(제734조)에 의하여 처리될 수 있다. 즉 제3자가 채무자의 부탁으로 변제한 때에는 위임사무처리비용의 상환청구권(제688조)으로, 그리고 채무자의 부탁 없이 변제한 때에는 사무관리의 비용상환청구권(제739조)으로

구상권을 취득하게 되므로, 변제자(제3자)는 채무자에 대하여 부당이득반환을 청구할 수 없다.

(2) 구상부당이득이 인정되는 경우로 제745조 2항, 제240조 2항을 들 수 있다. ① 채무자가 아닌 제3자가 착오로 인하여 타인의 채무를 변제하였는데 채권자에 대하여 부당이득반환을 청구할 수 없는 경우, 예컨대 제3자 丙이 착오로 자기를 채무자로 알고 채권자 甲에 대하여 자기 채무를 변제한 경우, 진정한 채무자 乙은 丙의 변제로 채무이행이라는 이익을 얻지 못하였으므로, 丙은 채권자 甲에 대하여 부당이득반환을 청구할 수 있다(Brox/Walker, § 38 Rdnr. 11). 그러나 채권자 甲이 선의로 증서를 없애거나 담보를 포기하거나 시효로 그 채권을 잃은 때에는 제3자 丙은 채권자 甲에 대하여 반환을 청구하지 못하고(제745조 1항), 진정한 채무자 乙에게 구상권을 행사할 수 있다(제745조 2항). ② 乙의 나뭇가지가 이웃 甲의 경계를 넘어 이로 인해 생활에 방해를 받은 甲은 여러 차례 乙에게 가지제거를 청구하였는데(제240조 1항), 乙이 甲의 청구에 응하지 않아서 甲은 丙을 고용하여 그 가지를 제거한 경우(제240조 2항), 乙이 甲의 청구에 응하지 않았기 때문에 가지제거행위는 乙의 의사에 일치하지 않으며, 결국 甲은 乙에 대하여 사무관리자의 비용상환청구권(제739조)을 행사할 수 없다. 그러나 甲은 乙을 대신하여 그 장애를 제거하기 위해 노무를 제공하였고, 이로 인해 乙은 甲에 대한 가지제거의무를 면하게 되었다. 따라서 甲은 제741조에 의하여 乙에게 부당이득(즉 가지 제거비용)의 반환을 청구할 수 있다.

판 례

(ㄱ) 주채무가 제3자의 변제에 의하여 소멸한 경우에는 주채무의 소멸로 인하여 보증채무(연대보증채무)도 소멸하므로, 제480조 내지 제481조 소정의 변제자대위가 성립하지 않는 한 제3자는 보증인에 대하여 부당이득반환청구 등의 어떠한 청구도 할 수 없게 되며, 또한 부당이득이라 함은 타인의 재산 또는 노무로 인하여 이익을 얻고 이로 인하여 타인에게 손해를 가한 경우에 성립하는 것인바, 제3자의 출재로 인하여 주채무가 소멸되면 제3자로서는 주채무자에 대하여 자신의 출재에 대한 구상권을 행사할 수 있어 그에게 손해가 있다고 보기도 어려우므로 제3자의 연대보증인에 대한 부당이득반환청구는 받아들일 수 없다(대판 1996.9.20, 96다22655).

(ㄴ) 근로자가 업무상 부상 또는 질병에 걸린 경우에 사용자는 그 비용으로 필요한 요양을 행하거나 또는 필요한 요양비를 부담하여야 한다(근로기준법 제78조 1항). 따라서 업무상 재해를 입은 근로자가 사용자가 아닌 제3자로부터 근로기준법 제78조 1항에 규정된 요양보상에 해당하는 급부를 받았다면 근로자로서는 사용자에게 더 이상 업무상 재해로 인한 요양보상청구권을 행사할 수는 없다 할 것이므로 사용자로서는 근로자에게 요양보상에 해당하는 급부를 한 제3자에게 근로자에 대한 요양보상의무를 면하게 됨으로써 얻은 이익을 반환할 의무가 있다(대판 2005.4.28, 2004다12660).

4. 비용부당이득

(1) 비용부당이득(Verwendungskondiktion)이란 법률상 원인 없이 급부 이외의 목적으로 타인 재산에 대한 노무·금전 등 비용지출로 타인이 얻은 재산증가를 말한다. 비용의 지출이 법적 의무를 기초로 이루어진 때에는 그것은 급부에 해당하고, 비용부당이득은 성립하지 않는다. 또 비용의 지출이 사무관리에 해당하는 경우에는 그에 따라 상환을 청구할 수 있다.

결국 비용부당이득은 사무관리의 요건을 충족하지 못하는 경우에 문제된다. 예컨대 甲이 자기 농장뿐만 아니라 실수로 이웃 乙의 농장에도 살충제를 살포하여, 乙이 살충제 비용을 절약할 수 있게 되었다. 이 경우에 甲은 乙을 위해서가 아니라 자신을 위해 사무처리를 하였으므로, 甲의 행위에 사무관리가 인정되지 않으므로, 甲은 乙에게 부당이득의 반환을 청구할 수 있다.

(2) 실질은 비용부당이득에 해당하지만, 특별규정이 존재하는 때에는 그 규정이 우선 적용된다. 예컨대 점유자의 비용상환청구권(제203조), 유치권자의 상환청구권(제325조), 사용차주·임차인·수치인의 비용상환청구권(제611조 2항, 제617조, 제626조, 제701조), 수임인의 비용상환청구권(제688조), 사무관리자의 비용상환청구권(제739조) 등과 같이 특칙이 있는 때에는 비용부당이득반환청구권이 인정되지 않는다.

(3) 한편 비용상환청구권과 관련하여 '강요된 이득'(aufgedrängte Bereicherung)이 문제된다. 예컨대 임차인이 건물소유자인 임대인의 동의 없이 임차건물에 고급석재를 부착한 경우, 임대인이 이를 원치 않는데도 임차인에게 유익비상환청구권을 인정할 것인지가 문제이다. 생각건대 임대인은 그 부착한 물건의 제거를 청구할 수 있으며(제214조), 이것이 불가능할 경우에는 그 물건에 대한 임대인의 주관적 이익만 상환케 하면 될 것이다(백태승, 주해물권법(상), 663면; 김상용, 552면). 다시 말하면 임차인(점유자, 사무관리자 등)이 비용을 지출한 물건을 소유자가 멸실시킬 계획이었다면 그는 물건의 보존·관리를 위하여 비용을 지출하지 않았을 것이고, 그러한 비용을 상환하지 않더라도 소유자에게는 아무런 이득이 남지 않으므로, 이득의 반환청구가 인정되지 않는다.

Ⅱ. 타인의 재산이나 노무로 이익을 얻었을 것

타인의 재산 또는 노무로 인하여 재산적 이익을 얻어야 한다(수익). 수익(이득)에는 소유권·제한물권과 같은 물권의 취득뿐만 아니라 채권의 취득(대판 1996.11.22, 96다34009), 특허권과 같은 지식재산권의 취득(대판 2004.1.16, 2003다47218), 점유의 취득, 무효인 등기의 취득, 기대권의 취득, 저당권의 순위승진 등과 같이 수익자의 적극적 재산증대뿐만 아니라 채무면제(대판 2023.6.29, 2021다285090)·타인의 노무 등을 제공받은 수익자가 권리취득 또는 노무확보를 위하여 그가 지출했어야 할 비용을 절감하는 경우와 같이 당연히 발생하였을 재산감소를 면한 경우를 포함한다(BGHZ 55, 130 f.; 김상용, 536면; 김형배, 사무관리·부당이득, 89면). 다만 부당이득반환청구에서 이득은 실질적인 이익을 가리키는 것이므로, 법률상 원인 없이 건물을 점유하고 있다 하여도 이를 본래의 용도대로 사용·수익할 수 없었다면 본래의 용도에 따른 실질적인 이익을 얻은 것이라고 볼 수 없다(대판 1992.11.24, 92다25830,25847; 대판 2003.4.11, 2002다59481).

판 례

(ㄱ) 건물의 소유를 목적으로 한 대지임대차에 있어서 약정임료가 실제 임료와 현격한 차이가 있는 경우, 임대차계약이 종료된 이후 반환할 부당이득금의 액수는 다시 산정된 부당이득 당시의 실제 임료 상당액이

다(대판 2001.6.1, 99다60535).

(ㄴ) 임차인이 임대차계약이 종료한 후 임차건물을 계속 점유하였더라도 본래의 계약 목적에 따라 사용·수익하지 아니하여 이익을 얻지 않았다면 그로 인한 부당이득반환의무가 성립하지 아니하고, 이는 임차인의 사정으로 인하여 임차건물을 사용·수익하지 못한 경우에도 그러하다(대판 2006.10.12, 2004재다818).

(ㄷ) 건물소유자가 건물부지에 관한 토지소유자와의 임대차계약의 종료에 따라 그 사용·수익의 권한을 잃게 되었더라도 토지소유자들과의 관계에서는 토지 위에 있는 건물의 소유자인 관계로 전체 부지의 불법점유자라 할 것이고, 따라서 건물부지부분에 관한 차임상당액의 부당이득 전부에 관한 반환의무를 부담하게 되는 것이며, 건물 일부를 점유하고 있는 건물임차인이 그 한도 내에서 토지소유자들에 대하여 부지점유자로서 부당이득반환의무를 진다고 볼 수 없다(대판 1994.12.9, 94다27809).

(ㄹ) 타인 소유의 토지 위에 권한 없이 건물을 소유하고 있는 자는 그 자체로서 특별한 사정이 없는 한 법률상 원인 없이 타인의 재산으로 토지의 차임에 상당하는 이익을 얻고 그로 인하여 타인에게 동액 상당의 손해를 주고 있다고 보아야 하는데, 건물 이외의 공작물의 소유를 목적으로 한 토지 전차인이 당해 토지 위에 권한 없이 공작물을 소유하고 있는 경우에도 이와 마찬가지로 풀이하여야 한다(대판 2007.8.23, 2007다21856,21863).

(ㅁ) 대지권이 없는 아파트 소유자는 아무런 법률상의 원인 없이 아파트부지를 불법점유하고 있다고 할 것이며, 불법점유로 인하여 아파트 소유자는 아파트의 대지 중 자신의 아파트의 대지권으로 등기되어야 할 지분에 상응하는 면적에 대한 임료 상당의 부당이득을 얻고 있다 할 것이다(대판 1992.6.23, 91다40177).

(ㅂ) 임대인이 국가 소유의 부동산을 임대하였는데 임차인의 차임 연체로 인하여 그 임대차계약이 해지되었다면, 특별한 사정이 없는 한 임차인은 임대인에게 그 부동산을 명도하고 해지로 인한 임대차 종료시까지의 연체차임 및 그 이후부터 명도 완료일까지 그 부동산을 점유·사용함에 따른 차임 상당의 부당이득금을 반환할 의무가 있다(대판 1996.9.6, 94다54641).

(ㅅ) 상계계약은 당사자 사이에 서로 대립하는 채권이 유효하게 존재하는 것을 전제로 서로 채무를 대등액 또는 대등의 평가액에 관하여 면제시키는 것을 내용으로 하는 계약이다. 두 채권의 소멸은 서로 인과관계가 있으므로 한쪽 당사자의 채권이 불성립 또는 무효이어서 그 면제가 무효가 되면 상대방의 채무면제도 당연히 무효가 된다. 이때 상대방의 채권이 유효하게 존재하였던 경우라면, 그 채권은 여전히 존재하는 것이 되므로 채무자는 그 채무를 이행할 의무를 부담한다. 채무자가 이를 이행하지 않았다고 하더라도 그가 법률상 원인 없이 채무를 면하는 이익을 얻었다고 볼 수 없다. 그리고 상대방의 채권도 불성립 또는 무효이어서 존재하지 않았던 경우라면, 그 채무자는 부존재하는 채무에 관하여 무효인 채무면제를 받은 것에 지나지 않으므로 채무를 이행할 의무도 없고 채무를 면하는 이익을 얻은 것도 아니다(대판 2017.12.5, 2017다225978,225985).

(ㅇ) 임대차계약의 종료에 의하여 발생된 임차인의 임차목적물 반환의무와 임대인의 연체차임을 공제한 나머지 보증금의 반환의무는 동시이행의 관계에 있는 것이므로, 임대차계약 종료 후에도 임차인이 동시이행의 항변권을 행사하여 임차건물을 계속 점유하여 온 것이라면 임차인의 그 건물에 대한 점유는 불법점유라고 할 수는 없으나, 그로 인하여 이득이 있다면 이는 부당이득으로서 반환하여야 하는 것은 당연하다(대판 1992.4.14, 91다45202,45219).

(ㅈ) 부당이득제도는 이득자의 재산상 이득이 법률상 원인을 갖지 못한 경우에 공평·정의의 이념에 근거하여 이득자에게 반환의무를 부담시키는 것이므로, 이득자에게 실질적으로 이득이 귀속된 바 없다면 반환의무를 부담시킬 수 없다(대판 2017.6.29, 2017다213838).

Ⅲ. 수익자가 이익을 얻음으로 인하여 타인에게 손해가 발생하였을 것

1. 손해의 발생

수익으로 인하여 타인에게 손해가 발생하여야 한다. 여기서 손해란 재산권이나 재산의 감소 또는 기대이익의 상실 등 재산상태를 말한다(곽윤직, 353면; 이은영, 693면). 부당이득은 공평하지 못한 재산적 가치의 이동을 조절하는 제도이므로, 甲의 재산이나 노무가 우연히 乙에게 이익을 주는 경우에도 그로 인하여 甲이 손해를 입지 않은 때에는 부당이득이 성립하지 않는다. 즉 부당이득은 법률상 원인 없이 타인의 재산 또는 노무로 인하여 이익을 얻고 이로 인하여 타인에게 손해를 가함으로써 성립하는 것이므로, 법률상 원인 없는 이득이 있다 하더라도 그로 인하여 타인에게 손해가 발생한 것이 아니라면 그 타인은 부당이득반환청구권자가 될 수 없다(대판 2011.7.28, 2009다100418).

(1) 급부부당이득

(가) 급부부당이득에서는 당사자가 어느 목적을 추구하였는지가 중요하며, 출연의 목적에 따라 법적 의미에서 누가 급부자(손실자)이고 급부수령자(수익자)인지가 결정된다(BGHZ 82, 30). 이때 어느 당사자 사이에 사실적 재산이동(faktische Vermögensverschiebung)이 있었는가는 중요하지 않다. 예컨대 A가 C에 대한 금전채무를 변제하기 위해 B은행에 500만원 송금을 의뢰하여, B가 C의 예금계좌로 입금하였는데 C의 A에 대한 채권이 존재하지 않는 경우, 급부로 의도되었던 재산출연의 목적에 의하면 급부수령자는 C이기 때문에, A는 C에게 부당이득반환을 청구할 수 있다. 판례도 "송금의뢰인이 수취인의 예금구좌에 계좌이체를 한 때에는, 송금의뢰인과 수취인 사이에 계좌이체의 원인인 법률관계가 존재하는지 여부에 관계없이 수취인과 수취은행 사이에는 계좌이체금액 상당의 예금계약이 성립하고, 수취인이 수취은행에 대하여 금액 상당의 예금채권을 취득한다. 이때 송금의뢰인과 수취인 사이에 계좌이체의 원인이 되는 법률관계가 존재하지 않는데도 계좌이체에 의하여 수취인이 계좌이체금액 상당의 예금채권을 취득한 경우, 송금의뢰인은 수취인에 대하여 금액 상당의 부당이득반환청구권을 가지게 되지만, 수취은행은 이익을 얻은 것이 없으므로 수취은행에 대하여는 부당이득반환청구권을 취득하지 아니한다"고 한다(대판 2007.11.29, 2007다51239).

(나) 손실자가 수익자에게 부당이득의 반환을 청구하기 위해서는 당사자 사이에 급부관계가 존재하여야 한다. 당사자 사이에 급부관계가 존재하는지 여부는 급부 목적에 의하여 확정된다.

1) 대리인 또는 사자(使者)의 관여

가) 대리인 또는 사자가 개입된 경우

급부자 또는 급부수령자가 대리인이나 사자와 같이 자기 이름으로 거래행위를 하지 않는 자를 사용한 경우, 급부관계는 본인과 그 상대방 사이에 존재한다. 대리인이 그 권한 내에서 본인을 위한 것임을 표시하여 출연을 하거나 수령한 경우, 제114조 1항에 의하여 그 효력이 본인에게 생기기 때문에, 대리인은 급부자나 급부수령자가 아니다. 예컨대 甲은 자기 소유의 TV를 乙에게 매도하기로 하였고, 甲의 대리인 A가 TV를 乙의 대리인 B에게 양도하였다. 이때 甲과 乙 사이의 매매계약이 무효인 경우, 제741조에 의하여 甲은 乙에게 부당이득반환을 청구할 수 있다.

나) 간접대리인이 개입된 경우

위탁매매(상법 제101조)와 운송주선(상법 제114조) 등과 같이 타인의 계산으로 그러나 자기 자신의 이름으로 법률행위를 하는 간접대리의 경우, 그 법률효과가 행위자 자신에게 귀속하였다가 타인에게 이전하기 때문에, 급부관계는 타인(본인)과 간접대리인 그리고 간접대리인과 그 행위의 상대방 사이에 존재한다. 예컨대 위탁매매인 A가 위탁자 B로부터 받은 물건을 C에게 양도한 경우, A와 B 그리고 A와 C 사이에 급부관계가 존재한다.

2) 삼각관계(Dreiecksverhältnis)

삼각관계에서 부당이득반환은 원래의 계약당사자들 사이에서, 즉 기본관계나 대가관계의 각 당사자 사이에서 이루어져야 한다.

가) 급부연속(Leistungskette) — 단축된 급부

급부수령자가 목적물을 다른 법률행위에 의하여 제3자에게 양도한 경우를 급부연속(단축된 급부)이라 하며(Palandt-Thomas, § 812 Rdnr. 45), 부당이득반환은 급부관계에 따라 성립한다. 가령 甲이 乙에게 계약상의 채무를 부담하고 동일한 내용의 채무를 乙이 丙에게 부담하는 경우, 甲이 乙의 지시 또는 부탁에 따라 한편으로 자기의 乙에 대한 채무의 이행으로, 다른 한편으로 乙의 丙에 대한 채무의 이행으로 丙에게 직접 변제를 하였다면, 甲의 丙에 대한 변제로 甲의 乙에 대한 채무와 乙의 丙에 대한 채무가 모두 이행된 것으로 된다. 이 경우 甲과 乙 사이의 계약이 무효이거나 취소 또는 해제된 경우, 甲과 乙 사이에 부당이득이 성립하고, 乙과 丙 사이의 법률관계가 무효이거나 부존재한다면 그들 사이에 부당이득이 성립한다(대판 2015.4.23, 2014다77956). 甲이 丙에게 직접 부당이득반환을 청구할 수 있다면, 하자 있는 원인관계의 당사자들이 다른 당사자에 대하여 가지는 항변권을 침해하게 되고, 또한 자기 책임하에 체결된 계약에 따른 위험부담을 제3자에게 전가하는 것이 되어 계약법의 원리에 반하는 결과를 초래하기 때문이다.

다만 甲이 乙의 지시 또는 부탁에 따라 자발적으로 급부한 것이 아니라 '채권양도 또는 전부명령'에 의하여 비자발적으로 丙에게 급부한 후, 甲과 乙 사이의 채권발생원인이 소급적으로 실효된 경우, 丙이 취득할 채권이 존재하지 않기 때문에 甲은 丙에 대하여 부당이득의 반환을 구할 수 있다(대판 2003.1.24, 2000다22850). 이 경우 甲이 이의를 보류하지 않은 승낙을 한 경우(제451조 1항) 또는 甲의 급부가 등기의 이전이고 丙이 선의의 제3자로서 보호받을 수 있는 경우에는 甲이 乙에 대하여 부당이득의 반환을 구할 수 있다. 가령 매수인 乙이 매도인 甲에 대한 소유권이전등기청구권을 丙에게 양도하였고, 甲이 丙명의로 소유권이전등기를 하였는데, 甲과 乙사이의 매매계약이 허위표시 등으로 무효인 경우, 甲은 선의의 丙에 대해 소유권이전등기말소를 청구할 수 없고 乙에 대해 부당이득반환을 구할 수 있다.

한편 丙에게 급부가 있은 후 乙과 丙 사이의 채권양도가 소급적으로 실효된 경우에는 甲은 丙에 대한 급부로써 乙에게 대항할 수 있으므로(제452조 1항), 乙과 丙 사이에 부당이득이 문제된다.

나) 제3자를 위한 계약(Vertrag zugunsten Dritter)

요약자와 낙약자의 보상관계가 무효인 경우, 낙약자는 요약자에 대하여 부당이득의 반환을 청구할 수 있다. 판례도 제3자를 위한 계약관계에서 낙약자와 요약자 사이의 법률관계(이른바 기본관계)를 이루는 계약이 해제된 경우 그 계약관계의 청산은 계약의 당사자인 낙약자와 요약자 사이에 이루어져야 하므로, 특별한 사정이 없는 한 낙약자가 이미 제3자에게 급부한 것이 있더라도 낙약자는 계약해제에 기한 원상회복 또는 부당이득을 원인으로 제3자를 상대로 그 반환을 구할 수 없다고 한다(대판 2005.7.22, 2005다7566,7573).

다만 제3자에 대하여 존재하는 채무를 이행한 경우에는 낙약자는 제3자에 대하여 부당이득반환을 청구할 수 있다(BGHZ 58, 188 f.; Larenz/Canaris, § 70 V 2 b). 예컨대 甲은 乙회사와 보험수익자를 배우자 丙으로 하는 생명보험계약을 체결하였고, 1년 후에 甲은 계약체결시에 고의로 乙에게 고지하지 않은 질병으로 사망하게 되었다. 사망원인을 알지 못하는 乙은 보험수익자 丙에게 보험금 5,000만원을 지급한 후에, 甲이 고지의무(상법 제651조)를 위반하였음을 알게 된 경우, 급부관계는 乙과 丙 사이에 존재하므로 乙은 보험계약을 해지하고 丙에 대하여 보험금의 반환을 청구할 수 있다(상법 제655조). 판례도 보험계약자가 타인의 생활상 부양이나 경제적 지원을 목적으로 보험자와 사이에 타인을 보험수익자로 하는 생명보험이나 상해보험 계약을 체결하여 보험수익자가 보험금청구권을 취득한 경우, 보험자의 보험수익자에 대한 급부는 보험수익자에 대한 보험자 자신의 고유한 채무를 이행한 것이다. 따라서 보험자는 보험계약이 무효이거나 해제되었다는 것을 이유로 보험수익자를 상대로 하여 그가 이미 보험수익자에게 급부한 것의 반환을 구할 수 있고, 이는 타인을 위한 생명보험이나 상해보험이 제3자를 위한 계약의 성질을 가지고 있다고 하더라도 달리 볼 수 없다고 한다(대판 2018.9.13, 2016다255125).

다) 급부자에 대한 착오(Irrtum über den Leistenden)

급부수령자는 원칙적으로 급부 당시의 출연자와 출연수령자의 목적에 따라 결정되며(BGH NJW 1993, 1579), 당사자의 급부관계에 따라 이득반환을 청구할 수 있다는 것이 급부부당이득의 기본원칙이다. 그런데 출연자와 급부수령자 사이의 급부관계(Leistungsbeziehung)의 내용과 객체에 대한 공통의 목적성이 결여되거나 일치하지 않은 경우, 어느 당사자 사이에 급부관계가 존재하는지 문제이다. 예컨대 甲은 건설업자 乙과 자기 주택을 전면 수리하기로 체결하였는데, 乙이 자기의 이름이 아니라 甲의 이름으로 丙과 보일러 배관공사계약을 체결하였다. 수리가 완료된 후 甲은 乙에게 합의한 수리대금을 지급하였는데, 그 후 乙회사가 파산선고를 받았다.

이 경우 丙은 계약상 甲에게 배관공사의 채무를 부담한 것으로 믿고서 그의 채무를 이행하기 위해 보일러 배관공사를 하고자 하였으므로, 丙의 시각에 의하면 그가 급부자일 것이다. 그러나 甲은 乙의 무권대리행위를 알지 못하는 한 丙이 아니라 乙과 도급계약을 체결하였기 때문에(제664조), 丙의 보일러 배관공사를 乙의 급부로 생각하고 수령하였으므로, 甲의 시각에 의하면 乙이 급부자에 해당한다. 이에 대하여 독일의 학설과 판례는 출연자가 아무런 의사표시를 하지 않거나 출연자의 진의를 알 수 없는 한 출연수령자의 시각에 따라 누가 급부하였는지를 파악하여야 한다고 한다(BGHZ 56, 240; Larenz/Canaris, § 70 III 3 c). 따라서 丙은 甲에 대하여 부당이득반환을 청구할 수 없다고 한다. 생각건대 대리권 없는 대리인과의 계약체결에 대한 위험은 원칙적으로 본인이 아니라 무권대리인의 상대방이 부담하여야 하므로(제135조 참조), 丙은 제741조에 의하여 甲에게 보일러 배관공사대금을 청구할 수 없다고 할 것이다.

판 례

(ㄱ) 계약당사자 사이에서 그 계약의 이행으로 급부된 것은 그 급부의 원인관계가 적법하게 실효되지 않는 한 부당이득이 될 수 없는 것이고, 한편 계약에 따른 어떤 급부가 그 계약의 상대방 아닌 제3자의 이익으로 된 경우에도 급부를 한 계약당사자는 계약상대방에 대하여 계약상의 반대급부를 청구할 수 있을 뿐이고 그 제3자에 대하여 직접 부당이득을 주장하여 반환을 청구할 수 없다(대판 2005.4.15, 2004다49976).

(ㄴ) 계약상 금전채무를 지는 이가 채권자의 지시에 좇아 그에 대한 채권자 또는 그가 증여하고자 하는 이에게 직접 금전을 지급한 경우와 같이 계약상 급부가 실제적으로는 제3자에게 행하여졌다고 하여도 그것은 계약상 채무의 적법한 이행이라고 할 것이고, 이때 계약의 효력이 생기지 않았다면, 그와 같이 적법한 이행을 한 계약당사자는 다른 특별한 사정이 없는 한 그 제3자가 아니라 계약의 상대방에 대하여 계약의 효력이 생기지 않음으로 인한 부당이득을 이유로 자신의 급부 또는 그 가액의 반환을 청구하여야 한다(대판 2025.5.15, 2024다288045; 대판 2010.3.11, 2009다98706).

(ㄷ) 금전채권의 질권자가 제353조에 의하여 자기채권의 범위 내에서 직접청구권을 행사하는 경우 질권자는 질권설정자의 대리인과 같은 지위에서 입질채권을 추심하여 자기채권의 변제에 충당하고 그 한도에서 질권설정자에 의한 변제가 있었던 것으로 보므로, 위 범위 내에서는 제3채무자의 질권자에 대한 금전지급으로써 제3채무자의 질권설정자에 대한 급부가 이루어질 뿐만 아니라 질권설정자의 질권자에 대한 급부도 이루어진다. 이러한 경우 입질채권의 발생원인인 계약관계에 무효 등의 흠이 있어 입질채권이 부존재한다고 하더라도 제3채무자는 특별한 사정이 없는 한 상대방 계약당사자인 질권설정자에 대하여 부당이득반환을 구할 수 있을 뿐이고 질권자를 상대로 직접 부당이득반환을 구할 수 없다. 이와 달리 제3채무자가 질권자를 상대로 직접 부당이득반환청구를 할 수 있다고 보면 자기 책임하에 체결된 계약에 따른 위험을 제3자인 질권자에게 전가하는 것이 되어 계약법의 원리에 반하는 결과를 초래할 뿐만 아니라 질권자가 질권설정자에 대하여 가지는 항변권 등을 침해하게 되어 부당하기 때문이다(대판 2015.5.29, 2012다92258).

(ㄹ) 질권자가 제3채무자로부터 자기채권을 초과하여 금전을 지급받은 경우 초과 지급 부분에 관하여는 제3채무자의 질권설정자에 대한 급부와 질권설정자의 질권자에 대한 급부가 있다고 볼 수 없으므로, 제3채무자는 특별한 사정이 없는 한 질권자를 상대로 초과 지급 부분에 관하여 부당이득반환을 구할 수 있지만, 부당이득반환청구의 상대방이 되는 수익자는 실질적으로 그 이익이 귀속된 주체이어야 하는데, 질권자가 초과 지급 부분을 질권설정자에게 그대로 반환한 경우에는 초과 지급 부분에 관하여 질권설정자가 실질적 이익을 받은 것이지 질권자로서는 실질적 이익이 없다고 할 것이므로, 제3채무자는 질권자를 상대로 초과 지급 부분에 관하여 부당이득반환을 구할 수 없다(대판 2015.5.29, 2012다92258).

(ㅁ) 송금의뢰인이 수취인의 예금계좌에 자금이체를 하여 예금원장에 입금의 기록이 된 때에는 특별한 사정이 없는 한 송금의뢰인과 수취인 사이에 자금이체의 원인인 법률관계가 존재하는지 여부에 관계없이 수취인과 수취은행 사이에는 이체금액 상당의 예금계약이 성립하고, 수취인이 수취은행에 대하여 위 입금액 상당의 예금채권을 취득한다. 다만 종합통장자동대출의 약정계좌(마이너스 통장)의 잔고가 마이너스로 유지되는 상태, 즉 대출채무가 있는 상태에서 약정계좌로 자금이 이체되면, 그 금원에 대해 수취인의 예금채권이 성립됨과 동시에 수취인과 수취은행 사이의 대출약정에 따라 수취은행의 대출채권과 상계가 이루어지게 된다. 그 결과 수취인은 대출채무가 감소하는 이익을 얻게 되므로, 설령 송금의뢰인과 수취인 사이에 자금이체의 원인인 법률관계가 없더라도, 송금의뢰인은 수취인에 대하여 이체금액 상당의 부당이득반환청구권을 가지게 될 뿐이다(대판 2022.6.30, 2016다237974).

(ㅂ) 송금의뢰인이 착오송금임을 이유로 거래은행을 통하여 혹은 수취은행에 직접 송금액의 반환을 요청하고 '수취인도 송금의뢰인의 착오송금에 의하여 수취인의 계좌에 금원이 입금된 사실을 인정하고 수취은행에 그 반환을 승낙하고 있는 경우', 수취은행이 수취인에 대한 대출채권 등을 자동채권으로 하여 수취인의 계좌에 착오로 입금된 금원 상당의 예금채권과 상계하는 것은, 공공성을 지닌 자금이체시스템의 운영자인 수취은행이 이용자인 송금의뢰인의 실수를 기화로 그의 희생으로 당초 기대하지 않았던 채권회수의 이익을 취하는 행위로서 상계제도의 목적이나 기능을 일탈하고 법적으로 보호받을 만한 가치가 없으므로, 송금의뢰인에 대한 관계에서 신의칙 위반 또는 상계권 남용에 해당한다. 다만 ① 수취은행이 선의인 상태에서 수취인의 예금채권을 담보로 대출을 하여 그 자동채권을 취득한 것이라거나 ② 예금채권이 이미 제3자에 의하여 압류되었다는 등의 특별한 사정이 있는 경우에는 수취은행의 상계가 허용된다. 이와 같이 수취인의 계좌에 착오로 입금된 금원에 해당하는 예금채권이 이미 제3자에 의하여 가압류되거나 압류되어 있어 수취은행이 수취인에 대한 대출채권 등을 자동채권으로 하여 수취인의 예금채권과 상계하는 것이 허용되더라도 이는 피압류채권액의 범위에서만 가능하고, 그 범위를 벗어나는 상계는 신의칙 위반 또는 상계권 남용에 해당하여 허용되지 않는다(대판 2022.7.14, 2020다230130).

(2) 침해부당이득

1) 수익자의 이득은 손실자에게 절대적으로 귀속된 재화 또는 권리의 침해로 얻은 것이어야 한다(BGHZ 107,Canaris, § 69 I 1 b; 120; Larenz/Loewenheim, S. 82). 즉 수익자가 손실자의 희생으로(auf Kosten) 이득을 얻어야 한다. 예컨대 A의 사진을 광고의 목적으로 무단사용하거나(BGH ZIP 1992, 859) 甲의 지하실 전선이 乙주택의 전선과 잘못 연결되었기 때문에 甲이 乙의 전기를 소비한 경우(LG Aachen JuS 1985, 61)와 같이, 법률상 원인 없이 타인의 물건이나 권리를 사용 또는 이용한 경우에도 재산적 이득이 발생하게 된다(BGHZ 111, 125; BGH NJW 1984, 1456). 반면에 토지소유자가 독점적이고 배타적인 사용수익권을 포기한 경우, 토지소유자에게 손해가 발생하였다고 할 수 없으므로, 토지소유자는 점유자를 상대로 부당이득반환청구를 할 수 없다(대판 2001.4.13, 2001다8493; 대판 1998.5.8, 97다52844).

2) 손실자에게 절대적으로 귀속되어야 할 권리로 고려될 수 있는 것은, ① 소유권이다. 소유자는 법률규정 내에서 그 소유물을 사용·수익·처분할 권리가 있으므로(제211조), 제3자에 의해 소유물이 침해된 경우에는 침해부당이득반환청구에 의하여 보호된다. 제한물권도 침해부당이득의 보호범위에 속한다. ② 특허·실용신안·상표·디자인·저작권과 같은 지식재산권에 대한 사용·수익·처분도 권리자에게 귀속되기 때문에 침해부당이득의 보호범위에 속하게 된다. 가령 상표법에 의해 보호되고 있는 A의 상표와 유사한 상표를 부착한 제품을 B가 생

산하여 막대한 이익을 얻은 경우에 부당이득이 인정된다(Vgl. BGHZ 99, 244). ③ 성명권과 초상권을 포함하여 일반적인 인격권도 부당이득에 의해 보호되는 법적 지위에 속한다(Vgl. BGH NJW 1992, 2084 f.). 예컨대 甲회사가 乙의 동의를 얻지 않고 상품선전에 乙의 사진을 사용한 경우, 乙은 甲에 대하여 부당이득반환을 청구할 수 있다.

3) 토지의 공유자는 각자의 지분 비율에 따라 토지 전체를 사용·수익할 수 있지만(제263조), 공유자들 사이에 지분 과반수의 합의가 없으면, 1인이 그 전부를 배타적으로 점유·사용할 수 없으므로(제265조), 일부 공유자가 공유 토지의 전부를 배타적으로 점유·사용하고 있는 경우, 공유 토지를 전혀 사용·수익하지 않고 있는 다른 공유자에 대하여 그 지분에 상응하는 부당이득 반환의무가 있다(대판 2002.10.11, 2000다17803). 또한 과반수 지분의 공유자는 공유자와 사이에 미리 공유물의 관리방법에 관하여 협의가 없었더라도 공유물의 관리에 관한 사항을 단독으로 결정할 수 있으므로(제265조), 과반수 지분의 공유자는 그 공유물의 관리방법으로서 그 공유토지의 특정된 한 부분을 배타적으로 사용·수익할 수 있으나, 그로 말미암아 특정 부분의 사용·수익을 전혀 하지 못하여 손해를 입고 있는 소수지분권자에 대하여 그 지분에 상응하는 임료 상당의 부당이득을 반환할 의무가 있다. 그러나 과반수 지분의 공유자로부터 특정 부분의 사용·수익을 허락받은 제3자의 점유는 다수지분권자의 공유물관리권에 터 잡은 적법한 점유이므로, 그 제3자는 소수지분권자에 대하여도 그 점유로 인하여 법률상 원인 없이 이익을 얻고 있다고 볼 수 없다(대판 2002.5.14, 2002다9738).

4) 무권리자의 처분행위는 무효이다. 가령 적법한 원인 없이 타인 소유 부동산에 관하여 소유권보존등기를 마친 무권리자가 그 부동산을 제3자에게 매도하고 소유권이전등기를 마쳐주었다고 하더라도, 그러한 소유권보존등기와 소유권이전등기는 실체관계에 부합한다는 등의 특별한 사정이 없는 한 모두 무효이다. 따라서 이 경우 원소유자가 소유권을 상실하지 않으며, 무권리자가 제3자와 체결한 매매계약의 효력이 원소유자에게 미치지 않으므로, 무권리자가 받은 매매대금이 부당이득에 해당하여 이를 원소유자에게 반환하여야 한다고 볼 수 없다(대판 2022.12.29, 2019다272275). 반면에 ① 무권리자에 의한 처분행위를 권리자가 추인한 경우, 권리자는 무권리자에 대하여 무권리자가 처분행위로 인하여 얻은 이익의 반환을 청구할 수 있다(대판 2022.6.30, 2020다210686,210693). 권리자의 추인으로 무권리자가 권리자로 되는 것은 아니기 때문이다. ② 무권리자가 타인의 권리를 제3자에게 처분하였으나 '선의의 제3자 보호규정'(제107조~109조 2항, 제110조 3항, 제548조 1항, 부동산실명법 제4조 3항 등)에 의하여 원래 권리자가 권리를 상실하는 경우, 권리자는 무권리자를 상대로 제3자에게서 처분의 대가로 수령한 것을 침해부당이득으로 보아 반환청구할 수 있다(대판 2011.6.10, 2010다40239). 무권리자의 처분행위가 선의의 제3자 보호규정에 의해 유효하여 권리자가 손해를 입게 되기 때문이다. 그러나 ③ 무권리자로부터 부동산을 매수한 제3자나 그 후행 등기명의인이 제245조 2항에 따라 등기부취득시효가 완성되어 그 부동산에 대한 소유권을 취득한 경우, 이때 원소유자는 소급하여 소유권을 상실함으로써 손해를 입게 된다. 하지만 이는 제245조 2항에 따른

'물권변동의 효과'일 뿐 무권리자와 제3자가 체결한 '매매계약의 효력'과는 직접 관계가 없으므로, 무권리자가 제3자와의 매매계약에 따라 대금을 받음으로써 이익을 얻었더라도 이로 인하여 원소유자에게 손해를 가한 것이라고 볼 수 없다(대판 2022.12.29, 2019다272275). 즉 무권리자가 타인의 권리를 제3자에게 처분하였으나 '선의의 제3자 보호규정'에 의하여 권리자가 권리를 상실하는 경우와 달리, 무권리자로부터 부동산을 매수한 제3자나 그 후행 등기명의인의 등기부취득시효가 완성되어 권리자가 소급하여 소유권을 상실한 경우에는 무권리자가 수령한 대금의 반환을 청구할 수 없다.

5) 금전채권의 질권자가 제353조 1항, 2항에 의하여 자기채권의 범위 내에서 직접청구권을 행사하는 경우, 질권자는 질권설정자의 대리인과 같은 지위에서 입질채권을 추심하여 자기채권의 변제에 충당하고 그 한도에서 질권설정자에 의한 변제가 있었던 것으로 된다. 따라서 그 범위 내에서는 제3채무자의 질권자에 대한 금전지급으로써 제3채무자의 질권설정자에 대한 급부가 이루어질 뿐만 아니라 질권설정자의 질권자에 대한 급부도 이루어진다고 보아야 한다(대판 2015.5.29, 2012다92258).이러한 법리는 근저당권부채권의 질권자가 부동산 임의경매절차에서 집행법원으로부터 배당금을 직접 수령하는 경우에도 적용된다(대판 2024.4.12, 2023다315155).

한편 경매목적물의 매각대금이 잘못 배당되어 배당받을 권리 있는 채권자가 배당받을 몫을 받지 못하고 그로 인해 권리 없는 다른 채권자가 그 몫을 배당받은 경우, 배당금을 수령한 다른 채권자는 배당받을 수 있었던 채권자의 권리를 침해하여 이익을 얻은 것이 된다(대판 2019.7.18, 2014다206983). 이때 부당이득반환의무를 부담하는 '배당금을 수령한 다른 채권자'는 실체법적으로 볼 때 배당을 통하여 법률상 원인 없이 이익을 얻은 사람을 의미한다. 따라서 질권설정자의 채무자에 대한 근저당권부채권 범위를 초과하여 질권자의 질권설정자에 대한 피담보채권 범위 내에서 질권자에게 배당금이 직접 지급됨으로써 질권자가 피담보채권의 만족을 얻은 경우, 실체법적으로 볼 때 배당을 통하여 법률상 원인 없이 이익을 얻은 사람은 피담보채권이라는 법률상 원인에 의하여 배당금을 수령한 질권자가 아니라 근저당권부채권이라는 법률상 원인의 범위를 초과하여 질권자에게 배당금이 지급되게 함으로써 자신의 질권자에 대한 피담보채무가 소멸하는 이익을 얻은 '질권설정자'이다(대판 2024.4.12, 2023다315155).

판 례

(ㄱ) 토지의 상공에 고압전선이 통과하게 됨으로써 토지소유자가 그 토지 상공의 사용·수익을 제한받게 되는 경우, 특별한 사정이 없는 한 고압전선의 소유자는 토지소유자의 사용·수익이 제한되는 상공 부분에 대한 차임 상당의 부당이득을 얻고 있으므로, 토지소유자는 이에 대한 반환을 구할 수 있다. 이때 토지소유자의 사용·수익이 제한되는 상공의 범위에는 고압전선이 통과하는 부분뿐만 아니라 관계 법령에서 고압전선과 건조물 사이에 일정한 거리를 유지하도록 규정하고 있는 경우 그 거리 내의 부분도 포함된다(대판 2014.11.13, 2012다108108). 한편 고압전선의 소유자가 해당 토지 상공에 관하여 일정한 사용권한을 취득한 경우, 그 양적 범위가 토지소유자의 사용·수익이 제한되는 상공의 범위에 미치지 못한다면, 사용·수익이 제한되는 상공 중 사용권원을 취득하지 못한 부분에 대해서 고압전선의 소유자는 특별한 사정이 없는 한 차임 상당의 부당이득

을 토지소유자에게 반환할 의무를 부담한다(대판 2022.11.30, 2017다257043).

(ㄴ) 불법점유를 당한 부동산의 소유자 또는 용익권자로서는 불법점유자에 대하여 그로 인한 임료 상당 손해의 배상이나 부당이득의 반환을 구할 수 있을 것이나, 불법점유라는 사실이 발생한 바 없었다고 하더라도 부동산의 소유자 또는 용익권자에게 임료 상당 이익이나 기타 소득이 발생할 여지가 없는 특별한 사정이 있는 때에는 손해배상이나 부당이득반환을 청구할 수 없다(대판 2002.12.6, 2000다57375). 따라서 금융기관이 대출금 채권의 담보를 위하여 토지에 저당권과 함께 지료 없는 지상권을 설정하면서 채무자 등의 사용·수익권을 배제하지 않은 경우, 위 지상권은 근저당목적물의 담보가치를 확보하는 데 목적이 있으므로, 그 위에 도로개설·옹벽축조 등의 행위를 한 무단점유자에 대하여 지상권 자체의 침해를 이유로 한 임료 상당 손해배상을 구할 수 없다(대판 2008.1.17, 2006다586).

(ㄷ) 주택임대차보호법상의 대항력과 우선변제권의 두 권리를 겸유하고 있는 임차인이 우선변제권을 선택하여 임차주택에 대하여 진행되고 있는 경매절차에서 보증금에 대한 배당요구를 하여 보증금 전액을 배당받을 수 있는 경우에는, 특별한 사정이 없는 한 임차인이 그 배당금을 지급받을 수 있는 때, 즉 임차인에 대한 배당표가 확정될 때까지는 임차권이 소멸하지 않는다고 해석함이 상당하다 할 것이므로, 매수인이 매각대금을 납부하여 임차주택에 대한 소유권을 취득한 이후에 임차인이 임차주택을 계속 점유하여 사용·수익하였다고 하더라도 임차인에 대한 배당표가 확정될 때까지의 사용·수익은 소멸하지 아니한 임차권에 기한 것이어서 매수인에 대한 관계에서 부당이득이 성립되지 아니한다(대판 2004.8.30, 2003다23885).

(ㄹ) 저작권자의 허락 없이 저작물을 이용한 사람은 특별한 사정이 없는 한 법률상 원인 없이 이용료 상당액의 이익을 얻고 이로 인하여 저작권자에게 그 금액 상당의 손해를 가하였다고 보아야 하므로, 저작권자는 부당이득으로 이용자가 저작물에 관하여 이용허락을 받았더라면 이용대가로서 지급하였을 객관적으로 상당한 금액의 반환을 구할 수 있다(대판 2016.7.14, 2014다82385).

2. 수익과 손해 사이의 인과관계

수익과 손해 사이에는 인과관계가 있어야 한다. 다만 그 인과관계는 사회관념상 그 연결이 인정되는 것으로 충분하며 직접적인 것일 필요는 없다. 판례도 채무자가 피해자로부터 횡령한 금전을 그대로 채권자에 대한 채무변제에 사용하거나(대판 2003.6.13, 2003다8862) 제3자에게 증여한 경우(대판 2012.1.12, 2011다74246), 피해자의 손실과 채권자 또는 수증자의 이득 사이에 인과관계가 있다고 한다. 다만 금전을 수령한 채권자 또는 수증자가 변제를 수령하면서 그 금전이 횡령한 것이라는 사실에 대하여 악의 또는 중대한 과실이 없는 한 채권자 또는 수증자의 금전취득은 피해자에 대한 관계에서 법률상 원인이 있는 것이어서 부당이득이 아니라고 한다.

Ⅳ. 부당이득반환청구의 배제사유가 존재하지 않을 것

손실자가 수익자에 대하여 부당이득반환을 청구할 수 있기 위해서는 배제사유가 존재하지 않아야 한다. 민법은 부당이득의 일반적 성립요건을 갖추었지만, 특수한 경우에 관해서 그 반환청구를 부정하는 특칙을 두고 있다. 여기에는 비채변제(제742조-745조)와 불법원인급여(제746조)가 있다.

1. 비채변제

비채변제란 채무의 변제로서 급부하였으나 채무가 없는 경우를 말하며, 수령자가 수령한 이득은 부당이득으로서 반환을 청구할 수 있다. 그러나 채무 없음을 알고 이를 변제한 경우(제742조), 기한 전에 변제한 경우(제743조), 도의관념에 적합한 비채변제의 경우(제744조), 착오로 인한 타인의 채무변제로 채권자의 채권행사가 어렵게 된 경우(제745조)에 관하여 부당이득반환청구를 금지하는 특별규정이 있다.

(1) 협의의 비채변제

'채무 없음을 알고' 이를 변제한 때에는 그 반환을 청구하지 못한다(제742조). 비채변제가 되려면, ① 변제 당시 채무가 존재하지 않아야 한다. 채무가 처음부터 존재하지 않은 경우(예: 법률행위의 무효·취소의 경우)뿐만 아니라 채권이 유효하게 성립하였다가 변제·면제 기타의 사유로 소멸한 경우도 포함한다. 또한 보증인이 주채무를 소멸시키는 행위는 주채무의 존재를 전제로 하므로, 보증인의 출연행위 당시 주채무가 성립되지 아니하였거나 타인의 면책행위로 이미 소멸된 경우에는 비채변제가 되어 채권자와의 사이에 부당이득반환의 문제를 남길 뿐, 주채무자에 대한 구상권은 발생하지 않는다(대판 2004.2.13, 2003다43858). ② 변제로서 급부하여야 한다. 변제자가 변제할 의사로 급부를 하였어야 한다. 가령 급부자가 증여의 의사로 급부하고 상대방도 이에 동의한 때에는 증여계약이 되고 부당이득은 문제되지 않는다. ③ 채무가 존재하지 않는다는 사실을 알면서 '임의로' 변제하여야 한다. 즉 비채변제에 관한 규정은 '변제자가 채무 없음을 알면서도 변제를 한 경우'에 적용되는 것이고, 채무 없음을 알지 못한 경우에는 그 과실 유무를 불문하고 적용되지 않는다(대판 1998.11.13, 97다58453). 채무가 존재하지 않는다는 사실을 알면서 '임의로' 변제한 경우에 공평의 관념상 변제자를 보호할 필요가 없기 때문이다. 따라서 채무 없음을 알고 있었더라도 변제를 강제당한 경우, 변제거절로 인한 사실상의 손해를 피하기 위하여 부득이 변제하게 된 경우처럼 변제가 자유로운 의사에 반하여 이루어진 것으로 볼 수 있는 사정이 있는 때에는 변제자는 그 반환청구권을 상실하지 않는다(대판 2010.7.15, 2008다39786; 대판 2006.7.28, 2004다54633). 가령 회사를 인수한 자가 전기를 독점 공급하는 한전으로부터 전기공급을 받기 위하여 부득이 인수하지도 않은 회사의 체납전기요금을 변제한 경우에 반환청구권을 상실하지 않는다(대판 1988.2.9, 87다432).

판 례

(ㄱ) 위헌결정 이전에 이미 부담금 부과처분과 그 징수를 위한 압류처분이 확정되었다고 하더라도, 위헌결정 이후에는 부담금 등의 납부의무가 없음을 알면서도 압류해제거부로 인한 사실상의 손해를 피하기 위하여 부득이 부담금 등을 납부하게 된 경우 등 그 납부가 자기의 자유로운 의사에 반하여 이루어진 것으로 볼 수 있는 사정이 있는 때에는 납부자가 그 반환청구권을 상실하지 않는다(대판 2003.9.2, 2003다14348).

(ㄴ) 임금채권보장법에 따른 부담금의 납부를 게을리 할 경우 국세체납의 예에 따라 이를 징수할 수 있으므

로, 부담금 납부의무자의 신고행위가 당연무효에 해당하여 발생하는 부당이득에 대하여는 조세법률관계에 준하여 민법상 비채변제의 규정이 적용되지 아니한다(대판 2002.5.28, 2001다72074).

(ㄷ) 제742조의 비채변제에 관한 규정은 변제자가 채무 없음을 알면서도 변제를 한 경우에 적용되는 것이어서 채무 없음을 알지 못한 경우에는 그 과실 유무를 불문하고 적용되지 아니하며, 변제자가 채무 없음을 알았다는 점에 대한 증명책임은 반환청구권을 부인하는 측에 있다(대판 2012.11.15, 2010다68237).

(ㄹ) 위탁교육 후의 의무재직기간 근무 불이행시 급여를 반환토록 한 약정에 따라 근로자가 연수기간 중 지급받은 급여 일부를 반환한 경우, 그 급여 반환이 반환의무 없음을 알면서 자유로운 의사에 의하여 이루어진 것이 아니므로 제742조의 비채변제에 해당하지 아니하고, 나아가 그와 같은 강행법규에 위반한 무효의 약정에 기한 채무의 변제를 제744조의 도의관념에 적합한 비채변제라고 할 수도 없다(대판 1996.12.20, 95다52222,52239).

(2) 기한 전의 변제

채무자는 기한의 이익을 포기하고 변제할 수 있기 때문에, '변제기에 있지 않은 채무를 변제한 때에는 그 반환을 청구하지 못한다'(제743조 본문). 그러나 채무자가 착오로 인하여 기한 전에 변제를 한 때에는 채권자가 급부된 것을 변제기까지 이용함으로써 사실상 얻게 되는 이익, 즉 중간이자에 관해서는 그 반환을 청구할 수 있다(제743조 단서). 즉 '착오로 인하여'라 함은 변제기 전임을 알지 못하였음을 의미하므로, 변제기 전임을 모르고 변제한 때에만 그 이익의 반환을 청구할 수 있다. 변제기 전임을 알면서도 변제한 것은 기한의 이익을 포기한 것으로 볼 수 있기 때문이다(대판 1991.8.13, 91다6856). 따라서 사용자가 근로자에 대하여 중간퇴직처리를 하면서 퇴직금을 지급하였으나 그 퇴직처리가 무효로 된 경우, 이는 착오로 인하여 변제기에 있지 않은 채무를 변제한 경우에 해당한다고 할 수 없으므로, 이미 지급한 퇴직금에 대한 지급일 다음 날부터 최종 퇴직시까지의 연 5푼의 비율에 의한 법정이자 상당액은 부당이득에 해당하지 않는다(대판 2005.2.25, 2004다34790).

(3) 도의관념에 적합한 비채변제

채무 없는 자가 착오로 인하여 변제한 경우에 그 변제가 '도의관념에 적합한 때'에는 그 반환을 청구하지 못한다(제744조). 도의관념에 적합한 비채변제가 성립하기 위해서는, ① 변제 당시 채무가 객관적으로 존재하지 않아야 하고, ② 변제로 급부하여야 하며, ③ 착오로 채무 없음을 모르고 변제하여야 하고, ④ 그것이 도의관념에 적합한 것이어야 한다. 예컨대 법률상 부양의무 없는 자가 그 의무가 있는 것으로 잘못 알고 부양을 한 경우에는 그 반환을 청구하지 못한다. 또한 시효완성의 사실을 모르고 변제한 경우, 상대적 소멸설에 의하면 소멸시효의 완성만으로는 채권이 소멸하지 않기 때문에 그것은 유효한 변제가 된다. 반면에 절대적 소멸설에 의하면 비채변제가 되지만 그것은 도의관념에 적합한 비채변제가 되어 그 반환을 청구하지 못하게 된다. 한편 시효완성의 사실을 알고 변제한 경우, 상대적 소멸설에 의하면 시효원용이 없는 동안에 채권은 소멸하지 않으므로 채무자의 변제는 시효원용권의 포기로 되고, 절대적 소멸설에 의하면 시효이익의 포기로 되어 그것은 유효한 변제로 되므로, 그 반환을 청구할 수 없게 된다.

판 례

변제가 도의관념에 적합한 것인지는 객관적인 관점에서 급부를 수령자가 그대로 보유하는 것이 일반인의 법감정에 부합하는지에 따라 판단하고 이에 대한 증명책임은 급부수령자에게 있으며, 비채변제가 강행법규를 위반한 무효의 약정 또는 상대방의 고의·중과실의 위법행위에 의하여 이루어진 경우에는 그러한 변제행위를 도의관념에 적합한 비채변제라고 속단하여서는 아니 된다(대판 2024.10.8, 2024다257362).

(4) 타인의 채무변제

제3자가 타인의 채무를 자기의 채무로 잘못 알고(착오로) 변제한 경우, 제3자는 자기 채무를 이행하고자 하였기 때문에 제3자와 채권자 사이에 급부관계가 존재하므로, 제3자는 채권자(수익자)에 대하여 부당이득반환을 청구할 수 있다. 다만 채권자가 선의로 증서를 없애거나 담보를 포기하거나 시효로 그 채권을 잃은 때에는 제3자(변제자)는 그 반환을 청구하지 못한다(제745조 1항). 즉 제745조가 적용되기 위해서는, ① 채무자 아닌 자가 착오로 인하여 타인의 채무를 자기의 채무로 믿고 변제하여야 하고, ② 채권자가 선의, 즉 유효하게 변제를 받았다고 믿어야 하며(그 믿음의 원인은 묻지 않으며, 따라서 변제자를 채무자로 믿었거나 제3자의 변제라고 믿었어도 무방하다), ③ 채권자가 선의로 증서를 없애거나 담보를 포기하거나 시효로 그 채권을 잃었어야 한다. 이러한 요건을 충족하면, 변제자는 채권자에 대한 반환청구권을 상실하게 된다. 다만 변제자는 진정한 채무자에 대하여 구상부당이득의 반환을 청구할 수 있다(제745조 2항). 여기서 주의할 것은, 채무자 아닌 제3자가 타인채무라는 사실을 알면서 변제한 경우에 그 변제가 채무자의 이익이나 의사에 일치한 때에는 사무관리가 성립하고(제734조), (구상)부당이득은 문제되지 않는다는 점이다.

판 례

급부부당이득의 반환은 법률상 원인 없는 변제를 한 주체가 청구할 수 있다. 변제는 채무자 외에 제3자도 할 수 있는데(제469조), 이행보조자의 변제는 채무자의 변제로 취급된다(제391조). 채무자가 자신의 채무에 관하여 스스로 또는 이행보조자를 사용하여 법률상 원인 없는 변제를 한 경우에는 '채무자', 제3자가 타인의 채무에 관하여 법률상 원인 없는 변제를 한 경우에는 '제3자'가 각각 변제의 주체로서 그 변제로서 이루어진 급부의 반환을 청구할 수 있다. 이러한 변제 주체에 대한 증명책임은 자신이 변제 주체임을 전제로 변제에 법률상 원인이 없다고 주장하며 부당이득 반환청구를 하는 사람에게 있다(대판 2024.2.15, 2023다272883).

2. 불법원인급여

불법의 원인으로 인하여 재산을 급여하거나 노무를 제공한 때에 급부자는 급부수령자에 대하여 이익의 반환을 청구하지 못한다(제746조 본문). 그러나 불법원인이 급부자에게는 없고 수령자에게만 있는 경우는 일반적인 급부부당이득으로서, 급부자에게 급부부당이득반환청구권이 인정된다(제746조 단서).

(1) 의 의

불법원인급여란 급부자가 법적으로 비난받을 만한 불법의 원인에 의하여 재산을 급여하거나 노무를 제공하였기 때문에, 급부수령자에 대하여 급부자가 부당이득의 반환을 청구할 수 없는 급부부당이득을 말한다. 제746조는 제103조와 표리관계에 있는데, 제103조는 반사회적 법률행위를 무효로 보는 데 반하여, 제746조는 반사회적 법률행위에 의하여 한 급부의 반환청구를 배척함으로써 소극적으로 법적 정의를 유지하려는데 그 취지가 있다. 다시 말하면 제103조와 제746조는 반사회적 법률행위를 방지하고자 하는 목적에서는 동일하다(통설).

(2) 요 건

(가) 급부원인이 불법일 것

1) 불법원인급여가 성립하려면, 급부의 원인이 불법이어야 한다. 급부에 의하여 달성하려고 한 사회적 목적이 급부의 원인으로 된다. 예컨대 도박에서 건네 준 돈과 같이 급부의 내용자체가 불법일 때뿐만 아니라 불륜관계를 맺어준 대가로서 금전을 지급한 경우처럼 급부 그 자체에는 불법성이 없지만 불법한 급부의 대가일 때, 그리고 위조화폐를 만들 것을 조건으로 금전을 지급하는 경우와 같이 조건이 불법행위인 경우에 모두 불법원인을 위한 급부가 된다(곽윤직, 365면; 김상용, 577면).

2) 제746조의 '불법'이 있다고 하려면, 급부의 원인이 된 행위가 그 내용이나 성격 또는 목적이나 연유 등으로 볼 때 선량한 풍속 기타 사회질서에 위반될 뿐 아니라 반사회성·반윤리성·반도덕성이 현저하거나, 급부가 강행법규를 위반하여 이루어졌지만 이를 반환하게 하는 것이 오히려 규범목적에 부합하지 않는 경우 등에 해당하여야 한다(대판 2017.3.15, 2013다79887,79894). 따라서 윤락행위 및 그것을 유인·강요하는 행위는 선량한 풍속 기타 사회질서에 반하므로, 윤락행위를 할 사람을 고용하면서 성매매의 유인·권유·강요의 수단으로 이용되는 선불금 등 명목으로 제공한 금품이나 그 밖의 재산상 이익 등은 불법원인급여에 해당하여 그 반환을 청구할 수 없고, 나아가 성매매의 직접적 대가로서 제공한 경제적 이익뿐만 아니라 성매매를 전제하고 지급하였거나 성매매와 관련성이 있는 경제적 이익이면 모두 불법원인급여에 해당하여 반환을 청구할 수 없다(대판 2013.6.14, 2011다65174). 반면에 부동산실명법이 규정하는 명의신탁약정 자체는 선량한 풍속 기타 사회질서에 위반하는 경우에 해당한다고 단정할 수 없으므로, 무효인 명의신탁약정에 의하여 타인 명의의 등기가 마쳐졌다는 이유만으로 그것이 당연히 불법원인급여에 해당한다고 볼 수 없다(대판 2003.11.27, 2003다41722).

3) 불법은 급부자가 급부를 할 당시에 이를 인식할 필요가 없다(Staudinger-Lorenz, § 817 Rdnr. 21; Emmerich, § 16 Rdnr. 46; 곽윤직, 364면; 김상용, 577면; 이은영, 712면). 제103조는 선량한 풍속 기타 사회질서위반에 대하여 행위자의 인식 여부에 관계없이 무효로 하고 있기 때문이다. 그러므로 급부자의 불법에 대한 인식은 불법원인급여의 성립요

건이 아니다.

판 례

부당이득의 반환청구가 금지되는 사유로 제746조가 규정하는 불법원인은 그 원인되는 행위가 선량한 풍속 기타 사회질서에 위반하는 경우를 말하는 것으로서, 법률의 금지에 위반하는 경우라 할지라도 그것이 선량한 풍속 기타 사회질서에 위반하지 않는 경우에는 이에 해당하지 않는다(대판 2014.7.10, 2013다74769).

(나) 급부자의 급부가 존재할 것

급부란 의식적이고 의도적(목적적)인 타인재산의 증대행위를 말한다. 이와 같이 불법원인급여가 성립되기 위해서 급부는 급부자의 의사에 의하여 행하여져야 하므로, 급부자의 의사에 기하지 않는 재산의 출연은 여기의 급부에 해당하지 않는다(김상용, 578면). 예컨대 법원의 배당절차에 의한 배당은 불법원인급여에서의 급부에 속하지 않는다.

(다) 재산상 가치가 있는 종국적인 급부일 것

부당이득반환청구가 배척되는 불법원인급여에서 '급부'는 재산상 가치가 있는 '종국적'인 것이어야 하며, 수익자가 급여 받은 이익의 향수를 위하여 등기청구·소송상의 청구·관청의 인가 등의 절차를 거쳐야만 현실적인 이익을 얻을 수 있는 경우는 해당되지 않는다. 따라서 도박자금을 제공함으로 인하여 발생한 채권의 담보로 부동산에 관하여 근저당권설정등기가 마쳐진 경우와 같이 수령자가 그 이익을 향수하려면 경매신청을 하는 등 별도의 조치를 취하여야 하는 경우에는, 그 불법원인급여로 인한 이익이 종국적인 것이 아니므로 등기설정자는 무효인 근저당권설정등기의 말소를 청구할 수 있다(대판 1994.12.22, 93다55234; 대판 1995.8.11, 94다54108; 곽윤직, 366면; 김형배, 145면; 이은영, 708면). 그러나 불법원인급여에서의 급부는 반드시 종국적인 이익일 것이 요구되지 않는다는 견해가 있다(김상용, 579면).

(3) 효 과

(가) 원 칙

급부자는 그의 급부로 수익자가 얻은 이익의 반환을 청구하지 못한다(제746조 본문). 다시 말하면 불법원인급여도 비채변제이지만, 급부자에게 비난가능성이 있기 때문에 급부자의 수령자에 대한 부당이득반환청구권이 인정되지 않는다. 따라서 그 반사적 효과로서 급부는 수익자에게 종국적으로 귀속한다(대판 1979.11.13, 79다483).

(나) 예 외

1) 수익자에게만 불법원인이 있는 경우

불법원인이 '수익자'에게만 있는 경우, 급부자는 급부한 것의 반환을 청구할 수 있다(제746조 단서). 물론 수익자의 불법성이 급부자의 그것보다 현저히 크고, 그에 비하면 급부자의 불법성은 미약한 경우에도 급부자의 반환청구가 허용되지 않는다고 하는 것은 공평에 반하고 신의성실의 원칙에도 반하므로, 이러한 경우에는 제746조의 본문의 적용이 배제되어 급부자의 반환청구는 허용된다(대판 2008.5.15, 2007다23807; 대판 1997.10.24, 95다49530,49547; 김상용, 581면).

판 례

甲종중이 乙에게 토지를 명의신탁했다가 해지하고 소유권이전등기청구의 소를 제기하여 승소하였는데, 丙이 적극 가담하여 乙로부터 토지를 매수하고 丙에게 소유권이전등기가 경료된 경우, 후에 甲종중이 丙의 권리취득이 사회질서에 반하는 것으로 무효라는 이유로 乙을 대위하여 丙에게 등기말소청구권을 행사하여 그 등기가 말소되자 丙이 乙을 상대로 매매대금의 반환을 청구하는 경우, 乙과 丙에게 모두 불법성이 있지만, 甲종중으로부터 명의신탁해지를 원인으로 토지에 관하여 소유권이전등기청구의 소를 제기당하여 그 패소판결을 선고받은 乙로서는 丙의 권유가 있더라도 이에 절대로 응하지 말았어야 할 것이므로, 매도인인 명의수탁자 乙의 불법성이 매수인 丙의 불법성보다 크므로 丙의 대금반환청구는 허용된다(대판 1993.12.10, 93다12947).

2) 불법원인에 의한 급부가 급부자의 생존의 기초가 되는 재산인 경우

생존의 기초가 되는 재산의 처분행위에 기한 급부는 불법원인급여가 되지만, 급부자는 그 급부의 반환을 청구할 수 있다고 할 것이다(김상용, 582면). 불법원인급여를 이유로 생존의 기초가 되는 재산의 반환청구를 배척하게 되면, 생존의 기초가 되는 재산의 처분행위를 반사회적 법률행위로서 무효로 한 의미가 없게 되기 때문이다.

3) 신의칙에 의한 반환청구가 인정되는 경우

예컨대 외국인 근로자가 불법으로 취업하여 노무를 제공한 경우, 불법취업계약은 효력규정위반으로 무효이지만 외국인 근로자가 제공한 급부를 불법원인급여를 이유로 부당이득반환청구권을 배척하는 것은 신의칙에 반한다. 이와 같이 불법원인급여이지만 신의칙에 비추어 급부자에게 반환청구를 인정하는 것이 타당한 경우, 급부자는 급부의 반환을 청구할 수 있다고 할 것이다(BGH NJW 1990, 2542; BGH NJW 1992, 2023; 김상용, 583면).

(다) 불법원인급여의 반환계약의 효력

불법원인급여의 당사자가 급부한 것의 반환을 약정한 경우, 그 효력을 인정할 수 있는지가 문제이다. 판례는 ① 수령자가 급부받을 때 불법한 목적이 달성되지 않으면 반환한다고 약정하였다면 그 특약은 무효라고 한다(대판 1991.3.22, 91다520). ② 제746조는 불법원인급부자의 반환청구를 법률상 인정하지 않는 데에 그 취지가 있을 뿐이므로, 수령자가 수령한 것이나 그에 갈음하는 다른 물건을 '임의로 반환'하는 것까지 금지하는 것은 아니며, 이것은 유효하다고 한다(대판 1964.10.27, 64다798,799). 하지만 급여자는 이를 강제할 수 없다. 즉 반환약정에 의하여 약속어음을 발행하였더라도 채권자는 그 이행을 청구할 수 없고(대판 1995.7.14, 94다51994), 불법의 원인으로 인하여 금전을 급여한 사람이 금전의 교부가 송금위탁계약에 기한 것으로 이의 해제를 전제로 반환을 구하는 것도 허용되지 않는다(대판 1992.12.11, 92다33169). ③ 불법원인급여 후 급부를 받은 자가 급부의 원인행위와 별도의 약정으로 급부 그 자체 또는 그에 갈음한 대가물의 반환을 특약하는 것은, 불법원인급여를 한 자가 그 부당이득의 반환을 청구하는 경우와는 달리 그 반환약정 자체가 사회질서에 반하여 무효가 되지 않는 한 유효하다. 이 경우는 대물변제약정에 해당하기 때문이다. 여기서 반환약정이 사회질서에 반하여 무효라는 점은 수익자가 이를 증명하여야 한다고 한다(대판 2010.5.27, 2009다12580).

판 례

당사자의 일방이 상대방에게 공무원의 직무에 관한 사항에 관하여 특별한 청탁을 하게 하고 그에 대한 보수로 돈을 지급할 것을 내용으로 한 약정은 사회질서에 반하는 무효의 계약이고, 따라서 민법 제746조에 의하여 그 대가의 반환을 청구할 수 없으며, 나아가 그 돈을 반환하여 주기로 한 약정도 결국 불법원인급여물의 반환을 구하는 범주에 속하는 것으로서 무효이고, 그 반환약정에 의하여 약속어음을 발행하였다 하더라도 채권자는 그 이행을 청구할 수 없다(대판 1995.7.14, 94다51994).

(라) 제746조와 부동산이중매매

매도인의 배임행위에 적극 가담하여 부동산을 2중으로 매수한 행위는 반사회적 법률행위로서 무효이다(대판 2002.9.6, 2000다41820; 대판 1994.3.11, 93다55289). 이처럼 무효인 이중매매에 의하여 제2매수인에게 등기를 이전한 경우, 이는 불법원인급여(제746조)에 해당하므로 양도인은 제2매수인에게 그 말소를 청구하지 못한다. 그런데 판례는 제1매수인이 매도인에 대한 소유권이전청구권을 보전하기 위해 매도인을 대위하여 제2매수인에 대해 등기말소를 청구하여 매도인 명의로 회복한 다음, 제1매수인은 매도인에게 소유권이전등기청구권을 행사하여 이전등기를 함으로써 원상회복을 할 수 있다고 한다(대판 1983.4.26, 83다카57). 즉 판례는 매도인이 제2매수인에게 반환청구권을 가진다는 것을 전제하에 제1매수인이 채권자대위권(제404조)의 행사로써 매도인의 그 반환청구권을 대위행사한다고 하는데, 결론은 타당하지만 이론구성을 위한 근거를 제시하지 못하고 있다.

(4) 다른 청구권과의 관계

(가) 제746조와 물권적 청구권

불법한 원인으로 소유권을 이전한 경우, 즉 원인행위인 채권행위가 무효인 경우, 물권행위의 무인론에 의하면 채권행위가 무효이더라도 물권행위는 영향을 받지 않으므로 소유권은 상대방에게 귀속된다. 따라서 급부자가 소유권에 의한 물권적 청구권을 행사할 수 없으며, 다만 수령자에게 부당이득이 발생하지만(제741조), 제746조 본문에 의하여 급부자의 반환청구권이 배제된다. 그러나 물권행위의 유인론에 의하면 물권행위도 무효가 되어 수령자는 소유권을 취득할 수 없게 되므로, 급부자는 물권적 청구권(제213조)에 의하여 목적물의 반환을 청구할 수 있는지가 문제이다. 학설은 물권적 청구권에 제746조의 적용을 부정하면 동조의 입법취지를 무시하는 결과가 된다는 이유로 소유권에 기한 반환청구를 할 수 없다고 한다

(송덕수, D-577). 판례도 제746조는 단지 부당이득제도만을 제한하는 것이 아니라 제103조와 함께 사법의 기본이념이므로, 원인행위가 무효이기 때문에 급여한 물건의 소유권이 급여자에게 있다고 하여 급여자가 소유권에 의해 반환청구를 하는 것도 허용되지 않는다고 한다(대판 1979.11.13, 79다483).

판 례

제746조의 규정취지는 제103조와 함께 사법의 기본이념으로 사회적 타당성이 없는 행위를 한 사람은 그 형식여하를 불문하고 스스로 한 불법행위의 무효를 주장하여 그 복구를 소구할 수 없다는 법의 이상을 표현한 것이고 부당이득반환청구만을 제한하는 규정이 아니므로 불법의 원인으로 급여를 한 사람이 그 원인행위가 무효라고 주장하고 그 결과 급여물의 소유권이 자기에게 있다는 주장으로 소유권에 기한 반환청구를 하는 것도 허용할 수 없는 것이니, 도박채무가 불법무효로 존재하지 않는다는 이유로 양도담보조로 이전해 준 소유권이전등기의 말소를 청구하는 것은 허용되지 않는다(대판 1989.9.29, 89다카5994). 즉 도박자금채권의 담보로 근저당권설정등기가 마쳐진 경우, 소유자는 제746조의 적용을 받음이 없이 그 말소를 청구할 수 있다(대판 1995.8.11, 94다54108). 반면에 도박채무에 대한 양도담보조로 소유권이전등기가 마쳐진 경우에는 그 말소를 청구할 수 없다. 양도담보권자는 국가의 조력 없이 귀속청산에 의한 방법으로 담보권을 실행하여 소유권을 취득할 수 있으므로 종국적인 급여이기 때문이다.

(나) 제746조와 비채변제

법률행위가 선량한 풍속 기타 사회질서에 위반된 경우에 그 법률행위는 무효이기 때문에, 급부자가 그 법률행위에 기한 채무가 존재하지 않는다는 사실을 알면서 그 채무변제로 급부를 할 경우, 그 급부는 악의의 비채변제(제742조)와 불법원인급여(제746조)의 요건을 충족하게 된다. 이 경우에 제742조가 적용되는지 아니면 제746조가 적용되어 반환청구가 배척되는지가 문제이다. 이에 대하여 ① 제746조 단서에 의하여 급부자가 무효인 채무임을 알면서도 급부하였더라도 불법원인이 수령자에게만 있는 경우에는 반환청구를 인정할 수 있다는 이유로 제746조가 적용된다는 견해(곽윤직, 369면; 이은영, 719면), ② 악의의 비채변제가 불법원인급여보다 일반적인 부당이득제도이므로, 부당이득반환청구권의 보충성의 법리에 의하여 악의의 비채변제에 관한 규정이 적용된다는 견해가 있다(김상용, 585면). 생각건대 급부자가 불법계약이기 때문에 자기에게 법적 의무가 없다는 점을 알면서도 어쩔 수 없이 급부한 경우, 제742조를 적용하여 반환청구를 부정하는 것보다 제746조 단서를 적용하여 반환청구를 허용하는 것이 타당하다고 할 것이다.

(다) 제746조와 불법행위로 인한 손해배상청구권

반환청구가 제한되는 불법원인급여는 '불법행위에 기한 손해배상청구'라는 우회적인 방법으로도 그 반환의 목적을 달성할 수 없다(통설). 예컨대 통화위조의 비법을 알고 있다는 속임수에 넘어가서 자금을 편취당한 경우, 손실자는 수익자에 대하여 불법행위로 인한 손해배상을 청구할 수 없다. 판례도 같은 입장이다(대판 2013.8.22, 2013다35412).

판 례

불법의 원인으로 재산을 급여한 사람은 상대방 수령자가 그 '불법의 원인'에 가공하였다고 하더라도 상대방에게만 불법의 원인이 있거나 그의 불법성이 급여자의 불법성보다 현저히 크다고 평가되는 등으로 제반 사정에 비추어 급여자의 손해배상청구를 인정하지 않는 것이 오히려 사회상규에 명백히 반한다고 평가될 수 있는 특별한 사정이 없는 한 상대방의 불법행위를 이유로 그 재산의 급여로 말미암아 발생한 자신의 손해를 배상할 것을 주장할 수 없다. 그와 같은 경우에 급여자의 위와 같은 손해배상청구를 인용한다면, 이는 급여자는 결국 자신이 행한 급부 자체 또는 그 경제적 동일물을 환수하는 것과 다름없는 결과가 되어, 제746조에서 실정법적으로 구체화된 법이념에 반하게 되는 것이다(대판 2013.8.22, 2013다35412).

(라) 제746조와 이혼에 의한 재산분할청구권

판례는 제746조는 제103조와 함께 사법의 기본이념으로서 사회적 타당성이 없는 행위를 한 사람을 법의 보호영역 외에 두어 스스로 한 급부의 복구를 어떠한 형식으로도 소구할 수 없다는 법의 이상을 표현한 것이라 할 것이고, 단지 부당이득반환청구만을 제한하는 규정은 아니다. 따라서 이혼을 원인으로 제839조의2, 제843조에 따라 부부 일방이 다른 일방에 대하여 재산분할을 청구함에 있어서도 불법원인급여의 반환청구를 배제한 제746조의 입법 취지는 고려되어야 한다. 이혼에 의한 재산분할은 재산의 명의와 상관없이 재산의 형성 및 유지에 기여한 정도 등 실질에 따라 각자의 몫을 분할하여 귀속시키고자 하는 제도이다. 이때 부부 일방의 부모 등이 부부나 그 가족에 대하여 한 경제적·비경제적 지원이 재산의 형성 및 유지에 기여하였다면 이를 그 부부 일방의 기여로 보아 재산분할에 참작하는 것이 형평에 부합한다. 그런데 재산의 형성 및 유지에 대한 기여가 그 내용이나 성격 또는 목적이나 연유 등에 비추어 선량한 풍속 기타 사회질서에 위반되고, 반사회성·반윤리성·반도덕성이 현저함에도 불구하고 이를 재산분할에 참작할 기여로 평가하는 것은 제746조의 취지에 비추어 허용되지 않는다고 한다(대판 2025.10.16, 2024므13669,13676).

이는 사회적 타당성이 없는 행위를 한 사람을 법적으로 보호하지 않는다는 제746조의 취지를 확인하였다는 점에 의의가 있다고 할 수 있다. 하지만 제746조는 불법을 원인으로 급여한 자가 수익자에 대해 그 반환을 청구할 수 없는 경우에 적용되는데, 불법원인의 수익자가 제3자에게 급여한 경우까지 그 반환을 제한하는 것이 아니며, 판례의 법리를 일반화하면 수익자가 제3자에게 급여한 금액에 대해서는 불법자금에 대해 추징할 수 없다는 문제가 발생할 수 있다는 점에서 타당하다고 볼 수 없다.

제 3 절 부당이득의 효과

Ⅰ. 일 반

부당이득의 요건을 갖추게 되면, 손실자는 수익자에 대하여 부당이득의 반환을 청구할 수 있는데(제741조), 이러한 손실자의 수익자에 대한 부당이득반환청구권은 법률규정에 의하여 발생하는 법정채권이다. ① 부당이득반환청구권은 기한의 정함이 없는 채권이므로, 반환의무자는 이행청구를 받은 때부터 지체책임을 진다(대판 2008.2.1, 2007다8914). 다만 쌍무계약에 의하여 쌍방이 급부한 후 계약이 무효나 취소된 경우, 쌍방의 부당이득반환채무는 동시이행의 관계에 있으므로 지체책임을 부담하지 않는다(대판 2007.12.28, 2005다38843). ② 부당이득반환청구권은 그 발생과 동시에 행사할 수 있으므로 그때부터 시효가 진행하며(대판 1992.3.31, 91다32053), 10년의 소멸시효에 걸린다(제162조 1항). 다만 부당이득반환청구권이 상행위인 계약에 기초하여 이루어진 급부 자체의 반환을 구하는 것으로서 채권의 발생 경위나 원인, 당사자의 지위와 관계 등에 비추어 법률관계를 상거래 관계와 같은 정도로 신속하게 해결할 필요성이 있는 경우 등에는 상법 제64조를 유추하여 5년의 상사 소멸시효기간이 적용된다(대판 2021.7.22, 2019다277812; 대판 2021.8.19, 2019다269354). ③ 여러 사람이 공동으로 법률상 원인 없이 타인의 재산을 사용한 경우의 부당이득 반환채무는 특별한 사정이 없는 한 불가분적 이득의 반환으로서 불가분채무이다(대판 2001.12.11, 2000다13948). ④ 어떤 물건에 대하여 직접점유자와 간접점유자가 있는 경우, 그에 대한 점유·사용으로 인한 부당이득의 반환의무는 동일한 경제적 목적을 가진 채무로서 서로 중첩되는 부분에 관하여는 일방의 채무가 변제 등으로 소멸하면 타방의 채무도 소멸하는 부진정연대채무의 관계에 있다(대판 2012.9.27, 2011다76747).

판 례

(ㄱ) 과세처분이 부존재하거나 당연무효인 경우에 이 과세처분에 의하여 납세의무자가 납부하거나 징수당한 오납금은 국가가 법률상 원인 없이 취득한 부당이득에 해당하고, 이러한 오납금에 대한 납세의무자의 부당이득반환청구권은 처음부터 법률상 원인이 없이 납부 또는 징수된 것이므로 납부 또는 징수시에 발생하여 확정된다. 따라서 오납시부터 그 반환청구권의 소멸시효가 진행한다(대판 1992.3.31, 91다32053). 즉 소멸시효는 객관적으로 권리가 발생하여 그 권리를 행사할 수 있는 때부터 진행한다(제166조 1항).

(ㄴ) 장래이행을 청구하는 소는 미리 청구할 필요가 있는 경우에 한하여 제기할 수 있는바, 여기서 미리 청구할 필요가 있는 경우라 함은 이행기가 도래하지 않았거나 조건 미성취의 청구권에 있어서는 채무자가 미리부터 채무의 존재를 다투기 때문에 이행기가 도래되거나 조건이 성취되었을 때에 임의의 이행을 기대할 수 없는 경우를 말한다(대판 2004.9.3, 2002다37405). 따라서 부당이득은 현재의 부당이득뿐만 아니라 장래의 부당이득도 그 이행기에 지급을 기대할 수 없어 미리 청구할 필요가 있으면 미리 청구할 수 있다(대판 1975.4.22, 74다1184).

Ⅱ. 부당이득의 반환방법

수익자는 원칙적으로 얻은 이익 그 자체를 반환하여야 하지만(원물반환의 원칙), 목적물의 소비·처분·성질 등으로 원물의 반환이 불가능한 때에는 가액을 반환하여야 한다(제747조 1항). 따라서 법률상 원인 없이 제3자에 대한 채권을 취득한 경우, 채권의 수익자가 이미 그 채권을 변제받은 때에는 그 변제받은 금액이 이득이 되어 이를 반환하여야 할 것이나, 아직 그 채권을 현실적으로 추심하지 못한 경우에는 손실자는 채권의 수익자에 대하여 그 채권의 반환을 구하여야 한다(대판 2001.3.13, 99다26948).

1. 원물반환의 원칙

(1) 이득의 내용이 특정물일 때에는 그 특정물 자체를 반환하고, 원물이 훼손되었으면 훼손된 상태대로 반환하여야 한다. 또한 대체물일 때에도 대체물 그 자체를 반환하여야 하며, 동종의 다른 물건으로 반환할 수 없다. 대체물이더라도 부당이득반환의 대상이 되는 것은 수익자가 얻은 그 물건, 즉 특정물이기 때문이다. 따라서 취득한 대체물을 반환할 수 없는 때(예: 멸실)에는 다른 동종의 물건이 아니라 가액반환을 하여야 한다(제747조 1항).

(2) 수익자가 취득한 물건에 갈음하는 대용물(Surrogate)을 취득한 경우에는 그 대용물을 반환하여야 한다(예: 취득한 물건의 멸실·훼손·침탈에 대한 배상으로 얻은 보험금청구권·손해배상청구권 등). 그러나 수익자가 부당이득한 목적물을 법률행위에 의하여(교환 등) 처분하고 그것의 반대급부로 얻은 것은 대용물에 속하지 않으며, 이때 원물을 반환할 수 없는 경우이므로 수익자는 가액을 반환하여야 한다(김상용, 588면).

판 례

(ㄱ) 법률상 원인 없이 제3자에 대한 채권을 취득한 경우, 채권의 이득자가 이미 그 채권을 변제받은 때에는 그 변제받은 금액이 이득이 되어 이를 반환하여야 할 것이나, 아직 그 채권을 현실적으로 추심하지 못한 경우에는 손실자는 채권의 이득자에 대하여 그 채권의 반환을 구하여야 하고 그 채권 가액에 해당하는 금전의 반환을 구할 수는 없으며, 이는 결국 부당이득한 채권의 양도와 그 채권 양도의 통지를 그 채권의 채무자에게 하여 줄 것을 청구하는 형태가 된다(대판 1995.12.5, 95다22061).

(ㄴ) 부당이득의 반환은 법률상 원인 없이 취득한 이익을 반환하여 원상으로 회복하는 것을 말하므로, 배당절차에서 작성된 배당표가 잘못되어 배당을 받아야 할 채권자가 배당을 받지 못하고 배당을 받을 수 없는 사람이 배당받는 것으로 되어 있을 경우, 배당금이 실제 지급되었다면 배당금 상당의 금전지급을 구하는 부당이득반환청구를 할 수 있지만 아직 배당금이 지급되지 아니한 때에는 배당금지급청구권의 양도에 의한 부당이득의 반환을 구하여야지 그 채권 가액에 해당하는 금전의 지급을 구할 수는 없고, 그 경우 집행의 보전은 가압류에 의할 것이 아니라 배당금지급금지가처분의 방법으로 하여야 한다(대결 2013.4.26, 2009마1932).

2. 가액반환

(1) 수익자가 원물반환이 아니라 가액반환을 하여야 하는 경우는, ① 수익자가 받은 목

적물을 소비·처분·멸실 등의 사유로 반환할 수 없게 된 때, ② 수익자가 얻은 이익이 금전·노무 또는 타인물건의 사용 등과 같이 성질상 원물반환을 할 수 없는 때, ③ 수익자가 얻은 목적물을 제3자의 물건에 부합·혼화시킴으로써 제3자의 소유로 된 때(제256조-제258조) 등이 있다. 이때 수익자의 귀책사유에 의하여 원물반환이 불능으로 되었는가는 묻지 않는다(이은영, 699면). 가액반환의 경우에 어떠한 가격을 기준으로 하여 가액을 산정할 것인가에 관하여, 판례는 개인소유의 토지가 법률상 원인 없이 도로로 사용됨으로 인한 그 도로부지에 대한 임료 상당의 부당이득금반환청구의 소에서 그 토지의 시가에서 개발이익을 공제한 가격으로 임료를 산정하여야 한다고 하여(대판 1992.9.22, 92다22343), 일반거래가격을 기준으로 하고 있다.

(2) 부당이득은 타인의 손해를 한도로 그 이익을 반환하는 것이므로, 손해액이 이득액보다 적을 경우에는 손해액의 한도에서만 반환책임을 부담한다(대판 1982.5.25, 81다카1061). 반대로 손해액이 이득액보다 많더라도 이득액만을 반환하면 된다. 예컨대 임대차계약이 무효인 때에 임차인은 임료상당액을 반환하여야 하며, 수익자가 얻은 목적물을 처분하거나 멸실된 때에는 악의가 아닌 한 매매대금과 처분할 때의 객관적 가격이 기준이 된다. 따라서 수익자가 법률상 원인 없이 얻은 부당이득에 자기의 특수한 재능을 가하여 그 가액을 증대시킨 경우, 그 증대된 가액은 손실자에게 반환하지 아니하고 수익자가 취득할 수 있다(대판 2006.9.8, 2006다26328,26335). 주의할 것은 ① 부당이득반환의 경우 수익자가 반환해야 할 이득의 범위는 손실자가 입은 손해의 범위에 한정되고, 여기서 손실자의 손해는 사회통념상 손실자가 해당 재산으로부터 통상 수익할 수 있을 것으로 예상되는 이익 상당이라 할 것이며, 부당이득한 재산에 수익자의 행위가 개입되어 얻어진 운용이익의 경우, 그것이 사회통념상 수익자의 행위가 개입되지 아니하였더라도 부당이득된 재산으로부터 손실자가 통상 취득하였으리라고 생각되는 범위 내에서는 반환해야 할 이득의 범위에 포함된다는 점이다. 따라서 매매계약이 무효인 경우, 매도인이 매매대금으로 받은 금전을 정기예금에 예치하여 얻은 이자는 반환해야 할 부당이득의 범위에 포함된다(대판 2008.1.18, 2005다34711). ② 일반적으로 수익자가 법률상 원인 없이 이득한 재산을 처분함으로 인하여 원물반환이 불가능한 경우, 반환하여야 할 가액은 특별한 사정이 없는 한 그 처분 당시의 대가이며, 이 경우에 수익자가 그 법률상 원인 없는 이익을 얻기 위하여 지출한 비용은 수익자가 반환하여야 할 이득의 범위에서 공제되어야 한다(대판 1995.5.12, 94다25551).

판 례

(ㄱ) 부동산을 점유·사용함으로써 받은 이익은 특별한 사정이 없는 한 임료 상당액이라 할 것이므로, 매수인이 부동산을 인도받아 그 용도대로 사용한 경우, 매수인은 임료 상당의 이익을 받았다고 할 것이고, 가사 그 부동산을 사용하여 영위한 영업이 전체적으로 적자였다고 하더라도 사용으로 인한 이익 자체를 부정할 수는 없다(대판 1997.12.9, 96다47586).

(ㄴ) 토지거래허가를 받지 아니하여 유동적 무효 상태에 있던 매매계약이 확정적으로 무효가 된 상태에서 당사자들이 이미 지급한 매매대금의 반환에 관하여 민법상의 부당이득반환과는 다른 내용의 계약을 하는 경우,

그것은 무효가 된 계약과는 별개의 계약으로 유효한 것이므로, 무효가 된 계약에 의하여 이미 지급된 매매대금 중 반환할 금액의 범위 등은 당사자 사이의 새로운 계약내용에 따라야 한다(대판 1996.11.22, 96다31703).

(ㄷ) 부동산경매절차에서 부동산을 매수하려는 사람이 다른 사람과의 명의신탁약정 아래 그 사람의 명의로 매각허가결정을 받아 자신의 부담으로 매수대금을 완납한 경우, 경매목적 부동산의 소유권은 매수대금의 부담 여부와는 관계없이 그 명의인이 취득하게 되고, 매수대금을 부담한 명의신탁자와 명의를 빌려 준 명의수탁자 사이의 명의신탁약정은 부동산실명법 제4조 1항에 의하여 무효이므로, 명의신탁자는 명의수탁자에 대하여 그 부동산 자체의 반환을 구할 수는 없고 명의수탁자에게 제공한 매수대금에 상당하는 금액의 부당이득반환청구권을 가질 뿐이다(대판 2009.9.10, 2006다73102).

(ㄹ) 집행권원에 기한 금전채권에 대한 강제집행의 일환으로 채권압류 및 전부명령이 확정된 후 그 집행권원상의 집행채권이 소멸한 것으로 판명된 경우에는 그 소멸한 부분에 관하여는 집행채권자가 집행채무자에 대한 관계에서 부당이득을 한 셈이 되므로, 집행채권자는 그가 위 전부명령에 따라 전부받은 채권 중 실제로 추심한 금전 부분에 관하여는 그 상당액을, 추심하지 아니한 부분에 관하여는 그 채권 자체를 집행채무자에게 양도하는 방법으로 반환하여야 한다(대판 2010.12.23, 2009다37725).

(ㅁ) 타인의 토지를 권원 없이 점유하고 있는 자가 그 토지의 소유자에게 반환하여야 할 부당이득액을 산정하기 위한 토지의 기초가격은 점유자가 점유를 개시할 당시의 현실적 이용상태를 기준으로 평가되어야 하는 것이다(대판 2006.5.12, 2005다31736).

(ㅂ) 일반적으로 타인의 토지를 법률상 권원 없이 점유·사용함으로 인하여 수익자가 얻는 이득은 특별한 사정이 없는 한 그 토지의 임료 상당액이라 할 것이고, 구체적인 점유·사용의 일환으로 수익자가 토지에 나무를 식재한 후 이를 처분하였다고 하더라도 그 처분대금 중에는 수익자의 노력과 비용이 포함되어 있을 뿐만 아니라, 이를 제외한 나머지 대금 상당액이 임료 상당의 부당이득과 서로 별개의 이득이라고 보기는 어렵다고 할 것이므로, 수익자가 임료 상당액과는 별도로 그 처분대금을 부당이득으로 반환해야 하는 것은 아니라고 할 것이다(대판 2006.12.22, 2006다56367).

(ㅅ) 수익자가 법률상 원인 없이 이득한 재산을 처분함으로 인하여 원물반환이 불가능한 경우에 반환하여야 할 가액을 산정할 때에는 법률상 원인 없는 이익을 얻기 위하여 지출한 비용은 수익자가 반환하여야 할 이득의 범위에서 공제되어야 할 것이나, 타인 소유의 부동산을 처분하여 매각대금을 수령한 경우, 수익자는 그러한 처분행위가 없었다면 부동산 자체를 반환하였어야 할 지위에 있던 사람이므로 자신의 처분행위로 인하여 발생한 양도소득세 기타 비용은 수익자가 이익 취득과 관련하여 지출한 비용에 해당한다고 할 수 없어 이를 반환하여야 할 이득에서 공제할 것은 아니다(대판 2011.6.10, 2010다40239).

Ⅲ. 부당이득의 반환범위

1. 수익자의 반환범위

(1) 수익자가 선의인 경우—현존이익

(가) 현존이익의 반환

1) 선의의 수익자는 법률상 원인 없이 취득한 이익이 '현존하는 한도에서' 반환하면 된다(제748조 1항). 여기서 법률상 원인이 없다는 사실을 '알지 못한 것'에 대한 수익자의 과실유무를 묻지 않는다. 현존이익은 선의의 수익자가 이익을 얻은 결과 적극적으로 증대된 재산 및 재산의 감소를 면한 결과 얻은 소극적인 재산적 이익으로서 수익자에게 남아 있는 것을 말한다.

따라서 금전을 이득하여 타인에게 빌려주거나 은행에 예금하거나 생활비에 쓴 경우에 이득은 현존하는 것이 된다.

2) 제748조 1항이 선의의 수익자에게 현존이익의 한도에서 반환하도록 한 이유는, 선의의 수익자가 스스로 권리자라고 믿고 행동한 결과를 어느 정도 인정해 주고자 하는 신뢰보호사상에 기인한 것이다(이은영, 699면). 다시 말하면 선의의 수익자가 법률상 원인이 있다고 믿고 수익한 이익이 일부 또는 전부 멸실되거나 상실된 경우, 부당이득 이상의 불이익을 줄 수 없다는 취지이다. 따라서 수익자가 법률상 원인 없이 이익을 취득했다는 사실을 알게 된 이후에 이익이 소멸한 때에는 수익자의 반환범위를 감소시킬 이유가 없게 된다.

판 례

(ㄱ) 부당이득의 수익자가 선의이냐 악의이냐 하는 문제는 오로지 법률상 원인 없는 이득임을 알았는지의 여부에 따라 결정되는 것이므로, 매매계약이 매도인의 기망행위를 이유로 하여 취소된 것이라고 하더라도 그 사유를 들어 매수인의 수익자로서의 악의성을 부정할 수 없으며 또 매수인의 가액반환의무가 그와 대가관계에 있는 매도인의 매매대금반환채무와 서로 동시이행관계에 있다고 하여 이를 달리 볼 것도 아니다(대판 1993.2.26, 92다48635,48642).

(ㄴ) 매매계약이 무효인 때의 매도인의 매매대금 반환의무는 성질상 부당이득 반환의무로서 그 반환 범위에 관하여는 제748조가 적용된다 할 것이고, 명문의 규정이 없는 이상 그에 관한 특칙인 제548조 제2항이 당연히 유추적용 또는 준용된다고 할 수 없다(대판 1997.9.26, 96다54997).

(나) 현존이익의 결정시기

이익의 현존을 어느 때를 기준으로 하여 결정할 것인가에 대하여, ① 수익자에 대하여 손실자가 부당이득반환을 청구한 때를 기준으로 하는 견해(이태재, 427면; 김기선, 361면), ② 소의 제기가 있는 때에는 그 제소시를 표준으로 하여야 하지만, 소의 제기가 없는 때에는 반환할 때를 표준으로 하여야 한다는 견해(곽윤직, 371면), ③ 선의의 수익자라 하더라도 이득취득이 법률상 원인이 없다는 것을 안 때에는 그때부터 악의의 수익자로서 책임을 져야 한다는 견해(김상용, 597면)가 있다. 생각건대 제749조는 수익자가 이익을 받은 후 법률상 원인 없음을 안 때부터, 수익자가 패소한 때에는 그 소를 제기한 때부터 악의의 수익자로 보고 있으므로 악의의 수익자와 구별되어지는 때를 기준으로 하여 현존이익을 결정하여야 할 것이다.

(다) 현존이익의 추정

학설은 선의의 수익자가 받은 이익은 현존하는 것으로 추정되므로, 받은 이익이 현존하지 아니한다는 사실을 선의의 수익자가 증명하여야 한다고 한다(곽윤직, 375면; 김상용, 602면; 이은영, 700면). 판례는 수익자가 취득한 것이 금전상의 이득인 때에는 그 금전은 이를 취득한 자가 소비하였는지 여부를 불문하고 현존하는 것으로 추정되나, 수익자가 급부자의 지시나 급부자와의 합의에 따라 그 금전을 사용하거나 지출하는 등의 사정이 있다면 위 추정은 번복될 수 있다(대판 2022.10.14, 2018다244488).

생각건대 부당이득제도의 취지에 비추어 수익자가 현존이익이 없음을 증명하는 것이 공평·타당할 것이다.

판 례

(ㄱ) 법률상 원인 없이 타인의 재산 또는 노무로 이익을 얻고 그로 인하여 타인에게 손해를 가한 경우, 그 취득한 것이 금전상의 이득인 때에는 그 금전은 이를 취득한 자가 소비하였는가의 여부를 불문하고 현존하는 것으로 추정되고, 그 취득한 것이 성질상 계속적으로 반복하여 거래되는 물품으로서 곧바로 판매되어 환가될 수 있는 금전과 유사한 대체물인 경우에도 마찬가지다(대판 2009.5.28, 2007다20440,20457).

(ㄴ) 미성년자가 신용카드발행인과 사이에 신용카드 이용계약을 체결하여 신용카드거래를 하다가 신용카드 이용계약을 취소하는 경우 미성년자는 그 행위로 인하여 받은 이익이 현존하는 한도에서 상환할 책임이 있는바, 신용카드 이용계약이 취소됨에도 불구하고 신용카드회원과 해당 가맹점 사이에 체결된 개별적인 매매계약은 특별한 사정이 없는 한 신용카드 이용계약취소와 무관하게 유효하게 존속한다 할 것이고, 신용카드발행인이 가맹점들에 대하여 그 신용카드사용대금을 지급한 것은 신용카드 이용계약과는 별개로 신용카드발행인과 가맹점 사이에 체결된 가맹점 계약에 따른 것으로서 유효하므로, 신용카드발행인의 가맹점에 대한 신용카드이용대금의 지급으로써 신용카드회원은 자신의 가맹점에 대한 매매대금 지급채무를 법률상 원인 없이 면제받는 이익을 얻었으며, 이러한 이익은 금전상의 이득으로서 특별한 사정이 없는 한 현존하는 것으로 추정된다(대판 2005.4.15, 2003다60297,60303).

(2) 수익자가 악의인 경우

수익자가 이익을 받은 후 법률상 원인 없음을 안 때에는 그때부터 악의의 수익자로서 이익반환의 책임이 있으며(제749조 1항), 선의의 수익자가 패소한 때에는 그 소를 제기한 때부터 악의의 수익자로 된다(제749조 2항). 가령 매매계약이 매도인의 기망행위를 이유로 취소된 경우에는 매수인은 취소된 시점 이후부터 악의로 된다(대판 1993.2.26, 92다48635,48642). 이러한 악의의 수익자는 받은 이익에 이자를 붙여서 반환하고, 손해가 있으면 그 손해까지 배상하여야 한다(제748조 2항). 다시 말하면 악의의 수익자는 현존이익 여부를 묻지 않고 수익 당시의 그 전액을 반환하여야 하고, 또한 법정이자(제379조)를 가산하여야 한다. 그 밖에 손해가 있으면 그 손해도 아울러 배상하여야 한다. 예컨대 출자의무 불이행으로 제명 통보를 받은 상태에서 동업약정상의 분양대금을 수령한 조합원은 악의의 수익자로서 그 이익의 현존 여부와 관계없이 그 받은 이익에 이자를 붙여 반환하여야 한다(대판 1997.7.25, 96다29816). 물론 부당이득반환청구소송에서 패소한 선의의 수익자는 소 제기일 이전에는 부당이득에 대한 법정이자를 반환할 의무가 없다(대판 2008.6.26, 2008다19966).

판 례

(ㄱ) 제749조 2항의 '그 소'라 함은 부당이득을 이유로 그 반환을 구하는 소를 가리키지만, 한편 제197조 2항에 의하여 토지소유권이전등기의 말소청구소송의 패소자는 승소자가 위 소송을 제기한 때부터 토지에 대한 악의의 점유자로 간주된다(대판 1987.1.20, 86다카1372). 참고로 제197조 2항의 '본권에 관한 소'에는 소유권에 의하여 점유물의 인도나 명도를 구하는 소송은 물론 부당점유자를 상대로 점유로 인한 부당이득의 반환을 구하는 소송도 포함된다(대판 2002.11.22, 2001다6213).

(ㄴ) 부당이득반환의무자가 악의의 수익자라는 점에 대하여는 이를 주장하는 측에서 증명책임을 진다. 여기서 '악의'라고 함은, 제749조 2항에서 악의로 의제되는 경우 등은 별론으로 하고, 자신의 이익 보유가 법률상 원인 없는 것임을 인식하는 것을 말하고, 그 이익의 보유를 법률상 원인이 없는 것이 되도록 하는 사정, 즉 부당이득반환의무의 발생요건에 해당하는 사실이 있음을 인식하는 것만으로는 부족하다. 따라서 계약명의신탁에서 명의수탁자가 수령한 매수자금이 명의신탁약정에 의하여 지급되었다는 사실을 알았다고 하여도 그 명의신탁약정이 부동산 실권리자명의 등기에 관한 법률 제4조 1항에 의하여 무효임을 알았다는 등의 사정이 부가되지 않는 한 명의수탁자가 그 금전의 보유에 관하여 법률상 원인 없음을 알았다고 쉽사리 말할 수 없다(대판 2010.1.28, 2009다24187,24194).

(ㄷ) 선의의 점유자는 점유물의 과실을 취득하고(민법 제201조 1항), 점유자는 선의로 점유한 것으로 추정되지만(제197조 1항), 선의의 점유자라도 본권에 관한 소에서 패소한 때에는 그 소가 제기된 때부터 악의의 점유자로 본다(제197조 2항). 같은 취지에서 선의의 수익자가 패소한 때에는 그 소를 제기한 때부터 악의의 수익자로 간주되고(제749조 2항), 악의의 수익자는 그 받은 이익에 이자를 붙여 반환하고 손해가 있으면 이를 배상하여야 한다(제748조 2항). 여기에서 '패소한 때'란 점유자 또는 수익자가 종국판결에 의하여 패소 확정되는 것을 뜻하지만, 이는 악의의 점유자 또는 수익자로 보는 효과가 그때 발생한다는 것뿐이고 점유자 등의 패소판결이 확정되기 전에는 이를 전제로 하는 청구를 하지 못한다는 의미가 아니다. 그러므로 소유자가 점유자 등을 상대로 물건의 반환과 아울러 권원 없는 사용으로 얻은 이익의 반환을 청구하면서 물건의 반환 청구가 인용될 것을 전제로 하여 그에 관한 소송이 계속된 때 이후의 기간에 대한 사용이익의 반환을 청구하는 것은 허용된다(대판 2016.7.29, 2016다220044).

(ㄹ) 계약무효의 경우 각 당사자가 상대방에 대하여 부담하는 반환의무는 성질상 부당이득반환의무로서 악의의 수익자는 그 받은 이익에 법정이자를 붙여 반환하여야 하므로(제748조 2항), 매매계약이 무효로 되는 때에는 매도인이 악의의 수익자인 경우 특별한 사정이 없는 한 매도인은 반환할 매매대금에 대하여 민법이 정한 연 5%의 법정이율에 의한 이자를 붙여 반환하여야 한다. 위와 같은 법정이자의 지급은 부당이득반환의 성질을 가지는 것이지 반환의무의 이행지체로 인한 손해배상이 아니므로, 매도인의 매매대금 반환의무와 매수인의 소유권이전등기 말소등기절차 이행의무가 동시이행의 관계에 있는지 여부와는 관계가 없다(대판 2017.3.9, 2016다47478).

(3) 제748조와 제201조의 관계

1) 자신의 소유권에 기한 물권적 반환청구권(제213조)을 행사함으로써 목적물을 반환받을 수 있다. 이때 목적물을 점유하여 사용·수익한 경우, 수익자에게 '점유의 부당이득'이 발생한다는 점에서, 법률상 원인 없이 수익자가 목적물을 점유하고 손실자에게 본권이 있는 때는 수익자와 손실자 사이에 부당이득반환관계뿐만 아니라 점유자와 회복자 사이의 법률관계도 성립하게 된다.

한편 소유권이 수익자에게 이전된 경우(물권행위가 유효한 때), 손실자는 부당이득반환청구권에 의해서만 자신의 목적물을 반환받을 수 있게 된다. 그러나 제748조에 의하면 선의의 수익자는 현존이익을 반환하여야 하지만, 제201조에 의하면 선의의 점유자는 점유물의 과실을 취득한다. 그러므로 소유권이 수익자에게 이전된 때에, 물권적 반환청구권에 관한 규정을 적용할 때(제201조)보다 수익자의 반환범위가 넓어지게 됨으로써, 소유권을 취득한 수익자가 소유권을 취득하지 못한 수익자보다 불리한 반환의무를 부담하게 되는 문제가 발생하게 된다.

2) 원물에 의한 부당이득의 반환에 관하여, 제748조가 적용되는지 아니면 제201조 내지

제203조가 적용되는지에 대하여 학설이 나누어져 있다. 즉 ① 원물반환이라는 동일내용을 부당이득반환청구권에 의하여 반환청구를 하느냐, 물권적 청구권에 의하여 반환청구를 하느냐에 따라서 수익자의 반환범위에 차이가 있다는 것은 모순이며, 또한 물권행위의 무인론에 의하여 본권까지 취득한 수익자의 반환범위가 물권행위의 유인론에 의하여 본권을 취득하지 못한 수익자의 반환범위보다 크다는 것은 모순이므로, 원물반환의 범위에 관하여는 부당이득반환범위에 관한 제748조의 특별규정인 제201조 내지 제203조가 적용된다는 견해(곽윤직, 374면; 김상용, 596면), ② 제201조-제203조와 급부부당이득이 경합한 때에는 제748조가 적용되고, 침해부당이득과 경합할 때에는 제201조 내지 제203조가 적용된다는 견해가 있다(이은영, 698면).

판례는 "타인 소유물을 권원 없이 점유함으로써 얻은 사용이익을 반환하는 경우, 민법은 선의 점유자를 보호하기 위하여 제201조 1항을 두어 선의 점유자에게 과실수취권을 인정함에 대하여, 이러한 보호의 필요성이 없는 악의 점유자에 관하여는 제201조 2항을 두어 과실수취권이 인정되지 않는다. 따라서 악의 수익자가 반환하여야 할 범위는 제748조 2항에 따라 정하여지는 결과 그는 받은 이익에 이자를 붙여 반환하여야 하며, 이자의 이행지체로 인한 지연손해금도 지급하여야 한다"고 한다(대판 2003.11.14, 2001다61869). 즉 ① 선의 점유자의 경우에는 제201조 1항이 명시적으로 과실수취권을 인정하므로, 이 한도에서는 제748조가 적용되지 않는다. 반면에 ② 악의 점유자는 과실을 반환하여야 한다고만 규정한 제201조 2항이, 제748조 2항에 의한 악의 수익자의 이자지급의무까지 배제하는 취지는 아니기 때문에, 악의 수익자의 부당이득금 반환범위에 있어서 제201조 2항이 제748조 2항의 특칙이라거나 우선적으로 적용되는 관계를 이루는 것은 아니라고 한다.

판 례

(ㄱ) 제201조 1항에 의하면 선의의 점유자는 점유물의 과실을 취득한다고 규정하고 있고, 토지를 점유·경작하므로 얻는 이익은 그 토지로 인한 과실에 준하는 것이니, 비록 법률상 원인 없이 타인의 토지를 점유경작함으로써 타인에게 손해를 입혔다고 할지라도 선의의 점유자는 그 점유·경작으로 인한 이득을 그 타인에게 반환할 의무는 없다(대판 1981.9.22, 81다233; 대판 1996.1.26, 95다44290).

(ㄴ) 쌍무계약이 취소된 경우 선의의 매수인에게 민법 제201조가 적용되어 과실취득권이 인정되는 이상 선의의 매도인에게도 제587조의 유추적용에 의하여 대금의 운용이익 내지 법정이자의 반환을 부정함이 형평에 맞다(대판 1993.5.14, 92다45025).

2. 악의전득자의 반환책임

수익자가 무자력인 경우에 손실자를 보호하기 위해 민법은 특별규정을 두고 있다. 즉 수익자가 그 이익을 반환할 수 없는 경우에는 수익자로부터 '무상'으로 그 이익의 목적물을 양수한 '악의의 제3자'는 원물을 반환할 수 있으면 원물을, 그것이 불가능하면 그 가액을 반환할 책임을 진다(제747조 2항). 악의의 전득자에 대한 손실자의 반환청구가 인정되는 경우는, 수익자가 받은 이익이 원물이든 가액이든 반환할 수 없는 때에 한하며, 수익자의 악의는 묻지 않는다(이은영, 702면). 예컨대 수익자의 무자력, 소재불명의 경우, 선의의 수익자가 현존이익을 남김 없이 소비·처분·멸실한 경우 등이 이에 해당한다.

3. 제한능력자의 반환범위

(1) 취소된 법률행위는 소급적으로 무효이므로, 그 행위로 인해 생긴 채무는 이행할 필요가 없고, 이미 이행하였던 부분에 대하여는 부당이득반환청구권이 생긴다. 그런데 민법은 제한능력자를 보호하기 위하여, 제한행위능력을 이유로 법률행위를 취소한 경우에 제한능력자는 선의·악의를 묻지 않고 '현존이익의 한도'로 반환하면 된다고 규정하고 있다(제141조 단서). 주의할 것은 제한행위능력을 이유로 법률행위를 취소한 경우에 이행된 부분에 대한 반환청구권의 근거는 제741조이지만, 반환범위는 제748조가 아니라 제141조 단서에 의하여 결정된다는 점이다. 여기서 '받은 이익이 현존하는 한도'라 함은 취소되는 행위로 인하여 사실상 이익이 그대로 있거나 또는 그것이 변형하여 잔존하고 있는 한 그것만을 반환하면 된다는 것을 의미한다.

(2) 현존이익에 관한 증명책임은 제한능력자가 부담한다(통설). 또한 판례는 의사무능력으로 법률행위가 무효로 되는 경우에 제141조 단서를 유추적용하며, 이익이 현존하지 아니함은 이를 주장하는 자, 즉 의사무능력자 측에 증명책임이 있다고 한다(대판 2009.1.15, 2008다58367).

제5장 ‖ 불법행위

제 1 절 일반불법행위

Ⅰ. 서 설

1. 의 의

불법행위라 함은 고의 또는 과실로 타인에게 손해를 주는 위법행위를 말한다. 민법 제750조는 불법행위를 한 자에게 일정한 요건 아래서 그 행위로 인하여 발생한 손해를 배상하도록 책임을 부과시키고 있으므로, 불법행위는 법정채권관계의 발생원인이다. 불법행위에 관하여 우리 민법은 일반불법행위에 관한 규정(제750조)과 특수불법행위에 관한 규정(제755조-제760조)을 두고 있으며, 특별법으로 각종 불법행위의 유형을 규율하고 있다. 그러므로 불법행위로 인한 손해배상책임이 문제되는 경우, 특별법에 의해 구제받을 수 있는지를 먼저 살펴보고(특별법 우선의 원칙), 특별법이 존재하지 않은 경우에 특수불법행위·일반불법행위의 성립요건을 검토하여야 한다(특별규정 우선의 원칙). 다만 이하에서는 불법행위책임의 이해를 위해 일반불법행위·민법상의 특수불법행위·특별법상의 불법행위책임 순으로 살펴보기로 한다.

2. 불법행위책임과 다른 책임과의 관계

(1) 불법행위책임과 형사책임

불법행위가 되는 행위 가운데에는 동시에 형사책임도 생기는 것이 적지 않다(예: 살인·상해·사기 등). 그러나 민사책임으로서 불법행위책임은 발생된 손해를 가해자로 하여금 배상하게 함으로써 피해자를 구제(손해전보)하는 것을 목적으로 하는 데 반해, 형사책임은 국가가 범죄자를 처벌함으로써 범죄를 억제하고 가해자에 대한 제재에 그 목적이 있다. 그러므로 형사책임에서는 형위자의 주관적 사정을 중시하여 원칙적으로 고의범만을 처벌하며, 행위자의 악성에 착안하여 미수범도 처벌한다. 그러나 민사책임은 피해자의 손해전보가 목적이기 때문에 가해자의 고의·과실을 동가치적으로 다루며, 미수는 문제되지 않는다.

판 례

불법행위에 따른 형사책임은 사회의 법질서를 위반한 행위에 대한 책임을 묻는 것으로서 행위자에 대한 공적인 제재(형벌)를 그 내용으로 함에 비하여, 민사책임은 타인의 법익을 침해한 데 대하여 행위자의 개인적 책임을 묻는 것으로서 피해자에게 발생한 손해의 전보를 그 내용으로 하는 것이고, 손해배상제도는 손해의 공평·타당한 부담을 그 지도원리로 하는 것이므로, 형사상 범죄를 구성하지 않는 침해행위라고 하더라도 그것이 민사상 불법행위를 구성하는지 여부는 형사책임과 별개의 관점에서 검토하여야 한다(대판 2008.2.1, 2006다6713).

(2) 계약책임과 불법행위책임에 의한 손해배상청구권

불법행위는 위법행위라는 점에서 채무불이행과 그 성질이 같다. 그러나 채무불이행책임이 당사자 사이의 특별결합관계를 전제로 하는 반면에 불법행위책임은 불특정 다수인 사이에서 문제되는 일반적인 책임이라는 점에서 차이가 있다.

(가) 불법행위책임과 채무불이행책임의 경합

예컨대 철도의 승객이나 화물이 열차사고로 피해를 입은 경우 또는 임차인의 실화로 임차목적물이 소실된 경우와 같이 어떤 1개의 사실이 채무불이행에 의한 손해배상청구권과 불법행위에 의한 손해배상청구권에 필요한 요건을 동시에 갖추는 경우에 양자는 경합하는지가 문제이다.

1) 청구권경합설

이 견해는 불법행위책임과 채무불이행책임은 각각 독립한 책임이므로, 불법행위로 인한 손해배상청구권과 채무불이행으로 인한 손해배상청구권의 경합을 인정한다(대판 1989.4.11, 88다카11428; 곽윤직, 385면; 김상용, 632면; 지원림, 5-267; 백태승, 민법총칙, 83면). 청구권경합설에 의하면 채권자(피해자)는 불법행위로 인한 손해배상청구권과 채무불이행으로 인한 손해배상청구권을 선택적으로 행사할 수 있다.

2) 법조경합설

불법행위와 채무불이행은 일반법과 특별법의 관계에 있으므로, 비록 양 청구권이 경합하는 듯 하지만, 실제로 특별법인 채무불이행으로 인한 손해배상청구권만을 행사할 수 있다고 한다(김증한/김학동, 775면).

3) 청구권규범경합설

이 견해는 소송물을 일정한 급부를 청구할 수 있는 법률상 지위로 이해하는 신소송물론에 따라 손해배상청구권은 하나이며, 다만 그 손해배상청구권의 기초가 되는 규범이 경합할 뿐이라고 한다(김형배, 채권총론, 208면 이하).

4) 소 결

채무불이행책임과 불법행위책임은 각각 요건과 효과를 달리하는 별개의 법률관계에서 발성하므로 하나의 행위가 각각 요건을 충족하는 경우에 두 개의 손해배상청구권이 경합하여 발성하는 것은 당연하며, 또한 채권자 내지 피해자 보호측면에서 청구권경합설이 타당할 것이다.

(나) 불법행위책임과 채무불이행책임의 차이

불법행위책임과 채무불이행책임은 과실의 증명책임(즉 채무불이행: 채무자가 자기에게 귀책사유 없음을 증명, 불법행위: 피해자가 가해자의 고의·과실을 증명)·채무의 연대성(제760조)·소멸시효(제766조, 제162조 1항)·상계의 가부(제496조) 등에서 차이가 있지만, 손해배상의 범위와 과실상계에서는 공통된다(제763조).

판 례

(ㄱ) 운송계약상의 채무불이행책임이나 불법행위로 인한 손해배상책임은 병존하고, 운송계약상의 면책특약은 일반적으로 이를 불법행위책임에도 적용하기로 하는 명시적 또는 묵시적 합의가 없는 한 당연히 불법행위책임에 적용되지 않는다(대판 1999.7.13, 99다8711; 대판 2004.7.22, 2001다58269).

(ㄴ) 채무불이행으로 인한 손해배상청구권에 대한 소멸시효 항변이 불법행위로 인한 손해배상청구권에 대한 소멸시효 항변을 포함한 것으로 볼 수는 없다(대판 1998.5.29, 96다51110).

(ㄷ) 사용자가 복직의무를 이행하지 아니한 것이 채무불이행 또는 불법행위를 구성하는 경우, 근로자가 사용자의 복직의무 불이행과 관계없이 근로계약에 기한 임금청구권을 가진다고 할지라도, 위와 같은 사용자의 채무불이행 또는 불법행위로 인한 손해배상청구권은 실체법상 근로계약에 기한 임금청구권과 별개의 청구권으로 존재하고 소송법적으로도 소송물을 달리하므로, 근로자로서는 근로계약에 기한 임금채권을 가지고 있다 하더라도 아직 채권의 만족을 얻지 못한 경우에는 채무불이행 또는 불법행위로 인한 손해배상청구권에 관한 이행판결을 얻기 위하여 그에 관한 이행의 소를 제기할 수 있다. 그리고 근로자가 먼저 해고무효 확인과 함께 해고가 무효일 경우 근로계약에 기한 임금을 청구하는 소를 제기하여 임금의 지급을 명하는 확정판결을 받았다고 하더라도 그 승소액을 넘는 금액에 대하여 채무불이행 또는 불법행위로 인한 손해배상청구권의 행사가 허용되지 않는 것도 아니다(대판 2014.1.16, 2013다69385).

(3) 불법행위책임과 부당이득반환책임

부당이득반환청구권과 불법행위로 인한 손해배상청구권은 서로 실체법상 별개의 청구권으로 존재하고 그 각 청구권에 기초하여 이행을 구하는 소는 소송법적으로도 소송물을 달리한다. 따라서 채권자는 어느 하나의 청구권에 관한 소를 제기하여 승소 확정판결을 받았더라도 아직 채권의 만족을 얻지 못한 경우에는 다른 나머지 청구권에 관한 이행판결을 얻기 위하여 그에 관한 이행의 소를 제기할 수 있다. 채권자가 먼저 부당이득반환청구의 소를 제기하였다면 손해 전부에 대하여 승소판결을 받았을 것인데, 우연히 손해배상청구의 소를 먼저 제기하는 바람에 과실상계 또는 공평의 원칙에 기한 책임제한 등의 법리에 따라 그 승소액이 제한되었더라도 손해배상소송에서 인정되지 않은 나머지 금액에 대해 부당이득반환청구를 하는 것은 허용된다(대판 2013.9.13, 2013다45457).

Ⅱ. 일반불법행위의 성립요건

불법행위가 성립하기 위해서는 ① 고의 또는 과실로 인한 가해행위이어야 하고, ② 가해행위가 위법하여야 하며, ③ 가해자에게 책임능력이 있어야 하고, ④ 가해행위로 인하여 피해자에게 손해가 발생하여야 한다(제750조, 제753조, 제754조).

1. 고의 또는 과실로 인한 가해행위일 것

(1) 자기행위에 의한 가해행위

(가) 자기책임의 원칙

과실책임의 원칙에 따라 가해자는 자신의 고의·과실에 의한 행위에 대해서만 책임을 지고 타인의 행위에 대해서는 책임을 지지 않는다. 이런 의미에서 과실책임의 원칙을 자기책임의 원칙이라고도 한다. 다만 사용자책임(제756조)이나 감독자의 책임(제755조)의 경우, 타인의 행위로 인하여 발생한 손해를 배상하여야 하는데, 이는 사용자 또는 감독자가 그의 감독 아래 있는 피용자 또는 피감독자에 대한 선임 및 감독의무, 또는 감독의무를 다하지 못한 자기의 과실에 대한 책임이다.

(나) 행위의 의미

불법행위가 성립하려면 행위, 즉 의식 있는 거동이나 동작이 있어야 한다. 따라서 무의식 중인 동작이나 저항할 수 없는 힘에 의해 강제된 행동은 여기의 행위가 아니다. 행위는 작위뿐만 아니라 부작위도 포함된다. 다만 부작위가 불법행위로 되는 것은 적극적 행위를 할 의무(작위의무)가 있는 경우에 한한다. 작위의무 없는 자가 적극적 행위를 하지 않는 것은 일반적으로 위법성이 없기 때문이다(대판 2009.4.16, 2008다53812).

판 례

부작위로 인한 불법행위가 성립하려면 작위의무가 전제되어야 하지만, 작위의무가 객관적으로 인정되는 이상 의무자가 의무의 존재를 인식하지 못하였더라도 불법행위 성립에는 영향이 없다. 이는 고지의무 위반에 의하여 불법행위가 성립하는 경우에도 마찬가지이므로 당사자의 부주의 또는 착오 등으로 고지의무가 있다는 것을 인식하지 못하였다고 하여 위법성이 부정될 수 있는 것은 아니다(대판 2012.4.26, 2010다8709).

(다) 자기행위인지가 문제되는 경우

① 타인의 행위를 하나의 수단으로 이용하는 경우(예: 甲이 책임무능력자 乙을 시켜 丙의 물건을 훔치게 한 경우)에는 이용한 자의 불법행위가 성립한다. ② 어떤 자가 채권 없이 가압류나 가처분을 한 경우, 그에게 고의나 과실이 있으면 그것은 자신의 행위가 된다. 즉 참칭채권자가 국가기관을 통하여 가해행위를 한 것이므로, 채무자에 대하여 불법행위책임이 성립한다(대판 1995.4.14, 94다6529). ③ 법인은 대표기관이

그 직무에 관하여 타인에게 입힌 손해에 대해 배상책임을 지는데(제35조), 이것은 법인 자신의 행위에 대한 책임이다.

(2) 고의 또는 과실

(가) 고 의

1) 고의란 자기행위로 인하여 타인에게 손해가 발생할 것임을 알고도 그것을 의욕하는 심리상태를 말한다. 여기에는 '확정적 고의'는 물론 결과가 발생할지도 모른다고 인식하면서도 이를 무릅쓰고 행위하는 '미필적 고의'도 포함된다(대판 1991.3.8, 90다16771; 대판 2001.3.9, 2000다67020). 제3자의 채권침해로 인한 불법행위가 성립하기 위해서는 채권에 공시방법이 없어서 제3자가 그 존재를 인식하기 어렵기 때문에, 원칙적으로 제3자에게 고의가 있어야 한다. 따라서 채무자가 제3자로부터 대여받아 보관하고 있는 물건임을 알면서 채무자로부터 담보의 의미로 제공받아 이를 보관·은닉한 채권자의 행위는 제3자에 대하여 불법행위를 구성한다(대판 1993.6.8, 93다14998,15007).

2) 고의의 성립에 가해자에게 자기의 가해행위가 법질서에 반하는 위법행위라는 인식, 즉 위법성 인식이 필요한가에 대하여, 고의의 성립에 위법성의 인식이 필요하다는 고의이론과 위법성의 인식은 고의의 요소가 아니라는 책임성이론이 대립하고 있다. 예컨대 甲이 乙 소유의 물건이라는 사실을 알았지만 착오로 자기에게 사용권한이 있는 것으로 오인하여 乙 소유의 물건을 사용한 경우, 책임성이론에 의하면 甲이 乙 소유의 물건을 사용하려고 의욕하였고 이에 따라 사용하였으므로 고의를 인정한다. 반면에 고의이론에 의하면 객관적으로 위법하지만 甲에게는 의무위반에 대한 인식이 없으므로 과실로 인한 소유권의 침해가 문제로 될 뿐이고, 고의의 성립을 부정한다. 다수설은 위법성인식은 고의의 요소가 아니라 불법행위의 객관적 성립요건의 하나로 보고 있다(곽윤직, 388면; 김상용, 637면; 이은영, 785면). 판례도 불법행위에서 고의는 일정한 결과가 발생하리라는 것을 알면서 감히 이를 행하는 심리상태로서, 객관적으로 위법이라고 평가되는 일정한 결과의 발생이라는 사실의 인식만 있으면 되고 그 외에 그것이 위법한 것으로 평가된다는 것까지 인식하는 것을 필요로 하는 것은 아니라고 하여(대판 2002.7.12, 2001다46440), 불법행위의 고의 요건으로서 위법성 인식은 포함되지 않는다고 한다.

(나) 과 실

과실이란 사회생활상 요구되는 주의의무를 게을리하는 것을 말한다. 즉 과실은 적법한 행위를 의욕하였으나 적법한 행위의 과정에서 주의를 다하지 않은 점에 대하여 행위자의 주관적 비난가능성을 의미한다.

한편 불법행위에서는 추상적 경과실이 원칙이고 구체적 과실이 문제될 여지가 없다. 즉 불법행위의 성립요건으로서의 과실은 추상적 과실만이 문제되는 것이고, 이러한 과실은 사회평균인으로서의 주의의무를 위반한 경우를 가리키며, 여기서의 '사회평균인'이라고 하는 것은 추상적인 일반인을 말하는 것이 아니라 구체적인 사례에서의 보통인을 말한다(대판 2001.1.19, 2000다12532). 즉 위험성이 높은 업무(예: 수술이나 운전 등)의 경우에 그러한 직무에 일반적으로 요구되는 정도의 주의의 결여가 문제된다. 가령 법령에 대한 해석이 복잡, 미묘하여 워낙 어렵고, 이에 대한 학설·판례조차 귀일되어 있지 않는 등의 특별한 사정이 없는 한 일반적으로 공무원이 관계 법규를 알지 못하거나 필요한 지식을 갖추지 못하고 법규의 해석을 그르쳐 행정처분을 하였다면 그가 법률전문가가 아닌 행정직 공무원이라고 하여 과실이 없다고는 할 수 없다(대판 2001.2.9, 98다52988). 반면에 신호대기를 위하여 정지하여 있는 자동차의 운전자는 특별한 사정이 없는 한 뒤에서 오토바이가 진행하여 오는 것을 보았다고 하더라도 그 오토바이도 신호대기를 위하여 정지하리라고 신뢰하면 족한 것이지, 정지하지 아니하고 앞쪽의 신호대기중인 자동차를 피하여 오른쪽으로 진로를 변경하여 갓길을 따라오던 속도 그대로 진행하다가 자동차 전방으로 갑자기 진로를 변경할 것까지 예상하여 진행신호가 들어온 경우에도 출발을 하지 않고 정지하여 오토바이의 동태를 살핀다든가 하는 등의 안전조치를 취할 주의의무는 없다(대판 2003.4.11, 2003다3607,3614). 그리고 공작물 등의 소유자의 책임(제758조)의 경우에는 무과실책임이 인정된다.

판 례

(ㄱ) 무면허로 의료행위를 한 경우라도 그 자체가 의료상의 주의의무 위반행위는 아니라고 할 것이므로 당해 의료행위에 있어 구체적인 의료상의 주의의무 위반이 인정되지 아니한다면 그것만으로 불법행위책임을 부담하지는 아니한다(대판 2002.1.11, 2001다27449).

(ㄴ) 어떠한 행정처분이 위법하다고 할지라도 그 자체만으로 곧바로 그 행정처분이 공무원의 고의 또는 과실로 인한 불법행위를 구성한다고 단정할 수는 없고, 공무원의 고의 또는 과실의 유무에 대하여는 별도의 판단을 요한다고 할 것인바, 그 이유는 행정청이 관계 법령의 해석이 확립되기 전에 어느 한 설을 취하여 업무를 처리한 것이 결과적으로 위법하게 되어 그 법령의 부당집행이라는 결과를 빚었다고 하더라도 처분 당시 그와 같은 처리방법 이상의 것을 성실한 평균적 공무원에게 기대하기 어려웠던 경우라면 특별한 사정이 없는 한 이를 두고 공무원의 과실로 인한 것이라고 볼 수는 없기 때문이다(대판 2004.6.11, 2002다31018; 대판 1997.7.11, 97다7608).

(다) 고의·과실의 증명책임

채무불이행책임을 면하기 위해서는 채무자가 자기에게 귀책사유(고의·과실)가 없음을 증명하여야 하지만(제390조 단서), 불법행위에서 고의 또는 과실의 증명책임은 원칙적으로 피해자에게 있다. 예컨대 사용자에게 근로자가 입은 신체상의 재해에 대하여 불법행위책임을 지우기 위해서는 사용자에게 당해 근로로 인하여 근로자의 신체상의 재해가 발생할 수 있음을 알았거나 알 수 있었는데도 그 회피를 위한 별다른 안전조치를 취하지 않은 과실이 인정되어야만 하고, 이러한 과실의 존재는 손해배상을 청구하는 근로자에게 그 증명책임이 있다(대판 2006.4.28, 2005다63504). 다만 민법의 규정에 의하여 고의·과실의 증명책임이 가해자에게 전환되기도 하고(제755조-제759조), 환경오염사고·제조물책임·의료사고 등에서는 피해자가 가해행위로 인해 손해가 발생하였음을 증명한 때에는 가해자에게 과실이 있는 것으로 추정하고, 가해자가 과실이 없음을 증명하지 못하면 책임을 지게 된다(대판 1995.12.5, 94다5770; 대판 1995.3.17, 93다41075). 또한 판례에 의하면, 가압류나 가처분 등 보전처분은 법원의 재판에 의하여 집행되는 것이지만, 그 실체상 청구권이 있는지 여부는 본안소송에 맡기고 단지 소명에 의하여 채권자의 책임 아래 하는 것이므로, 그 집행 후에 집행채권자가 본안소송에서 패소 확정되었다면 그 보전처분의 집행으로 인하여 채무자가 입은 손해에 대하여는 특별한 반증이 없는 한 집행채권자에게 고의 또는 과실이 있다고 추정된다고 한다(대판 2002.9.24, 2000다46184; 대판 2002.10.11, 2002다35461).

판 례

(ㄱ) 근저당권에 의하여 담보권의 실행을 위한 경매절차가 진행되던 중, 채무자가 채권자를 상대로 근저당권설정등기의 말소를 구하는 본안소송을 제기하는 한편 이를 근거로 민사집행법 제44조의 청구에 관한 이의의 소에 준하여 같은 법 제46조 2항에 의한 잠정처분으로서 경매절차를 정지하는 가처분을 받아 그에 따라 경매절차가 정지되었다가 그 후 본안소송에서 채무자의 패소판결이 선고·확정되었다면, 그 법률관계는 부당한 보전처분 집행의 경우와 유사하여, 그 잠정처분에 의하여 경매절차가 정지되고 그로 인하여 채권자가 입은 손해에 대하여 특별한 반증이 없는 한 잠정처분을 신청한 채무자에게 고의 또는 과실 있음이 추정되고, 따라서 부당한 경매절차 정지로 인한 손해에 대하여 이를 배상할 책임이 있다(대판 2001.2.23, 98다26484).

(ㄴ) 부당한 경매절차의 정지로 인하여 경매 채권자가 입게 된 손해는, 그 정지된 기간 동안 경매 목적물의 가격에 현저한 등락이 있었다는 등의 특별한 사정이 없는 한, 경매절차가 정지되지 않았더라면 일찍 받았을 배당금의 수령이 지연됨에 따른 손해라 할 것인데, 경매채권자에 대한 배당은 경매절차가 정지된 날부터 본안소송의 패소판결이 확정되어 다시 경매절차가 진행되기 전날까지의 기간에 해당하는 일수만큼 지연된 것으로 봄이 상당하며, 한편 금원의 수령이 지체되어 이를 이용하지 못함으로 인하여 생기는 통상손해는 이용하지 못한 기간 동안의 법정이자 상당액이라 할 것이다(대판 2001.2.23, 98다26484).

(ㄷ) 부당한 보전처분으로 인한 손해배상책임이 성립하기 위하여 일반적인 불법행위의 성립에 있어서 필요한 고의 또는 과실 이외에 오로지 채무자에게 고통을 주기 위하여 보전처분을 하였다는 점까지 필요한 것은 아니다(대판 1999.4.13, 98다52513).

2. 가해행위가 위법할 것

(1) 위 법 성

(가) 일 반

위법성이란 가해행위가 법질서에 반하는 것을 말한다. 즉 '위법하다'는 것은 행위규범의 위반이며, 아울러 거래상 허용되는 것으로 인정되는 정도를 넘어 타인의 법익의 위태화를 실현해서는 안 되며, 또한 이미 실현되었다면 그대로 방치해서는 안 된다는 일반적인 거래명령(Verkehrsgebot)에 대한 객관적 위반을 의미한다. 위법성의 본질에 관하여, ① 결과불법론에 따르면, 보호법익(타인의 생명·신체·건강·자유·소유권 기타의 권리)의 침해라는 결과(손해발생) 자체가 있을 때에 그 행위는 위법성을 지닌다고 한다. 즉 손해결과가 없으면 그 위법성이 없다고 한다(다수설). ② 행위불법론에 따르면, 가해자의 행위가 법규범이 정하고 있는 주의의무에 위반된 경우에 위법성이 인정된다고 한다(이은영, 802면). 따라서 과실로 법익을 침해한 경우에 주의의무 해태가 과실 및 위법성의 인정근거라고 한다.

(나) 위법성 판단기준

위법성은 실정법과 선량한 풍속 기타 사회질서를 기준으로 객관적·실질적으로 판단하여야 한다(통설). 결국 어떤 행위가 위법한지 여부는 그 행위에 의하여 침해된 법익의 성질과 그 침해행위의 모습 사이의 상관적 관계에 의하여 개별적으로 결정된다. 즉 불법행위 성립요건으로서의 위법성은 관련 행위 전체를 일체로만 판단하여 결정하여야 하는 것은 아니고, 문제가 되는 행위마다 개별적·상대적으로 판단하여야 한다(대판 2010.7.15, 2006다84126).

1) 개별적·상대적 판단

(i) 물권이나 인격권과 같은 절대권을 침해하는 행위는 위법한 것으로 평가되지만, 자유경쟁이 허용되는 채권의 침해에서는 그 침해의 모습이 사회질서에 위반되는 경우에만 위법성이 인정된다(대판 2007.5.11, 2004다11162; 대판 2003.3.14, 2000다32437). 즉 채권과 같은 상대권을 침해하는 경우에는 제3자가 채권의 실현을 방해할 적극적인 의도로써 침해행위를 한 경우에만 위법하게 된다(대판 2001.5.8, 99다38699). 또한 초상권 및 사생활의 비밀과 자유에 대한 부당한 침해는 불법행위를 구성하는데, 그 침해는 그것이 공개된 장소에서 이루어졌다거나 민사소송의 증거를 수집할 목적으로 이루어졌다는 사유만으로 정당화되지 않는다(대판 2006.10.13, 2004다16280). 가령 甲회사 등이 乙, 丙의 동의 없이 乙 등의 사생활 영역에 속하는 양가 상견례, 데이트 장면 등을 상세히 묘사하고, 乙 등을 무단으로 촬영한 사진을 함께 싣는 보도를 한 경우, 甲회사 등은 위 보도를 통해 乙 등의 사생활의 비밀과 자유, 乙의 초상권을 침해하였으므로 공동불법행위자로서 乙 등이 입은 정신적 손해를 배상할 의무가 있다. 한편 권리의 보호영역을 침범함으로써 불법행위를 구성한다고 평가된 행위가 위법하지 않는다는 점은 이를 주장하는 사람이 증명하여야 한다(대판 2013.6.27, 2012다31628).

(ii) 어느 시설을 적법하게 가동하거나 공용에 제공하는 경우에도 그로부터 발생하는 유해배출물로 인하여 제3자가 손해를 입은 경우에는 그 위법성을 별도로 판단하여야 하고, 이러한 경우의 판단기준은 그 유해의 정도가 사회생활상 통상의 수인한도를 넘는 것인지 여부이다(대판 2019.11.28, 2016다233538,233545). 건물의 신축으로 인하여 그 이웃 토지상의 거주자가 직사광선이 차단되는 불이익을 받은 경우에 그 신축행위가 정당한 권리행사로서의 범위를 벗어나 사법상 위법한 가해행위로 평가되기 위해서는 그 일조방해의 정도가 사회통념상 일반적으로 인용하는 수인한도를 넘어야 한다(대판 2007.6.28, 2004다54282; 대판 2007.9.7, 2005다72485).

(iii) 어느 토지나 건물의 소유자가 종전부터 향유하고 있던 경관이나 조망이 그에게 하나의 생활이익으로서의 가치를 가지고 있다고 객관적으로 인정된다면 법적인 보호의 대상이 될 수 있다. 조망이익은 원칙적으로 특정의 장소가 그 장소로부터 외부를 조망함에 있어 특별한 가치를 가지고 있고, 그와 같은 조망이익의 향유를 하나의 중요한 목적으로 하여 그 장소에 건물이 건축된 경우와 같이 당해 건물의 소유자나 점유자가 그 건물로부터 향유하는 조망이익이 사회통념상 독자의 이익으로 승인되어야 할 정도로 중요성을 갖는다고 인

정되는 경우에 비로소 법적인 보호의 대상이 되는 것이라고 할 것이고, 그와 같은 정도에 이르지 못하는 조망이익의 경우에는 특별한 사정이 없는 한 법적인 보호의 대상이 될 수 없다(대판 2004.9.13, 2003다64602; 대판 2007.9.7, 2005다72485).

(iv) 사생활과 관련된 사항의 공개가 사생활의 비밀을 침해하는 것으로서 위법하다고 하기 위하여는 적어도 공표된 사항이 일반인의 감수성을 기준으로 하여 그 개인의 입장에 섰을 때 공개되기를 바라지 않을 것에 해당하고 아울러 일반인에게 아직 알려지지 않은 것으로서 그것이 공개됨으로써 그 개인이 불쾌감이나 불안감을 가질 사항 등에 해당하여야 한다(대판 2006.12.22, 2006다15922).

(v) 형사상이나 민사상으로 타인의 명예를 훼손하는 행위를 한 경우, 그것이 공공의 이해에 관한 사항으로서 그 목적이 오로지 공공이익을 위한 것일 때에는 '진실한 사실'이라는 증명이 있으면 그 행위에 위법성이 없으며, 그 증명이 없더라도 행위자가 그것을 진실이라고 믿을 상당한 이유가 있는 때에는 위법성이 없다(대판 2006.5.12, 2004다35199; 대판 2002.5.10, 2000다68306). 여기서 '그 목적이 오로지 공공의 이익을 위한 것'이라 함은 적시된 사실이 객관적으로 보아 공공의 이익에 관한 것으로서 행위자도 공공의 이익을 위하여 그 사실을 적시한 것을 의미하는데, 행위자의 주요한 목적이나 동기가 공공의 이익을 위한 것이라면 부수적으로 다른 사익적 목적이나 동기가 내포되어 있더라도 무방하다. '진실한 사실'은 그 내용 전체의 취지를 살펴볼 때 중요한 부분이 객관적 사실과 합치되는 사실이라는 의미로서, 세부에 있어 진실과 약간 차이가 나거나 다소 과장된 표현이 있더라도 무방하다(대판 2008.2.14, 2005다75736).

(vi) 사용자는 근로계약에 수반되는 신의칙상의 부수의무로서 피용자가 노무를 제공하는 과정에서 생명·신체·건강을 해치는 일이 없도록 물적 환경을 정비하는 등 필요한 조치를 강구하여야 할 보호의무를 부담하며, 사용자가 고의 또는 과실로 이러한 보호의무를 위반하여 피용자에게 손해를 입힌 경우, 사용자는 채무불이행책임과 경합하여 불법행위로 인한 손해배상책임을 부담한다(대판 2000.5.16, 99다47129; 대판 1997.4.25, 96다53086).

(vii) 제3자가 부부의 일방과 부정행위를 함으로써 혼인의 본질에 해당하는 부부공동생활을 침해하거나 유지를 방해하고 그에 대한 배우자로서의 권리를 침해하여 배우자에게 정신적 고통을 가하는 행위는 원칙적으로 불법행위를 구성한다(대판 2014.11.20, 2011므2997). 그러나 ① 부부가 아직 이혼하지 아니하였지만 실질적으로 부부공동생활이 파탄되어 회복할 수 없을 정도의 상태에 이르렀다면, 제3자가 부부의 일방과 성적인 행위를 하더라도 이를 두고 부부공동생활을 침해하거나 유지를 방해하는 행위라고 할 수 없고, 또한 그로 인하여 배우자의 부부공동생활에 관한 권리가 침해되는 손해가 생긴다고 할 수 없으므로 불법행위가 성립한다고 보기 어렵다. 이러한 법률관계는 재판상 이혼청구가 계속 중에 있다거나 재판상 이혼이 청구되지 않은 상태라고 하여 달리 볼 것은 아니다(대판 2014.11.20, 2011므2997). 부부가 장기간 별거하는 등의 사유로 실질적으로 부부공동생활이 파탄되어 실체가 더 이상 존재하지 아니하게 되고 객관적으로 회복할 수 없는 정도에 이른 경우에는 혼인의 본질에 해당하는 부부공동생활이 유지

되고 있다고 볼 수 없기 때문이다. ② 부부의 일방과 부정행위를 한 제3자가 실질적으로 부부공동생활이 파탄되어 회복할 수 없을 정도의 상태에 이르게 된 원인을 제공한 경우라 하더라도, 배우자 아닌 자와의 성적인 행위가 부부공동생활이 실질적으로 파탄되어 실체가 더 이상 존재하지 않거나 객관적으로 회복할 수 없는 정도에 이른 상태에서 이루어졌다면 이를 달리 볼 수는 없다(대판 2023.12.21, 2023다265731). 여기서 부부 일방과 부정행위를 할 당시 그 부부의 공동생활이 실질적으로 파탄되어 회복할 수 없는 정도의 상태에 있었다는 사정은 이를 주장하는 제3자가 증명하여야 한다(대판 2024.6.27, 2022므13504,13511).

한편 부부의 일방과 제3자가 부담하는 불법행위책임은 공동불법행위책임으로서 부진정연대채무 관계에 있다(대판 2015.5.29, 2013므2441). 부진정연대채무자 상호 간에 채권의 목적을 달성시키는 변제와 같은 사유는 채무자 전원에 대하여 절대적 효력을 발생하므로, 부정행위를 한 부부의 일방이 배우자에게 공동불법행위로 인한 손해배상금을 지급한 경우 그 변제의 효과는 부진정연대채무자인 제3자에 대하여도 효력이 있다(대판 2024.6.27, 2023므13723).

(viii) 판결이 확정되면 기판력에 의하여 대상이 된 청구권의 존재가 확정되고 그 내용에 따라 집행력이 발생하는 것이므로, 그에 따른 집행이 불법행위를 구성하기 위해서는 소송당사자가 상대방의 권리를 해할 의사로 상대방의 소송 관여를 방해하거나 허위의 주장으로 법원을 기망하는 등 부정한 방법으로 실체의 권리관계와 다른 내용의 확정판결을 취득하여 집행하는 것과 같은 특별한 사정이 있어야 하고, 그와 같은 사정이 없이 확정판결의 내용이 단순히 실체적 권리관계에 배치되어 부당하고 또한 확정판결에 기한 집행채권자가 이를 알고 있었다는 것만으로는 그 집행행위가 불법행위를 구성하지 않는다(대판 2007.5.31, 2006다85662).

판 례

(ㄱ) 토지의 소유자 등이 종전부터 향유하던 일조이익이 객관적인 생활이익으로서 가치가 있다고 인정되면 법적인 보호의 대상이 될 수 있는데, 그 인근에서 건물이나 구조물 등이 신축됨으로 인하여 햇빛이 차단되어 생기는 그늘, 즉 일영(日影)이 증가함으로써 해당 토지에서 종래 향유하던 일조량이 감소하는 일조방해가 발생한 경우, 사회통념상 일반적으로 해당 토지소유자의 수인한도를 넘게 되면 그 건축행위는 정당한 권리행사의 범위를 벗어나 사법상(私法上) 위법한 가해행위로 평가된다(대판 2008.4.17, 2006다35865). 여기에서 객관적인 생활이익으로서 일조이익을 향유하는 '토지의 소유자 등'이란 토지소유자, 건물소유자, 지상권자, 전세권자 또는 임차인 등의 거주자를 말하는 것으로서, 당해 토지·건물을 일시적으로 이용하는 것에 불과한 사람은 이러한 일조이익을 향유하는 주체가 될 수 없다(대판 2008.12.24, 2008다41499). 따라서 초등학교 학생들은 공공시설인 학교시설을 방학기간이나 휴일을 제외한 개학기간 중, 그것도 학교에 머무르는 시간 동안 일시적으로 이용하는 지위에 있을 뿐이고, 학교를 점유하면서 지속적으로 거주하고 있다고 할 수 없어서 생활이익으로서의 일조권을 법적으로 보호받을 수 있는 지위에 있지 않다.

(ㄴ) 건축법 등 관계 법령에 일조방해에 관한 직접적인 단속법규가 있다면 그 법규에 적합한지 여부가 사법상 위법성을 판단함에 있어서 중요한 판단자료가 될 것이지만, 이러한 공법적 규제에 의하여 확보하고자 하는 일조는 원래 사법상 보호되는 일조권을 공법적인 면에서도 가능한 한 보증하려는 것으로서 특별한 사정이 없는 한 일조권 보호를 위한 최소한도의 기준으로 봄이 상당하고, 구체적인 경우에 있어서는 어떠한 건물 신축이 건축 당시의 공법적 규제에 형식적으로 적합하다고 하더라도 현실적인 일조방해의 정도

가 현저하게 커 사회통념상 수인한도를 넘은 경우에는 위법행위로 평가될 수 있다(대판 2000.5.16, 98다56997; 대판 2004.9.13, 2004다24212).

(ㄷ) 거래 등의 기초가 되는 정보의 진실성은 스스로 검증하여 거래하는 것이 원칙이므로 정보제공자가 법령상·계약상 의무 없이 단지 질의에 응답한 것에 불과한 경우에는 고의로 거짓 정보를 제공하거나 선행행위 등으로 위험을 야기하였다는 등의 특별한 사정이 없는 한 위와 같은 응답행위가 불법행위를 구성한다고 볼 수 없다(대판 2012.2.9, 2011다14671).

(ㄹ) 일반적으로 채권에 대하여는 배타적 효력이 부인되고 채권자 상호간 및 채권자와 제3자 사이에 자유경쟁이 허용되는 것이어서 제3자에 의하여 채권이 침해되었다는 사실만으로 바로 불법행위로 되지는 않는 것이지만, 거래에서의 자유경쟁의 원칙은 법질서가 허용하는 범위 내에서의 공정하고 건전한 경쟁을 전제로 하는 것이므로, 제3자가 채권자를 해한다는 사정을 알면서도 법규에 위반하거나 선량한 풍속 또는 사회질서에 위반하는 등 위법한 행위를 함으로써 채권자의 이익을 침해하였다면 이로써 불법행위가 성립한다(대판 2007.5.11, 2004다11162; 대판 2003.3.14, 2000다32437). 가령 ① 乙의 전부명령이 甲의 압류와 경합된 상태에서 이루어져 제3채무자인 丙이 무효인 사실을 알았거나 알 수 있었음에도 불구하고 丙은 乙의 전부금 청구에 대하여 다투어 보지도 아니한 채 의제자백에 의한 乙의 승소판결이 선고되게 하고 그 8일 만에 이를 변제해 버렸다면 丙에게는 甲의 압류채권을 적극적으로 침해하는 불법행위를 구성하는 고의 또는 과실이 있다고 보아야 한다(대판 1988.8.23, 87다카546). ② 강제집행면탈 목적을 가진 채무자가 제3자와 명의신탁약정을 맺고 채무자 소유의 부동산에 관하여 제3자 앞으로 소유권이전등기를 마친 경우, 제3자가 채권자에 대한 관계에서 직접 불법행위책임을 지기 위하여는 단지 그가 채무자와의 약정으로 당해 명의수탁등기를 마쳤다는 것만으로는 부족하고, 그 명의신탁으로써 채권자의 채권의 실현을 곤란하게 한다는 점을 알면서 채무자의 강제집행면탈행위에 공모 가담하였다는 등의 사정이 증명되어 그 채권침해에 대한 고의·과실 및 위법성이 인정되어야 한다(대판 2007.9.6, 2005다25021).

(ㅁ) 소유권이전등기청구권에 대한 압류가 있으면 그 변제금지의 효력에 의하여 제3채무자는 채무자에게 임의로 이전등기를 이행하여서는 아니 되는 것이나, 그와 같은 압류는 채권에 대한 것이지 등기청구권의 목적물인 부동산에 대한 것이 아니고, 채무자와 제3채무자에게 결정을 송달하는 외에 현행법상 등기부에 이를 공시하는 방법이 없어 당해 채권자와 채무자 및 제3채무자 사이에만 효력을 가지며, 제3자에 대하여는 압류의 변제금지의 효력을 주장할 수 없으므로 소유권이전등기청구권의 압류는 청구권의 목적물인 부동산 자체의 처분을 금지하는 대물적 효력은 없어서 제3채무자나 채무자로부터 이전등기를 경료한 제3자에 대하여는 취득한 등기가 원인무효라고 주장하여 말소를 청구할 수 없고, 제3채무자가 압류결정을 무시하고 이전등기를 이행하고 채무자가 다시 제3자에게 이전등기를 경료하여 준 결과 채권자에게 손해를 입힌 때에는 불법행위를 구성하고 그에 따른 배상책임을 지게 된다(대판 2022.12.15, 2022다247750; 대판 2007.9.21, 2005다44886).

(ㅂ) 개인은 자신의 성명의 표시 여부에 관하여 스스로 결정할 권리를 가지나, 성명의 표시행위가 공공의 이해에 관한 사실과 밀접불가분한 관계에 있고 그 목적 달성에 필요한 한도에 있으며 그 표현내용·방법이 부당한 것이 아닌 경우에는 그 성명의 표시는 위법하다고 볼 수 없다. 따라서 범죄사실에 관한 보도 과정에서 대상자의 실명 공개에 대한 공공의 이익이 대상자의 명예나 사생활의 비밀에 관한 이익보다 우월하다고 인정되어 실명에 의한 보도가 허용되는 경우에는, 비록 대상자의 의사에 반하여 그의 실명이 공개되었더라도 그의 성명권이 위법하게 침해되었다고 할 수 없다(대판 2009.9.10, 2007다71).

(ㅅ) 불특정 다수인인 일반 공중의 통행에 공용된 도로, 즉 공로를 통행하고자 하는 자는 그 도로에 관하여 다른 사람이 가지는 권리 등을 침해한다는 등의 특별한 사정이 없는 한, 일상생활상 필요한 범위 내에서 다른 사람들과 같은 방법으로 그 도로를 통행할 자유가 있고, 제3자가 특정인에 대하여만 그 도로의 통행을 방해함으로써 일상생활에 지장을 받게 하는 등의 방법으로 특정인의 통행의 자유를 침해하였다면 민법상 불법행위에 해당하며, 침해를 받은 자로서는 방해의 배제나 장래에 생길 방해를 예방하기 위하여 통행방해 행위의 금지를 소구할 수 있다(대판 2021.3.11, 2020다229239).

2) 부작위의 경우

부작위에 의한 불법행위가 성립하기 위해서는 작위의무가 있는 자의 부작위가 인정되어야 한다. 따라서 일반적으로 채권자가 자신의 채무자에 대하여 상계권을 행사하고 아니하고는 채권자의 권리일 뿐 특별한 사정이 없는 한 제3자의 이익을 위하여 상계하여야 할 작위의무를 부담한다고 할 수는 없으므로, 채권자가 상계권을 행사하지 않은 것이 제3자에 대하여 불법행위를 구성한다고 할 수 없다(대판 2002.2.26, 2001다74353). 여기서 작위의무는 법적인 의무이어야 하는데 그 근거가 법령, 법률행위, 선행행위로 인한 경우는 물론이고 신의성실의 원칙이나 사회상규 혹은 조리상 작위의무가 기대되는 경우에도 법적인 작위의무가 인정될 수는 있다. 다만 신의성실의 원칙이나 사회상규 혹은 조리상 작위의무는 혈연적인 결합관계나 계약관계 등으로 인한 특별한 신뢰관계가 존재하여 상대방의 법익을 보호하고 그에 대한 침해를 방지할 책임이 있다고 인정되거나 혹은 상대방에게 피해를 입힐 수 있는 위험요인을 지배·관리하고 있거나 타인의 행위를 관리·감독할 지위에 있어 개별적·구체적 사정하에서 위험요인이나 타인의 행위로 인한 피해가 생기지 않도록 조치할 책임이 있다고 인정되는 경우 등과 같이 상대방의 법익을 보호하거나 그의 법익에 대한 침해를 방지하여야 할 특별한 지위에 있음이 인정되는 자에 대하여만 인정할 수 있고, 그러한 지위에 있지 아니한 제3자에 대하여 함부로 작위의무를 확대하여 부과할 것은 아니다(대판 2023.11.16, 2022다265994; 대판 2015.9.10, 2013다79993).

판 례

(ㄱ) 공무원의 부작위로 인한 국가배상책임을 인정하기 위하여는 공무원의 작위로 인한 국가배상책임을 인정하는 경우와 마찬가지로 "공무원이 그 직무를 집행함에 당하여 고의 또는 과실로 법령에 위반하여 타인에게 손해를 가한 때"라고 하는 국가배상법 제2조 제1항의 요건이 충족되어야 할 것이다. 여기서 '법령에 위반하여'라고 함은 엄격하게 형식적 의미의 법령에 명시적으로 공무원의 작위의무가 정하여져 있음에도 이를 위반하는 경우만을 의미하는 것은 아니고, 인권존중·권력남용금지·신의성실과 같이 공무원으로서 마땅히 지켜야 할 준칙이나 규범을 지키지 아니하고 위반한 경우를 포함하여 널리 그 행위가 객관적인 정당성을 결여하고 있는 경우도 포함한다(대판 2012.7.26, 2010다95666).

(ㄴ) 인터넷 종합 정보제공 사업자가 제공하는 인터넷 게시공간에 게시된 명예훼손적 게시물의 불법성이 명백하고, 위 사업자가 위와 같은 게시물로 인하여 명예를 훼손당한 피해자로부터 구체적·개별적인 게시물의 삭제 및 차단 요구를 받은 경우는 물론, 피해자로부터 직접적인 요구를 받지 않은 경우라 하더라도 그 게시물이 게시된 사정을 구체적으로 인식하고 있었거나 그 게시물의 존재를 인식할 수 있었음이 외관상 명백히 드러나며, 또한 기술적, 경제적으로 그 게시물에 대한 관리·통제가 가능한 경우에는, 위 사업자에게 그 게시물을 삭제하고 향후 같은 인터넷 게시공간에 유사한 내용의 게시물이 게시되지 않도록 차단할 주의의무가 있고, 그 게시물 삭제 등의 처리를 위하여 필요한 상당한 기간이 지나도록 그 처리를 하지 아니함으로써 타인에게 손해가 발생한 경우에는 부작위에 의한 불법행위책임이 성립한다(대판 2009.4.16, 2008다53812).

(ㄷ) 일반 조합원이 불법쟁의행위시 노동조합 등의 지시에 따라 단순히 노무를 정지한 것만으로는 노동조합 또는 조합 간부들과 함께 공동불법행위책임을 진다고 할 수 없다. 다만, 근로자의 근로내용 및 공정의 특수성과 관련하여 그 노무를 정지할 때에 발생할 수 있는 위험 또는 손해 등을 예방하기 위하여 그가 노무를 정지할 때에 준수하여야 할 사항 등이 정하여져 있고, 근로자가 이를 준수함이 없이 노무를 정지함으로써 그로 인하여 손해가 발생하였거나 확대되었다면, 그 근로자가 일반 조합원이라고 할지라도 그와

상당인과관계에 있는 손해를 배상할 책임이 있다(대판 2006.9.22, 2005다30610).

(ㄹ) 사용자의 단체교섭 거부행위가 원인과 목적, 과정과 행위태양, 그로 인한 결과 등에 비추어 건전한 사회통념이나 사회상규상 용인될 수 없다고 인정되는 경우에는 부당노동행위로서 단체교섭권을 침해하는 위법한 행위로 평가되어 불법행위의 요건을 충족하는바, 사용자가 노동조합과의 단체교섭을 정당한 이유 없이 거부하다가 법원으로부터 노동조합과의 단체교섭을 거부하여서는 아니 된다는 취지의 집행력 있는 판결이나 가처분결정을 받고도 이를 위반하여 노동조합과의 단체교섭을 거부하였다면, 그 단체교섭 거부행위는 건전한 사회통념이나 사회상규상 용인할 수 없는 행위로서 헌법이 보장하고 있는 노동조합의 단체교섭권을 침해하는 위법한 행위이므로 노동조합에 대하여 불법행위가 된다(대판 2006.10.26, 2004다11070).

(ㅁ) 일반적으로 매매거래에서 매수인은 목적물을 염가로 구입할 것을 희망하고 매도인은 목적물을 고가로 처분하기를 희망하는 이해상반의 지위에 있으며, 각자가 자신의 지식과 경험을 이용하여 최대한으로 자신의 이익을 도모할 것으로 예상되기 때문에, 당사자 일방이 알고 있는 정보를 상대방에게 사실대로 고지하여야 할 신의칙상 의무가 인정된다고 볼만한 특별한 사정이 없는 한, 매수인이 목적물의 시가를 묵비하여 매도인에게 고지하지 아니하거나 혹은 시가보다 낮은 가액을 시가라고 고지하였다 하더라도, 상대방의 의사결정에 불법적인 간섭을 하였다고 볼 수 없으므로 불법행위가 성립한다고 볼 수 없다. 더구나 매수인이 목적물의 시가를 미리 알고 있었던 것이 아니라 목적물의 시가를 알기 위하여 감정평가법인에 의뢰하여 감정평가법인이 산정한 평가액을 매도인에게 가격자료로 제출하는 경우라면, 특별한 사정이 없는 한 매수인에게 평가액이 시가 내지 적정가격에 상당하는 것인지를 살펴볼 신의칙상 의무가 있다고 할 수 없고, 이러한 법리는 법적 성격이 사법상 매매인 공유재산의 매각에서도 마찬가지이다(대판 2014.4.10, 2012다54997).

(2) 위법성의 조각

타인의 법익을 침해하는 행위는 원칙적으로 위법성이 인정되지만, 위법성이 조각되어 불법행위가 성립되지 않는 경우가 있다. 민법은 위법성조각사유로서 정당방위와 긴급피난을 규정하고 있지만(제761조), 그 밖에 해석에 의해 인정되는 경우가 있다.

(가) 정당방위

정당방위란 타인의 불법행위에 대하여 자기 또는 제3자의 법률상 보호할 가치 있는 이익을 방위하기 위하여 부득이 타인에게 손해를 가하는 행위를 말한다. 정당방위에 의한 가해행위는 위법성이 없고(제761조 1항 본문), 따라서 불법행위가 성립하지 않는다. 그러나 정당방위에 의하여 제3자에게 손해를 가한 경우에 제3자는 불법행위자에게 손해배상을 청구할 수 있다(제761조 1항 단서). 물론 피해자인 제3자가 가해자에 대하여 불법행위로 인한 손해배상청구권을 행사할 수 있기 위해서는, 가해자의 행위가 불법행위의 성립요건을 충족하여야 한다.

판 례

경찰관이 농성 진압의 과정에서 경찰장비를 위법하게 사용함으로써 그 직무수행이 적법한 범위를 벗어난 것으로 볼 수밖에 없다면, 상대방이 그로 인한 생명·신체에 대한 위해를 면하기 위하여 직접적으로 대항하는 과정에서 그 경찰장비를 손상시켰더라도 이는 위법한 공무집행으로 인한 신체에 대한 현재의 부당한 침해에서 벗어나기 위한 행위로서 정당방위에 해당한다(대판 2022.11.30, 2016다26662,26679).

(나) 긴급피난

1) 긴급피난이란 자기나 제3자에게 닥친 급박한 위난을 피하기 위하여 부득이 타인에게 손해를 가하는 행위를 말한다. 급박한 위난은 타인의 행위에 의한 것 외에 자연력 등도 포함하지만, 피난자(가해자)의 고의나 과실에 의하여 발생한 것이 아니어야 한다(대판 1981.3.24, 80다1592). 가령 비탈길을 운전하던 차량운전사가 자신의 부주의로 인한 제동장치의 장애로 사고를 피하기 위하여 다른 차량을 들이받은 행위는 위법성이 조각되지 않는다.

2) 긴급피난에 의한 가해행위도 위법성이 없고(제761조 2항), 따라서 불법행위가 성립하지 않는다. 그런데 정당방위에서의 침해는 위법한 것이어야 하지만, 긴급피난에서의 침해는 반드시 위법한 것이어야 하는 것은 아니다. 피난행위가 위난의 원인이 된 사람이나 물건이 아닌 제3자에 대하여 행하여진 경우, 손해를 입은 제3자는 위난의 원인이 된 사람에게 손해배상을 청구할 수 있다(제761조 2항, 1항 단서).

(다) 그 밖의 위법성조각사유

1) 자력구제

자력구제란 청구권을 보전하기 위하여 국가기관의 구제를 기다릴 여유가 없는 경우에 권리자가 스스로 사력(私力)으로써 구제하는 행위를 말한다. 민법은 점유의 침탈의 경우에 한해 '점유자'의 자력구제를 규정하고 있을 뿐이지만(제209조), 학설은 불법행위에서도 초법규적 위법성조각사유로 자력구제를 인정한다(통설).

2) 피해자의 승낙

가해행위 전에 피해자가 자유의사로 가해를 승낙하고 있는 경우에 그 승낙이 사회질서에 반하지 않는 한 위법성이 조각된다(형법 제24조). 따라서 승낙살인·자살방조 등은 모두 위법성을 조각하지 않는다. 또한 피해자의 승낙에 의한 가해행위는 승낙의 범위를 초과해서는 안 된다(대판 1998.9.4, 96다11327). 그 밖에 혼인관계가 존속 중인 사실을 알면서 남의 첩이 되어 부첩행위를 계속한 경우에는 본처의 사전승인이 있었더라도 장래의 부첩관계의 사전승인이라는 것은 선량한 풍속에 위배되는 행위이므로 본처에 대하여 불법행위가 성립한다(대판 1967.10.6, 67다1134). 다만 기왕의 부첩관계에 대하여 용서한 때에는 그것이 손해배상청구권의 포기라고 해석되는 한 그대로의 법적 효력이 인정될 수 있다(대판 1998.4.10, 96므1434).

판 례

본인의 승낙을 받고 승낙의 범위 내에서 그의 사생활에 관한 사항을 공개할 경우 이는 위법한 것이라 할 수 없다 할 것이나, 본인의 승낙을 받은 경우에도 승낙의 범위를 초과하여 승낙 당시의 예상과는 다른 목적이나 방법으로 이러한 사항을 공개할 경우 이는 위법한 것이라 아니할 수 없다(대판 1998.9.4, 96다11327).

3) 정당행위

타인에게 손해를 발생하게 한 가해행위가 법률에 의하여 허용되거나 선량한 풍속 기타 사회질서에 비추어 그 사회적 타당성이 인정되는 때에는 정당행위로서, 위법성이 조각된다(형법 제20조). 예컨대 사무관리(제734조)·근로자의 쟁의행위(노동조합 및 노동관계조정법 제4조)·정당한 업무행위(예: 의사의 치료행위)·경기규칙에 따른 운동경기에 의한 가해행위 등은 정당행위로서 위법성이 조각된다. 참고로 판례는 "교원의 수업거부행위의 위법성은 그 행위의 목적이 정당하였다는 이유만으로 조각되는 것이 아니다. 물론 학생의 학습권은 단순히 학교가 운영하는 교육과정을 이수할 권리에 그치지 않고 자신의 인간적인 성장·발달과 인격의 자유로운 발현을 도모하는 적극적이고 포괄적인 권리라고 할 것이나, 그렇다고 하여 교원이 이러한 포괄적 의미의 학습권 실현을 내세우면서 계획된 수업을 거부함으로써 명백히 법률에 위배되는 방법으로 학생이 정상적인 교육과정을 이수하지 못하게 하는 행위까지 허용되는 것은 아니며, 이러한 행위는 오히려 학습권의 본질적인 내용을 침해하는 것이다"고 한다(대판 2007.9.20, 2005다25298).

판 례

사람은 누구나 자신의 얼굴 그 밖에 사회통념상 특정인임을 식별할 수 있는 신체적 특징에 관해 함부로 촬영되거나 그림으로 묘사되지 않고 공표되지 않으며 영리적으로 이용되지 않을 권리를 갖는다. 이러한 초상권은 헌법 제10조 1문에 따라 헌법적으로도 보장되고 있는 권리이므로 특별한 사정이 없는 한 이에 대한 부당한 침해는 불법행위를 구성한다. 그러나 초상권 침해가 문제되더라도, 그 내용이 공공의 이해와 관련되어 공중의 정당한 관심의 대상이 되고 공공의 이익을 위한 것이며 표현내용·방법 등이 부당한 것이 아닌 경우에는 위법성이 조각될 수 있다(대판 2023.4.13, 2020다253423; 대판 2021.4.29, 2020다227455).

3. 가해자는 책임능력자일 것 — 책임능력

어떤 사람이 타인에게 손해를 입히는 행위를 하여도 그 가해자에게 책임능력이 없는 때에는 불법행위책임이 발생하지 않는다. 과실책임주의에 따라 고의·과실을 불법행위의 요건으로 하는 이상 그 전제로 일정한 판단능력이 있어야 하는데, 이를 책임능력이라 한다. 따라서 책임능력이 없는 자, 다시 말하면 책임을 귀속시킬 수 없는 자에게 그의 행위에 과실이 있다고 할 수 없다.

(1) 책임능력의 의미

책임능력의 의미에 대하여, ① 다수설은 행위자가 자기 행위의 책임을 인식할 수 있는 능력을 책임능력이라 한다(곽윤직, 393면; 김상용, 656면; 김증한/김학동, 802면). 다만 과실책임주의의 적용이 없는 불법행위에 관하여는 책임능력을 요건으로 문제 삼을 필요가 없다고 한다. ② 소수설은 고의·과실의 전제로서 행위자의 가해행위에 대하여 배상책임을 부과하는 것이 사회적으로 타당한가라는 규범적 판단의 기준을 책임능력이라고 한다(이은영, 809면). 이 견해에 의하면 위험책임적 요소가 가미된 특수불법행위의 영역에서 행위 당시의 행위자에게 변식능력이 있었는가 또는 정상적인 의사결정능력을 가지고 있었는가를 판단하는 것은 불가능하며 무의미하다고 한다. 한편 민법은 불법행위책임의 성립요건으로서 책임능력의 존재를 적극적으로 규정하지 않고, 제753조·제754조에서 책임변식지능이 없는 미성년자와 심신상실자에 대하여 손해배상의무를 면책시킴으로써 소극적으로 규정하고 있다.

(2) 책임무능력자

(가) 미성년자로서 행위의 책임을 변식할 지능이 없는 자

미성년자가 타인에게 손해를 가한 경우에 그 행위의 책임을 변식할 지능이 없는 때에는 배상의 책임이 없다(제753조). 즉 미성년자는 모두 책임무능력자로 되는 것이 아니라 미성년자 중에서 책임변식지능(責任辨識智能)을 갖추지 못한 자만이 책임무능력자가 된다. 여기서 책임변식지능은 자기 행위의 결과가 위법한 것으로서 법률상 비난되고 어떤 법적 책임이 생긴다는 것을 인식할 만한 지능을 말한다. 학설은 12세 정도이면 책임능력이 있다고 한다(곽윤직, 395면). 판례는 대체로 12세까지는 책임능력을 부인하고, 15세 이상의 미성년자에게는 책임능력을 인정하나 13~14세인 자에 대하여는 경우에 따라 구체적으로 판단하고 있다(대판 1989.5.9, 88다카2945; 대판 1978.11.28, 78다1805).

(나) 심신상실자

심신상실 중에 타인에게 손해를 가한 자는 배상의 책임이 없다(제754조 본문). 심신상실은 불법행위책임을 묻는데 필요한 판단능력이 없음을 의미한다. 심신상실은 가해행위시를 중심으로 판단하며, 따라서 피성년후견인이 가해행위 당시에 변식능력이 있으면 불법행위책임을 면할 수 없다. 통상인이 일시적으로 병적인 원인이나 약물 등에 의한 심신상실 상태에 빠져서 불법행위를 한 경우에도 책임이 없다. 그러나 고의·과실로 인하여 심신상실을 초래하여 손해를 가한 경우(원인에 있어서 자유로운 행위)에는 책임을 면하지 못하고 스스로 책임을 부담하여야 한다(제754조 단서). 제754조 단서의 '고의·과실'은 심신상실이 되면 불법행위를 한다고 하는 사실에 대한 고의·과실을 의미하지 않고, 일시적으로 심신상실을 초래한 사실에 대한 고의·과실을 가리킨다(김민중, 민법강의, 1130면). 예컨대 술에 힘을 빌려 폭력을 행사하기 위하여 만취상태가 되는 고의·과실까지는 필요 없고, 우연히 술을 과음하고 만취상태에서 타인에게 손해를 입힌 때에도 고의·과실로 인하여 심신상실의 상태를 초래한 경우에 해당한다.

(3) 책임능력의 증명책임

가해자의 책임능력에 대한 증명책임은 피해자가 적극적으로 증명할 필요가 없으며, 가해자가 스스로 책임무능력자임을 증명하지 못하는 한 불법행위책임을 지게 된다. 다만 고의·과실에 의하여 심신상실이 초래된 사실에 대해서는 피해자가 증명하여야 한다. 물론 피해자가 제755조에 의하여 책임무능력자의 감독자책임을 물을 경우에 피해자는 가해자가 책임무능력자이라는 사실을 증명하여야 한다.

4. 가해행위로 인하여 피해자에게 손해가 발생할 것

(1) 손해발생

(가) 불법행위가 성립하기 위해서는 가해자의 가해행위로 인하여 피해자에게 손해가 발생하여야 한다. 즉 불법행위로 인한 손해배상청구권은 현실적으로 손해가 발생한 때에 성립한다. 손해(Schaden)란 법익에 관하여 받은 불이익을 말한다. 차액설에 따르면, 불법행위로 인한 재산상 손해는 위법한 가해행위로 인하여 발생한 재산상 불이익, 즉 위법행위가 없었더라면 존재하였을 재산상태와 위법행위가 가해진 시점의 재산상태의 차이를 의미하고, 그 손해액은 원칙적으로 불법행위 시를 기준으로 산정해야 한다(다수설; 대판 2024.1.4, 2022다286335). 따라서 부당한 채권가압류의 집행으로 인하여 가압류채무자가 제3채무자로부터 제때 금전채권을 지급받지 못하는 손해를 입은 경우, 가압류채무자는 가압류채권자에 대하여 그 손해의 배상을 구할 수 있는 것이나, 부당한 채권가압류의 집행이 있었더라도 그 집행기간 동안 기한의 미도래나 조건의 불성취 등의 사유로 인해 가압류채무자가 제3채무자로부터 채권을 바로 지급받을 수 없는 사정이 있었다면 가압류채무자가 부당한 채권가압류의 집행으로 인하여 어떤 손해를 입었다고 할 수는 없다(대판 2006.6.15, 2006다10408).

(나) 손해의 현실성과 관련하여 문제가 되는 것은 저당권 기타 담보권침해의 경우이다. 침해행위에 의하여 저당목적물의 가치가 감소하더라도 잔여가액이 피담보채권의 변제에 충분한 경우에는 저당권자에게 손해가 발생한 것이 아니므로, 저당권자에 대하여 그 저당권침해행위는 불법행위가 되지 않는다(물론 저당권설정자는 가해자에 대하여 불법행위로 인한 손해배상을 청구할 수 있다). 그러나 잔여가액이 적은 경우에 채무자에게 다른 일반재산이 있다고 하더라도 저당권은 저당목적물로부터 우선변제를 받는 것이므로, 그 한도에서는 손해가 발생한 것이 되며, 따라서 저당권자는 그 배상을 청구할 수 있다.

(다) 손해의 발생과 그 범위에 관한 증명책임은 피해자가 부담한다. 그런데 책임성립요건으로서 손해는 '현실적으로 발생'한 자연적 피해사실을 의미하는 것으로서, 책임의 효과로서 구체적으로 배상되어야 하는 손해와 별개의 개념임에 주의하여야 한다(지원림, 5-280).

판 례

(ㄱ) 토지의 매매대금 중 일부에 갈음하여 대물변제된 아파트의 매도인이 매수인으로부터 매매대금을 전부 지급받은 후 매수인의 승낙 없이 임의로 이에 관하여 제3자에게 근저당권설정등기나 담보목적의 가등기 또는 전세권설정등기 등을 경료하였다면 특별한 사정이 없는 한 매수인은 그 피담보채무 또는 전세금 상당의 손해를 입었다고 할 수 있을지언정 곧바로 그 매매대금 상당액의 손해를 입었다고 단정할 수 없고, 또한 매도인이 제3자에게 가등기를 경료하였더라도 그것이 단순히 소유권이전등기청구권 보전을 위한 것이라면 그와 같은 가등기가 경료되었다는 사정만으로 곧바로 매수인이 매매대금 상당의 손해를 입었다고 볼 수는 없다고 할 것이며, 한편 매도인이 매매목적물에 관하여 제3자에게 근저당권설정등기, 가등기 등을 각 경료하였더라도 그 후 그 피담보채무가 존재하지 않는 것으로 밝혀지거나 등기 자체가 말소된 경우에

는 매수인이 그 피담보채무 또는 매매대금 상당의 손해를 현실적으로 입었다고 볼 수 없다(대판 1998.8.25, 97다4760).

(ㄴ) 일조장해, 사생활 침해, 시야차단으로 인한 압박감, 소음, 분진, 진동 등과 같은 생활이익의 침해로 인하여 발생한 재산적 손해의 항목 중 토지·가옥의 가격저하에 의한 손해를 산정함에 있어서는 광열비·건조비 등의 지출 증대와는 별도로 일조장해 등과 상당인과관계가 있는 정상가격의 감소액을 부동산감정 등의 방법으로 평가하여야 할 것이고, 분양된 아파트가 일조피해를 입고 있는 경우 그 아파트의 시세가 분양대금에 물가상승률이나 예금금리를 감안한 금액보다 높게 유지된다고 하여 그 소유자에게 당해 아파트의 가격저하로 인한 손해가 발생하지 아니하였다고 볼 수 없다(대판 1999.1.26, 98다23850).

(ㄷ) 임차인이 임대인의 동의를 받지 않고 제3자에게 임차권을 양도하거나 전대하는 등의 방법으로 임차물을 사용·수익하게 하더라도, 임대인이 이를 이유로 임대차계약을 해지하거나 그 밖의 다른 사유로 임대차계약이 적법하게 '종료되지 않는 한' 임대인은 임차인에 대하여 여전히 차임청구권을 가지므로, 임대차계약이 존속하는 한도 내에서는 제3자에게 불법점유를 이유로 한 차임상당 손해배상청구나 부당이득반환청구를 할 수 없다(대판 2008.2.28, 2006다10323). 그러나 임대차계약이 종료된 이후에는 임차물을 소유하고 있는 임대인은 제3자를 상대로 위와 같은 손해배상청구나 부당이득반환청구를 할 수 있다(대판 2023.3.30, 2022다296165).

(ㄹ) 불법행위로 인한 재산상 손해는 위법한 가해행위로 인하여 발생한 재산상 불이익, 즉 그 위법행위가 없었더라면 존재하였을 재산상태와 그 위법행위가 가해진 현재의 재산상태의 차이를 말하는 것이므로, 위법행위가 있었다 하더라도 그로 인한 재산상태와 그 위법행위가 없었더라면 존재하였을 재산상태 사이에 차이가 없다면 다른 특별한 사정이 없는 한 위법행위로 인한 손해가 발생하였다고 할 수 없다(대판 2009.9.10, 2009다30762). 가령 보험계약자 등이 보험사고의 경위를 사실과 다르게 신고하여 보험금을 지급받았는데, 사실대로 신고하였더라도 피보험자가 보험금을 지급받을 수 있었던 경우, 보험회사가 지급한 보험금이 보험계약자 등의 허위신고로 인한 손해에 해당한다고 볼 수 없다.

(ㅁ) 등기는 물권의 효력 발생 요건이고 존속 요건은 아니어서 등기가 원인 없이 말소된 경우에는 그 물권의 효력에 아무런 영향이 없고, 그 회복등기가 마쳐지기 전이라도 말소된 등기의 등기명의인은 적법한 권리자로 추정되며, 그 회복등기 신청절차에 의하여 말소된 등기를 회복할 수 있으므로(부동산등기법 제59조), 근저당권설정등기가 불법행위로 인하여 원인 없이 말소되었더라도 말소된 근저당권설정등기의 등기명의인이 곧바로 근저당권 상실의 손해를 입게 된다고 할 수는 없다(대판 2010.2.11, 2009다68408).

(ㅂ) 불법행위를 이유로 배상하여야 할 손해는 현실로 입은 확실한 손해에 한하므로, 불법행위로 인하여 피해자가 제3자에 대하여 채무를 부담하게 된 경우 채권자가 채무자에게 그 채무액 상당의 손해배상을 구하기 위해서는 채무의 부담이 현실적·확정적이어서 실제로 변제하여야 할 성질의 것이어야 하고, 현실적으로 손해가 발생하였는지는 사회통념에 비추어 객관적이고 합리적으로 판단하여야 한다(대판 2019.8.14, 2016다217833).

(ㅅ) 배당절차에서 권리 없는 자가 배당을 받아감으로써 법률상 원인 없이 부당이득을 하였다 하더라도, 그로 인하여 손해를 입은 사람은 배당이 잘못되지 않았다면 배당을 받을 수 있었던 사람이지 다음 순위의 배당을 받을 수 있는 채권자가 있음에도 곧바로 손해가 채무자에게 귀속된다고 할 수는 없다. 후순위 근저당권과 함께 그 피담보채권을 양수하였지만 채권양도의 대항요건을 갖추지 못한 양수인이 선순위 근저당권자가 신청한 경매절차에서 배당을 받은 경우에, 채무자가 양수인을 상대로 채권양도의 대항요건 미비를 이유로 배당이의절차에서 다툼으로써 양수인이 배당을 받지 못하게 되더라도, 그 후순위 근저당권이 경매개시결정등기 전에 등기되어 매각으로 소멸하는 이상 채무자에 대한 관계에서 양도인이 민사집행법 제148조 4호에 따라 배당요구 없이 당연히 배당을 받는 근저당권자에 해당한다고 볼 수 있으므로, 채무자에게는 위 배당으로 인하여 손해가 발생하였다고 할 수 없다(대판 2021.12.16, 2021다215701).

(2) 가해행위와 손해 사이의 인과관계

(가) 책임성립요건으로서의 인과관계

1) 불법행위가 성립하기 위해서는 가해자의 행위로 인하여 피해자에게 손해가 발생하여야 한다. 즉 가해행위와 손해 사이에 인과관계(Kausalität)가 있어야 한다. 인과관계는 원인행위와 그 원인행위로 인하여 발생한 결과간의 관계를 말한다.

2) 불법행위로 인한 손해를 피해자에게 구체적으로 배상하는 과정은 먼저 '손해배상책임의 성립'에 대한 판단을 하고, 다음으로 '손해배상의 범위'를 확정한 후 손해액을 산정하여 그 산정된 손해액을 배상하는 순서로 진행된다. 따라서 손해배상책임의 성립과 발생한 손해 중 배상하여야 할 손해의 범위를 확정할 때에 각각 인과관계가 문제된다.

그런데 다수설과 판례는 손해배상책임 성립에서의 인과관계와 손해배상 범위확정에서의 인과관계를 구분하지 않고, 모두 상당인과관계로 보고 그 상당인과관계의 판단을 모두 법적인 가치판단의 문제로 다루고 있다(대판 2006.1.13, 2003다54599; 곽윤직, 409면; 윤철홍, 390면; 이은영, 776면). 가령 은행 직원이 본인 또는 대리인 여부를 전혀 확인하지 않은 채 피모용자 명의의 예금계좌를 개설해 줌으로써, 피모용자의 직원이 위 예금계좌가 피모용자의 정당한 계좌라고 오신한 제3자로부터 돈을 입금받아 횡령할 수 있게 한 경우, 은행 직원의 주의의무 위반과 위 금액 상당의 손해 발생 사이에 상당인과관계가 인정된다고 한다(대판 2007.7.13, 2005다23599). 반면에 피해자 명의의 예금계좌에서 금원을 인출할 수 있는 일체의 수단을 확보한 사람이 타인 명의를 모용하여 개설한 예금계좌로 금원을 이체·인출한 경우, 모용계좌 개설시 본인 여부를 정확하게 확인하지 않은 은행의 잘못과 피해자의 손해 발생 사이에 상당인과관계가 없다고 한다(대판 2007.7.13, 2005다21821). 즉 책임원인사실이 발생하고 그로 인하여 손해가 발생하여 그 책임원인사실과 손해 사이에 상당인과관계가 인정되면, 손해배상책임의 성립과 손해배상의 범위가 확정되는 것으로 이해하고 있다. 그러나 제750조는 불법행위책임의 성립에 대해서 규정하고, 제763조(제393조 준용)는 불법행위로 인하여 발생한 손해배상의 범위에 관하여 규정하고 있는 점에 비추어, 책임성립요건으로서 인과관계는 '그 행위가 없었다면 그 손해는 발생하지 않았을 것'이라는 사실적·자연적인 원인과 결과의 관계(즉 사실적·자연적 인과관계)가 있으면 되고, 손해배상범위의 확정을 위한 인과관계인 상당인과관계를 문제 삼을 필요는 없다고 할 것이다(김상용, 679면; 지원림, 5-281; 김형배, 채권총론, 255면 이하).

판 례

(ㄱ) 불법행위로 인한 손해배상책임을 지우려면 위법한 행위와 피해자가 입은 손해 사이에 상당인과관계가 있어야 하고, 상당인과관계의 유무는 일반적인 결과 발생의 개연성은 물론 당해 행위와 관련된 법령 기타 행동규범의 목적과 보호법익, 가해행위의 내용과 위법성, 피침해이익의 성질 및 피해의 정도 등을 종합적으로 고려하여 판단해야 한다. 금융투자상품의 기초자산 시세를 고정시키거나 변동시켜 타인에게 손해를 가한 경우에는 그 행위와 상당인과관계 있는 범위 내에서 제750조의 불법행위책임을 부담할 수 있다(대판 2023.12.21, 2017다249929).

(ㄴ) 건물의 신축으로 인하여 그 이웃 토지상의 주택이나 아파트 소유자가 수인한도를 넘어서는 일조장해를 받고 있음은 물론 시야차단으로 인한 압박감(개방감의 상실) 등도 그 수인한도를 넘어서는 경우에는, 일조장해, 시야차단으로 인한 압박감 등과 같은 생활이익의 침해로 인하여 발생한 재산적 손해의 항목 중 토지·가옥의 가격 저하에 의한 손해를 부동산 감정 등의 방법으로 산정함에 있어서 일조장해 뿐만 아니라 개방감의 상실 등과 상당인과관계가 있는 정상가격의 감소액도 아울러 평가하여야 할 것이다(대판 2007.9.7, 2005다72485).

(ㄷ) 경매법원의 명령에 따른 집행관의 현황조사 과정에서 임대차관계를 제대로 확인하지 않은 직무상 잘못이 있고, 그 결과 임차인이 경매법원으로부터 경매절차의 진행에 관한 통지를 받지 못하여 우선변제권의 행사에 필요한 조치를 취하지 못해 손해를 입었다 하더라도, 그러한 사정만으로는 집행관의 직무상 잘못이, 민사집행법 제90조에 따른 권리신고절차를 취하지 아니하여 경매절차상 이해관계인이 아닌 임차인에 대한 관계에서 불법행위를 구성한다고 할 수 없고, 스스로 우선변제권의 행사에 필요한 법령상 조치를 취하지 아니함으로써 발생한 임차인의 손해와 잘못 사이에 상당인과관계가 있다고 할 수도 없다(대판 2008.11.13, 2008다43976). 주택임대차보호법상의 대항요건을 갖춘 임차인이라고 하더라도 매각허가결정 이전에 경매법원에 스스로 그 권리를 증명하여 신고하지 않는 한 집행관의 현황조사결과 임차인으로 조사·보고되어 있는지 여부와 관계없이 이해관계인이 될 수 없으며, 대법원예규에 따른 경매절차 진행사실의 주택임차인에 대한 통지는 법률상 규정된 의무가 아니라 당사자의 편의를 위하여 경매절차와 배당제도에 관한 내용을 안내하여 주는 것에 불과하기 때문이다.

(ㄹ) 무권리자가 위법한 방법으로 그의 명의로 소유권보존등기나 소유권이전등기를 경료한 후 그 부동산을 전전매수한 제3자의 등기부 시효취득이 인정됨으로써 소유자가 소유권을 상실하게 된 경우, 무권리자의 위법한 등기 경료행위가 없었더라면 소유자의 소유권 상실이라는 결과가 당연히 발생하지 아니하였을 것이고 또한, 이러한 소유권 상실은 위법한 등기 경료행위 당시에 통상 예측할 수 있는 것이라 할 것이므로, 무권리자의 위법한 등기 경료행위와 소유자의 소유권 상실 사이에는 상당인과관계가 있다고 할 것이다(대판 2008.6.12, 2007다36445).

(나) 인과관계의 분류

1) 사실적(자연적) 인과관계와 법적 인과관계

사실적 인과관계란 원인과 결과의 자연법칙적 관련을 의미한다. 불법행위책임에서 사실적 인과관계는 고의·과실에 의한 가해행위(원인)와 그 가해행위에 의하여 발생한 손해(결과)사이의 인과관계를 가리킨다. 그런데 사실적(자연적) 인과관계는 무한히 확대되어 연속될 수 있으므로, 공평의 견지에서 인과관계의 범위를 적당히 한정할 필요가 있다. 사실적(자연적) 인과관계를 일정한 범위로 제한하여 그 범위 내의 손해만을 배상하기 위한 인과관계를 '법적 인과관계'라 한다. 즉 사실적 인과관계는 법적 가치판단이 배제된 자연적 인과관계의 문제인데 반하여, 법적 인과관계는 자연적 인과관계를 법적으로 평가하여 일정한 한계를 지우려는 문제이므로 법적 가치판단의 문제이다(김상용, 680면). 손해배상의 범위 확정을 위한 인과관계로서 상당인과관계가 일찍부터 적용되어 왔다.

이와 같이 상당인과관계는 손해배상의 범위를 확정하기 위한 인과관계이므로, 손해배상책임 성립에서의 인과관계는 책임원인이 없었더라면 손해라는 결과가 발생하지 않았을 것이라는 불가결의 조건(condicio sine qua non)으로 충분하다. 다시 말하면 가해행위와 손해발생 사이의 인과관계는 가치판단이 배제된 사실적·자연적 인과관계로서 조건적 인과관계로 족하다(김상용, 680면). 참고로 판례는 민사분쟁에서의 인과관계는 의학적·자연과학적 인과관계가 아니라 사회적·법적 인과관계이고, 그 인과관계는 반드시 의학적·자연과학적으로 명백히 증명되어야 하는 것은 아니라고 한다(대판 2002.10.11, 2002다564).

2) 책임설정적 인과관계와 책임충족적 인과관계

독일민법학에서는 인과관계를 책임설정적 인과관계(haftungsbegründende Kausalität)와 책임충족적 인과관계(haftungsausfüllende Kausalität)로 나누어, 책임설정적 인과관계는 책임원인사실과 손해배상책임의 발생, 즉 책임성립의 인과관계로 파악하고 있으며, 책임충족적 인과관계는 손해배상범위 결정에서의 인과관계로 파악하고 있다(BGHZ 81, 276; BGHZ 110, 112 f.; Erman-Kuckuk, vor § 249 Rdnr. 28, 35 ff.). 우리 민법 제750조는 불법행위의 성립요건을 그리고 제763조는 제393조를 준용하여 손해배상의 범위를 규정하고 있으므로, 책임설정적 인과관계는 제750조의 책임성립에 적용되고, 책임충족적 인과관계는 제763조, 제393조가 규정하고 있는 책임범위 결정에 적용된다고 할 것이다(김상용, 680면). 즉 책임설정적 인과관계는 조건적 인과관계로 충분하고, 책임충족적 인과관계는 상당인과관계가 타당하다고 할 것이다. 그러나 가해행위로 인한 직접적인 법익침해를 제1차 손해라 하고, 그 가해행위와 제1차 손해 사이의 인과관계를 책임설정적 인과관계로 이해하고, 제1차 손해로부터 파생된 확대손해를 제2차 손해(후속손해)라 하고, 제1차 손해와 후속손해간의 인과관계를 책임충족적 인과관계로 이해하는 견해가 있다(김형배, 채권총론, 256면; 정기웅, 채권총론, 151면).

판 례

불법행위로 인한 손해배상청구 소송에서 가해행위와 손해 발생 사이의 인과관계는 존재하거나 부존재하는지를 판단하는 것이고, 이를 비율적으로 인정할 수는 없으므로, 이른바 비율적 인과관계론은 받아들일 수 없다(대판 2013.7.12, 2006다17539).

(다) 인과관계의 경합

1) 가해행위와 자연력의 경합

A의 가해행위와 경험칙이나 과학적 예측을 완전히 초월한 비정상적 자연력이 경합하여 B에게 손해가 발생한 경우(예: A가 B를 벼락에 의하여 사망시킬 의도로 산으로 인도하였는데 실제로 B가 벼락으로 사망한 경우), B의 손해는 불가항력에 의하여 발생된 것이므로 A는 손해배상책임을 부담하지 않는다. 그러나 자연력이 비정상적이기는 하지만, 경험칙에 의한 과학적 예측을 완전히 초과할 정도에 이르지 않은 때(예: 건설공사 이후 집중호우로 산사태가 발생하여 손해를 입은 경우)에는 A는 손해배상책임을 진다. 다시 말하면 피해자의 손해가 가해자의 과실행위와 자연력의 경합으로 발생된 경우, 가해자는 손해배상책임을 부담하지만 자연력이 기여한 만큼 손해배상책임이 경감될 수 있다. 그러나 가해자가 자연적 조건이나 그에 따른 위험의 정도를 미리 예상할 수 있었고 또 과도한 노력이나 비용을 들이지 아니하고 적절한 조치를 취하여 자연적 조건에 따른 위험의 발생을 사전에 예방할 수 있었을 경우에는 가해자의 책임이 경감되지 않는다(대판 2003.6.27, 2001다734; 대판 2001.2.23, 99다61316).

판 례

자연력과 가해자의 과실행위가 경합되어 손해가 발생한 경우 가해자의 배상범위를 제한함에 있어서 자연력의 기여도에 관한 비율의 결정은 그것이 형평의 원칙에 비추어 현저히 불합리하다고 인정되지 않는 한 사실심의 전권사항에 속한다(대판 2003.6.27, 2001다734).

2) 가해행위의 경합

불법행위로 인한 손해배상에 있어 가해자의 불법행위만에 의하여 손해가 발생한 것이 아니라 제3자의 행위 기타 귀책사유 등이 경합하여 손해가 발생한 경우에도 가해자의 불법행위가 손해 발생의 한 원인이 되었다면 가해자는 그로 인하여 피해자가 입은 손해를 배상할 책임이 있다(대판 1999.2.23, 97다12082).

판 례

(ㄱ) 군부대에서 유출된 총기 및 실탄이 범죄행위에 사용된 경우 관리책임자의 총기 및 실탄 관리상의 과실과 그 범죄행위로 인한 피해자의 손해 사이에는 상당인과관계가 있다(대판 2001.2.23, 2000다46894).

(ㄴ) 자동차대여사업자가 자동차운전면허가 없는 사람에게 무면허자임을 알면서도 승용차를 대여하였고, 그 무면허자가 대여받은 승용차를 운전하던 중 운전미숙의 과실로 인하여 교통사고가 발생한 경우, 특별한 사정이 없는 한 자동차대여사업자가 무면허자에게 자동차를 대여한 행위와 무면허자의 운전미숙이 원인이 되어 발생한 교통사고 사이에는 상당인과관계가 있다(대판 1998.11.27, 98다39701).

3) 제3자의 가해행위가 개입되어 손해가 발생하거나 확대된 경우의 인과관계

(i) 의무위반행위와의 사실적 인과관계가 단절된 상태에서 손해가 발생한 경우, 피해자 자신의 행위 또는 제3자의 행위와 손해 사이에서만 인과관계가 인정될 수 있다. 반면에 제3자의 고의에 기한 행위가 개입되었지만 원래의 의무위반행위와 손해 사이의 사실적 인과관계가 단절되지 않았다면, 손해에 대한 인과관계가 양자 모두에게 인정된다(지원림, 5-284). 가령 운송인이 운송계약에 따라 화물을 운송하던 도중에 화물이 멸실되었다면 특단의 사정이 없는 한 수하인에게는 당연히 그에 따른 손해가 발생하였다고 할 것이므로, 화물의 멸실과 손해의 발생 사이에는 상당인과관계가 있다고 할 것이고, 화물의 멸실이 제3자의 강도 등 행위에 의하여 야기되었더라도 그로써 운송행위와 손해 발생 사이의 인과관계가 단절된다고 볼 수는 없다(대판 1999.12.10, 98다9038).

(ii) 1차 손해의 확대를 방지하기 위하여 필요한 조치를 하던 중 제3자의 행위로 2차 손해(후속손해, 확대된 손해)가 발생한 경우, 제3자의 고의나 중대한 과실이 없다면 1차 손해를 야기한 행위와 2차 손해 사이에도 인과관계가 인정될 수 있다. 가령 산재사고로 인하여 상해를 입은 피해자가 치료를 받던 중 치료하던 의사의 과실 등으로 인한 의료사고로 증상이 악화되거나 새로운 증상이 생겨 손해가 확대된 경우, 다른 특별한 사정이 없는 한 그와 같은 손해와 산

재사고 사이에도 상당인과관계가 있다고 보아야 하므로, 산재사고와 의료사고가 각기 독립하여 불법행위의 요건을 갖추고 있으면서 객관적으로 관련되고 공동하여 위법하게 피해자에게 손해를 가한 것으로 인정된다면, 공동불법행위가 성립되어 공동불법행위자들이 연대하여 그 손해를 배상할 책임이 있다(대판 2005.9.30, 2004다52576; 대판 1998.11.24, 98다32045). 반면에 제3자의 가해행위 기타 귀책사유 등이 경합하지 않은 경우에 최초의 가해자는 후속손해에 대하여 책임을 부담하지 않는다. 예컨대 사고로 상해를 입은 피해자가 다른 사고로 인하여 사망한 경우, 두 사고 사이에 1차 사고가 없었더라면 2차 사고도 발생하지 않았을 것이라고 인정되는 것과 같은 조건적 관계가 존재하지 않는 경우, 1차 사고의 가해자는 2차 사고로 인하여 피해자가 사망한 때까지의 손해만을 배상하면 된다(대판 1995.2.10, 94다51895). 물론 1차 사고와 2차 사고가 조건적 관계가 존재하는 경우, 1차 사고의 가해자는 2차 사고로 인한 피해자의 사망을 고려함이 없이 피해자가 가동연한에 이를 때까지의 일실수입을 배상하여야 한다(대판 1998.9.18, 97다47507).

판 례

교통사고로 상해를 입은 고등학교 1학년 여학생이 사고 후 12개월 동안 병원에서 치료를 받았으나 다리부위에 보기 흉한 흉터가 남았고 목발을 짚고 걸어 다녀야 했으며 치료도 계속하여 받아야 했는데 이로 인하여 사람들과의 접촉을 피하고 심한 우울증에 시달리다가 자신의 상태를 비관하여 자살한 경우, 교통사고와 사망 사이에 상당인과관계가 있다(대판 1999.7.13, 99다19957).

(라) 인과관계의 증명책임

인과관계의 증명책임은 원고인 '피해자'가 부담한다. 피해자는 원칙적으로 법관으로 하여금 확신을 얻을 수 있을 정도로 인과관계를 증명하여야 한다. 그러나 환경침해·의료과오·제조물책임 등의 불법행위에서 피해자가 인과관계를 법관으로 하여금 확신을 얻을 수 있는 정도로 증명한다는 것은 불가능하므로, 판례는 이러한 불법행위에 대하여, 피해자는 인과관계 존재의 개연성을 증명하면 충분하고 가해자는 반대증거에 의하여 인과관계가 존재하지 않음을 증명하는 경우에만 책임을 면한다는 개연성이론을 받아들이고 있다. 즉 환경침해불법행위·의료과오불법행위·제조물책임에서 피해자는 개연성 정도만 증명하면 족한 것으로 보고 있다. 가령 의료사고가 발생한 경우, 판례는 환자 측에서 일련의 의료행위 과정에서 저질러진 일반인의 상식에 바탕을 둔 의료상의 과실 있는 행위를 증명하고 그 결과와의 사이에 일련의 의료행위 외에 다른 원인이 개재될 수 없다는 점을 증명한 경우에는 의료상 과실과 결과 사이의 인과관계를 추정하여 손해배상책임을 지울 수 있도록 증명책임을 완화하고 있다(대판 2006.10.27, 2004다2342; 대판 2005.9.30, 2004다52576). 이처럼 의료상 과실과 손해 사이의 인과관계가 추정되는 경우, 의료행위를 한 측에서는 환자 측의 손해가 의료상 과실로 인하여 발생한 것이 아니라는 것을 증명하여 추정을 번복시킬 수 있다(대판 2023.8.31, 2022다219427).

판 례

(ㄱ) 사고로 인하여 상해를 입은 피해자가 치료를 받던 중 치료를 하던 의사의 과실 등으로 인한 의료사고로 증상이 악화되거나 새로운 증상이 생겨 손해가 확대된 경우에는, 의사에게 중대한 과실이 있다는 등의 특별한 사정이 없는 한 확대된 손해와 최초의 사고 사이에도 상당인과관계가 있다고 할 것이고, 위와 같은 특별한 사정의 존재에 관한 증명책임은 최초의 사고를 야기한 자에게 있다(대판 2000.9.8, 99다48245).

(ㄴ) 고도의 기술이 집약되어 대량으로 생산되는 제품에 성능 미달 등의 하자가 있어 피해를 입었다는 이유로 제조업자 측에게 민법상 일반 불법행위책임으로 손해배상을 청구하는 경우에, 일반 소비자로서는 제품에 구체적으로 어떠한 하자가 존재하였는지, 발생한 손해가 하자로 인한 것인지를 과학적 · 기술적으로 증명한다는 것은 지극히 어렵다. 따라서 소비자 측으로서는 제품이 통상적으로 지녀야 할 품질이나 요구되는 성능 또는 효능을 갖추지 못하였다는 등 일응 제품에 하자가 있었던 것으로 추단할 수 있는 사실과 제품이 정상적인 용법에 따라 사용되었음에도 손해가 발생하였다는 사실을 증명하면, 제조업자 측에서 손해가 제품의 하자가 아닌 다른 원인으로 발생한 것임을 증명하지 못하는 이상, 제품에 하자가 존재하고 하자로 말미암아 손해가 발생하였다고 추정하여 손해배상책임을 지울 수 있도록 증명책임을 완화하는 것이 손해의 공평·타당한 부담을 지도 원리로 하는 손해배상제도의 이상에 맞다(대판 2013.9.26, 2011다88870).

제 2 절 특수한 불법행위

Ⅰ. 서 설

특수불법행위는 일반불법행위의 성립요건(제750조)과 달리 특수한 성립요건이 정하여져 있는 불법행위이다. 민법이 규정하고 있는 특수불법행위에는 책임무능력자의 감독자책임(제755조)·사용자의 책임(제756조)·공작물의 점유자 및 소유자의 책임(제758조)·동물점유자의 책임(제759조)·공동불법행위(제760조)가 있다. 또한 민법에는 규정되어 있지 않지만 오늘날 많이 문제되는 특수한 불법행위로는 자동차운행자책임·환경오염책임·제조물책임 등이 있다.

Ⅱ. 민법상 특수한 불법행위

1. 감독자의 책임

(1) 서 설

(가) 의 의

책임능력은 불법행위의 성립요건이므로, 책임능력이 없으면 불법행위가 성립하지 않게 된다. 그러므로 책임무능력자, 즉 자기행위에 대하여 변식할 만한 지능을 갖지 못한 미성년자 또는 스스로 고의나 과실로 인하여 일시의 심신상실을 초래하지 아니한 심신상실자는 자기의 가해행위로 발생한 손해에 대하여 배상책임을 지지 않는다(제753조, 제754조). 이 경우 책임무능력자의 법정감독의무자 또는 대리감독자는 책임무능력자의 가해행위로 피해자가 입은 손해에 대하여 배상책임을 지는데(제755조), 이를 책임무능력자의 감독자책임이라 한다. 이와 같이 책임무능력자(제753조, 제754조)가 불법행위책임을 지지 않는 경우에 보충적으로 감독자가 책임을 지는 이유는, 피감독자에 대하여 보호·감독의무를 부담하고 있다는 데 있다.

(나) 성 질

감독자의 책임은 책임무능력자의 가해 결과에 관한 책임이고, 감독자가 스스로 한 가해행위에 대한 책임이 아니다. 다시 말하면 감독자의 책임은 감독의무를 게을리하였다는 감독자 자신의 과실에 의하여 인정되는 책임이다. 그러나 감독의무를 게을리하지 않았다는 증명은 사실상 거의 불가능하기 때문에, 감독자책임은 무과실책임에 가깝다고 할 수 있다.

(2) 성립요건

(가) 책임무능력자가 위법한 가해행위로 손해를 야기할 것

책임무능력자(책임능력이 없는 미성년자·심신상실자)의 위법한 가해행위로 인하여 피해자에게 손해가 발생하여야 한다. 즉 책임무능력자의 가해행위에 대해 고의나 과실의 유무는 물을 수 없으나, 불법행위의 기타 요건(가해행위, 위법성, 손해발생, 인과관계)은 모두 갖추어야 한다(Vgl. Brox/Walker, Rdnr. 15). 그러므로 가해자가 책임능력이 있는 경우(책임능력이 있는 미성년자·피한정후견인 등) 또는 가해행위가 정당방위·긴급피난·피해자의 승낙 등 위법성조각사유에 해당하는 경우에는 감독자책임이 인정되지 않는다(김상용, 712면).

(나) 배상책임자에게 보호·감독의무가 존재할 것

배상책임자의 감독의무는 법률이나 계약 기타 사실상의 감독에 의하여 발생하며, 어느 원인에 의하든 상관없다.

1) 법정감독의무자는 미성년자의 경우에는 친권자(제913조)와 미성년후견인(제945조)이고, 피성년후견인의 경우에는 성년후견인(제947조)이다. 법정감독의무자의 보호·감독책임은 미성년자의 생활 전반에 미친다(대판 2007.4.26, 2005다24318).

2) 법정감독의무자에 갈음하여 책임무능력자를 감독하는 자(대리감독자), 예컨대 탁아소의 보모·유치원과 초등학교의 교원·정신병원의 의사, 사실상 책임무능력자를 돌보는 자 등도 배상책임을 부담한다(제755조 2항). 교사 등 대리감독자의 보호·감독책임은 학교 내에서의 학생의 모든 생활관계에 미치는 것이 아니라 학교에서의 교육활동 및 이와 밀접 불가분의 관계에 있는 생활관계에 한정되고, 또 보호·감독의무를 소홀히 하여 학생이 사고를 당한 경우에도 그 사고가 통상 발생할 수 있다고 예상할 수 있는 것에 한하여 교사 등의 책임을 인정할 수 있으며, 이때 그 예상가능성은 학생의 연령·사회적 경험·판단능력 기타의 제반 사정을 고려하여 판단하여야 한다(대판 2008.1.17, 2007다40437; 대판 2007.4.26, 2005다24318). 따라서 집단따돌림으로 인하여 피해 학생이 자살한

경우, 자살의 결과에 대하여 학교의 교장이나 교사의 보호감독의무 위반의 책임을 묻기 위해서는 피해 학생이 자살에 이른 상황을 객관적으로 보아 교사 등이 예견하였거나 예견할 수 있었음이 인정되어야 한다. 다만 사회통념상 허용될 수 없는 악질, 중대한 집단따돌림이 계속되고 그 결과 피해 학생이 육체적 또는 정신적으로 궁지에 몰린 상황에 있었음을 예견하였거나 예견할 수 있었던 경우에는 피해 학생이 자살에 이른 상황에 대한 예견가능성도 있는 것으로 볼 수 있을 것이나, 집단따돌림의 내용이 이와 같은 정도에까지 이르지 않은 경우에는 교사 등이 집단따돌림을 예견하였거나 예견할 수 있었다고 하더라도 이것만으로 피해 학생의 자살에 대한 예견이 가능하였던 것으로 볼 수는 없으므로, 교사 등이 집단따돌림 자체에 대한 보호감독의무 위반의 책임을 부담하는 것은 별론으로 하고 자살의 결과에 대한 보호감독의무 위반의 책임을 부담한다고 할 수는 없다(대판 2007.11.15, 2005다16034).

판 례

(ㄱ) 유치원이나 학교의 원장·교장 및 교사는 교육기본법 등 관련 법령에 따라 그들로부터 교육을 받는 유치원생과 학생들을 친권자 등 법정감독의무자에 대신하여 보호·감독할 의무를 진다. 그런데 유치원생이나 학생들을 대상으로 한 교육활동이 유치원이나 학교에서만 이루어지는 것은 아니고, 특히 우리의 교육현실을 보면 학원의 설립·운영 및 과외교습에 관한 법률에 따라 설립·운영되는 학원이나 교습소에서 학교교육의 보충 또는 특기·적성교육을 위하여 지식·기술·예능을 교습하는 형태의 사교육이 광범위하게 이루어지고 있으며, 이러한 사교육은 학교 안에서 이루어지는 공교육 못지않은 중요한 역할을 수행하고 있는바, 공교육을 담당하는 교사 등과 마찬가지로 위와 같은 형태의 사교육을 담당하는 학원의 설립·운영자나 교습자에게도 당해 학원에서 교습을 받는 수강생을 보호·감독할 의무가 있다고 봄이 상당하다(대판 2008.1.17, 2007다40437).

(ㄴ) 유치원 담임교사는 원생들이 유치원에 도착한 순간부터 유치원으로부터 안전하게 귀가할 수 있는 상태에 이르기까지 법정감독의무자인 친권자에 준하는 보호감독의무가 있다(대판 1996.8.23, 96다19833). 그러나 유치원생이나 그와 비슷한 연령, 사회적 경험 및 판단능력을 가진 초등학교 저학년생을 '통학차량으로 운송하는 방식'을 취하고 있는 경우에는 그 유치원·학교 또는 학원의 운영자나 교사 등으로서는 보호자로부터 학생을 맞아 통학차량에 태운 때부터 학교 등에서의 교육활동이 끝난 후 다시 통학차량에 태워 보호자가 미리 지정한 장소에 안전하게 내려줄 때까지 학생을 보호·감독할 의무가 있는 것으로 보아야 한다(대판 2008.1.17, 2007다40437).

(다) 보호·감독의무를 게을리 할 것

감독의무자 또는 이에 갈음하여 감독하는 자는 책임무능력자의 행위에 관한 일반적인 감독의무를 게을리 하였어야 한다. 다시 말하면 책임무능력자가 가해행위를 하는 것 자체에 관한 과실을 의미하지 않는다. 한편 감독자가 책임을 면하기 위해서는 감독의무를 게을리 하지 않았음을 증명하여야 한다(제755조 1항 단서).

(3) 효 과

법정감독의무자와 대리감독자에게 불법행위에 따른 손해배상의무가 발생한다(제755조). 양자의 책임은 서로 배척하는 것은 아니고, 각자가 감독의무를 게을리한 경우에는 각자의 책임이 인정된다. 법정감독의무자와 대리감독자의 책임은 병존적으로 존재하며(대판 2007.4.26, 2005다24318; 대판 1969.1.28, 68다1804), 부진정연대채무이다(통설). 그러므로 피해자는 전부의 배상을 받을 때까지 어느 쪽에 대하여도 책임을 물을 수 있다. 한편 책임무능력자의 가해행위에 관하여 그 대리감독자에게 고의 또는 과실이 인정됨으로써 별도로 불법행위의 일반요건을 충족한 경우, 대리감독자의 사용자 또는 사용자에 갈음한 감독자는 제756조의 사용자책임을 지게 된다(대판 1981.8.11, 81다298).

(4) 책임능력 있는 미성년자의 불법행위에 대한 감독자책임

책임능력 있는 미성년자의 불법행위로 인하여 손해를 입은 자는 제750조에 의하여 미성년자에 대하여 손해배상을 청구하여야 한다. 즉 감독자책임을 물을 수가 없다. 그러나 미성년자인 경우에 손해배상을 할 수 있는 책임재산이 없는 경우가 대부분이므로, 책임능력 있는 미성년자의 가해행위로 피해를 입은 자의 보호가 문제된다.

판례는 책임능력 있는 미성년자의 불법행위에 대한 감독자책임을 제750조에 의한 일반불법행위책임을 인정하고 있다(대판 2003.3.28, 2003다5061; 대판 1994.2.8, 93다13605). 즉 미성년자의 가해행위로 불법행위가 성립하는 경우, 그 법정감독의무자인 친권자는 친권에 복종하는 미성년자를 보호하고 교양하고 감호할 의무가 있으므로(제913조), 미성년자의 감독의무자의 의무위반과 손해 사이에 상당인과관계가 있으면 감독의무자는 일반불법행위자로서 손해배상책임이 있고, 이때 증명책임은 피해자가 부담한다고 한다.

판 례

이혼으로 인하여 부모 중 1명이 친권자 및 양육자로 지정된 경우, 그렇지 않은 부모(이하 '비양육친'이라 한다)에게는 자녀에 대한 친권과 양육권이 없어 자녀의 보호·교양에 관한 제913조 등 친권에 관한 규정이 적용될 수 없다. 비양육친은 자녀와 상호 면접교섭할 수 있는 권리가 있지만(제837조의2 제1항), 이러한 면접교섭 제도는 이혼 후에도 자녀가 부모와 친밀한 관계를 유지하여 정서적으로 안정되고 원만한 인격발달을 이룰 수 있도록 함으로써 자녀의 복리를 실현하는 것을 목적으로 하고, 제3자와의 관계에서 손해배상책임의 근거가 되는 감독의무를 부과하는 규정이라고 할 수 없다. 비양육친은 이혼 후에도 자녀의 양육비용을 분담할 의무가 있지만, 이것만으로 비양육친이 일반적, 일상적으로 자녀를 지도하고 조언하는 등 보호·감독할 의무를 진다고 할 수 없다. 이처럼 비양육친이 미성년자의 부모라는 사정만으로 미성년 자녀에 대하여 감독의무를 부담한다고 볼 수 없다. 다만 ① 비양육친이 자녀에 대하여 실질적으로 일반적이고 일상적인 지도, 조언을 함으로써 공동 양육자에 준하여 자녀를 보호·감독하고 있었거나, ② 그러한 정도에는 이르지 않더라도 면접교섭 등을 통해 자녀의 불법행위를 구체적으로 예견할 수 있었던 상황에서 자녀가 불법행위를 하지 않도록 부모로서 직접 지도, 조언을 하거나 양육친에게 알리는 등의 조치를 취하지 않은 경우 등과 같이 비양육친의 감독의무를 인정할 수 있는 특별한 사정이 있는 경우에는, 비양육친도 감독의무 위반으로 인한 손해배상책임을 질 수 있다(대판 2022.4.14, 2020다240021). 가령 미성년자인 甲의 부모(乙,丙)는 甲이 어릴 때 이혼하였고 친권자 및 양육자는 어머니 丙이다. 甲이 A를 협박하여 A가 자살하자, A의 유족 丁이 甲의 아버지인 乙을 상대로 미성년자의 감독의무 위반에 따른 손해배상을 청구하였다. 이 경우 乙은 가해자 甲의 친권자 및 양육자가 아니므로, 특별한 사정이 없는 한 감독의무 위반으로 인한 손해배상책임을 부담하지 않는다.

2. 사용자책임

(1) 서 설

(가) 의의 및 근거

1) 사용자책임이란 타인을 사용하여 어느 사무에 종사하게 한 자 및 사용자에 갈음하여 사무를 감독하는 자는 피용자가 사무집행에 관하여 타인에게 손해를 가한 경우, 피용자의 선임이나 감독에 대하여 과실이 없음을 증명하지 못하는 한 손해를 배상할 책임을 지는 경우를 말한다(제756조). 예컨대 이삿짐센터의 종업원 A가 이삿짐을 운반하면서 과실로 통행인을 부상케 한 경우에 이삿짐센터가 배상책임을 지는 것을 말한다.

2) 피용자의 불법행위에 대해 사용자가 그 배상책임을 지는 근거에 대해, 다수설과 판례는 '이익이 있는 것에 손해도 귀속되어야 한다'는 공평의 원리에서 찾고 있다(대판 1985.8.13, 84다카979). 즉 많은 사람을 고용하여 스스로 활동 영역을 확장하고 그에 상응하는 많은 이익을 추구할 때에는 많은 피용자의 행위가 타인에게 손해를 가하는 경우도 상대적으로 많아질 것이므로, 이러한 손해를 이익귀속자인 사용자로 하여금 부담케 하는 것이 공평의 이상에 합치된다는 보상책임의 원리에 입각한 것이라고 한다.

(나) 법적 성질

사용자책임은 사용자의 피용자에 대한 선임 및 감독상의 과실을 이유로 하는 점에서 기본적으로는 과실책임의 범주에 속하는 것이다. 다만 다음과 같은 특색이 있다. 첫째 사용자의 과실이 문제되는 것은 피용자의 선임·감독에 관한 것이고 피용자의 가해행위 자체에 대한 것이 아니다. 둘째 사용자는 자신에게 그러한 과실이 없다는 사실을 증명하여야 면책될 수 있다는 점에서 그 증명책임이 가해자에게 전환된 소위 중간책임으로 구성되어 있다. 다만 실무에서는 이러한 면책주장을 인정한 예가 없어 사실상 무과실책임에 가깝게 운영될 뿐이다.

(2) 성립요건

(가) 타인을 사용하여 어느 사무에 종사하게 할 것

1) 사용관계

사용자책임이 성립하기 위해서는 사용자와 불법행위자(피용자)사이에 사용관계가 존재하여야 한다. 사용관계란 사용자가 어떤 사무집행을 위하여 피용자를 사용하여 그를 실질적으로 지휘·감독하는 관계를 말하고(대판 1999.10.12, 98다62671), '사무'는 일반적으로 일을 의미한다. 그 일은 영리적인 것에 한하지 않으며, 법률적·계속적인 것이어야 하는 것도 아니다. 즉 사실적·일시적 사무라도 무방하다(대판 1989.10.10, 89다카2278). 또한 사용관계는 고용·위임·조합 등 어떠한 관계라도 상관없으며, 그 계약이 무효이더라도 사실상의 지휘·감독관계가 있으면 족하다(대판 1996.10.11, 96다30182).

따라서 위임인과 수임인 사이에 지휘·감독관계가 있고 수임인의 불법행위가 외형상 객관적으로 위임인의 사무집행에 관련된 경우, 위임인은 수임인의 불법행위에 대하여 사용자책임을 지며(대판 1998.4.28, 96다25500), 또 동업관계라 하더라도 사무집행에 관하여 지휘·감독하는 관계에 있으면 사용관계가 인정된다(대판 1999.4.27, 98다36238). 가령 동업관계에 있는 자들이 공동으로 처리하여야 할 업무를 동업자 중 1인에게 맡겨 그로 하여금 처리하도록 한 경우 다른 동업자는 그 업무집행자의 동업자인 동시에 사용자의 지위에 있다 할 것이므로, 업무집행과정에서 발생한 사고에 대하여 사용자로서 손해배상책임이 있다(대판 2006.3.10, 2005다65562). 그러나 피용자(甲)가 퇴직한 후에 사용자(乙)의 실질적인 지휘·감독 아래에 있었다고 볼 수 있는 특별한 사정이 없는 경우, 甲의 행위에 대하여 乙에게 사용자책임을 물을 수 없다(대판 2001.9.4, 2000다26128).

판 례

(ㄱ) 임차인이 건물 소유자인 임대인과의 합의에 따라 임대인으로부터 수리비용을 지급받아 임차목적물인 건물을 직접 수리하였다고 하여 그 수리업무에 있어 임대인의 피용자가 되거나 임대인으로부터 지휘·감독을 받을 지위에 있게 된다고 볼 수 없다(대판 1993.3.26, 92다10081).

(ㄴ) 사용자 및 피용자관계 인정의 기초가 되는 도급인의 수급인에 대한 지휘·감독은 건설공사의 경우에는 현장에서 구체적인 공사의 운영 및 시행을 직접 지시·지도하고 감시·독려함으로써 시공 자체를 관리함을 말하며, 단순히 공사의 운영 및 시행의 정도가 설계도 또는 시방서대로 시행되고 있는가를 확인하고 공정을 감독하는 데에 불과한 이른바 감리는 여기에 해당하지 않는다(대판 1989.8.8, 88다카27249).

(ㄷ) 제756조의 사용자와 피용자의 관계는 반드시 유효한 고용관계가 있는 경우에 한하는 것이 아니고, 사실상 어떤 사람이 다른 사람을 위하여 그 지휘·감독 아래 그 의사에 따라 사업을 집행하는 관계에 있을 때에도 그 두 사람 사이에 사용자, 피용자의 관계가 있다고 할 수 있다. 따라서 오피스텔 건축 시행사와 분양대행용역계약을 체결하여 분양대행업무를 수행하는 경우에도 사실상 시행사의 지휘·감독 아래 시행사의 의사에 따라 분양대행업무를 수행하였다면 사용자, 피용자의 관계에 있다고 할 수 있다(대판 2010.10.28, 2010다48387).

(ㄹ) 다단계판매원이 다단계판매업자의 상품 또는 용역을 소비자에게 판매하고 하위판매원의 모집 및 후원활동을 하는 것은 실질적으로 다단계판매업자의 관리 아래 그 업무를 위탁받아 행하는 것으로 볼 수 있고, 다단계판매업자도 재화 등의 판매에 의한 이익의 귀속주체가 되므로, 다단계판매원은 다단계판매업자의 지휘·감독을 받으면서 다단계판매업자의 업무를 직접 또는 간접으로 수행하는 자로서 다단계판매업자와의 관계에서 제756조의 피용자에 해당한다(대판 2008.11.27, 2008다56118).

2) 사용관계와 관련하여 문제되는 경우

가) 도급인의 경우

도급계약에서 수급인은 도급인의 지시·감독을 받는 자가 아니므로, 즉 독립된 지위에서 일의 완성의무를 부담할 뿐이므로 도급인의 피용자가 아니다. 이러한 취지에서 제757조 본문은 "도급인은 수급인이 그 일에 관하여 제3자에게 가한 손해를 배상할 책임이 없다"고 주의적으로 규정하고 있다. 즉 도급인은 원칙적으로 사용자책임을 지지 않는다. 다만 도급 또는 지시에 관하여 도급인에게 중대한 과실이 있는 때에는 배상책임이 있다(제757조 단서). 또한 도급인이 수급인의 일의 진행 및 방법에 관하여 구체적인 지휘 감독권을 보유한 경우에는 도급인과 수급인의 관계는 실질적으로 사용자 및 피용자의 관계와 다를 바 없으므로 수급인이 고용한 제3자의 불법행위로 인한 손해에 대하여 도급인은 사용자책임을 진다(대판 1993.5.27, 92다48109). 그리고 도급인이 수급인에 대하여 특정한 행위를 지휘하거나 특정한 사업을 도급시키는 경우와 같은 이른바 노무도급의 경우에 있어서는 도급인이라고 하더라도 민법 제756조가 규정하고 있는 사용자책임의 요건으로서의 사용관계가 인정된다(대판 2005.11.10, 2004다37676; 대판 1998.6.26, 97다58170). 그러나 도급인이 수급인의 공사에 대하여 감리적인 감독을 하는데 지나지 않을 때에는 사용관계를 인정할 수 없다(대판 1983.11.22, 83다카1153).

나) 명의대여자의 책임

(i) 타인에게 어떤 사업에 자기명의의 사용을 허용한 경우, 그 사업이 내부관계에서는 타인의 사업이고 명의자의 고용인이 아니더라도 외부에 대한 관계에서는 명의자의 사업이고 또 타인은 명의자의 종업원임을 표명한 것과 다름이 없으므로, 명의차용자의 업무상 불법행위에 대하여 명의대여자는 사용자책임을 진다. 명의대여로 인한 사용관계는 실질적으로 지휘·감독하였느냐 여부에 관계없이 객관적·규범적으로 보아 사용자가 불법행위자를 지휘·감독할 지위에 있었느냐 여부를 기준으로 결정하여야 한다(대판 2007.6.28, 2007다26929; 대판 2005.2.25, 2003다36133).

(ii) 한편 지입차량의 차주 또는 그가 고용한 운전자의 과실로 타인에게 손해를 가한 경우, 지입회사는 명의대여자로서 제3자에 대하여 지입차량이 자기의 사업에 속하는 것을 표시하였을 뿐 아니라 객관적으로 지입차주를 지휘·감독하는 사용자의 지위에 있다고 할 것이므로, 이러한 불법행위에 대하여 사용자책임을 부담한다(대판 2000.10.13, 2000다20069).

다) 차량의 임대차

운전사와 함께 차량을 일시적으로 대여한 경우, 임대인은 객관적으로 운전사를 지휘·감독할 관계에 있는 점에서 그리고 임차인은 임대인에 갈음하여 운전사를 감독할 관계에 있는 점에서(제756조 2항), 운전사의 과실로 타인에게 가한 손해에 대해 사용자 내지 대리감독자로서 각각 배상책임을 진다(대판 1995.4.7, 94다3872).

판 례

피고 甲회사가 피고 乙회사로부터 중기(페이로다)를 조종자인 조수 A와 함께 임차하여 甲회사의 현장감독의 감독하에 작업을 하게 하다가 A의 과실로 사고가 발생한 경우에는 비록 A가 甲회사의 직접적 피용자가 아니라고 하더라도 甲회사의 현장감독은 현장에서 중기의 운행을 직접 감독할 책임상 그 대여자에 갈음하여 A를 감독하는 자의 위치에 있다고 할 것이므로 현장감독의 감독불충분으로 사고가 발생하였다면 甲회사는 현장감독의 사용자로서의 책임이 있다. 또한 중기가 본래 B가 乙회사에 지입한 것으로서 비록 B가 그 조종자 및 조수 등을 직접 고용하여 운행하여 왔다고 하더라도 乙회사는 명의대여자로서 뿐만 아니라 객관적으로 A를 지휘·감독할 관계에 있다고 할 것이고 일시적으로 甲회사에 A와 함께 임대하였다고 하더라도 乙회사는 A에 대한 관계에서는 여전히 사용자의 위치에 있다(대판 1980.8.19, 80다708).

라) 근로자파견의 경우

파견사업주에게도 원칙적으로 사용자책임이 인정된다. 다만 파견사업주가 파견근로자의 선발 및 일반적 지휘·감독권의 행사에 있어 주의를 다하였다고 인정되는 때에는 면책된다(대판 2003.10.9, 2001다24655).

판 례

파견근로자보호 등에 관한 법률에 의한 근로자 파견은 파견사업주가 근로자를 고용한 후 그 고용관계를 유지하면서 사용사업주와 사이에 체결한 근로자 파견계약에 따라 사용사업주에게 근로자를 파견하여 근로를 제공하게 하는 것으로서, 파견근로자는 사용사업주의 사업장에서 그의 지시·감독을 받아 근로를 제공하기는 하지만 사용사업주와의 사이에는 고용관계가 존재하지 않는 반면, 파견사업주는 파견근로자의 근로계약상의 사용자로서 파견근로자에게 임금지급의무를 부담할 뿐만 아니라, 파견근로자가 사용사업자에게 근로를 제공함에 있어서 사용사업자가 행사하는 구체적인 업무상의 지휘·명령권을 제외한 파견근로자에 대한 파견명령권과 징계권 등 근로계약에 기한 모든 권한을 행사할 수 있으므로 파견근로자를 일반적으로 지휘·감독해야 할 지위에 있게 되고, 따라서 파견사업주와 파견근로자 사이에는 제756조의 사용관계가 인정되어 파견사업주는 파견근로자의 파견업무에 관련한 불법행위에 대하여 파견근로자의 사용자로서의 책임을 져야 하지만, 파견근로자가 사용사업주의 구체적인 지시·감독을 받아 사용사업주의 업무를 행하던 중에 불법행위를 한 경우에 파견사업주가 파견근로자의 선발 및 일반적 지휘·감독권의 행사에 있어서 주의를 다하였다고 인정되는 때에는 면책된다고 할 것이다(대판 2003.10.9, 2001다24655).

(나) 피용자가 사무집행에 관하여 제3자에게 손해를 주었을 것

1) 제756조의 '사무집행에 관하여'라는 뜻은 피용자의 불법행위가 외형상 객관적으로 사용자의 사업 활동 내지 사무집행행위 또는 그와 관련된 것이라고 보여 질 때에는 행위자의 주관적 사정을 고려함이 없이 이를 사무집행에 관하여 한 행위로 본다는 것을 의미한다(외형이론). 외형상 객관적으로 사용자의 사무집행에 관련된 것인지 여부는 피용자의 본래 직무와 불법행위와의 관련 정도 및 사용자에게 손해발생에 대한 위험창출과 방지조치 결여의 책임이 어느 정도 있는지를 고려하여 판단하여야 한다(대판 2014.4.10, 2012다61377). 따라서 피용자가 사용자나 사용자에 갈음하여 그 사무를 감독하는 자의 구체적 명령 또는 위임에 따르지 않고 그 지위를 남용하여 자기 또는 제3자의 이익을 도모하는 경우에도 사용자책임을 물을 수 있다(대판 1992.7.28, 92다10531). 그러나 피용자의 불법행위가 외관상 사무집행의 범위 내에 속하는 것으로 보이는 경우에도 피용자의 행위가 사용자나 사용자에 갈음하여 그 사무를 감독하는 자의 사무집행행위에 해당하지 않음을 '피해자 자신이 알았거나 중대한 과실로 인하여 알지 못한 경우'에는 사용자책임을 물을 수 없다(대판 2024.11.14, 2022다281378). 공평의 관점에서 상대방을 구태여 보호할 필요가 없기 때문이다. 여기서 법인이 피해자인 경우, 법인의 업무에 관하여 포괄적 대리권을 가진 대리인이 가해자인 피용자의 행위가 사용자의 사무집행행위에 해당하지 않음을 안 때에는 피해자인 법인이 이를 알았다고 보아야 하고, 이러한 법리는 그 대리인이 본인인 법인에 대한 관계에서 이른바 배임적 대리행위를 하는 경우에도 마찬가지이다(대판 2007.9.20, 2004다43886; 대판 2005.12.23, 2003다30159). 그리고 중대

한 과실이라 함은 조금만 주의를 기울였더라면 피용자의 행위가 그 직무권한 내에서 적법하게 행하여진 것이 아니라는 사정을 알 수 있었음에도 만연히 이를 직무권한 내의 행위라고 믿음으로써 일반인에게 요구되는 주의의무에 현저히 위반하는 것으로 거의 고의에 가까운 정도의 주의를 결여하고, 공평의 관점에서 상대방을 구태여 보호할 필요가 없다고 봄이 상당하다고 인정되는 상태를 말한다(대판 2014.4.10, 2012다61377). 이와 같은 중대한 과실 유무의 판단은 피용자의 행위에 의한 거래가 있었던 당시의 사정을 기준으로 하여야 한다(대판 2007.4.12, 2006다21354).

2) 사용자책임은 피용자가 가해행위를 하여 제3자에게 손해를 주어야 한다. 여기서 제3자는 사용자와 가해행위를 한 피용자를 제외한 자를 말한다.

판 례

(ㄱ) 피용자가 다른 피용자를 성추행 또는 간음하는 등 고의적인 가해행위를 한 경우, 그 행위가 피용자의 사무집행 자체는 아니라 하더라도, 피해자로 하여금 성적 굴욕감 또는 혐오감을 느끼게 하는 방법으로 업무를 수행하도록 하는 과정에서 피해자를 성추행하는 등 그 가해행위가 외형상 객관적으로 업무의 수행에 수반되거나 업무수행과 밀접한 관련 아래 이루어지는 경우뿐만 아니라, 피용자가 사용자로부터 채용, 계속고용, 승진, 근무평정과 같은 다른 근로자에 대한 고용조건을 결정할 수 있는 권한을 부여받고 있음을 이용하여 그 업무수행과 시간적, 장소적인 근접성이 인정되는 상황에서 피해자를 성추행하는 등과 같이 외형상 객관적으로 사용자의 사무집행행위와 관련된 것이라고 볼 수 있는 사안에서도 사용자책임이 성립할 수 있다(대판 2009.2.26, 2008다89712).

(ㄴ) 피용자가 사용자나 사용자에 갈음하여 그 사무를 감독하는 자의 구체적 명령 또는 위임에 따르지 아니하고 그 지위를 남용하여 자기 또는 제3자의 이익을 도모하는 경우 사용자 또는 사용자에 갈음하여 그 사무를 감독하는 자나 피용자의 주관적 사정에 따라 사용자책임을 부정하는 것은 사용자책임을 규정한 위 민법의 목적이나 입법취지에 어긋나는 것이다(대판 1992.7.28, 92다10531). 즉 피용자가 그 지위를 남용하여 자기 또는 제3자의 이익을 도모하는 경우에도 사용자책임이 인정된다.

(다) 피용자의 가해행위가 불법행위의 요건을 갖출 것

사용자책임이 인정되기 위해서는 그 전제로 피용자의 행위가 불법행위를 구성하여야 하는지에 대해, 통설과 판례는 사용자가 피용자의 과실 없는 행위에 대해서까지 책임을 진다는 것은 가혹하고, 제756조 3항에서 사용자의 피용자에 대한 구상권을 규정하고 있는 점을 근거로 긍정하고 있다(대판 1981.8.11, 81다298). 따라서 책임무능력자(초등학교 1학년생)의 대리감독자(담임 교사)에게 제755조 2항에 의한 배상책임이 있다고 하여 대리감독자의 사용자 또는 사용자에 갈음한 감독자(예: 학교를 설립·경영하는 지방자치단체)에게 당연히 제756조에 의한 사용자책임이 있다고 볼 수는 없으며, 책임무능력자의 가해행위에 관하여 그 대리감독자에게 고의 또는 과실이 인정됨으로써 별도로 불법행위의 일반요건을 충족한 때에만 대리감독자의 사용자 또는 사용자에 갈음한 감독자는 제756조의 사용자책임을 지게 된다(대판 1981.8.11, 81다298).

(라) 사용자가 면책사유를 증명하지 못할 것

사용자가 피용자의 선임·사무감독에 상당한 주의를 한 때 또는 상당한 주의를 하여도 손해가 발생하였을 경우에는 면책(免責)된다(제756조 1항 단서). 따라서 면책사유에 대한 증명책임은 사용자가 부담한다(대판 1998.5.15, 97다58538). 그런데 법원의 실무에서는 아직까지 그 면책을 인정한 예가 없으며, 그 결과 사실상 무과실책임에 가깝게 운영되고 있다.

(3) 효 과

(가) 배상책임

1) 사용자와 대리감독자

피용자의 가해행위로 손해를 입은 제3자는 사용자와 대리감독자에 대하여 손해배상을 청구할 수 있다(제756조 1항, 2항). 여기서 대리감독자는 사용자에 갈음하여 그 사무를 감독하는 자로서, 예컨대 공장장·현장소장 등 일정한 작업장에서 최종적인 감독책임을 지는 자를 말하며, 중간감독자 및 보조적 감독자는 이에 해당하지 않는다(김상용, 734면). 또한 사용자책임의 경우에도 피해자에게 과실이 있으면 과실상계를 할 수 있다. 판례도 사용자가 피용자의 과실에 의한 불법행위로 인한 사용자책임을 부담하는 경우와 마찬가지로 피용자의 고의에 의한 불법행위로 인하여 사용자책임을 부담하는 경우에도 피해자에게 그 손해의 발생과 확대에 기여한 과실이 있다면 사용자책임의 범위를 정함에 있어서 이러한 피해자의 과실을 고려하여 그 책임을 제한할 수 있다고 한다(대판 2002.12.26, 2000다56952).

판 례

사용자에 갈음하여 그 사무를 감독하는 자라 함은, 객관적으로 볼 때 사용자에 갈음하여 현실적으로 구체적인 사업을 감독하는 지위에 있는 사람을 말하는 것으로서, 반드시 그가 피용자를 선임한 경우라야 하는 것은 아니다(대판 1992.7.28, 92다10531).

2) 피 용 자

피용자는 제750조에 의해 불법행위책임을 진다(통설; 대판 1994.2.22, 93다53696).

3) 배상책임의 관계

사용자·대리감독자 및 피용자의 배상책임은 부진정연대채무의 관계에 있다. 특히 대리감독자가 있는 경우에도 사용자는 일반적으로 피용자에 대한 선임·감독상의 지위를 그대로 보유하는 점에서 그 책임은 면제되지 않는다.

4) 부진정연대채무자 1인이 손해액의 일부를 변제한 경우

가) 채무액이 동일한 경우

피해자에 대하여 사용자와 피용자의 채무액이 동일한 경우, 채무자 1인이 채무 일부를 변제하면 다른 채무자의 채무도 그만큼 소멸한다(절대적 효력).

나) 사용자와 피용자의 과실비율이 서로 달라 손해배상책임액의 범위가 다른 경우

(i) 소액채무자가 일부 변제한 경우 소액채무자가 그의 채무의 전부 또는 일부를

변제한 때에는 '변제금액만큼' 다액채무자의 채무도 소멸한다. 즉 부진정연대채무자 중 소액채무자가 자신의 채무 중 일부를 변제한 경우, 변제된 금액은 '소액채무자가 다액채무자와 공동으로 부담하는 부분'에 관하여 소멸하게 된다(대판 2012.2.9, 2009다72094). 가령 甲회사의 직원 乙은 丙에게 甲을 대리하여 보험계약을 체결하는 것처럼 오인시키고 丙으로부터 보험료 명목으로 금원을 수령하여 자신이 임의로 사용함으로써 丙에게 1억원의 손해를 입혔고, 甲회사와의 관계에서 丙의 과실은 30%로 인정되었다. 즉 丙에 대하여 乙은 1억원, 甲은 과실상계한 결과 7,000만원의 채무를 부담한다(사례 1). 여기서 甲이 丙에게 5,000만원을 변제하면 전액에 대하여 乙에게 효력을 미치므로 乙은 5,000만원, 甲은 2,000만원의 채무를 부담하게 된다.

(ii) 다액채무자가 일부 변제한 경우 판례는 금액이 다른 채무가 서로 부진정연대관계에 있을 때 다액채무자가 일부 변제를 하는 경우, 그 변제로 인하여 먼저 소멸하는 부분은 당사자의 의사와 채무 전액의 지급을 확실히 확보하려는 부진정연대채무 제도의 취지에 비추어 볼 때, 다액채무자가 '단독으로 채무를 부담하는 부분'으로 보아야 한다. 이러한 법리는 사용자의 손해배상액의 범위가 피해자의 과실을 참작하여 과실상계를 한 결과 타인에게 직접 손해를 가한 피용자 자신의 손해배상액과 달라졌는데 다액채무자인 피용자가 손해배상액의 일부를 변제한 경우에 적용된다. 또한 중개보조원을 고용한 개업공인중개사의 공인중개사법 제30조 1항에 따른 손해배상액의 범위가 과실상계를 한 결과 거래당사자에게 직접 손해를 가한 중개보조원 자신의 손해배상액과 달라졌는데 다액채무자인 중개보조원이 손해배상액의 일부를 변제한 경우에도 마찬가지라고 하여(대판 2018.3.22, 2012다74236), 외측설을 따르고 있다. 가령 (사례 1)에서 乙이 5,000만원을 변제한 경우, 다액채무자인 乙이 단독으로 부담하는 부분(3,000만원 = 1억원 - 7,000만원)부터 먼저 소멸하기 때문에 甲과 乙의 나머지 채무는 각각 5,000만원이다(자세한 것은 제1편 제4장 제5절 III. 2. (3) 부진정연대채무자가 일부변제한 경우 참조).

(나) 사용자의 피용자에 대한 구상권

1) 사용자 또는 대리감독자가 손해배상을 한 때에는 피용자에 대하여 구상권을 행사할 수 있다(제756조 3항). 판례는 손해의 공평한 분담이라는 견지에서 구상권을 제한하거나 배제할 수 있다고 한다(대판 2009.11.26, 2009다59350; 대판 2001.1.19, 2000다33607). 또한 피용자와 제3자가 공동불법행위로 피해자에게 손해를 가하여 그 손해배상채무를 부담하는 경우에 피용자와 제3자는 공동불법행위자로서 서로 부진정연대관계에 있고, 한편 사용자의 손해배상책임은 피용자의 배상책임에 대한 대체적 책임이어서 사용자도 제3자와 부진정연대관계에 있다고 보아야 할 것이므로, 사용자가 피용자와 제3자의 책임비율에 의하여 정해진 피용자의 부담부분을 초과하여 피해자에게 손해를 배상한 경우에는 사용자는 제3자에 대하여도 구상권을 행사할 수 있으며, 그 구상의 범위는 제3자의 부담부분에 국한된다고 보는 것이 타당하다고 한다(대판 2006.2.9, 2005다28426; 대판 1992.6.23, 91다33070).

2) 한편 명문의 규정이 없지만 사용자가 대리감독자에 대하여 구상권을 행사할 수 있는지에 대하여, 통설은 제756조 3항에서 피용자에 대한 구상권만을 규정하고 있는 점을 이유

로 원칙적으로 구상권의 행사를 부정하면서, 다만 대리감독자와 피용자의 공동불법행위가 되는 경우나 대리감독자의 과실과 손해 사이에 직접적인 인과관계가 있을 때에 한해 구상권을 인정하는 것이 타당하다고 한다. 물론 사용자와 대리감독자 사이의 내부관계에 기해 일정한 책임을 묻는 것은 별개의 문제이다.

판 례

(ㄱ) 피용자가 업무수행과 관련한 불법행위로 사용자가 입은 손해 전부를 변제하기로 하는 각서를 작성하여 사용자에게 제출한 사실이 있다고 하더라도, 그와 같은 각서 때문에 사용자가 공평의 견지에서 신의칙상 상당하다고 인정되는 한도를 넘는 부분에 대한 손해의 배상까지 구할 수 있게 되는 것은 아니다(대판 1996.4.9, 95다52611).

(ㄴ) 사용자의 감독이 소홀한 틈을 이용하여 고의로 불법행위를 저지른 피용자가 바로 그 사용자의 부주의를 이유로 자신의 책임의 감액을 주장하는 것은 신의칙상 허용될 수 없고, 사용자와 피용자가 명의대여자와 명의차용자의 관계에 있다고 하더라도 마찬가지이다(대판 2009.11.26, 2009다59350).

(ㄷ) 일반적으로 사용자가 피용자의 업무수행과 관련하여 행하여진 불법행위로 인하여 직접 손해를 입었거나 피해자인 제3자에게 사용자로서의 손해배상책임을 부담한 결과로 손해를 입게 된 경우에 사용자는 손해의 공평한 분담이라는 견지에서 신의칙상 상당하다고 인정되는 한도 내에서만 피용자에 대하여 손해배상을 청구하거나 구상권을 행사할 수 있고, 이러한 구상권 제한의 법리는 사용자의 보험자가 피용자에 대하여 구상권을 행사하는 경우에도 다를 바 없다. 그러나 사용자의 보험자가 피해자인 제3자에게 사용자와 피용자의 공동불법행위로 인한 손해배상금을 보험금으로 모두 지급하여 피용자의 보험자가 면책됨으로써 사용자의 보험자가 피용자의 보험자에게 부담하여야 할 부분에 대하여 직접 구상권을 행사하는 경우에는, 그와 같은 구상권의 행사는 상법 제724조 2항에 의한 피해자의 직접청구권을 대위하는 성격을 갖는 것이어서 피용자의 보험자는 사용자의 보험자에 대하여 구상권 제한의 법리를 주장할 수 없다(대판 2017.4.27, 2016다271226).

(4) 사용자책임과 다른 책임의 관계

(가) 법인의 불법행위책임

법인의 대표기관이 그 직무에 관하여 타인에게 가한 손해에 대해서는 법인 자신의 불법행위가 성립하는 점에서(제35조 1항), 타인의 행위에 대해 책임을 지는 사용자책임과는 그 구조를 달리한다. 다만 법인의 불법행위의 경우에도 대표기관 개인의 책임이 병존하는 점(제35조 1항)에서는 실질적으로 사용자책임과 크게 다를 것이 없다. 한편 법인의 대표기관이 아닌 피용자의 불법행위에 대해서는 법인은 사용자로서 제756조에 의한 책임을 진다.

판 례

(ㄱ) 학교법인의 대표자였던 자에 의한 차금행위가 불법행위가 된다면 이는 민법상 사용자의 배상책임이 아니고 제35조에 의한 법인자체의 불법행위가 되어 배상책임이 있다(대판 1978.3.14, 78다132).

(ㄴ) 학교법인의 피용자가 업무집행에 관하여 이사회의 결의와 감독청의 허가 없이 타인에게서 금원을 차용하거나 의무부담행위를 함으로써 타인에게 손해를 가한 경우에 학교법인은 사용자로서 손해배상책임을 질 수 있다(대판 2016.6.9, 2014다64752).

(나) 국가배상책임

국가 또는 지방자치단체는 공무원이 그 직무를 집행함에 있어 고의 또는 과실로 법령에 위반하여 타인에게 손해를 가하거나 자동차손해배상보장법의 규정에 의하여 손해배상의 책임이 있는 때에는 국가배상법의 규정에 따라 이를 배상할 책임이 있다(국가배상법 제2조 1항). 국가배상법에 의한 국가 등의 책임은, ① 국가의 고의·과실을 문제 삼지 않는 무과실책임으로 구성되어 있는 점, ② 공무원에게 경과실이 있는 경우에는 공무원은 민사상 아무런 책임을 지지 않고 국가만이 배상책임을 지는 점(대판 1996.2.15, 95다38677), ③ 공무원에게 고의·중과실이 있는 경우에만 국가가 구상권을 행사할 수 있다는 점에서 제756조의 사용자책임과 차이가 있다.

참고로 민간인 A와 직무집행 중인 군인 B의 공동불법행위로 인하여 직무집행 중인 다른 군인 C가 손해를 입은 경우, 판례는 국가배상법 제2조 제1항 단서가 적용되는 공무원의 직무상 불법행위로 인하여 직무집행과 관련하여 C에 대하여 불법행위에 관련된 A가 공동불법행위책임, 사용자책임, 자동차운행자책임 등에 의하여 그 손해를 자신의 귀책부분을 넘어서 배상한 경우에도 국가 등은 C에 대한 국가배상책임을 면할 뿐만 아니라, 나아가 민간인에 대한 국가의 귀책비율에 따른 구상의무도 부담하지 않는다. 그러나 이 경우, A가 공동불법행위자라는 이유로 C의 손해 전부를 배상할 책임을 부담하도록 하면서 국가 등에 대하여는 귀책비율에 따른 구상을 청구할 수 없도록 한다면, 공무원의 직무활동으로 빚어지는 이익의 귀속주체인 국가 등과 A와의 관계에서 원래는 국가 등이 부담하여야 할 손해까지 A가 부담하는 부당한 결과가 발생하므로(가해 공무원에게 경과실이 있는 경우에는 그 공무원은 손해배상책임을 부담하지 아니하므로 A로서는 자신이 손해발생에 기여한 귀책부분을 넘는 손해까지 종국적으로 부담하는 불이익을 받게 될 것이고, 가해 공무원에게 고의 또는 중과실이 있는 경우에도 그 무자력 위험을 사용관계에 있는 국가 등이 부담하는 것이 아니라 오히려 A가 감수하게 되는 결과가 된다), 공동불법행위자 등이 부진정연대채무자로서 각자 피해자의 손해 전부를 배상할 의무를 부담하는 공동불법행위의 일반적인 경우와 달리 예외적으로 A는 C에 대하여 그 손해 중 국가 등이 A에 대한 구상의무를 부담한다면 그 내부적인 관계에서 부담하여야 할 부분을 제외한 나머지 자신의 부담부분에 한하여 손해배상의무를 부담하고, 국가 등에 대하여는 그 귀책부분의 구상을 청구할 수 없다고 한다(대판 2001.2.15, 96다42420). 즉 A는 자기의 과실비율에 따른 손해액을 C에게 배상하면, 국가 등은 자신의 손해배상액에서 A가 이미 지급한 손해액만큼 감축한 액만 보상하면 된다고 한다.

판 례

(ㄱ) 공무원의 직무상 위법행위가 경과실에 의한 경우에는 국가배상책임만 인정하고 공무원 개인의 손해배상책임을 인정하지 않는 것이 피해자인 국민의 입장에서 보면 헌법 제23조가 보장하고 있는 재산권에 대한 제한이 될 것이지만, 이는 공무수행의 안정성이란 공공의 이익을 위한 것이라는 점과 공무원 개인책임이 인정되지 아니하더라도 충분한 자력이 있는 국가에 의한 배상책임이 인정되고 국가배상책임의 인정요건도 민법상 사용자책임에 비하여 완화하고 있는 점 등에 비추어 볼 때, 헌법 제37조 제2항이 허용하는 기본권 제한 범위에 속하는 것이라고 할 것이다(대판 1996.2.15, 95다38677).

(ㄴ) 공무원이 직무수행 중 불법행위로 타인에게 손해를 입힌 경우에 국가 등이 국가배상책임을 부담하는 외에 공무원 개인도 고의 또는 중과실이 있는 경우에는 불법행위로 인한 손해배상책임을 지고, 공무원에게

경과실이 있을 뿐인 경우에는 공무원 개인은 손해배상책임을 부담하지 아니한다(대판 2003.12.26, 2003다13307; 대판 2011.9.8, 2011다34521). 이처럼 경과실이 있는 공무원이 피해자에 대하여 손해배상책임을 부담하지 아니함에도 피해자에게 손해를 배상하였다면 그것은 채무자 아닌 사람이 타인의 채무를 변제한 경우에 해당하고, 이는 제469조의 '제3자의 변제' 또는 제744조의 '도의관념에 적합한 비채변제'에 해당하여 피해자는 공무원에 대하여 이를 반환할 의무가 없고, 그에 따라 피해자의 국가에 대한 손해배상청구권이 소멸하여 국가는 자신의 출연 없이 채무를 면하게 되므로, 피해자에게 손해를 직접 배상한 경과실이 있는 공무원은 특별한 사정이 없는 한 국가에 대하여 국가의 피해자에 대한 손해배상책임의 범위 내에서 공무원이 변제한 금액에 관하여 구상권을 취득한다(대판 2014.8.20, 2012다54478).

(ㄷ) 국가 또는 지방자치단체가 공권력을 행사함에 있어서 공무원이 그 직무를 집행함에 당하여 고의 또는 과실로 법령에 위반하여 타인에게 손해를 가하였을 때에는 국가배상법 제2조에 의하여 그 손해를 배상할 책임이 있는 것이고, 이와 같이 국가배상법 제2조의 적용이 있는 경우에는 사용자의 배상책임에 관한 민법 제756조의 규정이 배제된다(대판 1975.5.27, 75다300; 대판 1996.8.23, 96다19833). 즉 공무원이 직무수행에 당하여 고의 또는 과실로 타인에게 손해를 가한 것으로 주장하는 경우는 특별법인 국가배상법이 적용되어 민법상의 사용자책임에 관한 규정은 그 적용이 배제된다(특별법우선의 원칙).

(ㄹ) 국가배상청구권에 관한 3년의 단기시효기간을 기산하는 경우에도 민법 제766조 1항 외에 소멸시효의 기산점에 관한 일반규정인 민법 제166조 1항이 적용되므로, 3년의 단기시효기간은 '손해 및 가해자를 안 날'에 더하여 '권리를 행사할 수 있는 때'가 도래하여야 비로소 시효가 진행한다. 그런데 공무원의 직무수행 중 불법행위에 의하여 납북된 것을 원인으로 하는 국가배상청구권 행사의 경우, 남북교류의 현실과 거주·이전 및 통신의 자유가 제한된 북한 사회의 비민주성이나 폐쇄성 등을 고려하여 볼 때, 다른 특별한 사정이 없는 한 북한에 납북된 사람이 국가를 상대로 대한민국 법원에 소장을 제출하는 등으로 권리를 행사하는 것은 객관적으로도 불가능하므로, 납북상태가 지속되는 동안은 소멸시효가 진행하지 않는다(다만 납북자에 대한 실종선고심판이 확정되게 되면 상속인들에 의한 상속채권의 행사가 가능해질 뿐이다)(대판 2012.4.13, 2009다33754).

(ㅁ) 국가 또는 지방자치단체라 할지라도 공권력의 행사가 아니고 단순한 사경제의 주체로 활동하였을 경우에는 그 손해배상책임에 국가배상법이 적용될 수 없고 민법상의 사용자책임 등이 인정되는 것이고 국가의 철도운행사업은 국가가 공권력의 행사로서 하는 것이 아니고 사경제적 작용이라 할 것이므로, 이로 인한 사고에 공무원이 관여하였다고 하더라도 국가배상법을 적용할 것이 아니고 일반 민법의 규정에 따라야 한다(대판 1997.7.22, 95다6991).

(ㅂ) 국가배상책임에 있어 공무원의 가해행위는 법령을 위반한 것이어야 하고, 법령을 위반하였다 함은 엄격한 의미의 법령 위반뿐 아니라 인권존중, 권력남용금지, 신의성실과 같이 공무원으로서 마땅히 지켜야 할 준칙이나 규범을 지키지 않고 위반한 경우를 포함하여 널리 그 행위가 객관적인 정당성을 결여하고 있음을 뜻하는 것이므로, 수사기관이 범죄수사를 하면서 지켜야 할 법규상 또는 조리상의 한계를 위반하였다면 이는 법령을 위반한 경우에 해당한다(대판 2020.4.29, 2015다224797). 가령 수사기관은 수사 등 직무를 수행할 때에 헌법과 법률에 따라 국민의 인권을 존중하고 공정하게 하여야 하며 실체적 진실을 발견하기 위하여 노력하여야 할 법규상 또는 조리상의 의무가 있고, 특히 피의자가 소년 등 사회적 약자인 경우에는 수사과정에서 방어권 행사에 불이익이 발생하지 않도록 더욱 세심하게 배려할 직무상 의무가 있다. 따라서 경찰관은 피의자의 진술을 조서화하는 과정에서 조서의 객관성을 유지하여야 하고, 고의 또는 과실로 위 직무상 의무를 위반하여 피의자신문조서를 작성함으로써 피의자의 방어권이 실질적으로 침해되었다고 인정된다면, 국가는 그로 인하여 피의자가 입은 손해를 배상하여야 한다.

(ㅅ) 법관의 재판에 법령 규정을 따르지 않은 잘못이 있더라도 이로써 바로 재판상 직무행위가 국가배상법 제2조 제1항에서 말하는 위법한 행위로 되어 국가의 손해배상책임이 발생하는 것은 아니고, 국가배상책임이 인정되려면 법관이 위법하거나 부당한 목적을 가지고 재판을 하였다거나 법이 법관의 직무수행상 준

수할 것을 요구하고 있는 기준을 현저하게 위반하는 등 법관이 그에게 부여된 권한의 취지에 명백히 어긋나게 이를 행사하였다고 인정할 만한 특별한 사정이 있어야 한다(대판 2025.2.27, 2023다233895).

(다) 자동차손해배상책임

자동차의 운행으로 사람이 사망하거나 부상한 경우에는 자기를 위하여 자동차를 운행한 자는 자동차손해배상보장법이 정하는 바에 따라 배상책임을 진다. 제756조의 사용자책임과 다른 점은 그 적용대상이 자동차의 운행으로 인한 '인적 사고'에 한정되고, 배상책임자는 자동차의 운행자이며, 그가 무과실에 가까운 중한 책임을 진다는데 있다. 따라서 자동차의 운행으로 인한 '물적 손해'에 대해서 그리고 운행자가 사용자로 인정되는 때에는 이에 대한 배상에 관해서는 제756조의 사용자책임이 적용될 수 있다.

(라) 이행보조자의 불법행위책임

채무불이행과 관련하여 이행보조자의 고의나 과실은 채무자의 고의나 과실이 된다(제391조). 만일 이행보조자의 고의·과실에 의한 채무불이행이 불법행위를 구성하는 경우, 청구권경합설에 의하면 계약책임(제390조)과 사용자책임(제756조)이 경합하게 된다. 그러나 법조경합설에 의하면 채무자의 계약책임만 문제되고, 제756조는 적용되지 않는다.

3. 공작물 등의 점유자 · 소유자의 책임 — 공작물책임

(1) 서 설

(가) 의 의

공작물책임(工作物責任)이란 공작물 등의 점유자 또는 소유자가 공작물의 설치 또는 보존의 하자로 인하여 타인에게 입힌 손해를 배상할 의무를 지는 것을 말한다(제758조 1항). 공작물책임의 발생은 공작물의 설치·보존의 하자와 손해 사이의 관련성에서 비롯하고, 책임주체의 '고의·과실에 의한 가해행위'를 요건으로 하지 않는다(이은영, 875면). 즉 이 책임은 책임주체의 가해행위를 성립요건으로 하지 않는다는 점에서 일반불법행위와 구별된다.

(나) 책임의 성질 및 근거

점유자와 소유자의 손해배상책임에서 점유자는 손해방지에 필요한 주의의무를 다한 경우에 면책될 수 있으나, 소유자는 면책의 여지가 없다(제758조 1항 단서). 따라서 공작물책임에서 '점유자'의 책임은 손해방지의무를 게을리한 인한 '과실책임'(과실의 증명책임을 전환한 중간책임)이지만, '소유자'의 책임은 '무과실책임'이다. 이와 같이 점유자 또는 소유자의 책임을 가중하는 이유는 위험책임의 법리에 있다(대판 1996.11.22, 96다39219). 즉 위험성이 많은 공작물을 관리·소유하는 자는 위험방지에 충분한 주의를 하여야 하며, 따라서 위험이 현실화하여 손해가 생긴 경우에 그들에게 배상책임을 부담시키는 것이 공평하다는 데 있다. 주의할 것은 공작물시공자가 시공상의 고의·과실로 인하여 피해자에게 손해를 가한 경우, 제750조에 의하여 피해자는 시공자에 대해 손해배상을 청구할 수 있다는 점이다. 즉 제758조가 공작물시공자의 피해자에 대한 제750조에 의한 손해배상책임을 배제하는 것이 아니다(대판 1996.11.22, 96다39219).

(2) 성립요건

(가) 공작물 등의 설치·보존에 하자가 있을 것

1) 공작물 등

공작물책임이 성립하기 위해서는 공작물의 설치·보존 또는 나무를 심거나 보존하는 데 하자가 존재하여야 한다(제758조 1항, 2항). 공작물이란 인공적 작업에 의하여 제작된 물건을 말하며, 건물·철탑·교량·제방·저수지·도로·축대 등이 이에 속한다. 공작물에 자동차나 항공기와 같은 동적인 기업설비도 포함되는지에 관하여, 판례는 경사로에 주차 중인 석유배달차량에서 원인미상의 화재가 발생하여 보조 잠금장치가 풀리면서 차량이 움직여 인근 건물을 들이받고 불이 옮겨 붙은 경우, 그 건물 화재는 공작물인 차량의 설치·보존상의 하자에 의하여 직접 발생한 것이라고 하여(대판 1998.3.13, 97다34112), 긍정하고 있다.

판 례

제758조에서 말하는 공작물이라 함은 인공적 작업에 의하여 제작된 물건을 말하는 것으로서 전기 그 자체는 여기에서 말하는 공작물에 해당되지 않는다(대판 1993.6.29, 93다11913).

2) 공작물의 하자

(i) 공작물의 하자란 공작물이 그 용도에 따라 객관적으로 요구되는 성질 및 설비를 설치 당시부터 갖추지 못하였거나(설치의 하자) 설치 후 관리소홀·필요한 설비보충을 소홀히 하여 불완전하게 된 것을 말한다(보존의 하자). 즉 공작물의 설치·보존상의 하자는 공작물이 그 용도에 따라 통상 갖추어야 할 안전성을 갖추지 못한 상태를 의미한다(대판 2006.1.26, 2004다21053; 대판 2005.1.14, 2003다24499). 여기에서 안전성을 갖추지 못한 상태, 즉 타인에게 위해를 끼칠 위험성이 있는 상태라 함은 해당 공작물을 구성하는 물적 시설 그 자체에 물리적·외형적 결함이 있거나 필요한 물적 시설이 갖추어져 있지 않아 이용자에게 위해를 끼칠 위험성이 있는 경우뿐만 아니라, 그 공작물을 본래의 목적 등으로 이용하는 과정에서 일정한 한도를 초과하여 제3자에게 사회통념상 일반적으로 참아내야 할 정도(수인한도)를 넘는 피해를 입히는 경우까지 포함된다(대판 2017.2.15, 2015다23321).

(ii) 공작물의 하자유무는 객관적으로 판단하며, 하자에 관하여 점유자나 소유자의 고의·과실이 있는가는 문제되지 않는다(통설). 위험한 공작물에 관하여 손해방지에 충분한 설비나 조치를 하지 않은 것 자체가 하자로 인정된다(이은영, 877면). 여기서 주의할 것은 공작물의 설치·보존에 관한 법령이나 행정규칙을 준수하였다는 사실은 하자유무를 판단하기 위한 하나의 기초사실

이 될 뿐이며, 이후에 생긴 주위의 자연적·인위적 환경변화에 따른 사고예방조치의 강구의무까지 면제되는 것은 아니라는 점이다(대판 1981.3.10, 80다2550). 판례는 안전성의 구비여부를 공작물의 설치·보존자가 그 공작물의 위험성에 비례하여 사회통념상 일반적으로 요구되는 정도의 방호조치 의무를 다하였는지의 여부를 기준으로 판단하고 있다(대판 2006.1.26, 2004다21053). 즉 인접토지에서의 건축공사로 인하여 그 공사현장과 경계를 이루는 담장에 발생한 균열 등에 대하여 공사현장을 점유하며 공사를 시행하고 있는 자에게 수차례 보수를 요구한 경우, 공작물인 담장의 위험성에 비례하여 사회통념상 일반적으로 요구되는 정도의 방호조치 의무를 다하였다고 보아 담장 소유자의 담장의 설치·보존상의 하자로 인한 책임이 없다고 한다(대판 2005.1.14, 2003다24499).

(iii) 한편 공작물의 하자의 존재에 관하여는 피해자에게 증명책임이 있지만, 판례는 주위에 있는 다른 건물에는 아무 이상이 없었는데 유독 다툼의 대상이 된 건물만이 무너진 경우에 공작물의 하자를 추정한다(대판 1974.11.26, 74다246).

판 례

(ㄱ) 고속도로의 추월선에 각목이 방치되어 있었던 것은 공작물 보존의 하자에 해당한다 할 것이고, 또한 피고가 손해의 방지에 필요한 주의를 해태하지 아니하였다고 보기는 어렵다 할 것이다(대판 1996.10.11, 95다56552).

(ㄴ) 강설에 대처하기 위하여 완벽한 방법으로 도로 자체에 융설 설비를 갖추는 것이 현대의 과학기술 수준이나 재정사정에 비추어 사실상 불가능하더라도, 최저 속도의 제한이 있는 고속도로의 경우에는 도로관리자가 도로의 구조·기상예보 등을 고려하여 사전에 충분한 인적·물적 설비를 갖추어 강설시 신속한 제설작업을 하고 나아가 필요한 경우 제때에 교통통제 조치를 취함으로써 고속도로로서의 기본적인 기능을 유지하거나 신속히 회복할 수 있도록 하는 관리의무가 있다. 따라서 폭설로 차량 운전자 등이 고속도로에서 장시간 고립된 경우, 고속도로의 관리자가 고립구간의 교통정체를 충분히 예견할 수 있었음에도 교통제한 및 운행정지 등 필요한 조치를 충실히 이행하지 아니하였으므로 고속도로의 관리상 하자가 있다(대판 2008.3.13, 2007다29287,29294).

(ㄷ) 공작물이 관계 법령이 정한 시설기준 등에 부적합한 것이라면 특별한 사정이 없는 한 이러한 사유는 공작물의 설치·보존상의 하자에 해당한다고 볼 수 있다(대판 2010.2.11, 2008다61615).

(ㄹ) 국가배상법 제5조 제1항에 정하여진 '영조물의 설치 또는 관리의 하자'라 함은 공공의 목적에 공여된 영조물이 그 용도에 따라 갖추어야 할 안전성을 갖추지 못한 상태에 있음을 말하고, 안전성을 갖추지 못한 상태, 즉 타인에게 위해를 끼칠 위험성이 있는 상태라 함은 당해 영조물을 구성하는 물적 시설 그 자체에 있는 물리적·외형적 흠결이나 불비로 인하여 그 이용자에게 위해를 끼칠 위험성이 있는 경우뿐만 아니라, 그 영조물이 공공의 목적에 이용됨에 있어 그 이용상태 및 정도가 일정한 한도를 초과하여 제3자에게 사회통념상 수인할 것이 기대되는 한도를 넘는 피해를 입히는 경우까지 포함된다고 보아야 한다. 그리고 영조물 설치 또는 하자에 관한 제3자의 수인한도의 기준은 일반적으로 침해되는 권리나 이익의 성질과 침해의 정도뿐만 아니라 침해행위가 갖는 공공성의 내용과 정도, 그 지역환경의 특수성, 공법적인 규제에 의하여 확보하려는 환경기준, 침해를 방지 또는 경감시키거나 손해를 회피할 방안의 유무 및 그 난이 정도 등 여러 사정을 종합적으로 고려하여 구체적 사건에 따라 개별적으로 결정하여야 한다(대판 2010.11.25, 2007다20112; 대판 2005.1.27, 2003다49566).

(ㅁ) 철도소음·진동을 규제하는 행정법규에서 정하는 기준을 넘는 철도소음·진동이 있다고 하여 바로 사회통념상 일반적으로 참아내야 할 정도(이하 '참을 한도'라고 한다)를 넘는 위법한 침해행위가 있어 민사책임이 성립한다고 단정할 수 없다. 그러나 위와 같은 행정법규는 인근 주민의 건강이나 재산, 환경을 소음·진동으로부터 보

호하는 데 주요한 목적이 있기 때문에 철도소음·진동이 위 기준을 넘는지는 참을 한도를 정하는 데 중요하게 고려해야 한다(대판 2017.2.15, 2015다23321).

(나) 공작물 등의 하자로 인하여 타인에게 손해가 발생할 것

하자와 손해와의 사이에 인과관계가 있어야 한다. 따라서 공작물이 불가항력(돌발적인 강풍이나 폭우 등)으로 파괴되고, 그로 인하여 손해가 생긴 경우에 그것이 공작물에 하자가 없었더라도 손해가 생겼을 정도의 것이면, 하자와 손해의 발생 사이에는 인과관계가 없으므로 공작물에 의한 책임을 생기지 않는다(곽윤직, 423면). 학설과 판례는 공작물의 하자 존재가 인정되면, 그 하자와 손해 발생 간에 인과관계가 추정된다고 한다(대판 1982.8.24, 82다카348; 김상용, 743면; 이은영, 877면). 따라서 고속도로의 관리상 하자가 인정되는 이상 고속도로의 점유관리자는 그 하자가 불가항력에 의한 것이거나 손해의 방지에 필요한 주의를 게을리 하지 아니하였다는 점을 주장·증명하여야 비로소 그 책임을 면할 수 있다(대판 2008.3.13, 2007다29287,29294).

한편 공작물의 하자 이외에 자연력(예: 장마철 가로수가 쓰러져 사고가 발생한 경우 지방자치단체는 영조물관리자로서 책임을 질 수 있다)이나 제3자의 행위가 공동원인인 경우에도 원칙적으로 공작물책임은 성립한다(대판 1994.11.22, 94다32924; 이은영, 878면). 즉 공작물의 설치 또는 보존상의 하자로 인한 사고는 공작물의 설치 또는 보존상의 하자만이 손해발생의 원인이 되는 경우만을 말하는 것이 아니고, 다른 제3자의 행위 또는 피해자의 행위와 경합하여 손해가 발생하더라도 공작물의 설치·보존상의 하자가 공동원인의 하나가 되는 이상 그 손해는 공작물의 설치·보존상의 하자에 의하여 발생한 것이라고 보아야 한다(대판 2007.6.28, 2007다10139). 따라서 화재가 공작물의 설치 또는 보존상의 하자가 아닌 다른 원인으로 발생하였거나 화재의 발생 원인이 밝혀지지 않은 경우에도 공작물의 설치 또는 보존상의 하자로 인하여 화재가 확산되어 손해가 발생하였다면 공작물의 설치 또는 보존상의 하자는 화재사고의 공동원인의 하나가 되었다고 볼 수 있다(대판 2015.2.12, 2013다61602). 반면에 공작물의 하자로 인해 어떠한 손해가 발생하였다고 하더라도, 손해가 공작물의 하자와 관련한 위험이 현실화되어 발생한 것이 아니라면 이는 '공작물의 설치 또는 보존상의 하자로 인하여 발생한 손해'라고 볼 수 없다(대판 2025.9.4, 2025다212812,212813).

(다) 점유자에게 면책사유가 존재하지 않을 것

점유자는 손해의 방지에 필요한 주의를 게을리하지 않았다면 책임을 면한다(제758조 1항 단서). 그러나 소유자에 대해서는 면책사유가 인정되지 않는다.

(3) 효 과

(가) 손해배상책임

1) 피해자에 대한 공작물의 점유자·소유자의 책임

공작물 등의 설치·보존의 하자로 인한 배상책임은 1차적으로 공작물 등에 대하여 가장

밀접한 지위에 있는 '점유자'가 지는데, 점유자는 손해의 방지에 필요한 주의를 다하였음을 증명하여 책임을 면할 수 있다. 따라서 하자의 존재에 관한 증명책임은 피해자에게 있고, 일단 하자있음이 인정되는 이상 손해발생이 천재지변의 불가항력에 의한 것으로서 위와 같은 하자가 없었다고 하여도 불가피한 것이었다는 점에 대한 증명책임은 이를 주장하는 공작물의 점유자에게 있다(대판 1982.8.24, 82다카348). 한편 점유자가 면책된 경우에 피해자는 2차적으로 공작물 등의 '소유자'로부터 손해배상을 받을 수 있다.

가) 점유자의 책임

(i) 공작물점유자라 함은 공작물을 사실상 지배하면서 그 설치 또는 보존상의 하자로 인하여 발생할 수 있는 각종 사고를 방지하기 위하여 공작물을 보수·관리할 권한 및 책임이 있는 자를 말한다. 따라서 ① 공장근저당권자가 공장부도로 대표이사 등이 도피한 상태에서 담보물의 가치를 보전하기 위하여 경비용역업체를 통하여 공장을 경비한 경우, 제758조 1항의 공작물점유자에 해당한다고 볼 수 없다(대판 2000.4.21, 2000다386). ② 가사상, 영업상 기타 유사한 관계에 의하여 타인의 지시를 받아서 공작물에 대한 사실상의 지배를 하는 자가 있는 경우에 그 타인의 지시를 받는 자는 제195조에 따른 점유보조자에 불과하므로 제758조 1항에 의한 공작물 점유자의 책임을 부담하는 자에 해당하지 않는다(대판 2024.2.15, 2019다208724).

한편 점유자는 공작물을 사실상 지배하고 있는 자로서, 간접점유자가 있는 경우에 먼저 직접점유자가 책임을 지고, 직접점유자에게 책임을 지울 수 없는 때에 비로소 간접점유자가 책임을 진다(대판 1993.3.26, 92다10081; 대판 1981.7.28, 81다209). 고속도로의 추월선에 각목이 방치되어 사고의 원인이 된 경우, 판례는 한국도로공사가 도로법 제112조 1항에 의하여 국토교통부장관을 대행하여 경부고속도로를 관리하여 오고 있으므로, 제758조 1항이 정하는 공작물의 점유자에 해당한다"고 한다(대판 1996.10.11, 95다56552). 그 밖에 "건물 일부의 임차인이 건물외벽에 설치한 간판이 추락하여 행인이 부상한 경우, 건물소유자는 건물외벽의 직접점유자로서 외벽의 하자로 인하여 발생한 사고에 대하여 제758조 1항의 손해배상책임을 부담한다고 한다(대판 2003.2.28, 2002다65516).

(ii) 도로에서 유입되는 소음 때문에 인근 주택의 거주자에게 사회통념상 수인한도를 넘는 생활이익의 침해가 발생한 경우, 그 주택을 건축하여 분양한 분양회사는 도로의 설치·관리자가 아니고 그 주택의 건축으로 인하여 소음이 발생하였다고 볼 수도 없으므로, 주택의 거주자들이 분양회사를 상대로 소음 때문에 발생한 생활이익의 침해를 원인으로 하는 불법행위책임을 물을 수는 없다. 다만 분양회사는 주택의 공급 당시에 주택법상의 주택건설기준 등 그 주택이 거래상 통상 소음 방지를 위하여 갖추어야 할 시설이나 품질을 갖추지 못한 경우에 집합건물법 제9조 또는 민법 제580조의 담보책임을 부담하거나, 수분양자와의 분양계약에서 소음 방지 시설이나 조치에 관하여 특약이 있는 경우에 그에 따른 책임을 부담하거나, 또는 분양회사가 수분양자에게 분양하는 주택의 소음 상황 등에 관한 정보를 은폐하거나 부정확한 정보를 제공하는 등 신의칙상의 부수의무를 게을리 한 경우에 그 책임을 부

담할 뿐이다(대판 2008.8.21, 2008다9358,9365).

판 례

고속도로의 보존상의 하자의 존재에 관한 증명책임은 피해자에게 있으나 일단 그 하자있음이 인정되는 이상 고속도로의 점유관리자는 그 하자가 불가항력에 인한 것이거나 손해의 방지에 필요한 주의를 해태하지 아니하였다는 점을 주장·증명하여야 비로소 그 책임을 면할 수가 있다(대판 2008.3.13, 2007다29287,29294; 대판 1988.11.8, 86다카775).

나) 소유자의 책임

점유자와 달리 소유자에게는 면책사유가 인정되지 않으므로(제758조 1항 단서), 공작물소유자책임은 무과실책임이다. 즉 소유자는 점유자가 면책된 경우, 점유자와 소유자가 동일인인 경우에 책임을 진다. 따라서 하자가 없다고 믿고서 매수한 소유자도 책임을 면하지 못한다. 또한 여기서 소유자란 법률상의 소유자를 말하므로, 매수인이 이전등기를 갖추지 않고 있는 동안은 여전히 매도인이 소유자로서 책임을 져야 한다.

2) 직접점유자인 피해자에 대한 소유자의 책임

공작물의 임차인인 직접점유자가 공작물의 설치 또는 보존의 하자로 인하여 손해를 입은 경우, 판례는 1차적으로 소유자가 무과실책임을 지고, 다만 피해자인 임차인에게 과실이 있는 때에는 과실상계의 사유가 될 뿐이라고 한다(대판 2008.7.24, 2008다21082; 대판 1993.11.9, 93다40560). 예컨대 건물의 축조 또는 보존의 하자로 인하여, 임차인이 연탄가스중독으로 사망한 경우, 건물소유자인 임대인이 공작물책임을 진다.

(나) 점유자 및 소유자의 구상권

공작물책임을 부담하는 자는 제3자에 대하여 손해를 발생시킨 당시의 공작물의 점유자 또는 소유자이다. 만일 피해자에게 손해를 배상한 경우, 점유자 또는 소유자는 '그 손해의 원인에 대한 책임 있는 자'(예: 공작물을 불완전하게 만든 수급인, 공작물의 설계자, 공작물의 전점유자 또는 전소유자)에 대하여 구상권(求償權)을 행사할 수 있다(제758조 3항).

(4) 수목에 관한 책임

나무를 심거나 보존하는 데 하자가 있어 타인에게 손해를 입힌 경우, 그 점유자 또는 소유자의 책임과 구상권 등은 공작물에서와 같다(제758조 2항).

(5) 공작물책임과 다른 책임의 관계

(가) 국가배상책임과의 관계

공작물을 국가 또는 지방자치단체가 설치하여 관리하는 경우, 민법 제758조의 공작물책임이 아니라 국가배상책임이 성립한다. 그 밖에 국가가 사실상 관리하는 경우에도 국가배상책임이 성립한다(대판 1995.1.24, 94다45302). 국가배상법 제5조 1항에 의하여 국가 또는 지방자치단체에게 배상책임이 인정되기 위해서는 ① 공공시설에 의한 손해이고, ② 그 공공시설의 설치 또는 관리에 하자가 있었으며, ③ 그 공공시설의 하자로 인하여 손해가 발생한 경우이어야 한다. 여기서 공공시설이라 함은 국가 또는 공공단체에 의하여 공공목적에 공용되는 유체물, 즉 공물을 말하는데 도로에 설치된 맨홀도 공공시설에 해당한다. 또한 공공시설(영조물)의 설치 또는 관리의 하자라 함은 영조물이 그 용도에 따라 통상 갖추어야 할 안전성을 갖추지 못한 상태를 말한다. 판례는 집중호우로 국도변 산비탈이 무너져 내려 차량의 통행을 방해함으로써 일어난 교통사고에 대하여, 국가의 도로에 대한 설치·관리상의 하자책임이 있다고 한다(대판 1993.6.8, 93다11678). 또한 집중호우로 제방도로가 유실되면서 그곳을 걸어가던 보행자가 강물에 휩쓸려 익사한 경우, 사고 당일의 집중호우가 50년 빈도의 최대강우량에 해당한다는 사실만으로 불가항력에 기인한 것으로 볼 수 없으므로, 제방도로의 설치·관리상의 하자를 인정하고 있다(대판 2000.5.26, 99다53247). 다만 객관적으로 보아 시간적·장소적으로 영조물의 기능상 결함으로 인한 손해발생의 예견가능성과 회피가능성이 없는 경우, 즉 영조물의 결함이 설치관리자의 관리행위가 미칠 수 없는 상황 아래에 있는 때에는 영조물의 설치·관리상의 하자를 인정할 수 없다(대판 2007.10.26, 2005다51235; 대판 2007.9.21, 2005다65678).

(나) 도급인의 책임과의 관계

도급인의 면책을 규정한 제757조 본문은, 수급인은 도급인으로부터 독립하여 사무를 처리하기 때문에 제756조의 피용자에 해당되지 아니하므로 예외적으로 도급인이 수급인의 일의 진행 및 방법에 관하여 구체적인 지휘·감독권을 유보한 경우가 아닌 한 도급인이 수급인의 행위에 대하여 사용자책임을 부담하지 않는다는 것을 주의적으로 규정한 것이고, 제757조에 의한 도급인의 책임과 제758조 1항에 의한 공작물 점유자의 책임은 그 법률요건과 효과를 달리하는 것이어서 공작물의 점유자가 그 공작물의 설치 또는 보존의 하자로 인하여 타인에게 손해를 가한 경우 제758조 1항에 의한 손해배상책임을 인정하는 데 있어 제757조 본문이 장애가 되는 것은 아니다(대판 2006.4.27, 2006다4564).

판 례

일반적으로 도급인과 수급인 사이에는 지휘·감독의 관계가 없으므로, 도급인은 수급인이나 수급인의 피용자의 불법행위에 대하여 사용자로서의 배상책임이 없는 것이지만, 도급인이 수급인에 대하여 특정한 행위를 지휘하거나 특정한 사업을 도급시키는 경우와 같은 이른바 노무도급의 경우에는 비록 도급인이라고 하더라도 사용자로서의 배상책임이 있다(대판 2005.11.10, 2004다37676).

(다) 실화책임과의 관계

공작물 자체의 설치·보존상의 하자로 인해 발생한 화재에 대해서는 제758조에 따른 공작물책임을 진다(대판 1996.2.23, 95다22887). 실화책임에 관한 법률은 실화(失火)의 특수성을 고려하여 실화자에게 중대한 과실이 없는 경우, 그 손해배상액의 경감에 관한 민법 제765조의 특례를 정함을 목적으로 하며(제1조), 실화로 인하여 화재가 발생한 경우 '연소로 인한 부분'에 대한 손해배상청구에 한하여 적용한다(제2조). 즉 실화로 인한 손해배상책임의 성립요건에 관하여 아무런 제한규정이 없다. 따라서 ① 실화책임에 관한 법률은 발화점과 불가분의 일체를 이루는 물건의 소실, 즉 직접 화재에는 적용되지 않고, 그로부터 연소한 부분에만 적용된다(대판 2024.2.15, 2019다208724). ② 공작물의 설치·보존상 하자로 인하여 그 공작물에 화재가 나고, 그 화재로부터 연소된 경우, 그 하자와 연소 사이에 상당인과관계가 있는 경우, 그 점유자 또는 소유자는 제758조에 따른 손해배상책임을 진다. 다만 그 실화가 중대한 과실로 인한 것이 아니면, 그 연소된 부분에 대한 손해배상에 대해서는 실화책임에 관한 법률이 적용되어 배상의무자는 동법 제3조에 따른 손해배상액의 경감을 받을 수 있다(대판 2013.3.28, 2010다71318).

4. 동물의 점유자책임

동물의 점유자 또는 이에 갈음하여 동물을 보관하는 자는 그 동물이 타인에게 가한 손해를 배상할 책임을 진다(제759조). 다만 동물의 종류와 성질에 따라 그 보관에 상당한 주의를 게을리하지 않은 때에는 책임을 면한다(제759조 1항 단서, 2항). 제759조는 동물의 점유자책임에 대하여 점유자의 보관의무의 해태(과실)를 책임원인으로 하고 있으므로 그 법적 성질은 과실책임에 속하지만, 동물의 보관에 상당한 주의를 한 때에는 면책되므로 과실의 증명책임이 점유자에게 전환된 중간책임이다. 이 책임은 일종의 '위험책임'에 근거를 두고 있다.

동물의 점유자책임은 점유자 및 보관자만이 지며, 동물의 소유자는 그가 동시에 점유자가 아닌 한 제759조에 의하여 손해배상책임을 부담하지 않는다. 따라서 소유자는 제750조에 의한 과실책임을 부담할 뿐이다(대판 1981.2.10, 80다2966).

5. 공동불법행위

(1) 서 설

공동불법행위란 여럿이 공동으로 불법행위를 하여 타인에게 손해를 주는 것을 말한다. 공동불법행위에 관하여 제760조는 제1항에서 '수인이 공동의 불법행위로 타인에게 손해를 가한 경우'를, 제2항에서 '공동 아닌 수인의 행위 중 어느 자의 행위가 그 손해를 가한 것인지를 알 수 없는 경우'를, 그리고 제3항에서 '교사·방조의 경우'를 규정하고, 그 효과로서 모든 공동불법행위자는 '연대하여' 손해배상책임을 진다고 규정하고 있다. 이러한 공동불법행위는 다수의 행위와 손해발생 사이의 인과관계에 대한 증명책임이 공동불법행위자에게 전환되어 있다는 점과 피해자에 대하여 여럿이 연대채무자로서 손해배상책임을 부담한다는 점에서, 1인의 위법행위에 의한 일반불법행위(제750조)와 구별된다(김상용, 751면). 공동불법행위는 하나의 손해발생에 관하여 여럿이 관여한 불법행위로서, 일반불법행위에 관한 제750조에 의해서도 피해자가 손해전보를 받을 수 있지만, 공동불법행위에 대하여 특별규정을 둔 것은 공동불법행위자에게 연대책임을 부과시킴으로써 피해자를 두텁게 보호하고자 하는데 있다(곽윤직, 427면; 윤철홍, 442면).

(2) 공동불법행위의 성립요건

제760조는 공동불법행위의 모습으로, 협의의 공동불법행위, 가해자불명의 공동불법행위 및 교사·방조에 의한 공동불법행위를 규정하고 있다. 주의할 것은 '협의의 공동불법행위'와 '교사·방조에 의한 공동불법행위'의 경우에는 타인의 행위로 인한 손해라는 사실이 증명되더라도 책임의 면제 또는 경감이 허용되지 않는다는 점이다.

(가) 협의의 공동불법행위

1) 의 의

협의의 공동불법행위란 여럿이 공동으로 '하나의 위법행위'를 이루는 경우를 말한다. 예컨대 甲과 乙이 공동으로 丙을 폭행한 경우 또는 여러 사람이 함께 강도·절도를 하는 경우가 이에 해당한다.

2) 성립요건

가) 각자의 가해행위는 독립한 행위로서, 일반불법행위의 요건을 갖출 것

다수의 관여자 각자의 행위가 일반불법행위의 요건을 독립적으로 충족시켜야 한다. 따라서 각자의 행위가 독립하여 고의·과실, 책임능력을 구비하여야 하고, 또 가해행위와 손해발생 사이에 인과관계가 존재하여야 한다(엄영진, "공동불법행위", 고시연구 1995년 11월호, 16면; 곽윤직, 428면; 이은영, 823면).

(i) 행위의 독립성 공동불법행위자 각자의 행위는 독립한 행위로 평가되어야 한다. 따라서 각자의 행위가 독립성을 잃고 있는 경우에 공동불법행위는 성립할 수 없다. 예컨대 피용자의 불법행위가 있더라도 사용자에게 불법행위에 대해 고의·과실이 없으면 사용자로서의 책임(제756조)은 별론으로 하고 피용자와 더불어 공동불법행위가 되는 것은 아니다(곽윤직, 428면; 엄영진, 16면; 임정평, 민법학의 회고와 전망, 669면). 그러나 사용자책임에서는 피해자에 대하여 사용자와 피용자가 공동불법행위자이며, 법인의 불법행위책임이 성립한 때에 대표자도 책임을 지므로 법인과 대표자도 공동불법행위자라는 견해가 있다(김상용, 735면, 751면).

생각건대 가해행위의 공동관련성을 인정할 수 없으므로 공동불법행위자가 되는 것이 아니다. 다만 피용자의 불법행위에 관하여 사용자도 고의·과실 등의 요건을 갖추고 있는 경우에는 공동불법행위가 성립할 수 있다. 즉 공동불법행위가 성립하려면 각자의 고의·과실에 기한 행위가 권리침해에 대하여 객관적으로 공동원인이 되어야 한다. 예컨대 은행직원이 고객으로부터 위탁받은 예금불입금을 횡령한 불법행위에 대하여 지점장으로서의 단순한 감독불충분만으로는 지점장 자신의 불법행위가 되는 과실이 있었다고는 할 수 없지만, 은행직원의 불법행위가 지점장의 감독불충분에 기인하고 그가 상당한 주의를 하여 감독을 하였더라면 그 손해를 방지할 수 있었던 경우에는 지점장의 과실이 인정되므로, 지점장은 공동불법행위자로서 직원과 연대하여 손해를 배상할 책임이 있다(대판 1982.12.28, 80다3057).

한편 책임능력 있는 미성년자들의 불법행위인 경우에 그들의 부모에게도 책임이 인정될 때에는 미성년자들의 불법행위에 대하여 부모도 공동불법행위자로서 손해배상책임이 인정된다(대판 1991.4.9, 90다18500).

판 례

일반 조합원이 불법쟁의행위시 노동조합 등의 지시에 따라 단순히 노무를 정지한 것만으로는 노동조합 또는 조합 간부들과 함께 공동불법행위책임을 진다고 할 수 없다. 다만 근로자의 근로내용 및 공정의 특수성과 관련하여 그 노무를 정지할 때에 발생할 수 있는 위험 또는 손해 등을 예방하기 위하여 그가 노무를 정지할 때에 준수하여야 할 사항 등이 정하여져 있고, 근로자가 이를 준수함이 없이 노무를 정지함으로써 그로 인하여 손해가 발생하였거나 확대되었다면, 그 근로자가 일반 조합원이라고 할지라도 그와 상당인과관계에 있는 손해를 배상할 책임이 있다(대판 2006.9.22, 2005다30610).

(ii) 고의·과실 공동불법행위자 각자에게 고의 또는 과실이 있어야 한다. 따라서 고의 또는 과실이 있는 자와 없는 자가 공동으로 행한 때에 그것이 있는 자 사이에서만 공동불법행위가 성립한다. 여기서 고의란 여럿이 공모 내지 공동의 의욕과 공동의 인식을 가지고 침해행위에 가담함을 의미한다. 또한 공동불법행위의 성립에는 공모 또는 공동의 인식을 필요로 하지 않으므로(객관적 관련공동설), 고의로 가해행위를 한 자와 과실로 가해행위를 한 자의 사이, 과실 있는 자 상호간 그리고 무과실책임을 부담하는 자와 과실책임을 부담하는 자 사이에서도 공동불법행위가 성립한다(곽윤직, 428면; 엄영진, 17면). 특히 무과실책임 내지 위험책임을 인정하고 있는 특별법에서 공동무과실책임자의 연대책임에 관하여 특별규정이 없더라도 무과실책임자행위의 결합의 경우에는 당연히 공동불법행위가 인정된다(김상용, 756면).

(iii) 책임능력 각 행위자는 책임능력을 가지고 있어야 한다. 따라서 공동행위자 중 책임능력이 없는 자가 존재하는 경우에는 그 자와의 사이에서는 공동불법행위가 성립하지 않고, 나머지 행위자 중 책임능력이 있는 자 사이에서만 공동불법행위가 성립하게 된다. 우리 민법이 과실책임주의를 취하는 이상 행위의 책임을 인식할 수 있는 정신능력은 고의·과실의 전제로서 요구되기 때문에, 제760조를 적용하기 위해서는 각 행위자에게 책임능력이 있어야 한다(임정평, 671면).

(iv) 위 법 성 각자의 행위에 위법성 조각사유가 존재하지 않아야 한다.

(v) 인과관계

a) 학설과 판례 ① 다수설은 행위자 각자의 행위와 손해발생 사이에 인과관계가 있어야 한다고 한다(곽윤직, 428면; 김증한/김학동, 867면; 임정평, 671면; 김석우, 544면). ② 소수설은 각자의 행위와 손해와의 사이에 인과

관계가 있을 필요는 없으며, 모든 가해자의 행위가 공동하여 결과발생에 인과관계를 가지고 있으면 족하다고 한다(이은영, 823면; 임영진, 18면). ③ 판례는 인과관계의 존재를 상당히 너그럽게 인정한다. 즉 초등학교 입구에 있는 횡단보도 지점에서 피해자가 제한속도를 지키지 않고 달리던 자동차에 충격되어 땅에 떨어지는 순간, 그 자동차와 일정한 거리를 유지하지 않고 과속으로 뒤따라오던 버스에 연이어 치어 사망한 경우, 두 차량운전사의 과실은 사망에 대한 공동원인이 되므로 공동불법행위가 된다고 한다(대판 1968.3.26, 68다91). 또한 동시에 또는 거의 같은 시기에 건축된 가해 건물들이 피해 건물에 대하여 전체적으로 수인한도를 초과하는 일조 침해의 결과를 야기한 경우, 각 가해 건물들이 함께 피해 건물의 소유자 등이 종래 향유하던 일조를 침해하게 된다는 점을 예견할 수 있었다면 특별한 사정이 없는 한 각 가해 건물의 건축자 등은 일조 침해로 피해 건물의 소유자 등이 입은 손해 전부에 대하여 공동불법행위자로서의 책임을 부담한다고 한다(대판 2006.1.26, 2005다47014,47021).

b) 소 결 생각건대 다수설과 같이 각자의 행위와 손해발생 사이에 인과관계를 필요로 하게 되면, 가령 2인이 절도를 공모한 후 1인은 절취를 하고 다른 1인은 망을 본 경우, 망을 보는 행위와 손해발생 간에 직접적인 인과관계가 존재하지 않으므로 공동불법행위가 성립할 수 없게 될 것이다. 따라서 피해자를 두텁게 보호하기 위하여 분할책임을 배제하고 연대책임을 인정하고 있는 제760조의 취지에 비추어 볼 때, 판례의 태도와 소수설이 타당하다고 할 것이다.

나) 각 행위자 사이에 행위의 관련공동성(關聯共同性)이 있을 것

공동불법행위가 성립하기 위해서는 각자의 행위는 각각 독립해서 불법행위요건을 갖추고 동시에 각 행위자간에 행위의 관련공동성이 있어야 한다. 이때 그 관련의 정도가 어느 정도에 이르러야 하는지에 대하여 견해가 나누어져 있다.

(i) 객관적 관련공동설 행위자들의 공모 내지 의사의 공통이나 공동의 인식은 필요 없으며, 그 행위가 객관적으로 관련·공동하고 있으면 된다고 한다(다수설). 민법이 공동불법행위에 관하여 제408조의 분할채무의 원칙을 배제하여 공동책임으로 함으로써 피해자를 두텁게 보호하려는 취지에 비추어, 공동행위자의 주관적 공동관계의 유무를 묻지 않고 객관적 공동관계가 있는 것으로 충분하다고 한다. 판례도 공동불법행위는 객관적으로 관련공동성이 있는 여러 명의 행위로 타인에게 손해를 가하면 성립하고, 행위자 상호간에 공모는 물론 의사의 공통이나 공동의 인식을 필요로 하는 것이 아니다. 또한 공동의 행위는 불법행위 자체를 공동으로 하거나 교사·방조하는 경우는 물론 횡령행위로 인한 장물을 취득하는 등 피해의 발생에 공동으로 관련되어 있어도 인정될 수 있다고 하여(대판 2016.4.12, 2013다31137), 객관적 관련공동설을 따르고 있다.

구체적으로 어떠한 경우에 다수의 행위가 객관적으로 공동관계에 있는지에 관하여, 판례는 교통사고로 인하여 상해를 입은 피해자가 치료를 받던 중 의사의 과실로 인한 의료사고로 증상이 악화되거나 새로운 증상이 생겨 손해가 확대된 경우, 의사에게 중대한 과실이 있다는 등의 특별한 사정이 없는 한 확대된 손해와 교통사고 사이에도 상당인과관계가 있고, 교통사고와 의료사고가 각기 독립하여 불법행위의 요건을 갖추고 있으면서 객관적으로 관련되고 공동하여 위법하게 피해자에게 손해를 가한 것으로 인정되면 공동불법행위가 성립한다고 한다(대판 1998.11.24, 98다32045).

판 례

(ㄱ) 공동불법행위가 성립하려면 행위자 사이에 의사의 공통이나 행위공동의 인식이 필요한 것은 아니지만, 객관적으로 보아 행위자 각자의 고의 또는 과실에 기한 행위가 공동으로 행하여져 피해자에 대한 권리침해 및 손해발생에 공통의 원인이 되었다고 인정되는 경우라야 할 것이므로(대판 1989.5.23, 87다카2723), 공동불법행위를 이유로 손해배상책임을 인정하기 위하여는 먼저 행위자 각자의 고의 또는 과실에 기한 행위가 공동으로 행하여졌다는 점이 밝혀져야 한다(대판 2008.4.24, 2007다44774).

(ㄴ) 재건축조합이 재건축조합원들을 위법하게 제명하여 그 수분양권을 박탈한 상태에서 시공사가 재건축조합과 함께 일반분양을 강행하는 경우에는 제명된 조합원들에 대하여 공동불법행위가 성립할 수 있다(대판 2009.9.10, 2008다37414).

(ㄷ) 甲이 인감도장에 乙은행 예금계좌의 비밀번호를 표시하여 놓았고 丙에게 비밀번호를 알려주면서 예금인출 심부름을 시킨 적이 있는데, 丁이 丙과 공모하여 甲의 주민등록증 등을 위조하고 戊로 하여금 甲을 사칭하도록 하여 甲 명의의 예금통장을 재발급받아 인감을 변경한 후 예금을 인출한 경우, 甲이 다른 사람에게 예금인출 심부름을 시킨 일이 있다거나 인감도장에 비밀번호를 표시해 두는 등의 행위를 하였더라도 이러한 행위로 인하여 자신이 알지도 못하는 丁이 사기행위를 저지를 것으로 구체적으로 예견할 수 있었다고 인정하기 어렵고, 오히려 위 사기행위는 乙은행이 거래상대방의 본인확인의무를 다하지 못한 과실로 인하여 초래되었다고 보일 뿐이므로 乙은행이 입은 손해와 甲의 행위 사이에 상당인과관계가 있다고 보기도 어렵다. 따라서 甲의 행위가 丁의 사기행위와 객관적으로 관련 공동되어 乙은행에 대하여 공동불법행위를 구성한다고 볼 수 없다(대판 2015.6.24, 2014다231224).

(ii) 주관적 관련공동설 협의의 공동불법행위가 성립하기 위해서는 가해자들 사이에 공모 또는 공동의 인식, 즉 주관적 공동관계가 있어야 한다고 한다(김증한/김학동, 863면; 이은영, 826면). 따라서 고의 있는 자와 과실 있는 자의 사이, 과실 있는 자 상호간에는 공동불법행위가 성립하지 않는다고 한다. 다만 여럿이 하나의 행위를 의식적으로 공동으로 하였는데, 행위자들이 모두 과실로 손해의 발생을 인식하지 못한 경우에는 협의의 공동불법행위가 성립한다고 한다. 그 논거로, 제760조 2항에서 '공동 아닌 수인의 행위'로 규정한 것과 비교하여 볼 때 제760조 1항의 '공동'의 의미는 주관적 공동으로 이해하는 것이 문리해석에 맞다는 점을 들고 있다.

(iii) 소 결 생각건대 제760조 2항의 '공동 아닌'의 공동이라는 용어에 공모나 공동의 인식 등 주관적 관련공동성을 전제로 하고 있다고 할 수 없고, '공동 아닌'의 의미는 여러 명의 행위 중 가해행위 그 자체에 공동성이 없다는 것으로 새겨야 할 것이다. 또한 교통사고의 대부분이 과실에 의한 것이며 과실에 의한 공동불법행위가 점차 증가하고 있는 현실인데, 주관적 관련공동설에 의하면 과실행위 상호간 또는 과실행위와 고의에 의한 행위 사이에 공동불법행위를 인정할 수 없게 되어 그 성립범위가 지나치게 좁게 되어 불합리하다

고 하겠다. 따라서 가해행위가 손해발생에 대하여 공통의 원인이 되고 행위와 손해발생 사이에 인과관계가 있어야 하지만, 행위자 사이에 의사의 공통이나 공동의 인식은 필요하지 않는다고 할 것이다.

(나) 가해자불명의 공동불법행위

1) 의 의

공동의 행위가 아닌 여럿의 행위 중에서 누구의 행위가 손해를 입힌 것인지 알 수 없는 경우(제760조 2항)를 가해자불명(加害者不明)의 공동불법행위라 한다. 예컨대 여러 사람이 합세하여 특정인에게 달걀을 던지고 있는 동안에 그중의 누군가 돌을 던져 상해를 입혔는데, 누가 그 상해를 가하였는지 알 수 없는 경우, 다수의 의사가 의료행위에 관여하여 의료사고가 발생하였는데 그중 누구의 과실에 의하여 의료사고가 발생한 것인지 분명하지 않은 경우(대판 2005.9.30, 2004다52576)가 이에 해당한다. 이러한 경우에 손해(상해)를 입히는 것 그 자체에는 객관적 공동성이 없는 점에서 협의의 공동불법행위와 다르다(곽윤직, 429면). 第760조 2항은 여러 사람의 행위가 경합하여 손해가 생긴 경우 중 1항에서 말하는 공동의 불법행위로 보기에 부족할 때, 증명책임을 덜어줌으로써 피해자를 보호하려는 입법정책상의 고려에 따라 각각의 행위와 손해 발생 사이의 인과관계를 법률상 추정한 것이다. 따라서 개별 행위자가 자기의 행위와 손해 발생 사이에 인과관계가 존재하지 아니함을 증명하면 면책되고, 손해의 일부가 자신의 행위에서 비롯된 것이 아님을 증명하면 배상책임이 그 범위로 감축된다(대판 2008.4.10, 2007다76306).

2) 성립요건

가해자 불명의 공동불법행위가 성립하기 위해서는, ① 각자의 행위가 불법행위의 요건을 갖추고, ② 공동의 행위가 아닌 여럿의 행위이어야 한다. '공동의 행위가 아닌 여럿의 행위'라 함은 위법행위를 발생케 할 위험성이 있는 행위를 여럿이 하지만 가해행위 자체에 관하여 공동성이 없는 행위를 말한다. 이 경우의 '공동'도 객관적 공동관계로서 충분하다고 할 것이다(곽윤직, 430면; 임정평, 675면; 엄영진, 21면). ③ 여럿의 행위 중에서 누구의 행위가 손해를 입힌 것인지 알 수 없어야 하고(예: 어느 1인의 행위로 인한 것인지 또는 수인의 행위가 경합되어 원인이 된 것인지 분명하지 않은 경우 등), ④ 여럿의 가해행위와 손해발생 사이에 인과관계가 있어야 한다.

판 례

차량 등의 3중 충돌사고로 사망한 피해자가 그중 어느 충돌사고로 사망하였는지 정확히 알 수 없는 경우, 피해자가 입은 손해는 제760조 2항에서 말하는 가해자 불명의 공동불법행위로 인한 손해에 해당하여 충돌사고 관련자들의 각각의 행위와 손해발생 사이의 상당인과관계가 법률상 추정되므로, 그중 1인이 위 법조항에 따른 공동불법행위자로서의 책임을 면하려면 자기의 행위와 손해발생 사이에 상당인과관계가 존재하지 아니함을 적극적으로 주장·증명하여야 한다(대판 2008.4.10, 2007다76306).

(다) 교사(敎唆)·방조(幇助)에 의한 공동불법행위

교사자나 방조자는 공동행위자로 본다(제760조 3항). 즉 교사자나 방조자는 직접 위법행위를 한 자와 공동불법행위의 관계로 되어, 직접 위법행위를 한 자와 연대하여 책임을 지게 된다. 교사자나 방조자의 행위가 불법행위 자체와 객관적 공동관계가 없지만, 직접 불법행위를 한 자와 마찬가지로 비난가능성이 있으므로, 교사자나 방조자도 직접 불법행위를 한 자와 공동불법행위책임을 인정한 것이다.

여기서 교사는 타인으로 하여금 불법행위에 대한 의사결정을 하도록 만드는 것이고, 방조는 불법행위를 보조 내지 조력하는 행위로서 어느 것이나 그 수단이나 방법에 제한이 없다. 따라서 '과실에 의한 방조'도 가능하다(대판 2009.5.14, 2009다2545; 대판 2007.6.14, 2005다32999). 즉 방조는 불법행위를 용이하게 하는 직접, 간접의 모든 행위를 가리키는 것으로서 손해의 전보를 목적으로 하여 과실을 원칙적으로 고의와 동일시하는 민사법의 영역에서는 과실에 의한 방조도 가능하며, 이 경우의 과실의 내용은 불법행위에 도움을 주지 말아야 할 주의의무가 있음을 전제로 하여 그 의무를 위반하는 것을 말한다(대판 2023.12.14, 2022다208649). 그런데 타인의 불법행위에 대하여 과실에 의한 방조로서 공동불법행위의 책임을 지우기 위해서는 방조행위와 불법행위에 의한 피해자의 손해 발생 사이에 상당인과관계가 인정되어야 한다(대판 2016.5.12, 2015다234985).

판 례

(ㄱ) 아파트 최상층 분양에 있어 중요한 사항인 다락의 형상에 관하여 신의성실의 의무에 비추어 비난받을 정도로 허위·과장한 내용의 분양광고를 한 경우, 분양자(시행사) 뿐만 아니라 시공사도 공동불법행위로 인한 손해배상책임을 부담한다(대판 2009.4.23, 2009다1313).

(ㄴ) 방조란 불법행위를 용이하게 하는 직접·간접의 모든 행위를 가리키는 것으로서 작위에 의한 경우뿐만 아니라 작위의무 있는 자가 그것을 방지하여야 할 여러 조치를 취하지 않는 부작위로 인하여 불법행위자의 실행행위를 용이하게 하는 경우도 포함한다. 여기서 작위의무는 법적인 의무이어야 하므로 단순한 도덕상 또는 종교상 의무는 포함되지 않으나 작위의무가 법적인 의무인 한 그 근거가 성문법이건 불문법이건 상관이 없고 또 공법이건 사법이건 불문하므로, 법령, 법률행위, 선행행위로 인한 경우는 물론이고 기타 신의성실의 원칙이나 사회상규 혹은 조리상 작위의무가 기대되는 경우에도 법적인 작위의무는 있다. 다만 신의성실의 원칙이나 사회상규 혹은 조리상 작위의무는 혈연적인 결합관계나 계약관계 등으로 인한 특별한 신뢰관계가 존재하여 상대방의 법익을 보호하고 그에 대한 침해를 방지할 책임이 있다고 인정되거나 혹은 상대방에게 피해를 입힐 수 있는 위험요인을 지배·관리하고 있거나 타인의 행위를 관리·감독할 지위에 있어 개별적·구체적 사정하에서 위험요인이나 타인의 행위로 인한 피해가 생기지 않도록 조치할 책임이 있다고 인정되는 경우 등과 같이 상대방의 법익을 보호하거나 그의 법익에 대한 침해를 방지하여야 할 특별한 지위에 있음이 인정되는 자에 대하여만 인정할 수 있고, 그러한 지위에 있지 아니한 제3자에 대하여 함부로 작위의무를 확대하여 부과할 것은 아니다(대판 2012.4.26, 2010다8709).

(ㄷ) 신문사 등이 광고주로부터 특정 상품 등을 홍보하는 내용을 전달받아 기사형 광고를 게재하는 경우, 독자가 광고임을 전제로 정보의 가치를 판단하여 합리적 선택과 결정을 할 수 있도록 그것이 광고임을 명확히 표시하여야 하고, 보도기사로 오인할 수 있는 표시나 표현을 사용하여서는 안 된다. 따라서 신문사 등이 광고주로부터 전달받은 허위 또는 과장 광고에 해당하는 내용을 보도기사로 게재하거나 광고주로부터 전달받은 내용을 바탕으로 허위 내용을 작성하여 보도기사로 게재함으로써 이를 광고가 아닌 보도기

사로 신뢰한 독자가 광고주와 상거래를 하는 등으로 피해를 입었다면, 기사형 광고 게재행위와 독자의 손해 발생 사이에 상당인과관계가 인정되는 범위 내에서는 신문사 등도 방조에 의한 공동불법행위책임을 부담할 수 있다(대판 2018.1.25, 2015다210231).

(ㄹ) 공동불법행위자 1인이라고 하여 자신의 행위와 상당인과관계가 없는 손해에 대하여도 당연히 배상책임을 진다고 할 수는 없는 것이고, 타인의 불법행위가 계속되는 중 공동불법행위자의 과실에 의한 행위가 이루어졌다면, 특별한 사정이 없는 한 그 과실에 의한 행위와 그 이전에 타인의 불법행위로 발생한 손해 사이에 상당인과관계가 있다고 보기는 어렵다(대판 2022.9.7, 2022다237098).

(3) 공동불법행위자의 책임

(가) 연대책임

1) 부진정연대채무

(i) 공동불법행위자는 타인이 입은 손해에 대해 연대하여 배상할 책임을 진다. ① 그 손해에 대하여는 가해자 각자가 그 금액 전부에 대한 책임을 지는 것이며, 가해자 1인이 다른 가해자에 비하여 불법행위에 가공한 정도가 경미하더라도 그 가해자의 책임범위를 손해배상액의 일부로 제한하여 인정할 수는 없다(대판 2005.11.10, 2003다66066). ② 제760조의 '연대'의 의미에 관해, 다수설과 판례는 부진정연대채무로 해석하고 있다(대판 2006.2.9, 2005다28426; 대판 2005.7.8, 2005다8125; 곽윤직, 430면; 김상용, 758면; 윤철홍, 446면; 임정평, 666면; 이은영, 835면). 채권의 목적을 달성시키는 변제·대물변제·공탁·상계는 부진정연대채무자 전원에 대하여 절대적 효력을 가지고, 그 밖의 사유는 상대적 효력을 발생한다. 따라서 공동불법행위자 중 1인의 변제는 변제금액의 한도 내에서 다른 공동불법행위자를 위하여 공동면책의 효력이 있지만(절대적 효력), 피해자가 공동불법행위자 중 1인에 대한 권리포기나 채무면제는 다른 공동불법행위자에 대하여 효력이 미치지 않는다(대판 1997.12.12, 96다50896). 또한 피해자가 공동불법행위자 중 甲으로부터 손해배상의 일부를 변제받고 나머지 손해배상채권은 모두 포기하기로 하는 합의를 하였으나 그 사실을 모르는 공동불법행위자 乙이 손해배상금 및 위자료 명목으로 금전을 지급한 경우, 乙은 공동면책된 금액 중 甲의 부담 비율에 해당하는 구상권을 자동채권으로 하여 甲의 乙에 대한 구상채권과 대등액에서 상계할 것을 주장할 수 있다(대판 1997.10.10, 97다28391).

(ii) 한편 공동불법행위책임은 가해자 각 개인의 행위에 대하여 개별적으로 그로 인한 손해를 구하는 것이 아니라 그 가해자들이 공동으로 가한 불법행위에 대하여 그 책임을 추궁하는 것으로, 법원이 피해자의 과실을 들어 과실상계를 할 때에는 피해자의 공동불법행위자 각인에 대한 과실비율이 서로 다르더라도 피해자의 과실을 공동불법행위자 각인에 대한 과실로 개별적으로 평가할 것이 아니고 그들 전원에 대한 과실로 전체적으로 평가하여야 한다(대판 2020.2.27, 2019다223747; 대판 2008.6.26, 2008다22481). 이 경우 피해자의 부주의를 이용하여 고의로 불법행위를 저지른 자가 바로 그 피해자의 부주의를 이유로 자신의 책임을 감하여 달라고 주장하는 것은 허용될 수 없다. 그러한 사유가 있는 자에게 과실상계의 주장을 허용하는 것은 신의칙에 반하기 때문이

다. 따라서 그러한 사유가 없는 다른 불법행위자는 과실상계의 주장을 할 수 있다(대판 2016.4.12, 2013다31137).

그런데 공동불법행위자의 관계는 아니지만 서로 별개의 원인으로 발생한 독립된 채무가 동일한 경제적 목적을 가지고 있고 서로 중첩되는 부분에 관하여 한 쪽의 채무가 변제 등으로 소멸하면 다른 쪽의 채무도 소멸하는 관계에 있기 때문에 부진정연대채무 관계가 인정되는 경우가 있다. 이러한 경우까지 과실상계를 할 때 반드시 채권자의 과실을 채무자 전원에 대하여 전체적으로 평가하여야 하는 것은 아니다(대판 2022.7.28, 2017다16747,16754). 가령 甲이 乙로부터 공급받아 丙에게 임대한 부두용 크레인의 붐(boom)이 붕괴하여 사고가 발생하였는데, 乙의 크레인 제작상 과실과 丙의 크레인 관리·운용상 과실이 함께 원인인 경우, 乙은 甲에게 제작물공급계약상의 채무불이행책임 또는 제580조에 따른 하자담보책임을, 丙은 甲에게 불법행위책임 또는 임대차계약상의 채무불이행책임을 부담하고 두 채무는 부진정연대의 관계에 있다. 이처럼 공동불법행위를 원인으로 하지 않은 부진정연대채무의 경우에는 공동불법행위를 원인으로 한 경우처럼 채권자의 과실을 채무자 전원에 대하여 전체적으로 평가하여 과실상계를 할 수 없다.

판 례

(ㄱ) 공사하도급계약에서 하수급인이 하도급공사과정에 있어 안전관리규칙을 철저히 준수하여야 하며 고의 또는 과실을 막론하고 발생한 인명 및 재산피해에 대하여 그 배상책임을 지겠다고 하도급인과 간에 약정한 바 있다고 하여 이 약정의 취지가 하도급인의 공동불법행위자로서의 배상책임을 배제하고 하도급계약상의 공사로 인하여 발생하는 모든 사고의 책임을 하수급인이 지기로 한 것으로 볼 수 없다(대판 1983.5.24, 83다카208). 즉 공동불법행위자 사이에 일방만이 배상책임을 지기로 특약을 하더라도 다른 공동불법행위자가 피해자에 대해 면책이 되지 않는다.

(ㄴ) 피해자가 공동불법행위자 중의 일부만을 상대로 손해배상을 청구하는 경우에도 과실상계를 함에 있어 참작하여야 할 쌍방의 과실은 피해자에 대한 공동불법행위자 전원의 과실과 피해자의 공동불법행위자 전원에 대한 과실을 전체적으로 평가하여야 하고 공동불법행위자 간의 과실의 경중이나 구상권 행사의 가능 여부 등은 고려할 여지가 없다(대판 1991.5.10, 90다14423; 대판 2005.11.10, 2003다66066).

(ㄷ) 2인 이상의 공동불법행위로 인하여 호의동승한 사람이 피해를 입은 경우, 공동불법행위자 상호 간의 내부관계에서는 일정한 부담 부분이 있으나 피해자에 대한 관계에서는 부진정연대책임을 지므로, 동승자가 입은 손해에 대한 배상액을 산정할 때에는 먼저 호의동승으로 인한 감액 비율을 참작하여 공동불법행위자들이 동승자에 대하여 배상하여야 할 수액을 정하여야 한다(대판 2014.3.27, 2012다87263).

2) 공동불법행위자 1인이 손해액의 일부를 변제한 경우

가) 채무액이 동일한 경우

공동불법행위자로서 타인에게 손해를 연대하여 배상할 책임이 있는 경우 그 불법행위자들의 손해배상 채무액이 동일한 경우에는 불법행위자 1인이 그 손해액의 일부를 변제하면 절대적 효력으로 인하여 다른 불법행위자의 채무도 변제금 전액에 해당하는 부분이 소멸한다(대판 1995.7.14, 94다19600).

나) 공동불법행위자의 과실비율이 서로 달라 손해배상책임액의 범위가 다른 경우

(i) 소액채무자가 일부 변제한 경우 적은 손해액을 배상할 의무가 있는 자가 불법행위의 성립 이후에 손해액의 일부를 변제한 경우에는 많은 손해액을 배상할 의무 있는 자의 채무가 그 변제금 전액에 해당하는 부분이 소멸한다. 즉 소액채무자가 그의 채무의 전부 또는 일부를 변제한 때에는 '변제금액 만큼' 다액채무자의 채무도 소멸한다(대판 1995.7.14, 94다19600).

(ii) 다액채무자가 일부 변제한 경우 판례는 금액이 다른 채무가 서로 부진정연대 관계에 있을 때 다액채무자가 일부 변제를 하는 경우, 그 변제로 인하여 먼저 소멸하는 부분은 당사자의 의사와 채무 전액의 지급을 확실히 확보하려는 부진정연대채무 제도의 취지에 비추어 볼 때, 다액채무자가 '단독으로 채무를 부담하는 부분'으로 보아야 한다. 이러한 법리는 공동불법행위자들의 피해자에 대한 과실비율이 달라 손해배상액의 범위가 달라졌는데 다액채무자인 공동불법행위자가 손해배상액의 일부를 변제한 경우에도 적용된다고 하여(대판 2018.3.22, 2012다74236), 외측설을 따르고 있다. 가령 甲회사의 직원 乙은 丙회사의 부탁을 받고 업무상 보관하던 甲회사의 업무용 인감을 이용하여 甲 명의의 독점판매계약서 등을 위조하여 마치 丙회사가 甲회사에 물품을 납품하기로 되어 있는 것처럼 丁회사를 기망하였고, 이에 따라 丁은 丙에게 4억원을 빌려주었다. 이후 乙은 2억원을 변제하였고, 甲과의 관계에서 丁의 과실은 50%로 인정되었다. 이 경우 乙의 2억원 변제로 乙·丙의 채무는 2억원이 소멸하지만(변제의 절대적 효력으로 인해 丙의 채무도 동일 금액만큼 소멸한다), 甲은 여전히 丁에 대해 2억원의 채무를 부담하게 된다. 다액채무자가 단독으로 부담하는 부분부터 소멸하기 때문이다.

(나) 배상의 범위

공동불법행위자는 공동불법행위에 의하여 발생한 손해를 제393조에 따라 배상하여야 한다. 문제는 특별손해의 발생에 대하여 공동불법행위자 중 1인의 예견가능성이 결여된 경우인데, ① 특별손해에 관하여는 예견가능성이 없는 자는 연대책임이 없다는 견해(곽윤직, 430면), ② 예견가능성이 없는 자도 면책되지 않는다는 견해(김주수, 732면; 송덕수, D-650), ③ 특별손해를 여럿의 공동행위에 의하여 발생한 것과 여럿 중 일부의 과잉행위로 인하여 손해가 확대된 것으로 나누어, 전자에는 일부의 자가 예견할 수 있는 것으로 충분하지만, 후자에는 초과행위를 한 자만이 책임을 진다는 견해(김상용, 759면), ④ 제760조 1항과 3항의 경우에는 면책될 수 없으나, 2항의 경우에는 면책될 수 있다는 견해(이은영, 837면)가 있다. 생각건대 피해자 보호의 취지를 고려할 때, 행위자 중 1인이라도 예견가능성이 있다면 모든 행위자가 연대채무를 진다고 할 것이다.

(다) 구상관계

부진정연대채무에서는 채무자 사이에 주관적 공동관계가 없기 때문에 부담부분이 없고, 따라서 원칙적으로 구상관계가 발생하지 않는다. 하지만 다수설과 판례는 공동불법행위책임의 성질을 부진정연대채무로 보면서도 공평한 손해 분담의 차원에서 공동불법행위자 상호간에 그 과실의 비율에 따라 부담부분이 있다고 한다(대판 2006.2.9, 2005다28426; 곽윤직, 431면; 김상용, 760면; 임정평, 682면).

1) 공동불법행위자 중의 한 사람이 자기의 '부담부분 이상'을 변제하여 공동의 면책을 얻게 하였을 때에는 다른 공동불법행위자에게 그 부담부분의 비율에 따라 구상권을 행사할 수 있다(대판 2002.9.24, 2000다69712). 따라서 공동불법행위자가 구상권을 갖기 위해서는 반드시 피해자의 손해 전부를 배상하여야 할 필요는 없으나 자기의 부담부분을 초과하여 배상하여야 한다. 이는 공동불법행위자 중의 1인과 체결한 보험계약이나 공제계약에 따라 보험자나 공제사업자가 피해자에게 손해배상금을 보험금액 등으로 지급함으로써 다른 공동불법행위자에게 구상권을 행사하는 경우에도 마찬가지이다(대판 2025.3.13, 2021다203135). 또한 공동불법행위자의 1인이 동시에 피해자이더라도 다른 공동불법행위자가 손해를 입은 제3자에게 배상한 때에는 그 피해자인 공동불법행위자에 대하여 구상권을 가질 수 있다(대판 2005.7.8, 2005다8125).

2) 공동불법행위자의 다른 공동불법행위자에 대한 구상권은 피해자의 다른 공동불법행위자에 대한 손해배상채권과는 그 발생원인 및 성질을 달리하는 별개의 권리이고, 연대채무에서의 소멸시효의 절대적 효력에 관한 제421조는 공동불법행위자 상호간의 부진정연대채무에 대하여는 그 적용이 없다. 즉 공동불법행위책임은 부진정연대채무이므로, 채권의 목적을 달성시키는 변제·대물변제·공탁·상계는 공동불법행위자 전원에 대하여 절대적 효력을 가지고, 그 밖의 사유는 상대적 효력을 발생한다. 따라서 공동불법행위자 중 1인의 손해배상채무가 시효로 소멸한 후에 다른 공동불법행위자 1인이 피해자에게 자기의 부담 부분을 넘는 손해를 배상하였을 경우에도, 그 공동불법행위자는 다른 공동불법행위자에게 구상권을 행사할 수 있다(대판 1997.12.23, 97다42830).

3) 구상요건으로서 통지에 관한 제426조가 공동불법행위자 사이에도 적용되는지에 대하여, 판례는 부진정연대채무자 1인이 변제하는 경우에 구상청구와 관련하여 사전·사후의 통지의무가 부과되지 않는다고 한다(대판 1998.6.26, 98다5777). 예컨대 甲이 乙의 치료비를 먼저 지급하였다면, 그에 관하여 甲이 공동불법행위자 丙에게 사후통지를 하였는지, 또 丙이 다시 乙의 치료비를 지급하면서 甲에게 사전통지를 하였는지 그와 동일시할 수 있는 다른 사정이 있는지 여부를 불문하고, 甲은 丙에 대하여 그의 면책행위가 유효함을 주장할 수 있다고 한다.

4) 공동불법행위자 중 1인에 대하여 구상의무를 부담하는 다른 공동불법행위자가 여럿인 경우, 그들의 구상권자에 대한 채무의 성질은 분할채무이다(대판 2023.6.29, 2022다309474; 대판 2007.10.11, 2005다7085). 따라서 공동불법행위자 중 1인과 체결한 보험계약에 따라 보험자가 손해배상금을 보험금으로 모두 지급하여 공동불법행위자들이 공동면책된 경우, 그 보험자는 보험자대위의 법리에 의하여 다른 공동불법행위자들에게 그 부담부분의 비율에 따른 구상권을 행사할 수 있다(대판 2008.2.29, 2007다89494; 대판 1998.12.22, 98다40466). 다만 ① 구상권자인 공동불법행위자측에 과실이 없는 경우, 즉 내부적인 부담 부분이 전혀 없는 경우(대판 2005.10.13, 2003다24147), ② 공동불법행위자 중 1인에 대하여 구상의무를 부담

하는 다른 공동불법행위자 상호간에 사용자와 피용자 등과 같은 대체적인 책임관계 또는 이에 유사한 관계가 있어서 다른 공동불법행위자에 대한 관계에서도 일체를 이루어 구상에 응해야 하는 등의 특별한 사정이 있는 경우(대판 2008.2.29, 2007다89494)에는 그들의 구상권자에 대한 채무는 부진정연대채무이다. 가령 A택시기사의 과실 없이 택시가 다른 두 대의 차량(B, C)으로부터 충돌당하여 택시 승객이 부상당하여 A택시기사에게 과실이 없음에도 승객에 대하여 운행자로서 손해배상책임을 진 경우(자동차손해배상 보장법 제3조), 다른 두 차량 운행자 B, C에게 구상을 할 때에(실제로는 각 당사자가 보험에 가입함으로 인하여 보험회사 상호간에 구상을 할 것임) 그 B, C의 A에 대한 구상의무는 부진정연대채무이다.

5) 공동불법행위자가 다른 공동불법행위자와의 공동면책이 아니라 자신의 권리를 방어하기 위하여 지출한 소송비용은 다른 공동불법행위자에 대하여 구상하는 것이 허용되지 않는다. 공동불법행위자 중 1인이 공동면책을 시킨 다른 공동불법행위자로부터 구상금 청구소송을 당한 경우 그 구상금 채무는 특별한 사정이 없는 한 자신의 부담부분에 따른 분할채무이다. 따라서 그 소송과 관련하여 지출한 변호사보수나 소송비용상환액은 나머지 공동불법행위자들과의 공동면책이 아니라 자신의 권리를 방어하기 위한 것으로 이들에 대하여 구상을 할 수 없다(대판 2023.6.29, 2022다309474).

6) 공동불법행위자의 다른 공동불법행위자에 대한 구상권의 소멸시효는 그 구상권이 발생한 시점, 즉 구상권자가 공동면책행위를 한 때부터 기산하여야 할 것이며, 그 기간도 일반채권과 같이 10년이다(대판 1996.3.26, 96다3791). 또한 어느 공동불법행위자를 위하여 보증인이 된 사람이 피보증인을 위하여 손해배상채무를 변제한 경우, 그 보증인은 피보증인이 아닌 다른 공동불법행위자에 대하여 그 부담부분에 한하여 구상권을 행사할 수 있고, 이러한 법리는 어느 공동불법행위자를 위하여 그가 손해배상채무를 변제한 보증인에 대하여 부담하는 구상채무를 보증한 구상보증인이 피보증인을 위하여 구상채무를 변제한 경우에도 마찬가지여서 구상보증인은 피보증인이 아닌 다른 공동불법행위자에 대하여 그 부담부분에 한하여 구상권을 행사할 수 있다. 따라서 피해자에게 손해배상을 한 어느 공동불법행위자의 보증인이 그 공동불법행위자 또는 다른 공동불법행위자에 대하여 가지는 구상권의 소멸시효기간은 일반채권과 같이 10년이고, 그 기산점은 구상권이 발생한 시점, 즉 보증인이 현실로 피해자에게 손해배상금을 지급한 때이다(대판 2008.7.24, 2007다37530).

판 례

(ㄱ) 부진정연대채무자 상호간에 있어서 채권의 목적을 달성시키는 변제와 같은 사유는 채무자 전원에 대하여 절대적 효력을 발생하지만 그 밖의 사유는 상대적 효력을 발생하는 데에 그치는 것이므로 피해자가 채무자 중의 1인에 대하여 손해배상에 관한 권리를 포기하거나 채무를 면제하는 의사표시를 하였다 하더라도 다른 채무자에 대하여 그 효력이 미친다고 볼 수는 없다 할 것이고, 이러한 법리는 채무자들 사이의 내부관계에 있어 1인이 피해자로부터 합의에 의하여 손해배상채무의 일부를 면제받고도 사후에 면제받은 채무액을 자신의 출재로 변제한 다른 채무자에 대하여 다시 그 부담 부분에 따라 구상의무를 부담하게 된다 하여 달리 볼 것은 아니다(대판 2006.1.27, 2005다19378).

(ㄴ) 어느 공동불법행위자를 위하여 보증인이 된 사람이 피보증인을 위하여 손해배상채무를 변제한 경우, 그 보증인은 피보증인이 아닌 다른 공동불법행위자에 대하여 그 부담 부분에 한하여 구상권을 행사할 수 있고(제447조), 이러한 법리는 어느 공동불법행위자를 위하여 그가 위 손해배상채무를 변제한 보증인에 대하여 부담하는 구상채무를 보증한 구상보증인이 피보증인을 위하여 그 구상채무를 변제한 경우에도 마찬가지여서 그 구상보증인은 피보증인이 아닌 다른 공동불법행위자에 대하여 그 부담 부분에 한하여 구상권을 행사할 수 있다(대판 2008.7.24, 2007다37530). 따라서 보증인이 보증한 공동불법행위자의 부담부분이 전부이고 다른 공동불법행위자의 부담부분이 없는 경우에는 보증인은 그 다른 공동불법행위자에 대하여 구상 내지 부당이득반환청구를 할 수 없고, 이는 신원보증의 경우라 하여 다르지 않다(대판 1996.2.9, 95다47176).

(ㄷ) 공동불법행위자 중 1인에 대하여 구상의무를 부담하는 다른 공동불법행위자가 수인인 경우에는 특별한 사정이 없는 이상 그들의 구상권자에 대한 채무는 이를 부진정연대채무로 보아야 할 근거는 없으며, 오히려 다수당사자 사이의 분할채무의 원칙이 적용되어 각자의 부담 부분에 따른 분할채무로 봄이 상당하다(대판 2007.10.11, 2005다7085).

(ㄹ) 공동불법행위자 중의 1인이 다른 공동불법행위자와 공동불법행위자로서 제3자에게 손해배상책임을 짐과 동시에 피해자로서 다른 공동불법행위자에게 불법행위로 인한 손해배상을 구하는 경우에 피해자로서의 과실상계의 대상이 되는 과실 내용이나 비율은 공동불법행위자 사이에 제3자에 대한 가해자로서의 부담 부분을 정하기 위한 과실 내용이나 비율과 반드시 일치되어야 하는 것은 아니라고 할 것이다(대판 2000.8.22, 2000다29028; 대판 2005.7.8, 2005다8125).

(ㅁ) 자동차가 충돌하여 승객이 피해를 입은 경우 각 가해 차량의 운행자들은 피해자에 대하여 부진정연대채무를 부담하나, 그 내부관계에 있어서는 각 운전자의 과실의 정도에 따라 부담 부분이 정하여지고, 운행자 중 일방이 자기의 부담 부분을 초과하여 변제함으로써 공동의 면책을 얻게 하였을 때에는 다른 운행자에 대하여 상대방의 부담 부분에 상당하는 금액을 구상할 수 있지만 이 경우 채권의 목적을 달성시키는 변제와 같은 사유는 채무자 전원에 대하여 절대적 효력이 발생하지만 그 밖의 사유는 상대적 효력을 발생하는 데 그치므로, 어느 가해 운행자 중 일방이 피해자와 운행지배와 운행이익을 어느 정도 공유하여 그와의 관계에서 손해배상액이 감액되었다고 하더라도 이와 같은 사정은 운행자성을 가지는 피해자에 대한 관계에서만 주장할 수 있는 것으로서, 자신과 부진정연대의 관계에 있는 다른 채무자와의 구상관계에서 감액된 금액을 기준으로 면책 범위를 정하거나 자기의 부담 부분을 산정하여야 한다고 주장할 수는 없다(대판 2000.12.26, 2000다38275; 대판 1997.8.26, 94다37844).

6. 명예훼손에 대한 책임

(1) 서 설

(가) 의 의

명예훼손이란 공연히 사실을 적시함으로써 사람의 품성·덕행·명성·신용 등 인격적 가치에 대하여 사회적으로 받는 객관적인 평가를 침해하는 행위를 말한다. 민법은 제764조에서 타인의 명예를 훼손한 자에 대하여 법원은 피해자의 청구에 의하여 손해배상에 갈음하거나 손해배상과 함께 명예훼손에 적당한 처분을 명할 수 있다고 규정하고 있다. 결국 제764조는 그 요건과 효과의 면에서 제750조의 특칙이라 할 수 있다.

(나) 명예훼손책임과 언론의 자유

명예훼손은 특히 언론·출판의 자유와 충돌할 수 있다. 즉 민주주의 국가에서는 여론의 자유로운 형성과 전달에 의하여 다수의견을 집약시켜 민주적 정치질서를 생성·유지시켜 나가는 것이므로 표현의 자유, 특히 공익사항에 대한 표현의 자유는 중요한 헌법상의 권리로서 최대한 보장을 받아야 하지만, 그에 못지않게 개인의 명예나 사생활의 자유와 비밀 등 사적 법익도 보호되어야 할 것이므로, 인격권으로서의 개인의 명예 보호와 표현의 자유의 보장이라는 두 법익이 충돌할 수 있다. 이때 그 조정을 어떻게 할 것인지는 구체적인 경우에 사회적인 여러 가지 이익을 비교하여 표현의 자유로 얻어지는 이익, 가치와 인격권의 보호에 의하여 달성되는 가치를 형량하여 그 규제의 폭과 방법을 정하여야 한다(대판 1998.7.14, 96다17257). 특히 언론·출판의 자유와 명예 보호 사이의 한계 설정에는 표현된 내용이 사적 관계에 관한 것인가 공적 관계에 관한 것인가에 따라 차이가 있으므로, 표현으로 인한 피해자가 공적인 존재인지 사적인 존재인지, 그 표현이 공적인 관심 사안에 관한 것인지 순수한 사적인 영역에 속하는 사안에 관한 것인지 등에 따라 그 심사기준에 차이를 두어 공공적·사회적 의미가 있는 사안에 관한 표현의 경우에는 언론의 자유에 대한 제한이 완화되어야 한다(대판 2008.2.28, 2005다28365; 대판 2006.3.23, 2003다52142).

판 례

(ㄱ) 언론·출판의 자유와 명예보호 사이의 한계를 설정함에 있어서 표현된 내용이 공공적·사회적인 의미를 가진 사안에 관한 것인 경우에는 사적인 영역에 속하는 사안에 관한 것인 경우와는 평가를 달리하여야 하고 언론의 자유에 대한 제한이 완화되어야 하며, 피해자가 당해 명예훼손적 표현의 위험을 자초한 것인지의 여부도 또한 고려되어야 한다(대판 2003.1.24, 2000다37647).

(ㄴ) 언론매체가 보도한 수개의 기사가 타인의 명예를 훼손하였는지 여부를 판단함에 있어서 그 기사들이 연재기사로 기획되어 게재되었다는 등의 특별한 사정이 없는 한 각 기사별로 불법행위의 성립 여부를 판단하여야 한다(대판 2009.4.9, 2005다65494).

(ㄷ) 언론기관이 범죄사실을 보도하면서 피의자를 가명(假名)이나 두문자(頭文字) 내지 이니셜 등으로 특정하는 경우에는 그 보도 대상자의 주변 사람들만이 제한적 범위에서 피의자의 범죄사실을 알게 될 것이지만, 피의자의 실명을 공개하여 범죄사실을 보도하는 경우에는 피의자의 범죄사실을 알게 되는 사람들의 범위가 훨씬 확대되고 피의자를 더 쉽게 기억하게 되어 그에 따라 피의자에 대한 법익침해의 정도 역시 훨씬 커질 것이므로, 범죄사실의 보도와 함께 피의자의 실명을 공개하기 위해서는 피의자의 실명을 보도함으로써 얻어지는 공공의 정보에 관한 이익과 피의자의 명예나 사생활의 비밀이 유지됨으로써 얻어지는 이익을 비교형량한 후 전자의 이익이 후자의 이익보다 더 우월하다고 인정되어야 한다. 또한 전자의 이익이 더 우월하다고 판단되더라도 그 보도의 내용이 진실과 다를 경우 실명이 보도된 피의자에 대한 법익침해의 정도는 그렇지 아니한 경우보다 더욱 커지므로, 언론기관이 피의자의 실명을 공개하여 범죄사실을 보도할 경우에는 그 보도내용이 진실인지 여부를 확인할 주의의무는 더 높아진다(대판 2009.9.10, 2007다71).

(2) 성립요건

제764조는 금전배상의 원칙에 대한 특칙으로서 명예회복에 적당한 처분을 명할 수 있다고 규정하고 있을 뿐, 어느 요건을 갖추어야 명예훼손에 대한 책임이 성립하는지에 관한 명문의 규정이 없다. 다만 형법 제307조, 제310조는 명예훼손을 범죄로 정하면서 그 요건을 규정하고 있어, 판례는 이를 기초로 명예훼손에 대한 민사책임을 인정하고 있다.

(가) 특정인의 명예를 훼손할 것

1) 사람의 품성·덕행·명성·신용 등의 인격적 가치에 관하여 사회로부터 받는 객관적인 평가를 저하시키면 명예훼손이 된다. 명예는 자연인뿐만 아니라 법인이나 종중과 같은 비법인사단도 주체가 될 수 있다(대판 1997.10.24, 96다17851). 즉 자연인은 누구나 인간으로서의 존엄성을 가지며 사회생활을 통하여 일정한 사회적 평가를 가지므로 명예훼손의 피해자가 될 수 있고, 법인이나 비법인사단도 성명·신용과 같은 사회적 평가를 가지므로 명예훼손의 피해자가 될 수 있다.

2) 명예훼손행위는 특정의 상대방에 대해서 행해져야 한다. 특정인의 성명·명칭을 직접 표명하지 않았더라도 기사의 내용상 그가 누구라는 것이 특정될 수 있을 정도로 구체적으로 묘사되었다면 상대방 특정의 요건을 충족시킨다. 서울시민과 같이 포괄적인 집단에 대한 훼손행위는 각 시민에 대한 명예훼손에 해당하지 않는다. 그러나 소규모집단에 대한 훼손행위가 행해졌고, 그 집단의 구성원이 특정되어 있는 경우에는 각 구성원에 대한 명예훼손이 성립한다(대판 2006.5.12, 2004다35199; 대판 2003.9.2, 2002다63558).

판 례

(ㄱ) 명예훼손에 의한 불법행위가 성립하려면 피해자가 특정되어야 하는데, 반드시 사람의 성명이나 단체의 명칭을 명시하는 정도로 특정되어야 하는 것은 아니다. 사람의 성명을 명시하지 않거나 머리글자나 이니셜만 사용한 경우라도, 표현 내용을 주위 사정과 종합하여 볼 때 피해자를 아는 사람이나 주변 사람이 그 표시가 피해자를 지목하는 것을 알아차릴 수 있을 정도라면 피해자가 특정되었다고 할 수 있다(대판 2018.4.12, 2015다45857).

(ㄴ) 법인의 목적사업 수행에 영향을 미칠 정도로 법인의 사회적 명성, 신용을 훼손하여 법인의 사회적 평가가 침해된 경우에는 그 법인에 대한 불법행위책임이 성립한다(대판 2017.12.22, 2015다247912).

(나) 사람의 사회적 평가를 저하시킬 만한 사실을 적시할 것

1) 명예훼손이 성립하기 위해서는 사람의 사회적 평가를 저하시킬 만한 사실의 적시가 있어야 한다. 적시되는 사실은 반드시 허위의 사실일 것을 요하지 않는다. 진실된 사실의 적시에 의해서도 사람의 사회적 평가가 저해될 수 있기 때문이다. 민사상 타인에 대한 명예훼손은 사실을 적시하는 방법으로 행해질 수 있지만, 의견을 표명하는 방법으로 행해질 수도 있다. 따라서 사실의 적시를 전제로 하지 않은 순수한 의견 또는 논평의 경우에는 명예훼손으로 인한 손해배상책임은 성립되지 않는다. 반면에 어떤 의견의 표현이 그 전제로서 사실을 직접적으로 표현한 경우이거나 간접적이고 우회적인 방법에 의하더라도 그 표현의 전체 취지에 비추어 어떤 사실의 존재를 암시하고 또 이로써 특정인의 사회적 가치 내지 평가를 침해할 가능성이 있으면 명예훼손으로 된다(대판 2008.2.14, 2005다75736; 대판 2008.1.24, 2005다58823).

2) 신문 등 언론매체의 어떤 기사가 타인의 명예를 훼손하는지의 여부는 일반 독자가 기사를 접하는 통상의 방법을 전제로 그 기사의 전체적인 취지와의 연관 하에서 기사의 객관적

내용, 사용된 어휘의 통상적인 의미, 문구의 연결방법 등을 종합적으로 고려하여 그 기사가 독자에게 주는 전체적인 인상을 기준으로 판단하여야 하고, 여기에다가 당해 기사의 배경이 된 사회적 흐름 속에서 당해 표현이 가지는 의미를 함께 고려하여야 한다(대판 2008.4.24, 2006다53214; 대판 2008.2.28, 2005다28365). 한편 풍자만화나 시사만평의 경우에는 직설적인 언행과는 달리 풍자나 은유, 희화적 표현기법이 흔히 사용되고 일반 독자들도 그러한 속성을 감안하여 받아들이는 경향이 있는 만큼 어느 정도의 과장은 용인할 수 있다는 점도 고려해야 할 것이다(대판 2008.2.14, 2005다75736; 대판 2002.1.22, 2000다37524,37531).

판 례

신문기사의 제목은 일반적으로 본문의 내용을 간략하게 단적으로 표시하여 독자의 주의를 환기시켜 본문을 읽게 하려는 의도로 붙여지는 것이므로, 신문기사의 명예훼손 여부를 판단함에 있어서는 제목이 본문의 내용으로부터 현저히 일탈하고 있어 그 자체만으로 별개의 독립된 기사로 보지 않을 수 없는 경우 등과 같은 특별한 사정이 없는 한 제목만을 따로 떼어 본문과 별개로 다루어서는 아니 되고, 제목과 본문을 포함한 기사 전체의 취지를 전체적으로 파악하여야 한다(대판 2009.1.30, 2006다60908).

(다) 고의 · 과실로 허위의 사실을 유포하거나 사실을 적시할 것

명예훼손으로 인한 불법행위가 성립하려면, 타인의 명예훼손에 대한 고의·과실이 있어야 한다. 명예훼손에서의 고의란 어떤 사실을 보도함으로써 피해자의 명예가 손상될 것으로 인식하는 것을 말하고, 과실이란 그 보도로 피해자의 명예가 훼손된다는 것을 알고 있어야 함에도 주의를 게을리하여 그것을 알지 못하고 보도를 하는 것을 의미한다. 따라서 명예훼손이 성립되기 위하여 그 보도되는 사실이 허위임을 알아야 한다거나 보도되는 사실의 진실 여부를 확인할 의무가 있음에도 이를 하지 않은 과실이 있음을 요구하는 것은 아니다.

판 례

인터넷 종합 정보제공 사업자가 보도매체가 작성·보관하는 기사에 대한 인터넷 이용자의 검색·접근에 관한 창구 역할을 넘어서서, 보도매체로부터 기사를 전송받아 자신의 자료저장 컴퓨터 설비에 보관하면서 스스로 그 기사 가운데 일부를 선별하여 자신이 직접 관리하는 뉴스 게시공간에 게재하였고 그 게재된 기사가 타인의 명예를 훼손하는 내용을 담고 있다면, 이는 단순히 보도매체의 기사에 대한 검색·접근 기능을 제공하는 경우와는 달리 인터넷 종합 정보제공 사업자가 보도매체의 특정한 명예훼손적 기사 내용을 인식하고 이를 적극적으로 선택하여 전파한 행위에 해당하므로, 달리 특별한 사정이 없는 이상 위 사업자는 명예훼손적 기사를 보도한 보도매체와 마찬가지로 그로 인하여 명예가 훼손된 피해자에 대하여 불법행위로 인한 손해배상책임을 진다(대판 2009.4.16, 2008다53812).

(라) 적시된 사실이 진실성과 공공성을 갖추지 못할 것 — 위법성

1) 타인의 명예를 훼손하는 행위가 있더라도 그 행위가 진실성과 공공성을 띠는 때에는 불법행위가 성립하지 않는다(대판 2016.5.27, 2015다33489). 즉 어떤 표현이 타인의 명예를 훼손하더라도 그 표현이 공공의 이해에 관한 사항으로서 그 목적이 오로지 공공의 이익을 위한 것인 때에는

진실한 사실이라는 것이 증명되면 그 행위에 위법성이 없고, 또한 그 진실성이 증명되지 아니하더라도 행위자가 그것을 진실이라고 믿을 만한 상당한 이유가 있는 경우에는 위법성이 없다. 여기서 '그 목적이 오로지 공공의 이익을 위한 것'은 적시된 사실이 객관적으로 보아 공공의 이익에 관한 것으로서 행위자도 공공의 이익을 위하여 그 사실을 적시한 것을 의미하는데, 행위자의 주요한 목적이나 동기가 공공의 이익을 위한 것이라면 부수적으로 다른 사익적 목적이나 동기가 내포되어 있더라도 무방하다. 또한 '진실한 사실'은 그 내용 전체의 취지를 살펴볼 때 중요한 부분이 객관적 사실과 합치되는 사실이라는 의미로서, 세부에 있어 진실과 약간 차이가 나거나 다소 과장된 표현이 있더라도 무방하다(대판 2008.2.28, 2005다28365; 대판 2006.3.23, 2003다52142).

2) 사실을 적시함으로써 타인의 명예를 훼손하는 경우 원고가 청구원인으로 그 적시된 사실이 허위사실이라고 주장하며 손해배상을 구하는 때에는 그 허위성에 대한 증명책임은 '원고'에게 있다. 다만 피고가 적시된 사실에 대하여 그 목적이 오로지 공공의 이익을 위한 것이고 그 내용이 진실한 사실이거나 진실이라고 믿을 만한 상당한 이유가 있어 위법성이 없다고 항변할 경우 위법성을 조각시키는 사유에 대한 증명책임은 이를 '피고'가 부담한다(대판 2023.11.30, 2022다280283).

판 례

(ㄱ) 민사상 명예훼손이 성립하는 데는 객관적으로 보아 피해자의 외부적·사회적 평판을 저하할 만한 사실을 적시한다는 인식이 있는 것으로 족하고, 그 내용이 허위라는 점까지 적극적으로 인식할 필요는 없으며, 다만 적시한 사실이 공공의 이해에 관한 사항으로서 그 목적이 오로지 공공의 이익을 위한 것일 때에는 진실한 사실이라는 증명이 없더라도 행위자가 그것을 진실이라고 믿을 상당한 이유가 있는 한 위법성이 조각된다(대판 2006.1.27, 2003다66806; 대판 2009.2.26, 2008다27769).

(ㄴ) 민사소송절차의 변론과정에서 당사자가 상대방의 프라이버시나 명예에 관한 사항을 주장하고 이에 관한 증거자료를 제출함으로써 상대방의 프라이버시가 침해되거나 명예가 훼손되었다 하더라도, 그 주장과 입증이 당사자에게 허용되는 정당한 변론활동의 범위를 일탈한 것이 아니라면 위법성이 없다(대판 2008.2.15, 2006다26243).

(ㄷ) 타인의 명예를 훼손하는 표현의 내용이 진실인지 또는 행위자가 그것을 진실이라고 믿을 만한 상당한 이유가 있는지 여부는 표현 당시의 시점을 기준으로 판단되어야 한다. 따라서 명예훼손행위를 원인으로 한 손해배상청구소송의 제1심판결 선고 후에 그 소송당사자인 피고의 새로운 명예훼손행위가 있다면 그 내용이 진실인지 또는 피고가 그것을 진실이라고 믿을 만한 상당한 이유가 있는지와 같은 위법성조각사유의 유무는 제1심 소송절차에서의 증거조사 결과 및 제1심판결의 판결 이유 등을 판단의 기초가 되는 사실에 추가하여 새로운 명예훼손행위 당시의 시점을 기준으로 새롭게 판단되어야 한다(대판 2010.5.13, 2010다8365).

(ㄹ) 공공의 이익에 대한 사항과 관련하여 제3자의 형사고발로 시작된 수사 등 절차의 외적인 경과만을 객관적으로 보도하는 경우에는, 기사의 제목, 보도의 방식이나 표현 등을 종합적으로 고려하여 고발된 내용 자체가 진실이라는 인상을 통상의 독자들에게 준다거나 고발 자체를 저급한 흥미에 영합하는 방식으로 취급하여 고발 상대방의 인격적 이익을 도외시하거나 고발의 내용이 합리적인 사람이 볼 때 진실인지를 쉽사리 의심하게 하는 것인 등의 특별한 사정이 없는 한, 보도를 하는 측에서 고발의 구체적인 내용에까지 들어가 그것이 진실인지 여부를 확인할 의무가 있다고 할 수 없다(대판 2009.2.26, 2008다27769).

(ㅁ) 실제 인물이나 역사적 사건을 모델로 한 영화라 하더라도 상업영화의 경우에는 대중적 관심을 이끌어 내고 이를 확산하기 위하여 통상적으로 광고·홍보행위가 수반되는바, 영화가 허위의 사실을 표현하여 개인

의 명예를 훼손한 경우에도 행위자가 그것을 진실이라고 믿었고 또 그렇게 믿을 만한 상당한 이유가 있어 그 행위자에게 명예훼손으로 인한 불법행위책임을 물을 수 없다면 그 광고·홍보의 내용이 영화에서 묘사된 허위의 사실을 넘어서는 등의 특별한 사정이 없는 한 그 광고·홍보행위가 별도로 명예훼손의 불법행위를 구성한다고 볼 수 없다. 나아가 이러한 상업영화에 있어서 그 내용의 특정 부분을 적시하지 않은 채 진실이라고 광고·홍보하였더라도 특별한 사정이 없는 한 그 영화의 모든 내용이 진실이라는 의미라고 보아서는 아니 되고 전체적으로 역사적 사실에 바탕을 두었으며 극적 허구와의 조화 속에서 확인된 사실관계를 최대한 반영하였다는 취지로 이해하여야 할 것이다(대판 2010.7.15, 2007다3483).

(마) 명예훼손으로 손해가 발생할 것

명예훼손에 대한 불법행위책임을 묻기 위해서는 명예훼손으로 인하여 손해가 발생하여야 한다. 즉 명예훼손으로 인하여 재산적 손해가 발생한 경우에는 명예훼손과 손해발생 사이에 인과관계가 존재하여야 한다. 반면에 명예훼손은 정신적 손해를 유발하므로 손해발생과 그 인과관계는 엄격히 증명되지 않아도 된다. 명예훼손에 의한 손해는 형체화되어 드러나지 않는 무형성을 갖기 때문에 실제로 피해자가 가해자의 어떤 행위로 인하여 자신의 외부적 평판이 손상 또는 저하되었음을 증명하는 것은 거의 불가능하다. 따라서 일정한 행위가 가해행위가 된다고 판단되면 그 가해행위로 인하여 손해가 발생하였음을 추정하여야 할 것이다.

(3) 효 과

(가) 손해배상청구권

피해자는 가해자에 대하여 손해배상을 청구할 수 있다(제750조, 제751조). 명예훼손으로 인하여 재산적 손해가 발생하는 경우도 있지만, 명예훼손에 의해서는 통상 무형의 손해가 발생하므로 위자료로서 배상된다. 법인 또는 비법인사단도 성명·신용과 같은 사회적 평가를 가지므로 명예훼손의 피해자가 될 수 있는데, 법인이나 비법인사단에 대한 명예훼손의 결과 정신적 손해가 발생하였다고 보아 위자료청구권을 인정할 것인지가 문제이다. 생각건대 위자료청구권을 단순히 인간의 정신적 고통에 한정하지 말고 재산적 손해 이외의 무형의 손해에 대해 널리 인정하는 것이 타당하므로 법인에 대한 명예훼손의 효과로서 이를 인정하여야 할 것이다. 판례도 제751조 1항은 불법행위로 인한 재산 이외의 손해에 대한 배상책임을 규정하고 있고, 재산 이외의 손해는 정신상 고통만을 의미하는 것이 아니라 그 외에 수량적으로 산정할 수 없으나 사회통념상 금전평가가 가능한 무형의 손해도 포함하므로, 법인의 명예나 신용을 훼손한 자는 그 법인에게 재산 이외의 손해에 대하여도 배상할 책임이 있다. 그런데 법인의 명예나 신용을 훼손하는 행위에는 법인의 목적사업 수행에 영향을 미칠 정도로 법인의 사회적 평가를 저하하는 일체의 행위가 포함되므로, 이에는 구체적인 사실을 적시하거나 의견을 표명하는 행위 등뿐만이 아니라, 고급 이미지의 의류로서 명성과 신용을 얻고 있는 타인의 의류와 유사한 디자인의 의류를 제조하여 이를 저가로 유통시키는 방법 등으로 타인인 법인의 신용을 훼손하는 행위도 포함된다고 한다(대판 2008.10.9, 2006다53146).

(나) 원상회복청구권

1) 명예훼손에 의한 불법행위가 인정되는 때에는 법원은 피해자의 청구에 의하여 손해배상에 갈음하거나 손해배상과 함께 명예회복에 적당한 처분을 명할 수 있다(제764조). 이처럼 타인의 명예를 훼손한 자에 대하여 법원은 피해자의 청구에 의하여 손해배상에 갈음하거나 손해배상과 함께 정정보도의 공표 등 명예회복에 적당한 처분을 명할 수 있는데, 이는 명예훼손의 경우에는 그로 인한 피해자의 재산적·정신적 손해의 범위 및 그 금전적 평가를 구체적으로 증명하는 것이 곤란하고 또 금전배상만으로는 피해자의 구제가 실질적으로 불충분·불완전한 경우가 많으므로, 이러한 결함을 보완하여 피해자를 효과적으로 구제하기 위한 것이다(대판 2007.12.27, 2007다29379).

2) 적당한 처분으로는 종래 신문지상에 사죄광고를 게재하는 방법을 취하였는데, 헌법재판소는 명예회복에 적당한 처분에 사죄광고를 포함시키는 것은 양심의 자유 및 인격권을 침해하는 것으로 헌법에 위반된다고 결정하였다(헌재결 1991.4.1, 89헌마160). 따라서 가해자가 동의하지 않는 한 사죄광고를 명할 수 없다. 명예회복의 적당한 처분으로 가해자의 비용으로 그가 패소한 민사소송배상판결·형사명예훼손죄의 유죄판결을 신문·잡지 등에의 게재, 명예훼손기사의 취소광고 등을 들 수 있다.

(다) 정정 · 반론 · 추후보도청구권

1) 사실적 주장에 관한 언론보도가 진실하지 아니함으로 인하여 피해를 입은 자는 해당 언론보도가 있음을 안 날부터 3개월 이내에 그 보도 내용에 관한 정정보도를 언론사에 청구할 수 있으며, 이러한 청구에는 언론사의 고의·과실이나 위법성을 요하지 않는다(언론중재 및 피해구제 등에 관한 법률 제14조 1항 본문, 2항). 다만 당해 언론보도가 있은 후 6개월이 경과한 때에는 정정보도를 청구할 수 없다(동법 제14조 1항 단서).

2) 사실적 주장에 관한 언론보도로 인하여 피해를 입은 자는 그 보도내용에 관한 반론보도를 언론사에 청구할 수 있으며, 이러한 청구에는 언론사의 고의·과실이나 위법함을 요하지 아니하며 보도내용이 진실 여부를 불문한다(동법 제16조).

3) 언론에 의하여 범죄혐의가 있거나 형사상의 조치를 받았다고 보도 또는 공표된 자는 그에 대한 형사절차가 무죄판결 또는 이와 동등한 형태로 종결된 때에는 그 사실을 안 날부터 3개월 이내에 언론사에 이 사실에 관한 추후보도의 게재를 청구할 수 있으며, 이러한 추후보도에는 청구인의 명예나 권리회복에 필요한 설명 또는 해명이 포함되어야 한다(동법 제17조 1항, 2항). 한편 추후보도청구권은 특별한 사정이 있는 경우를 제외하고는 동법에 의한 정정보도청구권이나 반론보도청구권의 행사에 영향을 미치지 않는다(동법 제17조 4항).

(라) 방해배제·방해예방청구권의 인정 여부

명예의 침해에 대해 방해배제나 방해예방청구를 할 수 있는지가 문제이다. 판례는 명예는 생명·신체와 함께 매우 중대한 보호법익이고 인격권으로서의 명예권은 물권의 경우와 마찬가지로 배타성을 가지는 권리라고 할 것이므로, 사람의 품성·덕행·명성·신용 등의 인격적 가치에 관하여 사회로부터 받는 객관적인 평가인 명예를 위법하게 침해당한 자는 손해배상 또는 명예회복을 위한 처분을 구할 수 있는 이외에 인격권으로서 명예권에 기초하여 가해자에 대하여 현재 이루어지고 있는 침해행위를 배제하거나 장래에 생길 침해를 예방하기 위하여 침해행위의 금지를 구할 수도 있다고 한다(대판 2013.3.28, 2010다60950).

판 례

인격권 침해를 이유로 한 방해배제청구권으로서 기사삭제 청구의 당부를 판단할 때는 그 표현내용이 진실이 아니거나 공공의 이해에 관한 사항이 아닌 기사로 인해 현재 원고의 명예가 중대하고 현저하게 침해받고 있는 상태에 있는지를 언론의 자유와 인격권이라는 두 가치를 비교·형량하면서 판단하면 되는 것이고, 피고가 그 기사가 진실이라고 믿은 데 상당한 이유가 있었다는 등의 사정은 형사상 명예훼손죄나 민사상 손해배상책임을 부정하는 사유는 될지언정 기사삭제를 구하는 방해배제청구권을 저지하는 사유로는 될 수 없다(대판 2013.3.28, 2010다60950).

Ⅲ. 특별법상의 불법행위책임

1. 자동차운행자의 책임

(1) 서 설

(가) 의 의

자동차운행자의 책임이란 자기를 위하여 자동차를 운행하는 자가 자동차손해배상보장법에 의하여 그 자동차의 운행으로 인하여 발생한 타인의 인적 손해에 대한 손해배상책임을 말한다. 자동차손해배상보장법은 '자동차운행으로 인하여' 발생한 손해 중 사람이 사망하거나 부상한 경우의 손해, 다시 말하면 '인적손해'만을 대상으로 한다(제1조, 제3조). 자동차사고로 인한 물적 손해는 일반불법행위 또는 채무불이행책임의 법리에 의하여 가해자나 그 사용자에게 배상책임이 지워진다(대판 2001.6.29, 2001다23201,23218). 그 밖에 동법에 의하여 손해배상책임을 부담하는 자는 자동차의 운행자에 한정되며(제3조), 운행자책임은 자동차운전자의 과실책임과 구별된다.

(나) 다른 법률과의 관계

1) 민법과의 관계

자동차손해배상보장법은 민법의 특별법이므로, 자동차운행으로 인하여 발생한 '인적손해'에 대해서는 동법이 민법에 우선하여 적용된다(대판 2001.6.29, 2001다23201,23218; 대판 1988.3.22, 86다카2747).

2) 국가배상법과의 관계

가) 공무원이 개인차를 운전하여 공무집행 중 불법행위를 한 경우

국가배상법 제2조 1항에 의하면, 자동차로 공무를 수행하던 중 제3자가 입은 손해배상에 대하여 국가배상법을 적용하도록 하고 있다. 이와 관련하여 판례는 자동차손해배상보장법의 입법취지에 비추어 볼 때, 제3조는 자동차의 운행이 사적·공적 용무를 위한 것이건 구별하지 않고 민법이나 국가배상법에 우선하여 적용된다고 한다(대판 1996.3.8, 94다23876). 따라서 공무원이 직무상 자동차를 운전하다가 사고를 일으켜 다른 사람에게 손해를 입힌 경우에는 그 사고가 자동차를 운전한 공무원의 경과실에 의한 것인지 중과실 또는 고의에 의한 것인지를 가리지 않고, 그 공무원이 자동차손해배상보장법 제3조의 '자기를 위하여 자동차를 운행하는 자'에 해당하는 한 자동차손해배상보장법상의 손해배상책임을 부담한다(대판 1996.3.8, 94다23876). 물론 공무원이 자동차손해배상보장법상의 운행자책임을 지는 경우, 자동차의 운행이 공무원의 직무집행과 관련성이 있는 때에는 국가도 국가배상법에 의한 책임을 진다(국가배상법 제2조 1항).

판 례

공무원이 통상적으로 근무하는 근무지로 출근하기 위하여 자기 소유의 자동차를 운행하다가 자신의 과실로 교통사고를 일으킨 경우에는 특별한 사정이 없는 한 국가배상법 제2조 1항의 공무원이 '직무를 집행함에 당하여' 타인에게 불법행위를 한 것이라고 할 수 없으므로, 그 공무원이 소속된 국가나 지방공공단체가 국가배상법상의 손해배상책임을 부담하지 않는다(대판 1996.5.31, 94다15271).

나) 공무원이 국가 또는 공공단체 소유의 자동차를 운전하여 사고를 낸 경우

관용차와 같이 국가가 보유자로서 운행자인 때에는 국가는 직접 자동차손해배상보장법에 의한 운행자책임을 진다. 즉 자동차손해배상보장법 제3조의 '자기를 위하여 자동차를 운행하는 자'는 자동차에 대한 운행을 지배하여 그 이익을 향수하는 책임주체로서의 지위에 있는 자를 뜻한다. 따라서 공무원이 직무를 집행하기 위하여 국가나 지방자치단체 소유의 공용차를 운행하는 경우, 그 자동차에 대한 운행지배나 운행이익은 그 공무원이 소속한 국가나 지방자치단체에 귀속된다고 할 것이고, 공무원 자신이 개인적으로 자동차에 대한 운행지배나 운행이익을 가지는 것이라고 볼 수 없으므로, 그 공무원이 자기를 위하여 공용차를 운행하는 자로서 동법 제3조의 손해배상책임의 주체가 될 수 없다(대판 1994.12.27, 94다31860; 대판 1992.2.25, 91다12356). 물론 국가나 지방자치단체 소유의 관용차를 공무원이 운행하다가 타인에게 인적 손해를 가한 경우, 공무원 개인은 운행자가 아니므로 그 사고에 대해 고의나 중과실이 있는 경우에 피해자에 대하여 불법행위로 인한 손해배상책임을 진다(대판 2003.12.26, 2003다13307; 대판 1996.2.15, 95다38677). 여기서 공무원의 중과실이라 함은 공무원에게 통상 요구되는 정도의 상당한 주의를 하지 않더라도 약간의 주의를 한다면 손쉽게 위법·유해한 결과를 예견할 수 있는 경우임에도 만연히 이를 간과함과 같은 거의 고의에 가까운 현저한 주의를 결여한 상태를 의미한다(대판 2003.12.26, 2003다13307).

판 례

헌법 제29조 1항 및 국가배상법 제2조의 입법취지를 고려할 때, 공무원이 직무 수행 중 불법행위로 타인에게 손해를 입힌 경우에 국가나 지방자치단체가 국가배상책임을 부담하는 외에 공무원 개인도 고의 또는 중과실이 있는 경우에는 불법행위로 인한 손해배상책임을 지고, 공무원에게 경과실뿐인 경우에만 공무원 개인은 손해배상책임을 부담하지 아니한다(대판 1997.2.11, 95다5110; 대판 1996.3.8, 94다23876).

(2) 성립요건

(가) 자기를 위하여 자동차를 운행할 것

1) 자동차손해배상보장법 제3조에 의한 배상책임은 '자기를 위하여 자동차를 운행하는 자', 즉 자동차의 운행자(運行者)만이 부담한다. 자동차운행자는 자동차의 보유자(자동차의 소유자·임차인 기타 사용할 권리가 있는 자) 및 운전자와 구별된다(동법 제2조). 자동차운행자는 자동차에 대한 운행을 지배하여 그 이익을 향수하는 자를 의미하므로, 운행자이기 위해서는 '운행이익'과 '운행지배'의 양자를 갖추어야 한다. 여기서 운행이익이란 자동차의 사용에 의한 이익이 자기에게 귀속함을 의미하며, 경제적·직접적 이익뿐만 아니라 정신적 만족 등과 같은 간접적 이익도 포함된다. 또 운행지배는 자동차의 운행과 관련하여 현실적으로 이를 관리·운영하고 있는 상태를 의미하며, 운행지배는 현실적인 지배에 한하지 않고 간접지배 내지는 지배가능성이 있는 경우도 포함한다(대판 2009.10.15, 2009다42703,42710; 대판 2002.11.26, 2002다47181).

판 례

(ㄱ) 파견근로자가 운전하는 자동차의 운행으로 인한 운행이익은 사용사업주에 귀속하는 것이지 파견사업주에게 귀속하는 것이 아니고, 파견사업주는 파견근로자가 일으킨 사고에 있어 피보험자동차의 운행에 관하여 지휘·감독할 여지가 없기 때문에 피보험자동차를 지배하거나 지배할 가능성이 없으며, 파견사업주의 운행자성을 인정하게 되면 사용사업주가 자동차종합보험에 가입하지 않은 경우 파견근로자에 대한 선임·감독상의 과실이 없는 경우에도 자동차손해배상 보장법상의 배상책임을 부담하게 되어 부당하므로, 피보험자동차에 대하여 운행자의 지위를 갖지 않는 파견사업주를 승낙피보험자로 의제할 수는 없다(대판 2005.9.15, 2005다10531).

(ㄴ) 여관이나 음식점 등의 공중접객업소에서 주차 대행 및 관리를 위한 주차요원을 일상적으로 배치하여 이용객으로 하여금 주차요원에게 자동차와 시동열쇠를 맡기도록 한 경우에 자동차는 공중접객업자가 보관하는 것으로 보아야 하고 자동차에 대한 자동차 보유자의 운행지배는 떠난 것으로 볼 수 있다. 그러나 자동차 보유자가 공중접객업소의 일반적 이용객이 아니라 공중접객업자와의 사업·친교 등 다른 목적으로 공중접객업소를 방문하였음에도 호의적으로 주차의 대행 및 관리가 이루어진 경우, 일상적으로는 주차대행이 행하여지지 않는 공중접객업소에서 자동차 보유자의 요구에 의하여 우발적으로 주차의 대행 및 관리가 이루어진 경우 등 자동차 보유자가 자동차의 운행에 대한 운행지배와 운행이익을 완전히 상실하지 아니하였다고 볼 만한 특별한 사정이 있는 경우에는 달리 보아야 한다(대판 2009.10.15, 2009다42703,42710).

2) 운행자 여부에 관하여 판례를 중심으로 살펴보면 다음과 같다.

가) 타인에 의한 운전

운행이익과 운행지배(이하 운행자성)가 인정되기 위해서, 언제나 자동차보유자가 스스로 운전하여야 하는 것은 아니다. 예컨대 고용된 운전자 또는 친구·가족 등을 시켜서 자동차를 운전하게 한 경우에도 자동차보유자가 운행자이다(대판 1987.1.10, 87다카378). 또한 자동차보유자가 음주 등의 사유로 타인에게 대리운전을 시킨 경우에도 여전히 운행자가 된다(대판 1994.4.15, 94다5502).

나) 무단운전

고용관계 또는 친족관계에 있는 자가 자동차의 소유자 기타 정당한 권리자의 승낙 없이 운전하는 것이 무단운전이다. 판례는 무단운전의 경우에 자동차보유자는 운행자성을 잃지 않는다고 한다(대판 1998.7.10, 98다1072). 즉 운전사가 여자 친구와 드라이브를 하던 중 발생한 사고와 종업원이 사무실에 있는 열쇠를 몰래 가지고 가서 운전하던 중 발생한 사고에 대해, 자동차보유자에게 운행이익과 운행이익이 완전히 상실된 경우라고 볼 수 없다고 한다(대판 1981.12.22, 81다331). 주의할 것은 자동차 대리운전 회사와 대리운전약정을 체결한 자는 차량에 대한 운행지배와 운행이익을 공유하고 있다고 할 수 없고, 차량의 단순한 동승자에 불과하다는 점이다(대판 2005.9.29, 2005다25755).

다) 절도운전

자동차를 절취하여 운전하는 경우, 그 자동차보유자에게 운행지배성을 인정할 수 없으므로, 보유자가 아니라 도둑이 운행자의 책임을 부담한다(통설). 다만 예외적으로 자동차 보유자의 차량이나 시동열쇠 관리상의 과실이 중대하여 객관적으로 볼 때에 자동차 보유자가 절취운전을 용인하였다고 평가할 수 있을 정도가 되고, 또한 절취운전 중 사고가 일어난 시간과 장소 등에 비추어 볼 때에 자동차 보유자의 운행지배와 운행이익이 잔존한다고 평가할 수 있는 경우에 한하여 자동차를 절취당한 자동차 보유자에게 운행자성을 인정할 수 있다(대판 2001.4.24, 2001다3788).

라) 자동차의 임대차 · 사용대차

자동차를 유상 또는 무상으로 대여한 경우, 즉 보유자가 자동차를 타인에게 무상으로 대여한 경우 또는 자동차임대를 영업으로 하는 렌트카를 빌린 경우, 대주는 차주를 통하여 간접적으로 운행지배를 하고 있으므로 차주뿐만 아니라 대주도 운행자가 된다(대판 1991.7.12, 91다8418). 또한 판례는 자동차운전학원과 피교습자 사이에 교습용 자동차에 관하여 임대차 또는 사용대차의 관계가 성립하며, 따라서 학원에서 교습용 자동차를 이용하여 운전연습을 하는 피교습자는 자동차를 사용할 권리가 있는 자로서 자기를 위하여 자동차를 운행하는 자에 해당한다고 한다(대판 2001.1.19, 2000다12532).

마) 자동차의 매매

자동차매매의 이행으로서 자동차의 소유권이전에 필요한 서류를 넘겨주고 자동차까지 인도하였으나, 매수인이 이전등록을 하지 않고 운행하다가 사고가 난 경우, 운행지배와 운행이익은 모두 매수인만이 가지고 있으므로 매수인만이 운행자책임을 부담한다(대판 1994.2.22, 93다37052). 그러나 판례는 매수인에게 차량을 인도하였으나 매매대금이 결제되지 않은 채 매도인의 명의로 차량 소유권등록이 되어 있는 경우에, 매도인은 차량을 매수인에게 인도하여 줌으로써 사실상의 이해관계가 없더라도 운행자에 해당한다고 한다(대판 1991.3.12, 91다605).

판 례

(ㄱ) 대물변제를 위하여 채권자에게 자동차를 양도하기로 하고 인도까지 하였으나 아직 채권자 명의로 그 소유권이전등록이 경료되지 아니한 경우에 아직 그 등록명의가 원래의 자동차 소유자에게 남아 있다는 사정만으로 그 자동차에 대한 운행지배나 운행이익이 양도인에게 남아 있다고 단정할 수는 없고, 이러한 경우 법원이 차량의 양도로 인한 양도인의 운행지배권이나 운행이익의 상실 여부를 판단함에 있어서는 위 차량의 이전등록서류 교부에 관한 당사자의 합의 내용, 위 차량을 대물변제로 양도하게 된 경위 및 인도 여부, 정산절차를 거쳐야 할 필요성, 인수차량의 운행자, 차량의 보험관계 등 양도인과 양수인 사이의 실질적 관계에 관한 여러 사정을 심리하여 사회통념상 양도인이 양수인의 차량운행에 간섭을 하거나 지배·관리할 책무가 있는 것으로 평가할 수 있는지의 여부를 가려 결정하여야 한다(대판 1999.5.14, 98다57501).

(ㄴ) 매도인이 자동차를 매도하여 인도하고 잔대금까지 완제되었다 하더라도, 매수인이 그 자동차를 타인에게 전매할 때까지 자동차등록원부상의 소유명의를 매도인이 그대로 보유하기로 특약하였을 뿐 아니라 그 자동차에 대한 할부계약상 채무자의 명의도 매도인이 그대로 보유하며, 자동차보험까지도 매도인의 명의로 가입하도록 한 채 매수인으로 하여금 자동차를 사용하도록 하여 왔다면, 매도인은 매수인이 그 자동차를 전매하여 명의변경등록을 마치기까지 매도인의 명의로 자동차를 운행할 것을 허용한 것으로서 위 자동차의 운행에 대한 책무를 벗어났다고 보기는 어려우므로 자동차손해배상보장법 제3조 소정의 자기를 위하여 자동차를 운행하는 자에 해당한다고 봄이 상당하다(대판 1995.1.12, 94다38212).

바) 명의대여

판례는 일반적으로 명의대여자에게 운행지배성을 인정하지만, 지입차량에서는 명의대여자에게 운행자책임을 부정하고 있다(대판 1982.10.12, 81다583). 또한 자동차대여회사인 甲이 乙에게 자동차를 대여하면서 甲 명의로 영업하도록 하고 그 대가를 지급받고 있던 중, 乙이 甲 모르게 丙의 자동차를 대여영업에 제공하다가 교통사고가 발생한 경우, 甲의 운행지배 및 그로 인한 손해배상책임을 인정하고 있다(대판 1995.10.13, 94다17253).

사) 양도담보

채권담보의 목적으로 자동차등록원부상 채무자의 자동차를 자기명의로 등록한 경우, 판례는 자동차에 대한 운행지배와 운행이익은 양도담보설정자에게 있으므로 양도담보권자는 운행자가 아니라고 한다(대판 1980.4.8, 79다302).

아) 자동차의 정비

자동차의 수리 또는 세차를 위해 정비업자·세차업자에게 자동차를 맡긴 동안에는 그 정비업자·세차업자만이 운행자가 되고, 따라서 그의 피용자가 수리·세차를 위해 맡겨진 자동차를 무단 운전하다가 사고를 일으킨 경우에 그 정비업자·세차업자가 운행자로서 배상책임을 부담한다(대판 1995.2.17, 94다21856).

판 례

자동차의 수리를 의뢰하는 것은 자동차수리업자에게 자동차의 수리와 관계되는 일체의 작업을 맡기는 것으로서, 여기에는 수리나 시운전에 필요한 범위 안에서의 운전행위도 포함되는 것이고, 자동차의 소유자는 수리를 의뢰하여 자동차를 수리업자에게 인도한 이상 수리완료 후 다시 인도받을 때까지는 자동차에 대하여 관리지배권을 가지지 아니한다고 할 것이며, 수리하는 동안에도 자동차의 소유자가 사고 당시 자동차의 운행에 대한 운행지배와 운행이익을 완전히 상실하지 아니하였다고 볼 특별한 사정이 없는 한 그 자동차의 운행지배권은 수리업자에게만 있다(대판 2000.4.11, 98다56645).

(나) 다른 사람을 사망 또는 부상(인적손해)하게 하였을 것

운행자가 자동차의 운행으로 '다른 사람', 즉 타인을 사망하게 하거나 부상하게 하여야 한다(동법 제3조). '다른 사람'이란 '자기를 위하여 자동차를 운행하는 자 및 자동차의 운전자를 제외한 그 이외의 자'를 의미하므로, 자동차를 운전하거나 운전의 보조에 종사한 자는 '다른 사람'에 해당하지 않는다(대판 2016.4.28, 2014다236830,236847). 그러나 사고 당시 현실적으로 운전을 하지 않았더라도 자동차를 운전하여야 할 지위에 있는 자가 법령상 또는 직무상의 임무에 위배하여 타인에게 운전을 위탁하였고 타인이 운전무자격자나 운전미숙자인 경우에는 운전을 위탁한 자는 여전히 운전자로서 동법 제3조의 '다른 사람'에 해당하지 않고, 이때 타인이 자동차의 용법에 따른 사용행위를 실제 하였더라도 그는 특별한 사정이 없는 한 운전보조자에 해당할 수는 있으나 운전자에는 해당하지 않는다(대판 2016.4.28, 2014다236830,236847).

판 례

(ㄱ) 자동차손해배상 보장법 제3조에 정한 '다른 사람'은 자기를 위하여 자동차를 운행하는 자 및 당해 자동차의 운전자를 제외한 그 외의 자를 지칭하는 것이므로, 동일한 자동차에 대하여 복수로 존재하는 운행자 중 1인이 당해 자동차의 사고로 피해를 입은 경우에도 사고를 당한 그 운행자는 다른 운행자에 대하여 자신이 같은 법 제3조에 정한 '다른 사람'임을 주장할 수 없는 것이 원칙이다. 다만 사고를 당한 운행자의 운행지배 및 운행이익에 비하여 상대방의 그것이 보다 주도적이거나 직접적이고 구체적으로 나타나 있어 상대방이 용이하게 사고의 발생을 방지할 수 있었다고 보이는 경우에 한하여 비로소 자신이 '다른 사람'임을 주장할 수 있을 뿐이다(대판 2009.5.28, 2007다87221; 대판 2002.12.10, 2002다51654).

(ㄴ) 사고자동차의 운전사가 자동차회사의 단체협약, 취업규칙, 인사관리규정 및 복무규정에서 규정한 운전대여금지나 근무교대시간엄수 등을 제대로 지키지 못한 점이 있었다 하더라도 같은 회사 사고 택시의 운전사이며 운전숙련자인자에게 운전을 맡기고 자신은 운전석 옆좌석에 앉아 있었던 것이라면 그 운전사가 사고 택시의 운전자라고는 볼 수 없어 자동차손해배상보장법 제3조 소정의 '타인'에 해당한다(대판 1989.4.24, 89다카2070). 반면에 사고 당시 현실적으로 운전을 하지 않았더라도 당해 자동차를 운전하여야 할 지위에 있는 자가 법령상 또는 직무상의 임무에 위배하여 타인에게 운전을 위탁하였고, 상대가 운전무자격자나 운전미숙자인 때에는 자동차손해배상보장법 제3조의 '다른 사람'에 해당하지 않는다(대판 2000.3.28, 99다53827).

(다) 자동차의 운행으로 인해 피해가 발생할 것

자동차의 '운행'이라 함은 사람 또는 물건의 운송여부에 관계없이 자동차를 그 용법에 따라 사용 또는 관리하는 것을 말한다(동법 제2조 2호). 여기서 '자동차를 그 용법에 따라' 사용한다는 것은 자동차의 용도에 따라 그 구조상 설비되어 있는 각종 장치를 각각의 목적에 따라 사용하는 것을 말한다. 따라서 운행 중의 사고가 아닌 것, 예컨대 주차·정차 중의 사고에 대해서는 동법에 의한 운행자의 책임은 발생하지 않는다. 그러나 자동차를 안전하게 주·정차하기 어려운 곳에 주·정차하거나 자동차를 주·정차함에 있어 지형과 도로 상태에 맞추어 변속기나 브레이크 등을 조작하지 아니함으로 인하여 사람이 사망하거나 부상한 경우, 이는 원칙적으로 운행 중의 사고로 보아야 한다(대판 2005.3.25, 2004다71232; 대판 2004.3.12, 2004다445,452).

판 례

(ㄱ) '자동차를 그 용법에 따라 사용한다'는 것은 자동차의 용도에 따라 그 구조상 설비되어 있는 각종의 장치를 각각의 장치목적에 따라 사용하는 것을 말하는 것으로서, 자동차가 반드시 주행 상태에 있지 않더라도 주행의 전후단계로서 주·정차 상태에서 문을 열고 닫는 등 각종 부수적인 장치를 사용하는 것도 포함하는 것이고, 한편 자동차의 용도에 따라 그 구조상 설비되어 있는 각종의 장치는 원칙적으로 당해 자동차에 계속적으로 고정되어 사용되는 것이지만 당해 자동차에서 분리하여야만 그 장치의 사용목적에 따른 사용이 가능한 경우에는, 그 장치가 평상시 당해 자동차에 고정되어 있는 것으로서 그 사용이 장치목적에 따른 것이고 당해 자동차의 운행목적을 달성하기 위한 필수적인 요소이며 시간적·공간적으로 당해 자동차의 사용에 밀접하게 관련된 것이라면 그 장치를 자동차에서 분리하여 사용하더라도 자동차를 그 용법에 따라 사용하는 것으로 볼 수 있다(대판 2004.7.9, 2004다20340,20357). 따라서 구급차로 환자를 병원에 후송한 후 구급차에 비치된 들것(간이침대)으로 환자를 하차시키던 도중 들것을 잘못 조작하여 환자를 땅에 떨어뜨려 상해를 입게 한 경우, 이는 자동차의 운행으로 인하여 발생한 사고에 해당한다.

(ㄴ) 자동차보험약관상의 '운행'이라 함은 자동차를 당해 장치의 용법에 따라 사용하고 있는 것을 말하고, '당해 장치'라 함은 자동차에 계속적으로 고정되어 있는 장치로서 자동차의 구조상 설비되어 있는 자동차의 고유의 장치를 뜻하는 것인데, 위와 같은 각종 장치의 전부 또는 일부를 각각의 사용목적에 따라 사용하는 경우에는 운행 중에 있다고 할 것이나 자동차에 타고 있다가 사망하였더라도 그 사고가 자동차의 운송수단으로서의 본질이나 위험과는 전혀 무관하게 사용되었을 경우까지 자동차의 운행 중의 사고라고 보기는 어렵다(대판 2000.1.21, 99다41824). 따라서 승용차를 운행하기 위하여 시동과 히터를 켜 놓고 대기하고 있었던 것이 아니라 잠을 자기 위한 공간으로 이용하면서 다만 방한 목적으로 시동과 히터를 켜놓은 상태에서 잠을 자다 질식사한 경우, 자동차 운행 중의 사고에 해당하지 않는다.

(라) 면책사유가 없을 것

자동차손해배상보장법은 운행자에게 면책주장을 인정하고 있지만, 그 요건이 매우 엄격하여 사실상 무과실책임에 근접하고 있다. 운행자가 면책을 받으려면, ① 승객이 사망하거나 부상한 경우에는 그 사망 또는 부상이 그 승객의 고의나 자살행위로 인한 사실을 증명하여야 하며(동법 제3조 2호), ② 승객 이외의 자가 사망하거나 부상한 경우에는 ㉠ 자기와 운전자가 자동차의 운행에 관하여 주의를 게을리하지 아니하고, ㉡ 피해자 또는 자기 및 운전자 이외의 제3자에게 고의 또는 과실이 있으며, ㉢ 자동차의 구조상의 결함 또는 기능에 장애가 없었다는 사실을 증명하여야 한다(동법 제3조 1호). 따라서 자동차 사고로 승객이 사망하거나 부상당한 경우, 운행자는 승객의 사망 또는 부상이 그 승객의 고의나 자살행위로 인한 것임을 주장·증명하지 않는 한 운전상의 과실 유무를 가릴 것 없이 승객의 사망이나 부상에 따른 손해를 배상할 책임을 부담한다(대판 2021.11.11, 2021다257705). 여기서 승객이란 자동차 운행자의 명시적·묵시적 동의하에 승차한 사람을 의미하는데, 반드시 자동차에 탑승하여 차량 내부에 있는 사람만을 승객이라고 할 수 없고, 운행 중인 자동차에서 잠시 하차하였으나 운행 중인 자동차의 직접적인 위험범위에서 벗어나지 않은 사람도 승객의 지위를 유지할 수 있다. 가령 고속도로 상에서 1차 사고로 정차한 관광버스의 승객 일부가 버스에서 하차하여 갓길에 서서 사고상황을 살피다가 얼마 지나지 않아 2차 사고를 당하여 사망한 경우, 사망자가 2차 사고시에도 운행 중인 관광버스의 직접적인 위험범위에서 벗어나지 않았으므로 동법 제3조 단서 2호의 승객에 해당한다(대판 2008.2.28, 2006다18303).

(3) 효 과

(가) 자동차손해배상보장법 제3조에 따른 손해배상책임이 발생하면, 피해자는 보험회사 등에 보험금을 자기에게 직접 지급할 것을 청구할 수 있다(동법 제10조). 피해자가 보험자(보험회사 등)에게 갖는 직접청구권은 보험자가 피보험자의 피해자에 대한 손해배상채무를 병존적으로 인수한 것으로서 피해자가 보험자에 대하여 가지는 손해배상청구권이므로, 민법 제766조 1항에 따라 피해자 또는 그 법정대리인이 그 손해 및 가해자를 안 날부터 3년간 이를 행사하지 않으면 시효로 인하여 소멸한다(대판 2005.10.7, 2003다6774).

(나) 일반불법행위에 대한 특수한 불법행위책임인 자동차운행자의 책임은 피해자의 인적 손해에 대해서만 인정되며, 피해자의 자동차나 그의 소지품에 대한 침해로 인한 '물적손해'에 대해서는 운행자책임이 발생하지 않으므로, 민법의 일반불법행위의 법리에 따라 전보된다. 또한 배상액이 법정(책임보험액)되어 있으나 그 금액을 넘는 손해에 대해서는 자동차손해배상보장법이 미치지 않는다. 법정액을 초과하는 손해액은 민법의 규정에 의하여 구제를 받아야 한다. 한편 호의동승이라는 사실만으로 배상액을 감경할 수 있는지에 대해, 판례는 호의동승의 경우 운행목적·동승자와 운행자의 인적관계·동승한 경위·동승을 요구한 목적과 적극성 등 여러 사정에 비추어 가해자에게 일반교통사고와 동일한 책임을 지우는 것이 신의칙이나 형평의 원칙에 비추어 불합리하다고 인정될 때에는 배상액을 경감할 수 있지만, 사고차량에 단순히 호의 동승한 사실만으로 운전자에게 배상책임이 감경되거나 면책되는 것은 아니다라고 한다(대판 1999.2.9, 98다53141).

판 례

자동차손해배상보장법 제3조에 기한 보험자의 배상책임은 사고와 상당인과관계 있는 법률상 손해 일체를 내용으로 하는 것으로서, 사망사고의 경우 배상의 대상이 되는 손해에는 치료비 등 적극적 손해, 일실 수입 등 소극적 손해 및 정신적 손해 모두를 포함한다(대판 2017.10.12, 2017다231119).

2. 환경오염에 대한 책임(공해책임)

(1) 일 반

환경오염책임은 환경오염 또는 환경훼손으로 인하여 피해가 발생한 경우에 그 원인을 제공한 사람에게 손해배상책임을 부담시키는 것을 말한다. 따라서 먼저 환경오염 자체가 발생하고, 이로 인하여 사람의 건강이나 환경에 피해를 주는 결과가 발생하여야 한다. 환경정책기본법 제7조는 자기의 행위 또는 사업활동으로 환경오염 또는 환경훼손의 원인을 발생시킨 자에게 ① 그 오염·훼손의 방지와 오염·훼손된 환경을 회복·복원할 책임을 부담시키고 있으며, ② 환경오염 또는 환경훼손으로 인한 피해의 구제에 드는 비용을 부담시키고 있다(오염원인자 책임원칙).

환경오염피해에 대한 구제방법으로 환경정책기본법상의 손해배상청구, 민법상 불법행위에 기한 손해배상청구(제750조)와 물권적 방해제거·예방청구권(제214조) 및 매연 등에 의한 생활방해의 금지청구권(제217조) 등이 있다. 그 밖에 원자력손해배상법 제3조·광업법 제75조·수산업법 제89조 등에 특별법상 손해배상청구권이 규정되어 있다. 이하에서는 환경정책기본법에 의한 손해배상청구에 대해서만 살펴보기로 한다.

(2) 환경정책기본법에 의한 손해배상청구

환경침해로 인한 불법행위에 관한 특별법으로 환경정책기본법이 제정되었는데, 동법 제44조는 환경오염피해에 대하여 무과실책임을 인정하고 있다. 따라서 피해자에게 발생한 손해가 환경오염 또는 환경훼손의 원인자에 의해 발생한 것임을 증명되면 그의 과실 여부에 관계없이 배상책임이 발생한다(대판 2001.2.9, 99다55434).

(가) 책임의 성립요건

1) 환경오염 또는 환경훼손의 원인자일 것

무과실의 배상책임을 부담하는 자는 환경오염 또는 환경훼손의 원인자이어야 한다(환경정책기본법 제44조). 여기에서 '원인자'는 자기의 행위 또는 사업활동을 위하여 자기의 영향을 받는 사람의 행위나 물건으로 환경오염을 야기한 자를 의미한다. 따라서 환경오염이 발생된 사업장의 사업자는 일반적으로 원인자에 포함된다고 볼 수 있다(대판 2017.2.15, 2015다23321). 환경오염은 사업활동 및 그 밖의 사람의 활동에 의하여 발생하는 대기오염, 수질오염, 토양오염, 해양오염, 방사능오염, 소음·진동, 악취, 일조방해 등으로서 사람의 건강이나 환경에 피해를 주는 상태를 말한다(제3조 4호). 환경훼손은 야생동식물의 남획 및 그 서식지의 파괴, 생태계질서의 교란, 자연경관의 훼손, 표토(表土)의 유실 등으로 자연환경의 본래적 기능에 중대한 손상을 주는 상태를 말한다(제3조 5호).

2) 환경오염 또는 환경훼손으로 인하여 피해가 발생하였을 것

(i) 환경침해는 소음·진동·열 등이 물·공기·땅을 통하여 확산되는 것이지만, 환경침해 불법행위가 성립하기 위해서는 환경침해로 인하여 인간의 생명·신체·건강·재산에 손해를

주어야 한다. 그러므로 단순히 소음·진동이 있고 그것이 물·공기·땅 등의 환경매개물에 확산되는 정도는 환경침해행위이지만 환경침해불법행위는 성립하지 않는다. 또한 환경침해는 소음·진동 등에 의한 간접적 침해행위이므로, 화학물질 저장고의 폭발에 의해 신체나 재산에 피해가 발생한 때에는 환경침해불법행위가 아니라 일반불법행위가 성립하게 된다.

한편 환경침해와 손해 사이에 인과관계가 존재하여야 한다. 피해자는 개연성을 증명하는 것으로 충분하고, 환경오염 또는 환경훼손의 원인자가 인과관계의 부존재를 증명하여야 한다(대판 2004.11.26, 2003다2123; 대판 2002.10.22, 2000다65666).

(ii) 환경침해에 대하여 불법행위가 인정되기 위해서는 환경침해행위가 있고, 그 침해행위가 물·공기·토양에 확산되어 타인의 신체나 재산에 대하여 손해를 발생시켜야 하기 때문에, 소음·진동 등과 같은 직접적인 것을 제외하고는 환경침해와 손해 사이의 인과관계를 피해자가 증명하기는 어렵다. 공해사건에서 피해자를 보호하기 위하여, 증명책임을 완화하는 법리인 개연성이론이 주장되게 되었다. 즉 원고가 인과관계존재의 개연성을 증명하면 충분하고, 피고는 반증으로서 인과관계가 존재하지 않음을 증명하는 경우에만 책임을 면한다고 한다(대판 1974.1.10, 72다1774).

한편 개연성이론을 보완하여 피해자인 원고의 증명부담을 완화하려는 신개연성이론이 주장되고 있다. 신개연성론은 개연성이론을 보다 구체화하여, 인과관계의 발전과정을 몇 단계로 나누어, 즉 공해물질의 배출·공해물질의 도달경로·피해의 발생 등으로 나누어 그중 일정한 단계가 증명이 되면 나머지 단계는 특단의 사정이 없는 한 증명을 다한 것으로 추정하고, 피고(가해자)가 이에 대하여 원인물질의 무공해성과 안전성을 반증하지 못하는 한 인과관계가 성립한다고 한다(대판 2004.11.26, 2003다2123; 대판 1997.6.27, 95다2692).

판 례

가해기업이 어떠한 유해한 원인물질을 배출하고 그것이 피해물건에 도달하여 손해가 발생하였다면 가해자 측에서 그것이 무해하다는 것을 증명하지 못하는 한 책임을 면할 수 없다(대판 2012.1.12, 2009다84608,84615).

3) 환경오염 또는 환경훼손이 위법할 것

환경오염 또는 환경훼손에 의한 피해가 위법한 보호법익침해가 되기 위해서는 그 피해의 정도가 사회통념상 수인한도를 넘어 피해자에게 구체적인 피해를 줄 정도에 이를 것이 요구된다. 어느 정도의 피해가 수인한도 내의 것이냐는 법관에 의하여 판단될 수밖에 없으며, 피침해이익의 성질 및 정도와 침해행위의 모습이 종합적으로 고려되어야 한다(대판 2001.2.9, 99다55434).

(나) 효 과

환경오염 또는 환경훼손의 원인자는 발생한 손해를 배상하여야 한다(제44조 1항). 만일 원인자가 둘 이상인 경우에 어느 원인자에 의하여 피해가 발생한 것인지를 알 수 없을 때에는 각

원인자가 연대하여 배상하여야 한다(제44조 2항). '어느 원인자에 의하여 피해가 발생한 것인지를 알 수 없을 때'란 환경오염물질의 배출 및 도달은 인정되지만, 개별적인 인과관계가 각자의 기여도를 알 수 없는 경우를 의미한다.

판 례

(ㄱ) 헌법 제35조 1항, 환경정책기본법, 토양환경보전법 및 폐기물관리법의 취지와 아울러 토양오염원인자의 피해배상의무 및 오염토양 정화의무, 폐기물 처리의무 등에 관한 관련 규정들과 법리에 비추어 보면, 토지의 소유자라 하더라도 토양오염물질을 토양에 누출·유출하거나 투기·방치함으로써 토양오염을 유발하였음에도 오염토양을 정화하지 않은 상태에서 오염토양이 포함된 토지를 거래에 제공함으로써 유통되게 하거나, 토지에 폐기물을 불법으로 매립하였음에도 처리하지 않은 상태에서 토지를 거래에 제공하는 등으로 유통되게 하였다면, 다른 특별한 사정이 없는 한 이는 거래의 상대방 및 토지를 전전 취득한 현재의 토지 소유자에 대한 위법행위로서 불법행위가 성립할 수 있다. 그리고 토지를 매수한 현재의 토지 소유자가 오염토양 또는 폐기물이 매립되어 있는 지하까지 토지를 개발·사용하게 된 경우 등과 같이 자신의 토지소유권을 완전하게 행사하기 위하여 오염토양 정화비용이나 폐기물 처리비용을 지출하였거나 지출해야만 하는 상황에 이르렀다거나 토양환경보전법에 의하여 관할 행정관청으로부터 조치명령 등을 받음에 따라 마찬가지의 상황에 이르렀다면 위법행위로 인하여 오염토양 정화비용 또는 폐기물 처리비용의 지출이라는 손해의 결과가 현실적으로 발생하였으므로, 토양오염을 유발하거나 폐기물을 매립한 종전 토지 소유자는 오염토양 정화비용 또는 폐기물 처리비용 상당의 손해에 대하여 불법행위자로서 손해배상책임을 진다(대판 2016.5.19, 2009다66549).

(ㄴ) 방사능에 오염된 고철은 원자력안전법 등의 법령에 따라 처리되어야 하고 유통되어서는 안 된다. 사업활동 등을 하던 중 고철을 방사능에 오염시킨 자는 원인자로서 관련 법령에 따라 고철을 처리함으로써 오염된 환경을 회복·복원할 책임을 진다. 이러한 조치를 취하지 않고 방사능에 오염된 고철을 타인에게 매도하는 등으로 유통시킴으로써 거래 상대방이나 전전 취득한 자가 방사능오염으로 피해를 입게 되면 그 원인자는 방사능오염 사실을 모르고 유통시켰더라도 환경정책기본법 제44조 제1항에 따라 피해자에게 피해를 배상할 의무가 있다(대판 2018.9.13, 2016다35802).

(다) 공동불법행위와의 관계

환경침해는 다수의 가해자에 의하여 발생하는 경우가 많다. 그러한 경우에 각자의 행위가 단독으로 손해를 발생하게 할 수 있는 때에는 공동불법행위가 성립한다(민법 제760조). 판례도 "동시에 또는 거의 같은 시기에 건축된 가해 건물들이 피해 건물에 대하여 전체적으로 수인한도를 초과하는 일조 침해의 결과를 야기한 경우, 각 가해 건물들이 함께 피해 건물의 소유자 등이 종래 향유하던 일조를 침해하게 된다는 점을 예견할 수 있었다면 특별한 사정이 없는 한 각 가해 건물의 건축자 등은 일조 침해로 피해 건물의 소유자 등이 입은 손해 전부에 대하여 공동불법행위자로서의 책임을 부담한다"고 한다(대판 2006.1.26, 2005다47014,47021).

3. 제조물책임

(1) 서 설

(가) 의 의

제조물책임(Produkthaftung)이란 통상적으로 기대되는 안전성이 결여된 제품으로 인하여 그 제품의 소비자나 이용자가 인적·재산적 손해를 입은 경우, 그 제조자가 발생한 손해에 대해 책임을 부담하는 것을 말한다. 제조물책임은 제품의 결함으로 인하여 소비자에게 생명·신체 기타 재산상의 손해가 발생한 경우의 배상책임이라는 점에서, 매매목적물의 하자로 인하여 목적물을 이용할 수 없음에 대한 책임인 매도인의 하자담보책임(제580조, 제581조)과 구별된다.

제조물책임에 관해서는 계약상의 채무불이행을 이유로 한 손해배상책임과 불법행위로 인한 손해배상책임이 문제될 수 있는데, 피해자와 직접적인 계약관계가 없는 제조자에게 계약책임을 지울 수 없다는 한계가 있다. 이에 따라 제조물의 결함으로 인한 피해자를 보호하기 위해, 민법 제750조의 불법행위의 일반원칙에 대한 특별법으로 제조물책임법이 제정되었다. 따라서 제조물의 결함으로 손해를 입은 자가 제조물책임법에 의하여 손해배상을 주장하지 않고 민법상 불법행위책임을 주장하였더라도 법원은 민법에 우선하여 제조물책임법을 적용하여야 하고, 제조물책임법의 요건이 갖추어지지 않았지만 민법상 불법행위책임 요건을 갖추었다면 민법상 불법행위책임을 인정할 수도 있다(대판 2023.5.18, 2022다230677).

(나) 성 질

제조업자가 제품의 결함이나 위험성을 인식하였는가를 묻지 않고, 제조물의 결함으로 인하여 발생한 확대손해에 대해 제조업자는 배상책임을 진다. 즉 제조물에 하자가 있는 것으로 객관적으로 인정되면 족하고, 그 하자에 제조업자의 과실이 있는지를 묻지 않는 무과실책임이다.

(다) 공작물책임과의 관계

공작물책임은 공작물의 설치·보존상의 하자로 인한 피해를 배상하는 것인데, 여기서는 공작물 제조자가 아니라 점유자나 소유자가 책임을 지며, 특히 식품·의약품·기계장치 등은 공작물에 포함시키기 어려운 면이 있다. 이러한 점에서 공작물책임과 제조물책임은 입법의 취지에 차이가 있다.

(2) 성립요건

제조업자는 제조물의 결함으로 인하여 생명·신체 또는 재산에 손해를 입은 자에게 그 손해를 배상하여야 한다(동법 제3조 1항). 따라서 피해자가 제조업자에게 제조물책임을 묻기 위해서는 다음과 같은 요건을 갖추어야 한다.

(가) 제조업자일 것

제조업자란 ① 제조물의 제조·가공 또는 수입을 업으로 하는 자와 ② 제조물에 성명·상호·상표 또는 그 밖에 식별 가능한 기호 등을 사용하여 제조물의 제조·가공 또는 수입을 업으로 하는 자로 표시한 자 또는 그러한 자로 오인하게 할 수 있는 표시를 한 자를 말한다(동법 제2조 3호). 따라서 제조업자에는 공익적 목적으로 제조물을 제조하는 국가, 지방자치단체 등도 포함된다(윤석찬, 민사법학 제40호, 61면).

판 례

제조물책임을 부담하는 제조업자는 제조물의 제조·가공 또는 수입을 업으로 하는 자 또는 제조물에 성명·상호·상표 기타 식별 가능한 기호 등을 사용하여 자신을 제조업자로 표시하거나 제조업자로 오인시킬 수 있는 표시를 한 자를 말하고, 정부와의 공급계약에 따라 정부가 제시한 제조지시에 따라 제조물을 제조·판매한 경우에도 제조물에 결함이 발생한 때에는 제조물책임을 부담한다(대판 2013.7.12, 2006다17539).

(나) 제조물에 결함이 존재할 것

1) 제조물이란 제조되거나 가공된 동산을 말하며, 다른 동산이나 부동산의 일부를 구성하는 경우를 포함한다(동법 제2조 1호). 즉 제조물책임의 대상이 되는 제조물은 원재료에 설계·가공 등의 행위를 가하여 새로운 물품으로 제조 또는 가공된 동산으로서 상업적 유통에 제공되는 것을 말하고, 여기에는 여러 단계의 상업적 유통을 거쳐 불특정 다수 소비자에게 공급되는 것뿐만 아니라 특정 소비자와의 공급계약에 따라 그 소비자에게 직접 납품되어 사용되는 것도 포함된다(대판 2013.7.12, 2006다17539). 따라서 '가공되지 않은 농수산물'에는 동법이 적용되지 않지만, 농수산물을 가공하면 동법이 적용된다. 가공으로 볼 수 있는 행위는 건조·훈제·소금절임·멸균소독·방부제 첨가·냉동보관 등이 있다(윤석찬, 민사법학 제40호, 76면).

2) 제조물의 결함은 상품의 안전성(Sicherheit) 결여로 인하여 그 이용시에 재산이나 인체상의 손해를 야기시킬 위험성이 있는 경우에 그 상품에 내재하고 있는 흠을 의미한다. 제조물의 결함에는 ① 제조물이 원래 의도한 설계와 다르게 제조·가공됨으로써 안전하지 못하게 된 '제조상의 결함', ② 당초의 설계가 불안전한 '설계상의 결함', ③ 적절한 설명·지시·경고 등의 표시를 하지 않은 '표시상의 결함' 등이 있다(동법 제2조 2호). 그러나 제조물을 유통시킬 시점에 결함이 존재하고 있었지만, 제조자가 그것을 알지 못하였고 또한 알 수도 없는 결함인 개발상의 결함은 여기에 해당하지 않는다. 그러므로 제조업자가 해당 제조물을 공급한 당시의 과학·기술수준으로는 결함의 존재를 발견할 수 없었다는 사실을 증명한 때에는 손해배상의무를 면하게 된다(제4조 2호).

판 례

(ㄱ) 제조업자 등이 합리적인 설명, 지시, 경고 기타의 표시를 하였더라면 당해 제조물에 의하여 발생될 수 있는 피해나 위험을 피하거나 줄일 수 있었음에도 이를 하지 아니한 때에는 그와 같은 표시상의 결함(지시·경고상의 결함)에 대하여도 불법행위로 인한 책임이 인정될 수 있고, 그와 같은 결함이 존재하는지 여부에 관한 판단을 함에 있어서는 제조물의 특성, 통상 사용되는 사용형태, 제조물에 대한 사용자의 기대의 내용, 예상되는 위험의 내용, 위험에 대한 사용자의 인식 및 사용자에 의한 위험회피의 가능성 등의 여러 사정을 종합적으로 고려하여 사회통념에 비추어 판단하여야 한다(대판 2008.2.28, 2007다52287; 대판 2006.3.10, 2005다31361).

(ㄴ) 제조업자가 인체에 유해한 독성물질이 혼합된 화학제품을 설계·제조하는 경우, 그 화학제품의 사용 용도와 방법 등에 비추어 사용자나 그 주변 사람이 그 독성물질에 계속적·반복적으로 노출될 수 있고, 그 독

성물질이 가진 기능적 효용은 없거나 극히 미미한 반면, 그 독성물질에 계속적·반복적으로 노출됨으로써 사용자 등의 생명·신체에 위해가 발생할 위험이 있으며 제조업자가 사전에 적절한 위험방지조치를 취하기 전에는 사용자 등이 그 피해를 회피하기 어려운 때에는, 제조업자는 고도의 위험방지의무를 부담한다. 즉 이러한 경우 제조업자는 그 시점에서의 최고의 기술 수준으로 그 제조물의 안전성을 철저히 검증하고 조사·연구를 통하여 발생 가능성 있는 위험을 제거·최소화하여야 하며, 만약 그 위험이 제대로 제거·최소화되었는지 불분명하고 더욱이 실제 사용자 등에게 그 위험을 적절히 경고하기 곤란한 사정도 존재하는 때에는, 안전성이 충분히 확보될 정도로 그 위험이 제거·최소화되었다고 확인되기 전에는 그 화학제품을 유통시키지 말아야 한다. 따라서 제조업자가 이러한 고도의 위험방지의무를 위반한 채 생명·신체에 위해를 발생시킬 위험이 있는 화학제품을 설계하여 그대로 제조·판매한 경우에는 특별한 사정이 없는 한 그 화학제품에는 사회통념상 통상적으로 기대되는 안전성이 결여된 설계상의 결함이 존재한다고 봄이 타당하다(대판 2013.7.12, 2006다17539).

(다) 제조물의 결함으로 인하여 타인의 신체나 재산에 손해가 발생할 것

1) 제조물책임은 제조물에 통상적으로 기대되는 안전성을 결여한 결함으로 인하여 생명·신체나 제조물 그 자체 이외의 다른 재산에 손해가 발생한 '확대손해'에 대하여 인정된다(동법 제3조 1항). 따라서 해당 제조물에 대해서만 발생한 손해에는 제조물책임법이 적용되지 않고 민법의 규정에 의하여 처리된다(제8조). 즉 제조물 그 자체에 하자가 있는 경우에는 제조물의 매매계약을 토대로 매도인의 하자담보책임에 의해 해결되고, 제조물책임이 문제되지 않는다.

2) 물품을 제조·판매한 자에게 손해배상책임을 지우기 위해서는 결함의 존재·손해의 발생 및 결함과 손해발생 사이에 인과관계가 존재하여야 한다. 그러나 피해자가 제품의 결함 및 그 결함과 손해발생 사이의 인과관계를 과학적·기술적으로 증명한다는 것은 어렵다. 그래서 제조물책임법은 일정한 사유가 있는 경우에 피해자에게 발생한 손해가 제조물의 결함에 기인한 것으로 추정한다. 즉 피해자가 ① 해당 제조물이 정상적으로 사용되는 상태에서 피해자의 손해가 발생하였다는 사실, ② 그 손해가 제조업자의 실질적인 지배영역에 속한 원인으로부터 초래되었다는 사실 및 ③ 그 손해가 해당 제조물의 결함 없이는 통상적으로 발생하지 않는다는 사실을 증명한 경우에는 제조물을 공급할 당시 해당 제조물에 결함이 있었고 그 제조물의 결함으로 인하여 손해가 발생한 것으로 추정한다. 다만 제조업자가 제조물의 결함이 아닌 다른 원인으로 인하여 그 손해가 발생한 사실을 증명한 경우에는 그렇지 않는다(제3조의2).

고도의 기술이 집약되어 대량으로 생산되는 제품의 결함을 이유로 제조업자에게 손해배상책임을 지우는 경우 제품의 생산과정은 전문가인 제조업자만이 알 수 있어서 제품에 어떠한 결함이 존재하였는지, 그 결함으로 인하여 손해가 발생한 것인지는 일반인으로서는 밝힐 수 없는 특수성이 있기 때문에 소비자 측이 제품의 결함 및 그 결함과 손해 발생 사이의 인과관계를 과학적·기술적으로 증명한다는 것은 지극히 어렵기 때문이다. 그러므로 제품이 정상적으로 사용되는 상태에서 사고가 발생한 경우 소비자 측에서 그 사고가 제조업자의 배타적 지배하에 있는 영역에서 발생하였다는 점과 그 사고가 어떤 자의 과실 없이는 통상 발생하지 아니한다고 하는 사정을 증명하면, 제조업자 측에서 그 사고가 제품의 결함이 아닌 다른 원인으로 말미암아 발생한 것임을 증명하지 못한 이상 제품에 결함이 존재하고 그 결함으로 말미암아 사고가 발생하였다고 추정하여 손해배상책임을 지울 수 있도록 증명책임을 완화하는 것이 손해의 공평·타당한 부담을 지도원리로 하는 손해배상제도의 이상에 부합한다고 할 수 있다(대판 2025.7.18, 2020다263758).

판 례

(ㄱ) 제조물책임이란 제조물에 통상적으로 기대되는 안전성을 결여한 결함으로 인하여 생명·신체나 제조물 그 자체 외의 다른 재산에 손해가 발생한 경우에 제조업자 등에게 지우는 손해배상책임이고, 제조물에 상품 적합성이 결여되어 제조물 그 자체에 발생한 손해는 제조물책임의 적용 대상이 아니므로, 하자담보책임으로서 그 배상을 구하여야 한다(대판 2000.7.28, 98다35525).

(ㄴ) 제조물책임에서 증명책임을 완화하는 것은 소비자 측이 제품의 결함 및 그 결함과 손해의 발생과의 사이의 인과관계를 과학적·기술적으로 입증한다는 것은 지극히 어렵다는 정보의 편재 내지 불균형을 감안하여 손해의 공평·타당한 부담을 이루기 위한 것이므로, 특별한 사정이 없는 한 제조업자나 수입업자로부터 제품을 구매하여 이를 판매한 자가 그 매수인에 대하여 부담하는 민법 제580조 제1항의 하자담보책임에는 제조업자에 대한 제조물책임에서의 증명책임 완화의 법리가 유추적용될 수 없다(대판 2011.10.27, 2010다72045).

(ㄷ) 제조물책임이란 제조물에 통상적으로 기대되는 안전성을 결여한 결함으로 인하여 생명·신체 또는 재산에 손해가 발생한 경우에 제조업자 등에게 지우는 손해배상책임인데, '제조물에 대하여만 발생한 재산상 손해'는 여기서 제외된다(제조물책임법 제3조 제1항). 그리고 '제조물에 대하여만 발생한 재산상 손해'에는 제조물 자체에 발생한 재산상 손해뿐만 아니라 제조물의 결함 때문에 발생한 영업 손실로 인한 손해도 포함되므로 그로 인한 손해는 제조물책임법의 적용 대상이 아니다(대판 2015.3.26, 2012다4824).

(라) 면책사유가 존재하지 않을 것

제조업자가 ① 해당 제조물을 공급하지 않았다는 사실, ② 해당 제조물을 공급한 당시의 과학·기술 수준으로는 결함의 존재를 발견할 수 없었다는 사실, ③ 제조물의 결함이 제조업자가 해당 제조물을 공급한 당시의 법령에서 정하는 기준을 준수함으로써 발생하였다는 사실, ④ 원재료나 부품의 경우에는 그 원재료나 부품을 사용한 제조물 제조업자의 설계 또는 제작에 관한 지시로 인하여 결함이 발생하였다는 사실 중에서 어느 하나를 증명한 경우에는 손해배상책임을 면한다(제4조 1항). 다만 제조물을 공급한 후에 그 제조물에 결함이 존재한다는 사실을 알거나 알 수 있었음에도 그 결함으로 인한 손해의 발생을 방지하기 위한 적절한 조치를 하지 않은 경우에는 이러한 면책사유를 주장할 수 없다(제4조 2항).

한편 이상과 같은 면책사유와 관계없는 사유에 대해 제조물책임법에 따른 손해배상책임을 배제하거나 제한하는 특약은 무효이다(제6조 본문). 다만 자신의 영업에 이용하기 위하여 제조물을 공급받은 자가 자신의 영업용 재산에 발생한 손해에 관하여 그와 같은 특약을 체결한 경우에는 유효하다(제6조 단서).

(3) 효 과

(가) 제조업자는 제조물의 결함으로 생명·신체 또는 재산에 손해를 입은 자에게 그 손해를 배상하여야 한다. 그러나 ① 확대손해가 아닌 해당 제조물에 대해서만 발생한 손해에 대하여 제조자는 배상책임을 부담하지 않는다(동법 제3조 1항). ② 반면에 제조업자가 제조물의 결함을 알면서도 그 결함에 대하여 필요한 조치를 취하지 않은 결과로 생명 또는 신체에 중대한 손해를 입은 자가 있는 경우에는 그 자에게 발생한 손해의 3배를 넘지 않는 범위에서 배상책임을 진다(제3조 2항). ③ 피해자가 제조물의 제조업자를 알 수 없는 경우, 그 제조물을 영리 목적으로 판매·대여 등의 방법으로 공급한 자는 제조물의 결함으로 인하여 발생한 손해를 배상하여야 한다. 다만 피해자 또는 법정대리인의 요청을 받고 상당한 기간 내에 그 제조업자 또는 공급한 자를 그 피해자 또는 법정대리인에게 고지한 때에는 그러하지 않는다(제3조 3항).

(나) 동일한 손해에 대하여 배상할 책임이 있는 자가 2인 이상인 경우에는 연대하여 그 손해를 배상할 책임이 있다(제5조).

(다) 제조물책임법에 의한 손해배상청구권은 피해자 또는 그 법정대리인이 손해와 배상책임자를 모두 알게 된 날부터 3년, 제조업자가 손해를 발생시킨 제조물을 공급한 날부터 10년 이내에 행사하여야 한다(제7조 1항, 2항 본문). 다만 신체에 누적되어 사람의 건강을 해치는 물질에 의하여 발생한 손해 또는 일정한 잠복기간이 지난 후에 증상이 나타나는 손해에 대해서는 그 손해가 발생한 날부터 기산한다(제7조 2항 단서).

Ⅳ. 의료과오에 대한 책임

1. 서 설

(1) 의 의

의료과오책임이란 의료행위 중에 의사 기타 의료인의 과실로 인하여 발생된 사고에 대한 손해배상책임을 말한다.

(2) 의료과오의 유형

환자 또는 그의 가족은 의사 또는 병원 등의 의료기관과 의료행위를 부탁하는 위임계약의 일종인 의료계약을 맺게 된다. 의료계약에 의하여 의사는 환자에 대하여, ① 치료행위 당시 일반적으로 인정되고 안전이 보장된 의학수준에 따라서 진찰과 처치 등의 치료행위를 하여야 하는데, 이를 다하지 못한 경우를 '치료과오'라 하며, ② 치료 및 치료의 위험에 대하여서 설명하고 그러한 치료를 할 때에는 환자의 동의를 얻어야 하는데, 이를 하지 않아 환자의 자기결정권을 침해하는 것을 '설명과오'라 한다. 의사의 치료행위에 있어 업무상 과실책임 이외에 설명의무위반으로 인한 불법행위책임을 인정하는 것은 환자가 치료행위의 단순한 객체가 아닌 의사와 대등한 위치에서 병의 치료를 위해 협력하여야 하는 주체라는 점에 있으며, 또한 치료상의 과실로 인한 불법행위책임의 인정에서 의사의 과실이나 인과관계의 증명곤란성을 완화하는 기능을 한다.

판 례

환자가 의사 또는 의료기관(이하 '의료인'이라 한다)에 진료를 의뢰하고, 의료인이 요청에 응하여 치료행위를 개시하는 경우에 의료인과 환자 사이에는 의료계약이 성립된다. 의료계약에 따라 의료인은 질병의 치료 등을 위하여 모든 의료지식과 의료기술을 동원하여 환자를 진찰하고 치료할 의무를 부담하며 이에 대하여 환자 측은 보수를 지급할 의무를 부담한다. 한편 계약의 당사자가 누구인지는 계약에 관여한 당사자의 의사해석 문제에 해당하고 이는 의료계약의 당사자가 누구인지를 판단할 때에도 마찬가지이다. 따라서 환자가 아닌 자가 의료인에게 의식불명 또는 의사무능력 상태에 있는 환자의 진료를 의뢰한 경우 진료 의뢰자와 환자의 관계, 진료를 의뢰하게 된 경위, 진료 의뢰자에게 환자의 진료로 인한 비용을 부담할 의사가 있었는지 여부, 환자의 의식상태, 환자의 치료과정 등 제반 사정을 종합적으로 고찰하여 진료 의뢰자와 의료인 사이에 환자의 진료를 위한 의료계약이 성립하였는지를 판단하여야 한다(대판 2015.8.27, 2012다118396).

(3) 의료과오책임의 구성

(가) 의사가 환자에게 부담하는 진료채무는 질병의 치료와 같은 결과를 반드시 달성해야 할 결과채무가 아니라 환자의 치유를 위하여 선량한 관리자의 주의의무를 가지고 현재의 의학수준에 비추어 필요하고 적절한 진료조치를 다해야 할 채무, 즉 수단채무이므로, 이러한 주의의무를 다하였는데도 그 진료 결과 질병이 치료되지 아니하였더라도 치료비는 청구할 수 있다(대판 2001.11.9, 2001다52568; 대판 1993.7.27, 92다15031). 반면에 의사가 주의의무를 위반하여 환자에게 손해를 입게 한 경우, 의사는 의료계약에 기초한 채무불이행책임과 불법행위로 인한 손해배상책임을 지게 된다. 즉 의사와 환자의 관계에서 의사의 의료계약의 불완전이행으로 환자의 신체 또는 건강에 손해가 발생하게 되면, 그것은 동시에 환자의 신체 및 건강에 대한 불법행위적 침해가 된다.

(나) 채무불이행책임과 불법행위책임은 서로 다른 것이므로, 청구권경합설에 의하면 환자는 두 가지 청구권을 선택적으로 행사할 수 있다. 그런데 실제로는 주로 불법행위를 원인으로 한 손해배상청구권을 행사함이 일반적이다. 그 이유는 채무불이행책임을 물을 경우에는 채무자(의사)가 과실 없음을 증명하여야 하고, 채권자(환자)는 진료채무(하는 채무)의 불완전성(불완전 이행)을 증명하여야 하는데, 의사(채무자)의 불완전이행을 증명하려면 실질적으로 환자(채권자)가 의사 측의 부주의를 함께 증명하여야 하므로 결과적으로 불법행위법에서 환자(피해자)에게 과실의 증명책임을 부담시키는 경우와 크게 다르지 않기 때문이다(이보환, "의료사고에 관한 제문제", 재판자료 제27집, 13면 이하).

판 례

(ㄱ) 의학적으로 환자가 의식의 회복가능성이 없고 생명과 관련된 중요한 생체기능의 상실을 회복할 수 없으며 환자의 신체상태에 비추어 짧은 시간 내에 사망에 이를 수 있음이 명백한 경우(이하 '회복불가능한 사망의 단계'라 한다)에 이루어지

는 진료행위(이하 '연명치료'라 한다)는, 원인이 되는 질병의 호전을 목적으로 하는 것이 아니라 질병의 호전을 사실상 포기한 상태에서 오로지 현 상태를 유지하기 위하여 이루어지는 치료에 불과하므로, 그에 이르지 아니한 경우와는 다른 기준으로 진료중단 허용 가능성을 판단하여야 한다. 이미 의식의 회복가능성을 상실하여 더 이상 인격체로서의 활동을 기대할 수 없고 자연적으로는 이미 죽음의 과정이 시작되었다고 볼 수 있는 회복불가능한 사망의 단계에 이른 후에는, 의학적으로 무의미한 신체 침해 행위에 해당하는 연명치료를 환자에게 강요하는 것이 오히려 인간의 존엄과 가치를 해하게 되므로, 이와 같은 예외적인 상황에서 죽음을 맞이하려는 환자의 의사결정을 존중하여 환자의 인간으로서의 존엄과 가치 및 행복추구권을 보호하는 것이 사회상규에 부합되고 헌법정신에도 어긋나지 아니한다. 그러므로 회복불가능한 사망의 단계에 이른 후에 환자가 인간으로서의 존엄과 가치 및 행복추구권에 기초하여 자기결정권을 행사하는 것으로 인정되는 경우에는 특별한 사정이 없는 한 연명치료의 중단이 허용될 수 있다. 한편, 환자가 회복불가능한 사망의 단계에 이르렀는지 여부는 주치의의 소견뿐 아니라 사실조회, 진료기록 감정 등에 나타난 다른 전문의사의 의학적 소견을 종합하여 신중하게 판단하여야 한다(대판 2009.5.21, 2009다17417).

(ㄴ) 담당 주치의, 진료기록 감정의, 신체 감정의 등의 견해에 따르면 환자는 현재 지속적 식물인간상태로서 자발호흡이 없어 인공호흡기에 의하여 생명이 유지되는 상태로서 회복불가능한 사망의 단계에 진입하였고, 환자의 일상생활에서의 대화 및 현 상태 등에 비추어 볼 때 환자가 현재의 상황에 관한 정보를 충분히 제공받았을 경우 현재 시행되고 있는 연명치료를 중단하고자 하는 의사를 추정할 수 있다(대판 2009.5.21, 2009다17417).

2. 치료과오로 인한 불법행위책임

(1) 의 의

치료과오로 인한 불법행위는 의사가 업무상 주의의무를 다하여 환자를 치료하여야 하는데, 그 주의의무를 다하지 못한 것을 말한다. 가령 의사가 진찰을 잘못하였거나 치료방법을 잘못 선택한 경우, 또는 의사의 치료기술이 부족하여 환자의 신체·건강을 해하였거나 수혈을 잘못한 경우 등 치료 당시의 의학수준에 미달하는 치료를 하여 환자에게 손해를 발생케 한 경우가 이에 해당한다.

(2) 성립요건

(가) 침해행위가 있을 것

의사 기타 의료인이 의료행위 중에 환자의 신체 및 건강에 대하여 침해행위를 하여야 한다.

(나) 의사의 업무상 과실이 있을 것 — 주의의무위반

1) 치료과오는 주로 진단·주사·투약·수술·수혈·마취 등의 과정에서 발생한다. 의료행위에서의 과실은 의사 기타 의료종사자라는 직업인으로서 요구되는 주의의무를 위반한 업무상 과실이다. 즉 의사가 진찰·치료 등의 의료행위를 할 때에는 사람의 생명·신체·건강을 관리하는 업무의 성질에 비추어 환자의 구체적인 증상이나 상황에 따라 위험을 방지하기 위하여 요구되는 최선의 조치를 다하여야 할 주의의무가 있다. 의사의 이와 같은 주의의무는 의료행위를 할 당시 의료기관 등 임상의학 분야에서 실천되고 있는 의료행위의 수준을 기준으

로 판단하여야 하고, 이때 의료행위의 수준은 통상의 의사에게 의료행위 당시 알려져 있고 또 시인되고 있는 이른바 의학상식을 뜻하므로 진료환경과 조건, 의료행위의 특수성 등을 고려하여 규범적인 수준으로 파악하여야 한다. 따라서 의사가 행한 의료행위가 그 당시의 의료수준에 비추어 최선을 다한 것으로 인정되는 경우에는 환자를 진찰·치료하는 등의 의료행위에 있어서 요구되는 주의의무를 위반한 과실이 있다고 할 수 없다(대판 2022.12.29, 2022다264434; 대판 2020.11.26, 2020다244511). 또한 의사는 환자 상황과 당시 의료수준 그리고 자기의 지식경험에 따라 적절하다고 판단되는 방법을 선택하여 진료할 수 있으므로, 진료방법 선택에 관한 의사 판단이 합리적인 범위를 벗어난 것이 아닌 한 특정한 진료방법을 선택한 결과가 좋지 않았다는 사정만으로 바로 의료과실이 있다고 할 수 없다(대판 2015.1.29, 2012다41069).

2) 주의할 것은 약사는 의약품을 조제할 수 있다 하여도 진단행위나 치료행위 등은 할 수 없으므로 의사가 아닌 약사가 스스로 또는 그 종업원을 통하여, 환자의 증세에 대하여 문진을 한 후 감기로 진단하고 각종 의약품을 혼합하여 조제하는 등의 행위를 한 일련의 행위는 무면허 의료행위에 해당하지만, 무면허로 의료행위를 한 경우라도 그 자체가 의료상의 주의의무 위반행위는 아니라고 할 것이므로, 그 의료행위에 있어 구체적인 의료상의 주의의무 위반이 인정되지 않는다면 그것만으로 불법행위책임을 부담하지는 않는다는 점이다(대판 2002.1.11, 2001다27449).

3) 의료행위에 의하여 후유장해가 발생한 경우, 그 후유장해가 당시 의료수준에서 최선의 조치를 다하는 때에도 당해 의료행위 과정의 합병증으로 나타날 수 있는 것이거나 또는 그 합병증으로 인하여 2차적으로 발생할 수 있는 것이라면, 의료행위의 내용이나 시술 과정, 합병증의 발생 부위, 정도 및 당시의 의료수준과 담당 의료진의 숙련도 등을 종합하여 볼 때 그 증상이 일반적으로 인정되는 합병증의 범위를 벗어났다고 볼 수 있는 사정이 없는 한, 그 후유장해가 발생하였다는 사실만으로 의료행위 과정에 과실이 있었다고 추정할 수 없다(대판 2008.3.27, 2007다76290).

(다) 침해행위가 위법할 것

일반불법행위와 마찬가지로 침해행위가 위법하여야 한다. 위법성은 실정법과 선량한 풍속 기타 사회질서를 기준으로 객관적·실질적으로 판단하여야 한다(통설). 즉 불법행위 성립요건으로서의 위법성은 관련 행위 전체를 일체로만 판단하여 결정하여야 하는 것은 아니고, 문제가 되는 행위마다 개별적·상대적으로 판단하여야 한다.

(라) 업무상 과실로 인하여 손해가 발생할 것 — 인과관계

치료과오로 인한 불법행위책임을 묻기 위해서는 의료과오로 인하여 손해가 발생하여야 한다. 즉 의료행위상 주의의무의 위반, 손해의 발생 및 주의의무의 위반과 손해발생과의 사이에 인과관계가 존재하여야 하는데, 과실책임의 원칙에 의해 피해자(환자)가 이를 증명하여야 한다. 그런데 의료행위는 고도의 전문적 지식을 필요로 하는 분야로서 전문가가 아닌 일반인으로서는 의사의 의료행위의 과정에 주의의무 위반이 있는지의 여부나 그 주의의무 위반과 손해 발생 사이에 인과관계가 있는지 여부를 밝혀내기가 극히 어려운 특수성이 있으므로, 증명부담을 완화하거나 의사에게 증명책임을 사실상 전환하는 조치가 필요하다. 이와 관련하여, 판례는 환자에게 발생한 나쁜 결과에 관하여 의료상의 과실 이외의 다른 원인이 있다고 보기 어려운 간접사실들을 증명함으로써 그와 같은 손해가 의료상의 과실에 기한 것이라고 추정할 수 있다고 한다(대판 2022.12.29, 2022다264434). 물론 이 경우에도 의사의 과실로 인한 결과 발생을 추정할 수 있을 정도의 개연성이 담보되지 않는 사정들을 가지고 막연하게 중한 결과에서 의사의 과실과 인과관계를 추정함으로써 결과적으로 의사에게 무과실의 증명책임을 지우는 것까지 허용되는 것은 아니다(대판 2023.10.12, 2021다213316; 대판 2022.12.29, 2022다264434).

판 례

(ㄱ) 의료행위의 속성상 환자의 구체적인 증상이나 상황에 따라 위험을 방지하기 위하여 요구되는 최선의 조치를 취하여야 할 주의의무를 부담하는 의료진이 환자의 기대에 반하여 환자의 치료에 전력을 다하지 아니한 경우에는 그 업무상 주의의무를 위반한 것이라고 보아야 할 것이지만, 그러한 주의의무 위반과 환자에게 발생한 악결과(惡結果) 사이에 상당인과관계가 인정되지 않는 경우에는 그에 관한 손해배상을 구할 수 없다. 다만 그 주의의무 위반의 정도가 일반인의 처지에서 보아 수인한도를 넘어설 만큼 현저하게 불성실한 진료를 행한 것이라고 평가될 정도에 이른 경우라면 그 자체로서 불법행위를 구성하여 그로 말미암아 환자나 그 가족이 입은 정신적 고통에 대한 위자료의 배상을 명할 수 있으나, 이때 그 수인한도를 넘어서는 정도로 현저하게 불성실한 진료하였다는 점은 불법행위의 성립을 주장하는 피해자들이 이를 증명하여야 한다(대판 2006.9.28, 2004다61402). 즉 의료진이 일반인의 수인한도를 넘어서 현저하게 불성실한 진료를 행한 경우, 그 증명책임은 피해자가 부담한다.

(ㄴ) 당사자 일방이 증명을 방해하는 행위를 하였더라도 법원으로서는 이를 하나의 자료로 삼아 자유로운 심증에 따라 방해자 측에게 불리한 평가를 할 수 있음에 그칠 뿐 증명책임이 전환되거나 곧바로 상대방의 주장 사실이 증명된 것으로 보아야 하는 것은 아니다(대판 1999.4.13, 98다9915).

(ㄷ) 관계 법령에 따라 감독관청의 승인이 요구됨에도 이를 위반하여 승인 없이 임상시험에 해당하는 의료행위를 하였더라도 그 자체가 의료상의 주의의무 위반행위는 아니므로, 당해 의료행위에 있어 구체적인 의료상의 주의의무 위반이 인정되지 아니한다면 그것만으로 불법행위책임을 지지는 아니한다(대판 2010.10.14, 2007다3162).

(3) 효 과

치료과오책임을 지는 자는 과실 있는 의료행위를 한 의사이다. 여기의 의사는 널리 의료인을 의미하므로, 간호사 등의 의료보조자도 책임을 질 수 있다(대판 2003.8.19, 2001도3667). 만일 간호사 등의 의료보조인의 과실로 손해가 발생한 경우에는 그를 지휘·감독하는 의사(대판 1998.2.27, 97다2812), 병원에 소속된 의사의 과실에 의한 때에는 병원이 각각 사용자책임(제756조)을 진다. 또한 다수의 의사가 의료행위에 관여한 경우, 그중 누구의 과실에 의하여 의료사고가 발생한 것인지 분명하게 특정할 수 없는 때에는 일련의 의료행위에 관여한 의사들 모두에 대하여 제760조 2항에 따라 공동불법행위책임을 물을 수 있다(대판 2005.9.30, 2004다52576).

3. 설명의무위반으로 인한 불법행위책임

(1) 의의와 법적 성질

(가) 환자는 헌법 제10조에서 규정한 개인의 인격권과 행복추구권에 의하여 생명과 신체의 기능을 어떻게 유지할 것인지에 대하여 스스로 결정하고 의료행위를 선택할 권리를 보유한다. 따라서 의사는 응급환자의 경우나 그 밖에 특별한 사정이 없는 한 환자에게 수술 등 인체에 위험을 가하는 의료행위를 할 경우, 그에 대한 승낙을 얻기 위한 전제로서 환자에게 질병의 증상, 치료방법의 내용 및 필요성, 발생이 예상되는 생명, 신체에 대한 위험과 부작용 등에 관하여 당시의 의료수준에 비추어 환자가 의사결정을 함에 있어 중요하다고 생각되는 사항을 구체적으로 설명하여 환자로 하여금 수술 등의 의료행위에 응할 것인지 스스로 결정할 기회를 가지도록 할 의무가 있다(대판 2022.1.27, 2021다265010). 만일 의료행위 주체가 위와 같은 설명의무를 소홀히 하여 환자로 하여금 자기결정권을 실질적으로 행사할 수 없게 하였다면 그 자체만으로도 불법행위가 성립할 수 있다(대판 2017.2.15, 2014다230535).

(나) 의사의 설명의무의 법적 성질에 관하여, ① 과실판단의 기초가 되는 주의의무, 즉 의사의 업무상 주의의무로 파악하는 견해(권오승, "의료과오와 의사의 주의의무", 민사판례연구 Ⅳ, 107면; 김상용, 821면), ② 의사의 진료계약상의 의무이기는 하지만, 불법행위책임법상의 의사의 주의의무 자체는 아니라는 견해가 있다(이은영, 939면). 이 견해에 의하면 진료계약에서 발생하는 진료의무에 종된 의무라는 것이다. 따라서 설명의무위반은 의료과오로 인한 결과에 대한 과실이 아니라 진료강요에 대한 과실로 인정되어 불법행위책임이 성립하며, 그 책임내용은 위자료에 한정된다고 한다. 생각건대 의료행위의 특수성에 비추어 볼 때, 환자의 자기결정은 존중되어야 하므로 의사에게 부여된 가장 기본적인 업무상 주의의무의 하나로 인정하여야 할 것이다.

(2) 성립요건

(가) 설명의무의 대상일 것

1) 설명의무

(i) 의사는 환자에게 수술 등 침습을 과하는 과정 및 그 후에 나쁜 결과 발생의 개연성이 있는 의료행위를 하는 경우 또는 사망 등의 중대한 결과 발생이 예측되는 의료행위를 하는 경우, 응급환자의 경우나 그 밖에 특단의 사정이 없는 한 진료계약상의 의무 내지 침습 등에 대한 승낙을 얻기 위한 전제로서 당해 환자나 그 법정대리인에게 질병의 증상·치료방법의 내용 및 필요성·발생이 예상되는 위험 등에 관하여 당시의 의료수준에 비추어 상당하다고 생각되는 사항을 설명하여 당해 환자가 그 필요성이나 위험성을 충분히 비교해 보고 그 의료행위를 받을 것인가의 여부를 선택할 수 있도록 할 의무가 있다(대판 2006.11.23, 2005다11688; 대판 2002.10.25, 2002다48443). 또한

진료 목적의 달성을 위하여 환자 또는 그 보호자에 대하여 요양의 방법 기타 건강관리에 필요한 사항을 상세히 설명하여 후유증 등에 대비하도록 할 의무가 있다(대판 2006.11.23, 2005다11688).

(ii) 의사의 환자에 대한 설명의무는 수술시에만 한정되는 것이 아니라 검사·진단·치료 등 진료의 모든 단계에서 각각 발생한다(대판 1995.4.25, 94다27151). 따라서 정기검사 시기에 맞추어 자궁암 검사를 의뢰하기 위하여 처음 찾아온 의뢰인에게 세포진검사와 질확대경검사를 실시하였을 뿐 아니라 조직검사로 인하여 발생할지도 모르는 후유증에 대하여 아무런 설명도 없이 조직검사까지 실시한 의사의 행위가 과잉진료 내지 설명의무 위반의 불법행위에 해당할 여지가 있다(대판 1998.3.27, 97다56761).

(iii) 의사의 설명의무는 의료행위가 행해질 때까지 '적절한 시간적 여유'를 두고 이행되어야 한다. 환자가 의료행위에 응할 것인지를 합리적으로 결정할 수 있기 위해서는 그 의료행위의 필요성과 위험성 등을 환자 스스로 숙고하고 필요하다면 가족 등 주변 사람과 상의하고 결정할 시간적 여유가 환자에게 주어져야 하기 때문이다. 의사가 환자에게 의사를 결정함에 충분한 시간을 주지 않고 의료행위에 관한 설명을 한 다음 곧바로 의료행위로 나아간다면 이는 환자가 의료행위에 응할 것인지 선택할 기회를 침해한 것으로서 의사의 설명의무가 이행되었다고 볼 수 없다(대판 2022.1.27, 2021다265010).

2) 설명의무의 대상

(i) 의사의 설명은 모든 의료과정 전반을 대상으로 하는 것이 아니라 수술 등 침습을 과하는 과정 및 그 후에 나쁜 결과 발생의 개연성이 있는 의료행위를 하는 경우 또는 사망 등의 중대한 결과발생이 예측되는 의료행위를 하는 경우 등과 같이 환자에게 자기결정에 의한 선택이 요구되는 경우만을 대상으로 하며, 따라서 환자에게 발생한 중대한 결과가 의사의 침습행위로 인한 것이 아니거나 또는 환자의 자기결정권이 문제되지 않는 사항에 관한 것은 설명의무 위반이 문제될 여지가 없다(대판 2002.5.28, 2000다46511; 대판 1995.4.25, 94다27151).

(ii) 의사의 설명의무는 응급환자의 경우(대판 2002.10.25, 2002다48443)나 위험이 당시의 의료수준에 비추어 예견할 수 없었던 경우(대판 2015.1.29, 2012다41069)와 같이 특별한 사정이 있는 때에는 면제된다. 그러나 의료행위에 따르는 후유증이나 부작용 등의 위험 발생 가능성이 희소하다는 사정만으로 면제되지 않으며, 그 후유증이나 부작용이 당해 치료행위에 전형적으로 발생하는 위험이거나 회복할 수 없는 중대한 것인 경우에는 그 발생가능성의 희소성에도 불구하고 설명의 대상이 된다(대판 2007.5.31, 2005다5867). 따라서 이 경우 의사가 시술 전 환자의 상태 및 시술로 인한 합병증으로 사망할 가능성의 정도와 예방가능성 등에 관하여 구체적인 설명을 하여 주지 아니하였다면 설명의무를 다하였다고 할 수 없다(대판 2004.10.28, 2002다45185). 또한 의사의 설명이 환자로 하여금 의학지식 및 기술상 합리적인 진료행위를 비합리적인 근거로 거부하게 하는 결과를 초래할 염려가 있다는 사정만으로는 의사의 설명의무가 면제된다고 할 수 없다(대판 1995.1.20, 94다3421). 한편 환자가 올바른 설명

을 들었더라도 수술·투약에 동의하였을 것이라는 이른바 가정적 승낙에 의한 면책은 항변사항으로서 환자의 승낙이 명백히 예상되는 경우에만 허용된다(대판 2002.1.11, 2001다27449; 대판 1995.1.20, 94다3421).

판 례

의료진의 설명은 의학지식의 미비 등을 보완하여 실질적인 자기결정권을 보장하기 위한 것이므로, 환자가 이미 알고 있거나 상식적인 내용까지 설명할 필요는 없고, 환자가 위험성을 알면서도 스스로의 결정에 따라 진료를 거부한 경우에는 특별한 사정이 없는 한 위와 같은 설명을 하지 아니한 데 대하여 의료진의 책임을 물을 수는 없다(대판 2011.11.24, 2009다70906).

(나) 고의 또는 과실로 설명의무를 이행하지 않을 것

1) 의사가 의료행위에 앞서 환자에게 질병의 증상, 치료나 진단방법의 내용 및 필요성과 그로 인하여 발생이 예상되는 위험성 등을 설명하여 주었더라면 환자가 스스로 자기결정권을 행사하여 그 의료행위를 받을 것인지 여부를 선택함으로써 중대한 결과의 발생을 회피할 수 있었는데도, 의사가 고의 또는 과실로 설명하지 아니하여 그 기회를 상실하게 하여야 한다.

2) 설명의무는 침습적인 의료행위로 나아가는 과정에서 의사에게 필수적으로 요구되는 절차상의 조치로서, 그 의무의 중대성에 비추어 의사로서는 적어도 환자에게 설명한 내용을 문서화하여 이를 보존할 직무수행상의 필요가 있으며, 특별한 사정이 없는 한 의사 측에 설명의무를 이행한 데 대한 증명책임이 있다(대판 2007.5.31, 2005다5867).

(다) 설명의무를 위반할 것

의사가 환자의 의사결정을 위하여 중요한 사항에 관하여 사전에 설명하지 않고 승낙 없이 침습한 경우, 설령 의사에게 치료상의 과실이 없는 경우에도 환자의 승낙권을 침해하는 위법한 행위가 된다(대판 1998.2.13, 96다7854; 대판 2002.1.11, 2001다27449).

(라) 설명의무를 위반하여 환자의 신체를 침습할 것 — 인과관계

설명의무를 위반하면 환자의 자기결정권을 침해하는 것 이외에 신체의 침해로 볼 수 있는지가 문제이다. 설명의무는 환자의 적절한 동의를 할 수 있게 함에 그 목적이 있으며, 의사는 환자의 동의에 기해서만 환자의 신체를 침습할 수 있고, 설명의무법리는 치료과오에 의한 불법행위 성립에서 의사의 과실증명의 곤란을 구제하여 환자를 보호하기 위하여 정립된 이론임에 비추어, 설명의무를 위반한 의사의 침습은 환자에 대한 신체침해가 된다고 할 것이다(김상용, 825면). 따라서 설명의무 불이행이 자기결정권의 침해이며 동시에 신체침해가 되지만, 후술한 바와 같이 환자가 자기결정권의 침해를 이유로 위자료배상만을 청구하는 경우에는 단순히 설명의무위반을 주장·증명하면 족하고, 신체침해를 이유로 발생한 재산상의 손해 및 정신적 손해 모두의 배상을 청구할 때에는 설명의무위반과 손해발생 간에 인과관계가 존재하여야 한다(대판 2004.10.28, 2002다45185; 대판 2002.1.11, 2001다27449).

(3) 효 과

의사의 설명의무가 없다고 하여 그 이행을 강제할 수는 없고, 다만 그로 인하여 손해가 발생하면 손해배상청구권을 행사할 수 있다.

(가) 설명의무 위반을 이유로 위자료만 청구하는 경우

환자 측에서 선택의 기회를 잃고 자기결정권을 행사할 수 없게 된 데 대한 위자료만을 청구하는 경우, 의사의 설명 결여 내지 부족으로 선택의 기회를 상실하였다는 사실만을 증명하면 족하고, 설명을 받았더라면 사망 등의 결과는 생기지 않았을 것이라는 관계까지 증명할 필요는 없다(대판 2014.12.24, 2013다28629). 설명의무 위반으로 인하여 지급할 의무가 있는 위자료에는, 설명의무 위반이 인정되지 않은 부분과 관련된 자기결정권 상실에 따른 정신적 고통을 위자하는 금액 또는 중대한 결과의 발생 자체에 따른 정신적 고통을 위자하는 금액 등은 포함되지 않는다(대판 2013.4.26, 2011다29666).

(나) 설명의무 위반을 이유로 모든 손해를 청구하는 경우

설명의무 위반을 이유로 환자에게 발생한 중대한 결과가 발생하였다는 것을 이유로 결과로 인한 모든 손해를 청구하는 경우, 그 중대한 결과와 의사의 설명의무 위반 내지 승낙취득 과정에서의 잘못과의 사이에 상당인과관계가 존재하여야 하며, 그때 의사의 설명의무 위반은 환자의 자기결정권 내지 치료행위에 대한 선택의 기회를 보호하기 위한 점에 비추어 환자의 생명, 신체에 대한 구체적 치료과정에서 요구되는 의사의 주의의무 위반과 동일시할 정도의 것이어야 한다(대판 2004.10.28, 2002다45185; 대판 2007.5.31, 2005다5867).

판 례

한약업사가 설명의무를 다하지 아니하여 한약재의 매수인 등이 잘못된 복용방법을 선택함으로써 그 생명 또는 신체의 위험이 초래된 경우에는 선택 내지 결정권을 침해하는 위법한 행위가 된다고 할 것이고, 그러한 위법한 행위와 복용자에게 발생된 생명, 신체의 위험 사이에 상당인과관계가 있는 경우에는 한약업사가 그 위험발생으로 인한 모든 손해를 배상할 의무를 지는 것이지만, 그렇지 아니한 경우에는 복용자가 선택의 기회를 잃고 복용 여부나 복용방법에 관한 자기결정권을 행사할 수 없게 된 데 대하여 위자료의 지급을 구할 수 있을 뿐이다(대판 2002.12.10, 2001다56904).

제 3 절 불법행위의 효과

Ⅰ. 서 설

불법행위가 성립하면 가해자는 피해자에게 발생한 손해를 배상하여야 한다(제750조). 손해배상(Schadensersatz)은 피해자에게 발생한 손해를 전보하는 것을 말한다.

Ⅱ. 손해배상의 방법

1. 금전배상의 원칙

(1) 손해는 원칙적으로 금전으로 배상되어야 한다(금전배상주의, 제763조, 제394조). 여기서 금전배상이란 손해를 금전지급에 의하여 전보함을 말한다. 이때 재산적 손해뿐만 아니라 정신적 손해도 금전으로 배상된다.

(2) 손해배상은 일시금배상이 원칙이지만, 일정한 경우(제751조 2항)에 정기금배상이 인정된다. 그런데 정기금배상을 명하느냐 일시금배상을 명하느냐는 법원의 자유재량에 속한다. 따라서 피해자가 일시금배상을 청구하더라도 법원은 정기금배상을 명할 수 있다(대판 1995.6.9, 94다30515).

판 례

전문 감정인의 감정결과에 의하더라도 피해자의 기대여명의 예측이 불확실한 경우에는 법원으로서는 일실수입 손해와 향후 치료비 손해 등을 산정함에 있어서 피해자가 확실히 생존하고 있으리라고 인정되는 기간 동안의 손해는 일시금의 지급을 명하고 그 이후의 기간은 피해자의 생존을 조건으로 정기금의 지급을 명할 수 밖에 없으므로 그와 같은 산정방식을 두고 법원의 재량의 범위를 넘어섰다고 할 수는 없다(대판 2002.11.26, 2001다72678).

2. 명예훼손의 경우의 특칙 — 원상회복

명예훼손의 경우에 대하여 제764조는 "법원은 피해자의 청구에 의하여 손해배상에 갈음하거나 손해배상과 함께 명예회복에 적합한 처분을 명할 수 있다"고 하여, '재산적 손해뿐만 아니라 정신적 손해도 금전으로 배상한다는 원칙'(제763조, 제394조)에 대한 특칙을 규정하고 있다. 여기서 명예훼손이란 명예주체에 대한 사회적 평가를 저하시키는 일체의 행위를 의미하며(대판 1997.10.28, 96다38032), 명예훼손에 의한 불법행위가 성립하기 위해서는 피해자가 특정되어야 하는데, 어떤 표시가 누구를 지목하는가를 알아차릴 수 있을 정도이면 피해자가 특정된 것으로 보아야 한다(대판 2002.5.10, 2000다50213).

Ⅲ. 손해배상의 범위 및 금액산정

1. 손해배상의 범위

(1) 학설과 판례

다수설과 판례(대판 1994.3.25, 93다32828,32835)에 따르면 불법행위와 상당인과관계에 있는 모든 손해를 배상하여야 한다(상당인과관계설). 연속되는 인과관계 속에서 '상당성 있는' 인과관계만이 법적 인과관계에 해당하므로, 그 범위에서 발생한 손해에 한해서 배상하여야 한다. 따라서 통상손해를 한도로 하고, 특별한 사정으로 인한 손해도 가해자의 예견가능성을 전제로 한다. 주의할 것은 판례는 상당인과관계를 판단하면서 일반적인 결과발생의 개연성은 물론 직무상 의무를 부과하는 법령 기타 행동규범의 목적이나 가해행위의 태양이나 피해의 정도 등을 종합적으로 고려하여야 한다고 하여, 규범목적설을 도입하고 있다는 점이다(대판 1998.9.22, 98다2631; 대판 1997.5.7, 97다5602).

(2) 통상손해와 특별손해

(가) 불법행위로 인한 손해에 대한 배상범위는 기본적으로 '통상손해'와 '특별손해'의 기준에 의해 정해진다. 즉 불법행위로 인한 손해배상은 통상의 손해를 그 한도로 한다(제763조, 제393조 1항). 다만 특별한 사정으로 인한 손해는 가해자가 그 사정을 알았거나 알 수 있었을 때에 한하여 배상책임을 진다(제763조, 제393조 2항).

(나) 통상손해(通常損害)는 가해행위의 결과가 사회 일반인의 관념에 따라 일반적으로 발생할 것이라고 인정되는 손해를 말하며, 통상손해에는 우연한 사정에 의하여 발생한 손해는 제외된다. 특별손해(特別損害)는 특별한 사정으로 인하여 발생한 손해로서, 가해자가 특별한 사정에 대한 예견가능성이 있었을 때에 배상책임을 진다. 예컨대 증권회사가 고객 소유의 주식을 위법하게 처분함에 따른 손해액은 처분 당시의 주식의 시가를 기준으로 결정하여야 하고, 그 후 주식의 가격이 올랐더라도 그로 인한 손해는 특별한 사정으로 인한 것이다(대판 1995.10.12, 94다16786; 대판 2006.1.26, 2002다12659). 또한 차량이 전신주를 충격하여 전선이 절단됨으로써 그 전선으로부터 전력을 공급받아 비닐하우스를 가동하던 피해자가 입은 손해는 특별사정으로 인한 손해이다(대판 1995.12.12, 95다11344).

판 례

(ㄱ) 일반적으로 계약상 채무불이행으로 인하여 재산적 손해가 발생한 경우, 그로 인하여 계약 당사자가 받은 정신적인 고통은 재산적 손해에 대한 배상이 이루어짐으로써 회복된다고 보아야 할 것이므로, 재산적 손해의 배상만으로는 회복될 수 없는 정신적 고통을 입었다는 특별한 사정이 있고, 상대방이 이와 같은 사정을 알았거나 알 수 있었을 경우에 한하여 정신적 고통에 대한 위자료를 인정할 수 있다(대판 2007.12.13, 2007다18959; 대판 2004.11.12, 2002다53865).

(ㄴ) 불법행위로 인하여 물건이 훼손·멸실된 경우 그로 인한 손해는 원칙적으로 훼손·멸실 당시의 수리비나 교환가격을 통상의 손해로 보아야 하되, 건물이 훼손되어 수리가 불가능한 경우에는 그 상태로 사용이 가능하다면 그로 인한 교환가치의 감소분이, 사용이 불가능하다면 그 건물의 교환가치가 통상의 손해일 것이고, 수리가 가능한 경우에는 그 수리에 소요되는 수리비가 통상의 손해일 것이나, 훼손된 건물을 원상으로 회복시키는 데 소요되는 수리비가 건물의 교환가치를 초과하는 경우에는 그 손해액은 형평의 원칙상 그 건물의 교환가치 범위 내로 제한되어야 하며, 한편 수리로 인하여 훼손 전보다 건물의 교환가치가 증가하는 경우에는 그 수리비에서 교환가치 증가분을 공제한 금액이 그 손해이다(대판 2022.1.14, 2021다264819). 사용 및 수리가 불가능한 경우 통상 불법행위로 인한 손해배상액의 기준이 되는 건물의 시가에는 건물의 철거비용은 포함되지 않는다(대판 1995.7.28, 94다19129).

(ㄷ) 불법행위로 인하여 손해가 발생한 사실이 인정되는 경우 법원은 손해액에 관한 당사자의 주장과 증명이 미흡하더라도 적극적으로 석명권을 행사하여 증명을 촉구하여야 하고, 경우에 따라서는 직권으로라도 손

해액을 심리·판단하여야 한다(대판 2016.11.24, 2014다81511).

(ㄹ) 불법행위로 인한 손해배상청구소송에서 손해가 발생한 사실은 인정되나 구체적인 손해의 액수를 증명하는 것이 사안의 성질상 매우 어려운 경우, 법원은 불법행위와 그로 인한 재산적 손해가 발생하게 된 경위 등 관련된 모든 간접사실을 종합하여 적당하다고 인정되는 금액을 손해배상 액수로 정할 수 있다(대판 2017.9.26, 2014다27425).

(ㅁ) 불법행위로 영업을 중단한 자가 영업 중단에 따른 손해배상을 구하는 경우 영업을 중단하지 않았으면 얻었을 순이익과 이와 별도로 영업 중단과 상관없이 불가피하게 지출해야 하는 비용도 특별한 사정이 없는 한 손해배상의 범위에 포함될 수 있다. 위와 같은 순이익과 비용의 배상을 인정하는 것은 이중배상에 해당하지 않는다(대판 2018.9.13, 2016다35802).

(ㅂ) 진료계약상 주의의무 위반으로 환자의 생명이나 신체에 불이익한 결과를 초래한 경우 일반적으로 채무불이행책임과 불법행위책임이 성립할 수 있다. 이와 같이 생명·신체가 침해된 경우 환자가 정신적 고통을 입는다고 볼 수 있으므로, 진료계약의 당사자인 병원 등은 환자가 입은 정신적 고통에 대해서도 제393조, 제763조, 제751조 1항에 따라 손해를 배상해야 한다. 불법행위 또는 채무불이행으로 입은 정신적 피해에 대한 위자료 액수에 관해서는 사실심법원이 여러 사정을 참작하여 그 전권에 속하는 재량에 따라 확정할 수 있다(대판 2018.11.15, 2016다244491).

2. 손해배상의 금액산정

(1) 손해배상액 산정의 기준시기

손해액 산정의 기준시기에 관하여, 손해를 입은 피해자의 충분한 경제적 배상을 고려해야 한다는 사실심의 구두변론종결시설(다수설)과 손해배상채권이 발생한 때(불법행위시)를 기준으로 하여 그 배상액을 산정하고 그 후의 손해는 상당인과관계의 범위 내의 손해를 가산한다는 책임원인발생시설(곽윤직, 채권총론, 117면; 지원림, 5-321)이 있다.

한편 판례는 불법행위로 인한 재산상 손해는 위법한 가해행위로 인하여 발생한 재산상 불이익, 즉 그 위법행위가 없었더라면 존재하였을 재산상태와 그 위법행위가 가해진 현재의 재산상태의 차이를 말하는 것이며, 그 손해액은 원칙적으로 '불법행위 시'를 기준으로 산정하여야 한다. 다만 불법행위 시와 결과발생 시 사이에 시간적 간격이 있는 경우에는 결과가 발생한 때에 불법행위가 완성된다고 보아 불법행위가 완성된 시점, 즉 '손해발생 시'가 손해액 산정의 기준 시점이 된다. 손해의 발생 시점이란 이러한 손해가 현실적으로 발생한 시점을 의미하는데, 현실적으로 손해가 발생하였는지 여부는 사회통념에 비추어 객관적이고 합리적으로 판단하여야 한다고 한다(대판 2023.5.18, 2022다230677). 또한 불법행위로 인한 손해배상채무는 손해발생과 동시에 이행기에 있는 것으로, 공평의 관념상 별도의 이행최고가 없더라도 불법행위 당시부터 지연손해금이 발생하는 것이 원칙이고, 불법행위 시점과 손해발생 시점 사이에 시간적 간격이 있는 경우에는 불법행위로 인한 손해배상채권의 지연손해금은 손해발생 시점을 기산일로 하여 발생한다고 한다(대판 2022.6.16, 2017다289538).

판 례

(ㄱ) 피해자가 불법행위로 상해를 입고 장래의 불특정한 시점에 그로 인한 손해가 구체적으로 발현되었지만 불법행위 당시부터 이미 예정된 소극적·적극적 손해의 경우, 불법행위로 상해를 입었을 때 불법행위가 완성되어 손해배상채권이 성립하고 이행기까지 도래하는 것으로 볼 수 있으므로, 장래 구체적으로 발현되는 소극적·적극적 손해에 대하여는 불법행위시가 현가산정의 기준 시기가 되고, 이때부터 장래의 손해 발현 시점까지 중간이자를 공제한 금액에 대해 다시 불법행위시부터 지연손해금을 부가하여 산정하는 것이 원칙으로, 이는 불법행위로 인한 장래의 손해의 현가액 등 산정은 과잉배상이나 과소배상을 방지하고 정당한 배상액을 정하기 위한 손해액의 조정이 필요하기 때문이다(대판 2022.6.16, 2017다289538; 대판 2018.10.4, 2016다41869).

(ㄴ) 불법행위로 상해를 입었지만 후유증 등으로 인하여 불법행위 당시에는 전혀 예상할 수 없었던 후발손해가 새로이 발생한 경우와 같이, 사회통념상 후발손해가 판명된 때에 현실적으로 손해가 발생한 것으로 볼 수 있는 경우에는 후발손해 판명 시점에 불법행위로 인한 손해배상채권이 성립하고, 지연손해금 역시 그때부터 발생한다고 봄이 상당하다. 이 경우 후발손해가 판명된 때가 불법행위시이자 그로부터 장래의 구체적인 소극적·적극적 손해에 대한 중간이자를 공제하는 현가산정의 원칙적인 기준 시기가 된다고 보아야 하고, 그보다 앞선 시점이 현가산정의 기준 시기나 지연손해금의 기산일이 될 수는 없다(대판 2022.6.16, 2017다289538).

(ㄷ) 상법 제54조의 상사법정이율은 상행위로 인한 채무나 이와 동일성을 가진 채무에 관하여 적용되는 것이고, 상행위가 아닌 불법행위로 인한 손해배상채무에는 적용되지 아니한다(대판 2018.2.28, 2013다26425).

(2) 손해배상액의 산정

(가) 인적손해의 경우

생명을 침해하거나 신체에 상해를 입힌 불법행위로 인한 손해배상청구권의 소송물을 어떻게 보느냐에 대하여, 실무는 손해 3분설에 따라 불법행위로 인한 손해를 입원치료비나 장례비와 같은 적극적 재산적 손해, 휴업손해나 퇴직금 또는 잃어버린 기대수입 등과 같은 일실수익의 상실에 따른 소극적 재산적 손해 및 정신적 고통에 따른 정신적 손해로 나눈다.

판 례

(ㄱ) 재산적 손해로 인한 배상청구와 정신적 손해로 인한 배상청구는 각각 소송물을 달리하는 별개의 청구이므로 소송당사자로서는 그 금액을 각각 특정하여 청구하여야 하고, 법원으로서도 그 내역을 밝혀 각 청구의 당부에 관하여 판단하여야 하는 것이다(대판 2006.9.22, 2006다32569; 대판 1989.10.24, 88다카29269).

(ㄴ) 생명 또는 신체에 대한 불법행위로 인하여 입게 된 적극적 손해와 소극적 손해 및 정신적 손해는 서로 소송물을 달리하므로 그 손해배상의무의 존부나 범위에 관하여 항쟁함이 상당한지의 여부는 각 손해마다 따로 판단하여야 한다(대판 2006.10.13, 2006다32446; 대판 2002.9.10, 2002다34581).

1) 적극적 재산상 손해

생명·신체의 침해와 상당인과관계에 있는 치료비 및 입원비, 그리고 상해의 정도·성질·부위 등으로 보아 명백한 과잉진료 또는 가해자에게 과잉치료비를 물게 할 목적이 없는 이상 치료기간 중의 환자와 그 간호가족의 교통비·통신비·숙박비 등은 가해행위와 상당인과

관계에 있는 적극적 재산상 손해에 해당한다. 또한 상해로 인한 후유증으로 사망할 때까지 개호인을 필요로 하는 때에, 그 개호인에게 지급될 비용은 상당인과관계 있는 손해로서 그 배상을 청구할 수 있다. 한편 사람은 언젠가는 사망하게 되고 그 경우 장례비는 유족이 부담하여야 할 것이지만, 판례는 장례비를 불법행위와 상당인과관계에 있는 손해로 보고 있으며(대판 1966.10.11, 66다1456), 묘지구입비도 장례비에 포함된다고 한다(대판 1984.12.11, 84다카1125).

판 례

피해자가 사고로 입은 부상으로 말미암아 개호가 필요하게 되어 부모나 배우자 등 근친자가 그 개호를 위하여 휴업한 경우에는 그 근친자가 휴업으로 인한 상실이익의 배상청구를 하거나 피해자가 개호비로서 배상청구하거나에 관계없이 개호비 상당액의 배상청구를 할 수 있다고 할 것이나 그 경우 배상액은 개호비상당액을 초과할 수 없고, 이를 초과하게 되면 그 초과부분은 상당인과관계가 있는 손해라고 볼 수 없다(대판 1988.2.23, 87다카57). 즉 불법행위의 피해로 부양의무자인 근친자의 부양비가 증가된 경우 또는 부상으로 인한 개호가 필요한 경우, 개호비 등에 대해서는 손해배상청구의 대상이 될 수 있다.

2) 소극적 재산상 손해

(i) 생명침해 또는 신체상해로 인하여 피해자가 노동능력의 전부 또는 일부를 상실하여 장래에 얻을 수 있는 수익이 감소된 경우를 소극적 재산상 손해(일실이익)라 하며, 가해자는 이를 배상하여야 한다. 일실이익은 사고가 없었더라면 얼마동안 일할 수 있었고, 어느 정도의 수입을 올릴 수 있었는가를 산정한 후, 사망의 경우에는 생활비와 중간이자를 공제하고, 상해의 경우에는 중간이자만을 공제한다. 다시 말하면 피해자가 사망한 경우에 그가 생존하였더라면 장래 지출하였을 생활비를 면하게 될 것이므로, 생활비를 공제하여야 한다. 그러나 미성년자가 사망한 경우에 그가 성년에 이르기까지의 생활비는 친권자 또는 부양의무자가 부담하므로, 판례는 성년에 이르기까지의 생활비는 공제할 수 없으며(대판 1970.2.24, 69다1388), 부양의무자에게 손익상계(損益相計)할 수도 없다고 한다(대판 1966.4.19, 66다422).

(ii) 불법행위로 인한 손해배상사건에서 피해자의 일실수익은 사고 당시 피해자의 실제소득을 기준으로 하여 산정할 수도 있고 통계소득을 포함한 추정소득에 의하여 평가할 수도 있으며, 피해자가 일정한 수입을 얻고 있었던 경우 신빙성 있는 실제 수입에 대한 증거가 현출되지 않는 경우에는 피해자가 종사하였던 직종과 유사한 직종에 종사하는 자들에 대한 통계소득에 의하여 피해자의 일실수입을 산정하여야 한다(대판 2009.7.9, 2008다91180; 대판 2006.3.9, 2005다16904). 또한 불법행위의 피해자가 사고 당시 두 가지 이상의 수입이 있는 업무에 종사하고 있는 경우, 업무의 성격이나 근무형태 등에 비추어 업무가 서로 독립적이어서 양립 가능한 것이고, 실제로 피해자가 어느 한쪽의 업무에만 전념하고 있는 것이 아닌 때에는 각 업종의 수입상실액을 모두 개별적으로 평가하여 합산하는 방법으로 피해자의 일실수입을 산정할 수 있다(대판 1999.11.26, 99다18008).

(iii) 불법행위의 피해자는 불법행위로 인한 손해의 확대를 방지하거나 감경하기 위하여

노력하여야 할 의무가 있으며, 그 손해경감조치의무가 수술을 받아야 할 의무일 경우, 수술이 위험 또는 중대하거나 결과가 불확실한 경우에까지 용인하여야 할 의무는 없다. 따라서 불법행위의 피해자가 관례적이며 상당한 결과의 호전을 기대할 수 있는 수술이 필요한 사실을 알면서도 상당한 기간 내에 수술을 받지 않아 손해가 확대된 경우, 그 손해부분은 피해자가 부담하는 것이 공평의 견지에 비추어 타당하다. 다만 그렇다고 하여 수술을 받는데 필요한 상당한 기간이 지난 후의 손해 전부를 피해자의 귀책사유로 인한 것이라고 볼 수는 없으며, 상당한 기간 내에 수술을 받았더라도 개선될 수 없는 노동능력 상실 부분에 해당하는 일실수입 손해는 여전히 불법행위자가 부담하여야 한다(대판 2006.8.25, 2006다20580).

판 례

(ㄱ) 타인의 불법행위로 인하여 상해를 입은 피해자에게 신체장애가 생긴 경우에 그 피해자는 그 신체장애 정도에 상응하는 가동능력을 상실했다고 봄이 경험칙에 합치되고, 피해자가 종전과 같은 직종에 종사하면서 종전과 다름없는 수입을 얻고 있다고 하더라도 당해 직장이 피해자의 잔존 가동능력의 정상적 한계에 알맞은 것이었다는 사정까지 나타나지 않는 한, 피해자의 신체훼손에도 불구하고 바로 피해자가 재산상 아무런 손해를 입지 않았다고 단정할 수는 없다(대판 2002.9.4, 2001다80778; 대판 2006.12.22, 2006다48991).

(ㄴ) 불법행위로 인하여 사망하거나 신체상의 장해를 입은 사람이 장래 얻을 수 있는 수입의 상실액은 원칙적으로 그 불법행위로 인하여 손해가 발생할 당시에 그 피해자가 종사하고 있었던 직업의 소득을 기준으로 하여 산정하여야 하고, 피해자가 사고 당시 일정한 직업상 소득이 없는 사람이라면 그 수입상실액은 보통사람이면 누구나 종사하여 얻을 수 있는 일반노동임금을 기준으로 하되, 특정한 기능이나 자격 또는 경력을 가지고 있어서 장차 그에 대응한 소득을 얻을 수 있는 상당한 개연성이 인정되는 경우에 한하여 그 통계소득을 기준으로 산정할 수 있다(대판 2001.8.21, 2001다32472).

(ㄷ) 불법행위로 인한 손해배상사건에서 피해자의 일실수입은 사고 당시 피해자의 실제소득을 기준으로 하여 산정할 수도 있고, 통계소득을 포함한 추정소득에 의하여 평가할 수도 있지만, 통계소득을 기준으로 삼아 피해자의 일실수입을 산정하기 위해서는 당해 통계의 조사목적이나 방법, 조사대상 및 범위, 표본설계의 방법 등을 두루 살펴 그 이용의 적합성 여부를 신중하게 판단하여야 한다(대판 2007.3.15, 2006다79759).

3) 정신적 손해

가) 위 자 료

정신적 손해란 불법행위로 피해자가 입은 고통·충격·절망 등을 말한다. 정신적 손해는 재산적 손해와 함께 발생하기도 하며, 때로는 정신적 손해만이 발생하기도 한다. 예컨대 생명·신체의 침해를 받은 경우에 치료비·일실소득 등의 재산적 손해뿐만 아니라 정신적 고통으로 인한 정신적 손해가 발생한다. 그러나 단순한 자유 또는 정조의 침해의 경우에는 정신적 손해만이 발생한다.

판 례

의료진의 주의의무 위반 정도가 일반인의 처지에서 보아 수인한도를 넘어설 만큼 현저하게 불성실한 진료를 행한 것이라고 평가될 정도에 이른 경우라면 그 자체로서 불법행위를 구성하여 그로 말미암아 환자나 그 가족이 입은 정신적 고통에 대한 위자료 배상을 명할 수 있으나, 이때 수인한도를 넘어서는 정도로 현저하게 불성실한 진료를 하였다는 점은 불법행위의 성립을 주장하는 피해자가 증명하여야 한다(대판 2018.12.13, 2018다10562). 의료진이 임상의학 분야에서 요구되는 수준에 부합하는 진료를 한 경우 불성실한 진료를 하였다고 평가할 수는 없으므로, 수인한도를 넘는 현저히 불성실한 진료는 의료진에게 현저한 주의의무 위반이 있음을 전제로 한다. 수인한도를 넘는 현저히 불성실한 진료로 인한 위자료는, 환자에게 발생한 신체상 손해의 발생 또는 확대와 관련된 정신적 고통을 위자하는 것이 아니라 불성실한 진료 그 자체로 인하여 발생한 정신적 고통을 위자하기 위한 것이다. 따라서 불성실한 진료로 인하여 이미 발생한 정신적 고통이 중대하여 진료 후 신체상 손해가 발생하지 않더라도 별도의 위자료를 인정하는 것이 사회통념상 마땅한 정도에 이르러야 한다(대판 2023.8.18, 2022다306185).

나) 위자료청구권자의 범위

(i) 신체상해의 경우 제751조 1항은 "타인의 신체·자유 또는 명예를 해하거나 기타 정신적 고통을 가한 자는 재산 이외의 손해에 대하여도 배상할 책임이 있다"고 규정하고 있다. 그런데 제751조는 제750조의 손해에는 정신적 손해도 포함된다는 점을 주의적으로 밝힌 것에 지나지 않는다. 따라서 직접적인 피해자가 아니더라도 불법행위로 정신적 고통을 입은 때에는 가해자에게 위자료를 청구할 수 있다(통설). 예컨대 자식의 신체침해에 대한 부모의 위자료청구권(대판 1967.12.19, 66다2075), 외손자가 교통사고로 부상을 입은 경우의 외조부의 위자료청구권(대판 1967.12.26, 67다2460), 남편과 간통한 여자에 대한 아내의 위자료청구권(대판 1967.10.6, 67다1134) 및 아내와 간통한 남자에 대한 남편의 위자료청구권이 인정된다(대판 1962.3.8, 4294민상1028). 주의할 것은 직접적인 피해자가 아닌 자가 위자료를 청구할 수 있는 법적 근거는 제750조 및 제751조이고, 제752조가 아니라는 점이다.

판 례

(ㄱ) 제751조 1항은 불법행위로 인한 재산 이외의 손해에 대한 배상책임을 규정하고 있고, 재산 이외의 손해는 정신상의 고통만을 의미하는 것이 아니라 그 외에 수량적으로 산정할 수 없으나 사회통념상 금전평가가 가능한 무형의 손해도 포함된다. 따라서 사용자가 노동조합의 조직 또는 운영에 지배·개입하는 행위가 건전한 사회통념이나 사회상규상 용인될 수 없는 정도에 이른 부당노동행위로 인정되는 경우, 그 지배·개입행위는 헌법이 보장하고 있는 노동조합의 단결권을 침해하는 위법한 행위로 평가되어 노동조합에 대한 불법행위가 되고, 사용자는 이로 인한 노동조합의 비재산적 손해에 대하여 위자료 배상책임을 부담한다(대판 2020.12.24, 2017다51603).

(ㄴ) 교통사고의 경우, 피해자 본인과는 별도로 그의 부모들도 그 사고로 말미암아 그들이 입은 정신적 손해에 대하여 고유의 위자료청구권을 가진다 할 것이므로, 피해자 본인이 합의금을 수령하고 가해자측과 나머지 손해배상청구권을 포기하기로 하는 등의 약정을 맺었다 하더라도 그의 부모들이 합의 당사자인 피해자 본인과 가해자 사이에 합의가 성립되면 그들 자신은 별도로 손해배상을 청구하지 아니하고 손해배상청구권을 포기하겠다는 뜻을 명시적 혹은 묵시적으로 나타낸 바 있다는 등의 특별한 사정이 없는 한 위 포기 등 약정의 효력이 당연히 고유의 손해배상청구권을 가지는 그의 부모들에게까지 미친다고는 할 수 없다(대판 1999.6.22, 99다7046).

(ㄷ) 침해행위와 피해법익의 유형에 따라서는 계약교섭의 파기로 인한 불법행위가 인격적 법익을 침해함으로써 상대방에게 정신적 고통을 초래하였다고 인정되는 경우라면 그러한 정신적 고통에 대한 손해에 대하여는 별도로 배상을 구할 수 있다(대판 2003.4.11, 2001다53059).

(ㄹ) 건물신축공사로 인하여 공사기간 동안 임차인이 거주하는 피해자 소유의 주택이 2차에 걸쳐 파손되다가 급기야 신축건물의 5층 옥탑이 무너져내려 그 벽돌이 피해자의 주택을 덮쳐 지붕과 거실, 천정까지 파손되는 사고를 입는 등 계속적인 손해를 입는 상황이었다면 피해자가 거주하지 않고는 있어도 가옥파괴와 세입자의 생명, 신체, 재산침해에 대한 불안으로 인하여 정신적 고통이 있었을 것임은 경험칙상 능히 인정된다(대판 1993.12.24, 93다45213).

(ㅁ) 분묘를 발굴하거나 유체·유골을 훼손하는 행위가 있었고 그러한 행위가 어떤 사람의 추모감정 등 인격적 법익을 침해함으로써 정신적 고통을 초래하였다고 인정되는 경우, 그 사람은 분묘를 발굴하거나 유체·유골을 훼손한 사람을 상대로 그 정신적 고통에 대하여 위자료를 청구할 수 있다. 이와 같은 위자료를 청구할 수 있는 사람은 분묘의 관리처분권자인 제사주재자에 한정되는 것은 아니다(대판 2025.3.27, 2023다283401).

(ii) 생명침해의 경우 　생명침해의 경우에 '피해자의 직계존속·직계비속 및 배우자'는 재산상의 손해가 없는 경우에도 위자료를 청구할 수 있다(제752조). 학설과 판례는 제752조에 피해자의 직계존속·직계비속 및 배우자를 열거하고 있는 것은 위자료청구권이 있는 자를 예시적으로 규정한 것에 지나지 않으며, 이들은 정신적 고통을 증명할 필요 없이 당연히 위자료를 청구할 수 있음을 규정한 것에 지나지 않는다고 한다(대판 1967.9.19, 67다김상용, 890면; 윤철홍, 1550; 곽윤직, 453면;397면; 이은영, 769면). 따라서 제752조에 규정된 친족 이외의 자(예: 피해자의 형제자매·며느리·시부모 등)도 그들의 정신적 손해를 증명하면, 제750조 및 제751조에 의하여 위자료를 청구할 수 있다(대판 1999.4.23, 98다41377; 대판 1978.9.26, 78다1545).

판 례

(ㄱ) 숙박업자가 숙박계약상의 고객 보호의무를 다하지 못하여 투숙객이 사망한 경우, 숙박계약의 당사자가 아닌 그 투숙객의 근친자가 그 사고로 인하여 정신적 고통을 받았다 하더라도 숙박업자의 그 망인에 대한 숙박계약상의 채무불이행을 이유로 위자료를 청구할 수는 없다(대판 2000.11.24, 2000다38718,38725).

(ㄴ) 고의 또는 과실로 인한 위법한 행위로 타인에게 손해를 가하는 불법행위는 타인의 생명·신체·자유·명예·재산 등을 해하거나 기타 정신상 고통을 가함으로써 성립하고 이 중 생명을 해하는 경우는 그 사망사실이 확정적으로 밝혀져야 하며, 다만 행방불명이 되어 생환하지 못하였다는 사실만으로써는 생명을 해하였다고는 하지 못한다(대판 1985.4.23, 84다카2123).

(ㄷ) 생명침해의 불법행위로 인한 피해자 본인의 위자료 청구권과 민법 제752조에 의한 배우자 등 유족의 정신적 피해로 인한 그 고유의 위자료 청구권은 별개이므로 소멸시효 완성 여부도 각각 그 권리를 행사한 때를 기준으로 판단하여야 한다(대판 2013.8.22, 2013다200568).

다) 위자료의 산정

재산적 손해와 달리 위자료의 산정에는 명확한 기준이 없기 때문에, 사회통념과 가해자의 고의·과실의 정도, 피해자와 가해자의 사정 등 모든 사정을 참작하여 공평의 원리에 따라 법관의 자유재량으로 결정할 수밖에 없다(대판 2005.6.23, 2004다66001; 대판 1988.2.23, 87다카57). 위자료는 불법행위에 따른 피해자의 정신적 고통을 위자하는 금액에 한정되어야 하므로, 발생한 재산상 손해의 확정이 가능한 경우에 위자료의 명목 아래 재산상 손해의 전보를 꾀하는 일은 허용될 수 없고, 재산상 손해의 발생에 대한 증명이 부족한 경우에는 더욱 그러하다(대판 2014.1.16, 2011다108057).

판 례

불법행위로 인한 손해배상채무에 대하여는 별도의 이행 최고가 없더라도 채무성립과 동시에 지연손해금이 발생하는 것이 원칙이다. 다만 불법행위 시와 변론종결 시 사이에 장기간의 세월이 지나 위자료를 산정할 때 반드시 참작해야 할 '변론종결 시의 통화가치 등에 불법행위 시와 비교하여 상당한 변동이 생긴 때'에는 예외적으로 불법행위로 인한 위자료 배상채무의 지연손해금은 위자료 산정의 기준시인 '사실심 변론종결일'로부터 발생한다고 보아야 하고, 이처럼 불법행위로 인한 위자료 배상채무의 지연손해금이 사실심 변론종결일부터 발생한다고 보아야 하는 예외적인 경우에는 불법행위 시부터 지연손해금이 가산되는 원칙적인 경우보다 배상이 지연된 사정을 적절히 참작하여 사실심 변론종결 시의 위자료 원금을 산정할 필요가 있다. 한편 제1심판결에서 위와 같이 배상이 지연된 사정을 참작하여 제1심 변론종결일을 기준으로 위자료를 산정하였는데 항소심이 항소심 변론종결일을 기준으로 새로이 위자료를 산정하지 않고 제1심판결의 위자료 액수를 그대로 유지한 경우 위자료 배상채무의 지연손해금은 위자료 산정의 기준일인 제1심 변론종결일부터 발생한다(대판 2020.11.26, 2019다276307).

라) 불법행위에 의하여 재산권이 침해된 경우, 위자료청구권 인정 여부

제750조의 손해에는 정신적 손해도 포함되므로 재산권 침해로 정신적 손해가 생긴 경우에는 위자료청구권이 인정될 것이다. 다만 재산권이 침해된 경우에는 재산적 손해의 배상에 의하여 정신적 손해도 회복된다고 보아야 할 것이므로, 그 밖의 정신적 손해는 특별손해에 속한다. 즉 일반적으로 타인의 불법행위 등에 의하여 재산권이 침해된 경우에는 그 재산적 손해의 배상에 의하여 정신적 고통도 회복된다고 보아야 할 것이므로 재산적 손해의 배상에 의하여 회복할 수 없는 정신적 손해가 발생하였다면, 이는 특별한 사정으로 인한 손해로서 가해자가 그러한 사정을 알았거나 알 수 있었을 경우에 한하여 그 손해에 대한 위자료를 청구할 수 있다(대판 2004.3.18, 2001다82507).

(나) 물적손해의 경우

1) 일반적으로 불법행위로 인한 손해는 물건이 멸실되었을 때에는 멸실 당시의 시가를, 물건이 훼손되었을 때에는 수리 또는 원상회복이 가능한 경우에는 수리비 또는 원상회복에 드는 비용을, 수리 또는 원상회복이 불가능하거나 그 비용이 과다한 경우에는 훼손으로 인하여 교환가치가 감소된 부분을 통상의 손해로 보아야 한다(대판 2006.4.28, 2005다44633; 대판 1996.1.23, 95다38233). 즉 소유물이 멸실된 경우에는 원칙적으로 멸실된 당시의 교환가격이 통상의 손해가 된다. 그 교환가치 속에는 장차 그 물건을 사용·수익함으로써 얻을 이익도 포함되는 것이므로, 그 이익을 아울러 청구하지 못한다(대판 1999.12.21, 97다15104). 다만 불법행위로 영업용 물건이 멸실된 경우, 이를 대체할 다른 물건을 마련하기 위하여 필요한 합리적인 기간 동안 그 물건을 이용하여 영업을 계속하였더라면 얻을 수 있었던 이익, 즉 휴업손해는 그에 대한 증명이 가능한 한 통상의 손해로서 그 교환가치와는 별도로 배상하여야 하고, 이는 영업용 물건이 일부 손괴된 경우 수리를 위하여 필요한 합리적인 기간 동안의 휴업손해와 마찬가지이다(대판 2004.3.25, 2003다20909,20916). 따라서 불법행위로 영업용 택시와 같은 수익용 차량이 손상되어 수리가 불가능한 경우에 새 차를 구입하

여 영업을 개시할 수 있을 때까지의 기간 동안 영업하지 못한 휴업손해는 통상손해에 해당한다(대판 2005.10.13, 2003다24147).

사고로 인하여 차량이 파손되었을 때 그 수리에 소요되는 비용이 차량의 교환가격을 현저하게 넘는 경우에는 일반적으로 경제적인 면에서 수리불능이라고 보아 사고 당시의 교환가격으로부터 고철대금을 뺀 나머지만을 손해배상으로 청구할 수 있다. 다만 교환가격보다 높은 수리비를 지출하고도 차량을 수리하는 것이 사회통념에 비추어 시인될 수 있을 만한 특별한 사정이 있는 경우라면 그 수리비 전액을 손해배상액으로 인정할 수 있다(대판 1998.5.29, 98다7735). 그 밖에 수입물품이 불법행위로 인하여 원상회복이 불가능할 뿐 아니라 남은 가치가 없을 정도로 훼손되었다면, 그 교환가치 산정은 통관을 마치지 못한 경우에는 국내시가가 아닌 '도착가격'을 기준으로 하여야 하고(대판 2006.4.28, 2005다44633), 통관을 마친 경우에는 '국내시가'를 기준으로 하여야 한다(대판 2008.4.10, 2007다7751).

2) 권원 없는 자가 소유물을 점유한 경우에는 점유기간 동안의 차임상당액이 통상손해가 된다. 이점은 임차권이 타인의 불법행위로 침해된 경우 또는 임차인이 임대차 종료 후에 정당한 이유 없이 임차목적물을 명도하지 않는 경우에도 마찬가지이다. 농지가 타인에게 불법점유된 경우에는 당해 농지의 연간수확량에서 비용을 공제한 금액이 통상손해이다.

3) 용익물권이 침해된 경우에는 용익물권에 교환가격이 있으면 그 교환가격이 배상액이 되고, 교환가격이 없으면 얻을 수 있을 이익이 손해액이 된다(대판 1964.12.22, 64다810). 반면에 담보권이 침해된 경우에는 담보물의 잔존가격이 피담보채권액보다 많은 때에는 손해가 발생했다고 할 수 없기 때문에, 손해배상의 문제는 발생하지 않는다. 그러나 담보물의 침해로 피담보채권의 변제에 부족이 생긴 경우에는 그 부족액이 손해액이 된다.

4) 한편 일반적으로 타인의 불법행위로 인하여 재산권이 침해된 경우, 재산적 손해의 배상에 의하여 정신적 고통도 회복된다고 보아야 하지만, 재산상의 손해 이외에 명예나 신용의 훼손 등으로 재산적 손해의 배상만으로는 회복할 수 없는 정신적 손해가 있는 경우에는 그로 인한 정신적 고통에 대하여 위자료를 지급하여야 한다(대판 2003.7.25, 2003다22912; 대판 1997.2.14, 96다36159). 예컨대 건물을 신축하면서 인근토지의 지반붕괴에 대비한 예방조치 등을 함이 없이 공사를 함으로써 인근주택의 지반이 붕괴되고 벽에 균열이 생기고 지붕이 파손되었다면, 피해자는 재산상 손해 외에 일상생활의 안온상태가 파괴되고 언제 어떠한 손해가 발생할지 모르는 불안에 떨어야 하는 정신적 고통에 대한 위자료청구도 할 수 있다(대판 1992.12.8, 92다34162).

판 례

(ㄱ) 불법행위로 인하여 영업용 건물이 철거해야 할 정도로 파손된 경우, 철거 및 신축에 소요되는 기간뿐만 아니라 철거 여부에 대한 판단을 위하여 필요한 합리적인 기간 역시 사회통념상 곧바로 철거에 착수할 수 없는 특별한 사정이 인정되는 기간으로서 통상의 손해로서의 휴업손해의 배상이 요구되는 기간에 해당한다(대판 2004.3.25, 2003다20909,20916).

(ㄴ) 불법행위로 영업용 물건이 파손된 경우, 그로 인한 휴업손해는 그 영업용 물건을 계속 사용하였을 경우 얻을 수 있었던 영업이익을 기준으로 산정하여야 하는 것이고, 따라서 예컨대 유통업에 이용되던 건물이 완전 파손된 경우라면 휴업손해는 그 건물을 이용하여 유통업을 계속하였더라면 얻을 수 있었던 영업이익을 기준으로 산정하여야 하며, 불법행위가 성립할 무렵 임대용 건물로 용도를 변경하여 사용할 계획이었다는 등의 특별한 사정이 없는 한 그 건물을 제3자에게 임대하였을 경우에 얻을 수 있는 임료를 기준으로 손해배상액을 산정할 수는 없다(대판 2004.3.25, 2003다20909,20916).

(ㄷ) 부동산의 매수인이 불법행위자가 타인 소유의 부동산에 관하여 등기관계서류를 위조하여 매각한다는 사정을 알지 못한 채 불법행위자에게 매매대금을 지급하고 자신의 명의로 원인무효의 소유권이전등기를 마친 다음 유효하게 부동산을 취득한 것으로 믿고 다른 사람에게 이를 양도하여 중간 매도인이 되었으나, 후에 진정한 소유자가 중간 매도인을 상대로 말소등기청구소송을 제기하여 승소함에 따라 중간 매도인 명의로 된 소유권이전등기가 말소됨으로써 최종 매수인에 대하여 매도인의 담보책임을 부담하게 되고 그 이행으로 손해배상금을 지급하게 된 경우, 불법행위로 인하여 중간 매도인이 입은 통상의 손해는, 부동산의 시가가 하락하는 등의 특별한 사정이 없는 이상, 담보책임의 이행으로 지급한 손해배상금에서 자신이 전매를 통하여 취한 이득을 공제한 금액 상당이라고 봄이 상당하고, 그 금액은 중간 매도인이 부동산을 유효하게 취득하기 위하여 출연한 매매대금과 매도인의 담보책임의 이행으로 지급한 손해배상금에서 매수인으로부터 지급받은 매매대금을 공제한 나머지 금액을 합한 것과 같다(대판 2007.11.16, 2005다55312).

(ㄹ) 무효인 채무자 명의의 소유권이전등기를 신뢰하여 그 부동산에 관하여 근저당권설정등기를 경료하고 금원을 대출하였다가 후에 근저당권설정등기를 말소당하게 됨으로써 근저당권자가 입은 통상의 손해는, 위 채무자 명의의 이전등기가 유효하여 담보권을 취득할 수 있는 것으로 믿고 출연한 금액 즉 근저당목적물인 위 부동산의 가액 범위 내에서 채권최고액을 한도로 하여 채무자에게 대출한 금원 상당이며, 위에서 말하는 부동산의 가액은 근저당권이 유효하였더라면 그 실행이 예상되는 시기 또는 손해배상 청구소송의 사실심 변론종결시를 기준으로 하여야 한다(대판 1999.4.9, 98다27623,27630).

(ㅁ) 불법행위 등으로 인하여 건물이 훼손된 경우, 수리가 가능하다면 그 수리비가 통상의 손해이며, 훼손 당시 그 건물이 이미 내용연수가 다 된 낡은 건물이어서 원상으로 회복시키는 데 소요되는 수리비가 건물의 교환가치를 초과하는 경우에는 형평의 원칙상 그 손해액은 그 건물의 교환가치 범위 내로 제한되어야 할 것이고, 또한 수리로 인하여 훼손 전보다 건물의 교환가치가 증가하는 경우에는 그 수리비에서 교환가치 증가분을 공제한 금액이 그 손해이다(대판 2004.2.27, 2002다39456).

(ㅂ) 변호사강제주의를 택하지 않고 있는 우리나라 법제 하에서는 손해배상청구의 원인이 된 불법행위 자체와 변호사 비용 사이에 상당인과관계가 있음을 인정할 수 없으므로, 변호사 비용을 그 불법행위 자체로 인한 손해배상채권에 포함시킬 수는 없다(대판 1996.11.8, 96다27889).

(ㅅ) 불법행위로 인하여 건물이 훼손된 경우 그 손해는 수리가 가능하다면 그 수리비, 수리가 불가능하다면 그 교환가치(시가)가 통상의 손해이고, 사용 및 수리가 불가능한 경우 통상 불법행위로 인한 손해배상액의 기준이 되는 건물의 시가에는 건물의 철거비용은 포함되지 않는다(대판 1995.7.28, 94다19129).

(ㅇ) 자동차의 주요 골격 부위가 파손되는 등의 사유로 중대한 손상이 있는 사고가 발생한 경우에는, 기술적으로 가능한 수리를 마치더라도 특별한 사정이 없는 한 원상회복이 안 되는 수리 불가능한 부분이 남는다고 보는 것이 경험칙에 부합하고, 그로 인한 자동차 가격 하락의 손해는 통상의 손해에 해당한다고 보아야 한다. 이 경우 그처럼 잠재적 장애가 남는 정도의 중대한 손상이 있는 사고에 해당하는지는 사회일반의 거래관념과 경험칙에 따라 객관적·합리적으로 판단하여야 하고, 이는 중대한 손상이라고 주장하는 당사자가 주장·증명하여야 한다(대판 2017.5.17, 2016다248806).

(3) 배상액 산정에 고려되는 사항

(가) 손익상계

1) 손익상계(Vorteilsausgleichung)란 불법행위로 인하여 피해자가 손해를 입은 동시에 이익을 얻은 경우에 그 이익을 손해배상액에서 공제하는 것을 말한다. 예컨대 생명침해에서 일실이익의 산정과 관련하여 생활비를 공제하는 경우가 이에 해당한다. 여기서 공제되는 이익은 그 불법행위와 상당인과관계가 있는 이익에 한한다. 즉 불법행위로 인한 손해배상액의 산정에 있어 손익공제를 허용하기 위하여는 손해배상책임의 원인인 불법행위로 인하여 피해자가 새로운 이익을 얻었고, 그 이익과 불법행위 사이에 상당인과관계가 있어야 한다(대판 2002.10.11, 2002다33502). 따라서 개인택시운전자가 교통사고로 부상을 입고 운전업무에 종사할 수 없게 되어 개인택시 운송사업면허를 타인에 양도한 경우, 그 양도대금은 그 사고자체로 인하여 취득한 것은 아니므로 사고로 인한 손해액을 산정할 때에는 이를 공제할 것이 아니다(대판 1990.2.13, 88다카34100). 부의금은 증여라는 별개의 원인에 의한 것이므로 손익상계가 되지 않는다(대판 1971.7.27, 71다1158; 곽윤직, 466면).

2) 연금도 공제의 대상되는지에 대하여, 종전의 판례는 부정하였지만(대판 1991.11.8, 91다28955) 현재는 공제하여야 한다고 한다. 즉 공무원이 공무집행 중 다른 공무원의 불법행위로 인하여 사망한 경우, 사망한 공무원의 유족들이 국가배상법에 의하여 국가 또는 지방자치단체로부터 사망한 공무원의 소극적 손해에 대한 손해배상금을 지급받았다면 공무원연금관리공단 등은 그 유족들에게 같은 종류의 급여인 유족보상금에서 그 상당액을 공제한 잔액만을 지급하면 되고, 그 유족들이 공무원연금관리공단 등으로부터 공무원연금법 소정의 유족보상금을 지급받았다면 국가 또는 지방자치단체는 그 유족들에게 사망한 공무원의 소극적 손해액에서 유족들이 지급받은 유족보상금 상당액을 공제한 잔액만을 지급하면 된다고 한다(대판 1998.11.19, 97다36873; 대판 2002.5.28, 2002다5019).

3) 한편 손익상계와 과실상계의 순서에 관하여, 판례는 불법행위 또는 채무불이행에 관하여 채권자의 과실이 있고 채권자가 그로 인하여 이익을 받은 경우에 손해배상액을 산정할 때에는 '과실상계'를 한 다음 '손익상계'를 하여야 하고, 이는 과실상계뿐만 아니라 손해부담의 공평을 기하기 위한 책임제한의 경우에도 마찬가지이다고 한다(대판 2008.5.15, 2007다37721; 대판 1996.1.23, 95다24340).

판 례

(ㄱ) 손익상계에 의하여 공제하여야 할 이익의 범위는 배상하여야 할 손해의 범위와 마찬가지로 손해배상책임의 원인인 불법행위와 상당인과관계가 있는 것에 국한된다(대판 1992.12.22, 92다31361).

(ㄴ) 근로자가 업무상 재해로 사망함에 따라 발생하는 망인의 일실수입 상당 손해배상채권은 모두가 그 공동상속인들에게 각자의 상속분 비율에 따라 공동상속되고, 근로복지공단이 산업재해보상보험법에 의하여 수급권자에게 지급하는 유족급여는 당해 수급권자가 상속한 일실수입 상당 손해배상채권을 한도로 하여 그 손해배상채권에서만 공제하는 것으로 해석하여야 하고, 이와 달리 망인의 일실수입 상당 손해배상채권에서 유족급여를 먼저 공제한 후 그 나머지 손해배상채권을 공동상속인들이 각자의 상속분 비율에 따라 공동상속하는 것으로 해석할 것은 아니다(대판 2009.5.21, 2008다13104).

(ㄷ) 불법행위 또는 채무불이행에 따른 채무자의 손해배상액을 산정할 때에 손해부담의 공평을 기하기 위하여 채무자의 책임을 제한할 필요가 있고, 채무자가 채권자에 대하여 가지는 반대채권으로 상계항변을 하는 경우에는 책임제한을 한 후의 손해배상액과 상계하여야 한다(대판 2015.3.20, 2012다107662).

(ㄹ) 증권회사 직원이 고객의 계좌를 이용하여 고객의 위임이 없이 임의로 주식거래를 함으로써 이득이 발생하였다고 할지라도 고객이 그 거래를 추인하면 그로 인한 이득은 적법하게 고객에게 귀속되는 것이므로 그 이득을 가지고 불법행위로 인한 손해산정에 있어서 손익상계를 할 수는 없다(대판 2003.1.24, 2001다2129).

(ㅁ) 교통사고의 피해자가 가해자가 가입한 자동차보험회사로부터 치료비를 지급받은 경우 그 치료비 중 피해자의 과실비율에 상당하는 부분은 가해자의 손해배상액에서 공제되어야 한다(대판 2002.9.4, 2001다80778).

(ㅂ) 망인(미성년자)의 손해배상청구권을 상속한 부모들이 그 손해배상을 청구한 경우에 망인의 장래 기대되는 수입 상실손해금에서 부양의무자가 망인에게 지불할 부양비를 공제할 수는 없다(대판 1966.2.28, 65다2523).

(ㅅ) 불법행위로 인하여 부상한 자는 특별한 사정이 없는 한 불법행위 이후 취업 가능연령까지 계속하여 생활비가 소요되고 그 부상으로 인하여 절약된다고는 할 수 없을 것이므로 그 얻을 수 있는 수입에서 생활비를 공제할 수 없다(대판 1966.5.31, 66다590).

(나) 과실상계

1) 과실상계(過失相計)란 불법행위의 성립, 손해의 발생 및 확대에 관하여 피해자에게도 과실이 있는 때에 법원이 손해배상책임의 유무 및 그 배상액의 범위를 정하는 과정에서 그 피해자의 과실을 참작하는 것을 말한다(제396조, 제763조). 과실상계를 인정하는 이유는 피해자에게 발생한 손해 전부의 배상청구권을 인정하는 것은 신의칙과 공평의 원칙에 반하기 때문이다.

2) 피해자의 '과실'은 가해자의 과실과 같은 수준의 것은 아니고, 다만 그것이 손해배상액 산정에 참작된다는 점에서 적어도 신의칙상 요구되는 결과발생 회피의무, 즉 일반적으로 예견가능한 결과발생을 회피하여 피해자 자신의 불이익을 방지할 주의를 게을리 하는 것을 말한다(대판 1999.9.21, 99다31667). 다시 말하면 과실상계에서의 과실은 가해자의 과실과 달리 사회통념이나 신의성실의 원칙에 따라 공동생활에 있어 요구되는 약한 의미의 부주의를 가리킨다(대판 2005.7.8, 2005다8125). 따라서 불법행위 피해자도 손해확대방지의무가 있기 때문에 피해자가 합리적인 이유 없이 손해경감조치의무를 이행하지 않을 경우, 손해배상액을 정함에 있어 참작할 수 있다(대판 2003.7.25, 2003다22912). 그 밖에 과실상계의 제도는 불법행위로 인하여 발생한 손해를 가해자와 피해자 사이에 공평하게 분담시키는 데 있으므로, 피해자의 과실에는 피해자 본인의 과실뿐만 아니라 그와 신분상 내지 사회생활상 일체를 이루는 관계에 있는 자의 과실도 피해자의 과실로서 참작되어야 한다(대판 1999.7.23, 98다31868).

3) 피해자에게 과실이 있으면, 법원은 배상액을 정할 때에 이를 반드시 참작하여야 한다(제396조, 제763조). 즉 배상의무자가 피해자의 과실에 관하여 주장을 하지 아니한 경우에도 소송자료에 따라 과실이 인정되는 경우에는 이를 법원이 직권으로 심리·판단하여야 한다(대판 2016.4.12, 2013다31137). 다만 피해자의 부주의를 이용하여 고의로 불법행위를 저지른 자는 피해자의 부주의를 이유로

과실상계를 주장할 수 없다(대판 2000.1.21, 99다50538). 만일 피해자의 과실이 있는데 법원이 이를 참작하지 않으면 위법한 판결이 된다. 그러나 피해자의 과실을 어느 정도 반영할 것인가는 법원의 재량에 속한다.

4) 가해행위와 피해자측의 요인이 경합하여 손해가 발생하거나 확대된 경우에는 그 피해자측의 요인이 체질적인 소인 또는 질병의 위험도와 같이 피해자측의 귀책사유와 무관한 것이라고 할지라도, 그 질환의 태양·정도 등에 비추어 가해자에게 손해의 전부를 배상하게 하는 것이 공평의 이념에 반하는 경우에는, 법원은 손해배상액을 정하면서 과실상계의 법리를 유추적용하여 그 손해의 발생 또는 확대에 기여한 피해자측의 요인을 참작할 수 있다(대판 2016.6.23, 2015다55397).

판 례

(ㄱ) 미성년자의 과실능력은 그에게 사리를 변식함에 족한 지능을 구유하고 있으면 족하고 책임을 변식함에 족한 지능을 구유함을 요하지 아니한다(대판 1971.3.23, 70다2986). 즉 책임무능력자가 피해자인 경우에도 과실상계에서의 과실능력이 인정된다.

(ㄴ) 불법행위 등으로 인한 손해배상사건에서 과실상계 또는 책임제한의 사유에 관한 사실인정이나 그 비율을 정하는 것은 원칙적으로 사실심의 전권사항에 속하는 것이지만, 그것이 형평의 원칙에 비추어 현저히 불합리하다고 인정되는 경우에는 위법한 것으로서 허용되지 않는다(대판 2023.6.15, 2017다46274; 대판 2016.9.30, 2013다85172). 특히 가해자의 손해배상책임을 면제하는 것은 실질적으로 가해자의 손해배상책임을 부정하는 것과 다름이 없으므로, 불법행위로 인한 피해자의 손해가 실질적으로 전부 회복되었다거나 손해를 전적으로 피해자에게 부담시키는 것이 합리적이라고 볼 수 있는 등의 특별한 사정이 없는 한 가해자의 책임을 함부로 면제하여서는 아니 된다(대판 2014.11.27, 2011다68357).

(ㄷ) 부동산의 소유자에게 권리행사를 장기간 해태함으로써 무권리자로부터 그 부동산을 취득한 제3자의 등기부 취득시효가 완성되도록 한 과실이 있다고 하더라도, 부동산을 미등기 상태로 방치한 소유자의 부주의를 이용하여 위법하게 자신들 명의로 소유권보존등기를 경료함으로써 고의의 불법행위를 저지른 자들은 피해자인 소유자의 과실을 이유로 과실상계를 주장할 수 없다(대판 2008.6.12, 2007다36445).

(ㄹ) 피해자의 부주의를 이용하여 고의로 불법행위를 저지른 사람이 바로 피해자의 부주의를 이유로 자신의 책임을 줄여 달라고 주장하는 것은 허용될 수 없다. 그러나 이는 그러한 사유가 있는 자에게 과실상계의 주장을 허용하는 것이 신의칙에 반하기 때문이므로, 불법행위자 중의 일부에게 그러한 사유가 있다고 하여 그러한 사유가 없는 다른 불법행위자까지도 과실상계의 주장을 할 수 없다고 해석할 것은 아니다. 또한 중개보조원이 업무상 행위로 거래당사자인 피해자에게 고의로 불법행위를 저지른 경우라고 하더라도, 중개보조원을 고용하였을 뿐 이러한 불법행위에 가담하지 않은 개업공인중개사에게 책임을 묻고 있는 피해자에게 과실이 있다면, 법원은 과실상계의 법리에 따라 손해배상의 책임과 그 금액을 정하는 데 이를 참작하여야 한다. 따라서 과실에 의한 불법행위자인 중개보조원이 고의에 의한 불법행위자와 공동불법행위책임을 부담하는 경우 중개보조원의 손해배상액을 정할 때에는 피해자의 과실을 참작하여 과실상계를 할 수 있고, 중개보조원을 고용한 개업공인중개사의 손해배상금액을 정할 때에는 개업공인중개사가 중개보조원의 사용자일 뿐 불법행위에 관여하지는 않았다는 등의 개별적인 사정까지 고려하여 중개보조원보다 가볍게 책임을 제한할 수도 있다(대판 2018.2.13, 2015다242429).

(ㅁ) 사용자가 피용자의 과실에 의한 불법행위로 인한 사용자책임을 부담하는 경우와 마찬가지로 피용자의 고의에 의한 불법행위로 인하여 사용자책임을 부담하는 경우에도 피해자에게 그 손해의 발생과 확대에 기

여한 과실이 있다면 사용자책임의 범위를 정함에 있어서 이러한 피해자의 과실을 고려하여 그 책임을 제한할 수 있다(대판 2002.12.26, 2000다56952).

(ㅂ) 공동불법행위책임은 가해자 각 개인의 행위에 대하여 개별적으로 그로 인한 손해를 구하는 것이 아니라 가해자들이 공동으로 가한 불법행위에 대하여 책임을 추궁하는 것이므로, 법원이 피해자의 과실을 들어 과실상계를 하는 경우에는 피해자의 공동불법행위자 각인에 대한 과실비율이 서로 다르더라도 피해자의 과실을 공동불법행위자 각인에 대한 과실로 개별적으로 평가할 것이 아니고 그들 전원에 대한 과실로서 전체적으로 평가하여야 한다(대판 2010.2.11, 2009다68408; 대판 2011.7.28, 2010다76368).

(ㅅ) 불법행위로 인한 손해의 발생 또는 확대에 관하여 피해자에게도 과실이 있는 때에는 가해자의 손해배상의 범위를 정함에 있어 당연히 이를 참작하여야 하고, 가해행위가 사기, 횡령, 배임 등의 영득행위인 경우 등 과실상계를 인정하게 되면 가해자로 하여금 불법행위로 인한 이익을 최종적으로 보유하게 하여 공평의 이념이나 신의칙에 반하는 결과를 가져오는 경우에만 예외적으로 과실상계가 허용되지 않는다(대판 2013.9.26, 2012다1146,1153).

(ㅇ) 고속도로나 자동차전용도로에서 선행사고로 자동차를 운행할 수 없게 되었음에도 자동차를 안전한 장소로 이동시키거나 관계 법령이 정한 고장자동차의 표지를 설치하는 등의 안전조치를 취하지 아니한 채 주행차로에 정지해 있는 사이에 뒤따라온 후행차량에 의한 추돌사고가 발생한 경우, 선행차량 운전자에게 선행사고의 발생에 아무런 과실이 없고, 사고 후 안전조치 등을 취할 시간적 여유가 없거나 부상 등으로 그러한 조치를 기대하기 어려운 상황에 처해 있다가 후행사고를 당한 때에는 후행사고로 인한 손해배상액을 산정함에 있어 선행차량 운전자의 과실을 참작할 여지가 없다(대판 2014.3.27, 2013다215904).

(ㅈ) 2인 이상의 공동불법행위로 인하여 호의동승한 사람이 피해를 입은 경우, 공동불법행위자 상호 간의 내부관계에서는 일정한 부담 부분이 있으나 피해자에 대한 관계에서는 부진정연대책임을 지므로, 동승자가 입은 손해에 대한 배상액을 산정할 때에는 먼저 호의동승으로 인한 감액 비율을 참작하여 공동불법행위자들이 동승자에 대하여 배상하여야 할 수액을 정하여야 한다(대판 2014.3.27, 2012다87263).

(다) 배상액의 감액청구

배상의무자는 그 손해가 고의 또는 중과실에 의한 것이 아니고 또 그 배상으로 인하여 배상자의 생계에 중대한 영향을 미치게 될 경우에 배상액의 감액(減額)을 법원에 청구할 수 있고(제765조 1항), 법원은 채권자 및 채무자의 경제 상태와 손해의 원인 등을 참작하여 배상액을 경감할 수 있다(제765조 2항). 감액청구가 있으면 법원은 여러 사정을 감안하여 배상액을 경감할 수 있으나 반드시 경감하여야 하는 것은 아니며, 경감 여부는 법원이 그 판단에 따라 결정한다. 참고로 실화(失火)가 중대한 과실로 인한 것이 아닌 경우, 직접화재 부분이 아닌 연소한 부분에 한하여 손해배상의무자는 실화책임에 관한 법률에 의하여 법원에 손해배상액의 경감을 청구할 수 있다(동법 제3조 1항, 제2조). 실화책임에 관한 법률은 실화로 인한 화재에 대해 불법행위책임을 묻는 경우에 제765조의 특례를 규정한 것이며(동법 제1조), 따라서 불법행위책임에 적용되고, 채무불이행을 이유로 한 손해배상책임에는 적용되지 않는다(대판 1999.4.13, 98다51077,51084).

(라) 배상액의 합의

판례는 불법행위로 인한 손해배상과 관련하여 당사자 사이에 피해자가 일정한 금액을 지급받고 나머지 청구를 포기하기로 하는 내용의 합의나 화해가 이루어진 경우, 그 목적이 된 사항에 관하여는 나중에 다시 배상을 청구할 수 없는 것이 원칙이므로, 합의나 화해 당시의 여러 사정을 종합적으로 참작하여 이를 엄격하게 해석하여야 한다고 한다(대판 2007.3.15, 2004다64272). 따라서 공동불법행위자 중 1인이 다른 공동불법행위자의 보험자로부터 자동차종합보험의 대물배상 한도액인 2,000만원을 지급받으면서 그 보험자에 대한 '법률상의 배상액'을 포기하기로 합의하였더라도 이로써 위 한도액과는 무관한 손해방지비용의 상환청구권을 포기한 것으로 볼 수 없다. 또한 판례는 불법행위로 인한 손해배상에 관하여 가해자와 피해자 사이에 피해자가 일정한 금액을 지급받고 그 나머지 청구를 포기하기로 합의가 이루어진 때에는 그 후 그 이상의 손해가 발생하였다 하여 다시 그 배상을 청구할 수 없지만, 그 합의가 손해 발생의 원인인 사고 후 얼마 지나지 아니하여 손해의 범위를 정확히 확인하기 어려운 상황에서 이루어진 것이고, 후발손해가 합의 당시의 사정으로 보아 예상이 불가능한 것으로서 당사자가 후발손해를 예상하였더라면 사회통념상 그 합의금액으로는 화해하지 않았을 것이라고 보는 것이 상당할 만큼 그 손해가 중대한 것일 때에는 당사자의 의사가 이러한 손해에 대해서까지 그 배상청구권을 포기한 것이라고 볼 수 없으므로 다시 그 배상을 청구할 수 있다고 한다(대판 2001.9.14, 99다42797; 대판 2000.3.23, 99다63176).

Ⅳ. 불법행위에 의한 손해배상청구권

1. 손해배상청구의 당사자

(1) 청구권자

(가) 불법행위로 인한 직접 손해를 입은 피해자는 손해배상청구권을 가지며, 자연인뿐만 아니라 법인 및 비법인사단도 포함된다. 다만 법인의 재산적 손해는 아무런 문제가 없지만, 정신적 손해는 인정되지 아니한다. 그러나 법인도 명예·신용이 훼손된 경우와 같이 무형적 손해를 받은 때에는 손해배상을 청구할 수 있다. 종중과 같이 소송상 당사자능력이 있는 법인 아닌 사단도 명예가 훼손된 경우, 상대방에 대하여 불법행위로 인한 손해배상과 함께 명예회복에 적당한 처분을 청구할 수 있다(대판 1997.10.24, 96다17851).

(나) 불법행위의 직접 피해자는 아니지만, 불법행위와 상당인과관계 있는 일정한 자는 가해자에 대하여 손해배상을 청구할 수 있다. 예컨대 자식의 신체침해에 대한 부모와 같이 그 불법행위로 인하여 정신적 고통을 받은 자는 제750조, 제751조에 의하여 가해자에게 위자료를 청구할 수 있다. 생명침해의 경우에는 피해자의 일정한 친족(직계존속·직계비속·배우자 등)은 정신상 고통을 받았다는 증명이 없어도 정신적 고통에 대한 손해배상청구권을 가진다(제752조). 한편 제752조에 열거되지 않은 자(예: 피해자의 형제자매 등)는 스스로 정신적 고통을 증명하여 제750조, 제751조에 의하여 위자료를 청구할 수 있다.

(다) 태아는 불법행위로 인한 손해배상청구권에 관하여는 이미 출생한 것으로 본다(제762조). 불법행위로 인한 손해배상을 청구하기 위해서는 태아 자신이 불법행위에 의한 '직접적인 피해자'가 되는 경우에 한한다. 예건대 직계존속(父)의 생명침해에 대하여 태아 자신이 위자료를 청구하는 경우(제752조) 및 태아 자신이 입은 불법행위에 대하여 손해배상을 청구하는 경우(예: 모체에 대한 물리적 공격 또는 잘못된 약물투여가 태아의 기형의 원인이 된 경우)가 이에 해당한다(제750조).

판 례

(ㄱ) 태아가 특정한 권리에 있어서 이미 태어난 것으로 본다는 것은 살아서 출생한 때에 출생시기가 문제의 사건의 시기까지 소급하여 그때 태아가 출생한 것과 같이 법률상 보아준다고 해석하여야 상당하므로 그가 모체와 같이 사망하여 출생의 기회를 못 가진 이상 배상청구권을 논할 여지없다(대판 1976.9.14, 76다1365).

(ㄴ) 교통사고의 충격으로 태아가 조산되고 또 그로 인하여 제대로 성장하지 못하고 사망하였다면 위 불법행위는 한편으로 산모에 대한 불법행위인 동시에 한편으로는 태아 자신에 대한 불법행위라고 볼 수 있으므로 따라서 죽은 아이는 생명침해로 인한 재산상 손해배상청구권이 있다(대판 1968.3.5, 67다2869).

(2) 배상의무자

손해배상의무를 부담하는 자는 원칙적으로 가해자이지만, 가해자의 위법한 행위로 인하여 가해자와 일정한 관계에 있는 자(예: 감독의무자·사용자·도급인 등)는 배상의무를 부담하며, 법인은 이사 기타 대표자가 그 직무에 관하여 타인에게 가한 손해를 배상할 책임이 있다(제35조 1항).

2. 손해배상청구권의 성질

(1) 상계금지

'고의'의 불법행위자는 피해자에 대한 채권(자동채권)을 가지고 피해자의 손해배상채권(수동채권)을 상계할 수 없다(제496조). 그러나 피해자는 고의의 불법행위자에 대하여 손해배상채권을 자동채권으로 하여 상계할 수 있다. 제496조의 상계금지는 변제를 하지 않은 채무자에게 고의로 가해행위를 하는 것을 방지하기 위한 것이다.

판 례

(ㄱ) 제496조의 취지는, 고의의 불법행위에 의한 손해배상채권에 대하여 상계를 허용한다면 고의로 불법행위를 한 자까지도 상계권 행사로 현실적으로 손해배상을 지급할 필요가 없게 되어 보복적 불법행위를 유발하게 될 우려가 있고, 또 고의의 불법행위로 인한 피해자가 가해자의 상계권 행사로 인하여 현실의 변제를 받을 수 없는 결과가 됨은 사회적 정의관념에 맞지 아니하므로 고의에 의한 불법행위의 발생을 방지함과 아울러 고의의 불법행위로 인한 피해자에게 현실의 변제를 받게 하려는 데 있다 할 것인바, 법이 보장하는 상계권은 이처럼 그의 채무가 고의의 불법행위에 기인하는 채무자에게는 적용이 없는 것이고, 나아가 부당이득의 원인이 고의의 불법행위에 기인함으로써 불법행위로 인한 손해배상채권과 부당이득반환채권이 모두 성립하여 양채권이 경합하는 경우 피해자가 부당이득반환채권만을 청구하고 불법행위로

인한 손해배상채권을 청구하지 아니한 때에도, 그 청구의 실질적 이유, 즉 부당이득의 원인이 고의의 불법행위였다는 점은 불법행위로 인한 손해배상채권을 청구하는 경우와 다를 바 없다 할 것이어서, 고의의 불법행위에 의한 손해배상채권은 현실적으로 만족을 받아야 한다는 상계금지의 취지는 이러한 경우에도 타당하므로, 제496조를 유추적용함이 상당하다(대판 2002.1.25, 2001다52506).

(ㄴ) 고의의 불법행위에 인한 손해배상채권에 대한 상계금지를 중과실의 불법행위에 인한 손해배상채권에까지 유추 또는 확장적용하여야 할 필요성이 있다고 할 수 없다(대판 1994.8.12, 93다52808).

(2) 양 도 성

재산적 손해에 대해서는 일반채권처럼(제449조) 원칙적으로 양도가 가능하다. 그러나 위자료 청구권의 양도성에 대하여, 정신적 손해의 배상청구권의 상속성이 인정되므로 양도성도 인정된다는 견해(곽윤직, 471면; 김상용, 911면), 위자료청구권의 경우에는 화해나 집행권원 등에 의하여 금전채권으로 구체화한 때에는 양도성이 인정되고, 그 이전 단계에서는 양도성이 부정된다는 견해가 있다(윤철홍, 405면; 김민중, 민법강의, 1163면). 판례는 재산상의 손해배상청구권과 구별하여 취급할 이유가 없다고 하여, 양도성을 긍정하고 있다(대판 1976.4.13, 75다396).

(3) 상 속 성

(가) 불법행위로 인한 손해배상청구권은 재산권이기 때문에 상속성이 인정된다(제1005조). 그런데 생명침해로 인하여 사망한 경우에 사망자의 손해배상청구권이 상속의 대상이 되는지에 대하여, 통설과 판례는 사망자의 재산적 손해배상청구권은 상속의 대상이 된다고 한다(대판 1966.2.28, 65다2523).

(나) 그러나 생명침해로 인한 정신적 손해배상청구권이 상속의 대상이 되는지에 관하여, 위자료청구권을 보통의 금전채권으로 보아 상속을 긍정하는 견해(곽윤직, 471면; 김상용, 912면), 위자료청구권은 일신전속권으로 보고 피해자가 생전에 배상청구를 구체화되지 않는 한 상속을 부정하는 견해(김주수, 친족상속법, 517면; 이은영, 773면)가 있다. 판례는 피해자가 이를 포기하거나 면제했다고 볼 수 있는 특별한 사정이 없는 한 원칙적으로 상속된다고 하고, 이는 피해자가 즉사한 경우에도 마찬가지라고 한다. 즉 '순간적이라고 할지라도 피해자로서의 정신적 고통을 느끼는 순간이 있었다 할 것'이라고 하여, 시간적 간격설을 채용하고 있다(대판 1973.9.25, 73다1100). 생각건대 피해자가 치명상을 입은 후 곧 사망한 경우와 균형을 고려할 때, 즉사한 피해자에게 손해배상청구권이 발생하고, 이는 상속의 대상이 된다고 할 것이다.

3. 손해배상자의 대위

불법행위에 의하여 훼손되거나 소재불명으로 된 물건에 관하여 피해자가 그 가액 전부를 배상받은 경우에는 그 물건에 관한 권리는 다른 법률원인(물권행위 및 인도) 없이 당연히 피해자로부터 손해배상자에게 이전된다(제763조, 제399조). 반면에 보험에 의하여 손해의 전보가 이루어진 경우에는 보험자는 가해자에 대한 피보험자의 손해배상청구권을 대위한다(상법 제682조).

4. 손해배상청구권의 소멸시효

(1) 불법행위로 인한 손해배상청구권은 피해자나 그 법정대리인이 그 손해 및 가해자를 안 날부터 3년간 이를 행사하지 아니하거나 불법행위를 한 날부터 10년을 경과한 때 소멸한다(제766조 1항, 2항). 손해배상청구권의 행사기간과 관련하여, 학설은 3년의 기간은 시효기간이고, 10년은 제척기간으로 해석하지만(곽윤직, 472면), 판례는 양자 모두 시효기간이라고 한다(대판 2005.5.13, 2004다71881; 대판 1996.12.19, 94다22927).

(2) 3년의 기산점은 피해자나 그 법정대리인이 '손해 및 가해자를 안 날'이다(제766조 1항). 3년의 단기시효의 기산점을 '손해 및 가해자를 안 날'이라고 하는 피해자의 주관적 사정에 두고 있는 것은 일반채권의 기산점(제166조)에 대한 특칙이다. 여기에서 '손해를 안다'는 것은 현실로 손해가 발생한 것을 안 경우뿐만 아니라 손해발생을 예견할 수 있을 때를 포함한다(대판 2021.7.29, 2016다11257). '손해 및 가해자를 안 날'이란 피해자나 그 법정대리인이 손해 및 가해자를 현실적이고도 구체적으로 인식한 날을 의미하며, 그 인식은 손해발생의 추정이나 의문만으로는 충분하지 않고(대판 1999.11.23, 98다11529), 손해의 발생사실뿐만 아니라 가해행위가 불법행위를 구성한다는 사실, 즉 불법행위의 요건사실에 대한 인식으로서 위법한 가해행위의 존재, 손해의 발생 및 가해행위와 손해 사이의 인과관계 등이 있다는 사실까지 안 날을 뜻한다(대판 2013.7.12, 2006다17539; 대판 2011.3.10, 2010다13282). 가령 가해행위와 이로 인한 현실적인 손해의 발생 사이에 시간적 간격이 있는 불법행위의 경우, 소멸시효의 기산점이 되는 불법행위를 안 날은 단지 관념적이고 부동적인 상태에서 잠재하고 있던 손해에 대한 인식이 있었다는 정도만으로는 부족하고 그러한 손해가 그 후 현실화된 것을 안 날을 의미한다(대판 2019.7.25, 2016다1687).

손해를 안 시기에 대한 증명책임은 소멸시효 완성으로 인한 이익을 주장하는 자에게 있다(대판 2008.7.10, 2008다21518). 따라서 통상의 경우 상해의 피해자는 상해를 입었을 때 그 손해를 알았다고 볼 수가 있지만, 그 후 후유증 등으로 인하여 불법행위 당시에는 전혀 예견할 수 없었던 새로운 손해가 발생하였다거나 예상 외로 손해가 확대된 경우에는 그러한 사유가 판명된 때에 새로이 발생 또는 확대된 손해를 알았다고 보아야 하고, 이와 같이 새로이 발생 또는 확대된 손해 부분에 대하여는 그러한 사유가 판명된 때부터 시효소멸기간이 진행된다(대판 2008.7.10, 2008다21518; 대판 2001.9.14, 99다42797). 주의할 것은 국가배상청구권에 관한 3년의 단기시효기간 기산에는 제766조 1항 외에 소멸시효의 기산점에 관한 일반규정인 제166조 1항이 적용된다. 따라서 3년의 단기시효기간은 그 '손해 및 가해자를 안 날'에 더하여 그 '권리를 행사할 수 있는 때'가 도래하여야 비로소 시효가 진행한다(대판 2023.1.12, 2021다201184).

(3) 10년의 시효기간은 불법행위를 한 날부터 진행한다(제766조 2항). 판례는 불법행위를 한 날

은 객관적·구체적으로 손해가 발생한 때, 즉 손해의 발생이 현실적인 것으로 되었다고 할 수 있을 때를 의미하고, 그 발생시기에 대한 증명책임은 소멸시효의 이익을 주장하는 자에게 있다고 한다(대판 2021.8.19, 2019다297137; 대판 2013.7.12, 2006다17539). 즉 불법행위를 한 날이란 가해행위가 있었던 날이 아니라 현실적으로 손해의 결과가 발생한 날을 의미하지만, 그 손해의 결과발생이 현실적인 것으로 되었다면 그 소멸시효는 피해자가 손해의 결과발생을 알았거나 예상할 수 있는가 여부에 관계없이 가해행위로 인한 손해가 현실적인 것으로 되었다고 볼 수 있는 때부터 진행한다(대판 2019.8.29, 2017다276679). 주의할 것은 진실·화해를 위한 과거사정리기본법상 '민간인 집단 희생사건', '중대한 인권침해사건·조작의혹사건'에서 공무원의 위법한 직무집행으로 입은 손해에 대한 국가배상청구권에 대하서는 제766조 2항에 따른 장기소멸시효가 적용되지 않는다(헌재결 2018.8.30, 2014헌바148,162; 대판 2023.1.12, 2021다201184). 이는 국가의 고권적이고 반인권적인 긴급조치의 발령 및 그 집행에 따른 국가배상청구권을 다루는 이른바 과거사 사안의 특수성을 고려한 것이다. 즉 국민의 기본권 보장 주체인 국가가 기본권 침해에 따른 종국적인 피해구제를 오랜 기간 거절하여 온 과거사의 사안은 일반적인 소멸시효 완성 사안과 동일한 가치평가의 대상이 될 수 없다.

(4) 한편 미성년자가 성폭력, 성추행, 성희롱, 그 밖의 성적(性的) 침해를 당한 경우에 이로 인한 손해배상청구권의 소멸시효는 그가 성년이 될 때까지는 진행되지 않는다(제766조 3항). 제766조 3항은 미성년자인 피해자가 성년이 된 후 스스로 가해자에게 손해배상을 청구할 수 있도록 보장함으로써 성적 침해를 당한 미성년자에 대한 보호를 강화하기 위한 것이다.

판 례

(ㄱ) 불법행위에 의한 손해배상청구권의 단기소멸시효의 기산점이 되는 제766조 1항의 '그 손해 및 가해자를 안 날'이라 함은 현실적으로 손해의 발생과 가해자를 알아야 할 뿐만 아니라 그 가해행위가 불법행위로서 이를 이유로 손해배상을 청구할 수 있다는 것을 안 때를 의미하고, 불법행위가 계속적으로 행하여지는 결과 손해도 역시 계속적으로 발생하는 경우에는 특별한 사정이 없는 한 그 손해는 날마다 새로운 불법행위에 의하여 발생하는 손해로서 제766조 1항을 적용함에 있어서 그 각 손해를 안 때부터 각별로 소멸시효가 진행된다고 보아야 한다(대판 1999.3.23, 98다30285).

(ㄴ) 불법행위로 인한 손해배상청구권의 단기소멸시효의 기산점은 '손해 및 가해자를 안 날'부터 진행되며, 법인의 경우에 손해 및 가해자를 안 날은 통상 대표자가 이를 안 날을 뜻한다. 그렇지만 법인의 대표자가 법인에 대하여 불법행위를 한 경우에는, 법인과 대표자의 이익은 상반되므로 법인의 대표자가 그로 인한 손해배상청구권을 행사하리라고 기대하기 어려울 뿐만 아니라 일반적으로 대표권도 부인된다고 할 것이어서 법인의 대표자가 손해 및 가해자를 아는 것만으로는 부족하다. 따라서 이러한 경우에는 적어도 법인의 이익을 정당하게 보전할 권한을 가진 다른 대표자, 임원 또는 사원이나 직원 등이 손해배상청구권을 행사할 수 있을 정도로 이를 안 때에 비로소 단기소멸시효가 진행하고, 만약 다른 대표자나 임원 등이 법인의 대표자와 공동불법행위를 한 경우에는 그 다른 대표자나 임원 등을 배제하고 단기소멸시효 기산점을 판단하여야 한다. 그리고 이는 법인의 대표자의 불법행위로 인한 법인의 대표자에 대한 손해배상청구권을 피보전권리로 하여 법인이 채권자취소권을 행사하는 경우의 제척기간의 기산점인 '취소원인을 안 날'을 판단할 때에도 마찬가지이다(대판 2015.1.15, 2013다50435).

(ㄷ) 위법한 일조방해행위로 인한 피해 부동산의 시세 하락 등 재산상의 손해는 특별한 사정이 없는 한 가해

건물이 완성될 때 일회적으로 발생한다고 볼 수 있으나, 위법한 일조방해로 직사광선이 차단되는 등 생활환경이 악화됨으로써 피해 건물의 거주자가 입게 되는 정신적 손해는 가해 건물이 존속하는 한 날마다 계속적으로 발생한다고 보아야 하므로, 그 위자료 청구권의 소멸시효는 가해 건물이 피해 부동산의 일조를 방해하는 상태로 존속하는 한 날마다 개별적으로 진행한다(대판 2008.4.17, 2006다35865).

(ㄹ) 불법행위의 피해자가 미성년자로 행위능력이 제한된 자인 경우에는 다른 특별한 사정이 없는 한 그 법정대리인이 손해 및 가해자를 알아야 제766조 1항의 소멸시효가 진행한다고 할 것이다(대판 2010.2.11, 2009다79897).

(ㅁ) 불법행위의 가해자에 대한 형사사건의 제1심에서 무죄판결이 선고되었다가 항소심에서 유죄판결이 선고된 경우, 가해자가 수사단계에서부터 혐의를 극력 부인하고 형사사건의 제1심에서 무죄판결이 선고되기까지 하였으므로, 피해자로서는 형사사건의 항소심에서 유죄판결을 한 때에 이르러서야 비로소 불법행위의 가해자를 현실적이고 구체적으로 인식하였다고 봄이 상당하다(대판 2010.5.27, 2010다7577).

(ㅂ) 제766조 1항의 '손해를 안다'는 것은 단순히 손해 발생의 사실을 아는 것만으로는 부족하고 가해행위가 불법행위로서 이를 원인으로 하여 손해배상을 소구할 수 있다는 것까지 아는 것을 의미한다(대판 2010.12.9, 2010다71592).

(ㅅ) 상법 제401조의2 제1항은 회사에 대한 자신의 영향력을 이용하여 이사에게 업무집행을 지시한 자(제1호), 이사의 이름으로 직접 업무를 집행한 자(제2호) 또는 이사가 아니면서 명예회장·회장·사장·부사장·전무·상무·이사 기타 회사의 업무를 집행할 권한이 있는 것으로 인정될 만한 명칭을 사용하여 회사의 업무를 집행한 자(제3호)가 그 지시하거나 집행한 업무에 관하여 제399조, 제401조, 제403조 및 제406조의2를 적용하는 경우에는 그 자를 '이사'로 본다고 규정하고 있다. 이는 주식회사의 이사가 아니지만 이사에게 업무집행을 지시하거나 이사처럼 업무를 집행하는 등으로 회사의 업무에 관여한 자에 대하여 그에 상응하는 책임을 묻기 위함이다. 이러한 법률 문언 내용과 입법 취지에 비추어 보면, 상법 제401조의2 제1항 각 호에 해당하는 자는 회사의 이사는 아니지만 상법 제399조에서 정한 손해배상책임을 적용함에 있어 그가 관여한 업무에 관하여 법령준수의무를 비롯하여 이사와 같은 선관주의의무와 충실의무를 부담하고, 이를 게을리하였을 경우 회사에 대하여 그로 인한 손해배상책임을 지게 되는 것이다. 이와 같이 상법 제401조의2 제1항이 정한 손해배상책임은 상법에 의하여 이사로 의제되는 데 따른 책임이므로 그에 따른 손해배상채권에는 일반 불법행위책임의 단기소멸시효를 규정한 민법 제766조 제1항이 적용되지 않는다(대판 2023.10.26, 2020다236848).

사항색인

◂ ㅇ ▸

판례색인

◄ **대법원 결정** ►

◄ **헌법재판소 결정** ►

[저자 약력]

양 형 우

연세대학교 법학과 졸업(법학사)
연세대학교 대학원 법학과 석사과정 졸업(법학석사)
연세대학교 대학원 법학과 박사과정 수학
독일 프라이부르크(Freiburg)대학교 법학과 수학(법학박사)
강릉대학교 법학과 조교수, 부교수 역임
사법시험, 행정·입법고시, 외교관후보자선발시험, 법학적성시험(LEET), 7급공무원채용시험, 변리사·공인노무사·세무사·감정평가사·공인중개사·주택관리사 등 각종 국가자격시험위원
현) 홍익대학교 법학과 교수
E-Mail: jurahw@naver.com

주요 저서 및 논문

Rechtsvergleichende Untersuchungen über den Eigentumsvorbehalt im deutschen und koreanischen Recht – Unter besonderer Berücksichtigung des einfachen Eigentumsvorbehalts(Peter Lang, 1999)
Rechtsvergleichende Darstellung der zur Widerspruchsklage legitimierenden Drittrechte im koreanischen und deutschen Recht(ZZPInt 4, 2000)
민법입문 제7판(도서출판 정독, 2025.8)
핵심민법판례와 사례 제4판(도서출판 정독, 2025.8)
민법의 세계 제17판(도서출판 정독, 2026.1)
민사법특강 제6판(도서출판 정독, 2025.1)
판례민법강의 제8판(도서출판 정독, 2026.1)
구분건물의 구조상 구분이 소멸된 경우의 권리관계와 변경등기(민사법학 제68호, 2014.9)
회생절차에서 소유권유보와 매도인의 지위(인권과 정의 2015년 2월호)
회생절차에서 공동보증인의 구상권과 변제자대위(법조 2016년 10월호)
채권자대위권의 행사에 의한 처분제한과 대위채권자의 제3채무자에 대한 추심권능 내지 변제수령권한에 대한 압류명령 등의 효력(홍익법학 제19권 제2호, 2018.6)
저당권의 효력이 미치는 차임채권 등에 대한 저당권 실행방법(토지법학 제35권 제1호, 2019.6)
처분권한이 없는 임대인이 임대주택의 권리를 취득한 경우의 처분행위 효력(재산법연구 제36권 제2호, 2019.8)
회생절차가 담보권실행을 위한 경매절차에 미치는 영향(홍익법학 제21권 제1호, 2020.2)
수익자에 대하여 회생절차가 개시된 경우 사해행위취소에 따른 가액배상청구권이 공익채권에 해당하는지 여부(홍익법학 제21권 제2호, 2020.6)
일부청구와 소멸시효의 중단(재산법연구 제37권 제2호, 2020.8)
통정허위표시에 따른 가등기의 명의인이 임의로 본등기를 마친 경우와 민법 제108조 제2항의 제3자(홍익법학 제21권 제3호, 2020.9)
누적적 근저당과 물상보증인의 변제자대위 인정여부(홍익법학 제21권 제4호, 2020.12)
금전채권자의 공유물분할청구권 대위행사 허용여부(홍익법학 제22권 제1호, 2021.1)
회생담보권조사확정재판이 계속 중인 채권자의 견련파산절차상 지위(재산법연구 제38권 제1호, 2021.5)
회생절차상 회생채권 등의 조사확정재판(홍익법학 제22권 제2호, 2021.6)
하수급인의 직접지급청구권과 도급인의 상계(홍익법학 제22권 제3호, 2021.9)
전세권과 전세금반환채권에 대한 압류(홍익법학 제23권 제1호, 2022.2)
부동산 유치권에 관한 민법전 개정안에 대한 평가와 향후 개정방향 – 개정안 제369조의2, 제369조의3을 중심으로(민사법학 제99호, 2022.6)
유치권부존재확인 확정판결과 후행 경매절차에서 유치권의 효력(홍익법학 제24권 제1호, 2023.2)
별제권 목적의 환수와 파산절차상의 상계(홍익법학 제25권 제2호, 2024.6)
경매절차에서 청구권 보전을 위한 가등기의 효력 – 가등기담보 등에 관한 법률 개정방향을 포함하여(홍익법학 제25권 제3호, 2024.9)
전세권의 개정방향 – 민법 제317조, 제318조 및 제371조를 중심으로(재산법연구 제41권 제4호, 2025.2)
회생절차에서 채권양도통지이행청구권(홍익법학 제26권 제4호, 2025.12) 외 다수

제17판 민법의 세계
채권법

초판발행 2007년 8월 27일
제10판발행 2018년 1월 20일
제11판발행 2019년 1월 5일
제12판발행 2021년 1월 11일
제13판발행 2022년 1월 10일
제14판발행 2023년 1월 4일
제15판발행 2024년 1월 2일
제16판발행 2025년 1월 5일
제17판발행 2026년 1월 6일

지은이 양형우
펴낸이 김중용

편 집 심성보 · 김인숙

펴낸곳 도서출판 정독
경기도 고양시 일산서구 하이파크로 113, 102-204
등록 제406-2014-000093호
전 화 031)924-7203 팩 스 031)935-0345
홈페이지 www.jeongdok.co.kr 이메일 admin@jeongdok.co.kr
ISBN 979-11-6858-419-8 94360
979-11-6858-416-7 세트

정 가 31,000원